U0165544

凝煉知識品味閱讀

脈動新趨勢法律工具書系列

（2020年8月最新版）

掌握修法及草案之脈動

洞悉實務與學說新趨勢

張　麗　卿　監修

林　朝　雲　編著

五南圖書出版公司 印行

九版序

本書今年為第九版，距上次八版已睽違二年。去年本欲改版，已進行至二校，適逢本人博士論文口試，又遇今年初再次修法，故延宕至今。我原來打算延至明年初再改版，因為一來刑訴修法太過頻繁（幾乎每半年就會有新條文）；二者，本書非單純附法條的小六法，每次改版尚須穿插修正條文及其立法理由、更新說及增補實務見解，因此本書表面看起來不厚，但那是縮小編排行距剪輯的結果，實際上我所看的字數，遠超過一千頁，所以每次改版都是一個相當耗時、耗力的大工程。

然而，本書已兩年未改版，近來又迭有不少重要條文修正及新增，已有讀者詢問五南何時再版，加以編輯們已幫我把新修正的條文穿插完成，本書實無不於今年再版的理由。

這兩年來，除法條的修正外，實務見解也鼎故革新，如：108 台上大字第 3594 大法庭裁定迥異於 107 年度台上字第 2101 號判決的見解。大法庭的裁定具統一見解的功能，這點眾所皆知。這裡要提醒讀者注意的是，有一實務見解（109 年度台抗字第 249 號裁定）雖非大法庭裁定，但已事先經由徵詢程序，已實質達成大法庭統一法律見解的功能。釋字第 789 號就性侵害犯罪被害人警詢陳述之證據能力案，就對質詰問權之容許例外的審查基準接納學說上四大法則的看法（之前已有部分判決採納，未來可能影響更多的判決跟進）、釋字第 791 號變更釋字第 554 號結論（這無疑將牽動到刑訴部分條文的修正）。當然，本版更新的內容絕不僅止於此，非短篇的序文所能交待清楚，我就不先在這裡劇透，留給有興趣的讀者細細品味。

本書至今能出到第九版，皆有賴讀者的支持，如果你（妳）曾經購買過本書，就是對作者的用心給予鼓勵及支持，我都由衷感謝。在傳統文化裡，「三」代表有點多（如「三」申五令、「三」顧茅廬）；「五」代表中間數；「九」是「三」的「三」倍，意謂極多（如「九」牛一毛、十有八「九」）。時至今日，國人對「三」跟「九」仍然偏好，例如振興「三」倍券共九張，價值「三」仟元；口罩兩周領「九」片，而不是湊一個十的整數。

因此，我對本書九版的問世，滿心歡欣，在感激之餘，為回饋讀者，我特別花時間增加新的單元，將本版這次新蒐錄到的最高法院具參考價值裁判特別標註（裁定標示△、判決標示○），讀者也可以從索引中查找，因為我相信這些都是讀者欲優先閱讀的實務見解，可以節省大家的時間。為免讀者買到書後，不久又碰到修法，本版亦將可能通過的修正草案併附於書末，俾使讀者掌握修法的脈動。

本書除能幫助讀者學習考試之用外，並結合時事與時俱進，刑事程序發現真實的手段禁止侵害人權，不僅著重形式上的程序正當性，更應踐行實質上正當法律程序。刑事訴訟法暨其相關法規可以說是一部落實人權保障的憲法實踐法。作者由衷企盼本版所蒐集的刑事法學新資訊，能儘量滿足各界讀者的需求，尚祈各界舊雨新知持續給予支持與愛護。感謝五南圖書出版公司劉靜芬副總編輯及其團隊的細心與耐心，促使本書得以再版。作者由衷企盼本版所蒐集的刑事法學新資訊，能儘量滿足讀者的需求，尚祈各界舊雨新知持續給與支持與愛護。

作者謹識

2020 年 8 月

序

本書宗旨

「法典」實乃法律人的第二生命。凡與法律結緣者，無論是學習進修，或以從事法律實務或研究工作為職志，法典都成為生活中不可或缺的重要工具。

當前坊間的法典樣式各異，但卻幾乎難見一部得以貫穿法律人學習進修，直至從事實務或研究工作皆能運用得宜的法典。眾所周知，工具書的功能與書籍迥異。書籍會因讀者身處的階段不同，而需求有異，譬如初學者之於教科書，準備考試者之於考試用書，實務工作者之於實務彙編，學術研究者之於專書論著；但是，好的工具書應該可以伴隨使用者成長，例如編纂優良的字典，不會因為使用者用於語言學習、檢定考試或工作需求而產生更換的必要。法典作為一種輔助性的工具書，自不應侷限某一特定功能，而是應該在任何階段皆能運用自如。

本此初衷，編者不奢盼此書能成為各式法典的楷模，也自知不可能取代學者所著教科書所建立的法律體系；但亦不願意將本書囿限於考試用書。編者的理念是，**一本適合法律人的工具書，不僅在於幫助讀者能夠有效率地掌握修法的「脈動」，更應使讀者在短時間內瞭解法學與實務發展的「新趨勢」**。蓋不論是學習進修、準備各種相關考試，或從事實務、乃至研究工作者所使用的法典，如果以高標準檢驗，提供最新法條只是基本，如能進一步提供實務趨向與學說發展，方才適格。

或有認為，從事實務工作者只要洞悉實務判解即可，不必理會學說。惟據編者瞭解，近年實務頗重視學者意見，除各級法院不定期邀學者巡迴講座外，司法院亦在近年積極建置司法智識庫，邀集各校教授選輯、解析符合學理且富參考價值的判決。學理與實務絕非二條毫無交集的平行線，舉例言之，在刑法方面，2005 年第 10 條公務員定義的修正，即採甘添貴教授見解；第 19 條修正，即參酌張麗卿教授的意見；2011 年修正第 321 條第 1 款不論白天或夜間侵入他人住宅竊盜均應加重處罰的規定，林東茂教授早在其教科書提及。又如刑事訴訟法方面，第 159 條之 2 所謂證人「先前的陳述」與審判中「不符」，王兆鵬教授認為包括證人於審判中答稱「不記得」，此見解為最高法院 101 年度台上字第 1561 號判決所接納；而 2012

年引起學界熱烈討論的最高法院101度第2次刑事庭會議決議，雖有不少學者持不同意見，但其實並非無的放矢，其決議㈡指出若檢察官未盡其舉證責任，法院仍得曉諭檢察官為證據調查之聲請，即酌採陳運財教授之見解。凡此足見，學說見解在我國近年立法或司法實務已有舉足輕重的地位，值得法界先進參考。

本書對於重要法學概念雖有介紹，但礙於篇幅，學界對於法條或實務見解的評釋，本書僅擇要選輯摘錄，如遇較複雜的爭議問題，才以專題討論方式討論；本書並非逐條釋義，尚不足以與所謂的「註釋書」（Kommentar）相比，而是恪守工具書的本分。誠如前文，工具書無法全面取代教科書及期刊論文的功能，只在節省讀者做筆記抄寫的時間，若欲探究法學堂奧，仍請讀者翻閱原著，故本書引述學說意見部分，皆比照學術引註的規範（惟考量法典編排的特殊性，故不採前揭註模式），以供讀者查詢。

本書能順利出版，有賴五南圖書出版股份有限公司劉副總編輯靜芬小姐的大力引薦並支持。編者過去雖曾有數次編輯法典的經驗，然囿於商業利潤的計算，編輯理念及改作權不免有掣肘，所學專長無法全然發揮。此次，幸承楊董事長榮川先生不計成本考量，以出版好書為宗旨，版面行距不過分壓縮，俾使讀者閱讀舒適，實質內容亦尊重編者的理念與專業。此外，僑光科技大學財法系專任講師王紀軒博士、東海大學法律學院博士生韓政道同學提供不少寶貴之修正意見並嚴謹地校正，使本書更臻完善，這樣的陣容在法典出版界縱非獨有，亦屬罕見。最後，若您認同編者理念，亦相信五南編輯排版的品質，請不吝惜推薦給需要利用本書的親朋好友，蓋讀者的支持是編者堅持信念的原動力；若您使用本書，發現誤謬或有其他建議，亦請告知，感謝您讓編者有繼續進步的機會。

作者謹識

謹識於台北文山

2013年3月

凡　例

一、現行條文與修正草案

為兼顧學術研究與裁判時新舊法的比較，本書除了蒐錄最新的法條，以及修正說明之外，亦附上修法前的條文，以利參考。

為幫助各位讀者掌握修法脈動，本書蒐錄最新官方版本的法規草案，惟因其未曾施行，加以在立法過程中可能遭立委修改或通過民間版本，編者認為其重要性自不可與現行或曾施行過的條文等同視之，故不以穿插於現行條文的方式，而以附錄於書末的方式呈現。

二、法學概念

本書就重要的法學概念概略介紹，有助於初習者及法律門外漢認識法律；對於進修者或從事法律相關工作者，能夠快速復習重要學理。同時，針對學界就現行條文或立法草案的檢討與建議，編者認為具有重要參考的價值者，亦一併收入。

三、實務見解

本書依序蒐錄司法院解釋、最高法院決議、判例、判決及裁定，考量後三者讀者較不易區分，本書於字號後加以註明。

四、學理與實務的交會—爭議問題

對於學說爭議，或學說與新舊實務見解不同之處，本書進行簡要整理：例如刑事訴訟法第 186 條「違反不自證己罪之告知義務對於被告本人有無證據能力」、第 361 條「上訴二審之具體理由」都前後出現不一致的實務見解，這當中很可能是受到有力學說的影響所致，故本書以開闢專題的方式探討，讓讀者瞭解學說發展與實務的新趨勢，而不侷限於一家之言。

另外，針對學者就某一實務見解發表之學術評論，編者認為尚不適於歸類為肯定說或否定說，為使讀者閱讀便利，直接在該實務見解下整理摘要。這樣的編輯構想，是源於司法院司法智識庫裁判整編的模式；惟差別在於，司法院司法智識庫所選輯的判決，主要目的是供法官參考，但本書則是為兼顧實務或學術參考價值，以及學習或考試需要，所以本書整理與學說意見不同的判決，意不在批判，而是提供讀者更充足的資訊。

解說式—刑事程序法典　目錄

壹、刑事訴訟法暨其相關法規

刑事訴訟法（109.1.15）……1-3
第一編　總　則……1-4
第一章　法　例……1-4
第二章　法院之管轄……1-5
第三章　法院職員之迴避……1-10
第四章　辯護人、輔佐人及代理人……1-14
第五章　文　書……1-27
第六章　送　達……1-31
第七章　期日及期間……1-33
第八章　被告之傳喚及拘提……1-35
第八章之一　限制出境、出海……1-50
第九章　被告之訊問……1-55
第十章　被告之羈押……1-62
第十一章　搜索及扣押……1-79
第十二章　證　據……1-96
第一節　通　則……1-96
第二節　人　證……1-167
第三節　鑑定及通譯……1-180
第四節　勘　驗……1-191
第五節　證據保全……1-194
第十三章　裁　判……1-198
第二編　第一審……1-199
第一章　公　訴……1-199
第一節　偵　查……1-199
第二節　起　訴……1-225
第三節　審　判……1-229
第二章　自　訴……1-252
第三編　上　訴……1-260
第一章　通　則……1-260
第二章　第二審……1-264
第三章　第三審……1-277
第四編　抗　告……1-292
第五編　再　審……1-296

第六編　非常上訴 …… 1-305
第七編　簡易程序 …… 1-311
第七編之一　協商程序 …… 1-314
第七編之二　沒收特別程序 …… 1-319
第七編之三　被害人訴訟參與 …… 1-331
第八編　執　行 …… 1-336
第九編　附帶民事訴訟 …… 1-343
刑事訴訟法施行法（109.1.15） …… 1-346
國民法官法（109.7.22 三讀） …… 1-348
第一章　總　則 …… 1-348
第二章　適用案件及管轄 …… 1-348
第三章　國民法官及備位國民法官 …… 1-348
第一節　通　則 …… 1-348
第二節　國民法官及備位國民法官之資格 …… 1-349
第三節　國民法官及備位國民法官之選任 …… 1-350
第四節　國民法官及備位國民法官之解任 …… 1-351
第五節　國民法官、備位國民法官及候選國民法官之保護 …… 1-352
第四章　審理程序 …… 1-352
第一節　起　訴 …… 1-352
第二節　基本原則 …… 1-352
第三節　準備程序 …… 1-352
第四節　審判期日 …… 1-354
第五節　終局評議及判決 …… 1-356
第六節　上　訴 …… 1-356
第七節　再　審 …… 1-357
第五章　罰　則 …… 1-357
第六章　國民參與審判制度成效評估 …… 1-358
第七章　附　則 …… 1-358
通訊保障及監察法（107.5.23） …… 1-359
通訊保障及監察法施行細則（103.6.26） …… 1-378
檢察機關實施通訊監察應行注意要點（107.10.23） …… 1-383
法院辦理通訊監察案件應行注意事項（103.6.26） …… 1-385
提審法（103.1.8） …… 1-388
刑事妥速審判法（108.6.19） …… 1-390
去氧核醣核酸採樣條例（101.1.4） …… 1-399
法院辦理刑事訴訟案件應行注意事項（109.3.13） …… 1-401
法院辦理限制辯護人接見通信案件應行注意事項（99.6.23） …… 1-428
法院辦理聲請限制書案件作業流程表 …… 1-430
法院辦理刑事訴訟協商程序案件應行注意事項（93.4.9） …… 1-441

法院辦理刑事訴訟簡易程序案件應行注意事項（98.8.28） …… 1-443
偵查不公開作業辦法（108.3.15） …… 1-445
法院組織法（108.1.4） …… 1-447
第一章　總　則 …… 1-447
第二章　地方法院 …… 1-447
第三章　高等法院 …… 1-450
第四章　最高法院 …… 1-451
第五章　檢察機關 …… 1-453
第六章　司法年度及事務分配 …… 1-455
第七章　法庭之開閉及秩序 …… 1-456
第八章　法院之用語 …… 1-457
第九章　裁判之評議 …… 1-457
第十章　司法上之互助 …… 1-457
第十一章　司法行政之監督 …… 1-457
第十二章　附　則 …… 1-458
法庭錄音錄影及其利用保存辦法（105.5.23） …… 1-459
證人保護法（107.6.13） …… 1-460
少年事件處理法（108.6.19） …… 1-464
第一章　總　則 …… 1-464
第二章　少年法院之組織 …… 1-465
第三章　少年保護事件 …… 1-465
第一節　調查及審理 …… 1-465
第二節　保護處分之執行 …… 1-469
第三節　抗告及重新審理 …… 1-470
第四章　少年刑事案件 …… 1-471
第五章　附　則 …… 1-472
檢察機關辦理刑事訴訟案件應行注意事項（109.1.8） …… 1-474

貳、刑訴最新修正草案暨專論

平民參與審判制度概述 …… 2-3
刑事訴訟法第二百三十四條、第二百三十九條、第三百四十八條修正草案總說明 …… 2-14
刑事訴訟法施行法第七條之十八修正草案總說明 …… 2-17
終審法院統一法律解釋方式之變革—「大法庭」新制概述 …… 2-19
108 年度無資力認定標準簡表（總表） …… 2-23

參、索引

刑訴及相關法規實務見解索引─司法院解釋、大法官會議解釋 … 3-3
刑訴及相關法規實務見解索引─決議 …… 3-5
刑訴及相關法規實務見解索引─大法庭裁定 …… 3-7
刑訴及相關法規實務見解索引─判例 …… 3-8
刑訴及相關法規實務見解索引─裁判 …… 3-11
刑訴及相關法規法學概念索引 …… 3-21
刑訴及相關法規爭議問題索引 …… 3-25

壹、刑事訴訟法暨其相關法規

刑事訴訟法

1.中華民國 17 年 7 月 28 日國民政府制定公布全文 513 條；並自同年 9 月 1 日施行
2.中華民國 24 年 1 月 1 日國民政府修正公布全文 516 條
3.中華民國 34 年 12 月 26 日國民政府修正公布第 6、22、50、67、68、108、109、114、120、121、173、207、217、221、232、235、238、252、287、306、308、311、312、317、318、323、335、362、374～376、378、385、387、389、390、400、415、440、441、495、499、505、507、508、515 條條文
4.中華民國 56 年 1 月 28 日總統令修正公布全文 512 條（原名稱：中華民國刑事訴訟法）
5.中華民國 57 年 12 月 5 日總統令修正公布第 344、506 條條文
6.中華民國 71 年 8 月 4 日總統令修正公布第 27、29～31、33、34、150、245、255 條條文；並增訂第 71-1、88-1 條條文
7.中華民國 79 年 8 月 3 日總統令修正公布第 308、451、454 條條文；並增訂第 310-1、451-1、455-1 條條文
8.中華民國 82 年 7 月 30 日總統令修正公布第 61 條條文
9.中華民國 84 年 10 月 20 日總統令修正公布第 253、373、376、449、451、454 條條文；並增訂第 449-1 條條文
10.中華民國 86 年 12 月 19 日總統令修正公布第 27、31、35、91～93、95、98、101～103、105～108、110、111、114、117～119、121、146、226、228～230、259、271、311、379、449、451、451-1、452 條條文；刪除第 104、120 條條文；並增訂第 93-1、100-1、100-2、101-1、101-2、103-1、116-1、231-1 條條文
11.中華民國 87 年 1 月 21 日總統令修正公布第 55、100-1、100-2、420 條條文；並增訂第 100-3、248-1 條條文
12.中華民國 88 年 2 月 3 日總統令修正公布第 93-1、146 條條文
13.中華民國 88 年 4 月 21 日總統令修正公布第 101-1、147 條條文
14.中華民國 89 年 2 月 9 日總統令修正公布第 38、117、323、326、328、338、441、442 條條文
15.中華民國 89 年 7 月 19 日總統令修正公布第 245 條條文；增訂第 116-2、117-1 條條文；並自 90 年 7 月 1 日施行
16.中華民國 90 年 1 月 12 日總統令修正公布第 122、127、128、128-1、128-2、130、131、131-1、132-1、136、137、143、144、145、153、228、230、231、404、416；並刪除第 129 條條文
17.中華民國 91 年 2 月 8 日總統令修正公布第 61、131、161、163、177、178、218、253、255～260、326 條條文；並增訂第 253-1～253-3、256-1、258-1～258-4、259-1 條條文
18.中華民國 91 年 6 月 5 日總統令修正公布第 101-1 條條文
19.中華民國 92 年 2 月 6 日總統令修正公布第 31、35、37、38、43、44、117-1、118、121、154～156、159、160、164、165～167、169～171、175、180、182～184、186、189、190、192、193、195、196、198、200、201、203～205、208、209、214、215、219、229、258-1、273、274、276、279、287、288、289、303、307、319、320、327、329、331、449、455 條條文；增訂第 43-1、44-1、158-1～158-4、159-1～159-5、161-1～161-3、163-1、163-2、165-1、166-1～166-7、167-1～167-7、168-1、176-1、176-2、181-1、196-1、203-1～203-4、204-1～204-3、205-1、205-2、206-1、第五節節名、219-1～219-8、236-1、236-2、271-1、273-1、273-2、284-1、287-1、287-2、288-1～288-3 條條文；並刪除第 162、172～174、191、340 條條文
20.中華民國 93 年 3 月 23 日總統令增訂公布第 455-2～455-11 條條文暨第七編之一編名
21.中華民國 93 年 6 月 23 日總統令增訂公布第 310-2、314-1 條文；並修正 308、309、310-1、326、454 條條文
22.中華民國 95 年 5 月 24 日總統令修正公布第 31 條條文
23.中華民國 95 年 6 月 14 日總統令修正公布第 101-1、301、470、481 條條文；並自 95 年 7 月 1 日施行
24.中華民國 96 年 3 月 21 日總統令修正公布第 284-1 條條文
25.中華民國 96 年 7 月 4 日總統令修正公布第 33、108、344、354、361、367、455-1 條條文
26.中華民國 96 年 12 月 12 日總統令修正公布第 121 條條文
27.中華民國 98 年 7 月 8 日總統令修正公布第 93、253-2、449、479、480 條條文；其中第 253-2、449、479、480 條自 98 年 9 月 1 日施行；第 93 條自 99 年 1 月 1 日施行
28.中華民國 99 年 6 月 23 日總統令修正公布第 34、404、416 條條文；並增訂第 34-1 條條文
29.中華民國 101 年 6 月 13 日總統令修正公布第 245 條條文
30.中華民國 102 年 1 月 23 日總統令修正公布第 31、95 條條文
31.中華民國 103 年 1 月 29 日總統令修正公布第 119、404、416 條條文
32.中華民國 103 年 6 月 4 日總統令修正公布第 253-2、370、455-2 條條文
33.中華民國 103 年 6 月 18 日總統令增訂公布第 119-1 條條文；並自公布後六個月施行
34.中華民國 103 年 12 月 24 日總統令修正公布第 376 條條文
35.中華民國 104 年 1 月 14 日總統令修正公布第 27、31、35、93-1 條條文
36.中華民國 104 年 2 月 4 日總統令修正公布第 420 條條文
37.中華民國 105 年 6 月 22 日總統令修正公布第 133、136、137、141、143、145、259-1、309、310、404、416、455-2、470、473、475 條條文；增訂第 3-1、133-1、133-2、142-1、310-3、455-12～455-37 條條文及第七編之二編名；並自 105 年 7 月 1 日施行
38.中華民國 106 年 4 月 26 日總統令修正公布第 93、101 條條文；並增訂第 31-1、33-1 條條文；除第 31-1 條自 107 年 1 月 1 日施行外，餘自公布日施行
39.中華民國 106 年 11 月 16 日總統令修正公布第 253、284-1、376 條條文
40.中華民國 107 年 11 月 21 日總統令修正公布第 57、61 條條文
41.中華民國 107 年 11 月 28 日總統令修正公布第 311 條條文
42.中華民國 108 年 6 月 19 日總統令修正公布第 33、404、416 條條文；增訂第 93-2～93-6 條條文及第八章之一章名；並自公布後六個月施行
43.中華民國 108 年 7 月 17 日總統令修正公布第 116-2、117、121、456、469 條條文
44.中華民國 109 年 1 月 8 日總統令修正公布第 248-1、429、433、434 條條文；並增訂第 248-2、248-3、271-2～271-4、429-1～429-3、455-38～455-47 條條文及第七編

之三編名

45.中華民國 109 年 1 月 15 日總統令修正公布第 15、17～26、38、41、46、50、51、58、60、63、67、68、71、76、85、88-1、89、99、101-1、114、121、142、158-2、163、192、256、256-1、271-1、280、289、292、313、344、349、382、390、391、394、426、454、457 條條文；並增訂第 38-1、89-1 條條文；除第 38-1 條、第 51 條第 1 項、第 71 條第 2 項、第 85 條第 2 項、第 89、99 條、第 142 條第 3 項、第 192、289 條自公布後六個月施行外，自公布日施行

第一編　總　則

第一章　法　例

第 1 條（追訴處罰之限制及適用）

I 犯罪，非依本法或其他法律所定之訴訟程序，不得追訴、處罰。

II 現役軍人之犯罪，除犯軍法應受軍事裁判者外，仍應依本法規定追訴、處罰。

III 因受時間或地域之限制，依特別法所為之訴訟程序，於其原因消滅後，尚未判決確定者，應依本法追訴、處罰。

❐ 實務見解

▸ 釋字第 51 號（44.08.13）

士兵未經核准，離營已逾一個月者，依兵役法第二十條第一項第三款規定，已失現役軍人身分，如其另犯罪，依非軍人之例，定其審判機關。本院院字第二八二號解釋，應予變更。

編按：

在 2013 年 8 月 6 日，因洪仲丘事件，立法院修正通過軍事審判法部分條文，其中第 1 條第 1、2 項規定：「現役軍人戰時犯陸海空軍刑法或其特別法之罪，依本法追訴、處罰。現役軍人非戰時犯下列之罪者，依刑事訴訟法追訴、處罰：一、陸海空軍刑法第四十四條至第四十六條及第七十六條第一項。二、前款以外陸海空軍刑法或其特別法之罪。」其第 34 條並規定：「犯罪事實之一部應依刑事訴訟法追訴、審判時，全部依刑事訴訟法追訴、審判之。」

而依第 237 條之規定，分兩階段將軍審案件移轉普通司法。第一階段：即陸海空軍刑法第 44 條至第 46 條及第 76 條第 1 項之罪。例如在非戰時期，長官凌虐部屬、不應處罰處罰、長官阻撓部屬申訴、外患、瀆職、公共危險、偽造文書、殺人、傷害、性侵害、在軍事處所竊盜等罪即是。這些犯罪，於總統公布後三日，即 2013 年 8 月 15 日，隨即移出軍事審判範圍，改由普通法院審理，洪案亦適用此階段。第二階段：其餘軍審案件則自總統公布日五個月後亦移轉至普通法院。因此，在非戰爭時期，原則上已不會發生刑訴法第 1 條第 2 項的「除外」情形，本次修法過程流於倉促，未通盤檢討其他法規配套修正，實乃美中不足之處。

第 2 條（有利不利一律注意）

I 實施刑事訴訟程序之公務員，就該管案件，應於被告有利及不利之情形，一律注意。

II 被告得請求前項公務員，為有利於己之必要處分。

❐ 實務見解

▸ 103 台上 900（判決）

法律是社會生活的產物，執法人員自須體察社會脈動，秉持立法精神和整體法律秩序理念，與時俱進，法律生命於焉豐富而有活力，司法裁判（含檢察官之處分）因此適於社會正義，符合人民法律感情，刑事訴訟法第二條第一項關於「實施刑事訴訟程序之公務員，就該管案件，應於被告有利及不利之情形，一律注意」之客觀性義務規定，亦得藉此具體展現。

▸ 100 台上 6287（判決）

本法第二條第一項對於被告有利及不利之情形，應一律注意，僅屬訓示規定，就證據層面而言，乃提示法院於證據取捨判斷時應注意之作用，於舉證責任之歸屬不生影響。檢察官如未於起訴時或審判中提出不利於被告之證據，以證明其起訴事實存在，或未指出調查之途徑，與待證事實之關聯及證據之證明力等事項，自不得以法院違背本法第一百六十三條第二項之規定，未依職權調查證據，有應於審判期日調查之證據未予調查之違法，執為提起第三審上訴之理由。

第 3 條（刑事訴訟之當事人）

本法稱當事人者，謂檢察官、自訴人及被告。

法院與當事人之三面關係：

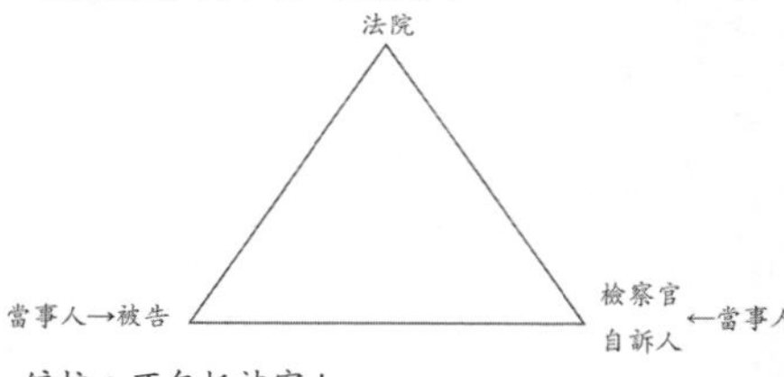

編按：不包括被害人

第 3 條之 1（刑事訴訟之沒收）

本法所稱沒收，包括其替代手段。

■增訂說明（105.06.22）

一、本條新增。

二、本法關於沒收之規定為國家剝奪人民財產之正當程序，沒收及其替代手段追徵等同

應遵循，爰增訂本條以明確其適用範圍。

第二章　法院之管轄

第 4 條（事物管轄）
地方法院於刑事案件，有第一審管轄權。但左列案件，第一審管轄權屬於高等法院：
一　內亂罪。
二　外患罪。
三　妨害國交罪。

第 5 條（土地管轄）
Ⅰ案件由犯罪地或被告之住所、居所或所在地之法院管轄。
Ⅱ在中華民國領域外之中華民國船艦或航空機內犯罪者，船艦本籍地、航空機出發地或犯罪後停泊地之法院，亦有管轄權。

❒ 實務見解

▶72 台上 5894（判例）

案件由犯罪地或被告之住所、居所或所在地之法院管轄，刑事訴訟法第五條第一項定有明文，**而所謂犯罪地，參照刑法第四條之規定，解釋上自應包括行為地與結果地兩者而言**。

第 6 條（牽連管轄）
Ⅰ數同級法院管轄之案件相牽連者，得合併由其中一法院管轄。
Ⅱ前項情形，如各案件已繫屬於數法院者，經各該法院之同意，得以裁定將其案移件送於一法院合併審判之；有不同意者，由共同之直接上級法院裁定之。
Ⅲ不同級法院管轄之案件相牽連者，得合併由其上級法院管轄。已繫屬於下級法院者，其上級法院得以裁定命其移送上級法院合併審判。但第七條第三款之情形，不在此限。

❖ 法學概念

「牽連管轄」與「競合管轄」之比較

區別	牽連管轄（§6、§7）	競合管轄（§8）
形成原因	乃基於固有有管轄權之法院，如分別管轄或審判，有背訴訟經濟之要求，因而使雖無管轄之法院，依本法第 6 條，取得其管轄權，而合併管轄之。	同一案件的情形，因事物管轄或土地管轄之原因，而有數法院均可管轄該案件時，依本法第 8 條，只能由其中一法院，取得管轄權。
繫屬時間點	牽連管轄的案件在繫屬前、後皆可能成立。	競合管轄案件則只限於繫屬後。
立法目的	基於訴訟經濟、證據共通。	避免裁判矛盾。
案件個數	數案數訴	一案數訴。
應否併案	相牽連案件，「得」併案審理。其未繫屬者，若屬牽連案件已繫屬於同級法院且經各該法院同意者，得裁定移送，若不同意則由共同直接上級法院裁定。而若繫屬於不同級法院，其上級法院得以裁定命移送，但第 7 條第 3 款則不包含在內，**蓋此等同時犯案件，本屬各別犯罪，自不宜輕言合併，以免剝奪其審級利益**。	競合管轄案件則「應」併案審理。依本法第 8 條不得審判之法院，應諭知與第 303 條第 2 款或第 7 款之不受理判決。
法院判決	牽連案件因本質上為數案件得合併審判，故必為「數」判決。	競合管轄案件因本質上為同一案件，故不能為相歧異的裁判，必為「一」判決。
繫屬關係轉變	牽連案件於合併時發生「移轉」訴訟繫屬。	競合管轄案件，由不得審判之法院「消滅」訴訟繫屬。

❑ 實務見解

▶ 釋字第 665 號（98.10.16）

訴訟案件分配特定法官後，因承辦法官調職、升遷、辭職、退休或其他因案件性質等情形，而改分或合併由其他法官承辦，乃法院審判實務上所不可避免。按刑事訴訟法第七條規定：「有左列情形之一者，為相牽連之案件：一、一人犯數罪者。二、數人共犯一罪或數罪者。三、數人同時在同一處所各別犯罪者。四、犯與本罪有關係之藏匿人犯、湮滅證據、偽證、贓物各罪者。」第六條規定：「數同級法院管轄之案件相牽連者，得合併由其中一法院管轄。（第一項）前項情形，如各案件已繫屬於數法院者，經各該法院之同意，得以裁定將其案件移送於一法院合併審判之。有不同意者，由共同之直接上級法院裁定之。（第二項）不同級法院管轄之案件相牽連者，得合併由其上級法院管轄。已繫屬於下級法院者，其上級法院得以裁定命其移送上級法院合併審判。但第七條第三款之情形，不在此限。（第三項）」**上開第六條規定相牽連刑事案件分別繫屬於有管轄權之不同法院時，得合併由其中一法院管轄，旨在避免重複調查事證之勞費及裁判之歧異，符合訴訟經濟及裁判一致性之要求。且合併之後，仍須適用相同之法律規範審理，如有迴避之事由者，並得依法聲請法官迴避，自不妨礙當事人訴訟權之行使**。惟相牽連之數刑事案件分別繫屬於同一法院之不同法官時，是否以及如何進行合併審理，相關法令對此雖未設明文規定，**因屬法院內部事務之分配**，且與刑事訴訟法第六條所定者，均同屬相牽連案件之處理，而有合併審理之必要，故如**類推適用**上開規定之意旨，以事先一般抽象之規範，將不同法官承辦之相牽連刑事案件改分由其中之一法官合併審理，自與首開憲法意旨無違。

❖ 學者評釋

一、陳運財教授

釋字第 665 號解釋多數意見認為，關於案件之分配，「法定法官原則」不排除以命令或依法組成之法官會議定規範行之。陳教授認為，上開多數意見的論述過程及內容，肯認在憲法上亦找得到法定法官原則的依據，**惟並未進一步闡明其具體規範內容如何，以及應有何制度性之保障機制落實此項原則**。

本件釋憲案，**最核心的爭點主要在於相牽連案件分別前後繫屬於同一法院後的合併審判如何定位之問題，與因人事異動換法官之「案件改分相同，屬法院內部事務分配之問題」，或是具有與管轄之決定性質類似？**

因此，相牽連之刑事案件分別繫屬於同一法院之不同法官時，如何進行合併審理？此種情形，法無明文規範，**惟應類推適用刑事訴訟法第6條第2項本文之規定，經各該法「官」之同意，得以裁定將其案件移由一法官合併審判；而不應以司法行政程序，由法官簽訂法院院長准駁。各受理案件之法官協商不成時，亦不宜以簽請審核小組議決的方式處理。另一方面，目前多數事實審法院未區分各相牽連案件之類型，且亦未兼顧彼此訴訟進行之程度等因素，一律採「後案併前案」的做法，其實與刑事訴訟法規範相牽連案件合併審判之意旨並不相符。**

此外，**相牽連案件併案換法官此一變更原有法定法官原則規範的訴訟繫屬狀態，矮化為法院內部的事務分配**，不僅不受法律保留的拘束，甚至容許法院院長或庭長會議有准駁或決定涉及審判個案內容的判斷事項，其代價卻是要任令被告接受公平及獨立審判的權利可能遭受侵犯的風險。

【陳運財，〈大法官釋字第 665 號解釋評析〉，《月旦法學雜誌》，第 176 期，2010.01，26 頁以下。】

二、柯耀程教授

合併審判於程序規範的要求中，較有問題者，乃在於有不同意合併的情形，但容易發生對於共同上級「法院」概念的誤解，**此所指的共同上級法院，應非「形式」，而是指實質「法院」的概念**。例如被告甲所犯六罪，合於牽連案件的前提條件，惟因繫屬於二審判庭，該二審判庭均係實質的「法院」概念，當有繫屬法院不同意時，依刑訴法第 6 條第 2 項後段之規定，應由共同上級法院為裁定，若僅循內部庭長會議之議決為合併，在程序條件上乃有瑕疵。

【柯耀程，〈合併審判〉，《月旦法學教室》，第 89 期，2010.03，36 頁以下。】

▶ **109 台上 279○（判決）**

合併審判屬於法院審理案件的便宜機制，通常對於不同的案件，刑罰請求權的關係均屬獨立，本須由獨立法院為個別獨立之審判，以確定刑罰關係，惟相牽連案件（指刑事訴訟法第七條所示之各款情形），**基於訴訟經濟考量及裁判一致性之要求，法律規定得合併由其中一法院審判，為法院審理時得為裁量之職權事項，倘無權利濫用，即無違法可言**。是不論初分（指檢察官向法院起訴，案件繫屬法院後之最初分案）或是改分（指案件初次分配之後，因為承辦法官調職、升遷、疾病、辭職、退休，或與其他案件相牽連、積案清理等原因，改由其他法官承辦）之法官（含獨任及合議庭），對於本案與該類案件應否合併，得視案件進行之程度，裁量合併是否確能達到上述之**訴訟經濟及裁判一致性**之最佳作法，此乃關於審判合併設計之規範，並不影響嗣後審判之公平與法官對於個案之判斷，自與保障人民訴訟權無違。

▶99 台上 3750（判決）

刑事訴訟法第六條第一項規定，數同級法院管轄之案件相牽連者，得合併由其中一法院管轄。係規定相牽連之案件分別繫屬於不同法院時，得合併由同一法院管轄；此與相牽連案件同時或先後繫屬於同一法院，應如何審理之情形，並不相同。後者情形，究應分由不同法官（法院）各別辦理抑併由同一法官（法院）合併審理，法無明文，核屬法院內部事務分配之問題。原審法院依相關之事務分配規範，就上訴人所涉之另案及本案，分由不同法官（法院）審理、判決，即不得指爲違法。

第 7 條（相牽連案件）
有左列情形之一者，爲相牽連之案件：
一　一人犯數罪者。
二　數人共犯一罪或數罪者。
三　數人同時在同一處所各別犯罪者。
四　犯與本罪有關係之藏匿人犯、湮滅證據、僞證、贓物各罪者。

❑ 實務見解

▶83 台抗 270（判例）

刑事訴訟法第二百六十五條第一項所謂「相牽連之犯罪」，係指同法第七條所列之相牽連之案件，且必爲可以獨立之新訴，並非指有方法與結果之牽連關係者而言。

▶102 台上 298（判決）

案件由犯罪地或被告之住所、居所或所在地之法院管轄，刑事訴訟法第五條定有明文，乃以土地區域定案件管轄之標準。蓋犯罪地與犯罪直接相關，易於調查證據，有助審判之進行，而被告之住所、居所或所在地則便利被告出庭，均適於作爲管轄之原因，並可客觀合理分配法院管轄之事務。而刑事訴訟法第六條規定就數同級法院管轄之相牽連案件，得合併由其中一法院管轄，重在避免多次調查事證之勞費及裁判之歧異，以符合訴訟經濟及裁判一致性之要求。同法第十五條規定相牽連案件，得由一檢察官合併偵查或合併起訴，其理亦同。雖不免影響被告出庭之便利性，然相牽連案件之合併審判或合併偵查、起訴，須經各該法院或檢察官同意，否則須直接上級法院裁定或上級法院檢察署檢察長命令行之，同法第六條二項、第十五條亦分別定有明文，並非恣意即可合併審判或偵查、起訴。**又刑事訴訟法第七條各款規定之相牽連案件，不以直接相牽連爲限。縱數案件彼此間並無直接相牽連關係，然如分別與他案件有相牽連關係，而分離審判，又可能發生重複調查或判決扞格之情形，**依上開規定及說明，自應認各該案件均係相牽連案件，而得合併由一法院審判，始能達成相牽連案件合併管轄之立法目的。

第 8 條（競合管轄）
同一案件繫屬於有管轄權之數法院者，由繫屬在先之法院審判之。但經共同之直接上級法院裁定，亦得由繫屬在後之法院審判。

❖ 法學概念

同一性案件

一、概念

案件是否同一，應以被告及犯罪事實是否均屬相同，爲其認定之標準，即須在訴訟繫屬中，或已判決確定之兩個案件，經互相比較結果，彼此之被告同一，被訴的犯罪事實亦屬同一者，方爲同一案件。

二、判準

㈠被告同一

被告是否同一，應以原告起訴請求確定具體刑罰權之對象是否同一爲準，並不以起訴書所記載之被告姓名爲唯一標準；如同一案件之「兩案」起訴所指的被告，均爲同一刑罰權對象者，則其被告即爲同一。認定是否檢察官（或自訴人）起訴書所指爲「被告」之人，其主要標準有二：

1. 表示說

以起訴書所記載之被告爲準，即從起訴書解釋其所表示之意思，必記載於起訴書上者，始爲被告。

2. 行爲說（或稱行動說）

以司法機關實際上實施訴訟行爲之對象，即認定其爲被告；非以起訴書所記載之被告姓名爲標準。採此說不僅合於訴訟經濟之原則，且可避免對同一訴訟客體之甲，再進行二重之追訴、審判及處罰，此與釋字第 43 號解釋意旨符合。實務上亦酌採行爲說。

㈡犯罪事實上同一

1. 事實上同一

事實上是否同一，學說上並無定論，但大致有「基本的事實關係同一說」、「構成要件共通說」及「指導形象類似說」等不同見解。

實務過去曾採基本的事實關係同一說，其基本的事實關係是否同一，以社會事實爲準，起訴的事實與判決事實的「社會事實關係相同」，就有同一性，如數訴起訴事實與判決事實，其社會事實關係相同，縱犯罪日時、處所、方法、被害物體、行爲人數、犯罪之形式（共犯態樣或既遂未遂）、被害法益、程序及罪名雖有差異但於事實之同一性並無影響，只要基本社會事實相同，即使細節有異，仍認爲同一。

近來，實務上轉變認定案件是否具事實上同

一，應從「訴之目的及侵害性行為之內容」是否同一來認定。詳言之，依(1)犯罪行為地點、(2)犯罪行為時間、(3)犯罪行為之對象、(4)侵害之目的來判斷。這與「自然意義的行為單數」（如：接續犯），認定其是否為行為單數的情形相似。

2.法律上同一

所謂法律上之事實同一，係指一個單一之刑事案件，經原告先後向同一或不同一之法院起訴，而為數訴之標的者，縱其起訴之基本事實，彼此並不相同，但因此等不相同之基本事實，實體法之規定僅構成一罪時，仍為法律上之事實同一。這與實體法上法的行為一單數（如：複行為犯、集合犯、繼續犯等）的概念相同。

【張麗卿，《刑事訴訟法理論與運用》，五南，十三版，2016.09，166 頁以下。】

❑ 實務見解

▶ 釋字第 168 號（70.05.08）

已經提起公訴或自訴之案件，在同一法院重行起訴者，應諭知不受理之判決，刑事訴訟法第三百零三條第二款，定有明文。縱先起訴之判決，確定在後，如判決時，後起訴之判決，尚未確定，仍應就後起訴之判決，依非常上訴程序，予以撤銷，諭知不受理。

▶ 釋字第 47 號（44.06.20）

刑事訴訟法第八條之主要用意，係**避免繫屬於有管轄權之數法院對於同一案件均予審判之弊**。據來呈所稱，某甲在子縣行竊，被在子縣法院提起公訴後，復在丑縣行竊，其在丑縣行竊之公訴部分原未繫屬於子縣法院，自不發生該條之適用問題。又丑縣法院係被告所在地之法院，對於某甲在子縣法院未經審判之前次犯行，依同法第五條之規定，得併案受理，**其判決確定後，子縣法院對於前一犯行公訴案件，自應依同法第二百九十四條第一款規定，諭知免訴之判決**。

第 9 條（指定管轄）

I 有左列情形之一者，由直接上級法院以裁定指定該案件之管轄法院：

一　數法院於管轄權有爭議者。

二　有管轄權之法院經確定裁判為無管轄權，而無他法院管轄該案件者。

三　因管轄區域境界不明，致不能辨別有管轄權之法院者。

II 案件不能依前項及第五條之規定，定其管轄法院者，由最高法院以裁定指定管轄法院。

❑ 實務見解

▶ 31 聲 29（判例）

刑事訴訟法第九條第二項所謂案件不能依前項及第五條之規定定其管轄法院者，由最高級法院以裁定指定管轄法院，係指關係之數法院各有其直接上級法院，不相統屬，不能由其中之一個直接上級法院予以指定及不能依第五條之規定定其管轄法院者而言。至最高級法院指定管轄，除該案件合於不能依第五條之規定定其管轄法院外，仍須以具有第九條第一項所列各款情形之一，為其要件，此係當然之解釋。

第 10 條（移轉管轄）

I 有左列情形之一者，由直接上級法院，以裁定將案件移轉於其管轄區域內與原法院同級之他法院：

一　有管轄權之法院因法律或事實不能行使審判權者。

二　因特別情形由有管轄權之法院審判，恐影響公安或難期公平者。

II 直接上級法院不能行使審判權時，前項裁定由再上級法院為之。

❑ 實務見解

▶ 106 年度第 5 次刑事庭會議決議（106.05.09）

院長提議：

法院組織法第十四條之一規定：「地方法院與高等法院分設刑事強制處分庭，辦理偵查中強制處分聲請案件之審核。但司法院得視法院員額及事務繁簡，指定不設刑事強制處分庭之法院。」「承辦前項案件之法官，不得辦理同一案件之審判事務。」「前二項之規定，自中華民國一百零六年一月一日施行。」福建高等法院金門分院編制僅有一合議庭，現有法官如均曾參與案件偵查中羈押抗告之審理，依上開規定，不得辦理同一案件之審判事務，嗣該案件上訴於該院，則該院以其已無其他法官得以審理本案，乃以因法律之規定不能行使審判權為由，請求本院裁定移轉管轄，應否准許？

決議：採甲說。

甲說：

有管轄權之法院因法律或事實不能行使審判權者，由直接上級法院，以裁定將案件移轉於其管轄區域內與原法院同級之他法院，刑事訴訟法第十條第一項第一款定有明文。又法院組織法第十四條之一規定：「地方法院與高等法院分設刑事強制處分庭，辦理偵查中強制處分聲請案件之審核。但司法院得視法院員額及事務繁簡，指定不設刑事強制處分庭之法院。」「承辦前項案件之法官，不得辦理同一案件之審判事務。」「前二項之規定，自中華民國一〇六年一月一日施行。」被告於偵查中經檢察官聲請福建金門地方法院羈押獲准，被告不服，抗告於福建高等法院金門分院，經該院裁定駁回其抗告。嗣該案件於提起公訴後，經福建金門地方法院判決，被告提起第二審上訴，繫屬於福建高等法院金門分院。**惟福建高等法院金門分院編制僅有一合議庭，現僅有二名法官，均曾參與本件偵查中羈押抗告之審理，依上開規定，不得辦理同一案件之審判事務**。從而該院已無其他法官得以審理本案，**該院以其因法律之規定不能行使審判權為由，請求本院裁定移轉管轄，即無不合**。本院應裁定移轉管轄。

▶30 聲 31（判例）

移轉管轄，係直接上級法院，因有管轄權之法院具有法定情形，而將其所受理之案件移轉於原無管轄權之法院，使為審判之救濟方法，若受理訴訟之法院，依法本無管轄權，即應為管轄錯誤之裁判，要不發生移轉管轄之問題，當事人自不得為移轉管轄之聲請。

▶30 聲 14（判例）

管轄之移轉，必其案件尚待審判者，始得為之，若已經裁判確定之案件，自無尚待審判之情形，即無移轉管轄之餘地。

▶108 台聲 11△（裁定）

當事人聲請移轉管轄，應以書狀敘述理由向該管法院為之，刑事訴訟法第十一條定有明文。**該條所謂該管法院，係指直接上級法院，如向最高法院聲請移轉管轄，須以移轉之法院，與有管轄權法院，不隸屬於同一高等法院或分院者，始得為之**。關於移轉管轄，依刑事訴訟法第十條第一項、第二項規定，於有管轄權之法院因法律或事實不能行使審判權，或因特別情形由該法院審判，恐影響公安或難期公平者，得依職權或聲請由直接上級法院或再上級法院，以裁定將案件移轉於其管轄區域內與原法院同級之他法院。**該條第一項第一款所稱因法律或事實不能行使審判權，例如該法院之法官員額不足或有應自行迴避不得執行職務之事由，或因天災、人禍致該法院不能行使審判權等是。至同條第一項第二款所謂因特別情形，審判恐影響公安等移轉管轄原因，則係指該法院依其環境上之特殊關係，如進行審判，有足以危及公安之虞，或有具體事實，足認該法院之審判無法保持公平者而言**。聲請人就上開移轉管轄之原因，於聲請時須具體載明，不能空泛指摘，否則其聲請，難認為有理由。

第 11 條（指定或移轉管轄之聲請）
指定或移轉管轄由當事人聲請者，應以書狀敘述理由向該管法院為之。

第 12 條（無管轄權法院所為訴訟程序之效力）
訴訟程序不因法院無管轄權而失效力。

第 13 條（轄區外行使職務）
法院因發見眞實之必要或遇有急迫情形時，得於管轄區域外行其職務。

第 14 條（無管轄權法院之必要處分）
法院雖無管轄權，如有急迫情形，應於其管轄區域內為必要之處分。

第 15 條（牽連管轄之偵查與起訴）
第六條所規定之案件，得由一檢察官合併偵查或合併起訴；如該管他檢察官有不同意者，由共同之直接上級檢察署檢察長或檢察總長命令之。

□修正前條文

第六條所規定之案件，得由一檢察官合併偵查或合併起訴；如該管他檢察官有不同意者，由共同之直接上級法院首席檢察官或檢察長命令之。

■修正說明（109.01.15）

法院組織法已將「首席檢察官」、「檢察長」之用語，修正為「檢察長」、「檢察總長」，且為配合同法第一百十四條之二各級檢察署更名之規定，爰酌予修正本條之文字，以符法制。

□實務見解

▶107 台上 764◯（判決）

案件由犯罪地或被告之住所、居所或所在地之法院管轄，刑事訴訟法第五條定有明文，乃以土地區域定案件管轄之標準。蓋犯罪地與犯罪直接相關，易於調查證據，有助審判之進行，而被告之住所、居所或所在地則便利被告出庭，均適於作為管轄之原因，並可客觀合理分配法院管轄之事務。而刑事訴訟法第六條規定就數同級法院管轄之相牽連案件，得合併由其中一法院管轄，重在避免多次調查事證之勞費及裁判之歧異，以符合訴訟經濟及裁判一致性之要求。同法第十五條規定上開第六條所規定之案件，得由一檢察官合併偵查或合併起訴，其理亦同。此雖不免影響被告出庭之便利性，**然相牽連案件之合併審判或合併偵查、起訴，須經各該法院或檢察官同意，否則須由直接上級法院裁定或上級檢察署檢察長命令行之**，同法第六條第二項、第十五條亦分別定有明文，並非恣意即可合併審判或偵查、起訴。又刑事訴訟法第七條各款規定之相牽連案件，不以直接相牽連為限。縱數案件彼此間並無直接相牽連關係，然如分別與他案件有相牽連關係，而分離審判，又可能發生重複調查或判決扞格之情形，依上開規定及說明，自應認各該案件均係相牽連案件，而得合併由一法院審判，始能達成相牽連案件合併管轄之立法目的。

第16條（檢察官必要處分之準用規定）
第十三條及第十四條之規定，於檢察官行偵查時準用之。

第三章　法院職員之迴避

第17條（法官自行迴避之事由）
法官於該管案件有下列情形之一者，應自行迴避，不得執行職務：
一　法官為被害人者。
二　法官現為或曾為被告或被害人之配偶、八親等內之血親、五親等內之姻親或家長、家屬者。
三　法官與被告或被害人訂有婚約者。
四　法官現為或曾為被告或被害人之法定代理人者。
五　法官曾為被告之代理人、辯護人、輔佐人或曾為自訴人、附帶民事訴訟當事人之代理人、輔佐人者。
六　法官曾為告訴人、告發人、證人或鑑定人者。
七　法官曾執行檢察官或司法警察官之職務者。
八　法官曾參與前審之裁判者。

☐修正前條文

推事於該管案件有左列情形之一者，應自行迴避，不得執行職務：
一　推事為被害人者。
二　推事現為或曾為被告或被害人之配偶、八親等內之血親、五親等內之姻親或家長、家屬者。
三　推事與被告或被害人訂有婚約者。
四　推事現為或曾為被告或被害人之法定代理人者。
五　推事曾為被告之代理人、辯護人、輔佐人或曾為自訴人、附帶民事訴訟當事人之代理人、輔佐人者。
六　推事曾為告訴人、告發人、證人或鑑定人者。
七　推事曾執行檢察官或司法警察官之職務者。
八　推事曾參與前審之裁判者。

■修正說明（109.01.15）

一、序文「左列」一語修正為「下列」，以符現行法規用語。
二、法院組織法已將「推事」之用語，修正為「法官」，爰配合為文字修正，以符法制。

❖ 爭議問題

本條所謂「前審」所指為何？

一、審級說

我國釋憲實務明確採取審級說之見解，亦即此說著重被告審級利益的保護，故所謂「前審」係指同一推事，就同一案件，曾參與下級審之裁判而言（釋字第178號參照）。

二、拘束說

學說上多採拘束說，認為前審指「前次裁判」，係基於裁判一次性原則，承審法官自應受該判決之拘束，即使裁判有所不當，也應由上級審決之，此為「裁判自縛性」。

蓋「前次裁判」於通常情形固為下級審，但於更審與再審之情形，即屬「同級審」。本於「裁判自縛性原則」，不但第一審裁判法官不能在第二審同樣案件執行裁判職務，發回更審前的裁判法官也不能在發回更審後執行裁判職務，再審之情形亦同。

既然迴避制度在建構公平法院，採拘束說顯然較符合此一立法目的。

【黃朝義，《刑事訴訟法》，新學林，五版，2017.09，73頁；林鈺雄，《刑事訴訟法（上）》，新學林，八版，2017.09，104頁以下。】

☐ 實務見解

▶ 釋字第256號（79.04.04）

民事訴訟法第三十二條第七款關於法官應自行迴避之規定，乃在使法官不得於其曾參與之裁判之救濟程序執行職務，以維審級之利益及裁判之公平。因此，法官曾參與訴訟事件之前審裁判或更審前之裁判者，固應自行迴避。對於確定終局判決提起再審之訴者，其參與該確定終局判決之法官，依同一理由，於再審程序，亦應自行迴避。惟各法院法官員額有限，參考行政訴訟法第六條第四款規定意旨，其迴避以一次為限。最高法院二十六年上字第三六二號判例，與上述意旨不符部分，應不再援用，以確保人民受公平審判之訴訟權益。

▶ 釋字第178號（71.12.31）

刑事訴訟法第十七條第八款所稱推事曾參與前審之裁判，**係指同一推事，就同一案件，曾參與下級審之裁判而言**。

▶ 75年度第14次刑事庭會議決議（75.07.15）

刑事訴訟法第十七條第八款規定：推事曾參與前審之裁判者，應自行迴避，係指推事曾參與前審之裁判或判決者而言，如僅參與下級審言詞辯論而未參與裁定或判決，依法即毋庸迴避。

▶ 79台抗318（判例）

刑事訴訟法第十八條第二款規定，**得聲請法官迴避原因之所謂「足認其執行職務有偏頗之虞者」，係指以一般通常之人所具有之合理觀點，對於該承辦法官能否為公平之裁判，均足產生懷**

疑；且此種懷疑之發生，存有其安全客觀之原因，而非僅出諸當事人自己主觀之判斷者，始足當之。至於訴訟上之指揮乃專屬於法院之職權，當事人之主張、聲請，在無礙於事實之確認以及法的解釋，適用之範圍下，法院固得斟酌其請求以爲訴訟之進行，但仍不得以此對當事人之有利與否，作爲其將有不公平裁判之依據，更不得以此訴訟之進行與否而謂有偏頗之虞聲請法官迴避。

▶29 上 3276（判例）

刑事訴訟法第十七條第八款所謂推事曾參與前審之裁判應自行迴避者，係指其對於當事人所聲明不服之裁判，曾經參與，按其性質，不得再就此項不服案件執行裁判職務而言，**至推事曾參與第二審之裁判，經上級審發回更審後，再行參與，其前後所參與者，均爲第二審之裁判，與曾參與當事人所不服之第一審裁判，而再參與其不服之第二審裁判者不同**，自不在應自行迴避之列。

▶28 聲 10（判例）

推事於該案件曾參與前審之裁判者，依刑事訴訟法第十七條第八款規定，固應自行迴避，**但再審案件其參與原確定判決之推事，並不在該款應行迴避之列**。

▶100 台上 6195（判決）

刑事訴訟法第十七條第八款所規定「推事（即法官）曾參與前審裁判」之應自行避原因，係指同一法官就同一案件曾參與下級審之裁定或判決者而言，**如僅參與該案件下級審最後審判期日以前之準備、調查、訊問或審理程序，並未參與該案件最後審判程序（辯論終結）及判決者**，即不在上開條款所規定應自行避之範圍。

▶99 台上 4653（判決）

刑事訴訟法第十七條第八款所指法官曾參與前審之裁判應自行迴避之規定，係指法官曾參與「所聲明不服之裁判」之下級審裁判之評議或製作等攸關裁判內部成立之事項者而言，**如僅參與下級審準備程序，而未參與上述裁判事項，依法即毋庸迴避**。原審法官唐照明固曾於本件繫屬第一審之初，參與第一審之準備程序，惟嗣因第一審法官更迭，終由審判長法官曾逸誠及法官姚水文、林柏壽所組合議庭審理判決，揆諸上開說明，原審法官唐照明自不在應自行迴避之列。

▶109 台抗 157△（裁定）

人民得請求受公正而獨立之法院依正當程序予以審判之權利，乃憲法第十六條保障人民訴訟權之核心內容。而公平法院仰賴法官執行職務之客觀中立與公正，公民與政治權利國際公約第十四條第一項中段即訂明：「任何人受刑事控告或因其權利義務涉訟須予判定時，應有權受獨立無私之法定管轄法庭公正公開審問」。對訴訟當事人而言，法官裁判事務之分配，應按法院內部事務分配所事先預定之分案規則，機械的公平輪分案件，以符合法定法官原則，形成第一層次之公平法院的機制。**而法官迴避制度，是在隨機分案後，於具體個案中實質修正第一層次公平法院機制之不足，爲法定法官原則之例外容許，據以構成第二層次之公平審判的防護網。至法院的分案迴避制度，則是爲提升法官迴避機制的公開、透明，增進人民對公平法院的信任，於法院的分案規則，事先將法官曾參與相關裁判等應自行迴避或得聲請迴避的原因，訂定法官應否分案迴避的一般抽象規範標準，作爲調和當事人無從或難以事先聲請迴避的客觀制度性之程序保障**。而刑事訴訟法迴避制度，於該法第十七條列舉法官當然應自行迴避之事由，同條第八款規定，法官曾參與前審之裁判者，應自行迴避，不得執行職務。且法官有應自行迴避以外情形，足認其執行職務有偏頗之虞者，當事人得聲請迴避，同法第十八條第二款另設有概括規定。雖**司法院釋字第一七八號解釋謂，刑事訴訟法第十七條第八款所稱法官「曾參與前審之裁判」，係指同一法官，就同一案件，曾參與下級審之裁判而言。故再審案件其參與原確定判決之法官，並不在該款應自行迴避之列**。惟其後司法院釋字第二五六號解釋認，民事訴訟法第三十二條第七款所稱法官「曾參與該訴訟事件之前審裁判」，於再審程序，參與原確定判決之法官，亦應自行迴避（惟其迴避以一次爲限），使法官不得於其曾參與裁判之救濟程序執行職務，以維護審級之利益及裁判之公正。而行政訴訟法第十九條第六款，亦將法官「曾參與該訴訟事件再審前之裁判」列爲自行迴避事由（但其迴避以一次爲限）。因刑事再審程序雖屬同一審級更爲審判，但涉及推翻原確定判決安定性的救濟程序，非僅原審級訴訟程序之續行，**基於避免裁判預斷偏頗與維護公平法院的理念**，原審法院分案實施要點（下稱分案實施要點）第十二點第三款明訂法官迴避時的分案原則，該院民事、刑事及行政案件之分案，於再審案件，準用前二款規定，**參與前一次原確定裁判之法官應予迴避。亦即於分案時，即制度性確保參與原確定判決之法官應迴避再審案件，以維護刑事再審程序的正當及裁判的公正性**。

第 18 條（聲請法官迴避—事由）

當事人遇有下列情形之一者，得聲請法官迴避：

一　法官有前條情形而不自行迴避者。

二　法官有前條以外情形，足認其執行職務有偏頗之虞者。

□修正前條文

當事人遇有左列情形之一者，得聲請推事迴

避：
一　推事有前條情形而不自行迴避者。
二　推事有前條以外情形，足認其執行職務有偏頗之虞者。

■修正說明（109.01.15）

一、序文「左列」一語修正為「下列」，以符現行法規用語。
二、法院組織法已將「推事」之用語，修正為「法官」，爰配合為文字修正，以符法制。

❖ 法學概念

「法官自行迴避」與「聲請法官迴避」之比較

	自行迴避（§17）	聲請迴避（§18）
迴避原因	法官有本法第 17 條各款原因者。	1. 法官有本法第 17 條各款所列原因（§18①）。 2. 法官有本法第 17 條各款所列以外原因，足認其執行職務有偏頗之虞者（§18②）。
迴避時期	本法未明文，但法官知有自行迴避事由，應儘速主動迴避。	1. 有本法第 17 條各款所列原因，不問訴訟程度進行如何，當事人得隨時聲請該法官迴避（§19Ⅰ）。 2. 本法第 17 條各款以外情形，足認法官執行職務有偏頗之虞者。如當事人已就該案件有所聲明或陳述後，不得聲請推事迴避。但聲請迴避之原因發生在後或知悉在後者，不在此限（§19Ⅱ）。
須否釋明	因係法官自行迴避毋庸釋明。	被聲請迴避之法官得提出意見書。
應否停止訴訟程序之進行	應即停止訴訟程序，不得執行職務。	法官被聲請迴避者，除因急速處分或以第 18 條第 2 款為理由者外，應即停止訴訟程序（§22）。
違反者得上訴至第三審	其所為判決當然違背法令（§379②）。	其所為判決當然違背法令（§379②）。

▸108 台抗 921△（裁定）

為確保人民受公平審判之權利，並維持司法公正不偏之形象，刑事訴訟法設有迴避制度，規範法官之個案退場機制，排除與案件有一定關係之法官於審判之外，期以達成裁判公平性並維護審級利益。是迴避制度乃是公平審判之基石，為法定法官原則之例外容許，對於保障人民訴訟權影響重大。其中刑事訴訟法第十七條列舉法官當然應自行迴避之原因，同條第八款規定，法官曾參與前審之裁判者，應自行迴避，不得執行職務。且法官有應自行迴避以外情形，足認其執行職務有偏頗之虞者，當事人得聲請迴避，同法第十八條第二款另設有概括規定。**所謂足認其執行職務有偏頗之虞者，係指以一般通常之人所具有之合理觀點，對於該承辦法官能否為公平之裁判，均足產生懷疑；且此種懷疑之發生，存有其完全客觀之原因，而非僅出諸當事人自己主觀之判斷者，始足當之。是如有客觀原因，就各種情形，作個別具體觀察，足令一般通常人對法官能否本於客觀中立與公正之立場參與審判，產生合理懷疑，顯然不當侵害被告受憲法保障公平審判之權利者**，即構成前開所稱執行職務有偏頗疑慮之要件。

第 19 條（聲請法官迴避─時期）
Ⅰ前條第一款情形，不問訴訟程度如何，當事人得隨時聲請法官迴避。
Ⅱ前條第二款情形，如當事人已就該案件有所聲明或陳述後，不得聲請法官迴避。但聲請迴避之原因發生在後或知悉在後者，不在此限。

□修正前條文

Ⅰ前條第一款情形，不問訴訟程度如何，當事人得隨時聲請推事迴避。
Ⅱ前條第二款情形，如當事人已就該案件有所聲明或陳述後，不得聲請推事迴避。但聲請迴避之原因發生在後或知悉在後者，不在此限。

■修正說明（109.01.15）

法院組織法已將「推事」之用語，修正為「法官」，爰配合為文字修正，以符法制。

第 20 條（聲請法官迴避—程序）

I 聲請法官迴避，應以書狀舉其原因向法官所屬法院為之。但於審判期日或受訊問時，得以言詞為之。

II 聲請迴避之原因及前條第二項但書之事實，應釋明之。

III 被聲請迴避之法官，得提出意見書。

□修正前條文

I 聲請推事迴避，應以書狀舉其原因向推事所屬法院為之。但於審判期日或受訊問時，得以言詞為之。

II 聲請迴避之原因及前條第二項但書之事實，應釋明之。

III 被聲請迴避之推事，得提出意見書。

■修正說明（109.01.15）

一、法院組織法已將「推事」之用語，修正為「法官」，第一項及第三項爰配合為文字修正，以符法制。

二、第二項未修正。

❒ 實務見解

▶85 台抗 278（判例）

刑事訴訟法係採職權主義，當事人主張之事實是否可信，應由法院依職權調查，且刑事訴訟法又無類似民事訴訟法第二百八十四條之規定，故刑事訴訟法第二十條第二項之釋明，僅需敘明其證明方法為已足，毋庸提出能即時調查，可使法院信其主張為眞實之證據。

第 21 條（聲請法官迴避—裁定）

I 法官迴避之聲請，由該法官所屬之法院以合議裁定之，其因不足法定人數不能合議者，由院長裁定之；如並不能由院長裁定者，由直接上級法院裁定之。

II 前項裁定，被聲請迴避之法官不得參與。

III 被聲請迴避之法官，以該聲請為有理由者，毋庸裁定，即應迴避。

□修正前條文

I 推事迴避之聲請，由該推事所屬之法院以合議裁定之，其因不足法定人數不能合議者，由院長裁定之；如並不能由院長裁定者，由直接上級法院裁定之。

II 前項裁定，被聲請迴避之推事不得參與。

III 被聲請迴避之推事，以該聲請為有理由者，毋庸裁定，即應迴避。

■修正說明（109.01.15）

法院組織法已將「推事」之用語，修正為「法官」，爰配合為文字修正，以符法制。

第 22 條（聲請法官迴避—效力）

法官被聲請迴避者，除因急速處分或以第十八條第二款為理由者外，應即停止訴訟程序。

□修正前條文

推事被聲請迴避者，除因急速處分或以第十八條第二款為理由者外，應即停止訴訟程序。

■修正說明（109.01.15）

法院組織法已將「推事」之用語，修正為「法官」，爰配合為文字修正，以符法制。

第 23 條（聲請法官迴避—裁定駁回之救濟）

聲請法官迴避經裁定駁回者，得提起抗告。

□修正前條文

聲請推事迴避經裁定駁回者，得提出抗告。

■修正說明（109.01.15）

法院組織法已將「推事」之用語，修正為「法官」，爰配合為文字修正，以符法制。

第 24 條（職權裁定迴避）

I 該管聲請迴避之法院或院長，如認法官有應自行迴避之原因者，應依職權為迴避之裁定。

II 前項裁定，毋庸送達。

□修正前條文

I 該管聲請迴避之法院或院長，如認推事有應自行迴避之原因者，應依職權為迴避之裁定。

II 前項裁定，毋庸送達。

■修正說明（109.01.15）

一、法院組織法已將「推事」之用語，修正為「法官」，第一項爰配合為文字修正，以符法制。

二、第二項未修正。

第 25 條（書記官及通譯迴避之準用）

I 本章關於法官迴避之規定，於法院書記官及通譯準用之。但不得以曾於下級法院執行書記官或通譯之職務，為迴避之原因。

II 法院書記官及通譯之迴避，由所屬法院院長裁定之。

□修正前條文

I 本章關於推事迴避之規定，於法院書記官及通譯準用之。但不得以曾於下級法院執行書記官或通譯之職務，為迴避之原因。

II 法院書記官及通譯之迴避，由所屬法院院長裁定之。

■修正說明（109.01.15）

一、法院組織法已將「推事」之用語，修正為「法官」，第一項爰配合為文字修正，以符法制。

二、第二項未修正。

第 26 條（檢察官、檢察事務官及辦理檢察事務書記官迴避之準用）

Ⅰ第十七條至第二十條及第二十四條關於法官迴避之規定，於檢察官、檢察事務官及辦理檢察事務之書記官準用之。但不得以曾於下級檢察署執行檢察官、檢察事務官、書記官或通譯之職務，爲迴避之原因。

Ⅱ檢察官、檢察事務官及前項書記官之迴避，應聲請所屬檢察長或檢察總長核定之。

Ⅲ檢察長之迴避，應聲請直接上級檢察署檢察長或檢察總長核定之；其檢察官僅有一人者，亦同。

□**修正前條文**

Ⅰ第十七條至第二十條及第二十四條關於推事迴避之規定，於檢察官及辦理檢察事務之書記官準用之。但不得以曾於下級法院執行檢察官、書記官或通譯之職務，爲迴避之原因。

Ⅱ檢察官及前項書記官之迴避，應聲請所屬首席檢察官或檢察長核定之。

Ⅲ首席檢察官之迴避，應聲請直接上級法院首席檢察官或檢察長核定之；其檢察官僅有一人者亦同。

■**修正説明**（109.01.15）

一、檢察事務官與檢察官、書記官同屬檢察機關之職員，並依法院組織法第六十六條之三規定，受檢察官之指揮，處理實施搜索、扣押、勘驗或執行拘提；詢問告訴人、告發人、被告、證人或鑑定人；襄助檢察官執行同法第六十條所定其他職權等事務，爲免涉及私情，或存有成見，致影響被告或告訴人權益，迴避之相關規定同有適用於檢察事務官之必要，爰於第一項增訂檢察事務官亦準用第十七條至第二十條及第二十四條關於法官迴避之規定，且於第二項增訂檢察事務官之迴避，應聲請所屬檢察長或檢察總長核定之。

二、法院組織法已將「推事」、「首席檢察官」、「檢察長」之用語，修正爲「法官」、「檢察長」、「檢察總長」，且爲配合同法第一百十四條之二各級檢察署更名之規定，爰酌予修正本條各項之文字，以符法制。

第四章　辯護人、輔佐人及代理人

第 27 條（辯護人之選任）

Ⅰ被告得隨時選任辯護人。犯罪嫌疑人受司法警察官或司法警察調查者，亦同。

Ⅱ被告或犯罪嫌疑人之法定代理人、配偶、直系或三親等內旁系血親或家長、家屬，得獨立爲被告或犯罪嫌疑人選任辯護人。

Ⅲ被告或犯罪嫌疑人因精神障礙或其他心智缺陷無法爲完全之陳述者，應通知前項之人得爲被告或犯罪嫌疑人選任辯護人。但不能通知者，不在此限。

□**修正前條文**

Ⅰ被告得隨時選任辯護人。犯罪嫌疑人受司法警察官或司法警察調查者，亦同。

Ⅱ被告或犯罪嫌疑人之法定代理人、配偶、直系或三親等內旁系血親或家長、家屬，得獨立爲被告或犯罪嫌疑人選任辯護人。

Ⅲ被告或犯罪嫌疑人因智能障礙無法爲完全之陳述者，應通知前項之人得爲被告或犯罪嫌疑人選任辯護人。但不能通知者，不在此限。

■**修正説明**（104.01.14）

原條文第三項通知選任辯護人規定，僅限智能障礙者，爲避免其他心智障礙，如自閉症、精神障礙、失智症等族群有此需求但被排除，特參考民法第十四條、刑法第十九條修正爲精神障礙或其他心智缺者，擴大於所有心智障礙類族群。

❖ 法學概念

辯護人

辯護人在角色定位上應被視爲專爲被告訴訟照護的「獨立」機關。質言之，辯護人不僅在偵查中處於和檢、警相對的立場，亦有積極站在被告方，爲其維護法律上權益的職責。由於檢察官乃法律專業人士且代表強大的國家機關，而刑事被告通常欠缺法律知識，面對檢察官在程序中的攻擊，顯得十分無防禦能力，基於武器平等原則，透過辯護人的輔助，可補足其在刑事程序中的防禦能力。

特別是在偵查階段犯罪嫌疑人或被告，其自主性低，心理易陷於恐懼中，無法自由表達意見或陳述事實，更無法爲自己蒐集有利的證據，此時辯護人適時的能夠爲無法律常識的犯罪嫌疑人或被告進行法律上的協助，其存在目的不僅在於幫助法院發現犯罪的眞實，同時對於被告訴訟防禦權的保障也能充分的顧及。

【Kral/Eausch, Strafverfahrensrecht, 20. Aufl., 2013, S. 31；川端 博，《刑事訴訟法講義》，成文堂，2012.03，54頁。】

❖ 法學概念

實質有效的辯護

美國聯邦憲法增修條文第 6 條規定被告有受律師協助的權利，此種受律師協助的權利，在美國法上包括受「有效」的律師協助的權利，亦即「如辯護人不能提供有效的律師協助，與無辯護人無異」。二戰後日本憲法第34條前段：「如不直接說明理由並即刻給予委任辯護人的權利，不得對任何人拘留或拘禁。」同法第37條第3項前段：「刑事被告在任何情形下皆可委任有資格的辯護人。」所以刑事被告之選任辯護權為憲法所保障的基本權。前開美國及日本憲法上所謂「被告有受有效律師協助的實質辯護權」的憲法權利，近年也為我國大法官所接納。

我國釋憲實務認為：「憲法第16條規定人民有訴訟權，旨在確保人民有受公平審判之權利，依正當法律程序之要求，刑事被告應享有充分之防禦權，包括選任信賴之辯護人，俾受公平審判之保障。**而刑事被告受其辯護人協助之權利，須使其獲得確實有效之保護，始能發揮防禦權之功能。**從而，刑事被告與辯護人能在不受干預下充分自由溝通，為辯護人協助被告行使防禦權之重要內涵，應受憲法之保障。」換言之，我國大法官認為透過憲法第16條，人民之訴訟權可導出**「被告有受有效律師協助的實質辯護權」也是一種憲法上權利。**我國實務上認為，若依法應用辯護人之案件，按審判筆錄之記載僅有：義務辯護律師陳述**「辯護意旨詳如辯護書所載」**之字樣，**但經查該律師並未提出任何辯護書狀，顯與辯護人未經到庭辯護而逕行審判者無異，**辯護人即違反實質有效的辯護義務。

【Amendment §6 (1791)；王兆鵬、張明偉、李榮耕，《刑事訴訟法（上）》，新學林，四版，2018.09，581頁；岡 愼一，〈弁護及び補佐〉，收錄於三井 誠編，《刑事訴訟法》，日本評論社，二版，2017.04，44頁；釋字第654號解釋；最高法院91年度第8次刑事庭會議決議；最高法院68年台上字第1046號判例。】

第28條（辯護人的人數上限）

每一被告選任辯護人，不得逾三人。

第29條（辯護人之資格）

辯護人應選任律師充之。但審判中經審判長許可者，亦得選任非律師為辯護人。

第30條（選任辯護人之程序）

Ⅰ選任辯護人，應提出委任書狀。

Ⅱ前項委任書狀，於起訴前應提出於檢察官或司法警察官；起訴後應於每審級提出於法院。

❑ 實務見解

▶ 院字第1755號（27.07.27）

依刑事訴訟法第三十條規定，選任辯護人，應於每審級為之，經過一審級，其選任之效力，即不復存在。故案件發回同一法院更審時，在前次審判程序中所選任之辯護人，非另行提出委任狀，不得要求出庭辯護。

第31條（強制辯護案件與指定辯護人）

Ⅰ有下列情形之一，於審判中未經選任辯護人者，審判長應指定公設辯護人或律師為被告辯護：

一　最輕本刑為三年以上有期徒刑案件。

二　高等法院管轄第一審案件。

三　被告因精神障礙或其他心智缺陷無法為完全之陳述。

四　被告具原住民身分，經依通常程序起訴或審判者。

五　被告為低收入戶或中低收入戶而聲請指定者。

六　其他審判案件，審判長認有必要者。

Ⅱ前項案件選任辯護人於審判期日無正當理由而不到庭者，審判長得指定公設辯護人或律師。

Ⅲ被告有數人者，得指定一人辯護。但各被告之利害相反者，不在此限。

Ⅳ指定辯護人後，經選任律師為辯護人者，得將指定之辯護人撤銷。

Ⅴ被告或犯罪嫌疑人因精神障礙或其他心智缺陷無法為完全之陳述或具原住民身分者，於偵查中未經選任辯護人，檢察官、司法警察官或司法警察應通知依法設立之法律扶助機構指派律師到場為其辯護。但經被告或犯罪嫌疑人主動請求立即訊問或詢問，或等候律師逾四小時未到場者，得逕行訊問或詢問。

❑ 修正前條文

Ⅰ有下列情形之一，於審判中未經選任辯護人者，審判長應指定公設辯護人或律師為被告辯護：

一　最輕本刑為三年以上有期徒刑案件。

二　高等法院管轄第一審案件。

三　被告因智能障礙無法為完全之陳述。

四　被告具原住民身分，經依通常程序起訴或審判者。

五　被告為低收入戶或中低收入戶而聲請指定者。

六　其他審判案件，審判長認有必要者。

Ⅱ前項案件選任辯護人於審判期日無正當理由而不到庭者，審判長得指定公設辯護人或律師。

Ⅲ被告有數人者，得指定一人辯護。但各被告之利害相反者，不在此限。

Ⅳ指定辯護人後，經選任律師為辯護人者，得將指定之辯護人撤銷。

Ⅴ被告或犯罪嫌疑人因智能障礙無法為完全之陳述或具原住民身分者，於偵查中未經選任辯護人，檢察官、司法警察官或司法警察應通知依法設立之法律扶助機構指派律師到場爲其辯護。但經被告或犯罪嫌疑人主動請求立即訊問或詢問，或等候律師逾四小時未到場者，得逕行訊問或詢問。

■修正說明（104.01.14）

原條文第一項第三款中的強制辯護案件其指定公設辯護人或律師爲被告辯護規定，及第五項關於偵查中需指派律師爲其辯護的案件，均僅限智能障礙者。爲避免其他心智障礙，如自閉症、精神障礙、失智症等族群有此需求但被排除，特參考民法第十四條、刑法第十九條修正爲精神障礙或其他心智缺者，擴大於所有心智障礙類族群。

❖ 修法簡評

2013 年修法後的刑訴法第 31 條第 5 項規定：「被告或犯罪嫌疑人因智能障礙無法爲完全之陳述或具原住民身分者，於偵查中未經選任辯護人，檢察官、司法警察官或司法警察應通知依法設立之法律扶助機構指派律師到場爲其辯護。但經被告或犯罪嫌疑人主動請求立即訊問或詢問，或等候律師逾四小時未到場者，得逕行訊問或詢問。」

而 2013 年 1 月 4 日新增原住民及無資力民眾之律師依賴權，此究屬強制辯護，抑或僅爲一個無償律師依賴請求的平台？對此，司法院刑事廳認爲被告具原住民身分，經檢察官依通常程序起訴或聲請簡易判決處刑經法院改依通常程序審判等案件，屬強制辯護案件，「不得」改依簡易程序終結，惟尚可適用簡式程序或協商程序等特別程序迅速終結。

有論者參考美國聯邦最高法院之案例認爲，第 31 條第 1 項第 4 至 6 款三類型，**只要提供被告一個無庸自行付費之律師扶助平台即可，即類似同法第 95 條「權利告知」之效果，不必然強迫必須「強制」辯護**。蓋具原住民身分或（中）低收入戶者，未必均處於與平地人隔閡或經濟弱勢之境地，其資質優異者所在多有，其等未必應強制依賴律師，否則亦將產生另一個缺失：即「標籤化」其等特殊身分之負面效應。因此，若被告未表明希望律師到場協助，或積極表明無須律師到場協助，則法院逕行審判，不得逕指爲違法。

【邱忠義，〈新修正刑法「可易刑處分與不可易刑處分」之數罪併罰問題及刑訴法「原住民及無資力民眾律師依賴權」性質之探討〉，《月旦法學教室》，第 126 期，2013.04，78 頁以下。】

❖ 法學概念

強制辯護案件

一、意義

強制辯護案件，指的是以辯護人到場爲被告或犯罪嫌疑人辯護執行職務爲程序合法要件之案件。在強制辯護案件中，被告或犯罪嫌疑人若未選任辯護人（第 27 條第 1 項），國家即有義務爲其指定辯護人，如辯護人未到場，不得進行訴訟程序，否則即屬判決違背法令。

二、適用情形

㈠最輕本刑爲三年以上有期徒刑（§31Ⅰ①）。

㈡高等法院管轄第一審案件（§31Ⅰ②）。

㈢被告因精神障礙或其他心智缺陷無法爲完全之陳述（§31Ⅰ③）。

㈣被告具原住民身分，經依通常程序起訴或審判者（§31Ⅰ④）。

㈤被告爲低收入戶或中低收入戶而聲請指定者（§31Ⅰ⑤）。

㈥協商之案件，被告表示所願受科之刑逾有期徒刑六月，且未受緩刑宣告，其未選任辯護人者，法院應指定公設辯護人或律師爲辯護人，協助進行協商（§455-5Ⅰ）。

㈦被告或犯罪嫌疑人因精神障礙或其他心智缺陷無法爲完全之陳述或具原住民身分者，於偵查中未經選任辯護人，檢察官、司法警察官或司法警察應通知依法設立之法律扶助機構指派律師到場爲其辯護。但經被告或犯罪嫌疑人主動請求立即訊問或詢問，或等候律師逾四小時未到場者，得逕行訊問或詢問（§31Ⅴ）。

㈧偵查中之羈押審查程序未經選任辯護人者，審判長應指定公設辯護人或律師爲被告辯護。但等候指定辯護人逾四小時未到場，經被告主動請求訊問者，不在此限（§31-1Ⅰ）。

三、違反效果

㈠依刑訴法第 284 條，強制辯護案件未經辯護人到庭辯護，不得審判。

㈡構成判決刑訴法第 379 條第 7 款當然違背法令之事由（**即不必考慮是否顯然於判決無影響，皆得上訴至第三審**）。

❖ 爭議問題

刑訴法第 31 條第 5 項是否為強制辯護案件的類型？

一、否定說

依照 2013 年的修法，被告或犯罪嫌疑人因**「精神障礙或其他心智缺陷無法爲完全之陳述」**或具**「原住民身分」**者，於偵查中未經選任辯護人者，檢察官、司法警察（官）應通知法律扶助機構指派律師到場爲其辯護。**但此性質上屬法律扶助而「非」強制或指定辯護規定，其法律效果，主要是連結到能否合法進（續）行訊（詢）問**。

【林鈺雄，《刑事訴訟法（上）》，新學林，八版，2017.09，223 頁以下。】

二、肯定說

若檢察官或司法警察官員違反第31條第5項規定，未爲精神障礙或具原住民身分之被告或犯罪嫌疑人通知法扶機構指派律師到場爲其辯護者，其在檢察官或司法警察官員偵訊時之陳述，應依自白之預防性或嚇阻性理論予以排除。因無律師爲其辯護，而在偵查中遭受羈押者，應類推適用第379條第7款規定，認爲該羈押之裁定違背法令而應予撤銷。被告或犯罪嫌疑人在羈押過程中所作陳述，應屬因違法羈押所爲之自白，依第156條第1項，無證據能力，採此說的論者認爲第31條第5項的規定也爲強制辯護的類型。

【王兆鵬、張明偉、李榮耕，《刑事訴訟法（上）》，瑞興，三版，2015.09，514頁。】

更有認爲，不僅第31條第5項應爲偵查中強制辯護案件，立法者僅將精神障礙或其他心智缺陷無法爲完全之陳述與具原住民身分作爲偵查中強制辯護，適用之範圍過狹，應採全面性之國選辯護制度，應容許被告與辯護人有充分溝通案情之機會，而非形式上在場而已。

【黃朝義，《刑事訴訟法》，新學林，五版，2017.09，95頁。】

以上兩說，本書認爲肯定說較可採。蓋新法只是將國家保護被告之義務，由檢察官偵訊中「提前」至警詢階段，不論其法條用語係「指定」或「通知」而有不同。

❖ 爭議問題

強制辯護的規定於準備程序中是否適用？

一、否定說

依實務見解，準備程序原則上僅處理訴訟資料之彙整，旨在使審判程序能密集順暢進行預作準備，是否行準備程序，法院有裁量之權。**而準備程序非可取代審判期日應爲之訴訟程序，是辯護人苟依法於審判期日到庭爲被告辯護，縱未於準備程序到庭參與準備程序，並不違反刑訴法第31及284條之規定，仍屬合法。**被告不能據此主張該審判程序有刑訴法第379條第7款之違反（最高法院100年度台上字第446號判決參照）。

二、肯定說

學說上認爲，前開實務見解，恐與刑訴法第31條文義有違，又可能混淆準備程序與審判期日功能。蓋在起訴後，訴訟便已經進入「審判」階段，**準備程序與審判期日同屬於「審判」的一部分**，自應亦有強制辯護規定的適用。詳言之，此二者本來就有不同規範目的，不能混爲一談。比較刑訴法第273及285條以下的規定可知，**準備程序的目的在於確認審判範圍、證據有無證據能力、整理爭點及其他相關事項；至於審判期日則是以證據調查及事實與法律的辯護等事項爲程序的核心。但是，準備程序的重要性，絕對不亞於審判期日，所以也應該要有強制辯護規定的適用，不必排除強制辯護規定的適用。**

【李榮耕，〈準備程序與強制辯護〉，《月旦法學教室》，第109期，2011.11，36頁以下。】

❑ 實務見解

▶91年度第8次刑事庭會議決議（91.06.25）

最輕本刑爲三年以上有期徒刑之案件，於審判中未經選任辯護人者，審判長應指定公設辯護人爲其辯護；依法應用辯護人之案件或已經指定辯護人之案件，辯護人未經到庭辯護而逕行審判者，其判決當然違背法令。**刑事訴訟法第三十一條第一項、第三百七十九條第七款分別定有明文。依法應用辯護人之案件依審判筆錄之記載僅有：義務辯護律師陳述「辯護意旨詳如辯護書所載」之字樣，但經查該律師並未提出任何辯護書狀，顯與辯護人未經到庭辯護而逕行審判者無異**（本院六十八年台上字第一〇四六號判例）該案經上訴第三審，本院未予糾正，予以維持，以上訴無理由駁回被告之第三審上訴，而告確定，自屬於法有違。

刑事訴訟法第四百四十一條所謂「案件之審判係違背法令」，包括原判決違背法令及訴訟程序違背法令，後者係指判決本身以外之訴訟程序違背程序法之規定，非常上訴審就上開情形審查，如認其違法情形，本院本應爲撤銷原判決之判決，竟予維持，致有違誤，顯然影響於判決者，應認本院判決違背法令，而依法判決之。

▶100台上446（判決）

最輕本刑爲三年以上有期徒刑或高等法院管轄第一審案件或被告因智能障礙無法爲完全之陳述，於審判中未經選任辯護人者，審判長應指定公設辯護人或律師爲其辯護；其他審判案件，低收入戶被告未選任辯護人而聲請指定，或審判長認有必要者，亦同。前項案件選任辯護人於審判期日無正當理由而不到庭者，審判長得指定公設辯護人；**又法院得於第一次審判期日前，傳喚、通知相關人員到庭行準備程序，而經合法傳喚、通知之相關人員，無正當理由不到庭者，法院得對到庭之人行準備程序，刑事訴訟法第三十一條第一項、第二項，第二百七十三條第一項、第五項規定甚明。準備程序原則上僅處理訴訟資料之彙整，旨在使審判程序能密集順暢進行預作準備，是否行準備程序，法院有裁量之權。而準備程序非可取代審判期日應爲之訴訟程序**，是辯護人苟依法於審判期日到庭爲被告辯護，縱未於準備程序到庭參與行準備程序，依上說明，尚難逕指其辯護有瑕疵而執爲上訴第三審之合法理由。

第 31 條之 1（偵查中之羈押審查程序適用強制辯護制度）

I 偵查中之羈押審查程序未經選任辯護人者，審判長應指定公設辯護人或律師為被告辯護。但等候指定辯護人逾四小時未到場，經被告主動請求訊問者，不在此限。

II 前項選任辯護人無正當理由而不到庭者，審判長得指定公設辯護人或律師。

III 前條第三項、第四項之規定，於第一項情形準用之。

■**增訂說明（106.04.26）**

一、本條新增。

二、偵查中檢察官向法院聲請羈押被告，係起訴前拘束人身自由最嚴重之強制處分，是自應予以最高程度之程序保障。**爰參酌司法院釋字第七三七號解釋意旨，增訂第一項規定，將強制辯護制度擴及於偵查中檢察官聲請羈押、延長羈押、再執行羈押被告之法院審查及其救濟程序**，原則上採強制辯護制度。但考量偵查中之羈押審查程序有其急迫性，與本案之審理程序得另定相當之期日者有別，法院如現實上無公設辯護人之設置，指定辯護人事實上又有無法及時到庭之困難時，若被告無意願久候指定辯護人到庭協助辯護，自應予以尊重，爰配合增訂第一項但書，俾資彈性運用。至於抗告審如未開庭，而採書面審理，自無但書等候指定辯護人規定之適用；又本於司法資源之合理有效利用，且如被告業經羈押，其後續所面臨之程序，已與檢察官聲請羈押當時所面臨之急迫性有所不同，自應有不同之考量。是以，第一項所謂偵查中之羈押審查程序，自不包括法院已裁准羈押後之聲請撤銷羈押、停止羈押、具保、責付或限制住居等程序，附此敘明。

三、偵查中之羈押審查程序，選任辯護人無正當理由不到庭者，為免延宕羈押審查程序之進行，審判長自得另行指定公設辯護人或律師為被告辯護，爰參考第三十一條第二項之規定，增訂第二項。

四、第三十一條第三項、第四項之規定，於第一項之指定辯護及選任辯護亦同斯旨，爰增訂第三項，明定亦準用之。

第 32 條（數辯護人送達文書之方法）

被告有數辯護人者，送達文書應分別為之。

第 33 條（辯護人之閱卷、抄錄、重製或攝影）

I 辯護人於審判中得檢閱卷宗及證物並得抄錄、重製或攝影。

II 被告於審判中得預納費用請求付與卷宗及證物之影本。但卷宗及證物之內容與被告被訴事實無關或足以妨害另案之偵查，或涉及當事人或第三人之隱私或業務秘密者，法院得限制之。

III 被告於審判中經法院許可者，得在確保卷宗及證物安全之前提下檢閱之。但有前項但書情形，或非屬其有效行使防禦權之必要者，法院得限制之。

IV 對於前二項之但書所為限制，得提起抗告。

V 持有第一項及第二項卷宗及證物內容之人，不得就該內容為非正當目的之使用。

□**修正前條文**

I 辯護人於審判中得檢閱卷宗及證物並得抄錄或攝影。

II 無辯護人之被告於審判中得預納費用請求付與卷內筆錄影本。但筆錄之內容與被告被訴事實無關或足以妨害另案之偵查，或涉及當事人或第三人之隱私或業務秘密者，法院得限制之。

■**修正說明（108.06.19）**

一、依現行實務，辯護人閱卷得以影印、電子掃描等重製方式為之，惟原規定抄錄或攝影，得否含括上開方式，非無爭議，爰修正第一項，以臻明確。又法庭錄音或錄影內容，非屬卷宗及證物之範圍，自不得依本條規定聲請抄錄、重製、攝影或請求付與，惟當事人及依法得聲請閱覽卷宗之人仍得循法院組織法相關規定，聲請法院許可交付，附此敘明。

二、被告於審判中之卷證獲知權，屬其受憲法訴訟權保障所應享有之防禦權，自得親自直接行使而毋庸經由辯護人輾轉獲知，且不應因被告有無辯護人而有差別待遇。又刑事案件之卷宗及證物，係據以進行審判程序之重要憑藉，基於憲法正當法律程序原則，除卷宗及證物之內容與被告被訴事實無關或足以妨害另案之偵查，或涉及當事人或第三人之隱私或業務秘密者，法院得予以限制外，自應使被告得以獲知其被告被訴事實無關或足以妨害另案之偵查，或涉及當事人或第三人之隱私或業務秘密者，法院得予以限制外，自應使被告得以獲知其被訴案件卷宗及證物之全部內容，俾能有效行使防禦權。再者，在現代科學技術日趨便利之情況下，透過電子卷證或影印、重製卷宗及證物之方式，已可更有效率提供被告卷證資料，以及減少提解在押被告至法院檢閱卷證之勞費，爰修正第二項。又依司法院釋字第七六二號解釋意旨，本項前段所稱之影本，在解釋上應及於複本（如翻拍證物之照片、複製電磁紀錄及電子卷證等）。至審判中法院認尚有卷證未依第二百六十四條第三項之規定一併送交法院者，得依第二百七十三條第六項之規定定相當期間，以裁定命檢察官補正之，附此敘明。

三、爲確保被告於審判中之訴訟主體地位，如法院認爲適當者，在確保卷證安全之前提下，自得許其親自檢閱卷證；惟倘有第二項但書之情形，或檢閱卷證並非被告有效行使防禦權之必要方式者，法院自得予以限制，爰參考前揭解釋意旨，增訂第三項。又依第二百二十二條第二項之規定，法院作成許可與否之裁定前，本得衡情徵詢檢察官、辯護人等訴訟關係人，或權益可能受影響之第三人意見，或爲其他必要之調查。另於判斷檢閱卷證是否屬被告有效行使防禦權所必要時，法院宜審酌其充分防禦之需要、案件涉及之內容、有無替代程序、司法資源之有效運用等因素，綜合認定之，例如被告無正當理由未先依第二項請求付與卷宗及證物之影本，即逕請求檢閱卷證，或依被告所取得之影本已得完整獲知卷證資訊，而無直接檢閱卷證之實益等情形，均難認屬其有效行使防禦權所必要，皆附此敘明。

四、被告對於法院依第二項但書或第三項但書限制卷證獲知權如有不服者，自應賦予其得提起抗告之權利，俾周妥保障其防禦權，爰增訂第四項。

五、考量被告或第三人不受律師執行業務之倫理、忠誠、信譽義務及監督懲戒機制之規範，且依電子卷證等科技方式取得之卷證內容，具有便利複製、流通快速之特性，持有第一項與第二項卷宗及證物內容之人，包括辯護人、被告及輾轉取得卷證內容之第三人，如就該內容爲非正當目的之使用，恐有損及他人權益及司法公正之虞，而違反保障卷證獲知權之目的，爰增訂第五項。至就上開卷證內容爲非正當目的使用而違反相關法令或損害他人權益者，自應負相關法律責任，乃屬當然。

❖ 修法簡評

2019 年的修法受到學者肯定，因爲這無疑是被告防禦權保障的一大進步，但弔詭的是，既然閱卷是被告的防禦權，爲什麼還須得到法院的許可？又到底有什麼情形是「非被告有效行使防禦權之必要方式」？總之，本條仍存有太多過度不必要的限制，而有爲德不卒的遺憾。

【王兆鵬、張明偉、李榮耕，《刑事訴訟法（上）》，新學林，五版，2020.03，634 頁以下。】

❖ 法學概念

卷證資訊獲知權

一、原則上限於「審判中」

本法第 33 條第 1 項在賦予「起訴後」的卷證資訊獲知權，對辯護人爲準備審判、及確保所謂的武器對等，具有重要意義。若刑事案件經各級法院裁判後，如已合法提起上訴或抗告，而卷證在原審法院者，其在原審委任之辯護律師因研究爲被告之利益而上訴問題，向原審法院請求閱卷，或在上級審委任之辯護律師，在卷宗未送上級審法院前，向原審法院請求閱卷時，原審法院爲便民起見，均應准許其閱卷。由此可知，現行法第 33 條第 1 項僅規定辯護人於「審判中」得檢閱卷宗及證物並得抄錄或攝影。然而，**不少學者主張辯護人的閱卷權，應擴大至「整個」偵查階段。**

【張麗卿，《刑事訴訟法理論與運用》，五南，十四版，2018.09，134 頁；楊雲驊，〈我國羈押實務與人權保障〉，《台灣法學雜誌》，第 121 期，2009.02，91 頁；吳巡龍，〈辯護人是否有權複製偵訊光碟〉，《台灣法學雜誌》，第 119 期，2009.01，165 頁。李佳玟，〈羈押審查程序中的閱卷權〉，《月旦法學雜誌》，第 251 期，2016.04，218 頁以下。】

二、例外及於偵查中之羈押審查程序

釋字第 737 號解釋認爲，現行偵查階段之羈押審查程序是否滿足前揭憲法正當法律程序原則之要求，應綜合觀察刑事訴訟法相關條文而爲判斷，不得逕以個別條文爲之。**大法官對於是否讓辯護人享有完整的閱卷權，並未明示**，而交由立法者決定，但不得有礙於正當法律程序原則之要求。

2017 年 4 月立法院參酌司法院釋字第 737 號解釋，增訂第 33 條之 1 第 1、2 項，將上述意旨明文化。

三、無辯護人之被告之卷證資訊獲知權

至於無辯護人之被告，得於審判中預納費用請求付與卷宗及證物之影本。但卷宗及證物之內容與被告被訴事實無關或足以妨害另案之偵查，或涉及當事人或第三人之隱私或業務秘密者，法院得限制之（§33Ⅱ）（本條項係依司法院釋字第 762 號解釋意旨修正）。這裡所謂之「影本」，在解釋上應及於複本。如：翻拍證物之照片、複製電磁紀錄及電子卷證等。

蓋被告於審判中之卷證資訊獲知權，屬其受憲法訴訟權保障所應享有之防禦權，本來就可以親自直接行使而毋庸經由辯護人輾轉獲知，且不應因被告有無辯護人而有差別待遇。又，刑事案件之卷宗及證物，係據以進行審判程序之重要憑藉，基於憲法正當法律程序原則，除卷宗及證物之內容與被告被訴事實無關或足以妨害另案之偵查，或涉及當事人或第三人之隱私或業務秘密者，法院除得予以限制外，應使被告得以獲知其被訴案件卷宗及證物之全部內容，才能有效行使防禦權。再者，在現代科學技術日趨便利之情況下，透過電子卷證或影印、重製卷宗及證物之方式，已可更有效率提供被告卷證資料，以及減少提解在押被告至法院檢閱卷證之勞費。

此外，為確保被告於審判中之訴訟主體地位，如法院認為適當者，在確保卷證安全之前提下，自得許其親自檢閱卷證，惟倘有第33條第2項但書之情形，或檢閱卷證並非被告有效行使防禦權之必要方式者，法院自得予以限制，故2019年立法院於本法第33條增訂第3項：「被告於審判中經法院許可者，得在確保卷宗及證物安全之前提下檢閱之。但有前項但書情形，或非屬其有效行使防禦權之必要者，法院得限制之。」對於第33條第2、3項但書限制卷證獲知權如有不服者，自應賦予其得提起抗告之權利，俾周妥保障其防禦權（§33Ⅳ）。又，考量被告或第三人不受律師執行業務之倫理、忠誠、信譽義務及監督懲戒機制之規範，且依電子卷證等科技方式取得之卷證內容，具有便利複製、流通快速之特性，本法第33條增訂：「持有第一項及第二項卷宗及證物內容之人，不得就該內容為非正當目的之使用。」限制上開卷證內容持有人為非正當目的之使用（§33Ⅴ）。

☐ 實務見解

▶ 釋字第762號（107.03.09）

刑事訴訟法第三十三條第二項前段規定：「無辯護人之被告於審判中得預納費用請求付與卷內筆錄之影本」，未賦予有辯護人之被告直接獲知卷證資訊之權利，且未賦予被告得請求付與卷內筆錄以外之卷宗及證物本之權利，妨害被告防禦權之有效行使，於此範圍內，與憲法第十六條保障訴訟權之正當法律程序原則意旨不符。有關機關應於本解釋公布之日起一年內，依本解釋意旨妥為修正。逾期未完成修正者，法院應依審判中被告之請求，於其預納費用後，付與全部卷宗及證物之影本。本件暫時處分之聲請，應予駁回。

▶ 107台上1322○（判決）

關於聲請人請求交付相關證據資料之影本部分：刑事訴訟法第三十三條第二項前段雖僅限於卷內筆錄之影本，並不及於卷內相關證據資料之影本，然司法院釋字第七六二號解釋載：「刑事訴訟法第三十三條第二項前段規定：『無辯護人之被告於審判中得預納費用請求付與卷內筆錄之影本』，未賦予有辯護人之被告直接獲知卷證資訊之權利，且未賦予被告得請求付與卷內筆錄以外之卷宗及證物影本之權利，妨害被告防禦權之有效行使，於此範圍內，與憲法第十六條保障訴訟權之正當法律程序原則意旨不符。有關機關應於本解釋公布之日起一年內，依本解釋意旨妥為修正。逾期未完成修正者，法院應依審判中被告之請求，於其預納費用後，付與全部卷宗及證物之影本。」為使其訴訟防禦權之有效行使，且亦核無刑事訴訟法第三十三條第二項但書之情形，是本院認其關於請求交付相關證據資料之影本部分，參諸上開解釋意旨予以准許。

▶ 109台抗129△（裁定）

按憲法第十六條規定人民有訴訟權，旨在確保人民有受公平審判之權利，依正當法律程序之要求，刑事被告應享有充分之防禦權，包括被告卷證資訊獲知權，俾受公平審判之保障。民國一〇八年十二月十九日修正施行刑事訴訟法第三十三條規定：「辯護人於審判中得檢閱卷宗及證物並得抄錄、重製或攝影（第一項）。被告於審判中得預納費用請求付與卷宗及證物之影本。但卷宗及證物之內容與被告被訴事實無關或足以妨害另案之偵查，或涉及當事人或第三人之隱私或業務秘密者，法院得限制之（第二項）。被告於審判中經法院許可者，得在確保卷宗及證物安全之前提下檢閱之。但有前項但書情形，或非屬其有效行使防禦權之必要者，法院得限制之（第三項）。對於前二項之但書所為限制，得提起抗告（第四項）。持有第一項及第二項卷宗及證物內容之人，不得就該內容為非正當目的之使用（第五項）。」明文賦予被告得請求付與卷宗及證物之權利，以利其防禦權及各項訴訟權之行使，並於第二項但書針對特別列舉之事由，規定得由法院就閱卷範圍及方式為合理之限制外，原則上即應允許之。而此規定於聲請再審之情形，準用之。而此規定於聲請再審之情形，準用之，一〇九年一月八日增訂公布，同年月十日施行之同法第四二九條之一第三項亦定有明文。參酌其立法理由說明「聲請再審無論基於何種事由，接觸並瞭解相關卷證資料，與聲請再審是否有理由，以及能否開啓再審程序，均至關重要。現行法並未明文規定聲請權人之卷證資訊獲知權，致生適用上之爭議，規範尚有未足，爰增訂本條第三項，俾聲請權人或代理人得以聲請再審為理由以及在聲請再審程序中，準用第三十三條之規定，向法院聲請獲知卷證資訊。」**依此，刑事訴訟法第三十三條之卷證資訊獲知權自不應解為限於「審判中」被告始得行使，尚及於判決確定後之被告。**至於判決確定後之被告，固得依檔案法或政府資訊公開法之相關規定，向檔案管理機關或政府資訊持有機關申請閱卷，如經該管機關否准，則循一般行政爭訟程序處理；惟因訴訟目的之需要，而向判決之原審法院聲請付與卷證影本，實無逕予否准之理，仍應個案審酌是否確有訴訟之正當需求及聲請付與卷證影本之範圍有無刑事訴訟法第三十三條第二項但書規定應予限制之情形，而為准駁之決定。

▶108 台抗 1489△（裁定）

刑事訴訟法第三十三條第二項前段雖規定無辯護人之被告於審判中得預納費用請求付與卷內筆錄之影本。至於判決確定後，無辯護人之被告得否以聲請再審或非常上訴等理由，預納費用請求付與卷內筆錄之影本，法雖無明文，然刑事訴訟程序，與基於罪刑法定原則而禁止類推適用的實體法不同，在法無明文規定而存有法律漏洞的情形，如與現行明文規定的規範目的具備類似性時，尚非不得以類推解釋之方式擴張或減縮其適用範圍。且現行刑事訴訟法未賦予被告得請求付與卷內筆錄以外之卷宗及證物影本之權利（即卷證資訊獲知權），係妨害被告防禦權之有效行使，於此範圍內，與憲法第十六條保障訴訟權之正當法律程序原則意旨不符等旨，此業經司法院釋字第七六二號解釋在案。則判決確定後之被告，如有聲請再審或非常上訴等訴訟上之需求，依上開解釋意旨之規範目的予以類推，其卷證資訊獲知權亦應等同於審判中之被告，始符合憲法保障被告訴訟權之意旨。另參酌日本刑事訴訟法第五十三條第一項規定「任何人，在被告案件終結後，均得閱覽訴訟紀錄。但對訴訟紀錄之保存或對法院及檢察廳之事務有妨礙者，不在此限。」之立法例，以及我國實務上見解「聲請再審或抗告之刑事案件，如有當事人委任律師請求抄閱原卷及證物，現行法並無禁止之明文，為符便民之旨及事實需要，自應從寬解釋，准其所請」之同一法理，對於判決確定後，**無辯護人之被告以聲請再審或非常上訴等理由，請求預納費用付與卷內筆錄之影本，既無禁止之明文，依上開解釋意旨之規範目的，應類推適用刑事訴訟法第三十三條第二項之規定，除另有保密限制規定或安全考量等情形外，仍應從寬賦予判決確定之被告，有上開請求交付卷內筆錄或證物等證據之權利，以保障其訴訟防禦權，並符合便民之旨。至於判決確定後之被告，固得依檔案法或政府資訊公開法等相關規定，向檔案管理機關或政府資訊持有機關申請閱卷，如經該管機關否准，則循一般行政爭訟程序處理；惟因訴訟目的之需要，而向判決確定之原審法院聲請付與卷證影本，實無逕予否准之理，仍應個案審酌是否確有訴訟之正當需求及聲請付與卷證影本之範圍有無刑事訴訟法第三十三條第二項但書規定應予限制之情形，而為准駁之決定**。本件抗告人因犯加重強制性交罪經判刑確定後，其以聲請再審所需，向原審法院請求付與該案件卷內筆錄影本，原裁定遽以該案件已判決確定，且檢察官並將抗告人發監執行，不符合前揭條文所規定「審判中」之要件，而駁回其聲請，依上述說明，尚非允洽。

▶108 台抗 1074△（裁定）

按刑事訴訟法第三十三條第二項前段雖規定無辯護人之被 告於「審判中」得預納費用請求付與卷內筆錄之影本，未及於卷內相關證據資料或書狀之影本（刑事訴訟法第三十三條第二項業經修正且經總統於一〇八年六月十九日公布，並將於一〇八年十二月十九日施行，規定「被告於審判中得預納費用請求付與卷宗及證物之影本。」已及於卷內相關證據資料或書狀影本），及審判後擬聲請再審或非常上訴之階段。然參酌司法院釋字第七六二號解釋已宣告 上開規定未賦予被告得請求付與卷宗筆錄以外之卷宗及證物影本之權利，妨害被告防禦權之有效行使，於此範圍內，與憲法第十六條保障訴訟權之正當法律程序原則意旨不符等旨，本諸合目的性解釋，判決確定後之被告，如因上揭訴訟之需要，請求法院付與卷證資料影本者，仍應予准許，以保障其獲悉卷內資訊之權利，並符便民之旨。至於判決確定後之刑事案件被告，固得依檔案法或政府資訊公開法之相關規定，向檔案管理機關或政府資訊持有機關申請閱卷，如經該管機關否准，則循一般行政爭訟程序處理；惟因訴訟目的之需要（如再審或非常上訴），而向判決之原審法院聲請付與卷證影本，實無逕予否准之理，仍應個案審酌是否確有訴訟之正當需求，聲請付與卷證影本之範圍有無刑事訴訟法第三十三條第二項應予限制閱卷等情形，而為准駁之決定。㈡本件抗告人因違反槍砲彈藥刀械管制條例等罪案件，以欲聲請非常上訴、再審為由，請求原審法院准予預納費用（由其服刑單位保管金中扣除）付與前開卷內相關證據資料，原裁定以該案件已判決確定，不符合條文所定之於審判中，及非管理或持有機關，因認其請求為不合法，予以駁回，揆諸上開說明，自有未洽。

第 33 條之 1（辯護人偵查中之羈押審查程序得檢閱卷宗及證物並得抄錄或攝影）

I 辯護人於偵查中之羈押審查程序，除法律另有規定外，得檢閱卷宗及證物並得抄錄或攝影。

II 辯護人持有或獲知之前項證據資料，不得公開、揭露或為非正當目的之使用。

III無辯護人之被告於偵查中之羈押審查程序，法院應以適當之方式使其獲知卷證之內容。

■增訂說明（106.04.26）

一、本條新增。

二、偵查中之羈押審查程序，係由檢察官提出載明羈押理由之聲請書及有關證據，向法院聲請裁准及其救濟之程序。此種聲請之理由及有關證據，係法官是否裁准羈押，以剝奪被告人身自由之依據，基於憲法正當法律程序原則，除第九十三條第二項但書規定，得予限制或禁止部分之卷證，以及其他法律另有特別規定之外，自應許被告之辯護人得檢閱檢察官聲請羈押時送交法院之卷宗及證物並得抄錄或攝影，俾能有效行使防禦權，爰參酌司法院釋字第七三七號解釋意旨，增訂第一項。

三、為擔保國家刑罰權正確及有效之行使，並兼顧被告及辯護人防禦權之維護，辯護人雖得檢閱、抄錄或攝影卷證資料，但因案件仍在偵查程序中，其檢閱、抄錄或攝影所持有或獲知之資料，自不得對外為公開、揭露並僅能為被告辯護目的之訴訟上正當使用，爰增訂第二項，明定其應遵守之義務，以明權責。至於如有刑法第一百三十二條第三項之情形者，即應依法追訴其刑責，自不待言。

四、被告有辯護人者，得經由辯護人檢閱卷宗及證物並得抄錄或攝影，以利防禦權之行使。惟如指定辯護人逾時未到，而經被告主動請求訊問者，此時被告無辯護人，既同有行使防禦權之必要，自亦應適當賦予無辯護人之被告有獲知檢察官據以聲請羈押所憑證據內容之權利。但因被告本身與羈押審查結果有切身之利害關係，如逕將全部卷證交由被告任意翻閱，將有必須特別加強卷證保護作為之勞費，為兼顧被告防禦權與司法程序之有效進行，爰增訂第三項，明定無辯護人之被告在偵查中之羈押審查程序，法院應以適當之方式使其獲知卷證內容，以利其行使防禦權。至於卷證內容究以採法官提示、告知或交付閱覽之方式，則由法官按個案情節依職權審酌之，附此敘明。

❖ 修法簡評

一、林裕順教授

偵查階段之羈押審查程序，是由檢察官提出載明羈押理由之聲請書及有關證據，向法院聲請裁准之程序。檢察官就聲請羈押之理由及有關證據，讓法官判斷是否裁准羈押之參考，此乃為剝奪犯罪嫌疑人人身自由之依據。釋字第 737 號所指維護被告一方資訊「獲知權利」，制度目的並非要求卷證閱覽、抄錄或攝影等等「資料保存」。蓋大法官解釋意旨，主要避免被告辯護一方「摸黑打戰」，並且強調檢、辯論證必須「實事求是」，雙方共悉卷證資料方能「就事論事」。偵查中羈押審查與審判階段羈押機制運用有別，例如：㈠偵查中羈押檢察官具備發動聲請權，審判羈押檢察官僅是促使法官職權發動。㈡逮捕前置主義適用於偵查卻不適於審判。㈢偵查羈押重迅速、效率，故其羈押審核不適傳聞法則等嚴格證明方式。㈣羈押時限、羈押次數，偵查與審判並不相同。㈤有關羈押理由湮滅證據之虞，隨著審判程序開啓訴訟進行，其風險因而降低，進而避免用作得判斷裁押之考量。然而，立法者卻增訂刑訴法第 33 條之 1 第 1 項，顯然「混同」審判程序辯護閱卷「實體事項」與偵查階段羈押審查「程序事項」，同時錯引「審判程序」之辯護閱卷（並得抄錄或攝影），套用「偵查階段」之「資訊獲知」（理應重在告知聽聞），以致原本偵查階段重視效率，因繁複卷證影印「資料保存等等」，致使相關參與者徒耗勞力，人仰馬翻。

【林裕順，〈偵查羈押閱卷的「美麗」與「哀愁」〉，《月旦裁判時報》，第 65 期，2017.11，7 頁以下。】

二、李榮耕教授

大法官雖然判定犯罪嫌疑人及其辯護人偵查中的羈押程序裡，有權知悉羈押理由的具體內容及相關證據，國家有義務以合於正當法律程序原則的方式，使犯罪嫌疑人及其辯護人得以獲知，但是，此一權利並非絕對，在有必要時，可以限制或禁止。參考美國在實務運作上，聯邦及各州在進行保釋聽證時，被告及辯護律師通常只會知悉檢察官用以支持拘捕及起訴的資料。例如：被告有權知悉兩位目擊證人的陳述、用以指認被告的照片、監視錄影檔案及關於該案件的警察初步報告等。換言之，僅限於檢察官用以向法院聲羈的卷證，而不是所有偵查機關所持有的資料。這是因為，在前者，案件仍在偵查中，如果檢察官必須要揭露所有的卷證，將有害於犯罪的偵查。再者，檢察官在聲請羈押時，仍有其權限決定向法院提出哪一些證據來聲請羈押。畢竟，羈押審查的結果，是由檢察官承擔其勝敗。如果檢察官必須提出所有的證據，使辯護人得以檢閱，可能使檢察官畏於聲請羈押，反而不利犯罪的有效偵查。然而，限制卷證所得閱覽或接觸的範圍過大時，其效果可能與禁止無異，此時如何保障犯罪嫌疑人的程序權利，會是日後在實務上的爭議所在。

【李榮耕，〈試評釋字第 737 號解釋及 2017 年新修正的刑事訴訟法〉，《月旦裁判時報》，第65期，2017.11，15 頁

以下。】

☐ 實務見解

▶ 釋字第 737 號（105.04.29）

本於憲法第八條及第十六條人身自由及訴訟權應予保障之意旨，對人身自由之剝奪尤應遵循正當法律程序原則。偵查中之羈押審查程序，應以適當方式及時使犯罪嫌疑人及其辯護人獲知檢察官據以聲請羈押之理由；除有事實足認有湮滅、僞造、變造證據或勾串共犯或證人等危害偵查目的或危害他人生命、身體之虞，得予限制或禁止者外，並使其獲知聲請羈押之有關證據，俾利其有效行使防禦權，始符憲法正當法律程序原則之要求。其獲知之方式，不以檢閱卷證並抄錄或攝影爲必要。刑事訴訟法第三十三條第一項規定：「辯護人於審判中得檢閱卷宗及證物並得抄錄或攝影。」同法第一百零一條第三項規定：「第一項各款所依據之事實，應告知被告及其辯護人，並記載於筆錄。」整體觀察，偵查中之犯罪嫌疑人及其辯護人僅受告知羈押事由所據之事實，與上開意旨不符。有關機關應於本解釋公布之日起一年內，基於本解釋意旨，修正刑事訴訟法妥爲規定。逾期未完成修法，法院之偵查中羈押審查程序，應依本解釋意旨行之。

❖ 學者評釋

一、柯耀程教授

本號聲請解釋的事項，爲刑訴法第 33 條第 1 項，而大法官卻恣意將未聲請的同法第 101 條第 3 項告知規定，納入審查範圍之中，殊不知該兩規定的規範事項有所差異，屬於個別規範的事項，並不能將其任意擴張解讀，實有未受聲請事項予以審理的謬誤。就具體事項觀察，該釋憲的事實，應從第 101 條第 3 項爲對象，卻誤將第 33 條第 1 項作爲釋憲聲請的內容，而本號解釋，又將未受聲請的第 101 條第 3 項納入做整體觀察，顯然呈現出「將錯就錯」的結果，該解釋對於閱卷及個別干預事由告知的規定，混爲一談，並非正確的解釋。

依此所做的法律修正，必將形成同一事項的差異性規範（勢必又生違憲疑慮），亦即針對刑訴法第 33 條第 1 項閱卷規定，放寬爲偵查中聲押時，得以爲閱卷的本質性謬誤，其所能解決的問題，將遠不及所製造出來的違憲疑慮問題。

【柯耀程，〈偵查中聲押閱卷問題評釋——司法院大法官釋字第 737 號解釋評析〉，《月旦裁判時報》，第 57 期，2017.03，62 頁以下。】

二、林鈺雄教授

以德國法來說，從偵查中開始，辯護律師就有閱卷權，偵查中檢察官亦得以危及調查目的之理由，而限制辯護人之閱卷權，此與審判中有別。但就限制客體言，諸如被告訊問筆錄、鑑定意見等，則不得限制辯護人閱卷，偵查中亦同。臺灣檢察官之所以不願給律師閱卷，往往是因爲擔心律師可能會告知被告，使證據湮滅或共犯逃亡。林教授主張，如果檢察官認爲，某事證涉及其他尚不能揭露給辯方知悉的證人保護資訊，請求法官將某事證排除於辯方閱卷範圍之外。基於「針對本案羈押決定之證據使用禁止」的理由。法官不能將某事證當作羈押被告的基礎，同時，法官也不能擅自作主將其揭露給辯方。如此一來，證人保護利益被維護、檢察官的偵查權獲得尊重，不用擔心偵查秘密提早曝光；最重要的是，辯方亦能有效辯護及救濟，不用顧慮其所不知的資訊變成羈押決定的基礎。

【林鈺雄，〈與談意見(一)——偵查階段之羈押閱卷——從德國法的比較基礎談起〉，《檢察新論》，第 20 期，2016.07，14 頁以下。】

▶ 109 台抗 116△（裁定）

偵查中之羈押審查程序，係檢察官提出載明羈押理由之聲請書及有關證據，向法院聲請裁准之程序，檢察官爲當事人之一方而與被告對立，本應開示聲請羈押之理由及證據，並檢附相關卷宗及證物移送法院，作爲法院是否裁准羈押以剝奪被告人身自由之依據，基於憲法正當法律程序原則，**法院自應以適當方式及時使被告及其辯護人獲知檢察官認爲可揭露之卷證，俾得有效行使防禦權**，具體規定見於刑事訴訟法第三十三條之一、第九十三條，此與交付審判程序之本質上係聲請人（告訴人）與被告（嫌疑人）之對立，要求予以提起公訴，檢察官並不具有當事人之地位，其持有、保管之偵查卷證係經法院調閱，均截然有別，是以二者之閱卷權規定不容類推或比附，不可不辨。

第 34 條（辯護人之接見通信權及限制）

I 辯護人得接見羈押之被告，並互通書信。非有事證足認其有湮滅、僞造、變造證據或勾串共犯或證人者，不得限制之。

II 辯護人與偵查中受拘提或逮捕之被告或犯罪嫌疑人接見或互通書信，不得限制之。但接見時間不得逾一小時，且以一次爲限。接見經過之時間，同爲第九十三條之一第一項所定不予計入二十四小時計算之事由。

III 前項接見，檢察官遇有急迫情形且具正當理由時，得暫緩之，並指定即時得爲接見之時間及場所。該指定不得妨害被告或犯罪嫌疑人之正當防禦及辯護人依第二百四十五條第二項前段規定之權利。

☐ 修正前條文

辯護人得接見犯罪嫌疑人及羈押之被告，並互通書信。但有事實足認其有湮滅、僞造、變造證據或勾串共犯或證人之虞者，得限制之。

■修正說明（99.06.23）

一、原條文關於羈押之被告之規定改列為第一項。

二、辯護人與羈押之被告，能在不受干預下充分自由溝通，為辯護人協助被告行使防禦權之重要內涵，應受憲法之保障。參照司法院釋字第六五四號解釋意旨，此自由溝通權利雖非不得以法律加以限制，惟應合乎憲法第二十三條比例原則規定，並應具體明確，方符憲法保障防禦權之本旨。爰就第一項為文字修正，揭明辯護人與羈押之被告得為接見或互通書信，暨得予限制之條件。至犯罪嫌疑人部分，於增訂之第二項、第三項中規範。

三、偵查中之被告或犯罪嫌疑人經拘提或逮捕到場者，為保障其訴訟上之防禦權，對其與辯護人之接見或互通書信，不得限制之。惟偵查具有時效性，為免接見時間過長，或多次接見，致妨礙偵查之進行，接見時間及次數宜有限制。又辯護人接見受拘提、逮捕到場之被告或犯罪嫌疑人之時間，並非檢察官或司法警察官使用之偵查時間，與第九十三條之一第一項各款情形相當，自不應列入第九十一條及九十三條第二項所定之二十四小時，爰增訂第二項，以資兼顧。

四、辯護人與偵查中受拘提或逮捕之被告或犯罪嫌疑人接見或互通書信，依第二項規定，固不得限制。惟有急迫情形，且有正當理由，例如，辯護人之接見將導致偵查行為中斷之顯然妨害偵查進行之情形時，宜例外允許檢察官為必要之處置。爰於第三項前段明定檢察官遇有急迫情形且具正當理由時，得暫緩辯護人之接見，並指定即時得為接見之時間及場所，以兼顧偵查之必要及被告之辯護依賴權。又檢察官所為之指定，應合理、妥適，不得妨害被告或犯罪嫌疑人正當防禦之權利，及辯護人依第二百四十五條第二項前段規定之權利，爰第三項後段明定之。至司法警察（官），因調查犯罪及蒐集證據，如認有上開暫緩及指定之必要時，應報請檢察官為之。

五、如辯護人、被告或犯罪嫌疑人不服檢察官依第三項所為指定之處分，依第四百十六條第一項第四款規定提起救濟，經法院以其指定不符合「有急迫情形且具正當理由」之要件，或妨害被告或犯罪嫌疑人正當防禦或辯護人依第二百四十五條第二項前段規定之權利，予以撤銷或變更者，既屬指定不當，即屬違背法定程序之一種，期間所取得之證據，其證據能力之有無，應依第一百五十八條之四規定，審酌人權保障及公共利益之均衡維護定之，附此敘明。

六、本條僅以辯護人對人身自由受拘束之被告或犯罪嫌疑人之接見或互通書信為規範內涵，至於人身自由未受拘束之被告或犯罪嫌疑人

❖ 修法簡評

針對 2010 年 6 月修正之刑事訴訟法第 34 條及第 34 條之 1 有關限制接見通信權的規定，學者參酌國外相關法制的比較檢討，提出以下幾點看法：

一、「辯護人接見」與「親友一般接見」之區辨

刑事訴訟法第 34 條規定人身自由受拘束之嫌疑人或被告與辯護人接見通信權之性質及重要性，與同法第 105 條規定羈押被告與親友之「一般接見」的權利並不相同，條文形式上關於「限制接見」與「禁止接見」的事由及方式，亦有差異。因此，檢察官向法院聲請羈押時，是否有予以限制或禁止接見之必要，自應**「分別」依第 34 條及第 105 條各該所規定之事由嚴格審查**，不得將兩個條文之規定混同解釋。例如，第 34 條規定要求「非有事證足認有湮滅、偽造、變造證據或勾串共犯或證人者，不得限制之。」因此，**僅僅認有滅證或串證「之虞」者，尚不足構成限制羈押被告與其辯護人接見通信之正當化事由**。

二、限制接見之範圍應不及於審判中羈押之被告

蓋案件既經起訴，湮滅罪證或串證的危險，已大幅減低，如再容許法院得以湮滅罪證或串證為由限制羈押被告與辯護人之接見通信，實質上無異於法院介入偵查作為，且若如此殊難想像審判中在採行當事人進行的前提下，被告及辯護人如何能充分的準備以行使防禦。

三、偵訊前之第一次接見不得予以暫緩

接見通信權與偵查權之間的主要衝突在於「偵訊之前」，而**透過接見溝通賦予人身自由受拘束之嫌疑人或被告法律協助最有效者，也是在此一階段。因此所謂「急迫情形且具正當理由」，亦應限縮解釋，僅以因實施搜索、現場勘察或勘驗等有必要帶同被告在場之情形為限（不包括詢問嫌疑人或訊問被告）**，檢察官始得依法行使急速處分權，暫緩其接見，並指定於該搜索或勘驗後即時得為接見之時間及場所。

【陳運財，〈釋字第 654 號解釋與自由溝通權〉，《月旦法學雜誌》，第 192 期，2011.05，23～25 頁。】

❖ 法學概念

交通權（充分自由溝通權）

一、與受羈押之被告或犯嫌的交通權

本法第34條第1項規定，辯護人得接見犯罪嫌疑人及羈押之被告，並互通書信。亦即，辯護人有與被告充分自由溝通之權，此一權利係由被告之受有效律師協助憲法權利衍生出，**蓋刑事被告與辯護人須在不受干預下充分自由溝通，為辯護人協助被告行使防禦權的重要內涵**。因此，警詢前應予犯嫌和辯護人，至少有一次合理時間之接見晤談，蓋律師於警詢過程「接見交通」或「辯護晤談」，將有助於平復犯嫌、被告心理壓力情緒感受，惟重點仍是提供專業法律見解、訴訟建議，以面對未來訴訟進行，尋求有利證據蒐集等辯護之功能。

【林裕順，〈接見交通「應然」「實然」探討──「警詢辯護」實證分析研究〉，收錄於《人民參審與司法改革》，新學林，初版，2015.06，189頁以下。】

二、與受拘提或逮捕之被告或犯嫌人的交通權

若偵查中之被告或犯罪嫌疑人經拘提或逮捕到場者，為保障其訴訟上之防禦權，對其與辯護人之接見或互通書信，不得限制之。惟偵查具有時效性，為免接見時間過長，或多次接見，致妨礙偵查之進行，接見時間及次數可以限制（§34Ⅱ）。**因此，被告或犯罪嫌疑人經拘提或逮捕到場者（非受羈押之被告），其與辯護人之接見不得完全限制，惟在急迫情形，且有正當理由，例如，辯護人之接見將導致偵查行為中斷顯然妨害偵查進行之情形時，例外允許檢察官為必要之處置**。因此於第34條第3項前段明定，檢察官遇有急迫情形且具正當理由時，得暫緩辯護人之接見，並指定即時得為接見之時間及場所，以兼顧偵查之必要及被告之辯護依賴權。又檢察官所為之指定，應合理、妥適，不得妨害被告或犯罪嫌疑人正當防禦之權利，及辯護人依第245條第2項前段規定之權利，爰於第3項後段予以明定。至於司法警察（官），因調查犯罪及蒐集證據，如認有上開暫緩及指定之必要時，應報請檢察官為之。**至於已受羈押之被告或犯罪嫌疑人，原則上可享有與辯護人充分自由溝通權，例外如有事證足認其有湮滅、偽造、變造證據或勾串共犯或證人者，得予限制之（§34Ⅰ後），但必須取得限制書（§34-1）**。

第34條之1（限制書應載明之事項）

Ⅰ限制辯護人與羈押之被告接見或互通書信，應用限制書。

Ⅱ限制書，應記載下列事項：

一　被告之姓名、性別、年齡、住所或居所，及辯護人之姓名。

二　案由。

三　限制之具體理由及其所依據之事實。

四　具體之限制方法。

五　如不服限制處分之救濟方法。

Ⅲ第七十一條第三項規定，於限制書準用之。

Ⅳ限制書，由法官簽名後，分別送交檢察官、看守所、辯護人及被告。

Ⅴ偵查中檢察官認羈押中被告有限制之必要者，應以書面記載第二項第一款至第四款之事項，並檢附相關文件，聲請該管法院限制。但遇有急迫情形時，得先為必要之處分，並應於二十四小時內聲請該管法院補發限制書；法院應於受理後四十八小時內核復。檢察官未於二十四小時內聲請，或其聲請經駁回者，應即停止限制。

Ⅵ前項聲請，經法院駁回者，不得聲明不服。

■**增訂說明**（99.06.23）

一、本條新增。

二、限制辯護人與羈押之被告接見或互通書信，應經法院許可，為求適用上之明確，爰增訂本條第一項至第四項。至辯護人與偵查中受拘提或逮捕之被告或犯罪嫌疑人接見或護通書信，依第三十四條第二項規定，不得限制，自無本條之適用。

三、第二項第一款之辯護人之姓名，係指接見或互通書信權利受限制之辯護人，不及於未受限制之辯護人。

四、第二項第四款之限制方法，即係司法院釋字第六五四號解釋理由書所謂之限制方式及期間。至應採何種限制方法，本法未予明定，偵查中案件，應由檢察官於聲請時，敘明具體之限制方法及理由，由法院就個案予以審酌，並為具體明確之決定。另為維持押所秩序之必要，於受羈押被告與其辯護人接見時，如僅予以監看而不與聞，參酌同號解釋意旨，尚未侵害憲法保障之訴訟權，非屬本款之限制方法，毋庸經法院許可限制。

五、案件於偵查中，檢察官如認有限制辯護人與羈押之被告接見或互通書信之必要者，應以書面記載第二項第一款至第四款之事項，並檢附相關文件，聲請該管法院許可之，爰增訂第五項前段。

六、偵查中遇有急迫情形時，為免緩不濟急，應容許檢察官先為必要之處分。惟為落實法院之審核機制，檢察官應以書面記載第二項第一款至第四款之事項，並檢附相關文件，於二十四小時內聲請該管法院補發限制書。並參考通訊保障及監察法第六條第二項，明定法院應於受理後四十八小時內核復，以維人權。如檢察官未於二十四小時內聲請補發限制書，或法院審核後，認不符要件，而予以駁回者，自應即時停止限制，以維程序正義，爰增訂第五項但書。

七、法院於審理中依職權核發限制書，或受理檢察官之聲請，於必要時，得先聽取當事人或辯護人之意見。

八、為確保羈押之被告之防禦權，限制辯護人與之接見或互通書信，應屬例外，故不論檢察官係依第五項前段聲請限制，或依同項但書聲請補發限制書，一經法院駁回，均以不得聲明不服為宜。若檢察官認有應予限制之新事證，自得據以重新聲請，不生一事不再理之問題，乃屬當然。爰增訂第六項。

九、法院核發或補發限制書之程序，除偵查中特重急迫性及隱密性，應立即處理且審查內容不得公開外，其目的僅在判斷有無限制辯護人與羈押之被告接見或互通書信之必要，尚非認定被告有無犯罪之實體審判程序，參照第一百五十九條第二項規定，無須嚴格證明，僅以自由證明為已足。

❐ 實務見解

▸ 釋字第 654 號（98.01.23）

羈押法第二十三條第三項規定，律師接見受羈押被告時，有同條第二項應監視之適用，不問是否為達成羈押目的或維持押所秩序之必要，亦予以監聽、錄音，違反憲法第二十三條比例原則之規定，不符憲法保障訴訟權之意旨；同法第二十八條之規定，使依同法第二十三條第三項對受羈押被告與辯護人接見時監聽、錄音所獲得之資訊，得以作為偵查或審判上認定被告本案犯罪事實之證據，在此範圍內妨害被告防禦權之行使，牴觸憲法第十六條保障訴訟權之規定。前開羈押法第二十三條第三項及第二十八條規定，與本解釋意旨不符部分，均應自中華民國九十八年五月一日起失其效力。

第 35 條（輔佐人之資格及權限）

Ⅰ被告或自訴人之配偶、直系或三親等內旁系血親或家長、家屬或被告之法定代理人於起訴後，得向法院以書狀或於審判期日以言詞陳明為被告或自訴人之輔佐人。

Ⅱ輔佐人得為本法所定之訴訟行為，並得在法院陳述意見。但不得與被告或自訴人明示之意思相反。

Ⅲ被告或犯罪嫌疑人因精神障礙或其他心智缺陷無法為完全之陳述者，應有第一項得為輔佐人之人或其委任之人或主管機關指派之社工人員為輔佐人陪同在場。但經合法通知無正當理由不到場者，不在此限。

□修正前條文

Ⅰ被告或自訴人之配偶、直系或三親等內旁系血親或家長、家屬或被告之法定代理人於起訴後，得向法院以書狀或於審判期日以言詞陳明為被告或自訴人之輔佐人。

Ⅱ輔佐人得為本法所定之訴訟行為，並得在法院陳述意見。但不得與被告或自訴人明示之意思相反。

Ⅲ被告或犯罪嫌疑人因智能障礙無法為完全之陳述者，應有第一項得為輔佐人之人或其委任之人或主管機關指派之社工人員為輔佐人陪同在場。但經合法通知無正當理由不到場者，不在此限。

■修正說明（104.01.14）

一、原條文第三項前段規定，僅限智能障礙者，為避免其他心智障礙，如自閉症、精神障礙、失智症等族群有此需求但被排除，特參考民法第十四條、刑法第十九條修正為精神障礙或其他心智缺者，擴大於所有心智障礙類族群。

二、關於主管機關指派之社工人員為輔佐人一事，現階段各縣市社政主管機關皆未有指派所屬社工人員為輔佐人之規定。直接服務心智障礙者之單位基於為所屬個案協助立場與知悉案件程度，似較主管機關更適合扮演輔佐人角色。

三、擔任智能障礙者之輔佐人應注重該輔佐人是否了解其溝通特質，如與該心智障礙被告或自訴人熟識，更能以其原有之信任基礎協助案件之審理。了解心智障礙特質者除了社工人員外，尚有保育員、治療師（語言、心理、物理、職能等）、特教老師等專業，因此輔佐人不應限縮於社工人員。

第 36 條（輕罪案件之被告代理人）

最重本刑為拘役或專科罰金之案件，被告於審判中或偵查中得委任代理人到場。但法院或檢察官認為必要時，仍得命本人到場。

第 37 條（委任代理人自訴）

Ⅰ自訴人應委任代理人到場。但法院認為必要時，得命本人到場。

Ⅱ前項代理人應選任律師充之。

□修正前條文

自訴人得委任代理人到場。但法院認為必要時，得命本人到場。

■修正說明（92.02.06）

修正條文第三百十九條第二項增訂後，自訴之提起應委任律師行之，而檢察官於審判期日所得為之訴訟行為，於自訴程序，係由自訴代理人爲之（參照修正條文第三百二十九條第一項），本條前段「自訴人『得』委任代理人到場。」爰予修正爲「自訴人『應』委任代理人到場。」並增列第二項之規定，以資配合。

第 38 條（被告或自訴人之代理人準用之規定）
第二十八條、第三十條、第三十二條及第三十三條第一項之規定，於被告或自訴人之代理人準用之；第二十九條之規定，於被告之代理人並準用之。

□**修正前條文**

第二十八條、第三十條、第三十二條及第三十三條之規定，於被告或自訴人之代理人準用之；第二十九條之規定，於被告之代理人並準用之。

■**修正說明（109.01.15）**

第三十三條已於九十六年七月四日增訂第二項，爰配合修正之。

第 38 條之 1（閱卷規則之訂定）
依本法於審判中得檢閱卷宗及證物或抄錄、重製或攝影之閱卷規則，由司法院會同行政院定之。

■**增訂說明（109.01.15）**

一、本條新增。

二、辯護人及被告、自訴人之代理人或由律師擔任之告訴代理人，依本法規定於審判中得檢閱卷宗及證物或抄錄、重製或攝影，其閱卷事宜，應有一定之規範，爰增訂本條，明定相關閱卷規則授權司法院會同行政院定之。

第五章　文　書

第 39 條（公文書應備程序）
文書，由公務員制作者，應記載制作之年、月、日及其所屬機關，由制作人簽名。

□**實務見解**

▶106 台上 2180○（判決）

文書由公務員製作者，依刑事訴訟法第三十九條規定，除應記載製作之年、月、日及其所屬機關外，並應由製作人簽名。又依民法第三條第二項規定，如有用印章代簽名者，其蓋章與簽名生同等之效力。是檢察官以當事人資格提起上訴時，自應由該檢察官在其提出之上訴書狀簽名，始爲合於法定程式。然此項簽名或蓋章之作用，旨在證明文書之眞正，爲該項文書形式上之必備程式，如有欠缺，參照司法院院解字第三○○六號解釋意旨，尚非屬絕對不得命補正之事項。此項補正之目的既在除去書狀程式上之欠缺，**則其補正之法律效果自應溯及於其提出該書狀之時**。因此，倘檢察官已於法定期限內具狀提起上訴，雖漏未於書狀內簽名或蓋章，然如其已補正完畢，程式上之瑕疵即已除去，其補正之法律效果，溯及於其提出書狀聲明上訴之時。

▶99 台上 5943（判決）

文書由公務員製作者，除應記載製作之年月日及其所屬公署外，並應由製作人簽名，固爲刑事訴訟法第三十九條所明定。惟按我國習俗，一般咸認蓋章可代簽名，民法且明定二者生同等之效力（民法第三條第二項）。矧文書製作人之簽名，係在文書上書寫代表本人之文字符號，而其文字符號，祇須可據以推知爲本人已足，並無一定形式之限制。蓋章則係將代表本人之文字圖形刻於物體捺印在文書之上。二者皆係文書製作人依其自由意思，在文書上顯現代表本人之文字符號，表示其製作文書用意之證明。顯現文字符號之方式，容有直接間接之不同，其用意則一，法律上應生同等之效力。簽名得以蓋章代之，其蓋章與簽名生同等之效力。觀之卷附檢察官提起之第二審上訴書末簽名欄，固僅以打字方式繕打「檢察官徐名駒」等字樣，並蓋上「檢察官徐名駒」之職章，而未經檢察官親自簽名，惟揆諸前述說明，該上訴書簽名欄關於「檢察官徐名駒」之蓋章與其簽名應有同等之效力，難認有違背法律上之程式。

第 40 條（公文書製作之程序）
公務員制作之文書，不得竄改或挖補；如有增加、刪除或附記者，應蓋章其上，並記明字數，其刪除處應留存字跡，俾得辨認。

□**實務見解**

▶釋字第 118 號（55.12.7）

本院釋字第四十三號解釋之更正裁定，不以原判決推事之參與爲必要。

▶釋字第 43 號（43.12.29）

來呈所稱：原判誤被告張三爲張四，如全案關係人中別有張四其人，而未經起訴，其判決自屬違背法令，應分別情形依上訴非常上訴及再審各程序糾正之。如無張四其人，即與刑事訴訟法第二百四十五條之規定未符，**顯係文字誤寫，而不影響於全案情節與判決之本旨**。除判決宣示前得依同法第四十條增刪予以訂正外，其經宣示或送達者，**得參照民事訴訟法第二百三十二條，依刑事訴訟法第一百九十九條由原審法院依聲請或本職權以裁定更正**，以昭鄭重。

▶71 年度第 2 次刑事庭會議決議（71.02.09）

刑事裁判正本送達後，發現正本與原本不符時，如係正本記載之主文（包括主刑及從刑）與原本記載之主文不符，**而影響全案情節及判決之本旨者，不得以裁定更正，應重行繕印送達，上訴期限另行起算**。至若正本與原本不符之情形，如僅係文字誤寫而不影響於全案情節與判決本旨者，得以裁定更正之。

▶72 台抗 518（判例）

刑事判決正本送達後，發現原本錯誤，不得以裁定更正，如係正本記載之主文（包括主刑及從刑）與原本記載之主文不符，而影響全案情節及判決之本旨者，亦不得以裁定更正，應重行繕印送達，上訴期間另行起算。至若正本與原本不符之情形如僅「顯係文字誤寫，而不影響於全案情節與判決本旨」者，始得以裁定更正之。

- 判決宣示後，正本送達前：發現原本錯誤，法院得自行裁定更正
- 判決已宣示，正本送達後：
  - 若原本有錯誤
    - 於全案情節與判決本旨「有」影響：應上訴救濟
    - 於全案情節與判決本旨「無」影響：得自行裁定更正
  - 若正本有錯誤
    - 於全案情節與判決本旨「有」影響：應重行繕印送達，上訴期間重行計算
    - 於全案情節與判決本旨「無」影響：自行裁定更正

第 41 條（訊問筆錄之制作）

I 訊問被告、自訴人、證人、鑑定人及通譯，應當場制作筆錄，記載下列事項：

一　對於受訊問人之訊問及其陳述。

二　證人、鑑定人或通譯如未具結者，其事由。

三　訊問之年、月、日及處所。

II 前項筆錄應向受訊問人朗讀或令其閱覽，詢以記載有無錯誤。受訊問人爲被告者，在場之辯護人得協助其閱覽，並得對筆錄記載有無錯誤表示意見。

III 受訊問人及在場之辯護人請求將記載增、刪、變更者，應將其陳述附記於筆錄。但附記辯護人之陳述，應使被告明瞭後爲之。

IV 筆錄應命受訊問人緊接其記載之末行簽名、蓋章或按指印。但受訊問人拒絕時，應附記其事由。

□**修正前條文**

I 訊問被告、自訴人、證人、鑑定人及通譯，應當場制作筆錄，記載左列事項：

一　對於受訊問人之訊問及其陳述。

二　證人、鑑定人或通譯如未具結者，其事由。

三　訊問之年、月、日及處所。

II 前項筆錄應向受訊問人朗讀或令其閱覽，詢以記載有無錯誤。

III 受訊問人請求將記載增、刪、變更者，應將其陳述附記於筆錄。

IV 筆錄應命受訊問人緊接其記載之末行簽名、蓋章或按指印。

■**修正說明**（109.01.15）

一、序文「左列」一語修正爲「下列」，以符現行法規用語。

二、辯護人基於保護被告之立場，爲補強被告之防禦力，自得協助被告閱覽訊問筆錄，並對筆錄記載有無錯誤表示意見，惟原法未予明文規定辯護人得協助被告爲上述行爲，致生爭議，爰於第二項增訂後段之規定，以杜爭議，並增進辯護權之有效行使。

三、訊問時在場之辯護人得協助被告閱覽訊問筆錄，倘認筆錄記載有誤，應許其請求將記載增刪、變更。惟辯護人此項請求既係協助被告，自應使被告明瞭增刪、變更內容後，始將辯護人之陳述附記於筆錄，本條第二項爰予修正，併增列但書之規定，以求周延。

四、訊問筆錄應命訊問人緊接其記載之末行簽名、蓋章或按指印，以免任意填寫不實之記載，但受訊問人因種種因素而拒絕簽名，不得強迫其簽名，此時可於筆錄中記明其拒絕情形。爰於本條第四項增訂但書之規定，以維人權，並兼顧實務之運作。

第 42 條（搜索扣押及勘驗筆錄之製作）

I 搜索、扣押及勘驗，應制作筆錄，記載實施之年、月、日及時間、處所並其他必要之事項。

II 扣押應於筆錄內詳記扣押物之名目，或制作目錄附後。

III 勘驗得制作圖畫或照片附於筆錄。

IV 筆錄應令依本法命其在場之人簽名、蓋章或按指印。

第 43 條（筆錄之製作）

前二條筆錄應由在場之書記官製作之。其行訊問或搜索、扣押、勘驗之公務員應在筆錄內簽名；如無書記官在場，得由行訊問或搜索、扣押、勘驗之公務員親自或指定其他在場執行公務之人員製作筆錄。

□修正前條文

前二條筆錄應由在場之書記官制作之。其行訊問或搜索、扣押、勘驗之公務員應在筆錄內簽名；如無書記官在場，由行訊問或搜索、扣押、勘驗之公務員親自制作筆錄。

■修正說明（92.02.06）

一、原條文所定「書記官『制』作之」修正為「書記官『製』作之」。另「執行公務之人員『製』作筆錄」亦修正為「執行公務之人員『製』作筆錄」，以符現行法規用語。

二、第四十一條、第四十二條所定之訊問、搜索、扣押或勘驗筆錄應由在場之書記官製作之，其行訊問或搜索、扣押、勘驗之公務員並應在筆錄內簽名。若無書記官在場，得由行訊問或搜索、扣押、勘驗之公務員親自或指定其他在場執行公務之人員，如檢察事務官、司法警察（官）製作筆錄，本條爰予修正，以應實務之需要。

第 43 條之 1（筆錄製作程式之準用）

I 第四十一條、第四十二條之規定，於檢察事務官、司法警察官、司法警察行詢問、搜索、扣押時，準用之。

II 前項犯罪嫌疑人詢問筆錄之製作，應由行詢問以外之人為之。但因情況急迫或事實上之原因不能為之，而有全程錄音或錄影者，不在此限。

■增訂說明（92.02.06）

一、本條新增。

二、檢察事務官、司法警察（官）行詢問、搜索、扣押時，亦有製作筆錄之必要，而其筆錄製作之程式及應記載事項則應準用第四十一條及第四十二條之規定，爰於本條第一項予以規定。

三、檢察事務官、司法警察（官）行詢問時，有關犯罪嫌疑人詢問筆錄之製作，應由行詢問以外之人為之。但情況急迫或事實上之原因不能為之，而有全程錄音或錄影者，始不受此限。爰於本條第二項規定之，以維人權，並兼顧實務之運作。

□實務見解

▸100 台上 5142（判決）

文書，由公務員製作者，應記載製作之年、月、日及其所屬機關，由製作人簽名，刑事訴訟法第三十九條定有明文。而司法警察人員對於犯罪嫌疑人詢問筆錄之製作，依同法第四十三條之一第二項規定，除因情況急迫或事實上之原因不能為之者外，應由行詢問以外之人為之。又公務員製作之文書，未經製作人簽名，或有竄改、挖補等情，是否認為無效，抑應屬證據力問題，固由審理事實之法院依職權判斷（本院民刑庭總會二十四年七月決議參照），但應於判決內說明論述究如何審認之得心證理由，否則即難認係適法。

▸99 台上 6562（判決）

司法警察（官）依法拘提或逮捕被告或犯罪嫌疑人之後，為獲致其犯罪相關案情，而開始就犯罪情節與其交談時，即屬刑事訴訟法所規定之「詢問」。而詢問之開始即應當場製作詢問筆錄，並踐行同法第九十四條至第一百條之三之法定程序，始足保障被告或犯罪嫌疑人之權利。但如為追捕正犯、共犯、營救被害人等急迫情事，或宥於現場有不能製作筆錄之情形時，基於公共利益之維護及保護被害人之生命安全，且衡酌刑事訴訟法第四十三條之一第二項筆錄之特殊製作形態及同法第一百條之一第二項筆錄與錄音不符時以錄音為準之意旨，經被告或犯罪嫌疑人之同意，得以錄音代替筆錄之製作，以獲得其供述內容而得繼續犯罪之追查或被害人之營救，但仍應遵守詢問被告或犯罪嫌疑人應行遵守之程序。於此情形，程序之遵守與否，即應依錄音內容之有無而判斷，錄音所未記錄者，即屬未踐行，嗣後不得再依該執行詢問錄音職務之司法警察（官）之證詞而補充之。

第 44 條（審判筆錄之製作）

I 審判期日應由書記官製作審判筆錄，記載下列事項及其他一切訴訟程序：

一　審判之法院及年、月、日。

二　法官、檢察官、書記官之官職、姓名及自訴人、被告或其代理人並辯護人、輔佐人、通譯之姓名。

三　被告不出庭者，其事由。

四　禁止公開者，其理由。

五　檢察官或自訴人關於起訴要旨之陳述。

六　辯論之要旨。

七　第四十一條第一項第一款及第二款所定之事項。但經審判長徵詢訴訟關係人之意見後，認為適當者，得僅記載其要旨。

八　當庭曾向被告宣讀或告以要旨之文書。

九　當庭曾示被告之證物。

十　當庭實施之扣押及勘驗。

十一　審判長命令記載及依訴訟關係人聲請許可記載之事項。

十二　最後曾與被告陳述之機會。

十三　裁判之宣示。

II 受訊問人就前項筆錄中關於其陳述之部分，得請求朗讀或交其閱覽，如請求將記載增、刪、變更者，應附記其陳述。

□修正前條文

I 審判期日應由書記官制作審判筆錄，記載左列事項及其他一切訴訟程序：
  一　審判之法院及年、月、日。
  二　推事、檢察官、書記官之官職、姓名及自訴人、被告或其代理人並辯護人、輔佐人、通譯之姓名。
  三　被告不出庭者，其事由。
  四　禁止公開者，其理由。
  五　檢察官或自訴人關於起訴要旨之陳述。
  六　辯論之要旨。
  七　第四十一條第一項第一款及第二款所定之事項。
  八　當庭曾向被告宣讀或告以要旨之文書。
  九　當庭曾示被告之證物。
  十　當庭實施之扣押及勘驗。
  十一　審判長命令記載及依訴訟關係人聲請許可記載之事項。
  十二　最後曾與被告陳述之機會。
  十三　裁判之宣示。
II 受訊問人就前項筆錄中關於其陳述之部分，得請求朗讀或交其閱覽，如請求將記載增、刪、變更者，應附記其陳述。

■修正說明（92.02.06）

一、原條文第一項關於書記官「制」作審判筆錄及「左」列事項之文字分別修正爲「製」作審判筆錄及「下」列事項，以符現行法規用語。
二、配合法院組織法之規定，原條文第一項第二款「推事」之用語修正爲「法官」。
三、修正條文第四十四條之一第一項已規定審判期日應全程錄音；必要時，並得全程錄影。故而，就審判期日之訴訟程序進行，均有錄音或錄影資料爲憑，爲促進法庭紀錄之效率，對於第四十一條第一項第一款所定受訊問人之訊問及陳述暨第二款所定證人、鑑定人或通譯未具結之事由等事項，審判長得徵詢各該訴訟關係人之意見，於認爲適當時，僅於審判筆錄內記載其要旨，如法院或雙方當事人認爲該記載事項有所疑義時，再就錄音或錄影之內容予以核對即可，爰於第一項第七款增訂但書之規定，以應實務運作之需要。
四、又所稱對於受訊問人之「訊問」事項，係採廣義之解釋，即除法官之訊問外，當事人、代理人、辯護人或輔佐人所爲之詢問或詰問事項亦包含在內，特此敘明。
五、第二項未修正。

第 44 條之 1（審判期日之全程錄音錄影之製作及使用）

I 審判期日應全程錄音；必要時，並得全程錄影。
II 當事人、代理人、辯護人或輔佐人如認爲審判筆錄之記載有錯誤或遺漏者，得於次一期日前，其案件已辯論終結者，得於辯論終結後七日內，聲請法院定期播放審判期日錄音或錄影內容核對更正之。其經法院許可者，亦得於法院指定之期間內，依據審判期日之錄音或錄影內容，自行就有關被告、自訴人、證人、鑑定人或通譯之訊問及其陳述之事項轉譯爲文書提出於法院。
III 前項後段規定之文書，經書記官核對後，認爲其記載適當者，得作爲審判筆錄之附錄，並準用第四十八條之規定。

■增訂說明（92.02.06）

一、本條新增。
二、爲使審判期日之訴訟程序能合法、妥適地進行，並使審判筆錄之記載有所憑據，杜絕爭議，審判期日應全程錄音，於必要時，並得全程錄影，爰增訂第一項。
三、本法改行「改良式當事人進行主義」以落實及強化交互詰問之要求後，有關供述證據調查之訴訟程序進行極爲緊湊，爲有效提升筆錄記載之正確性與完整性，當事人、代理人人、辯護人或輔佐人如認爲審判筆錄之記載錯誤或遺漏者，得於次一期日前，其案件已辯論終結者，得於辯論終結後後七日內，聲請法院定期播放審判期日之錄音或錄影內容予以核對更正。若其徵得法院許可者，亦得在法院指定之期間內，依據審判期日之錄音或錄影，自行就有關被告、自訴人、證人、鑑定人或通譯之訊問及其陳述之事項予以整理轉譯爲文書提出於法院。而該文書經書記官核對後，認爲記載適當者，許作爲審判筆錄之附錄，並準用第四十八條之規定。爰增訂第二項及第三項之規定，以資適用。
四、至於所稱「就有關被告、自訴人、證人、鑑定人或通譯之『訊問』」，係採廣義之解釋，即除法官所爲訊問外，當事人、代理人、辯護人或輔佐人所行詢問或詰問亦包含在內，併此敘明。

第 45 條（審判筆錄之整理）

審判筆錄，應於每次開庭後三日內整理之。

第 46 條（審判筆錄之簽名）

審判筆錄應由審判長簽名；審判長有事故時，由資深陪席法官簽名；獨任法官有事故時，僅由書記官簽名；書記官有事故時，僅由審判長或法官簽名；並分別附記其事由。

□修正前條文

審判筆錄應由審判長簽名；審判長有事故時，由資深陪席推事簽名；獨任推事有事故時，僅由書記官簽名；書記官有事故時，僅由審判長或推事簽名；並分別附記其事由。

■修正說明（109.01.15）

法院組織法已將「推事」之用語，修正為「法官」，爰配合為文字修正，以符法制。

第47條（審判筆錄之效力）
審判期日之訴訟程序，專以審判筆錄為證。

第48條（審判筆錄內引用文件之效力）
審判筆錄內引用附卷之文書或表示將該文書作為附錄者，其文書所記載之事項，與記載筆錄者，有同一之效力。

第49條（辯護人攜同速記之許可）
辯護人經審判長許可，得於審判期日攜同速記到庭記錄。

第50條（裁判書之制作）
裁判應由法官制作裁判書。但不得抗告之裁定當庭宣示者，得僅命記載於筆錄。

□修正前條文

裁判應由推事制作裁判書。但不得抗告之裁定當庭宣示者，得僅命記載於筆錄。

■修正說明（109.01.15）

法院組織法已將「推事」之用語，修正為「法官」，爰配合為文字修正，以符法制。

第51條（裁判書之應載事項及簽名）
I 裁判書除依特別規定外，應記載受裁判人之姓名、性別、出生年月日、身分證明文件編號、住、居所；如係判決書，並應記載檢察官或自訴人並代理人、辯護人之姓名。
II 裁判書之原本，應由為裁判之法官簽名；審判長有事故不能簽名者，由資深法官附記其事由；法官有事故者，由審判長附記其事由。

□修正前條文

I 裁判書除依特別規定外，應記載受裁判人之姓名、性別、年齡、職業、住所或居所；如係判決書，並應記載檢察官或自訴人並代理人、辯護人之姓名。
II 裁判書之原本，應由為裁判之推事簽名；審判長有事故不能簽名者，由資深推事附記其事由；推事有事故者，由審判長附記其事由。

■修正說明（109.01.15）

一、原條文第一項規定受裁判人之年齡，在實務上每因採用曆年計算法及週年計算法之不同而有差異，難以求其一致，又因歷訴訟時日之經過而須更迭年齡之記載，且現時有關被告前科資料之輸入電腦管理均以出生年月日為準，爰將「年齡」修正為「出生年月日」。另參酌戶籍法修正已取消籍貫及職業之規定，爰刪除職業之記載；又國民身分證統一編號、護照號碼、居留證號碼等身分證明文件編號，均屬足資識別該個人之資料，爰增訂之，以符實需。

二、法院組織法已將「推事」之用語，修正為「法官」，第二項爰配合為文字修正，以符法制。

第52條（裁判書或起訴書及不起訴處分書正本之製作）
I 裁判書或記載裁判之筆錄之正本，應由書記官依原本制作之，蓋用法院之印，並附記證明與原本無異字樣。
II 前項規定，於檢察官起訴書及不起訴處分書之正本準用之。

第53條（非公務員制作文書之程式）
文書由非公務員制作者，應記載年、月、日並簽名。其非自作者，應由本人簽名，不能簽名者，應使他人代書姓名，由本人蓋章或按指印。但代書之人，應附記其事由並簽名。

第54條（卷宗之編訂與滅失之處理）
I 關於訴訟之文書，法院應保存者，由書記官編為卷宗。
II 卷宗滅失案件之處理，另以法律定之。

第六章　送　達

第55條（應受送達人與送達處所陳明）
I 被告、自訴人、告訴人、附帶民事訴訟當事人、代理人、辯護人、輔佐人或被害人為接受文書之送達，應將其住所、居所或事務所向法院或檢察官陳明。被害人死亡者，由其配偶、子女或父母陳明之。如在法院所在地無住所、居所或事務所者，應陳明以在該地有住所、居所或事務所之人為送達代收人。
II 前項之陳明，其效力及於同地之各級法院。
III 送達向送達代收人為之者，視為送達於本人。

❖ 法學概念

送達

所謂送達者，乃係法院或檢察官依照一定的程序，將應交付當事人或訴訟關係人之文書，交付其收受之訴訟行為。如傳票的送達，乃為通知其到庭應訊；裁判書的送達，乃告知其裁判情形，訴訟上的效力常因送達而發生，如聲請再議、上訴、抗告之期間，故訴訟對於送達，有嚴格的規定，必須依照一定之程序為之，方能認為合法。

【陳宏毅、林朝雲，《刑事訴訟法新理論與實務》，五南，初版，2015.02，81 頁。】

第 56 條（囑託送達）

I 前條之規定，於在監獄或看守所之人，不適用之。

II 送達於在監獄或看守所之人，應囑託該監所長官為之。

☐ 實務見解

▶ 44 台抗 3（判例）

法院對於羈押監所之人送達文件，不過應囑託監所長官代為送達，而該項文件仍應由監所長官交與應受送達人收受，始生送達之效力。

第 57 條（文書送達）

應受送達人雖未為第五十五條之陳明，而其住、居所或事務所為書記官所知者，亦得向該處送達之。

☐修正前條文

應受送達人雖未為第五十五條之陳明，而其住所、居所或事務所為書記官所知者，亦得向該處送達之；並得將應送達之文書掛號郵寄。

■修正說明（107.11.21）

配合第六十一條新增第三項，刪除文書掛號郵寄規定，俾免重複。

第 58 條（對檢察官之送達）

對於檢察官之送達，應向承辦檢察官為之；承辦檢察官不在辦公處所時，向檢察長或檢察總長為之。

☐修正前條文

對於檢察官之送達，應向承辦檢察官為之；承辦檢察官不在辦公處所時，向首席檢察官為之。

■修正說明（109.01.15）

法院組織法已將「首席檢察官」、「檢察長」之用語，修正為「檢察長」、「檢察總長」，爰配合為文字修正，以符法制。

☐ 實務見解

▶ 99 台非 164（判決）

對於檢察官之送達，應向承辦檢察官為之，承辦檢察官不在辦公處所時，應向首席檢察官（即檢察長）為之，同法第五十八條亦定有明文。**因此判決書正本對於檢察官之送達，應於辦公處所向承辦檢察官為之，如承辦檢察官因公執行職務不在辦公處所，或差假不在辦公處所或其他檢察官有不能收受送達文書之障礙事由存在時，則應即向檢察長為之。**倘非前揭原因，且得在辦公處所得會晤檢察官者，因檢察官客觀上已可收受該應受送達之文書，仍故不收受，固非不可認其送達為合法，但承辦檢察官是否故不於送達時收受送達，以送達時已會晤承辦檢察官而對之送達，或客觀上有證據足以證明承辦檢察官於特定時日已知悉已有該等文書之送達或客觀上已置於隨時可收受送達之狀態（如置放於辦公桌上）為必要。以避免因檢察官對何時收受送達之恣意，而置法定上訴期間於不確定之狀態，影響其他當事人之權益，應屬上開法條之立法本旨。

第 59 條（公示送達之事由）

被告、自訴人、告訴人或附帶民事訴訟當事人，有左列情形之一者，得為公示送達：

一　住、居所、事務所及所在地不明者。

二　掛號郵寄而不能達到者。

三　因住居於法權所不及之地，不能以其他方法送達者。

第 60 條（公示送達—程式及生效期日）

I 公示送達應由書記官分別經法院或檢察總長、檢察長或檢察官之許可，除將應送達之文書或其節本張貼於法院或檢察署牌示處外，並應以其繕本登載報紙，或以其他適當方法通知或公告之。

II 前項送達，自最後登載報紙或通知公告之日起，經三十日發生效力。

☐修正前條文

I 公示送達應由書記官分別經法院或檢察長、首席檢察官或檢察官之許可，除將應送達之文書或其節本張貼於法院牌示處外，並應以其繕本登載報紙，或以其他適當方法通知或公告之。

II 前項送達，自最後登載報紙或通知公告之日起，經三十日發生效力。

■修正說明（109.01.15）

一、法院組織法已將「首席檢察官」、「檢察長」之用語，修正為「檢察長」、「檢察總長」。另審檢分隸後，法院與檢察署分別隸屬司法院、法務部，為各自獨立之機關，第一項爰配合為文字修正，以符法制。

二、第二項未修正。

第 61 條（文書送達方式）

Ⅰ送達文書由司法警察或郵務機構行之。

Ⅱ前項文書為判決、裁定、不起訴或緩起訴處分書者，送達人應作收受證書、記載送達證書所列事項，並簽名交受領人。

Ⅲ拘提前之傳喚，如由郵務機構行送達者，以郵務人員為送達人，且應以掛號郵寄；其實施辦法由司法院會同行政院定之。

□修正前條文

Ⅰ送達文書由司法警察或郵政機關行之。

Ⅱ前項文書為判決、裁定、不起訴或緩起訴處分書者，送達人應作收受證書、記載送達證書所列事項，並簽名交受領人。

■修正說明（107.11.21）

一、現行司法實務上，各地方法院檢察署對於重大案件、不起訴處分等「重要文書」方以雙掛號方式郵寄，但諸如開庭通知、行政簽結等司法文書，除經檢察官特別簽註外，一般皆以平信寄出，但是僅以傳票為例，若以平信郵寄，很容易收到的一般民眾認為是詐騙集團的新手法，而不予理會；遇到年節、假期或是郵務繁忙，平信也是有寄丟的可能也非常大。平信並沒有憑證機制，確認應收到信件的被告或是證人收到，以致於開庭時被告或者證人應到而未到，其責任歸屬問題，也常引起很多爭議。

二、現行「刑事訴訟法」明定，送達訴訟相關文書，除該法內有特別規外，則準用以「民事訴訟法施行法」第三條為法源依據，所訂定出「郵務機構送達訴訟文書實施辦法」，而該辦法中則特別規範郵務機構收到訴訟文書後，應按照收寄掛號郵件規定，編列號數，換言之，依法民事與刑事訴訟相關文書皆應以掛號郵寄，然各地檢署卻因資源分配與預算經費等問題，未能確實執行，以致於民眾訴訟權益因郵寄問題受到損害。

三、參酌民事訴訟法第一百二十四條與行政訴訟法第六十二條增訂第三項，明定由郵務機構送達者，應以掛號郵寄，相關實施辦法由司法院會同行政院定之。

第 62 條（民事訴訟法送達規定之準用）

送達文書，除本章有特別規定外，準用民事訴訟法之規定。

□實務見解

▶82 台上 2723（判例）

送達於住居所、事務所或營業所不獲會晤應受送達人者，得將文付與有辨別事理能力之同居人或受僱人，為民事訴訟法第一百三七條前段所明文規定；此項規定依刑事訴訟法第六十二條於刑事訴訟程序，亦在準用之列。至所稱之「同居人」云者，雖不必有親屬關係，亦毋庸嚴格解釋為須以永久共同生活為目的而同居一家；必係與應受送達人居住在一起，且繼續的為共同生活者，方為適當。

▶100 台上 6037（判決）

按受公寓大廈管理委員會僱用之管理員，其所服勞務包括為公寓大廈住戶接收文件，性質上應屬全體住戶之受僱人。郵政機關之郵務士送達文書於住居所、事務所或營業所，不獲會晤應受送達人，而將文書付與公寓大廈管理員者，依刑事訴訟法第六十二條準用民事訴訟法第一百三十七條第一項之規定，即為合法送達，至於該管理員何時將文書轉交應受送達人，對已發生之送達效力不受影響。

▶100 台非 260（判決）

送達者，乃法院書記官依法定方式，將訴訟文書交付訴訟關係人，使其知悉所交付訴訟文書之內容，以促其為必要之行為，俾免喪失重大之利益，自以受送達人本人於送達時客觀上處於得知悉訴訟文書內容狀態為必要，否則即失去送達之意義。刑事訴訟法第六十二條規定，送達文書，除本章有特別規定者外，準用民事訴訟法之規定，而對於無訴訟能力人為送達者，應向其全體法定代理人為之，民事訴訟法第一百二十七條第一項亦定有明文。蓋受領送達，關係重大，如許向無訴訟能力本人為送達，無異承認無訴訟能力人亦有訴訟能力，殊非保護其利益之道。是對無訴訟能力人本人為送達者，自不生送達之效力。刑事判決書對被告刑罰權影響至鉅，且事關其本人訴訟上權益，如其客觀上已達無法認知之狀態，不可能知悉該判決書之內容，自不得對之送達。至民事訴訟法第一百三十七條第一項、第一百三十八條第一項規定之補充送達，均以不能對應受送達人本人為送達時，為避免訴訟之延滯，於不影響受送達人之利益範圍內，而得為補充送達，自以應受送達人本人得收受送達為必要。

第七章　期日及期間

第 63 條（期日之傳喚或通知義務）

審判長、受命法官、受託法官或檢察官指定期日行訴訟程序者，應傳喚或通知訴訟關係人使其到場。但訴訟關係人在場或本法有特別規定者，不在此限。

□修正前條文

審判長、受命推事、受託推事或檢察官指定期日行訴訟程序者，應傳喚或通知訴訟關係人使其到場。但訴訟關係人在場或本法有特別規定者，不在此限。

■修正說明（109.01.15）

法院組織法已將「推事」之用語，修正為「法官」，爰配合為文字修正，以符法制。

❖ 法學概念

期日與期間

所謂期日者，乃係指法院審判長、受命法官、受託法官或檢察官傳喚或通知訴訟關係人，使會集於一定場所，為訴訟行為所指定之時間，如審判期日。

所謂期間者，由法律所規定，或法院裁定所設定之期間，使訴訟主體或其他訴訟關係人，於此時間內，為或不為訴訟行為之限制。如上訴期間、傳訊之猶豫期間。

【陳宏毅、林朝雲，《刑事訴訟法新理論與實務》，五南，初版，2015.02，85頁。】

第64條（期日之變更或延展及通知）

I 期日，除有特別規定外，非有重大理由，不得變更或延展之。

II 期日經變更或延展者，應通知訴訟關係人。

第65條（期間之計算）

期間之計算，依民法之規定。

第66條（在途期間之扣除）

I 應於法定期間內為訴訟行為之人，其住所、居所或事務所不在法院所在地者，計算該期間時，應扣除其在途之期間。

II 前項應扣除之在途期間，由司法行政最高機關定之。

❒ 實務見解

▶63年度第3次刑事庭會議決議（63.08.13）

應於法定期間內為訴訟行為之人，其住、居所或事務所不在法院所在地者，其期間末日之計算，應將應扣除之在途期間與不變期聯接計算，以其最後一日為期間末日。

第67條（回復原狀─條件）

I 非因過失，遲誤上訴、抗告或聲請再審之期間，或聲請撤銷或變更審判長、受命法官、受託法官裁定或檢察官命令之期間者，於其原因消滅後五日內，得聲請回復原狀。

II 許用代理人之案件，代理人之過失，視為本人之過失。

□修正前條文

I 非因過失，遲誤上訴、抗告或聲請再審之期間，或聲請撤銷或變更審判長、受命推事、受託推事裁定或檢察官命令之期間者，於其原因消滅後五日內，得聲請回復原狀。

II 許用代理人之案件，代理人之過失，視為本人之過失。

■修正說明（109.01.15）

一、法院組織法已將「推事」之用語，修正為「法官」，第一項爰配合為文字修正，以符法制。

二、第二項未修正。

❒ 實務見解

▶29上3809（判例）

送達文件向送達代收人為之者，視為送達之人，刑事訴訟法第五十五條第三項既定有明文，**則送達代收人之過失，自應視為本人之過失**，本件為上訴人代收送達之某甲，收到判決書後不為注意轉交，致上訴人未能如期上訴，雖屬於某甲之過失，要亦應視為上訴人因過失而遲誤上訴期間，自不得執為聲請回復原狀之理由。

▶107台抗438△（裁定）

刑事訴訟法第六十七條第一項規定之聲請回復原狀，乃救濟非因過失而遲誤抗告、上訴等法定期間之程序，且為衡平及兼顧法安定性、真實發現與法治程序之維護，明定應於其遲誤之原因消滅後五日內為之。又所謂非因過失，係指逾期之緣由非可歸責於當事人而言，苟其不能遵守期限非由於自誤，即不能謂因過失遲誤不變期間。**至於聲請回復原狀之期間規定所指「原因消滅」，係不能遵守期間之原因完了之意**，於上開情形抗告人至遲於知悉逾越不變期間之訴訟行為遭駁回確定時，已確知其抗告逾期為不合法，則其信賴法院裁判書註記錯誤抗告期間之遲誤原因已經消滅，自應於該遲誤原因消滅即收受駁回裁定正本後五日內聲請回復原狀，乃屬當然。

第68條（回復原狀─聲請之程序）

I 因遲誤上訴或抗告或聲請再審期間而聲請回復原狀者，應以書狀向原審法院為之。其遲誤聲請撤銷或變更審判長、受命法官、受託法官裁定或檢察官命令之期間者，向管轄該聲請之法院為之。

II 非因過失遲誤期間之原因及其消滅時期，應於書狀內釋明之。

III 聲請回復原狀，應同時補行期間內應為之訴訟行為。

□修正前條文

I 因遲誤上訴或抗告或聲請再審期間而聲請回復原狀者，應以書狀向原審法院為之。其遲誤聲請撤銷或變更審判長、受命推事、受託推事裁定或檢察官命令之期間者，向管轄該聲請之法院爲之。

II 非因過失遲誤期間之原因及其消滅時期，應於書狀內釋明之。

III 聲請回復原狀，應同時補行期間內應爲之訴訟行爲。

修正說明（109.01.15）

一、法院組織法已將「推事」之用語，修正爲「法官」，第一項爰配合爲文字修正，以符法制。

二、第二項及第三項未修正。

實務見解

▶30 聲 12（判例）

因遲誤上訴期間而聲請回復原狀者，應向原審法院爲之，刑事訴訟法第六十八條第一項定有明文，此所謂原審法院，係指原判決之法院而言，換言之，即遲誤第二審上訴期間者，第一審法院爲原審法院，遲誤第三審上訴期間者，第二審法院爲原審法院，不因管轄上訴之法院對其上訴曾否加以裁判而有異，縱使管轄上訴之法院曾因其上訴逾期將其上訴駁回，而該上訴人以其逾期非因其本人或代理人之過失所致，聲請回復原狀，其原審法院仍係原爲第一審或第二審判決之法院，而非因其上訴逾期予以駁回之上訴法院。

第 69 條（聲請回復原狀之裁判）

I 回復原狀之聲請，由受聲請之法院與補行之訴訟行爲合併裁判之；如原審法院認其聲請應行許可者，應繕具意見書，將該上訴或抗告案件送由上級法院合併裁判。

II 受聲請之法院於裁判回復原狀之聲請前，得停止原裁判之執行。

第 70 條（回復聲請再議期間之準用）

遲誤聲請再議之期間者，得準用前三條之規定，由原檢察官准予回復原狀。

第八章　被告之傳喚及拘提

❖ 法學概念

強制處分

一、概念

所謂「強制處分」（Zwangsmaßnahmen），係繼受德國的外來語，「強制處分」在刑事程序的概念是指在刑事程序進行中，爲了獲得、保全證據或確保被告到場，使用各種強制力，對犯罪嫌疑人、被告或其他訴訟關係人基本權所爲的侵犯措施。其主要特徵多爲，執法人員施以「強制力」、違反受處分人自由意志及侵害憲法所保障的基本權利。

「強制處分」的實施，在審判中可能根據法院的命令（如傳喚、拘提或羈押等）；在偵查程序中，檢察官或司法警察（官）亦得爲之。「偵查中的強制處分」（Zwangsmasnahmen im Ermittlungsverfahren）係在於蒐集證據、提起公訴；「審判中的強制處分」重在調查證據、發現眞實。

【Kral/Eausch, Strafverfahrensrecht, 20. Aufl., 2013, S. 63.】

二、類型

(一)廣義與狹義的強制處分

前者指凡具有法律上強制要素之調查證據處分均屬之，如勘驗、檢查身體、鑑定留置、通訊監察等均是。後者，專指以強制調查爲目的，而直接對人或物爲排除事實上之可能的反抗或妨害行爲所實施的處分，如傳喚、拘提、逮捕、搜索及扣押者是。

(二)直接與間接的強制處分

依其處分的性質，可分爲：1. 直接強制處分，是指其本身處分即具有強制效力，如拘提、逮捕、搜索、扣押等是。2. 間接強制處分，僅指示其應負何種義務，如不履行即受強制處分，如傳喚、提出命令。

(三)強制處分依其處分的對象

可分爲：1. 對人的強制處分，乃對人的強制處分，如傳喚、拘提、逮捕、羈押、搜索、強制採樣、鑑定留置及通訊監察等。2. 對物的強制處分，乃對物所實施的強制處分，如提出命令、搜索、扣押。

三、強制處分應遵守之原則

(一)法律保留原則

由於強制處分往往會侵犯人民憲法上的基本權，爲避免憲法所保障的各項基本權淪爲具文，故強制處分的實施，必須有法律明文規定，由於這樣的法律是限制人民基本權，故須合乎憲法第 23 條所要求的「防止妨礙他人自由、避免緊急危難、維持社會秩序或增進公共利益所必要」等要件，否則即屬違憲。

(二)比例原則

憲法層次的比例原則，可自憲法第 23 條導出，主要是拘束立法者不得違反比例原則制定限制人民基本權的法律。而一般法律層次的比例原則，乃所有公權力行爲的決定與執行皆必須遵守的原則，不論實施行政程序或刑事程序的公務員皆應遵守。而強制處分中的比例原則，主要是一般法律層次的比例原則，其內涵可參照行政程序法第 7 條、警察行使職權法第 3 條之規定。故實施刑事程序的公務員，皆應注意「採取之方法應有助於目的之達成」（適合性原則）、「有多種同樣能達成目的之方法時，應選擇對人民權益損害最小者」（必要性原則）及「採取之方法所造成之損害不得與欲達成目的之利益顯失均衡」

（狹義比例性原則）。例如，警察人員執行搜索、扣押時，應嚴格遵守偵查不公開規定，並依比例原則、最小損害原則，擇其適當方法，審慎執行之。

㈢令狀原則

由於強制處分的發動因會侵害到被處分者之自由與權益，故不宜把實施者與決定者劃歸爲同一人，應在實施前由中立之一方加以審查，藉此限制國家權力，人權保障才能落實。有的國家將令狀原則置於憲法位階，如美國憲法增修條文第4條規定，令狀之核發必須詳載搜索之地點、所拘捕之人或扣押之物。也就是禁止核發「概括令狀」，讓執法人員大肆搜括。二次大戰後的日本憲法第33條、第35條，也與美國聯邦憲法增修條文第4條有相類似的規定。而我國憲法第8條對於拘束人身自由的強制處分也有明確的規定，大法官作成釋字第384號以後，欲拘束犯罪嫌疑被逮捕拘禁之人民，不能再由檢察官簽發押票。

【警察機關執行搜索扣押應行注意要點第3點；黃朝義，《刑事訴訟法》，新學林，五版，2017.09，140頁。】

四、強制處分之決定機關

我國立法採以下混合的模式：

㈠法官保留原則

1. 絕對法官保留：如羈押、鑑定留置（刑訴§102、§203Ⅲ、§203-1Ⅳ）、一般監聽（通訊保障及監察法§5）。
2. 相對法官保留：原則上須由法官核發令狀，例外在急迫情形可由偵查機關先自行決定，事後再由法院審查合法性。例如搜索，以有令狀搜索爲原則（刑訴§128Ⅰ、§128-1），無令狀搜索（刑訴§130～§131-1）爲例外。此外，限制辯護人與羈押之被告接見或互通書信（刑訴§34-1）、非附隨於搜索之扣押（刑訴§133-1、§133-2）、緊急監聽（通訊保障及監察法§6）、調取通信紀錄（通訊保障及監察法§11-1），亦採相對法官保留原則。

㈡偵審二分模式

即偵查中以檢察官爲決定機關；審判中以法官爲決定機關。如傳喚（§71Ⅳ）、拘提（§77Ⅲ）、通緝（§85Ⅲ）、身體檢查（§204-1、§205-1）等。

㈢完全由偵查機關決定

例如：經通知或公告後對通緝犯之逮捕（§87Ⅰ）、現行犯之逮捕（§88）、緊急拘提（§88-1）、強制採樣處分（§205-2）。

❖ 法學概念

臥底偵查

所謂「臥底偵查」其實就是司法警察隱藏自己眞正的身分，而長期地以假名、假證件至特定的犯罪集團、組織或圈子臥底，掌握犯罪資訊並協助破案者。據此，臥底警探與不具警察身分的線民，概念有所不同，立法政策的考量也不同，臥底警探引發的問題還不僅於此。由於臥底警探往往必須「幹一票」來「取信」幫派組織，這些臥底警探本身的犯罪如何評價（犯案時究竟係出於自由意志或迫於無奈很難查知），迄今仍無定論。此外，通常還會伴隨陷害教唆、是否能出庭作證等問題。

【林鈺雄，《刑事訴訟法（上）》，新學林，八版，2017.09，467頁。】

不過，基於國民有出庭作證的義務，出席審判庭，具結並陳述意見。基本上，這個義務對於臥底警察也不例外。不過，爲了保護臥底警察，在不妨害法院發現眞實的情況下，臥底警察應該可以使用原來的化名，出庭陳述意見。學者建議，爲偵查犯罪而安置臥底警探，應該緊守一些程序上的原則，才不至於造成臥底手段的濫用。一、對付重大犯罪；二、最後手段性，且有明確的偵查結果可資期待；三、臥底偵查的目標必須具體確定；四、由檢察官或法官授權臥底。**因爲臥底警察所爲者，是調查證據的工作。而調查證據是廣義的強制處分。**德國臥底警察的規定，就是安排在搜索扣押有關的章節裡（也就是在強制處分的體系），建議可以考慮在我國刑事訴訟法第153條之後。

【林東茂，〈臥底警探的程序法上問題〉，收錄於《一個知識論上的刑法學思考》，五南，三版，2007.10，316頁以下。】

強制處分
- 審判中：如傳喚、拘提、羈押、搜索
- 偵查中（即強制偵查）：如傳喚、拘提、逮捕、通訊監察、搜索、扣押、羈押、GPS定位偵查（106台上3788判決）

第71條（書面傳喚）

Ⅰ傳喚被告，應用傳票。

II傳票，應記載下列事項：
一　被告之姓名、性別、出生年月日、身分證明文件編號及住、居所。
二　案由。
三　應到之日、時、處所。
四　無正當理由不到場者，得命拘提。
III被告之姓名不明或因其他情形有必要時，應記載其足資辨別之特徵。被告之出生年月日、身分證明文件編號、住、居所不明者，得免記載。
IV傳票，於偵查中由檢察官簽名，審判中由審判長或受命法官簽名。

□修正前條文

I傳喚被告，應用傳票。
II傳票，應記載左列事項：
一　被告之姓名、性別、年齡、籍貫及住所或居所。
二　案由。
三　應到之日、時、處所。
四　無正當理由不到場者，得命拘提。
III被告之姓名不明或因其他情形有必要時，應記載其足資辨別之特徵。被告之年齡、籍貫、住所、或居所不明者，得免記載。
IV傳票，於偵查中由檢察官簽名，審判中由審判長或受命推事簽名。

■修正說明（109.01.15）

一、第一項未修正。
二、第二項序文「左列」一語修正為「下列」，以符現行法規用語。
三、配合原條文第五十一條第一項關於「年齡」之記載修正為「出生年月日」及增訂「身分證明文件編號」，爰修正第二項第一款及第三項，以求體例一致。另參酌戶籍法修正已取消籍貫之規定，爰刪除原條文第二項第一款關於「籍貫」之記載。
四、法院組織法已將「推事」之用語，修正為「法官」，第四項爰配合為文字修正，以符法制。

第71條之1（到場詢問之通知）
I司法警察官或司法警察，因調查犯罪嫌疑人犯罪情形及蒐集證據之必要，得使用通知書，通知犯罪嫌疑人到場詢問。經合法通知，無正當理由不到場者，得報請檢察官核發拘票。
II前項通知書，由司法警察機關主管長官簽名，其應記載事項，準用前條第二項第一款至第三款之規定。

❖法學概念

「傳喚」與司法警察（官）「通知」之比較

	傳　　喚	司法警察（官）通知（§71-1）
主體不同	由「法院」或「檢察官」為之。	司法警察（官）。
客體不同	包含自訴人、被告、證人、鑑定人、	犯罪嫌疑人、證人。
程式不同	原則上應用「傳票」；例外如被告經面告下次到場或被告以書面陳明屆期	通知書。
簽發機關	在偵查中由檢察官簽發；審判中由審	地區分局長或相當其職務以上之長官。
拒不到場之效果	無正當理由不到場者，得簽發拘票拘提之（§75）。	約談通知書亦有間接強制處分的效果，經通知後無正當的理由不到場者，得向檢察官聲請核發拘票。司法警察人員認為有傳喚、拘提被告之必要，可聲請檢察官核發傳票或拘票。如經通知無故不到場者，司法警察人員自可衡情亦以先行聲請檢察官核發傳票為宜，

❑ 實務見解

▸**99 台上 6278（判決）**

刑事訴訟法第七十一條之一第一項前段規定：司法警察官或司法警察，因調查犯罪嫌疑人犯罪情形及蒐集證據之必要，得使用通知書，通知犯罪嫌疑人到場詢問。此「通知」亦屬對人之強制處分，惟該條文既規定「得」使用通知書，而非「應」使用通知書，則若司法警察官或司法警察，因情況急迫或其他原因，臨時以電話、親自登門或其他方式，請犯罪嫌疑人到場接受詢問，犯罪嫌疑人如願意配合接受詢問，即同意捨棄其排除違法強制處分之基本權利，如負責詢問犯罪嫌疑人之司法警察官或司法警察，均能遵守刑事訴訟法規定之程序，因此取得犯罪嫌疑人之自白，非無證據能力。

第 72 條（口頭傳喚）

對於到場之被告，經面告以下次應到之日、時、處所及如不到場得命拘提，並記明筆錄者，與已送達傳票有同一之效力；被告經以書狀陳明屆期到場者，亦同。

第 73 條（傳喚監所被告之程式）

傳喚在監獄或看守所之被告，應通知該監所長官。

第 74 條（傳喚之效力）

被告因傳喚到場者，除確有不得已之事故外，應按時訊問之。

第 75 條（抗傳即拘）

被告經合法傳喚，無正當理由不到場者，得拘提之。

第 76 條（經傳喚逕行拘提事由）

被告犯罪嫌疑重大，而有下列情形之一者，必要時，得不經傳喚逕行拘提：

一　無一定之住、居所者。
二　逃亡或有事實足認為有逃亡之虞者。
三　有事實足認為有湮滅、偽造、變造證據或勾串共犯或證人之虞者。
四　所犯為死刑、無期徒刑或最輕本刑為五年以上有期徒刑之罪者。

□修正前條文

被告犯罪嫌疑重大，而有左列情形之一者，得不經傳喚逕行拘提：

一　無一定之住所或居所者。
二　逃亡或有事實足認為有逃亡之虞者。
三　有事實足認為有湮滅、偽造、變造證據或勾串共犯或證人之虞者。
四　所犯為死刑、無期徒刑或最輕本刑為五年以上有期徒刑之罪者。

■修正說明（109.01.15）

逕行拘提係為達確保被告到場，並兼具保全證據之功能，乃以強制力於一定期間內拘束被告人身之自由，其干預人民基本權之手段與其所要達成之目的間，必須符合比例原則，本條序文「左列」一語修正為「下列」，以符現行法規用語，並增列「必要時」等文字，以期妥當之運用。

❖ 法學概念

「一般拘提」、「逕行拘提」與「緊急拘提」之區別

	一般拘提、逕行拘提	緊急拘提
拘提前應否用拘票不同	1. 包含因被告經合法傳喚無正當理由不到場者之拘提（§75）及逕行拘提（§76），**皆應用拘票**（§71 I）。 2. 包含偵查及審判程序。	1. **「檢察官」親自執行時，得不用拘票。** 2. 司法警察（官）執行時，以其急迫情況不及報告檢察官者為限，於執行後，應即報請檢察官簽發拘票。如檢察官不簽發拘票時，應即將被拘提人釋放（§88-1 II）。 3. 限於偵查程序。
執行主體不同	原則：司法警察（官）；例外：囑託拘提時被告所在地之檢察官。	檢察官、司法警察（官）；不含檢察事務官。

	一般拘提、逕行拘提	緊急拘提
拘提原因不同	1. 因抗傳而拘提（一般拘提）。 2. 被告犯罪嫌疑重大，而有下列情形之一者，得不經傳喚逕行拘提： (1)無一定之住、居所者。 (2)逃亡或有事實足認爲有逃亡之虞者。 (3)有事實足認爲有湮滅、僞造、變造證據或勾串共犯或證人之虞者。 (4)所犯爲死刑、無期徒刑或最輕本刑爲五年以上有期徒刑之罪者。	有下列情形之一而情況急迫者，得逕行拘提之： (1)因「現行犯」之供述，且有事實足認爲共犯嫌疑重大者。 (2)在執行或在押中之脱逃者。 (3)有事實足認爲犯罪嫌疑重大，經被盤查而逃逸者。但所犯顯係最重本刑爲**一年以下有期徒刑、拘役或專科罰金之罪者**（如刑法第266條的賭博罪），不在此限。 (4)所犯爲死刑、無期徒刑或最輕本刑爲五年以上有期徒刑之罪，**嫌疑重大，有事實足認爲有逃亡之虞者**。

編按：

刑訴法第88條之1第1項第4款與同法第76條第2款之要件「有事實足認爲有逃亡之虞者」類似，但多了「**其急迫情況不及報告檢察官**」、「**重罪**」等前提要件，且須事後報請檢察官簽發拘票。

第77條（拘提之程式及拘票記載）

I 拘提被告，應用拘票。

II 拘票，應記載左列事項：

一　被告之姓名、性別、年齡、籍貫及住、居所。但年齡、籍貫、住、居所不明者，得免記載。

二　案由。

三　拘提之理由。

四　應解送之處所。

III 第七十一條第三項及第四項之規定，於拘票準用之。

第78條（拘提之執行）

I 拘提，由司法警察或司法警察官執行，並得限制其執行之期間。

II 拘票得作數通，分交數人各別執行。

第79條（拘提之執行）

拘票應備二聯，執行拘提時，應以一聯交被告或其家屬。

第80條（拘提之執行後續處置）

執行拘提後，應於拘票記載執行之處所及年、月、日、時；如不能執行者，記載其事由，由執行人簽名，提出於命拘提之公務員。

第81條（域外之拘提）

司法警察或司法警察官於必要時，得於管轄區域外執行拘提，或請求該地之司法警察官執行。

第82條（囑託拘提）

審判長或檢察官得開具拘票應記載之事項，囑託被告所在地之檢察官拘提被告；如被告不在該地者，受託檢察官得轉囑託其所在地之檢察官。

第83條（對現役軍人之拘提）

被告爲現役軍人者，其拘提應以拘票知照該管長官協助執行。

第84條（通緝之法定原因）

被告逃亡或藏匿者，得通緝之。

第 85 條（通緝—通緝書）
I 通緝被告，應用通緝書。
II 通緝書，應記載下列事項：
一　被告之姓名、性別、出生年月日、身分證明文件編號、住、居所，及其他足資辨別之特徵。但出生年月日、住、居所不明者，得免記載。
二　被訴之事實。
三　通緝之理由。
四　犯罪之日、時、處所。但日、時、處所不明者，得免記載。
五　應解送之處所。
III 通緝書，於偵查中由檢察總長或檢察長簽名，審判中由法院院長簽名。

□修正前條文

I 通緝被告，應用通緝書。
II 通緝書，應記載左列事項：
一　被告之姓名、性別、年齡、籍貫、住所或居所，及其他足資辨別之特徵。但年齡、籍貫、住所或居所不明者，得免記載。
二　被訴之事實。
三　通緝之理由。
四　犯罪之日、時、處所。但日、時、處所不明者，得免記載。
五　應解送之處所。
III 通緝書，於偵查中由檢察長或首席檢察官簽名，審判中由法院院長簽名。

■修正說明（109.01.15）

一、第一項未修正。
二、第二項序文「左列」一語修正為「下列」，以符現行法規用語。
三、配合原條文第五十一條第一項關於「年齡」之記載修正為「出生年月日」及增訂「身分證明文件編號」及原條文第七十一條第二項修正刪除「籍貫」之記載，爰修正第二項第一款，以求體例一致。
四、法院組織法已將「首席檢察官」、「檢察長」之用語，修正為「檢察長」、「檢察總長」，第三項爰配合為文字修正，以符法制。

第 86 條（通緝方法）
通緝，應以通緝書通知附近或各處檢察官、司法警察機關；遇有必要時，並得登載報紙或以其他方法公告之。

第 87 條（通緝之效力及撤銷）
I 通緝經通知或公告後，檢察官、司法警察官得拘提被告或逕行逮捕之。
II 利害關係人，得逕行逮捕通緝之被告，送交檢察官、司法警察官或請求檢察官、司法警察官逮捕之。
III 通緝於其原因消滅或已顯無必要時，應即撤銷。
IV 撤銷通緝之通知或公告，準用前條之規定。

第 88 條（現行犯與準現行犯）
I 現行犯，不問何人得逕行逮捕之。
II 犯罪在實施中或實施後即時發覺者，為現行犯。
III 有左列情形之一者，以現行犯論：
一　被追呼為犯罪人者。
二　因持有兇器、贓物或其他物件、或於身體、衣服等處露有犯罪痕跡，顯可疑為犯罪人者。

❖ 法學概念

現行犯之逮捕

所謂現行犯，意即犯罪現場作案之人。假使不允許發現現行犯之任何人立即採取「暫時逮捕」（vorläufige Festnahme）的行動，日後可能會喪失追緝犯罪線索的契機。須注意者，現行犯之逮捕只是一種作為公民所具有之權利而非義務。

本法第 88 條第 1 項規定現行犯，不問何人「得」逕行逮捕之，同條第 2 項為現行犯定義的規定，即「犯罪在實施中或實施後即時發覺者，為現行犯」。本法第 88 條所定情形，不問何人均得逕行逮捕之，不以有偵查權人未曾發覺之犯罪為限。此外，犯瀆職罪收受之賄賂，應認為本法第 88 條第 3 項第 2 款所稱之贓物。賄賂如為通貨，一般觀察可認為因犯罪所得，而其持有並顯可疑為犯罪人者，亦有適用。現行犯之逮捕必須具備**「犯罪行為正在進行或行為後即時發覺在時間點上相當密接」**、**「犯罪與行為人之間在客觀上明顯可辨」**及**「必要性」**三大要件。是否為逮捕必要性之判斷應依具體之逮捕時機予以區分。一般而言，發現有不必為現行犯逮捕之情形，亦即無逮捕必要性之情形，應不得對之加以逮捕。例如：收受後方知為偽造、變造之紙幣而仍加以行使之犯行，對之以現行犯加以逮捕，其逮捕會因肢體衝突所造成之傷害或許較不加以逮捕更為嚴重。

【Radtke/Hohmann, StPO , 1. Aufl., 2011, §127, Rn. 2；津田隆好，《警察官のための刑事訴訟法講義》，東京法令出版株式會社，初版二刷，2009.10，78 頁以下；黃朝義，《犯罪偵查論》，漢興，初版，2003.03，97 頁；釋字第 90 號解釋。】

在 2018 年 2 月，彰化地院對一件性侵案嫌犯開羈押庭時，聲請羈押的彰化地檢署女檢察官與法官對犯罪法條和事證起了爭辯，雙方動了氣，女檢嗆法官：「你中午是不是沒吃飯，腦袋不清楚？」不料惹怒了法官，下令當庭逮捕女檢察官，但法警不敢動手，最後驚動院檢高層出面協調，女檢才由彰檢人員帶離。此事引發法界熱烈議論，有法官認爲，女檢侮辱執行公務的法官，是現行犯，「任何人都可逮捕現行犯」。但本書認爲，本案例縱使符合刑法上的侮辱公署罪，但仍欠缺當庭逮捕的**「必要性」**，蓋此案例中檢察官係蒞庭執行公務不會逃逸無蹤，並無若不立即採取逮捕，日後就喪失追緝犯罪線索的可能。

❖ 法學概念

逮捕與攔停、留置的關係

警察機關的核心任務在於公共安全之危害防止，在公眾安全的概念下，危害防止之於特定法益的威脅實屬緊密相連。

【Kueelmann, Polizei- und Ordnungsrecht, 2. Aufl., 2011, §5, Rn. 32.】

因此警察之任務並不侷限在「危害防止」，亦同時包含「刑事追緝」，兩者可能於盤查時轉換之，例如發現酒醉駕車達醉態駕駛罪標準值則轉成犯行追訴而採刑事訴訟手段，以現行犯逮捕。

【蔡震榮，《警察職權行使法概論》，五南，三版，2016.06，27 頁。】

在憲法比例原則下，當國家有充分理由時，得爲侵犯性較強之強制處分；反之，當國家之理由不夠充分時，僅得爲侵犯性較弱之強制處分，甚至不能爲任意強制處分。國家有「相當理由」相信某人犯罪，即達到發動拘捕之實質要件，得對人民爲比較長時間的拘束自由，**「合理的懷疑」而未達相當理由時，其所能爲之強制處分，**限縮爲**「短時間的留置」**。亦即，如只有**「合理懷疑」（指的是僅具備臨檢發動門檻）**，卻對人民爲拘捕之長時間拘束自由，構成違法行爲，將產生證據排除的效果。

逮捕與攔停的差別，應依一切情狀綜合判斷，如攔停留置的的手段、地點（現場或警察局）、時間（短暫或長時間）。例如警察以槍指著人民，要人民將手舉起，雖只有短短兩分鐘，應認爲警察行爲已構成逮捕，而非攔停或留置，若無相當理由，應認爲警察行爲違法；反之，若警察要人民暫時不要走開，讓其進行相關調查，在一段顯著的時間內，人民不斷問警察得否離去，警察皆言「不准走」，雖然警察未使用任何強制力，但人民因此「畏懼」地不敢離去，而又經過顯著的「長」時間，應認爲已構成逮捕，而非留置。依照警職法第 7 條第 2 項的文義，似乎表示只要留置時間未超過 3 小時，都屬於合法之「留置」，而非「逮捕」。然學者指出，對照警職法第 3 條的比例原則中的禁止過度原則，即令在 3 個小時內，如已達成目的，或無法達成目的時，應不得再留置人民，也就是說超過 3 個小時的留置，即爲非法之留置。

【王兆鵬、張明偉、李榮耕，《刑事訴訟法（上）》，新學林，四版，2018.09，356 頁以下。】

❖ 法學概念

臨檢與身分查核

「臨檢」係危害或犯罪尚未發生之際，警察通常僅是處在「資料蒐集」的狀況，爲能有效蒐集資料，以防止將來危害或犯罪之發生，法律上應准許警察利用一些科技工具或相關之人來執行蒐集資料之工作。

【蔡震榮，《警察職權行使法概論》，五南，三版，2016.06，132 頁。】

我國警職法的「臨檢」，應定性爲「行政檢查」的行爲，行政檢查一詞源自英美法，美國稱之爲「Administrative Investigation」，日本則稱之爲「行政調查」，廣義的行政檢查，包含司法行政機關所爲之情資查詢或蒐集，其性質爲一種事實行爲（Verwaltungsrealakt），只有在義務人或利害關係人請求時，應將異議之理由製作紀錄交付時，才被認爲係行政處分。

【蔡震榮，《警察職權行使法概論》，五南，三版，2016.06，5 頁；李震山，《行政法導論》，三民，十版，2016.09，479 頁以下；吳志光，《行政法》，新學林，八版，2017.02，336 頁。】

由於刑事法與行政法在本質、目的、手段各有其不同，因此，從警察任務與作用中區別雙重功能，旨在避免警察利用行政手段爲犯罪偵查，或利用司法作用以防止行政上的危害，惟在實務運作上，往往無法截然劃分兩項作用。

【李震山，《警察行政法——自由與秩序之折衝》，元照，四版，2016.10，338 頁。】

警察在一般臨檢盤查時，僅得實施「目視檢查」，惟如有警職法第 7 條第 1 項第 4 款所定要件，即有明顯事實足認當事人有攜帶足以自殺、自傷或傷害他人生命或身體之物者，亦得實施「拍搜檢查」（Frisk），以符合比例原則。

【李修安，《警察情境實務》，一品，初版，2011.10，117 頁。】

另外，警察在攔停人民時，常會查核身分，警察既有「查明身分」權，若人民拒不出示證件或身分不能辨明時，**釋字第 535 號**似認爲警察得命令人民同行。警察職權行使法第 7 條第 2 項亦規定，若無法查證身分時，警察得將該人民帶往勤務處查證。王兆鵬教授認爲，警察臨檢時將人民強行帶回，幾乎已等同於逮捕，實已逾越臨檢之權限，甚爲不妥。雖然警察在盤查時得詢問人民，但學說上咸認爲人民無回答之義務，不得僅僅因爲人民拒絕回答而予以逮捕。基於人民對於政府之詢問，有「不自證己罪」的緘默權，刑事訴訟法第95條亦明文承認緘默權。

【王兆鵬、張明偉、李榮耕，《刑事訴訟法（上）》，新學林，四版，2018.09，353頁；陳運財，〈論緘默權之保障〉，《刑事訴訟與正當法律程序》，月旦，初版，1998.09，342頁以下。】

雖然不能逮捕，但若被攔停人不實答覆或不爲答覆，可依據社會秩序維護法第67條第1項第2款之規定處罰。亦即行政調查時，如受調查人拒絕陳述其姓名及住居所或不實陳述，可依該條款處罰。

【羅傳賢，《警察法規概論》，五南，初版，2018.01，243頁。】

而我國行政上前階段之人別查證與後階段之刑事程序，其實相當緊密連結，難以分割。在學理上，既承認當事人在刑事偵查程序中之不自證己罪之權利，在行政上似亦應承認當事人對於警察之人別詢問時保持沉默，而享有行政上之緘默權，**依現行警職法第7條第1項第2款及第2項之文義及體系解釋，人民對於警察查證身分時，似未享有「行政上之緘默權」**，然而這是否符合憲法上之比例原則？是否過度侵害人民之隱私權？容有商榷之餘地！**是以，警職法第7條第2項「強制帶回警局」之要件應再行檢討，不宜變相成爲無令狀之「行政逮捕」。**

【林明鏘，〈警察行使職權與身分查證問題〉，收錄於《警察法學研究》，新學林，2011.07，359、362頁。】

而我國刑訴法學者即主張，對於警察盤查時的詢問，若拒絕回答，應不得加以處罰。否則與緘默權之法理完全違背。從而，我國社會秩序維護法第67條第1項第2款規定，有違憲（憲法第8條）之疑慮。

【陳運財，〈論緘默權之保障〉，收錄於《刑事訴訟與正當法律程序》，月旦，初版，1998.09，342頁以下。】

❖ 法學概念

刑事強制處分與警職法臨檢之界限為何？

一、以是否進入住宅爲界限

警察行使職權之場所依警職法之規定，原則上應限於「公共場所或公眾得出入之場所」，不及於「住宅」，除非有警職法第26條規定之住宅內有「人民生命、身體、財產之迫切危害」之情事者，否則不得進入。因此，以「住宅」爲準，當做區分警察職權行使法及刑事訴訟法之適用分野，除非有警職法第26條「即時強制」的情形，否則不論警察找「人」或找「物」，皆應遵守刑事訴訟法有關搜索之規定。

二、以是否已達到「強制」程度爲界限

「臨檢」和「犯罪偵查」的第二個區別在於**「是否已達強制程度」**。警察實施臨檢乃積極、主動探求犯罪發生可能事跡，如同受理告訴、告發、自首消極被動接收犯罪發生訊息。即便遇緊急必要之情況，但相關臨檢盤查強力作爲仍應侷限於「任意處分」。不過，**若執勤過程另發現犯罪行爲，自可依刑訴法相關規定實施強制處分如搜索、勘驗等等保全證據等。**須注意者，不論臨檢盤查是否被賦予強制力，並不影響國家權力作用的保障，行爲人若妨害國家權力作用之行使，仍可構成刑法上的妨害公務罪。

由於「臨檢」既屬警察行政行爲的領域，則有關警察執法時的幾個基本原則，諸如比例原則、禁止不當連結原則等，仍可作爲臨檢權限是否超過其限度的抽象原則，然後再依個案去具體判斷。若以量化爲喻，依照警職法第6條，臨檢的發動門檻爲「合理的懷疑」（reasonable suspicion）：合理的懷疑最典型的警察作爲，就是盤查，其證據強度約30%以上；而刑訴法強制處分的發動門檻爲「相當理由」（probable cause），在美國只要有probable cause，就可以逮捕、搜索或監聽、羈押等，其證據強度約45%以上。

又臨檢權既屬警察行政行爲的領域，則有關警察執法時的幾個基本原則，例如：比例原則、禁止不當連結原則等，仍可作爲臨檢權是否超過其限度的抽象原則，然後再依個案判斷。此外，社會通念原則亦屬重要，因爲，這一原則與警察的社會形象息息相關，兩者可謂成反比的狀況，若警察的社會形象佳，則社會通念的檢驗標準必低，反之則正好相反。故重視這一標準，理論上應可使警察爲提升自我形象，謹慎發動臨檢權，即使發動也應充分照顧被臨檢者的權利。

【釋字第535號解釋；洪文玲、蔡震榮、鄭善印，《警察法規》，國立空中大學印行，修訂再版，2011.08，306頁以下；內政部警政署印行，《警察職權行使法逐條釋義》，2003.8，第6條部分；林裕順，〈臨檢盤查「半推半就」〉，《月旦法學教室》，第148期，2015.02，24頁以下；羅傳賢，《警察法規概論》，五南，初版，2018.01，241頁。】

☐ 實務見解

▶102台上447（判決）

被追呼爲犯罪人者，或因持有兇器、贓物或其他物件，或於身體、衣服等處露有犯罪痕跡，顯可疑爲犯罪人者，爲準現行犯。**準現行犯以現行犯論，不問何人得逕行逮捕之，無須令狀，不受司法審查，故準現行犯之逮捕，在時間上須與犯罪行爲終了有相當之密接性，始足以擔保犯人與犯罪之明確性，而與現行犯同視，**以契合憲法所保障之正當法律程序。

第88條之1（偵查犯罪逕行拘提事由）

Ⅰ檢察官、司法警察官或司法警察偵查犯罪，有下列情形之一而情況急迫者，得逕行拘提之：

一　因現行犯之供述，且有事實足認爲共犯嫌疑重大者。

二　在執行或在押中之脫逃者。
三　有事實足認爲犯罪嫌疑重大，經被盤查而逃逸者。但所犯顯係最重本刑爲一年以下有期徒刑、拘役或專科罰金之罪者，不在此限。
四　所犯爲死刑、無期徒刑或最輕本刑爲五年以上有期徒刑之罪，嫌疑重大，有事實足認爲有逃亡之虞者。

II 前項拘提，由檢察官親自執行時，得不用拘票；由司法警察官或司法警察執行時，以其急迫情況不及報告檢察官者爲限，於執行後，應即報請檢察官簽發拘票。如檢察官不簽發拘票時，應即將被拘提人釋放。

III 檢察官、司法警察官或司法警察，依第一項規定程序拘提犯罪嫌疑人，應即告知本人及其家屬，得選任辯護人到場。

□修正前條文

I 檢察官、司法警察官或司法警察偵查犯罪，有左列情形之一而情況急迫者，得逕行拘提之：
一　因現行犯之供述，且有事實足認爲共犯嫌疑重大者。
二　在執行或在押中之脫逃者。
三　有事實足認爲犯罪嫌疑重大，經被盤查而逃逸者。但所犯顯係最重本刑爲一年以下有期徒刑、拘役或專科罰金之罪者，不在此限。
四　所犯爲死刑、無期徒刑或最輕本刑爲五年以上有期徒刑之罪，嫌疑重大，有事實足認爲有逃亡之虞者。

II 前項拘提，由檢察官親自執行時，得不用拘票；由司法警察官或司法警察執行時，以其急迫情況不及報告檢察官者爲限，於執行後，應即報請檢察官簽發拘票。如檢察官不簽發拘票時，應即將被拘提人釋放。

III 第一百三十條及第一百三十一條第一項之規定，於第一項情形準用之。但應即報檢察官。

IV 檢察官、司法警察官或司法警察，依第一項規定程序拘提之犯罪嫌疑人，應即告知本人及其家屬，得選任辯護人到場。

■修正說明（109.01.15）

一、第一項序文「左列」一語修正爲「下列」，以符現行法規用語。

二、本法第一百三十條及第一百三十一條第一項於九十年一月十二日修正後，該二條文中所定「拘提」一詞，已包含原條文之「逕行拘提」在內，故檢察官、司法警察官或司法警察依原條文規定逕行拘提時，應逕適用本法第一百三十條及第一百三十一條第一項之規定，而無準用上開規定之必要，是爲求條文簡潔起見，爰刪除第三項之規定。

三、九十八年四月二十二日總統以華總一義字第〇九八〇〇〇九六三三一號公布之公民與政治權利國際公約及經濟社會文化權利國際公約施行法第二條規定，兩公約所揭示保障人權之規定，具有國內法律之效力。公民與政治權利國際公約第九條第二項規定：「執行逮捕時，應當場向被捕人宣告逮捕原因，並應隨即告知被控案由。」本諸公約精神，檢察官、司法警察官或司法警察，依第一項規定程序拘提犯罪嫌疑人者，亦應即告知本人及其家屬得選任辯護人到場，惟原條文第四項易生由受拘提之犯罪嫌疑人告知本人及其家屬得選任辯護人到場之誤解，爰修正第四項，以資明確，並遞移爲第三項。

四、第二項未修正。

❖ 法學概念

緊急拘提

本法第 88 條之 1 第 1 項規定，檢察官、檢察事務官、司法警察（官），因偵查犯罪在情況急迫且具有法定原因的前提下，得不用拘票「逕行拘提」，以防人犯脫逃之強制處分，第 130 條及第 131 條第 1 項之規定，於第 1 項情形準用之。但應即報告檢察官（§88Ⅲ）。這裡所說的「情況急迫」，係指如不及時拘提，人犯即有逃亡之虞或偵查犯罪顯有重大困難者而言。而第 88 條之 1 第 2 項之急迫情況不及報告檢察官者，係指檢察事務官、司法警察（官）「遇有上開情況急迫情事」不及報告檢察官簽發拘票者而言。

【檢察機關辦理刑事訴訟案件應行注意事項第 14 點；警察偵查犯罪手冊第 142 點。】

爲與本法第 76 條之「逕行拘提」相區隔，學說上多稱本條爲「緊急拘提」。

【蔡墩銘，《刑事訴訟法論》，五南，五版，2002.10，183 頁；張麗卿，《刑事訴訟法理論與運用》，五南，十四版，2018.09，235 頁；林俊益，《刑事訴訟法概論（上）》，新學林，十七版，2017.09，235 頁；王兆鵬、張明偉、李榮耕，《刑事訴訟法（上）》，新學林，四版，2018.09，378 頁；林俊寬，《刑事訴訟法：基礎理論與實務運用》，五南，初版，2013.07，94 頁。】

惟亦有稱「緊急逮捕」；更有稱「緊急拘捕」之論者。

【林山田，《刑事程序法》，五南，五版，2004.09，289 頁；黃朝義，《刑事訴訟法》，新學林，五版，2017.09，193 頁；黃東熊、吳景芳，《刑事訴訟法（上）》，三民，七版，2010.02，143 頁；林鈺雄，《刑事訴訟法（上）》，新學林，八版，2017.09，363 頁。】

本書認爲，由於條文用語是「拘提」，雖然由檢察官親自執行時，得不用拘票；但因司法警察（官）執行後，仍須報請檢察官簽發「拘票」，如檢察官不簽發拘票時，應即將被拘提人釋放（§88Ⅱ）。與無令狀之「逮捕」尚屬有間，故本條稱之爲「緊急拘提」毋寧較妥。

一、因現行犯之供述，且有事實足認爲共犯嫌疑重大者

本款所謂現行犯，係指本法第 88 條第 2 項之現行犯及同條第 3 項以現行犯論者而言。檢察官如認犯罪嫌疑人所犯之罪情節輕微或顯係最重本刑爲拘役或專科罰金之罪者，即令因現行犯之供述，且有事實足認爲共犯嫌疑重大，亦不得逕行拘提（檢察機關辦理刑事訴訟案件應行注意事項第 15 點）。

二、在執行或在押中之脫逃者

所謂在執行中脫逃者，係指經依刑事法律指揮在監獄、看守所、少年輔育院、少年矯正學校或其他保安處分處所執行中脫逃者而言。所謂在押中脫逃者，係指經依刑事法律逮捕、拘提、羈押或收容中脫逃者而言（檢察機關辦理刑事訴訟案件應行注意事項第 16 點）。

三、有事實足認爲犯罪嫌疑重大，經被盤查而逃逸者。但所犯顯係最重本刑爲一年以下有期徒刑、拘役或專科罰金之罪者，不在此限

所謂「有事實足認爲」，應注意不得僅憑主觀認定其行跡可疑或未帶身分證，即遽予盤查及緊急拘提。而「盤查」係指警察於「危害防止」或「刑事追訴」之際，經常用以「查證身分」、「蒐集資料」等手段，行使盤查權之合法措施，包括攔停、詢問、令出示證件，符合一定條件下，甚至可以檢查其身體及所攜物、要求酒精測試及檢查交通工具等。「盤查」乃最典型的警察作爲，其發動門檻爲「合理的懷疑」（reasonable suspicion），其證據強度約 30%以上。美國法院向來尊重警察本身「專業知識與多年經驗」。可參考：㈠警察本人之觀察（police observation）。㈡剛發生之犯罪現場附近（location near scene of recent crime）。㈢線民（informant）提供之情報。㈣警方通報（police channel）。㈤計畫性掃蕩犯罪（a plan）等原則。至於警方可否任意設置「管制站」盤查？依警察職權行使法第 6 條第 1 項第 6 款，警察機關主管長官指定公共場所、路段及管制站者，除必須有「防止犯罪，或處理重大公共安全或社會秩序事件」之要件合致外，尚須考慮比例原則之適用。因此，警察機關依據該法固可實施全面攔停進行治安檢查，但必須其決定地點之程序與要件均須受到本款之拘束，依釋字第 535 號解釋所無法肯認不得不問時間、地點、或對象之設置管制站作全面攔檢，或不加判斷其合理性要件之任意或隨機攔檢。

【洪文玲、蔡震榮、鄭善印，《警察法規》，國立空中大學印行，修訂再版，2011.08，303 頁；內政部警政署印行，《警察職權行使法逐條釋義》，2003.08，第 6 條部分；蔡庭榕等編，《警察職權行使法逐條釋論》，五南，初版，2010.02，127 頁。】

一般而言，依警職法「盤查」而查證身分固爲警察職權發動的行政行爲，**故本款因「盤查」而逃逸而得爲之「緊急拘提」，應以犯罪嫌疑重大（依本款但書之規定不適用於輕罪）、偵查犯罪目的爲限。**換言之，若警察盤查攔停、詢問的結果是單純的行政不法，如：紅燈右轉、未滿十八歲駕車，不得援引本款「緊急拘提」。另依內政部警政署交通違規稽查與輕微違規勸導作業注意事項，汽車駕駛人之行爲有關紅燈或平交道等行爲，「當場不能或不宜」攔截製單舉發者，得逕行舉發；經明確指揮制止攔檢不停車輛，應避免追車，依規定逕行舉發。總之，這些單純交通違規行爲，皆非緊急拘提（追車）要件，逕行舉發即可。

若駕駛人不聽制止或拒絕停車接受稽查而逃逸者，依道路交通管理處罰條例第 60 條第 1 項規定，處新臺幣三千元以上六千元以下罰鍰。須注意者，本條僅適用在已違反道路交通管理處罰條例之交通違規行爲者，若尚未構成違法情形，而拒絕稽查時，仍不得以該條加以處罰。例如，依警察職權行使法第 6 條第 1 項第 6 款規定「行經指定公共場所、路段及管制站者」。

【羅傳賢，《警察法規概論》，五南，初版，2018.01，245 頁。】

四、所犯爲死刑、無期徒刑或最輕本刑爲五年以上有期徒刑之罪，嫌疑重大，有事實足認爲有逃亡之虞者

本款所謂「有事實足認爲」，係指必先有具體事實之存在，且據此事實客觀上顯可認爲犯罪嫌疑人，有逃亡之虞，有湮滅、僞造、變造證據或勾串共犯或證人之虞，或所犯之罪確有重大嫌疑等情形而言，檢察官應慎重認定，且應於卷內記明其認定之依據（檢察機關辦理刑事訴訟案件應行注意事項第 17 點）。

❖ 法學概念

盤查與強制處分的關係

所謂「盤查」係指警察於「危害防止」或「刑事追訴」之際，經常用以「查證身分」、「蒐集資料」之手段，行使盤查權之合法措施，包括攔停、詢問、令出示證件，符合一定條件下，甚至可以檢查其身體及所攜物、要求酒精測試及檢查交通工具等。

【洪文玲、蔡震榮、鄭善印，《警察法規》，國立空中大學印行，修訂再版，2011.08，303 頁。】

日本警察官執行職務法有所謂的「職務質

問」，概念即相當於我國攔停、盤查、查證身分的概念，其第 2 條規定，警察得依「異常之舉動」及「其他周圍情事」合理判斷，在特定的情況下認定其人有犯某罪或將犯某罪之嫌疑，或認爲其人對已發生之犯罪或即將發生之犯罪知悉，得將其人攔停、盤問。**日本學說認爲，該國警職法第 2 條第 1 項警察對行駛中的車輛進行盤查，限於任意手段並在必要的限度內予以攔停。警方在適當地點實施車輛攔檢，取締、預防交通違規，對該處通行經過的車輛要求短暫的停留，就外觀上可疑之處進行盤問，在尋求對方自願配合的同時，不得過度不當限制車輛使用者的自由。**

【酒卷　匡，《刑事訴訟法》，有斐閣，初版，2015.11，48 頁。】

所謂「異常之舉動」係指可疑人之行爲、態度、衣著、隨身攜帶物品不尋常。例如：潛伏在隱蔽的地方或穿著有血跡的衣服，至於行爲是否有些反常，這要視地點和時間而有所不同之認定。「其他周圍情事」則係指時間、地點、場所環境等，也包括警察事先取得的情資。至於「合理判斷」係指根據這些行爲情事綜合判斷並依社會通念作客觀性的合理認定，執勤員警不應主觀、恣意判斷，此皆可做爲我國臨檢、盤查發動門檻的參考。

【田村正博，《現場警察官權限解說（上卷）》，立花書房，二版，2009.09，25 頁。】

此外，「盤查」的附隨行爲，尚包括個人隨身「所持有物品的檢查」，日本實務認爲，就職務質問的功能而言，此乃必要、有效的行爲，但不得行使類如搜索等強制力，蓋此屬於任意處分的範疇，非得到受檢人的同意及理解，不得爲之。而對受檢人「所持有物品的檢查」亦係臨檢盤查的附隨行爲，但必須根據「必要性」、「緊急性」及個人法益的保護與公共利益權衡後之「相當性」等原則下方得容許之。

【最判昭 53.6.20 刑集 32 卷 4 號，670 頁（米子銀行強盜事件）；川端　博，《刑事訴訟法講義》，成文堂，初版，2012.03，7 頁。】

警察這一連串的臨檢、盤查係屬於偵查機關所掌握的事實尚不足以構成犯罪嫌疑開啓正式偵查的前階段，德國學說上稱爲「前偵查領域」（Vorfeldermittlungen），這些主要是以犯罪預防爲導向的警務工作，但是在發現犯罪嫌疑後，應即轉爲犯罪偵查。

【Allgayer, StPO, 1. Aufl., 2016, §152, Rn. 62ff.】

而發動盤查的第一道控制門檻，至少必須要有「合理的懷疑」。例如，警員深夜巡邏時，發現某車忽快忽慢蛇行，疑似酒醉駕車，遂予攔阻、盤詰等。參考美國聯邦最高法院著名的 Terry 案（Terry vs. Ohio, 392 U.S.1, 1968），警方盤查不需具有相當理由，例如警察憑其多年的執法經驗，合理懷疑嫌犯來回鬼祟地探勘商店，應是準備要偷竊或強盜，此時進行盤查，並搜到非法槍械，可以將嫌犯起訴與定罪。而由首席大法官 Warren 爲首的多數意見指出，儘管依該國憲法增修條文第 4 條，必須要有法院所簽發的令狀，且在有相當理由（probable cause）的情況下才可對人民進行逮捕或搜索，但該條的要件並非絕對機械，若於警察合理懷疑（reasonable suspicion）犯罪即將發生時，基於公共安全的考量，可以合法對人民進行短暫的「攔停與拍搜」（stop and frisk）。**此處所謂的「拍搜」，係指輕拍觸摸受檢人外衣口袋的方式，以搜尋其是否暗中藏有武器危害執法者人身安全，非如刑事訴訟法上之強制處分得爲侵入性搜索。**

【林朝雲，〈論取締酒駕與刑事程序〉，《東吳大學法研論集》，第 10 卷，2018.11，15 頁。】

也就是說，警察本於犯罪預防之目的，得依行政作用法盤查詰問，不需有刑訴法授權，但是「合理懷疑」仍需有客觀事實存在，而不是單憑警察個人主觀直覺，當民眾質疑警察盤查合法性時，還是有必要說明清楚，例如告知民眾疑似持有危險物品因而盤問、蛇行開車合理懷疑其酒駕等，避免不必要的爭執，畢竟良民被懷疑成罪犯的感覺誰都不好受。

又如警察於深夜時段，在一個高犯罪區的街道上，發現某人所離開之公寓，是曾多次藏匿武器或毒品罪犯之犯罪處所，且該某看到警察時，立刻將小紙袋藏入衣內，神色慌張，迅速走避，而懷疑該某有藏匿毒品的嫌疑。

【羅傳賢，《警察法規概論》，五南，初版，2018.01，239 頁。】

不過，**此一門檻的判斷，不可避免地多少會參酌警員個人的經驗而賦予警察較廣之判斷空間。但須注意，絕無可能賦予警察無緣無故在馬路上任意盤查路人的權限。盤查可能引發下一階段刑訴法強制處分，例如逮捕。盤查過程逃逸者，可能構成緊急拘提事由；確認身分後發現爲通緝犯者，得逕行逮捕；檢視搜查後發現犯罪證據者，依其情形可能爲現行犯（如持有槍械）或準現行犯（如發現贓車）而予逮捕。**

【林鈺雄，《刑事訴訟法（上）》，新學林，八版，2017.09，453 頁以下。】

警察職權行使法第 6 條第 1 項規定，警察得於公共場所或合法進入之場所進行盤查。所謂「公共場所」，係指得讓公眾任意逗留、集合之地點，包括不特定多數人得自由進出之場所。例如，公園、車站、馬路、電影院等。至於「合法進入之場所」，係指警方得依法進入者，如執行刑訴法上搜索之規定。

而 KTV 包廂雖以門爲隔間，但通常有門然不能上鎖，且服務生得於敲門後進出包廂提供訊息或餐點服務，有些店家甚至允許酒促進入推銷。是以，KTV 包廂仍屬「公共場所」，故警察得進入KTV包廂合法臨檢。**惟，警察不得對臨檢場所實施無差別之盤查。**換言之，實施盤查方式仍須受警察職權行使法第 6 條第 1 項各款盤查目的之拘束，始得依同法第 7 條第 1 項第 3 款命受盤查者出示身分證件。**例如，以青春專案執行爲目的，則於KTV包廂中盤查對象應設定爲青少年，**對外觀明顯成年，除成人顧客明顯符合其盤查事由之盤查規定外，若逐一進行身分盤查，明顯牴觸警察職權行使法第 6、7 條之規定。

【李佳玟，〈青春專案〉，《月旦法學教室》，第 144 期，2014.10，33 頁以下。】

由於我國行政上前階段之人別查證與後階段之刑事偵查程序，相當緊密連結，有時難以強行分割。德國刑事訴訟法第 111 條規定，對於某些嚴重罪行可以在公共街道和公眾得出入之場所等設置「檢查站」或譯作「管制站」（Kontrollstellen），每位經過檢查站之人均須接受身分之確認及搜索隨身所攜帶之物品才能離開。此一程序的概念被稱爲「Razzia」（即類似我國所謂的臨檢）。指定檢查站設置的權力，原則上由法官爲之；但遇有遲延即產生立即危險的情狀時，檢察官及其具有警察身分的偵查輔助人員亦被授權得指定。相較於德國，本法對於此，在刑事程序上之臨檢付之闕如，此乃我國法制有所不足之處。

【Radtke/Hohmann, StPO, 1. Aufl., 2011, §111, Rn. 17ff; Beulke, Strafprozessrecht, 12. Aufl., 2012, §111, Rn. 260.】

因此，即使執行勤務的員警單純懷疑人民有犯罪嫌疑或可能是通緝犯，但在欠缺刑事程序臨檢的法律明文下，員警盤查究竟是查證身分還是偵查犯罪，背後的條文依據常模糊不清，導致民眾經常質疑員警爲何要查證身分或民眾自認沒必要接受身分之查證，進而誤解員警恣意、隨機臨檢。

第 89 條（拘捕之告知及注意事項）

Ⅰ執行拘提或逮捕，應當場告知被告或犯罪嫌疑人拘提或逮捕之原因及第九十五條第一項所列事項，並注意其身體及名譽。

Ⅱ前項情形，應以書面將拘提或逮捕之原因通知被告或犯罪嫌疑人及其指定之親友。

□修正前條文

執行拘提或逮捕，應注意被告之身體及名譽。

■修正說明（109.01.15）

一、原條文移列爲第一項。

二、公民與政治權利國際公約及經濟社會文化權利國際公約施行法第二條規定，兩公約所揭示保障人權之規定，具有國內法律之效力。公民與政治權利國際公約第九條第二項規定：「執行逮捕時，應當場向被捕人宣告逮捕原因，並應隨即告知被控案由。」爰修正本條第一項文字，以與上開公約內容相契合。

三、憲法第八條第二項規定：「人民因犯罪嫌疑被逮捕拘禁時，其逮捕拘禁機關應將逮捕拘禁原因，以書面告知本人及其本人指定之親友。」爰增訂第二項，以符憲法規定。

第 89 條之 1（戒具之使用）

Ⅰ執行拘提、逮捕或解送，得使用戒具。但不得逾必要之程度。

Ⅱ前項情形，應注意被告或犯罪嫌疑人之身體及名譽，避免公然暴露其戒具；認已無繼續使用之必要時，應即解除。

Ⅲ前二項使用戒具之範圍、方式、程序及其他應遵行事項之實施辦法，由行政院會同司法院定之。

■增訂說明（109.01.15）

一、本條新增。

二、執行拘提、逮捕或解送之人員，爲維護拘提、逮捕或解送過程之秩序及安全，固得使用戒具，惟對被告或犯罪嫌疑人使用戒具，係限制其身體自由，而影響其權益，故使用戒具時，必須符合比例原則之要求，不得浮濫使用戒具，以維人權，爰增訂第一項規定，俾資規範。

三、使用戒具之目的，在確保國家刑罰權之順利行使，惟對被告或犯罪嫌疑人使用戒具，不僅限制其身體自由，並易造成名譽上損害，故執行人員依第一項規定對被告或犯罪嫌疑人施用戒具時，對於其身體及名譽，應爲特別之維護與注意。執行人員於認爲已無對被告或犯罪嫌疑人繼續使用戒具之必要，應立即解除其身體受戒具施用之狀態，爰增訂本條第二項規定。

四、爲配合第一項及第二項之規定，爰增訂第三項，就第一項及第二項使用戒具之範圍、方式、程序及其他應遵行事項之實施辦法，授權行政院會同司法院定之，俾利實務運作。

第 90 條（強制拘捕）

被告抗拒拘提、逮捕或脫逃者，得用強制力拘提或逮捕之。但不得逾必要之程度。

第 91 條（拘捕被告之解送）

拘提或因通緝逮捕之被告，應即解送指定之處所；如二十四小時內不能達到指定之處所者，應分別其命拘提或通緝者為法院或檢察官，先行解送較近之法院或檢察機關，訊問其人有無錯誤。

第 92 條（逮捕現行犯之解送）

I 無偵查犯罪權限之人逮捕現行犯者，應即送交檢察官、司法警察官或司法警察。

II 司法警察官、司法警察逮捕或接受現行犯者，應即解送檢察官。但所犯最重本刑為一年以下有期徒刑、拘役或專科罰金之罪、告訴或請求乃論之罪，其告訴或請求已經撤回或已逾告訴期間者，得經檢察官之許可，不予解送。

III 對於第一項逮捕現行犯之人，應詢其姓名、住所或居所及逮捕之事由。

第 93 條（即時訊問及漏夜偵訊之禁止）

I 被告或犯罪嫌疑人因拘提或逮捕到場者，應即時訊問。

II 偵查中經檢察官訊問後，認有羈押之必要者，應自拘提或逮捕之時起二十四小時內，以聲請書敘明犯罪事實並所犯法條及證據與羈押之理由，備具繕本並檢附卷宗及證物，聲請該管法院羈押之。但有事實足認有湮滅、偽造、變造證據或勾串共犯或證人等危害偵查目的或危害他人生命、身體之虞之卷證，應另行分卷敘明理由，請求法院以適當之方式限制或禁止被告及其辯護人獲知。

III 前項情形，未經聲請者，檢察官應即將被告釋放。但如認有第一百零一條第一項或第一百零一條之一第一項各款所定情形之一而無聲請羈押之必要者，得逕命具保、責付或限制住居；如不能具保、責付或限制住居，而有必要情形者，仍得聲請法院羈押之。

IV 前三項之規定，於檢察官接受法院依少年事件處理法或軍事審判機關依軍事審判法移送之被告時，準用之。

V 法院於受理前三項羈押之聲請，付予被告及其辯護人聲請書之繕本後，應即時訊問。但至深夜仍未訊問完畢，被告、辯護人及得為被告輔佐人之人得請求法院於翌日日間訊問，法院非有正當理由，不得拒絕。深夜始受理聲請者，應於翌日日間訊問。

VI 前項但書所稱深夜，指午後十一時至翌日午前八時。

□修正前條文

I 被告或犯罪嫌疑人因拘提或逮捕到場者，應即時訊問。

II 偵查中經檢察官訊問後，認有羈押之必要者，應自拘提或逮捕之時起二十四小時內，敘明羈押之理由，聲請該管法院羈押之。

III 前項情形，未經聲請者，檢察官應即將被告釋放。但如認有第一百零一條第一項或第一百零一條之一第一項各款所定情形之一而無聲請羈押之必要者，得逕命具保、責付或限制住居；如不能具保、責付或限制住居，而有必要情形者，仍得聲請法院羈押之。

IV 前三項之規定，於檢察官接受法院依少年事件處理法或軍事審判機關依軍事審判法移送之被告時，準用之。

V 法院於受理前三項羈押之聲請後，應即時訊問。但至深夜仍未訊問完畢，或深夜始受理聲請者，被告、辯護人及得為被告輔佐人之人得請求法院於翌日日間訊問。法院非有正當理由，不得拒絕。

VI 前項但書所稱深夜，指午後十一時至翌日午前八時。

■修正說明（106.04.26）

一、第一項未修正。

二、偵查階段之羈押審查程序，係由檢察官提出載明被告所涉犯罪事實並所犯法條與羈押理由之聲請書及提出有關證據，向法院聲請裁准及其救濟之程序。此種聲請羈押之理由及有關證據，係法官是否裁准羈押以剝奪被告人身自由之依據，檢察官向法院聲請羈押時，自應以聲請書載明被告所涉之犯罪事實、法條、證據清單及應予羈押之理由，並備具聲請書繕本及提出有關卷證於法院，如未載明於證據清單之證據資料，既不在檢察官主張之範圍內，法院自毋庸審酌。此外，配合第三十三條之一規定，已賦予辯護人閱卷權。惟卷證資料如有事實足認有湮滅、偽造、變造證據或勾串共犯或證人等危害偵查目的或危害他人生命、身體之虞，而欲限制或禁止被告及其辯護人獲知者，檢察官為偵查程序之主導者，熟知案情與偵查動態，檢察官自應將該部分卷證另行分卷後敘明理由，並將限制或禁止部分遮掩、封緘後，由法官提供被告及辯護人檢閱、提示或其他適當方式為之，以兼顧偵查目的之維護以及被告及其辯護人防禦權之行使，爰參酌司法院釋字第七三七號解釋意旨，修正第二項及增訂但書規定。至於法院究採何種方式，使被告及其辯護人獲知檢察官據以聲請羈押之證據及理由為適當，自應審酌具體個案之情節後決定，附此敘明。

三、第三項、第四項未修正。

四、為及時使被告及辯護人獲知檢察官據以聲請羈押之理由，法院於受理羈押之聲請後，自應先付予其聲請書之繕本，俾被告及辯護人有所依憑。又為配合法院組織法第十四條之一關於強制處分庭之設置，且本法亦已增訂偵查中之羈押審查程序，辯護人就檢察官送交法院之卷宗及證物，原則上享有完整的閱卷權，則被告之辯護人於偵查中之羈押審查程序亦應有合理之閱卷及與被告會面時間，以利被告及辯護人有效行使其防禦權。再者，實務上被告經常於警察機關、檢察官接續詢（訊）問後，經檢察官聲請羈押，又須再度面臨法官深夜訊問，恐已有疲勞訊問之虞。為尊重人權，確保被告在充分休息且於意識清楚之情況下，始接受訊問，爰修正第五項規定，明定法院受理偵查中檢察官聲請羈押案件之深夜訊問要件，以保障人權。

五、第六項未修正。

❖ 法學概念

訊問與詢問

被告之訊問在偵查中由檢察官，在審判中由審判長或受命法官行之。於審判期日，陪席法官經告知審判長之後亦得訊問被告。訊問事項自以起訴之犯罪事實為主，包括犯罪之客觀事實與被告主觀之犯意。

【林山田，《刑事程序法》，五南，五版，2004.09，418頁。】

訊問被告，固重在辨別犯罪事實之有無，但與犯罪構成要件、量刑標準或加重、減免原因有關之事實，均應於訊問或詢問時深切注意，倘被告提出有利之事實，自應就其證明方法及調查途徑，逐層追求，不可漠然視之。遇有被告自白犯罪，仍應調查其他必要之證據，不得以被告或共犯之自白作為有罪判決之唯一證據。對於得為證據之被告自白之調查，除有特別規定外，應於有關犯罪事實之其他證據調查完畢後為之。訊問被告分為兩種，一為「人別訊問」，另一為「本案訊問」。前者在於查驗受訊問人有無錯誤，如係錯誤應即釋放。後者為法院或檢察官調查證據之方法，經由訊問的程序，使其陳述事實，藉以發現犯罪的眞相，及被告陳述有利事實。

本書認為，檢察官的訊問與司法警察（官）的詢問除主體不同，本質上應無太大差別，蓋均屬蒐集犯罪證據之必要手段，要求受（詢）問者陳述之行為。因此，本法於 1997 年修正時乃增訂「本章（被告之訊問）之規定，於司法警察（官）詢問犯罪嫌疑人時，準用之」（§100-2），使訊問被告之規定，亦均準用於司法警察（官）之詢問犯罪嫌疑人。但若是法官的訊問，側重在調查兩造當事人所提出的證據眞偽，即與司法警察（官）的詢問有別。

❒ 實務見解

▸106 台上 4085〇（判決）

被告或犯罪嫌疑人因拘提或逮捕到場者，應即時訊問，刑事訴訟法第九十三條第一項定有明文。**此所謂即時，係指依個案情節，考量被告人數多寡、情緒之安撫、案情是否繁雜、案件情資整理、偵查機關人員之調度、路程遠近、辯護人選任等諸多因素，不得為不必要之拖延，並應注意此時間之經過，是否會影響受訊問者陳述之任意性**。實務上則以扣除刑事訴訟法第九十三條之一第一項各款事由後，以不逾二十四小時為度。

▸101 台上 2165（判決）

第九十三條第二項所規定之二十四小時期限，偵查機關雖依上揭方法為訊問，**縱仍在法定期限或法定障礙期限內，仍不得有不必要之遲延**，以防止偵查機關利用該期限，在非公開之偵訊處所，為違背實質正當法律程序，侵害憲法所保障基本人權之行為。倘檢察官或司法警察（官）專為取得自白，對於拘提、逮捕到場之被告或犯罪嫌疑人為遲延訊（詢）問，利用其突遭拘捕，心存畏懼、恐慌之際，為使被告或犯罪嫌疑人自白或取得正犯與共犯之犯罪資料，而不斷以交談、探詢、引導或由多人輪番之方法為說服之行為，待取得被告或犯罪嫌疑人已屈服之說詞或是掌握案情後，始依正常程序製作筆錄並錄音。**在此情形下，被告或犯罪嫌疑人精神及身體可認處於恐懼、壓迫之環境，意思之自由自受壓制，其因此所作之陳述，難謂出於任意性，此種偵查手段非但與憲法保障人身自由所必須踐行之實質正當法律程序相悖，且與第一百五十六條第一項「其他不正之方法」之要件相符，其證據能力自應予以排除**。而將被告或犯罪嫌疑人轉換為證人加以訊問，有上揭情形者亦同。但檢察官之遲延訊問確有正當理由者，不在此限，自不待言。

❖ 學者評釋

一、許澤天教授

本判決在援引人身自由保障與正當法律程序的價值精神後，認為「以被告之陳述為證據方法時，以傳喚為原則，拘提、逮捕手段為例外」。此一觀點，契合憲法第 23 條比例原則的必要性考量，自值認同。

然而，如何從「應即時訊問」推導出訊問只能釐清羈押等保全事項，而不能實施所謂的「積極偵查」，法理上即有待商榷。若依照本判決的看法，檢察官將來訊問被告，是否須以聲請羈押為目的不可？其不當之處自明。是以，**在理論上我們雖然強調訊問之重要功能在於維護被告聽審權，被告可藉接受訊問的機會請求檢察官注意有利於己的事實，並提出有利於己的抗辯，但卻不能否定訊問所具有的調查犯罪之功能，因訊問所**

得的自白，**仍屬法院證據評價的對象，而成爲廣義的證據方法**。至於在訊問之前，檢警必須依刑事訴訟法第95條告知被告可保持緘默與選任辯護人之權利，被告自可因此主張緘默。學者認爲，本判決有過度窄化檢察官的訊問功能之虞，值得檢討改進。

此外，本判決除了有前述的不當限縮檢察官的訊問功能外，尚提出一個學界都未處理的創見，也就是肯認檢警違反刑事訴訟法第93條第1項「應即時訊問」規定和第156條第1項「不正訊問」的關連性。**然而若是檢警眞的不斷以交談、探詢、引導或由多人輪番之方法爲說服之行爲，就是已經開始訊問，並非延遲訊問，遭延遲的只是未依法全程連續錄音**。若按判決所稱的被告「突遭拘捕，心存畏懼、恐慌」等情形，則反倒應待被告較爲平靜時再行訊問，而非立即訊問。

雖然，檢警延遲訊問，**可能會對被告的人身自由造成不必要的時間拖延與限制，但也可能有其偵查技巧的運用，而有其偵查自由形成的空間。因此，單純的延遲，不應斷然被指爲不正訊問，其因此取得的自白不應因此而無證據能力**。

二、李榮耕教授

在我國刑事審判程序中，供述性質的證據必須要有任意性，才有證據能力，否則，便應予排除。不過，具備任意性的供述證據，不當然就有證據能力，其仍必須要合於其他證據法則的要求，方得於證據期日進行證據調查。

最高法院於此判決中表示，要求偵查機關必須嚴守刑訴法中即時訊問的規定，此乃因依照憲法第8條的意旨，偵查機關並沒有限制人民人身自由的權限，客觀上得訊問，卻遲遲不進行訊問程序，純屬對被告或犯罪嫌疑人不當的人身自由侵害，實無任何的正當性可言。然而，偵查機關未遵守刑訴法第93條第1項遲延訊問或遲延錄音（影）並不當然構成刑訴法第156條第1項「不正方法」，未能即時訊問的原因及客觀情狀不一而足，有爲了利用被告或犯罪嫌疑人的恐慌畏懼造成心理上的壓力，誘使其配合，以取得自白（如本案），有可能只是單純的怠惰慵懶。是以，訊問是否均屬不正方法，還必須要依個案認定。再者，訊問都是在偵查機關內進行，要求被告或犯罪嫌疑人提出證據詢問的不法性實是強人所難。所以，應該是由檢察官負起舉證責任證明遲延訊問並非出於惡意，與第156條第1項的「不正方法」不相當。

【許澤天，〈檢察官之訊問目的與被告地位保障／最高院101台上2165判決〉，《台灣法學雜誌》，第209期，2012.10，212頁以下；李榮耕，〈遲延訊問與自白之證據能力／最高院101台上2165判決〉，《台灣法學雜誌》，第226期，2013.06，214頁以下。】

三、本書意見

本書認爲，實務見解較可採。蓋果如學者所言，「被告突遭拘捕，心存畏懼、恐慌等情形，則反倒應待被告較爲平靜時再行訊問，而非立即訊問。檢警延遲訊問可能是其偵查技巧的運用」，則本法第93條第1項「即時訊問」之規定，顯然毫無意義，徒成具文。即使是單純的怠惰慵懶所造成的遲延訊問，仍然會造成被告等待、恐慌不安的情緒，而影響自白的任意性。依**本書之見，只要是偵查機關之所爲，有可能會導致供述失去眞實性或影響任意性，都應該解釋成第156條第1項之「不正方法」**。是以，單純的遲延訊（詢）問即使不能視爲「不正訊（詢）問」，但亦應該推定爲「不正訊（詢）問」。也就是說，此際應由檢察官舉反證推翻，例如：延遲訊（詢）問是因被告身體不適、錄音設備損壞等情形。何況，依最高法院101年度台上字第2165號判決事實，**檢察官不但延遲訊問，並且其間有一小時二十三分之錄音空白（錄音不連續）**。然偵查庭爲不公開之偵訊處所，對被告或犯罪嫌疑人而言，**其環境具有相當之壓迫性，而被告又提出刑求抗辯**，似非全屬無稽，該段未經錄音之時間，檢警究竟有何作爲？難免啓人「不正訊（詢）問」之疑竇，已非學者所言之單純遲延訊（詢）問。

▶98台上4209（判決）

司法警察（官）明知被告或犯罪嫌疑人已表明需選任辯護人，自應待其辯護人到場後，即刻訊問，不得無故拖延。**如司法警察（官）待犯罪嫌疑人所選任之辯護人到場後，卻刻意拖延，不遵守應即時詢問之規定，而於其辯護人離去後，始加詢問，使犯罪嫌疑人未獲辯護人之諮商及協助，自有礙於其防禦權之充分行使。此種情形，較之於詢問之初未告知得選任辯護人，尤爲嚴重；且既屬明知而有意爲之，自屬惡意**。因此，依舉輕以明重之法理，司法警察（官）以此方法違背刑事訴訟法第九十三條第一項即時詢問之規定時；其所取得被告或犯罪嫌疑人之不利供述證據，難認有證據能力。

第93條之1（法定障礙事由）

Ⅰ第九十一條及前條第二項所定之二十四小時，有下列情形之一者，其經過之時間不予計入。但不得有不必要之遲延：

一　因交通障礙或其他不可抗力事由所生不得已之遲滯。
二　在途解送時間。
三　依第一百條之三第一項規定不得爲詢問者。

四　因被告或犯罪嫌疑人身體健康突發之事由，事實上不能訊問者。

五　被告或犯罪嫌疑人因表示選任辯護人之意思，而等候辯護人到場致未予訊問者。但等候時間不得逾四小時。其等候第三十一條第五項律師到場致未予訊問或因精神障礙或其他心智缺陷無法為完全之陳述，因等候第三十五條第三項經通知陪同在場之人到場致未予訊問者，亦同。

六　被告或犯罪嫌疑人須由通譯傳譯，因等候其通譯到場致未予訊問者。但等候時間不得逾六小時。

七　經檢察官命具保或責付之被告，在候保或候責付中者。但候保或候責付時間不得逾四小時。

八　犯罪嫌疑人經法院提審之期間。

II前項各款情形之經過時間內不得訊問。

III因第一項之法定障礙事由致二十四小時內無法移送該管法院者，檢察官聲請羈押時，並應釋明其事由。

□**修正前條文**

I第九十一條及前條第二項所定之二十四小時，有左列情形之一者，其經過之時間不予計入。但不得有不必要之遲延：

一　因交通障礙或其他不可抗力事由所生不得已之遲滯。

二　在途解送時間。

三　依第一百條之三第一項規定不得為詢問者。

四　因被告或犯罪嫌疑人身體健康突發之事由，事實上不能訊問者。

五　被告或犯罪嫌疑人表示已選任辯護人，因等候其辯護人到場致未予訊問者。但等候時間不得逾四小時。其因智能障礙無法為完全之陳述，因等候第三十五條第三項經通知陪同在場之人到場致未予訊問者，亦同。

六　被告或犯罪嫌疑人須由通譯傳譯，因等候其通譯到場致未予訊問者。但等候時間不得逾六小時。

七　經檢察官命具保或責付之被告，在候保或候責付中者。但候保或候責付時間不得逾四小時。

八　犯罪嫌疑人經法院提審之期間。

II前項各款情形之經過時間內不得訊問。

III因第一項之法定障礙事由致二十四小時內無法移送該管法院者，檢察官聲請羈押時，並應釋明其事由。

■**修正說明**（104.01.14）

一、將原條文第一項序文文字「左列」修正為「下列」以符現行法規用語。

二、原條文第一項第五款修正為「被告或犯罪嫌疑人因表示選任辯護人之意思，而等候辯護人到場致未予訊問者。但等候時間不得逾四小時。其等候第三十一條第五項律師到場致未予訊問或因精神障礙或其他心智缺陷無法為完全之陳述，因等候第三十五條第三項經通知陪同在場之人到場致未予訊問者，亦同。」。

三、公民與政治權利國際公約及經濟社會文化權利國際公約施行法第二條規定，兩公約所揭示保障人權之規定，具有國內法律之效力。公民與政治權利國際公約第十四條第三款第二目之規定：「審判被控刑事罪時，被告一律有權平等享受下列最低之保障：給予充分之時間及便利，準備答辯並與其選任之辯護人聯絡。」本諸公約精神，偵查中，被告或犯罪嫌疑人猝然遭拘提或逮捕，恐不及選任辯護人，為保障被告或犯罪嫌疑人實質之辯護依賴權，無辯護人之被告或犯罪嫌疑人因選任辯護人，其等候辯護人到場之時間，自應列為法定障礙事由。又配合民國一零二年一月二十三日修正公布第三十一條第五項規定，被告或犯罪嫌疑人因精神障礙或其他心智缺陷無法為完全之陳述或具原住民身分者，於警詢或偵查中等候檢察官、司法警察官或司法警察應通知法律扶助機構指派律師到場為其辯護之時間，亦應同列為法定障礙事由。爰修正第一項第五款文字，以資明確。又所謂「等候辯護人到場」時間，包含「選任」辯護人之時間，且此期間依第二項規定不得訊問，故於訊問時，無辯護人之被告或犯罪嫌疑人因表示選任辯護人之意思時，應即停止訊問，自屬當然。至於第三十一條第五項之情形，於警詢或偵查中等候法律扶助律師之經過時間，但不得逾四小時，分別不予計入二十四小時。

❑ **實務見解**

▶ 釋字第130號（60.05.21）

憲法第八條第二項所定「至遲於二十四小時內移送」之時限，**不包括因交通障礙，或其他不可抗力之事由所生不得已之遲滯，以及在途解送等時間在內**。惟其間不得有不必要之遲延，亦不適用訴訟法上關於扣除在途期間之規定。

第八章之一　限制出境、出海

■**增訂說明**（108.06.19）

一、本章新增。
二、依現行法，並無有關限制出境、出海之明確規定，然實務上認爲：限制被告出境，係執行限制住居方法之一種。但限制住居，文義上僅係限制住居所，概念上未必能涵蓋涉及憲法第十條居住及遷徙自由權限制或剝奪之限制出境、出海。爲明確區分兩者之性質不同，以及規範其法定要件與相關適用程序，爰增訂本章特別規範。

❖ 法學概念

限制住居與限制出境之關係

一、黃朝義教授

限制住居係指限制被告居、住處所之指令，並非命被告不得自由行動，而拘禁於住（居）所，就此而論，並非人身自由之拘束。此點在具體之運用上，僅代表被告住、居所受限制，用以確保偵、審機關傳票、判決書等裁判文書送達之合法性。就廣義而言，其包含執行羈押之前之獨立性處分，亦即：㈠檢察官訊問經拘捕或自行到場之被告，得不向法院聲請羈押，而給予限制住居；㈡檢察官聲請羈押之案件，或經起訴移審之案件，法院訊問後，認並無羈押之必要時，得予以限制住居。就狹義而言，亦即被告經羈押一段期間後，認爲並無繼續羈押之必要時（仍有羈押之原因），而以限制住居之命令替代。

從被告仍得自由活動之立場而論，有可能利用出境（海）之方式逃亡。因此，限制住居是否包含得限制被告出境，及非無疑問。實務見解並未嚴格區分兩者是否有所不同，幾乎認爲限制被告出境，係執行限制住居方法之一種，且刑訴法中，並沒有任何有關限制出境之規定。因而，限制出境常常廣泛應用到限制住居中，可謂爲確保被告到庭之重要手段。

過往實務一再強調限制住居包含限制出境之見解，可能忽略限制出境影響層面，其實大於限制住居。實務運作上，院檢雙方只見條文規定，得「限制住居」，率皆以此爲憑藉，不分起訴前後，幾近於濫用「限制住居」以鎖住犯罪嫌疑人或被告。然而，就限制出境而言，如果僅將焦點限縮在影響被告出國之權益上，此點影響可能較爲輕微，但出境之目的有時並非單純爲旅行，亦有可能有商務、探親之需求，此點，並非單純之居住及遷徙自由可以涵蓋，而有工作權、探視親人之權利，此應可從憲法第22條導出，過去刑訴法對於限制出境之相關程序要件、實體規範內容，並無相關之規定。換言之，目前刑事訴訟僅規定限制之主體（核發禁止命令之主體），但對於程序保障要件僅「訊問被告」而已，對於實體方面之要件，例如限制出境之要件、時間、救濟、程序等內容，並無特別之規定。是以，在程序及實體保障上，對於被告之保護較爲不周。

然限制住居與限制出境，並無依附之關係，而有其獨立之內涵，限制出境雖有實施之必要性，但應考量令狀原則之適用，由中立之法院進行審查，且在判斷上應屬於符合要件基準範圍內之對象，並有期限規定。但爲了符合現行偵查實務及審判，應區分成緊急限制、暫時限制與一般性限制，且給予相對應之救濟管道，如此方能保障被告之權益，且杜絕違憲之疑慮。

【黃朝義，〈刑事程序限制出境（海）之規範與實際問題〉，《月旦法學雜誌》，第 215 期，2013.04，106 頁以下。】

二、謝志鴻教授

就入出國及移民法第 6 條第 1 至 3 款之屬性而言，蓋入出國及移民署係受司法、軍法機關通知後執行限制出境，與看守所執行羈押人犯性質類似，其屬性應屬於具有司法強制處分之性質。

而入出國及移民法第 6 條第 4 至 6 款，因司法、軍法機關、法務部調查局或內政部警政署基於偵辦刑案之急迫性，得對於具有第 1 項第 4 款至第 6 款情形者，爲緊急禁止出國處分，惟禁止出國涉及人民遷徙自由，應有一定時間限制，須於 24 小時內依刑事訴訟程序辦理相關事宜。既然認爲 24 小時內須依刑事訴訟程序辦理相關事宜，即代表入出國及移民法第 6 條第 4、5 款之內涵仍具有司法強制處分之性質。至於，第 7 至 10 款均屬於依各別行政法之規定所爲之限制出境，應屬於行政處分。

【謝志鴻，〈論刑事訴訟程序限制出境之合理性與公正性〉，《中央警察大學法學論集》，第 24 期，2013.04，143 頁以下。】

三、王乃彥教授

以往的實務見解，認爲限制出境屬於限制住居，其係把前者當作後者的一種類型來看待。而實務見解將限制出境解釋爲限制住居之附屬處分，其目的在於保全審判之進行與刑罰之執行。

此種最高法院藉由裁判來塑造新型強制處分，雖並不違反令狀原則要求司法機關事前抑制強制處分行使的理念；另一方面又具有突破僵化法律以適應社會新發展的優勢。這種觀點，雖不乏論者給予支持，但這種見解，並不適宜我國。因爲，我國並非如同美國，最高法院負有創設普遍適用各邦的法律正當程序之職責，況且，我國憲法第23條對於限制人民自由權利的國家權力行使，採法律保留原則，若法院透過解釋創造出對人民自由權利具危害性的刑事程序規範，明顯牴觸法律保留原則。在偵查機關爲實現國家刑罰權而蒐集、保全犯罪證據的過程，是個人自由權利最易受侵犯的領域。與其消極要求偵查機關遵循立法者預定的強制處分法律要件，嚴守比例原則自我克制，不如將決定強制處分的權限，交給客觀中立的法院。由公正客觀的法院事先核可強制處分，相較於權利侵害後再給予救濟，毋寧更具合理性。

【王乃彥，〈論刑事程序之限制出境〉，《中央警察大學法學論集》，第 24 期，2013.04，160 頁以下。】

第 93 條之 2（被告犯罪嫌疑重大，檢察官或法官得逕行限制出境、出海之情形）

I 被告犯罪嫌疑重大，而有下列各款情形之一者，必要時檢察官或法官得逕行限制出境、出海。但所犯係最重本刑為拘役或專科罰金之案件，不得逕行限制之：

一　無一定之住、居所者。

二　有相當理由足認有逃亡之虞者。

三　有相當理由足認有湮滅、偽造、變造證據或勾串共犯或證人之虞者。

II 限制出境、出海，應以書面記載下列事項：

一　被告之姓名、性別、出生年月日、住所或居所、身分證明文件編號或其他足資辨別之特徵。

二　案由及觸犯之法條。

三　限制出境、出海之理由及期間。

四　執行機關。

五　不服限制出境、出海處分之救濟方法。

III 除被告住、居所不明而不能通知者外，前項書面至遲應於為限制出境、出海後六個月內通知。但於通知前已訊問被告者，應當庭告知，並付與前項之書面。

IV 前項前段情形，被告於收受書面通知前獲知經限制出境、出海者，亦得請求交付第二項之書面。

增訂說明（108.06.19）

一、本條新增。

二、限制出境、出海目的為保全被告到案，避免逃匿國外，致妨礙國家刑罰權行使不得已之措施，然現行本法尚乏明文規定，爰增訂本條第一項，明文被告必須具有第一款至第三款所定之事由，且有必要時，始得逕行限制出境、出海。但所犯如係最重本刑為拘役或專科罰金之案件，依本法第三十六條之規定，若係許用代理人之案件，自無逕行限制出境、出海之必要，以兼顧憲法第十條、第二十三條限制人民住居及遷徙自由權應符合比例原則之意旨。

三、若限制出境、出海，涉及憲法第十條居住及遷徙自由權之限制，則應盡早使被告獲知，以及早為工作、就學或其他生活上之安排，並得及時循法定程序救濟。但考量限制出境、出海後如果立即通知被告，反而可能因而洩漏偵查先機，或導致被告立即逃匿，致國家刑罰權無法實現。為保障被告得適時提起救濟之權利，以兼顧檢察官偵查犯罪之實際需要，爰增訂本條第二項、第三項，明定除被告住、居所不明而不能通知者外，逕行限制出境、出海時，至遲應於法定期間內，以書面通知被告及其書面之應記載事項。惟被告已經檢察官或法官為訊問者，自已無過早通知恐致偵查先機洩漏或被告逃匿之疑慮，基於有權利即有救濟之原則，人民權利遭受侵害時，應使其獲得及時有效救濟之機會，此時檢察官或法官即應當庭告知被告業經限制出境、出海之旨，並付與第二項之書面，以利救濟，爰增訂第三項但書規定，以周全被告訴訟權之保障。

四、被告於收受第二項之書面通知前，如藉由境管機關通知等方式，獲知受限制出境、出海者，亦得請求交付第二項之書面，俾保障其得及時依法救濟之權利，爰增訂第四項。

❑ 實務見解

▶109 台抗 249（裁定）

限制出境、出海之強制處分可分為獨立型限制出境，及羈押替代型限制出境兩種類型。此兩種類型雖同須被告犯罪嫌疑重大，但初次處分時，獨立型限制出境由檢察官或法官於必要時得逕行為之，及羈押替代型限制出境則必經訊問程序，始足為之。刑事訴訟法施行法亦配合增訂第七條之十一，明定限制出境新制施行前，偵查或審判中經限制出境、出海者，應於生效施行之日起二個月內，依刑事訴訟法第八章之一規定重為處分，逾期未重為處分者，原處分失其效力（第二項）；重為處分者，期間依刑事訴訟法第九十三條之三之規定重新起算，但犯最重本刑為有期徒刑十年以下之罪者，審判中之限制出境、出海期間，連同原處分期間併計不得逾五年（第三項）。依其立法意旨，在限制出境新制施行前業經限制出境、出海，而在限制出境新制施行後重為處分之情形下，僅犯最重本刑為有期徒刑十年以下之罪者，始有連同原處分期間併計不得逾五年之適用，至於所犯非屬最重本刑為有期徒刑十年以下之罪者，**重為處分後之限制出境、出海期間乃重新起算，且不與原處分期間合併計算，乃屬當然。又此一重為處分，乃限制出境新制之初次處分，並非延長處分，並無刑事訴訟法第九十三條之三第四項之適用，法院自得於審酌個案情節後依同法第九十三條之二第一項逕為裁定，非必應給予被告及其辯護人陳述意見之機會**，以收及時保全被告之效，兼顧司法資源彈性運用。

編按：

本號裁定的主旨在於「**限制出境新制重為處分。可以逕行限制出境、出海非必應給予被告及其辯護人陳述意見的機會**」，之前最高法院關於「依刑事訴訟法施行法第7條之11第2項規定重為處分，是否應給予被告及其辯護人陳述意見之機會」的裁判基礎法律問題，有採肯定說，也有採否定說的見解。**本號裁定雖在形式上非大法庭裁定**，然在做成前，已依法於民國109年5月8日以徵詢書徵詢其他刑事庭的意見，於徵詢一個月期滿，該院其他刑事庭均同意採否定說。故本問題，經由徵詢程序，**已實質達成大法庭統一法律見解的功能**，故無須提案給大法庭裁判，即應依該見解就本案逕為終局裁判。

▶109台抗204△（裁定）

按刑事訴訟法於一〇八年五月二十四日修正增訂第八章之一「限制出境、出海」即第九十三條之二至第九十三條之六（下稱限制出境新制），並於同年六月十九日經總統公布，刑事訴訟法施行法亦於同日公布增訂第七條之十一，第一項明定限制出境新制自修正公布後六個月即一〇八年十二月十九日起施行；第二項規定新制施行前，偵查或審判中經限制出境、出海者，應於生效施行之日起二個月內，依刑事訴訟法第八章之一規定重為處分，逾期未重為處分者，原處分失其效力；第三項則規定「依前項規定重為處分者，期間依刑事訴訟法第九十三條之三之規定重新起算。但犯最重本刑為有期徒刑十年以下之罪者，審判中之限制出境、出海期間，連同原處分期間併計不得逾五年」。是以刑事訴訟法第九十三條之三第二項後段有關「犯最重本刑為有期徒刑十年以下之罪者，審判中限制出境、出海累計不得逾五年，其餘之罪，累計不得逾十年」之規定，**在限制出境新制施行前，業經限制出境、出海而重為處分之情形下，僅犯最重本刑為有期徒刑十年以下之罪者，始有連同原處分期間併計不得逾五年之適用，**至於所犯最重本刑非有期徒刑十年以下之罪者，重為處分後之限制出境、出海期間乃重新起算，且未與原處分期間合併計算甚明。第九十三條之三第四項固規定：「法院延長限制出境、出海裁定前，應給予被告及其辯護人陳述意見之機會。」惟觀諸本條項增訂之立法理由：「延長限制出境、出海可事前審查，且不具有急迫性，則是否有延長之必要，法官除應視偵查及審判程序之實際需要，依職權審酌外，適度賦予被告及其辯護人意見陳述權，亦可避免偏斷，並符干涉人民基本權利前，原則上應給予相對人陳述意見機會之正當法律程序原則，爰增訂本條第四項。」**可見該規定，係針對延長限制出境、出海原則上應予被告及其辯護人陳述意見之機會而言，至於上開新法施行後法院對被告為第一次限制出境、出海處分，法院自得於審酌個案情節後依同法第九十三條之二第一項逕為裁定**。抗告意旨以原審裁定前，未依刑事訴訟法第九十三之三第四項規定，給抗告人等及辯護人陳述意見之機會，指摘原裁定不當，尚有誤會。

> 第93條之3（偵查或審判中限制出境、出海之期限）
>
> I 偵查中檢察官限制被告出境、出海，不得逾八月。但有繼續限制之必要者，應附具體理由，至遲於期間屆滿之二十日前，以書面記載前條第二項第一款至第四款所定之事項，聲請該管法院裁定之，並同時以聲請書繕本通知被告及其辯護人。
>
> II 偵查中檢察官聲請延長限制出境、出海，第一次不得逾四月，第二次不得逾二月，以延長二次為限。審判中限制出境、出海每次不得逾八月，犯最重本刑為有期徒刑十年以下之罪者，累計不得逾五年；其餘之罪，累計不得逾十年。
>
> III 偵查或審判中限制出境、出海之期間，因被告逃匿而通緝之期間，不予計入。
>
> IV 法院延長限制出境、出海裁定前，應給予被告及其辯護人陳述意見之機會。
>
> V 起訴或判決後案件繫屬法院或上訴審時，原限制出境、出海所餘期間未滿一月者，延長為一月。
>
> VI 前項起訴後繫屬法院之法定延長期間及偵查中所餘限制出境、出海之期間，算入審判中之期間。

■**增訂說明**（108.06.19）

一、本條新增。

二、偵查中之案件考量拘提、逮捕、羈押之程序，涉及憲法第八條對被告人身自由之剝奪，較諸直接限制出境、出海僅係對於憲法第十條居住及遷徙自由權之限制為嚴重。是若可藉由直接限制出境、出海以達保全被告之目的者，自應先許在一定期間內之限制，得由檢察官逕為處分，而無庸一律必須進行羈押審查程序後，再由法官作成限制出境、出海之替代處分。再者，偵查中檢察官依第九十三條第三項但書之規定，認被告無聲請羈押之必要者，亦得逕為替代處分，若此時有限制被告出境、出海之必要，授權由檢察官逕行為之，即可立即將被告釋放；若一律採法官保留原則，勢必仍須將被告解送法院，由法官審查是否對被告限制出境、出海，反而係對

被告人身自由所為不必要之限制，爰兼顧偵查實務之需要，增訂本條第一項及其但書規定，並俾避免偵查中之案件，過度長期限制被告之居住及遷徙自由權。此外，明定檢察官於聲請法院延長限制出境、出海時，應逕以聲請書繕本通知被告及其辯護人，以保障渠等之意見陳述權。又法院受理檢察官延長限制出境、出海之聲請案件時，因案件仍在偵查中，故仍應遵守偵查不公開原則，附此敘明。

三、如須較長期限制人民之居住及遷徙自由權，有一定程度之法官保留介入與定期之審查制度，較能兼顧國家刑罰權之行使與被告居住及遷徙自由權之保障。再者，限制人民出境、出海之期間，亦應考量偵查或審判之性質，及所涉犯罪情節與所犯罪名之輕重，而定其最長期間，以符合憲法第二十三條之比例原則，爰考量現行偵查及審判實務之需要，以及被告是否具有逃避偵審程序之可歸責事由等情形，爰增訂本條第二項、第三項。

四、因延長限制出境、出海可事前審查，且不具有急迫性，則是否有延長之必要，法官除應視偵查及審判程序之實際需要，依職權審酌外，適度賦予被告及其辯護人意見陳述權，亦可避免偏見或預斷，並符干涉人民基本權利前，原則上應給予相對人陳述意見機會之正當法律程序原則，爰增訂第四項之規定。

五、考量案件經提起公訴或法院裁判後，受理起訴或上訴之法院未及審查前，如原限制出境、出海之期間即將屆滿或已屆滿，可能致被告有逃匿國外之空窗期。為兼顧國家刑罰權行使之順暢，與現行訴訟制度及實務運作之需要，爰增訂第五項之規定，明文起訴後案件繫屬法院時，或案件經提起上訴而卷宗及證物送交上訴審法院時，如原限制出境、出海所期間未滿一個月者，一律延長為一個月，並由訴訟繫屬之法院或上訴審法院逕行通知入出境、出海之主管機關。

六、案件經提起公訴而繫屬法院後所延長之限制出境、出海期間，以及偵查中所餘限制出境、出海之期間，參考現行偵查中具保效力延長至審判中之實務運作方式，明定其限制出境、出海之效力，均計入審判中之期間，視為審判中之逕行限制出境、出海。至於期間屆滿後，是否有延長限制出境、出海之必要，則由法院視訴訟進行之程度及限制之必要性，依職權審酌之，爰增訂第六項，以杜爭議。

第 93 條之 4（視為撤銷限制出境、出海之情形）

被告受不起訴處分、緩起訴處分，或經諭知無罪、免訴、免刑、緩刑、罰金或易以訓誡或第三百零三條第三款、第四款不受理之判決者，視為撤銷限制出境、出海。但上訴期間內或上訴中，如有必要，得繼續限制出境、出海。

■**增訂說明**（108.06.19）

一、本條新增。

二、被告受不起訴處分、緩起訴處分，或經諭知無罪、免訴、免刑、緩刑、罰金或易以訓誡或第三百零三條第三款、第四款不受理之判決者，如已無限制出境、出海之必要性，則應視為撤銷，分別由檢察官或法院通知入出境、出海之主管機關解除限制。惟案件在上訴期間內或上訴中，基於上訴後仍可能改判有罪，如僅因第一審曾判決無罪即撤銷限制出境、出海，而不能再繼續限制，自非妥適，爰參考本法第二百五十九條第一項、第三百十六條之規定，增訂本條及其但書。至於繼續限制之期間，仍應受審判中最長限制期間之拘束，乃屬當然。

第 93 條之 5（被告及其辯護人得聲請撤銷或變更限制出境、出海）

I 被告及其辯護人得向檢察官或法院聲請撤銷或變更限制出境、出海。檢察官於偵查中亦得為撤銷之聲請，並得於聲請時先行通知入出境、出海之主管機關，解除限制出境、出海。

II 偵查中之撤銷限制出境、出海，除依檢察官聲請者外，應徵詢檢察官之意見。

III 偵查中檢察官所為限制出境、出海，得由檢察官依職權撤銷或變更之。但起訴後案件繫屬法院時，偵查中所餘限制出境、出海之期間，得由法院依職權或聲請為之。

IV 偵查及審判中法院所為之限制出境、出海，得由法院依職權撤銷或變更之。

■**增訂說明**（108.06.19）

一、本條新增。

二、限制出境、出海之處分或裁定確定後，如已無繼續限制之必要，則應許得隨時聲請撤銷或變更。檢察官於偵查中對於被告有利之情形，亦有一併注意之義務，故偵查中經法院裁定之限制出境、出海，自應許檢察官得為被告之利益聲請撤銷，並得由檢察官於聲請之同時逕行通知入出境、出海之主管機關，俾及早解除限制被告之權利，增訂第一項。至偵查中應向檢察官或法院聲請撤銷或變更，應視該限制處分或裁定之主體而定，附此敘明。

三、偵查中之撤銷限制出境、出海，法院除應審酌限制出境、出海之原因是否已經消滅及其必要性外，由於偵查不公開，事實是否已經查明或尚待釐清，檢察官知之甚詳。是除依檢察官聲請者外，法院自應於裁定前徵詢檢察官之意見，再為妥適決定，增訂第二項規定。

四、偵查或審判中由檢察官或法院所為之限制出境、出海，如已無繼續限制之必要或須變更其限制者，應亦得分別由檢察官或法院依職權撤銷或變更之。惟起訴後案件繫屬法院時，偵查中限制出境、出海期間如有剩餘，經法院審酌個案情節後，如認無繼續維持偵查中限制出境、出海處分之必要時，得由法院依職權或聲請予以撤銷或變更之，使人權保障更加完妥，爰增訂第三項但書之規定。

第 93 條之 6（得命具保、責付或限制住居者亦得命限制出境、出海之準用規定）

依本章以外規定得命具保、責付或限制住居者，亦得命限制出境、出海，並準用第九十三條之二第二項及第九十三條之三至第九十三條之五之規定。

增訂說明（108.06.19）

一、本條新增。

二、限制出境、出海，為獨立之羈押替代處分方法，惟現行法僅列舉具保、責付或限制住居，規範尚有未足，故明文規定依本章以外之規定，得命具保、責付或限制住居者，亦得命限制出境、出海，及其相關準用規定，以符合法律授權明確性原則。

三、依本條規定，羈押替代處分類型之限制出境、出海，係當庭諭知，自應當庭給予書面通知。此外，偵查中檢察官聲請羈押，法院裁定限制出境、出海者，既屬偵查中之限制出境、出海，期間仍不得逾八個月，且期間屆滿前如有延長需要，仍應由檢察官向法院聲請延長，而非法院依職權延長，要屬當然。

第九章　被告之訊問

第 94 條（人別訊問）

訊問被告，應先詢其姓名、年齡、籍貫、職業、住所或居所，以查驗其人有無錯誤，如係錯誤，應即釋放。

第 95 條（被告權利之告知義務）

I 訊問被告應先告知下列事項：

一　犯罪嫌疑及所犯所有罪名。罪名經告知後，認為應變更者，應再告知。

二　得保持緘默，無須違背自己之意思而為陳述。

三　得選任辯護人。如為低收入戶、中低收入戶、原住民或其他依法令得請求法律扶助者，得請求之。

四　得請求調查有利之證據。

II 無辯護人之被告表示已選任辯護人時，應即停止訊問。但被告同意續行訊問者，不在此限。

❖ 法學概念

米蘭達告知（警告）義務

本條規定之增修係受 1966 年美國聯邦最高法院一則判決的影響。本案判決要求警方在拘捕犯罪嫌疑人之同時就必須向其告知下列四點，否則其供述證據很可能在審判中不被採用：㈠有權保持緘默；㈡如果接受偵訊，其供述內容可能成為將來起訴和審判的依據；㈢有權聘請律師協助受偵訊；㈣如果無資力自己聘請律師，將由法院指定律師為其辯護。這四點就是著名的「米蘭達告知」（Miranda warnings）內容，我國實務則慣稱「米蘭達警告」。其主要目的在防止偵訊人員刑求逼供或不正詢問。

【Miranda v. Arizona, 384 U.S. 436.】

由於刑事程序上辯護權保障，並非犯嫌、被告單純選任或委任辯護人之「形式意義」而已，尚包含面對檢警偵查機關追訴過程，確保訴訟防禦準備上接受法律專家「實質有效」援助之權利。因此，辯護人的權利不僅止於偵訊前之法律諮商，更應包括偵訊過程辯護人在場之權利保障。若犯罪嫌疑人要求辯護人在場，偵查機關應於辯護人到場前停止相關偵訊，蓋辯護人之偵訊在場乃緘默權保障的重要方法。

又本法第 95 條規範條文，不能錯誤連結同法第 245 條第 1 項「偵查不公開原則」，以致劃地自限於「辯護權利」與「偵查秘密」之無關衡量。因此，若偵訊過程既有辯護人陪同在場，不僅在場辯護人可以閱覽筆錄，被告相關供述的任意性若無疑義，並可要求陪同的辯護人「簽名」，此可防止被告日後無端翻供提升司法警察警詢筆錄的信用性。然而，若司法警察以「偵查不公開原則」為由拒絕辯護人陪同偵訊，不僅弱化同法第 95 條「權利告知」之規範目的，並且違背同法第 158 條之 2，相關供述筆錄不得作為證據。

【林裕順，〈陪偵辯護 並非門神〉，《月旦法學教室》，第 142 期，2014.08，34 頁以下。】

❖ 爭議問題

若檢警於偵查中未踐行本法第95條第1項各款之告知義務，其證據能力如何認定？

一、實務見解

刑事訴訟法第95條第1項規定，訊問被告應先告知「犯罪嫌疑及所犯所有罪名」（第1款）、「得保持緘默，無須違背自己之意思而爲陳述」（第2款）、「得選任辯護人」（第3款）及「得請求調查有利之證據」（第4款）等事項，旨在使被告得適切行使法律所賦予之防禦權，兼顧實質的眞實發現及程序正義，以維護審判程序之公平，若檢察官於偵查中未踐行前開程序，刑事訴訟法對此所生之法律效果雖乏特別規定，但參諸同法第158條之4意旨，依權衡理論，以爲認定有無證據能力之標準（最高法院100年度台上字第687號判決）。

二、學說看法

由於權衡理論，本屬非供述證據違法取證之問題，非適用於供述證據。解決之道，應可類推適用本法第158條之2第2項本文之規定。這是因爲，在我國檢察官仍帶有強烈的犯罪訴追的性格，在訊問時，常對犯罪嫌疑人造成極大的心理壓力。從這一個角度來看，其相當類同於司法警察（官），也因此，其於違反告知義務時，應類推適用第158條之2。亦即，除非能證明檢察官的違反非出於惡意，受訊問者自白任意性不受影響，否則所得到的自白應予排除，不得作爲認定犯罪事實之用。

【黃朝義，《犯罪偵查論》，漢興，初版，2004.03，185頁；李榮耕，〈檢察官訊問時的告知義務／最高院101台上6332判決〉，《台灣法學雜誌》，第238期，2013.12，196頁以下。】

三、本書見解

本書認爲，此問題應區別看待，若「檢察官」違反本法第95條第1項第2、3款緘默權及律師權之告知，由於皆爲被告相當重要的權利，對自白任意性有嚴重影響，不能直接適用本法第158條之2第2項，因本法第158條之2第2項並未將檢察官納入規範之範圍。但亦不宜依刑訴法第158條之4之規定權衡，蓋權衡理論，本屬非供述證據違法取證之問題。解決之道，應可類推適用本法第158條之2第2項本文之規定，全部無證據能力。至於「檢察官」違反本法第95條第1項第1、4款之告知，因爲對自白任意性較不具影響，本法第158條之2未規定法律效果，本書意見與實務見解同，依本法第158條之4意旨，權衡認定證據能力之有無。

若檢察事務官、司法警察（官）詢問違反本法第95條第1項第2、3款緘默權及律師權之告知，又合乎「拘捕」前提下直接適用本法第158條之2第2項當無疑問，其他情形（如自首到場者）仍應類推適用之；而違反本法第95條第1項第1、4款之告知時則與「檢察官」未告知同，依本法第158條之4意旨，權衡認定證據能力之有無。

☐ 實務見解

▶107台上1860○（判決）

刑事訴訟法第九十五條規定之罪名告知，**植基於保障被告防禦權而設，既係被告依法所享有基本訴訟權利之一**，亦係國家課予法院的闡明告知及訴訟上照料之義務，**縱使檢察官或被告向法院提出罪名變更之請求，皆不能免除法院告知與聽聞之義務。又所稱罪名變更者，除質的變更（罪名或起訴法條的變更）以外，自包含量的變更造成質的變更之情形（如包括的一罪或裁判上一罪變更爲數罪）**，事實審法院於罪名變更時，若違反上開義務，所踐行之訴訟程序即屬於法有違，得否作爲上訴第三審之合法理由，**端視對被告防禦權之行使有無妨礙而定。基此，第一審法院就數個具體之犯罪行爲論以包括的一罪（集合犯、接續犯），第二審法院審理之結果認係實質數罪，從形式上觀察，兩者適用之罪名相同，無須變更起訴法條，然實質上已從一罪名變更爲數罪名，自會增加被告之罪責，究其本質仍屬罪名之變更，故第二審法院應踐行罪名再告知程序，告知被告罪數之變更已被包攝入審判範圍，並給予其辯明及辯論之機會。**

▶103台上3414（判決）

刑事訴訟法第九十五條第一款規定者，乃被告在刑事訴訟程序上應受告知之權利，爲憲法第八條第一項正當法律程序保障內容之一，旨在使被告能充分行使防禦權，其辯護人亦得適時爲被告辯護，以維審判程序之公平。爲達上開目的，所謂「告知或再告知」、「犯罪嫌疑及所犯所有罪名」，自應具體、明確其範圍，尤其對檢察官起訴被告涉嫌數罪之情形，更應明白區辨，逐一告知或再告知何者屬何罪名，經告知後，認爲有應變更者應再告知，始能落實本條保障被告權益、維持程序公平之立法意旨，俾使被告及其辯護人得爲完足之答辯及辯護，檢察官亦得爲積極舉證，避免有突襲性裁判發生。倘法院僅以概括方式告知，致被告及其辯護人無從區別、知悉法院可能變更罪名之相關事實，亦未能爲充分之防禦、辯護，即與未告知無異，自與刑事訴訟法第九十五條第一款規定之立法目的有違，難謂適法。

▶103台上1144（判決）

量刑輕重係屬事實審法院得依職權自由裁量之事項。又被告保持沈默、拒絕陳述而消極否認犯罪，爲緘默權行使之態樣，本屬不自證己罪原則之內涵，固不得據爲從重量刑之因素；然苟被告自願打破沈默而自由地爲任意之陳述，已不屬緘默權之範疇，則被告基於訴訟上防禦權而自由陳述或行使辯明、辯解等辯護權時，若已有說謊而積極爲不實陳述或其他作爲之情形，與賦予被告訴訟上防禦權及辯護權之規範目的不合，自難解爲被告說謊係其本於訴訟上緘默權之行使權利行爲，必不得執以對其爲較重非難之評價。

▶102 台上 256（判決）

原判決已於理由欄說明檢察官於九十六年十月二十三日係以被告及證人身分訊問連○仁，雖未告知被告權利，惟連○仁於同日接受法務部調查局調查時，調查人員以連○仁涉嫌違反稅捐稽徵法第四十一條案經傳喚詢問，並依法告知其得保持緘默，無須違背自己之意思而爲陳述；得選任辯護人；得請求調查有利之證據等權利，已踐行刑事訴訟法第九十五條規定之告知義務，**於時隔約一小時半後，檢察官訊問時縱未再告知，對於其防禦權之行使仍無妨礙**，因而認定連○仁於檢察官訊問時所爲之供述有證據能力之理由；其法則之適用，亦無不當。

▶101 台上 1416（判決）

刑事訴訟法第九十五條第一款規定：「訊問被告應先告知犯罪嫌疑及所犯所有罪名。罪名經告知後，認爲應變更者，應再告知」，乃被告在刑事訴訟程序上應受告知之權利；旨在使被告能充分行使防禦權，以維審判程序之公平。其**所謂「犯罪嫌疑及所犯所有罪名」，除起訴書所記載之犯罪事實及所犯法條外，自包含依刑事訴訟法第三百條規定變更起訴法條後之新罪名**。法院就此等變更之罪名，應於其認爲有變更之情形時，隨時，或至遲於審判期日踐行上開告知之程序，使被告知悉而充分行使其防禦權。

▶100 台上 687（判決）

刑事訴訟法第九十五條規定，訊問被告應先告知「犯罪嫌疑及所犯所有罪名」、「得保持緘默，無須違背自己之意思而爲陳述」、「得選任辯護人」及「得請求調查有利之證據」等事項，旨在使被告得適切行使法律所賦予之防禦權，兼顧實質的眞實發現及程序之正義，以維護審判程序之公平，若檢察官於偵查中未踐行前開程序，刑事訴訟法對此所生之法律效果雖乏特別規定，但參諸同法第一百五十八條之四意旨，法院允宜斟酌違背法定程序之情節及主觀意圖、侵害犯罪嫌疑人或被告權益之種類及輕重、犯罪所生之危險或實害、禁止使用證據對於預防將來違法取得證據之效果、偵審人員如依法定程序有無發現該證據之必然性、證據取得之違法對被告訴訟上防禦不利益之程度等情形，以爲認定有無證據能力之標準，俾能兼顧理論與實際，而因應需要。

▶99 台上 4208（判決）

刑事訴訟法第九十五條規定：「訊問被告應先告知左列事項：一、犯罪嫌疑及所犯所有罪名。罪名經告知後，認爲應變更者，應再告知。二、得保持緘默，無須違背自己之意思而爲陳述。三、得選任辯護人。四、得請求調查有利之證據。」旨在使被告得以充分行使防禦權，以達刑事訴訟爲發見眞實並顧及程序公平、保障人權之目的；**且法律並未明訂訊（詢）問者應以如何之方式告知。因此，訊（詢）問者若將上開事項記載於筆錄，經受訊（詢）問者閱覽後簽名確認，除非受訊（詢）問者不能理解其內容，應認已踐行前述告知之要求，不得以未經口頭告知而指爲違法**。

▶99 台上 1893（判決）

犯罪嫌疑人在刑事調查程序中享有緘默權（拒絕陳述權）、辯護人選任權與調查有利證據之請求權，爲行使其防禦權之基本前提，屬於人民依憲法第十六條所享訴訟保障權之內容之一。國家調查機關對於此等訴訟基本權，應於何時行使告知之義務，攸關犯罪嫌疑人利益之保護甚鉅。刑事訴訟法第一百條之二規定，於司法警察官或司法警察「詢問」犯罪嫌疑人時，準用同法第九十五條有關告知事項及第一百條之一錄音、錄影之規定，俾犯罪嫌疑人能充分行使防禦權，以維程序之公平，並擔保其陳述之任意性。此等司法警察官或司法警察應行遵守實踐之法定義務，於其製作犯罪嫌疑人詢問筆錄時固不論矣；即犯罪嫌疑人經司法警察官或司法警察拘提或逮捕之後，**舉凡只要是在功能上相當於對犯罪嫌疑人爲案情之詢問，不論係出於閒聊或教誨之任何方式，亦不問是否在偵訊室內，即應有上開規定之準用，而不能侷限於製作筆錄時之詢問，以嚴守犯罪調查之程序正義，落實上開訴訟基本權之履踐**，俾與「公民與政治權利國際公約」第九條第二款規定於拘捕時應受告知權利之精神相契合，**並滿足擔保此階段陳述任意性之要求。如有違反，並有刑事訴訟法第一百五十八條之二第二項規定之適用**。本件原判決引用證人即查獲之警察鍾○康於第一審之證詞，資爲上訴人犯罪之證據之一。然稽之案內資料，該證人係證稱：「（你對被告作筆錄之前，有無先與他聊天？）有聊天，在聊天時我們有問他有無把 K 他命賣給他人，被告應該說沒有販賣給別人，我們說這麼大包你是否有販賣意圖，被告有講說要賣，但是還沒有賣出去」等語（見第一審卷第四六頁反面）。如若所述屬實，則**警察鍾○康於與上訴人聊天詢問案情時，有無踐行上開告知與錄音、錄影等程序規定，攸關證人鍾○康前揭證言得否爲證據之認定，自有查證明白之必要**。

❖ 學者評釋

有學者將「訊問」概念分爲：㈠形式意義（稱爲形式訊問）；㈡實質意義（稱爲實質訊問）；㈢功能意義（稱爲功能訊問）。

若完全符合三種觀點之訊問，當然是訊問，但不侷限於此。基本上，此三種訊問概念，並非選擇適用（互斥關係），而是累積適用（註：何教授此處所稱的累積適用，與國私的定義不同，相當於國私法上的選擇適用）。解釋上，只要符合其中一種定義，即得成立訊問，並非一定要全部滿足三種定義。至於應強調何種定義，或以何種定義爲判斷基準，應依個案情節而爲權衡之（尤其是有效追訴或被告主體地位保障之權衡），畢竟偵查行爲有其靈活性及多樣性，不得不考慮個別狀況。

其中，最寬鬆的訊問，當屬功能訊問。舉凡能一獲取被告陳述之任何形式之國家機關發問行爲，皆屬之。即便訊問人不以國家於機關外觀出現，無訊問權限，亦無行使訊問權限之意思，仍屬訊問。如此適用結果，必然非常大幅度擴大訊問之範圍，甚而包括一些隱密偵查行爲（如臥底偵查），此雖有利於被告，不過，勢可能危及有效偵查（有效追訴犯罪）。是以，德國通說採形式訊問概念，不採實質訊問概念，主要原因在實質訊問概念將使隱密偵查「破功」。何教授主張，臥底偵查亦屬隱密偵查方法，爲穩固臥底偵查制度之成效，不能採用功能訊問概念，否則將使臥底偵查制度瓦解。

回到本案判決，其情形並不該當偵查實務之探聽消息情形，因爲警察探聽消息須在警察不知探聽消息之對象是否與本案有所關連時，始能爲之。如被拘捕人已成立被告地位，警察即不能藉著「閒聊或教誨之任何方式」（本案判決用語）向被告探聽消息，否則無法確保被告地位之保障。職故，本案最高法院判決已爲被告主體地位之保障跨出重要之一步，將權利告知義務提前適用到拘提逮捕後之「功能訊問」情形，值得肯定。

【何賴傑，〈功能訊問與權利告知義務——最高法院 99 年度台上字第 1893 號判決評釋〉，《台灣法學雜誌》，第 179 期，2011.07，63 頁以下。】

▶98 台上 4209（判決）

故司法警察（官）明知被告或犯罪嫌疑人已表明需選任辯護人，自應待其辯護人到場後，即刻訊問，不得無故拖延。如司法警察（官）待犯罪嫌疑人所選任之辯護人到場後，卻刻意拖延，不遵守應即時詢問之規定，而於其辯護人離去後，始加詢問，使犯罪嫌疑人未獲辯護人之諮商及協助，自有礙於其防禦權之充分行使。此種情形，較之於詢問之初未告知得選任辯護人，尤爲嚴重；且既屬明知而有意爲之，自屬惡意。因此，依舉輕以明重之法理，司法警察（官）以此方法違背刑事訴訟法第九十三條第一項即時詢問之規定時；其所取得被告或犯罪嫌疑人之不利供述證據，難認有證據能力。

第 96 條（訊問方法—罪嫌之辯明）

訊問被告，應與以辯明犯罪嫌疑之機會；如有辯明，應命就其始末連續陳述；其陳述有利之事實者，應命其指出證明之方法。

第 97 條（訊問方法—分別訊問與對質）

I 被告有數人時，應分別訊問之；其未經訊問者，不得在場。但因發見眞實之必要，得命其對質。被告亦得請求對質。

II 對於被告之請求對質，除顯無必要者外，不得拒絕。

第 98 條（訊問之態度）

訊問被告應出以懇切之態度，不得用強暴、脅迫、利誘、詐欺、疲勞訊問或其他不正之方法。

❑ 實務見解

▶101 台上 867（判決）

證人之證言屬供述證據，本於刑事訴訟法第九十八條、第一百五十六條第一項規定訊問被告應出以懇切之態度，不得用強暴、脅迫、利誘、詐欺、疲勞訊問或其他不正之方法，始具有證據能力之同一法理，訊問證人亦應係出以懇切之態度，而非以不正方法強行取供者，始得作爲證據，**旨在保障供述係出於自由意志，而符合供述任意性原則，故此所謂非屬懇切態度之不正方法，當係指與上開例示之強暴、脅迫、利誘、詐欺、疲勞訊問等情形相當而足以影響供述者意思活動與意思決定等意思自由之手段而言。**

▶100 台上 4927（判決）

刑事訴訟法第九十八條規定訊問被告應出以懇切之態度，意在確保被告之心理不受強制，得基於自由意思而爲陳述，以期發現眞實。至於偵（調）查人員發現被告之陳述與卷內存在之證據明顯不符而於訊（詢）問過程中加以質疑、詰責，若意在究明案情或使被告有釐清、說明之機會，且觀其情狀顯不足以使被告之意志受壓抑，即屬偵（調）查方法或技巧之合理使用，難認係非法之訊（詢）問方法。

第 99 條（訊問方法—通譯之使用）

I 被告爲聽覺或語言障礙或語言不通者，應由通譯傳譯之；必要時，並得以文字訊問或命以文字陳述。

II 前項規定，於其他受訊問或詢問人準用之。但法律另有規定者，從其規定。

□修正前條文

被告為聾或啞或語言不通者，得用通譯，並得以文字訊問或命以文字陳述。

■修正說明（109.01.15）

一、原條文所規定「聾或啞」，恐有歧視身心障礙者之疑慮，不符合身心障礙者權益保障法第一條所揭櫫平等保障之精神，且該法第五條、特殊教育法第三條業已明文身心障礙之定義與類型，爰將原規定「聾或啞」，配合修正為「聽覺或語言障礙」。又公民與政治權利國際公約第十四條第三項第六款規定：「審判被控刑事罪時，被告一律有權平等享受下列最低限度之保障：……如不通曉或不能使用法院所用之語言，應免費為備通譯協助之」，且身心障礙者權益保障法第八十四條第一項亦規定：「法院或檢察機關於訴訟程序實施過程，身心障礙者涉訟或須作證時，應就其障礙類別之特別需要，提供必要之協助」，是通譯協助係屬於刑事被告之權利，而非檢察官或法院於訴訟上可以裁量運用之輔助工具，為保障聽覺或語言障礙或語言不通者之訴訟權，自應由通譯傳譯，並於指定通譯時，尊重聽覺或語言障礙或語言不通者之選擇權，於必要時，得以文字訊問被告或命被告以文字陳述，俾使訴訟程序更為順暢。爰酌為修正，並移列為第一項。

二、為澈底落實上開公約及法律之意旨，擴大對身心障礙者之程序保障，爰增訂第二項前段，明定第一項規定，於其他受訊問或詢問人準用之。惟關於司法警察官或司法警察詢問犯罪嫌疑人，及證人、鑑定人、鑑定證人之訊問，依本法第一百條之二、第一百九十二條、第一百九十七條、第二百十條，均已明文準用原條文之規定，本無待第二項前段之增訂而後可，爰增訂第二項但書，如法律另有規定者，從其規定。

□實務見解

▶108 台上 650○（判決）

被告聾或啞或語言不通者，得用通譯，刑事訴訟法第九十九條前段定有明文。所謂語言不通者得用通譯，就外國人而言，係為避免其涉訟成為被告，因未諳審判國當地之語言，所造成之語言隔閡，而剝奪其基於國民待遇原則所取得憲法上訴訟權之保障，故賦予詢（訊）問被告之司法人員，得視被告之國籍、教育程度、慣用語言或文字、在審判國居留時間、所處環境等一切客觀條件，確認被告對審判國所使用語言之瞭解程度後，裁量決定是否為其選任通譯。而通譯係譯述言詞文字互通雙方意思之人，其功用係傳譯兩方語言或文字使彼此通曉，則所選任之通譯，當無須以被告國籍所使用之母語或文字為限，應認僅須以被告所能明瞭之語言或文字翻譯轉述雙方之意思，即已完足我國司法機關對外國人涉訟語文方面之照護義務，此不僅可免於我國司法機關陷入難尋被告母語文通譯之困境，亦與我國憲法保障其訴訟權之意旨無違。

第 100 條（被告陳述之記載）

被告對於犯罪之自白及其他不利之陳述，並其所陳述有利之事實與指出證明之方法，應於筆錄內記載明確。

第 100 條之 1（連續錄音及錄影）

I 訊問被告，應全程連續錄音；必要時，並應全程連續錄影。但有急迫情況且經記明筆錄者，不在此限。

II 筆錄內所載之被告陳述與錄音或錄影之內容不符者，除有前項但書情形外，其不符之部分，不得作為證據。

III 第一項錄音、錄影資料之保管方法，分別由司法院、行政院定之。

❖ 爭議問題

偵查機關若始終未為全程錄音錄影時，是否亦同樣符合本條第 2 項「內容不符」之解釋？

對此，學說與實務的意見分歧：

一、適用第 100 條之 1 第 2 項說

依刑訴法第 100 條之 1 本文規範之意旨，應係對於國家偵審機關於訊問被告時，賦予全程以錄音錄影之義務，且透過錄音、錄影方式，以監督國家偵審機關是否依法定程序以進行訊（詢）問程序。因而本條規定，應非只是為擔保筆錄之正確性而已，其亦有確保訊問程序合法性之目的。所以不論是（全程連續）錄音或是假造之錄音、錄音效果不清楚等，皆違反第 1 項規定，而應有第 2 項之適用。

【何賴傑，〈訊問被告未全程連續錄音錄影之法律效果——評最高法院 88 年度臺上字第 5073、5762、6752 號判決及臺北地院 88 年度訴字第 826 號判決〉，《月旦法學雜誌》，第 62 期，2000.07，165 頁。】

二、適用權衡法則說

有論者認為，第一說的見解對偵查機關而言，太過嚴苛，可能過度妨礙法院發現眞實而背離法治國原則的要求，應依照刑訴法第 158 條之 4 權衡法則來決定其證據能力。

【楊雲驊，〈違反全程連續錄音錄影義務法律效果的再檢討——評最高法院 90 年度臺上字第 7137 號判決〉，《台灣本土法學》，第 40 期，2002.07，52 頁以下；最高法院 101 年台上字第 270 號判決亦採之。】

三、不利推定說

由於權衡說欠缺不確定性，易使偵查機關產生僥倖的心理，加上刑訴法第158條之4不宜適用於違法取得之自白，遂有不少學者主張「不利推定說」，亦即若偵查機關違反全程連續錄音（影）的規定時，先推定被告自白不具任意性；但例外容許檢察官舉反證推翻。這個見解提出後，最高法院93年度台上字第370號判決採之，之後的98年度台上字第6063號、98年度台上字第5182號、101年度台上字第892號判決亦依循之。

【陳運財，〈警訊錄音之研究——最高法院88年度台上字第5762號刑事判決評釋〉，《台灣本土法學》，第24期，2001.07，31頁；吳巡龍，〈新法施行後錄音（影）有瑕疵時，被告筆錄證據能力的判斷及自白之證明〉，《月旦法學雜誌》，第113期，2004.10，70頁；黃朝義，《刑事訴訟法》，新學林，五版，2017.09，631頁；最高法院98年度台上字第5182號判決同旨。】

☐ 實務見解

▶104台上244（判決）

刑事訴訟法第一百條之一規定：「訊問被告，應全程連續錄音；必要時，並應全程連續錄影。但有急迫情況且經記明筆錄者，不在此限。」「筆錄內所載之被告之陳述與錄音或錄影之內容不符者，除有前項但書情形外，其不符之部分，不得作為證據。」考其立法目的，在於建立訊問筆錄之公信力，並擔保訊問程序之合法正當；亦即在於擔保被告對於訊問之陳述，係出於自由意思及筆錄所載內容與其陳述相符。原審已就上訴人所爭執之調詢筆錄，勘驗其錄音光碟，並於判決內說明：調詢筆錄之錄音光碟，雖詢問時間甚長，筆錄未一一逐字記載全部陳述，僅記載相關犯罪之摘要內容，然受詢問人（即上訴人）陳述意旨與筆錄所載內容大致相符。就本案無關部分之詢問內容雖未載明於筆錄上，惟上訴人所述與本案有關之事實，若無違反其真意者，並不影響筆錄記載內容之真實性，或調詢筆錄係將上訴人所為之供述，記載與案情有關之情節，其漏未記載部分，於上訴人陳述之任意性無涉。

▶101台上892（判決）

被告之自白，非出於強暴、脅迫、利誘、詐欺、違法羈押或其他不正之方法，且與事實相符者，得為證據，刑事訴訟法第一百五十六條第一項定有明文。同法第一百條之一第一項前段關於訊問被告，應全程連續錄音，必要時並應全程連續錄影之規定，旨在輔助筆錄之不足，並擔保被告陳述之任意性。**苟被告之自白確係出於自由意志，且其自白之陳述與事實相符，縱令警局或檢察官事後無法提出對其訊問之錄音或錄影帶以供法院勘驗比對，基於舉證責任轉換，如能由其他方式，證明該供述之任意性及正確性，仍不得遽指警局或偵查筆錄不具證據能力。**

▶101台上270（判決）

刑事訴訟法第一百條之一第一項、第二項、第一百條之二規定，司法警察（官）詢問犯罪嫌疑人時，除有急迫情況且經記明筆錄者外，應全程連續錄音；必要時，並應全程連續錄影。筆錄內所載之被告或嫌疑人陳述與錄音或錄影之內容不符者，其不符之部分，不得作為證據。立法意旨在建立詢問筆錄之公信力，並促使司法警察（官）恪遵詢問程序之規定，以確保程序之合法正當，非僅止於確保自白之任意性。是被告或犯罪嫌疑人之自白縱經證明係本諸自由意志所為，而非出於不正之方法，亦難謂其受正當法律程序保障之訴訟上權益，業已完全獲得滿足，得以免除全程錄音或錄影之義務。**司法警察（官）未依規定全程連續錄音或錄影詢問犯罪嫌疑人取得之陳述，亦屬違背法定程序取得之證據，其有無證據能力，仍應由法院適用同法第一百五十八條之四規定，**綜合違背法定程序之程度、違背法定程序時之主觀意圖（即公務員是否明知違法並故意為之）、違背法定程序時之狀況（即程序之違反是否有緊急或不得已之情形）、侵害犯罪嫌疑人或被告權益之種類及輕重、犯罪所生之危險或實害、禁止使用證據對於預防將來違法取得證據之效果、如依法定程序有無發現該證據之必然性、證據取得之違法對被告訴訟上防禦不利益之程度等情狀等事項，予以客觀之判斷並權衡後，以決定應否賦予證據能力。

▶100台上4625（判決）

刑事訴訟法第一百條之一第一項、第一百條之二規定，檢察官訊問被告或司法警察（官）詢問犯罪嫌疑人時，除有急迫情況且經記明筆錄者外，應全程連續錄音；必要時，並應全程連續錄影。旨在建立訊（詢）問筆錄之公信力，並促使偵（調）查機關恪遵訊（詢）問程序之規定，以確保程序之合法正當，非僅止於確保自白之任意性。是被告之自白縱經證明係本諸自由意志所為，而非出於不正之方法，亦難謂其受正當法律程序保障之訴訟上權益，業已完全獲得滿足，並得據以免除或減輕上開為擔保偵（調）查機關恪遵訴訟上作為與不作為規定，所課予應全程錄音或錄影之義務。**檢察官、司法警察（官）未依規定全程連續錄音或錄影所進行之訊（詢）問筆錄，亦屬違背法定程序取得之證據，其有無證據能力，仍應由法院適用同法第一百五十八條之四規定，**綜合違背法定程序之程度、違背法定程序時之主觀意圖（即公務員是否明知違法並故意為之）、違背法定程序時之狀況（即程序之違反是否有緊急或不得已之情形）、侵害犯罪嫌疑人或被告權益之種類及輕重、犯罪所生之危險或實害、禁止使用證據對於預防將來違法取得證據之效果、偵審人員如依法定程序有無發現該證據之必然性、證據取得之違法對被告訴訟上防禦不利益之程度等情狀等事項，予以客觀之判斷並權衡後，以決定應否賦予證據能力。否則，無從為客觀之判斷與取捨，遽採為不利被告認定之依據，即有證據調查未盡與理由不備之違法。

▶99 台上 5503（判決）

司法警察依據監聽錄音結果予以翻譯而製作之監聽譯文，屬於文書證據之一種，於被告或訴訟關係人對其譯文之眞實性發生爭執或有所懷疑時，法院應依刑事訴訟法第一百六十五條之一第二項規定，以適當之設備，顯示該監聽錄音帶之聲音，以踐行調查證據之程序，俾確認該錄音聲音是否為通訊者本人及其內容與監聽譯文之記載是否相符；或傳喚該通訊者；或依其他法定程序，為證據調查，其所為之訴訟程序方屬合法。**而警察所為監聽譯文如經勘驗結果，確與實際監聽錄音內容不符，即應類推刑事訴訟法第一百條之一第二項規定，其不符之部分，不得作為證據，應以實際錄音內容為準，否則難謂符合「證據法則」**。

▶98 台上 5182（判決）

本院（原審）勘驗被告丙○○、丁○○、乙○○九十三年一月十七日警詢錄音帶：被告丙○○部分，無錄音內容。被告丁○○部分，警員詢問被告採一問一答方式，被告供述與警詢筆錄記載內容相符。被告乙○○部分，警員詢問被告採一問一答方式，被告供述大致與筆錄記載相符，其中關於警員詢問被告因何事為警查獲之回答；門票、毒品如何販售之問、答，錄音帶均無內容。筆錄經被告親自閱讀自認無訛後簽名捺印。被告等四人**係基於自由意志下所為之警詢供述，且與其等事實相符，應與偵查中之供述同具證據能力**。」等旨。因認上訴人等四人之警詢筆錄均有證據能力，而為不利上訴人等四人之認定。

▶88 台上 5762（判決）

被告在警詢之自白如係出於自由意思而非不正之方法，且其自白之陳述與事實相符，縱令司法警察（官）對其詢問時未經全程連續錄音或錄影，致詢問程序不無瑕疵，仍難謂其於警詢自白之筆錄無證據能力。

第 100 條之 2（偵輔機關詢問之準用）

本章之規定，於司法警察官或司法警察詢問犯罪嫌疑人時，準用之。

第 100 條之 3（夜間詢問之禁止及例外）

I 司法警察官或司法警察詢問犯罪嫌疑人，不得於夜間行之。但有左列情形之一者，不在此限：

一　經受詢問人明示同意者。

二　於夜間經拘提或逮捕到場而查驗其人有無錯誤者。

三　經檢察官或法官許可者。

四　有急迫之情形者。

II 犯罪嫌疑人請求立即詢問者，應即時為之。

III 稱夜間者，為日出前，日沒後。

❖ 法學概念

夜間詢問之禁止

學者認為，刑訴法第 100 條之 3 的規範目的，**不僅具有消極的防止疲勞訊問之意義，應同時具有積極的權利保護之內涵**。一方面基於人道上之處遇，另一方面則承認犯罪嫌疑人有免於受夜間訊問之自由，且具有擔保緘默權之機制，同時亦屬於憲法第 8 條之正當法律程序保障之內涵。從而，**本條目的既然在保障被告人權以及避免違法取供，其與緘默權之保障有相當重大之關聯，即非檢察官或法官同意後即可任意剝奪，因此原則上除「明示同意」或「急迫情形」外，不論有無檢察官抑或法官之許可，皆應不允許司法警察（官）夜間詢問**。

【陳運財，〈禁止夜間詢問之原則〉，收錄於《偵查與人權》，元照，2014.04，130 頁以下；相同意見：黃朝義，《犯罪偵查論》，漢興，初版，2004.03，128 頁。】

論者有謂，本條第 1 項第 4 款，雖規定「有急迫之情形」得於夜間訊問，但是**本款所指的「急迫」情形，應嚴格限縮**，避免「例外變成原則」，而造成本條立法目的落空。**首先，應考慮到被害法益，依理僅限於「重大犯罪」才得例外容許行使夜間訊問。其次，須存有「必要性及急迫性」之情形**。亦即倘不於夜間訊問將導致重大之損害，或生立即之危險時才得例外容許，例如擄人勒贖案件，為營救被控制之肉票。

【黃朝義，《刑事訴訟法》，新學林，五版，2017.09，585 頁。】

❒ 實務見解

▶100 台上 4577（判決）

犯罪嫌疑人於明示同意夜間詢問後，仍得於任何時間變更其同意，改拒絕繼續接受夜間詢問，司法警察（官）並應即時停止其詢問之行為；遇有司法警察（官）筆錄製作完成後，欲再行詢問者，亦應重為詢問犯罪嫌疑人是否同意，並為相同之處理。不得僅因已取得犯罪嫌疑人之同意，即謂司法警察官或司法警察有權繼續詢問犯罪嫌疑人至全部詢問事項完成為止，或於同一夜間，司法警察官或司法警察有權多次詢問犯罪嫌疑人並製作筆錄，否則無異變相限制犯罪嫌疑人同意權之行使，除難免疲勞詢問之流弊外，亦與立法目的相牴觸。因此，司法警察詢問犯罪嫌疑人如違背上開規定，其所取得被告或犯罪嫌疑人之自白或其他不利之陳述，不得作爲證據，但經證明其違背非出於惡意，且該自白或其他不利陳述係出於供述者之自由意志者，不在此限，刑事訴訟法第一百五十八條之二第一項復定有明文。就是否具有同法第一百條之三第一項所定之例外情形，如有爭執，因果關係是否有同法第一百五十八條之二第一項前段之適用，應由檢察官負舉證責任。

第十章　被告之羈押

第 101 條（羈押之要件及其審查程序）

I 被告經法官訊問後，認爲犯罪嫌疑重大，而有下列情形之一，非予羈押，顯難進行追訴、審判或執行者，得羈押之：

一　逃亡或有事實足認爲有逃亡之虞者。

二　有事實足認爲有湮滅、僞造、變造證據或勾串共犯或證人之虞者。

三　所犯爲死刑、無期徒刑或最輕本刑爲五年以上有期徒刑之罪，有相當理由認爲有逃亡、湮滅、僞造、變造證據或勾串共犯或證人之虞者。

II 法官爲前項之訊問時，檢察官得到場陳述聲請羈押之理由及提出必要之證據。但第九十三條第二項但書之情形，檢察官應到場敘明理由，並指明限制或禁止之範圍。

III 第一項各款所依據之事實、各項理由之具體內容及有關證據，應告知被告及其辯護人，並記載於筆錄。但依第九十三條第二項但書規定，經法院禁止被告及其辯護人獲知之卷證，不得作爲羈押審查之依據。

IV 被告、辯護人得於第一項訊問前，請求法官給予適當時間爲答辯之準備。

□修正前條文

I 被告經法官訊問後，認爲犯罪嫌疑重大，而有左列情形之一，非予羈押，顯難進行追訴、審判或執行者，得羈押之：

一　逃亡或有事實足認爲有逃亡之虞者。

二　有事實足認爲有湮滅、僞造、變造證據或勾串共犯或證人之虞者。

三　所犯爲死刑、無期徒刑或最輕本刑爲五年以上有期徒刑之罪者。

II 法官爲前項之訊問時，檢察官得到場陳述聲請羈押之理由及提出必要之證據。

III 第一項各款所依據之事實，應告知被告及其辯護人，並記載於筆錄。

■修正說明（106.04.26）

一、第一項序文「左列」一語修正爲「下列」，以符現行法規用語。

二、被告所犯爲死刑、無期徒刑或最輕本刑爲五年以上有期徒刑之罪者，其可預期判決之刑度既重，爲規避刑罰之執行而妨礙追訴、審判程序進行之可能性增加，國家刑罰權有難以實現之危險，故如有相當理由認爲其有逃亡、湮滅、僞造、變造證據或勾串共犯或證人等之虞，法院斟酌命該被告具保、責付或限制住居等侵害較小之手段，均不足以確保追訴、審判或執行程序之順利進行，非予羈押，顯難進行追訴、審判或執行，非不得羈押之，業經司法院釋字第六六五號解釋闡釋在案，爰配合修正第一項第三款之規定。

三、配合第九十三條第二項但書規定，增訂第二項但書。

四、原條文第三項規定，致偵查中羈押審查程序之被告及其辯護人僅受告知羈押事由所依據之事實，並未包括檢察官聲請羈押之各項理由之具體內容及有關證據，與憲法所定剝奪人身自由應遵循正當法律程序原則之意旨不符（司法院釋字第七三七號解釋意旨參照）。爰配合修正第三項，對於檢察官聲請羈押之各項理由之具體內容及有關證據，經法院採認者，均應將其要旨告知被告及其辯護人，俾利其有效行使防禦權，並記載於筆錄，使當事人提起抗告時有所依憑。至於卷證資料有第九十三條第二項但書所定應限制之部分，若能經以適當之方式，使被告及其辯護人獲知證據資訊之梗概者，則被告及其辯護人防禦權之行使，並未受到完全之剝奪，法院以之作爲判斷羈押之依據，自與憲法第二十三條之比例原則無違；惟被告及其辯護人未能獲知之禁止部分，其防禦權之行使既受到完全之剝奪，則該部分自不得作爲羈押審查之依據，附此敘明。

五、爲使被告及其辯護人有效行使防禦權，法院於第一項之訊問前，自應給予被告及其辯護人相當之時間爲答辯之準備，爰增訂第四項。

❖ 法學概念

羈押

羈押，是以確保偵查、審判（認知程序）與執行程序，被告能確實到場接受國家刑事程序追訴，而剝奪人身自由，以保全程序爲目的的強制處分；同時，防止被告於偵查階段與他人串供、湮滅事證，也是以保全證據爲目的的強制處分。

【張麗卿，《刑事訴訟法理論與運用》，五南，十四版，2018.09，247 頁。】

有鑑於原刑訴法第 101 條第 1 項第 3 款「重

罪羈押」之規定，迭經學界指摘違憲、違反無罪推定原則，故2017年4月修法，並配合司法院釋字第665號之意旨，修正第1項第3款之規定，即使被告涉嫌重罪亦須在國家刑罰權有難以實現之危險，而有相當理由認爲其有逃亡、湮滅、僞造、變造證據或勾串共犯或證人等之虞，**法院斟酌命該被告具保、責付或限制住居等侵害較小之手段，均不足以確保追訴、審判或執行程序之順利進行，**非予羈押，顯難進行追訴、審判或執行，方得予以羈押之。

此次修法亦將此實務見解明文化（請參照最高法院99年台抗字第218號裁定），簡單來說，當涉及第101條第1項第3款「重罪」的情形，羈押之門檻，由「有事實足認有……之虞」降低爲「相當理由」。

☐ 實務見解

▶ 釋字第737號（105.04.29）

本於憲法第八條及第十六條人身自由及訴訟權應予保障之意旨，對人身自由之剝奪尤應遵循正當法律程序原則。偵查中之羈押審查程序，應以適當方式及時使犯罪嫌疑人及其辯護人獲知檢察官據以聲請羈押之理由；除有事實足認有湮滅、僞造、變造證據或勾串共犯或證人等危害偵查目的或危害他人生命、身體之虞，得予限制或禁止者外，並使其獲知聲請羈押之有關證據，俾利其有效行使防禦權，始符憲法正當法律程序原則之要求。其獲知之方式，不以檢閱卷證並抄錄或攝影爲必要。刑事訴訟法第三十三條第一項規定：「辯護人於審判中得檢閱卷宗及證物並得抄錄或攝影。」同法第一百零一條第三項規定：「第一項各款所依據之事實，應告知被告及其辯護人，並記載於筆錄。」整體觀察，偵查中之犯罪嫌疑人及其辯護人僅受告知羈押事由所據之事實，與上開意旨不符。有關機關應於本解釋公布之日起一年內，基於本解釋意旨，修正刑事訴訟法妥爲規定。逾期未完成修法，法院之偵查中羈押審查程序，應依本解釋意旨行之。

▶ 釋字第737號解釋理由書（節錄）

聲請人賴○如、李○光主張刑事訴訟法第三十三條第一項規定牴觸憲法第八條、第十六條及第二十三條規定，其理由略謂：一、**允許辯護人於偵查中羈押審查程序閱卷，有利於檢察官遵循義務，與偵查不公開並無矛盾。**二、**憲法第八條、第十六條所蘊含之正當法律程序原則，應保障被告有充分之防禦權；偵查中聲請羈押程序有對立當事人之訴訟結構，故亦有武器平等原則之適用。**三、**限制被告及其辯護人檢閱聲請羈押卷宗之權利，涉及被告之訴訟權、人身自由，以及辯護人之工作權與其作爲司法一環應具備之辯護權。**再者，刑事訴訟法第三十三條第一項並非最小侵害手段，有違憲法第八條、第十六條之意旨。四、刑事訴訟法第一百零一條第一項及第一百零一條之一第一項各款羈押事由，與本件爭點有關聯必要性，應爲本件解釋範圍。五、司法院大法官應諭知聲請人賴○如得據以聲請刑事補償或國家賠償等語。

關係機關司法院（刑事廳）略稱：一、憲法第十六條明定人民有訴訟權，檢察官聲請羈押被告程序，**雖處於偵查階段，然被告仍得享有程序保障，使其得充分有效行使防禦權。武器平等原則旨在落實被告之防禦權，基此防禦之需求，國家應提供被告得與代表國家之檢察官，立於平等地位進行攻防之制度性程序保障，故聲請羈押被告程序自有武器平等原則之適用。**二、**閱卷權乃實現被告基本權訴訟權核心，即防禦權之重要內涵，依據我國憲法，應許可被告之辯護人於聲請羈押程序中有檢閱聲請羈押卷宗之權利；縱囿於偵查不公開之考量，有限制上必要，亦不應全面禁止。**刑事訴訟法第三十三條第一項限制辯護人於起訴前完全不得行使閱卷權，與此意旨不符；刑事訴訟法第一百零一條第三項規定亦仍不足以落實被告之防禦權等語。

關係機關法務部略稱：一、**偵查不公開原則係爲貫徹無罪推定原則、保障相關人之權利、維護偵查效能等；限制偵查中辯護人之閱卷權，乃偵查中保全程序本質之急迫性及隱密性使然，允許辯護人於偵查程序中閱卷，對偵查及訴訟程序並無助益，且有妨害，甚至與羈押之目的相悖。**二、**於偵查程序中無武器對等原則適用。**三、**我國刑事訴訟法已充分保障被告於偵查程序中之防禦權，**包括刑事訴訟法第二條、第二十七條、第三十四條、第三十四條之一、第九十五條、第九十六條、第一百六十三條、第二百十九條之一、第二百二十八條第四項、第一百零一條第三項、第二百四十五條等。**刑事訴訟法第三十三條第一項是否違憲，應綜觀被告於偵查中之相關辯護權保障是否完備，刑事訴訟法就此有以上充分保障，已對被告爲適度之資訊揭露，**是刑事訴訟法第三十三條第一項並未違憲等語。

偵查階段之羈押審查程序，係由檢察官提出載明羈押理由之聲請書及有關證據，向法院聲請裁准之程序。**此種聲請羈押之理由及有關證據，係法官是否裁准羈押，以剝奪犯罪嫌疑人人身自由之依據，基於憲法正當法律程序原則，自應以適當方式及時使犯罪嫌疑人及其辯護人獲知，俾得有效行使防禦權。**惟爲確保國家刑罰權得以實現，於有事實足認有湮滅、僞造、變造證據或勾串共犯或證人等危害偵查目的或危害他人生命、身體之虞時，自得限制或禁止其獲知聲請羈押之有關證據。**現行偵查階段之羈押審查程序是否滿足前**

揭憲法正當法律程序原則之要求，應綜合觀察刑事訴訟法相關條文而為判斷，不得逕以個別條文為之。刑事訴訟法第三十三條第一項規定：「辯護人於審判中得檢閱卷宗及證物並得抄錄或攝影。」同法第一百零一條第三項規定：「第一項各款所依據之事實，應告知被告及其辯護人，並記載於筆錄。」致偵查中之犯罪嫌疑人及其辯護人得從而獲知者，僅為聲請羈押事由所依據之事實，並未包括檢察官聲請羈押之各項理由之具體內容及有關證據，與上開憲法所定剝奪人身自由應遵循正當法律程序原則之意旨不符。有關機關應於本解釋公布之日起一年內，基於本解釋意旨，修正刑事訴訟法妥為規定。逾期未完成修法，法院之偵查中羈押審查程序，應依本解釋意旨行之。至於使犯罪嫌疑人及其辯護人獲知檢察官據以聲請羈押之理由及有關證據之方式，究採由辯護人檢閱卷證並抄錄或攝影之方式，或採法官提示、告知、交付閱覽相關卷證之方式，或採其他適當方式，要屬立法裁量之範疇。惟無論採取何種方式，均應滿足前揭憲法正當法律程序原則之要求。

至偵查不公開為刑事訴訟法之原則，係為使國家正確有效行使刑罰權，並保護犯罪嫌疑人及關係人憲法權益之重要制度。**然偵查中之羈押審查程序使犯罪嫌疑人及其辯護人獲知必要資訊，屬正當法律程序之內涵，**係保護犯罪嫌疑人憲法權益所必要；且就犯罪嫌疑人及其辯護人獲知資訊之範圍，上開解釋意旨亦已設有除外規定，已能兼顧犯罪嫌疑人及關係人憲法權益之保護及刑罰權之正確行使。**在此情形下，偵查不公開原則自不應妨礙正當法律程序之實現。至於羈押審查程序應否採武器平等原則，應視其是否採行對審結構而定，現行刑事訴訟法既未採對審結構，即無武器平等原則之適用問題。**又因偵查中羈押係起訴前拘束人民人身自由最為嚴重之強制處分，**自應予最大之程序保障。相關機關於修法時，允宜併予考量是否將強制辯護制度擴及於偵查中羈押審查程序，**併此指明。

❖ 學者評釋

本號解釋源於賴素如市議員，因在臺北雙子星案中涉嫌向投標業者索取千萬賄款，遭到檢察官聲請羈押。檢方當時提出了一份密件資料，證明賴素如開口索賄並與金主討價還價。法官認為賴與同案被告程宏道行賄的說法兜不攏，恐有串證之虞，又裁定收押。賴向高院抗告遭到駁回，於是向大法官聲請釋憲。雖然之前有不少學者主張辯護人應在偵查中享有閱卷權，但從解釋理由書中，吾人可知，在大法官並未表態實務不讓辯護人在偵查中享有閱卷權就當然違憲的情形下，今後在修法前，恐怕只得任由法務部及司法院各自表述。

但學者認為，若從第33條文義之反面推論，即謂辯護人在偵查中不能享有閱卷權，則無視於同法第101條第3項與第102條第2項第3款之規定，法官「有義務」將為何犯罪嫌疑重大、有羈押原因與羈押必要性所依據事實，「告知」被告及其辯護人，並記載於筆錄，且在押票記載羈押所依據的事實。當然，在兩條能妥適運用的前提下，或可相當程度補償辯護人無法閱卷的問題及其不利影響。然而，強制處分如羈押、搜索及監聽等之裁定程序，由於時間短促，未如審判中踐行嚴謹的證據法則，在所難免。**氏認為，在偵查中之武器平等原則，應係只要讓辯護人可以看到檢察官提供於法院之資訊即可，不需要提供連法官都未曾看到的卷宗資料。**既然大法官不想讓此種作法全面宣告違憲，氏建議，今後在修法前實務應採取原則與例外的方式，要求檢察官說明為何有對辯護人隱匿特定卷宗的必要。即便檢察官的羈押聲請事由可以通過審查，而讓法院以串供滅證之虞准押，不過法官也應該儘量督促檢察官限期用完備證據的蒐集，因為此種羈押事由之正當性畢竟相對較低。

【李佳玟，〈羈押審查程序中的閱卷權〉，《月旦法學雜誌》，第251期，2016.04，218頁以下。】

編按：請參照修正後第101條第1項第3款之規定。

▸ 釋字第720號（103.05.16）

羈押法第六條及同法施行細則第十四條第一項之規定，不許受羈押被告向法院提起訴訟請求救濟之部分，業經本院釋字第六五三號解釋，以其與憲法第十六條保障人民訴訟權之意旨有違，宣告相關機關至遲應於解釋公布之日起二年內，依解釋意旨，檢討修正羈押法及相關法規，就受羈押被告及時有效救濟之訴訟制度，訂定適當之規範在案。**在相關法規修正公布前，受羈押被告對有關機關之申訴決定不服者，應許其準用刑事訴訟法第四百十六條等有關準抗告之規定，向裁定羈押之法院請求救濟。本院釋字第六五三號解釋應予補充。**

▸ 釋字第708號解釋理由書（節錄）

九十六年十二月二十六日修正公布之入出國及移民法第三十八條第一項規定：「外國人有下列情形之一者，入出國及移民署得暫予收容……」（即一〇〇年十一月二十三日修正公布同條項：「外國人有下列情形之一入出國及移民署得暫予收容……」，下稱系爭規定）。據此規定，內政部入出國及移民署（下稱入出國及移民署）得以行政處分收容外國人。**系爭規定所稱之「收容」，雖與刑事羈押或處罰之性質不同，但仍係於一定期間拘束受收容外國人於一定處所，使其**

與外界隔離（入出國及移民法第三十八條第二項及「外國人收容管理規則」參照），亦屬剝奪人身自由之一種態樣，係嚴重干預人民身體自由之強制處分（本院釋字第三九二號解釋參照），依憲法第八條第一項規定意旨，自須踐行必要之司法程序或其他正當法律程序。惟刑事被告與非刑事被告之人身自由限制，在目的、方式與程度上畢竟有其差異，是其踐行之司法程序或其他正當法律程序，自非均須同一不可（本院釋字第五八八號解釋參照）。**查外國人並無自由進入我國國境之權利，而入出國及移民署依系爭規定收容外國人之目的，在儘速將外國人遣送出國，非為逮捕拘禁犯罪嫌疑人，則在該外國人可立即於短期間內迅速遣送出國之情形下，入出國及移民署自須有合理之作業期間，以利執行遣送事宜，例如代為洽購機票、申辦護照及旅行文件、聯繫相關機構協助或其他應辦事項，乃遣送出國過程本質上所必要。因此，從整體法秩序為價值判斷，系爭規定賦予該署合理之遣送作業期間，且於此短暫期間內得處分暫時收容該外國人，以防範其脫逃，俾能迅速將該外國人遣送出國，當屬合理、必要，亦屬國家主權之行使，並不違反憲法第八條第一項保障人身自由之意旨，是此暫時收容之處分部分，尚無須經由法院為之**。

▶ 釋字第 665 號解釋理由書（節錄）

刑事訴訟法第一百零一條第一項規定：「被告經法官訊問後，認為犯罪嫌疑重大，而有左列情形之一，非予羈押，顯難進行追訴、審判或執行者，得羈押之：一、逃亡或有事實足認為有逃亡之虞者。二、有事實足認為有湮滅、偽造、變造證據或勾串共犯或證人之虞者。三、所犯為死刑、無期徒刑或最輕本刑為五年以上有期徒刑之罪者。」該項規定羈押之目的應以保全刑事追訴、審判或執行程序為限。故被告所犯縱為該項第三款之重罪，如無逃亡或滅證導致顯難進行追訴、審判或執行之危險，尚欠缺羈押之必要要件。亦即單以犯重罪作為羈押之要件，可能背離羈押作為保全程序的性質，其對刑事被告武器平等與充分防禦權行使上之限制，即可能違背比例原則。再者，**無罪推定原則不僅禁止對未經判決有罪確定之被告執行刑罰，亦禁止僅憑犯罪嫌疑就施予被告類似刑罰之措施，倘以重大犯罪之嫌疑作為羈押之唯一要件，作為刑罰之預先執行，亦可能違背無罪推定原則**。是刑事訴訟法第一百零一條第一項第三款如僅以「所犯為死刑、無期徒刑或最輕本刑為五年以上有期徒刑之罪」，作為許可羈押之唯一要件，而不論是否犯罪嫌疑重大，亦不考量有無逃亡或滅證之虞而有羈押之必要，或有無不得羈押之情形，則該款規定即有牴觸無罪推定原則、武器平等原則或過度限制刑事被告之充分防禦權而違反比例原則之虞。惟查依刑事訴訟法第一百零一條第一項第三款及第一百零一條之二之規定，法官決定羈押被告之要件有四：犯罪嫌疑重大，有法定之羈押事由，有羈押之必要（即非予羈押，顯難進行追訴、審判或執行），無同法第一百十四條不得羈押被告之情形。是被告縱符合同法第一百零一條第一項第三款之羈押事由，法官仍須就犯罪嫌疑是否重大、有無羈押必要、有無不得羈押之情形予以審酌，非謂一符合該款規定之羈押事由，即得予以羈押。刑事訴訟法第一百零一條第一項第三款規定之羈押，係因被告所犯為死刑、無期徒刑或最輕本刑為五年以上有期徒刑之罪者，其可預期判決之刑度既重，該被告為規避刑罰之執行而妨礙追訴、審判程序進行之可能性增加，國家刑罰權有難以實現之危險，該規定旨在確保訴訟程序順利進行，使國家刑罰權得以實現，以維持重大之社會秩序及增進重大之公共利益，其目的洵屬正當。又基於憲法保障人民身體自由之意旨，被告犯上開條款之罪嫌疑重大者，仍應有相當理由認為其有逃亡、湮滅、偽造、變造證據或勾串共犯或證人等之虞，法院斟酌命該被告具保、責付或限制住居等侵害較小之手段，均不足以確保追訴、審判或執行程序之順利進行，始符合該條款規定，非予羈押，顯難進行追訴、審判或執行之要件，此際羈押乃為維持刑事司法權有效行使之最後必要手段，於此範圍內，尚未逾越憲法第二十三條規定之比例原則，符合本院釋字第三九二號、第六五三號、第六五四號解釋意旨，與憲法第八條保障人民身體自由及第十六條保障人民訴訟權之意旨，尚無違背。

❖ 學者評釋

一、張麗卿教授

從釋字第 665 號解釋觀之，就刑訴法第 101 條第 1 項第 3 款規定採取「合憲性限縮解釋」，亦即該款規定的適用，必須同時符合：「有相當理由認為有逃亡、湮滅、偽造、變造證據或勾串共犯或證人之虞」、「非予羈押，顯難進行追訴、審判或執行」及「無刑事訴訟法第 114 條不得羈押被告情形」等要件。

然而弔詭的是，**從第 101 條第 1 項各款規定安排來看，分明為擇一要件，大法官的說理，似乎不符邏輯，實務適用恐怕還是無法達到保護人權的效果**。例如，檢察官刻意以較重刑罰之罪名起訴，以使被告因此受羈押之可能性增加；或如因案件一再發回更審，而致一再延長羈押期間之情形；又如因涉犯此類重罪而受羈押，嗣經無罪判決確定而聲請冤獄賠償時，往往容易被認定係冤獄賠償法「因故意或重大過失行為致受羈押」之情形，而不予賠償。**此等弊病均與刑訴法第**

101條第1項有密切的關係，而對人民權利發生重大影響或侵害。此等弊病均與重罪羈押的規定有密切關係。此外，尚因此常遭實務「推定」有逃亡、湮滅證據或串證之虞，得無須再證明有逃亡或湮滅證據之虞。是以，檢察官如欲押人取供，只要控訴被告涉犯此等重罪而聲請羈押，即得達到羈押之目的，也不必費神證明被告有逃亡或串證之虞等情。

【張麗卿，《刑事訴訟法理論與運用》，五南，十四版，2018.09，250～251頁。】

二、陳運財教授

刑事訴訟法第101條第1項第3款規定應屬違憲，理由如下：

㈠違反憲法第23條之比例原則

以被告所犯之重罪嫌疑重大即構成羈押之事由，而不論所犯重罪之性質或類型是否存有被告逃亡等妨害刑事司法公正性之危險，一概認有羈押之原因，**無異於法律擬制被告因涉嫌犯重罪，即有妨害刑事司法之虞，完全未予被告反證之可能，妨礙被告防禦權之行使，已逾越必要程度，而違反憲法第23條比例原則之規定**。此外，若以所犯重罪即構成羈押原因，亦不合於羈押最後手段性的原理，運作上亦可能增加偵查實務押人取供的空間，不利於被告緘默權保障。

㈡違反無罪推定原則

若以所犯重罪為由，認為被告有羈押之必要，而為剝奪人身自由之羈押處分者，極易令人於被告未經判決有罪確定前，就形成有罪標籤。首先，於法理上，如認為僅屬「重罪」尚不足以構成羈押之原因，仍須具備「有相當理由認為有逃亡滅證串證之虞」，有羈押之必要，且合於比例原則者，始符合羈押之要件。若是如此，邏輯上更足以證明重罪羈押本身不能成立，本款重罪羈押之規定，形同贅文，本不該存在。**若以重罪刑度而據以推論該被告為規避刑罰之執行而妨礙追訴、審判程序進行之可能性即相對增加，仍相當程度課予被聲押之被告自行證明無妨礙司法權作用的負擔，難謂完全符合無罪推定原則**。

【陳運財，〈評大法官釋字第665號解釋評析〉，《月旦法學雜誌》，第176期，2010.01，36頁以下。】

三、黃朝義教授

羈押之目的僅在防止被告逃亡或湮滅事證。例如，被告居無定所、經常與幫派份子來往，極有可能案後逃亡。而有無湮滅事證不能單憑主觀想像，必須要有具體事實為憑。例如，犯罪之過程、被害人與犯罪嫌疑人之間的關係、犯罪之動機誘因、共犯共謀之過程等，都有可能被列為湮滅事證之對象。

【黃朝義，〈羈押要件判斷基準——從衝撞總統府案件等論起〉，《月旦裁判時報》，第28期，2014.08，66～67頁。】

▶ 釋字第653號解釋理由書（節錄）

羈押係拘束刑事被告身體自由，並將其收押於一定處所之強制處分，此一保全程序旨在確保訴訟程序順利進行，使國家刑罰權得以實現。羈押刑事被告，限制其人身自由，將使其與家庭、社會及職業生活隔離，非特予其心理上造成嚴重打擊，對其名譽、信用等人格權之影響亦甚重大，係干預人身自由最大之強制處分，自僅能以之為保全程序之最後手段，允宜慎重從事，其非確已具備法定要件且認有必要者，當不可率然為之（本院釋字第三九二號解釋參照）。刑事被告受羈押後，為達成羈押之目的及維持羈押處所秩序之必要，其人身自由及因人身自由受限制而影響之其他憲法所保障之權利，固然因而依法受有限制，惟於此範圍之外，**基於無罪推定原則，受羈押被告之憲法權利之保障與一般人民所得享有者，原則上並無不同**。是執行羈押機關對受羈押被告所為之決定，如涉及限制其憲法所保障之權利者，仍須符合憲法第二十三條之規定。受羈押被告如認執行羈押機關對其所為之不利決定，逾越達成羈押目的或維持羈押處所秩序之必要範圍，不法侵害其憲法所保障之權利者，自應許其向法院提起訴訟請求救濟，始無違於憲法第十六條規定保障人民訴訟權之意旨。

▶ 釋字第392號（84.12.22）

現行刑事訴訟法第一百零一條、第一百零二條第三項準用第七十一條第四項及第一百二十條等規定，於法院外復賦予檢察官羈押被告之權；同法第一百零五條第三項賦予檢察官核准押所長官命令之權；同法第一百二十一條第一項、第二百五十九條第一項賦予檢察官撤銷羈押、停止羈押、再執行羈押、繼續羈押暨其他有關羈押被告各項處分之權，與前述憲法第八條第二項規定之意旨均有不符。憲法第八條第二項僅規定：「人民因犯罪嫌疑被逮捕拘禁時，其逮捕拘禁機關應將逮捕拘禁原因，以書面告知本人及其本人指定之親友，並至遲於二十四小時內移送該管法院審問。本人或他人亦得聲請該管法院，於二十四小時內向逮捕之機關提審。」並未以「非法逮捕拘禁」為聲請提審之前提要件，乃提審法第一條規定：「人民被法院以外之任何機關非法逮捕拘禁時，其本人或他人得向逮捕拘禁地之地方法院或其所隸屬之高等法院聲請提審。」以「非法逮捕拘禁」為聲請提審之條件，與憲法前開之規定有所違背。上開刑事訴訟法及提審法有違憲法規定意旨之部分，均應自本解釋公布之日起，至遲於屆滿二年時失其效力；本院院解字第四〇三四號，應予變更。至於憲法第八條第二項所謂「至遲於二十四小時內移送」之二十四小時，係指其客觀上確得為偵查之進行而言。本院釋字第一三〇號之解釋固仍有其適用，其他若有符合憲法規定意旨之法定障礙事由者，自亦不應予以計入，併此指明。」

▶103 台抗 219（裁定）

司法院釋字第六六五號解釋所謂：「刑事訴訟法第一百零一條第一項第三款規定，於被告犯該款規定之罪，犯罪嫌疑重大，且有相當理由認為有逃亡、湮滅、偽造、變造證據或勾串共犯或證人之虞，非予羈押，顯難進行追訴、審判或執行者，得羈押之」等旨，雖係將該第三款以犯重罪作為羈押原因之規定，限縮在併存有逃亡或滅證之虞等羈押原因時，始得施予羈押，但亦併認此等羈押原因之成立，不必如同條項第一款、第二款之規定，須達有「客觀事實」足認為有逃亡或滅證之虞之程度，而以具有「相當理由」為已足。

▶101 台上 848（判決）

司法警察官、司法警察詢問犯罪嫌疑人，除經受詢問人明示同意、於夜間經拘提或逮捕到場而查驗其人有無錯誤、經檢察官或法官許可、有急迫之情形者外，不得於夜間行之，刑事訴訟法第一百條之三第一項定有明文。又刑事訴訟法第一百五十八條之二第一項規定，違背第一百條之三第一項之規定，所取得被告或犯罪嫌疑人之自白及其他不利之陳述，不得作為證據，但經證明其違背非出於惡意，且該自白或陳述係出於自由意志者，不在此限。上述原則上禁止司法警察（官）於夜間詢問犯罪嫌疑人之規定，**其立法理由揭櫫夜間乃休息之時間，為尊重人權及保障程序之合法性，並避免疲勞詢問而設，應非限於避免疲勞詢問而已**。

▶100 台抗 113（裁定）

被告犯刑事訴訟法第一百零一條第一項第三款所示之罪，嫌疑重大者，且有相當理由足認其有逃亡、湮滅、偽造、變造證據或勾串共犯或證人之虞，亦無不得羈押之情形，法院斟酌能否以命該被告具保、責付或限制住居等侵害較小之手段代替羈押後，仍認非予羈押，顯難進行追訴、審判或執行者，方得羈押，始符合憲法第八條保障人民身體自由及第十六條保障人民訴訟權之意旨，司法院釋字第六六五號解釋著有明文。依上述解釋及其理由書綜合以觀，其並非逕宣告刑事訴訟法第一百零一條第一項第三款重罪羈押原因係屬違憲，而係要求附加考量被告除犯重罪外，是否有相當理由認為其有逃亡、湮滅、偽造、變造證據或勾串共犯或證人等之虞。而依法條之體系解釋，該等附加考量與單純考量同條第一項第一款、第二款之羈押原因仍有程度之不同。基此，伴同重罪羈押予以考量之逃亡之虞，與單純成為羈押原因之逃亡之虞其強度仍有差異，亦即伴同重罪羈押考量之逃亡之虞，其理由強度可能未足以單獨成為羈押原因，然得以與重罪羈押之羈押原因互佐。又重罪常伴有逃亡、滅證之高度可能，該高度可能性乃本於趨吉避凶、脫免刑責及不甘受罰之基本人性，**是若依一般正常人之合理判斷，可認為該犯重罪嫌疑重大之人具有逃亡或滅證之相當或然率存在，即已該當於前述解釋之認定標準，不以達到充分可信或確定程度為必要**。

▶99 台上 6562（判決）

司法警察（官）依法拘提或逮捕被告或犯罪嫌疑人之後，為獲致其犯罪相關案情，**而開始就犯罪情節與其交談時，即屬刑事訴訟法所規定之「詢問」。於此情形，程序之遵守與否，即應依錄音內容之有無而判斷，錄音所未記錄者，即屬未踐行，嗣後不得再依該執行詢問錄音職務之司法警察（官）之證詞而補充之**。原判決以自民國九十五年三月一日二十二時十五分逮捕甲〇〇帶往中山分局中山二派出所至翌日零時三十五分間製作調查筆錄前，由警員詹〇賢錄製之「蒐證錄音」，作為判斷上訴人犯罪之依據。而詹〇賢於第一審證述，上開錄音係逮捕甲〇〇至派出所後正式筆錄之前所錄製；且因而獲致甲〇〇供出毒品之案情，即刻前往羅馬假期酒店而查獲乙〇〇，將之帶往派出所之後方製作該二人正式筆錄，在錄製上開錄音時，並未為同法第九十五條之權利告知，亦未經甲〇〇同意夜間詢問等語若無訛，**詹〇賢為追捕正犯而為「蒐證錄音」時，即屬詢問之開始；該「蒐證錄音」為筆錄之替代，警員為詢問時，有無踐行相關法定程序，自應以該錄音為據**。依卷附第一審「蒐證錄音」勘驗筆錄之記載，**既無警員踐行刑事訴訟法第九十五條告知義務之情事，自不能以詹〇賢嗣後證稱逮捕時已告知其權利，即認已經補正**。

▶99 台抗 228（裁定）

羈押之目的，在保全刑事追訴、審判及刑之執行，或預防被告反覆實行同一犯罪。而羈押之被告除有刑事訴訟法第一百十四條各款所列情形之一，經具保聲請停止羈押不得駁回外，其他因犯罪經依法羈押之被告應否延長羈押或許可停止羈押，事實審法院本有斟酌訴訟進行程度及其他一切情事自由裁量之權。又司法院釋字第六六五號解釋所謂：「刑事訴訟法第一百零一條第一項第三款規定，於被告犯該款規定之罪，犯罪嫌疑重大，且有相當理由認為有逃亡、湮滅、偽造、變造證據或勾串共犯或證人之虞，非予羈押，顯難進行追訴、審判或執行者，得羈押之」等旨，**雖係將該第三款以犯重罪作為羈押原因之規定，限縮在併存有逃亡或滅證之虞等羈押原因時，始得施予羈押，但亦併認此等羈押原因之成立，不必**

如同條項第一款、第二款之規定，須達有「客觀事實」足認為有逃亡或滅證之虞之程度，而以具有「相當理由」為已足。

▶99 台抗 218（裁定）

司法院釋字第六六五號解釋謂：「刑事訴訟法第一百零一條第一項第三款規定，於被告犯該第三款規定之罪，犯罪嫌疑重大，且有相當理由認為有逃亡、湮滅、偽造、變造證據或勾串共犯或證人之虞，非予羈押，顯難進行追訴、審判或執行者，得羈押之。於此範圍內，該條款規定符合憲法第二十三條之比例原則，與憲法第八條保障人民身體自由及第十六條保障人民訴訟權之意旨，尚無牴觸。」**將該第三款以犯重罪作為羈押原因之規定，限縮在併存「有相當理由，認為有逃亡、湮滅、偽造、變造證據或勾串共犯或證人之虞」等原因時，始得執行羈押。故抗告人縱符合上揭第三款之羈押事由，仍須斟酌是否有相當理由，認有逃亡、湮滅、偽造、變造證據或勾串共犯或證人之虞時，始得羈押。上揭所稱「相當理由」，與同條項第一款、第二款法文內之「有事實足認有……之虞」（學理上解釋為「充分理由」）尚屬有間，其條件當較寬鬆。良以重罪常伴有逃亡、滅證之高度可能，係趨吉避凶、脫免刑責、不甘受罰之基本人性，倘一般正常之人，依其合理判斷，可認為該犯重罪嫌疑重大之人具有逃亡或滅證之相當或然率存在，即已該當「相當理由」之認定標準，不以達到充分可信或確定程度為必要。**以量化為喻，若依客觀、正常之社會通念，認為其人已有超過百分之五十之逃亡、滅證可能性者，當可認具有相當理由認為其有逃亡、滅證之虞。此與前二款至少須有百分之八十以上，始足認有該情之虞者，自有程度之差別。再其認定，固不得憑空臆測，但不以絕對客觀之具體事實為限，若有某些跡象或情況作為基礎，即無不可。至相關之事實或跡象、情況，鑑於此非屬實體審判之核心事項，自以自由證明為已足，並不排斥傳聞證據，斯不待言（最高法院一〇一年度台抗字第四〇一號裁定同旨）。

第 101 條之 1（預防性羈押之適用範圍）

I 被告經法官訊問後，認為犯下列各款之罪，其嫌疑重大，有事實足認為有反覆實行同一犯罪之虞，而有羈押之必要者，得羈押之：

一　刑法第一百七十三條第一項、第三項、第一百七十四條第一項、第二項、第四項、第一百七十五條第一項、第二項之放火罪、第一百七十六條之準放火罪、第一百八十五條之一之劫持交通工具罪。

二　刑法第二百二十一條之強制性交罪、第二百二十二條之加重強制性交罪、第二百二十四條之強制猥褻罪、第二百二十四條之一之加重強制猥褻罪、第二百二十五條之乘機性交猥褻罪、第二百二十六條之一之強制性交猥褻之結合罪、第二百二十七條之與幼年男女性交或猥褻罪、第二百七十一條第一項、第二項之殺人罪、第二百七十二條之殺直系血親尊親屬罪、第二百七十七條第一項之傷害罪、第二百七十八條第一項之重傷罪、性騷擾防治法第二十五條第一項之罪。但其須告訴乃論，而未經告訴或其告訴已經撤回或已逾告訴期間者，不在此限。

三　刑法第二百九十六條之一之買賣人口罪、第二百九十九條之移送被略誘人出國罪、第三百零二條之妨害自由罪。

四　刑法第三百零四條之強制罪、第三百零五條之恐嚇危害安全罪。

五　刑法第三百二十條、第三百二十一條之竊盜罪。

六　刑法第三百二十五條、第三百二十六條之搶奪罪、第三百二十八條第一項、第二項、第四項之強盜罪、第三百三十條之加重強盜罪、第三百三十二條之強盜結合罪、第三百三十三條之海盜罪、第三百三十四條之海盜結合罪。

七　刑法第三百三十九條、第三百三十九條之三之詐欺罪、第三百三十九條之四之加重詐欺罪。

八　刑法第三百四十六條之恐嚇取財罪、第三百四十七條第一項、第三項之擄人勒贖罪、第三百四十八條之擄人勒贖結合罪、第三百四十八條之一之準擄人勒贖罪。

九　槍砲彈藥刀械管制條例第七條、第八條之罪。

十　毒品危害防制條例第四條第一項至第四項之罪。

十一　人口販運防制法第三十四條之罪。

II 前條第二項至第四項之規定，於前項情形準用之。

□**修正前條文**

I 被告經法官訊問後，認為犯下列各款之罪，其嫌疑重大，有事實足認為有反覆實施同一犯罪之虞，而有羈押之必要者，得羈押之：

一　刑法第一百七十四條第一項、第二項、第四項、第一百七十五條第一項、第二項之放火罪、第一百七十六條之準放火罪。

二　刑法第二百二十一條之強制性交罪、第二百二十四條之強制猥褻罪、第二百二十四條之一之加重強制猥褻罪、第二百二十五條之乘機性交猥褻罪、第二百二十七條之與幼年男女性交或猥褻罪、第二百七十七條第一項之傷害罪。但其須告訴乃論，而未經告訴或其告訴已經撤回或已逾告訴期間者，不在此限。

三　刑法第三百零二條之妨害自由罪。

四　刑法第三百零四條之強制罪、第三百零五條之恐嚇危害安全罪。

五　刑法第三百二十條、第三百二十一條之竊盜罪。

六　刑法第三百二十五條、第三百二十六條之搶奪罪。

七　刑法第三百三十九條、第三百三十九條之三之詐欺罪。

八　刑法第三百四十六條之恐嚇取財罪。

II前條第二項、第三項之規定，於前項情形準用之。

修正說明（109.01.15）

一、配合刑法第二十八條至第三十一條之修正，爰將第一項序文之「實施」修正為「實行」。

二、公民與政治權利國際公約及經濟社會文化權利國際公約施行法第二條規定，兩公約所揭示保障人權之規定，具有國內法律之效力。又公民與政治權利國際公約第九條第一項後段規定：「非依法定理由及程序，不得剝奪任何人之自由」。

三、被告所犯為死刑、無期徒刑或最輕本刑為五年以上有期徒刑之罪者，依本法第一百零一條第一項第三款，得為羈押原因，故將之排除於預防性羈押之列。惟該款已配合司法院釋字第六六五號解釋修正，重罪不得作為羈押之唯一原因，原條文自應配合修正，以避免產生被告所犯雖非重罪，但有事實足認有反覆實行同一犯罪之虞者，而得依原條文第一項各款規定，為預防性羈押，惟被告所犯為重罪，如無相當理由認其有逃亡、湮滅、偽造、變造證據或勾串共犯或證人之虞，縱有再犯之虞，亦不得羈押之不合理現象。故將屬重罪且實務上再犯率較高之罪名，列為預防性羈押之對象，爰修正第一項第一款至第三款、第六款、第八款，並增訂第九款至第十一款。

四、性騷擾防治法第二十五條第一項之罪，與刑法第二百二十四條之強制猥褻罪、第二百二十五條之乘機猥褻罪、第三百零四條之強制罪，均屬對於身體自主權或性自主決定權侵害之犯罪，該等犯罪有相似之處，且依實務經驗，再犯率甚高，自有增列為預防性羈押之必要，爰於第一項第二款增列性騷擾防治法第二十五條第一項之罪，以符實需。

五、配合刑法第三百三十九條之四加重詐欺罪之增訂，考量加重詐欺之慣犯具高再犯率之犯罪特性，有以預防性羈押防止其反覆實行同一犯罪之必要，爰於第一項第七款增列刑法第三百三十九條之四之加重詐欺罪。

六、配合本法第一百零一條第二項、第三項之修正及第四項之增訂，爰就本條第二項酌作文字修正。

❖ 法學概念

預防性羈押

此種類型羈押，非如一般性羈押係針對已發生之犯罪以為考量之羈押，而是基於預防再犯之目的而針對再犯率高之犯罪類型，所發動之羈押作為。但這八款預防性羈押類型，不僅欠缺情況急迫或情節重大的限制，透過介入時點與其後的剝奪自由效果，形同透過程序法實質的改變了原本不罰預備犯的實體法決定。雖然，對於預防性羈押的實體要件在舉證程度上要求「犯嫌重大」高於搜索、扣押所要求的「相當理由」，也僅約略等同於「優勢證據」而已，相較於美國法制採取「明確可信」的標準，就未來危險性的證明（預測）而言，仍顯過低。其制度之運作關鍵在於「行為人」的危險性特徵，而非行為，可以說是將「前案科刑執行紀錄」的品格證據當作其「未來」犯罪動機與意圖的臆測之依據，無異於違反無罪推定原則。

是故，將刑事程序法上之強制處分，充當保安處分之措施，此種立法不甚妥當，與羈押之目的相違，因此所謂之「預防性羈押」恐有違憲之疑慮。

【黃朝義，《概說警察刑事訴訟法》，新學林，初版，2015.09，133 頁以下；蕭宏宜，〈預防性羈押的實然與應然〉，《東吳法律學報》，第 26 卷第 4 期，2015.04，29 頁以下。】

第 101 條之 2（羈押之免除）

被告經法官訊問後，雖有第一百零一條第一項或第一百零一條之一第一項各款所定情形之一而無羈押之必要者，得逕命具保、責付或限制住居。其有第一百十四條各款所定情形之一者，非有不能具保、責付或限制住居之情形，不得羈押。

第 102 條（羈押之令狀原則）

I羈押被告，應用押票。

II押票，應按被告指印，並記載左列事項：

一　被告之姓名、性別、年齡、出生地及住所或居所。
二　案由及觸犯之法條。
三　羈押之理由及其所依據之事實。
四　應羈押之處所。
五　羈押期間及其起算日。
六　如不服羈押處分之救濟方法。
III第七十一條第三項之規定，於押票準用之。
IV押票，由法官簽名。

第 103 條（羈押之執行）
I執行羈押，偵查中依檢察官之指揮；審判中依審判長或受命法官之指揮，由司法警察將被告解送指定之看守所，該所長官查驗人別無誤後，應於押票附記解到之年、月、日、時並簽名。
II執行羈押時，押票應分別送交檢察官、看守所、辯護人、被告及其指定之親友。
III第八十一條、第八十九條及第九十條之規定，於執行羈押準用之。

第 103 條之 1（羈押處所之變更）
I偵查中檢察官、被告或其辯護人認有維護看守所及在押被告安全或其他正當事由者，得聲請法院變更在押被告之羈押處所。
II法院依前項聲請變更被告之羈押處所時，應即通知檢察官、看守所、辯護人、被告及其指定之親友。

第 104 條（刪除）

第 105 條（羈押被告之管束及通信）
I管束羈押之被告，應以維持羈押之目的及押所之秩序所必要者爲限。
II被告得自備飲食及日用必需物品，並與外人接見、通信、受授書籍及其他物件。但押所得監視或檢閱之。
III法院認被告爲前項之接見、通信及受授物件有足致其脫逃或湮滅、僞造、變造證據或勾串共犯或證人之虞者，得依檢察官之聲請或依職權命禁止或扣押之。但檢察官或押所遇有急迫情形時，得先爲必要之處分，並應即時陳報法院核准。
IV依前項所爲之禁止或扣押，其對象、範圍及期間等，偵查中由檢察官；審判中由審判長或受命法官指定並指揮看守所爲之。但不得限制被告正當防禦之權利。
V被告非有事實足認爲有暴行或逃亡、自殺之虞者，不得束縛其身體。束縛身體之處分，以有急迫情形者爲限，由押所長官行之，並應即時陳報法院核准。

第 106 條（押所之視察）
羈押被告之處所，檢察官應勤加視察，按旬將視察情形陳報主管長官，並通知法院。

第 107 條（羈押原因消滅）
I羈押於其原因消滅時，應即撤銷羈押，將被告釋放。
II被告、辯護人及得爲被告輔佐人之人得聲請法院撤銷羈押。檢察官於偵查中亦得爲撤銷羈押之聲請。
III法院對於前項之聲請得聽取被告、辯護人或得爲被告輔佐人之人陳述意見。
IV偵查中經檢察官聲請撤銷羈押者，法院應撤銷羈押，檢察官得於聲請時先行釋放被告。
V偵查中之撤銷羈押，除依檢察官聲請者外，應徵詢檢察官之意見。

第 108 條（羈押期間及撤銷羈押）
I羈押被告，偵查中不得逾二月，審判中不得逾三月。但有繼續羈押之必要者，得於期間未滿前，經法院依第一百零一條或第一百零一條之一之規定訊問被告後，以裁定延長之。在偵查中延長羈押期間，應由檢察官附具體理由，至遲於期間屆滿之五日前聲請法院裁定。
II前項裁定，除當庭宣示者外，於期間未滿前以正本送達被告者，發生延長羈押之效力。羈押期滿，延長羈押之裁定未經合法送達者，視爲撤銷羈押。
III審判中之羈押期間，自卷宗及證物送交法院之日起算。起訴或裁判後送交前之羈押期間算入偵查中或原審法院之羈押期間。
IV羈押期間自簽發押票之日起算。但羈押前之逮捕、拘提期間，以一日折算裁判確定前之羈押日數一日。
V延長羈押期間，偵查中不得逾二月，以延長一次爲限。審判中每次不得逾二月，如所犯最重本刑爲十年以下有期徒刑以下之刑者，第一審、第二審以三次爲限，第三審以一次爲限。
VI案件經發回者，其延長羈押期間之次數，應更新計算。
VII羈押期間已滿未經起訴或裁判者，視爲撤銷羈押，檢察官或法院應將被告釋放；由檢察官釋放被告者，並應即時通知法院。
VIII依第二項及前項視爲撤銷羈押者，於釋放前，偵查中，檢察官得聲請法院命被告具保、責付或限制住居。如認爲不能具保、責付或限制住居，而有必要者，並得附具體理由一併聲請法院依第一百零一條或第一百零一條之一之規定訊問被告後繼續羈押之。審判中，法院得命具保、責付或限制住居；如不能具保、責付或限制住居，而有必要者，並得依第一百零一條或第一百零一條之一之規定訊問被告後繼續羈押之。但所犯為死刑、無期徒刑或最輕本刑為七年以上有期徒刑之罪者，法院就偵查中案件，得依檢察官之聲請；就審判中案件，得依職權，逕依第一百零一條之規定訊問被告後繼續羈押之。

IX前項繼續羈押之期間自視為撤銷羈押之日起算，以二月為限，不得延長。繼續羈押期間屆滿者，應即釋放被告。

X第一百十一條、第一百十三條、第一百十五條、第一百十六條、第一百十六條之二、第一百十七條、第一百十八條第一項、第一百十九條之規定，於第八項之具保、責付或限制住居準用之。

□修正前條文

I羈押被告，偵查中不得逾二月，審判中不得逾三月。但有繼續羈押之必要者，得於期間未滿前，經法院依第一百零一條或第一百零一條之一之規定訊問被告後，以裁定延長之。在偵查中延長羈押期間，應由檢察官附具體理由，至遲於期間屆滿之五日前聲請法院裁定。

II前項裁定，除當庭宣示者外，於期間未滿前以正本送達被告者，發生延長羈押之效力。羈押期滿，延長羈押之裁定未經合法送達者，視為撤銷羈押。

III審判中之羈押期間，自卷宗及證物送交法院之日起算。起訴或裁判後送交前之羈押期間算入偵查中或原審法院之羈押期間。

IV羈押期間自簽發押票之日起算。但羈押前之逮捕、拘提期間，以一日折算裁判確定前之羈押日數一日。

V延長羈押期間，偵查中不得逾二月，以延長一次為限。審判中每次不得逾二月，如所犯最重本刑為十年以下有期徒刑以下之刑者，第一審、第二審以三次為限，第三審以一次為限。

VI案件經發回者，其延長羈押期間之次數，應更新計算。

VII羈押期間已滿未經起訴或裁判者，視為撤銷羈押，檢察官或法院應將被告釋放；由檢察官釋放被告者，並應即時通知法院。

■修正說明（96.07.04）

一、第一項至第七項未修正。

二、按羈押期滿，延長羈押之裁定未經合法送達，或延長羈押期間之裁定未經宣示，而未於期間屆滿前送達被告；或羈押期滿未經起訴或裁判，依第二項、第七項規定視為撤銷羈押者，多有出於人為之疏失者，若因此造成重大刑事案件之被告得以無條件釋放，致生社會治安之重大危害，殊非妥適，允宜在法制上謀求補救之道。

三、被告因上述原因視為撤銷羈押者，將來受有罪判決之可能性仍甚高，法院對該被告得為一定保全措施之必要性，較諸已就被告諭知無罪者為強，而後者依第三百十六條規定，於上訴期間或上訴中既得命具保、責付或限制住居，如不能具保、責付或限制住居，而有必要情形，並得繼續羈押之，則對於因上述原因而視為撤銷羈押者，爰參照第三百十六條規定意旨，明定得對被告實施保全措施。

四、偵查中發生上開視為撤銷羈押事由，檢察官如認有具保、責付、限制住居或繼續羈押之必要者，自應聲請法院裁定。又被告因不能具保、責付或限制住居，而有繼續羈押必要之情形，事所恆有，關於視為撤銷羈押後，由檢察官為此聲請之案件，如有不能具保、責付或限制住居而須繼續羈押者，為避免程序之周折，應許檢察官得附具體理由，一併聲請羈押，爰增訂第八項前段規定。

五、被告所犯為死刑、無期徒刑或最輕本刑為七年以上有期徒刑之罪者，例如殺人、製造手槍、販賣第一級毒品、加重強制性交、傷害致死、妨害自由致死、搶奪致死、強盜致重傷、加重強盜、擄人勒贖等等，均屬重大危害社會治安之罪，如僅因人為疏失而予交保、責付或限制住居在外，對社會治安及後續偵查、審判及執行程序之進行，將有重大不利影響，爰增訂第八項但書，規定該等案件於偵查或審理中發生上述視為撤銷羈押事由，不以先命具保、責付或限制住居為必要，對於偵查中案件，法院得依檢察官聲請；對於審判中案件，得依職權逕依第一百零一條之規定訊問被告後繼續羈押之。

六、因第二項及第七項之未及時送達延長羈押裁定正本及未即時裁定延長羈押而視為撤銷羈押，依增訂第八項所為繼續羈押，其期間及計算需有明確規定；由於此種保全措施究屬不得已之例外，於繼續羈押之同時，自應就該案件集中偵查或審理，妥速終結，一旦繼續羈押期間屆滿仍未起訴或送交管轄法院者，自應即時釋放被告，不得再行延長其羈押期間，爰增訂第九項。

七、第五項係偵查中或同一審級最長羈押期限之基本規定，依增訂第八項所為之繼續羈押，連同先前已爲羈押之總期間，須受第五項偵查中或同一審級最長羈押期限之限制，乃屬當然。

八、視爲撤銷羈押後之命具保、責付或限制住居，應有一定規範，爰增訂第十項，明定準用第一百十一條、第一百十三條、第一百十五條、第一百十六條、第一百十六條之二、第一百十七條、第一百十八條、第一百十九條之規定，以資適用。

❖ 法學概念

繼續羈押

依 2007 年刑訴法第 108 條第 8 項所增訂「得繼續羈押」的制度，可分爲兩種類型：

一、以不能爲附條件釋放爲前提

得將被告繼續羈押，必須是偵查中被告不能具保、責付或限制住居，而有羈押之必要者，檢察官始得附具體理由聲請法院依第 101 條或第 101 條之 1 之規定訊問被告後繼續羈押之。審判中，亦必須是被告不能具保、責付或限制住居，而有羈押之必要者，法院始得依第 101 條或第 101 條之 1 之規定訊問被告後繼續羈押之。

二、非以不能爲附條件釋放爲前提（重罪案件）

若被告所犯爲死刑、無期徒刑或最輕本刑爲七年以上有期徒刑之罪者，法院就偵查中案件，得依檢察官之聲請；就審判中案件，得依職權，逕依第 101 條之規定訊問被告後繼續羈押之。

【王兆鵬、張明偉、李榮耕，《刑事訴訟法（上）》，新學林，四版，2018.09，431 頁。】

❖ 修法簡評

「得繼續羈押的制度」於增訂後，廣受學說撻伐：

一、學者批評：對於判決無罪之被告，竟然仍得命具保，甚或羈押，誠爲惡法。

【王兆鵬、張明偉、李榮耕，《刑事訴訟法（上）》，新學林，四版，2018.09，432 頁。】

二、亦有學者持類似意見而謂，該條文忽略當年修法，遇此等情形即視爲當然撤銷羈押的立法旨趣，此乃純爲實務便宜運作之設計，實爲倒退之立法。

【朱石炎，《刑事訴訟法論》，三民，修訂七版，2017.08，118 頁以下。】

三、更有學者指出，依照繼續羈押的規定，須以「不能具保、責付或限制住居，而有必要者」爲前提，惟原法並不存在此等情形，故此一增訂實與原本羈押之設計相互矛盾。此外，重罪之逕行繼續羈押，由於毋須附條件，僅以重罪爲正當性之前提，其更質疑，喪失羈押爲保全之主要目的而使得撤銷羈押制度形同虛設。

【柯耀程，《刑事程序法》，一品，初版，2019.02，233 頁以下。】

四、另有學者從保障人權的角度加以分析：就「羈押期滿，延長羈押之裁定未經合法送達者」而言，被告在羈押中，延押裁定送達被告應無特殊困難之事多係法院對於被告羈押之日期有疏忽，才會導致未能及時做出延押之裁定，此於「羈押期間已滿未經起訴或裁判」亦同，多係檢察官或法官就被告羈押日期有所忽略，致未能於羈押期限內將被告起訴或裁判，而發生羈押期滿須立即釋放被告之情形，惟此種院、檢雙方人爲上之疏失，**一概由被告承擔，是否合理，恐有疑問。蓋無論係法官或檢察官，對於被告何時受羈押，以及案件應於何時起訴及裁判，均應有高度之注意義務，且上開因素皆非受羈押中之被告所能掌控，如僅以「法院人爲之疏失可能造成社會負擔」爲由，即因此修法而容許繼續羈押被告，此一修法理由實嫌薄弱，**有不當侵犯人權之嫌。

【黃朝義，《概說警察刑事訴訟法》，新學林，初版，2015.09，146 頁。】

☐ 實務見解

▶107 台抗 547（裁定）

羈押期間自簽發押票之日起算，但羈押前之逮捕、拘提期間，以一日折算裁判確定前之羈押日數一日；法院許可停止羈押時，得命被告應遵守下列事項：一、定期向法院或檢察官報到。……四、其他經法院認爲適當之事項，刑事訴訟法第一百零八條第四項、第一百十六條之二分別定有明文。再同法第六十五條規定，期間之計算，依民法之規定。民法第一百二十一條第一項規定，以日、星期、月或年定期間者，以期間末日之終止，爲期間之終止。又羈押法第三十四條第一項、第三十五條第一項分別規定看守所非有法院或檢察官之通知書，不得將被告釋放；被告應釋放者，於接受前條通知書後，應立即釋放，釋放前應使其按捺指紋，與人相表比對明確。羈押法關於羈押被告之釋放既有特別規定，自無依同法第三十八條規定準用監獄行刑法第四章至第十一章、第十三章及第十四章規定之餘地。而司法院釋字第六七七號解釋理由書，受刑人應於刑期期滿當日之午前釋放，係基於對受刑人交通及人身安全之考量，所爲之便宜措施，國家之刑罰權仍存至期滿當日午夜二十四時始消滅。

第 109 條（已逾刑期之羈押撤銷）

案件經上訴者，被告羈押期間如已逾原審判決之刑期者，應即撤銷羈押，將被告釋放。但檢察官爲被告之不利益而上訴者，得命具保、責付或限制住居。

☐ 實務見解

▸67 年度第 6 次刑事庭會議決議（67.06.13）

強制工作與刑罰不同，令強制工作之期間不能認為刑期。依刑事訴訟法第一百零九條之規定，「案件經上訴者，被告羈押期間如已逾原審判決之刑期者，應即撤銷羈押，將被告釋放」，該條所稱之刑期，乃專指有期徒刑或拘役之期間而言，並不包括強制工作之保安處分期間在內。羈押期間已逾原審判之刑期者，自不得因有強制工作之保安處分而予以繼續羈押。但如檢察官為被告之不利益而上訴者，得命具保、責付或限制住居。

第 110 條（具保聲請停止羈押）

Ⅰ被告及得為其輔佐人之人或辯護人，得隨時具保，向法院聲請停止羈押。

Ⅱ檢察官於偵查中得聲請法院命被告具保停止羈押。

Ⅲ前二項具保停止羈押之審查，準用第一百零七條第三項之規定。

Ⅳ偵查中法院為具保停止羈押之決定時，除有第一百十四條及本條第二項之情形者外，應徵詢檢察官之意見。

第 111 條（許可具保停止羈押之條件）

Ⅰ許可停止羈押之聲請者，應命提出保證書，並指定相當之保證金額。

Ⅱ保證書以該管區域內殷實之人所具者為限，並應記載保證金額及依法繳納之事由。

Ⅲ指定之保證金額，如聲請人願繳納或許由第三人繳納者，免提出保證書。

Ⅳ繳納保證金，得許以有價證券代之。

Ⅴ許可停止羈押之聲請者，得限制被告之住居。

□ 實務見解

▸32 抗 69（判例）

法院於許可停止羈押時，所指定之保證金額是否相當，應由法院斟酌案內一切情節，自由衡定，並非以罪名輕重為保證金額多寡之標準，被告所犯雖係殺人罪，然其犯罪情狀甚輕，且有減輕之原因，原審判決僅處有期徒刑三年，其羈押期間又已與刑期相當，縱聲請人為該被告不利益而上訴，然將來審判結果所處之刑是否必較原刑為重，究不可知，原裁指定四百元金額之保證書，即不能謂為不當。

第 112 條（保證金之限制）

被告係犯專科罰金之罪者，指定之保證金額，不得逾罰金之最多額。

第 113 條（保釋之生效期）

許可停止羈押之聲請者，應於接受保證書或保證金後，停止羈押，將被告釋放。

第 114 條（駁回聲請停止羈押之限制）

羈押之被告，有下列情形之一者，如經具保聲請停止羈押，不得駁回：

一 所犯最重本刑為三年以下有期徒刑、拘役或專科罰金之罪者。但累犯、有犯罪之習慣、假釋中更犯罪或依第一百零一條之一第一項羈押者，不在此限。

二 懷胎五月以上或生產後二月未滿者。

三 現罹疾病，非保外治療顯難痊癒者。

□修正前條文

羈押之被告，有左列情形之一者，如經具保聲請停止羈押，不得駁回：

一 所犯最重本刑為三年以下有期徒刑、拘役或專科罰金之罪者。但累犯、常業犯、有犯罪之習慣、假釋中更犯罪或依第一百零一條之一第一項羈押者，不在此限。

二 懷胎五月以上或生產後二月未滿者。

三 現罹疾病，非保外治療顯難痊癒者。

■修正說明（109.01.15）

查刑法於九十四年一月七日業已刪除常業犯之規定，現實務上已無羈押常業犯之可能，爰予刪除。

第 115 條（責付停止羈押）

Ⅰ羈押之被告，得不命具保而責付於得為其輔佐人之人或該管區域內其他適當之人，停止羈押。

Ⅱ受責付者，應出具證書，載明如經傳喚應令被告隨時到場。

第 116 條（限制住居停止羈押）

羈押之被告，得不命具保而限制其住居，停止羈押。

□ 實務見解

▸73 年度第 4 次刑事庭會議決定（73.08.25）

限制被告出境，係執行限制住居方法之一種，案件在第三審上訴期間內或上訴中之被告，有無限制出境或繼續限制出境之必要，參照刑事訴訟法第一百二十一條第二項後段之規定，應由第二審法院決定之。

編按：此實務見解在新法增訂後，應不再援用。

▸101 台抗 473（裁定）

按羈押之被告，得不命具保而限制其住居，停止羈押，刑事訴訟法第一百十六條定有明文。**刑事訴訟法上為保全被告，依其情節輕重分別有羈**

押、具保、責付、限制住居等方式，限制出境亦屬限制住居之處分，係執行限制住居方法之一種。至有否限制出境之必要，事實審法院本有裁量之權。又限制住居及限制出境、出海僅在保全刑事偵查、審判、執行之順利進行，屬於刑事訴訟之保全程序，非為確定被告對於本案應否負擔罪責或科處刑罰之問題。故有關限制住居、出境、出海之事由是否具備，與限制住居、出境、出海必要性之審酌，毋須如同本案有罪判決應採嚴格證明法則，將所有犯罪事實證明至無合理懷疑之確信程度，僅須依自由證明法則，對前揭要件事實證明至使法院相信「很有可能如此」之程度即可。倘依卷內證據，被告犯罪嫌疑重大，有出境滯留他國不歸而逃亡之可能性存在，足以影響審判之進行或刑罰之執行，自得依法為必要之限制出境、出海強制處分，以確保被告到庭接受審判或執行。

第116條之1（相關規定之準用）
第一百十條第二項至第四項之規定，於前二條之責付、限制住居準用之。

第116條之2（許可停止羈押時應遵守之事項）

I 法院許可停止羈押時，經審酌人權保障及公共利益之均衡維護，認有必要者，得定相當期間，命被告應遵守下列事項：

一　定期向法院、檢察官或指定之機關報到。
二　不得對被害人、證人、鑑定人、辦理本案偵查、審判之公務員或其配偶、直系血親、三親等內之旁系血親、二親等內之姻親、家長、家屬之身體或財產實施危害、恐嚇、騷擾、接觸、跟蹤之行為。
三　因第一百十四條第三款之情形停止羈押者，除維持日常生活及職業所必需者外，未經法院或檢察官許可，不得從事與治療目的顯然無關之活動。
四　接受適當之科技設備監控。
五　未經法院或檢察官許可，不得離開住、居所或一定區域。
六　交付護照、旅行文件；法院亦得通知主管機關不予核發護照、旅行文件。
七　未經法院或檢察官許可，不得就特定財產為一定之處分。
八　其他經法院認為適當之事項。

II 前項各款規定，得依聲請或依職權變更、延長或撤銷之。

III 法院於審判中許可停止羈押者，得命被告於宣判期日到庭。

IV 違背法院依第一項或第三項所定應遵守之事項者，得逕行拘提。

V 第一項第四款科技設備監控之實施機關（構）、人員、方式及程序等事項之執行辦法，由司法院會同行政院定之。

□修正前條文

法院許可停止羈押時，得命被告應遵守下列事項：

一　定期向法院或檢察官報到。
二　不得對被害人、證人、鑑定人、辦理本案偵查、審判之公務員或其配偶、直系血親、三親等內之旁系血親、二親等內之姻親、家長、家屬之身體或財產實施危害或恐嚇之行為。
三　因第一百十四條第三款之情形停止羈押者，除維持日常生活及職業所必需者外，未經法院或檢察官許可，不得從事與治療目的顯然無關之活動。
四　其他經法院認為適當之事項。

■修正說明（108.07.17）

一、法院許可停止羈押時，所為命被告於相當期間應遵守一定事項之羈押替代處分，係干預人民基本權利之處分，自應審酌人權保障及公共利益之均衡維護，於認有必要時，妥適決定被告應遵守之事項及其效力期間。若檢察官依第九十三條第三項但書或第二百二十八條第四項逕命具保、責付、限制住居，或法院依第一百零一條之二逕命具保、責付、限制住居等情形，依第一百十七條之一第一項之規定，皆得準用本條之羈押替代處分，亦應併定相當期間，且同受比例原則所拘束，要屬當然。又本項命被告應遵守之事項，性質上既屬強化具保、責付、限制住居拘束力之羈押替代處分，屬於第四百零四條第一項第二款、第四百十六條第一項第一款「關於羈押、具保、責付、限制住居」之處分，得以依各該規定提起救濟。

二、第一項第一款增列「指定之機關」，以利彈性運用。

三、第一項第二款除禁止實施危害或恐嚇之行為外，依家庭暴力防治法第十四條第一項第二款，增訂不得對該等人員為騷擾、接觸、跟蹤等行為。

四、第一項第三款未予以修正；第一項第四款奶配合款次之增訂，故移列為第八款。

五、為防止未經羈押或停止羈押之被告，在偵查中或審判階段逃匿藉而規避刑責，況科技設備技術日新月異，為因應未來科技進步，有命對被告施以適當科技設備監控之必要，爰增訂第一項第四款。

六、命被告不得離開住、居所或一定之區域，而實施限制活動範圍，得配合第一項其他各款事項實施監控，既得有效監控被告行蹤，且能節省監控人力之耗費。

七、命被告交付已持有之本國或外國護照、旅行文件，或依護照條例第二十三條第一項第二款之規定，通知主管機關對被告不予核發護照或旅行文件，可有效防杜本國人或外國人在涉案時出境，增訂第一項第六款。

八、爲防杜被告取得逃匿所需之經濟來源，及切斷其經濟聯繫關係，自有禁止被告處分特定財產之必要。例如通知主管機關禁止辦理不動產移轉、變更登記，通知金融機構禁止提款、轉帳、付款、交付、轉讓或其他必要處分，爰增訂第一項第七款。又本款既係命被告遵守之羈押替代處分事項，自不妨礙民事或行政執行機關就該特定財產所爲拍賣等變價程序，及買受人憑權利移轉證書辦理所有權移轉登記，或繼承、徵收、法院之確定判決等其他非因法律行爲所生之權利移轉或變更，乃屬當然。

九、第一項第六款至第八款事項乃羈押之替代處分，與保全沒收、追徵之性質不同，自無第一百三十三條之一第一項規定之適用，附此敘明。

十、第一項第一款至第八款之羈押替代處分，難免有因情事變更，而有改命遵守事項、延長期間或撤銷之必要，爰增訂第二項，明定得依聲請或依職權變更、延長或撤銷之，以利彈性運用。至偵查中之羈押審查程序或審判中所爲羈押替代處分之變更、延長或撤銷，應由法院爲之；偵查中則由檢察官爲之，乃屬當然。

十一、法院於審判中許可停止羈押者，得命被告於宣判期日到庭，藉由未履行到庭義務者得逕行拘提或命再執行羈押之法律效果，確保後續程序順利進行，並達防杜被告逃匿之目的，爰增訂第三項。法院依本項命被告到庭時，應併告以前揭不到庭之法律效果，俾使知悉。至審判期日，法院本應依第二百七十一條第一項規定傳喚被告，且被告經合法傳喚無正當理由不到場者，得依第七十五條、第一百十七條第一項第一款之規定爲拘提或命再執行羈押，乃屬當然，自毋庸贅予明文。又法院於審判中依第一百零一條之二逕命具保、責付、限制住居之情形，依第一百十七條之一第一項之規定，亦準用本條第三項及第四項；而偵查中既無宣判程序，自無準用之餘地，併此敘明。

十二、本條第一項各款規定屬羈押替代處分，而第三項規定被告停止羈押或未受羈押時之到庭義務，如有違背法院依各該規定所定應遵守之事項者，當認已存有羈押之必要性，自宜得對違反者爲逕行拘提，以利法院、檢察官依本法第一百十七條、第一百十七條之一之規定，進行後續聲請羈押、羈押或再執行羈押之程序，爰增訂第四項。

十三、爲配合第一項第四款增設被告應遵守科技設備監控之羈押替代處分，爰參考性侵害犯罪防治法第二十條第八項之規定，增訂第五項，就相關執行辦法授權由司法院會同行政院定之，俾利實務運作。

第117條（再執行羈押之事由）

I 停止羈押後有下列情形之一者，得命再執行羈押：

一　經合法傳喚無正當之理由不到場者。

二　受住居之限制而違背者。

三　本案新發生第一百零一條第一項、第一百零一條之一第一項各款所定情形之一者。

四　違背法院依前條所定應遵守之事項者。

五　依第一百零一條第一項第三款羈押之被告，因第一百十四條第三款之情形停止羈押後，其停止羈押之原因已消滅，而仍有羈押之必要者。

II 偵查中有前項情形之一者，由檢察官聲請法院行之。

III 再執行羈押之期間，應與停止羈押前已經過之期間合併計算。

IV 法院依第一項之規定命再執行羈押時，準用第一百零三條第一項之規定。

□修正前條文

I 停止羈押後有下列情形之一者，得命再執行羈押：

一　經合法傳喚無正當之理由不到場者。

二　受住居之限制而違背者。

三　本案新發生第一百零一條第一項、第一百零一條之一第一項各款所定情形之一者。

四　違背法院依前條所定應遵守之事項者。

五　所犯爲死刑、無期徒刑或最輕本刑爲五年以上有期徒刑之罪，被告因第一百十四條第三款之情形停止羈押後，其停止羈押之原因已消滅，而仍有羈押之必要者。

II 偵查中有前項情形之一者，由檢察官聲請法院行之。

III 再執行羈押之期間，應與停止羈押前已經過之期間合併計算。

IV 法院依第一項之規定命再執行羈押時，準用第一百零三條第一項之規定。

■**修正說明**（108.07.17）

一、依釋字第六六五號解釋及第一百零一條第一項第三款之規定，修正第一項第五款得再執行羈押之規定。

二、第二項至第四項未修正。

❒ **實務見解**

▶**95 台抗 457**（**裁定**）

按被告停止羈押後，有刑事訴訟法第一百十七條第一項各款情事者，得命再執行羈押，本件抗告人涉嫌強盜罪嫌，第一審曾於八十七年九月二十四日准予具保停止羈押，有抗告人具保責付辦理程序單可憑。是原審於訊問抗告人後，認其有必要而執行羈押，乃係停止羈押後，再執行羈押。然該筆錄內雖有記載審判長諭知抗告人有刑事訴訟法第一百零一條第一項第三款及第一百零一條之一第一項情形，抗告人羈押期間自另案執行期滿日期起，執行羈押，惟原審法院九十五年九月二十二日羈押裁定補具書面理由則認抗告人犯強盜罪罪嫌重大，審閱檢察官移送併辦卷證結果，難認抗告人係偶發性犯罪，如不予羈押，顯難確保審判之進行或將來刑之執行，且甚有羈押之必要。

第 117 條之 1（**逕命具保責付限制住居**）

I 前二條之規定，於檢察官依第九十三條第三項但書或第二百二十八條第四項逕命具保、責付、限制住居，或法院依第一百零一條之二逕命具保、責付、限制住居之情形，準用之。

II 法院依前項規定羈押被告時，適用第一百零一條、第一百零一條之一之規定。檢察官聲請法院羈押被告時，適用第九十三條第二項之規定。

III 因第一項之規定執行羈押者，免除具保之責任。

□**修正前條文**

I 前二條之規定，於檢察官依第九十三條第三項但書或第二百二十八條第三項逕命具保、責付、限制住居，或法院依第一百零一條之二逕命具保、責付、限制住居之情形，準用之。

II 法院依前項規定羈押被告時，適用第一百零一條、第一百零一條之一之規定。檢察官聲請法院羈押被告時，適用第九十三條第二項之規定。

III 因第一項之規定執行羈押者，免除具保之責任。

■**修正說明**（92.02.06）

一、配合本法於民國九十年一月十二日修正第二百二十八條而修正本條相關項次。

二、第二項、第三項未修正。

第 118 條（**具保人責任**）

I 具保之被告逃匿者，應命具保人繳納指定之保證金額，並沒入之。不繳納者，強制執行。保證金已繳納者，沒入之。

II 前項規定，於檢察官依第九十三條第三項但書及第二百二十八條第四項命具保者，準用之。

□**修正前條文**

I 具保之被告逃匿者，應命具保人繳納指定之保證金額，並沒入之。不繳納者，強制執行。保證金已繳納者，沒入之。

II 前項規定，於檢察官依第九十三條第三項但書及第二百二十八條第三項命具保者，準用之。

■**修正說明**（92.02.06）

一、配合本法於民國九十年一月十二日修正第二百二十八條而修正本條相關項次。

二、第一項未修正。

第 119 條（**免除具保責任與退保**）

I 撤銷羈押、再執行羈押、受不起訴處分、有罪判決確定而入監執行或因裁判而致羈押之效力消滅者，免除具保之責任。

II 被告及具保證書或繳納保證金之第三人，得聲請退保，法院或檢察官得准其退保。但另有規定者，依其規定。

III 免除具保之責任或經退保者，應將保證書註銷或將未沒入之保證金發還。

IV 前三項規定，於受責付者準用之。

□**修正前條文**

I 撤銷羈押、再執行羈押、受不起訴處分或因裁判而致羈押之效力消滅者，免除具保之責任。

II 具保證書或繳納保證金之第三人，將被告預備逃匿情形，於得以防止之際報告法院、檢察官或司法警察官而聲請退保者，法院或檢察官得准其退保。但另有規定者，依其規定。

III 免除具保之責任或經退保者，應將保證書註銷或將未沒入之保證金發還。

IV 前三項規定，於受責付者準用之。

■**修正說明**（103.01.10）

一、因裁判而致羈押之效力消滅者，包括經諭知無罪、免訴、免刑、緩刑、罰金、易以訓誡或不受理之判決，即第三百十六條所列之擬制撤銷羈押之原因，凡經發生此等免除具保責任之事由者，具保人即不再負保證之責。有罪判決確定而入監執行者，並非第三百十六條所列舉之情形，基於具保目的在保全審判之進行及刑罰之執行，被告於本案有罪判決確定而依法入監執行時，因已無保全刑罰執行之問題，具保原因已消滅，自應免除具保責任，另他案有無具保之必要，檢察官或法院應另行審酌，爰修正原條文第一項，以求周全。

二、基於具保為羈押之替代處分，以財產權之具保處分替代人身自由之羈押處分應屬被告之權利，於受准許具保停止羈押之裁定後，被告本得自由選擇是否接受，於具保停止羈押後，倘因個人因素或其他考量（例如家庭因素、財務因素等），被告無力負擔具保金或面臨具保金之返還義務，被告亦應得選擇退保而接受羈押之處分，爰修正原條文第二項。

第119條之1（刑事保證金之存管、計息及發還作業辦法）

I 以現金繳納保證金具保者，保證金應給付利息，並於依前條第三項規定發還時，實收利息併發還之。其應受發還人所在不明，或因其他事故不能發還者，法院或檢察官應公告之；自公告之日起滿十年，無人聲請發還者，歸屬國庫。

II 依第一百十八條規定沒入保證金時，實收利息併沒入之。

III 刑事保證金存管、計息及發還作業辦法，由司法院會同行政院定之。

■增訂說明（103.05.30）

一、本條新增。

二、刑事保證金，係具保人為被告免予或停止羈押之目的而繳納，具保人繳納後，在未經依法沒入前，國家委由代理國庫之銀行加以保管，保證金仍屬具保人所有，於代理國庫之銀行保管期間，自得生有利息，且屬具保人所有，參照提存法第十二條之立法例，該保證金自應給付利息。於發還保證金時，應連同實收利息一併發還。惟應受發還人所在不明或因其他事故不能發還時，其通知之程序及歸屬，應明文規定，以杜爭議，爰增訂第一項。

三、具保乃為確保被告不致逃匿，若具保之被告逃匿而予以沒保，自不宜因代理國庫支付之利息而獲有利得，明定實收利息併沒入之，方符事理之平，爰增訂列為第二項。

四、偵查中經檢察官命具保而繳納之刑事保證金，係由各檢察機關依「檢察機關財務收支處理要點」之規定暫收並存放於國庫保管，有關開立機關專戶計息之細節，則涉及財政部主管之公庫法、國庫法、「財政部委託中央銀行代理國庫契約」及「中央銀行委託金融機構辦理國庫事務要點」等相關法令之規定，宜由司法院會同本部、財政部、中央銀行及行政院主計總處等行政院所屬機關就刑事保證金之存管、計息及發還等等細節性事項共同研商訂定法規命令供各法院及檢察機關共同遵循，爰增訂第三項「刑事保證金存管、計息及發還作業辦法，由司法院會同行政院定之。」。

第120條（刪除）

第121條（有關羈押各項處分之裁定或命令機關）

I 第一百零七條第一項之撤銷羈押、第一百零九條之命具保、責付或限制住居、第一百十條第一項、第一百十五條及第一百十六條之停止羈押、第一百十六條之二第二項之變更、延長或撤銷、第一百十八條第一項之沒入保證金、第一百十九條第二項之退保，以法院之裁定行之。

II 案件在第三審上訴中，而卷宗及證物已送交該法院者，前項處分、羈押、其他關於羈押事項及第九十三條之二至第九十三條之五關於限制出境、出海之處分，由第二審法院裁定之。

III 第二審法院於為前項裁定前，得向第三審法院調取卷宗及證物。

IV 檢察官依第一百十七條之一第一項之變更、延長或撤銷被告應遵守事項、第一百十八條第二項之沒入保證金、第一百十九條第二項之退保及第九十三條第三項但書、第二百二十八條第四項命具保、責付或限制住居，於偵查中以檢察官之命令行之。

□修正前條文

I 第一百零七條第一項之撤銷羈押、第一百零九條之命具保、責付或限制住居、第一百十條第一項、第一百十五條及第一百十六條之停止羈押、第一百十六條之二第二項之變更、延長或撤銷、第一百十八條第一項之沒入保證金、第一百十九條第二項之退保，以法院之裁定行之。

II 案件在第三審上訴中，而卷宗及證物已送交該法院者，前項處分、羈押及其他關於羈押事項之處分，由第二審法院裁定之。

III第二審法院於為前項裁定前，得向第三審法院調取卷宗及證物。

IV檢察官依第一百十七條之一第一項之變更、延長或撤銷被告應遵守事項、第一百十八條第二項之沒入保證金、第一百十九條第二項之退保及第九十三條第三項但書、第二百二十八條第四項命具保、責付或限制住居，於偵查中以檢察官之命令行之。

修正說明（109.01.15）

一、原條文第二項所稱「其他關於羈押事項之處分」，固包括第九十三條之六羈押替代處分類型之限制出境、出海，惟適用上可否及於第九十三條之二至第九十三條之五關於逕行限制出境、出海之處分，不無疑義，爰修正本項而予以明文規範，俾期周妥。

二、第一項、第三項及第四項未修正。

□ 實務見解

▶95 年度第 3 次刑事庭會議決議（95.03.14）

一、刑事訴訟法第一百零一條第一項規定：「被告經法官訊問後，認為犯罪嫌疑重大，而有左列情形之一，非予羈押，顯難進行追訴、審判或執行者，得羈押之」、第一百零一條之一第一項規定：「被告經法官訊問後，認為犯左列各款之罪，其嫌疑重大，有事實足認為有反覆實施同一犯罪之虞，而有羈押之必要者，得羈押之」。惟第三審為法律審，不為事實之調查。被告是否有羈押之原因及必要，自應由事實審調查審認。被告如經事實審調查訊問，認有羈押之原因及必要而予羈押。上訴第三審後，為免違背第三審為法律審之原則，並探究同法第一百二十一條第二項、第三項、第三百六十三條第二項、第三百八十五條之立法精神，第三審法院就第二審已羈押之被告接續羈押，應免經訊問之程序，此為法律之當然解釋。

二、基於前項理由，刑事訴訟法第一百零八條第一項之延長羈押裁定，第三審僅依卷內資料而為審酌，亦免經訊問程序。

三、刑事訴訟法第一百零八條第三項已明定審判中之羈押期間，自卷宗及證物送交法院之日起算。至於同條第四項所定「羈押期間自簽發押票之日起算」，係另一問題，第三審羈押期間之起算既已有起算基準之規定，雖同法第一百零二條與舊法同有「羈押被告，應用押票」之規定，惟第三審既不另為訊問及調查是否有羈押之原因及必要，而係承接第二審之羈押而接續羈押，自可參照同法第一百二十一條第二項、第三項之立法精神，依舊法之例毋庸另發押票，由本院依往例自卷證收受後，以接續羈押函件函知原審法院、監所及羈押中之被告。

四、本院審判中，如被告羈押期間屆滿原審法院判決之刑期者，仍依舊法之例應於事前以函件或傳真通知原審法院屆時撤銷羈押。

五、關於被告另案在押，因羈押原因消滅，不能再執行羈押，而本案如已上訴，卷證並已送交第三審，按諸案件經第二審（或終審）判決後狹義之訴訟繫屬已脫離該審，固不得就該案件本身再作何裁判，但與該案件相關事項，在必要之範圍內，仍非不得為必要之訊問或處分。此觀乎刑事訴訟法第一百零八條第三項、第一百二十一條第二項、第三項之規定自明。案件雖經原審判決，但廣義之訴訟繫屬仍未完全脫離，原審就該案件相關事項仍有必要之處分權。如被告另案在押，其羈押之原因消滅，不能再執行羈押，而本案欲予羈押，就本案而言，係屬第一次羈押，與被告原由原審羈押，上訴第三審後始由第三審接續羈押之情形不同。依法應先經訊問，以確認被告身分，並調查有無羈押之原因及必要。惟因第三審基於法律審之性質，無從為訊問及事實之調查。參照刑事訴訟法第一百零八條第三項、第一百二十一條第二項、第三項之規定及前開說明，應由本院函知原審法院訊問調查有無羈押之原因及必要，如認為應予羈押，即簽發押票羈押，同時函覆本院自同日起接押，並副知監所及被告。至於原在原審羈押中之被告，被借提執行，期滿解還時，其羈押之程序，亦同。

編按：

本則決議於民國 96 年 12 月 3 日嗣經最高法院 96 年度第 18 次刑事庭庭長會議決議與第 121 條第 2 項不符部分不再供參考。

▶99 台抗 847（裁定）

倘貪污之被告，為避免不法所得財物，將來被追徵、追繳，或以其財產抵償。在案件偵、審中，對其所有財產積極進行變賣、隱匿時，如因案件已上訴第三審，而法律上竟對其財產無法立即保全，任令其變賣脫產或隱匿，洵非立法本意。上開有關涉及人身自由之羈押、剝奪人民財產權之沒入保證金等事項，於案件第三審上訴中，既應由第二審法院裁定。**則該項為保全貪污被告不法所得財物之追繳、價額之追徵或財產之抵償，其酌量扣押被告財產之裁定**，自亦應**類推適用**刑事訴訟法第一百二十一條第二項之規定，於案件在第三審上訴中，由第二審法院裁定，始符合立法本旨。

▶ 98 台抗 246（裁定）

刑事訴訟第一百二十一條第二項規定：「案件在第三審上訴中，而卷宗及證物已送交該法院者，前項處分、羈押及其他關於羈押事項之處分，由第二審法院裁定之。」**是有關被告在押案件上訴第三審法院，而卷宗及證物已送交者，該案件之人犯羈押、撤銷羈押、停止羈押、延長羈押、命具保、責付或限制住居等強制處分**，均應由第二審法院裁定之。

第十一章　搜索及扣押

第 122 條（搜索之客體）

Ⅰ對於被告或犯罪嫌疑人之身體、物件、電磁紀錄及住宅或其他處所，必要時得搜索之。

Ⅱ對於第三人之身體、物件、電磁紀錄及住宅或其他處所，以有相當理由可信為被告或犯罪嫌疑人或應扣押之物或電磁紀錄存在時為限，得搜索之。

❖ 法學概念

搜索權發動之門檻

搜索不限於被告、犯罪嫌疑人，尚包括對於第三人之搜索。本法第 122 條第 1 項與第 2 項規定之對象有所不同。就法條文義觀之，第 1 項以「必要」為要件之一，第 2 項則以有「相當理由」為要件之一，兩者在法院審查核發搜索票時，在客觀證據的質與量應有程度上的不同，在此程序上自有不同的利益權衡之考量，應視具體個案而定之。

【陳宏毅、林朝雲，《刑事訴訟法新理論與實務》，五南，初版，2015.02，162 頁。】

❖ 法學概念

電磁紀錄的強制處分

有別於傳統的搜索扣押，電磁紀錄的搜索扣押應是以二階段搜索模式進行。亦即，當偵查機關所欲取得的是電磁紀錄時，整個程序會與傳統的搜索扣押不同，偵查機關會以二階段搜索模式執行強制處分。在此種搜索模式，第一階段為進入特定處所搜尋並扣押電磁紀錄之載體（物理性搜索扣押），再於（第二階段）搜索現場以外之處，以偵查機關的設備，依電腦鑑識的程序，搜尋載體內有無所需之電磁紀錄。

由於電腦鑑識已相對構成隱私權益的侵害，所以其應屬實質意義的搜索，而應與傳統搜索扣押受到相同密度的規範。學者建議，應由中立客觀的法院審查有無進行電腦鑑識的相當理由，再者，依據「特定明確原則」的要求，令狀上也應具體記載執法官員應取得資訊，以保障人民的隱私。

【李榮耕，〈電磁紀錄的搜索及扣押〉，《國立臺灣大學法學論叢》，第 41 卷第 3 期，2012.09，1060 頁以下。】

❖ 法學概念

線上搜索

德國學說上對此一定義迄今仍未有一致之見解。如依德國內政部官方說法，「線上搜索」係指國家隱密侵入他人網路通訊之資訊系統。德國聯邦政府亦曾如此描述「線上搜索」：即不必在電腦旁邊，亦可搜索遠處之電腦以探知其電腦內容。我國學者認為，「線上搜索」應該包含四個要素：㈠國家機關之行為；㈡秘密侵入私人資訊系統；㈢以科技方式侵入；㈣擷取得作為證據之資訊。

德國學說對此多否認其合法性，理由是該國刑事訴訟法並無授權「線上搜索」之合法依據，除非立法解決。而法院判決亦認定其無論依通訊監察處分規定或依搜索扣押處分規定皆屬不合法後，學說及實務對此大致已無異論。

【何賴傑，〈論德國刑事程序「線上搜索」與涉及電子郵件之強制處分〉，《月旦法學雜誌》，第 208 期，2012.09，231 頁以下。】

第 123 條（對搜索婦女之限制）

搜索婦女之身體，應命婦女行之。但不能由婦女行之者，不在此限。

第 124 條（搜索之應注意事項）

搜索應保守秘密，並應注意受搜索人之名譽。

第 125 條（證明書之付與）

經搜索而未發見應扣押之物者，應付與證明書於受搜索人。

第 126 條（對公務員所持公文書之搜索）

政府機關或公務員所持有或保管之文書及其他物件應扣押者，應請求交付。但於必要時得搜索之。

第 127 條（對軍事處所之搜索限制）

Ⅰ軍事上應秘密之處所，非得該管長官之允許，不得搜索。

Ⅱ前項情形，除有妨害國家重大利益者外，不得拒絕。

第 128 條（搜索之程式）

Ⅰ搜索，應用搜索票。

II 搜索票，應記載下列事項：
　一　案由。
　二　應搜索之被告、犯罪嫌疑人或應扣押之物。但被告或犯罪嫌疑人不明時，得不予記載。
　三　應加搜索之處所、身體、物件或電磁紀錄。
　四　有效期間，逾期不得執行搜索及搜索後應將搜索票交還之意旨。
III 搜索票，由法官簽名。法官並得於搜索票上，對執行人員為適當之指示。
IV 核發搜索票之程序，不公開之。

❖ 法學概念

附帶搜索

要式與不要式搜索之區別：

- 有令狀（要式）搜索（§128、§128-1），出示搜索票（§145）
- 無令狀（不要式）搜索
  - 附帶搜索（§130）
  - 逕行（緊急）搜索（§131）
    - 搜索犯嫌（§131 I）
    - 搜索證物（§131 II）

【陳宏毅、林朝雲，《刑事訴訟法新理論與實務》，五南，初版，2015.02，165 頁。】

❒ 實務見解

▶100 台上 5065（判決）

刑事訴訟法第一百二十八條第二項明文列舉搜索票法定必要之應記載事項，此據以規範搜索票之應記載事項者，即學理上所謂「概括搜索票禁止原則」。其第二款「應扣押之物」，必須事先加以合理的具體特定與明示，方符明確界定搜索之對象與範圍之要求，以避免搜索扣押被濫用，而違反一般性（或稱釣魚式）搜索之禁止原則。所謂應扣押之物，參照同法第一百三十三條第一項規定，指可為證據或得沒收之物。搜索票上之「應扣押之物」應為如何記載，始符合理明確性之要求，參酌外國實務（日本最高裁判所昭和三十三年七月二十九日裁定，就偽造文書案件應扣押之物記載為「會議議事錄、爭議日記、指令、通告類、聯絡文書、報告書、摘要文書、其他認為與本案有關之一切文書及物件」，認為並未欠缺明確性），自不以在該犯罪類型案件中有事實足認其存有者為限，尚及於一般經驗法則或邏輯推理上可得以推衍其存有之物；是檢察官聲請書之記載如欠缺明確性，法院應先命補正。搜索票應記載之事項如失之空泛，或祇為概括性之記載，違反合理明確性之要求，其應受如何之法律評價，是否導致搜索所得之證據不具證據能力之效果，應依刑事訴訟法第一百五十八條之四之規定，視個案情節而為權衡審酌判斷之。本件第一審法院所核發之搜索票，其應扣押之物欄僅載為「有關犯罪贓證物及犯罪所得之物」（見第八一五二號偵查卷第九二頁），核其記載失之空泛，是否符合明確性之要求，司法警察據以執行搜索所扣得如原判決附表一之物，得否為證據，均非無疑。原判決悉未深入研求，詳為說明，遽採為判斷之依據，自屬理由欠備，併有採證違反證據法則之違法。

第 128 條之 1（搜索票聲請之主體）

I 偵查中檢察官認有搜索之必要者，除第一百三十一條第二項所定情形外，應以書面記載前條第二項各款之事項，並敘述理由，聲請該管法院核發搜索票。
II 司法警察官因調查犯罪嫌疑人犯罪情形及蒐集證據，認有搜索之必要時，得依前項規定，報請檢察官許可後，向該管法院聲請核發搜索票。
III 前二項之聲請經法院駁回者，不得聲明不服。

❖ 法學概念

偵查法官

依法院組織法第 14 條之 1：「地方法院與高等法院分設刑事強制處分庭，辦理偵查中強制處分聲請案件之審核。但司法院得視法院員額及事務繁簡，指定不設刑事強制處分庭之法院。承辦前項案件之法官，不得辦理同一案件之審判事務。前二項之規定，自中華民國一百零六年一月一日施行。」

本條第 1 項立法目的係為貫徹保全扣押及其他刑事訴訟上重大強制處分採取「法官保留原則」之趨勢與要求，兼顧審查之時效性（如通訊監察應於二十四小時內核復，保全扣押則更具急迫性）與專業性，刑事法院應由專業相當的法官組成強制處分審查專庭，以因應日益繁重且需即時核復的司法審查業務之需求。

本條第 2 項為維護法官之中立性要求，貫徹公平審判之法官迴避制度的本旨，強制處分審查法官不應同時或隨後擔任本案審理之法官。

所謂強制處分審查法官，乃係仿自德國「偵查法官」（Der Ermittlungsrichter）的制度而來，依德國刑事訴訟法第 162、169 條地區法院及聯邦高等法院皆有此職位之設置，專責審理「檢察官」（Die Staatsanwaltschaft）欲在偵查程序中行使原屬於法官保留的各項措施是否合法妥當（例如押票的核發、證人宣誓訊問等）。之所以要求其後不能參與本案審判，是因其已先一步接觸到卷證、犯嫌，恐已對本案預斷。

【Kral/Eausch, Strafverfahrensrecht, 20. Aufl., 2013, S. 22.】

❒ 實務見解

▶99 台上 1398（判決）

查本件第一審檢察官簽發拘票，命逕行拘提上訴人，依檢察官於民國九十八年一月二十日簽分偵案之簽呈所載，似係以台灣雲林地方法院檢察署九十七年度他字第四九七號毒品危害防制條例案件，資爲依據。惟遍查本案全部卷證，並無所謂他字案卷之存在，其是否具備逕行拘提之法定事由，即有疑義。**拘提乃「對人的強制處分」，與搜索、扣押之「對物的強制處分」，迴不相同。檢察官偵查中，如須實施搜索、扣押，依法必先取得法官核發之搜索票，否則，須有刑事訴訟法第一百三十一條緊急或急迫情況，其搜索、扣押始告適法。故如容許司法警察（官）執檢察官簽發之拘票（對人的強制處分）以實施搜索、扣押（對物的強制處分），無異鼓勵「假拘提之名而行搜索、扣押之實」，以規避法院就搜索、扣押之合法性審查。本件偵查程序中，司法警察（官）係執有檢察官簽發之拘票，非法院核發之搜索票，**且既已拘提上訴人到案，能否認有情況緊急而得逕行搜索、扣押之相當理由，其合法性，甚有疑義。

第 128 條之 2（執行搜索之主體）

Ⅰ搜索，除由法官或檢察官親自實施外，由檢察事務官、司法警察官或司法警察執行。

Ⅱ檢察事務官爲執行搜索，必要時，得請求司法警察官或司法警察輔助。

第 129 條（刪除）

第 130 條（附帶搜索）

檢察官、檢察事務官、司法警察官或司法警察逮捕被告、犯罪嫌疑人或執行拘提、羈押時，雖無搜索票，得逕行搜索其身體、隨身攜帶之物件、所使用之交通工具及其立即可觸及之處所。

❖ 法學概念

附帶搜索（拘捕等前提下之附帶搜索）

本法第 130 條規定之立法目的**在保護檢警的人身安全，防止被告或犯罪嫌疑人自殘，立即發現犯罪的證據或可供沒收之物**，此際其搜索的急迫性在程度上應強於要式搜索，亦即，附帶搜索與逮捕的行爲，時間上要同時或接近，具有時間密接性，始爲合法。反之，要是逾越了這個範圍，即構成違法搜索，應該依同法第 158 條之 4 判斷其證據能力。

換言之，應該在拘捕後即時爲之。如果已經距離拘捕有一段時間，檢警就不得再爲附帶搜索。蓋既已經過了拘捕後的一段時間，也就難以想像還存在有這樣的必要。此際，很可能根本不存有武器或證據（要不早就以該武器攻擊檢警），或是證物早已湮滅殆盡了。例如，2009 年曾發生一名賴姓員警逮捕戴姓通緝犯，因其態度非常配合，竟未予搜身，即讓戴嫌坐進警車後座，且未將其雙手銬在後座橫式不鏽鋼鐵條上，另名鄭姓員警則騎機車在後方戒護。然而就在派出所前停妥警車之際，戴嫌突然拿出預藏的水果刀猛刺前座的賴姓員警 10 多刀致死。此事件員警雖然同時違反上銬及雙人押解等標準作業程序，但其最致命的因素仍在於員警未於逮捕之瞬間迅速附帶搜索，蓋上銬仍有解銬之時，即時附帶搜索方能保障執法人員生命安全。

至於其搜索之範圍界限並非無任何限制，學說上認爲，附帶搜索之範圍可及於使用之交通工具部分，與附帶搜索隨身攜帶物件之情形相同，**倘無任何安全上之明顯的危險狀況存在，應不得對使用之交通工具爲無令狀之附帶搜索**，否則有逃避應受司法審查之疑慮。本書認爲，檢警的人身安全才是附帶搜索之主要目的，保全證據只是附隨效果，如此解釋才能避免附帶搜索被無限擴張，而使無令狀搜索的例外規定變相爲原則。

【黃朝義，《犯罪偵查論》，漢興，初版，2004.03，185 頁；李榮耕，〈附帶搜索及其要件〉，《月旦法學雜誌》，第 243 期，2015.07，127 頁以下；黃朝義，《概說警察刑事訴訟法》，新學林，初版，2015.09，169 頁以下。】

本書認爲，所謂「身體、隨身攜帶之物件、所使用之交通工具」係**「例示規定」**，執行人員應以被搜索人「立即可觸及」危險物之範圍爲界限，若所使用之交通工具並非被搜索人「立即可觸及」者，則不得超過此範圍或任意使用強制力，以免侵害到基本人權。而目前實務上，適用本條之範圍也有限縮，如係針對受搜索人之住居所或所使用之公共交通工具爲之者，不能對整棟樓房或整列火車、整架飛機、整艘輪船執行附帶搜索。

而何謂「立即可觸及」？可以參考學者提出的「臂長之距」法則，也就是以被拘提或逮捕之人**臂長之範圍**認定可觸及之處所。

【檢察機關實施搜索扣押應行注意事項第 16 點；王兆鵬、張明偉、李榮耕，《刑事訴訟法（上）》，新學林，四版，2018.09，233 頁。】

❖ 法學概念

保護性掃視（protective sweep）

依美國聯邦最高法院之見解，執法人員在嫌疑犯家中爲逮捕時，執法人員處於嫌疑犯「勢力範圍」之劣勢，嫌疑犯之共犯、親人、朋友可能攻擊執法人員，**執法人員爲保護自己免受攻擊，得查看是否有危險人物存在。而此種「查看」行爲，稱之爲「保護性掃視」。**

美國聯邦最高法院將得爲保護性掃視的情形分爲二：㈠**與逮捕場所「緊密相連」，執法人員**

不需要有「相當理由」或「合理懷疑」，得自動地爲保護性掃視。㈡若在「緊密相連」範圍以外的地方，執法人員必須「合理懷疑」某處可能藏有危險人物時，始能爲保護性掃視。

至於所謂「緊密相連」的地方，係指其範圍應較「立即控制」的範圍爲廣。執法人員只能作「掃視」的搜索，也就是只能以眼睛查看，且因爲查看的目標爲危險人物，執法人員只能查看能容納人的地方，對不可能藏有人的地方（如抽屜），不得爲保護性掃視。

【王兆鵬、張明偉、李榮耕，《刑事訴訟法（上）》，新學林，四版，2018.09，265 頁以下。】

❑ 實務見解

▶98 台上 310（判決）

本件警員搜索既非逮捕、拘提、羈押上訴人時之附帶搜索，亦非本於上訴人之同意而搜索，更不符合緊急搜索之要件，搜索程序顯非適法，業經原審認定無誤。**而上訴人於案發時並未持槍在身，復無任何緊急或不得已之情形，認非立即搜索將致生公衆於嚴重實害或危險，亦無再有犯罪行爲或疑似犯罪之舉動**，且上訴人所涉槍砲彈藥刀械管制條例第八條第四項之罪，乃三年以上十年以下之重罪，偵辦及搜索程序應更爲謹愼，方得謂業已兼顧涉案當事人之基本人權保障。本件違反無令狀搜索之法定程序情節重大，上訴人犯罪所生之危險或實害亦屬輕微，警員因此而取得之證據即扣案之改造金屬玩具手槍，應無證據能力。原判決逕認本件警員違背法定程序情節尙輕，對上訴人權益侵害亦屬輕微，上訴人犯罪所生危險甚重，依刑事訴訟法第一百五十八條之四權衡結果，認有證據能力，自有違背證據法則、適用法則不當等違法云云。惟查：除法律另有規定外，實施刑事訴訟程序之公務員因違背法定程序取得之證據，其有無證據能力之認定，應審酌人權保障及公共利益之均衡維護，刑事訴訟法第一百五十八條之四定有明文。原判決已說明本件警員係接獲勤務中心通報車禍現場有人持械打架，要求處理警員注意安全。迨警員到場後，見上訴人自小客車內置有一把獵刀，警員乃進入車內搜索，並在車內發現扣案之改造金屬玩具手槍，乃即行扣押，同時逮捕上訴人。而上訴人當時已屬持有刀械可疑爲犯罪人之情形，警員依法得加以逮捕，警員卻未依刑事訴訟法之附帶搜索規定，先依法逮捕上訴人後，再對上訴人自小客車進行搜索，所爲搜索與同意搜索、附帶搜索或緊急搜索要件均不相符。

❖ 學者評釋

按搜索的目的在於發現應逮捕之人與犯罪證據原則上必須有搜索票才能爲之，例外在急迫情形下才無需申請搜索票，附帶搜索即屬之。**立法者允許對於受逮捕、拘提或羈押者爲附帶搜索，目的是維護執法者的人身安全與防止湮滅證據。依刑事訴訟法第 130 條規定，附帶搜索必須發生在司法人員爲逮捕、拘提或羈押時，甚至主張應先有逮捕等行爲，方有附帶搜索可言。**

有部分學者主張，對於逮捕行爲也應有如刑事訴訟法第 95 條一樣，執行逮捕之偵查機關有告知義務，此告知義務有助於判斷執行機關所實施者是否爲逮捕，同時也可以保障被逮捕人之權利。但黃惠婷教授認爲，因爲逮捕的對象不是刑事被告，就是犯罪嫌疑人，二者會因其涉嫌的犯罪類型或人格特質而有不同程度的危險性，警察執行逮捕，有時只要表明身分與來意並出示相關證件，即能順利完成，此時不具有施以強制力的必要，即警察不必然一定得施以客觀可見的逮捕動作，例如先上手銬或抓住手臂等。警察倘若不先發制人，勢必難以順利逮捕，甚至具有危險性，尤其是對現行犯的逮捕或施以緊急逮捕的情形，這時的逮捕具有急迫性與立即性，客觀上會有明顯的逮捕動作。但如果依部分學者所言，逮捕前課以如刑事訴訟法第 95 條告知義務，在實務運作上不僅不可行，且在論理上亦可議。

警察在（準）現行犯的現場應何時或如何讓人知悉其爲逮捕，甚至何者才是有效逮捕，應由執行人員秉持刑事經驗依具體個案而定，因爲犯罪現場常存有不可測的突發狀況，只要客觀存有得逮捕的情形，執行人員也知悉此情形，基於附帶搜索的兩大規範目的所爲的附帶搜索，不因事先未有明顯的逮捕動作而違法，蓋在得以逮捕情形下，如何執行逮捕與查證，應屬警察的裁量權。**本件上訴人是準現行犯，在得以逮捕情形下，如何執行逮捕與查證，應屬警察的裁量權。而非如判決見解，警察的違法搜索係因爲未當場施以可見或可知的逮捕。**

亦即，**警察的違法搜索係因上訴人已離開小客車，以附帶搜索之名搜索汽車不符合附帶搜索客體與範圍的立即可支配原則之規範目的。**

【黃惠婷，〈附帶搜索——評最高法院 98 年度臺上字第 310 號〉，《刑事法雜誌》，第 57 卷第 2 期，2013.04，92 頁以下。】

第 131 條（緊急搜索）

Ⅰ有左列情形之一者，檢察官、檢察事務官、司法警察官或司法警察，雖無搜索票，得逕行搜索住宅或其他處所：

一　因逮捕被告、犯罪嫌疑人或執行拘提、羈押，有事實足認被告或犯罪嫌疑人確實在內者。

二　因追躡現行犯或逮捕脫逃人，有事實足認現行犯或脫逃人確實在內者。

三　有明顯事實足信爲有人在內犯罪而情形急

迫者。

II檢察官於偵查中確有相當理由認爲情況急迫，非迅速搜索，二十四小時內證據有僞造、變造、湮滅或隱匿之虞者，得逕行搜索，或指揮檢察事務官、司法警察官或司法警察執行搜索，並層報檢察長。

III前二項搜索，由檢察官爲之者，應於實施後三日內陳報該管法院；由檢察事務官、司法警察官或司法警察爲之者，應於執行後三日內報告該管檢察署檢察官及法院。法院認爲不應准許者，應於五日內撤銷之。

IV第一項、第二項之搜索執行後未陳報該管法院或經法院撤銷者，審判時法院得宣告所扣得之物，不得作爲證據。

□修正前條文

I有下列情形之一者，檢察官、檢察事務官、司法警察官或司法警察，雖無搜索票，得逕行搜索住宅或其他處所：

一　因逮捕被告、犯罪嫌疑人或執行拘提、羈押者。

二　因追躡現行犯或逮捕脫逃人者。

三　有事實足信爲有人在內犯罪而情形急迫者。

II檢察官於偵查中有相當理由認爲情況急迫，非迅速搜索，證據有僞造、變造、湮滅或隱匿之虞者，得逕行搜索，或指揮檢察事務官、司法警察官或司法警察執行搜索。

III前二項搜索，由檢察官爲之者，應於實施後三日內陳報該管法院；由檢察事務官、司法警察官或司法警察爲之者，應於執行後三日內報告該管檢察署檢察官及法院。法院認爲不應准許者，得於三日內撤銷之。

■修正説明（91.02.08）

一、第一項第一款、第二款之逕行搜索，是否具有急迫性及必要性，於實施前，自應依客觀之事實判斷，足認犯罪嫌疑人或被告確實在其內，始得爲之，以避免不必要之廣泛式、地毯式搜索，爰於第一項第一款、第二款之條文增訂「有事實足認…確實在內者」之文字，以資明確。

二、第一項第三款有人在內犯罪而情形急迫之逕行搜索，爲避免濫用，應限於有明顯事實足信有此情況始得爲之，爰增訂「明顯」二字。

三、第二項偵查中爲蒐集及保全證據之逕行搜索，應限於確有相當理由顯示其情況急迫，且如不實施搜索，證據在二十四小時內有僞造、變造、湮滅或隱匿危險之情形。且因逕行搜索事先未向法官聲請核發搜索票，爲期慎重，檢察官應於實施後層報檢察長，即檢察官得向所屬檢察署主任檢察官報告，由主任檢察官向檢察長報告，以貫澈檢察一體之內部監督機制，爰修正之。

四、對於不應准許之緊急搜索，法院應予撤銷，以維程序正義，惟法院之撤銷應於受陳報後五日內爲之，如逾五日即不得再行撤銷，以免逕行搜索之效力久懸不決，用以維護法律程序之安定。

五、按刑事訴訟須兼顧程序公正及發現實體眞實，對於違背法定程序搜索所得之證據，其證據能力是否受影響，在英美法系國家，雖有判例長期累積而形成證據排除法則（Exclusionary Rule of Evidence），可將違法取得之證據事先加以排除，然而基於治安之要求及現實之需要，亦有許多例外情形，且例外之適用有漸廣之趨勢。在日本，因戰後受美國影響，對違法之取證採取相對排除理論；而德國之「權衡理論」，亦爲多數主張，即法院在裁判時應就個案利益與刑事追訴利益彼此間權衡評估，以決定是否有證據能力。由此可知當前證據法則之發展，外國立法例係朝基本人權保障與社會安全保障兩個理念相調和之方向進行，期能保障個人基本人權，又能兼顧眞實之發現。因此，對於逕行搜索後未陳報法院或被法院撤銷者，不應不分情節，一概強制排除其證據能力，應依比例原則及法益權衡原則加以權衡，以避免僅因程序上微小瑕疵，致使許多與事實相符之證據，無例外地被排除。而現行法第四百十六條第二項即已採納上開精神，規定搜索經撤銷者，審判時法院得宣告所扣得之物，不得作爲證據。換言之，由法官於個案審理中，斟酌違背法定程序之情節。違背法定程序時之主觀意圖。侵害犯罪嫌疑人或被告權益之種類及輕重。犯罪所生之危險或實害。禁止使用證據對於預防將來違法取得證據之效果。偵審人員如依法定程序有無發現該證據之必然性及證據取得之違法對被告訴訟上防禦不利益之程度等各種情形權衡之。爰增訂第四項之規定，使審判時法院，於斟酌人權保障及公共利益之均衡維護原則下，作爲認定證據能力有無之標準，以兼顧理論與實際，而應需要。

❖ 修法簡評

依修法沿革與精神解釋，除了緊急的情況之外，搜索必須由法官事先審查，檢察官無權爲之。不論是對人或對物的搜索，皆應依刑訴法第122條、第128條之1規定，向法院聲請取得搜索票。是故，偵查機關（包括檢察官）欲進入住宅「搜索」人，必須向法院取得搜索票後，始得進入住宅搜索人。**論者有謂，刑訴法第131條第1項第1款規定之「執行拘提」，應不包括「檢察官」所簽發之拘票。依此解釋之結果，檢察官所簽發之拘票，只能在公共場所執行拘提，原則上不得進入住宅執行拘提。**

【王兆鵬、張明偉、李榮耕，《刑事訴訟法（上）》，新學林，四版，2018.09，280頁。】

❖ 法學概念

緊急搜索

本法第131條法條用語上稱爲「逕行搜索」，惟學說上用語不一，多數說統稱本法第131條第1、2項爲「緊急搜索」。惟亦有區分本法第131條第1項爲「執行拘捕、羈押等情形下之附帶搜索」；而第131條第2項爲「檢察官之緊急搜索」者。另亦有認爲，本法第131條第1項爲「逕行搜索」；而第131條第2項爲「緊急搜索」之論者。由於第131條第1、2項皆有「得逕行搜索」之用語，同條第1項第3款及第2項爲適用於「情況急迫」故毋待論，至於，同條第1項第1、2款則規定在執行拘提、逮捕或羈押之際，得進入特定的處所內搜索應拘捕或羈押之人，從條文文義而言，亦具有「緊急」之特性，此乃容許作爲令狀主義的例外理由。此外第131條之立法理由亦稱第131條第1、2項爲「緊急搜索」，故本書認爲稱第131條第1、2項爲「緊急搜索」毋寧較妥。

【林山田，《刑事程序法》，五南，五版，2013.04，345頁；黃朝義，《概說警察刑事訴訟法》，新學林，初版，2015.09，168頁以下；王兆鵬、張明偉、李榮耕，《刑事訴訟法（上）》，新學林，四版，2018.09，267頁；張麗卿，《刑事訴訟法理論與運用》，五南，十四版，2018.09，283頁；林鈺雄，《刑事訴訟法（上）》，新學林，八版，2017.09，431頁。】

❖ 法學概念

拘提

本法第131條第1項第1款中的「拘提」，應係指第88條之1的「緊急拘提」，而不包括持拘票所進行的一般拘提。理由在於，爲了有效保護被拘提人及第三人的隱私權益，以及提供檢警機關較爲明確的執法準則，應認爲，只要是進入到私人住所中，無論其係被拘提人或第三人所有，除非有緊急情狀或獲得有效同意，否則，都應該要取得法官所核發的搜索票，方得爲之。

因爲「搜索」係對個人隱私的侵害；而「拘提」限制的是相對人的人身自由。由於所涉及的權利不同，在發動時也自然有不同的正當化事由。又，**依刑訴法第128條，只有法官才有簽發搜索票的權限。假如容許警察持有檢察官簽發的拘票就可進入私人處所中，等於完全逾越了檢察官（拘票）的權限恣意侵害人民隱私；持有法官所簽發的拘票時，也應獲致相同的結論**，因此只有第88條之1的「緊急拘提」係存在著不能及時聲請令狀的急迫情況，才能夠正當化本法第131條第1項第1款中的「拘提」要件。

不過，亦有學者認爲，第131條第1項第1款規定不應排除法官所簽發之拘票。執行拘提無須搜索票之理論基礎在於拘票與搜索票之簽發者爲同一機關，依修正前後的規定，法官皆有簽發拘票與搜索票之權，**當法官簽發拘票後，應視爲法官亦已決定得搜索該「被拘提人」之住宅**，以達到拘提之目的。

【李榮耕，〈拘提及緊急搜索〉，《東海大學法學研究》，第42期，2014.04，141頁以下；王兆鵬、張明偉、李榮耕，《刑事訴訟法（上）》，新學林，四版，2018.09，262頁以下。】

❒ 實務見解

▶102台上59（判決）

刑事訴訟法第一百三十條之附帶搜索及第一百三十一條第一項之緊急搜索，係爲因應搜索本質上屬有急迫性、突襲性之處分，難免發生時間上不及聲請搜索票之急迫情形，於實施拘捕行爲之際，兼爲保護執行人員人身安全，防止被逮捕人逃亡與湮滅罪證，在必要與不可或缺之限度下所設令狀搜索之例外規定，其前提均應以有合法拘捕或羈押行爲之存在爲必要。**但前者搜索之目的在於「發現應扣押物」（找物），因此對於受搜索人所得「立即控制」之範圍及場所，包括所使用具機動性汽、機車等交通工具均得實施搜索，並於搜索過程中就所發現之物爲扣；而後者之搜索則著重在「發現應受拘捕之人」（找人），其執行方式應受拘捕目的之限制，除於搜索進行過程中意外發現應扣押之物得予扣押外，不得從事逸出拘捕目的之搜索、扣押行爲，並應於拘捕目的達成後立即終止。但爲防止執法人員遭受被拘捕人攻擊，防止其湮滅隨身證據，此際，自可對該被拘捕人身體、隨身攜帶物件、所使用交通工具及其立即可觸及處所實施附帶搜索**。就此拘捕之是否合法、搜索與扣押程序有無合理之依據，則由法院爲事後審查以判斷所扣押之物得否爲證據。

▶101台上763（判決）

爲預防犯罪，維持治安，以保護社會安全，並使警察執行勤務有所依循，警察勤務條例第十一條乃就警察勤務之內容爲明文之規定，其中第三款即規定：「三、臨檢：於公共場所或指定處所路段，由服勤人員擔任臨場檢查或路檢、執行取締、盤查及有關法令賦予之勤務。」是臨檢乃警察對人或場所涉及現在或過去某些不當或違法行爲產生合理懷疑時，爲維持公共秩序及防止危害發生，在公共場所或指定之場所攔阻、盤查人民之一種執行勤務方式。而臨檢與刑事訴訟法之搜索，均係對人或物之查驗、干預，而影響人民之基本權，**惟臨檢係屬非強制性之行政處分，其目的在於犯罪預防、維護社會安全，並非對犯罪行爲爲搜查，無須令狀即得爲之；搜索則爲強制性之司法處分，其目的在於犯罪之偵查，藉以發現被告、犯罪證據及可得沒收之物，原則上須有令狀始能爲之。是臨檢之實施手段、範圍自不適用且應小於刑事訴訟法關於搜索之相關規定，則僅能對人民之身體或場所、交通工具、公共場所爲目視搜尋，亦即只限於觀察人、物或場所之外表（即以一目瞭然爲限），若要進一步檢查，如開啓密封物或後車廂，即應得受檢者之同意，不得擅自爲之**。卷查，「哥倫比亞商旅」係供人投宿、休息之公共場所，依警察勤務條例第十一條第三款規定，自得對該場所實施臨檢。而證人即員警黃智勇等人當天如何臨檢查獲鄭○英與彭○清從事性交易，並經彭○清告知「哥倫比亞商旅」內有女子媒介性交易，員警乃逐一臨檢其他房間，並在四○八號房發現有監看旅社之電視分隔畫面，根據現場研判，該屋內之人應係監看畫面，看到警方臨檢才匆忙離去，嗣警方在梳妝台上發現一張卡片，乃根據卡片上的姓名資料，使用警用申請國民身分證之檔案系統查詢，調出上訴人申請國民身分證資料供鄭○英、彭○清指認，警方並無違法搜索等情，原判決業已依據卷證資料詳加說明。況「行政機關爲阻止犯罪、危害之發生或避免急迫危險，而有即時處置之必要時，得爲即時強制。即時強制方法如下……三、對於住宅、建築物或其他處所之進入。」行政執行法第三十六條第一項、第二項亦有明定。警方在上開公共場所臨檢時，依查獲之證據既已合理懷疑犯圖利容留性交易之該名女子可能藏匿於「哥倫比亞商旅」之其他房間內，其請櫃檯人員拿鑰匙由清潔人員開啓四○八號房進入臨檢，並無違法可言；而警方在梳妝台上發現卡片，乃根據卡片上的姓名資料，回警局後，再調出上訴人之檔案照片供鄭○英等人指認，揆諸上開說明，該單純檢視卡片之行爲，應屬合法之臨檢行爲，並無上訴意旨所指摘違法搜索或臨檢之情形。又警方臨檢「哥倫比亞商旅」之其他房間，縱未製作檢查紀錄表，或卷附之檢查紀錄表未有「哥倫比亞商旅」之相關人員簽名，不論有無上訴意旨所指摘之違失，均不影響本件臨檢之合法性及該檢查紀錄表內容記載之眞實性。

❖ 學者評釋

在此判決中，最高法院認爲，臨檢是一種不帶有強制力的處分。但是，釋字第535號解釋已經指出，臨檢是對於人或物的查驗或干預，影響相對人行動自由財產權及隱私權等憲法權利甚鉅。因此，臨檢自然帶有某種程度的強制力，絕不是沒有強制效果的任意處分。

而依警察勤務條例第11條第3款可知，該條款僅規定警察的勤務包括對場所進行臨檢，並未針對臨場檢查設有任何的發動要件或執行程序。是故，應認警察勤務條例不能作爲臨檢作用法的授權規範。最高法院以之作爲合理化警察進入旅館房間的事由，實有不當之處。

而在適用緊急搜索要件時，必須是要有事實足信在特定私人住宅或處所內有人犯罪，警察才能夠依刑訴法第131條第1項第1款進行無令狀搜索。也就是說，**解釋上該條項所稱的「住宅或其他處所」必須限縮在一個別的隱私單位，不是範圍上相對較大的一整個空間**。然而，在本案中，警察自第三人處得知在旅館內有人媒介性交易，但是並不確定是在哪一個房間內進行，自不得逐一搜索進入每一個房間檢查確認。

由於商旅房內的房客對於該房間享有「**隱私的合理期待」，即使警察是以臨檢的名義，進入該房間的行爲還是構成了實質意義的搜索，而不只是單純的行政檢查、臨檢或是行政執行**。警察進入前，並未事先取得法院所核發的令狀，其行爲也不合逕行（緊急）搜索的要件。是以，警察進入該房間的行爲應屬違法的搜索，因而所取得的證據應否排除，應由法院依刑訴法第158條之4審查決定之。

【李榮耕，〈臨檢與搜索——最高法院101年度台上字第763號刑事判決〉，《月旦裁判時報》，第20期，2013.04，81頁以下。】

▶100台上2966（判決）

刑事訴訟法第一百三十條之附帶搜索及第一百三十一條第一項之緊急搜索，係爲因應搜索本質上帶有急迫性、突襲性之處分，難免發生時間上不及聲請搜索票之急迫情形，於實施拘捕行爲之際，基於保護執行人員人身安全，防止被逮捕人逃亡與湮滅罪證，在必要與不可或缺之限度下所設令狀搜索之例外規定；其前提均應以有合法拘捕或羈押行爲之存在爲必要，**但前者搜索之目的在於「發現應扣押物」（找物），因此對於受搜索人所得「立即控制」之範圍及場所，包括所使用具機動性之汽、機車等交通工具均得實施搜索，並於搜索過程中就所發現之物予以扣押之處分；而後者之搜索則著重在「發現應受拘捕之人」（找人），其執行方式應受拘捕目的之限制**，除於搜索進行過程中意外發現應扣押之物得予扣押外，不得從事逸出拘捕目的之搜索、扣押行爲，並應於拘捕目的達成後立即終止，**但爲防**

止執法人員遭受被拘捕人之攻擊，防止其湮滅隨身證據，此際，自可對該被拘捕人之身體、隨身攜帶之物件、所使用之交通工具及其立即可觸及之處所實施附帶搜索。就此拘捕之是否合法、搜索與扣押程序有無合理之依據，則由法院為事後審查以判斷所扣押之物得否為證據。

▸91 台上 5653（判決）

按刑事訴訟之目的，固在發現真實，藉以維護社會安全，然其手段仍應合法純潔、公平公正，以保障人權。因之，執法機關違反刑事訴訟法之相關規定執行搜索，因而取得之證據，以及依各該證據所發現之其他衍生證據，應否排除其證據能力，自應就執行之司法警察（官）違背該法定程序之主觀意圖、客觀情節、侵害犯罪嫌疑人權益之輕重、對犯罪嫌疑人在訴訟上防禦不利益之程度，以及該犯罪所生之危害、禁止使用該證據對於抑制違法蒐證之效果，與司法警察（官）如依法定程序有無發現該證據之必然性等情形，本於人權保障與社會安全之均衡精神，依比例原則具體認定之，若該違法搜索所違反法定程序之情節甚為嚴重，不予排除其證據能力，已難維護人民對司法公平公正之信賴，且難抑制偵查機關違法之搜索，則就司法警察（官）違法搜索所取得之證物及相關證人之證言，應予排除，始符公平正義。

第 131 條之 1（同意搜索） 搜索，經受搜索人出於自願性同意者，得不使用搜索票。但執行人員應出示證件，並將其同意之意旨記載於筆錄。

❖ 法學概念

同意搜索之自願性同意

學說與實務（最高法院94年度台上字第1361號判決）認為，**在判斷「自願性」同意時，應「綜合一切情狀」判斷**。如同自白任意性標準，必須考慮當時一切環境，如執法人員徵詢同意的方式是否有威脅性，同意者主觀意識強弱、教育程度、智商等綜合考慮。

至於第三人同意搜索是否合法，**則視是否符合「共同權限」（判準為共同使用控制權及風險承擔理論）或「表現權限」之要件為斷**（最高法院100年度台上字第4430號判決同旨）。須注意者，**是否構成「表現權限」，應以客觀的標準判斷之，以一般具合理警覺之人為判斷標準**。若第三人以「我住這裡」為由表明權限，以客觀判斷，應無「共同權限」，因一般具合理警覺之人，會懷疑其真實性，若執法人員仍相信而為搜索，為非法之搜索。

【王兆鵬、張明偉、李榮耕，《刑事訴訟法（上）》，新學林，四版，2018.09，310 頁以下；王兆鵬，《刑事訴訟講義》，元照，五版，2010.09，196～202 頁。】

學說上多主張，為擔保同意之「自願性」，同意權人自應充分理解放棄憲法上隱私權益保障之意義及同意之效果。基此，偵查機關於受搜索人為同意前，應先告知其有拒絕接受同意搜索的權利。蓋如果「同意」是一個人自由意志與未受拘束下所為的選擇，那麼確保其選擇自由的最佳方法，就是在取得同意前，先告知其擁有做出不同選擇的權利。是故，為避免招致偵查機關便宜行事之疑慮，唯有偵查機關得以明確具體地證明同意者之權利放棄為屬任意行為之情形下，方認為該同意搜索為法所接受（有效放棄理論）。

【黃朝義，《概說警察刑事訴訟法》，新學林，初版，2015.09，173 頁以下；陳運財，〈無令狀之搜索〉，收錄於《偵查與人權》，元照，初版，2014.04，330 頁以下；蕭宏宜，〈同意搜索的自願性判斷標準——評最高法院100年度台上字第376號刑事判決〉，《法令月刊》，第63卷第8期，2012.08，36 頁。】

本書認為，本條所謂的受搜索人之同意，法條雖未如本法規定夜間訊問要求須徵得被訊問人的同意，但在解釋上應以受搜索人須明示同意為必要，如此嚴格的解釋，才能避免偵查人員藉此條文將搜索要式性的原則變成例外，以規避法院的審查，而大開違法搜索之門。因此偵查人員必須**「告知」受搜索人並無同意之義務**，否則受搜索人事後必然爭執在「審判中」是受到優勢警力「壓迫下」而「同意」，而非出於「自由意志」、「真摯同意」，不但取得的證據無證據能力，偵查人員亦難逃違法搜索之罪名。

【陳宏毅、林朝雲，《刑事訴訟法新理論與實務》，五南，初版，2015.02，175 頁。】

❑ 實務見解

▸109 台上 259〇（判決）

刑事訴訟法第一三一條之一前段規定：搜索，經受搜索人出於自願性同意者，得不使用搜索票。是同意搜索之合法性，**係立基於受搜索人明知有權拒絕搜索，卻仍本於自由意志，願意放棄憲法所保障之隱私權、財產權、居住權等基本權，接受搜索**。受搜索人之同意，既為搜索合法之最重要前提，搜索之進行，自須於獲得受搜索人同意後，始得為之，範圍及期間長短，亦取決於受搜索人之意思。因此，**受搜索人得隨時撤回其同意，固不待言；撤回之方式，明示及舉凡得使搜索人員瞭解、知悉其意思內容之一切非明示表示，皆無不可；撤回時，搜索應即停止**，縱因正發現可疑跡證，而有繼續搜索或即時扣押之必要，亦僅於有其他合法途徑，例如：緊急搜索、本案附帶扣押或另案扣押等可資遵循時，始得為之。

▸108 台上 2817〇（判決）

司法警察官、司法警察之強制採取尿液，此又分為：*1.*屬於依毒品危害防制條例第二十五條規定之應受尿液採驗人，經合法通知其於指定時間到場採驗尿液，無正當理由不到場，得報請檢察官許可，強制採驗；或到場而拒絕採驗者，得違反其意思強制採驗，於採驗後，**即時報請檢察官補發許可書**；*2.*對於經合法拘提或逮捕到案之犯罪嫌疑人或被告，因調查犯罪情形及蒐集證據之必要，祇須於有相當理由認為得作為犯罪之證據時，依刑事訴訟法第二〇五條之二之規定，**無須令狀或許可**，即得違反犯罪嫌疑人或被告之意思，強制採尿。惟除前開強制採尿之外，**另有法無明文之「自願性同意採尿」，以類推適用性質上相近之刑事訴訟法第一三一條之一受搜索人自願性同意搜索，及第一三三條之一受扣押標的權利人同意扣押之規定，經犯罪嫌疑人或被告出於自願性同意，由司法警察官或司法警察出示證件表明身分，告知得拒絕，無須違背自己之意思而為同意，並於實施採尿前將同意之意旨記載於書面，作為同意採尿之生效要件**。又此所謂之自願性同意，係以一般意識健全具有是非辨別能力之人，得以理解或意識採尿之意義、方式及效果，而有參與該訴訟程序及表達意見之機會，可以自我決定選擇同意或拒絕，非出於警方明示或暗示之強暴、脅迫或其他不正方法施壓所為同意為實質要件，尤應綜合徵求同意之地點及方式，是否自然而非具威脅性、同意者之主觀意識強弱、教育水準、年齡、智力程度、精神狀態及其自主意志是否已為警方以不正方法所屈服等一切情狀，加以審酌判斷。若**不符合上揭強制採尿及自願性同意採尿，而取得尿液之情形，為兼顧程序正義及發現實體真實，則由法院依刑事訴訟法第一五八條之四規定**，就個人基本人權之保障及公共利益之均衡維護，依比例原則及法益權衡原則，予以客觀之判斷其證據能力。

▶107 台上 2850〇（判決）

搜索，**以有無搜索票為基準**，可分為「有令狀搜索」（有票搜索）與「無令狀搜索」（無票搜索）；而「有令狀搜索」係「原則」，「無令狀搜索」為例外。於原則情形，搜索應用搜索票，搜索票由法官簽發，亦即以法院（官）為決定機關，目的在保護人民免受非法之搜索、扣押。**惟因搜索本質上乃帶有急迫性、突襲性之處分，有時稍縱即逝，若均必待聲請搜索票之後始得行之，則時過境遷，勢難達其搜索之目的，故刑事訴訟法乃承認不用搜索票而搜索之例外情形，稱為無令狀搜索或無票搜索**，依該法之規定，可分為：第一三〇條附帶搜索、第一三一條第一項、第二項兩種不同之緊急搜索及第一三一條之一之同意搜索等共四種。此種搜索，也應遵守法定程式，否則仍屬違法搜索。上開附帶搜索之範圍，以被告或犯罪嫌疑人之身體、隨身攜帶之物件、所使用之交通工具及其立即可觸及之處所為限。其中所謂「立即可觸及之處所」乙語，自與同法第一三一條之「住宅」、「其他處所」不同；**前者必須是在逮捕、拘提或羈押被告或犯罪嫌疑人所在地附近，而可立即搜索之處所，至於後者，則無此限制。如逾此立即可觸及之範圍而逕行搜索，即係違法搜索**。又上揭緊急搜索，其目的純在迅速拘捕被告、犯罪嫌疑人或發現現行犯，亦即得以逕行進入人民住宅或其他處所，搜索之對象，在於「人」，而非「物」；倘無搜索票，但卻以所謂緊急搜索方法，逕行在民宅等處所搜索「物」，同屬違法搜索。至同意搜索，必須經受搜索人「自願性」地同意，亦即該同意，必須出於受搜索人之自主性意願，非出自執行人員明示或暗示之強暴、脅迫、隱匿身分等不正方法，或因受搜索人欠缺搜索之認識所致，否則，仍非適法。又此同意權限之有無，**就「身體」之搜索而言，僅該本人始有同意之權；就物件、宅第而言，則以其就該搜索標的有無管領、支配之權力為斷（如所有權人、占有或持有人、一般管理人等），故非指單純在場之無權人；其若由無同意權人擅自同意接受搜索，難謂合法**，更不待言。

▶105 台上 1892（判決）

所謂同意權人應係指偵查或調查人員所欲搜索之對象，而及於被告或犯罪嫌疑人以外之人。而該條所稱自願性同意者，祇要受搜索人係在意思自主之情況下，表示同意為已足，不因其有無他人陪同在場，而異其法律效果。

編按：

最高法院認為，所稱自願性同意者，只要受搜索人係在意思自主之情況下，表示同意為已足，不因其有無他人陪同在場，而異其法律效果。然而，為免事後不必要的爭議，仍以有第三人在場為宜，若無在場見證人則應錄音（影），甚至應告知受搜索人搜索標的、原因理由等。

【林裕順，〈同意搜索→同意受檢〉，《月旦法學教室》，第163期，2016.05，29頁。】

▶100 台上 7112（判決）

刑事訴訟法第四十三條之一增訂檢察事務官、司法警察官、司法警察行搜索、扣押時，準用同法第四十二條搜索、扣押筆錄之製作規定，係民國九十二年二月六日公布，九月一日施行，而第一百三十一條之一規定之自願性同意搜索，則是九十年一月十二日公布，七月一日施行，該條但書所定「但執行人員應出示證件，並將其同意之意旨記載於筆錄」之程序性規範要件，依立法時程之先後順序，立法者顯然無意將此之筆錄指為第四十二條之搜索、扣押筆錄。因此，現行偵查實務通常將「自願同意搜索筆錄（或稱爲自願受搜索同意書）」與「搜索、扣押筆錄」二者，分別規定，供執行搜索人員使用。**前者係自願性同意搜索之生效要件，故執行人員應於執行搜索場所，當場出示證件，先查明受搜索人有無同意權限，同時將其同意之意旨記載於筆錄（書面）後，始得據以執行搜索，此之筆錄（書面）祇能在搜索之前或當時完成，不能於事後補正。**

▶100 台上 5507（判決）

刑事訴訟法第一百三十一條之一前段規定：「搜索，經受搜索人出於自願性同意者，得不使用搜索票。」係因受搜索人既已自願放棄其隱私權，而同意任由執行搜索之公務員予以搜索，即毋庸按一般令狀程序爲之。**至所稱自願性同意者，祇要受搜索人係在意思自主之情況下，表示同意爲已足，要與其是否遭逮捕，喪失行動自由，分屬不同範疇，亦不因其有無他人陪同在場，而異其法律效果。**

▶100 台上 4580（判決）

刑事訴訟法第一百三十一條之一規定之受搜索人自願性同意搜索，係以執行人員於執行搜索前應出示證件，查明受搜索人有無同意之權限，並應將其同意之意旨記載於筆錄，由受搜索人簽名或出具書面表明同意之旨爲程序規範，並以一般意識健全具有是非辨別能力之人，因搜索人員之出示證件表明身分與來意，均得以理解或意識到搜索之意思及效果，而有參與該訴訟程序及表達意見之機會，可以自我決定選擇同意或拒絕，非出於強暴、脅迫、利誘、詐欺或其他公權力之不當施壓所爲之同意爲其實質要件。**自願性同意之搜索，不以有「相當理由」爲必要；被搜索人之同意是否出於自願，應依案件之具體情況包括徵求同意之地點、徵求同意之方式、同意者主觀意識之強弱、教育程度、智商等內、外在一切情況爲綜合判斷，不能單憑多數警察在場或被告受拘禁或執行人員出示用以搜索其他處所之搜索票，即否定其自願性。**

▶100 台上 4430（判決）

刑事訴訟法第一百三十一條之一之自願性同意搜索，明定行使同意權人爲受搜索人，參諸同法第一百二十八條第二項規定搜索係對被告或犯罪嫌疑人爲之，第一百二十二條第二項明文可對第三人爲搜索，故就本條規定之文義及精神觀之，所謂同意權人應係指偵查或調查人員所欲搜索之對象，而及於被告或犯罪嫌疑人以外之人。**在數人對同一處所均擁有管領權限之情形，如果同意人對於被搜索之處所有得以獨立同意之權限，則被告或犯罪嫌疑人在主客觀上，應已承擔該共同權限人可能會同意搜索之風險，此即學理上所稱之「風險承擔理論」**。執法人員基此有共同權限之第三人同意所爲之無令狀搜索，自屬有效搜索，所扣押之被告或犯罪嫌疑人之物，應有證據能力。

▶94 台上 1361（判決）

所謂「自願性」同意，係指同意必須出於同意人之自願，非出自於明示、暗示之強暴、脅迫。法院對於證據取得係出於同意搜索時，自應審查同意之人是否具同意權限，有無將同意意旨記載於筆錄由受搜索人簽名或出具書面表明同意之旨，**並應綜合一切情狀包括徵求同意之地點、徵求同意之方式是否自然而非具威脅性、同意者主觀意識之強弱、教育程度、智商、自主之意志是否已爲執行搜索之人所屈服等加以審酌**，遇有被告抗辯其同意搜索非出於自願性同意時，更應於理由詳述審查之結果，否則即有判決理由不備之違法。

第 132 條（強制搜索）
抗拒搜索者，得用強制力搜索之。但不得逾必要之程度。

第 132 條之 1（搜索結果之陳報）
檢察官或司法警察官於聲請核發之搜索票執行後，應將執行結果陳報核發搜索票之法院，如未能執行者，應敘明其事由。

第 133 條（扣押之客體）
Ⅰ可爲證據或得沒收之物，得扣押之。
Ⅱ爲保全追徵，必要時得酌量扣押犯罪嫌疑人、被告或第三人之財產。
Ⅲ對於應扣押物之所有人、持有人或保管人，得命其提出或交付。
Ⅳ扣押不動產、船舶、航空器，得以通知主管機關爲扣押登記之方法爲之。
Ⅴ扣押債權得以發扣押命令禁止向債務人收取或爲其他處分，並禁止向被告或第三人清償之方法爲之。
Ⅵ依本法所爲之扣押，具有禁止處分之效力，不妨礙民事假扣押、假處分及終局執行之查封、扣押。

□修正前條文

Ⅰ可爲證據或得沒收之物，得扣押之。
Ⅱ對於應扣押物之所有人、持有人或保管人，得命其提出或交付。

■修正說明（105.06.22）

一、原條文第一項未修正。
二、一〇四年十二月三十日修正公布，定於一〇五年七月一日施行之刑法（下稱新刑法）第三十八條第四項及第三十八條之一第三項新增沒收不能或不宜執行時，應追徵其價額之規定，爲預防犯罪嫌疑人、被告或第三人脫產規避追徵之執行，必要時應扣押其財產。但原條文第一項之扣押，其標的除得爲證據之物外，僅限於得沒收之特定物，顯與爲達保全追徵目的，而對沒收物所有人一般財產所爲扣押不同。基於強制處分應符合法律保留原則之考量，自有新增以保全追徵爲目的之扣押規定之必要。爰配合增訂本條第二項。

三、原條文第二項未修正，移列第三項。

四、關於不動產、船舶、航空器之保全方法，不限於命其提出或交付，民事強制執行法所規定通知主管機關爲查封登記之查封保全方法，亦得酌採之，原條文第二項規定有欠完備。爰參考強制執行法第七十五條第一項、第一百十四條第一項、第一百十四條之四第一項之規定，增訂本條第四項。

五、得沒收之物，其範圍係依實體法之規定，權利自亦包括在內。惟本法關於扣押債權之方法，尚乏明文，亦有欠備，爰參考強制執行法第一百十五條第一項之規定，及德國刑事訴訟法第一百十一ｃ條第三項之立法例，增訂本條第五項。

六、扣押應具有禁止處分之效力，否則無從達到澈底剝奪犯罪所得，及兼顧善意第三人權益之保障，爰參考德國刑事訴訟法第一百十一ｃ條第五項、日本組織犯罪處罰及犯罪收益規範法第二十五條前段之立法例，增訂本條第六項。

❖ 法學概念

對媒體搜索及扣押的限制

搜索媒體乃係搜索第三人的問題，由於可能牽連甚廣，所以發動的要件比起搜索嫌犯、被告更爲嚴格。對第三人的搜索，必須「有相當理由」（§122Ⅱ）。**相當理由，是指令人相信的程度高過「合理的懷疑」**。法制尚未做特殊規範，是立法上的疏漏。

參照德國刑事程序法，享有拒絕證言權的人所持有之物，不應該扣押。而屬於搜索第三人的「搜索媒體」情形，媒體是否有拒絕證言權，可分兩方面來看：

第一，如果媒體的消息來源得自特定人，此提供消息者信賴媒體不會揭露來源，那麼，**媒體工作者享有「拒絕證言權」，持有物不能扣押，所以也不能成爲搜索的對象**；媒體如果透露消息來源，將間接使提供消息者曝光，也享有拒絕證言權，這主要是德國聯邦最高法院的判決意見。

第二，如果媒體持有的資訊是自己查訪所得，就沒有拒絕證言權，在此情況下，媒體持有的文件資料就可以搜索扣押。然實際操作上，媒體可以主張任何消息來源曝光都將揭露提供者的身分，如此對於媒體搜索根本就難以進行，所以德國聯邦政府欲修法，將媒體自行取得的資訊也規定爲不得搜索。

此外，學說尚提出對於媒體取材來源物件的搜索，應限於扣押該物件以作爲證據使用的利益，顯然大於媒體的自由與國民知的利益才能搜索的見解。

【張麗卿，《刑事訴訟法理論與運用》，五南，十四版，2018.09，371 頁。】

❑ 實務見解

▶106 台上 1626（判決）

警察因執行具體犯罪偵查司法警察職務與一般維護治安之警察任務之不同，具有雙重身分，執行之程序是否合法，應視所執行職務之性質而定。**如係執行司法警察之犯罪偵查職務，須符合刑事訴訟法有關搜索之規定，其扣押可爲證據或得沒收之物，始告合法**；惟若執行一般維護治安之警察任務，其執行程序是否合法，則依警察職權行使法觀察之。警察職權行使法第六條所定查驗身分之地點雖明定爲公共場所或合法進入之場所，但依同法第八條，警察對於已發生危害或依客觀合理判斷易生危害之交通工具，如予攔停，因駕駛人或乘客有異常舉動而合理懷疑其將有危害行爲時，如有合理懷疑認有強制其離車之必要時，在必要範圍，且未中斷取締行爲中，是否得以進入車輛駛入之處所，實施警察職權行使法第八條所列查證、檢查、接受酒精濃度測試等動作，條文雖未如第六條明定，依立法過程各條文版本以觀，容有立法疏漏，惟應依發動取締行爲地點是否在公共場所，再依警察所爲取締過程，有無違反比例原則等綜合認定之，始符立法本旨。

▶100 台上 4952（判決）

扣押係屬強制處分之一種，以扣押意思並實施扣押之執行，即生效果。**因此，扣押之意思表示於到達扣押物之持有人（包括所有人），並將應行扣押物移入於公權力支配下，其扣押之行爲即屬完成**。至扣押後應加封緘或其他標識，乃防散失或抽換之方法，自非扣押之生效要件。

第 133 條之 1（非附隨搜索之扣押及應記載事項）

Ⅰ 非附隨於搜索之扣押，除以得爲證據之物而扣押或經受扣押標的權利人同意者外，應經法官裁定。

Ⅱ 前項之同意，執行人員應出示證件，並先告知受扣押標的權利人得拒絕扣押，無須違背自己之意思而爲同意，並將其同意之意旨記載於筆錄。

Ⅲ 第一項裁定，應記載下列事項：

一　案由。
二　應受扣押裁定之人及扣押標的。但應受扣押裁定之人不明時，得不予記載。
三　得執行之有效期間及逾期不得執行之意旨；法官並得於裁定中，對執行人員為適當之指示。

IV核發第一項裁定之程序，不公開之。

■增訂說明（105.06.22）

一、本條新增。

二、現行法關於搜索，原則上，應依法官之搜索票為之，即採法官保留原則，附隨搜索之扣押亦同受其規範。非附隨於搜索之扣押與附隨搜索之扣押本質相同，除僅得為證據之物及受扣押標的權利人同意者外，自應一體適用法官保留原則。爰參考本法第一百二十八條規定，德國刑事訴訟法第九十八條第一項、第一百十一e條第一項，及日本組織犯罪處罰及犯罪收益規範法第二十二條第一項、第四十二條第一項之立法例，增訂本條第一項。至於同時得為證據及得沒收之物，仍應經法官裁定，以免架空就沒收之物採法官保留為原則之立法意旨，併此敘明。

三、為確保當事人同意之真意，爰增訂第二項，課予執行人員有出示證件、表明身分、告知當事人享有得拒絕權利之義務，並應將其同意之意旨記載於筆錄。

四、非附隨於搜索之扣押，原則上既採法官保留原則，扣押所依據之案由、扣押標的為何人所有之何種財產及其範圍，自均應記載於扣押裁定，始符合令狀主義及保障人權之要求，爰增訂本條第三項第一款及第二款。

五、扣押裁定應有一定執行期間之限制；且扣押係經由法官裁定，法官於裁定時，自得對執行人員為適當之指示，爰增訂本條第三項第三款。

六、為避免證物滅失或應被沒收財產之人趁隙脫產，核發扣押裁定之程序，不應公開之，爰增訂本條第四項。

❒ 實務見解

▶106 台非 259〇（判決）

通訊隱私權保護之主要緣由，乃通訊涉及兩個以上參與人，意欲以秘密之方式或狀態，透過介質或媒體，傳遞或交換不欲為他人所得知之訊息。因其已脫離參與人得控制之範圍，特別容易受國家或他人之干預與侵擾，有特別保護之必要，**故其保障重在通訊之過程。另上揭通訊之本質係涉及兩個以上參與人間之意思交換之旨，故通訊隱私權實有別於一般隱私權，一般隱私權並不當然涉及個人以外之他人，即便僅個人一人，亦能主張此一憲法權利，如個人在住家之活動、身體之私密部位、書寫之日記，均為一般隱私權所保護之對象，然此皆與通訊隱私權無涉**。秘密通訊自由所保護者，既係在於通訊參與人間之訊息得以不為他人知悉之方式往來或遞送之秘密通訊過程，其所保障之範圍，自應隨訊息送達接收方，傳遞過程結束而告終止，據此，通訊內容在傳遞過程中固為秘密通訊自由所保護之客體，如該通訊內容已處於接收方之支配範圍，接收方得對此已結束傳遞過程之通訊內容，自行決定留存或刪除等處理方式，則其秘密通訊自由之保障已經結束，換言之，**所謂「過去已結束」之通訊內容，已非秘密通訊自由保護之客體，應僅受一般隱私權即個人資料自主控制之資訊隱私權所保護。有主張（如本件非常上訴理由書）檢察官如認「過去已結束」之通訊內容，屬於本案證據，且為應扣押之物，即可依手段比例原則，分別命扣押物之所有人、持有人或保管人提出或交付，甚而進一步依非附隨搜索之扣押程序，逕以實行扣押之方式取得即可，均無庸向法院聲請扣押裁定（至於該「過去已結束」之通訊內容，如同時得為證據及得沒收之物，依第一三三條之一第一項之立法理由，仍應經法官裁定，對該通訊內容之一般隱私權之保障已足，故無就此贅述之必要），惟此對人民一般隱私權之保障實有未足**。蓋以現今資訊世界，大量仰賴通訊軟體，通訊服務，有大量之隱私儲存於此，如容許偵查機關未經法院之介入，逕行調閱，其侵害隱私至深且鉅，顯違比例原則。且若允許檢察官以提出或交付之方式，即可取得「過去已結束」之通訊內容，則該「過去已結束」之通訊內容之所有人、持有人或保管人如涉及外國網路通訊業者或行動電信業者，其等對於本國不採令狀之提出或交付法制，必先思考該提出或交付之程序是否符合該公司之本國法律（如 F0000000、G00000 業者適用美國法，L000 業者適用日本法），倘該國法律採令狀原則（如前所述之外國立法例均採令狀原則），而我國不採，則業者可能因此拒絕提供該等內容，將有礙檢方對使用通訊科技設備犯罪之偵辦。何況，現今資訊及通訊科技全球化，我國當無閉門造車，自外於先進國家法制之理。準此，修正後刑事訴訟法第一三三條第三項（或修正前第一三三條第二項）規定「應扣押物」及第一三三條之一第一項規定「得為證據之物」之扣押客體，基於維護人民一般隱私權、保障其訴訟權益及實現公平法院之憲法精神，**應依目的性限縮**，而認**不及於「過去已結束」**之通訊內容。是以，檢察官對於**「過去已結束」**之通訊內容之非附隨搜索之

扣押，原則上應向法院**聲請**核發扣押裁定，不得逕以提出或交付命令之函調方式取得，方符上開保障人民一般隱私權之旨。

第133條之2（扣押裁定之程序）
I 偵查中檢察官認有聲請前條扣押裁定之必要時，應以書面記載前條第三項第一款、第二款之事項，並敘述理由，聲請該管法院裁定。
II 司法警察官認有為扣押之必要時，得依前項規定報請檢察官許可後，向該管法院聲請核發扣押裁定。
III 檢察官、檢察事務官、司法警察官或司法警察於偵查中有相當理由認為情況急迫，有立即扣押之必要時，得逕行扣押；檢察官亦得指揮檢察事務官、司法警察官或司法警察執行。
IV 前項之扣押，由檢察官為之者，應於實施後三日內陳報該管法院；由檢察事務官、司法警察官或司法警察為之者，應於執行後三日內報告該管檢察署檢察官及法院。法院認為不應准許者，應於五日內撤銷之。
V 第一項及第二項之聲請經駁回者，不得聲明不服。

■**增訂說明**（105.06.22）

一、本條新增。

二、本法關於非附隨於搜索之扣押，原則上採法官保留原則，故偵查中，檢察官認有聲請前條扣押裁定之必要者，應先聲請法院裁定後始得為之；惟於情況急迫時，應得逕行扣押以資因應。又為慎重其程序，且使法院知悉扣押之內容，聲請扣押裁定，應以書狀為之，並記載應扣押之財產及其所有人。爰參考本法第一百二十八條之一第一項規定，德國刑事訴訟法第九十八條第一項，第一百十一e條第一項、第二項，及日本組織犯罪處罰及犯罪收益規範法第二十二條第一項、第四十二條第一項之立法例，增訂本條第一、第二及第三項。

三、為避免檢察官濫用逕行扣押，對人民權利造成不必要之侵害，自應課以陳報法院進行事後審查之義務，以維程序正義。爰參考本法第一百三十一條第三項之規定，增訂本條第四項。至於非法逕行扣押及扣押後未依法陳報者，如扣押物係可為證據之物，則有本法第一百五十八之四條規定之適用，附予敘明。

四、第一項扣押之聲請經駁回者，如有必要，自得再為聲請，並無抗告之實益，爰增訂本條第五項。

第134條（對公務員所持有或保管之文書扣押之限制）
I 政府機關、公務員或曾為公務員之人所持有或保管之文書及其他物件，如為其職務上應守秘密者，非經該管監督機關或公務員允許，不得扣押。
II 前項允許，除有妨害國家之利益者外，不得拒絕。

第135條（對郵件電報扣押之限制）
I 郵政或電信機關，或執行郵電事務之人員所持有或保管之郵件、電報，有左列情形之一者，得扣押之：
一 有相當理由可信其與本案有關係者。
二 為被告所發或寄交被告者。但與辯護人往來之郵件、電報，以可認為犯罪證據或有湮滅、偽造、變造證據或勾串共犯或證人之虞，或被告已逃亡者為限。
II 為前項扣押者，應即通知郵件、電報之發送人或收受人。但於訴訟程序有妨害者，不在此限。

第136條（扣押之執行機關）
I 扣押，除由法官或檢察官親自實施外，得命檢察事務官、司法警察官或司法警察執行。
II 命檢察事務官、司法警察官或司法警察執行扣押者，應於交與之搜索票或扣押裁定內，記載其事由。

□**修正前條文**

I 扣押，除由法官或檢察官親自實施外，得命檢察事務官、司法警察官或司法警察執行。
II 命檢察事務官、司法警察官或司法警察執行扣押者，應於交與之搜索票內，記載其事由。

■**修正說明**（105.06.22）

一、第一項未修正。

二、本法第一百三十三條之一已新增非附隨於搜索之扣押裁定，原條文第二項爰配合增訂「或扣押裁定」，以資適用。

第137條（附帶扣押）
I 檢察官、檢察事務官、司法警察官或司法警察執行搜索或扣押時，發現本案應扣押之物為搜索票或扣押裁定所未記載者，亦得扣押之。
II 第一百三十一條第三項之規定，於前項情形準用之。

□**修正前條文**

I 檢察官、檢察事務官、司法警察官或司法警察執行搜索或扣押時，發現本案應扣押之物為搜索票所未記載者，亦得扣押之。
II 第一百三十一條第三項之規定，於前項情形準用之。

■修正說明（105.06.22）

一、本法第一百三十三條之一已新增非附隨於搜索之扣押裁定，原條文第一項爰配合增訂「或扣押裁定」，以資適用。
二、第二項未修正。

❖ 法學概念

附帶扣押

附帶扣押係指檢察官、檢察事務官、司法警察官或司法警察執行搜索或扣押時，發現本案應扣押之物為搜索票所未記載者，亦得扣押之。其要件有三：㈠必須執法人員合法執行搜索扣押；㈡有本案應扣押之物而為搜索票所未記載；㈢限於未發現搜索票所記載之物以前，所發現之本案應扣押之物，始得附帶扣押，以避免有破壞令狀原則之疑慮，防止警察以一張搜索票，而恣意大肆搜括人民財產，侵犯人民隱私、財產權，如此即與空白搜索票實無差別。

【傅美惠，《偵查法學》，元照，初版，2012.01，253頁。】

❖ 法學概念

一目瞭然法則（plain view doctrine）

當執法人員在合法搜索或逮捕時，落入目視範圍內的證據或得沒收物，得無令狀扣押。**而不論是無令狀或有令狀的搜索行為，都得適用一目瞭然法則**。即執法人員係持拘票或搜索票、經被搜索人同意、追躡現行犯而再進入人民的住宅，只要執法人員的進入行為合法，即得適用此一法則。「附帶扣押」、「另案扣押」規定係亦源自於此，其要件有二：**㈠因為合法之搜索、拘提或其他行為，而發現證據或得沒收物；㈡有相當理由相信證據或得沒收之物**。

【王兆鵬、張明偉、李榮耕，《刑事訴訟法（上）》，新學林，四版，2018.09，325頁以下。】

此要件主要在防止類似空白搜索票之發生，因為若無此要件，警察可能恣意翻箱倒櫃，翻動被搜索人之物品，期待證據出現，與憲法對隱私、財產權之保障有違。參考美國實務認為在遇有「一嗅即知（聞到某物有大麻之氣味）」、「一聽即知（合法監聽，即偶然他案監聽）」、「一觸即知（合法盤查拍觸人民身體外部）」等情形，亦得類推適用「一目瞭然法則」。我國刑事訴訟法之附帶扣押、另案扣押之法理，事實上與美國之「一目瞭然法則」完全相同。

是以，為同時兼顧人權保障、發現真實與程序正義，美國聯邦最高法院之「一目瞭然法則」可做為規制我國附帶扣押與另案扣押之參考。

【傅美惠，《偵查法學》，元照，初版，2012.01，256頁。】

第 138 條（強制扣押）
應扣押物之所有人、持有人或保管人無正當理由拒絕提出或交付或抗拒扣押者，得用強制力扣押之。

第 139 條（對收據封緘扣押後之處置）
I 扣押，應制作收據，詳記扣押物之名目，付與所有人、持有人或保管人。
II 扣押物，應加封緘或其他標識，由扣押之機關或公務員蓋印。

第 140 條（對扣押物之看守保管或毀棄）
I 扣押物，因防其喪失或毀損，應為適當之處置。
II 不便搬運或保管之扣押物，得命人看守，或命所有人或其他適當之人保管。
III 易生危險之扣押物，得毀棄之。

第 141 條（扣押物之變價）
I 得沒收或追徵之扣押物，有喪失毀損、減低價值之虞或不便保管、保管需費過鉅者，得變價之，保管其價金。
II 前項變價，偵查中由檢察官為之，審理中法院得囑託地方法院民事執行處代為執行。

□修正前條文

得沒收之扣押物，有喪失、毀損之虞或不便保管者，得拍賣之，保管其價金。

■修正說明（105.06.22）

一、本法第一百三十三條第二項新增保全追徵之規定，原條文第一項爰配合增訂「追徵」，以資適用。又扣押財產有減低價值，或保管需費過鉅顯不符合比例原則之情形，自得斟酌具體個案之需求，及時予以變價而保管其價金。又變價方法，亦不限於拍賣，例如金、銀物品或其他有市價之物品，即不以拍賣為必要。爰參考強制執行法第六十條第一項之規定，及德國刑事訴訟法第一百十一l條第一項之立法例，修正原條文第一項。
二、變價之執行，地方法院民事執行處具有相當經驗，實務上亦有囑託執行之例，為有效利用既有設備與人力資源，爰參考行政訴訟法第三百零六條第一項之規定，增訂本條第二項。

第 142 條（扣押物之發還或付與影本）
I 扣押物若無留存之必要者，不待案件終結，應以法院之裁定或檢察官命令發還之；其係贓物而無第三人主張權利者，應發還被害人。
II扣押物因所有人、持有人或保管人之請求，得命其負保管之責，暫行發還。
III扣押物之所有人、持有人或保管人，有正當理由者，於審判中得預納費用請求付與扣押物之影本。

□**修正前條文**

I扣押物若無留存之必要者，不待案件終結，應以法院之裁定或檢察官命令發還之；其係贓物而無第三人主張權利者，應發還被害人。
II扣押物因所有人、持有人或保管人之請求，得命其負保管之責，暫行發還。

■**修正說明**（109.01.15）

一、扣押物之所有人、持有人或保管人，因生活上或工作上等正當需求，而有使用扣押物之必要時，倘全不許其有使用影本之機會，未免失之嚴苛，爰增訂本條第三項，明定扣押物之所有人、持有人或保管人，有正當理由者，於審判中得預納費用請求付與扣押物之影本。
二、本條第一項、第二項未修正。

□**實務見解**

▶107台非142（判決）

扣押物若無留存之必要者，不待案件終結，**應以法院之裁定或檢察官命令發還之；其係贓物而無第三人主張權利者，應發還被害人**。且扣押之贓物，依第一百四十二條第一項應發還被害人者，應不待其請求即行發還，刑事訴訟法第一百四十二條第一項、第三百十八條第一項亦有明定。是如犯罪所得之贓物扣案，而被害人明確，又無第三人主張權利時，自應適用刑事訴訟法第一百四十二條第一項、第三百十八條第一項規定，不待請求即行發還被害人。

▶101台抗125（裁定）

所謂扣押物無留存之必要者，乃指非得沒收之物，且又無留作證據之必要者，始得依上開規定發還；倘扣押物尚有留存之必要者，即得不予發還。又該等扣押物有無留存之必要，並不以係得沒收之物為限，且有無繼續扣押必要，應由事實審法院依案件發展、事實調查，予以審酌。

第142條之1（扣押物之聲請撤銷扣押）
I得沒收或追徵之扣押物，法院或檢察官依所有人或權利人之聲請，認為適當者，得以裁定或命令定相當之擔保金，於繳納後，撤銷扣押。
II第一百十九條之一之規定，於擔保金之存管、計息、發還準用之。

■**增訂說明**（105.06.22）

一、本條新增。
二、得沒收或追徵之扣押物，如有作為其他利用之必要，如權衡命所有人或權利人繳納相當之擔保金，亦可達扣押之目的時，自應許所有人或權利人聲請以相當之擔保金，取代原物扣押。爰參考德國刑事訴訟法第一百十一c條第六項，及日本組織犯罪處罰及犯罪收益規範法第二十六條第一項之立法例，增訂本條第一項。
三、本條規定之擔保金與本法所規定替代羈押之保證金性質相當，自有準用本法第一百十九條之一關於保證金存管、計息、發還規定之必要，爰增訂本條第二項。

第143條（留存物之準用規定）
被告、犯罪嫌疑人或第三人遺留在犯罪現場之物，或所有人、持有人或保管人任意提出或交付之物，經留存者，準用前五條之規定。

□**修正前條文**

被告、犯罪嫌疑人或第三人遺留在犯罪現場之物，或所有人、持有人或保管人任意提出或交付之物，經留存者，準用前四條之規定。

■**修正說明**（105.06.22）

配合本法第一百四十二條之一之增訂，修正本條準用之規定。

第144條（搜索或扣押之必要處分）
I因搜索及扣押得開啟鎖扃、封緘或為其他必要之處分。
II執行扣押或搜索時，得封鎖現場，禁止在場人員離去，或禁止前條所定之被告、犯罪嫌疑人或第三人以外之人進入該處所。
III對於違反前項禁止命令者，得命其離開或交由適當之人看守至執行終了。

第145條（搜索票或扣押裁定之提示）
法官、檢察官、檢察事務官、司法警察官或司法警察執行搜索及扣押，除依法得不用搜索票或扣押裁定之情形外，應以搜索票或扣押裁定示第一百四十八條在場之人。

□**修正前條文**

法官、檢察官、檢察事務官、司法警察官或司法警察執行搜索及扣押，除依法得不用搜索票之情形外，應以搜索票示第一百四十八條在場之人。

■**修正說明**（105.06.22）

本法第一百三十三條之一已新增非附隨於搜索之扣押裁定，爰配合增訂「或扣押裁定」，以資適用。

第 146 條（搜索或扣押時間之限制）
Ⅰ有人住居或看守之住宅或其他處所，不得於夜間入內搜索或扣押。但經住居人、看守人或可為其代表之人承諾或有急迫之情形者，不在此限。
Ⅱ於夜間搜索或扣押者，應記明其事由於筆錄。
Ⅲ日間已開始搜索或扣押者，得繼續至夜間。
Ⅳ第一百條之三第三項之規定，於夜間搜索或扣押準用之。

❒ 實務見解

▸108 台上 2254〇（判決）

有人住居或看守之住宅或其他處所，不得於夜間入內搜索或扣押。但經住居人、看守人或可為其代表之人承諾或有急迫之情形者，不在此限。於夜間搜索或扣押者，應記明其事由於筆錄，刑事訴訟法第一四六條第一項、第二項定有明文。則欲在上開處所行夜間搜索或扣押，自**以已取得「住居人、看守人或可為其代表之人承諾」或「有急迫之情形」者為限**。刑事訴訟法對夜間搜索之實施，既有意予以限制在特定情形下始可實施，基於憲法人身自由及居住自由、安寧等有關人權之保障，為避免偵查機關實施強制處分之搜索、扣押時，侵害個人之隱私權及財產權，就刑事訴訟法關於搜索、扣押之規定，自不容許任意為擴張解釋，以確保實施刑事訴訟程序之公務員不致違背法定程序實施搜索、扣押，否則對人權之保障自有不周。**是以該條第一項規定之「承諾」、「急迫情形」，均應為嚴格之解釋。而該項之「承諾」，亦應以當事人之自願且明示之同意為限，而不包括當事人未為反對表示之情形，亦**不得因當事人未為反對之表示即擬制謂當事人係默示同意，否則在受搜索、扣押 之當事人因不諳相關法律規定不知可否為拒絕之表示，而執行之公務員復未主動、明確告知所得主張之權利時，偵查機關即可藉此進行並擴大夜間搜索，變相侵害當事人之隱私權及財產權，該規定之保護無異形同具文。

第 147 條（搜索或扣押之限制及其例外）
左列處所，夜間亦得入內搜索或扣押：
一　假釋人住居或使用者。
二　旅店、飲食店或其他於夜間公眾可以出入之處所，仍在公開時間內者。
三　常用為賭博、妨害性自主或妨害風化之行為者。

第 148 條（搜索或扣押時之在場權㈠）
在有人住居或看守之住宅或其他處所內行搜索或扣押者，應命住居人、看守人或可為其代表之人在場；如無此等人在場時，得命鄰居之人或就近自治團體之職員在場。

第 149 條（搜索或扣押時之在場權㈡）
在政府機關、軍營、軍艦或軍事上秘密處所內行搜索或扣押者，應通知該管長官或可為其代表之人在場。

第 150 條（搜索或扣押時之在場權㈢）
Ⅰ當事人及審判中之辯護人得於搜索或扣押時在場。但被告受拘禁，或認其在場於搜索或扣押有妨害者，不在此限。
Ⅱ搜索或扣押時，如認有必要，得命被告在場。
Ⅲ行搜索或扣押之日、時及處所，應通知前二項得在場之人。但有急迫情形時，不在此限。

❒ 實務見解

▸94 台上 4929（判例）

當事人及審判中之辯護人得於搜索或扣押時在場。但被告受拘禁，或認其在場於搜索或扣押有妨害者，不在此限。刑事訴訟法第一百五十條第一項定有明文。此規定依同法第二百十九條，於審判中實施勘驗時準用之。**此即學理上所稱之「在場權」，屬被告在訴訟法上之基本權利之一，兼及其對辯護人之倚賴權同受保護。故事實審法院行勘驗時，倘無法定例外情形，而未依法通知當事人及辯護人，使其有到場之機會，所踐行之訴訟程序自有瑕疵**，此項勘驗筆錄，應認屬因違背法定程序取得之證據。

▸101 台上 789（判決）

勘驗為法院或檢察官，因調查證據及犯罪情形，所實施之檢驗處分，於審判中由法院，偵查中由檢察官為之，此觀刑事訴訟法第二百十二條之規定甚明。又勘驗應制作筆錄，記載實施之年、月、日及時間、處所並其他必要之事項，且應命依法在場之人簽名、蓋章或按指印；勘驗筆錄應由在場之書記官製作之。其行勘驗之公務員應在筆錄內簽名；如無書記官在場，得由行勘驗之公務員親自或指定其他在場執行公務之人員製作筆錄。刑事訴訟法第四十二條第一項、第四項及第四十三條亦定有明文。又當事人及審判中之辯護人得於搜索或扣押時在場。但被告受拘禁，或認其在場於搜索或扣押有妨害者，不在此限。除有急迫情形外，行搜索或扣押之日、時及處所，應通知上揭得在場之人，刑事訴訟法第一百五十條第一項、第三項規定甚明。此規定依同法第二百十九條，於審判中為勘驗時準用之。此即學理上所稱之「在場權」，屬被告在訴訟法上之基本權利之一，兼及其對辯護人之倚賴權應同受保護。故事實審法院行勘驗時，倘無法定例外情形，而未依法通知當事人及辯護人，使其有到場之機會，所踐行之訴訟程序自有瑕疵，應認屬違背法定程序取得之證據。

第 151 條（暫停搜索或扣押應為之處分）
搜索或扣押暫時中止者，於必要時應將該處所閉鎖，並命人看守。

第 152 條（另案扣押）
實施搜索或扣押時，發現另案應扣押之物亦得扣押之，分別送交該管法院或檢察官。

❖ 法學概念

另案扣押

執法人員於搜索時，可能發現與本案無關的證物，例如搜索命案的證物，卻意外發現行賄證據，也可以扣押，此稱為「另案扣押」。由於另案扣押不若附帶扣押具有事後審查機制，然而其與附帶扣押均屬「急迫性的暫時扣押」，並非本案搜索的標的及範圍，因此有文獻認為，應將另案扣押之物的處理程序，至少比照附帶扣押的處理才妥適。

【張麗卿，〈附帶扣押與另案扣押〉，收錄於《驗證刑訴改革脈動》，五南，四版，2017.09，133 頁。】

不過有學者認為，其實另案扣押與附帶扣押之區分並無太大實益。事實上附帶扣押與另案扣押之區分僅於法條適用上不同而已。就此而言，搜索既與扣押緊密連結，立法者容許搜索自無禁止扣押之理，此乃法理所當然。**因此，關鍵在於合理解釋刑訴法第 133 條第 1 項，可為證據或得沒收之物，得扣押之。**本條未明文規定扣押之決定機關，其理由為立法文字之簡潔與學理所當然。

【黃朝義，《刑事訴訟法》，新學林，五版，2017.09，285 頁。】

☐ 實務見解

▶109 台上 259◯（判決）

搜索為刑事訴訟蒐證之手段，常伴隨著對人民財產之扣押，因而涉及隱私權、財產權、居住權等基本權的干預。搜索與否，職司刑事偵查之公務員每須面臨蒐證必要性與上開基本權保障的兩難抉擇，考量委諸此等實施公權力人員自為決定，難以避免角色上之衝突，為杜絕球員兼裁判之疑慮，故刑事訴訟法第一二八條採「法官保留」原則，明定搜索須由法官簽發搜索票，並應載明搜索之對象、處所及應扣押物等，以監督、限制搜索範圍及扣押標的，其旨在藉助法院以第三人中立、公正之立場進行審查，俾節制濫權，以落實保障人民上開基本權。同法第一五二條雖為使執行搜索之公務員對於職權行使過程中所發現之他案證據，得掌握調查取得證據之先機，當場及時予以扣押，期有助於該他案發現真實，而規定「實施搜索或扣押時，發見另案應扣押之物亦得扣押之」，即學理上所謂**「另案扣押」**；此等扣押，不須就該他案證據重新聲請法官審核、簽發搜索票，性質上屬無票搜索之一種，**乃「法官保留」原則之例外**。此規定就另案扣押，固僅設有須於合法之有票或無票搜索過程中執行之外部界限，然為符合上開保障人民基本權之精神，**解釋上，所扣押之另案證據，一則必須係於合法搜索，解釋上，所扣押之另案證據，一則必須係於合法搜索過程中，毋庸另啓搜索行為，即自然地為執行人員視線過程中，毋庸另啓搜索行為，即自然地為執行人員視線所及，而一目瞭然即可發現者，英美法謂之所及，而一目瞭然即可發現者，英美法謂之為「一目瞭然」法則，於未偏離原程序之常軌中併予扣押此等證據然」法則，於未偏離原程序之常軌中併予扣押此等證據，因較諸原搜索行為，並未擴大或加深對受搜索人隱私，因較諸原搜索行為，並未擴大或加深對受搜索人隱私之干預，自可毋庸重為司法審查。**

▶97 台上 2633（判決）

監聽係政府機關依據通訊保障及監察法之授權所為截取他人通訊內容之強制處分，必須符合所列舉之得受監察之犯罪與受監察者之要件，始為合法，此觀修正前、後之該法第五條第一項規定即明。然偵查作為屬於浮動之狀態，偵查機關於執行監聽時未必能保證獲得所受監察罪名之資料，自亦無從事先預測或控制監聽所可能擴及之範圍。因此，在監聽過程中時而會發生得知「另案」之通訊內容。此「另案監聽」所取得之證據，如若係執行監聽機關自始即偽以有本案監聽之罪名而聲請核發通訊監察書，於其監聽過程中發現另案之證據者，因該監聽自始即不符正當法律程序，且執行機關之惡性重大，則其所取得之監聽資料及所衍生之證據，不論係在通訊保障及監察法第五條第五項增訂之前、後，悉應予絕對排除，不得作為另案之證據使用。倘若屬於本案依法定程序監聽中偶然獲得之另案證據，則因其並非實施刑事訴訟程序之公務員因違背法定程序所取得之證據，當亦無刑事訴訟法第一百五十八條之四之適用。此種情形，應否容許其作為另案之證據使用，現行法制並未明文規定。而同屬刑事強制處分之搜索、扣押，則於刑事訴訟法第一百五十二條規定有學理上所稱之「另案扣押」，允許執行人員於實施搜索或扣押時，對於所發現「另案應扣押之物」得以立即採取干預措施而扣押之，分別送交該管法院或檢察官。鑒於此種另案監聽之執行機關並不存在脫法行為，且監聽具有如前述不確定性之特質，其有關另案之通訊內容如未即時截取，蒐證機會恐稍縱即失。則基於與「另案扣押」相同之法理及善意例外原則，倘若另案監聽亦屬於通訊保障及監察法第五條第一項規定得受監察之犯罪，或雖非該條項所列舉之犯罪，但與本案即通訊監察書所記載之罪名有關聯性者，自應容許將該「另案監聽」所偶然獲得之資料作為另案之證據使用。

第 153 條（囑託搜索或扣押）
I 搜索或扣押，得由審判長或檢察官囑託應行搜索、扣押地之法官或檢察官行之。
II 受託法官或檢察官發現應在他地行搜索、扣押者，該法官或檢察官得轉囑託該地之法官或檢察官。

第十二章　證　據

第一節　通　則

第 154 條（無罪推定主義）
I 被告未經審判證明有罪確定前，推定其為無罪。
II 犯罪事實應依證據認定之，無證據不得認定犯罪事實。

□修正前條文

犯罪事實應依證據認定之，無證據不得推定其犯罪事實。

■修正說明（92.02.06）

一、按世界人權宣言第十一條第一項規定：「凡受刑事控告者，在未經獲得辯護上所需的一切保證的公開審判而依法證實有罪以前，有權被視為無罪。」此乃揭示國際公認之刑事訴訟無罪推定基本原則，大陸法系國家或有將之明文規定於憲法者，例如意大利憲法第二十七條第二項、土耳其憲法第三十八條第四項、葡萄牙憲法第三十二條第二款等，我國憲法雖無明文，但本條規定原即蘊涵無罪推定之意旨，爰將世界人權宣言上揭規定，酌予文字修正，增訂為第一項，以導正社會上仍存有之預斷有罪舊念，並就刑事訴訟法保障被告人權提供其基礎，引為本法加重當事人進行主義色彩之張本，從而檢察官須善盡舉證責任，證明被告有罪，俾推翻無罪之推定。

二、原條文第一項改列第二項，並作文字修正，俾與第一項相呼應及與第二項前段文字相配合。

❖ 法學概念

無罪推定原則

「無罪推定原則」是刑事訴訟法的鐵則，也是落實保障人權的最根本原則。由於無罪推定原則是世界人權宣言，以及聯合國公民及政治權利公約所揭示的重要基本權之一，必須將之落實於法規範與實務。在無罪推定的原則下，法官才可能細心推敲案情，特別是對於被告有利的事實加以注意。

【張麗卿，《刑事訴訟法理論與運用》，五南，十四版，2018.09，331 頁。】

惟，無罪推定的存在目的，只是為了讓犯罪嫌疑人在刑事程序中，能與國家壓倒性的力量抗衡，並非賦予個人「不得質疑其無罪」的特權。

【蕭宏宜，〈無罪推定的實有與流變〉，收錄於《法務部廖正豪前部長七秩華誕祝壽論文集：刑事訴訟法卷》，五南，初版，2016.07，47 頁。】

❖ 法學概念

罪疑唯輕原則（有疑應利於被告原則）

此原則乃指實體事實的認定，若法院已經用盡法定證據方法與調查程序仍無法證明被告有罪者，則應該對被告為有利的認定。其概念上與無罪推定原則並不相同，罪疑唯輕原則僅於審判程序中有適用，而其範圍除實體事實之評價外，亦包含追訴權時效與曾否經判決確定的認定，至於程序事實原則上並無此原則的適用，例外在捨棄上訴與否的程序事實，因其涉及被告訴訟的權益，仍有適用。

【張麗卿，《刑事訴訟法理論與運用》，五南，十四版，2018.09，354 頁。】

❒ 實務見解

▶ 76 台上 4986（判例）

認定犯罪事實所憑之證據，雖不以直接證據為限，間接證據亦包括在內；然而無論直接或間接證據，其為訴訟上之證明，須於通常一般之人均不致有所懷疑，而得確信其為真實之程度者，始得據為有罪之認定，倘其證明未達此一程度，而有合理之懷疑存在時，事實審法院復已就其心證上理由予以闡述，敘明其如何無從為有罪之確信，因而為無罪之判決，尚不得任意指為違法。

第 155 條（自由心證主義）
I 證據之證明力，由法院本於確信自由判斷。但不得違背經驗法則及論理法則。
II 無證據能力、未經合法調查之證據，不得作為判斷之依據。

□修正前條文

I 證據之證明力，由法院自由判斷。
II 無證據能力，未經合法調查，顯與事理有違，或與認定事實不符之證據，不得作為判斷之依據。

■修正說明（92.02.06）

一、本法就證據之證明力，採自由心證主義，將證據之證明力，委由法官評價，即凡經合法調查之證據，由法官依經驗法則及論理法則以形成確信之心證。惟一般社會大眾對於所謂「自由」二字每多曲解，誤以爲法官判斷證據之證明力，無須憑據，僅存乎一己，不受任何限制，故經常質疑判決結果，有損司法威信。爰參考德國刑事訴訟法第二百六十一條之規定，及最高法院五十三年台上字第二〇六七號及四十四年台上字第七〇二號判例之見解，修正本條第一項，以明法官判斷證據證明力係在不違背經驗法則、論理法則之前提下，本於確信而自由判斷。

二、原條文第二項規定無證據能力之證據，與未經合法調查之證據，不得作爲判斷之依據，正足以表示「嚴格證明」之要求，至於「顯與事理有違」之證據，於原條文第一項修正增加法院之自由心證，不得違背經驗法則及論理法則後，即屬重複，應予刪除，另「與認定事實不符」之證據，究竟是證據能力抑或證明力之問題，涵義不明，爲杜疑義，並免與前條第二項發生邏輯矛盾，亦予刪除。

❖ 法學概念

證據能力與證據之證明力區別

前者乃指立證資料得爲證據之法律上資格；後者則指其證據於證明某種事實，具有何等實質之價值。**故證據能力乃資格之有無，證據證明力則爲效力強弱之問題。亦即有證據能力，非必有證據證明力。**被告以外之人於審判外之陳述，是否具有證據能力，應依刑事訴訟法有關傳聞法則例外規定之情形評斷之。倘認其有證據能力，其證明力如何，則由法院於不違背經驗法則及論理法則，本於確信自由判斷之。並非有證據能力，即當然認其證明力無疑，而就待證事實認均具有證明力，亦不能以證明力不足而否定其證據能力。又縱認證人於警詢之陳述，具有證據能力，亦不當然即排除其於審判中之陳述之證明力，**而證人之陳述有部分前後不符，究竟何者可採，法院本得依其自由心證予以斟酌，若其基本事實之陳述與眞實性無礙時，仍非不得予以採信，非謂一有不符，即認其全部均爲不可採納**（最高法院102 年度台上字第 1062 號判決參照）。

❖ 法學概念

證據能力與嚴格證明法則

「證據能力」，**係指某項證據能否提到法庭上調查的問題，即證據有無「資格」或「容許性」的問題。**質言之，**具備「證據能力」是行合法調查程序的前提，兩者之間並非擇一，亦非包括關係。**基於此項階段性的規範，要特別強調的是，**無證據能力的證據，在第一階段審查後，即應予以排除，不容許再提出法庭中作爲認定犯罪事實的證據予以調查，縱使無證據能力的證據，於法庭上踐行法定的調查程序，亦不會因此敗部復活，而溯及取得證據能力。**

而「嚴格證明法則」，**乃重在對某項證據是否得容許提出法庭調查，而非形式意義上的證據分類的問題。刑訴法有關人證、鑑定、通譯及勘驗等之調查規定，屬對於證據「調查方式」的規範，而並非直接對證據種類設以限制。**概念上，必須要留意的是，刑訴法對於證據方法或證據資料有無證據能力，是設有法定限制或排除規定的，這是實質問題，惟對形式的證據種類或分類，並無所謂法定之說。再者，以法定證據方法一語，易與現行法所排斥之「證據法定主義」的用語混淆

【陳運財，〈嚴格證明法則〉，《月旦法學教室》，第 23 期，2004.09，133～136 頁。】

另外，有學說認爲，雖然刑訴法第 155 條規定「證據能力」與「證據證明力」，但第 1 項與第 2 項順序顚倒，應當調整。更具體的說，該條第 1 條是自由心證的規定；第 2 項規定「無證據能力，未經合法調查，不得作爲判斷之依據」。**是以，經由合法的蒐集證據程序，並且經過法定調查程序所獲得的證據，方具備裁判上的證據資格（證據能力），可以作爲判決的依據。在邏輯上，應先規定嚴格證明法則，再規定自由心證主義，比較合乎證據法則體系的法理。**例如，被告經過合法傳喚，訊問機關踐行告知義務後，被告基於自由意願的供述，具備證據能力。合法搜索被告或第三人，並依法扣押的證物，具備證據能力。證人經過合法傳喚，在法庭上具結後的供述，才有證據能力。

【張麗卿，《刑事訴訟法理論與運用》，五南，十四版，2018.09，336 頁以下。】

❖ 法學概念

供述證據與非供述證據

此乃依證據資料之性質所爲之區別。供述證據係以某人言詞陳述之內爲證據資料（如：被告之自白、證人之證言）；非供述證據，則指供述證據以外其他一切證據而言（如：物證）。兩者區別之實益在於供述證據中會涉及到自白之證據能力與傳聞證據上之證據能力問題（特別注重自由意志與眞實性之瑕疵）。**供述證據之證據適格，以具備任意性爲必要；**必具任意性之供述證據，始有進一步檢視傳聞證據是否符合傳聞法則例外規定之必要。然而非供述證據（物證），由於並不涉及人之自由陳述意志，亦無記憶、陳述與說謊等不可靠因素，如並非違法蒐集之證據須加以排除，原則上具有證據能力。

【朱石炎，《刑事訴訟法論》，三民，七版，2017.08，166 頁；黃朝義，《刑事訴訟法》，新學林，五版，2017.09，532 頁；最高法院 105 年度台上字第 61 號判決。】

❖ 法學概念

品格證據

品格證據是用以證明「**被告**」或「**被害人**」之品行或特定品格特徵的證據。被告與被害人的品格證據，通常固不能據以認定被告之罪行，但卻可能是被告的主要防禦方法。

採交互詰問制度國家（例如美國）爲防止檢察官舉證證明被告是前科累累、素行不良的壞人，或被害人是忠厚善良的好人，導致法官或陪審團心理產生好惡偏見，而不論檢察官是否已提出足夠證據證明被告之罪行，均判處被告有罪的結果，故原則上除非被告先提出有利於自己或不利被害人的品格證據，否則禁止檢察官（原告），提出品格證據攻擊被告或支持被害人。

提出品格證據的首要是該品格證據與待證事項需有關聯性，才可被容許（有證據能力）。是以，被告之前科紀錄及品格證據，應區別與犯罪事實是否有關，其與犯罪事實者，檢察官可以提出用以證明動機、知識、同一性等事項、就被告的品格證據而言，因爲一個人的品行及特定品格特徵會表現在行爲上，例如一個誠實的人，犯詐欺罪的可能性應該比較低；又如二人互控傷害罪，並均宣稱是對方先攻擊，自己爲防衛才出手抵抗，若有一方能提出證據證明他方有暴力傾向，自己性格溫和，該性格溫和者正當防衛的可能性當然較高。例如被告抗辯其不知道持有之物品爲海洛因，檢察官可以提出其施用海洛因的前科，證明被告對其所持有之物品爲毒品有充分之認識。再如，被告抗辯其不知被害人保險箱密碼，檢察官可以提出被告曾開啓他人保險箱行竊的前科，證明其有此方面之知識。至於與犯罪事實無關之前科及品格證據之調查，則應於審判長就被訴事實訊問被告後始得行之。

【吳巡龍，〈交互詰問制度下品格證據的提出方式〉，《法學叢刊》，第 49 卷第 1 期，2004.01，121 頁以下；吳巡龍，〈被告品格證據〉，《台灣法學雜誌》，第 195 期，2012.03，127 頁以下；最高法院 106 年度台上字第 1043 號判決。】

❖ 法學概念

嚴格證明與自由證明法則

證明依程度不同，可分爲嚴格的證明與自由的證明。對於犯罪事實之認定，應具有證據能力且經合法、有效之證據調查程序所取得之證據（有證據價值之證據）所爲的證明程序（即法官取得心證之證明），稱其爲嚴格的證明。相對地，不依據此等嚴格要件所爲之證明，亦即縱然未必依據具有證據能力之證據、或者未經合法之證據調查程序所得之證據，以認定犯罪事實以外之一定事實者，稱其爲自由的證明。

【黃朝義，《刑事訴訟法》，新學林，五版，2017.09，546 頁。】

更進一步地說，嚴格的證明主要適用於審判程序，針對實體事項（如：本案犯罪事實有罪或無罪），其心證程度需臻於毫無合理懷疑的「確信」（最高法院 76 年台上字第 986 號判例參照）。自由的證明主要適用的領域則包含審判程序外之程序（如：聲請法官迴避、起訴審查、刑求抗辯、無關刑之量定事實、羈押裁定、簡式審判等），其心證要求僅需具證據優勢，使法院大致相信如此之釋明即爲已足。

❖ 法學概念

刑訴法第 155 條所謂無證據能力所指為何？

實務認爲，刑訴法第 155 條所謂無證據能力，係指不得作爲證據者而言，包含：

一、筆錄內所載之被告陳述與錄音或錄影之內容不符者，其不符之部分，原則上無證據能力（§100-1Ⅱ）。

二、被告因受強暴、脅迫、利誘、詐欺、疲勞訊問、違法羈押或其他不正方法所爲之自白，其自白不具證據能力（§156Ⅰ）。

三、實施刑事訴訟程序之公務員違背本法第 93 條之 1 第 2 項、第 100 條之 3 第 1 項之規定，或檢察事務官、司法警察（官）詢問受拘提、逮捕之被告或犯罪嫌疑人，違背本法第 95 條第 2 款、第 3 款之規定，所取得被告或犯罪嫌疑人之自白及其他不利之陳述，不具證據能力，但經證明其等違背上述規定，非出於惡意，且該自白或陳述係出於自由意志者，不在此限（§158-2）。

四、證人、鑑定人依法應具結而未具結，其證言或鑑定意見，無證據能力（§158-3）。

五、被告以外之人於審判外之言詞或書面陳述，除法律有規定者外，不具證據能力（§159）。

六、證人之個人意見或推測之詞，非以實際經驗爲基礎者，不具證據能力（§160）。

七、被告以外之人，包括共同被告、共犯及其他證人因受恫嚇、侮辱、利誘、詐欺或其他不正方法所爲不利於被告之陳述，不具證據能力（§166-7）。

八、關於組織犯罪防制條例之罪，訊問證人之筆錄非於檢察官、法官面前作成或未經踐行刑事訴訟法所定訊問證人之程序者，無證據能力（組織犯罪防制條例§12）。

（以上參照法院辦理刑事訴訟案件應行注意事項第 79 點。）

☐ 實務見解

▶53 台上 2067（判例）

證據之證明力如何，雖屬於事實審法院自由判斷職權，而其所爲判斷，乃應受經驗法則與論理法則之支配。

▶44 台上 702（判例）

認定犯罪事實所憑之證據，並不以直接證據爲限，即綜合各種間接證據，本於推理作用，爲認定犯罪事實之基礎，如無違背一般經驗法則，尙非法所不許。

▶108 台上 4091○（判決）

刑事訴訟法規定，關於證人之適格要件，並無年齡或能力上之限制，故稚齡之幼童，雖無具結能力，其所爲證言非無證據能力。至其證詞之憑信性如何，因幼童心智仍在發展當中，其對事件之認知能力、邏輯思考能力、記憶能力及陳述能力等，則因幼童發展階段之不同而迥異於成年人，因此經過法定程序取得之幼童證言（警詢、偵訊筆錄，或審判中證詞），其憑信性如何，事實審法院固得囑託相關專家爲鑑定人，依其專業評估該幼童心智之發展程度，作爲法院判斷證詞證明力之輔助。**然相關專家之鑑定意見，於證據法上究屬間接證據，資以輔佐法院評估幼童證詞依其心智發展之證據評價，而非替代法院爲證據證明力之判斷，其前提自以本案存在幼童證言之證據方法，倘本案因幼童審判外陳述不符合刑事訴訟法及性侵害防治條例相關之傳聞例外規定，而無證據能力，原審法院復未傳喚到庭作證，致本案並未有何幼童（證人）證詞之證據方法，則法院囑託專家所爲「幼童證言憑信性」之鑑定意見，自失所附麗**，從而，事實審法院既未經嚴格證明程序調查幼童證詞之證據，遽將該證據證明力之判斷委由鑑定人行之，逕採納該鑑定意見爲認定犯罪之證據，已與嚴格證明及直接審理法則未合，難謂與證據法則無違。

▶108 台上 3388○（判決）

按透過「被害人陳述」以外之證據，得證明被害人聲稱被害事件時之言行舉止、情緒表現、心理狀態或處理反應等情景者（間接事實），係獨立於（即不同於）被害陳述之證據方法暨資料，屬具補強證據適格之情況證據，可藉其與待證事實有蓋然性之常態關聯，資爲被害人遭遇（直接事實）致生影響之推理素材，此並非傳聞自被害陳述之重複或累積，當容許由法院透過調查程序，勾稽被害陳述相互印證，進而產生事實認定之心證。

▶108 台上 559○（判決）

按犯罪所得及追徵之範圍與價額，認定顯有困難者，得以估算認定之，刑法第三十八條之二第一項前段定有明文。**又該項「估算」依立法說明，固不適用嚴格證明法則，僅需自由證明爲已足。**惟估算是在欠缺更好的調查可能性下的應急手段，只有在不法所得之範圍與價額認定顯有困難時，始得以估算（至於有無犯罪所得，則不包括在內）。若是認定上非顯有困難時，法院就必須履行通常調查義務，**原則上，法院必須先善盡顯而易見的調查可能性與證據方法，之後仍無法確定沒收的範圍與價額時，才能援用估算的規定**。法院若未盡合理調查及依憑相當證據，即遽採單方、片面說法，進而認定沒收的範圍與價額，顯然未依職權調查、審認，即非適法。又以估算認定者，並應於判決說明其有如何認定顯有困難之情形及爲如何估算之理由。

▶107 台上 3724○（判決）

我國社會隨著電腦資訊及網際網路科技之快速發展，利用電腦、網路犯罪已屬常態，而對此形態之犯罪，相關數位證據之蒐集、處理及如何因應，已屬重要課題。**一般而言，數位證據具無限複製性、複製具無差異性、增刪修改具無痕跡性、製作人具不易確定性、內容非屬人類感官可直接理解（即須透過電腦設備呈現內容）。因有上開特性，數位證據之複製品與原件具眞實性及同一性，有相同之效果，惟複製過程仍屬人爲操作，且因複製之無差異性與無痕跡性，不能免於作僞、變造，原則上欲以之證明某待證事項，須提出原件供調查，或雖提出複製品，當事人不爭執或經與原件核對證明相符者，得作爲證據**。然如原件滅失或提出困難，當事人對複製品之眞實性有爭執時，非當然排除其證據能力。此時法院應審查證據取得之過程是否合法（即通過「證據使用禁止」之要求），及勘驗或鑑定複製品，苟未經過人爲作僞、變造，該複製品即係原件內容之重現，並未摻雜任何人之作用，致影響內容所顯現之眞實性，如經合法調查，自有證據能力。至於能否藉由該複製品，證明確有與其具備同一性之原件存在，並作爲被告有無犯罪事實之判斷依據，則屬證據證明力之問題。

▶107 台上 3182○（判決）

㈠刑事訴訟法第一百五十四條第二項規定：「犯罪事實應依證據認定之，無證據不得認定犯罪事實。」係採證據裁判主義，故證據調查，當爲整個審判的重心之一。學理上，關於「供述證據」與「非供述證據」，作爲證據法上之類型區別，主要是以證據資料是否來自「人之陳述」作爲基準。具體以言，前者係以人的語言（含書面陳述）構成證據，後者則爲前者以外之各種其他證據。而「供述證據」於認定事實過程中的特徵，在於涉及犯罪事項相關內容情報資訊，因人的知覺感官留存記憶，並藉由敘述表達，方能傳達該訊息內容，例如：被告的自白、證人（含共犯、被害人）的指述；「非供述證據」則係有關犯罪事實之物件或痕跡，留存於人的感官以外的物理世界，例如：指紋、血跡、僞造文件等犯罪跡證、兇器等犯罪工具等等（含氣味、顏色、聲音、情況跡象）。由於「人之陳述」，往往因各人主觀之觀察力、記憶力、陳述能力及性格等因素，影響其陳述內容之眞實性，甚至因無法盡情所言，或故爲誇大、偏袒，致其陳述之內容或其認識之事實，與眞相事實並不相符，何況翻供更是常有，遭不正取供，亦曾發生，正所謂：「曾參殺人」、「三人成虎」、「眾口鑠金」、「以訛傳訛」等日常成語，皆在說明人言並不完全可靠，不得盡信；至於**「非供述證據」，則以物（包括一般之物及文書）之存在或狀態爲其證據，通常具有客觀性與長時間不會變易性及某程度之不可代替性，甚或係於不間斷、有規律之過程中所取得，並無預見日後可能會被提供作爲證據之僞造動機**。**是就認定事實所憑之證據以言，「非供述證據」（尤其具有現代化科技產品性質者）應屬優勢證據，其評價上之裁量，自較「供述證據」爲強**。倘經合法調查之供述及非供述證據，均存於訴訟案卷而可考見時，自不能僅重視採納「供述證據」，卻輕忽或疏略「非供述證據」，否則其證明力判斷之職權行使，即難認合於經驗法則、論理法則。

㈡**晚近司法實務上，偶見判刑確定的案件，再審結果，改判無罪的情形發生，檢討起來，多因原先過度重視供述證據，而忽略與之不完全相適合的非供述證據所致**。但話說回來，既然諸多供述證據先後、分別、一致、堅決指向同一被告的犯罪事實，除非刻意勾串誣陷，或遭不正取供，逕謂其完全無可採用，恐亦不切實際。其實，非供述證據同樣不能排除遭人有意、無意污染，甚或故意僞造、變造而失眞、不完整，何況其所能證明的事項，通常衹有部分，並非全部事實，證明力的廣度有限，尤其在證明有利被告的消極事實方面，如非強而有力，既不能完全排除其他足以證明有積極事實的供述和非供述證據，予以綜合觀察、判斷不利於被告的結果。

▶106 台上 3701（判決）

被告的反對詰問權，係屬憲法第十六條所保障訴訟防禦權之一種，存在於各個被訴的被告，縱然是同案的共同被告或相關另案的共犯（含共同正犯、教唆犯、幫助犯），**但因各人有時不免立場不同或利害關係對立（例如相互推諉卸責），故就同一證人所爲的證言，仍應賦予各被告皆有反對詰問的權利、機會**。雖然，法院認爲適當時，得依職權或當事人或辯護人之聲請，以裁定將共同被告之調查證據、辯論程序分離或合併，刑事訴訟法第二百八十七條之一第一項定有明文，且該分離程序所爲調查證據之結果，在充分保障其他共同被告訴訟防禦權的情況下，基於證據共通原則，可以用作證明其他共同被告之犯罪事實；**如僅爲某一被告犯罪事實之證明，而聲請調查的證據，倘祇由該被告進行詰問（含反對詰問），或詢問聽取其意見，而未給予其他共同被告相同機會者，如經其他共同被告爭執、主張（即未捨棄詰問權），則此一證據，仍不得供爲判斷其他共同被告犯罪事實之依據，亦即就其他共同被告而言，當屬同法第一百五十五條第二項所稱「未經合法調查的證據」**，以確實保障各共同被告的訴訟防禦權，學理上稱爲「立證趣旨的拘束力」，同法第二百八十七條之一第二項規定：「前項情形，因共同被告之利害相反，而有保護被告權利之必要者，應分離調查證據或辯論。」即寓此義。再者，此情尙與同法第一百六十三條之二第一項、第二項，所定無須爲其他無益調查之情形有別，不應混淆。

▶106 台上 1629（判決）

社工人員、輔導人員、醫師及心理師等專業人士依性侵害犯罪防制法第十五條介入性侵害案件之偵查、審判程序，兼負有協助偵、審機關發見眞實之義務與功能，與外國法制之專家證人同其作用。因此，**社工或輔導人員就其所介入輔導個案經過之直接觀察及以個人實際經驗爲基礎所爲之書面或言詞陳述，即屬於見聞經過之證人性質，屬與被害人陳述不具同一性之「獨立」法定證據方法，亦屬於判斷被害人陳述憑信性之「補強證據」的一種**。

▶106 台上 1043（判決）

在以毒販間通話之通訊監察譯文作爲購毒者所指證販毒者犯罪事實之補強證據時，必須渠等之對話內容，依社會通念已足以辨別明白係交易毒品，始足與焉，否則對於語意不明之對話，即令指證者證述其對話內容之含意即係交易毒品，**除非被指爲販毒之被告坦認，或依被告之品格證據可供爲證明具犯罪之同一性，或司法警察依據通訊監察之結果即時啓動調查，因而破獲客觀上有可認爲販賣該類毒品之跡證者外**，因該通訊監察對話仍屬指證者單方之陳述本身，自尙須有其所述交易毒品犯罪事實之補強證據，始稱適法（一〇六年度台上字第八八三號判決同旨）。

▶106 台上 398（判決）

所謂甲女之「日記」，實係甲女爲提起告訴在筆記本上簡略記載事發經過，並非案發當日所記之紀錄，性質上屬甲女之**書面供述**，原判決亦未以該「日記」作爲認定本案事實之依據，上訴人執該「日記」指摘，亦非適法之上訴理由。

編按：本判決認爲日記係被害人之書面供述。

▶104 台上 3435（判決）

在以毒販間通話之通訊監察譯文作爲購毒者所指證販毒者犯罪事實之補強證據，仍必須渠等之對話內容，依社會通念已足以辨別明白其所交易毒品之種類，始足與焉，否則對於語意隱晦不明之對話，即令指證者證述其對話內容之含意即係交易某種類之毒品，除非被指爲販毒之被告坦認，或依被告之品格證據可供爲證明其具犯罪之同一性（如其先前有關販賣該種類毒品案件之暗語，與本案通訊監察譯文內容相同，兩案手法具有同一性或驚人相似性），或司法警察依據通訊監察之結果即時啓動調查因而破獲客觀上有可認爲販賣該類毒品之跡證者外，因仍屬指證者單方之陳述本身，自尚須其所述交易該類毒品犯罪事實之補強證據。

▶105 台上 61（判決）

供述證據之證據適格，以具備任意性爲必要；必具任意性之供述證據，始有進一步檢視傳聞證據是否符合傳聞法則例外規定之必要。刑事訴訟法第一百五十九條之二規定：被告以外之人在檢察事務官、司法警察（官）調查中所爲之陳述，如與審判中不符，其先前之陳述，具有較可信之特別情況，且爲證明犯罪事實所必要者，得爲證據。所謂「具有較可信之特別情況」，係屬傳聞證據例外取得證據能力之特別要件，且因足以取代審判中反對詰問之可信性保證，故其先前之陳述，依當時客觀環境或條件等情況觀察結果，自須具有較爲可信之特別情況（下稱特信性）。此非但與一般供述證據必須具備任意性之證據能力要件有別，更與證人之記憶是否清晰、有無遭受外界干擾等憑信性之證據證明力迥不相侔。**自不能僅以其具有任意性，即推認具有特信性；亦不得僅以 其先前之陳述與案發時間接近，未受外界干擾而受污染等證明力高低問題，反推具有證據能力。**

▶104 台上 3716（判決）

A 女於九十九年十一月二十三日，在上開區間列車之車廂內遭受被告性交得逞後，當日即於校內廁所內以電話向 B 女哭訴求救，且陳述相關過程至不斷哭泣，甚至哭得更慘，並由 B 女委請友人前往 A 女之學校內，將 A 女護送回家；此部分 B 女所證述內容核與 A 女之指述情節相符，另 B 女證述 A 女於此次遭人以手指放入 A 女陰道之性侵時間係九十九年十一月二十三日，亦與偵卷所附 A 女於偵查中所提上開日記本之記載內容相符，當足以補強此部分 A 女證述之眞實性。

編按：本判決認爲日記可作爲補強證據。

▶102 台上 1062（判決）

證據能力與證據之證明力不同。前者乃指立證資料得爲證據之法律上資格；後者則指其證據於證明某種事實，具有何等實質之價値。故證據能力乃資格之有無，證據證明力則爲效力強弱之問題。亦即有證據能力，非必有證據證明力。被告以外之人於審判外之陳述，是否具有證據能力，應依刑事訴訟法有關傳聞法則例外規定之情形評斷之。**倘認其有證據能力，其證明力如何，則由法院於不違背經驗法則及論理法則，本於確信自由判斷之。並非有證據能力，即當然認其證明力無疑，而就待證事實認均具有證明力，亦不能以證明力不足而否定其證據能力**。又縱認證人於警詢之陳述，具有證據能力，亦不當然即排除其於審判中之陳述之證明力，而證人之陳述有部分前後不符，究竟何者可採，法院本得依其自由心證予以斟酌，若其基本事實之陳述與眞實性無礙時，仍非不得予以採信，非謂一有不符，即認其全部均爲不可採納。

▶100 台上 4518（判決）

社工人員係就其所輔導個案經過之直接觀察及個人實際經驗爲基礎所爲之書面或言詞陳述，即該當於證人之性質；至於經社工轉介由具有精神科醫生、心理師、相關背景之學者或經驗豐富之臨床工作者等心理衛生專業人員，就其參與被害人治療過程中有無出現待證事實之反應或身心狀況（如創傷後壓力症候群等）所出具之意見，則居於鑑定證人之列。凡此，自屬法定之證據方法，非不得經由渠等之證述以供爲判斷被害人陳述憑信性之補強證據，審理事實之法院自應翔實調查，根究明白，爲必要之說明，再綜核全案證據資料，本於經驗法則以定其取捨，並將取捨證據及得心證之理由於判決內詳予說明，始爲適法。

▶100 台上 3332（判決）

具結固係法律爲擔保證人陳述具眞實性之程序上規定；**惟就證據價値之判斷而言，並無所謂經具結之陳述其證據價値即當然比未經具結者爲高之定則**。否則證人之警詢陳述將因我國刑事訴訟法無具結之規定，其證據之證明力將永遠低於偵、審中經具結之證述。我國刑事訴訟法既採自由心證主義，關於人證之供述，法院自可斟酌一切情形以爲取捨，不能僅以供述時是否經具結作爲判定證明力強弱之標準。

▶100 台上 2980（判決）

犯罪事實之認定，係據以確定具體的刑罰權之基礎，自須經**嚴格之證明**，故其所憑之證據不僅應**具有證據能力**，且須經**合法之調查**程序，否則即不得作爲有罪認定之依據。倘法院審理之結果，認爲不能證明被告犯罪，而爲無罪之諭知，即無前揭第一百五十四條第二項所謂「應依證據認定」之犯罪事實之存在。因此，同法第三百零八條前段規定，無罪之判決書只須記載主文及理由。而其理由之論敘，僅須與卷存證據資料相符，且與經驗法則、論理法則無違即可，所使用之證據亦不以具有證據能力者為限，即使不具證據能力之傳聞證據，亦非不得資為彈劾證據使用。

▶100 年台上 1803（判決）

私人以合法方法取得之證據，並無證據排除原則之適用。原判決已就本件告訴人提出告訴經檢察官送請台科大鑑定之列印程式資料，係告訴人於九十三年七月六日自皇捷科技有限公司（下稱皇捷公司）出售予台灣電路公司之「Precise Gauge」機器之電腦程式其中「Circle Calculator Class.vb」檔案中列印所得，具有證據能力，應得作為本案證據之理由，論述甚詳。經核於法並無不合。上訴意旨徒憑己見，仍爭執前揭證據並非依法定程序查扣而無證據能力，尚非上訴第三審之適法理由。

▶99 台上 3168（判決）

刑事訴訟法上「證據排除原則」，係指將具有證據價值之證據因取得程序之違法，而予以排除之法則。偵查機關「違法」偵查蒐證適用「證據排除原則」之主要目的，在於抑制違法偵查並嚇阻警察機關之不法，其理論基礎，來自於憲法上正當法律程序之實踐，鑒於一切民事、刑事、行政、懲戒之手段，尚無法有效遏止違法偵查、嚇阻警察機關之不法，唯有透過證據之排除，使人民免於遭受國家機關非法偵查之侵害、干預，防止政府濫權，藉以保障人民之基本權。此與私人不法取證係基於私人之地位，侵害私權利有別。蓋私人非法取證之動機，或來自對於國家發動偵查權之不可期待，或因犯罪行為本質上具有隱密性、不公開性，產生蒐證上之困窘，難以取得直接之證據，冀求證明刑事被告之犯行之故。**而私人不法取證並無普遍性，且對方得請求民事損害賠償或訴諸刑事追訴或其他法律救濟機制，無須藉助證據排除法則之方式將證據加以排除，即能達到嚇阻私人不法行為之效果，如將私人不法取得之證據一律排除，不僅使刑事被告逍遙法外，而私人尚需面臨民事、刑事之訟累，在結果上反而顯得失衡，亦難有抑制私人不法取證之效果**。是偵查機關「違法」偵查蒐證與私人「不法」取證，乃完全不同之取證態樣，兩者所取得之證據排除與否，理論基礎及思維方向非可等量齊觀，私人不法取證，難以證據排除法則作為其排除之依據及基準，私人所取得之證據，原則上無證據排除原則之適用。

第 156 條（自白之證據能力及其證明力）

I 被告之自白，非出於強暴、脅迫、利誘、詐欺、疲勞訊問、違法羈押或其他不正之方法，且與事實相符者，得為證據。

II 被告或共犯之自白，不得作為有罪判決之唯一證據，仍應調查其他必要之證據，以察其是否與事實相符。

III 被告陳述其自白係出於不正之方法者，應先於其他事證而為調查。該自白如係經檢察官提出者，法院應命檢察官就自白之出於自由意志，指出證明之方法。

IV 被告未經自白，又無證據，不得僅因其拒絕陳述或保持緘默，而推斷其罪行。

□修正前條文

I 被告之自白，非出於強暴、脅迫、利誘、詐欺、違法羈押或其他不正之方法，且與事實相符者，得為證據。

II 被告之自白，不得作為有罪判決之唯一證據，仍應調查其他必要之證據，以察其是否與事實相符。

III 被告未經自白，又無證據，不得僅因其拒絕陳述或保持緘默，而推斷其罪行。

■修正說明（92.02.06）

一、於原條文第一項增訂「疲勞訊問」等文字，以與第九十八條之規定相呼應。

二、除被告之自白外，共犯之自白，亦不得作為有罪判決之唯一證據，仍應調查其他必要之證據，以察其是否與事實相符。爰於原條文第二項增訂「或共犯」等文字，以資規範。

三、**按英美法例一般認為自白是否出於任意性，為先決之事實問題，法官應先予調查並決定之。大陸法系國家則認為自白之證據能力**，本屬程序之事實，對此程序之事實，法院得依職權自由裁量而為審理調查之，我國實務見解亦認為被告主張自白非出於任意時，法院應依職權先於其他事證而為調查（參照最高法院二十三年上字第八六八號判例），**而自白是否出於任意，係自白是否具有證據能力之要件，如有疑義，自宜先予查明，以免造成法官因具瑕疵之自白而產生不利於被告心證之結果**。從而，於修正條文第三項前段增訂「被告陳述其自白係出於不正之方法者，應先於其他事證而為調查」之規定，把實務向來之見解，予以明文化，以保障被告人權。

四、有關非任意性自白爭執之舉證責任歸屬問題，除傳統之大陸法例，因其刑事訴訟制度以澈底之職權進行主義為原則，認為自白之證據能力，為法院依職權自由裁量而為審查之程序事項，不生舉證責任之問題外，於英美法例與日本法例則認檢察官應就自白之證據能力，負舉證責任，只於舉證之時點究爲起訴時或被告爭執自白任意性時，存有不同意見而已。我國刑事訴訟法本以職權主義爲原則，有關被告自白之證據能力，檢察官不負舉證之責，惟如被告主張其自白並非出於任意，始由法院依職權加以調查。然實務運作之結果，反使被告必須證明其自白非出於任意，否則被告之自白即不容被推翻。事實上，被告欲證明其自白非出於任意，十分困難。因此，有關自白非任意性之爭執，每每成爲民怨之所在，本法於五十六年修正時，已酌採當事人進行主義之精神，此次修正則以當事人進行主義爲原則，以往因採職權主義而否定檢察官舉證責任之理由，已隨之發生動搖，是站在人權保障及以當事人進行主義爲原則之立場，爰於修正條文條第三項後段增訂「該自白如係經檢察官提出者，法院應命檢察官就自白之出於自由意志，指出證明之方法。」**以明檢察官應就自白任意性之爭執負舉證責任，俾配合時代趨勢及國情需要**。至於所稱指出證明方法，例如檢察官得提出訊問被告之錄音帶或錄影帶或其他人證，以證明被告之自白係出於自由意志，附此敘明。

五、原條文第三項，移列爲第四項。

❖ 法學概念

不正方法訊（詢）問之類型

一、王兆鵬教授

㈠威脅或脅迫：即使「合法」之威脅，但足以讓嫌疑犯產生恐懼，該自白亦具非任意性。例如警察告訴犯罪嫌疑人，若不承認強制性交，就必須接受強制採精程序，而此一過程頗爲痛苦。

㈡心理壓力：如長時間密集隔離36小時或夜間訊問長達8小時。

㈢承諾優惠：警察承諾起訴或撤回起訴、請求法院減刑罰。

【王兆鵬、張明偉、李榮耕，《刑事訴訟法（上）》，瑞興，三版，2015.09，400頁以下。】

二、林鈺雄教授

德國法制或實務認爲，只要客觀上有影響犯罪嫌疑人自由意志之虞，都有可能導致證據禁止使用之效果。例如**長時間持續訊（詢）問**、欺騙犯罪嫌疑人已取得其他共犯或共同被告之自白。或將犯罪嫌疑人帶至被害之親生兒屍體前，皆屬不正訊問。

【林鈺雄，《刑事訴訟法（上）》，新學林，八版，2017.09，192頁。】

三、我國實務

我國最高法院認爲，若執法人員告知被告「你不能與體制對抗，會被羈押」，屬於脅迫；而執法人員告知被告「自白後你可以回家或減輕或免除其刑」，則屬於利誘（94年度台上字第5654號判決）。**若執法人員告知被告「若照實講，可免保飭回，否則還押」，亦屬不正方法**（96年度台上字第3104號判決）。**又如，告知被告「給你機會坦白，不然還押」，則爲利誘、恐嚇等非法方法**（93年度台上字第5186號判決）；承辦員警：**「你不交代清楚，絕對將你收押。」亦爲恐嚇之不正方法**（97年度台上字第2957號判決）；**檢察官許被告以緩起訴，但被告認罪後卻予以起訴，即屬詐欺**（98年度台上字第5665號判決）。

❖ 法學概念

毒樹果實原則（fruits of the poisonous tree doctrine）及其例外

一、原則

違法取得的證據，依證據排除法則，應將之排除，不得作爲證據；同樣地，先前基於違法取得的證據，即使再透過合法程序所取得的證據，亦不可作爲證據，此即所謂「毒樹果實理論」。**換言之，凡經由非法方式所取得的證據，即是「毒樹」；進而獲得的其他衍生證據，縱然是合法取得，亦爲「毒果」。在我國法下，成爲毒樹的對象包含：非任意性自白的供述證據，以及違法取得的非供述證據（如違法搜索扣押及勘驗所取得）；成爲毒果的對象有：基於非任意性自白所取的衍生證據及違法搜索扣押及勘驗所取得的衍生證據。**例如，自白與不正方法之間並沒有因果關係，則表示自白乃非因不正方法所取得，自然合於任意性。惟，若執法人員先以強暴脅迫取得自白，之後訊問時，被告所爲的自白是否亦受前次不正方法的影響，而必須加以排除？一般而言，被告的自由意志受威脅的情況可能會持續一段時間，倘若偵訊的環境沒有重大改變的情況之下更是如此。被告於後次所爲的自白或許有受前次不正方法的影響，但是如果認爲僅一次的不正方法會擴散至所有的自白，將使得國家機關的訴追行爲受到莫大的影響，是故此一不正方法的延伸效力應有所限制。因此，倘被告精神上有受壓迫，足證已經延伸至後次不正方法的時候，後次的自白應不具有證據能力（最高法院95年度台上字第1365號判決）。

在轟動一時之〈鄭性澤案〉中，法院在判決中雖未提及毒樹果實理論，但其論證過程已將其意涵表露無遺（臺灣高等法院臺中分院105年度再字第3號刑事判決）。

德國刑事訴訟法亦有類似本法第156條第1項絕對禁止使用的規定，第136條之1第3項第

2 段規定「違反禁止規定取得之自白，即使被告本人同意使用，亦不得作爲證據」，即沒有證據能力，然而根據此禁止使用證據的規定，它的射程範圍如何不無爭議。但德國學說上亦肯認美國的毒樹果實理論的運用。例如，透過要脅手段使被告認罪後再循線找到更多其他犯罪證據，則衍生證據亦被禁用。

【Satzger/Schluckebier/Widmaier, StPO, 3. Aufl., 2018, §136a, Rn. 62ff; Beulke, Strafprozessrecht, 12. Aufl., 2012, §136a, Rn. 144.】

二、例外

毒樹果實理論有以下例外的規定，必須具體衡量衍生證據與違法取證行爲間的關聯，以決定是否排除：

㈠**獨立來源法理**（Independent Untamed Source）：如果衍生證據可以從獨立的來源獲得時，則該證據不需要加以排除。例如，員警無令狀進入倉庫，但等到取得搜索票後才開始搜索，由於法官核發搜索票之決定未受之前非法進入的行爲影響，美國聯邦最高法院認定之後搜索合法（Murray v. United States, 487 U.S. 533 (1988)）。

㈡**稀釋法理**（Purged Taint）：違法取得的證據與衍生證據之間，若有其他合法的偵查行爲介入，產生稀釋的現象，則衍生證據可以使用，以避免將會造成執法人員一旦違法取證，該證據即永久禁用，因此有承認例外的必要（Wong Sun v. United States, 371 U.S. 471 (1963)）。

㈢**不可避免發現法理**（Inevitable Discovery）：若該證據縱然不經違法行爲亦可發現，則無須加以排除。即執法人員雖不法取證，但即令無此等的不法行爲，該證據亦無可避免地會被發現（Nix v. Wlliams, 467 U.S. 431 (1984)）。

㈣**誠實善意法理**（Good Faith Exception）：偵查機關並非惡意違法取證（例如誤以爲無效的搜索票爲有效，進而爲搜索行爲），則其所取得的衍生證據無須排除（United States v. Leon, 468 U.S. 897 (1984)）。

【張麗卿，《刑事訴訟法理論與運用》，五南，十四版，2018.09，357 頁以下。】

三、具體說明

㈠**當自白爲毒樹時**

此時應區分執法人員取得自白是否違反刑事訴訟法第 156 條第 1 項的規定：

1. **當執法人員第一個行爲係違反第 156 條第 1 項規定，就該自白所衍生之證據，應適用毒樹果實原則而排除之。**除非檢察官證明符合毒樹果實原則的例外（如稀釋法理），否則第二個行爲取得衍生證據無證據能力。
2. **如果執法人員第一個行爲係違反第 156 條第 1 項以外之規定（如第 95 條、第 93 條之 1、第 100 條之 3 等），就該自白所衍生之證據，原則上應適用毒樹果實原則而排除之。例外如檢察官能證明第一個自白具任意性時，則不適用毒樹果實原則，從而自白所衍生之證據當然有證據能力。**若檢察官不能（不願）證明第一個自白具任意性時，仍得證明第二個證據符合毒樹果實原則的例外（如稀釋法理例外使衍生證據具證據能力）。

㈡**當自白爲毒果時**

1. 例如執法人員第一個行爲違反搜索、扣押、逮捕規定，第二個取得自白行爲合法，但不當然依自白法則排除自白。**蓋因被告自白之「主觀」動機雖然複雜，未必直接受前次非法行爲的影響，但只要「客觀」上，自白是利用第一個非法行爲的產物，即應適用毒樹果實原則以否定自白之證據能力，否則不能達到嚇阻非法逮捕之目的。**警察拘捕人民時，係將人民由一個其極爲熟悉的環境強制帶至另一個充滿敵意的陌生新環境，一般人在此情形下，通常會產生緊張、恐懼、無力而造成意志不自由。也就是被告在拘捕後受警察訊問時，應「**推定**」構成事實上的「**強迫**」。
2. 惟，**倘若檢察官能證明第一個行爲的瑕疵已遭稀釋，自白仍得爲證據。**例如，在拘捕後的警詢中，被告有律師在場，且被告已與律師會談溝通過，已紓緩拘捕後的強制狀態，能夠自由陳述的意思亦已恢復。但執法機關已採取積極相對之措施，使訊問環境不再具強迫性質。又如，被告在經法院交保釋放、數日後自願返回警察局而自白，這些事實應認爲足以稀釋非法逮捕的瑕疵，因爲非法逮捕與自白之間的關聯性已非常遙遠，因此該自白得爲證據。然而在美國 Taylor v. Alabama 案，此案警察無令狀且無相當理由對被告爲非法逮捕，雖然：(1)在非法逮捕與自白間已相隔 6 個小時；(2)在自白前，被告被告知米蘭達告知權利三次；(3)在自白前不久，被告與其未婚妻及朋友會面談話。不過，這些介入的事實，美國聯邦最高法院認爲，仍然並不足以稀釋非法逮捕之瑕疵，自白應該排除。

【王兆鵬、張明偉、李榮耕，《刑事訴訟法（上）》，新學林，四版，2018.09，537 頁以下。】

❖ 爭議問題

兩以上共犯之證言得否互為補強證據？

一、肯定說

此說認爲，不同之人所爲之陳述，無論其身分係「共同被告」、「共同正犯」、教唆犯、幫助犯、告訴人、被害人或一般證人，既屬各自獨立之證據方法，並非不能互相作爲補強證據，祇是不能僅以其中一項，作爲認定被告犯罪之唯一證據而已；又供述證據與非供述證據，乃係不同類型之證據方法，祇要證據能力無虞，後者當然亦可資爲前者之補強證據（最高法院 103 年度台上字第 3717 號判決）。

二、折衷說

若對向正犯之供述彼此一致者，得互爲補強證據（最高法院 100 年度台上字第 5502 號、100 年度台上字第 5857 號判決）。

三、否定說

兩名以上共犯之自白，倘爲任意共犯、聚合犯，或對向犯之一方共同正犯之自白，不問是否屬於同一程序，縱所自白內容一致，因仍屬自白之範疇，究非自白以外之其他必要證據，故此所謂其他必要證據，應求諸於該等共犯自白以外，實際存在有關被告與犯罪者間相關聯之一切證據，必其中一共犯之自白先有補強證據，而後始得以該自白爲其他共犯自白之補強證據。除非係對向犯之雙方所爲之自白，因已合致犯罪構成要件之事實而各自獨立成立犯罪外，否則，兩名以上共犯之自白，不問是否屬於同一程序（共同被告）或有無轉換爲證人訊問，即令所述內容一致，因仍屬自白之範疇，究非自白以外之其他必要證據。故兩共犯之自白仍屬自白本身，縱使相符，亦不能逕以共犯兩者之自白相互間作爲證明其中一共犯所自白犯罪事實之補強證據。

【最高法院 102 年度台上字第 4744 號、101 年度台上字第 2207 號、100 年度台上字第 7303 號、100 年度台上字第 572 號、99 年度台上字第 4209 號判決；臺灣高等法院 100 矚再更㈢第 1 號判決。】

從釋字第 582 號解釋之三種觀點，本書較贊成否定說，蓋實質上補強證據若非屬獨立於自白以外之證據，係無法成爲補強證據，倘共犯分別所爲之陳述，無其他具體之補強證據存在，其陳述本身已有問題，法院卻將此有問題之兩共犯陳述互爲補強，以認定另一人之涉案，可謂違反對於補強法則之法理要求。

【黃朝義，《刑事訴訟法》，新學林，五版，2017.09，543、587、599 頁。】

換言之，被告自白的補強必須使用被告自白以外的證據，共同被告的自白應具有補強證據之適格。甚至即便被告自白與共同被告之自白的內容吻合，依然不能認爲共同被告所爲不利被告之供述可與其他被告自白相互補強，便認定被告有罪。因爲，共同被告之間往往有互相推諉構陷、串供等問題，其自白虛僞的成分相當高。

【李佳玟，〈邱和順等人被控擄人勒贖撕票案〉，收錄於《程序正義的鋼索》，元照，2014.06，42 頁。】

❑ 實務見解

▶ 釋字第 592 號（94.03.30）

本院釋字第五八二號解釋，並未於解釋文內另定應溯及生效或經該解釋宣告違憲之判例應定期失效之明文，故除聲請人據以聲請之案件外，其時間效力，應依一般效力範圍定之，即自公布當日起，各級法院審理有關案件應依解釋意旨爲之。至本院釋字第五八二號解釋公布前，已繫屬於各級法院之刑事案件，該號解釋之適用應以個案事實認定涉及以共同被告之陳述，作爲其他共同被告論罪之證據者爲限。

▶ 釋字第 582 號（93.07.23）

憲法第十六條保障人民之訴訟權，就刑事被告而言，包含其在訴訟上應享有充分之防禦權。刑事被告詰問證人之權利，即屬該等權利之一，且屬憲法第八條第一項規定「非由法院依法定程序不得審問處罰」之正當法律程序所保障之權利。爲確保被告對證人之詰問權，證人於審判中，應依法定程序，到場具結陳述，並接受被告之詰問，其陳述始得作爲認定被告犯罪事實之判斷依據。刑事審判上之共同被告，係爲訴訟經濟等原因，由檢察官或自訴人合併或追加起訴，或由法院合併審判所形成，其間各別被告及犯罪事實仍獨立存在。故共同被告對其他共同被告之案件而言，爲被告以外之第三人，本質上屬於證人，自不能因案件合併關係而影響其他共同被告原享有之上開憲法上權利。最高法院三十一年上字第二四二三號及四十六年台上字第四一九號判例所稱共同被告不利於己之陳述得採爲其他共同被告犯罪（事實認定）之證據一節，對其他共同被告案件之審判而言，未使該共同被告立於證人之地位而爲陳述，逕以其依共同被告身分所爲陳述採爲不利於其他共同被告之證據，乃否定共同被告於其他共同被告案件之證人適格，排除人證之法定調查程序，與當時有效施行中之中華民國二十四年一月一日修正公布之刑事訴訟法第二百七十三條規定牴觸，並已不當剝奪其他共同被告對該實具證人適格之共同被告詰問之權利，核與首開憲法意旨不符。該二判例及其他相同意旨判例，與上開解釋意旨不符部分，應不再援用。

所謂「其他必要之證據」，自亦須具備證據能力，經合法調查，且就其證明力之程度，非謂自白爲主要證據，其證明力當然較爲強大，其他必要之證據爲次要或補充性之證據，證明力當然較爲薄弱，而應依其他必要證據之質量，與自白相互印證，綜合判斷，足以確信自白犯罪事實之眞實性，始足當之。最高法院三十年上字第三〇三八號、七十三年台上字第五六三八號及七十四年台覆字第一〇號三判例，旨在闡釋「其他必要之證據」之意涵、性質、證明範圍及程度，暨其與自白之相互關係，且強調該等證據須能擔保自白之眞實性，俾自白之犯罪事實臻於確信無疑，核其及其他判例相同意旨部分，與前揭憲法意旨，尙無牴觸。

▶108 年度第 7 次刑事庭會議決議（108.06.04）

採乙說：否定說。

毒品危害防制條例第十七條第二項規定：「犯第四條至第八條之罪於偵查及審判中均自白者，減輕其刑」，**是一般而言，被告固須於偵查及審判中皆自白始有該減刑規定之適用**。但訊問被告應先告知犯罪嫌疑及所犯所有罪名，並予以辯明犯罪嫌疑之機會，刑事訴訟法第九十五條第一項第一款、第九十六條分別定有明文。而上開規定，依同法第一百條之二於司法警察官或司法警察詢問犯罪嫌疑人時，準用之。**從而，司法警察調查犯罪於製作警詢筆錄時，就該犯罪事實未曾詢問，檢察官於起訴前亦未就該犯罪事實進行偵訊，均形同未曾告知犯罪嫌疑及所犯罪名，即逕依其他證據資料提起公訴，致使被告無從於警詢及偵查中辯明犯罪嫌疑，甚或自白，以期獲得減刑寬典處遇之機會，難謂非違反上開程序規定，**剝奪被告之訴訟防禦權，違背實質正當之法律程序。故於承辦員警未行警詢及檢察官疏未偵訊，即行結案、起訴之特別狀況，被告祇要審判中自白，應仍有上揭減刑寬典之適用，俾符合該條項規定之規範目的。

㈡而司法警察既爲偵查輔助機關，應依檢察官之命令偵查犯罪，於其製作被告之警詢筆錄時，既已就蒐證所知之犯罪事實詢問被告，使被告得以申辯、澄清其有無涉案，究難謂於偵查階段未予被告辯明犯罪嫌疑之機會。縱使其後檢察官認爲事證已明且達起訴門檻，未待偵訊被告即提起公訴，亦屬檢察官調查證據職權之適法行使，符合刑事訴訟法第二五一條第一項之規定，尙無違法剝奪被告訴訟防禦權之可言。是以除司法警察調查犯罪於製作警詢筆錄時，就是否涉犯毒品危害防制條例第四條至第八條之犯罪事實未曾詢問被告，且檢察官於起訴前又未進行偵訊，二者條件兼備，致有剝奪被告罪嫌辯明權之情形，始得例外承認僅以審判中自白亦得獲邀減刑之寬典外，**一般言之，均須於偵查及審判中皆行自白，始有適用**毒品危害防制條例第十七條第二項之餘地。倘司法警察詢問時，被告業已否認犯罪，檢察官其後雖未再訊問，惟被告在偵查中既非全無辯明犯罪嫌疑、爭取自白減刑之機會，卻心存僥倖而在警詢時否認犯罪，冀圖脫免刑責，與毒品危害防制條例第十七條第二項鼓勵是類犯罪行爲人自白、悔過，並期訴訟經濟、節約司法資源之立法目的明顯有違，即令被告嗣後於審判中自白，仍無上開減刑規定之適用。

㈢題示情形中，某甲既已於司法警察詢問犯罪事實時，明確否認曾有販賣海洛因予某丙之情事，應可認爲某甲已有向職司偵查犯罪之公務員辯明其犯罪嫌疑之機會，**不因其後檢察官並未對其實施偵訊而異其認定。則某甲於偵查中並未自白上開販毒事實，即令於法院案件審理時坦承認罪，仍與毒品危害防制條例第十七條第二項須於偵查及審判中皆行自白之要件不合**，自無從援引上開規定而減輕其刑。

▶91 台上 2908（判例）

被告供認犯罪之自白，如係出於強暴、脅迫、利誘、詐欺或其他不正方法，取得該項自白之偵訊人員，往往應擔負行政甚或刑事責任，**若被告已提出證據主張其自白非出於任意性，法院自應深入調查**，非可僅憑負責偵訊被告人員已證述未以不正方法取供，即駁回此項調查證據之聲請。

▶74 台覆 10（判例）

刑事訴訟法第一百五十六條第二項規定，被告雖經自白，仍應調查其必要之證據，以察其是否與事實相符。立法目的乃欲以補強證據擔保自白之眞實性；亦即以補強證據之存在，藉之限制自白在證據上之價値。而所謂補強證據，則指除該自白本身外，其他足資以證明自白之犯罪事實確具有相當程度眞實性之證據而言。雖其所補強者，非以事實之全部爲必要，但亦須補強證據與自白之相互利用，而足使犯罪事實獲得確信者，始足當之。

▶46 台上 419（判例）

共同被告不利於己之陳述，固得採爲其他共同被告犯罪之證據，惟此項不利之陳述，須無瑕疵可指，而就其他方面調查，又與事實相符，始得採爲其他共同被告犯罪事實之認定。

▶31 上 2423（判例）

共同被告所爲不利於已之供述，固得採爲其他共同犯罪之證據，惟此項不利之供述，依刑事訴訟法第二百七十條第二項之規定，仍應調查其他必要之證據，以察其是否與事實相符，自難專憑此項供述，爲其他共同被告犯罪事實之認定。

▶28 上 2530（判例）

依刑事訴訟法第二百七十條第一項規定，被告之自白雖與事實相符，仍須非出於強暴、脅迫、利誘、詐欺或其他不正之方法，始得爲證據，此項限制，原以被告之自白必須本於自由意思之發動爲具備證據能力之一種要件，故有訊問權人對於被告縱未施用強暴、脅迫等不正之方法，而被告因第三人向其施用此項不正之方法，致不能爲自由陳述時，即其自白，仍不得採爲證據。

▶108 台上 1409〇（判決）

毒品危害防制條例第十七條第二項規定，犯第四條至第八條之罪於偵查及審判中均自白者，減輕其刑。係為鼓勵是類犯罪嫌疑人或被告自白、悔過，並期訴訟經濟、節約司法資源而設。除司法警察調查犯罪於製作警詢筆錄時，就該犯罪事實未曾詢問，且檢察事務官或檢察官於該案起訴前亦未就該犯罪事實進行偵訊，致有剝奪被告罪嫌辯明權之情形，始得例外承認僅以審判中自白亦得獲邀減刑之寬典外，一般而言，均須於偵查及審判中皆行自白，始有適用，缺一不可。故**如犯罪事實未經司法警察予以詢問，惟檢察官訊問時已否認犯罪，或犯罪嫌疑人或被告在司法警察、檢察事務官詢問時已否認犯罪，檢察官其後未再訊問，即令嗣後於審判中自白，均無上開減刑規定之適用，此為本院最近一致之見解。然若被告於司法警察詢問或檢察官訊問初始，雖均否認犯罪，惟嗣又表明願意認罪之意，則若檢察官於起訴前「未再」或「漏未」探究被告是否確欲自白犯罪，致其無從獲得減刑寬典之機會，無異剝奪被告之訴訟防禦權；於此情形，倘被告於嗣後之審判又自白犯罪，應再例外認仍有毒品危害防制條例第十七條第二項減刑寬典之適用，俾符合該條項規定之規範目的。**

▶108 台上 3717◯（判決）

待證之犯罪事實依其性質及內容可分為犯罪客觀面（如行為、客體、結果等外在事實）、犯罪主觀面（如故意、過失、知情、目的等被告內心狀態）以及犯罪主體面（犯人與被告為同一之事實），關於犯罪客觀面固需有補強證據，惟犯罪主觀面係以被告內心狀態為探討對象，通常除自白外，並無其他證據存在，若由客觀事實存在得推論其主觀犯意時，尚無需要求有補強證據。至共犯被告自白關於犯罪主體面之證明，可分為對自己為犯人之自白（自白），以及對他人同為共犯之指訴（他白）二者，前者因反於人類自利天性，原則上可推斷為眞實，僅需就犯罪客觀面為補強證明即可；至於後者，因難免嫁禍卸責之風險，除犯罪客觀事實之存在需有補強證據外，就對他人同為共犯之指訴，亦需有補強證據以證明與事實相符。

▶106 台上 2370◯（判決）

刑事訴訟法第一五六條第一項將利誘列為自白取證規範禁止之不正方法之一，**此所謂之利誘，係指詢（訊）問者誘之以利，使受詢（訊）問者認為是一種條件交換之允諾而為自白，然並非任何有利之允諾，均屬禁止之利誘。刑事訴追機關於詢（訊）問前，曉諭自白減免其刑之規定，乃法定寬典之告知，或基於法律賦予對特定處分之裁量空間，在裁量權限內為技術性使用，以鼓勵被告或犯罪嫌疑人勇於自白自新，均屬合法之偵訊作為，而為法所不禁。但刑事追訴機關如對被告或犯罪嫌疑人許諾法律所未規定或非屬其裁量權限內之利益，使信以為眞，或故意扭曲事實，影響被詢問者之意思決定及意思活動自由，誘使被詢問者為自白，則屬取證規範上所禁止之利誘，不問自白內容是否與事實相符，根本已失其證據能力，不得採為判決基礎**。依本件檢察官對陳◯◯之訊問方式及內容，不斷地許諾非裁量權限內之量刑減讓利益，對社經地位不高、亦非具有相關法律認知能力之陳◯◯（其於第一審時自述教育程度為國中畢業、職業為鐵工）而言，顯具有相當高的誘發性，足以影響其意思決定與意思活動自由，其因而為自白，已逸出取證規範可容許之偵訊技巧範圍，而屬禁止之利誘。

▶106 台上 3869（判決）

刑事被告並非訴訟客體而係訴訟主體，其有權決定是否陳述及如何行使訴訟防禦權，在刑事訴訟程序上應尊重被告陳述之自由，禁止強制其為不利之陳述，因而規定被告有緘默權，即屬不自證己罪之特權，以保障被告消極的不陳述自由，如被告行使緘默或拒絕陳述，不得即認係默示自白或為不利於被告之推斷。**然緘默權並非不可拋棄，倘經偵查機關或法院告知犯罪嫌疑人或被告得保持緘默之權利，其猶自願打破沈默而依自由意志為陳述，或選擇行使辯明、辯解權，已不屬緘默權之行使，則法院依被告之陳述、辯解，綜合評價判斷**，而為不利於被告之判斷，並不違反緘默權或不自證己罪之保障。

▶105 台上 32（判決）

刑事訴訟法第一百五十六條第一項有關自白證據排除之規定，旨在維護被告陳述與否之意思決定與意思活動自由權。被告自白須出於自由意志，且與事實相符，始具有證據適格。設若被告自白係出於偵查人員以不正方法取得，該次自白因欠缺任意性，固不得為證據，但嗣後於不同時空由不同偵查人員再次為訊問，若未使用不正方法，則其他次自白是否予以排除（學理上稱之為非任意性自白之延續效力）？須視其他次自白能否隔絕第一次自白之影響不受其污染而定。而非任意性自白延續效力是否發生，應依具體個案客觀情狀加以認定，倘若偵訊之主體、環境及情狀已有明顯變更而為被告所明知，除非證據足以證明被告先前所受心理上之強制狀態延續至其後應訊之時，否則應認已遮斷前次非任意性自白之延續效力。

▶105 再 3（判決）

臺灣高等法院臺中分院最後認定：「若被告第一次自白係出於偵（調）查人員以不正方法取得，該次自白因欠缺任意性即不得為證據，嗣後由不同偵（調）查人員再次為訊（詢）問，並未使用不正方法而取得被告第二次之自白，則其第一次自白是否加以排除，須視第二次自白能否隔絕第一次非任意性自白之影響而定，此即學理上所指非任意性自白之延續效力問題，亦即以第一次自白之不正方法爲『因』，第二次自白爲『果』，依具體個案客觀情狀加以觀察認定，倘兩者具有因果關係，則第二次自白應予排除，否則，即具有證據能力。」

編按：此即鄭性澤案主要無罪定讞理由之一。

▶ 102 台上 3254（判決）

實施刑事訴訟程序之公務員於違法取得證據後，復據以進一步取得衍生證據，**縱與先前之違法取證具有如毒樹、毒果之因果關聯性，然該進一步採證之程序，苟屬合法且與先前違法取證係個別獨立之偵查行爲，我國刑事訴訟法並無排除其作爲證據之明文；必先前違法之取證，與嗣後取得衍生證據之行爲，二者前後密切結合致均可視爲衍生證據取得程序之一部，且先前取證程序中所存在之違法事由並影響及於其後衍生證據之調查、取得，始得依其違法之具體情況，分別適用刑事訴訟法證據排除之相關規定，認無證據能**力。原判決認定本件警員於民國一〇〇年十二月十三日晚上九時許，至上訴人經營之「〇〇〇護膚 SPA 館」進行搜索，**爲無令狀之違法搜索，而將自現場查扣之保險套、查獲過程光碟等因該搜索直接取得之證據，均以無證據能力予以排除，乃因警員係先接獲民衆檢舉該護膚坊內有從事性交易犯罪之情事而到場埋伏，俟有男客至該處消費片刻，即隨後入內搜索，其出於蒐集犯罪事證之目的甚明，但本件並無急迫情形，警員竟未依刑事訴訟法規定事先向法院聲請、取得搜索票，進入之際亦未及時表明其來意並出示身分證件，自屬違背法定程序等情爲其論據**。

而本件證人林〇〇之警詢筆錄，則係警員行搜索當天晚上，宜蘭縣政府警察局宜蘭分局於其局內依法定程序所製作，全程均依法錄音錄影，並經林〇〇表示同意接受夜間詢問，業據第一審勘驗該警詢錄影光碟無誤，是**該次警詢與上開搜索顯係個別獨立之合法偵查作爲，且該搜索未經依法取得搜索票之違法事由，對嗣後警詢之合法性與林〇〇陳述之任意性，亦不生影響**。原判決因以林〇〇警詢筆錄非因違背法定程序取得之證據，不生應依刑事訴訟法第一百五十八條之四法益權衡原則判斷其證據能力之問題，並就林〇〇該警詢之陳述，**如何具任意性，且並無機會先與他人勾串，亦無多餘時間供其思索設詞掩飾、迴護，所述內容復均爲其親身經歷，且無瑕疵可指，亦不致因距案發時隔日久記憶模糊，較諸其嗣於法院審理時所爲不相一致之陳述，顯具有可信之特別情況等情**，於理由內詳爲說明後，併引爲認定上訴人共同犯本案之證據，自形式上觀察，與法尙無不合。

❖ 學者評釋

本判決首先肯認毒樹果實理論在我國刑事訴訟程序之適用，但表示需要兩者具有緊密結合關係，且先前證的違法程序影響到衍生證據之取得，之後才能依具體的違法情狀，認爲無證據能力。依照這個基調，一旦違法而獲悉之供述證據，只要在訊問過程當中，遵守相關之程序規定，而屬於各別獨立之偵查作爲，甚至包含日後在法院進行證人之詰問程序，只要是能與違法取證行爲相區隔，所有因此而取得之供述證據都有證據能力，但若如此解釋，無異是廣開毒樹果實理論的大門，讓所有衍生性的供述證據都有證據能力。以本案具體事實爲例，國家機關在訊問證人時，雖然合乎相關之程序規範，但就訊問過程中，倘若提示相關違法取得之證據資料（例如保險套、蒐證照片）給證人，或在查獲後立即同意至警局製作筆錄，證人可能因此受到心理與精神壓迫而爲證述。學者認爲所謂供述出於非任意性的判斷，只要國家機關所施加之行爲手段，有可能會導致證言受到扭曲或失去眞實性，都可以解釋成不正方法。換言之，以不法取得之證據作爲訊問資料，進而詢問證人，此種偵查手段無異構成不正方法之訊問。從毒樹果實理論排除之理由觀之，國家機關因爲違法搜索而是否不取得更高的證據優勢，不能因爲國家如本案機關違法發現證人後，再依日後的合法、獨立之偵查手段，使供述證據敗部復活而有證據能力。因此，當衍生**性證據屬於供述證據時，原則上應該予以排除，僅有例外事由而可以切斷兩者之關聯性時，方例外具有證據能力**。而關聯性之證言是否切斷，應該由檢察官負擔舉證責任。

然而，**判決理由中所稱之「個別」、「獨立」之偵查作爲，並非「關聯性」判斷要件。亦即，不能因爲時間距離違法搜索已久，就認爲兩者沒有任何「關聯性」，因爲「關聯性」之重點並非「時間」之長短，亦非「訊問之場景」，而係比較：前、後取證之證據優勢地位，以及應由檢察官舉證該證據被發現之必然性是否不受違法搜索之影響而存在**。

假設，男客 B 其實就是曾經向員警 A 舉報的線民，員警在埋伏過程中，偶然發現男客 B 入內消費，**此時之違法搜索，未必與男客嗣後之證言有關**，倘若檢察官可以證明男客 B 即便沒有違法搜索，也會出面指證其當時於該處進行性交易，該違法搜索與證言之關聯性應該可以被消弭，而例外認爲有證據能力。

【黃朝義，〈毒樹果實理論上實務具體運作——簡評最高法院 102 年度台上字第 3254 號刑事判決〉，《月旦裁判時報》，第 27 期，2014.06，48 頁以下。】

▶ 102 台上 880（判決）

刑事訴訟法第一百五十六條第二項規定，被告或共犯之自白，不得作爲有罪判決之唯一證據，仍應調查其他必要之證據，以察其是否與事實相符。其立法意旨乃在防範被告或共犯自白之虛擬致與眞實不符，故對自白在證據上之價值加以限制，明定須藉補強證據以擔保其眞實性。**而所謂共犯之自白，係指共犯中之一人，對於自己及其他共犯所爲具備構成犯罪要件之事實向職司偵查、審判之公務員坦白陳述而言。至於共同被告中之一人，就其所知悉僅關於其他共同被告之事項作證，而其所陳述之內容與其本身有無共同參與犯罪無關者，自非共犯之自白。前者應依自白法則定其得否爲證據；後者，即係資爲證明他人被告案件之證據，自應依人證之證據方法處理，否則其陳述因欠缺法定之程序要件，即難認爲係合法之證據資料。**

▶102 台上 551（判決）

刑事訴訟法第一百五十六條第一項、第二項，係分別就自白之任意性與自白之補強性設其規定，前者係以保障被告之自由權，具有否定自白證據適格性之機能，後者則重在排斥虛僞之自白，藉補強證據之存在，以限制自白在證據上之價值，並作爲擔保其眞實性之程序上要件。所謂補強證據，則指除該自白本身外，其他足資以證明自白之犯罪事實具有相當程度眞實性之證據而言，是以自白補強之範圍限定爲與犯罪構成要件事實有關係者。

▶102 台上 81（判決）

幼童證言是否可信，仍有待補強證據資以綜合判斷，**所謂補強證據，必須係與被害幼童指證被害之經過有關連性，但不具同一性之別一證據，始具補強證據之適格，如係與被害幼童之陳述具同一性（如轉述幼童證詞之傳聞供述），則不與焉。**

▶100 矚再更㈢ 1（判決）

兩名以上共犯之自白，除非係對向犯之雙方所爲之自白，因已合致犯罪構成要件之事實而各自成立犯罪外，倘爲任意共犯、聚合犯，或對向犯之一方共同正犯之自白，不問是否屬於同一程序，縱所自白內容一致，因仍屬自白之範疇，究非自白以外之其他必要證據，**故此所謂其他必要證據，應求諸於該等共犯自白以外，實際存在之有關被告與犯罪者間相關聯之一切證據**，必其中一共犯之自白先有補強證據，而後始得以該自白為其他共犯自白之補強證據，**殊不能逕以共犯兩者之自白相互間作爲證明其中一共犯所自白犯罪事實之補強證據**；共犯之自白，依刑事訴訟法第一百五十六條第二項規定，應有補強證據要求之必要性，藉以限制該自白之證據價值，以擔保其陳述與真實相符；共犯之不利陳述，**在證據法上，應依獨立之「補強證據」予以證實，亦即以別一證據，用以支持或確認該陳述所指涉之內容，旨在增強原已提出於法院不同證據之證明力（參最高法院九十九年台上字第六一二八號、一〇一年台上字第二五八五號判決、一〇一年度台上字第四七六號判決）**。

編按：

本判決即眾所矚目蘇建和案的再審判決，雖判決年度爲 100 年度，但因裁判日期爲 101 年 8 月 31 日，在最高法院 101 年度台上字第 867 號判決做成日之前，故本書將其置列於此。

▶101 台上 867（判決）

所稱之疲勞訊問，應係指被告或犯罪嫌疑人已處於自由意志受到壓抑、影響之疲勞狀態，但實施刑事訴訟程序之公務員卻仍對其進行訊問之情形而言。故有無疲勞訊問之情事，**應依個案情節，就被告受訊（詢）時間之久暫、過程中是否獲有足以維繫應訊體力、精神之日常生活所需與休息等影響其自由意志之因素，予以綜合判斷，要非徒執其起居作息是否如常一端，作形式上之觀察，尤與該疲勞狀態之形成是否可歸責於訊問主體及訊問主體主觀上有無利用受訊問人疲勞狀態取供之惡意等非關受訊問人自由意志之事項無涉。**

▶101 台上 522（判決）

按認事採證、證據之取捨及證據證明力之判斷，俱屬事實審法院之職權，苟無違背證據法則，自不能指爲違法。又證人供述之證據前後縱有差異，事實審法院依憑證人前後之供述證據，斟酌其他證據，本於經驗法則與論理法則，取其認爲眞實之一部，作爲判斷之證據，自屬合法。

▶101 台上 199（判決）

供述證據之證明力判斷，屬事實審法院職權，並非測謊鑑定所得取代，況測謊係鑑定人就受測者對特定問題之皮膚電阻、血壓等儀器反應爲分析意見，本質上與受測者之任意性供述有別，其正確性受包含測謊鑑定人之專業、儀器設備、測謊情境等各項測謊條件之影響，復無從反覆驗證精確性，亦難單以受測者對特定問題回答之測謊鑑定結果，逕予推論受測者就相關案件所爲全部陳述之眞實性，是測謊鑑定意見應僅供判斷供述證據證明力之參酌，並非法定必要調查之證據與應踐行之程序。

▶101 台上 155（判決）

投票受賄者指證某人爲行賄者之對向性正犯證人，雖非屬共犯（指共同正犯、教唆犯、幫助犯）證人之類型，但因自白受賄得邀減輕其刑之寬典（公職人員選舉罷免法第一百十一條第一項參照），其證言在本質上存有較大之虛僞危險性，爲擔保其陳述內容之眞實性，依刑事訴訟法

第一百五十六條第二項規範之同一法理，仍應認爲有補強證據之必要性，藉以限制其證據價值。

▶100 台上 7303（判決）

共犯之自白，不得作爲有罪判決之唯一證據，仍應調查其他必要之證據，以察其是否與事實相符，刑事訴訟法第一百五十六條第二項定有明文。**而兩名以上共犯之自白，不問是否屬於同一程序（共同被告）或有無轉換爲證人訊問，即令所述內容一致，因仍屬自白之範疇，究非自白以外之其他必要證據**。必一共犯之自白先有補強證據，而後始得以該自白作爲其他共犯自白之補強證據，殊不能逕以共犯兩者之自白相互間資爲證明其中一方所自白犯罪事實之補強證據，或作爲另一共犯犯罪判斷之唯一依據。

▶100 台上 6592（判決）

任意共犯、聚合犯，或對向犯之一方共同正犯之自白，不問是否屬於同一程序，縱所自白內容一致，因仍屬自白之範疇，究非自白以外之其他必要證據。故此所謂其他必要證據，應求諸於該等共犯自白以外，實際存在之有關被告與犯罪者間相關聯之一切證據；**必其中一共犯之自白先有補強證據，而後始得以該自白爲其他共犯自白之補強證據，殊不能逕以共犯兩者之自白相互間作爲證明其中一共犯所自白犯罪事實之補強證據**。

▶100 台上 6543（判決）

刑事訴訟法上「證據排除原則」，係指將具有證據價値，或眞實之證據因取得程序之違法，而予以排除之法則。而私人以錄音、錄影之行爲所取得之證據，應受刑法第三百十五條之一與通訊保障及監察法之規範，私人違反此規範所取得之證據，固應予排除；惟依通訊保障及監察法第二十九條第三款之規定「監察者爲通訊之一方或已得通訊之一方事先同意，而非出於不法目的者，不罰」，是通訊之一方非出於不法目的之錄音，所取得之證據，即無證據排除原則之適用。

▶100 台上 6181（判決）

刑事訴訟法第一百五十六條第一項、第二項，分別就自白之任意性與自白之補強性設其規定，前者係以保障被告之自由權，具有否定自白證據適格性之機能，後者則重在排斥虛僞之自白，藉補強證據之存在，以限制自白在證據上之價值，並作爲擔保其眞實性之程序上要件。所謂補強證據，依判例，則指除該自白本身外，其他足資以證明自白之犯罪事實具有相當程度眞實性之證據而言，是以自白補強之範圍限定爲與犯罪構成要件事實有關係者，其中對於犯罪構成客觀要件事實乃屬補強證據所必要，則併合處罰之數罪固不論矣，即裁判上一罪（想像競合犯）、包括一罪等，其各個犯罪行爲之自白亦均須有補強證據（但論者有謂僅就其從重之犯罪，或主要部分有補強證據爲已足），俾免出現架空之犯罪認定。至關於犯罪構成要件之主觀要素，如故意、過失、知情、目的犯之目的（意圖），以及犯罪構成事實以外之事實，例如處罰條件、法律上刑罰加重減免原因之事實等，通說認爲其於此之自白，則無須補強證據，但得提出反證，主張其此等任意性之自白非事實。

▶100 台上 5857（判決）

認定事實之證據，必須就卷內相關聯之證據資料，予以整體之觀察判斷，不得將有關聯性之證據割裂，就各個證據爲單獨之評價判斷。又證人以聞自被告在審判外所爲不利其本人之陳述作爲內容而爲之轉述，本質上等同於被告審判外之自白或其他不利於己之陳述，自應受刑事訴訟法第一百五十六條第一項自白法則精神之規範，至其轉述之內容則依同條第二項規定，應調查其他必要之證據，以察其是否與事實相符。再具對向共犯（正犯）關係之單一供述證據，因其本質上存有較大之虛僞危險性，應認有適用補強法則之必要性，亦即藉由補強證據之質量，與其陳述相互印證，綜合判斷，必在客觀上足以使人對其陳述之犯罪事實獲得確信之心證者，始足據爲認定被告犯罪之依據。**而對向正犯之供述彼此一致者，自得互爲補強證據**。

▶100 台上 5640（判決）

被告之自白，須非出於強暴、脅迫、利誘、詐欺、疲勞訊問、違法羈押或其他不正方法，且與事實相符者，始得採爲認定被告犯罪事實之證據，刑事訴訟法第一百五十六條第一項規定甚明。此項證據能力之限制，係以被告之自白必須出於其自由意志之發動，用以確保自白之眞實性，**故被告之自由意志，如與上揭不正方法具有因果關係而受影響時，即應認其自白不具任意性，而不得採爲證據**。

▶100 台上 5502（判決）

刑事訴訟法除於第一百五十六條第二項明定被告或共犯之自白，及實例上認爲被害人之陳述（三十二年上字第六五七號判例）、告訴人之告訴（五十二年台上字第一三〇〇號判例），仍應調查其他必要之證據，以察其是否與事實相符外，對於其他供述證據，是否亦有補強規則之適用，並未規定。惟供述證據具有游移性，不若非供述證據在客觀上具備一定程度之不可替代性，故單憑一個弱勢之供述證據，殊難形成正確之心證，尤其是具對向共犯（正犯）關係之單一供述證據，其本質上存有較大之虛僞危險性，縱使施以預防規則之具結、交互詰問與對質，究仍屬陳述本身，而非別一證據，其眞實性之擔保仍有未足，應認併有適用補強法則之必要性；亦即藉由補強證據之質量，與其陳述相互印證，綜合判斷，必在客觀上足以使人對其陳述之犯罪事實獲得確信之心證者，始足據爲認定被告犯罪之依據。而**對向正犯之供述彼此一致者**，自得互爲補強證據。

▶100 台上 3453（判決）

九十五年七月一日修正公布施行之刑法，將原第四章章名「共犯」修正爲「正犯與共犯」，但刑事訴訟法並未隨之修正，**是以同法第一百五十六條第二項所稱共犯一詞，仍應指共同正犯、教唆犯及幫助犯而言**，不受刑法第四章章名修正之影響。關於共犯一詞，在學理上有任意共犯與必要共犯之分，前者指一般原得由一人單獨完成犯罪而由二人以上共同實行者，當然爲共同正犯；後者係指須有二人以上之參與實行始能成立之犯罪，依其性質，尙可分爲聚合犯與對向犯，其二人以上朝同一目標共同參與犯罪之實行者，謂之聚合犯，**如刑法分則之公然聚衆施強暴、脅迫罪、參與犯罪結社罪、輪姦罪等是，數人之間有犯意聯絡與行爲分擔，仍屬共同正犯之範疇，至於對向犯則係二個或二個以上之行爲者，彼此相互對立之意思經合致而成立之犯罪，如賄賂、賭博、重婚等罪均屬之，因行爲者各有其目的，各就其行爲負責，彼此之間無所謂犯意之聯絡或行爲之分擔，本質上並非共同正犯，故無上開第一百五十六條第二項規定共犯之適用**。從而，刑法所稱賄賂罪之行賄與收賄雙方，各有其目的，各就其行爲負責，彼此之間無所謂犯意聯絡與行爲分擔，本質上並非共同正犯，並無上開第一百五十六條第二項共犯之適用。

▶100 台上 3099（判決）

供述證據，特重任意性，故刑事訴訟法第一百五十六條第一項將被告供述之任意性，作爲有證據能力之要件。而證人陳述之任意性，同法雖無明文，但本於同一法理，審理事實之法院亦應詳加調查，以擔保該證人陳述之信用性。又對於證人施以前揭不正之方法者，**不以負責詢問或製作筆錄之公務員爲限，其他第三人亦包括在內**，且不以當場施用此等不正之方法爲必要，縱係由第三人於詢問前爲之，倘使證人精神上、身體上受恐懼、壓迫之狀態延續至應訊時，致不能爲任意性之陳述者，該證人之陳述仍屬非出於任意性，依法不得採爲判斷事實之根據。

▶100 台上 1914（判決）

施用毒品之人指證某人爲販毒者之對向性正犯證人，**雖非屬共犯（指共同正犯、教唆犯、幫助犯）證人之類型，但因其證言存有較大之虛僞危險性，爲擔保其陳述之眞實性**，依刑事訴訟法第一百五十六條第二項規範之同一法理，仍應認爲有補強證據之必要性，藉以限制其證據價值。此補強證據之要求，乃供述證據之本質使然。

▶100 台上 652（判決）

刑事訴訟新制爲期嚴謹證據法則，改正已往過度重視被告自白之流弊，乃刻意貶抑被告自白如同「證據女王」之地位，於刑事訴訟法第一百五十六條第一項規定：「被告之自白，非出於強暴、脅迫、利誘、詐欺、疲勞訊問、違法羈押或其他不正之方法，且與事實相符者，得爲證據。」亦即被告之自白，必須具備任意性及確實性，始屬適格之證據，雖採正面肯定用語，卻以負面列舉並概括排除各種不適當情形示之；復爲確保此意旨之具體實現，另於同條第三項規定：「被告陳述其自白係出於不正之方法者，應先於其他事證而爲調查。該自白如係經檢察官提出者，法院應命檢察官就自白之出於自由意志，指出證明之方法。」然則非謂被告因此獲有「尙方寶劍」，可以無所顧忌、任意爭辯，藉此狡展、脫罪。具體而言，倘被告已遭查獲諸多直接、間接之不利供述或非供述證據，斯時實施刑事訴訟程序之公務員於詢、訊問之時，予以曉諭，期其坦白認錯，俾邀合法寬典適用之機，主觀上既無不法存心，客觀上亦難認爲失當，自不能以脅迫、利誘、詐欺等不正方法等同視之。

▶100 台上 572（判決）

被告上述多次自白，**均屬其個人之自白，縱使相符，亦不得互爲補強證據**，自難以被告警詢、偵訊中多次所供，就運輸扣案海洛因之委託人及擬送達之對象、起運地點及目的地等之陳述均相一致，即資以認定有運輸毒品之犯行。

▶100 台上 540（判決）

供述證據禁止以不正方法取得，乃法定之取證規範，司法警察官或司法警察因調查犯罪之需，於詢問犯罪嫌疑人時使用所謂之「訊問技巧」，必須建構在法定取證規範上可容許之範圍內，始足當之，否則即難謂係合法而肯認其證據能力。是否該當取證規範可容許之範圍，以有無誘發虛僞陳述或非任意性陳述之危險性爲斷；**於詢問前曉諭自白減免其刑之規定（如貪污治罪條例第八條、刑法第一百六十六條等），乃法定寬典之告知，並非利用對於「自白」之誤認，誘使犯罪嫌疑人自白犯罪**；又司法警察對犯罪嫌疑人表示，經檢察官許可後不予解送（刑事訴訟法第九十二條第二項）而取得自白，應屬合法之「訊問技巧」範疇。**但司法警察如對犯罪嫌疑人表示「會助其一臂之力」，或告以如自白就一定不會被羈押、可獲緩刑之宣告，乃係對被詢問者承諾法律所未規定之利益，使信以爲眞，或故意扭曲事實，影響被詢問者之意思決定自由，則屬取證規範上所禁止之不正方法。**

▶100 台上 1（判決）

私下錄音所取得之證據資料，如非出於不法目的，且係基於保全證據之必要所實施之作爲，固非不得採爲證據。但該證據資料如係被告之自白，則須符合刑事訴訟法第一百五十六條第一項所規定，非出於強暴、脅迫、利誘、詐欺、疲勞訊問、違法羈押或其他不正之方法，且與事實相符者，始得採爲證據。若被告先受強暴、脅迫、利誘、詐欺等不正之方法，**因身體、精神上受壓迫或恐懼狀態而爲違背任意性之自白，該恐懼、壓迫之狀態竟延續至後來任意性之自白時，該後來之自白，雖具備任意性之形式，但實質上，仍係因內心之恐懼、壓迫而不得不違背其本意供認犯罪，亦應認無證據能力。**

▶99 台上 7053（判決）
被害人與被告係立於相反之立場，其所述被害情形，或難免渲染誇大，不盡不實，故被害人陳述其被害經過，於偵審中除有不得令其具結之情形，應依人證之法定程序使令具結外，依刑事訴訟法第一百五十六條第二項規定之相同法理，仍應認有補強證據之必要性，非別求其他證據，以增強其陳述之憑信性，自不足資爲被告犯罪事實判斷之依據。此之補強證據，係指該被害人陳述本身以外之別一證據，而與其陳述具有關連性，且俱無瑕疵可指，並因兩者之相互利用，而得以證明其所指之犯罪事實具有相當程度之眞實性者而言，並仍有嚴格證明法則之適用。

▶99 台上 4209（判決）
上訴人上述多次之自白，**均屬自白本身，縱使相符，亦不得互爲補強證據**，原判決未詳予調查說明，究有何補強證據足以佐證其自白與事實相符，單憑上訴人先後多次自白均相符，即據以認定上訴人有本件犯行，已有不當。

▶99 台上 2017（判決）
刑事訴訟法，爲使審判期日之訴訟程序能合法、妥適地進行，並使審判筆錄之記載有所憑據，杜絕爭議，增訂第四十四條之一第一項「審判期日應全程錄音；必要時，並得全程錄影」之規定；另於第一百九十六條之一第一項增訂司法警察官、司法警察於調查犯罪情形時，得詢問證人，惟第二項規定所逐一列明準用之有關條文，其中第一百條之一及第一百條之二並未在準用之列。本法對於證人於審判中爲陳述，既增訂應予錄音或錄影，**然於檢察官訊問證人，及於司法警察官、司法警察詢問證人時，則無必須錄音或錄影之明文，此應屬立法上之疏漏。是以，檢察官於訊問證人，或司法警察官、司法警察於詢問證人時，如仍予以錄音或錄影，自非法所不許。倘遇有筆錄與錄音、錄影之內容不相符者，固宜參照刑事訴訟法第一百條之一第二項規定之相同法理，對該不符部分之筆錄，排除其證據能力**，但究難僅因檢察官於訊問證人，或司法警察官、司法警察於詢問證人時，未全程連續錄音或錄影，即謂其所取得之供述筆錄爲違背法定程序，或得逕認其無證據能力等旨。

▶97 台上 1976（判決）
本件依各次警詢筆錄所載，警方於詢問上訴人，製作警詢筆錄時，均已踐行告知刑事訴訟法第九十五條各款所定（包括「得選任辯護人」等）事項，並經上訴人陳稱毋庸請辯護律師或通知家屬到場等語在卷，上訴人當時既未選任律師爲其辯護，致於警詢時未有辯護人在場，自不能因此即謂該警詢筆錄爲違背法律規定而無證據能力。**又警方於製作警詢筆錄時，另要求犯罪嫌疑人模擬其犯案過程，無非爲印證其供述之憑信性，資以啓發查察犯罪證據之正確方向，期能充分發現眞實，早日破案，純屬警方爲調查犯罪證據得視情況需要所使用之一種手段；倘犯罪嫌疑人於模擬過程中，自由供述並配合動作表示其犯案之經過，性質仍屬被告於警詢之自白**，在未有選任辯護人之情形，法律上亦非須有辯護人到場，始得命犯罪嫌疑人爲該犯罪過程之模擬，以免警方調查犯罪工作之遲滯難行。

▶97 台上 1655（判決）
供述證據，禁止以不正訊問方法取得；利誘係此取供禁止規範之例示，乃訊問者誘之以利，讓受訊問者認爲是一種條件交換之允諾，因足以影響其陳述之意思決定自由，應認其供述不具任意性，故爲證據使用之禁止。但並非任何有利之允諾，均屬禁止之利誘。如法律賦予刑事追訴機關對於特定處分有裁量空間，在裁量權限內之技術性使用，以促成**被告或犯罪嫌疑人供述，則屬合法之偵訊作爲。證人保護法第十四條第一項之立法意旨，本即基於特定或重大犯罪危害甚鉅，若非正犯或共犯間相互指證，大多難以順利破獲，基於鼓勵該等犯罪中之正犯或共犯自白自新，故設定在一定條件之下，使其獲邀減輕或免除其刑之規定**。檢察官於訊問前，曉諭正犯或共犯在上開條件下可以獲得減免其刑之規定，乃係法定寬典之告知，**而此減免寬典並設有以「經檢察官事先同意者爲限」之條件，自係檢察官權限範圍內之合法偵查作爲，並非許以法律所未規定或不容許之利益，故非禁止之利誘。**

▶96 台上 6688（判決）
供述證據與非供述證據之性質不同，**一般認爲供述證據之採取過程如果違法，即係侵害了個人自由意思，故而應嚴格禁止，而蒐集非供述證據之過程如果違背法定程序，則因證物之型態並未改變，尚不生不可信之問題。**

第 157 條（公知事實無庸舉證）
公眾週知之事實，無庸舉證。

□ 實務見解

▶86 台上 6213（判例）

刑事訴訟法第一百五十七條所稱無庸舉證之「公眾週知之事實」，**係指具有通常知識經驗之一般人所通曉且無可置疑而顯著之事實而言，如該事實非一般人所知悉或並非顯著或尚有爭執**，即與公眾週知事實之性質，尚不相當，自仍應舉證證明，始可認定，否則即有違認定事實應憑證據之法則。

第 158 條（職務已知事實無庸舉證）
事實於法院已顯著，或為其職務上所已知者，無庸舉證。

第 158 條之 1（當事人之意見陳述）
前二條無庸舉證之事實，法院應予當事人就其事實有陳述意見之機會。

■增訂說明（92.02.06）

一、本條新增。

二、關於何種事實為無庸舉證之事實，如未予當事人陳述意見之機會，任由法院逕行認定，判決結果極易引起當事人爭議，爰增訂本條，以昭公信。

□ 實務見解

▶100 台上 5946（判決）

依刑事訴訟法第一百五十七條及第一百五十八條規定，公眾週知之事實，及事實於法院已顯著或為其職務上所已知者，則毋庸舉證，產生免除舉證義務之法效，法院得予主動適用。但**何種事實為無庸舉證之事實，如任由法院逕行認定，判決結果極易引起當事人爭議，故同法第一百五十八條之一規定，法院應予當事人就該等事實有陳述意見之機會，以昭公信**。

第 158 條之 2（不得作為證據之情事）

I 違背第九十三條之一第二項、第一百條之三第一項之規定，所取得被告或犯罪嫌疑人之自白及其他不利之陳述，不得作為證據。但經證明其違背非出於惡意，且該自白或陳述係出於自由意志者，不在此限。

II 檢察事務官、司法警察官或司法警察詢問受拘提、逮捕之被告或犯罪嫌疑人時，違反第九十五條第一項第二款、第三款或第二項之規定者，準用前項規定。

□修正前條文

違背第九十三條之一第二項、第一百條之三第一項之規定，所取得被告或犯罪嫌疑人之自白及其他不利之陳述，不得作為證據。但經證明其違背非出於惡意，且該自白或陳述係出於自由意志者，不在此限。

檢察事務官、司法警察官或司法警察詢問受拘提、逮捕之被告或犯罪嫌疑人時，違反第九十五條第二款、第三款之規定者，準用前項規定。

■修正說明（109.01.15）

一、本條第二項配合第九十五條增訂第二項，略做文字修正，以資適用。

二、第一項未修正。

❖ 爭議問題

司法警察（官）違反夜間詢問禁止之規定，證據能力應如何認定？

由於夜間乃休息之時間，為尊重人權及保障程序之合法性，並避免疲勞詢問，本法已於第100條之3第1項規定，除該條但書所列之情形外，司法警察（官）詢問犯罪嫌疑人時，不得於夜間為之。是違背該條所取得之自白及其他不利之陳述，依本法第158條之2第1項本文，原則上亦無證據能力，不得作為證據。但書的情形是指執法人員若能證明其違背上開法定程序非出於惡意，且所取得之自白或陳述係出於被告或犯罪嫌疑人之自由意志者，則不受證據強制排除之限制，此際應由檢察官舉證司法警察（官）違反第100條之3的規定「非出於惡意」且犯嫌之自白係出於「任意性」。否則，若違反夜間詢問之禁止，其「強度」已達本法第98條之「不正方法」，應認為該自白不具任意性，其法律效果應係本法第156條第1項，絕對無證據能力。

【黃朝義，《犯罪偵查論》，漢興，初版，2004.03，129頁。】

犯罪嫌疑人於明示同意夜間詢問後，該次筆錄製作完成前，亦得於任何時間變更其同意，改拒絕繼續接受夜間詢問，司法警察（官）並應即時停止其詢問之行為。不得僅因已取得犯罪嫌疑人之同意，即謂司法警察（官）有權繼續詢問犯罪嫌疑人至全部詢問事項完成為止，或於同一夜間，司法警察官或司法警察有權多次詢問犯罪嫌疑人並製作筆錄，乃無異變相限制犯罪嫌疑人同意權之行使，此一見解也為學說上所支持。如有爭執是否有同法第158條之2第1項本文之適用，應由檢察官負舉證責任。

【最高法院100年度台上字第687號判決；陳運財，〈夜間詢問禁止原則〉，收錄於《偵查與人權》，元照，初版，2014.04，139頁。】

□ 實務見解

▶100 台上 4577（判決）

為貫徹該法第一百條之三第一項尊重人權、保障程序合法性及避免疲勞詢問，司法警察官或司法警察欲在夜間詢問犯罪嫌疑人時，除有其他法定事由外，自應先行詢問犯罪嫌疑人是否明示同意，即犯罪嫌疑人於明示同意夜間詢問後，該次筆錄製作完成前，**亦得於任何時間變更其同意，改拒絕繼續接受夜間詢問**，司法警察官或司法警察並應即時停止其詢問之行為；**遇有司法警察官或司法警察詢問筆錄製作完成後，欲再行詢問者，亦應重為詢問犯罪嫌疑人是否同意，並為相同之處理**。不得僅因已取得犯罪嫌疑人之同意，即謂司法警察官或司法警察有權繼續詢問犯罪嫌疑人至全部詢問事項完成為止，或於同一夜間，司法警察官或司法警察有權多次詢問犯罪嫌疑人並製作筆錄，否則無異變相限制犯罪嫌疑人同意權之行使，除難免疲勞詢問之流弊外，亦與立法目的相牴觸。是司法警察詢問犯罪嫌疑人如違背上開規定，其所取得被告或犯罪嫌疑人之自白或其他不利之陳述，不得作為證據，但經證明其違背非出於惡意，且該自白或其他不利陳述係出於供述者之自由意志者，不在此限，刑事訴訟法第一百五十八條之二第一項復定有明文。就是否具有同法第一百條之三第一項所定之例外情形，**如有爭執，因關係是否有同法第一百五十八條之二第一項前段之適用，應由檢察官負舉證責任**。

第158條之3（未依法具結不得作為證據） 證人、鑑定人依法應具結而未具結者，其證言或鑑定意見，不得作為證據。

■增訂說明（92.02.06）

一、本條新增。

二、證人、鑑定人依法應使其具結，以擔保證言係據實陳述或鑑定意見為公正誠實。若違背該等具結之規定，未令證人、鑑定人於供前或供後具結，該等證言、鑑定意見因欠缺程序方面之法定條件，即難認為係合法之證據資料，爰參考最高法院三十四年上字第八二四號、三十年上字第五〇六號、四十六年台上字第一一二六號、六十九年台上字第二七一〇號判例意旨，增訂本條。

❖ 法學概念

審判外指認

有鑑於相片指認的瑕疵，現今學說及實務多認為應以「真人列隊指認」為原則。然而成列指認仍非無發生錯誤的可能，因此有學者建議在作指認時應特別踐行下列事項，以求指認的客觀性：㈠應告知證人，蓋嫌疑犯可能不在行列中，此相當於選擇題中，提供證人「以上皆非」的答案。㈡應以兩組「成列指認」進行，亦即安排兩列人群要證人指認。㈢嫌疑犯不應在行列中特別突出。㈣應由完全不認識嫌疑犯的另一警察主導進行，如此才不會無意識地影響證人。㈤為避免「指認時」的嫌疑犯印象，取代當初「犯罪時」對嫌疑犯的記憶，因此若證人作出指認，警察不應立即接受，應問其確信程度，不應以如獎勵式地予以肯定，使其更確信其指認。

【王兆鵬、張明偉、李榮耕，《刑事訴訟法（下）》，新學林，四版，2018.09，373頁以下。】

另須注意的是，我國學說及實務認為，「單一指認」或「成列指認」非可做為證據能力取捨之唯一判準（參照最高法院100年度台上字第925號判決及學者評釋的部分）。

❒ 實務見解

▶102年度第13次刑事庭會議決議（102.09.03）

決議：採丁說。

文字修正如下：參酌刑事訴訟法第一百五十九條、第一百五十九條之一之立法理由，**無論共同被告、共犯、被害人、證人等，均屬被告以外之人，並無區分。本此前提，凡與待證事實有重要關係之事項，如欲以被告以外之人本於親身實際體驗之事實所為之陳述，作為被告論罪之依據時，本質上均屬於證人。而被告之對質詰問權，係憲法所保障之基本人權及基本訴訟權，被告以外之人於審判中，已依法定程序，到場具結陳述，並接受被告之詰問者，因其信用性已獲得保障，即得作為認定被告犯罪事實之判斷依據**。然被告以外之人於檢察事務官、司法警察官、司法警察調查中（以下簡稱警詢等）或檢察官偵查中所為之陳述，或因被告未在場，或雖在場而未能行使反對詰問，無從擔保其陳述之信用性，即不能與審判中之陳述同視。惟若貫徹僅審判中之陳述始得作為證據，有事實上之困難，且實務上為求發現真實及本於訴訟資料越豐富越有助於事實認定之需要，該審判外之陳述，往往攸關證明犯罪存否之重要關鍵，如一概否定其證據能力，亦非所宜。**而檢驗該陳述之真實性，除反對詰問外，如有足以取代審判中經反對詰問之信用性保障者，亦容許其得為證據，即可彌補前揭不足，於是乃有傳聞法則例外之規定**。偵查中，檢察官通常能遵守法律程序規範，無不正取供之虞，且接受偵訊之該被告以外之人，已依法具結，以擔保其係據實陳述，如有偽證，應負刑事責任，有足以擔保筆錄製作過程可信之外在環境與條件，乃於刑事訴訟法第一百五十九條之一第二項規定「被告以外之人於偵查中向檢察官所為之陳述，除顯有不可信之情況者外，得為證據。」**另在警詢等所為之陳述，則以「具有較可信之特別情況」（第一百五十九條之二之相對可信性）或「經證明具有可信之特別情況」（第一百五十九條之三之絕對可信性），且為證明犯罪事實存否所「必要」者，得為證據。係以具有「特信性」與「必要性」，已足以取代審判中經反對詰問之信用性保障，而例外賦予證據能力**。至於被告以

外之人於偵查中未經具結所為之陳述，因欠缺「具結」，難認檢察官已恪遵法律程序規範，而與刑事訴訟法第一百五十九條之一第二項之規定有間。細繹之，被告以外之人於偵查中，經檢察官非以證人身分傳喚，於取證時，除在法律上有不得令其具結之情形者外，亦應依人證之程序命其具結，方得作為證據，此於本院九十三年台上字第六五七八號判例已就「被害人」部分，為原則性闡釋；**惟是類被害人、共同被告、共同正犯等被告以外之人，在偵查中未經具結之陳述，依通常情形，其信用性仍遠高於在警詢等所為之陳述，衡諸其等於警詢等所為之陳述，均無須具結，卻於具有「特信性」、「必要性」時，即得為證據，則若謂該偵查中未經具結之陳述，一概無證據能力，無異反而不如警詢等之陳述，顯然失衡。因此，被告以外之人於偵查中未經具結所為之陳述，如與警詢等陳述同具有「特信性」、「必要性」時，依「舉輕以明重」原則，本於刑事訴訟法第一百五十九條之二、第一百五十九條之三之同一法理，例外認為有證據能力**，以彌補法律規定之不足，俾應實務需要，方符立法本旨。本院九十三年台上字第六五七八號判例，應予補充。

▶93 台上 6578（判例）

被害人乃被告以外之人，**本質上屬於證人，其陳述被害經過，亦應依人證之法定偵查**、審判程序具結，方得作為證據。

▶106 台上 2919（判決）

通譯係譯述言詞文字互通雙方意思之人，就藉其語言特別知識以陳述所觀察之現在事實，雖與鑑定人相似（刑事訴訟法第二百十一條規定通譯準用鑑定人之規定），惟通譯係為譯述文字，傳達意思而設，其傳譯之內容本身並非證據，此與鑑定係以鑑定人之鑑定意見為證據資料，二者性質上仍有不同。刑事訴訟程序命通譯及鑑定人具結，旨在透過刑法偽證罪之處罰，使其等為公正誠實之傳譯及鑑定，擔保傳譯內容、鑑定意見之真實。為確保鑑定意見成為證據資料之公正性、正確性，鑑定人未依法具結者，刑事訴訟法第一百五十八條之三乃明定其鑑定意見不得作為證據；**通譯之傳譯內容並非證據，性質上僅為輔助法院或非通曉國語之當事人、證人或其他有關係之人理解訊答內容或訴訟程序之手段，是通譯未具結者，是否影響其傳譯對象陳述之證據適格，仍應以作為證據方法之證人、被告等實際上已否透過傳譯正確理解訊問內容而據實陳述為斷**。如事實上證人、被告等已經由翻譯正確理解語意而為陳述，即應認該證人已具結之證述或被告陳述得為證據，無關乎刑事訴訟法第一百五十八條之三之適用。

▶102 台上 580（判決）

刑事訴訟法為擔保證人、鑑定人陳述或判斷意見之真正，特設有具結制度，然因二者目的不同，人證求其真實可信，鑑定則重在公正誠實，是除於第一百八十九條第一項規定證人之結文應記載「當據實陳述，決無匿、飾、增、減」外，另於第二百零二條明定鑑定人之結文應記載「必為公正誠實之鑑定」，以示區別。復規定應踐行朗讀結文、說明及命簽名、蓋章或按指印等程序，旨在使證人或鑑定人明瞭各該結文內容之真義，俾能分別達其擔保證言真實或鑑定意見公正之特有目的。從而鑑定人之結文不得以證人結文取代之，如有違反，其在鑑定人具結程序上欠缺法定條件，自不生具結之效力，依同法第一百五十八條之三規定，應認為無證據能力。

▶101 台上 6412（判決）

共同被告於檢察官偵查時經以被告身分傳喚到庭，而於檢察官訊問時，以被告身分所為之陳述，因其當時並非以證人身分接受訊問，並無依法應具結之問題，自無依刑事訴訟法第一百五十八條之三規定不得作為證據之問題。但其對於其他共同被告之案件而言，仍屬被告以外之人，依同法第一百五十九條之一第二項之規定，除顯有不可信之情況者外，其於偵查中向檢察官所為之陳述，原則上具有證據能力。惟共同被告本質上仍屬證人，其所為之供述證據，如未經合法調查，固不得作為判斷之依據，但其如已於被告本人之案件審判中，依法定程序，到場具結陳述，並接受被告或辯護人之詰問，則被告之詰問權已受保障，該共同被告於偵查中以被告身分向檢察官所為之陳述，既經合法調查，自得作為認定被告犯罪事實之判斷依據。

▶101 台上 109（判決）

刑事訴訟法第一百五十八條之三規定：「證人、鑑定人依法應具結而未具結者，其證言或鑑定意見，不得作為證據。」所謂「依法應具結而未具結者」，係指檢察官或法官依法以證人身分傳喚被告以外之人到庭作證，或雖非以證人身分傳喚到庭，而於訊問調查過程中，轉換為證人身分調查時，始有具結之問題。若檢察官非以證人身分傳喚而以共犯、共同被告身分傳喚到庭為訊問時，其身分既非證人，即與「依法應具結」之要件不合，縱未命其具結，純屬檢察官調查證據職權之適法行使，當無違法可言。

▶100 台上 7041（判決）

證人依法應具結而未具結者，其證言不得作為證據，刑事訴訟法第一百五十八條之三定有明文。又被害人乃被告以外之人，其於偵查、審理中，不論係以何種身分經傳喚到場，苟非僅單純陳述意見，乃係就其過去親身實際體驗之被害經過事實而爲陳述，本質上即屬於證人，自應依人證之法定偵查、審判程序具結，方得作爲證據，亦經本院著有判例（九十三年台上字第六五七八號判例意旨參照）。**刑事訴訟中被害人或目擊證人對犯罪行爲人之指認，性質上屬供述證據，**其正確性常受指認人本身觀察力、記憶力及眞誠程度等因素所影響，是如何由指認人爲適當正確之指認，應視個案之具體情況定之。案發後之初次指認，無論係於司法警察（官）調查、檢察官偵查或法院審理中所爲，對案件偵查之方向甚或審判心證之形成，常有重大之影響，自當力求愼重無訛，原則上應依訴訟制度健全國家之例，以**「眞人列隊指認」方式爲之，不得僅提供涉案嫌犯之相片，以供指認，**俾免被害人之初次指認因此受暗示、誘導致失眞，甚而於日後或猶執初次指認之錯誤印象，或因循初次不合法之指認結果，仍爲同一內容之供述。

▸100 台上 5135（判決）

我國刑事證據法則並未引用英美法制之毒樹果實理論，而係以權衡理論之相對排除爲原則。此觀我國刑事訴訟法第一百五十八條之四規定：「除法律另有規定外，實施刑事訴訟程序之公務員因違背法定程序取得之證據，其有無證據能力之認定，應審酌人權保障及公共利益之均衡維護」即明。是除法律另有特別規定不得爲證據者外，先前違法取得之證據，應逕依上開第一百五十八條之四之規定認定其證據能力，固無庸論。其嗣後衍生再行取得之證據，倘仍屬違背程序規定者，亦應依前揭規定處理。

▸100 台上 925（判決）

我國現行刑事訴訟法，並無關於指認犯罪嫌疑人程序之規定，雖內政部警政署訂有「警察機關實施指認犯罪嫌疑人程序要領」，要求司法警察、司法警察官於調查犯罪嫌疑人所爲之指認，應採取選擇式之眞人列隊指認，並不得有任何可能暗示、誘導之安排出現。惟該指認要領之規範，旨在避免指認人於指認過程中所可能形成之記憶污染或判斷誤導，致爲不正確之指認。**但指認之程序，除須注重人權之保障外，亦需兼顧眞實之發現，以確保社會正義之實現，故未依上開要領而爲指認，苟指認人係基於其親歷事實之知覺記憶而爲指認，並無受不當暗示或誘導介入之影響，就其於目睹犯罪事實時所處之環境，確能對犯罪行爲人觀察明白、認知犯罪行爲人行爲之內容，且該事後依憑其個人知覺及記憶所爲之指認，復未違背經驗法則或論理法則，即難僅因指認人之指認程序與上開要領規範未盡相符，而遽認其無證據能力。**

❖ 學者評釋

依美國法上的「門山指認法則」，審判外指認程序正當與否，並非以「單一指認」或「排列指認」作爲唯一的區別標準，而在於指認人對於被告之印象，係存在於警方指認程序之前，或係受警方之不當暗示或誘導始形成。

【吳巡龍，〈審判外指認之證據能力與「門山指認法則」〉，《刑事訴訟與證據法實務》，新學林，初版，2006.11，163 頁以下。】

有關美國法上審判外指認之證據容許性問題，除傳聞法則外，另須注意有無違反正當法律程序。但所謂指認符合正當法律程序，並非以摻雜嫌犯以外之其他人排列指認爲絕對要件，排列指認亦不當然表示該指認符合正當法律程序。而依照美國的「門山指認法則」（Manson Test），其判斷標準有五：㈠犯罪發生時指認人有無觀看行爲人之機會？㈡指認人於案發時注意行爲人之程度爲何？㈢指認人先前對行爲人特徵描述之準確度如何？㈣指認時指認人之確定程度如何？㈤犯罪發生時與指認時相距時間之長短。

回到本案判決，以門山指認法則及傳聞法則來檢驗，可以發現本案判決理由雖對犯罪發生時與證人指認時相距之時間未作衡量，但已清楚說明證人李某係現職之警員，受過警察之專業訓練，李某經迫近距離之追捕與抗拒動作，得以接**續清晰目睹被告之面貌。**其於案發時所處之環境既確能對犯罪行爲人觀察明白，**即令在警詢時係爲單一指認，而與指認要領之規範未盡相符，但李某依憑其個人親歷事實之知覺記憶所爲之指認，尚無受誘導而爲不正確指認之可能。**因此，其庭外指認自應具有證據能力，本案法院對其指認證明力之分析判斷應屬正確。

【吳巡龍，〈指認——最高法院一百年度台上字第九二五號刑事判決評析〉，《月旦裁判時報》，第 14 期，2012.04，79 頁以下。】

▸96 台上 3922（判決）

被告以外之人於偵查中向檢察官所爲之陳述，依刑事訴訟法第一百五十九條之一第二項之規定，原則上爲有證據能力之傳聞證據，得爲證據之使用；除顯有不可信之情況者，始例外否定其證據能力，而爲證據使用之禁止。被告以外之人，包括共同被告（指於一個訴訟關係中，同列爲被告之人）、共犯、被害人、證人等。偵查中檢察官訊問被告以外之共同被告，該共同被告所爲之陳述，屬於自己犯罪部分，乃被告之自白範疇，涉及其他共同被告犯罪事實者，則屬傳聞證據。後者，檢察官如係以證人身分傳喚訊問共同被告，依法自應使其具結，以擔保證言係據實陳述。若違背具結之規定，未令「證人」於供前或供後具結，依同法第一百五十八條之三之規定，其證言不得作爲證據，應予排除。倘檢察官係以被告身分爲傳喚訊問共同被告，或以證人身分傳訊並已依法令其具結者，則該共同被告不論係以被告，或證人身分於偵查中向檢察官所為之陳述，同屬傳聞證據。此項傳聞證據證據能力之有無，應依刑事訴訟法第一百五十九條之一第二項之規定為斷。原判決認：「共同被告之被告以外之人於偵查中向檢察官所為之陳述，仍應依法具結，始有證據能力」云云，尚有誤會。

▶96 台上 3527（判決）

查刑事訴訟法第一百五十八條之三規定：「證人、鑑定人依法應具結而未具結者，其證言或鑑定意見，不得作為證據。」所謂「依法應具結而未具結者」，係指檢察官或法官依刑事訴訟法第一百七十五條之規定，以證人身分傳喚被告以外之人（證人、告發人、告訴人、被害人、共犯或共同被告）到庭作證，或雖非以證人身分傳喚到庭，而於訊問調查過程中，轉換為證人身分為調查時，此時其等供述之身分為證人，則檢察官、法官自應依本法第一百八十六條有關具結之規定，命證人供前或供後具結，其陳述始符合第一百五十八條之三之規定，而有證據能力。若檢察官或法官非以證人身分傳喚而以告發人、告訴人、被害人或共犯、共同被告身分傳喚到庭為訊問時（例如刑事訴訟法第七十一條、第二百十九條之六第二項、第二百三十六條之一第一項、第二百四十八條之一、第二百七十一條第二項、第二百七十一條之一第一項），其身分既非證人，即與「依法應具結」之要件不合，縱未命其具結，純屬檢察官或法官調查證據職權之適法行使，當無違法可言。

第 158 條之 4（權衡法則）
除法律另有規定外，實施刑事訴訟程序之公務員因違背法定程序取得之證據，其有無證據能力之認定，應審酌人權保障及公共利益之均衡維護。

■增訂說明（92.02.06）

一、本條新增。

二、按刑事訴訟重在發現實體眞實，使刑法得以正確適用，形成公正之裁判，是以認定事實、蒐集證據即成為刑事裁判最基本課題之一。然而，違背法定程序蒐集、調查而得之證據，是否亦認其有證據能力，素有爭議。英美法系國家由於判例長期累積而形成證據排除法則（Exclusionary Rule of Evidence），將違法取得證據事先加以排除，使其不得作為證定事實之依據。然而，反對者則主張「不能因為治安之錯誤，讓犯人逍遙法外。」亦即無法忍受只有某一小瑕疵，就癱瘓了整個刑事訴訟程予，且因治安之要求及現實之需要，排除法則例外情形之適用有漸廣之趨勢。日本在戰後受美國影響，採「相對排除理論」，德國之「權衡理論」亦為多數主張，亦即法院在裁判時應就個案利益與刑事；追訴利益彼此間權衡評估。

三、法官於個案權衡時，允宜斟酌違背法定程序之情節、違背法定程序時之主觀意圖、侵害犯罪嫌疑人或被告權益之種類及輕重、犯罪所生之危險或實害、禁止使用證據對於預防將來違法取得證據之效果、偵審人員如依法定程序有無發現該證據之必然性及證據取得之違法對被告訴訟上防禦不利益之程度等個種情形，以為認定證據能力有無之標準，俾能兼顧理論與實際，而應需要。

❖ 法學概論

自白法則與違法證據排除原則之區別

	自白法則	違法證據排除原則
概念	自白法則的誕生，原本是基於虛僞排除的想法，亦即，以脅迫或利誘等不正取供，類型上導出虛僞陳述之風險甚高，故一律予以排除。	相對的，非法搜索取得之物證，基本上對證據物之型態内容並不會造成改變，並無虛僞排除之問題，重點在嚇阻違法偵查。
權利侵害性不同（侵害源不同）	主要係排除對「人」之違法偵查，非任意性的自白供述，尤其是緘默權受到侵害。	主要係排除對「物」之違法偵查，因非法搜索不正方式取證之過程，侵害住居或通訊隱私權等。
適用對象不同	自白法則專以犯罪嫌疑人或被告之自白（供述證據）爲限。	證據排除法則並不以供述證據爲限，而重在規範證物的違法取得。
效果不同	自白法則乃絕對排除非任意性之自白，一旦認定自白之取得係出於威脅或利誘等不正方法，即無證據能力，並無例外。	證據排除法則（權衡理論），一般均認應視其違法情節是否重大，而設有例外個案中應視違反情節而爲不同之處理。

❖ 爭議問題

權衡法則是否適用於供述證據？

一、肯定說

有關「權衡」的適用範圍，我國實務（最高法院92年度台上字第4003號判決）及部分學者認爲應包含供述與非供述證據。

【林鈺雄，《刑事訴訟法（上）》，新學林，八版，2017.09，190頁。】

二、否定說

國內有不少學者認爲所謂之「權衡理論」之效力僅及於非供述證據而不包含供述證據。**蓋供述證據中，以有無證據能力之判斷係以「有無」危害任意性之違法行爲存在與否爲主；相對地，非供述證據中，以證物之蒐集爲例，有無證據能力之判斷係以違法之「輕重」爲主。**是違背法定程序取得「共同被告、證人或鑑定人」之供述證據，其不得成爲有罪依據，一律不得爲證據。蓋因，刑事訴訟法已有極爲詳密之規定，其目的在確保程序之公平並幫助發現眞實（例如命證人具結），如違反該等程序規定，該「供述」應無成爲有罪證據之可能，法院裁量權萎縮至零。**簡言之，以「自白」法則爲例，其所保障的是被告的陳述「自由」（如緘默權），關鍵重點在供述是否具「任意性」（如果供述不具任意性則虛僞可能性甚高）；非抑制取證過程的違反，故違反的情節輕重並非所問。假如警察強迫被告自白，警察的主觀意圖（第158條之4的權衡因素），法院不但不能考慮，甚至不應絲毫受該等因素之影響。**既然兩者的侵害性質不相同，其違反的效果亦自然迥異。

【黃朝義，《刑事訴訟法》，新學林，五版，2017.09，619 頁；張麗卿，《刑事訴訟法理論與運用》，五南，十四版，2018.09，355頁；陳運財，〈違法證據排除法則之回顧與展望〉，《月旦法學雜誌》，第113期，2004.10，34～35頁。】

實務上，並非完全採取肯定說，如最高法院96年度台上字第6688號判決稱：「供述證據與非供述證據之性質不同，**一般認供述證據之採取過程如果違法，即係侵害了個人自由意思，故而應嚴格禁止，而蒐集非供述證據之過程如果違背法定程序，則因證物之型態並未改變，尚不生不可信之問題。**」足見學者的多數意見，已爲部分實務所接受。

❖ 爭議問題

「得一方同意之監聽」的適法性

一、否定看法

通保法第29條第3款（阻卻違法監聽事由）的前提係建立於「非法監聽」之上，因此，也就無由以該款作爲承認得一方同意的監聽類型，屬於合法監聽之基礎。況且，雙方秘密溝通是受基本權所保障，非當事人之一方所能代爲同意。一方當事人有權選擇僅對於特定的他方當事人進行對話，從而通訊他方的隱私期待，以及當事人間瞬間性的對話亦應予以保障。

學說有認爲，雙方秘密溝通是受基本權所保障，非當事人之一方所能代爲同意。從而通訊他方的隱私期待，以及當事人間瞬間性的對話亦應予以保障；又通保法第29條第3款（阻卻違法監聽事由）的前提係建立於「非法監聽」之上，因此，也就無由以該款作爲承認得一方同意的監聽類型，屬於合法監聽之基礎。

【黃朝義，《概說警察刑事訴訟法》，新學林，初版，2015.09，222 頁以下；林鈺雄，《刑事訴訟法（上）》，新學林，八版，2017.09，332 頁以下；最高法院 93 年度台上字第 2949 號判決。】

二、肯定見解

若受話者「事後」轉述給執法人員，對談話人而言，已「無合理隱私期待可言」，即學說上所謂的「虛僞朋友理論」，如認「事後」轉述給執法人員未侵犯談話人隱私權，則可反推「事先」得一方同意之監聽，非違法監聽。再者，通訊談話之他方所爲之秘密錄音，常是種自衛行爲，此時若要求警察於實施同意竊聽、錄音前事先聲請准許通訊監察，恐將錯失竊聽、錄音時機，常將使證據取得有時變得不可能。當嫌犯任意將訊息通知相對人，就算嫌犯對該訊息有該相對人不得對其他人揭露的主觀期待，但不符社會通念，況且「合理的隱私期待」亦不能無限上綱，應不包括以犯罪爲目的爲內容的談話。

【張麗卿，《刑事訴訟法理論與運用》，五南，十四版，2018.09，304 頁；王兆鵬、張明偉、李榮耕，《刑事訴訟法（上）》，新學林，四版，2018.09，347 頁；最高法院 97 年度台上字第 2743 號判決。】

三、折衷說

在被司法警察人員秘密錄音的他造當事人具有相當之犯罪嫌疑的前提下，且就被錄音之他造而言，其會話是在不甚期待，甚至是放棄其合理隱私期待之情況下所爲，此時「同意監聽」方具有合法性基礎。**例如，犯罪嫌疑人明知交談之對象是警察人員，且警察人員未使用不當手段誘導或脅迫犯罪嫌疑人談話，而有秘密錄音之必要者，始可例外承認其爲合法偵查手段**，否則偵查機關欲實施秘密錄音，仍應事先依法取得通訊監察書後，始得進行此種當事人之間的監聽。

【陳運財，〈國家權力實施通訊監察之界限及其制衡〉，《偵查與人權》，元照，2014.04，372 頁。】

❖ 爭議問題

誘捕偵查所取得之證據如何評價？

一、實務見解（以最高法院92年度台上字第4558號判決爲代表）

㈠**若屬於犯意誘發型，則屬於「陷害教唆」**，若已經逾越了偵查必要且違憲法之基本人權，應無證據能力。

㈡**若爲機會提供型，係刑事偵查技術上所謂之「釣魚」，則有證據能力。**

二、學說看法

前述實務見解太過偏向於偵查機關之主觀基準，等於實質上將行爲人刑法以及行爲罪責偷渡爲人格罪責，故學者多認爲應以較客觀的標準判斷：

㈠機會提供型

*1.*林鈺雄教授（依以下標準客觀判斷）

⑴對於被告是否存有犯罪嫌疑；⑵關於被告有無犯罪傾向；⑶被告最終之犯罪範圍與挑唆行爲之範圍；⑷誘餌是否對被告施加造成過當壓力而促使其犯罪。

【林鈺雄，〈國家機關挑唆犯罪之認定與證明——評三則最高法院 92 年度之陷害教唆判決〉，收錄於《刑事程序與國際人權》，元照，初版，2007.12，95～97 頁。】

*2.*黃朝義教授

誘捕偵查實施之要件，原則上必須具備：⑴被告自己犯罪或被告自己主動式的意欲犯罪之情形；⑵偵查人員須懷有合理性的嫌疑證明被告具有實施此類犯行之犯罪傾向；⑶誘捕之實施僅在於爲取得證明該犯罪之證據爲限；⑷非實施誘捕偵查無法取得欲得到之證據或幾乎無法取得之情形；⑸誘捕之實施僅在於爲取得證明該犯罪之證據爲限，非實施誘捕偵查無法取得欲得到之證據或幾乎無法取得之情形；⑹誘捕偵查是否針對重大、隱密、不易發現之犯行方得以實施（例如毒品犯罪、組織犯罪、貪污、賄賂罪等）；⑺實施時雖不至需有令狀之憑藉，但實施前應取得主管長官之事前允許或先行陳報獲准等要件。

【黃朝義，《概說警察刑事訴訟法》，新學林，五版，2017.09，371 頁以下。】

*3.*陳運財教授（依比例原則判斷）

誘捕偵查的實施應限於無直接犯罪被害人的情形，且必須通過**「必要性原則」（如使用一般偵查方式無法偵破的重大犯罪）及「狹義的比例原則」（如機會提供型的手段與偵查目的間是否顯失均衡）**的檢驗。因此，關於無實施誘捕偵查之必要或違反手段相當性之「機會提供型」的誘捕偵查，應適用證據排除法則，採絕對排除，以收嚇阻違法誘捕偵查之效。至於，警職法第 3 條第 3 項之規定，依照立法意旨，應解釋爲明文禁止警察人員使用誘捕行爲引誘或教唆原無犯意之人實行犯罪。惟此並不表示對於已有犯意之人施以誘捕手段縱使合法，均得使用任何的誘捕手段，實施偵查。亦即，對已有犯意之人施以誘捕手段縱使合法，亦不得適用本條項之反向論述而作爲執行的依據（亦即，警職法第 3 條第 3 項之規定，並非「機會提供型」之授權條款）。

*4.*小結

陳運財教授之主張較與警政實務見解：「警職法第 3 條明定比例原則及目的性考量，警察行使職權若已達成執行目的或認爲目的無法達成時，應即停止其職權之行使，以避免不當之繼續行使，造成不成比例之傷害。」相近也與前述黃朝義教授所提出之判準不謀而合。亦即，在機會提供型之誘捕偵查，也非當然合法，仍須符合比例原則。

【陳運財，〈誘捕偵查——兼評日本最高裁判所平成16年7月12日第一小法庭1815號大麻取締法違反等案件〉，收錄於《偵查與人權》，2014.04，435頁以下；內政部警政署印行，《警察職權行使法逐條釋義》，2003.08，第3條部分。】

㈡犯意誘發型

而對於「犯意誘發型」的偵查，學說上多認爲，**犯意誘發等於係國家在製造犯罪，在此等情形之違法情節重大，**應一概排除其取證的證據能力較爲妥適或應認此種誘捕偵查所爲之追訴，構成追訴權的濫用，而足使檢察官提起之公訴失其效力。

【黃朝義，《刑事訴訟法》，新學林，五版，2017.09，339頁；張麗卿，《刑事訴訟法理論與運用》，五南，十四版，2018.09，445頁；陳運財，〈誘捕偵查——兼評日本最高裁判所平成16年7月12日第一小法庭1815號大麻取締法違反等案件〉，收錄於《偵查與人權》，2014.04，445頁。】

❖ 爭議問題

私人不法取證，是否有證據排除法則之適用？

原則上應採否定說。實務上認爲，私人非法取證之動機，或來自對於國家發動偵查權之不可期待，或因犯罪行爲本質上具有隱密性、不公開性，產生蒐證上之困窘， 難以取得直接之證據，冀求證明刑事被告之犯行之故，而私人不法取證並無普遍性，且對方私人得請求民事損害賠償或訴諸刑事追訴或其他法律救濟機制，無須借助證據排除法則之極端救濟方式將證據加以排除，即能達到嚇阻私人不法行爲之效果，如將私人不法取得之證據一律予以排除，不僅使犯行足以構成法律上非難之被告逍遙法外，而私人尚需面臨民、刑之訟累，在結果上反而顯得失衡，且縱採證據排除法則，亦難抑制私人不法取證之效果。是偵查機關「違法」偵查蒐證與私人「不法」取證，乃兩種完全不同之取證態樣，兩者所取得之證據排除與否，理論基礎及思維方向應非可等量齊觀，私人不法取證，難以證據排除法則作爲其排除之依據及基準，應認私人所取得之證據，原則上無證據排除原則之適用。惟如私人故意對被告使用暴力、刑求等方式，而取得被告之自白或證人之證述，因違背任意性，且有虛僞高度可能性，基於避免間接鼓勵私人以暴力方式取證，應例外排除該證據之證據能力。

【最高法院101年度台上字第3561號、99年度台上字第3168號、98年度台上字第578號判決。】

至於學說上的意見大致亦與實務雷同，證據排除法則之適用，主要在於抑制違法偵查，其適用範圍並不包含私人之違法取證。例外如：㈠私人若係基於偵查機關之委託、教唆或共謀之情形，在本質上應認屬於偵查機關之活動。㈡但若私人蒐證所取得之證據係出於暴力、刑求者，可能必須適用證據排除法則，因此取得之陳述，應類推適用本法第156條第1項，絕對排除證據能力。

【黃朝義，《刑事訴訟法》，新學林，五版，2017.09，613頁；楊雲驊，〈私人不法取證之證據能力——評最高法院98年度台上字第578號判決〉，《台灣法學雜誌》，第135期，2009.09，277頁以下；吳巡龍，〈私人取證〉，《月旦法學教室》，第133期，2013.11，36頁以下。】

❑ 實務見解

▶93台上664（判例）

刑事訴訟，係以確定國家具體之刑罰權爲目的，爲保全證據並確保刑罰之執行，於訴訟程序之進行，固有許實施強制處分之必要，惟強制處分之搜索、扣押，足以侵害個人之隱私權及財產權，若爲達訴追之目的而漫無限制，許其不擇手段爲之，於人權之保障，自有未周。故基於維持正當法律程序、司法純潔性及抑止違法偵查之原則，實施刑事訴訟程序之公務員不得任意違背法定程序實施搜索、扣押；**至於違法搜索、扣押所取得之證據，若不分情節，一概以程序違法爲由，否定其證據能力，從究明事實眞相之角度而言，難謂適當，**且若僅因程序上之瑕疵，致使許多與事實相符之證據，無例外地被排除而不用，例如案情重大，然違背法定程序之情節輕微，若遽捨棄該證據不用，被告可能逍遙法外，此與國民感情相悖，難爲社會所接受，自有害於審判之公平正義。因此，對於違法搜索、扣押所取得之證據，除法律另有規定外，爲兼顧程序正義及發現實體眞實，應由法院於個案審理中，就個人基本人權之保障及公共利益之均衡維護，依比例原則及法益權衡原則，予以客觀之判斷，亦即宜就一、**違背法定程序之程度**。二、**違背法定程序時之主觀意圖（即實施搜索、扣押之公務員是否明知違法並故意爲之）**。三、**違背法定程序時之狀況（即程序之違反是否有緊急或不得已之情形）**。四、**侵害犯罪嫌疑人或被告權益之種類及輕重**。五、**犯罪所生之危險或實害**。六、**禁止使用證據對於預防將來違法取得證據之效果**。七、**偵審人員如依法定程序，有無發現該證據之必然性**。證據取得之違法對被告訴訟上防禦不利益之程度等情狀予以審酌，以決定應否賦予證據能力。

▶108台上4094○（判決）

刑事訴訟法上證據排除法則等相關規定，係爲防止國家機關以違法侵害人民基本權方式取得證據，故其規範對象係以國家機關爲限，並不及於私人。**不可歸責於國家機關之私人違法錄音（影）所取得之證據，既非因國家機關對私人基本權之侵害，自無證據排除法則之適用或類推適**

用可能，如其內容具備任意性者，自可為證據。且刑事訴訟法與刑事實體法各有不同之功能，因私人違法錄音（影）而受法益侵害之私人，已因刑事實體法之設而受有保護，不能謂法院仍須片面犧牲發見眞實之功能，完全不能使用該錄音（影）內容作為證據，始已完全履行國家保護基本權之義務或不致成為私人違法取證之窩贓者。惟為避免法院因調查該證據結果，過度限制他人之隱私權或資訊隱私權，應視該證據內容是否屬於隱私權之核心領域、法院調查該證據之手段造成隱私權或資訊隱私權受侵害之程度，與所欲達成發見眞實之公益目的，依適合性、必要性及相當性原則妥為權衡審查。如非隱私權核心領域內容，法院為達成發見眞實之公益目的要求，自得使用最小侵害之法定調查方式（例如，以不公開審理方式勘驗，並禁止勘驗結果對外公開，或裁判書遮隱直接或間接足資識別權利人之相關個資或隱私內容），在待證事實之必要範圍內，限制私人之隱私權或資訊隱私權。

▶108 台上 3886〇（判決）

被告不利於己之供述，有「自白」及「其他不利之陳述」之分（刑事訴訟法第一〇〇條、第一五八條之二第一項參照），自白係被告不利於己陳述之一種。狹義自白專指對自己犯罪事實全部或主要部分為承認之肯定供述；而其他不利之陳述，則指狹義自白以外僅就犯罪事實一部或其間接事實為明示或默示之承認，因與事實之立證相結合足以認定犯罪成立者而言，學理上稱之為「自認」或「不完全自白」。被告（之陳述）為法定證據方法之一，廣義之自白包括狹義自白及不利於己之陳述，從證據之性質而言，均係對被告不利之證據，兩者視合致構成要件所待證事實之不同，僅有證據價值程度之區別，然其實體證據屬性並無本質上之差異。「被告或共犯之自白或其他不利於己之陳述」、「告訴（人之）指訴」，均係以人為證據方法使待證事項臻於明瞭之原因，皆屬適於證明犯罪事實之積極證據或實體證據，祇不過證據價值即證明力有所不同或受限而已。自白、其他不利於己之陳述或告訴（人之）指訴，於證據法則而言，均係證明力不完全之證據，其證據價值不悉委由法官自由心證判斷而不受限，仍須有其他補強證據相互印證，始得據以認定犯罪事實，斯乃證據法則從數量要求達到質量保證之設限。被告或共同正犯之供述，對於告訴指訴而言，係不同來源之別一獨立證據，反之亦然，意味著彼此可為對方之補強證據。質言之，僅有被告或共同正犯之自白或其他不利於己之陳述，或者僅有片面之告訴指訴，固皆不足以單獨證明犯罪事實存在，然苟併依他項立證而得滿足嚴格證明之要求者，則得為犯罪事實之認定。

▶107 台上 1700〇（判決）

刑事訴訟法第一八〇條、第一八一條、第一八五條、第一八六條第二項規定，訊問證人應先調查其與被告有無法定之特定身分關係，或證人有恐因陳述致具上開法定特定身分關係之人受刑事追訴或處罰之情形者，應告以得拒絕證言。**上開規定雖係為保護證人而設，非被告所得主張**，且既命具結作證供述，當即與同法第一五八條之三「證人依法應具結而未具結，其證言不得作為證據」之規定有間，**然命證人具結作證所踐行之告知義務倘有瑕疵，終究與正當程序未盡相符，應認係屬違背法定程序取得之證據，而適用同法第一五八條之四權衡人權保障及公共利益判斷其證據能力。**

本件檢察官以證人身分訊問劉〇〇、張〇〇，僅訊問其等與上訴人有無法定之特定身分關係，雖漏未及於刑事訴訟法第一八一條事項，**然該等告知義務之規範保護目的本非針對被告，難謂侵害被告權益，且可見檢察官意在依循法定證據方法且未刻意規避告知義務**，更係命劉〇〇、張〇〇具結後供證，上開瑕疵僅止於前行告知內容疏漏之程序未備，**尚非情節較鉅之「未以證人身分」或「以證人身分卻未命具結」取供**。又劉〇〇、張〇〇之於上訴人而言，實際上確無得拒絕證言之特定身分關係，倘檢察官踐行完備之告知，依卷存其二人始終一致之供述內容以觀，可預期其等自主性之證言不致有異，無任何心理受強制之情，就上訴人本件犯行之證明作用，有外部之信用擔保。原判決業於其理由壹之一，敘明各該證據資料之適格，並已依法踐行證據之調查程序，上訴人在事實審中就此證據資料之適格，並不爭執，原判決乃未詳加區分、說明，難謂違失，自無許在法律審始作指摘，憑為適法之第三審上訴理由。

▶107 台上 3416（判決）

警察任務為依法維持公共秩序，保護社會安全，防止一切危害，促進人民福利（警察法第二條參照），但其在執行任務時，所行使者多屬干預性行為，會限制人民之身體、自由及財產。為使警察執行勤務有所依循，警察勤務條例第十一條乃就警察勤務之內容為明文規定，其中第二、三款規定：「二、巡邏：劃分巡邏區（線），由服勤人員循指定區（線）巡視，以查察奸宄，防止危害為主；並執行檢查、取締、盤詰及其他一般警察勤務。三、臨檢：於公共場所或指定處所路段，由服勤人員擔任臨場檢查或路檢、執行取締、盤查及有關法令賦予之勤務。」**巡邏、臨檢等勤務橫跨警察行政及刑事訴訟領域，其一方面為事前危害預防之勤務，另一方面為事後之犯罪**

調查。例如於指定區巡邏或於公共場所臨場檢查，原係預防性工作，但可能因此發現酒後駕車之事證，因此轉爲犯罪調查，此爲警察任務之雙重功能。而警察職權行使法第六條規範查證身分之臨檢發動要件，其中第一項第一款規定：「合理懷疑其有犯罪之嫌疑或有犯罪之虞者。」目的在使警察能事先預防犯罪發生及防止危害產生，其依客觀情況或專業經驗，經合理判斷後認有犯罪之嫌疑或有犯罪之虞，得查證身分，因此時犯罪已存在或瀕臨發生之邊緣，常會於查證身分後，刑事調查作爲隨即發動；同法第七條規定查證身分之程序，爲查證身分，警察得爲攔停、詢問姓名及年籍資料、命出示身分證明文件、有明顯事實時得檢查身體及所攜帶物等措施。立法目的是在維持公共秩序、保護社會安全，與憲法保障隱私、行動自由、人性尊嚴之間取得衡平。核林○華警員係依警察職權行使法第六條第一項第一款、第七條第一項之規定，對上訴人實施攔停、命出示身分證明文件等查證身分措施，期間因上訴人身體有明顯酒味，疑爲酒後駕車之現行犯，此時轉爲犯罪調查之發動，且經上訴人同意後，採取吐氣作爲犯罪證據。**警員於攔停、命出示身分證明文件等措施係屬警察行政階段，符合前述警察職權行使法之規定，之後即屬刑事調查階段，此即爲警察任務之雙重功能**，核其程序並無違法，自無適用刑事訴訟法第一百五十八條之四權衡證據能力之餘地。

▶107 台上 2819○（判決）

刑事訴訟法第一百三十一條第四項關於無票搜索後未依法陳報法院者，審判時法院得宣告所扣得之物，不得作爲證據之規定，其立法理由係以對於逕行搜索後所取得之證據，如未陳報法院或經法院撤銷者，不應不分情節，一概強制排除其證據能力，應依比例原則及法益均衡原則加以權衡，以避免僅因程序上微小瑕疵，致使許多與事實相符之證據，無例外被排除。爰增訂該一百三十一第四項之規定，賦與法院裁量之權限，使法院得斟酌人權保障及公共利益之均衡原則，以作爲認定證據能力有無之標準，俾兼顧理論及實際，而應需要，此與同法一百五十八條之四關於違背法定程序取得之證據，其有無證據能力之認定，應審酌人權保障及公共利益之均衡維護，同其趣旨。本件於司法警察逕行搜索查獲所示之第一級毒品海洛因及第二級毒品甲基安非他命後，未於三日內向法院陳報而經撤銷，與刑事訴訟法第一百三十一條規定固有未合，但原判決已說明依據本案逕行搜索之緣由及事證，員警確有相當理由須執行無令狀之緊急搜索，且搜索結果，確因此查獲所示之毒品海洛因及相當數量之毒品甲基安非他命，經衡量防止因毒品流通對社會治安所肇致危害之公共利益及上訴人個人基本人權之保障，認本件搜索縱有程序上之瑕疵，仍不應排除所查扣毒品之證據能力，於法並無違誤。

▶107 台上 1700○（判決）

刑事訴訟法第一百八十條、第一百八十一條、第一百八十五條、第一百八十六條第二項規定，訊問證人應先調查其與被告有無法定之特定身分關係，或證人有恐因陳述致具上開法定特定身分關係之人受刑事追訴或處罰之情形者，應告以得拒絕證言。上開規定雖係爲保護證人而設，非被告所得主張，且既命具結作證供述，當即與同法第一百五十八條之三「證人依法應具結而未具結，其證言不得作爲證據」之規定有間，然命證人具結作證所踐行之告知義務倘有瑕疵，終究與正當程序未盡相符，應認係屬違背法定程序取得之證據，而適用同法第一百五十八條之四權衡人權保障及公共利益判斷其證據能力。

▶102 台上 444（判決）

刑法上所謂陷害教唆，係指行爲人原無犯罪之意思，純因具有司法警察權者之設計誘陷，以唆使其萌生犯意，待其形式上符合著手於犯罪行爲之實行時，再予逮捕者而言。此種「陷害教唆」，因行爲人原無犯罪之意思，係具有司法警察權者伺機逮捕，而以不正當手段入人於罪，尚難遽認被陷害教唆者成立犯罪。至刑事偵查技術上所謂之「釣魚」者，則指對於原已犯罪或具有犯罪故意之人，司法警察於獲悉後爲取得證據，以設計引誘之方式，佯與之爲對合行爲，使其暴露犯罪事證，待其著手於犯罪行爲之實行時，予以逮捕、偵辦者而言。後者因犯罪行爲人主觀上原即有犯罪之意思，倘客觀上又已著手於犯罪行爲之實行時，自得成立未遂犯，與「陷害教唆」情形迥然有別。「釣魚」因屬偵查犯罪技巧之範疇，並未違反憲法對於基本人權之保障，且於公共利益之維護有其必要性，故依「釣魚」方式所蒐集之證據資料，非無證據能力。

▶100 台上 1977（判決）

刑事訴訟之目的，固在於發現眞實，而維護社會安全及公共利益，但其手段則應合法、正當、純潔，以兼顧程序正義及人權保障。司法警察（官）對於自始即有犯罪故意之行爲人，因達成犯罪調查目的之必要，依適當之方法，布設機會相與對合，藉以蒐集證據，且不違背法定程序者（俗稱釣魚偵查），乃法之所許。倘係原無犯罪故意之人，而以引誘、教唆等違法手段，設局計誘，引發其犯意，致受誘蹈陷，逮捕入罪（即陷害教唆），不但有害於公平正義，亦顯然違反人權之保障，其因此所取得之證據，自無證據能力，應予排除。既係判斷警方調查蒐集之證據有無證據能力，則所謂自始即有犯罪故意之行爲人，當指司法警察（官）並非主觀上違法設計教唆原無犯意之他人犯罪，而係客觀上依據相當事證，知該行爲人有犯罪嫌疑而開始調查，自不以該行爲人之犯行已經嚴格證明爲必要。

▶99 台上 6372（判決）

刑事訴訟法第一百七十九條至第一百八十一條雖規定某些具有特別身分或關係之人，具有拒絕證言權，但就違背此規定而取得之證言，並未如同法第一百五十八條之三關於依法應具結而未具結者，設有「不得作爲證據」之規範，自應依同法第一百五十八條之四權衡法則規定，審酌人權保障及公共利益之均衡維護，而定其證據能力之有無。

▶99 台上 5202（判決）

查司法警察之任務在於打擊、追訴犯罪，依「國家禁反言」之原則，自不能容認爲追訴犯罪而挑唆發生或製造犯罪，故警察職權行使法第三條第三項明文揭示：「警察行使職權，不得以引誘、教唆人民犯罪或其他違法之手段爲之」，以資規範。誘捕偵查類型中之「犯意誘發型」，因係司法警察或所吸收之線民以引誘、教唆犯罪之不正當手段，使原無犯罪意思或傾向之人因而萌生犯意而實行犯罪行爲，嚴重違反刑罰預防目的及正當法律程序原則，應認屬於違法之誘捕偵查，其因此所取得之證據不具正當性，對於公共利益之維護並無意義，應予絕對排除，以強化被誘捕人基本權利之保護密度。至於爲因應不同犯罪類型之「機會提供型」誘捕偵查，乃行爲人原已具有犯罪之意思或傾向，僅因司法警察或其線民提供機會，以設計之方式，佯與之爲對合行爲，使其暴露犯罪事證，俟著手於犯罪行爲之實行時，予以逮捕偵辦，實務上稱之爲「釣魚偵查」，歸類爲偵查技巧之一環，因而被評價爲合法之誘捕偵查。惟刑事法以不處罰單純之犯意爲原則，行爲人之所以著手實行犯罪行爲，係因司法警察之加工介入，故此類誘捕偵查所取得之證據，仍應就司法警察之蒐證作爲，檢驗其取證要件是否符合法定程序，包括司法警察介入之程度如何，資爲判斷其之證據適格，應否透過刑事訴訟法第一百五十八條之四爲衡酌，並非一概即可無條件承認其證據能力。

▶98 台上 578（判決）

私人非法取證之動機，或來自對於國家發動偵查權之不可期待，或因犯罪行爲本質上具有隱密性、不公開性，產生蒐證上之困窘，難以取得直接之證據，冀求證明刑事被告之犯行之故，而私人不法取證並無普遍性，且對方私人得請求民事損害賠償或訴諸刑事追訴或其他法律救濟機制，無須藉助證據排除法則之極端救濟方式將證據加以排除，即能達到嚇阻私人不法行爲之效果，**如將私人不法取得之證據一律予以排除，不僅使犯行足以構成法律上非難之被告逍遙法外，而私人尚需面臨民、刑之訟累，在結果上反而顯得失衡，且縱證據排除法則，亦難抑制私人不法取證之效果。是偵查機關「違法」偵查蒐證與私人「不法」取證，乃兩種完全不同之取證態樣，兩者所取得之證據排除與否，理論基礎及思維方向應非可等量齊觀，私人不法取證，難以證據排除法則作爲其排除之依據及基準，應認私人所取得之證據，原則上無證據排除原則之適用。惟如私人故意對被告使用暴力、刑求等方式，而取得被告之自白或證人之證述，因違背任意性，且有虛僞高度可能性，基於避免間接鼓勵私人以暴力方式取證，應例外排除該證據之證據能力。**

❖ 學者評釋

無論從文義、體系、目的等角度來看，偵查機關「違法」蒐證與私人「不法」取證，實無一體適用之可能。本判決清楚點出：「偵查機關違法偵查蒐證與私人不法取證，乃兩種完全不同之取證態樣，兩者所取得之證據排除與否，理論基礎及思維方向應非可等量齊觀，私人不法取證，難以證據排除法則作爲其排除之依據及基準。」

在理由構成上，本判決亦闡釋私人蒐證不適用刑事訴訟法上之「證據排除法則」理由在於：「如將私人不法取得之證據一律予以排除，將使犯行足以構成法律上非難之被告逍遙法外」、「縱使排除，亦難以遏止私人不法取證」以及「已有民事損害賠償或訴諸刑事追訴或其他法律救濟機制」等，應值贊同。

惟學者亦指出，將來如遇到私人蒐證所取得之證據非出於暴力、刑求且屬於「核心隱私領域」者，例如竊錄或竊聽臥房內之私密談話或活動，本判決所提出之私人不法取證之證據「原則均可使用，僅出於暴力、刑求者禁止使用」公式是否繼續沿用，還是必須適度修正，值得密切觀察。

【楊雲驊，〈私人不法取證之證據能力——評最高法院98 年度台上字第 578 號判決〉，《台灣法學雜誌》，第 135 期，2009.09，277 頁以下。】

▶97 台上 2743（判決）

電話通訊談話人乙對受話人而言，並無隱私期待，警員係獲得受話人同意始實施電話錄音，此與員警在雙方談話人不知情狀況下截聽或截錄電話談話內容之情形有別，不得逕認係非法取得證據。是乙對於其與受話人談話內容證據能力之質疑，容有誤解。

▶93 台上 2949（判決）

司法警察機關實施通訊監察時，必須合於通訊保障及監察法第五條第一項所規定之要件，且依法取得檢察官或法官所核發之通訊監察書，始得爲之；其有通訊保障及監察法第六條所規定之急迫危險，經檢察官以口頭通知先予執行通訊監察者，亦應於二十四小時內補發通訊監察書，始符合法定程序。倘未依上開程序之通訊監察所取得之證據，即屬違背法定程序取得之證據，其有無證據能力之認定，依刑事訴訟法第一百五十八條之四規定，應審酌人權保障及公共利益之均衡維護，以爲判斷。至於通訊保障及監察法第二十九條第三款雖規定，監察他人之通訊，監察者爲通訊之一方或已得通訊之一方事先同意，而非出於不法目的者，不罰。乃基於衡平原則，對於當事人之一方，所賦予之保護措施。**並非謂司法警察機關於蒐集證據時，得趁此機會，於徵得通訊之一方事先同意，即可實施通訊監察，而無須聲請核發通訊監察書，以規避通訊保障及監察法第五條、第六條所規定之限制**。從而司法警察機關縱徵得通訊之一方事先同意而監察他人通訊，其所取得之證據有無證據能力，仍應依刑事訴訟法第一百五十八條之四規定，審酌人權保障及公共利益之均衡維護，以爲判斷。否則，豈不發生得以迂迴方式徵得通訊之一方之同意，即可規避應由檢察官、法官核發通訊監察書之不當結果。

▶92 台上 4003（判決）

倘檢察官於偵查中，蓄意規避踐行刑事訴訟法第九十五條所定之告知義務，對於犯罪嫌疑人以證人之身分予以傳喚，命具結陳述後，採其證言爲不利之證據，列爲被告，提起公訴，無異剝奪被告緘默權及防禦權之行使，尤難謂非以詐欺之方法而取得自白。此項違法取得之供述資料，自不具證據能力，應予以排除。如非蓄意規避上開告知義務，或訊問時始發現證人涉有犯罪嫌疑，卻未適時爲刑事訴訟法第九十五條之告知，即逕列爲被告，提起公訴，其因此所取得之自白，有無證據能力，仍應權衡個案違背法定程序之情節、侵害被告權益之種類及輕重、對於被告訴訟上防禦不利益之程度、犯罪所生之危害或實害等情形，兼顧人權保障及公共利益之均衡維護，審酌判斷之。

第 159 條（傳聞法則之適用及其例外）

I 被告以外之人於審判外之言詞或書面陳述，除法律有規定者外，不得作爲證據。

II 前項規定，於第一百六十一條第二項之情形及法院以簡式審判程序或簡易判決處刑者，不適用之。其關於羈押、搜索、鑑定留置、許可、證據保全及其他依法所爲強制處分之審查，亦同。

□修正前條文

證人於審判外之陳述，除法律有規定者外，不得作爲證據。

■修正說明（92.02.06）

一、按傳聞法則係由英、美發展而來，隨陪審制度之發達而成長，但非僅存在於陪審裁判，已進化爲近代之直接審理主義及言詞審理主義，並認訴訟當事人有反對詰問權，因此傳聞法則與當事人進行主義有密切關聯，其主要之作用即在確保當事人之反對詰問權。由於傳聞證據，有悖直接審理主義及言詞審理主義諸原則，影響程序正義之實現，應予排斥，已爲英美法系及大陸法系國家所共認，惟因二者所採訴訟構造不同，採英美法系當事人進行主義者，重視當事人與證據之關係，排斥傳聞證據，以保障被告之反對詰問權；採大陸法系職權進行主義者，則重視法院與證據之關係，其排斥傳聞證據，乃因該證據非在法院直接調查之故。我國刑事訴訟法於五十六年一月二十八日修正公布，增訂第一百五十九條之規定，其立法理由略謂：爲發揮職權進行主義之效能，對於證據能力殊少限制，而訴訟程序採直接審理主義及言詞審理主義，在使法官憑其直接審理及言詞審理中有關人員之陳述，所獲得之態度證據，形成正確心證，是以證人以書面代替到庭之陳述要與直接審理主義、言詞審理主義有違，不得採爲證據等語。可知當時之訴訟結構，基本上仍係以大陸法系之職權進行主義爲基礎。然而國內學者歷來就本條之規定，究竟係有關直接審理之規定或有關傳聞法則之規定，迭有爭議，亦各其理論之基礎。

二、八十六年十二月十九日公布修正之刑事訴訟法，對於被告之防禦權已增加保護之規定，此次刑事訴訟法修正復亦加強檢察官之舉證責任，且證據調查之取捨，尊重當事人之意見，並以之作爲重心，降低法院依職權調查證據之比重。在此種前提下，酌予採納英美之傳聞法則，用以保障被告之反對詰問權，即有必要。況本法第一百六十六條已有交互詰問之制度，此次修法復將其功能予以強化，是以爲求實體眞實之發現並保障人權，惟善用傳聞法則，始能克盡其功。

三、本條原條文僅規定證人於審判（按指廣義之審判，即包含準備程序與言詞辯論程序）外之陳述（含言詞陳述與書面陳述），除法律有規定者外，不得作爲證據。但實務上共同被告（指於一個訴訟關係中，同爲被告之人）、共犯、被害人等，非必即屬訴訟法上之「證人」，其等審判外之陳述，性質上亦屬傳聞證據，得否作為證據，不免引起爭議；另對於被告審判外之陳述，應無保護其反對詰問權之問題，爰參考日本刑事訴訟法第三百二十條第一項之規定，修正本條第一項，即除法律有規定者外，「被告以外之人」審判外之「言詞或書面」陳述，原則上均不得作為證據，而將共同被告、共犯、被害人等審判外之陳述，同列入傳聞法則之規範，不以證人審判外之陳述為限。又本條所謂「法律有規定者」，係指本法第一百五十九條之一至第一百五十九條之五及第二百零六條等規定，此外，尚包括性侵害犯罪防制法第十五條第二項、兒童及少年性交易防治條例第十條第二項、家庭暴力防治法第二十八條第二項、組織犯罪防制條例第十二條及檢肅流氓條例中有關祕密證人筆錄等多種刑事訴訟特別規定之情形。

四、簡易程序乃對於情節輕微，證據明確，已足認定其犯罪者，規定迅速審判之訴訟程序，其不以行言詞審理為必要，如本法第四百四十九條第一項前段即規定：第一審法院依被告在偵查中之自白或其他現存之證據，已足認定其犯罪者，得因檢察官之聲請，不經通常審判程序，逕以簡易判決處刑，是以適用簡易程予之案件，當無適用本條第一項所定之傳聞法則。另依修正條文第二百七十三條之一、第二百七十三條之二等規定，行簡式審判程序時，對於證據之調查，不受修正條文第一百五十九條第一項、第一百六十一條之二、第一百六十一條之第一百六十三條之一、第一百六十四條至第一百七十條規定之限制，故本條第一項所定傳聞法則於簡式審判程序，亦不適用之。

五、此外，本法第一百六十一條第二項有關起訴審查之規定，係法院於第一次審判期日前，斟酌檢察官起訴或移送併辦意旨及全程卷證資料，依客觀之經驗法則與論理法則，從客觀上判斷被告是否顯無成立犯罪之可能；另關於搜索、鑑定留置、許可、證據保全及其他依法所為強制處分之審查，除偵查中特重急迫性及隱密性，應立即處理且審查內容不得公開外，因上開審查程序均非認定被告有無犯罪之實體審判程序，其證據法則毋須嚴格證明，僅以自由證明為已足，爰一併於第二項明定其不適用本條第一項傳聞法則之規定，以避免實務運作發生爭執。

❖ 法學概念

傳聞法則示意圖

- 原則
  - 1.證據須具供述性（被告以外之人在審判外言詞或書面之陳述）
  - 2.保障被告對不利證人之對質詰問權
- 非傳聞
  - 1.非供述證據（例如：物證）
  - 2.本法第159條第2項
    - (1)起訴審查
    - (2)簡式、簡易判決程序
    - (3)強制處分之審查及證據保全程序（例如：羈押、搜索、鑑定留置等）
- 例外
  - 1.本法規定
    - (1)於審判外向法官、檢察官之陳述（§159-1）
    - (2)與審判中先前不一致的警詢陳述（§159-2）
    - (3)審判中不能到庭之警詢陳述（§159-3）
    - (4)特信性文書（§159-4）
    - (5)當事人同意之傳述（§159-5）
  - 2.其他法律：例如：性侵害犯罪防治法第17條、兒童及少年性剝削防制條例第13條
  - 3.學說：驚駭或興奮陳述、臨終陳述、已記錄之回憶

❖ 法學概念

「傳聞」之定義

就刑訴法第159條文義以觀，並未對「傳聞」做定義性之規定。國內有學者乃參酌美國聯邦刑事證據法§801(c)的規定，將其定義為：「『審判外』所為之『陳述或所發生之敘述性動作』，而提出於法庭用來證明該敘述事項真實性之證據。」

【王兆鵬、張明偉、李榮耕，《刑事訴訟法（下）》，瑞興，三版，2015.09，190 頁；陳運財，〈傳聞法則之理論與實踐〉，收錄於《傳聞法則理論與實踐》，元照，2003.09，47 頁。】

這個看法提出後，最高法院亦有相呼應之闡述：「傳聞法則須符合：㈠**審判外陳述**，㈡**被告以外之人陳述**，㈢**舉證之一方引述該陳述之目的係用以證明該陳述所直接主張內容之眞實性等三要件**。」（最高法院 93 年台上字第 3360 號判決參照，93 年台非字第 117 號判決同旨）。這個定義已與美日通說相近，此判決要旨也已獲得我國部分學者之認同。

【陳運財，〈傳聞法則及其例外之實務運作問題檢討〉，《台灣本土法學》，第 94 期，2007.05，130 頁。】

一般而言，傳聞證據係指聽聞之證據，並非供述者本身親眼目睹之證據（含傳聞供述、代替供述之書面、錄音帶等）。以審判庭爲基準考量證據之性質時，傳聞證據自屬於以「審判庭外」之「供述」爲內容之證據。此種傳聞證據亦有別於一般非供述證據（物證）。

【黃朝義，《刑事訴訟法》，新學林，五版，2017.09，618 頁以下。】

至於，電子通訊紀錄，大多具有陳述者甫於察覺後自願紀錄的眞實性特徵，較無詐僞、傳述錯誤的風險，可爲傳聞例外。不過，若其非在事件發生後立即作成之陳述，則仍然具有其供述特質，必須以對質詰問來檢驗其眞實性，仍然應受傳聞法則拘束。

【張明偉，〈電子證據之傳聞疑義〉，《東吳法律學報》，第 29 卷第 3 期，2018.01，29 頁以下。】

❖ 法學概念

對質詰問之權限制與其容許例外

傳聞法則主要之目的在於保障被告的對質詰問權，而傳聞例外可能與這個目的相衝突。換言之，即使形式上不違反傳聞的規定，但實質上卻有可能侵害了被告的質問權。質問權作爲程序最低標準的核心內涵在於：**刑事被告在整個程序，至少應享有一次面對面、全方位去挑戰、質疑及發問不利證人的機會**。不過，**質問權保障亦非毫無例外，干預質問權並非一概不許**。關鍵在於，法院在何等情形下，能夠採納未經質問的例外容許？由於質問權屬於公平審判程序的基本要求，而採納未經質問的證詞應否例外容許，亦應回歸公平審判原則的角度，透過平衡與補償措施，確保整個程序的公平性，使其對被告的不利降到最低。學說上建議，**具體應用到質問的容許例外，得以下列四大法則來檢驗**。即，**一、義務法則**：法院採納未經質問的證詞之前，是否努力促成證人親自到庭，盡國家機關的傳訊、拘提之義務。**二、歸責法則**：是否無可歸責於國家的事由而導致無法質問。**三、防禦法則**：是否給予被告防禦機會來補償。**四、佐證法則**：系爭不利證詞是否作爲判決唯一或主要證據。

【林鈺雄，《刑事訴訟法實例研習》，新學林，二版，2019.06，194 頁以下；林鈺雄，〈對質詰問觀點的傳聞法則㈠／對質詰問例外與傳聞例外之衝突與出路——歐洲人權法院與我國最高法院裁判之比較評析〉，《台灣本土法學》，第 119 期，91 頁以下。】

近年來實務有陸續採納前述四大法則的趨勢，如最高法院 103 年度台上字第 2182 號、103 年度台上字第 4086、104 年度台上字第 289 號、105 年度台上字第 757 號、108 年度台上字第 627 號等判決及司法院釋字第 789 號解釋。

☐ 實務見解

▶ 釋字第 789 號解釋理由書節錄（109.02.27）

性侵害犯罪防治法第十七條第一款有關被害人警詢陳述，得爲證據之規定，是否違憲？本於憲法第八條及第十六條所保障之人身自由與訴訟權，**刑事被告應享有依正當法律程序之原則，受法院公平審判之權利，於訴訟上尤應保障其享有充分之防禦權（本院釋字第六五四號及第七六二號解釋參照），包含對證人之對質、詰問之權利（本院釋字第三八四號、第五八二號及第六三六號解釋參照）**。爲落實憲法正當法律程序原則，刑事訴訟法所建構之刑事審判制度，應**採取證據裁判原則**與**嚴格證明法則**，法院就具證據能力之證據，經合法調查程序，形成足以顯示被告犯罪之確信心證，始能判決被告罪刑。

基於被告受憲法保障之訴訟上防禦權，其於審判中對證人對質、詰問之權利，應受最大可能之保障。基此，**被害人未到庭接受詰問之審判外陳述，原則上不得作爲證據**。於性侵害案件，立法者爲減少被害人受二度傷害等重要利益，**而以法律爲例外規定**，承認被害人向司法警察所爲陳述具證據能力，如其規定足以**確保**審判外陳述作爲證據之**最後手段性**，且就被告因此可能蒙受之防禦權損失，**有適當之衡平補償**，使被告仍享有充分防禦權之保障，即與憲法第八條正當法律程序原則及第十六條訴訟權之保障意旨無違。

性侵害案件多發生於私密封閉而少有第三人在場之環境，被告於刑事訴訟程序上常需藉由對質、詰問以辯駁被害人證詞之可信性及眞實性；**惟性侵害案件被害人卻可能因須面對被告、揭露個人私密資訊及重複陳述受害情節，而加劇其身心創傷**。九十四年二月五日修正公布之性侵害犯罪防治法第十七條第一款規定：「被害人於審判中有下列情形之一，其於檢察事務官、司法警察官或司法警察調查中所爲之陳述，經證明具有可信之特別情況，且爲證明犯罪事實之存否所必要者，得爲證據：一、因性侵害致身心創傷無法陳述者。」係考量性侵害案件之特性，以實現刑事訴訟發現眞實，並兼保護性侵害犯罪被害人之目的，明定被害人因性侵害致身心創傷，無法於審判中陳述者，法院就被害人於檢察事務官、司法警察官或司法警察調查中所爲之陳述（下稱警詢陳述），得於證明其具有可信之特別情況，且爲證明犯罪事實之存否所必要之前提下，賦予該警詢陳述有證據能力，**乃刑事訴訟法第一五九條第一項之特別規定，具例外規定之性質，其解釋、適用，自應依循前揭憲法意旨，從嚴爲之。依此，所謂「因性侵害致身心創傷無法陳述」，係指被害人因本案所涉性侵害爭議，致身心創傷而無法於審判中陳述。基於憲法保障刑事被告訴訟上防禦權之意旨，刑事被告詰問證人之機會應受到最大可能之保障，是系爭規定應僅限於被害人因其身心創傷狀況，客觀上已無法合理期待其就被害情形到庭再爲陳述者，始有其適用**。有爭議時，法院應依檢察官之舉證爲必要之調查（如經專業鑑定程序、函調相關身心狀況資料），被告亦得就調查方法、程序與結果等，行使陳述意見、辯論與詰問相關證人、鑑定人等防禦權，以確認被害人於開庭時確有因性侵害致身心創傷無法陳述之情狀。**被害人之具體情況尚未能確認者，法院仍應依聲請盡可能傳喚被害人到庭。於個案情形，如可採行適當之審判保護措施，例如採被害人法庭外訊問或詰問，或利用聲音、影像傳送之科技設備等隔離措施而爲隔離訊問或詰問等**（性侵害犯罪防治法第十六條第一項參照），以兼顧有效保護被害人與刑事訴訟發現眞實之需求者，系爭規定即尚無適用餘地。

其次，系爭規定**所謂「經證明具有可信之特別情況」，係指性侵害案件，經適當之調查程序，依被害人警詢陳述作成時之時空環境與相關因素綜合判斷，除足資證明該警詢陳述非出於強暴、脅迫、誘導、詐欺、疲勞訊問或其他不當外力干擾外，並應於避免受性別刻板印象影響之前提下，個案斟酌詢問者有無經專業訓練、有無採行陪同制、被害人陳述時點及其與案發時點之間距、陳述之神情態度及情緒反應、表達之方式及內容之詳盡程度等情況，足以證明縱未經對質詰問，該陳述亦具有信用性獲得確定保障之特別情況而言。檢察官對此應負舉證責任，指出證明之方法**。基於憲法保障刑事被告訴訟上防禦權之意旨，上開警詢陳述應經全程連續錄音或錄影，被告於此等證據能力有無之調查程序中，亦得對被害人警詢陳述之詢問者、筆錄製作者或與此相關之證人、鑑定人等行使詰問權，並得於勘驗警詢錄音、錄影時表示意見，以爭執、辯明被害人警詢陳述是否存在特別可信之情況。

刑事訴訟爲發現眞實，並保障人權，除法律另有規定者外，不問何人，於他人之案件，有爲證人之義務（刑事訴訟法第一七六條之一參照），包括犯罪被害人在內。而爲確保被告訴訟上之防禦權，經傳喚作證之證人，原則上應依法到場具結陳述，並接受被告之詰問，其陳述始得作爲認定被告犯罪事實之判斷依據。證人經傳喚而未於審判時到場者，被告即無從對其對質、詰問，有不利於被告防禦權之虞。是性侵害案件，被害人無法到庭陳述並接受詰問，而例外依系爭規定以合於前述意旨之警詢陳述作爲證據者，於後續訴訟程序，爲避免被告訴訟上防禦權蒙受潛在不利益，法院基於憲法公平審判原則，**應採取有效之訴訟上補償措施**，以適當平衡被告無法詰問被害人之防禦權損失。包括在調查證據程序上，**強化被告對其他證人之對質、詰問權；在證據評價上，法院尤不得以被害人之警詢陳述爲被告有罪判決之唯一或主要證據，並應有其他確實之補強證據**，以支持警詢陳述所涉犯罪事實之眞實性。

綜上，**系爭規定旨在兼顧發現眞實與有效保護性侵害犯罪被害人等重要利益，其目的核屬正當；**倘被害人之警詢陳述，於符合前開意旨之前提下，業經法院爲必要之調查，被告得行使各種防禦權以充分爭執、辯明其法定要件之存否，並爲訴訟上採爲證據之例外與最後手段，且訴訟上就被告因此蒙受之詰問權損失，**已有適當之衡平補償，並非屬被告有罪判決之唯一或主要證據，則於此範圍內，系爭規定即與憲法第八條正當法律程序及第十六條訴訟權之保障意旨均尚無違背**。

性侵害案件之被害人於刑事訴訟程序上必須詳細陳述受害情節並揭露隱私，已須承受極大痛苦，若於程序中須一再重複陳述受害細節，往往對其身心形成鉅大煎熬與折磨。此於未成年被害人尤然。基於國家對犯罪被害人之保護義務，於性侵害案件，尤其涉及未成年被害人者，**檢察官應盡可能及早開始相關犯罪偵查程序，並以適當方式對其爲第一次訊問，避免被害人於審判前即須反覆陳述受害情節**，併此指明。

❖ 學者評釋

最高法院於釋字第 582 號解釋做成後，關於對質詰問的容許例外的問題兩種取向：一是認爲法定傳聞例外規定即構成對質詰問之容許例外。二是以對質詰問的例外法則作爲審查基準，亦即，縱使文義上合乎傳聞例外規定，實質上仍應經過對質詰問法則之審查，構成對質詰問容許例外者始得作爲裁判基礎；至於質問例外法則，多援引學說提倡的四大例外法則。後說於最高法院裁判，有後來居上的趨勢，但因兩說併陳，所以難免有諸多不一致之處，司法互助決議即是一例。展望我國未來質問法則與傳聞法則之發展，以前者取代後者，應是大勢所趨，尤其是具體落實對質詰問之容許例外法則。

以最新作成的釋字第 789 號解釋涉及的性侵被害人警詢筆錄爲例，究竟應以傳聞法則作爲審查基準（符合刑訴法第 159 條之 2、159 條之 3 條規定或類似規定之特別法者，即得爲證據？抑或必須符合質問容許例外始可作爲裁判基礎？

本號雖是合憲性解釋，**但解釋文特別強調質問容許例外，尤其是「防禦法則」與「佐證法則」。簡單說，關於性侵害案件，基於保護被害人的需求，被告防禦權尤其是對質詰問權，雖受限制，但仍應符合容許例外始得作爲對其不利裁判之基礎。尤其是在最佳防禦手段**（當庭對質詰問）不可得時，仍應盡力補償被告的防禦權損失，至少要退而求其次，**依照「防禦法則」求取次佳防禦方案**（**包含蒙面、變聲、錄影、間接提問等**），**且依「佐證法則」，縱使例外使用未經對質詰問的證詞，也不得作爲有罪裁判的唯一或主要證據。**

以上解釋內涵，同國際人權裁判的穩定見解，雖值得贊同。但不可諱言的是，關於「防禦法則」的立法密度方面，我國仍有改善空間。**展望未來，除了實務應放棄傳聞法則全有全無的思考方式，全面改以質問容許例外作爲審查基準之外**，立法應該進一步落實容許例外的規定，尤其是防禦法則，且不僅是性侵害犯罪而已，任何在審判中客觀上無法詰問的情形，都要尋求次佳防禦手段的可能性，且應於立法規定中列舉或例示具體的作法。

【林鈺雄，〈刑事訴訟法的發展趨勢——從公平審判原則出發〉，《月旦法學雜誌》，第 300 期，2020.05，187～189 頁。】

▶108 台上 627（判決）

原判決關於其附表一編號 3 所示販賣第三級毒品部分，**僅憑未具有可信性之證人於警詢及偵查中陳述，作爲認定伊此部分犯罪之唯一證據，又未賦予伊充分辯明犯罪嫌疑之詰問或其他適當之防禦機會，亦無其他補強證據，核與佐證法則及防禦法則未盡相符**，則證人於警詢及偵查中陳述即難認爲具有證據能力，原判決遽採證人欠缺適法證據能力之證述，據以認定伊有此部分犯行，顯有違誤。

▶108 台上 627（判決）

刑事訴訟法第一五九條之三規定，係爲補救傳聞法則在實務上所可能發生蒐證困難之問題，於本條所列各款原始陳述人於審判中無法到庭或雖到庭而無法陳述或無正當理由拒絕陳述之情形下，承認該等陳述人於審判外之陳述，於具備「絕對的特別可信情況」與「使用證據之必要性」要件時，具有適法之證據能力而得作爲證據之規定。此項未能供述或不能供述之原因，必須於審判中爲證據調查之際仍然存在，始足當之。**其第三款所稱「滯留國外或所在不明而無法傳喚或傳喚不到」，必須透過一切法定程序或通常可能之手段，仍不能使居留國外之原始陳述人到庭者，始能認爲係「滯留國外」；至「所在不明」，則指非因國家機關之疏失，於透過一定之法律程序或使用通常可能之方式爲調查，仍不能判明其所在之情形而言。又此之「絕對的特別可信情況」，係指陳述時之外部客觀情況值得信用保證者而言，解釋上可參考外國立法例上構成傳聞例外之規定，如出於當場印象之立即陳述**（**自然之發言**）**、相信自己即將死亡**（**即臨終前**）**所爲之陳述及違反己身利益之陳述等例爲之審酌判斷**，與同法第一五九條之二規定之「相對的特別可信情況」，須比較審判中與審判外調查時陳述之外部狀況，判斷何者較爲可信之情形不同。

▶105 台上 757〇（判決）

爲確保被告對證人行使反對詰問權，證人於審判中，應依法定程序，到場具結陳述，並就其陳述被告不利之事項，接受被告之反對詰問，其陳述始得作爲認定被告犯罪事實之判斷依據。例外的情形，僅在被告未行使詰問權之不利益經由法院採取衡平之措施，其防禦權業經程序上獲得充分保障時，始容許援用未經被告詰問之證詞，採爲認定被告犯罪事實之證據。而被告之防禦權是否已獲程序保障，亦即有無「詰問權之容許例外」情形，**應審查：⑴事實審法院爲促成證人到庭接受詰問，是否已盡傳喚、拘提證人到庭之義務**（**即學理上所謂之義務法則**）。⑵**未能予被告對爲不利陳述之證人行使反對詰問權，是否非肇因於可歸責於國家機關之事由所造成，例如證人逃亡或死亡**（**歸責法則**）。⑶**被告雖不能行使詰問，惟法院已踐行現行之法定調查程序，給予被告充分辯明之防禦機會，以補償其不利益**（**防禦法則**）。⑷**系爭未經對質詰問之不利證詞，不得據以作爲認定被告犯罪事實之唯一證據或主要證據，仍應有其他補強證據佐證該不利證述之眞實性**（**佐證法則**）。在符合上揭要件時，被告雖未行使對不利證人之詰問權，應認合於「詰問權之容許例外」，法院採用該未經被告詰問之證言，即不得指爲違法。

▶100 台上 6575（判決）

依法監聽被告或被告以外之人於犯罪時所爲與犯罪行爲有關之言語，包括犯罪行爲本身（如教唆、恐嚇、詐欺等言語）、與共犯謀議、聯絡、告知及與他人溝通之相關言語，均係犯罪完成前有關犯罪行爲之言語，並非事後對犯罪行爲之描述，即非用以主張其內容眞實之陳述，性質上並非被告自白，或被告以外之人於審判外之陳述，自不適用自白法則或傳聞法則，如係合法監聽所得之通訊監察譯文，自有證據能力。

▶100 台上 6188（判決）

實務上，偵查犯罪機關對犯罪嫌疑人依據監聽錄音結果翻譯，以顯示該監聽錄音內容而製作之通訊監察譯文，為該監聽錄音之「派生證據」。因通訊監察譯文係被告以外之人之司法警察（官）監聽人員，於審判外將監聽所得資料以現譯方式整理後予以記錄而得，**則本質上屬於被告以外之人於審判外之書面陳述，為傳聞證據，依刑事訴訟法第一百五十九條第一項規定，除法律有規定者外，不得作為證據。**

▶100 台上 1430（判決）

證人即被害人徐○○之子徐○○雖**於偵查中具結轉述被害人死前於醫院對其陳述被害之經過，但於第一審及原審審理期間，徐○○均未到庭以證人身分具結陳述並接受當事人之詰問**，此有偵查卷、第一審卷及原審卷可考。是親身知覺、體驗之原陳述者為被害人，徐○○僅是轉述被害人陳述被害經過之「傳聞證人」。徐○○於偵查中以言詞轉述被害人被害經過之證詞為「傳聞證言」，即屬傳聞證據。此等「傳聞證言」，**因被害人已死亡，致客觀上不能到庭陳述並接受詰問，但徐○○於審判中客觀上並無不能到庭陳述之情形**，則其於審判中未到庭並依人證程序具結陳述並接受詰問，於偵查中轉述之「傳聞證言」即不得作為證據。

▶98 台上 7049（判決）

倘被告在我國境外犯重罪，遭訴於我國有管轄權之法院，而其相關之共犯或證人則先在外國法院受審或作證，**如該國與我國簽定有司法互助之條約或協定，且本互惠原則，亦承認我國法官依法之訴訟行為效力，可依同法第一百五十九條之一第一項規定，認該被告以外之人在該國法院之供述，具有證據能力。**

第 159 條之 1（於審判偵查外向審檢之陳述）

I 被告以外之人於審判外向法官所為之陳述，得為證據。

II 被告以外之人於偵查中向檢察官所為之陳述，除顯有不可信之情況者外，得為證據。

■增訂說明（92.02.06）

一、本條新增。

二、被告以外之人（含共同被告、共犯、被害人、證人等）於法官面前所為之陳述（含書面及言詞），因其陳述係在法官面前為之，故不問係其他刑事案件之準備程序、審判期日或民事事件或其他訴訟程序之陳述，均係在任意陳述之信用性已受確定保障之情況下所為，因此該等陳述應得作為證據。

三、檢察官職司追訴犯罪，必須對於被告之犯罪事實負舉證之責。就審判程序之訴訟構造言，檢察官係屬與被告相對立之當事人一方（參照本法第三條），是故偵查中對被告以外之人所為之偵查筆錄，或被告以外之人向檢察官所提之書面陳述，性質上均屬傳聞證據，且常為認定被告有罪之證據，自理論上言，如未予被告反對詰問、適當辯解之機會，一律准其為證據，似與當事人進行主義之精神不無扞格之處，對被告之防禦亦有所妨礙；然而現行階段刑事訴訟法規定檢察官代表國家偵查犯罪、實施公訴，依法其有訊問被告、證人及鑑定人之權，證人、鑑定人且須具結，而實務運作時，偵查中檢察官向被告以外之人所取得之陳述，原則上均能遵守法律規定，不致違法取供，其可信性極高，為兼顧理論與實務，爰於第二項明定被告以外之人，於偵查中向檢察官所為陳述，除顯有不可信之情況者外，得為證據。

❖ 法學概念

法官面前所為之陳述

如果從第 159 條之 1 第 1 項的文義解讀，其適用條件似乎相當寬鬆。於法官面前依循法定程序所為之書面或言詞陳述，不論係其他刑事案件之準備程序、審判期日或民事事件乃至其他訴訟程序之陳述，均得作為證據，法院就被告以外之人接受審訊時所製成之訊問、審判筆錄或陳述之錄音或錄影紀錄，在踐行本法第 165 條或第 165 條之 1 所定調查程序後，得援為判決之基礎。不過，第 159 條之 1 並非以保護刑事被告知對質詰問權為核心，只是因應大陸法系職權主義模式對傳聞法則所為之調整。

【張明偉，〈試探傳聞例外之法理基礎〉，收錄於《傳聞例外》，元照，初版，2016.04，141 頁以下。】

所以法官面前所為的陳述並不等於可信度較高，更不表示詰問權獲得保障。有論者指出，我國這項規定，帶有迷信法官權威之瑕疵。是以，在現行法下，國內不少學者皆認為於法官面前的訊問筆錄，縱然有經具結且有可信性，仍應賦予被告詰問機會，除非有不能供述的情形。因此，為保障被告的反對詰問權，本條文字有修正之必要，在條文修正前，參酌釋字第 582 號解釋意旨，**應限縮解釋**，於先前之程序中並未行使反對詰問權詰問證人之被告，於適用本條項時，應加上**「傳喚不能」（客觀不能）或「被告放棄」、「所在不明」**等要件，否則仍應儘可能傳喚該陳述人到庭。

換言之，本條項規定限縮解釋結果，應僅限

於被告在其他訴訟程序已經在法官面前對該證人踐行過詰問程序者，倘未賦予本案被告或其辯護人行使詰問之機會，當被告爭執而主張聲請傳訊該證人時，除非該證人有因死亡等傳喚不能之情事，應儘可能傳喚該證人到庭陳述。此外，如果證人主張其偵查中之陳述是出於警察誘導或脅迫等情形，即通常不具較審判中所強調的公開審理及具結所爲陳述之可信情況。

【王兆鵬、張明偉、李榮耕，《刑事訴訟法（下）》，瑞興，三版，2015.09，200 頁；張麗卿，〈傳聞與共同被告的調查〉，《月旦法學教室》，第 95 期，2010.09，18～19 頁；陳運財，《傳聞法則——理論與實踐》，元照，二版，2004.09，64 頁；黃朝義，《刑事訴訟法》，新學林，五版，2017.09，628 頁。】

❖ 法學概念

檢察官面前所為之陳述

刑訴法第 159 條之 1 第 2 項的條文有以下之瑕疵：㈠與迷信法官之權威相同，爲何對檢察官所爲之陳述，不論其是否具結、被告是否有機會交互詰問、是否有未能作證的情形，原則上皆得爲證據。㈡要被告證明顯有不可信之情況，極爲困難。㈢偵查訊問爲不公開，被告或其辯護人未必能參與。檢察官以秘密方式訊問證人，常有動機及能力使證人依照自己所期待的方式回答問題。在美國實務上，檢察官或執法人員常會在訊問的過程中威脅、恐嚇、利誘證人，或以非常技巧、有極度暗示性的方式誘導證人。

【王兆鵬、張明偉、李榮耕，《刑事訴訟法（下）》，瑞興，三版，2015.09，201 頁。】

是故，在解讀本條項時，應與第 1 項法理相同，限縮解釋，以「傳喚不能」（客觀不能）或「被告放棄」此權利爲適用之條件。

【黃朝義，《刑事訴訟法》，新學林，五版，2017.09，628 頁。】

前述所謂之客觀上不能接受詰問之事實不能的要件，有學者指出，**應以國家機關已善盡確保證人到庭之義務且無妨礙證人到庭或造成證人到庭困難之情形爲其前提**。要之，若非可歸責於國家之事由，被告詰問權的行使，則仍受到事實上的障礙。

依最新實務之一致見解，「在檢察官面前所爲之陳述」，要例外賦予其證據能力，**必須具有相對或絕對可信性之情況保障，及使用證據之必要性時**，始足當之。僅憑共同被告於審判中已具結陳述，並接受被告之詰問，或有不能傳喚之情形，都不得謂其先前（應具結而未具結）之陳述具有其證據能力。

【陳運財，〈第 159 條之 1 第 2 項檢訊筆錄實務爭議問題檢討〉，收錄於《刑事法學現代化動向——黃東熊教授八秩華誕祝壽論文集》，台灣法學，2012.11，143 頁註 10；最高法院 103 年度台上字第 4040 號判決。】

值得注意的是，有學者肯定新近的實務見解，謂「未經被告行使詰問權之被告以外之人於審判外向法官所爲之陳述，**定性上『應屬未經完足調查之證據』，非謂無證據能力**。此項詰問權之欠缺，得於審判中由被告行使以補正，而完足爲經合法調查之證據。至於被告是否要行使反對詰問，屬於被告之處分權範圍，法院應於準備程序期日訊問、曉諭被告或其辯護人是否聲請傳喚該被告以外之人以踐行之，使被告或其辯護人對之有補足行使反對詰問權之機會。於補正反對詰問權之後，法院應綜理該被告以外之人全部供述證據，斟酌卷內其他調查之證據資料，本於經驗法則及論理法則，作取捨、判斷。」（最高法院 95 年度台上字第 6675 號判決）。

【楊雲驊，〈眾裡尋他千百度——最高法院對於刑事訴訟法第 159 條之 1 解釋之評析〉，《台灣法學雜誌》，第 120 期，2009.01，83～84 頁。】

之後的最高法院判決大致遵循這個意見，如最高法院 97 年台上字第 1276 號判決稱：「於檢察官偵查中經具結陳述，本有證據能力，雖未經上訴人等於檢察官偵查程序爲詰問，但已於第一審審判中經補正詰問程序，而完足合法調查之證據。」最高法院 100 年台上字第 6685 號判決亦謂：「……其未經詰問者，**僅屬未經合法調查之證據，並非無證據能力**，而禁止證據之使用。**此項詰問權之欠缺，非不得於審判中由被告行使以資補正**，而完足爲經合法調查之證據。」可以預期的是，此一見解將在我國傳聞法則的理論發展中，扮演舉足輕重之地位。

不過，另有文獻持不同的觀點認爲，**偵查中檢察官訊問證人時，原則上被告既無與審判中相同之詰問證人權的保障**，而證人後來於審判期日經依法傳喚到庭調查，仍不改變其於審判外時所爲陳述爲傳聞證據的性質，除非經被告依第 159 條之 5 規定同意作爲證據，否則該檢訊筆錄仍無證據能力，**因此並無所謂審判中因被告行使詰問而補正偵查中詰問權欠缺的問題**。職故，實務一方面指摘偵查中檢察官訊問證人與審判中人證之調查程序性質有別，另一方面又認爲「該未經被告詰問之偵查中供述，亦非不得於審判中由被告行使以資補足」的見解，難謂允當。

【陳運財，〈第 159 條之 1 第 2 項檢訊筆錄實務爭議問題檢討〉，收錄於《刑事法學現代化動向——黃東熊教授八秩華誕祝壽論文集》，台灣法學，2012.11，146 頁以下。】

❖ 爭議問題

在偵查程序及審判程序給予被告對質詰問的機會，得否相互補正或取代？

一、肯定說

實務見解主張，未經被告行使詰問權之被告以外之人於審判外向法官所爲之陳述，定性上

「應屬未經完足調查之證據」，非謂無證據能力。此項詰問權之欠缺，得於審判中由被告行使以補正，而完足爲經合法調查之證據。值得注意的是，近來有部分學者支持此新說。

【最高法院95年度台上字第6675號判決應是最主要開端之代表，之後102年度台上字第1266號判決仍依循這個見解；楊雲驊，〈眾裡尋他千百度——最高法院對於刑事訴訟法第159條之1解釋之評析〉，《台灣法學雜誌》，第120期，2009.01，83～84頁。】

之後的最高法院判決大致遵循這個意見，如最高法院97年度台上字第1276號判決稱：「於檢察官偵查中經具結陳述，本有證據能力，雖未經上訴人等於檢察官偵查程序爲詰問，但已於第一審審判中經補正詰問程序，而完足合法調查之證據。」最高法院100年度台上字第6685號判決亦謂：「……其未經詰問者，僅屬未經合法調查之證據，並非無證據能力，而禁止證據之使用。此項詰問權之欠缺，非不得於審判中由被告行使以資補正，而完足爲經合法調查之證據。」此類見解在我國傳聞法則的實務發展中，具有舉足輕重之地位。

另有文獻持類似觀點認爲，對質詰問權的保障是要求在審判階段來實踐，在偵查階段應該是沒有絕對的要求，也就是「刑事被告在整個程序中，對於不利證人應享有至少一次的面對面、對質詰問的機會」。在偵查階段沒有給予對質詰問權的保障無所謂，重點是整個程序中有一次對質詰問的機會就足夠。

【林鈺雄，〈第三屆學術與實務之對話——對質詰問觀點的傳聞法則〉，《台灣法學雜誌》，第119期，2009.01，135～136頁。】

二、否定說

本書認爲，「對於不利證人應享有至少一次的面對面、對質詰問的機會」不能由偵查程序中的詰問取代。蓋因，偵查程序與審判程序之詰問顯然不同，審判中至少有閱卷及事前準備問題的時間與機會，且審判中交互詰問亦有一定的法定程序，非偵查程序所能比擬。是以，偵查中檢察官訊問證人時，原則上被告既無與審判中相同之詰問證人權的保障，而證人後來於審判期日經依法傳喚到庭調查，仍不改變其於審判外時所爲陳述爲傳聞證據的性質，除非經被告依第159條之5規定同意作爲證據，否則該偵訊筆錄仍無證據能力。因此，並無所謂審判中因被告行使詰問而補正偵查中詰問權欠缺的問題。職故，實務一方面指摘偵查中檢察官訊問證人與審判中人證之調查程序性質有別，另一方面又認爲「該未經被告詰問之偵查中供述，亦非不得於審判中由被告行使以資補足」的見解，難謂允當。

【黃朝義，《刑事訴訟法》，新學林，五版，2017.09，631頁；陳運財，〈第159條之1第2項檢訊筆錄實務爭議問題檢討〉，收錄於《刑事法學現代化動向——黃東熊教授八秩華誕祝壽論文集》，2012.11，146頁以下。】

❒ 實務見解

▶103 台上 4040（判決）

共同被告在本質上兼具被告與證人雙重身分，偵查中檢察官以被告身分訊問共同被告，就我國法制而言，固無令其具結陳述之問題，但當共同被告陳述之內容，涉及另一被告犯罪時，就該另一被告而言，其證人之地位已然形成。此際，檢察官爲調查另一被告犯罪情形及蒐集證據之必要，即應將該共同被告改列爲證人訊問，並應踐行告知證人得拒絕證言之相關程序權，使其具結陳述，其之陳述始符合刑事訴訟法第一百五十九條之一第二項所定得爲證據之傳聞例外。至於以共同被告身分所爲關於他人犯罪之陳述，因不必擔負僞證罪責，其信用性顯不若具結證言，即與本條項規定之要件不符，惟衡諸其於警詢或檢察事務官調查所爲之陳述，同爲無須具結，依同法第一百五十九條之二卻於具有特信性與必要性之要件時，即得爲證據，若謂此偵查中之陳述，一概否認其證據能力，無異反而不如警詢之陳述，顯然失衡。從而，**此未經具結之陳述，依舉輕以明重原則，本於同法第一百五十九條之二、第一百五十九條之三等規定之同一法理，得於具有相對或絕對可信性之情況保障，及使用證據之必要性時，例外賦予其證據能力，俾應實務需要**。**此爲本院最近一致之見解**。

依此，**當無僅憑共同被告於審判中已具結陳述，並接受被告之詰問，或有不能傳喚之情形，即得謂其先前（應具結而未具結）之陳述具有證據能力之可言**。

▶101 台上 5834（判決）

被告以外之人於偵查中向檢察官所爲之陳述，除顯有不可信之情況者外，得爲證據，刑事訴訟法第一百五十九條之一第二項定有明文。檢察官於偵查中訊問被告以外之人所製作之偵查筆錄，性質上係屬傳聞證據之一種。惟現階段刑事訴訟法規定檢察官代表國家偵查犯罪及實施公訴，依法對被告、證人及鑑定人均有訊問之權，證人、鑑定人且須依法具結。而實務運作上，檢察官在偵查中訊問被告以外之人所取得之陳述，原則上均能遵守法律規定，不致違法取供，其可信度極高，是被告以外之人於偵查中所爲之陳述，除反對該項供述得具有證據能力之一方已釋明「顯有不可信之情況」之理由，且於審判中已主張詰問該被告以外之人而未獲詰問機會外，自不得任意指摘該證人於偵查中之陳述不具有證據能力。

▶100 台上 6855（判決）

現行刑事訴訟法關於行通常審判程序之案件，爲保障被告之反對詰問權，復對證人採交互詰問制度，其未經詰問者，僅屬未經合法調查之證據，並非無證據能力，而禁止證據之使用。此項詰問權之欠缺，非不得於審判中由被告行使以資補正，而完足為經合法調查之證據。

▶100 台上 2235（判決）

被告以外之人於偵查中向檢察官所為之陳述，除顯有不可信之情況者外，得為證據，刑事訴訟法第一百五十九條之一第二項定有明文。蓋現行法之檢察官仍有訊問被告、證人及鑑定人之權限，其應踐行之程序又多有保障被告或被害人之規定，證人、鑑定人於偵查中亦均須具結，就刑事訴訟而言，其司法屬性甚高；而檢察官於偵查程序取得之供述證據，其過程復尚能遵守法令之規定，是其訊問時之外部情況，積極上具有某程度之可信性，除消極上顯有不可信之情況者外，均得為證據。故主張其為不可信積極存在之一方，自應就此欠缺可信性外部保障之情形負舉證責任。

▶99 台上 7288（判決）

第一百五十九條之一第一項規定：「被告以外之人於審判外向法官所為之陳述，得為證據。」第二項規定：「被告以外之人於偵查中向檢察官所為之陳述，除顯有不可信之情況者外，得為證據。」前者乃揭示證人在法官面前作成之筆錄，無論係受命、受託、審判長、合議庭、準備（或調查）程序、審理程序、本案、他案、普通法庭、專業法庭（院），一律為適格之證據，毫無例外；後者謂除有確切證據足以證明顯然具有不可信之外在環境或附隨條件外，**凡是在檢察官面前作成之偵訊筆錄，無論為本案、他案、檢察官或主任檢察官、檢察長（理論上尚包含檢察總長），均具有證據能力**，非可因被告或其辯護人、輔佐人空言爭執，而否定其證據適格。又該被告以外之人如係共犯（含共同正犯及幫助犯、教唆犯），在自己為被告之他案或本案偵查中，就被告而言，雖不失為被告以外之人之審判外陳述，倘在本案審判中，以證人之身分具結後，踐行交互詰問程序而為供述，應認已經充分、實質保障被告之反對詰問權，觀諸司法院釋字第五八二號解釋意旨即明，是其先前之審判外陳述當賦予證據能力，至於證明力如何，要屬另一問題。

▶99 台上 334（判決）

現行刑事訴訟關於偵查權之行使，其主導權在於檢察官；依法院組織法第六十六條之三第一項第二款、第二項之規定，檢察事務官受檢察官之指揮，處理「詢問告訴人、告發人、被告、證人或鑑定人」事務，視為刑事訴訟法第二百三十條第一項之司法警察官。故檢察事務官性質上係直屬於檢察官之司法警察官，其於偵查中受檢察官之指揮詢問證人，依刑事訴訟法第一百九十六條之一第二項所列有關訊問證人之準據規定，**其中同法第一百八十六條第一項「證人應命具結」之規定，並不在準用之列**。是證人於檢察事務官詢問時所為陳述，並不生具結之問題，與檢察官訊問證人時，除有刑事訴訟法第一百八十六條第一項第一款、第二款所列不得令其具結，應命具結之情形有間。從而，**檢察官偵查中對證人所為之偵查筆錄，因其訊問時之外部狀況，積極上具有一定程度之可信性，除消極上顯有不可信之情況者外，依刑事訴訟法第一百五十九條之一第二項規定，均容許作為證據；惟檢察事務官調查時對證人所為之詢問筆錄，性質上本屬傳聞證據，又不須具結，得否為證據，自應依其是否符合刑事訴訟法第一百五十九條之二、第一百五十九條之三、第一百五十九條之五等規定之要件為斷**，尚無從僅因檢察事務官係受檢察官之指揮而詢問證人，即謂其詢問筆錄具有證據能力，此與檢察官囑託鑑定，鑑定人依刑事訴訟法第二百零六條規定出具之鑑定書面，係屬法律規定得為證據之傳聞例外，迥然有別。

▶99 台上 124（判決）

刑事訴訟法第二百四十五條第二項前段規定文義，偵查中辯護人僅有在場權及陳述意見權；且檢察官訊問證人並無必須傳喚被告使其得以在場之規定。此項未經被告詰問之被告以外之人於偵查中向檢察官所為陳述，依同法第一百五十九條第一項、第一百五十九條之一第二項規定，除顯有不可信之例外情況外，原則上為「法律規定得為證據」之傳聞例外，依其文義解釋及立法理由說明，並無限縮於檢察官在偵查中訊問證人之程序，應已給予被告或其辯護人對該證人行使反對詰問權者，始有證據能力可言。為保障被告反對詰問權，並與現行法對傳聞例外所建構之證據容許範圍求其平衡，證人在偵查中雖未經被告詰問，倘被告於審判中已經對該證人當庭及先前陳述進行詰問，即已賦予被告對該證人詰問之機會，則該證人於偵查中陳述即屬完足調查之證據，而得作為判斷依據。

❖ 學者評釋

刑事訴訟法第 159 條第 1 項規定：「被告以外之人於審判外之言詞或書面陳述，除法律有規定者外，不得作為證據。」其中所謂**「被告以外之人於審判外之言詞或書面陳述」，並不包含「非供述證據」在內**。如證人提出現場照片以輔助其說明，該相片等同於證人供述，有傳聞法則之適用，**亦即原則需證人出庭說明照片內容並接受交互詰問才得為證據**。至於檢察官起訴被告散布猥褻照片的相片為實物證據；提款機監視器翻拍詐欺集團車手的提款照片為錄影性質之直接證據，均不適用傳聞法則。

學者認為，依本號判決之見解，**區分照片係供述證據或非供述證據性質，以判斷其是否適用傳聞法則，論述正確**，顯示我國最高法院對於證據法則已經越來越明瞭。

【吳巡龍，〈照片的證據性質〉，《台灣法學雜誌》，第 166 期，2010.12，222 頁以下。】

▶97 台上 1276（判決）

已依法命其具結，上訴意旨未依卷內資料而任意指摘，並非有據。另李○○於檢察官偵查中經具結陳述，依上說明，本有證據能力，雖未經上訴人等於檢察官偵查程序為詰問，但已於第一審審判中經補正詰問程序，而完足合法調查之證據。上訴意旨任意指摘李○○於檢察官偵查中未經詰問之供述，其並無證據能力云云，顯屬誤會。

▶96 台上 5559（判決）

所謂顯有不可信之情況，係指法院無待進一步調查，從卷證本身作形式上觀察，一望即可就其陳述予以發現而言。諸如，被告已選任辯護人而仍未予辯護人在場及陳述意見之機會（刑事訴訟法第二百四十五條第二項）、被告在場而未予被告詰問之機會（同法第二百四十八條）、被害人受訊問時未予相關人員之陪同在場及陳述意見之機會（同法第二百四十八條之一）等情事，法院應就此等情況加以形式上觀察判斷，倘經判斷有顯不可信之情況，而認無證據能力。

第 159 條之 2（先前不一致的陳述）
被告以外之人於檢察事務官、司法警察官或司法警察調查中所為之陳述，與審判中不符時，其先前之陳述具有較可信之特別情況，且為證明犯罪事實存否所必要者，得為證據。

增訂說明（92.02.06）

一、本條新增。

二、被告以外之人於審判中所為陳述與其在檢察事務官、司法警察（官）調查中所陳述有所不符時，如其在檢察事務官、司法警察（官）調查中所為陳述較審判中之陳述更具有可信之特別情況，且為證明犯罪事實之存否所必要者，可否採為證據，現行法並無明文，為發見真實起見，爰參考日本刑事訴訟法第三百二十一條第一項第二、三款之立法例，規定前述可信性及必要性兩種要件兼備之被告以外之人於檢察事務官、司法警察（官）調查中所為陳述，得採為證據。

❖ 法學概念

先前不一致的陳述

「先前不一致的陳述」，與一般傳聞陳述主要不同在於：㈠審判外陳述之人現正於法院作證。㈡該審判外的陳述與審判中的證詞相較，極具證據價值。該條文中所稱之「不符」，**包括證人於審判中拒絕證言（不論係合法或非法之拒絕）或答稱不記得，皆屬之。**

【王兆鵬、張明偉、李榮耕，《刑事訴訟法（下）》，瑞興，三版，2015.09，193 頁以下。】

新近的實務見解，如最高法院 101 年度台上字第 1561 號判決亦稱：「該陳述之重要待證事實部分，與審判中之陳述有所不符，包括審判中改稱忘記、不知道等雖非完全相異，但實質內容已有不符者在內，……。」屬本條所規範之情形。

此外，雖然條文所規定的是「被告以外之人於檢察事務官、司法警察官或司法警察調查中所為之陳述」，但文獻上有謂，解釋上不必拘泥於司法警察人員或檢察事務官調查中所為之陳述，而應包含到庭證人先前在審判外對法官、檢察官或第三人所為之不一致的陳述。

【陳運財，〈共同被告於檢察官偵查訊問時所為之陳述之證據能力——評 98 年度台上字第 4437 號判決〉，《台灣法學雜誌》，第 153 期，2010.06，217 頁以下；吳巡龍，〈我國傳聞例外範圍的擴大〉，《台灣法學雜誌》，第 175 期，2011.05，116 頁。】

❐ 實務見解

▶106 台上 1955（判決）

刑事訴訟法第一百五十九條之二所稱**「具有較可信之特別情況」，係指其陳述係在較為可信為真實之情況下所為而言，何者之情況較為可信，由法院比較其前、後陳述時之外在環境及狀況加以判斷**。因此，被告以外之人在審判外之陳述所應具備之任意性與可信性要件，即有先後層次之別，其不具備任意性之要件者，固無證據適格之可言，但其審判外之陳述如僅具有任意性，自亦無由推認已合致傳聞例外「具有較可信之特別情況」之條件。**惟此傳聞例外之可信性要件，包括被告以外之人先前之陳述係出於「自然之發言」。例如，被告以外之人在警局應詢時，被告尚未緝獲或到案，並無任何人情壓力，而審判中則有同時在庭、未行隔別訊問之情形，經審酌判斷比較其審判外與審判中陳述之外部情況，乃認其先前之陳述係出於「自然之發言」**，審判階段則受到被告或外力干擾，而認其先前之陳述反而比較可信，則應歸類為傳聞例外之可信性要件之範疇，而非純屬於任意性之要件。

▶106 台上 287○（判決）

被告以外之人於我國司法警察官或司法警察調查時所為之陳述經載明於筆錄，係司法警察機關針對具體個案之調查作為，不具例行性之要件，亦難期待有高度之信用性，非屬刑事訴訟法第一百五十九條之四所定之特信性文書。司法警察官、司法警察調查被告以外之人之警詢筆錄，其證據能力之有無，應依刑事訴訟法第一百五十九條之

二、第一百五十九條之三所定傳聞法則例外之要件為判斷。又刑事訴訟法第一百五十九條之二、第一百五十九條之三警詢筆錄，因法律明文規定原則上為無證據能力，必於符合條文所定之要件，始例外承認得為證據，故被告以外之人除有第一百五十九條之三所列供述不能之情形，必須於審判中到庭具結陳述，並接受被告之詰問，而於符合審判中之陳述與審判外警詢陳述不符，及審判外之陳述具有「相對可信性」與「必要性」等要件時，該審判外警詢陳述始例外承認其得為證據。於此，被告之詰問權已受保障，而且，此之警詢筆錄亦非祇要審判中一經被告詰問，即有證據能力。至第一百五十九條之三，係為補救採納傳聞法則，實務上所可能發生蒐證困難之問題，於本條所列各款被告以外之人於審判中不能供述之情形，例外承認該等審判外警詢陳述為有證據能力。此等例外，既以犧牲被告之反對詰問權，除應審究該審判外之陳述是否具有「絕對可信性」及「必要性」二要件外，關於不能供述之原因，自應以非可歸責於國家機關之事由所造成者，始有其適用，以確保被告之反對詰問權。在體例上，我國傳聞法則之例外，除特信性文書（刑事訴訟法第一百五十九條之四）及傳聞之同意（刑事訴訟法第一百五十九條之五）外，係視被告以外之人在何人面前所為之陳述，而就其例外之要件設不同之規定（刑事訴訟法第一百五十九條之一至第一百五十九條之三）。此與日本刑事訴訟法第三百二十一條第一項分別就法官（第一款）、檢察官（第二款）與其他之人（第三款）規定不同程度的傳聞例外之要件不同。因是，依我國法之規定，被告以外之人於審判外向法官、檢察官、檢察事務官、司法警察官或司法警察等三種類型以外之人（即所謂第四類型之人）所為之陳述，即無直接適用第一百五十九條之一至第一百五十九條之三規定之可能。惟被告以外之人在域外所為之警詢陳述，性質上與我國警詢筆錄雷同，同屬傳聞證據，在法秩序上宜為同一之規範，為相同之處理。若法律就其中之一未設規範，自應援引類似規定，加以適用，始能適合社會通念。在被告詰問權應受保障之前提下，被告以外之人在域外所為之警詢陳述，應類推適用刑事訴訟法第一百五十九條之二、第一百五十九條之三等規定，據以定其證據能力之有無。此為本院最近一致之見解。

▸101 台上 1561（判決）

被告以外之人於檢察事務官、司法警察（官）調查時所為之陳述，屬傳聞證據，依同法第一百五十九條第一項規定，本無證據能力，必具備「信用性」及「必要性」二要件，始例外得適用上開第一百五十九條之二規定，認有證據能力，而得採為證據。**此之「必要性」要件，必須該陳述之重要待證事實部分，與審判中之陳述有所不符，包括審判中改稱忘記、不知道等雖非完全相異，但實質內容已有不符者在內，**且該審判外之陳述，必為證明犯罪之待證事實存在或不存在所不可或缺，二者兼備，始足當之。**故此所謂「為證明犯罪事實存否所必要者」，既必須達不可或缺之程度，自係指就具體個案案情及相關卷證判斷，為發現實質真實目的，認為除該項審判外之陳述外，已無從再就同一供述者取得與其上開審判外陳述相同供述內容，倘以其他證據代替，亦無從達到同一目的之情形而言。**而所謂「具有較可信之特別情況」，係屬「信用性」之證據能力要件，而非「憑信性」之證據證明力，法院應經調查，依於審判外為陳述時之外部附隨環境或條件，除詢問有無出於不正方法、陳述是否出於非任意性外，兼須就有無違反法定障礙事由期間不得詢問及禁止夜間詢問之規定、詢問時是否踐行告知義務、警詢筆錄所載與錄音或錄影內容是否相符等各項為整體之考量，以判斷其先前之陳述，是否出於「真意」之信用性獲得確切保障。

▸98 台上 4437（判決）

若檢察官依刑事訴訟法第一百七十五條之規定，以證人身分傳喚共同被告到庭作證，或雖非以證人身分傳喚到庭，而於訊問過程中，轉換為證人身分為調查時，其供述之身分為證人，檢察官自應依同法第一百八十六條有關具結之規定，命證人供前或供後具結，以擔保證言係據實陳述，其陳述始符合同法第一百五十八條之三之規定，而有證據能力。

❖ 學者評釋

偵查中要以證人身分傳訊具共犯關係之共同被告、或維持以共同被告身分傳喚到庭而訊問有關其他共同被告之犯罪事實，如委由檢察官裁量決定是否轉換其身分，因操作標準並不明確，易流於恣意運作，將陷共同被告防禦權益之保障於不安定的狀態，並非妥適。基於任意偵查原則，檢察官對於共同被告之訊問，自應優先選擇以干預性低、不命具結之方式，且依法實施權利告知後而訊問，較合於正當程序之要求。同時，**基於緘默權及選任辯護權的保障，檢察官亦不應直接將具共犯關係之共同被告轉換身分為證人命其具結而為訊問。**

其次，審判實務多數認為，審判中到庭之證人與檢察官偵查中訊問該證人所為之陳述內容矛盾或不一致時，直接依據刑訴法第 159 條之 1 第 2 項之規定進行判斷，偵查中之陳述除顯有不可信之情況者外，仍得作為證據。惟學者主張，第 159 條之 2 規定，乃針對審判期日到庭證人之陳述與其審判外之陳述前後不一致所設之有關證據能力處理之規範，但其實不必侷限於司法警察人員或檢察事務官調查中所爲之陳述，而應及於到庭證人先前在審判外對法官、檢察官或第三人所爲之不一致的陳述，在較具特別可信之情況保證。因此，對於偵查中檢察官訊問時所爲之陳述，與審判中之陳述不符時，形式上固然得以第 159 條之 1 規定作爲承認偵查中陳述具證據能力之依據，惟實質上仍應同時判斷是否具備第 159 條之 2 所定「其先前之陳述具有較可信之特別情況，證明犯罪事實存否所必要者」之要件，始可採用該審判外先前之陳述作爲證據。

【陳運財，〈共同被告於檢察官偵查訊問時所爲之陳述之證據能力——評 98 年度台上字第 4437 號判決〉，《台灣法學雜誌》，第 153 期，2010.06，217 頁以下。】

▶97 台上 3140（判決）

依刑事訴訟法第一百五十九條之二之規定，被告以外之人（含共同被告、共犯、證人、鑑定人、被害人等）於檢察事務官、司法警察官或司法警察調查中所爲之陳述，與審判中不符時，其先前之陳述具有較可信之特別情況，且爲證明犯罪事實存否所必要者，得爲證據。故被告以外之人於審判中之陳述與其先前在檢察事務官、司法警察官或司法警察調查中所爲陳述不符時，其先前陳述必須具備特別可信性及必要性兩項要件，始得作爲證據。所稱「具有較可信之特別情況」係屬於證據能力之要件，法院應就其前後陳述當時之原因、過程、內容、功能等外在環境加以觀察，以判斷先前之陳述，是否出於眞意之供述、有無違法取供等，其信用性獲得確定保障之特別情況，與證據證明力（即「憑信性」）之判斷不同。而所稱「爲證明犯罪事實存否所必要者」，係指就具體個案案情及相關卷證判斷，爲發現實質眞實目的，認爲除該項審判外之陳述外，已無從再就同一供述者，取得與其上開審判外陳述之相同供述內容，倘以其他證據代替，亦無從達到同一目的之情形而言。就本件被告被訴販賣海洛因與吳○○部分，與被告有共犯關係，故第一審法院以證人身分傳喚吳○○到庭後，其拒絕證言，自屬訴訟上權利之合法行使。而其既係依法行使拒絕證言權而未陳述，即與刑事訴訟法第一百五十九條之二所定，須被告以外之人於警詢時之陳述「與審判中不符時」，始能以其先前陳述於符合「可信性」及「必要性」之情況下，例外賦予其證據能力之規定不符。原判決復未說明吳○○於警詢中之陳述，究竟如何符合刑事訴訟法第一百五十九條之二，或其他法律所規定之例外情形，遽採爲論罪依據，亦有判決理由不備之違法。

第 159 條之 3（不能到庭之警詢陳述）

被告以外之人於審判中有下列情形之一，其於檢察事務官、司法警察官或司法警察調查中所爲之陳述，經證明具有可信之特別情況，且爲證明犯罪事實之存否所必要者，得爲證據：

一　死亡者。
二　身心障礙致記憶喪失或無法陳述者。
三　滯留國外或所在不明而無法傳喚或傳喚不到者。
四　到庭後無正當理由拒絕陳述者。

■增訂說明（92.02.06）

一、本條新增。

二、被告以外之人於檢察事務官、司法警察（官）調查中之陳述（含言詞陳述及書面陳述），性質上屬傳聞證據，且一般而言，其等多未作具結，所爲之供述，得否引爲證據，素有爭議。惟依本法第二百二十八條第二項，法院組織法第六十六條之三第一項第二款規定，檢察事務官有調查犯罪及蒐集證據與詢問告訴人、告發人、被告、證人或鑑定人之權限；第二百二十九條至第二百三十一條之一亦規定司法警察官、司法警察具有調查犯罪嫌疑人犯罪情形及蒐集證據等職權，若其等所作之筆錄毫無例外地全無證據能力，當非所宜。再者，如被告以外之人於檢察事務官、司法警察（官）調查中之陳述，係在可信之特別情況下所爲，且爲證明犯罪事實之存否所爲必要，而於審判程序中，發生事實上無從爲直接審理之原因時，仍不承認該陳述之證據適格，即有違背實體眞實發見之原因時，仍不承認該陳述之證據適格，即有違背實體眞實發見之訴訟目的。爲補救採日本刑事訴訟法第三百二十一條第一項第三款之立法例，增訂本條，於本條所列個款情形下，承認該等審判外之陳述得採爲證據。

❖ 法學概念

不能到庭之警詢陳述

刑訴法第 159 條之 3 第 1 款至第 3 款情形，只因爲證人死亡無法記憶、無法傳喚，其先前未經對質詰問、未經具結之陳述，即得成爲證據，對於被告而言實有失公允，甚至違反被告之對質詰問權。是以，學者認爲應予嚴格解釋：即，依當時的環境與陳述之情況判斷，得確信該陳述人之知覺、記憶、表達、眞誠性之全部或一部並無瑕疵而得認爲該審判外之陳述具有特別之可信性，始足當之。

【王兆鵬、張明偉、李榮耕，《刑事訴訟法（下）》，瑞興，三版，2015.09，204 頁。】

因此，所謂「傳喚不到」的情形，學說亦主張應做限縮解釋，即：「傳喚不到應係指『滯留國外或所在不明無法傳喚或傳喚不到』而言，並非謂『一經傳喚未到』，不問其是否『滯留國外或所在不明』，均得依該條款規定處理。亦即，**法院不得僅因證人經合法傳喚不到，即逕行認有符合第159條之3所謂傳喚不能之要件**，仍應調查究明證人有無因『滯留國外或所在不明』而無法傳喚或傳喚不到的情形，例如查詢入出境資料及出國原因等。」

【陳運財，〈傳聞法則及其例外之實務運作問題檢討〉，《台灣本土法學》，第94期，2007.05，139頁。】

新近決議認爲：「被害人、共同被告、共同正犯等被告以外之人，在偵查中未經具結之陳述，依通常情形，其信用性仍遠高於在警詢等所爲之陳述，衡諸其於警詢等所爲之陳述，均無須具結，卻於具有『特信性』、『必要性』時，即得爲證據，則若謂該偵查中未經具結之陳述，一概無證據能力，無異反而不如警詢等之陳述，顯然失衡。因此，被告以外之人於偵查中未經具結所爲之陳述，如與警詢等陳述同具有『特信性』、『必要性』時，依『舉輕以明重』原則，本於本法第159條之2、第159條之3之同一法理，例外認爲有證據能力。」（最高法院102年度第13次刑事庭會議決議）。

惟論者有謂，對於被告以外之第三人，檢察官非以證人身分傳喚取得之陳述筆錄，該決議應直接適用本法第159條之1第2項之規定以判斷其有無證據能力，不應違背立法本旨、法律適用原則，捨本逐末類推適用第159條之2、第159條之3規定，蓋類推適用以法律未明文規定爲前提。

【石木欽，〈刑事訴訟法第159條之1第2項適用之範圍〉，收錄於《法務部廖正豪前部長七秩華誕祝壽論文集：刑事訴訟法卷》，五南，初版，2016.07，263頁以下。】

❖ 爭議問題

大陸地區公安的警詢筆錄是否為傳聞例外？

一、實務見解

實務上認爲，依海峽兩岸關係協會與財團法人海峽交流基金會（海基會）共同簽訂「海峽兩岸共同打擊犯罪及司法互助協議」之內容，其中關於「調查取證」規定：「雙方同意依己方規定相互協助調查取證，包括取得證言及陳述；提供書證、物證及視聽資料；確定關係人所在或確認其身分；勘驗、鑑定、檢查、訪視、調查；搜索及扣押等。」依此司法互助協議之精神，我方既可請求大陸地區公安協助調查取證，則被告以外之人於大陸地區公安機關調查（詢問）時所爲之陳述，經載明於筆錄或書面紀錄，爲傳聞證據之一種，在解釋上可類推適用本法第159條之2或同條之3等規定；而大陸地區公安機關所製作之紀錄文書或證明文書，應可適用同法第159條之4規定（最高法院101年度台上字第900號、102年度台上字第675號判決）。

二、學說看法

事實上大陸與臺灣一樣，刑事訴訟法都欠缺關於確認證據眞實性之規定，臺灣法院更沒有能力確認中國證據蒐集與保管程序的合法性與可靠性。即便雙邊有簽訂所謂的司法互助協議，然而這個協議並沒有任何手段可確保簽約的他方忠實且誠實的履行司法互助的義務。就法理上而言，大陸公安的警詢筆錄本質上即是針對偵查個案做，不符合本法第159條之4的修法意旨。再者，臺灣司法警察人員製作的警詢筆錄，必須在具備第159條之3「傳喚不能」及「可信性」等要件，始例外容許作爲證據，若依司法互助協議，大陸公安製作的警詢筆錄卻能逕行取得證據之證據評價，對臺灣警察而言，顯非公允。因此，被告以外之製作詢問筆錄，在解釋上，不得類推適用本法第159條之4第3款規定承認其證據能力。

【陳運財，〈兩岸刑事司法互助之程序法觀點的再檢討〉，收錄於《偵查與人權》，元照，初版，2014.04，470頁以下；李佳玟，〈實物提示，原則或例外？〉，收錄於《程序正義的鋼索》，元照，2014.06，223頁。】

三、本書意見

本書認爲，大陸地區公安機關並非屬我國偵查輔助機關，其所製作之證人筆錄，不能直接適用本法第159條之2。而就第159條之3而言，若符合「傳喚不能」及「可信性」等要件，應可成爲傳聞之例外。至於第159條之4第3款的部分，本書認爲，實務將此要件放得太寬，事實上該款仍須符合「隨時得受公開檢查之狀態，倘有錯誤，甚易發現而予以及時糾正者」爲限，始能成爲傳聞之例外。然而大陸地區公安機關製作的警詢筆錄不可能讓我方「隨時公開檢查」，因此並沒有類推適用之基礎，且其偵查程序對人權之保障也未較臺灣嚴謹，自不可能因司法互助協議，頓然成爲傳聞之例外。

☐ 實務見解

▶107年度第1次刑事庭會議決議（107.01.23）

院長提議：除經立法院審議之司法互助協定（協議）另有規定者外，被告以外之人在外國警察機關警員詢問時所爲陳述，能否依刑事訴訟法傳聞例外相關規定，判斷有無證據能力？

決議：採乙說（肯定說）。

一、被告以外之人於我國司法警察官或司法警察調查時所爲之陳述經載明於筆錄，係司法警察機關針對具體個案之調查作爲，不具例行性之要件，亦難期待有高度之信用性，非屬刑事訴訟法第一百五十九條之四所定之特信性文書。司法警察官、司法警察調查被告以外之人之警詢筆錄，其證據能力之有無，應依刑事訴訟法第一百五十九條之二、第一百五十九條之三所定傳聞法則例外之要件爲判斷。

二、刑事訴訟法第一百五十九條之二、第一百五十九條之三警詢筆錄，因法律明文規定原則上爲無證據能力，必於符合條文所定之要件，始例外承認得爲證據，故被告以外之人除有同法第一百五十九條之三所列供述不能之情形，必須於審判中到庭具結陳述，並接受被告之詰問，而於符合㈠審判中之陳述與審判外警詢陳述不符，及㈡審判外之陳述具有「相對可信性」與「必要性」等要件時，該審判外警詢陳述始例外承認其得爲證據。於此，被告之詰問權已受保障，而且，此之警詢筆錄亦非祇要審判中一經被告詰問，即有證據能力。至第一百五十九條之三，係爲補救採納傳聞法則，實務上所可能發生蒐證困難之問題，於本條所列各款被告以外之人於審判中不能供述之情形，例外承認該等審判外警詢陳述爲有證據能力。此等例外，既以犧牲被告之反對詰問權，除應審究該審判外之陳述是否具有「絕對可信性」及「必要性」二要件外，關於不能供述之原因，自應以非可歸責於國家機關之事由所造成者，始有其適用，以確保被告之反對詰問權。

三、在體例上，我國傳聞法則之例外，除特信性文書（刑事訴訟法第一百五十九條之四）及傳聞之同意（刑事訴訟法第一百五十九條之五）外，係視被告以外之人在何人面前所爲之陳述，而就其例外之要件設不同之規定（刑事訴訟法第一百五十九條之一至第一百五十九條之三）。此與日本刑訴法第三百二十一條第一項分別就法官（第一款）、檢察官（第二款）與其他之人（第三款）規定不同程度的傳聞例外之要件不同。因是，依我國法之規定，被告以外之人於審判外向㈠法官、㈡檢察官、㈢檢察事務官、司法警察官或司法警察等三種類型以外之人（即所謂第四類型之人）所爲之陳述，即無直接適用第一百五十九條之一至第一百五十九條之三規定之可能。惟被告以外之人在域外所爲之警詢陳述，性質上與我國警詢筆錄雷同，同屬傳聞證據，在法秩序上宜爲同一之規範，爲相同之處理。若法律就其中之一未設規範，自應援引類似規定，加以適用，始能適合社會通念。在被告詰問權應受保障之前提下，被告以外之人在域外所爲之警詢陳述，應類推適用刑事訴訟法第一百五十九條之二、第一百五十九條之三等規定，據以定其證據能力之有無。

四、本院一〇二年度第十三次刑事庭會議已決議基於法之續造、舉輕明重法理，被告以外之人於檢察官偵查中非以證人身分、未經具結之陳述，得類推適用刑事訴訟法第一百五十九條之二或第一百五十九條之三規定，定其有無證據能力，已有類推適用傳聞例外之先例。

編按：

本則決議的前提是未簽訂司法互助協議的域外警詢筆錄與大陸地區公安的警詢筆錄不同。

▶101 台上 527（判決）

刑事訴訟法第一百五十九條之三規定，被告以外之人於審判中有死亡身心障礙致記憶喪失或無法陳述滯留國外或所在不明而無法傳喚或傳喚不到到庭後無正當理由拒絕陳述之任一情形，而其前於檢察事務官、司法警察官或司法警察調查中所爲陳述，經證明具有可信之特別情況，且爲證明犯罪事實之存否所必要者，得爲證據。是依該條規定，被告以外之人於檢察事務官、司法警察（官）調查時所爲審判外陳述，係屬傳聞證據，依同法第一百五十九條規定，本無證據能力，必因其嗣於審判中有上開實際不能到庭，或到庭不能（願）陳述，以接受交互詰問情形，而其先前審判外之陳述具備「可信性」及「必要性」二要件，始例外得認爲有證據能力。**其中「具有較可信之特別情況」，既係傳聞證據是否具證據能力之要件，即非屬該陳述內容所指事項之憑信性之證明力範疇，與該陳述內容是否眞實無關，法院自應就其陳述當時之外部附隨環境、狀況或條件等相關事項，例如陳述人陳述時之狀況（認眞或敷衍）、與詢問者之互動關係（融洽或爭執）、接受詢問之時間、地點（密閉或公開），筆錄本身記載整體情況（完整或零散、詳細或簡略）等，從形式上觀察，綜合判斷陳述人之審判外陳述，客觀上是否呈現出於「如實陳述」之「眞意」（不論其實際上係據實陳述或虛僞陳述），其陳述之「信用性」（即形式上具眞實可能性之客觀基礎要件）已獲得確切保障之特別情況**。而所稱「爲證明犯罪事實存否所必要者」，係指就具體個案案情及相關卷證判斷，爲發現實質眞實目的，認爲除該項審判外之陳述外，已無從再就同一供述者，取得與其上開審判外陳述之相同供述內容，倘以其他證據代替，亦無從達到同一目的之情形而言。

▶100 台上 5468（判決）

惟在審判外聽聞被告以外之人就親身知覺、體驗事實所爲陳述，而於審判中到庭作證之「傳聞證人」，其於審判中以言詞或書面轉述該陳述之「傳聞證言」或「傳聞書面」，屬傳聞證據，因親身知覺、體驗之原陳述者，未親自到庭依人證調查程序陳述並接受當事人之詰問，無從確保當事人之反對詰問權，且有悖直接審理及言詞審理主義，影響程序正義之實現，原則上，其證據能力固應予排除，**但原陳述者若有死亡、因故長期喪失記憶能力、滯留國外、所在不明或拒絕陳述等不能或不爲陳述之情形**，致客觀上無法命其到庭接受詰問，進行直接審理，而到庭之「傳聞證人」已依人證程序具結、陳述並接受詰問，且其所爲「傳聞證言」或「傳聞書面」**復具備特別可信性及證明犯罪事實存否所不可或缺之必要性嚴格條件時，現行法雖尚無認之係屬傳聞例外之明文，但爲發現眞實以維護司法正義，本諸同法第一百五十九條之三立法時所憑藉之相同法理**，當例外得作爲證據。

▶100 台上 3790（判決）

證人於審判中具結轉述其聽聞自被告以外之人之見聞經歷，乃傳聞供述，其證據能力之有無，現行刑事訴訟法並未規定，得否爲傳聞之例外，宜解爲應類推適用刑事訴訟法第一百五十九條之三之規定，以原始供述之被告以外之人已供述不能或傳喚不能或不爲供述爲前提，並以其具有絕對可信之特別情況，且爲證明犯罪事實之存否所必要者，或適用同法第一百五十九條之五之規定，始得爲證據。

▶100 台上 3566（判決）

依台灣地區與大陸地區人民關係條例第十條第三項授權所訂定之大陸地區人民進入台灣地區許可辦法第十一條所訂定大陸地區人民因刑事案件經司法機關傳喚者，得申請進入台灣地區進行訴訟之規定，縱於事發後返回大陸，**法院仍得予以傳喚訊問，並無事實上無法傳喚之情形**。而稽之卷內資料，原審似未傳喚唐○○，亦未向內政部入出國及移民署查明唐○○申請入境時所提出大陸地區配偶申請來台依親居留資料表內所記載大陸居住地址，俾經由司法互助程序送達其傳票，使之出庭，逕以唐○○業已返回大陸，致客觀上發生不能到庭陳述並接受詰問之原因，而其於警詢時所爲陳述，如何具有可信之特別情況，且爲證明犯罪事實存否所必要，**依刑事訴訟法第一百五十九條之三第三款之規定，認具有證據能力，自有適用證據法則不當之違法**。

▶98 台上 7015（判決）

此之「絕對的特別可信情況」，係指陳述時之外部客觀情況值得信用保證者而言，解釋上可參考外國立法例上構成傳聞例外之規定，如出於當場印象之立即陳述（自然之發言）、相信自己即將死亡（即臨終前）所爲之陳述及違反己身利益之陳述等例爲之審酌判斷，與同法第一百五十九條之二規定之「相對的特別可信情況」，須比較審判中與審判外調查時陳述之外部狀況，判斷何者較爲可信之情形不同，更與供述證據以具備任意性之要件始得爲證據之情形無涉。再「使用證據之必要性」，乃指就具體個案案情及相關證據予以判斷，其主要待證事實之存在或不存在，已無從再從同一供述者取得與先前相同之陳述內容，縱以其他證據替代，亦無由達到同一目的之情形。凡此概屬構成傳聞例外證據能力之要件，係屬於對訴訟法事實之證明，雖以自由證明爲已足，但仍應由主張該項陳述得爲證據之一方先爲之釋明，再由法院介入爲必要之調查，並扼要說明其得爲證據之理由，始爲適法。

▶96 台上 4064（判決）

被告以外之人於審判中到庭所爲之陳述，如非其本人所親自聞見或經歷之事實，而係轉述其他被告以外之人親自聞見或經歷之供述爲其內容，具結所爲之陳述，乃屬傳聞供述，其證據能力之有無，現行刑事訴訟法就此並未規定。此傳聞供述，能否成爲傳聞之例外，賦予其證據能力，宜解爲應類推適用刑事訴訟法第一百五十九條之三之規定，以原供述之其他被告以外之人，已供述不能或傳喚不能或不爲供述爲前提，並以其具有可信之特別情況，且爲證明犯罪事實之存否所必要者，始得爲證據。

❖ 學者評釋

本判決涉及被告以外之人於審判中到庭具結所爲之陳述，如非其本人所親自聞見或經歷之事實，而係「轉述」其他被告以外之人親自聞見或經歷之供述爲其內容，本案之傳聞陳述，是否得類推適用相關規定而例外成爲證據之問題。

上開判決要旨得分爲二部分分析：㈠因原始陳述人客觀不能到庭陳述，應類推適用第 159 條之 3 的規定。㈡本案事實「具有可信」之特別情況。

學者認爲，就第一部分，應認爲並無問題。蓋因，我國刑事訴訟法僅有 4 條規定，相較於英美法有 28 項例外，法明顯不足。若嚴格適用現行法，勢必將排除許多具證據價值的審判外陳述，對於公平正義之維護並不恰當。在未爲完善立法前，應類推適用既有法理，承認英美法根深蒂固的傳聞例外。

至於第二部分，學者認爲上開判決法理，有待斟酌、值得商榷。要如何判斷審判外之陳述是否具可信性，應指審判外之陳述人在做出陳述時，依當時的環境與陳述人之情況判斷，得確信該陳述人之知覺、記憶、表達、眞誠性之全部或一部並無瑕疵，而得認爲該審判外陳述具有特別之可信性。最高法院徒以「乙於甲陳述時在場」爲理由，即認定乙之陳述具可信之特別情況，而忽略了其傳聞陳述可能具有知覺、記憶、表達、

眞誠性瑕疵。依最高法院上述判決之邏輯，有可能會使極不可信之審判外陳述成爲證據，造成冤獄的高度危險。

【王兆鵬，〈類推適用第 159 條之 3〉，《月旦法學教室》，第 69 期，2008.07，18～19 頁。】

第 159 條之 4（特信性文書）

除前三條之情形外，下列文書亦得爲證據：

一　除顯有不可信之情況外，公務員職務上製作之紀錄文書、證明文書。

二　除顯有不可信之情況外，從事業務之人於業務上或通常業務過程所須製作之紀錄文書、證明文書。

三　除前二款之情形外，其他於可信之特別情況下所製作之文書。

增訂說明（92.02.06）

一、本條新增。

二、公務員職務上製作之紀錄文書、證明文書如被提出於法院，用以證明文書所載事項眞實性，性質上亦不失爲傳聞證據之一種，但因該等文書係公務員依其職權所爲，與其責任、信譽攸關，若有錯誤、虛僞，公務員可能因此負擔刑事及行政責任，從而其正確性高，且該等文書經常處於可受公開檢查（Public Inspection）之狀態，設有錯誤，甚易發現予以及時糾正，是以，除顯有不可信之情況外，其眞實之保障極高，爰參考日本刑事訴訟法第三百二十六條第一款、美國聯邦證據規則第八百零三條第八款、第十款及美國統一公文書證據法第二修，增訂本條第一款之規定。

三、從事業務之人在業務上或通常業務過程所製作之紀錄文書、證明文書，因係於通常業務過程不間斷、有規律而準確之記載，通常有會計人員或記帳人員等校對其正確性，大部分紀錄係完成於業務終了前後，無預見日後可能會被提供作爲證據之僞造動機，其虛僞之可能性小，何況如讓製作者以口頭方式於法庭上再重現過去之事實或睥據亦有困難，因此其亦具有一定程度之不可代替性，除非該等紀錄文書或證明文書有顯然不可信之情況，否則有承認其爲證據之必要。爰參考日本刑事訴訟法第三百二十三條第二款、美國聯邦證據規則第八百零三條第六款，增訂本條第二款。

四、另除前二款情形外，與公務員職務上製作之文書及業務文件具有同等程度可信性之文書，例如官方公報、統計表、體育紀錄、學術論文、家譜等，基於前開相同之理由，亦應准其有證據能力，爰參考日本刑事訴訟法第三百二十三條第三款之規定，增訂本條第三款。

❖ 法學概念

特信性文書

本條所規範之文書，學說上稱爲「特信性文書」。若參考本條之立法理由，可以得知，該類文書之所以可以成爲傳聞法則的例外，主要原因仍在於其「特信性」，該類文書正確性極高且欠缺說謊的動機，其作爲傳聞例外之正當性具有實質之基礎，因此，法文上雖無相關之要件，但應參照立法理由與傳聞法則之學理而爲解釋適用。

【黃朝義，《概說警察刑事訴訟法》，新學林，初版，2015.09，346 頁。】

本條之特信性文書應以「隨時得受公開檢查之狀態，設有錯誤，甚易發現而予以及時糾正者」爲限。由於此類文書具有高度的客觀性、例行性以及公示性，所以成爲傳聞證據的例外。諸如：股東會或董事會的會議紀錄、專利證書、戶口名簿、土地謄本等。

反之，若文書爲個案或是預料該文可能提出於刑事程序上而作，其便具有虛假可能性，則無證據能力，這點我國審判實務亦同此見解（參見最高法院 101 年度台上字第 3397 號判決）。例如醫院的診斷證明書，若因日常生活所生的病痛就診，再由醫師出具診斷證明書者，可爲本條適用之客體；但是，若是爲提告訴而向醫院請求出具的驗傷單，因爲具有個案性質，即非本條的例外。其他諸如：結婚證書、離婚證書、臨檢紀錄表、違反道路交通管理事件通知單等，因其具有「個案性」性質，而非特信性文書。此外，回憶錄也不符合特信性文書的要件，除了因爲回憶錄具有個案性外，作者主觀感受強烈，使撰述內容不具客觀性，又或因時間久遠產生記憶瑕疵，使其不具眞實性。

【張麗卿，〈傳聞與共同被告的調查〉，《月旦法學教室》，第 95 期，2010.09，18～19 頁。】

然而有問題的是，我國實務的多數意見認爲，即便公文書不合於刑訴法第 159 條之 4 第 1 款，但只要其能合於其他例外規定，就可以作爲證據調查之用，即無須排除（最高法院 99 年度台上字第 2730 號判決參照）。此一見解，並不符合立法意旨。

有學者主張，當公文書不合於公文書的例外規定時，代表的是其不具備有立法者所要求的可信性或特信性，不適合作爲認定事實之用，如果還可以透過其他規定「敗部復活」，無異於又把使用該公文書可能會產生的危險全數帶回審判中。再者，若採行最高法院的立場，還會有架空公文書例外規定的疑慮。

【李榮耕，〈傳聞法則中公文書的例外〉，收錄於《刑事法學現代化動向——黃東熊教授八秩華誕祝壽論文集》，台灣法學，2012.11，206 頁以下。】

此外，由於勘驗筆錄內容是針對具體個案而爲，不具備例行性要件，且製作當時即明確認知該內容將來會作爲證據使用，與第 159 條之 4 第 1 款傳聞例外情形亦不符合，其是否屬傳聞例外，非無疑義。國內有文獻指出，立法者既然將檢察官與法官並列爲法定勘驗主體，其實早有寓含檢察官與法官同樣具有中立客觀性，其等透過人之感官知覺，以視覺、聽覺、嗅覺、味覺或觸覺親自體驗勘驗標的，就其體察結果所得之認知，成爲證據資料，較其他人可靠與可信，乃屬 5 種法定證據方法之一。況且，刑事訴訟法第 212 條明文授權檢察官亦有勘驗之權，加上刑事訴訟法第十二章第四節勘驗自第 212 條以下至第 219 條準用之各規定，可說其規範之密度遠勝於新增之傳聞法則，因此，依法進行勘驗後所得結果，本身即應具有證據能力，已無須再透過「傳聞法則」並費盡心力尋找傳聞例外以賦予其證據能力之必要。

【楊雲驊，〈檢察官依法勘驗製作勘驗筆錄與傳聞法則〉，《檢察新論》，第 11 期，2012.01，6 頁以下。】

❖ 爭議問題

除經立法院審議之司法互助協定（協議）另有規定者外，被告以外之人在外國警察機關警員詢問時所為陳述（是否為特信性文書），能否依刑事訴訟法傳聞例外相關規定，判斷有無證據能力？

最高法院 107 年度第 1 次刑事庭會議決議結論認爲，此種情形（未簽訂司法互助協議）係外國司法警察機關針對具體個案之調查作爲，不具例行性之要件，亦難期待有高度之信用性，非屬刑事訴訟法第 159 條之 4 所定之特信性文書（這點學說多數應表贊同）。

本法第 159 條之 2、第 159 條之 3 所規定之警詢筆錄，因法律明文規定原則上爲無證據能力，必於符合條文所定之要件，始例外承認得爲證據。由於被告以外之人在域外所爲之警詢陳述，性質上與我國警詢筆錄雷同，同屬傳聞證據，在法秩序上宜爲同一之規範，爲相同之處理。若法律就其中之一未設規範，自應援引類似規定，加以適用，始能適合社會通念。在被告詰問權應受保障之前提下，被告以外之人在域外所爲之警詢陳述，應類推適用本法第 159 條之 2、第 159 條之 3 等規定，據以定其證據能力之有無。由此可知，關於境外警詢筆錄是否爲特信性文書，實務目前以有無簽訂司法互助協議，而異其結論。

☐ 實務見解

▶106 台上 3111（判決）

刑事訴訟法第一百五十九條之四第二款之業務文書，除依文書本身之外觀判斷是否出於通常業務過程之繼續性、機械性而爲準確之記載外，因其內容可能含有其他陳述在內，在特別可信之情況擔保要求下，其製作者之證言等自非不可作爲判斷之資料。**查證交所依證券交易法授權訂定之實施股市監視制度辦法等相關規定，於證券交易集中市場，就每日交易時間內，於盤中、盤後分析股票等有價證券之交易情形、結算等資料，執行線上監視與離線監視系統，進行觀察、調查、追蹤及簽報等工作，此等依監視系統事先設定處理方式之「程式性決策」所製作之監視報告（即交易分析意見書），其中有關股票交易紀錄之記載，既係出於營業之需要而日常性爲機械連續記載，具有不間斷、有規律而準確之特徵，應無疑問，**其中依據股票交易紀錄異常所爲之分析意見，如經製作者在審判庭具結陳述係據實製作，應認已有其他特別可信之情況爲擔保，既與股票之交易紀錄合一構成法律上規定製作之業務文書之一部，允許其具有證據能力，**應不違背刑事訴訟法上開規定之本旨。至於分析意見是否可採，則屬於證據如何調查及證明力之問題。**

▶101 台上 3397（判決）

刑事訴訟法第一百五十九條之四第一款規定：除顯有不可信之情況外，公務員職務上製作之紀錄文書、證明文書，亦得爲證據。**係因該等文書爲公務員依其職權所製作，且經常處於可受公開檢查之狀態，符合例行性、公示性原則，正確性甚高，雖屬傳聞證據，乃例外容許爲證據。**本件上開一覽表，依其註記「製表單位：法務部調查局北部地區機動工作組」、「製表依據：林○青扣押物編號Ｂ○一九訂購單、林○蓮扣押物編號○○八補助款使用於學校明細紀錄、編號○一九業績明細表」之內容，顯係調查局北機組於扣押林○青、林○蓮之資料後，再區分「案號」、「受補助單位及工程名」、「撥款議員」、「賤單金額」、「得標金額」、「實際成本」、「傳票」、「帳載支付回扣情形」等欄位整理而成，**並非其公務員於通常職務上所爲之紀錄文書，不具備例行性、公示性之要件，**自非刑事訴訟法第一百五十九條之四第一款所指公務員職務上製作之紀錄文書。

▶101 台上 325（判決）

刑事訴訟法第一百五十九條之四第一款固規定：除顯有不可信之情況外，公務員職務上製作之紀錄文書、證明文書，亦得爲證據。賦予公文書具有證據適格之能力，作爲傳聞證據之除外規定，**但其前提要件定爲「除顯有不可信之情況外」，尚須有「紀錄」、「證明」之條件限制，亦即須該公文書係得作爲被告或犯罪嫌疑人所涉犯罪事**

實嚴格證明之紀錄或證明者，始克當之，倘不具此條件，即無證據適格可言。是採取容許特信性公文書作爲證據，應注意該文書之製作，是否係於例行性之公務過程中，基於觀察或發現而當場或即時記載之特徵。原判決雖以台北市國稅局刑事案件移送書、查組案件稽查報告書，台北市國稅局中正、中北、士林、新莊等稽徵所之處分書，高雄市國稅局及北區國稅局桃園分局之處分書，台北市政府警察局士林分局查訪表等，爲公務員職務上製作之紀錄文書，並無顯不可信之情況，而謂依刑事訴訟法第一百五十九條之四第一款規定，有證據能力（見原判決第十六頁第八至二一行）。惟稅捐機關製作之刑事案件移送書、查組案件報告書及處分書，內容固載有被告或犯罪嫌疑人涉嫌或受處分人違規等事實之相關證據或調查、處分經過等事項，但其本質上，乃係移送、報告或處分機關所製作之文書，**而非屬於通常職務上爲紀錄或證明某事實以製作之文書，且就其製作之性質觀察，係針對具體個案爲之，尚非在其例行性之公務過程中所製作**，因不具備例行性之要件，無特別之可信度，對於證明其移送之被告或犯罪嫌疑人所涉犯罪等事實，並不具嚴格證明之資格，自無證據能力。

▶100 台上 7196（判決）

刑事訴訟法第一百五十九條之四規定之「特信性文書」，乃基於對公務機關高度客觀性之信賴（如同條第一款之公文書），或係出於通常業務過程之繼續性、機械性而爲準確之記載（如同條第二款之業務文書），或與前述公文書及業務文書同具有高度之信用性及必要性（如同條第三款之其他具有可信性之文書），雖其本質上屬傳聞證據，亦例外賦予其證據能力，而容許作爲證據使用。又同條第二款之文書，乃指從事業務之人於業務上或通常業務過程所製作之記（紀）錄、證明文書，亦即該文書乃從事業務之人，於通常業務過程中不間斷、有規律而準確記載所製作，並無日後作爲訴訟證據之預見，復具有於例行性之業務過程中基於觀察或發現，而當場或即時記載之特徵而言。

▶100 台上 5502（判決）

刑事訴訟法第一百五十九條之四第三款所稱其他於可信之特別情況下所製作之文書，係指在類型上，與同條第一款公務文書、第二款業務文書等具有同樣高度可信性之其他例行性文書而言，例如被廣泛使用之官方公報、統計表、體育紀錄、學術論文、家譜等是。而基於「備忘」之目的所製作之日記帳，除已該當於商業帳簿之性質，可認係第二款特信性文書外，是否屬於第三款其他特信性文書，必須就其製作過程具體地進行特別可信性之情況保障性判斷，方足以確定，無從單憑文書本身爲確認，亦與第一、二款之文書一般均無庸傳訊其製作人到庭重述已往事實或數據之必要者有別。參照英美法之「備忘理論」，此類型文書可信性情況之保障，應就其內容是否爲供述人自己經歷之事實（不論出於供述人本人或他人之記載），是否係在印象清晰時所爲之記載，及其記述有無具備準確性等外部條件爲立證。**從而製作人（或供述人）在審判中之供述，如與備忘文書之內容相同者，逕以其之供述爲據即足，該文書是否符合傳聞之例外，即不具重要性（是否作爲非供述證據之證據物使用，係另一問題），必也在提示備忘文書後，仍然不能使製作人（或供述人）喚起記憶之情形，該文書乃屬過去記憶之紀錄，即有作爲證據之必要性，如其又已具備符合與第一、二款文書同樣高度可信性之情況保障，始屬第三款其他可性信文書**。

▶100 台上 4813（判決）

合於本條特信性文書之種類，除列舉於第一款、第二款之公文書及業務文書外，於第三款作概括性之規定，以補列舉之不足。所謂「除前二款之情形外，其他於可信之特別情況下所製作之文書」，**係指與公務員職務上製作之紀錄文書、證明文書，或從事業務之人業務上製作之紀錄文書、證明文書具有相同可信程度之文書而言。換言之，第一、二款之文書，以其文書本身之特性而足以擔保其可信性，故立法上原則承認其有證據能力，僅在該文書存有顯不可信之消極條件時，始例外加以排除；而第三款之概括性文書，以其種類繁多而無從預定，必以具有積極條件於「可信之特別情況下所製作」才承認其證據能力，而不以上揭二款文書分別具有「公示性」、「例行性」之特性爲必要**，彼此間具有本質上之差異。

▶100 台上 4461（判決）

除顯有不可信之情況外，從事業務之人於業務上或通常業務過程所須製作之紀錄文書、證明文書，亦得爲證據，刑事訴訟法第一百五十九條之四第二款定有明文。又依醫師法第十二條第一項規定，醫師執行醫療業務時應製作病歷，該項病歷資料係屬醫師於醫療業務過程中依法所必須製作之紀錄文書，每一醫療行爲雖屬可分，但因其接續看診行爲而構成整體性之醫療業務行爲，其中縱有因訴訟目的（例如本件告訴人被殺傷）而尋求醫師之治療，惟對醫師而言，仍屬其醫療業務行爲之一部分，仍應依法製作病歷。**從而關於病人之病歷及依據該病歷資料而製成之診斷證明書與通常醫療行爲所製作之病歷無殊，均屬刑事訴訟法第一百五十九條之四第二款所稱之紀錄文書，依上述規定自應具有證據能力**。

▶99 台上 2730（判決）

依消防法施行細則第二十五條規定，火災原因調查報告書，雖係由直轄市、縣（市）消防機關依本法第二十六條第一項規定調查、鑑定火災原因後，所加以製作而移送當地警察機關處理之文書，然因係針對具體個案爲之，尚非在其例行性之公務過程中所製作，不具備例行性之要件，與刑事訴訟法第一百五十九條之四第一款所稱之特信性文書要件不侔。惟火災現場原因之調查鑑定有其急迫性，符合基於檢察一體原則，得由該管檢察長對於轄區內特定類型之案件，以事前概括選任鑑定人或囑託鑑定機關（團體）之方式，而此種依事前概括選任或囑託所爲之鑑定書面，性質上與檢察官選任或囑託鑑定者無異，應屬傳聞之例外，依刑事訴訟法第二百零六條之規定，具有證據能力。刑事訴訟法第一百五十九條之四第一款規定：除顯有不可信之情況外，公務員職務上製作之紀錄文書、證明文書，亦得爲證據。係**因該等文書爲公務員依其職權所製作，且經常處於可受公開檢查之狀態，符合例行性、公示性原則，正確性甚高，雖屬傳聞證據，乃例外容許爲證據**。

▶98 台上 3258（判決）

刑事訴訟法第一百五十九條之四第一款規定：除顯有不可信之情況外，公務員職務上製作之紀錄文書、證明文書，亦得爲證據。係因該等文書爲公務員依其職權所製作，且經常處於可受公開檢查之狀態，符合例行性、公示性原則，正確性甚高，雖屬傳聞證據，仍例外容許爲證據。本件原判決採爲判斷依據之檢驗報告書、相驗屍體證明書、**內政部警政署刑事警察局鑑驗書、法務部法醫研究所解剖報告書、鑑定報告書、彰化縣警察局現場勘察報告等證據資料，或係鑑定機關依檢察官囑託而爲之書面鑑定報告，或係檢察官、檢驗員、司法警察（官）針對本件具體個案，於調查證據及犯罪情形時，對屍體及犯罪場所實施之勘驗、勘察等作爲所製作，不具備例行性、公示性之要件**，自非刑事訴訟法第一百五十九條之四第一款所指公務員職務上製作之紀錄文書、證明文書，亦非同條第三款規定與上述公文書具有同等程度可信性之文書。

▶98 台上 2037（判決）

鑑定人就其鑑定之經過及結果予以記載所作成之書面，苟符合刑事訴訟法第二百零六條第一項、第二百零八條之規定，即屬同法第一百五十九條第一項之「除法律有規定者外」之情形，**自仍具證據能力，不受傳聞法則之規範**。原判決就其採爲判決基礎之內政部警政署刑事警察局之指紋鑑定及氰化鉀濃度鑑定、行政院國軍退除役官兵輔導委員會台北榮民總醫院之毒物含量鑑定、法務部法醫研究所之被害人周○○死因及署立台中醫院有無醫療疏失之鑑定，暨行政院衛生署醫事審議委員會、行政院衛生署藥物食品檢驗局、元際股份有限公司（見原判決第十四頁末七行至次頁第九行）等所爲鑑定，**均係法院或檢察官委託各該機關鑑定後製作之書面報告，依刑事訴訟法第二百零六條第一項、第一百五十九條第一項規定，自有證據能力**，原判決對上開鑑定亦依刑事訴訟法第一百五十九條之五規定謂有證據能力，同有違誤。

▶97 台上 2019（判決）

檢察官因調查證據及犯罪情形，依刑事訴訟法第二百十二條規定，得實施勘驗，製作勘驗筆錄。檢察官之勘驗筆錄，雖爲被告以外之人在審判外所作之書面陳述，爲傳聞證據，然因檢察官實施勘驗時，依同法第二百十四條規定，得通知當事人、代理人或辯護人到場，其勘驗所得，應依同法第四十二條、第四十三條之規定製作勘驗筆錄，是以檢察官之勘驗筆錄乃係刑事訴訟法第一百五十九條第一項所稱「除法律有規定者外」之例外情形而得爲證據。因**檢察官之勘驗筆錄係檢察官針對具體個案所製作，不具備例行性之要件，且非經常處於可受公開檢查狀態之文書**。

第 159 條之 5（當事人同意的傳聞陳述）

Ⅰ被告以外之人於審判外之陳述，雖不符前四條之規定，而經當事人於審判程序同意作爲證據，法院審酌該言詞陳述或書面陳述作成時之情況，認爲適當者，亦得爲證據。

Ⅱ當事人、代理人或辯護人於法院調查證據時，知有第一百五十九條第一項不得爲證據之情形，而未於言詞辯論終結前聲明異議者，視爲有前項之同意。

■**增訂說明**（92.02.06）

一、本條新增。

二、按傳聞法則的重要理論依據，在於傳聞證據未經當事人之反對詰問予以核實，乃予排斥。惟若當事人已放棄對原供述人之反對詰問權，於審判程序表明同意等傳聞證據可作爲證據，基於證據資料愈豐富，愈有助於眞實發見之理念，此時，法院自可承認該傳聞證據之證據能力。

三、由於此種同意制度係根據當事人的意思而使本來不得作爲證據之傳聞證據成爲證據之制度，乃確認當事人對傳聞證據處分權之制度。爲貫徹本次修法加重當事人進行主義色彩之精神，固宜採納此一同意制度，作爲配套措施。然而吾國尚非採徹底之當事人進行主義，故而法院如認該傳聞證據欠缺適當性時（例如證明力明顯過低過該證據係違法取得），則可予以斟酌而不採爲證據，爰參考日本刑事訴訟法第三百二十六條第一項之規定，增設本條第一項。

四、至於當事人、代理人或辯護人於調查證據時，知有本法第一百五十九條第一項不得爲證據之情形，卻表示「對於證據調查無異議」、「沒有意見」等意思，而未於言詞辯論終結前聲明異議者（Without Objection），爲求與前開同意制度理論一貫，且強化言詞辯論主義，確保訴訟當事人到庭實行攻擊防禦，使訴訟程序進行、順暢，應視爲已有將該等傳聞證據採爲證據之同意，爰參考日本實務之見解，增訂本條第二項。

❖ 法學概念

當事人同意的傳聞陳述

本條重點爲當事人同意或不爭執的情形下，傳聞陳述得爲證據。依第 1 項規定，當事人得明示同意傳聞陳述爲證據，但法官仍保有審查權（即審酌該審判外陳述作成時之情況）。依第 2 項規定，如當事人對於傳聞陳述之提出，未於言詞辯論終結前聲明異議，視爲同意，此爲當事人進行主義之重要原則，即不提出異議，視爲放棄。

【王兆鵬、張明偉、李榮耕，《刑事訴訟法（下）》，新學林，四版，2018.09，233 頁。】

基於傳聞同意可能造成被告某種程度之不利後果，就此可從兩方面作確保：㈠傳聞證據同意之前提，應建立在當事人充分明瞭同意之效果後始得爲之。因此，法院應於準備程序時確實踐行該等權利告知之義務。㈡強化國選辯護制度，補充被告弱勢地位之不足，否則在卷證併送制度下，若無辯護人協助之被告非但無法知曉「當事人合意」之意義，且更無法就卷內證據提出不同意之意見。

【黃朝義，《刑事訴訟法》，新學林，五版，2017.09，636 頁。】

❖ 爭議問題

當事人同意後能否撤回或再爭執？

一、肯定說

最高法院 98 年度台上字第 4219 號判決謂：「該等傳聞證據，在第一審程序中，縱因當事人、辯護人有同法第 159 條之 5 第 2 項規定擬制同意作爲證據而例外取得證據能力之情形，然在第二審程序調查證據時，當事人或辯護人非不得重新就其證據能力予以爭執或聲明異議，此時，第二審法院即應重新審認其證據能力之有無，否則即難謂爲適法。」依此判決邏輯，當事人雖於原審「擬制同意」傳聞證據作爲證據，則**當事人縱於原審「明示同意」傳聞證據作爲證據，於第二審程序亦應可以撤回同意；且當事人既可於第二審撤回同意，爲免程序浪費，理論上亦應准許當事人在原審嗣後程序中撤回同意。**

二、限制肯定說

最高法院 99 年度台上字第 717 號判決基於訴訟程序安定的要求，原則上不准許當事人事後任意徼回同意或再事爭執。但有三種情形得例外允許之，即審理事實之法院，於㈠**尚未進行該證據之調查；**㈡**或他造當事人未提出異議；**㈢**法院認爲撤回同意係屬適當者，應生准予撤回之效力。**

學說上亦有不乏傾向此說之論者。氏謂，一旦同意並經證據調查後，倘若承認其可撤回，其結果將使訴訟程序陷入混亂，因而原則上不容許同意後之撤回。蓋因一經證據調查終結後，法院業已形成心證。但如於證據調查實施前，當事人另外提出撤回同意之聲請，且此聲請對於對造當事人並無重大利益影響時，例外許可其撤回。

【黃朝義，〈從比較法觀點論同意證據與擬制同意證據——兼論合意證據〉，收錄於《刑事法學現代化動向——黃東熊教授八秩華誕祝壽論文集》，台灣法學，2012.11，228 頁；吳巡龍，〈同意傳聞作爲證據後再爭執〉，《台灣法學雜誌》，第 161 期，2010.10，191 頁以下。】

三、否定說

此說認爲，若當事人已明示同意作爲證據之傳聞證據，經法院審查具備適當性要件後，若已就該證據踐行法定之調查程序，基於維護訴訟程序安定性、確實性之要求，即無許當事人再行撤回同意之理（最高法院 100 年度台上字第 6246 號判決參照）。

☐ 實務見解

▶104 年度第 3 次刑事庭會議決議（104.02.10）

刑事訴訟法第一百五十九條之五立法意旨，在於確認當事人對於傳聞證據有處分權，得放棄反對詰問權，同意或擬制同意傳聞證據可作爲證據，屬於證據傳聞性之解除行爲，如法院認爲適當，不論該傳聞證據是否具備刑事訴訟法第一百五十九條之一至第一百五十九條之四所定情形，均容許作爲證據，不以未具備刑事訴訟法第一百五十九條之一至第一百五十九條之四所定情形爲前提。此揆諸「若當事人於審判程序表明同意該等傳聞證據可作爲證據，基於證據資料愈豐富，愈有助於眞實發見之理念，此時，法院自可承認該傳聞證據之證據能力」立法意旨，係採擴大適用之立場。蓋不論是否第一百五十九條之一至第一百五十九條之四所定情形，抑當事人之同意，均係傳聞之例外，俱得爲證據，僅因我國尚非採澈底之當事人進行主義，故而附加「適當性」之限制而已，可知其適用並不以「不符前四條之規定」爲要件。惟如符合第一百五十九條之一第一項規定之要件而已得為證據者，不宜贅依第一百五十九條之五之規定認定有證據能力。

❖ 學者評釋

傳聞證據同意，應建立在當事人充分明瞭同意之效果後始之及強化國選辯護制度兩方面為前提，以補充被告弱勢地位之不足。在現行卷證併送制度下，無辯護人協助之被告非但無法知曉「當事人合意」之涵義，且更無法就卷內證據提出不同意之意見，實施「當事人合意」之傳聞例外的結果，最後可能嚴重傷害到被告之「防禦權」，依本決議之意旨，此將更使得被告權利受到傳聞例外之侵害益加明顯。

【黃朝義，《概說警察刑事訴訟法》，新學林，初版，2015.09，346頁以下。】

▶102 台上 979（判決）

刑事訴訟法第一百五十九條第一項規定：「被告以外之人於審判外之言詞或書面陳述，除法律有規定者外，不得作為證據。」其立法意旨，乃在於確保被告之反對詰問權。同法第一百五十九條之五第一項規定：「被告以外之人於審判外之陳述，雖不符前四條之規定（同法第一百五十九條之一至第一百五十九條之四），而經當事人於審判程序同意作為證據，法院審酌該言詞陳述或書面陳述作成時之情況，認為適當者，亦得為證據。」同法條第二項規定：「當事人、代理人或辯護人於法院調查證據時，知有刑事訴訟法第一百五十九條第一項不得為證據之情形，而未於言詞辯論終結前聲明異議者，視為有前項之同意。」**其立法意旨，則在於確認當事人對於傳聞證據有處分權，得捨棄反對詰問之權利，同意傳聞證據可作為證據。惟因刑事訴訟制度尚非採澈底之當事人進行主義，乃又限制以法院認為適當者，始得為證據**。因此，當事人同意或依法視為同意某項傳聞證據作為證據使用者，實質上即表示有反對詰問權之當事人已捨棄其權利，如法院認為適當者，不論該傳聞證據是否具備刑事訴訟法第一百五十九條之一至第一百五十九條之四所定情形，均容許作為證據。

▶101 台上 5（判決）

此種「擬制同意」，因與同條第一項之明示同意有別，實務上常見當事人等係以「無異議」或「沒有意見」表示之，斯時倘該證據資料之性質，已經辯護人閱卷而知悉，或自起訴書、原審判決書之記載而了解，或偵、審中經檢察官、審判長、受命法官、受託法官告知，或被告逕為認罪答辯或有類似之作為、情況，即可認該相關人員於調查證據之時，知情而合於擬制同意之要件；而所謂**「審酌該陳述作成時之情況，認為適當」者，係指依各該審判外供述證據製作當時之過程、內容、功能等情況，是否具備合法可信之適當性保障，加以綜合判斷而言**；倘法院審酌結果，認為該等證據於作成時並無可信度明顯過低之情事者，即應認具有適當性，而具有證據能力。

▶100 台上 6246（判決）

刑事訴訟法第一百五十九條之五第一項之規定，乃本於當事人進行主義中之處分主義，藉由當事人同意之處分訴訟行為，與法院介入審查適當性要件，將不得為證據之傳聞證據，賦予其證據能力。所謂經當事人同意作為證據者，當係指當事人意思表示無瑕疵可指之明示同意而言；當事人已明示同意作為證據之傳聞證據，經法院審查具備適當性要件後，若已就該證據踐行法定之調查程序，即無許當事人再行撤回同意之理，以維訴訟程序安定性、確實性之要求。此明示同意之效力，既基於當事人積極行使其處分權，自須係針對個別、具體之特定證據行之，不得為概括性之同意，否則其處分之意思表示即有瑕疵，自不生明示同意之效力。

▶100 台上 5162（判決）

上訴人於第一審先爭執其證據能力，其後同意作為證據，於原審法院前審又爭執其證據能力，嗣再同意作為證據或表示沒有意見，旋又認無證據能力，於原審亦認無證據能力，先後數異其詞。原判決理由欄因而說明上訴人同意以該審判外陳述作為證據後，再事爭執，係撤回同意之意思，因上訴人與其辯護人僅空言主張彭○順、徐○斌之警詢、偵查陳述為傳聞證據，應無證據能力，並未釋明有何撤回同意之正當理由，參酌刑事訴訟法採改良式當事人進行主義之精神，上訴人既曾明示同意作為證據，經法院審查已具備適當性之要件，並就該證據實施調查程序，**即應賦與證據能力，無許事後任意撤回，以維訴訟程序安定性、確實性之要求，並無違法**。

▶100 台上 4129（判決）

刑事訴訟法第一百五十九條之五規定之傳聞例外，乃基於當事人進行主義中之處分主義，藉由當事人等「同意」之此一處分訴訟行為與法院之介入審查其適當性要件，將原不得為證據之傳聞證據，賦予其證據能力。本乎程序之明確性，其第一項「經當事人於審判程序同意作為證據」者，當係指當事人意思表示無瑕疵可指之明示同意而言，以別於第二項之當事人等「知而不為異議」之默示擬制同意。當事人已明示同意作為證據之傳聞證據，並經法院審查其具備適當性之要件者，若已就該證據實施調查程序，即無許當事人再行撤回同意之理，以維訴訟程序安定性、確實性之要求。**此一同意之效力，既因當事人之積極行使處分權，並經法院認為適當且無許其撤回之情形，即告確定，其於再開辯論不論矣，即令**

上訴至第二審或判決經上級審法院撤銷發回更審，仍不失其效力。至默示擬制同意之效力，純因當事人等之消極緘默而為法律上之擬制所取得，並非本於當事人之積極處分而使其效力恆定，始容許當事人等於言詞辯論終結前，或第二審及更審程序中對其證據能力再為爭執追復。

▶99 台上 717（判決）

聲明撤回該同意或對該被告以外之人於審判外陳述之證據能力復行爭執，而審理事實之法院於尚未進行該證據之調查，或他造當事人未提出異議，或法院認為撤回同意係屬適當者，應生准予撤回之效力；非謂一經同意之後，一概不許予以撤回或再事爭執。

❖ **學者評釋**

本判決基於訴訟程序安定的要求，原則上不准許當事人事後任意繳回同意或再事爭執。但有三種情形得例外允許之，即審理事實之法院，於㈠**尚未進行該證據之調查**；㈡**他造當事人未提出異議**；㈢**法院認為撤回同意係屬適當者**，應生准予撤回之效力。

學者對於上開判決將法院「尚未進行該證據之調查」列為例外，應屬合理。因證據既然尚未調查，當事人事後撤回同意造成程序浪費極為有限，例外准許其撤回同意。其又將「**他造當事人未提出異議**」列為例外，乃考量我國既然採兩造對抗制度，理當尊重當事人訴訟策略，兩造既無爭執，法院例外允許撤回同意亦屬合理。但本判決第三個例外，「**法院認為撤回同意係屬適當」未能具體闡明該裁量應審酌之事項，因無明確標準，裁量時將失去公平性及可預測性**，此見解似美中不足。

因此學者建議，本判決第三個例外改為：㈠若被告在原審有律師辯護；㈡或雖沒有辯護律師，但法院對於傳聞證據及不爭執的法律效果已履行告知義務後，被告仍未提出異議，被告不得再爭執其證據能力。

【吳巡龍，〈同意傳聞作為證據後再爭執〉，《台灣法學雜誌》，第 161 期，2010.10，191 頁以下。】

▶98 台上 4219（判決）

該等傳聞證據，在第一審程序中，縱因當事人、辯護人有同法第一百五十九條之五第二項規定擬制同意作為證據而例外取得證據能力之情形，然在第二審程序調查證據時，當事人或辯護人非不得重新就其證據能力予以爭執或聲明異議，此時，第二審法院即應重新審認其證據能力之有無，否則即難謂為適法。

▶94 台上 3277（判決）

刑事訴訟法第一百五十九條之五第一項「被告以外之人於審判外之陳述，雖不符前四條之規定，而經當事人於審判程序同意作為證據，法院審酌該言詞陳述或書面陳述作成時之情況，認為適當者，亦得為證據」之規定，係以被告以外之人於審判外之陳述不符合同法第一百五十九條之一至第一百五十九條之四有關傳聞法則例外規定之情形，且該陳述須經法院審酌作成時之情況，認為適當時，始有其適用。**此所謂「審酌該陳述作成時之情況，認為適當」者，係指依各該審判外供述證據製作當時之過程、內容、功能等情況，是否具備合法可信之適當性保障，加以綜合判斷而言；倘法院審酌結果，認為該違背法定程序屬證據相對排除法則，但其情節重大，或其可信度明顯過低之情事者，即應認其欠缺適當性，仍不具證據能力，而不得作為證據**。至同法第一百五十八條之三規定：「證人、鑑定人依法應具結而未具結者，其證言或鑑定意見，不得作為證據」，其立法理由乃在擔保該證言或鑑定意見，係據實陳述或公正誠實之可信性，**故未依法具結者，依證據絕對排除法則，當然無證據能力，而不得作為證據，自不得因當事人於審判程序之同意，逕認該未經具結之證言或鑑定意見，亦得作為證據，此於適用同法條（第一百五十九條之五）第二項所定「視為有前項之同意」之情形者，亦應受上揭第一百五十八條之三規定之限制。**

> 第 160 條（意見不得作為證據）
> 證人之個人意見或推測之詞，除以實際經驗為基礎者外，不得作為證據。

□**修正前條文**

證人之個人意見或推測之詞，不得作為證據。

■**修正說明（92.02.06）**

美國聯邦證據規則第七章對於意見及專家證言著有規定，其中第七百零一條係針對普通證人之意見證言（Opinion Testimony by Lay Witnesses）為規定，認證人非以專家身分作證時，其意見或推論形式之證言，以該項意見或推論合理的基於證人之認知，並有助於其證言之清楚了解或爭議事實之決定者為限，得為證據。日本刑事訴訟法第一百五十六條第一項亦許可證人供述根據實際經驗過對事實所推測出來之事項，無妨其作為證據之能力。為解決證人作證時，事實與意見不易區分所可能造成必要證言採證之困擾，爰參考前開立法例，將證人之個人意見或推測之詞，係以實際經驗為基礎者，修正為可採為證據，以擴大證據容許性之範圍，至於其餘證人個人意見或推測之詞，則仍不得作為證據，以求允當。

> 第 161 條（檢察官之舉證責任）
> Ⅰ檢察官就被告犯罪事實，應負舉證責任，並指出證明之方法。

II 法院於第一次審判期日前，認爲檢察官指出之證明方法顯不足認定被告有成立犯罪之可能時，應以裁定定期通知檢察官補正；逾期未補正者，得以裁定駁回起訴。

III 駁回起訴之裁定已確定者，非有第二百六十條各款情形之一，不得對於同一案件再行起訴。

IV 違反前項規定，再行起訴者，應諭知不受理之判決。

□修正前條文

檢察官就被告犯罪事實，有舉證責任。

■修正說明（91.02.08）

一、鑑於我國刑事訴訟法制之設計係根據無罪推定原則，以檢察官立於當事人之地位，對於被告進行追訴，則檢察官對於被告之犯罪事實，自應負提出證據及說服之實質舉證責任，爰將本條文字修正爲：「檢察官就被告犯罪事實，應負舉證責任，並指出證明之方法。「並列爲第一項」，明文規範檢察官舉證責任之內涵，除證據之提出外，另應就被告犯罪事實，指明道出其證明方法，以說服法官，藉此督促檢察官善盡實行公訴之職責爲確實促使檢察官負舉證責任及防止其濫行起訴，基於保障人權之立場，允宜慎重起訴，以免被告遭受不必要之訟累，並節約司法資源之使用。爰參考本法第二百三十一條之一有關檢察官對於司法警察（官）移送案件之退案審查制度精神及德國刑事訴訟法規定中間程序（德國刑事訴訟法第一百九十九條至二百十一條）與美國「Arraignment」程序之「Motion to Dismiss」制及美國聯邦刑事訴訟規則第五則之一、第二十九則之立法宗旨，設計起訴審查機制，規定法院於第一次審判期日前，經審查檢察官所指出之證明方法，認爲顯不足以認爲被告有成立犯罪之可能時，應以裁定定期通知檢察官補正。

二、檢察官逾期未補正證明方法時，應賦予一定法律效果。因公訴與自訴同爲追訴犯罪之程序，爰參考我國刑事訴訟法第三百二十六條第三項關於法院依訊問及調查結果，認爲自訴案件有被告犯罪嫌疑不足之情形者，得以裁定駁回自訴之法例，增訂本條第二項「法院於第一次審判期日前，認爲檢察官指出之證明方法顯不足認定被告有成立犯罪之可能時，應以裁定定期通知檢察官補正，逾期未補正者，得以裁定駁回起訴。」

三、法院於裁定駁回起訴前，既曾賦予檢察官補正證明方法之機會，檢察官若不服該裁定者，亦得提起抗告請求上級法院糾正之，是以檢察官之公訴權能已獲充分保障，此時爲維護被告基本人權，避免被告有受二次追訴之危險，爰參考我國刑事訴訟法第三百二十六條第四項、第三百三十四條、德國刑事訴訟法第二百零四條第一項、第二百十一條之立法意旨，於本條第三項、第四項依序規定「駁回起訴之裁定已確定者，非有第二百六十條各款情形之一，不得對於同一案件再行起訴。」「違反前項規定再行起訴者，應諭知不受理之判決。」以資適用。

❒ 實務見解

▸91 年度第 4 次刑事庭會議決議（91.04.30）

一、爲貫徹無罪推定原則，檢察官對於被告之犯罪事實，應負實質舉證責任。刑事訴訟法修正後第一百六十一條（下稱本法第一百六十一條）第一項規定「檢察官就被告犯罪事實，應負舉證責任，並指出證明之方法」，明訂檢察官舉證責任之內涵，除應盡「提出證據」之形式舉證責任（參照本法修正前增訂第一百六十三條之立法理由謂「如認檢察官有舉證責任，但其舉證，仍以使法院得有合理的可疑之程度爲已足，如檢察官提出之證據，已足使法院得有合理的可疑，其形式的舉證責任已盡……」）外，尚應「指出其證明之方法」，用以說服法院，使法官「確信」被告犯罪構成事實之存在。**此「指出其證明之方法」，應包括指出調查之途徑，與待證事實之關聯及證據之證明力等事項**。同條第四項，乃新增法院對起訴之審查機制及裁定駁回起訴之效力，以有效督促檢察官善盡實質舉證責任，藉免濫行起訴。

二、刑事訴訟法修正後第一百六十三條（下稱本法第一百六十三條）釐訂法院與檢察官調查證據責任之分際，一方面揭櫫當事人調查證據主導權之大原則，並充分保障當事人於調查證據時，訊問證人、鑑定人或被告之權利（同條第一項）；另一方面例外規定法院「得」及「應」依職權調查證據之補充性，必待當事人舉證不足時，法院始自動依職權介入調查，以發見眞實（同條第二項）；再增訂法院依職權調查證據前，應踐行令當事人陳述意見之程序（同條第三項），以貫徹尊重當事人查證之主導意見，確保法院補充介入之超然、中立。

三、本法第一百六十三條第二項但書，雖將修正前同條第一項規定「法院應依職權調查證據」之範圍，原則上減縮至「於公平正義之維護或對於被告之利益有重大關係事項」之特殊情形，用以淡化糾問主義色彩，但亦適足顯示：法院為發見眞實，終究無以完全豁免其在必要時補充介入調查證據之職責。

四、本法第一百六十三條第一項增列「審判長除認為有不當者外，不得禁止之」之規定，係專為充分保障當事人、代理人、辯護人或輔佐人於調查證據時，訊問證人、鑑定人或被告之權利而設，此與同項規定當事人聲請調查證據之當否，應由法院逕依司法院大法官會議釋字第二三八號解釋暨相關判例見解判斷另予准駁者無關。

五、本法第一百六十一條、第一百六十三條規定內容，不涉證據「如何調查」應踐行之程序，自亦不影響調查證據程序規定（本法第一百六十四條至第一百七十三條規定參照）之繼續適用。

六、依本法第一百六十三條之規定，法院原則上不主動調查證據，僅於左列情形，始有調查證據之義務：㈠當事人、代理人、辯護人或輔佐人聲請調查而客觀上認為有必要。㈡本條第二項但書規定應依職權調查之證據。㈢本條第二項前段規定法院為發見眞實，經裁量後，在客觀上又為法院認定事實，適用法律之基礎者。

七、本法第一百六十三條第二項前段「法院得依職權調查證據」，係指法院於當事人主導之證據調查完畢後，認為事實未臻明白仍有待澄清時，得斟酌具體個案之情形，無待聲請，主動依職權調查之謂。從而，法院於當事人聲請調查之證據調查完畢後，除依同條規定應調查之證據外，其他凡經認為有助於發見眞實而足以影響判決結果之證據存在，且有調查之可能者，皆屬得依職權調查之證據。

八、審查修法前調查證據程序是否違法之法律依據，本法施行法，尚乏明文。惟本諸舊程序用舊法，新程序始用新法之一般法則，對於九十一年二月九日以前已踐行之訴訟程序，依舊法審查之。

九、本法第三百七十九條第十款規定「法院應於審判期日調查之證據」，綜合實務見解，原則上指該證據具有與待證事實之關聯性、調查之可能性，客觀上並確為法院認定事實適用法律之基礎，亦即具有通稱之有調查必要性者屬之（司法院大法官會議釋字第二三八號解釋；七十一年台上字第三六〇六號、七十二年台上字第七〇三五號、七十八年台非字第九〇號、八十年台上字第四四〇二號判例；七十七年八月九日七十七年度第十一次刑事庭會議貳之甲第十四項決議意旨參照），除依法無庸舉證外，並包括間接證據、有關證據憑信性之證據在內，但應擯除無證據能力之證據，且以踐行調查程序，經完足之調查為必要，否則仍不失其為本款調查未盡之違法，復不因其調查證據之發動，究竟出自當事人之聲請，抑或法院基於補充性之介入而有差異。**本法第一百六十三條第二項前段所定法院為發見眞實，「得」依職權調查之證據，原則上固不在「應」調查證據之範圍，惟如為發見眞實之必要，經裁量認應予調查之證據，仍屬之。**

十、法院於依職權調查證據前，經依本法第一百六十三條第三項之規定，踐行令當事人陳述意見之結果，倘遇檢察官、自訴人對有利或不利於被告之證據，表示不予調查，或被告對其有利之證據，陳述放棄調查，而法院竟不予調查，逕行判決者，如其係法院「應」依職權調查之證據，而有補充介入調查之義務時，此項義務，並不因檢察官、自訴人、被告或其他訴訟關係人陳述不予調查之意見，而得豁免不予調查之違誤。惟於法院「得」依職權調查證據之情形，法院既得參酌個案，而有決定是否補充介入調查之裁量空間，自不得徒以法院參照檢察官、自訴人、被告或其他訴訟關係人之查證意見後，不予調查，遽指即有應調查而不予調查之違法。

本法第一百六十一條、第一百六十三條規定係編列在本法第一編總則第十二章「證據」中，原則上於自訴程序亦同適用。除其中第一百六十一條第二項起訴審查之機制、同條第四項以裁定駁回起訴之效力，自訴程序已分別有第三百二十六條第三、四項及第三百三十四條之特別規定足資優先適用外，關於第一百六十一條第一項檢察官應負實質舉證責任之規定，亦於自訴程序之自訴人同有適用。**惟第一百六十一條第二項裁定定期通知檢察官補正逾期未補正者，得以裁定駁回起訴之規定，在自訴程序中，法院如認案件有同法第二百五十二條至第二百五十四條之情形，自得逕依同法第三百二十六條第三項規定，以裁定駁回自訴，無須先以裁定定期通知自訴人補正。**

編按：

本則決議嗣後經 101 年 1 月 17 日最高法院 101 年度第 2 次刑事庭會議決議㈢，修正第七點內容，請參照第 163 條實務見解部分。

▶92 台上 128（判例）

刑事訴訟法第一百六十一條已於民國九十一年二月八日修正公布，其第一項規定；檢察官就被告犯罪事實，應負舉證責任，並指出證明之方法。因此，檢察官對於起訴之犯罪事實，應負提出證據及說服之實質舉證責任。倘其所提出之證據，不足被告有罪之積極證明，或其指出證明之方法，無從說服法院以形成被告有罪心證，基於無罪推定之原則，自應為被告無罪判決之諭知。

▶106 台上 3594〇（判決）

刑事案件，原則上係以一個被告和一個犯罪事實，作為其構成內容（刑法的實質上或裁判上一罪，和刑事訴訟法第七條相牽連情形，關涉擴張問題，屬例外），其中，犯罪事實係指適合於法律所定犯罪構成要件的社會事實，雖不必為精確的歷史事件，而祇要具備基本的社會事實同一性為已足，但關於受追訴的對象「被告」之人別（非指身分基本資料，而係特定），則一定要完全精確。易言之，**縱然確有某一構成犯罪的社會事件發生，但其行為人究竟是否為被告，控方（含檢察官、自訴人）負有積極的舉證責任，方足以判罪處刑，**反之，法院仍應為被告無罪諭知。

▶100 矚再更㈢ 1（判決）

檢察官作為國家機器，係公益之代表人，擁有廣大之社會資源為其後盾、供其利用，應盡其職責，蒐集被告犯罪之證據，負責推翻被告無罪之推定，以證明被告確實犯罪，乃有別於過去之形式舉證責任；法院之審判，則須堅持證據裁判主義及嚴格證明法則，**公訴檢察官在公判庭上，負責說服法院達致無合理懷疑之程度，使形成被告確實有罪之心證，倘無法說服法官，自應落實無罪推定原則，實現公平法院理念**（參最高法院一〇一年度台上字第二九六六號判決）。

編按：

本判決即眾所矚目蘇建和案的再審判決，雖判決年度為 100 年度，但因裁判日期為 101 年 8 月 31 日，在最高法院 101 年度台上字第 2966 號判決做成日之前，故本書將其置列於此。

▶101 台上 2966（判決）

法院之審判，必須堅持證據裁判主義（第一百五十四條第二項）及嚴格證明法則（第一百五十五條第一項、第二項），檢察官之起訴，自不能草率，倘仍沿襲職權進行主義之舊例，因「有合理之懷疑」，即行起訴，此後袖手旁觀，冀賴法院補足、判罪，應認為不夠嚴謹、不合時宜；以量化為喻，**偵查檢察官之起訴門檻，不應祇有「多半是如此」（百分之五、六十），而應為「八、九不離十」（百分之八十，甚至更高）；至於公訴檢察官在公判庭上，則應接棒，負責說服法院達致「毫無合理懷疑」之程度（百分之百），使形成被告確實有罪之心證**。從而，雖然案件在起訴之後，檢察官對之不再有強制處分權，但非不得依憑職權，指揮司法警察，進行任意性之調查、蒐證，以反擊或削弱被告及其辯護人（辯方）提出之反證證明力，而後在公判庭上之法庭活動中，精準針對程序進行浮動中，所顯出之各種有利、不利於己方之證據資料，展開互為攻擊、防禦，斯亦直接審理主義、言詞審理主義之精義所在；**倘竟不翔實預作準備，無法說服法官，自應受類似於民事訴訟敗訴之判決結果，以落實無罪推定原則，實現公平法院理念，**不生法院必須和檢察官聯手，主動「介入調查」不利於被告之證據，否則將致被害人之權益不保、正義無從伸張之問題，更無所謂法院有未盡查證職責之違法情形存在。

編按：

本判決可謂自檢察官靜坐事件後，最高法院以判決表明其堅定該院 101 年度第 2 次刑事庭會議決議所持見解。

▶101 台上 885（判決）

刑事訴訟已採改良式當事人進行主義，檢察官應負實質之舉證責任，如其所舉證據，不足以說服法院形成被告有罪之確信心證，基於無罪推定原則，法院應諭知被告無罪之判決，此觀刑事訴訟法第一百五十四條第一項、第二項及第一百六十一條第一項規定即明。晚近經立法院審議通過，由總統批准施行之公民與政治權利國際公約第十四條第二項亦揭示「受刑事控告之人，未經依法確定有罪之前，應假定其無罪。」刑事妥速審判法第六條更明定：「檢察官對於起訴之犯罪事實，應負提出證據及說服之實質舉證責任。倘其所提出之證據，不足為被告有罪之積極證明，或其指出證明之方法，無法說服法院形成被告有罪之心證者，應貫徹無罪推定原則。」建構成一個以無罪推定原則，作為基本、上位概念之整體法秩序理念，**是往昔法院和檢察官接棒、聯手蒐集不利於被告之證據，務必將被告定罪之辦案方式，已經不合時宜。易言之，檢察官如無法提出證明被告犯罪之確切證據，縱然被告之辯解猶有可疑，但基於公平法院之理念，仍須落實無罪推定原則，逕為被告無罪之諭知，**不生法院未盡查證職責之違法問題。

▶100 台上 5166（判決）

檢察官對於起訴之犯罪事實，應負提出證據及說服之實質舉證責任。倘其所提出之證據，不足為被告有罪之積極證明，或其闡明之證明方法，無從說服法官以形成被告有罪之心證，基於無罪推定之原則，自應爲被告無罪判決之諭知。而被害人之爲證人，與通常一般第三人之爲證人不侔。被害人就被害經過所爲之陳述，其目的在於使被告受刑事訴追處罰，與被告處於絕對相反之立場，其陳述或不免渲染、誇大。被害人縱立於證人地位具結而爲陳述，其供述證據之證明力仍較與被告無利害關係之一般證人之陳述爲薄弱。從而，被害人就被害經過之陳述，除須無瑕疵可指，且須就其他方面調查又與事實相符，亦即仍應調查其他必要之補強證據以擔保其陳述確有相當之眞實性，而爲通常一般人均不致有所懷疑者，始得採爲論罪科刑之依據。

第 161 條之 1（被告之舉證責任）
被告得就被訴事實指出有利之證明方法。

■增訂說明（92.02.06）

一、本條新增。

二、爲配合第一百六十一條之修正，及貫徹當事人對等原則，宜於證據通則內增訂本條，賦予被告得就其被訴事實，主動向法院指出有利證明方法之權利，以維護被告之訴訟權益。

第 161 條之 2（當事人進行主義）
I 當事人、代理人、辯護人或輔佐人應就調查證據之範圍、次序及方法提出意見。
II 法院應依前項所提意見而爲裁定；必要時，得因當事人、代理人、辯護人或輔佐人之聲請變更之。

■增訂說明（92.02.06）

一、本條新增。

二、當事人進行主義之訴訟程序，其進行係以當事人之主張、舉證爲中心，法院基於當事人之主張及舉證進行調查、裁判。我國刑事訴訟制度修正後加重當事人進行主義色彩，對於當事人聲請調查證據之權利，自應予以更多保障，且爲切實把握當事人進行主義之精神，關於證據調查之取捨，不能完全取決於法院，當事人之意見應予尊重，從而，當事人、代理人、辨護人或輔佐人自應提出該項聲明，由法院裁定其調查證據之範圍、次序及方法，並得於訴訟程序進行中依案情之發展，於必要時，隨時因當事人、代理人、辯護人或輔佐人之聲請，變更前所決定調查證據之範圍、次序及方法。爰參考日本刑事訴訟法第二百九十七條之立法例，增訂本條之規定。

第 161 條之 3（被告自白之調查）
法院對於得爲證據之被告自白，除有特別規定外，非於有關犯罪事實之其他證據調查完畢後，不得調查。

■增訂說明（92.02.06）

一、本條新增。

二、被告對於犯罪事實之自白，僅屬刑事審判所憑證據之一種，爲防止法官過份依賴該項自白而形成預斷，因此，對於得爲證據之自白，其調查之次序應予限制。

三、本條所稱「除有特別規定外」，例如本法第四百四十九條、第四百五十一條之一所定之簡易判決處刑程序或修正條文第二百七十三條之一、第二百七十三條之二所定之簡式審判程序，即容許法院先就得爲證據之被告自白爲調查，其本條之特別規定，應優先適用之。

第 162 條（刪除）

□修正前條文

法院應予當事人、辯護人、代理人或輔佐人，以辯論證據證明力之適當機會。

■修正說明（92.02.06）

本條刪除，移列爲第二百八十八條之二。

第 163 條（聲請或職權調查證據）
I 當事人、代理人、辯護人或輔佐人得聲請調查證據，並得於調查證據時，詢問證人、鑑定人或被告。審判長除認爲有不當者外，不得禁止之。
II 法院爲發見眞實，得依職權調查證據。但於公平正義之維護或對被告之利益有重大關係事項，法院應依職權調查之。
III 法院爲前項調查證據前，應予當事人、代理人、辯護人或輔佐人陳述意見之機會。
IV 告訴人得就證據調查事項向檢察官陳述意見，並請求檢察官向法院聲請調查證據。

□修正前條文

I 當事人、代理人、辯護人或輔佐人得聲請調查證據，並得於調查證據時，詢問證人、鑑定人或被告。審判長除認爲有不當者外，不得禁止之。
II 法院爲發見眞實，得依職權調查證據。但於公平正義之維護或對被告之利益有重大關係事項，法院應依職權調查之。
III 法院爲前項調查證據前，應予當事人、代理人、辯護人或輔佐人陳述意見之機會。

■修正說明（109.01.15）

一、我國以國家追訴主義爲原則，依第三條之規定，犯罪之被害人（告訴人）並非刑事訴訟程序中之「當事人」，惟告訴人係向偵查機關申告犯罪事實，請求追訴犯人之人，原則上亦係最接近犯罪事實之人，予以必要之參與程序，亦有助於刑事訴訟目的之達成，故應賦予告訴人得以輔助檢察官使之適正達成追訴目的之機會，爰增列本條第四項，規定告訴人得就證據調查事項向檢察官陳述意見，並請求檢察官向法院聲請調查證據。檢察官受告訴人之請求後，非當然受其拘束，仍應本於職權，斟酌具體個案之相關情事，始得向法院提出聲請，以免延宕訴訟或耗費司法資源，附此敘明。

二、本條第一項至第三項未修正。

❐ 實務見解

▶101年度第2次刑事庭會議決議(一)（101.01.17）

院長提議：刑事訴訟法第一百六十三條第二項但書：但於公平正義之維護或對被告利益有重大關係事項，法院應依職權調查之。其中「公平正義之維護」所指為何，有甲、乙二說：

甲說：並非專指有利被告之事項。

刑事訴訟法第一百六十三條（下稱本條）第二項但書所指法院應依職權調查之事項，後者顯於被告有利，前者語意並不明確，如何衡量及其具體範圍，立法理由揭明「委諸司法實務運作及判例累積形成」。案件攸關國家、社會或個人重大法益之保護，或牽涉整體法律目的之實現及國民法律感情之維繫者，均屬所稱「公平正義之維護」之重大事項。**法院就「公平正義」之規範性概念予以價值補充時，必須參酌法律精神、立法目的、依據社會之情形及實際需要，予以具體化，以求實質之妥當。刑事訴訟所欲追求的目的，不外乎公平正義之維護，亦即眞實發見，其應兼及被告利益及不利益之事項，原不待言，本條第二項但書將兩者併列，對照以觀，所謂公平正義之維護，自非專指有利被告之事項，否則，重複為之規定豈非蛇足。故「於審理過程中，法院發現不利於被告之證據，足以影響判決之結果而檢察官未聲請調查，且有調查可能者，依此項但書之規定，基於『公平正義之維護』，法院應負職權調查義務。**」倘檢察官對不利於被告之證據，表示不予調查，而法院竟不予調查，逕行判決者，如其係法院「應」依職權調查之證據，而有補充介入調查之義務時，此項義務，並不因檢察官依本條第三項規定陳述不予調查之意見，而得豁免不予調查之違誤（九十一年四月三十日九十一年度第四次刑事庭會議決議－刑事訴訟法第一百六十一條、第一百六十三條修正後相關問題之決議第十點參照）。

乙說：應指對被告利益而攸關公平正義之事項。

受刑事控告者，**在未經依法公開審判證實有罪前，應被推定為無罪**，此為被告於刑事訴訟上應有之基本權利，聯合國大會於西元一九四八年十二月十日通過之世界人權宣言，即於第十一條第一項為明白宣示，其後於一九六六年十二月十六日通過之公民與政治權利國際公約第十四條第二款規定：受刑事控告之人，未經依法確定有罪以前，應假定其無罪。」再次揭櫫同旨。為彰顯此項人權保障之原則，我國刑事訴訟法於九十二年二月六日修正時，即於第一百五十四條第一項明定：「被告未經審判證明有罪確定前，推定其為無罪。」並於九十八年四月二十二日制定公民與政治權利國際公約及經濟社會文化權利國際公約施行法，將兩公約所揭示人權保障之規定，明定具有國內法律之效力，更強化無罪推定在我國刑事訴訟上之地位，**又司法院大法官迭次於其解釋中，闡明無罪推定乃屬憲法原則，已超越法律之上，為辦理刑事訴訟之公務員同該遵守之理念。**依此原則，證明被告有罪之責任，應由控訴之一方承擔，被告不負證明自己無罪之義務。從而，檢察官向法院提出對被告追究刑事責任之控訴和主張後，為證明被告有罪，以推翻無罪之推定，應負實質舉證責任即屬其無可迴避之義務。因此，刑事訴訟法第一百六十一條第一項乃明定：「檢察官就被告犯罪事實，應負舉證責任，並指出證明之方法。」故檢察官除應盡提出證據之形式舉證責任外，尚應指出其證明之方法，用以說服法院，使法官確信被告犯罪事實之存在。倘檢察官所提出之證據，不足為被告有罪之積極證明，或其指出證明之方法，無法說服法院以形成被告有罪之心證者，為貫徹無罪推定原則，即應為被告無罪之判決。法官基於公平法院之原則，僅立於客觀、公正、超然之地位而為審判，不負擔推翻被告無罪推定之責任，自無接續依職權調查證據之義務。故檢察官如未盡舉證責任，雖本法第一百六十三條第二項規定：「法院為發現眞實，得依職權調查證據。但於公平正義之維護或對被告之利益有重大關係事項，法院應依職權調查之。」然所稱「法院得依職權調查證據」，係指法院於當事人主導之證據調查完畢後，認事實未臻明白，而有釐清之必要，且有調查之可能時，得斟酌具體個案之情形，依職權為補充性之證據調查而言，**非謂法院因此即負有主動調查之義務，關於證據之提出及說服之責任，始終仍應由檢察官負擔**；至但書中「公平正義之維護」雖與「對被告之利益有重大關係事項」併列，或有依體系解釋方法誤解「公平正義之維護」僅指對被告不利益之事項，然刑事訴訟規範之目的，除在實現國家刑罰權以維護社會秩序外，尚有貫徹法定程序以保障被告基本權利之機能，此乃公平法院爲維護公平正義之審判原則，**就「公平正義之維護」之解釋，本即含括不利益及利益被告之事項。且但書爲原則之例外，適用上必須嚴格界定，依證據裁判及無罪推定原則，檢察官之舉證責任不因該項但書規定而得以減免，所指公平正義之維護，既未明文排除利益被告之事項，基於法規範目的，仍應以有利被告之立場加以考量，**否則，於檢察官未盡實質舉證責任時，竟要求法院接續依職權調查不利被告之證據，豈非形同糾問，自與修法之目的有違。基此，**爲避免牴觸無罪推定之憲法原則及違反檢察官實質舉證責任之規定，「公平正義之維護」依目的性限縮之解釋方法，自當以利益被告之事項爲限。至本法第二條第一項對於被告有利及不利之情形，應一律注意，僅屬訓示規定，**就證據層面而言，乃提示法院於證據取捨判斷時應注意之作用，於舉證責任之歸屬不生影響。**檢察官如未於起訴時或審判中提出不利於被告之證據，以證明其起訴事實存在，或未指出調查之途徑，與待證事實之關聯及證據之證明力等事項，自不得以法院違背本法第一百六十三條第二項之規定，未依職權調查證據，有應於審判期日調查之證據未予調查之違法，執爲提起第三審上訴之理由。**

決議：**刑事訴訟法第一百六十三條第二項但書所指法院應依職權調查之「公平正義之維護」事項，依目的性限縮之解釋，應以利益被告之事項爲限，否則即與檢察官應負實質舉證責任之規定及無罪推定原則相牴觸，**無異回復糾問制度，而悖離整體法律秩序理念。（採乙說）

❖ 學者評釋

此決議公布後引發學者與實務界熱烈討論，意見頗爲分歧：

一、贊成本決議結論者

㈠李榮耕教授

單純的傳喚或訊問證人不是判斷是否違反法官中立超然原則的基準，不能夠因爲單純傳喚或訊問證人就認爲其當然違反了中立超然的要求。在美國也是如此，**重點在於法官訊問證人時的立場，是單純訊問或是已經根本接替了檢察官的立場繼續蒐集對於被告不利的證據。**

結論上來說，氏基本上肯定最高法院的這個決議，因爲重點不在於有利不利，而是法官何時可以介入，以及介入時的態度是否已經不中立客觀。

【李榮耕，〈法官調查義務的範圍——以最高法院101年度第2次刑事庭會議決議爲中心座談會紀錄（下）〉，《台灣法學雜誌》，第199期，2012.05，231頁以下。】

㈡尤伯祥律師

由於職權原則所追求的是「毋枉毋縱」；而當事人進行主義則是「寧縱毋枉」。

法制上既已採取當事人進行的對抗模式，則從體系解釋而言，法院只能追求「寧縱毋枉」而職權調查對被告有利事項。若由此角度切入觀察，本決議結論的方向可資贊同。

【尤伯祥，〈難以兼得的魚與熊掌〉，《台灣法學雜誌》，第197期，2012.04，113～114頁。】

㈢林裕順教授

刑事訴訟程序之「無罪推定」原則，意指對於被告或犯罪嫌疑人，在其罪責未經證明並經有罪宣告前，應儘可能如同無罪之人一般受到相同待遇、保障。再者，刑事法庭犯罪判斷證據評價，相關事實認定必須遵守「罪疑爲輕」原則（疑わしきは被告人の利益），不僅要求犯罪事實應由原告檢察官擔負舉證責任，並且事實判斷上被告犯罪眞假不明時，應爲被告有利或無罪之推論與判決。因此，檢察官追訴犯罪發動刑罰制裁理應承擔舉證責任，並與無罪推定、罪疑爲輕原則相依相循、相輔相成，其同屬刑事審判證據調查鐵律準則。

綜觀日本實務見解與學界通説看法，與本決議意旨似乎脈絡相通、異曲同工。

【林裕順，〈國民參審「法官職權」變革研究——兼論「最高法院101年度第2次刑庭決議」司改契機〉，《月旦法學雜誌》，第217期，2013.06，157頁。】

二、持質疑意見者

㈠何賴傑教授

本決議以「有利於被告之事項」，作爲目的性限縮但書規定之適用方法，意圖透過司法解釋，於修法前彌補立法之缺失。不過，**以「有利於被告之事項」作爲（目的性）限縮解釋之基準，絕非妥適之舉。**蓋刑事訴訟法第163條第2項但書規定，不能超過本文規定之範圍，否則無法成爲例外，且如但書規定涵蓋過廣，將造成但書變成本文，本文變成但書之反轉現象。

從「訴訟照顧義務」（Fuersorgeplicht）的觀點來看，法官雖對被告有照顧義務，例如透過通知義務、告知義務以提醒被告適時行使權利，惟該義務並不包括證據調查須以有利於被告爲前提。

此外，在尚未調查證據之前，就預估證據調查結果會有利於被告，所以才調查，或是預估證據調查結果不利被告，所以不調查。**在沒有第163條之2這種明確的規定下，即將第163條第2項法官應依職權調查證據，做這樣的解釋，將會違反「證據預先評價禁止原則」。**

【何賴傑，〈失衡的天平——有利於被告始符合公平正義？——談最高法院101年度第2次刑事庭會議決議〉，《台灣法學雜誌》，第197期，2012.04，83頁以下；何賴傑，〈法官調查義務的範圍——以最高法院101年度第2次刑事庭

會議決議爲中心座談會紀錄（上）〉，《台灣法學雜誌》，第 198 期，2012.04，80 頁。】

㈡林鈺雄教授

若欲從「無罪推定」與「公平審判」，得出法官只能調查有利，不能調查不利的決議結論，應先找一些學理上論述和比較法例證。而此決議卻自相矛盾，例如訴訟要件不論有利不利都要職權調查，而審判法院自爲羈押及延長裁定也是有利不利都職權調查，只能說法官角色非常錯亂。決議後續將產生具體適用難題。

【林鈺雄，〈法官調查義務的範圍——以最高法院 101 年度第 2 次刑事庭會議決議爲中心座談會紀錄（上）〉，《台灣法學雜誌》，第 198 期，2012.04，87 頁。】

㈢楊雲驊教授

舉凡「檢察官負舉證責任」、「檢方與被告不對等上訴以及嚴格上訴第三審」之規定等，加上本決議之「法院只負有調查對被告有利證據之義務」等，均掛上無罪推定原則大旗。讓人不禁懷疑，**「無罪推定」原則恐過度承載。**

本決議將法院應依職權調查部分以利益被告之事項爲限，對照刑事訴訟法第 2 條第 1 項之明文規定，該見解有**「實質上變更法律之明文規定，有無踰越立法機關裁量權之範圍，致與立法者設計之相關刑事訴訟法法制不符」**等破壞權力分立之疑慮。按目的性限縮係指「依照法律之文義，會將規範目的未包含之生活事實涵攝入內」，造成與法律目的相對立之現象，因此，法條之意義必須依據明示的法律規範意義限縮，因爲立法者在當初立法使用文字時，疏忽了「必要之限縮」或是「例外條款」，而由適用法律者加以補充。**民國 91 年當時修正理由認爲法院「僅於當事人主導之證據調查後，無法發現眞實時，始斟酌個案情形，無待當事人之聲請，主動依職權介入調查」。並無明示「應以利益被告之事項爲限」。可見該決議在解釋方法上，並不合於表面之「目的性限縮解釋」，其實是僭越立法權限的重大「法律偏離」。**

【楊雲驊，〈惶恐灘頭説惶恐，零丁洋裡嘆零丁——談最高法院 101 年度第 2 次刑事庭會議決議〉，《台灣法學雜誌》，第 197 期，2012.04，98 頁以下。】

㈣許澤天教授

本次決議認爲「法院自無接續檢察官應盡之責任而依職權調查證據之義務」，在概念上已自行把法院當作檢察機關之延伸，而忽略法院在職務（包含蒐證義務）履行上的獨自性，其在出發點上已屬錯誤，且過度高估檢察官在偵查的蒐證能力，而忽略審判活動過程中可能出現的證據眞實情勢變化。**事實上，法院在必要時的蒐證，不論是出於當事人等之聲請，或不待聲請主動爲之，均係履行自身法律義務，且足以避免檢察官在偵查時的可能蒐證偏差所帶來的不當刑事追訴後果。**亦即，國家刑罰的正當行使，乃是法院和檢察機關責無旁貸的義務。

法院職權調查與無罪推定原則其實並不相牴觸，按照德國文獻上的說法，**國家機關的調查義務還是來自於無罪推定原則，以致國家有義務蒐證來證明被告係屬有罪。**至於把「公平正義之維護」限縮到應以利益被告之事項爲限，實乃吾等所不解的立論。若是被告利益等同於公平正義，那國家追訴被告豈不是違背公平正義，而應據此根本廢除刑事訴訟制度。

【許澤天，〈爲調查原則再伸冤——值得再三檢討的最高法院決議〉，《台灣法學雜誌》，第 193 期，2012.02，2 頁以下。】

若以眞實發現的證據資訊蒐集多元性角度來說，職權探知強調除了檢察官在偵查中蒐集與犯罪事實有關之證據外，法院在審判中也有義務蒐集，當事人進行則強調法院不應蒐集，且當事人僅從各自有利的角度來蒐集。據此以觀，職權探知應較能發揮發現眞實的功能，因爲檢察官與法院都有義務從客觀的角度蒐證，會比缺少法院蒐證、當事人僅從有利角度蒐集的當事人進行模式取得更多證據，而更趨近於眞實。更何況，在缺乏國家強制力之基礎下，辯方難以蒐集到有利自己之證據。

又，國內文獻上對結合卷證併送制度下的調查原則的常見批評，乃是法院與檢察官形成接力的關係，審判只是偵查的延續，被告遭到院檢的聯手打擊。然而，**法院係獨立調查犯罪事實之有無，不應被理解爲是一種接力，而應是一種制衡**，以避免檢察官在偵查方面的認定偏差。吾人不能認爲當法院所調查的證據有利被告時，乃是扮演辯護人角色；當法院所調查者不利時，反係扮演檢察官角色。因此**在規範評價上，辯護人和檢察官的聲請調查證據，係要法院扮演好自己應該履行調查義務的角色，不是要法院來扮演辯護人或檢察官。**

【許澤天，〈法院調查證據之弊病檢討——再評最高法院 101 年度第 2 次刑事庭會議決議〉，《台灣法學雜誌》，第 197 期，2012.04，90 頁以下。】

㈤蕭宏宜教授

就公平法院的觀點，如要求法院「曉諭」檢察官聲請調查，何以僅限於「不利」被告之證據？既然要落實當事人進行之精神，又何以允許法院對檢察官爲曉諭？從結局而言，似乎又回到了 2003 年修法時的原點。

【蕭宏宜，〈刑事訴訟法最新實務見解整理〉，《台灣法學雜誌》，特刊，2012.05，74 頁。】

㈥林輝煌院長

首先，本決議援引「無罪推定原則」爲論據，但此原則並無禁止法院職權調查之原意，故決議內容實誤解「無罪推定原則」之內涵。其次，本決議違反立法解釋，以司法決議凌駕立法意旨；若法院僅對有利被告事項，始依職權調查證據，對被告不利事項視而不見，顯然背離「超然、中立、公平法院」原則。再者，經查本法第163條第2項但書並非立法的「隱藏漏洞」，誤用「目的性限縮」之法解釋，造成規範體系混淆。末查，決議結論將預估證據係有利或不利被告，作爲法院發動職權調查證據之準據，違反「禁止證據預測」原則致實務無從操作，徒增困擾。

【林輝煌，〈刑事法院職權調查證據之界限——評最高法院101年第2次刑事庭會議針對刑事訴訟法第163條2項但書之決議〉，《法令月刊》，第63卷第11期，2012.11，3～18頁。】

㈦蔡碧玉檢察長

最高法院不能以決議來變更法律規範的實質內涵。決議內容忽略國際上不同的立法原則，是以，法官依職權調查並不違反無罪推定原則，與檢察官的舉證責任不生衝突。就公平法院而言，只對被告有利事項始有調查義務，已違反法官之客觀中立性，最高法院不能以立法者的姿態違反憲法上權力分立原則。

【蔡碧玉，〈法官的職權調查義務vs.公平法院——評最高法院101年度第2次刑事庭會議決議〉，《檢察新論》，第12期，2012.07，171～175頁。】

㈧吳巡龍檢察官

首先，本決議以無罪推定原則爲由認爲檢察官應負完全舉證責任，實缺乏論證。蓋先進的法治國家如美國，法官雖爲消極聽訟的角色，但仍**有權主動調查有利或不利於被告之證據**。

其次，在未爲證據調查前，難以區分對被告有利或不利，因此決議結論恐難以操作。

末者，最高法院擅自以決議變更立法院所制定的法條內容，實乃破壞權力分立原則，已然違憲。

【吳巡龍，〈再論法院之職權調查——違法違憲的總會決議〉，《檢協會訊》，第78期，2012.06，7～8頁。】

三、認爲決議結論爲德不卒者

此說主要係立基於當事人進行主義來思考，在此邏輯下，檢察官於訴訟程序中扮演相當重要的角色；尤其在起訴時，被告的行爲是否構成犯罪、應否起訴，其擁有絕對決定權，其應負完全舉證責任。

然而101年度第2次刑事庭會議決議㈡卻指出，若檢察官未盡其舉證責任，**法院仍得曉諭檢察官聲請調查「案內」存在形式上不利於被告之證據，並須斟酌「卷內」查得之各項直接、間接證據資料而爲判斷。換言之，只要卷內存有不利於被告之證據而法院未依職權曉諭檢察官聲請調查或法院未依據卷內存在之各項證據爲判斷者，檢察官仍可能依本決議意旨主張法院有刑事訴訟法第379條第10款「應調查之證據而未予調查」之違法**。如此一來，前段決議文對於第163條第2項但書目的性限縮解釋之美意，恐怕將會大打折扣。最後未能落實的檢察官舉證責任，仍然落入法院職權調查之範圍。

【黃朝義，〈刑事訴訟制度本質論——從當事人主義與職權主義論起〉，收錄於《甘添貴教授七秩華誕祝壽論文集下冊》，承法，初版，2012.04，574頁以下。】

以上針對本決議的評論皆各有所本，不過若從立法意旨、政策上來看，有論者指出，決議的結論應値肯定，其立論根據有二：其一，此一問題糾纏實務甚久，最高法院遲未明確表態，造成下級審法院無所適從導致操作分歧。其二，偵查之初若未妥善保全證據，到了審判階段再爲蒐證，常爲時已晚，造成眞象扭曲、正義不彰，受害者眾。歐陸國家檢察官善盡其責，但我國起訴草率積弊甚久，亟需此良藥。換言之，此一決議結論將促成偵查精密、保障被告不受濫行起訴及節省珍貴司法資源。

【王兆鵬、張明偉、李榮耕，《刑事訴訟法（下）》，瑞興，三版，2015.09，167頁。】

▶101年度第2次刑事庭會議決議㈡（101.01.17）

七、本法第一百六十三條第二項前段所稱「法院得依職權調查證據」，係指法院於當事人主導之證據調查完畢後，認爲事實未臻明白仍有待澄清，尤其在被告未獲實質辯護時（如無辯護人或辯護人未盡職責），得斟酌具體個案之情形，無待聲請，主動依職權調查之謂。但書所指「公平正義之維護」，專指利益被告而攸關公平正義者而言。至案內存在形式上不利於被告之證據，檢察官未聲請調查，然如不調查顯有影響判決結果之虞，且有調查之可能者，法院得依刑事訴訟法第二百七十三條第一項第五款之規定，**曉諭檢察官爲證據調查之聲請，並藉由告訴人、被害人等之委任律師閱卷權、在場權、陳述意見權等各保障規定，強化檢察官之控訴功能**，法院並須確實依據卷內查得之各項直接、間接證據資料，本於經驗法則、論理法則而爲正確判斷。因此，非但未減損被害人權益，亦顧及被告利益，於訴訟照料及澄清義務，兼容並具。

▶101年度第2次刑事庭會議決議㈢（101.01.17）

十、法院於依職權調查證據前，經依本法第一百六十三條第三項之規定，踐行令當事人陳述意見之結果，倘遇檢察官或被告對有利之證據，陳述放棄調查，而法院竟不予調查，逕行判決者，如其係法院「應」依職權調查之證據，而有補充介入調查之義務時，此項義務，並不因檢察官、被告或其他訴訟關係人陳述不予調查之意見，而得豁免不予調查之違誤。**惟於法院「得」依職權調**

查證據之情形，法院既得參酌個案，而有決定是否補充介入調查之裁量空間，自不得徒以法院參照檢察官、被告或其他訴訟關係人之查證意見後，不予調查，遽指即有應調查而不予調查之違法。

▶100 年度第 2 次刑事庭會議決議㈢（100.05.10）

一、為貫徹無罪推定原則，檢察官對於被告之犯罪事實，應負實質舉證責任。刑事訴訟法修正後第一百六十一條（下稱本法第一百六十一條）第一項規定「檢察官就被告犯罪事實，應負舉證責任，並指出證明之方法」，明訂檢察官舉證責任之內涵，除應盡「提出證據」之形式舉證責任（**參照本法修正前增訂第一百六十三條之立法理由謂「如認檢察官有舉證責任，但其舉證，仍以使法院得有合理的可疑之程度為已足，如檢察官提出之證據，已足使法院得有合理的可疑，其形式的舉證責任已盡…，」**）**外，尚應「指出其證明之方法」，用以說服法院，使法官「確信」被告犯罪構成事實之存在。此「指出其證明之方法」，應包括指出調查之途徑，與待證事實之關聯及證據之證明力等事項。倘檢察官所提出之證據，不足為被告有罪之積極證明，或其指出證明之方法，無法說服法院以形成被告有罪之心證者，應貫徹無罪推定原則，為無罪之判決**。同條第二、三、四項，乃新增法院對起訴之審查機制及裁定駁回起訴之效力，以有效督促檢察官善盡實質舉證責任，藉免濫行起訴。

四、本法第一百六十三條第一項增列「審判長除認為有不當者外，不得禁止之」之規定，係專為充分保障當事人、代理人、辯護人或輔佐人於調查證據時，詢問證人、鑑定人或被告之權利而設，此與同項規定當事人聲請調查證據之當否，應由法院逕依本法第一百六十三條之二、司法院釋字第二三八號解釋暨相關判例見解判斷另予准駁者無關。

六、依本法第一百六十三條之規定，**法院原則上不主動調查證據，僅於下列情形，始有調查證據之義務：㈠當事人、代理人、辯護人或輔佐人聲請調查而客觀上認為有必要。㈡本條第二項但書規定應依職權調查之證據。**

七、檢察官未盡舉證責任，除本法第一百六十三條第二項但書規定，為維護公平正義之重大事項，法院應依職權調查證據外，法院無庸依同條項前段規定，裁量主動依職權調查證據。**是該項前段所稱「法院得依職權調查證據」，係指法院於當事人主導之證據調查完畢後，認為事實未臻明白仍有待澄清，尤其在被告未獲實質辯護時（如無辯護人或辯護人未盡職責），得斟酌具體個案之情形，無待聲請，主動依職權調查之謂。**

九、本法第三百七十九條第十款規定「法院應於審判期日調查之證據」，**綜合實務見解，原則上指該證據具有與待證事實之關聯性、調查之可能性，客觀上並確為法院認定事實適用法律之基礎，亦即具有通稱之有調查必要性者屬之**（司法院釋字第二三八號解釋；本院七十一年台上字第三六〇六號、七十二年台上字第七〇三五號、七十八年台非字第九〇號、八十年台上字第四四〇二號判例；七十七年八月九日七十七年度第十一次刑事庭會議貳之甲第十四項決議意旨參照），除依法無庸舉證外，並包括間接證據、有關證據憑信性之證據在內，但應摒除無證據能力之證據，且以踐行調查程序，經完足之調查為必要，否則仍不失其為本款調查未盡之違法，復不因其調查證據之發動，究竟出自當事人之聲請，抑或法院基於補充性之介入而有差異。**惟檢察官如未盡實質之舉證責任，不得以法院未依本法第一百六十三條第二項前段規定未主動調查某項證據，而指摘有本條款規定之違法。**

▶107 台上 2588（判決）

法院為發現真實，「得」依職權調查證據；但於公平正義之維護或對被告之利益有重大關係事項，法院「應」依職權調查之，刑事訴訟法第一百六十三條第二項定有明文。此即學理上所稱之改良式當事人進行主義，與純當事人進行主義，尚有不同。**法院於當事人主導之證據調查完畢後，認為事實未臻明白，有待澄清時，得斟酌具體個案之情形，無待聲請，即「得」依職權調查證據**。因此，該項證據於調查前，於被告有利或不利，尚不明確，不得因調查之結果對於被告不利，即謂法院違法調查證據。且同條第三項所規定：「法院為前項調查證據前，應予當事人、代理人、辯護人或輔佐人陳述意見之機會。」其立法理由明示：「在強化當事人進行色彩後之刑事訴訟架構中，法院依職權調查證據僅具補充性、輔佐性，因此在例外地依職權進行調查證據之情況下，為確保超然、中立之立場，法院於調查證據前，應先給予當事人陳述意見之機會。增列第三項。」此即陳述意見「機會」之給予，與同法第一百五十八條之一、第二百七十一條第二項前段、第四百五十五條之十四、第四百五十五條之三十一等條文所規定之予「陳述意見之機會」之用意相同。本院一〇一年度第二次刑事庭會議決議所稱：「…於法院『得』依職權調查證據之情形，法院既得參酌個案，而有決定是否補充介入調查之裁量空間…」同此旨趣。至於本院該次刑事庭會議決議㈠，係基於法院並無接續檢察官應盡實質舉證責任而依職權調查證據之義務之觀點，闡釋刑事訴訟法第一百六十三條第二項但書所指，法院就與「公平正義之維護」有重大關係，而應依職權調查之事項，**依目的性限縮之解釋，應以利益被告之事項爲限，檢察官不得以事實審法院未依職權調查證據，係違反該項規定爲由，主張其判決有同法第三百七十九條第十款所定之應於審判期日調查之證據未予調查之違法，**執爲提起第三審上訴之理由。核與事實審法院依同條項前段規定，本於裁量權之行使而爲補充性之職權調查，要屬截然不同之觀念。

▶102 台上 204（判決）

法院爲發現眞實，「得」依職權調查證據。但於公平正義之維護或對被告之利益有重大關係事項，法院「應」依職權調查之，此觀刑事訴訟法第一百六十三條第二項之規定自明。**故法院於當事人主導之證據調查完畢後，認爲事實未臻明白，有待澄清時，得斟酌具體個案之情形，無待聲請，即「得」依職權調查證據，其於公平正義之維護或對被告之利益有重大關係事項，法院尤「應」依職權調查證據，以爲認定事實之依據。所謂「得」調查，即指是否調查，法院有自由斟酌裁量權，而「應」調查，則屬法院應爲之義務，無斟酌自由裁量之餘地，如違反「應」爲之義務，則屬於法有違，而得爲上訴理由。**換言之，法院於當事人主導之證據調查完畢後，認事實仍未臻明白，爲發現眞實，仍「得」就當事人未聲請部分，依職權爲補充、輔佐性之調查。惟此調查職權發動與否，法院有裁量權，且此調查係因事實仍未臻明白，有待釐清，而有調查之必要，故法院得斟酌具體個案情形，無待聲請，即得依刑事訴訟法第一百六十三條第二項前段規定，依職權調查證據。因此，**該項證據於調查前，於被告有利或不利，尙不明確，不得因調查之結果對於被告不利，即謂法院違法調查證據；亦非謂一〇一年一月十七日本院一〇一年度第二次刑事庭會議關於「刑事訴訟法第一百六十三條第二項但書所指法院應依職權調查之『公平正義之維護』事項，依目的性限縮之解釋，應以利益被告之事項爲限」之決議後，法院均不得依刑事訴訟法第一百六十三條第二項前段規定，依職權調查證據**。蓋刑事訴訟法第一百六十三條第二項「前段」與「後段」所規範之意旨不同，應予分辨，不可混淆。

▶100 台上 7304（判決）

在法院依當事人所主導聲請而爲證據調查後，倘猶未能獲得確切之心證時，審判長應本於訴訟指揮權，曉諭當事人爲必要之立證。法院曉諭當事人立證之義務，可稱之爲闡明義務。案內存在形式上不利於被告之證據，檢察官未聲請調查，如不調查顯有影響判決結果之虞，且有調查可能者，法院應曉諭檢察官聲請調查證據，俾與檢察官負實質舉證責任之精神契合。法院於踐行本法第一百六十三條第三項聽取當事人陳述意見時，已盡其闡明義務，曉諭檢察官聲請調查證據，檢察官仍不爲聲請者，法院未依職權調查，即無違本法第三百七十九條第十款之規定，不得作爲提起第三審上訴之理由，以界定事實審法院應行澄清事實之底限。惟如法院未盡其闡明義務，究仍難謂無應調查之證據而未予調查之違法。

▶100 台上 6287（判決）

刑事訴訟法第一百六十一條第一項乃明定：「檢察官就被告犯罪事實，應負舉證責任，並指出證明之方法。」故檢察官除應盡提出證據之形式舉證責任外，尙應指出其證明之方法，用以說服法院，使法官確信被告犯罪事實之存在。倘檢察官所提出之證據，不足爲被告有罪之積極證明，或其指出證明之方法，無法說服法院以形成被告有罪之心證者，爲貫徹無罪推定原則，即應爲被告無罪之判決。法官基於公平法院之原則，僅立於客觀、公正、超然之地位而爲審判，不負擔推翻被告無罪推定之責任，自無接續依職權調查證據之義務。故檢察官如未盡舉證責任，雖本法第一百六十三條第二項規定：「法院爲發現眞實，得依職權調查證據。但於公平正義之維護或對被告之利益有重大關係事項，法院應依職權調查之。」然所稱「法院得依職權調查證據」，**係指法院於當事人主導之證據調查完畢後，認事實未臻明白，而有釐清之必要，且有調查之可能時，得斟酌具體個案之情形，依職權爲補充性之證據調查而言，非謂法院因此即負有調查之義務，關於證據之提出及說服之責任，始終仍應由檢察官負擔**；至但書中「公平正義之維護」雖與「對被告之利益有重大關係事項」併列，或有依體系解釋方法誤解「公平正義之維護」僅指對被告不利益之事項，然刑事訴訟規範之目的，除在實現國家刑罰權以維護社會秩序外，尙有貫徹法定程序以保障被告之基本權利之機能，此乃公平法院爲維護公平正義之審判原則，**就「公平正義之維護」之解釋，本即含括不利益及利益被告之事項。且但書爲原則之例外，適用上必須嚴格界定，依證據裁判及無罪推定原則，檢察官之舉證責任不因該項但書規定而得以減免，所指公平正義之維護，既未明文排除利益被告之事項，基於法規範目的，仍應以有利被告之立場加以考量，**否則，於檢察官未盡實質舉證責任時，竟要求法院接續依職權調查不利被告之證據，豈非形同糾問，自與修法之目的有違。基此，爲避免牴觸無罪推定之憲法原則及違反檢察官實質舉證責任之規定，「公平正義之維護」依目的性限縮之解釋方法，自當以利益被告之事項爲限。

▸87 台非 1（判決）

法院固應依職權調查證據，但並無蒐集證據之義務。刑事訴訟法第三百七十九條第十款規定應於審判期日調查之證據而未予調查之違法，解釋上應不包括蒐集證據在內，其調查之範圍，以審判中案內所存在之一切證據爲限，案內所不存在之證據，即不得責令法院爲發現眞實，應依職權從各方面詳加蒐集、調查。

第 163 條之 1（調查證據之程式）

I 當事人、代理人、辯護人或輔佐人聲請調查證據，應以書狀分別具體記載下列事項：

一　聲請調查之證據及其與待證事實之關係。

二　聲請傳喚之證人、鑑定人、通譯之姓名、性別、住居所及預期詰問所需之時間。

三　聲請調查之證據文書或其他文書之目錄。若僅聲請調查證據文書或其他文書之一部分者，應將該部分明確標示。

II 調查證據聲請書狀，應按他造人數提出繕本。法院於接受繕本後，應速送達。

III 不能提出第一項之書狀而有正當理由或其情況急迫者，得以言詞爲之。

IV 前項情形，聲請人應就第一項各款所列事項分別陳明，由書記官製作筆錄；如他造不在場者，應將筆錄送達。

■增訂說明（92.02.06）

一、本條新增。

二、在加重當事人進行主義色彩，淡化職權進行主義之刑事訴訟制度下，證據調查爲整個審判程序之核心，其中當事人間互爲攻擊、防禦更爲法庭活動中調查證據程序之重點所在。爲使證據之調查集中而有效率、訴訟程序之進行順利而迅速，聲請調查證據之方式，應予明定，始克有成。是以，當事人、代理人、辯護人或輔佐人向法院聲請調查證據時，不論於審判期日或準備程序，均應以書狀分別具體記載：請求之各項證據及其與待證事實之關係、證人等年籍資料及預定詰問時間、文書證據之目錄及標明欲請求調查的特定部分，使爭點集中，當事人得以預測攻擊、防禦之方法，法院亦得適當行使對調查證據之訴訟指揮權，爰參考民事訴訟法第二百六十六條、日本刑事訴訟規則第一百八十八條之二、第一百八十八條之三及第一百八十九條之規定，增訂本條第一項。

三、在以當事人互相攻擊、防禦爲法庭活動主軸之調查證據程序中，任何調查證據之聲請及主張，應讓他造當事人充分明瞭，使其得於期日前，預爲充分準備，並調整攻擊、防禦的態勢，使審判程序公開化。爰增訂第二項應提出、送達調查證據聲請狀繕本予他造當事人之規定，俾便審理集中而有效率，避免不必要的程序拖延，達到審理集中化、透明化的目標。

四、調查證據之聲請以書狀爲之，固較爲明瞭，然若聲請人有正當理由或情況急迫無法提出書狀，例如於審判期日或訊問時，依案件進行之情形，若未當場調查某項證據，該證據容有逸失或無法再調查之可能，或被告未聘律師，亦不識字，無人得以代撰聲請狀等情形，此時若仍堅持調查證據之聲請，一律須以書狀爲之，恐緩不濟急，反而有可能造成程序之拖延，對於被告防禦權之保障亦不周延。爰增訂本條第三、四項，規定得以言詞代書狀聲請之情形，及筆錄送達之規定，以彈性處理審判程序中之各種聲請調查證據情狀。

第 163 條之 2（聲請調查證據之駁回）

I 當事人、代理人、辯護人或輔佐人聲請調查之證據，法院認爲不必要者，得以裁定駁回之。

II 下列情形，應認爲不必要：

一　不能調查者。

二　與待證事實無重要關係者。

三　待證事實已臻明瞭無再調查之必要者。

四　同一證據再行聲請者。

□修正前條文

原第 172 條

當事人或辯護人聲請調查之證據，法院認爲不必要者，得以裁定駁回之。

■修正說明（92.02.06）

一、條次變更，由原條文第一百七十二條移列爲本條第一項。

二、依本法第一百六十三條之規定，當事人、代理人、辯護人或輔佐人得聲請法院調查證據，惟若其等聲請調查之證據，法院認爲不必要時，應如何處理？原條文僅規定當事人、辯護人之聲請，法院認爲不必要者，得以裁定駁回之，而未言及代理人及輔佐人部分，尙嫌未周，爰予條正增列。

三、當事人、代理人、辯護人或輔佐人聲請調查之證據，有無調查之必要，雖屬法院自由裁量權行使之範疇，惟何種情形始認爲不必要，法無明文，爲免爭議，爰參考德國刑事訴訟法第二百四十四條第三項、第二百四十五條第二項之立法例又吾國過去實務之見解，如最高法院二十九年上字第二七〇三號、二十六年滬上字第一號、二十八年上字第三〇七〇號判例，增訂第二項，以資適用。

四、另本條修正條文第四款稱「同一證據再行聲請調查者。」係指在待證事實同一之情形下，就同一證據重複聲請調查，如因待證事實不同，而有取得不同證據資料之必要時，自不在此限，附此敘明。

□ 實務見解

▶77 年度 11 次刑事庭會議決議(二)（77.08.09）

十四、欠缺必要性之證據，不予調查，自可認於判決無影響，下列證據，為欠缺必要性：

(一)無證據能力之證據，既無為證據之資格，即不應作為證據加以調查。

(二)無從調查之證據方法，譬如所有不明或逃匿國外無從傳訊之證人，或無從調取之證物之類是。

(三)證據與待證事實是否有重要關係，應以該證據所證明者，能否推翻原審判決所確認之事實，而得據以為不同之認定為斷。若其係枝節性之問題，或屬被害經過細節，既非待證實所關重要之點，即欠缺調查之必要性。

(四)顯與已調查之證據相重複。

(五)所證明之事項已臻明瞭，無再行調查必要之證據。

(六)意在延滯訴訟，故為無益之調查聲請。

(七)同一證據，再行聲請調查。

凡上述情形，應屬非應於審判期日調查之證據。

乙、關於判決理由不備及理由矛盾：

一、有罪之判決書既於理由內記載認定犯罪事實所憑之證據及認定之理由，對於被告否認犯罪所為有利之辯解，僅須將法律上阻卻犯罪成立及應為刑之減免等原因事實之主張，予以論列即可，其他單純犯罪構成事實之否認，原審判決縱未逐一予以判斷，亦非理由不備。

二、關於訴訟條件之事實，如告訴乃論之罪之告訴是否合法，犯罪行為是否重複起訴等訴訟條件欠缺之主張，即令原審判決未為判斷之說明，若依卷存資料，已足顯示並無此等主張事實之存在時，毋庸以理由不備之違法予以撤銷。

三、犯罪之動機及時、地，原則上毋庸為證據之證明，但動機、時、地若為構成要件之要素時，則應加以調查予以證明。如動機、詳細之時、地，確定已無從加以調查，不得發回仍命其調查，惟原判決應於理由內說明無從調查之原因。

四、原審判決理由矛盾，雖屬當然違背法令，但除去矛盾部分，若仍不影響於判決之主旨者，應予撤銷原判決，自為相同之判決，毋庸發回更審。

▶94 台上 1998（判例）

合議庭審判長之職權係存在於訴訟程序之進行或法庭活動之指揮事項，且以法律明文規定者為限，此外則屬法院之職權，依法院組織法第一百零一條規定，必須經由合議庭內部評議，始得形成法院之外部意思決定，並以判決或裁定行之，不得僅由審判長單獨決定。從而刑事訴訟法第一百六十三條之二第一項規定：「當事人、代理人、辯護人或輔佐人聲請調查之證據，法院認為不必要者，得以裁定駁回之。」即以證據是否應予調查，關乎待證事實是否於案情具有重要性，甚或影響相關證據之價值判斷，已非純屬審判長調查證據之執行方法或細節及法庭活動之指揮事項，故應由法院以裁定行之，並非審判長所得單獨決定處分。至同法第二百八十八條之三第一項規定：「當事人、代理人、辯護人或輔佐人對於審判長或受命法官有關證據調查或訴訟指揮之處分不服者，除有特別規定外，得向法院聲明異議。」其中所稱之「調查證據處分」，係專指調查證據之執行方法或細節（包括積極不當行為及消極不作為）而言，二者顯然有別，不容混淆。

▶101 台上 6358（判決）

審判期日應調查之證據，係指與待證事實有重要關係，在客觀上顯有調查必要性之證據而言，故其範圍並非漫無限制，必其證據與判斷待證事實之有無，具有關聯性，得據以推翻原判決所確認之事實，而為不同之認定，若僅係枝節性問題，或所欲證明之事項已臻明瞭，自欠缺其調查之必要性。

第 164 條（普通物證之調查）

Ⅰ審判長應將證物提示當事人、代理人、辯護人或輔佐人，使其辨認。

Ⅱ前項證物如係文書而被告不解其意義者，應告以要旨。

□修正前條文

證物應示被告令其辨認，如係文書而被告不解其意義者，應告以要旨。

■修正說明（92.02.06）

一、參考日本刑事訴訟法第三百零六條之立法例，將原條文前段文字「證物應示被告令其辨認」，修正為「審判長應將證物提示當事人、代理人、辯護人或輔佐人，使其辨認」，並作為第一項。

二、證物如係文書，而被告不解其意義者，審判長仍應告以要旨，爰於第二項規定之。

☐ 實務見解

▶103 台上 463（判決）

現行刑事訴訟法採直接審理主義，該法第一百六十四條第一項規定「審判長應將證物提示當事人、代理人、辯護人或輔佐人，使其辨認」，亦即證物須踐行「實物提示」，使之透過調查證據程序以顯現於審判庭，令當事人、代理人、辯護人或輔佐人辨認，始得採為認定事實之基礎。此「實物提示」規定，於當事人對於「有無證物存在」或「證物之同一性」有爭議時，更須嚴格遵守，否則難認證據經合法調查，並有礙被告防禦權利及可能影響判決結果。另偵查犯罪機關依法定程序監聽之錄音，係以監聽之錄音帶為其調查犯罪所得之證據，司法警察依據監聽錄音結果予以翻譯而製作之通訊監察譯文，乃該監聽錄音帶內容之顯示，為所謂之「派生證據」。於被告或訴訟關係人對監聽譯文眞實性發生爭執或有所懷疑時，法院即應依刑事訴訟法第一百六十五條之一第二項之規定，勘驗該監聽錄音帶以踐行調查證據之程序，俾確認該錄音聲音是否為通訊者本人及其內容與通訊監察譯文之記載是否相符，以確保被告之訴訟防禦權行使及判決結果之正確性。尚難以法院於審判期日踐行提示監聽譯文供當事人辨認或告以要旨，即謂該監聽錄音帶證據已經合法調查。

▶99 台上 2519（判決）

照片除非係作為供述之一部使用，或著重在利用照相之機械性記錄功能形成事物報告的過程，而具有與人之供述同一性質，始應依供述證據定其證據能力外，概屬於非供述證據，並無傳聞法則之適用，倘依據照片本身或其他證據，已足以認定其與待證事實具有關聯性，又無違法取得之情形者，即得為證據。原判決以卷附之現場與解剖照片、檢察官勘驗筆錄、相驗屍體證明書，均係公務員職務上製作之文書，無顯不可信之情況，認有證據能力云云，即難謂為適當。

> 第 165 條（書證之調查）
> I 卷宗內之筆錄及其他文書可為證據者，審判長應向當事人、代理人、辯護人或輔佐人宣讀或告以要旨。
> II 前項文書，有關風化、公安或有毀損他人名譽之虞者，應交當事人、代理人、辯護人或輔佐人閱覽，不得宣讀；如被告不解其意義者，應告以要旨。

☐修正前條文

I 卷宗內之筆錄及其他文書可為證據者，應向被告宣讀或告以要旨。

II 前項文書，有關風化、公安或有毀損他人名譽之虞者，應交被告閱覽，不得宣讀；如被告不解其意義者，應告以要旨。

■修正說明（92.02.06）

一、第一項後段文字修正為「審判長」應向「當事人、代理人、辯護人或輔佐人」宣讀或告以要旨，以明「審判長」為書證調查之主體，並使當事人、代理人、辯護人或輔佐人均能於調查證據程序進行時知悉書證之內容。

二、前項修正後，如該文書有關風化、公安或有毀損他人名譽之虞者，應交當事人、代理人、辯護人或輔佐人閱覽，不得宣讀，如被告不解其意義者，仍應告以要旨，以維護被告權益，本條第二項爰予修正。

> 第 165 條之 1（新型態證據之調查）
> I 前條之規定，於文書外之證物有與文書相同之效用者，準用之。
> II 錄音、錄影、電磁紀錄或其他相類之證物可為證據者，審判長應以適當之設備，顯示聲音、影像、符號或資料，使當事人、代理人、辯護人或輔佐人辨認或告以要旨。

■增訂說明（92.02.06）

一、本條新增。

二、隨著現代科學技術之進步與發展，不同於一般物證和書證之新型態證據，例如科技視聽及電腦資料已應運而生，我國刑事訴訟法原規定之證據種類中，並未包含此類科技視聽及電腦資料在內，爰參考我國刑法第二百二十條及民事訴訟法第三百六十三條第一項之規定，暨日本刑事訴訟法第三百零六條第二項之立法例，增訂準文書得為證據方法及其開示、調查之方法，以概括地規範將來可能新生的各種新型態證據。

☐ 實務見解

▶101 台上 290（判決）

有偵查犯罪職權之公務員，依通訊保障及監察法規定聲請核發通訊監察書所監聽之錄音內容，為實施刑事訴訟程序之公務員依法定程序取得之證據。依該監聽錄音譯成文字，其所作成之譯文，乃監聽錄音內容之顯示，為學說上所稱之派生證據。倘當事人對於該譯文內容之同一性或眞實性發生爭執或有所懷疑時，法院固應依刑事訴訟法第一百六十五條之一第二項規定勘驗該監聽之錄音踐行調查證據程序，使之忠實再現以確保內容之眞實、同一；惟當事人如已承認該錄音譯文之內容屬實，或對於該譯文之內容並無爭執，法院復已就該譯文依法踐行調查證據程序者，即與播放錄音有同等價值，自得採為判斷之依據。

▶101 台上 158（判決）

刑事訴訟法為強化當事人進行主義，於「證據」章第一百六十四條至第一百六十五條之一，就關於證物、文書證據與準文書之調查方法，雖擴大賦予當事人及訴訟關係人參與調查證據之權利，然訴訟程序之遵守，旨在維護被告之權益，審判長於調查證據時，即令違反上開程序規定，因屬有關證據調查之處分，苟無礙於被告防禦權之行使，即難謂為違法，而當事人及訴訟關係人如有不服，依同法第二百八十八條之三規定，得向法院聲明異議，由法院就該異議裁定之。此調查證據處分之異議，有其時效性，如未適時行使異議權，致該處分所為之訴訟行為終了者，除其瑕疵係重大、嚴重危害訴訟程序之公正，而影響於判決結果者外，應認其異議權已喪失，而不得執為上訴第三審之合法理由。

▶99 台上 4196（判決）

刑事訴訟法第一百六十五條之一第二項規定：「錄音可為證據者，審判長應以適當之設備，顯示聲音，使當事人、代理人、辯護人或輔佐人辨認或告以要旨」，乃就新型態證據之開示、調查方法而為之規定；所謂「以適當之設備，顯示」，通常以勘驗為之，重在辨別錄音聲音之同一性，兼及錄音內容之眞實性。偵查犯罪機關依法定程序監聽之錄音，應認該監聽所得之錄音帶，始屬調查犯罪所得之證據，但依據監聽錄音結果予以翻譯而製作之通訊監察譯文，乃該監聽錄音內容之顯示，此為學理上所稱之派生證據，屬於文書證據之一種。而執行職務之公務員製作之文書，除刑事訴訟法有定其程式，應依其規定外，依同法第三十九條之規定，均應記載製作之年、月、日及其所屬機關，由製作人簽名。又於被告或訴訟關係人對其監聽錄音之譯文眞實性並不爭執時，固可不必為辨認其錄音聲音及內容再行勘驗；然如被告或訴訟關係人對其譯文之眞實性發生爭執或有所懷疑時，法院即應依刑事訴訟法第一百六十五條之一第二項規定勘驗該監聽之錄音帶踐行調查證據之程序，以確認該錄音聲音是否為本人及其內容與通訊監察譯文之記載是否相符。就勘驗結果，其譯文內容必與錄音內容相符者，始得採為證據；苟因故不能使監聽錄音之聲音重現，而被告或訴訟關係人復爭執其譯文之眞實性時，除依其他證據能證明該監聽譯文與錄音內容相符者外，該監聽譯文自不得援引為判決之依據。

第 166 條（對證人及鑑定人之詰問）

I 當事人、代理人、辯護人及輔佐人聲請傳喚之證人、鑑定人，於審判長為人別訊問後，由當事人、代理人或辯護人直接詰問之。被告如無辯護人，而不欲行詰問時，審判長仍應予詢問證人、鑑定人之適當機會。

II 前項證人或鑑定人之詰問，依下列次序：

一　先由聲請傳喚之當事人、代理人或辯護人為主詰問。

二　次由他造之當事人、代理人或辯護人為反詰問。

三　再由聲請傳喚之當事人、代理人或辯護人為覆主詰問。

四　再次由他造當事人、代理人或辯護人為覆反詰問。

III 前項詰問完畢後，當事人、代理人或辯護人，經審判長之許可，得更行詰問。

IV 證人、鑑定人經當事人、代理人或辯護人詰問完畢後，審判長得為訊問。

V 同一被告、自訴人有二以上代理人、辯護人時，該被告、自訴人之代理人、辯護人對同一證人、鑑定人之詰問，應推由其中一人代表為之。但經審判長許可者，不在此限。

VI 兩造同時聲請傳喚之證人、鑑定人，其主詰問次序由兩造合意決定，如不能決定時，由審判長定之。

□修正前條文

I 證人、鑑定人由審判長訊問後，當事人及辯護人得直接或聲請審判長詰問之。

II 證人、鑑定人如係當事人聲請傳喚者，先由該當事人或辯護人詰問，次由他造之當事人或辯護人詰問，再次由聲請傳喚之當事人或辯護人覆問。但覆問以關於因他造詰問所發見之事項為限。

■修正說明（92.02.06）

一、為落實當事人進行主義之精神，審判程序之進行應由當事人扮演積極主動之角色，而以當事人間之攻擊、防禦為主軸，因此有關證人、鑑定人詰問之次序、方法、限制、內容，即為審判程序進行之最核心部分。然而依原刑事訴訟法第一百六十六條之規定，有關證人、鑑定人之調查，未區分其係由當事人聲請或由法院依職權調查，一律均由審判長直接並主導訊問，實務上能確實運用當事人交互詰問之情形並不多見。因此，本條第一項之規定允宜修正，使由當事人、代理人、辯護人或輔佐人等聲請傳喚之證人、鑑定人，在審判長依本法第一百八十五條、第一百九十七條為人別訊問後，即由當事人、代理人或辯護人直接運作交互詰問之訴訟程序。又於被告無辯護人之情形下，如其不知行使詰問權或行使詰問權有障礙時，審判長仍應予被告詢問證人、鑑定人之適當機會。至於由法院依職權傳喚證人、鑑定人之情形，則另行規定於第一百六十六條之六。

二、交互詰問制度設計之主要目的，在辯明供述證據之眞僞，以發見實體之眞實，而由當事人一造聲請傳喚之證人、鑑定人，此造對於該證據最爲關心及瞭解，自應先由該當事人、代理人或辯護人爲主詰問，次由他造之當事人、代理人或辯護人反詰問，再由先前之一造當事人、代理人或辯護人爲覆主詰問，再次由他造當事人等爲覆反詰問，交叉爲之以示公平，並有助訴訟程序之順利進行，爰修正本條第二、三項，明定詰問證人、鑑定人之次序及經審判長許可，得更行詰問之規定。

三、再者，本條第二項所規定之詰問次序，與第一項同屬有關詰問權之規定，而非義務性之規定，審判長不得任意予以剝奪，本條第三項之詰問，則係針對原證人、鑑定人而言，故乃稱爲「更行詰問」。

四、在加強當事人進行主義色彩之刑事訴訟架構下，法院依職權調查證據係居於補充性、輔佐性之地位及因發見眞實之必須而爲之，既如前述。於此，證人、鑑定人在經當事人、代理人或辯護人詰問後，審判長即可爲補充性地訊問證人、鑑定人，爰增訂本條第四項，以確實落實當事人進行主義之精神，並與本法第一百六十三條之修正相呼應，彰顯法院依職權調查證據之輔助性質。

五、同一被告、自訴人有二位以上代理人、辯護人時（含同一被告兼有代理人及辯護人），爲節省法庭時間，避免不必要之重複詰問，該被告之代理人、辯護人或自訴人之代理人對同一證人、鑑定人之詰問，應推由其中一人代表爲之，經審判長許可者，始不受此限。爰參考日本刑事訴訟法第三十三條、第三十四條及日本刑事訴訟規則第二十五條與美國華盛頓西區聯邦區法院刑事訴訟規則第二十六條 b 等規定之立法精神，於第五項規定之。

六、基於尊重當事人進行之精神，兩造若同時聲請傳喚某證人或鑑定人，關於主詰問之次序，宜由兩造合意決定，如不能合意決定時，則由審判長定之，爰增訂第六項，以作規範。

❒ 實務見解

▶100 台上 4942（判決）

證人已由法官合法訊問，且於訊問時予當事人詰問之機會，其陳述明確別無訊問之必要者，不得再行傳喚，刑事訴訟法第一百九十六條定有明文；是事實審法院有無再傳訊證人之必要，應以待證事項是否已臻明確，當事人之詰問權有無受保障爲其判斷之基準。雖該法條僅明定「當事人」而未及於代理人或辯護人，**然交互詰問係高度訴訟技巧之法庭活動，爲保障當事人之實質機會平等，由具法律專業知識背景之律師充任代理人或辯護人，爲當事人之利益直接詰問證人，更能發揮詰問權以發現實體眞實之功效**，刑事訴訟法第一百六十六條第一項乃規定係「由當事人、代理人或辯護人直接詰問之」，賦與代理人或辯護人之詰問證人與當事人之行使詰問權發生同等效果，**故證人於法官訊問時如曾予「代理人或辯護人詰問之機會」者，亦應視同已予當事人詰問之機會**，而有前開法條之適用。

第 166 條之 1（主詰問之範圍及誘導詰問之例外）

I 主詰問應就待證事項及其相關事項行之。

II 爲辯明證人、鑑定人陳述之證明力，得就必要之事項爲主詰問。

III 行主詰問時，不得爲誘導詰問。但下列情形，不在此限：

一　未爲實體事項之詰問前，有關證人、鑑定人之身分、學歷、經歷、與其交游所關之必要準備事項。

二　當事人顯無爭執之事項。

三　關於證人、鑑定人記憶不清之事項，爲喚起其記憶所必要者。

四　證人、鑑定人對詰問者顯示敵意或反感者。

五　證人、鑑定人故爲規避之事項。

六　證人、鑑定人爲與先前不符之陳述時，其先前之陳述。

七　其他認有誘導詰問必要之特別情事者。

■增訂說明（92.02.06）

一、本條新增。

二、本條係參考我國刑事訴訟法第一百九十一條之規定及日本刑事訴訟規則第一百九十九條之三第一項、第二項之立法例，於第一項明定主詰問之範圍，此所稱「待證事項」不以重要關係之事項爲限，而係以英美法所稱「關聯性法則」定之。至於第二項則明定在主詰問階段，爲辯明證人、鑑定人記憶及陳述之正確性，或證人、鑑定人之憑信性等，得就必要事項爲詰問。

三、誘導詰問乃指詰問者對供述者暗示其所希望之供述內容，而於「問話中含有答話」之詰問方式。就實務經驗而言，由當事人、代理人、辯護人或輔佐人聲請傳喚之證人、鑑定人，一般是有利於該造當事人之友性證人。因此，若行主詰問者爲誘導詰問，證人頗有可能迎合主詰問者之意思，而做非眞實之供述。故而，原則上在行主詰問時不得爲誘導詰問，惟爲發見眞實之必要或無導出虛僞供述之危險時，則例外允許於行主詰問時，爲誘導詰問。爰依據刑事訴訟法第一百六十七條第一項規定，並參考日本刑事訴訟規則第一百九十九條之三第三項，於本條第三項明定行主詰問時，不得爲誘導詰問，並以但書列舉其例外情形，同時規定概括條款，以資適用。

❖ 法學概念

詰問順序

詰問順序	①主詰問	②反詰問	③覆主詰問	④覆反詰問
詰問主體	聲請傳喚之當事人、代理人或辯護人（§166Ⅱ）。	他造之當事人、代理人或辯護人（§166Ⅱ）。	聲請傳喚之當事人、代理人或辯護人（§166Ⅱ）。	他造當事人、代理人或辯護人爲之（§166Ⅱ）。
證人性質	友性證人	敵性證人	友性證人	敵性證人
詰問目的	1. 釐清待證事項及其相關事項（§166-1Ⅰ）。 2. 爲辯明證人、鑑定人陳述之證明力的必要事項（§166-1Ⅱ）。	1. 反詰問應就主詰問所顯現之事項及其相關事項或爲辯明證人、鑑定人之陳述證明力所必要之事項行之（§166-2）。 2. 行反詰問時，就支持自己主張之新事項，經審判長許可，得爲詰問。依此所爲之詰問，就該新事項視爲主詰問（§166-3）。 3. 行反詰問於必要時，得爲誘導詰問。反詰問之作用乃在「彈劾」證人、鑑定人供述之「憑信性」，及引出在主詰問時未揭露或被隱瞞之另一部分事實，而達發見眞實之目的。	1. 覆主詰問應就反詰問所顯現之事項及其相關事項行之（§166-4）。 2. 行覆主詰問時，就支持自己主張之新事項，經審判長許可，得爲詰問。 3. 依此所爲之詰問，就該新事項視爲主詰問（§166-4Ⅲ準用§166-3）。	1. 覆反詰問，應就辯明覆主詰問所顯現證據證明力必要之事項行之（§166-5）。 2. 行覆反詰問，依反詰問之方式行之（§166-5）。
得否誘導詰問	1. 原則於行主詰問時，不得爲「誘導詰問。」有例外情形，得爲誘導詰問（§166-1Ⅲ）。 2. 例外有本法第166條之7第2項列舉十款不得詰問事項。但第5款至第8款之情形，於有正當理由時，不在此限。 3. 這是因爲誘導詰	1. 行反詰問時，因證人、鑑定人通常非屬行反詰問一造之友性證人，較不易發生證人、鑑定人附和詰問者而爲非眞實供述之情形，故允許爲誘導詰問。再者，從另一角度觀察，經由反對詰問程序而發現證人、鑑定人於主詰問時之供述是否眞實，透過誘導詰問，更能發揮推敲眞實之效果。 2. 然而，行反詰問時，證人、鑑定人亦有迎合	1. 覆主詰問與主詰問同，依主詰問之方式爲之。故原則不得爲誘導詰問，例外有第166條之1第3項情形，得爲誘導詰問。 2. 例外有本法第166條之7第2項列舉十款不得詰問事項。但第5款至第8款之情形，於有正當理由時，不在此限。	1. 行覆反詰問時，依反詰問之方式行之。故於必要時，得爲誘導詰問，理由與反詰問同。 2. 例外有本法第166條之7第2項不得詰問事項。但第5款至第8款之情形，於有正當理由時，不在此限。

詰問順序	①主詰問	②反詰問	③覆主詰問	④覆反詰問
得否誘導詰問	問乃指詰問者對供述者暗示其所希望之供述內容，而於「問話中含有答話」之詰問方式。就實務經驗而言，由當事人、代理人、辯護人或輔佐人聲請傳喚之證人、鑑定人，一般是有利於該造當事人之「友性證人」。因此，若行主詰問者爲誘導詰問，證人頗有可能迎合主詰問者之意思，而做非眞實之供述。故而，原則上在行主詰問時不得爲誘導詰問，惟爲發見眞實之必要或無導出虛僞供述之危險時（參照英美法之例外），則例外允許於行主詰問時，爲誘導詰問。	或屈服於詰問者意思之可能或遭致羞辱之危險。因此，對於反詰問之誘導詰問亦應有適當之規範，故第166條之7第2項列舉十款不得詰問事項。但第5款至第8款之情形，於有正當理由時，不在此限。		
得否拒絕證言	被詰問者有第179條至第182條者，得拒絕證言。	被告以外之人於反詰問時，就主詰問所陳述有關被告本人之事項，不得拒絕證言（§181-1）。	被詰問者有第179條至第182者，得拒絕證言。	被告以外之人於覆反詰問時，就覆主詰問所陳述有關被告本人之事項，不得拒絕證言（§166-5、§181-1）。

第166條之2（反詰問之範圍）
I 反詰問應就主詰問所顯現之事項及其相關事項或爲辯明證人、鑑定人之陳述證明力所必要之事項行之。
II 行反詰問於必要時，得爲誘導詰問。

■增訂說明（92.02.06）

一、本條新增。

二、反詰問之作用乃在彈劾證人、鑑定人供述之憑信性，及引出在主詰問時未揭露或被隱瞞之另一部分事實，而達發見眞實之目的，爰依據我國刑事訴訟法第一百六十七條第一項，並參考日本刑事訴訟規則第一百九十九條之四第一項之規定，於本條第一項規範反詰問之詰問範圍，以資明確。

三、行反詰問時，因證人、鑑定人通常非屬行反詰問一造之友性證人，較不易發生證人、鑑定人附和詰問者而爲非眞實供述之情形，故允許爲誘導詰問。再者，從另一角度觀察，經由反對詰問程序而發現證人、鑑定人於主詰問時之供述是否眞實，透過誘導詰問，更能發揮推敲眞實之效果。然而，行反詰問時，證人、鑑定人亦有迎合或屈服於詰問者意思之可能或遭致羞辱之危險。因此，對於反詰問之誘導詰問亦應有適當之規範，即於必要時，始得爲之。爰參考日本刑事訴訟規則第一百九十九條之四第二項之法例，增訂本條第二項，以資適用。至於何種情形爲「必要時」，則由審判長裁量。

第 166 條之 3（對新事項之詰問權）
I 行反詰問時，就支持自己主張之新事項，經審判長許可，得爲詰問。
II 依前項所爲之詰問，就該新事項視爲主詰問。

■**增訂説明**（92.02.06）

一、本條新增。

二、按反詰問之範圍，以修正後本法第一百六十六條之二之規定爲原則，然同一證人、鑑定人亦可能知悉、支持行反詰問者主張之事項，爲發見眞實，經審判長許可，宜使行反詰問者，就支持自己主張之新事項爲詰問，此時就該新事項言，則產生程序之更新，該種詰問，性質上爲主詰問，而非反詰問。而對造之當事人、代理人及辯護人對該新事項則自然取得反詰問權，爰參考日本刑事訴訟規則第一百九十九條之五、美國聯邦證據規則第六百十一條 b 項之立法例，增訂本條。

第 166 條之 4（覆主詰問之範圍及行覆主詰問之方式）
I 覆主詰問應就反詰問所顯現之事項及其相關事項行之。
II 行覆主詰問，依主詰問之方式爲之。
III 前條之規定，於本條準用之。

■**增訂説明**（92.02.06）

一、本條新增。

二、原條文第一百六十六條第二項但書，原即規定覆問之範圍爲「因他造詰問所發見之事項」，亦即限於因反詰問所發見之事項，惟因反詰問所發見之事項，包含反詰問時所發見之事項及主詰問時已發見，並在反詰問時有所詰問之事項，爰將覆主詰問之範圍規定爲反詰問所顯現之事項與其相關事項，以資明確。另外，行覆主詰問，應依主詰問之方式爲之，例如：原則上不得誘導詰問，於法定例外之情況下始得爲誘導詰問。另爲發見眞實，經審判長許可，亦宜使行覆主詰問者，就支持自己主張之新事項爲詰問，爰參考日本刑事訴訟規則第一百九十九條之七之規定，增訂本條。

第 166 條之 5（覆反詰問之範圍及行覆反詰問之方式）
I 覆反詰問，應就辯明覆主詰問所顯現證據證明力必要之事項行之。
II 行覆反詰問，依反詰問之方式行之。

■**增訂説明**（92.02.06）

一、本條新增。

二、爲避免詰問事項不當擴張，浪費法庭時間，爰參考美國聯邦證據規則第六百十一條 a 項之立法精神，於本條第一項規定覆反詰問應就覆主詰問所顯現證據證明力必要之事項行之。

三、行覆反詰問，仍應依循反詰問之方式，爰於本條第二項予以規定。

第 166 條之 6（詰問次序及續行訊問）
I 法院依職權傳喚之證人或鑑定人，經審判長訊問後，當事人、代理人或辯護人得詰問之，其詰問之次序由審判長定之。
II 證人、鑑定人經當事人、代理人或辯護人詰問後，審判長得續行訊問。

■**增訂説明**（92.02.06）

一、本條新增。

二、依第一百六十三條第二項前段之規定，法院爲發見眞實，得依職權調查證據。因此，於法院依職權傳喚證人、鑑定人時，該證人、鑑定人具有何種經驗、知識，所欲證明者爲何項待證事實，自以審判長最爲明瞭，應由審判長先爲訊問，此時之訊問相當於主詰問之性質，而當事人、代理人及辯護人於審判長訊問後，接續詰問之，其性質則相當於反詰問。至於當事人、代理人及辯護人間之詰問次序，則由審判長本其訴訟指揮，依職權定之。爲發見眞實，證人、鑑定人經當事人、代理人或辯護人詰問後，審判長仍得續行訊問，爰增訂本條，以與第一百六十六條規定作一區別。

第 166 條之 7（詰問之限制）
I 詰問證人、鑑定人及證人、鑑定人之回答，均應就個別問題具體爲之。
II 下列之詰問不得爲之。但第五款至第八款之情形，於有正當理由時，不在此限：
一　與本案及因詰問所顯現之事項無關者。
二　以恫嚇、侮辱、利誘、詐欺或其他不正之方法者。
三　抽象不明確之詰問。
四　爲不合法之誘導者。

五　對假設性事項或無證據支持之事實爲之者。
六　重覆之詰問。
七　要求證人陳述個人意見或推測、評論者。
八　恐證言於證人或與其有第一百八十條第一項關係之人之名譽、信用或財產有重大損害者。
九　對證人未親身經歷事項或鑑定人未行鑑定事項爲之者。
十　其他爲法令禁止者。

■增訂說明（92.02.06）
一、本條新增。
二、對於證人、鑑定人之詰問及證人、鑑定人之回答，應以何種方式爲之，在英美法庭多見一問一答方式；而我國原條文第一百九十條第一項則規定「訊問」證人，應命證人就訊問事項之始末而連續陳述。衡諸實際，以一問一答之方式爲之，較爲明確，但易受暗示之影響，且耗時較久；而以連續陳述之方式，亦有可能因證人之疏忽或不小心而遺漏重要事實，有時二者甚或不易區別。爰參考日本刑事訴訟規則第一百九十九條之十三第一項之規定，增訂詰問及證人、鑑定人回答之方式均應就個別問題具體爲之。當然所謂「就個別問題具體爲之」，亦非純粹屬一問一答，或答「是」或「不是」的簡潔問題。例如：當事人可能詰問證人：「關於本案件，請將你在某年、某月、某日所見之事實陳述一遍」等。從而，以此修正之方式規定，或較能綜合問答方式及連續陳述方式等各種情況，而賦予詰問較彈性之空間，至於何種方式較爲具體妥適，則委諸實務運作。
三、爲免無秩序、不當的詰問，浪費時間，延滯訴訟程序，甚或導致虛僞陳述，影響眞實之發見，爰參考日本刑事訴訟規則第一百九十九條之十三第二項各款及美國聯邦證據規則第六百十一條之精神，將現行條文第一百九十一條之規定移列於本條第二項，並加以補充，以禁止不當之詰問。
四、詰問之目的在於發見眞實，在某些有正當理由之情況下，例如證人基於實驗過之事實而做之推測或個人意見，自然比未經實驗過之推測或個人意見可靠，此時要求證人陳述個人意見或推測，宜認其有正當理由，而寬認該詰問方式之正當性。爰於本條第二項明定第五款至第八款之情形，於有正當理由時，仍得爲詰問。

第 167 條（限制或禁止詰問）
當事人、代理人或辯護人詰問證人、鑑定人時，審判長除認其有不當者外，不得限制或禁止之。

□修正前條文
I 當事人或辯護人詰問證人、鑑定人時，審判長認爲有不當者，得禁止之。
II 證人、鑑定人經當事人或辯護人詰問後，審判長得續行訊問。

■修正說明（92.02.06）
一、詰問爲當事人、代理人及辯護人之權利，原則上不得予以禁止，故將本條修正爲反面規定，以闡明審判長訴訟指揮權之行使，原則上需尊重當事人之詰問權，然而審判程序之進行以兩造之攻擊、防禦爲主軸後，爲防止詰問權之濫用，導致不必要及不當之詰問，使審判程序遲滯，審判長爲維持法庭秩序、有效發見眞實，仍得適當限制、禁止詰問之方式、時間。
二、有關審判長於證人、鑑定人詰問後續行訊問之規定，修正條文第一百六十六條第四項、第一百六十六條之六第二項已有相同規定，本條第二項爰予刪除。

❐ 實務見解

▸99 台上 6169（判決）

又訊問及詰問證人之詢答方式，不論是使證人爲連續陳述之「敘述式」，抑或係由證人針對個別問題回答之「問答式」，訊問與詰問人均應就個別問題爲具體之發問，不可空泛其詞，受訊問或詰問人亦應對該問題爲具體的回答，不可籠統含糊，此觀刑事訴訟法第一百九十條「訊問證人，得命其就訊問事項之始末連續陳述」、第一百六十六條之七第一項「詰問證人及證人之回答，均應就個別問題具體爲之」等規定甚明。故於偵、審中訊問證人或審判中詰問證人，其訊問或詰問人如並未針對與主要待證事實有關之證人在警詢之陳述逐一訊問或詰問證人，而僅包裹式地泛問以：「警詢筆錄是否實在？」、「你在警察局詢問時所爲陳述是否實在？」等語，即令證人答稱：「實在。」核其問與答均嫌空泛籠統，則此種概括式訊問或詰問之筆錄，實難謂有何意義可言，該證人於警詢之陳述殊無可能給予被告有質問或辯明眞僞之機會，自難遽認已轉化爲偵查或審判筆錄之供述內容，而得資引爲被告犯罪判斷之依據。

第 167 條之 1（聲明異議權）
當事人、代理人或辯護人就證人、鑑定人之詰問及回答，得以違背法令或不當爲由，聲明異議。

■增訂說明（92.02.06）
一、本條新增。

二、詰問制度之設計，在於使當事人、代理人或辯護人在審判程序中積極參與，爲使訴訟程序合法、妥適，當事人、代理人或辯護人，對於他造向證人、鑑定人所爲之詰問及證人、鑑定人對於他造當事人等詰問之回答，均得聲明異議，以防不當或違法之詰問及證人、鑑定人恣意之回答，影響審判之公平、公正，或誤導事實，爰參考日本刑事訴訟法第三百零九條第一項、日本刑事訴訟規則第二百零五條之規定，增訂本條。

三、另當事人及辯護人對於審判長或受命法官有關調查證據及訴訟指揮之處分，亦得聲明異議，此部分係規定於原條文第一百七十四條，本次修正後，則移列於第二百八十八條之三。

第 167 條之 2（聲明異議之處理）

I 前條之異議，應就各個行爲，立即以簡要理由爲之。

II 審判長對於前項異議，應立即處分。

III 他造當事人、代理人或辯護人，得於審判長處分前，就該異議陳述意見。

IV 證人、鑑定人於當事人、代理人或辯護人聲明異議後，審判長處分前，應停止陳述。

■**增訂說明**（92.02.06）

一、本條新增。

二、聲明異議必須附理由，實務上常先以「審判長，有異議」（Objection Your Honor），喚起法院之注意，然後再說明簡要理由，例如：「辯護人之詰問顯然爲誘導詰問，請命令停止」，而此處所謂之聲明異議係針對證人、鑑定人詰問、回答之行爲、內容或方式爲之，爰參考日本刑事訴訟規則第二百零五條之二之規定，增訂本條第一項。

三、當事人、代理人或辯護人聲明異議時，審判長應即時作出處分，惟在作成處分前，宜賦予相對人得陳述對於該異議之意見之機會，而證人、鑑定人於審判長處分前，亦應先暫時停止陳述，俾訴訟進行有秩序，並避免損及異議人之權益，以示公平、公正，爰參考日本刑事訴訟規則第二百零五條之三，增訂本條第二項、第三項及第四項，以資適用。

第 167 條之 3（聲明異議之處理—駁回）

審判長認異議有遲誤時機、意圖延滯訴訟或其他不合法之情形者，應以處分駁回之。但遲誤時機所提出之異議事項與案情有重要關係者，不在此限。

■**增訂說明**（92.02.06）

一、本條新增。

二、採交互詰問之調查證據方式，通常過程緊湊，不宜中斷或遲延，因此，若當事人、代理人或辯護人一發現對於證人、鑑定人之詰問或證人、鑑定人之回答有所偏差時，應立刻聲明異議，對於已經遲誤時機、意圖延滯訴訟或其他不合法之聲明異議，原則上不應准許，而應予處分駁回。但若遲誤時機之聲明異議事項，與案情有重要關係，顯足以影響判決之內容或審判之公平時，則應不受提出時機之限制，至於何種事項與案情有重要關係，宜依個案具體情形決定之，而由實務累積經驗，爰參考日本刑事訴訟規則第二百零五條之四之規定，增訂本條。

第 167 條之 4（聲明異議之處理—異議無理由）

審判長認異議無理由者，應以處分駁回之。

■**增訂說明**（92.02.06）

一、本條新增。

二、參考日本刑事訴訟規則第二百零五條之五之規定，增訂本條。而有關審判長處分之事，應由書記官載明於筆錄，以便查考，並供日審查。

第 167 條之 5（聲明異議之處理—異議有理由）

審判長認異議有理由者，應視其情形，立即分別爲中止、撤回、撤銷、變更或其他必要之處分。

■**增訂說明**（92.02.06）

一、本條新增。

二、參考日本刑事訴訟規則第二百零五條之六之規定，增訂本條。至於如何情況而應爲中止、撤回、撤銷、變更或其他必要之處分，因情況各異，難以盡書，有賴實務運作以累積判例，以資遵循。

第 167 條之 6（異議之處分不得聲明不服）

對於前三條之處分，不得聲明不服。

■**增訂說明**（92.02.06）

一、本條新增。

二、爲避免當事人反覆爭執，延宕訴訟程序，對於審判長依前三條規定所爲之處分，不許再聲明不服，爰參考日本刑事訴訟規則第二百零六條規定之精神，增訂本條。

第 167 條之 7（詢問之準用規定）

第一百六十六條之七第二項、第一百六十七條至第一百六十七條之六之規定，於行第一百六十三條第一項之詢問準用之。

第 168 條（證人及鑑定人之在庭義務）
證人、鑑定人雖經陳述完畢，非得審判長之許可，不得退庭。

第 168 條之 1（當事人之在場權）
I 當事人、代理人、辯護人或輔佐人得於訊問證人、鑑定人或通譯時在場。
II 前項訊問之日、時及處所，法院應預行通知之。但事先陳明不願到場者，不在此限。

□**修正前條文**

原第 276 條

III 當事人及辯護人得於訊問證人、鑑定人或通譯時在場，其訊問之日、時及處所，法院應預行通知之。

■**修正説明**（92.02.06）

一、本條係由原第二百七十六條第三項移列修正。

二、爲保障當事人之反對詰問權，使交互詰問制度得以充分落實，以期發見眞實，當事人、代理人、辯護人及輔佐人於訊問證人、鑑定人或通譯時允宜賦予在場之機會，斯即學理上所稱之在場權。原條文第二百七十六條第三項對於前開當事人之在場權，雖已有規定，但該條第一、二項係規定審判期日前之訊問證人或鑑定人，此種編排方式極易使人誤會原條文第二百七十六條第三項之當事人在場權，僅限於審判期日之前，而不及於審判期日。爰將本法有關當事人在場權之規定，移列於證據章通則部分，以彰顯落實保障訴訟當事人權益之修法精神，並免誤會。

三、爲保障當事人之在場權，訊問之日、時及處所，法院固應預行通知之，以方便當事人、代理人、辯護人及輔佐人出席。惟當事人、代理人、辯護人或輔佐人基於己身原因考量，自願放棄其在場權，而預先表明不願到場者，法院得不再預行通知，以免浪費有限之司法資源，爰參考日本刑事訴訟法第一百五十七條第二項但書之規定，增訂本條但書，以資適用。

第 169 條（被告在庭權之限制）
審判長預料證人、鑑定人或共同被告於被告前不能自由陳述者，經聽取檢察官及辯護人之意見後，得於其陳述時，命被告退庭。但陳述完畢後，應再命被告入庭，告以陳述之要旨，並予詰問或對質之機會。

□**修正前條文**

審判長預料證人、鑑定人或共同被告於被告前不能自由陳述者，得於其陳述時，命被告退庭。但陳述完畢後，應再命被告入庭，告以陳述之要旨。

■**修正説明**（92.02.06）

原條文內容職權主義之色彩較濃，在刑事訴訟法朝加強當事人進行主義色彩之方向修正後，是否進行隔別訊問，自宜聽取檢察官及辯護人之意見，不宜任由審判長自己遽行決定。再者，被告之反對詰問權爲被告之防禦權，應予保障，因此，於隔別訊問後，再命被告入庭，除告以陳述之要旨外，仍應賦予被告詰問之機會，訴訟程序之設計始爲周延，爰參酌日本刑事訴訟法第二百八十一條之二之規定，修訂本條。

第 170 條（陪席法官之訊問）
參與合議審判之陪席法官，得於告知審判長後，訊問被告或準用第一百六十六條第四項及第一百六十六條之六第二項之規定，訊問證人、鑑定人。

□**修正前條文**

參與合議審判之陪席推事，得於告知審判長後，訊問被告或證人、鑑定人。

■**修正説明**（92.02.06）

一、修正條文第一百六十六條第四項增訂證人、鑑定人在經當事人、代理人或辯護人詰問完畢後，審判長得爲訊問，另修正條文第一百六十六條之六第二項亦規定證人、鑑定人經當事人、代理人或辯護人詰問後，審判長得續行訊問。因此，本條關於陪席法官於告知審判長後，欲訊問證人、鑑定人之規定，亦應秉此原則，爰爲文字修正，以資呼應。

二、配合法院組織法之用語，將「推事」修正爲「法官」。

第 171 條（審判期日前訊問之準用規定）
法院或受命法官於審判期日前爲第二百七十三條第一項或第二百七十六條之訊問者，準用第一百六十四條至第一百七十條之規定。

□**修正前條文**

法院或受命推事於審判期日前訊問被告或證人、鑑定人者，準用前五條之規定。

■**修正説明**（92.02.06）

一、本法修正採行集中審理制後，法院或受命法官於準備程序中，原則上即不再從實質之證據調查，但如預料證人不能於審判期日到場，或須於審判期日前命鑑定人先爲鑑定者，爲便利審判程序之順利進行，仍應許於審判期日前訊問之。是本條所謂於審判期日前訊問被告或證人、鑑定人者，即指處理第二百七十三條第一項各款所規定事項或第二百七十六條對證人、鑑定人所爲之訊問，乃修正明定之。

二、有關詰問證人、鑑定人之次序及聲明異議之規定，已有所增修，是本條準用之規定，亦應配合修正。

三、配合法院組織法之用語，將「推事」修正爲「法官」。

第 172 條（刪除）

□**修正前條文**

當事人或辯護人聲請調查之證據，法院認爲不必要者，得以裁定駁回之。

■**修正說明（92.02.06）**

本條刪除，移列爲修正條文第一百六十三條之二第一項。

第 173 條（刪除）

□**修正前條文**

I 審判長每調查一證據畢，應詢問被告有無意見。

II 審判長應告知被告得提出有利之證據。

■**修正說明（92.02.06）**

本條刪除，移列爲修正條文第二百八十八條之一。

第 174 條（刪除）

□**修正前條文**

I 行合議審判之案件，當事人或辯護人對於審判長或受命推事之處分，得向法院聲明異議。

II 法院應就前項異議之當否裁定之。

■**修正說明（92.02.06）**

本條刪除，移列爲修正條文第二百八十八條之三，並作文字修正。

第二節　人　證

第 175 條（傳喚證人之傳票）

I 傳喚證人，應用傳票。

II 傳票，應記載下列事項：

一　證人之姓名、性別及住所、居所。

二　待證之事由。

三　應到之日、時、處所。

四　無正當理由不到場者，得處罰鍰及命拘提。

五　證人得請求日費及旅費。

III 傳票，於偵查中由檢察官簽名，審判中由審判長或受命法官簽名。

IV 傳票至遲應於到場期日二十四小時前送達。但有急迫情形者，不在此限。

□**修正前條文**

I 傳喚證人，應用傳票。

II 傳票，應記載左列事項：

一　證人之姓名、性別及住、居所。

二　待證之事由。

三　應到之日、時、處所。

四　無正當理由不到場者，得科罰鍰及命拘提。

五　證人得請求日費及旅費。

III 傳票，於偵查中由檢察官簽名，審判中由審判長或受命推事簽名。

IV 傳票至遲應於到場期日二十四小時前送達。但有急迫情形者，不在此限。

■**修正說明（92.02.06）**

一、第一項、第四項未修正。

二、第二項關於記載「左」列事項之文字修正爲「下」列事項。另第二項第一款爲配合第五條第一項、第五十五條第一項、第七十一條第二項第一款之用語，將「住、居所」修正爲「住所、居所」。

三、配合法院組織法之用語，將「推事」修正爲「法官」。

第 176 條（監所證人之傳喚與口頭傳喚）

第七十二條及第七十三條之規定，於證人之傳喚準用之。

第 176 條之 1（作證義務）

除法律另有規定者外，不問何人，於他人之案件，有爲證人之義務。

■**增訂說明（92.02.06）**

一、本條新增。

二、刑事訴訟係採實質的眞實發見主義，欲認定事實，自須賴證據以證明。而證人係指在他人之訴訟案件中，陳述自己所見所聞具體事實之第三人，爲證據之一種，故凡居住於我國領域內，應服從我國法權之人，無分國籍身分，均有在他人爲被告之案件中作證之義務，俾能發見事實眞相。惟證人中有因公務關係應保守秘密而得拒絕證言者（本法第一百七十九條），有因與當事人之身分關係得拒絕證言者（第一百八十條），有因業務關係有保密義務而得拒絕證言者（第一百八十二條），有因利害關係而得拒絕證言者（第一百八十一條），此等證人既得拒絕證言，自宜設有除外規定。此外，本法第一百七十八條明文規定證人經合法傳喚，無正當理由不到場者，得科以罰鍰；證人不到場者，亦得予以拘提，益見除法律另有規定者外，不問何人，於他人之案件均有爲證人之義務，爰參考民事訴訟法第三百零二條之立法例，予以增訂，以期明確。

第 176 條之 2（聲請調查證據人促使證人到場之責任）
法院因當事人、代理人、辯護人或輔佐人聲請調查證據，而有傳喚證人之必要者，爲聲請之人應促使證人到場。

■增訂說明（92.02.06）

一、本條新增。
二、審判程序的核心在於調查證據，而有關證人的訊問與詰問更是調查證據之重點，因此，證人是否到場，影響審判程序之進行至鉅，爰參考日本刑事訴訟規則第一百七十八條之八規定，明定當事人、代理人、辯護人或輔佐人聲請調查證據，而有傳喚證人之必要時，該聲請之人應促使其證人到場，以利案件之進行，並斟酌於第一百七十六條之一關於作證義務規定之後，增訂本條之規定。

□實務見解

▸101 台上 942（判決）
當事人聲請調查之證據，必須具有調查之必要性，欠缺必要性之證據，不予調查，自可認於判決無影響。又刑事被告固有對證人詰問之權利，但以證人能到場作證者爲限，刑事訴訟法第一百七十六條之二規定：「法院因當事人、代理人、辯護人或輔佐人聲請調查證據，而有傳喚證人之必要者，爲聲請之人應促使證人到場」，**乃課以爲聲請之人負有協力促使證人剋期到場之義務，以利案件之進行，俾符刑事審判之調查證據，已改採當事人舉證先行之理念**。

第 177 條（就訊證人）
Ⅰ證人不能到場或有其他必要情形，得於聽取當事人及辯護人之意見後，就其所在或於其所在地法院訊問之。
Ⅱ前項情形，證人所在與法院間有聲音及影像相互傳送之科技設備而得直接訊問，經法院認爲適當者，得以該設備訊問之。
Ⅲ當事人、辯護人及代理人得於前二項訊問證人時在場並得詰問之；其訊問之日時及處所，應預行通知之。
Ⅳ第二項之情形，於偵查中準用之。

□修正前條文

證人不能到場或有其他必要情形，得就其所在或於其所在地法院訊問之。

■修正說明（92.02.06）

一、原條文不修正，增訂「於聽取當事人及辯護人之意見後」，列爲第一項。
二、直接審理主義與言詞審理主義爲刑事訴訟程序之基本原則，因此，對於以供述其親自見聞及經歷之事實爲證據之證人，規定需以言詞訊問爲之，使法官得以親自審查，而得以發現眞實，形成正確心證。此於傳統之實務運作，固無不合。然而隨著現代科技之進步與發展，資訊之傳遞更爲快速而準確，訊問證人之方式，除傳統之當庭訊問或就地訊問外，如證人所在與法院間有聲音及影像相互傳送之科技設備而得直接訊問者（例如性侵害犯罪防治法第十五條第一項規定之雙向電視系統等），則與證人親自到庭以言詞陳述，無甚差別，爲因應現代資訊社會之快速變遷及避免在押人犯之提解戒護之安全與勞費，審判期日外，發生本條第一項之情況，若證人所在與法院間有聲音及影像相互傳送之科技設備而得直接訊問時，法院斟酌個案情況認爲適當者，以該設備訊問之，即無不合，爰增訂本條第二項，以資適用。
三、本法修正加強當事人進行主義之色彩爲訴訟構造之主軸，有關當事人之詰問權，自應予以充分保障，且基於當事人對等精神，被告之律師依賴權，亦應予重視，修正條文第一項、第二項係規定於特定情況下，得就地或依科技設備訊問證人，因此，爲確實保障當事人之反對詰問權及律師依賴權，當事人、辯護人及代理人自得於依前開方式訊問證人時在場，並行使反對詰問權，而且其訊問之日、時及處所，應預行通知之，俾其知悉而有行使權利之機會並預爲準備。爰增訂本條第三項。
四、使用科技設備訊問證人，在偵查中亦有必要，爰增訂第四項，偵查中亦準用之。

第 178 條（證人之到場義務及制裁）
Ⅰ證人經合法傳喚，無正當理由而不到場者，得科以新臺幣三萬元以下之罰鍰，並得拘提之；再傳不到者，亦同。
Ⅱ前項科罰鍰之處分，由法院裁定之。檢察官爲傳喚者，應聲請該管法院裁定之。
Ⅲ對於前項裁定，得提起抗告。

IV拘提證人，準用第七十七條至第八十三條及第八十九條至第九十一條之規定。

□修正前條文

I 證人經合法傳喚，無正當理由而不到場者，得科以五十元以下之罰鍰，並得拘提之；再傳不到者亦同。

II 前項科罰鍰之處分，由法院裁定之。檢察官為傳喚者，應請所屬法院裁定之。

III對於前項裁定，得提起抗告。

IV拘提證人，準用第七十七條至第八十三條及第八十九條至第九十一條之規定。

■修正說明（91.02.08）

一、目前檢察官全程蒞庭實行公訴後，主要之法庭活動係在詰問證人，惟證人經常不願出庭，無法配合法庭詰問，致使檢察官與律師之詰問活動大受影響，而本條原規定對證人無故不到場之處罰過輕，不足以約束證人到庭。爰參酌八十九年二月九日新修正之民事訴訟法第三百零三條之規定，修正提高有關證人不到場之罰鍰數額，並改以新台幣作為罰鍰之單位。

二、審檢分隸後，檢察官不配置於法院，故第二項後段文字修正為檢察官應聲請「該管法院」裁定，以符實際。

三、第三、四項未修正。

❑ 實務見解

▶ 釋字第 249 號（78.11.24）

告發人為刑事訴訟當事人以外之第三人，法院如認為有命其作證之必要時，自得依刑事訴訟法第一百七十八條關於證人之規定傳喚之，無正當理由而不到場者，並得加以拘提，強制其到場作證，以達發見眞實之目的。基此，本院院字第四十七號解釋，認對告發人得適用當時之刑事訴訟法第九十五條即現行刑事訴訟法第一百七十八條之規定辦理，與憲法並無牴觸。

第 179 條（拒絕證言權—公務員）

I 以公務員或曾為公務員之人為證人，而就其職務上應守秘密之事項訊問者，應得該管監督機關或公務員之允許。

II 前項允許，除有妨害國家之利益者外，不得拒絕。

❑ 實務見解

▶ 釋字第 627 號（96.06.15）

總統依憲法及憲法增修條文所賦予之行政權範圍內，就有關國家安全、國防及外交之資訊，認為其公開可能影響國家安全與國家利益而應屬國家機密者，有決定不予公開之權力，此為總統之國家機密特權。其他國家機關行使職權如涉及此類資訊，應予以適當之尊重。

總統依其國家機密特權，就國家機密事項於刑事訴訟程序應享有拒絕證言權，並於拒絕證言權範圍內，有拒絕提交相關證物之權。立法機關應就其得拒絕證言、拒絕提交相關證物之要件及相關程序，增訂適用於總統之特別規定。於該法律公布施行前，就涉及總統國家機密特權範圍內國家機密事項之訊問、陳述，或該等證物之提出、交付，是否妨害國家之利益，由總統釋明之。其未能合理釋明者，該管檢察官或受訴法院應審酌具體個案情形，依刑事訴訟法第一百三十四條第二項、第一百七十九條第二項及第一百八十三條第二項規定為處分或裁定。總統對檢察官或受訴法院駁回其上開拒絕證言或拒絕提交相關證物之處分或裁定如有不服，得依本解釋意旨聲明異議或抗告，並由前述高等法院或其分院以資深庭長為審判長之法官五人組成之特別合議庭審理之。特別合議庭裁定前，原處分或裁定應停止執行。其餘異議或抗告程序，適用刑事訴訟法相關規定。總統如以書面合理釋明，相關證言之陳述或證物之提交，有妨害國家利益之虞者，檢察官及法院應予以尊重。總統陳述相關證言或提交相關證物是否有妨害國家利益之虞，應僅由承辦檢察官或審判庭法官依保密程序為之。總統所陳述相關證言或提交相關證物，縱經保密程序進行，惟檢察官或法院若以之作為終結偵查之處分或裁判之基礎，仍有造成國家安全危險之合理顧慮者，應認為有妨害國家利益之虞。

第 180 條（拒絕證言權—身分關係）

I 證人有下列情形之一者，得拒絕證言：

一　現為或曾為被告或自訴人之配偶、直系血親、三親等內之旁系血親、二親等內之姻親或家長、家屬者。

二　與被告或自訴人訂有婚約者。

三　現為或曾為被告或自訴人之法定代理人或現由或曾由被告或自訴人為其法定代理人者。

II 對於共同被告或自訴人中一人或數人有前項關係，而就僅關於他共同被告或他共同自訴人之事項為證人者，不得拒絕證言。

□修正前條文

I 證人有左列情形之一者，得拒絕證言：

一　現為或曾為被告或自訴人之配偶、五親等內之血親、三親等內之姻親或家長、家屬者。

二　與被告或自訴人訂有婚約者。

三　現為或曾為被告或自訴人之法定代理人或現由或曾由被告或自訴人為其法定代理人者。

II 對於共同被告或自訴人中一人或數人有前項關係，而就僅關於他共同被告或他共同自訴人之事項爲證人者，不得拒絕證言。

■修正說明（92.02.06）

一、爲儘量縮小具有拒絕證言權人之範圍，以免妨害司法權之健全運作，而有助於眞實之發見，爰檢討現時之人際社會關係，並配合本法第二百三十三條第一項、第二百三十四條第四項、第四百二十七條第四款之規定，修正本條第一項第一款，以求統一。

二、第一項第二、三款及第二項均未修正。

❒ 實務見解

▶100 台上 5064（判決）

證人本應負據實陳述證言之義務，惟證人如與當事人具有刑事訴訟法第一百八十條所定一定身分關係之情形，難免互爲容隱，欲求據實證言，顯無期待可能性，法律乃賦予其得爲拒絕證言之特權。此種特權，並非絕對性，如證人放棄其特權，其證言仍具有容許性，必證人主張其特權，始得拒絕。是**證人於作證時，祇須釋明其與訴訟當事人間有一定之身分關係，即得主張概括拒絕證言**，法院或檢察官即應予許可，不問其證言內容是否涉及任何私密，或有無致該當事人受刑事訴追或處罰之危險，均不得再行訊問。

證人於依法行使其一定身分關係之拒絕證言權時，應認其證言義務之解除條件已成就，法院或檢察官不得強使證人爲證言，否則不啻剝奪其此項特權，所取得之證人證言，因違反法律正當程序，不論是否出於蓄意而爲，**概不具證言容許性**，應予排除。

第181條（拒絕證言權─身分與利害關係）
證人恐因陳述致自己或與其有前條第一項關係之人受刑事追訴或處罰者，得拒絕證言。

❖ 法學概念

不自證己罪權利（Privilege Against Self-Incrimination）

不自證己罪權利源自於英國法。美國聯邦憲法修正案第 5 條：「任何人於任何刑事案件中，不得被迫成爲對己不利之證人。」此一權利已是法治國家刑事程序中之基本規定，亦常見於各人權條約或各國家之法律或判決中。至於何以賦予被告不自證己罪的權利，學理上有各種主張，不一而足。其中包括了：**避免法院對於被告形成偏見、保護無辜被告、防止偵查機關刑求或濫用權力、維持公眾對於政府之信任、發現眞實、維持政府及被告間實力之平衡，以及保護隱私等目的**。

【李榮耕，〈拒絕證言告知義務之違反及其法律效果─簡評最高法院98年度台上字第5952號判決〉，《台灣法學雜誌》，第153期，2010.06，225頁。】

❒ 實務見解

▶109 台上 1309○（判決）

刑事訴訟必須在致力發現眞實以正確行使國家刑罰權，及保障被告防禦權以維護其最重要訴訟基本權二者間，求其兩全，不可偏廢。而被告防禦權核心價值所在之不自證己罪權利，針對其關於本身犯罪事實之陳述而行使，爲緘默權；針對其就他人犯罪事實之供證而行使，即屬證人之拒絕證言權。爲落實保證與被告之緘默權出自同源，且同以不主動提供，亦不能受脅迫、利誘提供自己任何與犯罪有關之資訊爲內涵之拒絕證言權，刑事訴訟法第一八一條、第一八六條明定證人恐因陳述致自己或與其有親屬等一定身分關係之人受刑事追訴或處罰者，得拒絕證言，**俾證人得免自陷於罪或涉入僞證罪之兩難抉擇；且就此拒絕證言權，訊問之法官或檢察官，應提供與被告緘默權相同程度之確保，於命證人具結前，告知得拒絕履行作證之義務；如未踐行此告知義務，逕諭知有具結之義務及僞證之處罰後，即命具結作證，無異強令證人提供自己犯罪之相關資訊，而侵害其拒絕證言權，證人於此情況下所爲之具結程序即有瑕疵，自應認其具結不生具結之效力**，於程序上之審查，無從透過刑事訴訟法第一五八條之四規定，賦予證據能力，於實體上之評價，縱其陳述不實，亦不能遽課以僞證罪責。誣告罪之告訴人，於其所誣告之案件訴訟程序中到庭，如續爲其原虛構之不實犯罪事實之陳述，毋寧爲其立於誣告罪告訴人立場事所難免之本質，以誣告罪之規範約制已足，**如命其具結，勢將令受僞證罪之處罰，惟如其據實陳述，又無異自證己罪，其所面臨上開兩難困境，核與上開規定之情形相符，自得適用該等規定拒絕證言**。原判決固以上訴人於一〇五年十二月九日下午四時五十八分許，在偵查庭以證人身分作證之際，爲遂行誣告之接續行爲同時並基於僞證之犯意，於供前具結，並就於上開案情有重要關係之事項，爲同一之虛僞陳述，因認上訴人另犯僞證罪。惟依該次偵訊筆錄之記載，宜蘭地檢署檢察官諭知上訴人改列證人身分及具結之義務、僞證之處罰後，逕命其爲證言之陳述，似未曾踐行告知得拒絕證言之程序，有該訊問筆錄可按；而縱觀原審準備程序、審判程序，亦未就此拒絕證言之相關事項加以調查。上訴意旨執以指摘原判決就此部分遽論上訴人以僞證罪責，有證據調查職責未盡及理由不備之違法云云，尚非全然無據。

▶109 台上 598○（判決）

證人之陳述是否因揭露犯行而有自陷入罪之虞，得以行使刑事訴訟法第一八一條之拒絕證言權，必須到場接受訊問後，針對所訊問之個別具體問題，逐一分別爲主張，不得以陳述可能致其受刑事訴追或處罰爲理由，而概括拒絕回答一切問題，以致妨害眞實之發現。證人於審判中針對個別問題主張行使拒絕證言權，除應依刑事訴訟法第一八三條第一項規定，將拒絕證言之原因釋明（依但書規定，得命具結以代釋明），其拒絕證言之許可或駁回，依同條第二項規定，應由審判長審酌後，予以准駁（處分），非證人所得自行恣意決定，**亦非謂證人一主張不自證己罪，審判長即應准許之。若審判長不察，許可證人概括行使免於自陷入罪之拒絕證言權，乃有關調查證據之處分違法，不因未異議而得視爲治癒。**

▶101 台上 1071（判決）

證人恐因陳述致自己或與其有刑事訴訟法第一百八十條第一項關係之人受刑事追訴或處罰者，得拒絕證言，同法第一百八十一條定有明文。證人此項拒絕證言權（選擇權），與被告之緘默權，同屬其不自證己罪之特權。民國九十二年二月六日修正公布前之刑事訴訟法第一百八十六條第三款規定：「證人有第一百八十一條情形而不拒絕證言者，不得令其具結。」修正後第一百八十六條第二項，增訂法院或檢察官於「證人有第一百八十一條之情形者，應告以得拒絕證言」之義務。凡此，均在免除證人因陳述而自入於罪，或因陳述不實而受僞證之處罰，或不陳述而受罰鍰處罰，而陷於抉擇之三難困境。此項拒絕證言告知之規定，雖爲保護證人而設，非當事人所能主張，惟如法院或檢察官未踐行此項告知義務，而告以刑事訴訟法第一百八十七條第一項「具結之義務及僞證之處罰」，並依同法第一百八十六條、第一百八十九條規定「命朗讀結文後爲具結」，無異強令證人必須據實陳述，剝奪其拒絕證言權，所踐行之訴訟程序自有瑕疵，且損及被告本人之訴訟權益。其因此所取得之證人供述證據，於被告本人之案件，被告固不得據以主張無證據能力，然該證據係因違背法定程序所取得之證據，即非當然得採爲證據，仍應適用刑事訴訟法第一百五十八條之四所定均衡原則爲審酌、判斷其有無證據能力，而非謂純屬證據證明力之問題。

▶101 台上 952（判決）

證人之拒絕證言權，係基於人性考量，避免證人於僞證處罰之壓力下，據實陳述而強爲對己不利之證言，以保障證人不自證己罪之權利；至被告對證人之對質詰問權，則爲憲法所保障之基本訴訟權。上開二項權利之行使如有衝突時，應儘可能求其兩全，不得爲保護一方之權利，而恣意犧牲或侵害他方之權利，是以證人之拒絕證言，非但須符合法律所規定之要件，且其於審判中拒絕證言之許可或駁回，依刑事訴訟法第一百八十三條第二項規定，應由審判長或受命法官裁定之，而證人若無正當理由拒絕具結或證言者，依同法第一百九十三條第一項前段規定，並得處以新台幣三萬元以下之罰鍰，證人顯非得自行恣意主張拒絕證言。又依刑事訴訟法第一百八十一條規定，證人「恐」因陳述致自己或與其有同法第一百八十條第一項關係之人受刑事追訴或處罰者，固得拒絕證言，然此項權利之行使，係以證人或與其有上述關係之人「恐」受刑事訴追或處罰爲前提條件，**如證人或與其有上述關係之人業已經法院判決有罪或無罪確定者，不再因陳述而導致或增加自己或與其有上述關係之人受刑事追訴或處罰之危險，自不容其再拒絕證言而犧牲或侵害被告對證人之對質詰問權。**

▶101 台上 641（判決）

證人有刑事訴訟法第一百八十一條之情形者，應告以得拒絕證言，爲同法第一百八十六條第二項所明定。然拒絕證言權，專屬證人之權利，非當事人所得主張，證人拒絕證言權及法院告知義務之規定，皆爲保護證人而設，非爲保護被告，法院或檢察官違反告知義務所生之法律效果，僅對證人生效，故違反告知義務之證人證詞，對訴訟當事人仍具證據能力，至於證據之證明力如何，則由法院依具體個案判斷之。

▶100 台上 6246（判決）

惟該項拒絕證言權之行使，必先有具體問題之訊問或詰問，始有證人如陳述證言，是否因揭露犯行自陷於罪，使己或與其有前述一定身分關係之人受刑事訴追或處罰之危險，從而證人必須到場接受訊問或詰問後，針對所問之個別具體問題，逐一分別爲主張，不得泛以陳述可能致其或一定身分關係之人受刑事訴追或處罰爲由，概括行使拒絕證言權，拒絕回答一切問題，以致妨害眞實之發現。而證人針對個別問題主張行使拒絕證言權，其拒絕證言之許可或駁回，依同法第一百八十三條第二項規定，審判中應由審判長、受命法官決定，非證人所得恣意而爲，亦非謂證人一主張，法院即應准許之。至若審判長不察，**許可證人概括行使免於自陷入罪之拒絕證言權，應屬有關調查證據之處分違法**，不因未異議而得視爲治癒。

▶100 台上 5503（判決）

刑事訴訟法第一百八十一條所定免於自陷入罪之拒絕證言權，係就證人自己或其近親之刑事責任與拒絕證言而設，同法第一百八十六條第二項規定法院或檢察官於訊問證人之前，應履踐告知之程序，旨在使證人得以知曉行使其拒絕證言權，**惟行使與否，屬於證人之權利，非當事人所能主張，而證人出於任意性處分權之行使，自可拋棄**

其拒絕證言權，故如證人不拒絕證言而為陳述，則非當事人所得禁止。從而若證人已事先陳明其願意陳述證言（作證），應可推認已不行使其拒絕證言權，即令檢察官或法院疏未踐行告知程序，而有瑕疵，按之刑事訴訟法第三百八十條之規定，當不得執為上訴第三審之理由，此與證人未予表明不行使，檢察官或法院疏未告知證人拒絕證言權之情形，認為得構成上訴第三審之一般理由者，尚屬有別。

▶100 台上 1925（判決）

刑事訴訟法第一百八十一條規定：「證人恐因陳述致自己或與其有前條第一項關係之人（現為或曾為證人之配偶、直系血親、三親等內之旁系血親、二親等內之姻親、或家長、家屬者；與證人定有婚約者；現為或曾為證人之法定代理人或現由或曾由證人為其法定代理人者）受刑事追訴或處罰者，得拒絕證言。」**旨在免除證人陷於抉擇控訴自己或與其有一定身分關係之人、或陳述不實而受偽證之處罰、或不陳述而受罰鍰處罰，甚而主觀上認為違反具結文將受偽證處罰之困境。**證人此項拒絕證言權，與被告之緘默權，同屬不自證己罪之特權。為確保證人此項拒絕證言權，九十二年二月六日修正公布之刑事訴訟法第一百八十六條第二項，增訂法院或檢察官有告知證人之義務；如法官或檢察官未踐行此項告知義務，而逕行告以具結之義務及偽證之處罰並命朗讀結文後具結，將使證人陷於如前述之抉擇困境，無異剝奪證人此項拒絕證言權，強迫其作出讓自己入罪之陳述，違反不自證己罪之原則，自係侵犯證人此項權利。該證人於此情況下所為之具結程序即有瑕疵，為貫徹上述保障證人權益規定之旨意，固應認其具結不生合法之效力，而不能遽依偽證罪責論擬。但**證人到場接受訊問時，如將自己所見所聞之具體事實據實陳述，即不致使自己或與其有前述關係之人受刑事追訴或處罰者，法官或檢察官自毋庸踐行此項告知義務，此乃法理之所當然**，不因證人不實之陳述是否涉有犯罪嫌疑，而有不同。

▶99 台上 6372（判決）

刑事訴訟法第一百七十九條至第一百八十一條雖規定某些具有特別身分或關係之人，具有拒絕證言權，但就違背此規定而取得之證言，並未如同法第一百五十八條之三關於依法應具結而未具結者，設有「不得作為證據」之規範，自應依同法第一百五十八條之四權衡法則規定，審酌人權保障及公共利益之均衡維護，而定其證據能力之有無。

▶97 台上 3480（判決）

證人恐因陳述致自己或與其有刑事訴訟法第一百八十條第一項關係之人受刑事追訴或處罰者，得拒絕證言，刑事訴訟法第一百八十一條定有明文。證人此項拒絕證言權，與被告之緘默權，同屬其不自證己罪之特權。九十二年二月六日修正公布前之刑事訴訟法第一百八十六條第四款規定：「證人有第一百八十一條情形而不拒絕證言者，不得令其具結。」修正後第一百八十六條第二項，增訂法院或檢察官於「證人有第一百八十一條之情形者，應告以得拒絕證言」之義務。**凡此，均在免除證人因陳述而自入於罪，或因陳述不實而受偽證之處罰，或不陳述而受罰鍰處罰，而陷於抉擇之三難困境。此項拒絕證言告知之規定，雖為保護證人而設，非當事人所能主張**，惟如法院或檢察官未踐行此項告知義務，而告以刑事訴訟法第一百八十七條第一項「具結之義務及偽證之處罰」，並依同法第一百八十六條、第一百八十九條規定「命朗讀結文後為具結」，無異強令證人必須據實陳述，剝奪其拒絕證言權，所踐行之訴訟程序自有瑕疵。其因此所取得之證人供述證據，是否具有證據能力，應分別情形以觀。倘其於被告本人之案件，應認屬因違背法定程序所取得之證據，適用刑事訴訟法第一百五十八條之四所定均衡原則為審酌、判斷其有無證據能力，而非謂純屬證據證明力之問題；至若該證人因此成為「被告」追訴之對象，則其先前居於證人身分所為不利於己之陳述，基於不自證己罪原則及法定正當程序理論，應認對該證人（被告）不得作為證據。

第 181 條之 1（不得拒絕證言之事項）
被告以外之人於反詰問時，就主詰問所陳述有關被告本人之事項，不得拒絕證言。

■增訂說明（92.02.06）

一、本條新增。

二、按為發見真實，並保障被告之反對詰問權，被告以外之人於反詰問（包含覆反詰問）時，就主詰問（包含覆主詰問）所陳述有關被告本人之事項，不得拒絕證言。

第 182 條（拒絕證言權—業務關係）
證人為醫師、藥師、助產士、宗教師、律師、辯護人、公證人、會計師或其業務上佐理人或曾任此等職務之人，就其因業務所知悉有關他人秘密之事項受訊問者，除經本人允許者外，得拒絕證言。

□修正前條文

證人為醫師、藥劑師、藥商、助產士、宗教師、律師、辯護人、公證人、會計師或其業務上佐理人或曾任此等職務之人，就其因業務所知悉有關他人秘密之事項受訊問者，除經本人允許者外，得拒絕證言。

■修正說明（92.02.06）

一、現行之藥師法，已將「藥劑師」一語修正爲「藥師」，原條文前段「藥劑師」一語爰予配合修正。

二、刪除原條文所定「藥商」二字，限縮有拒絕證言權人之範圍，以利眞實之發見。

❖ 法學概念

新聞記者之拒絕證言權

新聞從業人員是否有拒絕證言權，可以分二方面來看。**如果媒體的消息來源得自特定人，此提供消息者信賴媒體不會揭露來源，那麼，新聞從業人員應享有拒絕證言權**；蓋媒體如果透露消息來源，將間接使提供消息者曝光，因此也享有此權。反之，**媒體所持有的資訊若是自己查訪所得，就沒有拒絕證言權**，在此情況下，媒體持有的文件資料就可以搜索扣押。但有例外，即若係自己所研析找出的事實與獲得的資訊有不可分的關係時，以致如果公布該項事實即可能使提供消息者曝光時，則此時應允以拒絕證言權。

【張麗卿，〈刑事程序中之拒絕證言權〉，收錄於《刑與思——林山田教授紀念論文集》，元照，初版，2008.11，453頁以下。】

另須注意者，有學者認爲，新聞記者的拒絕證言權**非屬絕對之權利。亦即，如有更重大的社會利益時，則拒絕證言權應退讓**。蓋錯誤判決係刑事訴訟最大之惡，誤判造成無辜者冤獄、令有罪者逍遙法外，對於個人、社會、國家皆是極爲重大之侵害。**如新聞記者掌握足以影響判決結果之重要資訊，卻仍容其拒絕證言，誤判之可能性即大爲增加**。在此，避免誤判的重大社會利益與新聞媒體拒絕證言權的利益，即發生衝突。**假如新聞媒體所掌握者，確實爲審判中不可或缺、足以改變判決結果之訊息（迫切需要之要件），且無法以其他方式得到此一訊息（侵害最小的要件時），應得強迫媒體陳述**，以免法院誤判。

【王兆鵬，〈論新聞記者的拒絕證言權〉，《月旦法學雜誌》，第134期，2006.01，211頁。】

❐ 實務見解

▸108台上4094○（判決）

刑事訴訟法第一八二條有關醫師秘匿特權，係就其業務上所知悉或持有他人病情或健康資訊等應秘密之事項，免除其爲證人之作證義務，藉以保護病患秘密，避免因洩露而影響醫病信賴關係，或病患就醫權利。上揭所謂「應秘密之事項」，參照個人資料保護法施行細則第四條第一、二項規定，固係指醫療法第六十七條第二項所列之各款病歷資料及其他由醫師或其他之醫事人員，以治療、矯正、預防人體疾病、傷害、殘缺爲目的，或其他醫學上之正當理由，所爲之診察及治療；或基於以上之診察結果，所爲處方、用藥、施術或處置所產生之個人資料（下稱醫療個資），且病患具有不願該醫療個資被公開的期待與利益，始得謂合。欠缺醫療必要性之整型美容行爲，縱非以醫療爲其目的，然既係醫師秉其醫學專業知識與技術，所爲具有侵入性之處置行爲，爲提高醫療品質，保障病人權益，增進國民健康，仍應視爲醫療法上之醫療行爲。醫師因執行整型美容醫療業務，在業務上所知悉或持有他人關於整型美容目的所爲之醫療個資，倘病患對之具有不願被公開的期待與利益者，解釋上仍屬本條應秘密之事項，除病患本人允許者外，得拒絕證言。**另病患本人依其自主原則，固具有免於醫療個資被任意揭露之資訊隱私權，倘病患明確拒絕醫師作證以揭露其醫療個資時，醫師原則上必須行使其拒絕證言權，而無自行裁量陳述與否之餘地。然法院詰問內容究竟是否屬於病患應秘密之醫療個資事項，依刑事訴訟法第一八三條第一項規定，醫師仍須就個別問題，逐一釋明主張拒絕陳述之原因，並無概括行使拒絕證言之權利**。法院爲達成發見眞實之公益目的，配合審判不公開、陳述內容不對外公開及裁判書遮隱等正當程序措施，在待證事實之必要範圍內，審判長或受命法官自得依刑事訴訟法第一八三條第二項規定，以裁定駁回醫師拒絕證言之方式與程序，要求醫師據實陳述，藉以調和法院發見眞實之公益目的、病患醫療資訊隱私權之干預及醫師保密義務三者間之衝突。又病患醫療資訊隱私權並非絕對不能干預，病患本人亦得自行處分，並無類如醫師保密義務或洩密罪之禁止規範。則要求病患就其自己之醫療資訊隱私事項作證，本不生法律強人所難之困境。故刑事訴訟法並無病患本人得拒絕證言權規定之設計，自非法律漏洞，法官本無權類推適用醫師拒絕證言權規定而違法允許病患（概括）拒絕證言，以妨礙刑事訴訟發現眞實之目的。然法院以證人身分調查病患本人關於其醫療資訊隱私事項，仍應於上述正當程序措施下，依適合性、必要性及相當性原則妥爲權衡詰問內容（例如，刑事訴訟法第一六六條之七第八款規定，恐證言於病患之名譽有重大損害者，除有正當理由者外，不得詰問），自不待言。

▸97台抗464（裁定）

刑事訴訟法第一百八十二條規定：「證人爲醫師、藥師、助產士、宗教師、律師、辯護人、公證人、會計師或其業務上佐理人或曾任此等職務之人，就其因業務上知悉有關他人秘密之事項受訊問者，除經本人允許者外，得拒絕證言。」此**爲明示、列舉規定，並無明列新聞媒體從業人員之規定**，則本件再抗告人雖爲記者，當無直接適用餘地。另於民國八十九年十月間，即有四十位立法委員提案增訂刑事訴訟法第一百八十二條第二項：「前項規定（業務拒絕證言權），於證人爲報紙、雜誌、廣播電台、電視等新聞媒體從業人員或曾任此等職務之人，就其業務上知悉之作者、投稿人之個人事項以及消息來源等事項受訊問者，準用之。」然未獲通過（見立法院第四屆第四會期第十次會議議案關係文書院總第一六一號委員提案第三二六九號），顯係立法機關經理性思考新聞自由與眞實發現司法利益後，有意不爲明文立法，而不賦予記者拒絕證言權，是此要非立法未因應時代變遷而生之法律漏洞，則再抗告人主張該條未將記者列入，係法律漏洞而得以類推適用云云，即屬無據。再抗告人主張，其身爲新聞記者若任意透露消息來源於眾，則已違反身爲媒體人之基本守則，將無任何消息來源願爲提供，致再抗告人名譽、信用均受重大損害，雖非無據，然前開條款既於但書規定於有正當理由，仍得予以詰問，即屬相對的拒絕證言權，是應審酌者，本件究否有正當理由，仍可對再抗告人就本件其新聞來源爲詰問？**而正當理由之有無，揆諸前揭說明，即須就個案衡諸社會秩序及公共利益於眞實發現、公平審判與新聞自由二社會公益爲權衡取捨。**

> 第 183 條（拒絕證言原因之釋明）
> Ⅰ證人拒絕證言者，應將拒絕之原因釋明之。但於第一百八十一條情形，得命具結以代釋明。
> Ⅱ拒絕證言之許可或駁回，偵查中由檢察官命令之，審判中由審判長或受命法官裁定之。

□修正前條文

Ⅰ證人拒絕證言者，應將拒絕之原因釋明之。但於第一百八十一條情形，得命具結以代釋明。

Ⅱ拒絕證言之許可或駁回，偵查中由檢察官命令之，審判中由審判長或受命推事裁定之。

■修正說明（92.02.06）

配合法院組織法之用語，將「推事」修正爲「法官」。

> 第 184 條（證人之隔別訊問及對質）
> Ⅰ證人有數人者，應分別訊問之；其未經訊問者，非經許可，不得在場。
> Ⅱ因發見眞實之必要，得命證人與他證人或被告對質，亦得依被告之聲請，命與證人對質。

□修正前條文

Ⅰ證人有數人者，應分別訊問之；其未經訊問者，不得在場。

Ⅱ因發見眞實之必要，得命證人與他證人或被告對質，亦得依被告之聲請，命與證人對質。

■修正說明（92.02.06）

一、證人有數人者，分別證明不同之事實，尚未訊問之證人在場，於發見眞實是否會受影響，宜由審判長裁量，視在場情形決定未經訊問之證人可否在場，以求適用上之彈性，並免訴訟程序發生違法情事，爰於第一項未經訊問者之下增列「非經許可」四字，以切實際，並凸顯出未經訊問之證人不得在場，係爲原則。

二、第二項未修正。

□實務見解

▸100 台上 698（判決）

所謂對質權，係指二人以上在場，彼此面對面、互爲質問之權利。依刑事訴訟法第九十七條、第一百八十四條之規定，可分爲被告與被告、證人與證人、證人與被告間之對質；其中證人與被告間互爲質問之權利，實與被告詰問權爲一體之兩面。被告與證人之對質詰問權，乃被告重要之訴訟防禦權利，藉由對質詰問程序，法院得以與聞觀察其問答之內容與互動，親身感受而獲得心證，有助於眞實之發見。此際，證人之陳述本身，屬於原始之證據方法，而記載證人先前陳述之偵訊筆錄，雖屬刑事訴訟法第一百六十五條所謂可爲證據之卷宗內之筆錄，然二者性質有異，除非當事人捨棄質問，或客觀上有不能受詰問之情形，否則不能僅以宣讀筆錄或告以要旨替代，更無所謂踐行宣讀或告以要旨之程序即已間接確保被告之對質詰問權之可言。

> 第 185 條（證人之人別訊問）
> Ⅰ訊問證人，應先調查其人有無錯誤及與被告或自訴人有無第一百八十條第一項之關係。
> Ⅱ證人與被告或自訴人有第一百八十條第一項之關係者，應告以得拒絕證言。

> 第 186 條（具結業務與不得令具結事由）
> Ⅰ證人應命具結。但有下列情形之一者，不得令其具結：
> 一　未滿十六歲者。
> 二　因精神障礙，不解具結意義及效果者。
> Ⅱ證人有第一百八十一條之情形者，應告以得拒絕證言。

□修正前條文

證人應命具結。但有左列情形之一者，不得令其具結：

一　未滿十六歲者。

二　因精神障礙，不解具結之意義及效果者。

三　與本案有共犯或有藏匿犯人及湮滅證據、僞證、贓物各罪之關係或嫌疑者。

四　有第一百八十條第一項或第一百八十一條情形而不拒絕證言者。

五　爲被告或自訴人之受僱人或同居人者。

■修正說明（92.02.06）

一、具結之作用，係使證人能在認識僞證處罰的負擔下據實陳述，以發見眞實，故原則上證人應負具結之義務，而得免除此項義務者，應以無法理解具結之意義及效果者爲限。若證人與本案有共犯或有藏匿犯人及湮滅證據、僞證、贓物各罪之關係，或有第一百八十條第一項或第一百八十一條情形者，應得行使緘默權或拒絕證言，若其不行使上開權利，仍欲作證時，則應負據實陳述之義務，無自始即免除其具結義務之必要，爰刪除第三款、第四款之規定。

二、又證人爲被告或自訴人之受僱人或同居人者，如對個別具體之訊問，有第一百七十九條至第一百八十二條規定之適用者，自得依法拒絕證言，亦無須自始即免除命其具結據實陳述義務，爰刪除第五款之規定，以利眞實之發見。

三、增訂第二項，若證人有第一百八十一條之情形者，應告以得拒絕證言，以兼顧證人之權利。

❖ 爭議問題

違反不自證己罪之告知義務對於被告本人有無證據能力？

一、依權衡法則

最高法院 97 年度台上字第 3480 號判決：「倘其於被告本人之案件，應認屬因違背法定程序所取得之證據，**適用刑事訴訟法第 158 條之 4 所定均衡原則爲審酌、判斷其有無證據能力**，而非謂純屬證據證明力之問題。」學說上不乏採此說之論者。

【林俊益，〈論拒絕證言權之告知〉，《台灣本土法學》，第 61 期，2004.08，171 頁；楊雲驊，〈未告知證人拒絕證言權之法律效果——評最高法院 95 年臺上字第 909 號、95 年臺上字第 2426 號、96 年臺上字第 1043 號判決〉，《台灣本土法學》，第 99 期，2007.10，165 頁。】

二、依權利領域理論

新近的實務見解如最高法院 101 年度台上字第 641 號判決認爲：「拒絕證言權，專屬證人之權利，非當事人所得主張，證人拒絕證言權及法院告知義務之規定，皆爲保護證人而設，非爲保護被告，法院或檢察官違反告知義務所生之法律效果，僅對證人生效，**故違反告知義務之證人證詞，對訴訟當事人仍具證據能力**。」此說乃係基於「權利領域理論」，認爲不自證己罪之拒絕證言權，屬證人自己之權利，他人不得代爲主張，亦有不少學者採此說。

【王兆鵬、張明偉、李榮耕，《刑事訴訟法（下）》，新學林，四版，2018.09，343 頁以下；李榮耕，〈拒絕證言告知義務之違反及其法律效果——簡評最高法院 98 年度台上字第 5952 號判決〉，《台灣法學雜誌》，第 153 期，2010.06，229 頁；陳樸生，《刑事證據法》，三民，三版，1995，286 頁。】

❖ 爭議問題

共同被告所行使者，究竟為緘默權或拒絕證言權？

一、甲說

學者認爲，應分別情形以觀。在合併審判分離前，共同被告仍爲被告身分，所行使者爲緘默權；在分離審判後，其身分即轉換爲證人，其所行使者爲拒絕證言權。

【王兆鵬、張明偉、李榮耕，《刑事訴訟法（下）》，瑞興，三版，2015.09，310 頁；張麗卿，〈刑事程序中之拒絕證言權〉，收錄於《刑與思——林山田教授紀念論文集》，元照，初版，2008.11，457 頁。】

二、乙說

實務有認爲，共同被告在同一訴訟程序中同時併存以證人身分之陳述，囿於法律知識之不足，實難期待能明白分辨究竟何時爲被告身分、何時係居於證人地位，而得以適時行使其各當該之權利。**而被告之緘默權與免於自陷入罪之拒絕證言權，同屬不自證己罪之範疇，兩者得以兼容併存，並無齟齬。行使與否，一概賦予被告、證人之選擇。**因此，若雖檢察官同時又贅於告知被告之緘默權，然此兩種權利本具有同質性，互不排斥，是以此項程序上之瑕疵，並不會因此造成對該共同被告陳述自由選擇權之行使有所妨害，其此部分之陳述，自得作爲其他共同被告犯罪之證據（最高法院 98 年度台上字第 5952 號判決）。

☐ 實務見解

▶30 非 24（判例）

所謂具結，係指依法有具結義務之人，履行其具結之義務而言，若在法律上不得令其具結之人，而誤命其具結者，即不發生具結之效力。

▶99 台上 7171（判決）

刑事訴訟法第一百八十六條第二項規定「證人恐因陳述致自己受刑事追訴或處罰者，應告以得拒絕證言」，旨在免除證人陷於抉擇控訴自己犯罪，或因陳述不實而受僞證之處罰，或不陳述而受罰鍰處罰等困境。因此，如證人因證述所涉及之犯罪已經判決罪刑確定，即無恐因陳述而遭刑事訴追之虞，核與刑事訴訟法第一百八十六條第二項所定應告知得拒絕證言之要件不符，自無須告知。

▶98 台上 5952（判決）

具有共犯關係之共同被告在同一訴訟程序中，兼具被告及互爲證人之身分。倘檢察官係分別以被告、證人身分而爲訊問，並各別踐行刑事訴訟法

第九十五條、第一百八十六條第二項之告知義務，使該共同被告瞭解其係基於何種身分應訊，得以適當行使各該當權利，不致因身分混淆而剝奪其權利之行使，則檢察官此種任意偵查作為之訊問方式，尚難謂為於法有違。至若同時以被告兼證人之身分兩者不分而為訊問，則不無將導致共同被告角色混淆，無所適從或難以抉擇之困境。其因此所取得之供述證據，是否具有證據能力，應分別情形以觀：⑴**被告消極不陳述之緘默權與證人負有應據實陳述之義務，本互不相容。共同被告在同一訴訟程序中同時併存以證人身分之陳述，囿於法律知識之不足，實難期待能明白分辨究竟何時為被告身分、何時係居於證人地位，而得以適時行使其各當該之權利**；並因檢察官係同時告以應據實陳述之義務及偽證罪之處罰等規定，亦不無致共同被告因誤認其已具結，而違背自己之意思為不利於己之陳述，因此妨害被告訴訟上陳述自由權之保障。準此，共同被告就自己部分所為不利於己之陳述，得否作為證據，端視其陳述自由權有無因此項程序上之瑕疵受到妨害為斷。如已受妨害，應認與自白之不具任意性同其評價。⑵**被告之緘默權與免於自陷入罪之拒絕證言權，同屬不自證己罪之範疇，兩者得以兼容併存，並無齟齬。行使與否，一概賦予被告、證人之選擇，並非他人所得主張**。就共同被告所為不利於其他共同被告之陳述而言，固亦有類如前述之角色混淆情形，然因該共同被告就此係居於證人之地位而陳述其所親自聞見其他共同被告犯罪經過之第三人，無關乎自己犯罪之陳述，如檢察官已踐行刑事訴訟法第一百八十六條第二項規定，告知證人有拒絕證言之權利，則該共同被告基於證人身分所為不利於其他共同被告之陳述，係其行使選擇權之結果，**雖檢察官同時又贅餘告知被告之緘默權，然此兩種權利本具有同質性，互不排斥，是以此項程序上之瑕疵，並不會因此造成對該共同被告陳述自由選擇權之行使有所妨害**，其此部分之陳述，自得作為其他共同被告犯罪之證據。

❖ 學者評釋

最高法院認為，若同時告知被告之緘默權、證人之拒絕證言權，卻又命據實陳述，係違反刑訴法第 186 條第 2 項，侵害了共同被告的不自證己罪權利。對此，最高法院的看法，洵屬正確，值得肯定。

惟最高法院又認為，**於該訊問程序所取得之陳述有無證據能力，應以該陳述對己是否不利認定。不利於己之陳述，無證據能力；不利於己之陳述仍可用以證明其他被告之犯罪事實**。這樣的區分於理論上未盡妥適，在實際個案中，也將有操作上之困難，並不可採。依學者之見，拒絕證言權及受告知權等，均屬證人自己的權利，他人不得代為主張。也就是說，原則上，**違反刑訴法第 186 條第 2 項所取得之陳述，對於陳述之共同被告（證人）而言，應無證據能力；但該共同被告本身之陳述仍可用以證明其他被告的犯罪事實。**

【李榮耕，〈拒絕證言告知義務之違反及其法律效果——簡評最高法院98年度台上字第5952號判決〉，《台灣法學雜誌》，第 153 期，2010.06，228 頁以下。】

▸94 台上 51（判決）

民事訴訟法第三百零七條第一項第三款規定：「證人所為證言，足致證人或與證人有第一款關係（即證人之配偶、前配偶、未婚配偶或四親等內之血親、三親等內之姻親或曾有此親屬關係者）或有監護關係之人受刑事訴追或蒙恥辱者，得拒絕證言。」及刑事訴訟法第一百八十一條規定：「證人恐因陳述致自己或與其有前條第一項關係之人（現為或曾為證人之配偶、直系血親、三親等內之旁系血親、二親等內之姻親、或家長、家屬者，與證人定有婚約者，現為或曾為證人之法定代理人或現由或曾由證人為其法定代理人者）受刑事追訴或處罰者，得拒絕證言。」**旨在免除證人陷於抉擇控訴自己或與其有一定身分關係之人、或陳述不實而受偽證之處罰、或不陳述而受罰鍰處罰，甚而主觀上認為違反具結文將受偽證處罰之困境。又證人此項拒絕證言權，與被告之緘默權，同屬不自證己罪之特權，為確保證人此項權利**，民事訴訟法第三百零七條第二項及刑事訴訟法第一百八十六條第二項均規定，**法官或檢察官有告知證人之義務；如法官或檢察官未踐行此項告知義務，而告以具結之義務及偽證之處罰並命朗讀結文後具結，將使證人陷於如前述之抉擇困境，無異剝奪證人此項拒絕證言權，強迫其作出讓自己入罪之陳述，違反不自證己罪之原則，自係侵犯證人此項權利。**

第 187 條（具結程序）

I 證人具結前，應告以具結之義務及偽證之處罰。

II 對於不令具結之證人，應告以當據實陳述，不得匿、飾、增、減。

第 188 條（具結時期）

具結應於訊問前為之。但應否具結有疑義者，得命於訊問後為之。

第 189 條（結文之作成）

I 具結應於結文內記載當據實陳述，決無匿、飾、增、減等語；其於訊問後具結者，結文內應記載係據實陳述，並無匿、飾、增、減等語。

Ⅱ結文應命證人朗讀；證人不能朗讀者，應命書記官朗讀，於必要時並說明其意義。
Ⅲ結文應命證人簽名、蓋章或按指印。
Ⅳ證人係依第一百七十七條第二項以科技設備訊問者，經具結之結文得以電信傳真或其他科技設備傳送予法院或檢察署，再行補送原本。
Ⅴ第一百七十七條第二項證人訊問及前項結文傳送之辦法，由司法院會同行政院定之。

□修正前條文

Ⅰ具結應於結文內記載當據實陳述，決無匿、飾、增、減等語；其於訊問後具結者，結文內應記載係據實陳述，並無匿、飾、增、減等語。

Ⅱ結文應命證人朗讀；證人不能朗讀者，應命書記官朗讀，於必要時並說明其意義。

Ⅲ結文應命證人簽名、蓋章或按指印。

■修正說明（92.02.06）

一、原條文不修正，列為第一至第三項。

二、為確保證人之陳述眞實無僞，除法律另有規定外，原則上應命證人具結，縱然證人係依修正條文第一百七十七條第二項規定，經由科技設備而接受訊問，亦應於供前或供後具結，始能擔保證言之品質，惟因證人所在與法院存有空間上之距離，傳統具結之方式實不敷運用，為配合現代科技之發展，爰增訂本條第四項，規定經具結之結文得以電信傳眞或其他科技設備傳送予法院或檢察署，再行補送原本，以資完備。

三、有關第一百七十七條第二項證人訊問及前項結文之傳送涉及偵查及審判業務之進行，爰增訂第五項，規定其辦法應由司法院會同行政院定之。

□實務見解

▶99台上7078（判決）

刑事訴訟法第一百八十九條第二項有關結文應命證人朗讀；證人不能朗讀者，應命書記官朗讀，於必要時並說明其意義之規定，在於使證人了解結文之意義，以提高證人之警覺，俾求證言之眞確。亦即證人能識文字者，原則上使其自讀；於其不能自讀者，始命書記官朗讀，經朗讀後認為證人尚有不能明瞭者，應加以說明結文之意義並記明筆錄，再依同條第三項規定，命證人於結文內簽名、蓋章或按指印，以明責任。**倘法院或檢察官於命證人具結時，未依前揭規定命證人或書記官朗讀結文，即命證人於結文內簽名、蓋章或按指印者，是否發生具結效力，**應以證人是否確已明白、認知結文之意義而簽名、蓋章或按指印為判斷基礎。如證人已明白結文之眞實意思始為簽名，應認已生具結之效力。又在同一偵查程序中，同一證人經多次訊問時，先前已具結後，即毋庸重複命其具結。

第190條（訊問證人之方式－連續陳述）
訊問證人，得命其就訊問事項之始末連續陳述。

□修正前條文

Ⅰ訊問證人，應命其就訊問事項之始末連續陳述。

Ⅱ證人陳述後，為使其陳述明確或為判斷其眞僞，應為適當之訊問。

■修正說明（92.02.06）

一、訊問、詰問或詢問證人之方式，究宜提問開放性問題，使證人為連續陳述，或宜提問封閉性問題，由證人針對個別具體問題回答？何者有利眞實之發見？眾說紛紜，並無定論，為調和我國審判中向來命證人連續陳述之訊問習慣與外國詰問實務以提問具體個別問題為主之作法，爰保留得由證人為連續陳述之訊問方式。

二、原條文第二項之規定，係為使證人之陳述明確或為判斷眞僞，而再為補充訊問。然而，證人之陳述若有不明確或眞僞不明之情形，透過交互詰問之過程，已可達辯明之目的；且依修正條文第一百六十六條第三項規定，由當事人、代理人、辯護人或輔佐人聲請傳喚之證人，經審判長之許可，當事人、代理人或辯護人、仍可更行詰問；又依同條第四項規定，審判長於當事人等詰問後，亦得為訊問；若證人係由法院依職權傳喚者，依修正條文第一百六十六條之六第二項規定，證人、鑑定人經詰問後，審判長亦得續行訊問。從而，透過如此綿密之交互詰問程序，有關證人證言之明確與否及眞僞判斷，應已十分清楚，本條第二項已無繼續適用之必要，爰予刪除。

第191條（刪除）

□修正前條文

非有必要情形不得為左列之訊問：
一　與本案無關者。
二　恐證言於證人或與其有第一百八十條第一項關係之人之名譽、信用或財產有重大之損害者。

■修正說明（92.02.06）

有關本條訊問證人之限制規定，已移列於修正條文第一百六十六條之七第二項第一款及第八款，故本條予以刪除。

第 192 條（訊問證人之準用規定）
第七十四條、第九十八條、第九十九條、第一百條之一第一項、第二項之規定，於證人之訊問準用之。

□修正前條文
第七十四條及第九十九條之規定，於證人之訊問準用之。

■修正說明（109.01.15）
一、公民與政治權利國際公約及經濟社會文化權利國際公約施行法第二條規定，兩公約所揭示保障人權之規定，具有國內法律之效力。公民與政治權利國際公約第十四條第三項第七款規定：「審判被控刑事罪時，被告一律有權平等享受下列最低之保障：七、不得強迫被告自供或認罪。」證人所為陳述，與被告之供述同屬於供述證據，本諸禁止強制取得供述之原則，對證人之訊問，自不得出於強暴、脅迫、利誘、詐欺、疲勞訊問或其他不正方法，爰參考公約精神，修正本條，明定準用第九十八條之規定。
二、為建立訊問筆錄之公信力，並擔保訊問程序之合法正當，一併修正原條文，明定第一百條之一第一項、第二項之規定，於證人訊問時亦準用之。
三、依第一百九十六條之一第二項準用原條文之規定，司法警察官或司法警察詢問證人時，除有急迫情形外，亦應全程錄音，必要時並應全程錄影，筆錄所載證人陳述與筆錄不符部分，不得作為證據，附此敘明。

第 193 條（拒絕具結或證言及不實具結之處罰）
I 證人無正當理由拒絕具結或證言者，得處以新臺幣三萬元以下之罰鍰，於第一百八十三條第一項但書情形為不實之具結者，亦同。
II 第一百七十八條第二項及第三項之規定，於前項處分準用之。

□修正前條文
I 證人無正當理由拒絕具結或證言者，得科以五十元以下之罰鍰；於第一百八十三條第一項但書情形為不實之具結者亦同。
II 第一百七十八條第二項及第三項之規定，於前項處分準用之。

■修正說明（92.02.06）
一、第一項配合第一百七十八條之修正，將罰鍰「五十元」修正提高並變更幣別為「新臺幣三萬元」。
二、第二項未修正。

第 194 條（證人請求日費及旅費之權利）
I 證人得請求法定之日費及旅費。但被拘提或無正當理由，拒絕具結或證言者，不在此限。
II 前項請求，應於訊問完畢後十日內，向法院為之。但旅費得請求預行酌給。

第 195 條（囑託訊問證人）
I 審判長或檢察官得囑託證人所在地之法官或檢察官訊問證人；如證人不在該地者，該法官、檢察官得轉囑託其所在地之法官、檢察官。
II 第一百七十七條第三項之規定，於受託訊問證人時準用之。
III 受託法官或檢察官訊問證人者，與本案繫屬之法院審判長或檢察官有同一之權限。

□修正前條文
I 審判長或檢察官得囑託證人所在地之推事或檢察官訊問證人；如證人不在該地者，該推事、檢察官得轉囑託其所在地之推事、檢察官。
II 受託推事或檢察官訊問證人者，與本案繫屬之法院審判長或檢察官有同一之權限。

■修正說明（92.02.06）
一、配合法院組織法之用語，將「推事」修正為「法官」。
二、受託訊問證人之法官或檢察官於證人不能到場或其他必要之情形，非至證人所在地無從訊問時，或使用科技設備訊問時，仍有預先通知當事人、代理人及辯護人到場之日、時、處所之必要，以確保其在場權，乃增訂第二項準用第一百七十七條第三項之規定，使受託訊問程序周延，符合法制之要求。
三、原條文第二項改列第三項。

第 196 條（再行傳訊之限制）
證人已由法官合法訊問，且於訊問時予當事人詰問之機會，其陳述明確別無訊問之必要者，不得再行傳喚。

□修正前條文
證人在偵查中或審判中，已經合法訊問，其陳述明確別無訊問之必要者，不得再行傳喚。

■修正說明（92.02.06）
一、檢察官職司追訴犯罪，必須對於被告之犯罪事實指出證明之方法，而司法警察（官）則為檢察官之偵查輔助機關，亦有協助檢察官偵查犯罪，或有不待檢察官之指揮、命令逕行調查必要之證據或蒐集證據之職責，伊等於偵（調）查中訊問證人所取得之證據，性質上為審判外之陳述，屬傳聞證據，本次刑事訴訟法之修正，已就證人於檢察官、檢察事務官及司法警察（官）前所為之陳述，酌採傳聞法則，分別增訂第一百五十九條之一第二項及第一百五十九條之二，規定明示符合一定之要件（信用性保障、必要性）下，該等供述始得採為證據，而證人於法官前所為之陳述，信用性已受確實保障，其證言得為證據，新增訂之第一百五十九條之一亦定有明文。是本條自應予以配合修正，爰將原條文中「證人在偵查中或審判中，已經合法訊問」等文字修正為「證人已由法官合法訊問」，以明白揭示證人惟有在法官已經合法訊問之前提下，始得不再行傳喚，以與傳聞法則之理論相符，並與上開修正條文第一百五十九條之一規定相呼應。

二、證人雖已由法官合法訊問，惟為求實體真實之發見、貫徹本法第一百六十六條詰問規定之意旨，及保障當事人之反對詰問權，自應賦予當事人詰問之機會，故於上開前提要件中予以增列，以求周延。

❑ 實務見解

▸100 台上 5789（判決）

依刑事訴訟法第一百六十九條規定，審判長預料證人於被告前不能自由陳述，命被告於證人陳述時退庭而對該證人進行隔別訊問者，於該證人陳述完畢後，應命被告入庭，告以陳述之要旨並予被告詰問該證人或與其對質之機會，此乃為保障被告針對該次法院訊問證人得享有之當事人在場權與對該次證言得行使之詰問權，以落實被告之防禦權，並完足對該人證之調查程序，要與被告聲請再行傳喚同一證人，應受刑法第一百九十六條規定之限制，須該證人之陳述未臻明確而有再為訊問之必要者始得為之之情形，固有不同，然**刑事訴訟法關於被告詰問證人之規定，係指除客觀上不能受詰問者外，應予被告詰問之機會，並非絕無例外，且屬被告權利之規定，是否行使詰問權，乃當事人及辯護人之自由，如自願放棄該項權利，證人陳述之證據能力並不因此而受影響**。

第 196 條之 1（證人通知及詢問之準用規定）

Ⅰ司法警察官或司法警察因調查犯罪嫌疑人犯罪情形及蒐集證據之必要，得使用通知書通知證人到場詢問。

Ⅱ第七十一條之一第二項、第七十三條、第七十四條、第一百七十五條第二項第一款至第三款、第四項、第一百七十七條第一項、第三項、第一百七十九條至第一百八十二條、第一百八十四條、第一百八十五條及第一百九十二條之規定，於前項證人之通知及詢問準用之。

■增訂說明（92.02.06）

一、本條新增。

二、修正條文第一百五十九條之三既規定被告以外之人於司法警察官或司法警察調查中所為陳述符合一定要件時，得為證據，即已明示司法警察官、司法警察於調查犯罪情形時，得詢問證人。爰將偵查及審判中訊問證人之有關規定，於司法警察官、司法警察可以準用者，一一列明，以為準據。

❖ 修法簡評

2003 年刑事訴訟法修正時，第 186 條第 2 項規定：「證人有第一百八十一條之情形者，應告以得拒絕證言。」此處產生立法疏漏，那就是司法警察詢問證人時的同法第 196 條之 1 並未準用，**惟證人於司法警察調查詢問時，就應該有被告知拒絕證言權之權利**，論者有謂，宜增訂司法警察於詢問之時，亦需告知證人有得拒絕證言權之權利。

【張麗卿，〈刑事程序中之拒絕證言權〉，收錄於《刑與思——林山田教授紀念論文集》，元照，初版，2008.11，456 頁。】

❑ 實務見解

▸100 台上 6216（判決）

刑事訴訟法第一百九十六條之一第一項規定：「司法警察官或司法警察因調查犯罪嫌疑人及蒐集證據之必要，得使用通知書通知證人到場詢問。」並於第二項列舉司法警察官、司法警察得準用偵查、審判中有關訊問證人之規定，**其中同法第一百八十六條第一項「證人應命具結」之規定，並不在準用之列**。是司法警察官或司法警察於調查中詢問證人，並不生應命證人具結之問題。

▸100 台上 6009（判決）

E女、F女於接受訊問時，對於訊問之問題大部分均可了解，回答問題時也均清楚陳述，並無嚴重咬字不清之情況，且E女、F女均有工作能力，F女斯時於某大學內之超商內工作，E 女並可獨立上學、了解學校授課內容等情等證據資料，憑以認定 E 女及 F 女均有陳述能力。則檢察官於偵查及法院審判中未告知 E 女及 F 女得拒絕證言，於法並無不合，原判決採為認定犯罪事實之部分證據，並無違背證據法則。再者，**司法警察官或司法警察因調查犯罪嫌疑人犯罪情形及蒐集證據之必要，通知證人到場詢問時，並無告知得拒絕證言之義務**，此觀刑事訴訟法第一百九十六條之一並未準用同法第一百八十六條第二項規定自明，上訴人執以指摘尤非第三審上訴之合法理由。

第三節　鑑定及通譯

第 197 條（鑑定事項之準用規定）
鑑定，除本節有特別規定外，準用前節關於人證之規定。

第 198 條（鑑定人之選任）
鑑定人由審判長、受命法官或檢察官就下列之人選任一人或數人充之：
一　就鑑定事項有特別知識經驗者。
二　經政府機關委任有鑑定職務者。

□修正前條文

鑑定人由審判長、受命推事或檢察官就左列之人選任一人或數人充之：
一　就鑑定事項有特別知識經驗者。
二　經政府機關委任有鑑定職務者。

■修正說明（92.02.06）

配合法院組織法之用語，將「推事」修正為「法官」。另「左」列之人選修正為「下」列之人選。

❖ 爭議問題

我國法制上有無專家證人存在？

一、肯定說

我國法律並未禁止專家證人，故實務界不妨突破傳統對「證人」定義，使之包含「專家證人」，允許檢察官偵查時或法院審判中審酌該案爭點性質，於有探求專家證人意見之必要時，不論已否送鑑定，傳喚合適專家證人出庭陳述專業知識、經驗，以協助發現眞實，如此既符合兩造對抗制度之原理，又有益達成刑事訴訟伸張正義之最終目的。

【吳巡龍，〈鑑定與專家證人〉，《台灣法學雜誌》，第 153 期，2010.06，136～140 頁。】

二、否定說

如最高法院 98 年度台上字第 4960 號判決謂：「英美法上憑其專業知識、技術等專家資格就待證事項陳述證人意見之專家證人，爲我國刑事訴訟法所不採。」

編按：

以往實務囿於傳統對於證人之定義，傾向不能以傳訊專家證人方式作證，惟吳巡龍檢察官發表文章後，實務已出現採肯定說之見解，例如最高法院 100 年度台上字第 6620 號判決。

❖ 爭議問題

被告私行選任鑑定人之鑑定有無證據能力？

一、肯定說

鑑定人或鑑定機關須由檢察官或法官視具體個案之需要而爲選任，傾向否定（最高法院 97 年度台上字第 1846 號判決）。

二、否定說

近來，有實務見解認爲（如最高法院 99 年度台上字第 2618 號判決參照），該鑑定人非由法院或檢察官指定，而係被告自行選定，在下列的條件下尚許可爲彈劾證據：㈠**若當事人於審理中一致同意作爲證據，基於尊重當事人之證據處分權。**㈡**被告方面提出，且有利於被告。**㈢**客觀上並無顯然不適當者。**

由於鑑定之結果常左右審判之結果，則鑑定人之選任僅由法官一人決定，不容當事人參與決定過程，會流於法官專擅的危險，即令鑑定結果正確，也難令當事人心服。學者建議，我國既已改採當事人進行主義，當事人對於孰最適合爲鑑定人，會較法官更深入研究探求，所以宜由當事人參與選任鑑定人之決定過程。

【王兆鵬、張明偉、李榮耕，《刑事訴訟法（下）》，新學林，四版，2018.09，391 頁。】

❐ 實務見解

▶105 台上 411〇（判決）

行政檢查（或稱行政調查），係指行政機關爲達成行政上之目的，依法令規定對人、處所或物件所爲之訪視、查詢、勘驗、查察或檢驗等行爲。倘行政機關所爲之行政檢查，具有法令上之依據，且其實施之過程及手段合於目的性與正當性，則其將行政檢查結果及所取得之相關資料，提供予偵查機關作爲偵辦之證據資料，該等證據資料自屬合法取得之證據。而行政機關得選定適當之人爲鑑定，爲行政程序法第四十一條第一項所明定，**因實施行政檢查之必要而爲之鑑定（或稱檢驗、鑑驗），核屬行政檢查之一環，殊無因係行政機關基於行政檢查而委託發動者即謂該鑑定報告無證據適格之理，此與刑事訴訟法第一百九十八條第一項鑑定人由審判長、受命法官或檢察官選任之規定並不扞格。**倘事實審法院於審判程序中已賦予被告詰問權，對受行政機關委託而實際參與鑑定之人，就其專業資格、採取之鑑定方法、過程以及得結論之推理等情爲充分之詰問，**則該鑑定意見乃經法院合法調查所得之證據，自得採爲裁判之基礎。**

▶100 台上 6220（判決）

性侵害案件具有隱密性，蒐證不易，爲保障被害人權益，性侵害犯罪防治法於第六條規定直轄市、縣（市）主管機關應設性侵害犯罪防治中心，配置社工、警察、醫療及其他相關專業人士，以即時處理協助被害人就醫診療、驗傷及取得證據，暨心理治療、輔導、緊急安置與提供法律服務等事項，並於第八條、第十四條規定一定人員於執行職務時知有疑似性侵害犯罪情事者，負有向主管機關通報之義務，及責由專人處理性侵害事件，整合社政、醫療、警察等體系，以落實性侵害被害人完整之程序保障；另鑒於此類型案件其直接證據取得之困難性及被害人之特殊性，同法第十五條復明定一定關係之人得於偵查、審判中陪同在場及陳述意見。此之陪同人，除與被害人具有親屬關係者外，尚包括法律社會工作者之社工人員、輔導人員、醫師及心理師等專業人士在內；陪同在場具有穩定及緩和被害人不安與緊張之情緒，避免受到二度傷害，**而法律社會工作者機制之介入，併著重在藉由心理諮商或精神醫學等專業以佐證被害人證詞之有效性或憑信性，兼負有協助偵、審機關發見眞實之義務與功能，與外國法制之專家證人同其作用**。是社工或輔導人員就其所介入輔導個案經過之直接觀察及以個人實際經驗爲基礎所爲之書面或言詞陳述，即屬於見聞經過之證人性質，而醫療或心理**衛生人員針對被害人於治療過程中所產生之與待證事實相關之反應或身心狀況（如有無罹患創傷後壓力症候群或相關精神、心理疾病）所提出之意見，或以其經驗及訓練就通案之背景資訊陳述專業意見，以供法院參佐，則爲鑑定證人或鑑定人身分**。**此均與被害人陳述不具同一性之獨立法定證據方法，得資爲判斷被害人陳述憑信性之補強證據**。

▶100 台上 4926（判決）

鑑定意見固僅供參考無拘束法院之效力，**然若認鑑定內容尚有疑義，審理事實之法院應調查其他必要證據，以究明事實，不得逕予推翻**；尤以具鑑定專業知識之適合人員，依相關原理、定則或方法，利用合適之機器、設備而爲之化學、法醫檢驗（如DNA、血型、煙毒證物），若已因反覆進行同種鑑定而形成一般公認之結論，該等鑑定即具客觀性，可信性較高；此與蓋然性程度相對較低之筆跡、印文或影像等之鑑定，尚有不同。因此不具專業知識之法院，除非有確實依據，足以懷疑該等鑑定有操作知能或技術明顯不足、誤用檢體或其他不合檢查常規等瑕疵，即不得率爲不同之認定。

▶100 台上 3926（判決）

此種由檢察機關概括選任鑑定人或概括囑託鑑定機關、團體，再轉知司法警察官、司法警察於調查犯罪時參考辦理之作爲，法無明文禁止，係爲因應現行刑事訴訟法增訂傳聞法則及其例外規定之實務運作而爲。**此種由司法警察官、司法警察依檢察官所概括選任之鑑定人或囑託鑑定機關、團體所爲之鑑定結果，與檢察官選任或囑託爲鑑定者，性質上並無差異，同具有證據能力**。

▶100 台上 3067（判決）

鑑定，所重者乃特殊或專門之知識、經驗、能力，並不以在學校教師授業下獲得者爲限，**其基於特殊生活經驗、職業鑽研或鄉野師徒傳授、學習、浸淫，而在特別之學識、技術領域內，具有較高於一般人之才能者，即屬與此有關待證事項之適格鑑定人員**；至於鑑定意見是否足以憑信，可以透過交互詰問予以檢驗、覈實，屬證明力之範疇。

▶99 台上 8128（判決）

按漁產品有易腐壞之特性，基於急迫之現實需求，併例行性當然有鑑定之必要者，依檢察一體之原則，得由該管檢察長對於轄區內之此類案件，以事前概括選任鑑定人或囑託鑑定機關、團體之方式，俾便轄區內之司法警察（官）對於查獲疑似走私之漁產品後，就該等產品之來源、產地或獲得方法等攸關是否屬管制物品之事項，得即時送請先前已選任之鑑定人或囑託之鑑定機關、團體實施鑑定，以求時效。**此種由檢察機關概括選任鑑定人或概括囑託鑑定機關、團體，再轉知司法警察（官）調查犯罪時參考辦理之作爲，法無明文禁止，性質上與檢察官選任或囑託爲鑑定者無異，得爲證據**。

▶99 台上 2618（判決）

刑事訴訟法第一百五十九條之五第一項所定：「被告以外之人於審判外之陳述，雖不符前四條之規定，而經當事人於審判程序同意作爲證據，法院審酌該言詞陳述或書面陳述作成時之情況，認爲適當者，亦得爲證據。」屬傳聞陳述例外許可爲證據資料之一種。所稱被告以外之人，固以證人或共同被告爲多見，仍包含鑑定人在內。縱然該鑑定人非由法院或檢察官指定，而係**被告自行選定，尚許憑爲彈劾證據，是就此鑑定人出具之鑑定意見書，倘爲訴訟兩造之當事人（含被告之辯護人、自訴人之代理人）於審理中（無論準備程序或審判程序）一致同意作爲證據，基於尊重當事人之證據處分權，及證據資料愈豐富，愈有助於發現眞實之理念，若無任意性或外在附隨環境、條件限制之疑慮，允宜認屬適格之證據，尤以該項證據資料係由被告方面提出，且有利於被告，檢察官或自訴代理人既同意得作爲證據，而客觀上並無顯然不適當者，法院自不能逕予排斥**，否則當應充分說明其排除之理由，以昭慎重。

▶99 台上 2462（判決）

查我國現行刑事訴訟法第一百九十八條定有授權選任鑑定人之明文，凡由法官或檢察官選任之鑑定人或鑑定機關，即適格充當鑑定人，且同法第二百零六條並容許鑑定人（機關）以書面報告鑑定經過及結果，僅於斟酌證據證明力之必要，始須到庭說明，**與專家證人法制，迥然不同**，自不能因鑑定人未到庭陳述或鑑定機關未派人到庭陳述，或鑑定經過及結果以書面報告，即認屬傳聞證據。

▶98 台上 5533（判決）

關於筆跡同一性之比對，乃識別所比較之文字是否出於同一人書寫，在筆跡鑑定中稱之爲「書寫者識別」，一般人往往誤認爲只要比較文字之外觀形態，即可識別。其實，筆跡係文字書寫人表現行爲之一種形象，每一個人透過學習或訓練，並隨著年齡增長，書寫習慣逐漸成熟，因而呈現書寫者個人筆跡之個性，並且固定化而有「穩定性」，此與他人書寫之文字則呈現出「個人差」；然而，同一書寫人書寫之文字，會出現與平均之固定化筆跡個性偏離之情形，此即所謂「稀少性」。是筆跡同一性比對須以有「穩定性」、「個人差」或「稀少性」之筆跡爲前提，從筆跡檢查出數個筆跡個性，次經綜合研判，始能作出判斷。**此外，筆跡個性不僅止於「運筆方法」及「字體樣式」而已，文字之外觀形態與組成、字劃之長短與位置、字劃相互間之間隔、交叉或接合部分之位置及筆順與運筆方向，均屬此種藉筆跡作書寫者識別之重要因素，自應依刑事訴訟法規定選任或囑託在此專業領域之鑑定人鑑定，**審酌鑑定意見作爲判斷依據，始告適法。

❖ 學者評釋

對於筆跡，因一般人均可經由目視感觀認知，仔細辨識文字之外觀形態與組成、字劃之長短與位置字劃相互間之間隔、交叉或接合部分之位置及筆順與運筆方向，判斷筆跡是否相同，並非需受特別訓練之人才能作出合理判斷，此號判決卻認爲法官不能自行用眼睛判斷筆跡是否僞造，因鑑定機關對鑑定事項通常要求要有充足日常筆跡配合，而檢、警、法院常找不到充足之被告日常筆跡，若法院據此就認爲不能證明待證事項，既不合理，也等於法院自行限縮職權，將筆跡同一性認定事實之裁判者角色完全退讓給鑑定人。學者建議，法院除請鑑定機關鑑定筆跡同一性外，應可參考美國聯邦證據法 Rule 901(b)之規定：請熟悉該筆跡者（例如親朋好友）作證，或由事實裁判者（法官或陪審團）對筆跡是否相符自行認定。

【吳巡龍，〈法官得否自行筆跡比對〉，《台灣法學雜誌》，第 180 期，2011.07，191 頁以下。】

▶98 台上 4960（判決）

鑑定，係由選任之鑑定人或囑託之鑑定機構，除憑藉其特別知識經驗，就特定物（書）證加以鑑（檢）驗外，並得就無關親身經歷之待鑑事項，僅依憑其特別知識經驗（包括技術、訓練、教育、能力等專業資格）而陳述其專業意見；人證，則由證人憑據其感官知覺之親身經歷，陳述其所見所聞之過往事實。二者雖同屬人之證據方法，但仍有本質上之差異。**而英美法上憑其專業知識、技術等專家資格就待證事項陳述證人意見之專家證人，爲我國刑事訴訟法所不採。**倘專家依憑其特別知識、技術、經驗到庭陳述其專業意見，仍屬鑑定之範疇，應踐行鑑定人具結程序。

▶97 台上 1846（判決）

不論鑑定人或鑑定機關、學校、團體均應由檢察官或法官視具體個案之需要而爲選任，始符合刑事訴訟法第一百九十八條、第二百零八條之規定，否則所爲鑑定即屬於審判外之陳述，爲傳聞證據。

▶97 台上 1629（判決）

刑事訴訟法第二百零六條所規定關於鑑定經過及其結果之書面報告，固屬同法第一百五十九條第一項傳聞不得作爲證據之規定所指「法律有規定」之例外情形，而具有證據能力，**然此種得作爲證據之鑑定報告必係依同法第一百九十八條規定選任之鑑定人及依同法第二百零八條囑託之鑑定機關所出具者，始屬之。**

第 199 條（拘提之禁止）
鑑定人，不得拘提。

第 200 條（聲請拒卻鑑定人之原因及時期）
I 當事人得依聲請法官迴避之原因，拒卻鑑定人。但不得以鑑定人於該案件曾爲證人或鑑定人爲拒卻之原因。
II 鑑定人已就鑑定事項爲陳述或報告後，不得拒卻。但拒卻之原因發生在後或知悉在後者，不在此限。

第 201 條（拒卻鑑定人之釋明及裁判）
I 拒卻鑑定人，應將拒卻之原因及前條第二項但書之事實釋明之。
II 拒卻鑑定人之許可或駁回，偵查中由檢察官命令之，審判中由審判長或受命法官裁定之。

第 202 條（鑑定人之具結義務）
鑑定人應於鑑定前具結，其結文內應記載必爲公正誠實之鑑定等語。

第 203 條（於法院外為鑑定）
I 審判長、受命法官或檢察官於必要時，得使鑑定人於法院外爲鑑定。
II 前項情形，得將關於鑑定之物，交付鑑定人。
III 因鑑定被告心神或身體之必要，得預定七日以下之期間，將被告送入醫院或其他適當之處所。

□修正前條文

I 審判長、受命推事或檢察官於必要時，得使鑑定人於法院外為鑑定。

II 前項情形，得將關於鑑定之物，交付鑑定人。

III 因鑑定被告心神或身體之必要，得預定期間，將被告送入醫院或其他適當之處所。

■修正說明（92.02.06）

一、第一項配合法院組織法之用語，將「推事」修正為「法官」。

二、第二項未修正。

三、避免鑑定留置期間漫無限制，爰參考精神衛生法第二十一條第三項之規定，修正本條第三項，規定鑑定留置期間以七日為限，以保人權。

第 203 條之 1（鑑定留置票）

I 前條第三項情形，應用鑑定留置票。但經拘提、逮捕到場，其期間未逾二十四小時者，不在此限。

II 鑑定留置票，應記載下列事項：

一　被告之姓名、性別、年齡、出生地及住所或居所。

二　案由。

三　應鑑定事項。

四　應留置之處所及預定之期間。

五　如不服鑑定留置之救濟方法。

III 第七十一條第三項之規定，於鑑定留置票準用之。

IV 鑑定留置票，由法官簽名。檢察官認有鑑定留置必要時，向法院聲請簽發之。

■增訂說明（92.02.06）

一、本條新增。

二、將被告送入醫院或其他適當之處所鑑定，影響人身自由，應依令狀執行，以保護人權，防止濫用，爰參考本法第一百零二條及日本刑事訴訟法第一百六十七條、日本刑事訴訟規則第一百三十條之二之立法例，於本條第一項前段規定「前條第三項之情形，應用鑑定留置票。」另於第二項規定留置票所應記載之事項。

三、又案件於偵查中，被告如因拘提或逮捕到場，其期間自拘提或逮捕時起算未逾二十四小時者，依本法第九十一條至第九十三條之規定，檢察官仍有留置被告予以偵訊之權利，故在上開期間內，檢察官認有鑑定被告心神或身體之必要時，應無庸聲請簽發鑑定留置票，爰於本條第一項設但書之規定。

四、本法於八十六年十二月十九日修正後，檢察官已無羈押之強制處分權，鑑定留置既與羈押處分同對於人身自由加以限制，除第一項但書所列情形外，於偵查期間之鑑定留置票，同理亦應由檢察官向法院聲請，而由法官簽名於鑑定留置票上，不再準用第七十一條第四項有關檢察官簽發鑑定留置票之規定，爰參考日本刑事訴訟法第二百二十四條之規定，增訂本條第三、四項。

第 203 條之 2（鑑定留置之執行）

I 執行鑑定留置，由司法警察將被告送入留置處所，該處所管理人員查驗人別無誤後，應於鑑定留置票附記送入之年、月、日、時並簽名。

II 第八十九條、第九十條之規定，於執行鑑定留置準用之。

III 執行鑑定留置時，鑑定留置票應分別送交檢察官、鑑定人、辯護人、被告及其指定之親友。

IV 因執行鑑定留置有必要時，法院或檢察官得依職權或依留置處所管理人員之聲請，命司法警察看守被告。

■增訂說明（92.02.06）

一、本條新增。

二、定留置既須簽發鑑定留置票，則應由何人執行，自應予以明定，又鑑定留置之日數，依修正條文第二百零三條之四規定，既視為羈押之日數，則為求明確，以利折抵日數之計算，爰參考本法第一百零三條第一項之立法例，增訂本條第一項，以資適用。

三、司法警察執行鑑定留置時，應注意被告之身體及名譽，免受不必要之損害，斯為當然之理；再者被告若抗拒司法警察鑑定留置之執行，為落實鑑定之目的，司法警察自得使用強制力為之，但應以必要之程度為限。爰增訂本法第八十九條、第九十條之規定，於執行鑑定留置準用之規定。

四、由於鑑定留置影響人身自由，因此，於將被告送鑑定時，自應將鑑定留置票送交檢察官、鑑定人、辯護人、被告或其指定之親友，使其等明瞭被告之下落及受如何之處置，爰參考本法第一百零三條第二項之規定，增訂本條第三項。

五、為防止被告於鑑定留置時逃逸或有其他安全上之顧慮，爰參考日本刑事訴訟法第一百六十七條第三項之立法例，規定於必要時，法院或檢察官得依職權或依聲請，命令司法警察看守鑑定留置中之被告，以符實際需要。

第 203 條之 3（鑑定留置之期間及處所）

I 鑑定留置之預定期間，法院得於審判中依職權或偵查中依檢察官之聲請裁定縮短或延長之。但延長之期間不得逾二月。

II 鑑定留置之處所，因安全或其他正當事由之必要，法院得於審判中依職權或偵查中依檢察官之聲請裁定變更之。

III 法院為前二項裁定，應通知檢察官、鑑定人、辯護人、被告及其指定之親友。

■**增訂說明**（92.02.06）

一、本條新增。

二、鑑定留置期間，乃為達鑑定目的而必要之時間，因鑑定事項之內容、檢查之方法、種類及難易程度等而有所不同，審判長、受命法官及檢察官初始所預定之時間，與實際所需之時間未必全然一致，為求彈性處理，因此，審判中由法院依職權；偵查中由檢察官向法院聲請而裁定縮短或延長之，自有必要，爰參考日本刑事訴訟法第一百六十七條第四項之立法例，增訂本條第一項，以資適用。惟為保障人權，避免延長期間過長，乃設但書，規定延長期間不得逾二月。

三、鑑定留置之執行，非全然或全程派有司法警察看守，若發生安全上之顧慮，或有其他正當事由之必要，自應許由法院斟酌情形，裁定變更鑑定留置處所，較為妥適，爰參考本法第一百零三條之一第一項有關羈押處所變更之規定，增訂本條第二項。

四、鑑定留置之預定時間及處所均為鑑定留置票之應記載事項，若經法院裁定變更，自應再行通知檢察官、鑑定人、辯護人、被告及其指定之親友，以保障鑑定留置人之權利，爰參考本法第一百零三條之一第二項規定，增訂本條第三項。

第203條之4（鑑定留置期間日數視為羈押日數）

對被告執行第二百零三條第三項之鑑定者，其鑑定留置期間之日數，視為羈押之日數。

■**增訂說明**（92.02.06）

一、本條新增。

二、鑑定留置影響人身自由，與羈押同為對被告之一種強制處分，因而對被告執行鑑定留置者，其留置期間之日數自應視為羈押之日數，俾被告於執行時得折抵刑期。爰參考日本刑事訴訟法第一百六十七條第六項之立法例增訂本條，以資適用。

第204條（鑑定之必要處分）

I 鑑定人因鑑定之必要，得經審判長、受命法官或檢察官之許可，檢查身體、解剖屍體、毀壞物體或進入有人住居或看守之住宅或其他處所。

II 第一百二十七條、第一百四十六條至第一百四十九條、第二百十五條、第二百十六條第一項及第二百十七條之規定，於前項情形準用之。

□**修正前條文**

I 鑑定人因鑑定之必要，得經審判長、受命推事或檢察官之許可，檢查身體、解剖屍體或毀壞物體。

II 第二百十六條第一項及第二百十七條之規定，於前項情形準用之。

■**修正說明**（92.02.06）

一、配合法院組織法之用語，將「推事」修正為「法官」。

二、鑑定人因鑑定之必要，有時須進入有人住居或看守之住宅或其他處所為鑑定，為使鑑定人為前開行為時，有法律上之依據，爰增訂經審判長、受命法官或檢察官之許可後得進入該等處所為鑑定之規定。

三、鑑定人既得進入有人住居或看守之住宅或其他處所，爰增訂準用第一百二十七條、第一百四十六條至第一百四十九條之規定，以保障軍事處所之秘密及人民之居住安寧。

四、又被告以外之人並非案件當事人，欲對其為檢查身體之鑑定，自應以有相當理由可認為於調查犯罪情形時有必要者為限，俾避免侵害人權。此外，若係檢查婦女身體，亦應命醫師或婦女行之，以保障人權。爰增訂準用第二百十五條之規定。

❖ **法學概念**

對第三人檢查身體之鑑定處分

有關第三人的強制鑑定處分，文獻上認為須遵守下列原則：

一、必要原則之遵守

必要性非僅指最後的手段性，因為當檢察官認為如果既有的證據資料，不足以澄清事實或不足以排除犯罪事實，亦得對第三人實施鑑定。

例如，既有的證據將會再度消滅（如行為人推翻之前的自白時），只要鑑定人基於鑑定之必要，即得為之。

二、可預期為證人之原則

第三人必須是可預期為證人之人；例如能期待證人可為陳述。不過，**第三人如享有拒絕證言權時，則應享有拒絕接受鑑定處分之權限。**因為，該等受檢查之人將來都有可能被傳喚為證人，故得依與拒絕證言之同一法理，加以拒絕。

三、跡證原則之要求

跡證原則，是指鑑定措施只能對犯罪後留下

之跡證與遺留在證人身上的犯罪後果實施。「犯罪後留下之跡證」，係指身體上之變化得以推斷犯罪行爲人及犯罪行爲之實施；「遺留在證人身上之犯罪後果」，則是一切因犯罪而產生之身體變化。須注意者，刑訴法第 204 條適用範圍只限制在身體表面的鑑定措施，包括自然身體狀態的開啓，例如張開嘴巴檢查牙齒，但不允許身體的入侵；或如抽取胃液或利用 X 光照射或探視內部。

【張麗卿，〈檢查身體之鑑定處分〉，收錄於《驗證刑訴改革脈動》，五南，四版，2017.09，206～207 頁。】

第 204 條之 1（鑑定許可書）

I 前條第一項之許可，應用許可書。但於審判長、受命法官或檢察官前爲之者，不在此限。

II 許可書，應記載下列事項：

一　案由。

二　應檢查之身體、解剖之屍體、毀壞之物體或進入有人住居或看守之住宅或其他處所。

三　應鑑定事項。

四　鑑定人之姓名。

五　執行之期間。

III 許可書，於偵查中由檢察官簽名，審判中由審判長或受命法官簽名。

IV 檢查身體，得於第一項許可書內附加認爲適當之條件。

■增訂說明（92.02.06）

一、本條新增。

二、鑑定人因鑑定之必要，依前條規定，得經審判長、受命法官或檢察官之許可，檢查身體、解剖屍體，毀壞物體或進入有人住居或看守之住宅或其他處所，因此，爲求適用上之明確，實有設計許可書制度之必要，亦即由有權許可者簽發許可書，記載許可鑑定事項、鑑定人之姓名及執行之期間等，並明示許可書爲要式行爲，但若有「有權發許可書」之審判長、受命法官或檢察官在場時，得不用許可書。爰參考日本刑事訴訟法第一百六十八條第一項、第二項之立法例，增訂本條第一項至第三項。

三、檢查身體之方式，例如檢查指紋、足印、血型等，應如何爲之？宜視情形於許可書內附加認爲適當之條件，俾防止鑑定人有過度之處置，爰參考日本刑事訴訟法第一百六十八條第三項、日本刑事訴訟規則第一百三十三條第二項之規定，增訂本條第四項。

第 204 條之 2（出示許可書及證明文件）

I 鑑定人爲第二百零四條第一項之處分時，應出示前條第一項之許可書及可證明其身分之文件。

II 許可書於執行期間屆滿後不得執行，應即將許可書交還。

■增訂說明（92.02.06）

一、本條新增。

二、鑑定人員不同於法官、檢察官或司法警察人員，故鑑定人爲第二百零四條第一項之處分時，依前條修正條文第一項之規定既須用許可書，自應出示許可書及證明其身分之文件，以免誤會。爰參考日本刑事訴訟法第一百六十八條第四項之規定，增訂本條第一項。

三、許可書依前條第二項規定，既記載執行期間，則鑑定應在有效期間內開始執行，一旦執行期間屆滿，無論是否已完成鑑定，均不得繼續執行，以免發生弊端，爰參考日本刑事訴訟規則第一百三十三條第一項之規定，增訂本條第二項。

第 204 條之 3（無正當理由拒絕鑑定）

I 被告以外之人無正當理由拒絕第二百零四條第一項之檢查身體處分者，得處以新臺幣三萬元以下之罰鍰，並準用第一百七十八條第二項及第三項之規定。

II 無正當理由拒絕第二百零四條第一項之處分者，審判長、受命法官或檢察官得率同鑑定人實施之，並準用關於勘驗之規定。

■增訂說明（92.02.06）

一、本條新增。

二、按司法權之健全運作，須賴人民之配合，爰參考日本刑事訴訟法第一百三十七條之規定，對被告以外之人，增訂本條第一項無正當理由拒絕檢查身體者，得科以罰鍰，並準用第一百七十八條第二項及第三項之規定，使其得對裁定提起抗告，俾有救濟之機會。

三、對於鑑定人之鑑定處分無正當理由拒絕者，允宜賦予一定之強制力，俾使國家之司法權得以適當行使，而實現正義，爰予明定審判長、受命法官或檢察官得率同鑑定人實施之，並準用關於勘驗之規定，以達成執行鑑定之目的，並利認定事實資料之取得。

第 205 條（鑑定之必要處分）

I 鑑定人因鑑定之必要，得經審判長、受命法官或檢察官之許可，檢閱卷宗及證物，並得請求蒐集或調取之。

II 鑑定人得請求訊問被告、自訴人或證人，並許其在場及直接發問。

□修正前條文

I 鑑定人因鑑定之必要，得經審判長、受命推事或檢察官之許可，檢閱卷宗及證物，並得請求蒐集或調取之。

II 鑑定人得請求訊問被告、自訴人或證人，並許其在場及直接發問。

■修正說明（92.02.06）

配合法院組織法之用語，將「推事」修正為「法官」。

❑ 實務見解

▶107 台上 2691（判決）

鑑定，乃指具有特別知識之第三者，以其專門知識或特別專長經驗為具體之判斷，並據以提出報告，以作為訴訟之證據資料，則鑑定人（機關）為準備報告所為資料之蒐集，自與審判程序中所為之證據蒐集、調查不同，當無受訴訟法上相關證據法則規制之餘地。

▶106 台上 1373〇（判決）

我國刑事訴訟法固不採強制鑑定，但對於待證事項有無送請具有特別知識經驗者，或政府機關委任有鑑定職務者為鑑定之必要，事實審法院仍得取捨選擇後加以決定，非必受當事人聲請之拘束。且對於待證事項之認定，如必須運用在該領域受特別教育、訓練或經歷長時間從事該業務之經驗始可得知，法官無從依其法律專業素養或一般教育中學習，或自日常生活經驗得知時，此時即有運用鑑定以補充判斷時所須要特定專業知識之必要。又法院於依法囑託鑑定時，因其職務上不具有自行判斷之知識能力，係以選任具有特別知識經驗之人或機關，對於受託鑑定事項，予以鑑識、測驗、研判及判定，以輔助法院為正確性判斷。是以被選任之鑑定人所執行者，係基於其本身之特別知識經驗，而為鑑定事項之獨立判定，如過程未獲提供充實之資料，對於鑑定應有之證明力，不無影響。**刑事訴訟法於第二百零五條第一項明定「鑑定人因鑑定之必要，得經審判長、受命法官或檢察官之許可，檢閱卷宗及證物，並得請求蒐集或調取之」，其旨在於鑑定之範圍內，能蒐集廣泛資料，以利鑑定作業之實施，俾利鑑定人提出正當之鑑定報告。法院若就犯罪行為人有無教化矯正之合理期待可能性，採取以囑託心理衡鑑進行實證之調查時，該項供以評估、判斷資料之取得，應非僅以犯罪行為人「經臨床晤談時之片面供述」為足，尤應考量其人格形成及其他相關成長背景等資訊，儘量蒐集可供鑑定人對犯罪行為人充足瞭解之客觀資料，使鑑定人得經以綜合評價與分析以後，提出正當之專家判斷，以供法院參酌及採用。**是法院為上揭事項之囑託鑑定時，有義務主動蒐集或調取與鑑定事項相關之資料，提供鑑定人為完善鑑定之內容，以增強鑑定結果之有效性與正確性，俾能踐行犯罪行為人有無教化矯正之合理期待可能，係以全人格形成因素為評估，以期在正義報應、預防犯罪與協助受刑人復歸社會等多元刑罰目的間尋求平衡，而為適當之裁量。

第 205 條之 1（鑑定之必要處分—採取分泌物等之許可）

I 鑑定人因鑑定之必要，得經審判長、受命法官或檢察官之許可，採取分泌物、排泄物、血液、毛髮或其他出自或附著身體之物，並得採取指紋、腳印、聲調、筆跡、照相或其他相類之行為。

II 前項處分，應於第二百零四條之一第二項許可書中載明。

■增訂說明（92.02.06）

一、本條新增。

二、依目前各種科學鑑定之實際需要，鑑定人實施鑑定時，往往有必要採取被鑑定人之分泌物、排泄物、血液、毛髮或其他出自或附著身體之物，或採取指紋、腳印、聲調、筆跡、照相或為其他相類之行為，為應實務之需要，兼顧人權之保障，爰參考德國刑事訴訟法第八十一條 a 第一項之立法例，於本條第一項明定鑑定人得經審判長、受命法官或檢察官之許可而為之，以資適用。

三、鑑定人實施鑑定時，所為本條第一項之行為，屬審判長、受命法官或檢察官之處分，故明定應於修正條文第二百零四條之一第二項許可書中載明，以求明確，並免爭議。

❖ 法學概念

對嫌犯檢查身體之鑑定處分

刑訴法第 205 條之 1 目的在於鑑定，故須符合下列要件：

一、對嫌犯之強制鑑定措施

所指嫌犯，是指具有犯罪嫌疑之人。

二、必須具備鑑定措施許可書

鑑定人經檢察官許可，於許可書記載刑訴法第 204 條之 1 所應記載之事項。

三、沒有健康損害之危險

由於本項強制鑑定措施是身體的干預與入侵，故須無害於嫌犯的身體健康，如是持續性或是對嫌犯的身體或精神狀態有傷害時，就不能實施。危害健康的情形，無法以幾近確定的可能性加以排除，就應認為具有危險性。不能單純以干預種類判斷，應以嫌犯的健康狀況爲基準。

四、符合強制鑑定措施之必要目的

鑑定措施的目的主要在確認訴訟中的重要事實，包括：間接證明犯罪參與嫌犯的罪責，或可能影響犯罪法律效果的判斷。尤其，這些事實可能是嫌犯的身體特徵。

【張麗卿，〈檢查身體之鑑定處分〉，收錄於《驗證刑訴改革脈動》，五南，四版，2017.09，230～231 頁。】

編按：

依警政署因應 2013 年刑法第 185 條之 3 的修法所制定的「取締酒駕拒測處理程序」如下：

一、完成酒駕拒測認定程序，並予舉發。

二、判斷不能安全駕駛（可能達 0.25mg/L 以上），以準現行犯逮捕（§88）。

三、命令其作吐氣檢測（§205-2）。

四、檢附相關資料（時間、地點、情況及違規人個資）向檢察官聲請（抽血）鑑定許可書（§205-1、§204-1）。

五、強制抽血前會再勸其配合吐氣檢測，不配合者予強制抽血。

六、隨案移送檢察官偵查（結案）。

針對此一規定，有學者表示質疑。依行政院 6 月 17 日所舉行的跨部會決議以及警政署於 6 月 18 日所頒訂的「取締酒駕拒測處理程序」，係以刑事訴訟法第 205 條之 1 作爲移送拒測駕駛人強制抽血法律依據，卻存有極大問題。蓋姑且不論警察根本不具刑事訴訟法第 205 條之 1 所稱之鑑定人資格，而且刑事訴訟法亦未授予檢察官所謂職權鑑定許可。

申言之，刑事訴訟法有關鑑定許可之規定皆係建構在「**鑑定人因鑑定之必要**」的前提，亦即鑑定人係本於其專業知識而決定有檢查身體、解剖屍體、採取血液等之必要時，始得向法院或檢察官提出聲請許可。然而遍查刑事訴訟法，並無授權檢察官基於犯罪偵查職權得直接作出鑑定許可之規定。或許法務部認爲，檢察官既然有權許可鑑定人之聲請而使其採取被告血液，那麼檢察官本於職權，不待鑑定人之聲請而直接許可強制採取血液。然而，如此做法明顯與刑事訴訟法不符，因爲這根本不能稱爲「許可」而是直接下命的強制處分；又侵入身體的強制處分，**法律如未充分明白授權，即便是檢察官，也不得自行決定爲之。簡言之，在目前法制下，只要酒駕的駕駛人沒有肇事，當其拒絕酒測時，警察完全無強制抽血之任何法律依據。**

正本清源之道，與其牽強附會地援引條文依據，不如徹底檢討修正現行規範酒駕之法制（當然也不應以刑事訴訟法爲限），明確規定強制抽血之要件與作爲程序。

【吳耀宗，〈檢察官依職權核發鑑定許可書強制抽血違法〉，《台灣法學雜誌》，第 228 期，2013.07，15 頁以下；吳耀宗，〈刑法防制酒駕新規定無漏洞惟執法誤解與立法謬錯〉，《月旦法學雜誌》，第 221 期，2013.10，203 頁。】

第 205 條之 2（調查及蒐證之必要處分—採取指紋等）

檢察事務官、司法警察官或司法警察因調查犯罪情形及蒐集證據之必要，對於經拘提或逮捕到案之犯罪嫌疑人或被告，得違反犯罪嫌疑人或被告之意思，採取其指紋、掌紋、腳印，予以照相、測量身高或類似之行爲；有相當理由認爲採取毛髮、唾液、尿液、聲調或吐氣得作爲犯罪之證據時，並得採取之。

■增訂說明（92.02.06）

一、本條新增。

二、檢察事務官、司法警察（官）、依法有調查犯罪嫌疑人犯罪情形及蒐集證據之權限，則其等於有必要或有相當理由時，對於經拘提或逮捕到案之犯罪嫌疑人或被告，得否違反犯罪嫌疑人或被告之意思，予以照相、測量身高或類似之行爲，並採取其指紋、掌紋、腳印、毛髮、唾液、尿液、聲調或吐氣？事關偵查程序之順利進行與否，及能否有效取得認定事實之證據，爰增訂本條，以爲執法之規範。

❖ 法學概念

強制採樣處分

依本條之規定，檢察事務官等人如認爲有必要或具有相當理由時，亦得對於經拘提或逮捕到案之犯罪嫌疑人或被告，違反其意思，予以照相、測量身高或類似之行爲，並採取其指紋、掌紋、毛髮、唾液、尿液、聲調或吐氣。精確地說，本條規定的目的應該只是讓檢察事務官等人，爲了執行辨識職務所爲的強制處分。本條身體採證的對象限縮於經拘捕之人，採證所造成的暫時性拘束自由屬於拘捕的結果，但違反犯罪嫌疑人或被告之意思爲採證或進而鑑定，干預隱私權或資訊自決權，故不宜將其視爲任意偵查方式，而應認爲係一種強制處分，**故對於比較嚴重的身體侵入的行爲，如抽取血液或胃液等，不得爲之。**與搜索相較，雖然同樣是尋找證據，司法警察之身體採證權的目的在於將來的鑑定，且通常需有專門知識；而身體搜索未必是爲了鑑定而爲，且稍後也有可能需要鑑定以確認涉嫌與否，例如鑑定兇器上的血跡或指紋等。就干預手段而言，身體搜索限於對人身體表面或自然開口狀態的搜查；司法警察的身體採證則大部分需要透過輔助器材鑑定或透過證人的辨認。析述本條之要件如下：

一、對拘捕之嫌犯或被告爲之

首先，須對於經拘提或逮捕到案之犯罪嫌疑人或被告，始得適用本條。例如，只是依刑訴法第 71 條通知到場詢問之犯罪嫌疑人，即不得強制實施採樣處分。

二、必要原則與相當理由之遵守

無論是體外或體內的強制採樣處分，如果有其他方法就可達執行辨識、調查犯罪及蒐集證據的目的時，即不應使用此等措施。**「有相當理由」與「必要性」的認定，解釋上，應以「情況急迫」加以限縮。**蓋這些比較嚴重的身體侵入行爲的檢查，如無遲疑之危險，應由法官決定。這個應與鑑定人於無情況急迫下，因鑑定之必要，需要採取分泌物、排泄物、血液、毛髮或其他出自或附著身體之物時，應得到審判長、受命法官或檢察官之許可（§205-1）應爲相同的解釋。**亦即，基於令狀原則，原則上，應經法院之許可始得爲之。**故**「急迫性」**的詮釋係指非於拘提或逮捕犯罪嫌疑人或被告到案之時，立即採取其毛髮、唾液、尿液、聲調或吐氣等行爲，即無從有效取得犯罪之證據時始得採取之。

【張麗卿，〈鑑定制度之改革〉，收錄於《驗證刑訴改革脈動》，五南，四版，2017.09，221～223 頁；黃惠婷，〈司法警察之身體採證權〉，《警察法學》，第 12 期，2013.06，162 頁以下。】

☐ 實務見解

▸99 台上 40（判決）

刑事訴訟法第二百零五條之二規定，檢察事務官、司法警察官或司法警察因調查犯罪情形及蒐集證據之「必要」，對於經拘提或逮捕到案之犯罪嫌疑人或被告，得違反犯罪嫌疑人或被告之意思，採取其指紋、掌紋、腳印，予以照相、測量身高或類似之行爲；有「相當理由」認爲採取毛髮、唾液、尿液、聲調或吐氣得作爲犯罪之證據時，並得採取之。此項檢察事務官、司法警察官、司法警察之身體採證權，依其立法意旨，乃著眼於偵查階段之「及時」搜證，亦即若非於拘提或逮捕到案之同時，立即爲本法條所定之採集行爲，將無從有效獲得證據資料，是其目的在使偵查順遂、證據有效取得，俾國家刑罰權得以實現，而賦與警察不須令狀或許可，即得干預、侵害被告身體之特例，適用上自應從嚴。**其於干預被告身體外部，須具備因調查犯罪情形及蒐集證據之「必要性」**，而於干預身體內部時，並附以「有相當理由認爲得作爲犯罪證據」之要件，方得爲之。此**「必要性」或「相當理由」之判斷，須就犯罪嫌疑程度、犯罪態樣、所涉案件之輕重、證據之價值及重要性，如不及時採取，有無立證上困難，以及是否有其他替代方法存在之取得必要性，所採取者是否作爲本案證據，暨犯罪嫌疑人或被告不利益之程度等一切情狀，予以綜合權衡**；於執行採證行爲時，就採證目的及採證證據之選擇，應符合比例原則，並以侵害最小之手段爲之。**其中強制採取尿液係屬侵入身體而作穿刺性或侵入性之身體採證，尤須無致犯罪嫌疑人或被告生命危險或嚴重損及健康之虞，且僅得由專業醫師或熟習該技能者，遵循醫術準則，採用醫學上認爲相當之方法行之。而此項「必要性」或「相當理由」之有無，法院於審理時得依職權予以審查，以兼顧國家刑罰權之實現與個人身體不受侵犯及隱私權之保障。**

❖ 學者評釋

最高法院雖然對於身體檢查會侵害被處分者的基本權有所認識，並以此爲前提，解釋刑訴法第 205 條之 2 的規定，對本條在實務上之適用提供具有參考價值的審查意見。可惜的是，**最高法院並未正確體認導尿取證是以物伸入受導尿者的體內而取得證據，是一種具有高度侵犯性的身體檢查手段，亦忽視刑訴法第 205 條之 2 立法目的不僅在於讓司法警察及時取證，透過可採證範圍的限制，立法者有意限縮司法警察無令狀身體檢查可能的範圍與手段，**基於此前提，侵害性高過抽血的導尿採證程序，自然被排除在本條授權之外，即便其進行曾受到醫師協助。

雖然立法者並未對本條檢查方法設立明白限制，強迫解尿與強迫導尿的確也都是取尿方式，**但從本條將取證對象限制在毛髮、唾液等這些侵害相對微小的項目上，立法者顯然有意限縮司法警察之無令狀的身體檢查範圍。**因而未將血液列入刑訴法第 205 條之 2 的取證範圍，並不是立法過程的文字疏失，而是立法者另有考慮。**既然立法者連抽血都不允許，比抽血侵害更大的導尿當然不在本條授權範圍。**

【李佳玟，〈急診室中的強制導尿——簡評最高法院 99 年度台上字第 40 號判決〉，《台灣法學雜誌》，第 158 期，2010.08，223 頁以下。】

第 206 條（鑑定報告）

Ⅰ鑑定之經過及其結果，應命鑑定人以言詞或書面報告。

Ⅱ鑑定人有數人時，得使其共同報告之。但意見不同者，應使其各別報告。

Ⅲ以書面報告者，於必要時得使其以言詞說明。

☐ 實務見解

▸101 台上 591（判決）

鑑定爲僅依特別學識經驗方得以知悉之法則，鑑定人就受託之鑑定事項以書面報告者，其內容應包括「鑑定之經過及其結果」，刑事訴訟法第二百零六條第一項定有明文。所謂鑑定之經過，指實施鑑定之程序與步驟，包括鑑定方法之如何，因鑑定之必要而爲資料、資訊之蒐集與其內容，及所為判斷意見之根據暨理由；**所稱鑑定之結果，乃鑑定人就鑑定之經過，依其專業知識或經驗，對於鑑定事項所做之判斷、論證。鑑定書面除應明確說明其鑑定之結果外，鑑定之經過尤其必須翔實記載，俾當事人或訴訟關係人得以質疑該鑑定形成之公信力，使鑑定之結果臻至客觀、正確。苟有欠缺，法院應命補正，必要時並得通知實施鑑定之人以言詞報告或說明，不得專憑不盡之鑑定書面，作為判決之證據**。

第 206 條之 1（行鑑定時當事人在場權）
Ⅰ行鑑定時，如有必要，法院或檢察官得通知當事人、代理人或辯護人到場。
Ⅱ第一百六十八條之一第二項之規定，於前項情形準用之。

■增訂說明（92.02.06）

一、本條新增。

二、為期發見真實，當事人在場之機會允宜適度設計予以保障，且衡諸實際，於法院或檢察官命行鑑定時，鑑定結果可能於事實之認定生重大影響，斯時，如能賦予當事人、代理人或辯護人到場之機會，當能藉著鑑定程序之透明化及意見之適時、適切表達，減少不必要之疑慮或澄清相關爭點。惟進行鑑定時，因經常需要較長之時間，並涉及特殊之鑑定技術及方法，宜由法官、檢察官斟酌個案之具體情狀，於必要時，通知當事人、代理人或辯護人到場，爰參考日本刑事訴訟法第一百七十條前段之立法例，增訂本條第一項。

三、為保障當事人在場之機會權，鑑定之日、時及處所，應預行通知之，以方便當事人、代理人或辯護人到場。惟當事人、代理人或辯護人基於己身原因考量，自願放棄其在場之機會，而預先表明不願到場者，法院得不再預行通知，以免浪費有限之司法資源。爰參考日本刑事訴訟法第一百七十條後段之立法例，增訂本條第二項。

第 207 條（鑑定人之增加或變更）
鑑定有不完備者，得命增加人數或命他人繼續或另行鑑定。

第 208 條（機關鑑定）
Ⅰ法院或檢察官得囑託醫院、學校或其他相當之機關、團體為鑑定，或審查他人之鑑定，並準用第二百零三條至第二百零六條之一之規定；其須以言詞報告或說明時，得命實施鑑定或審查之人為之。
Ⅱ第一百六十三條第一項、第一百六十六條至第一百六十七條之七第二百零二條之規定，於前項由實施鑑定或審查之人為言詞報告或說明之情形準用之。

□修正前條文

Ⅰ法院或檢察官得囑託醫院、學校或其他相當之機關為鑑定，或審查他人之鑑定。
Ⅱ第二百零三條至第二百零六條之規定，於前項情形準用之；其須以言詞報告或說明時，由受囑託機關實施鑑定或審查之人為之。

■修正說明（92.02.06）

一、本法除選任自然人充當鑑定人外，另設有機關鑑定制度，即法院或檢察官得囑託醫院、學校或其他相當之機關為鑑定，或審查他人之鑑定，其鑑定程序並準用第二百零三條至第二百零六條之規定。另於實務之運作，亦有囑託法人或非法人之團體為鑑定之情形，例如囑託職業公會為鑑定。有鑑於目前受囑託從事鑑定之機關或團體，常有採行合議制之情形，為探求真實及究明鑑定經過，法院或檢察官應得命實際實施鑑定或審查之人到場報告或說明。再者，修正條文第二百零六條之一之規定於囑託機關或團體為鑑定或審查他人鑑定時，亦有準用之必要，爰將原本條第一項及第二項規定之文字予以修正，並增列所應準用之規定後，同列為第一項，以資規範。

二、前項實際實施鑑定或審查之人以言詞報告或說明其鑑定經過或結果時，其身分與鑑定人相當，應有具結之義務，且當事人、代理人、辯護人或輔佐人亦得詢問或詰問之，以助於真實之發見，爰就所應準用之規定於第二項予以列明。

❖ 法學概念

測謊鑑定

一、定義

測謊係利用科學儀器去測試是否有說謊，因為人在下意識試圖說謊時，會因為心理的變化而產生生理變化（諸如：呼吸、心跳等），透過生理的變化來判斷是否有說謊。雖目前我國法制並無測謊之法律具體授權，惟測謊仍須經過受測者之同意。在權益放棄之前提下（類似同意搜索之法理），國家機關始得在得受測者同意之情形下，實施測謊。

二、性質

學說上認為，**測謊之性質為心理鑑定，同時亦為強制處分之類型之一**。惟測謊之特殊之處在於，必須得到受測者之同意、配合才有可能作成，並無強制力之行使，與傳統之強制處分有所差異，可謂爲「不使用強制力之強制處分」。

最高法院 95 年度台上字第 1797 號判決認爲：「刑事程序上之測謊，屬於心理檢查，具有直接對人之內心實施測驗之本質，涉及人格之侵害問題，基於正當法律程序之要求，實施測謊檢查應符合事先告知、說明程序、取得眞摯之同意等程序，未獲受測者眞摯之同意下所實施之測謊檢查，屬侵害人格權之違法處分，即便有檢察官或法院之許可，亦不得強制實施；至於合法之測謊檢查結果，可信賴至何種程度，由法院以自由心證判斷之，但因測謊係以人的內心作爲檢查對象，其結果之正確性擔保仍有困難，故不能使用檢查結果作爲證明犯罪事實存在之實質證據，而僅能作爲彈劾或增強證據證明力之用，法院仍應調查其他證據，以察受測謊人所述事實是否與事實相符。」

因此，本書認爲絕不可僅憑「測謊未過」當作認定有罪的唯一偵辦方向。例如，轟動一時江國慶案，即是過度信賴測謊鑑定而造成的冤案。在 1996 年 10 月 1 日，調查局對空軍作戰司令部福利站的員工和支援士兵實施測謊檢測，結果只有江國慶一人未通過。10 月 2 日晚間，江國慶被送到禁閉室，由專案人員的「反情報總隊」進行連續 37 小時的疲勞訊問和刑求逼供，迫使他自承犯案，並於 10 月 4 日寫下自白書。當時的空軍政戰主任取得自白書之後，就自行宣布破案。之所以會鎖定江國慶進行刑求，與他測謊未過有關，但之所以測謊未過，很可能係受測人緊張、害怕所致，未必代表說謊。

三、證據能力

綜合學說及實務的見解，對被告測謊必須要有以下的要件才具備證據能力：

㈠應「事先告知」受測者在法律上無接受測謊之義務。

㈡應向受測者說明測謊機器操作之原理及檢測進行之程序、目的、用途、效果；並且「徵得受測者眞摯之同意」。

㈢於測謊過程中，各個質問不能以「強制或誘導方式」爲之。亦即測謊鑑定，對被告而言具有「供述或溝通」，應受不自證己罪原則之保護。

㈣雙方當事人對於測謊「結果」表示同意。

㈤測謊員須受良好之專業訓練與相當之經驗、測謊儀器品質良好且運作正常、受測人身心及意識狀態正常且測謊環境良好。

總之，測謊程序須具備上述前提要件，始賦予證據能力，非謂機關之測謊鑑定報告書當然具有證據能力。且其鑑定結果僅能供爲審判上之參酌，其證明力如何，法院仍有自由判斷之權限。

【黃朝義，《刑事訴訟法》，新學林，五版，2017.09，640 頁；最高法院 103 年度台上字第 126 號、98 年度台上字第 4790 號判決。】

❑ 實務見解

▶75 台上 5555（判例）

囑託機關鑑定，並無必須命實際爲鑑定之人爲具結之明文，此觀同法第二百零八條第二項，已將該法第二百零二條之規定排除，未在準用之列，不難明瞭。原審綜合卷內相關證據爲判斷，縱未命該醫院實際爲鑑定之人簽名蓋章及具結，仍不得任意指爲採證違背法則。

❖ 學者評釋

此一實務見解，機關鑑定無庸命實際實施鑑定之自然人具結，頗受質疑。2003 年雖修法嘗試調整，但法院依然「得」命受囑託機關實施鑑定或審查之。依此修法文義，機關鑑定者也不一定要出庭或具結，而是取決於法院的裁量。有鑑於目前受囑託從事鑑定之機關或團體，常有採行合議制之情形，故爲探求眞實及究明鑑定經過，法院或檢察官「應」命實際實施鑑定或審查之人到場報告或說明，以保障被告的詰問權。

【張麗卿，《刑事訴訟法理論與運用》，五南，十三版，2016.09，407 頁以下；林鈺雄，《刑事訴訟法（上）》，新學林，八版，2017.09，562 頁以下。】

▶103 台上 126（判決）

測謊鑑定報告究竟有無證據能力，刑事訴訟法固無明文規定。實務上，送鑑單位依刑事訴訟法第二百零八條第一項規定，囑託法務部調查局或內政部警政署刑事警察局等機關爲測謊鑑定，受囑託機關就鑑定結果，以該機關名義函覆原囑託之送鑑單位，該測謊鑑定結果之書面報告，即係受囑託機關之鑑定報告。該機關之鑑定報告，形式上若符合測謊基本程式要件，**包括：經受測人同意配合，並已告知得拒絕受測，以減輕受測者不必要之壓力、測謊員須經良好之專業訓練與相當之經驗、測謊儀器品質良好且運作正常、受測人身心及意識狀態正常、測謊環境良好，無不當之外力干擾等要件，即難謂無證據能力。**

▶100 台上 4315（判決）

我國刑事訴訟法所謂之「鑑定」，除選任自然人充當鑑定人外，另設有囑託機關鑑定制度。法院或檢察官依刑事訴訟法第二百零八條規定囑託醫院、學校或其他相當之機關、團體爲鑑定時，祇須其以言詞或書面提出之鑑定報告，符合同法第二百零六條第一項、第二百零八條所規定之形式要件，即具有證據能力，此即屬刑事訴訟法第一百五十九條第一項所稱「法律有規定」之特別情形。而受託從事鑑定之機關、團體提出之鑑定報告，其證明力如何，則由法院本於確信自由判斷，如其所爲判斷，並不違背經驗法則及論理法則，即不得指爲違法。又法院或檢察官於囑託機關或團體爲鑑定時，爲探求眞實及究明鑑定經過，固得依同法第二百零八條第一項後段規定，命實際實施鑑定之人到場，就鑑定之相關事項，以言詞報告或說明，此時受託之鑑定機關、團體即應提供實施鑑定者之身分資料，以供法院通知其到庭踐行調查程序。惟有無命實際實施鑑定之人到場，以言詞報告或說明之必要，事實審法院自有依具體個案情節斟酌決定之權。**若法院認鑑定機關、團體出具之書面鑑定報告，內容完備而明確，無傳喚實施鑑定之人爲言詞報告或說明之必要，即使鑑定機關、團體未提供或揭露實施鑑定之人之身分資料，亦與該鑑定報告有無證據能力及證明力如何之判斷無涉。**

▸100 台上 3926（判決）

由檢察機關概括選任鑑定人或概括囑託鑑定機關、團體，再轉知司法警察官、司法警察於調查犯罪時參考辦理之作爲，法無明文禁止，係爲因應現行刑事訴訟法增訂傳聞法則及其例外規定之實務運作而爲。此種由司法警察官、司法警察依檢察官所概括選任之鑑定人或囑託鑑定機關、團體所爲之鑑定結果，與檢察官選任或囑託爲鑑定者，性質上並無差異，同具有證據能力。原判決採爲證據之凱旋醫院濫用藥物成品檢驗鑑定書、濫用藥物尿液檢驗報告，乃司法警察官、司法警察依檢察官所概括囑託鑑定機關、團體所爲之鑑定結果，非屬審判外之傳聞證據，自有證據能力，且已經原審合法調查，得爲論罪之依據。

▸100 台上 1803（判決）

刑事訴訟法第二百零八條第一項規定：「法院或檢察官得囑託醫院、學校或其他相當之機關、團體爲鑑定或審查他人之鑑定，並準用第二百零三條至第二百零六條之一之規定；其須以言詞報告或說明時，得命實施鑑定或審查之人爲之。」則法院或檢察官囑託醫院、學校或其他相當之機關、團體爲鑑定或審查他人之鑑定時，爲探求眞實及究明鑑定之經過，於必要時，固得命實際實施鑑定或審查之人到場以言詞報告或說明，惟是否有此必要，法院本有自由酌裁之權，非謂於囑託醫院、學校或其他相當之機關、團體爲鑑定或審查他人鑑定之情況，必經實際實施鑑定或審查之人到庭以言詞報告或說明，該經合法調查之書面鑑定報告，始得作爲判決之基礎。

第 209 條（鑑定人之費用請求權）
鑑定人於法定之日費、旅費外，得向法院請求相當之報酬及預行酌給或償還因鑑定所支出之費用。

修正前條文

鑑定人於法定之日費、旅費外，得向法院請求相當之報酬及償還因鑑定所支出之費用。

修正說明（92.02.06）

鑑定人爲鑑定時，往往必須墊付因鑑定所支出之費用，若遇費用過大時，有時不願墊付而藉詞無法鑑定，造成刑事案件處理上之困擾，爰增訂得預行酌給，俾鑑定人得向法院請求，以應實務需要。

第 210 條（鑑定證人）
訊問依特別知識得知已往事實之人者，適用關於人證之規定。

第 211 條（通譯準用本節規定）
本節之規定，於通譯準用之。

第四節　勘　驗

第 212 條（勘驗之機關及原因）
法院或檢察官因調查證據及犯罪情形，得實施勘驗。

❖ 法學概念

「鑑定」、「勘驗」與「相驗」之比較

一、概念區別

㈠「鑑定」係指僅依特別學識經驗方得以知悉之法則以及適用該法則所取得之意見判斷結果。

㈡「勘驗」係指透過五官作用，對於物（包含人之身體）之存在及其狀態所爲之認知過程。

㈢「相驗」則專指檢察官就轄區內遇有「非病死或可疑爲非病死者」的情形，因恐涉及犯罪，而必須加以檢驗。

二、發動依據不同

㈠鑑定與勘驗之區別差異，在於實施時「實施者有無必要作判斷」與「實施者有無必要具備特別專業知識」之程度上。以贓物車體號碼有無被變造爲例，警察依其經驗僅就外觀或簡單地檢驗即可判斷者，即屬廣義勘驗之範疇（警察之實質勘察行爲）；反之，倘需進一步強調專業技術與經驗方得以加以分辨者，例如屬於非解剖物體（車體）即無法得知部分，便屬於鑑定之範圍。

㈡檢察官遇有病死或可疑爲非病死事實發生時應儘速爲之，檢察官如發現有犯罪嫌疑時，應繼續爲必要之勘驗及調查（§218）。

三、主體不同

㈠「鑑定」係指僅依特別學識經驗方得以知悉之法則以及適用該法則所取得之意見判斷結果。

㈡法院或檢察官爲「勘驗」執行主體；而司法警察（官）調查犯罪有必要時，得封鎖犯罪現場，並爲「即時勘察」（§230Ⅲ、§231Ⅲ），然而「即時勘察」本質上仍屬於「勘驗」，故學說上認為，在解釋上「即時勘察」的發動，應該僅限於犯罪發生後之即時勘察，且事後應受到司法審查。

㈢「相驗」係指檢察官得命檢察事務官會同法醫師、醫師或檢驗員執行，可以說是**「勘驗之先行程序」**。如案件顯無涉及犯罪嫌疑，則原則上檢察官無親自參與之必要，以節省有限之偵查犯罪資源。惟相驗完畢後，即應將相關之卷證陳報檢察官（§218Ⅲ），此時檢察官如發現有犯罪之嫌疑時，即應繼續為必要之勘驗及調查。

四、客體不同

㈠「鑑定」係對於需要以專業知識或經驗，加以分析、實驗、臨床診斷刑事案件之特定事物，以其而做判斷，以作為偵查或審判之參考。

㈡「勘驗」範圍則較廣，包含：**履勘犯罪場所或其他與案情有關係之處所、檢查身體、檢驗屍體、解剖屍體、檢查與案情有關係之物件、其他必要之處分皆屬之（§213）。**

㈢**「相驗」則專指檢察官遇有「非病死或可疑為非病死」者的情形，因恐涉及犯罪，而必須加以檢驗（可能為偵查之開端）。**

五、後續處理

㈠「鑑定」與「勘驗」同具有**「偵查作為」**之屬性，採證後之「鑑定結果」或「勘驗結果」分別以「鑑定報告書」或「勘驗筆錄」等方式提出於法院。

㈡「相驗」完畢後，檢察官或檢察事務官應即將相關之卷證陳報檢察官。檢察官發現有犯罪嫌疑時，應繼續為必要之勘驗及調查（§218Ⅲ）。

【黃朝義，《刑事訴訟法》，新學林，五版，2017.09，310 頁以下；林俊寬，《刑事訴訟法：基礎理論與實務運用》，五南，初版，2013.07，222 頁；朱石炎，《刑事訴訟法論》，三民，七版，2017.08，296 頁。】

第 213 條（勘驗之處分）

勘驗，得為左列處分：

一　履勘犯罪場所或其他與案情有關係之處所。
二　檢查身體。
三　檢驗屍體。
四　解剖屍體。
五　檢查與案情有關係之物件。
六　其他必要之處分。

第 214 條（勘驗時之到場人）

Ⅰ行勘驗時，得命證人、鑑定人到場。

Ⅱ檢察官實施勘驗，如有必要，得通知當事人、代理人或辯護人到場。

Ⅲ前項勘驗之日、時及處所，應預行通知之。但事先陳明不願到場或有急迫情形者，不在此限。

□**修正前條文**

行勘驗時，得命證人、鑑定人到場。

■**修正說明（92.02.06）**

一、原條文移列為第一項。

二、行勘驗時有關當事人、代理人、辯護人在場機會之保護，審判中依第二百十九條準用搜索之規定，當事人、辯護人得以在場；惟偵查中檢察官實施勘驗，當事人、代理人或辯護人之在場機會應如何保障？則法無明文，允宜增訂，俾利適用。但斟酌檢察官調查犯罪事實之實際需要，若無論任何情形均准當事人、代理人或辯護人在場，也許有妨害眞實發見之可能，因此如何而為適當，自宜賦予檢察官裁量之權，爰參考日本刑事訴訟法第一百四十二條、第一百十三條之立法例，增訂本條第二項。

三、為保障當事人之在場機會，檢察官實施勘驗之日、時及處所，應預行通知之，以方便當事人、代理人或辯護人到場。惟當事人、代理人或辯護人基於己身原因考量，自願放棄其在場權，而預先表明不願到場者，或檢察官因案情調查之程度認有勘驗之必要而情況急迫者，得不預行通知，以免浪費有限之司法資源或妨害偵查。爰參考本法第一百五十條之體例，增訂本條第三項。

第 215 條（檢查身體處分之限制）

Ⅰ檢查身體，如係對於被告以外之人，以有相當理由可認為於調查犯罪情形有必要者為限，始得為之。

Ⅱ行前項檢查，得傳喚其人到場或指定之其他處所，並準用第七十二條、第七十三條、第一百七十五條及第一百七十八條之規定。

Ⅲ檢查婦女身體，應命醫師或婦女行之。

□**修正前條文**

Ⅰ檢查身體，如係對於被告以外之人，以有相當理由可認為於調查犯罪情形有必要者為限，始得為之。

Ⅱ檢查婦女身體，應命醫師或婦女行之。

■**修正說明（92.02.06）**

一、勘驗乃為調查證據及犯罪情形所實施之處分，係調查證據程序之一種，與證人或鑑定人之證據方法有別。法院或檢察官檢查被告之身體，固得傳喚被告；如被告無正當理由不到場者，得拘提之（參照本法第七十一條、第七十五條），惟法院或檢察官欲檢查被告以外之人之身體時，可否傳喚或拘提之，現行法並無明文規定，實務上，由於傳喚證人之原因並無限制，故經常以傳喚證人之變通方式傳喚被告以外之人到場予以檢查其身體，惟就理論上言，有關檢查身體之處分與調查人證之性質究不相同，自以另作規定較妥。又被告以外之人應受身體檢查，經合法傳喚，無正當理由，而未到庭者，是否得予科處罰鍰或拘提？法亦無明文，適用上容有疑義，為發見真實，使司法權順利運作，爰參考日本刑事訴訟法第一百三十二條、第一百三十三條、第一百三十五條、第一百三十六條之立法例，增訂第二項，規定準用本法第七十二條、第七十三條、第一百七十五條及第一百七十八條，以資明確。

二、原條文第二項移列為第三項。

第 216 條（檢驗或解剖屍體處分）

Ⅰ檢驗或解剖屍體，應先查明屍體有無錯誤。

Ⅱ檢驗屍體，應命醫師或檢驗員行之。

Ⅲ解剖屍體，應命醫師行之。

第 217 條（檢驗或解剖屍體處分）

Ⅰ因檢驗或解剖屍體，得將該屍體或其一部暫行留存，並得開棺及發掘墳墓。

Ⅱ檢驗或解剖屍體及開棺發掘墳墓，應通知死者之配偶或其他同居或較近之親屬，許其在場。

第 218 條（相驗）

Ⅰ遇有非病死或可疑為非病死者，該管檢察官應速相驗。

Ⅱ前項相驗，檢察官得命檢察事務官會同法醫師、醫師或檢驗員行之。但檢察官認顯無犯罪嫌疑者，得調度司法警察官會同法醫師、醫師或檢驗員行之。

Ⅲ依前項規定相驗完畢後，應即將相關之卷證陳報檢察官。檢察官如發現有犯罪嫌疑時，應繼續為必要之勘驗及調查。

■增訂說明（92.02.06）

一、按相驗乃偵查之開端，對於有犯罪嫌疑人之非病死或可疑為非病死案件，檢察官固應速為相驗，以利犯罪之偵查，但因法院組織法第六十六條之二至第六十六條之四已增設檢察事務官一職，用以協助檢察官偵查犯罪，而相驗既為偵查之開端，檢察官依前開規定亦得指揮檢察事務官行之，爰增訂第二項前段，明定檢察官得命檢察事務官會同法醫師、醫師或檢驗員實施相驗。

二、檢察官對於死因明確，顯無犯罪嫌疑之案件或重大災難事故所引起之死亡案件（例如震災或空難事件），如均要逐案事必躬親，非但減低相驗案件處理之效率，易引起民怨，且將使檢察官人力無法為適當之分配及運用，爰參考日本刑事訴訟法第二百二十九條第二項之立法例，增訂第二項後段，明定檢察官得斟酌情形調度司法警察官會同法醫師、醫師或檢驗員實施相驗。

三、檢察事務官或司法警察官既依檢察官之命令或調度實施相驗，則於相驗完畢後，自應立即將相關之卷證陳報檢察官審核，以收監督效能，檢察官如發現有犯罪嫌疑時，應繼續為必要之勘驗及調查，爰增訂第三項之規定。

第 219 條（勘驗準用之規定）

第一百二十七條、第一百三十二條、第一百四十六條至第一百五十一條及第一百五十三條之規定，於勘驗準用之。

□修正前條文

第一百二十七條、第一百四十六條至第一百五十一條及第一百五十三條之規定，於勘驗準用之。

■修正說明（92.02.06）

檢查身體，得否用強制力？本法總則編第十二章第四節「勘驗」，並無特別規定，原條文又無準用第一百三十二條之規定，適用時不無疑義，允宜斟酌實務上之需要，參考日本刑事訴訟法第一百三十九條之立法例，修正增加有關強制勘驗準用之規定。

□實務見解

▶94 台上 4929（判例）

當事人及審判中之辯護人得於搜索或扣押時在場。但被告受拘禁，或認其在場於搜索或扣押有妨害者，不在此限。刑事訴訟法第一百五十條第一項定有明文。此規定依同法第二百十九條，於審判中實施勘驗時準用之。此即學理上所稱之「在場權」，屬被告在訴訟法上之基本權利之一，兼及其對辯護人之倚賴權同受保護。故事實審法院行勘驗時，倘無法定例外情形，而未依法通知當事人及辯護人，使其有到場之機會，所踐行之訴訟程序自有瑕疵，此項勘驗筆錄，應認屬因違背法定程序取得之證據。

▶99 台上 8203（判決）

審判中之勘驗，係由法官透過感官知覺之運用，觀察現時存在之物體狀態或場所之一切情狀，就接觸觀察所得之過程，依其認知藉以發見證據之調查證據方法。勘驗與鑑定之不同，在於勘驗不能作判斷，僅能原狀客觀呈現，然勘驗行爲所形成之勘驗結果，其展示、取得之證據資料，或仍不免因勘驗者（法官）存有主觀判斷之要求而受影響甚或滋生爭議，從而**審判中假手法官助理所爲之勘驗書面，不惟與法定程式不符，且因已失其作爲證據之意義，即令當事人均明示同意作爲證據，仍無予容許其取得證據能力之餘地**。

第五節　證據保全

■增訂説明（92.02.06）

一、本節新增。

二、所謂「證據保全」，係指預定提出供調查之證據有湮滅、僞造、變造、藏匿或礙難使用之虞時，基於發見眞實與保障被告防禦及答辯權之目的，按訴訟程序進行之階段，由告訴人、犯罪嫌疑人、被告或辯護人向檢察官，或由當事人、辯護人向法院提出聲請，使檢察官或法院爲一定之保全處分。此爲防止證據滅失或發生礙難使用情形之預防措施，與調查證據之概念有別。日本刑事訴訟法第一編第十四章設有保全證據之專章。德國刑事訴訟法第一百六十五條、第一百六十六條第一項、第一百六十七條亦有關於證據保全之規定。爰參考我國民事訴訟法第二編第一章第三節第六目及日本刑事訴訟法之立法體例，於本法證據章內增訂第五節「證據保全」，以資適用。

❖ 修法簡評

國內學者們認爲，本節之增訂，實屬畫蛇添足、誤解外國法制之舉：

一、柯耀程教授

依新增之證據保全規定，其內容根本看不出證據保全的實質意義，反倒更像是證據取得無聲請之規定，倘若係欲以「證據保全」的概念，來作證據取得請求之規範者，則對於證據取得的規定，早在2002年2月修正之刑訴法第163條即已明定，毋庸重複規範。

事實上，證據取得、證據保全與證據調查係三個不同的法律概念，即：

㈠在證據取得的概念下，應受到關聯性與取證禁止規範之要求，其違反時，證據失其效力。

㈡而證據調查，本爲確認證據資格之程序審查方式，證據必經證據合法調查後，方得以作爲認定事實之依據，倘若違反證據調查，其事實認定判決，係爲違背法令。

㈢至於證據保全之概念，則係對於已經取得之證據，爲供未來事實認定的調查程序之用必須加以妥善留存，其本係偵查機關與審判機關不可偏廢的義務，此係刑事證據本然性之要求，應職權爲之，無待乎利害關係之人聲請。

【柯耀程，〈「證據保全」立法之檢討——評刑事訴訟法新增修證據保全規定〉，《月旦法學雜誌》，第97期，2003.06，153頁以下。】

二、楊雲驊教授

本節法條所列舉之「保全處分」的內容有屬於取得證據或保全被告的前置手段，有屬於對於既存之證據資料，以法律特定的方式將之呈現成爲證據，有的是更進一步對法定之證據方法進行調查的方式；就決定機關而言，有檢察官可單獨決定實施或需得到法官的同意而不同者；有實施對相對人基本權利也有程度不同的干預；今將其全套入「保全處分」概念下，恐生混淆。

至於，立法說明內所提及的「德國刑事訴訟法第165條、第166條第1項、第167條有關於證據保全之規定」，其實只有第166條第1項的規定勉強與證據保全的概念些許相關，該條的規定是「在一定的要件限制下，偵查中被告直接向法官請求證據調查，對此無須先要向檢察官聲請的程序。」至於第165條則是「緊急檢察官」的規定，即「當存有遲延的危險時且無法找到檢察官時，法官可在沒有聲請的情形下採取必要的調查措施。」但此係適應過去農村生活的彈性規定，在近代聯繫及交通方式大幅改善的現狀下，幾乎已經不具實質意義，因此在今日實務上也不具重要性。至於第167條則是「在第165條及第166條的情形下，檢察官應繼續爲其他的處分」之規定。由以上分析可知，此次立法說明引用了完全無關，或是在實務上不具重要性的條文，卻對眞正規範德國被告在偵查中聲請調查證據的主要條文，即第163a條第2項完全未曾提及，顯然是引進外國法制上的一重大疏漏。

【楊雲驊，〈偵查程序中證據保全制度之檢討〉，《東吳大學法律學報》，第16卷第2期，2004.12，308頁以下。】

❖ 法學概念

證據保全

一、定義

所謂證據保全係指**預定提出供調查之證據有湮滅、僞造、變造、隱匿或礙難使用之虞時，基於發見眞實與保障被告防禦及答辯權之目的**，按訴訟程式進行之階段，由告訴人、犯罪嫌疑人、被告或辯護人向檢察官，或由當事人、辯護人向法院提出聲請，使檢察官或法院爲搜索、扣押、鑑定、勘驗、訊問證人或其他必要之保全處分（§219-1）。證據保全爲防止證據滅失或發生礙難使用情形之預防措施，與調查證據之概念有別。在偵查中（§219-1Ⅰ）及審判中（須於第一審之第一次審判期日前，§219-4Ⅰ）皆可聲請。

二、聲請主體

在偵查中爲「告訴人、被告、犯罪嫌疑人、辯護人」（§219-1）；在審判中爲「被告或辯護人、檢察官或自訴人」（§219-4 Ⅰ、Ⅱ）。

三、受理機關

㈠偵查中

案件已經移送或報告檢察官者，應向偵查中之該管檢察官聲請（§219-3 前），但案件尚未移送或報告檢察官者，應向調查之司法警察或司法警察官所屬機關所在地之地方法院檢察署檢察官聲請（§219-3 但）。

㈡審判中（§219-4Ⅵ）

應向第一審法院或受命法官；但遇有急迫情形時，亦得向受訊問人住居地或證物所在地之地方法院聲請爲保全證據處分。

四、相關人之在場權

告訴人、犯罪嫌疑人、被告、辯護人或代理人於偵查中，除有妨害證據保全之虞者外，對於其聲請保全之證據，得於實施保全證據時在場（§219-6 Ⅰ）。

五、限時處分

㈠偵查中（§219-1Ⅱ）

1. 聲請合法且有理由：檢察官應於五日內爲保全處分；
2. 聲請不合法或無理由：檢察官應予以駁回。

㈡審判中（§219-4Ⅳ、Ⅴ）

1. 聲請不合法律上之程式或法律上不應准許或無理由者：法院應即以裁定駁回之，但其不合法律上之程式可以補正者，應定期間先命補正。
2. 聲請合法且有理由：法院應爲准許保全證據之裁定。

六、救濟方式

㈠偵查中（§219-1Ⅱ）

1. 檢察官駁回保全證據之聲請或未於受理聲請後五日內爲保全處分者，聲請人得逕向該管法院聲請保全證據（§219-1Ⅲ）。
2. 法院對於該聲請，於裁定前應徵詢檢察官之意見：
   (1)法院認爲聲請不合法律上之程式，或法律上不應准許或無理由者：應以裁定駁回之（本裁定依§219-2 不可抗告）。但其不合法律上之程式可以補正者，應定期間先命補正。
   (2)法院認爲聲請有理由者：應爲准許保全證據之裁定（本裁定§219-2 依不可抗告）。

㈡審判中（§219-4Ⅲ）

不論准、駁回之裁定，均不得抗告。

七、保管機關

㈠偵查中（§219-7 Ⅰ）

案件在司法警察官或司法警察調查中，經法院爲准許保全證據之裁定者，由該司法警察所屬機關所在地之地方法院檢察署檢察官保管之。

㈡審判中（§219-7Ⅱ）

審判中保全之證據，由受命保全之法院保管。但案件繫屬他法院者，應送交該法院。

第 219 條之 1（證據保全之聲請）

Ⅰ告訴人、犯罪嫌疑人、被告或辯護人於證據有湮滅、僞造、變造、隱匿或礙難使用之虞時，偵查中得聲請檢察官爲搜索、扣押、鑑定、勘驗、訊問證人或其他必要之保全處分。

Ⅱ檢察官受理前項聲請，除認其爲不合法或無理由予以駁回者外，應於五日內爲保全處分。

Ⅲ檢察官駁回前項聲請或未於前項期間內爲保全處分者，聲請人得逕向該管法院聲請保全證據。

增訂說明（92.02.06）

一、本條新增。

二、依現行刑事訴訟法之規定，檢察官爲偵查之主體，並負有偵查及追訴犯罪之義務，本法第二條亦規定「實施刑事訴訟程序之公務員，就該管案件，應於被告有利及不利之情形，一律注意。」「被告得請求前項公務員，爲有利於己之必要處分。」爲發見眞實及保障告訴人、犯罪嫌疑人或被告之權益，於證據有湮滅、僞造、變造、隱匿或礙難使用之虞時，告訴人、犯罪嫌疑人、被告或辯護人於偵查中應得直接請求檢察官實施搜索、扣押、勘驗、鑑定、訊問證人或其他必要之保全處分，爰於本條第一項規定之。

三、因證據保全均有一定時效或急迫性，檢察官受理聲請後，除認聲請爲不合法或無理由予以駁回者外，應於五日內爲保全之處分，爰於本條第二項予以規定。

四、爲確保告訴人、犯罪嫌疑人及被告之訴訟權益，檢察官受理證據保全之聲請後逾法定期間未爲保全處分或駁回聲請時，聲請人得直接向該管法院聲請保全證據，以尋求救濟，爰於本條第三項規定之。

第 219 條之 2（聲請證據保全之裁定）

Ⅰ法院對於前條第三項之聲請，於裁定前應徵詢檢察官之意見，認爲不合法律上之程式或法律上不應准許或無理由者，應以裁定駁回之。但其不合法律上之程式可以補正者，應定期間先命補正。

Ⅱ法院認爲聲請有理由者，應爲准許保全證據之裁定。

Ⅲ前二項裁定，不得抗告。

增訂說明（92.02.06）

一、本條係新增。

二、法院受理前條第三項之聲請，應審核其是否符合法定程式及要件。又因檢察官對於犯罪證據之蒐集及偵查之進展均知之甚詳，且負有對被告有利證據應一併注意之客觀義務，法院判斷告訴人、被告、犯罪嫌疑人或辯護人聲請保全證據是否合法及有無理由之前，自應斟酌檢察官之意見，如不合法律上之程式而可以補正者，則應定期先命補正，爰於本條第一項規定之。

三、對於前項聲請，法院如認爲不合法或無理由時，固應以裁定駁回之，而法院認爲聲請有理由者，爲使聲請人及檢察官知悉准許之意旨，亦應爲准許保全證據之裁定，爰於第二項規定之。而爲掌握時效，並使證據保全之法律效果儘速確定，就法院對於證據保全聲請所爲之裁定，無論准駁，均不許提出抗告，爰於第三項予以規定。

第219條之3（聲請證據保全之管轄機關）
第二百十九條之一之保全證據聲請，應向偵查中之該管檢察官爲之。但案件尚未移送或報告檢察官者，應向調查之司法警察官或司法警察所屬機關所在地之地方法院檢察署檢察官聲請。

■增訂說明（92.02.06）

一、本條新增。

二、偵查程序之證據保全，往往具有緊急性，爲求事權統一，並避免延誤，案件業經移送或報告檢察官偵辦者，告訴人、被告或辯護人向該管檢察官提出證據保全之聲請，應較爲妥適。但案件仍在司法警察官或司法警察調查中，未移送或報告檢察官偵辦者，則應向該司法警察官或司法警察所屬警察機關所在地之地方法院檢察署檢察官聲請之，爰增訂本條，以爲管轄之準據。

第219條之4（聲請證據保全之期日）
I 案件於第一審法院審判中，被告或辯護人認爲證據有保全之必要者，得在第一次審判期日前，聲請法院或受命法官爲保全證據處分。遇有急迫情形時，亦得向受訊問人住居地或證物所在地之地方法院聲請之。
II 檢察官或自訴人於起訴後，第一次審判期日前，認有保全證據之必要者，亦同。
III 第二百七十九條第二項之規定，於受命法官爲保全證據處分之情形準用之。
IV 法院認爲保全證據之聲請不合法律上之程式或法律上不應准許或無理由者，應即以裁定駁回之。但其不合法律上之程式可以補正者，應定期間先命補正。
V 法院或受命法官認爲聲請有理由者，應爲准許保全證據之裁定。
VI 前二項裁定，不得抗告。

■增訂說明（92.02.06）

一、本條新增。

二、案件於第一審之第一次審判期日前，基於發見眞實與保障被告防禦及答辯權，亦應賦予被告或辯護人向該管法院聲請保全證據之權利，至於第一次審判期日後，仍有保全證據之必要者，則於審判期日聲請法院調查證據已足。若遇有急迫情形時，則許被告或辯護人得逕向受訊問人住居地或證物所在地之地方法院聲請之，爰參考我國民事訴訟法第三百六十九條第二項及日本刑事訴訟法第一百七十九條第一項之規定，增訂本條第一項，以資適用。

三、檢察官、自訴人於審判程序同爲當事人，檢察官於起訴後，就本案無逕行決定實施強制處分之權力，自訴人亦同，於有保全證據之必要時，於第一次審判期日前，自應容許其等向法院聲請之，爰於第二項予以規定。

四、審判期日前之證據保全固爲防止證據滅失或發生難以使用情形之緊急措施，惟其仍具有於準備程序蒐集證據之性質。依修正條文第二百七十九條規定：「行合議審判之案件，爲準備審判起見，得以庭員一人爲受命法官，使行準備程序，以處理第二百七十三條第一項、第二百七十四條、第二百七十六條至第二百七十八條規定之事項。」（第一項）「受命法官行準備程序，除第一百二十一條之裁定外，與審判長或法院有同一之權限。」（第二項）爲助於審判之進行，且因應實際需要，爰參考日本刑事訴訟法第一百七十九條第二項規定，於本條第三項明定第二百七十九條第二項之規定，於受命法官爲保全證據處分之情形準用之。

五、法院受理保全證據之聲請，認爲聲請不合法律上程式或法律上不應准許或無理由者，應即以裁定駁回之。但其不合法律上之程式可以補正者，應定期間先命補正，爰於第四項規定之。

六、法院或受命法官認爲保全證據之聲請有理由時，應以裁定准許之，爰於第五項予以規定。

七、法院對於證據保全聲請所爲之裁定，其性質上屬訴訟程序之裁定，爲求相關法律效果儘速確定，故不許提出抗告，爰於本條第六項規定之。

第 219 條之 5（聲請保全證據書狀）
Ⅰ聲請保全證據，應以書狀爲之。
Ⅱ聲請保全證據書狀，應記載下列事項：
一　案情概要。
二　應保全之證據及保全方法。
三　依該證據應證之事實。
四　應保全證據之理由。
Ⅲ前項第四款之理由，應釋明之。

■增訂說明（92.02.06）

一、本條新增。

二、因證據有滅失或礙難使用之虞時，始有聲請檢察官或法院實施保全之必要。爲慎重其程序，且使檢察官或法院明悉案情及應保全證據之內容與方式，聲請保全證據應以書狀爲之，書狀除應記載：案情概要、應保全證據及其保全之方法、依該證據應證之事實、應保全之理由等事項外，就聲請保全證據之理由亦應提出釋明。爰參考我國民事訴訟法第三百七十條及日本刑事訴訟規則第一百三十八條之規定，於本條明定聲請保全證據之程式。

第 219 條之 6（犯罪嫌疑人於實施保全證據時之在場權）
Ⅰ告訴人、犯罪嫌疑人、被告、辯護人或代理人於偵查中，除有妨害證據保全之虞者外，對於其聲請保全之證據，得於實施保全證據時在場。
Ⅱ保全證據之日、時及處所，應通知前項得在場之人。但有急迫情形致不能及時通知，或犯罪嫌疑人、被告受拘禁中者，不在此限。

■增訂說明（92.02.06）

一、本條新增。

二、告訴人、犯罪嫌疑人、被告或辯護人於偵查中，得聲請檢察官或法院保全證據，屬新創之規定，故犯罪嫌疑人等得否在場，宜有明確規範。爲因應實際之需要，便於進行保全證據，爰參考本法第一百五十條、第二百十九條、第二百四十八條等規定，於本條第一項明定告訴人、犯罪嫌疑人、被告、辯護人或代理人於偵查中，除有妨害證據保全之虞者外，對於其聲請保全之證據，得於實施保全證據時在場。

三、實施保全證據之日、時及處所，應預先通知前項得在場之人，以確保其等在場之權利，此爲基本原則，爰於第二項前段規定之。惟有時保全證據有其急迫性，亦應考慮未及通知亦須立即實施之情形；另對於犯罪嫌疑人或被告於受拘禁中，如提訊到場難免有安全上顧慮，有時甚至須調派大批警力戒護，例如被告羈押在外島，需要派直昇機接送，因而大費周章，實有礙證據保全之實施，爰於第二項設但書之規定，以資兼顧。

第 219 條之 7（保全之證據之保管機關）
Ⅰ保全之證據於偵查中，由該管檢察官保管。但案件在司法警察官或司法警察調查中，經法院爲准許保全證據之裁定者，由該司法警察官或司法警察所屬機關所在地之地方法院檢察署檢察官保管之。
Ⅱ審判中保全之證據，由命保全之法院保管。但案件繫屬他法院者，應送交該法院。

■增訂說明（92.02.06）

一、本條新增。

二、偵查中之案件因尚未繫屬於法院，且檢察官有蒐集及調查相關證據之權責，故不論在司法警察（官）先行調查階段或已由檢察官指揮偵查者，檢察官因實施保全處分所得之證據資料，均應由該檢察官保管之。而案件經司法警察機關移送、報告，或移轉管轄予他檢察官偵辦後，前開證據資料即應移交予承辦檢察官，此亦爲當然之理，無待明文規定。至於案件於檢察官偵查中，由法院裁定命爲保全者，亦應由法院送交該管檢察官保管。但案件若於司法警察官或司法警察調查中，經法院裁定准許保全證據者，因尚無本案之承辦檢察官，法院實施保全所得之證據資料，應送交該司法警察官或司法警察所屬機關所在地之地方法院檢察署檢察官保管，爰於第一項規定之，以爲處理之準據。

三、至於審判中，法院實施保全所得之證據，則直接由命保全之法院保管。惟訴訟繫屬於他法院者，爲保全之法院應不待受訴法院之調取，應即送交該法院，爰參考民事訴訟法第三百七十五條之規定，於本條第二項予以規定。

第 219 條之 8（證據保全之準用規定）
證據保全，除有特別規定外，準用本章、前章及第二百四十八條之規定。

■增訂說明（92.02.06）

一、本條新增。

二、案件於偵查中或第一審之第一次審判期日前，由檢察官、法院或受命法官爲搜索、扣押、鑑定、勘驗、訊問證人或其他必要之保全證據處分，仍具有蒐集證據之性質，故有關證據保全之程序，除有特別規定外，仍須依其實施之方法準用第一編第十一章「搜索及扣押」、第十二章「證據」，與第二百四十八條關於訊問證人、鑑定人等證據調查方法之規定，爰於本條明定之。

第十三章　裁　判

第 220 條（法院意思表示之方式）
裁判，除依本法應以判決行之者外，以裁定行之。

□ 實務見解

▶ 釋字第 118 號（55.12.07）
本院釋字第四十三號解釋之更正裁定，不以原判決推事之參與為必要。

▶ 釋字第 43 號（43.12.29）
原判誤被告張三為張四，如全案關係人中別有張四其人，而未經起訴，其判決自屬違背法令，應分別情形依上訴非常上訴及再審各程序糾正之。如無張四其人，即與刑事訴訟法第二百四十五條之規定未節，顯係文字誤寫，而不影響於全案情節與判決之本旨。除判決宣示前得依同法第四十條增刪予以訂正外，其經宣示或送達者，得參照民事訴訟法第二百三十二條，依刑事訴訟法第一百九十九條由原審法院依聲請或本職權以裁定更正，以昭鄭重。

▶ 80 台上 2007（判例）
訴訟程序中，於其應為訴訟行為而使訴訟狀態為一定之推移後，固發生一定之確定狀態；**然此一確定狀態是否應賦予絕對性之效力，其有錯誤是否亦不得更正，則須就法的安定性與具體的妥當性兩者予以適當之衡量而定之，非可一概而論。蓋刑事訴訟重在國家刑罰權之實現，訴訟程序係對於判決目的之手段，於某一程度上，其手段自應隸於目的**。以裁判之更正言，倘將更正之訴訟行為視為有效，反較視之為無效，更能符合訴訟整體之利益，且對被告亦不致發生不當之損害者，為求訴訟之合目的性，自不能僅因訴訟狀態之確定，即不許其為更正。司法院大法官會議釋字第四十三號解釋所謂，不影響於全案情節與判決之本旨云者，亦即此意。

▶ 72 台抗 518（判例）
刑事判決正本送達後，發現原本錯誤，不得以裁定更正，如係正本記載之主文（包如括主刑及從刑）與原本記載之主文不符，而影響全案情節及判決之本旨者，亦不得以裁定更正，應重行繕印送達，上訴期間另行起算。至若正本與原本不符之情形如僅「顯係文字誤寫，而不響於全案情節與判決本旨」者，始得以裁定更正之。

第 221 條（言詞辯論主義）
判決，除有特別規定外，應經當事人之言詞辯論為之。

第 222 條（裁定之審理）
Ⅰ裁定因當庭之聲明而為之者，應經訴訟關係人之言詞陳述。
Ⅱ為裁定前有必要時，得調查事實。

第 223 條（裁判之理由敘述）
判決應敘述理由，得為抗告或駁回聲明之裁定亦同。

第 224 條（應宣示之裁判）
Ⅰ判決應宣示之。但不經言詞辯論之判決，不在此限。
Ⅱ裁定以當庭所為者為限，應宣示之。

第 225 條（裁判之宣示方法）
Ⅰ宣示判決，應朗讀主文，說明其意義，並告以理由之要旨。
Ⅱ宣示裁定，應告以裁定之意旨；其敘述理由者，並告以理由。
Ⅲ前二項應宣示之判決或裁定，於宣示之翌日公告之，並通知當事人。

第 226 條（裁判書的製作）
Ⅰ裁判應制作裁判書者，應於裁判宣示後，當日將原本交付書記官。但於辯論終結之期日宣示判決者，應於五日內交付之。
Ⅱ書記官應於裁判原本記明接受之年、月、日並簽名。

第 227 條（裁判正本之送達）
Ⅰ裁判制作裁判書者，除有特別規定外，應以正本送達於當事人、代理人、辯護人及其他受裁判之人。
Ⅱ前項送達，自接受裁判原本之日起，至遲不得逾七日。

□ 實務見解

▶ 100 台上 408（判決）
裁判製作裁判書者，除有特別規定外，應以正本送達於當事人、代理人、辯護人及其他受裁判之人，同法第二百二十七條第一項亦有明定。是裁判於宣示或送達於當事人、代理人、辯護人或其他受裁判之人時，**即對外發生裁判之效力，此時裁判機關應即受其拘束，不問判決主文或理由均不得予以撤回或變更，此即所謂「裁判之羈束力」（自縛的效力）**。

第二編 第一審

第一章 公 訴

第一節 偵 查

第228條（偵查之發動）

Ⅰ檢察官因告訴、告發、自首或其他情事知有犯罪嫌疑者，應即開始偵查。

Ⅱ前項偵查，檢察官得限期命檢察事務官、第二百三十條之司法警察官或第二百三十一條之司法警察調查犯罪情形及蒐集證據，並提出報告。必要時，得將相關卷證一併發交。

Ⅲ實施偵查非有必要，不得先行傳訊被告。

Ⅳ被告經傳喚、自首或自行到場者，檢察官於訊問後認有第一百零一條第一項各款或第一百零一條之一第一項各款所定情形之一而無聲請羈押之必要者，得命具保、責付或限制住居。但認有羈押之必要者，得予逮捕，並將逮捕所依據之事實告知被告後，聲請法院羈押之。第九十三條第二項、第三項、第五項之規定於本項之情形準用之。

❖ 法學概念

偵查發動之原因

偵查程序乃檢察官就具體案件爲準備提起公訴之蒐證及保全證據之程序。所謂公訴，係指國家權力機關依職權向法院請求對被告犯罪事實的認定，以爲刑罰權的宣示。

【柯耀程，《刑事程序法》，一品，初版，2019.02，339頁。】

一、告訴與告發

告訴與告發同爲偵查發動之原因，兩者不同之處如下：

㈠提起者不同

告訴之提起者爲有告訴權之人（包括被害人本人或其他有告訴權人）。而告發之提起者，法無明文限制，通常被害人或其他有告訴權人以外的第三人皆可提出，亦即兩者之不同，首先在於「提起者」係何人。

㈡法院處置不同

告訴乃論之罪未經告訴而起訴者，法院將予以不受理判決處理；然對於沒有告發行爲之犯罪，檢警機關仍得其職權發動偵查，並對之加以起訴。

㈢是否爲訴訟條件不同

告訴行爲，對於告訴乃論罪而言，屬於一種訴訟條件，且其告訴有期間限制爲六個月；告發行爲並未具備此種性質，亦即告發並非爲訴訟之條件，且其告訴有期間限制爲六個月；告發行爲並未具備此種性質，亦即告發並非爲訴訟之條件，亦無期間之限制。惟不論告訴行爲或告發行爲皆須考慮刑法第80條以下追訴權時效之規定。

㈣得否委託他人代理不同

告訴行爲得委託他人代理行使（§236-1），告發行爲無所謂代理之情事。

㈤得否救濟不同

對於告訴之案件，檢察官所爲之不起訴處分，僅告訴權人得表示不服，聲請再議，告發人並無表明不服之權利。

【黃朝義，《刑事訴訟法》，新學林，五版，2017.09，172頁以下。】

二、請求

專就請求乃論之罪，如侵害友邦元首或外國代表罪及侮辱外國國旗罪，外國政府得請求我國追訴機關追訴之，其請求得經外交部長函請司法行政最高長官令知該管檢察官，雖無請求之期間限制，與告訴不同，但準用告訴乃論之撤回以及主觀不可分原則之規定。檢察官因接受上開函請令，而知有犯罪嫌疑者，應即發動偵查。

三、自首

犯罪行爲人對於「未發覺」之犯罪，自行向偵查機關報告自己犯罪事實而聽候裁判之謂。裁判上一罪，其一部分犯罪已因案被發覺，雖在檢察官或司法警察官訊問時，被告陳述其未被發現之部分犯罪行爲，並不符合刑法第62條之規定，不應認有自首之效力。所謂「已發覺」，係指有偵查犯罪職權之公務員已知悉犯罪事實與犯罪之人而言，而所謂知悉，固不以確知其爲犯罪之人爲必要，但其犯罪事實，確實存在，且爲該管公務員所確知，始屬相當。如犯罪事實並不存在而懷疑其已發生，或雖已發生，而爲該管公務員所不知，僅係推測其已發生而與事實巧合，均與已發覺之情形有別。若於偵查機關已發覺犯罪之後，方自動到案者，應視爲「投案」。受理自首時，應詢明犯罪嫌疑人欲主動告知之犯罪行爲；如犯罪嫌疑人係對已被發覺之犯罪坦誠供述者，屬「自白」非「自首」。並應注意自首案件是否爲他人頂替，或有無不正當之企圖，及其身心是否正常，以防疏誤。

【最高法院73年度第2次刑事庭會議決議；最高法院75年台上字第1634號判例；林山田，《刑法通論（下）》，自刊，十版，2008.01，510頁。】

四、其他情事

所稱其他情事，諸如其他機關之移送，例如監察院因行使職權而發現有刑事不法並移送者，縱使是檢察官因閱報紙、看電視而得知的犯罪嫌疑，例如報載某官員於某BOT決標案中可能收受不法回扣、某上市公司與股市大户疑似從事內線交易等，只要不是毫無根據的杜撰之言，也有發動偵查之義務。至於管轄區域與事務分配，僅係分配問題，此情形通稱為「檢察官之自動檢舉」。檢察官因移送而知有犯罪嫌疑者，應即開始偵查。此外，檢察官接受自訴案件不受理或管轄錯誤之判決書後，認為應提起公訴者，亦應即開始或續行偵查。其他諸如：政風單位之函送、被害人報案檢舉、司法警察（官）之報告或移送、員警因臨檢盤查獲悉犯罪事實（警察臨檢、盤查係屬於偵查機關所掌握的事實尚不足以構成犯罪嫌疑開啓正式偵查的前階段，德國學說上稱為「前偵查領域」（Vorfeldermittlungen），這些主要是以犯罪預防為導向的警務工作，但是在發現犯罪嫌疑後，即轉為犯罪偵查）、發現屍體後，做死因分類，經相驗的結果是因非自然死亡（非病死或可疑為非病死）者，尤其是人之相貌於變成屍體後，變化會很大，有些就算近親亦常有認錯案例，必須採取指紋、毛髮比對鑑識，偵查人員只要因以上這些原因知有犯罪嫌疑者，皆可為偵查之開端。

【林山田，《刑事程序法》，五南，五版，2004.09，522頁；黃朝義，《犯罪偵查論》，漢興，初版，2004.03，75頁以下；林鈺雄，《刑事訴訟法（下）》，新學林，八版，2017.09，85頁以下；Allgayer, StPO, 1. Aufl., 2016, §152, Rn. 62ff；白取祐司，《刑事訴訟法》，日本評論社，九版，2017.03，104頁；黃鈞隆，《犯罪偵查實務》，五南，增訂二版，2017.09，128頁。】

❖ 法學概念

強制偵查與任意偵查

「偵查中的強制處分」目的係在於蒐集證據、提起公訴；日本學者稱「偵查中的強制處分」為「強制偵查」（強制搜查），例如逮捕、搜索和扣押，都是在特定條件下法律所賦予的偵查行為。而「強制偵查」的相對概念是「任意偵查」（也就是不違反人民的意願及強制侵犯基本權的手段）。就偵查方式而言，應儘量使用任意偵查之方式；除非有必要，才不得已使用強制偵查的方式侵犯人民之身體、自由、隱私、財產等權利。由於「任意偵查」侵害人民基本權（如隱私權）較小，所以在沒有法律規定下，檢、警亦得為之。但如果司法警察意圖以「任意」偵查之名，卻違反犯罪嫌疑人意志帶往警察局，在客觀上還是會被當成採取「強制」力，一般認為這是實質上逮捕，仍屬於強制偵查的範疇。例如：日本法上的「任意同行」（にんいどうこう），檢、警得要求犯罪嫌疑人到場協助調查，如果該犯罪嫌疑人在不被強迫的情況下自願隨行，即屬不使用強制力的任意偵查之方式。日本的警察官職務執行法第2條第2項與刑事訴訟法第198條第1項都可為任意同行的條文依據。所不同之處在於：就目的而言，警職法係基於犯罪預防；而刑訴法則是犯罪偵查。就客體而言，警職法是對受臨檢盤查、違反交通法令者；而刑訴法則是針對犯罪嫌疑人。共通之處在於，即使在不得已的情況下採取有形的腕力，但不得達「強制」的程度。

【白取祐司，《刑事訴訟法》，日本評論社，九版，2017.03，114頁；津田隆好，《警察官のための刑事訴訟法講義》，東京法令出版株式會社，初版二刷，2009.10，41頁。】

檢察機關於偵查中得為強制處分、勘驗、請求其他機關為必要的報告（§247）。簡言之，偵查而不發動強制處分，稱為任意偵查，是強制偵查的對立概念。

【張麗卿，《刑事訴訟法理論與運用》，五南，十三版，2016.09，450頁。】

須注意者，即使採取任意偵查的方式，但所謂之「任意」，並非任何手段均可自由運用毫無限制，仍應受偵查比例原則及偵查不公開原則制約。

【陳運財，〈偵查之基本原則與任意偵查之界限〉，收錄於《偵查與人權》，元照，初版，2014.04，31頁。】

❖ 法學概念

目視跟監與GPS定位追蹤

目視「跟監」為警方常使用犯罪偵查手段，由於法無明文，是否合法，不無疑問。最高法院認為，此係調查及蒐集犯罪證據方法之「任意偵查」活動，不具強制性，苟「跟監」後所為利用行為與其初始之目的相符，自無違法可言。

利用衛星定位系統（G1obal Positioning System，即GPS），能夠克服傳統單純目視觀察在距離與空間上的限制，甚至可以掌握被追蹤目標無所遺漏，警察機關認為是一種犯罪偵查與預防強化跟監的利器。過去實務上常運用GPS作為犯罪偵查與行政上風紀查察的方式，例如民國91年台北市政府警察局北投分局鄧姓組長（已婚），與該分局洪姓女巡官涉有不正常交往關係之傳聞，警政署督察室為瞭解實情，經多次跟監均無所獲，於91年4月間裝設衛星定位追蹤器於鄧員座車底盤輔助跟監，終於掌握渠之具體事證。民國94年追捕槍擊要犯張◯銘時，檢警專案小組特別在張◯銘友人車輛裝上衛星定位系統，才有辦法追出張嫌躲到土城的落腳地點，進一步掌握張嫌上網帳號，最後透過網路IP位址，在台中攻堅逮捕張◯銘。

【黃清德，〈警察利用衛星定位系統跟監追蹤與基本人權保障之研究〉，《中央警察大學法學論集》，第18期，2010.04，136頁以下。】

但近年來用於偵查犯罪，係「強制偵查」或「任意偵查」屢有爭議。參考外國的案例，如美國聯邦最高法院於2012年，九位大法官一致認為，安裝GPS追蹤器在汽車偵查犯罪是一種「搜索」（search）的行爲，依照該國的聯邦憲法增修條文第 4 條，必須取得令狀，否則就是違法搜索。

日本關於此問題也是有長年的爭議，例如大阪府的岩切勝志，涉嫌夥同其他三名共犯，在大阪、兵庫等六府縣犯下多起竊盜案。大阪府警方在偵辦過程中，偷偷在岩切等竊嫌共 19 輛的汽車及機車上裝設 GPS，再利用手機監視竊嫌行蹤、取得犯罪證據。2017 年最高裁判所認爲，使用 GPS 衛星定位器是強制偵查手段，因爲全球定位系統的偵查是一種通過在未經用户同意的情況下，將 GPS 終端秘密附著到車輛上來檢測和掌握位置信息的偵查手段，警方秘密將侵犯個人隱私的設備隱藏在其所有物中，不符合理隱私的期待，這無疑是一種侵犯私人領域的犯罪調查方法，屬於偵查中的強制處分，依照該國憲法第 35 條、刑訴法第 197 條，沒有令狀不得爲之，認定以 GPS 蒐證若未聲請令狀則屬違法。此外，判決書也提及希望以立法手段解決其中的爭議。

我國最高法院於 2017 年 12 月，也首次對類似的 GPS 爭議案件，採美、日等國法院實務相同見解，大意是偵查機關非法安裝 GPS 追蹤器於他人車上，已違反他人意思，而屬於藉由公權力侵害私領域的偵查，且因必然持續而全面地掌握車輛使用人的行蹤，**明顯已侵害憲法所保障的隱私權，自該當於「強制偵查」**，故而倘無法律依據，自屬違法而不被允許。使用 GPS 追蹤器與現實跟監追蹤比較，除取得的資訊量較多以外，從取得資料可以長期記錄、保留，而且可全面任意地監控，並無跟監跟丟可能等情形，二者仍有本質上的差異，不能以上述資訊也可以經由跟監方式收集，即謂無隱密性可言。

由上述可知，我國近年的實務見解，大致與學說相同。儘管以刑事立法隨時規制新形態的強制處分並不容易，但是法院判決對於是否定位爲強制偵查，還是要隨著科技的發展，與時俱進，對新的偵查方式仍必須充分有效的對應尋求解決，亦即，**有無「強制力」的行使不再是唯一的判斷標準，尚須視偵查手段侵犯人民基本權的強度、是否重大綜合判斷之。**

【最高法院 106 年度台上字第 3788 號、102 年度台上字第 3522 號判決；United States v. Jones, 132 S.Ct. 945 (2012)；最高裁平成28年（あ）第 442 號大法廷判決（2017 年 3 月 15 日）；井上正仁，《強制捜査と任意捜査》，新版，2014.12，29 頁。】

美國在聯邦刑事訴訟規則已定有以追蹤器（tracking device）爲名之令狀（Federal Rules of Criminal Procedure, Rule 41(a)(2)(E) (2006)），該規則有關有權核發令狀授權認有相當理由得安裝及使用追蹤器。至於授權使用之期間及其延長、執行程序，令狀繳還、通知義務與事後救濟等亦均有相關規定。

【黃朝義，《刑事訴訟法》，新學林，五版，2017.09，361 頁。】

事實上，這樣的案例如果依照德國法模式來驗，也會得到相同的結論。蓋 GPS 資訊受憲法第 22 條保障之基本權（隱私秘密），警察對人民安裝追蹤器的秘密蒐集行爲，即爲國家權力對基本權構成干預行爲。警察對人民之車輛行蹤資訊不但全面掌控追蹤範圍不受時空限制，亦不侷限於公共道路上，也包含車輛進入私人場域且期間頗長，遠非短期目視跟監所能比擬，顯非微量干預。而我國法制上目前又無特別授權，針對現有干預處分的其他授權規定（如搜索、通訊監察等），不但皆相去太遠，硬套也不可能符合法律明確性原則之要求。

【林鈺雄，《刑事訴訟法實例解析》，新學林，初版，2019.03，109 頁以下。】

本書認爲，日本及我國實務都建議應以立法手段規制 GPS 定位追蹤的法律問題，我國立法者不應怠惰，應該儘速將 GPS 定位追蹤的條文增訂於刑事訴訟法，畢竟現行部分實務以通保法來核發 GPS 定位追蹤的令狀是有爭議的，因爲「位置資訊」與「通訊」（意指具有雙方主觀思想交換之內容）不相同。我們應師法德國，儘量將法條適用單純化，不需要太多的特別法，甚至一併將通保法整併於刑訴法中，亦不失爲明確之做法。

❖ 法學概念

知有犯罪嫌疑

所謂「知有犯罪嫌疑」，我國法並未有明文性之定義，然參考德國學理實務，應係指檢警不須確信某人犯罪，只要具備「**初始懷疑**」（Der Anfangsverdacht）的程度，偵查人員即應開始偵查。但此一犯罪嫌疑範圍不得過寬，仍須要有「充足事實的依據」（zureichende tatsächliche Anhaltspunkte）始可。參考德國刑事訴訟法第 152 條第 2 項「除有特別規定外，於具備『**充足事實的依據**』時，偵查人員即有義務啓動偵查程序。」此所謂「**充足事實的依據**」並非執法人員的主觀猜測，而是依其經驗推斷這些行爲通常可作爲犯罪的「**最初懷疑**」。司法警察（官）有接受檢察官之要求協助偵查之責，但當獲悉某人犯行時，亦可主動展開犯罪調查。

【Kral/Erich, Strafverfahrensrecht, 2013, S. 19; Radtke/Hohmann, StPO , 2011, §152, Rn. 16.】

刑事訴訟法第 228 條第 1 項規定，檢察官因告訴、告發、自首或其他情事知有犯罪嫌疑者，應即開始偵查。由本條項可知「偵查程序之開啓」，並非只有告訴、告發、自首等列舉事由，第 228 條第 1 項爲「例示規定」（即告訴、告發、自首只是舉例說明而已），檢警只要知有犯罪嫌疑情事者，皆應即開啓偵查程序。而前文所提到的「臨檢」程序，如「攔停」、「盤查」及「查證身分」等，雖是屬於一種行政檢查（警察機關蒐集及查詢資料的行爲），但這些方式常可發現犯罪嫌疑而開啓偵查的緒端。

【白取祐司，《刑事訴訟法》，日本評論社，九版，2017.03，98頁。】

由前述可知，「知有犯罪嫌疑」不但是行政檢（調）查與犯罪偵查間的通關橋樑，區隔行政檢（調）查與犯罪偵查之明文依據，也可以說是「程序換軌的鎖鑰」。

【林朝雲，〈論取締酒駕與刑事程序〉，《東吳大學法研論集》，第10卷，2018.11，21頁以下。】

☐ 實務見解

▶108台上3611◯（判決）

依立法原意，對於「另案監聽」所衍生之證據，不得引用「毒樹果實理論」而認爲無證據能力，予以排除。從而，自亦不得復援引與「另案監聽」無關之第三項規定，作爲「另案監聽」所衍生證據當然無證據能力之理由。按偵查係指偵查機關知有犯罪嫌疑而開始調查，以發現及確定犯罪嫌疑人，並蒐集及保全犯罪證據之刑事程序。**而所謂「知有犯罪嫌疑」，係指主觀上認爲有刑罰權存在，足以引起偵查犯罪之動機者而言，包括告訴、告發、自首或其他情事知有犯罪嫌疑者，即應開始偵查（刑事訴訟法第二二八條第一項參照），不以客觀上果有犯罪事實爲必要**。是司法警察（官）知有犯罪嫌疑者，亦應進行調查，並將調查結果報告檢察官或其上級司法警察官。**此之謂「知有犯罪嫌疑」之依據，自不以「具有證據能力」之證據爲限，諸如地方風聞、新聞輿情及秘密證人之舉發，皆可資爲開始調查或偵查之證據資料**。

又「另案監聽」所得資料，倘非屬於通訊保障及監察法第五條第一項所列各款之罪，亦非屬與本案具有關連性之犯罪者，僅該監聽內容在該另案審判中不具證據能力而已，其於警察機關調查或檢察官偵查中，既因此而知有犯罪嫌疑，爲蒐集證據及調查犯罪情形，**自得依據「另案監聽」所得線索，發動搜索、扣押及逮捕或進行其他程序，難謂非屬合法之偵查作爲，其因此取得之衍生證據自具有證據能力**，並不受「另案監聽」之內容不得作爲證據之影響。

▶108台上3146◯（判決）

刑法上所謂自首，乃犯人在犯罪未發覺前，向該管公務員自行申告犯罪事實而受裁判之謂。所謂「發覺」，固非以有偵查犯罪權限之機關或人員確知其人犯罪無誤爲必要，**而於對其發生嫌疑時，即得謂爲已發覺，但此項對犯人之嫌疑，仍須有確切之根據得合理之可疑者，始足當之，若單純主觀上之懷疑，要不得謂已發生嫌疑。至如何判斷「有確切之根據得合理之可疑」與「單純主觀上之懷疑」，主要區別在於有偵查犯罪權限之機關或人員能否依憑現有尤其是客觀性之證據，在行爲人與具體案件之間建立直接、明確及緊密之關聯，使行爲人犯案之可能性提高至被確定爲「犯罪嫌疑人」之程度**。換言之，有偵查犯罪權限之機關或人員尚未發現犯罪之任何線索或證據，僅憑其工作經驗或蛛絲馬跡（如見行爲人有不正常神態、舉止等）等情況直覺判斷行爲人可能存在違法行爲，即行爲人之可疑非具體且無客觀依據，無從與具體犯罪案件聯繫；或於犯罪發生後，前揭有偵查犯罪權限機關或人員雖根據已掌握之線索發現行爲人之表現或反應異常，引人疑竇，惟尚不足通過現有證據確定其爲犯罪嫌疑人，即對行爲人可疑雖已有一定之針對性或能與具體案件聯繫，惟此關聯仍不夠明確，尚未達到將行爲人鎖定爲犯罪嫌疑人並進而採取必要作爲或強制處分之程度。此時，上開二種情況仍僅止於**「單純主觀上之懷疑」，尚不得謂爲「發覺」**。相反地，倘有偵查犯罪權限之機關或人員由各方得之現場跡證（如贓物、作案工具、血跡等檢體）、目擊證人等**客觀性證據**已可直接指向特定行爲人犯案，**足以構建其與具體案件間直接、明確及緊密之關聯，使行爲人具有較其他排查對象具有更高之作案嫌疑**，此時即可認「有確切之根據得合理之可疑」將行爲人提升爲「犯罪嫌疑人」，即應認其犯罪已被「發覺」。

▶106台上3788◯（判決）

偵查機關爲偵查犯罪而非法在他人車輛下方底盤裝設GPS追蹤器，由於使用GPS追蹤器，偵查機關可以連續多日、全天候持續而精確地掌握該車輛及其使用人之位置、移動方向、速度及停留時間等活動行蹤，且追蹤範圍不受時空限制，亦不侷限於公共道路上，即使車輛進入私人場域，仍能取得車輛及其使用人之位置資訊，且經由所蒐集長期而大量之位置資訊進行分析比對，自可窺知車輛使用人之日常作息及行爲模式，難謂非屬對於車輛使用者隱私權之重大侵害。而使用GPS追蹤器較之現實跟監追蹤，除取得之資訊量較多以外，就其取得資料可以長期記錄、保留，且可全面而任意地監控，並無跟丟可能等情觀之，二者仍有本質上之差異，難謂上述資訊亦可經由跟監方式收集，即謂無隱密性可言。刑法第三百十五條之一所謂之「電磁紀錄」，係指以電子、磁性、光學或其他相類之方式所製成，而供電腦處理之紀錄；而所謂「竊錄」，則指暗中錄取之意，亦即行爲人以某種設備置於被錄者難以查覺之暗處，暗中錄取被錄者之聲音、影像或其他不欲人知之資訊而言，不以錄取者須爲聲音或影像爲限。查 GPS **追蹤器之追蹤方法，係將自人造衛星所接收之資料透過通訊系統傳至接受端電腦，顯示被追蹤對象之定位資訊，透過通訊網路傳輸，結合地理資訊系統對於個人所在位置進行比對分析，而獲取被追蹤對象之所在位置、移動方向、移動速度以及滯留時間之電磁紀錄，固非爲捕捉個人之聲音、影像，但仍屬本條所規範之「竊錄」行爲無疑**。偵查係指偵查機關知有犯罪嫌疑而開始調查，以發現及確定犯罪嫌疑人，並蒐集及保全犯罪證據之刑事程序。而偵查既屬訴訟程序之一環，即須依照法律規定行之。**偵查機關所實施之偵查方法，固有「任意偵查」與「強制偵查」之分，其界限在於偵查手段是否有實質侵害或危害個人權利或利益之處分而定。倘有壓制或違反個人之意思，而侵害憲法所保障重要之法律利益時，即屬「強制偵查」，不以使用有形之強制力者爲限，亦即縱使無使用有形之強制手段，仍可能實質侵害或危害他人之權利或利益，而屬於強制偵查**。又依強制處分法定原則，強制偵查必須現行法律有明文規定者，始得爲之，倘若法無明文，自不得假借偵查之名，而行侵權之實。查偵查機關非法安裝 GPS 追蹤器於他人車上，已違反他人意思，而屬於藉由公權力侵害私領域之偵查，且因必然持續而全面地掌握車輛使用人之行蹤，明顯已侵害憲法所保障之隱私權，自該當於「強制偵查」，故而倘無法律依據，自屬違法而不被允許。

❖ 學者評釋

一、林裕順教授

本案判決認爲 GPS 定位追蹤器具有可安裝於車輛極爲隱密之處，不易爲被害人察覺，可透過設定短暫回傳時間，頻繁回傳定位資訊，連續多日、全天候不間斷追蹤他人車輛行駛路徑及停止地點。並透過定位系統回傳誤差值極小之精準的經緯度、詳細地址定位資訊，隨時、任意監控車輛。按照本案判決認定違法的思維，就本案 GPS 行動軌跡紀錄列印資料有 40 餘筆，假設本案被告對於法律適用有所警覺或較爲自制，其回收資料僅有 10 筆或更爲少數的個位之數筆資料，其相關 GPS 犯罪偵查屬於單發性的操作實施，或可認爲尚未構成「拖網式」、「拼圖式」監控，同時隱私的滲透侵蝕無足「量化」達到個人面貌行止的掌握，論理上似不能認爲其偵查違法或對隱私有所侵害。GPS 追蹤裝置所能獲得的資訊，乃位置情報或行動軌跡之蒐集、重制、檢索、利用乃屬「視覺監察」，均未屬現行刑事訴訟法傳統強制處分以「物理空間」爲前提所能規範者。

基於 GPS 犯罪偵查長期間監視的特性，對於侵害個人隱私權更爲嚴重。然而，警察職權行使法第 11 條「科技工具」，就目前現行規範的解釋論上，應僅限於與目視能力之加強有直接關聯性的科技工具，若科技工具的使用已超越肉眼物理上障礙，進而可以追蹤被監視人之位置，甚至回溯其活動、位置以及停滯時間等，其所蒐集證據資料不能作爲法庭審判依據。GPS 犯罪偵查或僅能限「特定重大」之案件，對於對象車輛使用人之行動有持續性，全面性掌控的「高度必要性」，相關令狀的聲請、核發仍應遵守令狀原則具體明確之「特定性」（例如時間限定、事後告知等等）。同時「立法論」上亦不應由偵查機關逕行發動執行，應有中立客觀之第三人爲審查機制，並對執行期間及事後周延的規範方爲妥適。

【林裕順，〈GPS 偵查法治化研究〉，《月旦裁判時報》，第 68 期，2018.02，12 頁以下；林裕順，〈GPS 偵查的論理〉，《月旦法學教室》，第 180 期，2017.09，30 頁以下。】

二、薛智仁教授

本判決根據釋字第 689 號解釋，承認個人在公共空間也享有不受持續監看的隱私權保障，由於 GPS 定位追蹤全面持續地蒐集個人的位置資訊，從中可以分析出個人的日常作息和行爲模式，故具有侵害隱私權的性質。**本判決同時強調 GPS 定位追蹤取得較多資訊可被長期儲存、監控全面且持續，故和目視跟監有本質的不同。**

由於欠缺法律根據，既然 GPS 定位追蹤是強制偵查，應有明確的法律授權始得爲之。然而，由於現行法並未對 GPS 跟監制定獨立的授權規定，因此，本判決主張，**本案的 GPS 定位追蹤自始不符合警察職權行使法第 11 條規定**。第 11 條雖然涵蓋人工與科技跟監在內，但授權範圍僅限**出於「防止犯罪」之目的，並且對象是「無隱私或秘密合理期待之行爲或生活情形」的跟監模式，故完全排除出於偵查犯罪之目的、且含有隱私侵害性質之 GPS 定位追蹤**。其次，本判決主張 GPS 定位追蹤不得依據刑事訴訟法第 230 條第 2 項及第 231 條第 2 項而取得合法性，其理由是「僅係有關偵查之發動及巡防機關人員執行犯罪調查職務時，視同司法警察（官）」之規定。本判決略而未提的是，GPS 定位追蹤是否構成刑事訴訟法第 122 條之搜索，但由於 GPS 定位追蹤是侵害合理隱私期待的偵查行爲，也因爲其執行方式欠缺公開性而不符合現行法的搜索定義。**換言之，刑事訴訟法第 122 條並非 GPS 定位追蹤的法律根據。**

至於，GPS 跟監是否構成通訊監察，通說認爲「通訊」係指通訊雙方含有思想表示之內容，少數說認爲重點在於該訊息的傳遞是否利用第三人所支配的媒介。單從技術層面來看，位置資訊是 GPS 追蹤器（同時也是接收儀）追蹤人造衛星，利用幾何原理計算出接收儀所在位置的結果，因此不是汽車駕駛人和第三人之間溝通的內容，也不是利用第三人支配之媒介傳送訊息，不論是依據何種見解，都不符合通訊監察的概念。再者，由於本案的 GPS 定位追蹤是被告所暗中裝設，不是駕駛人所使用之電信設備，而且其所蒐集之位置資訊則是與駕駛行爲同步產生的紀錄，並不是使用電信設備「後」所儲存之紀錄。

GPS 定位追蹤最後一個可能的法律依據是個人資料保護法第 15 條第 1 款：「公務機關對個人資料之蒐集或處理，除第六條第一項所規定資料外，執行法定職務必要範圍內。」然而，本款的高度抽象性，其規範功能至多是指示各國家機關援引其他具體的授權法令，作爲蒐集與處理個資的法律根據。因此，刑事程序而言，本款無法取代刑事訴訟法及通保法等法律應有之個別授權條款，否則它將會成爲另外一個偵查概括條款，使司法警察（官）之偵查權限不受法律和檢察官的控制，並成爲立法者怠於增訂授權條款的脫手條款。

總結來說，現行法並未授權司法警察（官）實施 GPS 偵查，在立法者增訂授權條款之前屬於違法的偵查手段。立法機關應該回應最高法院的訴求，在刑事訴訟法建置完善的偵查跟監法制前，依據跟監方式與時間區分發動要件與程序，並且遵守隱密偵查措施之規範原則。本判決認定 GPS 跟監成立刑法第 315 條之 1 無故竊錄罪，則是違反類推適用禁止原則，因爲 GPS 定位追蹤僅係竊錄被害人之位置資訊，位置資訊並非「活動」而是屬於「個人資料」，故應成立個資法第 41 條違法蒐集個資罪。

【薛智仁，〈GPS 跟監、隱私權與刑事法——評最高法院 106 年度台上字第 3788 號刑事判決〉，《月旦裁判時報》，第 70 期，2018.04，42 頁以下。】

▶ 99 台上 8207（判決）

依現行刑事訴訟體制，刑事訴訟程序中之「偵查」，乃偵查機關就人犯之發現、確保、犯罪事實之調查，證據之發現、蒐集及保全爲內容，以決定有無犯罪嫌疑，應否提起公訴之偵查機關活動。偵查機關有主體偵查機關與輔助偵查機關之分，檢察官乃偵查主體，司法警察官或司法警察則係偵查之輔助機關，此觀刑事訴訟法第二百二十八條第一項、第二百三十一條之一規定，均以檢察官爲主體，而第二百二十九條至第二百三十一條之司法警察官或司法警察，則分別規定爲「協助檢察官」、「應受檢察官之指揮」、「應受檢察官之命令」，即足明瞭。

第 229 條（協助檢察官偵查之司法警察官）

Ⅰ下列各員，於其管轄區域內爲司法警察官，有協助檢察官偵查犯罪之職權：

一　警政署署長、警察局局長或警察總隊總隊長。

二　憲兵隊長官。

三　依法令關於特定事項，得行相當於前二款司法警察官之職權者。

Ⅱ前項司法警察官，應將調查之結果，移送該管檢察官；如接受被拘提或逮捕之犯罪嫌疑人，除有特別規定外，應解送該管檢察官。但檢察官命其解送者，應即解送。

Ⅲ被告或犯罪嫌疑人未經拘提或逮捕者，不得解送。

□修正前條文

Ⅰ左列各員，於其管轄區域內爲司法警察官，有協助檢察官偵查犯罪之職權：

一　警政署署長、警政廳廳長、警察局局長或警察總隊總隊長。

二　憲兵隊長官。

Ⅱ前項司法警察官，應將偵查之結果，移送該管檢察官；如接受被拘提或逮捕之犯罪嫌疑人，除有特別規定外，應解送該管檢察官。但檢察官命其解送者，應即解送。

Ⅲ被告或犯罪嫌疑人未經拘提或逮捕者，不得解送。

■修正說明（92.02.06）

一、因省政府之組織虛級化，已不設警政廳，爰將第一項第一款之「警政廳廳長」刪除。

二、爲免遺漏，乃參照第二百三十條第一項第三款之規定，於本條第一項增列第三款，明定依法令關於特定事項，得行相當於前二款司法警察官之職權者，亦屬本條之司法警察官，以資概括。

三、配合修正條文第二百二十八條之一關於司法警察官「調查」犯罪之用語吐將本條司法警察官之「偵查」修正爲「調查」。

❒ 實務見解

▶ 99 台上 8207（判決）

依現行刑事訴訟體制，刑事訴訟程序中之「偵查」，乃偵查機關就人犯之發現、確保、犯罪事實之調查，證據之發現、蒐集及保全爲內容，以決定有無犯罪嫌疑，應否提起公訴之偵查機關活動。偵查機關有主體偵查機關與輔助偵查機關之分，檢察官乃偵查主體，司法警察官或司法警察則係偵查之輔助機關，此觀刑事訴訟法第二百二十八條第一項、第二百三十一條之一規定，均以檢察官爲主體，而第二百二十九條至第二百三十一條之司法警察官或司法警察，則分別規定爲「協助檢察官」、「應受檢察官之指揮」、「應受檢察官之命令」，即足明瞭。

第230條（聽從檢察官指揮之司法警察官）
Ⅰ下列各員爲司法警察官，應受檢察官之指揮，偵查犯罪：
一　警察官長。
二　憲兵隊官長、士官。
三　依法令關於特定事項，得行司法警察官之職權者。
Ⅱ前項司法警察官知有犯罪嫌疑者，應即開始調查，並將調查之情形報告該管檢察官及前條之司法警察官。
Ⅲ實施前項調查有必要時，得封鎖犯罪現場，並爲即時之勘察。

❖ 法學概念

司法警察與行政警察

在海洋法系的國家，因爲法院體系屬於一元化，並不依警察職務劃分「行政警察」與「司法警察」，而係給予警察作用統稱的單一身分，再就警察執法之內容目的，判斷警察作用屬「行政目的活動」或「刑事目的活動」，例如美國。然而，或許是因爲令狀原則相當寬鬆、防止危害及預防犯罪目的之糾纏等種種原因，常造成警方肆無忌憚地假藉行政檢查名義，實際從事蒐集犯罪證據，因此可能導致警察利用行政檢查名義發動犯罪證據之搜索行爲，而與無罪推定原則相悖。

至於我國，因係繼受大陸法系國家，不應認爲「行政警察」與「司法警察」毫無區隔，試圖將刑事偵查法規全部運用到行政警察作用的階段，顯然不合國情。因此，在承認「行政警察」與「司法警察」區別存在的前提下，大致上來說，「犯罪發生後的偵查」與「犯罪嫌疑人的逮捕」可歸類於犯罪發生後司法警察的工作，至於維持社會秩序與預防犯罪之活動則屬行政警察之範疇。

【林朝雲，〈論取締酒駕與刑事程序〉，《東吳大學法研論集》，第10卷，2018.11，9頁以下。】

❖ 法學概念

檢警關係

依條文結構來看，我國係仿德制，以「檢察官」爲「偵查程序的主要機關」（Herrin des Ermittlungsverfahrens），司法警察（官）爲其偵查輔助機關，原則上檢察官對於警察偵辦的案件有司法上指揮監督權。偵查機關包含檢察官和司法警察（官）。

【Joecks, StPO, 4. Aufl., 2015, §163, Rn. 4.】

依刑事訴訟法第228條至第231條之1之規定，儘管我國檢察官具有偵查程序主要機關的地位，有透過警察偵查犯罪之權力，但這並不妨礙司法警察（官）擁有本身初步犯罪調查的權限，只不過警方在犯罪偵查方面沒有最終決定權，司法警察（官）必須盡可能在毫無任何延遲狀況下，將所調查之卷證資料及犯嫌函送或移交該管檢察官。然而，當司法警察（官）產生對某人的犯罪嫌疑時，仍不影響其具有刑事程序發動的「最初行動權」（Erster Zugriff der Poliezei）。

【Göbel, Strafprozess , 8. Aufl., 2013, S. 1; Radtke/Hohmann, StPO, 1. Aufl., 2011, §163, Rn. 10.】

國內有學者指出所謂的「檢警關係」應非上命下從的關係，而是法律監督的屬性，就偵查階段而言，由司法警察機關應負主要的、第一線的調查職責，檢察官對於調查結果移送之案件，基本上僅做證據審查及篩選。以易受政治外力介入或須較高度之法律知識而不宜或不便由司法警察機關偵查的案件爲限。檢察官的權責應係爲篩選有無足以提起公訴之犯罪嫌疑，判定是否行使追訴權之必要範圍內爲限。**若係爲制衡司法警察之濫權，應充分保障犯罪嫌疑人接受辯護人援助之機會，提升其防禦權益，並透過法院對強制處分之司法審查及積極適用違法證據排除法則，始爲正解，而非拘泥於所謂偵查主宰的意識型態，一味的強調檢察官「偵查主體」之角色，確立檢警之間的「將兵關係」。**

從檢警機關之偵查活動考察，論者有謂，偵**查應包括「證據蒐集」與「證據篩選」兩個層面」。證據蒐集面較重視「事實與合目的層面」；證據篩選面屬於偵查之「法律與規範的層面」。**而理想之檢警關係應將「證據之蒐集面」全數交由警察機關負責，至於「證據篩選面」則交由檢察官負責，並以此爲起訴、不起訴或緩起訴處分之決定依據，方爲的論。

特別是因應改良式當事人進行主義的修法，檢察官於刑事程序中所負任務的重心應移往審判期日，其偵查任務也應該產生質變，儘量以事後之法律監督或證據能力之判斷爲核心。

【陳運財，〈檢警關係定位問題之研究〉，收錄於《偵查與人權》，元照，初版，2014.04，38～55頁；黃朝義，《刑事訴訟法》，新學林，五版，2017.09，157頁以下；江玉女，〈檢警關係之虛與實〉，收錄於《法務部廖正豪前部長七秩華誕祝壽論文集：刑事訴訟法卷》，五南，初版，2016.07，190頁。】

❖ 法學概念

雙偵查主體

在日本，司法警察在犯罪偵查上爲初始、主要的偵查機關，得獨立行使偵查權，但畢竟檢察官較具有法律上的專門知識且在偵辦政治壓力的案件上有比較自由的空間，因此刑事訴訟法亦授予檢察官補充偵查權，在檢察官親自偵查的情形得指揮司法警察協助偵查。基於雙偵查主體的特性，日本警察有所謂「微罪處分」權，即檢察官授權警察就指定輕罪案件可自行處置而不移送。這類檢察官指定的案件固然因其地域而有所不同，但一般不外乎是一些犯罪情節、金額輕微的竊盜、詐欺、侵占賭博和贓物等犯罪等案件。

【川端 博，《刑事訴訟法講義》，成文堂，2012.03，49、50 頁；酒巻匡，《刑事訴訟法》，有斐閣，初版，2015.11，179 頁。】

在雙偵查主體制度下，司法警察（官）爲第一次偵查機關；而檢察官爲第二次偵查機關，雙方具有協力關係（第 192 條第 2 項）。例如，檢察官得對於司法警察（官）偵查中案件做必要之一般性指示；在涉及範圍廣大的公職選罷法違反的情況下，若各地警察機關的偵查方針各不相同，就不能進行有效的偵查。在這樣的情況下，檢察官有一般的指揮權（第 192 條第 2 項）。而在自己偵辦的案件對於協辦的司法警察（官）有具體指揮權（第 192 條第 3 項）。司法警察（官）對檢察官的指示、指揮，司法警察（官）有應服從之義務。

【白取祐司，《刑事訴訟法》，日本評論社，九版，2017.03，57 頁。】

本書認爲，從訴訟經濟、節省司法資源的角度，我國未來可賦予司法警察「微罪處分」權，但必須有配套。以交通裁罰來説，爲避免取締交通違規的警察行政裁量權過大，交通部訂有「道路交通管理事件統一裁罰基準及處理細則」、內政部警政署也訂頒「交通違規稽查與輕微違規勸導作業注意事項」，以防濫權裁量。因此在肯認司法警察「微罪處分」權的前提下，必須要有如何杜絕民代關說、提升員警法學素養、被害人之保護及防止司法裁量權濫用配套措施。

第 231 條（司法警察）

Ⅰ下列各員爲司法警察，應受檢察官及司法警察官之命令，偵查犯罪：

一　警察。

二　憲兵。

三　依法令關於特定事項，得行司法警察之職權者。

Ⅱ司法警察知有犯罪嫌疑者，應即開始調查，並將調查之情形報告該管檢察官及司法警察官。

Ⅲ實施前項調查有必要時，得封鎖犯罪現場，並爲即時之勘察。

第 231 條之 1（案件之補足或調查）

Ⅰ檢察官對於司法警察官或司法警察移送或報告之案件，認爲調查未完備者，得將卷證發回，命其補足，或發交其他司法警察官或司法警察調查。司法警察官或司法警察應於補足或調查後，再行移送或報告。

Ⅱ對於前項之補足或調查，檢察官得限定時間。

❖ 爭議問題

現行刑訴法第 231 條之 1 所謂的「退案」審查規定

解讀上有以下兩種不同的見解：

一、強化檢察官爲偵查主體地位

有認爲此乃加強偵查輔助機關的篩漏功能，並且同時維護檢察官作爲偵查主導機關的法制地位的規定。

【林鈺雄，《刑事訴訟法（下）》，新學林，八版，2017.09，80 頁。】

二、篩選司法警察蒐集證據之明文

檢察官應扮演證據審查者客觀的角色，不宜直接以退案方式指揮偵查，而應參酌刑事訴訟法第 161 條第 2 項之規定（類似法院起訴審查之做法），認司法警察機關調查未完備者，得指出不足的地方，通知司法警察機關限期補足。**逾期未補足，或移送案件顯不足認定犯罪嫌疑人有成立犯罪之可能時，宜逕爲不起訴處分，藉此對司法警察機關形成慎重偵查的壓力，則司法警察機關在蒐集證據時自會小心謹慎避免違法。**

再者，如果強調檢察官爲唯一偵查主體，檢察官自應就偵查過程負全責，而不是將調查結果不完備之事項逕行退回警察機關。解決之道，應建構「雙偵查主體」關係，此時的檢察官只在警察機關所移送者未符合起訴要求下，再爲「**補充偵查**」或退回警察機關「**補足證據**」。

【陳運財，〈檢警關係定位問題之研究〉，收錄於《偵查與人權》，元照，初版，2014.04，52～53 頁；黃朝義，《概說警察刑事訴訟法》，新學林，初版，2015.09，104 頁以下。】

第 232 條（被害人之告訴權）

犯罪之被害人，得爲告訴。

❖ 法學概念

告訴乃論

告訴乃論之罪，可分爲絕對告訴乃論之罪與相對告訴乃論之罪。前者犯罪之告訴，除須「**申告犯罪事實**」外，尚須表示希望「**訴追意思**」，**但並不以指明犯人爲必要**，縱令犯人全未指明，或誤指他人，其告訴仍爲有效。**此類犯罪重在申告「犯罪事實」**，凡觸犯各該罪者，不問之間身分如何，均須告訴乃論。如傷害罪、侵入住宅罪、妨礙秘密罪等均是。後者犯罪之告訴，重在犯人必具備一定身分者，始得提出告訴。除向偵查機關申告犯罪事實及表示希望訴追之意思外，尚須指明犯人。如親屬間竊盜、侵占、詐欺等罪均是。又，**告訴乃論之罪，告訴人衹須表示訴究之意思爲已足，不以明示其所告訴者爲何項「罪名」爲必要。**告訴人在偵查中已一再表示要告訴，雖未明示其所告訴之罪名，但依其所陳述之事實，仍無礙於告訴之效力。

【陳宏毅、林朝雲，《刑事訴訟法新理論與實務》，五

南，四版，2018.02，338頁以下。】

告訴乃論與非告訴乃論之區別：

- 非告訴乃論：申告犯罪事實即可（任何人）
- 告訴乃論（告訴權人）
  - 絕對
    - 申告犯罪事實
    - 表明希望訴追的意思
  - 相對
    - 申告犯罪事實
    - 表明希望訴追的意思
    - 指明特定犯罪行爲人

❖ 法學概念

犯罪被害人之認定

一、個人法益

若爲刑法第271至363條之罪，屬侵害個人法益，則個人得視爲直接被害人。

二、國家或社會法益

若爲國家社會法益被侵害，其被害者爲國家社會，此類犯罪，個人得否同時爲被害人，必須視法益性質而定，玆分述如下：

㈠單純性法益

此類犯罪單純保護國家社會法益，如僞證、湮滅證據等罪，個人並非犯罪直接被害人，不得提告訴。

㈡關聯性法益

此類犯罪行爲，有數法益同時被侵害，且其中互相關聯，實體法上雖僅擇一保護，但在程序法上，仍得爲犯罪被害人，個人得依第319條自訴或依第232條告訴。例如一把火燒數家，被害人可自訴或告訴。早期實務的意見（最高法院18年上字第33號判例）曾認爲，**一狀誣告三人，誣告罪爲妨害國家審判權之罪，僅能成立一誣告罪**，不過此號判例嗣後經最高法院95年度第5次刑事庭會議決議不再援用。因此，**依照最新實務意見，以一訴狀誣告數人，個人亦應得以提起公然侮辱罪或誹謗罪的自訴或告訴。**

【張麗卿，《刑事訴訟法理論與運用》，五南，十四版，2018.09，456頁以下。】

☐ 實務見解

▶74台上1281（判例）

告訴乃論之罪，告訴人祇須表示訴究之意思爲已足，不以明示其所告訴者爲何項罪名爲必要。告訴人在偵查中已一再表示要告訴，雖未明示其所告訴之罪名，但依其所陳述之事實，仍無礙於告訴之效力。

▶72台上629（判例）

犯罪之被害人得爲告訴，刑事訴訟法第二百三十二條定有明文，依此規定被害人係未成年人，祇須有意思能力，即得告訴；而與同法第二百三十三條所規定之法定代理人之獨立告訴權，暨民法第七十六條，第七十八條所規定私法行爲之法定代理，互不相涉。故原判決認被害人之法定代理人王枝華撤回告訴，與被害人之告訴，乃屬二事，即並不影響被害人之告訴。上訴人指屬違法，核與法律所定判決適用法則不當之情形，顯屬不相適合。

▶70台上6859（判例）

被害人之告訴權與被害人法定代理人之告訴權，各自獨立而存在。被害人提出告訴後，其法定代理人仍得獨立告訴，是以告訴乃論之罪，法定代理人撤回其獨立之告訴，於被害人已先提出之告訴，毫無影響，法院不得因被害人之法定代理人撤回其獨立告訴，而就被害人之告訴，併爲不受理之判決。

▶100台上3375（判決）

告訴乃論之罪，因告訴始具備訴訟條件，故就告訴權之有無，即應首予釐清審究。刑事訴訟法第二百三十二條規定，犯罪之被害人得爲告訴，所謂被害人，指因犯罪行爲直接受害之人而言，至其他因犯罪間接或附帶受害之人，在民事上雖不失爲有請求賠償損害之權，但既非因犯罪直接受其侵害，即不得認爲該條之被害人。就財產犯罪言，固不限於所有權人，即對於該財產有事實上管領力之人，因他人之犯罪行爲而其管領權受有侵害者，亦不失爲直接被害人，而得合法提出告訴。原判決認定被告牽連犯刑法第三百五十九條、（九十二年七月九日修正）著作權法第九十一條第二項之罪，但前揭犯罪，依刑法第三百六十三條及著作權法第一百條之規定，均須告訴乃論。

第233條（獨立及代理告訴人）

Ⅰ被害人之法定代理人或配偶，得獨立告訴。

Ⅱ被害人已死亡者，得由其配偶、直系血親、三親等內之旁系血親、二親等內之姻親或家長、家屬告訴。但告訴乃論之罪，不得與被害人明示之意思相反。

❖ 法學概念

犯罪告訴權與被害告訴權

就告訴權取得原因不同，可分爲犯罪告訴權與被害告訴權：

一、犯罪告訴權

犯罪告訴權係因犯罪嫌疑者犯罪而取得其告訴權，故其告訴權之有無，以「**告訴時**」的身分爲準，此類告訴權並非犯罪直接被害而取得，例如：第233條（**此處所指之配偶爲「被害人之配偶」**）、第234條第4、5項、第235條所規定的情形。

二、被害告訴權

被害告訴權係以被害人之地位，因而取得的告訴權，故其告訴權之有無，以「**犯罪時**」爲準。如第 232 條之被害人即屬之。而第 234 條第 1、2、3 項係因被害人之配偶犯妨害風化罪或婚姻家庭罪，因而本身成爲犯罪被害人而取得的告訴權，**故第 234 條第 1、2、3 項所稱之「配偶」必是「犯罪人之配偶」**。

【張麗卿，《刑事訴訟法理論與運用》，五南，十四版，2018.09，461 頁以下。】

☐ 實務見解

▶ 釋字第 28 號（42.12.16）

最高法院對於非常上訴所爲之判決，係屬終審判決，自有拘束該訴訟之效力。惟關於本件原附判決所持引用法條之理由，經依大法官會議規則第十七條向有關機關徵詢意見，據最高法院覆稱，該項判決係以司法院院字第二七四七號及院解字第三零零四號解釋爲立論之根據。復據最高法院檢察署函覆，如該項判決所持見解，係由大理院行憲前之解釋例演繹而來，亦請重爲適當之解釋，以便今後統一適用各等語。是本件係對於行憲前本院所爲上述解釋發生疑義，依四十一年八月十六日，本會議第九次會議臨時動議第一案之決議，認爲應予解答。

養子女與本生父母及其兄弟姊妹原屬民法第九百六十七條所定之直系血親與旁系血親。其與養父母之關係，縱因民法第一千零七十七條所定，除法律另有規定外，與婚生子女同，而成爲擬制血親，惟其與本生父母方面之天然血親仍屬存在。同法第一千零八十三條所稱養子女自收養關係終止時起，回復其與本生父母之關係。所謂回復者，係指回復其相互間之權利義務，其固有之天然血親自無待於回復。

當養父母與養子女利害相反涉及訴訟時，依民事訴訟法第五百八十二條規定，其本生父母得代爲訴訟行爲，可見雖在收養期間，本生父母對於養子女之利益，仍得依法加以保護。就本件而論，刑事訴訟法第二百十四條後段所稱被害人之血親得獨立告訴，尤無排斥其天然血親之理由。本院院字第二七四七號及院解字第三零零四號解釋，僅就養父母方面之親屬關係立論，初未涉及其與本生父母方面之法律關係，應予補充解釋。

第 234 條（專屬告訴人）

Ⅰ刑法第二百三十條之妨害風化罪，非左列之人不得告訴：

一　本人之直系血親尊親屬。

二　配偶或其直系血親尊親屬。

Ⅱ刑法第二百三十九條之妨害婚姻及家庭罪，非配偶不得告訴。

Ⅲ刑法第二百四十條第二項之妨害婚姻及家庭罪，非配偶不得告訴。

Ⅳ刑法第二百九十八條之妨害自由罪，被略誘人之直系血親、三親等內之旁系血親、二親等內之姻親或家長、家屬亦得告訴。

Ⅴ刑法第三百十二條之妨害名譽及信用罪，已死者之配偶、直系血親、三親等內之旁系血親、二親等內之姻親或家長、家屬得爲告訴。

第 235 條（特定犯罪人之獨立告訴人）

被害人之法定代理人爲被告或該法定代理人之配偶或四親等內之血親、三親等內之姻親或家長、家屬爲被告者，被害人之直系血親、三親等內之旁系血親、二親等內之姻親或家長、家屬得獨立告訴。

第 236 條（代行告訴人）

Ⅰ告訴乃論之罪，無得爲告訴之人或得爲告訴之人不能行使告訴權者，該管檢察官得依利害關係人之聲請或依職權指定代行告訴人。

Ⅱ第二百三十三條第二項但書之規定，本條準用之。

第 236 條之 1（委任告訴代理人）

Ⅰ告訴，得委任代理人行之。但檢察官或司法警察官認爲必要時，得命本人到場。

Ⅱ前項委任應提出委任書狀於檢察官或司法警察官，並準用第二十八條及第三十二條之規定。

■增訂説明（92.02.06）

一、本條新增。

二、關於告訴之代理，於現行刑事訴訟法並無明文之規定。而依司法院院字第八九號、第一二二號解釋，告訴得委任代理人代行。衡諸偵查及審判實務，得提起告訴之人或因欠缺專業智識，或受時間、地域、隱私維護等因素限制而不便親自爲之，而已提起告訴者，亦時有無法由本人到場應訊之情形，此於被害人爲法人組織、跨國企業及妨害性自主、侵害智慧財產權犯罪等案件更爲常見。爲因應實際需要，並協助偵查之實施，爰參考院字第八九號、第一二二號解釋、性侵害犯罪防治法第十二條第一項之規定及日本刑事訴訟法第二百四十條「告訴得由代理人進行」之立法例，增訂本條第一項前段，以資適用。至於檢察官或司法警察官爲偵查犯罪所必要，認應由告訴人本人親自到場時，仍得命其到場，爰於第一項但書予以規定。

三、偵查中委任告訴代理人係訴訟行爲之一種，爲求意思表示明確，並有所憑據，自應提出委任書狀於檢察官或司法警察官。另告訴代理人之人數應有所限制，參照本法第二十八條、第三十條有關被告選任辯護人、委任代理人或自訴人委任代理人之規定，告訴之代理人亦限制不得逾三人，而代理人有數人時，其文書應分別送達，爰於本條第二項規定委任告訴代理人之程式及所應準用之規定。

四、犯罪於偵查階段，係由檢察官擔當偵查之主體，依院字第八九號、第一二二號解釋意旨，告訴之代理人僅爲告訴及偵查之輔助，本不以具備律師資格者爲限。又本條爲關於偵查中代理告訴之規定，亦無於審判中檢閱、抄錄或攝影卷宗、證物之問題。故而，本法第二十九條、第三十三條規定均無準用之必要，併此敘明。

第 236 條之 2（代行告訴之人）
前條及第二百七十一條之一之規定，於指定代行告訴人不適用之。

■增訂說明（92.02.06）

一、本條新增。

二、代行告訴人之指定具有公益之性質，且檢察官於指定代行告訴人時亦已考量受指定人之資格及能力，自不許受指定代行告訴之人再委任代理人，前條及第二百七十一條之一有關告訴代理之規定於指定代行告訴人無適用之餘地，爰於本條予以規定。

第 237 條（告訴乃論之告訴期間）
I 告訴乃論之罪，其告訴應自得爲告訴之人知悉犯人之時起，於六個月內爲之。
II 得爲告訴人之有數人，其一人遲誤期間者，其效力不及於他人。

☐ 實務見解

▶ 釋字第 108 號（54.07.28）

告訴乃論之罪，其犯罪行爲有連續或繼續之狀態者，其六個月之告訴期間，應自得爲告訴之人，知悉犯人最後一次行爲或行爲終了之時起算。本院院字第一二三二號解釋應予變更。

▶ 28 上 919（判例）

刑事訴訟法第二百十六條第一項規定，告訴乃論之罪，應自知悉犯人之時起，於六個月內爲之，所稱知悉，係指確知犯人之犯罪行爲而言，如初意疑其有此犯行，而未得確實證據，及發見確實證據，始行告訴，則不得以告訴人前此之遲疑，未經申告，遂謂告訴爲逾越法定期間。

第 238 條（告訴乃論之撤回告訴）
I 告訴乃論之罪，告訴人於第一審辯論終結前，得撤回其告訴。
II 撤回告訴之人，不得再行告訴。

☐ 實務見解

▶ 院字第 1605 號（25.12.25）

縱容配偶與人通姦，告訴權即已喪失，不能因嗣後翻悔而回復。又所謂縱容，但有容許其配偶與人通姦之行爲即足。至相姦之人，原不必經其容許，故原舉兩問，均不得再行告訴。

▶ 70 台上 6859（判例）

被害人之告訴權對被害人法定代理人之告訴權，個獨立而存在，被害人提告訴後，其法定代理人仍得獨立告訴，是以告乃論之罪，法定代理人撤回其獨立之告訴，於被害人已先提出之告訴，無影響，法院不得因被害人之法定代理人撤回其獨立告訴，而就被害人告訴，併爲不受理之判決。

▶ 31 上 735（判例）

刑事訴訟法第二百十七條第一項所謂撤回告訴，係指合法之撤回而言，若無權撤回其撤回非出於自由之意思者，均不能發生撤回之效力。

▶ 26 渝上 1427（判例）

告訴人合法撤回其告訴後，固不得再行告訴，但有告訴權人爲數時，本得分別行使，其告訴權除撤回告訴人應受刑事訴訟法第二百十七條第二項之限制外，於其他有告訴權人之告訴，不生何種影響。

▶ 23 非 2（判例）

告訴乃論之罪經告訴人在第一審辯論終結前，將其告訴撤回者，法院始應論知不受理之判決，若非告訴乃論之罪，雖告訴人回其告訴，法院並不受其拘束，仍應逕行審判。

第 239 條（告訴不可分原則）
告訴乃論之罪，對於共犯之一人告訴或撤回告訴者，其效力及於其他共犯。但刑法第二百三十九條之罪，對於配偶撤回告訴者，其效力不及於相姦人。

❖ 爭議問題

審判中撤回告訴，是否及於其他共犯？

一、肯定說

撤回告訴乃撤回所告訴之犯罪事實，**僅對審判中之一人因撤回告訴諭知不受理，而仍就偵查中其他共犯追訴，情法亦難持平，自不能因其係在偵查中或審判中撤回其告訴而異其效果。**故在第一審辯論終結前撤回告訴者，其效力亦應及於偵查中之其他共犯（最高法院 74 年度第 6 次刑事庭會議決議）。

二、否定說

所謂撤回效力及於其他共犯，**必須在起訴前偵查中，始有適用。起訴後之撤回，效力不及於其他共犯。此與第 238 條告訴人得於第一審辯論終結前撤回其告訴，係屬二事。**因此共犯倘繫屬於不同級法院，或一共犯在偵查中，一共犯在法院繫屬中者，對第一審繫屬之共犯或偵查中之共犯撤回時，其效力不及於其他共犯。

【張麗卿，《刑事訴訟法理論與運用》，五南，十三版，2016.09，480頁。】

❑ 實務見解

▶ 釋字第791號解釋理由書節錄（109.05.29）

憲法第七條保障人民之平等權，法規範所為差別待遇，是否符合平等保障之要求，應視該差別待遇之目的是否合憲，及其所採取之分類與規範目的之達成間，是否存有一定程度之關聯性而定（本院釋字第六八二號、第七二二號、第七四五號及第七五〇號等解釋參照）。又法律為貫徹立法目的，而設刑事追訴審判之規定時，如就必要共犯撤回告訴之效力形成差別待遇者，因攸關刑罰制裁，則須與立法目的間具有實質關聯，始與平等權保障無違。

系爭規定二明定：「刑法第二三九條之罪，對於配偶撤回告訴者，其效力不及於相姦人。」**所稱刑法第二三九條之罪，包括有配偶而與人通姦罪及相姦罪，性質上屬刑法必要共犯之犯罪，具犯罪成立之不可分關係**。系爭規定二**以撤回告訴之對象是否為告訴人之配偶**為分類標準，對通姦人撤回告訴之效力不及於相姦人；反之，對相姦人撤回告訴之效力則及於通姦人，亦即仍適用刑事訴訟法第二三九條前段規定，因而形成在必要共犯間，**僅相姦人受追訴處罰而通姦人不受追訴處罰之差別待遇**。是該差別待遇是否符合平等權保障，應視其與立法目的間是否具實質關聯而定。

爭規定二之立法考量，無非在於使為顧全夫妻情義之被害配偶，得以經由對通姦配偶撤回告訴之方式，**促使其婚姻關係得以延續**。惟對通姦配偶撤回告訴之效力是否及於相姦人，與具體婚姻關係是否延續，並無實質關聯。**蓋被害配偶於決定是否對通姦配偶撤回告訴時，通常多已決定嗣後是否要延續其婚姻關係。後續之僅對相姦人追訴處罰，就被害配偶言，往往只具報復之效果，而與其婚姻關係之延續與否，欠缺實質關聯**。況在相姦人被追訴審判過程中，法院為發現眞實之必要，向以證人身分傳喚通姦人到庭作證，進行交互詰問，以便法院對相姦人判處罪刑，相關事實並將詳載於刑事判決書，公諸於世。**此一追訴審判過程，可能加深配偶間婚姻關係之裂痕，對挽回配偶間婚姻關係亦未必有實質關聯。是系爭規定二對本應為必要共犯之通姦人與相姦人，因其身分之不同而生是否追訴處罰之差異，致相姦人可能須最終單獨擔負罪責，而通姦人則毋須同時擔負罪責，此等差別待遇與上述立法目的間欠缺實質關聯，自與憲法第七條保障平等權之意旨有違**。

▶ 74年度第6次刑事庭會議決議（74.06.11）

告訴乃論之罪，於第一審辯論終結前，得撤回其告訴，及告訴不可分之原則，均規定於刑事訴訟法第二編第一章第一節「偵查」之第二百三十八條及第二百三十九條，在審判中既得撤回其告訴，其及於共犯之效力，應無偵查中或審判中之分。況撤回告訴乃撤回所告訴之犯罪事實，祗對審判中之一人因撤回告訴諭知不受理，而仍就偵查中其他共犯追訴，情法亦難持平，自不能因其係在偵中或審判中撤回其告訴而異其效果。故在第一審辯論終結前撤回告訴者，其效力亦應及偵查中之其他共犯。

▶ 21非141（判例）

牽連犯之部分為親告罪，而該部分因撤回告訴，欠缺訴追條件者，則僅就其餘部分為實體上之裁判欠缺訴追條件者，則僅就其餘部分為實體上之裁判為已足，毋庸更就其親告罪部分為不受理之判決，此乃牽連犯公訴單一之當然結果。

▶ 99台上1370（判決）

告訴乃論之罪，基於告訴不可分原則，對共同正犯、教唆犯、幫助犯等正犯或共犯之一人撤回告訴者，其效力固及於上開其他正犯或共犯，**然非告訴乃論之罪，告訴人之告訴僅為偵查開始原因之一，非訴追條件，檢察官對此類犯罪，因其他情事知有犯罪嫌疑者，亦得逕行偵查起訴，故告訴人縱撤回告訴，不影響偵查之進行，即不生撤回之效力，自無對正犯或共犯一人撤回告訴效力及於其他正犯或共犯之可言**。本件乙〇〇部分，原判決係依刑法第二百七十七條第二項前段傷害致人於死論處罪刑，倘若無誤，則該罪並非告訴乃論之罪，告訴人丁〇〇雖撤回對乙〇〇之告訴，亦不生撤回之效力，尤無撤回之效力及於普通傷害罪共同正犯丙〇〇之可言。原判決就丙〇〇被訴共同殺人部分，竟以丙〇〇係基於傷害之犯意共同參與犯行，告訴人既已撤回對共同正犯乙〇〇之告訴，其撤回之效力自及於丙〇〇，乃據而對丙〇〇為不受理之諭知，自有不受理訴訟係不當之違誤。

▶ 97台上2636（判決）

告訴人對共同正犯所涉犯著作權法第九十一條第二項屬告訴乃論之罪部分撤回告訴），其撤回效力如何及於甲〇〇、乙〇〇所涉犯前開非告訴乃論之罪，原判決未予說明其論斷之理由，即逕諭知此部分公訴不受理，有判決理由不備之違誤。**告訴乃論之罪，僅對犯罪事實之一部告訴或撤回者，其效力是否及於其他犯罪事實之全部，此即所謂告訴客觀不可分之問題**，因其效力之判斷，法律無明文規定，自應衡酌訴訟客體原係以犯罪事實之個數為計算標準之基本精神，以及告訴乃論之罪本容許**被害人決定訴追與否之立法目的以為判斷之基準。犯罪事實全部為告訴乃論之罪且被害人相同時，若其行為為一個且為一罪時（如接續犯、繼續犯），其告訴或撤回之效力固及於全部。但如係裁判上一罪，由於其在實體法上係數罪**，而屬數個訴訟客體，僅因訴訟經濟而予以擬制為一罪，因此被害人本可選擇就該犯罪事實之全部或部分予以訴追，**被害人僅就其中一部分為告訴或撤回，其效力應不及於全部**。

第 240 條（權利告發）
不問何人知有犯罪嫌疑者，得為告發。

第 241 條（義務告發）
公務員因執行職務知有犯罪嫌疑者，應為告發。

第 242 條（告訴之程式）
I 告訴、告發，應以書狀或言詞向檢察官或司法警察官為之；其以言詞為之者，應製作筆錄。為便利言詞告訴、告發，得設置申告鈴。
II 檢察官或司法警察官實施偵查，發見犯罪事實之全部或一部係告訴乃論之罪而未經告訴者，於被害人或其他得為告訴之人到案陳述時，應訊問其是否告訴，記明筆錄。
III 第四十一條第二項至第四項及第四十三條之規定，於前二項筆錄準用之。

❐ 實務見解

▸73 台上 4314（判例）

告訴乃論之罪，被害人未向檢察官或司法警察官告訴，**在法院審理中，縱可補為告訴，仍應向檢察官或司法警察官為之，然後再由檢察官或司法警察官將該告訴狀或言詞告訴之筆錄補送法院，始得謂合法告訴。如果被害人不向檢察官或司法警察官提出告訴**，而逕向法院表示告訴，即非合法告訴。本件被害人於偵查中就上訴人過失傷害部分，迄未向檢察官或司法警察官提出告訴，迨第一審法院審理中，始當庭以言詞向該法院表示告訴，依前開說明，本件告訴自非合法。上訴人所犯過失傷害部分，尚欠缺訴追要件，即非法院所得受理審判。

第 243 條（請求之程序）
I 刑法第一百十六條及第一百十八條請求乃論之罪，外國政府之請求，得經外交部長函請司法行政最高長官令知該管檢察官。
II 第二百三十八條及第二百三十九條之規定，於外國政府之請求準用之。

第 244 條（自首準用告訴之程序）
自首向檢察官或司法警察官為之者，準用第二百四十二條之規定。

第 245 條（偵查不公開或揭露原則）
I 偵查，不公開之。
II 被告或犯罪嫌疑人之辯護人，得於檢察官、檢察事務官、司法警察官或司法警察訊問該被告或犯罪嫌疑人時在場，並得陳述意見。但有事實足認其在場有妨害國家機密或有湮滅、偽造、變造證據或勾串共犯或證人或妨害他人名譽之虞，或其行為不當足以影響偵查秩序者，得限制或禁止之。
III 檢察官、檢察事務官、司法警察官、司法警察、辯護人、告訴代理人或其他於偵查程序依法執行職務之人員，除依法令或為維護公共利益或保護合法權益有必要者外，偵查中因執行職務知悉之事項，不得公開或揭露予執行法定職務必要範圍以外之人員。
IV 偵查中訊問被告或犯罪嫌疑人時，應將訊問之日、時及處所通知辯護人。但情形急迫者，不在此限。
V 第一項偵查不公開作業辦法，由司法院會同行政院定之。

□修正前條文

I 偵查，不公開之。
II 被告或犯罪嫌疑人之辯護人，得於檢察官、檢察事務官、司法警察官或司法警察訊問該被告或犯罪嫌疑人時在場，並得陳述意見。但有事實足認其在場有妨害國家機密或有湮滅、偽造、變造證據或勾串共犯或證人或妨害他人名譽之虞，或其行為不當足以影響偵查秩序者，得限制或禁止之。
III 檢察官、檢察事務官、司法警察官、司法警察、辯護人、告訴代理人或其他於偵查程序依法執行職務之人員，除依法令或為維護公共利益或保護合法權益有必要者外，不得公開揭露偵查中因執行職務知悉之事項。
IV 偵查中訊問被告或犯罪嫌疑人時，應將訊問之日、時及處所通知辯護人。但情形急迫者，不在此限。

■修正說明（101.06.13）

一、第一、二、四未修訂。
二、基於「不得公開揭露」定義不明，各檢調人員或告訴代理人等解讀各異，造成當事者被圍堵、公開批判、錯誤訊息影響相關人權益，甚至危及性命，建議修正第三項，明定不得公開或揭露予執行法定職務必要範圍以外之人員。
三、另增訂第五項，授權訂定偵查不公開作業辦法，以資明確，且符合法律保留原則。

❖ 修法簡評

基於憲法對言論自由之保障，一旦已無限制偵查資訊之必要，即應解除偵查不公開原則對於言論自由之限制，**因此原則上在偵查終結時，**檢察官、檢察事務官、司法警察官、司法警察、辯護人、告訴代理人或其他於偵查程序依法執行職務之人員，即不受偵查不公開原則之拘束。

通常在偵查終結後，已無對特定犯罪嫌疑人保密之必要，亦無防止干擾偵查決定之考量，在允許被告及其辯護人於審判中閱卷（§33）與公開審判之法制架構下，似已無再繼續限制公開偵查資訊之必要。基於保障言論自由，原則上於偵查終結時，本條項所適用的對象就不再受此原則之拘束。

【王兆鵬、張明偉、李榮耕，《刑事訴訟法（上）》，新學林，四版，2018.09，649 頁以下。】

另有論者認爲，「爲維護公共利益或保護合法權益有必要者」的概念，仍嫌抽象。此外，本法未具體明定法律效果，應肯認受侵害者有請求國家賠償之可能，相關人員應受行政責任及刑事上洩密罪之追究。

【黃朝義，《刑事訴訟法》，新學林，五版，2017.09，148 頁。】

❖ 法學概念

偵查不公開原則

一、概念

此原則一方面在於維持偵查效率之考量，亦即防止因偵查內容之外洩而導致湮滅證據或勾串、僞證等，影響偵查進行之不利情事發生。另一方面，係基於當事人及關係人名譽之保護。蓋因犯罪嫌疑人在未經法院依證據認定有罪之前應受無罪推定（§154 I）。是故，偵查不公開之原則亦有將其稱爲「名譽保護原則」（例如白曉燕案中，媒體之種種舉動驚動了綁匪，終將被害者撕票逃逸。嗣後，警方在偵辦此案時，媒體記者仍然不放過任何辦案訊息，並且將警方之辦案方向、警力佈署、計畫、查緝重點等一一透過媒體傳述、喊話、渲染。媒體諸如此類之犯罪報導對被害人而言，名譽之保護受傷頗鉅）。而刑事訴訟法第 245 條第 2 項但書所謂「行爲不當足以影響偵查秩序」，在解釋上，最大盲點在於語意過於模糊，實務上容易因基於偵查不公開之原則，而限制辯護人在場權。然「影響偵查秩序」與偵查不公開無關，乃係指辯護人的行爲足以影響偵查的進行，例如大聲吵鬧等行爲。因此，在解釋上應予以限縮，偵查機關在適用上不能以辯護人在場就會影響對於犯罪嫌疑人的偵訊爲由，而限制辯護人在場、陳述意見。尤其是事前限制更不應容許，蓋既尚未偵訊就無從產生其行爲不當足以影響偵查秩序之可能。

二、目的

此原則包括四大目的：㈠防止被告逃亡，確保犯罪偵查程序之順利進行，以保護社會秩序；㈡保障犯罪嫌疑人之名譽與信用，避免嗣後獲不起訴處分之犯罪嫌疑人於犯罪偵查期間遭受名譽損害；㈢保障審判獨立，避免影響法官心證；㈣避免證人因於偵查中作證指控而遭受不必要的騷擾。

【黃朝義，《刑事訴訟法》，新學林，五版，2017.09，148 頁以下；王兆鵬、張明偉、李榮耕，《刑事訴訟法（上）》，新學林，四版，2018.09，647 頁。】

三、第 245 條第 3 項除外規定的解釋

由於偵查不公開原則旨在保障偵查之效能及案件當事人或關係人之權益，故其本質上並非絕對不受限制之原則。既然偵查不公開並不是絕對不可違反的義務，故於第 245 條第 3 項除外之情形中，縱有洩漏偵查資訊之情事，亦無受處罰之必要，在解釋上應分別就偵查人員、辯護人等不同角色定位及行使權利的性質不同，分別討論：

㈠ 偵查人員

偵查人員若擅自舉行記者會宣布案情的內容，如有屬於應秘密之事項，又無正當化事由者，自可成立刑法第 132 條第 1 項之洩漏公務秘密罪。

㈡ 辯護人

如司法警察偵破刑案，舉行記者會宣布案情的內容屬於應秘密之事項者，就辯護人而言，遇有下述情形爲平衡報導、回復嫌疑人或被告合法權益得爲自辯：***1.*指摘或批評實施偵查違反法定程序之違法或不當者。*2.*有利於被告之證據，經請求偵查機關調查未果，爲行使被告防禦之必要，需公開揭露一定偵查資訊，以蒐集保全有利證據者。*3.*因偵查機關先行公開揭露偵查資訊，致嫌疑人或被告有受不公平審判之虞。**亦即，辯護人爲維護被告訴訟上之防禦權益或合法權益，在不涉及串證或湮滅、僞造或變造證據的界限範圍內，得適度公開揭露相關的偵查資訊。上開處理原則，至於起訴後辯護人透過閱卷取得相關的偵查卷證資料，得否公開揭露，應做同一解釋。

因此同條項但書規定之解釋，有關偵訊中限制辯護人在場提供法律援助之例外情形，應係指當在場之辯護人提供法律援助的方式已達到干擾偵查人合法偵訊的情況下，例如律師代替犯嫌回答偵訊人員之問題等，即屬「行爲不當足以影響偵查秩序者」，始得例外地限制辯護人在場提供法律援助的權利。

【陳運財，〈辯護人偵訊在場權之理論與實際〉，收錄於《法務部廖正豪前部長七秩華誕祝壽論文集：刑事訴訟法卷》，五南，初版，2016.07，78 頁。】

㈢ 新聞媒體

新聞媒體從業人員採訪及報導犯罪事件，本**屬其表現自由的方式及滿足國民知的權利的保障範圍，並非刑事訴訟法第 245 條第 3 項所定守密義務之主體**。惟新聞從業人員對於偵查中應秘密之事項，關於新聞媒體報導偵查資訊是否適當的判斷標準，本項規定所列的除外事由，亦可作爲新聞媒體報導的權衡依據。倘有唆使或協助偵查人員洩漏或交付之行爲者，依刑法第 31 條第 1 項，仍有可能成立刑法第 132 條第 1 項之不具身分關係之共犯。

【陳運財，〈檢警關係定位問題之研究〉，收錄於《偵查與人權》，元照，初版，2014.04，88 頁以下。】

四、九月政爭

在 2013 年「九月政爭」中，檢察總長針對偵查中個案直接向總統報告案情，顯然逾越其作爲最高檢察機關首長的法定地位與職權。理由在於，一方面，檢察總長由總統提名經立法院同意任命，並受任期保障，具有獨立性，除了如同檢察官獨立於法院之外，也獨立於任何其他機關，檢察總長作爲最高檢察首長，針對個案的偵查與起訴，並不向任何其他機關負責，自無針對個案向總統報告之理。此外，根據通訊保障及監察法第 18 條的規定，**檢察總長不得將監察通訊所得資料提供給其他機關（構）、團體或個人，其他機關自然包含總統在內**，因此即使是監聽所得內容是屬於「行政調查」的資料，**檢察總長亦不得讓屬於「其他機關」的馬總統知悉**，否則將坐實總統指揮或是干涉偵查中案件的權力，而有違權力的分立與制衡。

【張嘉尹，〈誰跨過了憲政主義的邊界？——「九月政爭」的憲法學詮釋〉，《台灣法學雜誌》，第 234 期，2013.10，7 頁。】

至於檢察總長援引憲法第 44 條「總統之院際調解權」，做爲偵查不公開例外的依據，應屬風馬牛不相及的無稽之談。蓋，**所謂院與院間之爭執，應限於「政治性質」之爭議，職故，此一「院與院間之爭執」應係一種「政治層面」而非「法律層面」的爭執**，因爲後者屬於憲法上的爭議，應由司法院大法官予以處理。

【李惠宗，《憲法要義》，元照，七版，2015.09，540 頁；吳信華，《憲法釋論》，三民，三版，2018.09，573 頁。】

檢察官的刑事偵查、起訴、實行公訴與執行，**應該從「法律」的角度來思考，而非依從上級的指示觀點**，即便在有裁量空間的便宜原則適用的問題，也應依法律所容許的目的範圍內思考其運用，絕對不能從政治鬥爭的幫手角度來思考問題，也不應考量與刑事法律之實現無所關連之政治目的。

【許澤天，〈政海浮沉中的檢察官定位危機與轉機〉，《台灣法學雜誌》，第 234 期，2013.10，22 頁。】

從司法院頒布的「偵查不公開作業辦法」，第 8 及 9 條來看，本書認爲，所謂「爲維護公共利益或保護合法權益有必要者」，應係指與「社會治安」密切相關的公共利益及必要性而言，至於「行政不法」、政治人物的道德瑕疵，應不構成偵查不公開原則的例外。

綜上所述，檢評會在 2013 年 12 月 14 日公布的新聞稿指出，檢察總長及特偵組就「違法公開監聽譯文」、「洩密」的部分成立，不得援引「爲維護公共利益或保護合法權益有必要者」之規定及憲法第 44 條阻卻違法的見解，值得肯定。

本案經起訴後，法院認爲：「**政治責任與行政不法責任不應混淆**，因行政不法責任之追究須依法定之程序，經調查相關證據甚而使被調查人有答辯之機會，始能予以認定、究責；而政治責任則屬總統、行政院長任免閣員之權限，因應社會情勢所爲者，乃政府機關因應社會之措施，至於究責有無行政不法責任，並非其決定考量政治責任之必要因素。另，上開所辯理由僅因法務部長涉案，即逕謂行政院亦有涉入本案，故必須逕向總統馬英九報告，該推論方式顯有偏頗，難以採認（臺北地院 102 年度矚易字第 1 號判決）。本書認爲，上開見解，符合憲法學理，立論正確。

☐ 實務見解

▶ 釋字第 729 號解釋理由書（節錄）

檢察官之偵查係對外獨立行使職權，與法官之刑事審判，應同受憲法保障，且**偵查卷證係偵查行爲之一部，爲犯罪偵查不公開之事項，非屬立法院所得調閱之事物範圍**。即令案件偵查終結後，若檢察官有違法、不當之情事，亦應由監察院調查。立法院僅能在制度、預算、法律等事項對檢察機關進行通案監督，應無介入個案調閱偵查卷證之餘地等情，而拒絕提供調閱之卷證。司法及法制委員會因認聲請人之檢察總長迴避監督、藐視國會，將檢察總長函送監察院調查。

❖ 修法簡評

刑事程序「偵查不公開」機制設計法益保障，並不因檢察官案件處分，分起訴或不起訴而有所不同。程序偵查階段，考量避免「未審先判」要求。「偵查不公開」不僅如大法官解釋避免偵查策略走漏、影響偵查成效，亦是防止外界、民嘴爲搏版面「語不驚人死不再休」，或有損及關係人名譽甚或有心人士訴諸輿論「民粹公審」，影響犯罪追訴正當法律程序「公平審判」。此外，因「偵查不公開」兼顧保障案件當事人（包括被害人、告發人等）隱私機制設計，並可確保一般民眾「勇於吹哨」舉發犯罪，尚且偵查過程之「見義勇爲」可提高作證意願，相關法益不因最終檢察官偵查結果起訴或不起訴而有所區別。簡言之「偵查不公開」彷如潘朵拉盒子，不僅考量偵查成效、個人隱私，更是確保公平審判，讓司法歸司法、政治歸政治，司法爭端宜司法手段解決，政治責任則歸國會殿堂。

【林裕順，〈偵查不公開潘朵拉盒子——淺談釋字第729號解釋〉，《月旦法學教室》，第154期，2015.08，28頁以下。】

▶102矚易1（判決）

辯護意旨辯稱：偵查不公開原則目的爲「發現真實」與「保障犯嫌人格權」。偵查過程中所蒐集之偵查資訊，並不當然等同於應適用偵查不公開之偵查秘密，須是有助於偵查不公開目的及功能達成之偵查資訊，始有偵查不公開原則之適用，始爲偵查秘密。又縱使爲偵查秘密，於依法令或爲維護公共利益或保護合法權益而有必要時，亦得對外公開或揭露。是否屬偵查秘密、可否公開，檢察總長具有裁量權。被告於八月三十一日向總統報告有關行政不法之內容，非屬偵查不公開所規範之偵查秘密，被告於八月三十一日向總統報告時，已無再續行刑事訴訟法上之偵查作爲，故不妨害偵查不公開目的等語。然查，被告於八月三十一日向總統馬○九報告之際，全民電**通更一審關說案仍在持續偵查訊問中，且全民電通案之判決階段因特偵組檢察官鄭○元認爲有偵查之必要，故於專案報告中也敘明相關偵查計畫，已如前述**，既爲尚在偵查中之刑事個案應秘密之內容，被告將之洩漏及交付與不具刑事個案偵查權限之總統，已屬違反偵查不公開無疑。

第246條（就地訊問被告）
遇被告不能到場，或有其他必要情形，得就其所在訊問之。

第247條（偵查之輔助—該管機關）
關於偵查事項，檢察官得請該管機關爲必要之報告。

第248條（人證之訊問及詰問）
I 訊問證人、鑑定人時，如被告在場者，被告得親自詰問；詰問有不當者，檢察官得禁止之。
II 預料證人、鑑定人於審判時不能訊問者，應命被告在場。但恐證人、鑑定人於被告前不能自由陳述者，不在此限。

第248條之1（偵查中被害人受訊問或詢問之陪同人在場及陳述意見）
I 被害人於偵查中受訊問或詢問時，其法定代理人、配偶、直系或三親等內旁系血親、家長、家屬、醫師、心理師、輔導人員、社工人員或其信賴之人，經被害人同意後，得陪同在場，並得陳述意見。
II 前項規定，於得陪同在場之人爲被告，或檢察官、檢察事務官、司法警察官或司法警察認其在場，有礙偵查程序之進行時，不適用之。

□修正前條文

被害人於偵查中受訊問時，得由其法定代理人、配偶、直系或三親等內旁系血親、家長、家屬、醫師或社工人員陪同在場，並得陳述意見。於司法警察官或司法警察調查時，亦同。

■修正說明（109.01.08）

一、原條文關於偵查中之陪同制度，係考量被害人受害後心理、生理、工作等急待重建之特殊性，在未獲重建前需獨自面對被告，恐有二度傷害之虞，爰明定具一定資格或關係之人得陪同在場及陳述意見。惟在個案中透過陪同在場協助，得促使被害人維持情緒穩定者，未必以原條文所定資格或關係之人爲限。爰參考性侵害犯罪防治法第十五條第一項規定，增列心理師、輔導人員等資格，並參考德國刑事訴訟法第四百零六F條第二項規定，增列受被害人信賴之人亦得爲陪同人，以敷實務運作所需。而所謂「其信賴之人」係指關係緊密之重要他人，例如袝母、同性伴侶、好友等均屬之。又爲尊重被害人意願，具本條所定資格或關係而得陪同之人，於偵查中陪同在場時，自以經被害人同意爲前提。另刪除「於司法警察官或司法警察調查時，亦同。」，增列「或詢問」，列爲第一項。

二、參考性侵害犯罪防治法第十五條第二項規定，增訂第二項明定具有第一項身分之人爲被告時，不得陪同在場。另參考德國刑事訴訟法第四百零六F條第二項、第四百零六G條第四項規定，如陪同人在場經認有礙偵查程序之進行時，得拒絕其在場。

第248條之2（偵查中之移付調解及轉介修復式司法程序）
I 檢察官於偵查中得將案件移付調解；或依被告及被害人之聲請，轉介適當機關、機構或團體進行修復。
II 前項修復之聲請，被害人無行爲能力、限制行爲能力或死亡者，得由其法定代理人、直系血親或配偶爲之。

■增訂說明（109.01.08）

一、本條新增。

二、「修復式正義」或稱「修復式司法」（Restorative Justice），旨在藉由有建設性之參與及對話，在尊重、理解及溝通之氛圍下，尋求彌補被害人之損害、痛苦及不安，以眞正滿足被害人之需要，並修復因衝突而破裂之社會關係。我國既有之調解制度固在一定程度上發揮解決糾紛及修復關係之功能，惟調解所能投入之時間及資源較爲有限，故爲貫徹修復式司法之精神並提升其成效，亦有必要將部分案件轉介適當機關、機構或團體，而由專業之修復促進者以更充分之時間及更完整之資源來進行修復式司法程序。又法務部自九十九年九月一日起擇定部分地方法院檢察署試辦修復式司法方案，嗣自一百零一年九月一日起擴大於全國各地方法院檢察署試辦，並自九十九年九月起辦理修復促進者培訓工作，在本土實踐上業已累積相當之經驗，爲明確宣示修復式司法於我國刑事程序之重要價值，實應予以正式法制化，而以法律明定關於移付調解及轉介修復式司法程序之授權規範，爰參考德國刑事訴訟法第一百五十五Ａ條之規範內容，明定檢察官於偵查中，斟酌被告、被害人或其家屬進行調解之意願與達成調解之可能性、適當性，認爲適當者，得使用既有之調解制度而將案件移付調解，或於被告及被害人均聲請參與修復式司法程序時，檢察官得將案件轉介適當機關、機構或團體進行修復，由該機關、機構或團體就被告、被害人是否適合進入修復式司法程序予以綜合評估，如認該案不適宜進入修復，則將該案移由檢察官繼續偵查；反之，則由該機關、機構或團體指派之人擔任修復促進者進行修復式司法程序，並於個案完成修復時，將個案結案報告送回檢察官，以供檢察官偵查之參考，爰新增第一項之規定。

三、又於被害人無行爲能力、限制行爲能力或死亡之情形，爲使被害人之家屬仍得藉由修復式司法療癒創傷、復原破裂的關係，爰參酌第三百十九條第一項之規定，於第二項明定之。

第 248 條之 3（偵查中之隱私保護及隔離措施）

I 檢察官於偵查中應注意被害人及其家屬隱私之保護。

II 被害人於偵查中受訊問時，檢察官依被害人之聲請或依職權，審酌案件情節及被害人之身心狀況後，得利用遮蔽設備，將被害人與被告、第三人適當隔離。

III 前二項規定，於檢察事務官、司法警察官或司法警察調查時，準用之。

■增訂說明（109.01.08）

一、本條新增。

二、爲避免被害人及其家屬之隱私於偵查中遭受侵害，並參酌司法改革國是會議關於「保障隱私、維護尊嚴」之決議內容，爰於第一項明定檢察官於偵查程序中保障被害人及其家屬隱私之義務。

三、考量被害人於偵查中面對被告時，常因懼怕或憤怒而難以維持情緒平穩，及爲維護被害人之名譽及隱私，避免第三人識別其樣貌，而增加被害人之心理負擔，甚而造成被害人之二度傷害。爰參考性侵害犯罪防治法第十六條第一項規定，明定檢察官依被害人聲請或依職權，得綜合考量案件情節、被害人身心狀況，如犯罪性質、被害人之年齡、心理精神狀況及其他情事等，採取適當之隔離措施，使被告及第三人無法識別其樣貌。檢察官於個案中可視案件情節及檢察署設備等具體情況，採用遮蔽屏風、聲音及影像相互傳送之科技設備或其他措施，將被害人與被告、第三人適當隔離，爰增訂本條第二項。

四、第三項明定偵查輔助機關調查時，準用前二項規定。

第 249 條（偵查之輔助—軍民）

實施偵查遇有急迫情形，得命在場或附近之人爲相當之輔助。檢察官於必要時，並得請附近軍事官長派遣軍隊輔助。

第 250 條（無管轄權時之通知與移送）

檢察官知有犯罪嫌疑而不屬其管轄或於開始偵查後認爲案件不屬其管轄者，應即分別通知或移送該管檢察官。但有急迫情形時，應爲必要之處分。

第 251 條（公訴之提起）

I 檢察官依偵查所得之證據，足認被告有犯罪嫌疑者，應提起公訴。

II 被告之所在不明者，亦應提起公訴。

❖ 法學概念

公訴

所謂公訴者，乃檢察官依偵查所得之證據，足認爲被告有犯罪嫌疑者，應提起之。以彈劾原則觀點，檢察官憑信其主觀的嫌疑認定，客觀的嫌疑證據顯現於起訴書中，向該管法院提起公訴，應說明起訴之犯罪事實範圍與對象爲何。另一方面，同一案件，法院如要變更起訴法條起訴中限定被告的具體犯罪類型，法院同時亦受到起訴書的限制（§300）。

【陳宏毅、林朝雲，《刑事訴訟法新理論與實務》，五南，初版，2015.02，401 頁。】

第 252 條（絕對不起訴處分）
案件有左列情形之一者，應爲不起訴之處分：
一　曾經判決確定者。
二　時效已完成者。
三　曾經大赦者。
四　犯罪後之法律已廢止其刑罰者。
五　告訴或請求乃論之罪，其告訴或請求已經撤回或已逾告訴期間者。
六　被告死亡者。
七　法院對於被告無審判權者。
八　行爲不罰者。
九　法律應免除其刑者。
十　犯罪嫌疑不足者。

❑ 實務見解

▶ 釋字第 53 號（44.09.23）

檢察官發見原告訴人爲誣告者，固得逕就誣告起訴，毋庸另對被誣告人爲不起訴處分。但原告訴人對原告訴事件，如有聲請時，檢察官仍應補爲不起訴處分書。

▶ 釋字第 48 號（44.07.11）

告訴乃論之罪，其告訴不合法或依法不得告訴而告訴者，檢察官應依刑事訴訟法第二百三十四條第一項之規定爲不起訴處分。如未經告訴，自不生處分問題，院字第二二九二號解釋所謂應予變更部分，自係指告訴不合法及依法不得告訴而告訴者而言。告訴不合法之案件，經檢察官爲不起訴處分後，如另有告訴權人合法告訴者，得更行起訴，不受刑事訴訟法第二百三十九條之限制。

▶ 99 台上 7330（判決）

案件有因欠缺**形式訴訟條件者**（如刑事訴訟法第二百五十二條第五至七款）、有因**欠缺實質訴訟條件者**（如刑事訴訟法第二百五十二條第一至四款）、有因**欠缺實體條件者**（如刑事訴訟法第二百五十二條第八至十款），而爲不起訴處分。倘因欠缺**形式訴訟條件**而爲不起訴處分確定，因僅具有形式確定力，**該形式訴訟條件若經補正**（如告訴乃論之罪，未經合法告訴而不起訴處分，嗣經有告訴權人提出告訴），**檢察官自得重行起訴而不受刑事訴訟法第二百六十條之限制**。至於**因欠缺實質訴訟條件**而爲不起訴處分確定，固具實質確定力，惟其前提要件須確有該實質條件欠缺之存在，**若本無該實質條件之欠缺，檢察官誤認有欠缺**（如案件未曾判決確定，或時效未完成，檢察官誤以爲已判決確定，或時效已完成）而爲不起訴處分確定，該**不起訴處分即存有明顯之重大瑕疵，且無從補正**。況違背法令之刑事判決，尚得依上訴程序予以糾正，若已判決確定，仍可尋非常上訴程序救濟，然上**開違背法令之不起訴處分，如無得聲請再議之人，於處分時即告確定，別無救濟之途，唯有認其係當然無效，不生實質確定力，方足以維持法律之尊嚴。而該不起訴處分之犯罪嫌疑，既未經檢察官爲實體審認，縱重行起訴，對被告而言，亦無遭受二重追訴之疑慮**。

第 253 條（相對不起訴案件）
第三百七十六條第一項各款所規定之案件，檢察官參酌刑法第五十七條所列事項，認爲以不起訴爲適當者，得爲不起訴之處分。

□修正前條文

第三百七十六條所規定之案件，檢察官參酌刑法第五十七條所列事項，認爲以不起訴爲適當者，得爲不起訴之處分。

■修正說明（106.11.16）

配合第三百七十六條第二項之增訂，修正本條規定。

❖ 法學概念

相對不起訴處分

蓋檢察官提起公訴不僅是依犯罪的嫌疑及所蒐集到的證據尚且參酌犯罪人格、年齡、境遇和犯行輕重、犯罪後的情形，來考量有無提起公訴之必要，此種檢察官起訴裁量權的方式一般稱爲起訴便宜主義。此乃各國刑訴共通原則，德國刑事訴訟法第 153 條以下亦規定因犯行輕微或以不起訴爲適當及領域犯罪的情形，基於便宜的相關機制，檢察官得不予追訴。

【三井 誠、酒巻 匡，《入門刑事手続法》，新學林，四版二刷，2007.01，86 頁；Greco, Strafprozesstheorie und materielle Rechtskraft, 2015, S. 825 ff.】

第 253 條之 1（緩起訴處分之適用範圍及期間）
I 被告所犯爲死刑、無期徒刑或最輕本刑三年以上有期徒刑以外之罪，檢察官參酌刑法第五十七條所列事項及公共利益之維護，認以緩起訴爲適當者，得定一年以上三年以下之緩起訴期間爲緩起訴處分，其期間自緩起訴處分確定之日起算。
II 追訴權之時效，於緩起訴之期間內，停止進行。
III 刑法第八十三條第三項之規定，於前項之停止原因，不適用之。
IV 第三百二十三條第一項但書之規定，於緩起訴期間，不適用之。

■增訂說明（91.02.08）

一、本條新增。
二、爲使司法資源有效運用，塡補被害人之損害、有利被告或犯罪嫌疑人之再社會化及犯罪之特別預防等目的，爰參考日本起訴猶豫制度及德國附條件及履行期間之暫不提起公訴制度，於本條增訂緩起訴處分制度，其適用之範圍以被告所犯爲死刑、無期徒刑或最本刑爲三年以上有期待刑以外之罪者，始有適用，其猶豫期間爲一年以上三年以下。

❖ 法學概念

緩起訴

一、概念

即檢察官暫緩起訴之處分，或者說是一種附條件的便宜不起訴處分，待「條件成就」之後處分才會確定，「處分確定」之後被告終局才能獲得不起訴之利益（§253-3、§260）。

二、類型

緩起訴之最大效用在有效疏解訟源。爲避免檢察官濫權，亦設計交付審判之監督機制（交付審判）。其類型有二：即「單純緩起訴」（§253-1）及「附條件之緩起訴」（§253-2）。

三、要件

緩起訴案件之範圍限於「死刑、無期徒刑、最輕本刑三年以上有期徒刑以外之罪／檢察官參酌刑法第57條所列事項及公共利益之維護」，得爲緩起訴處分。此外，並應參考刑法有關緩刑之規定，得定一至三年之緩起訴期間（§253-1Ⅰ）。

在導入緩起訴制度之同時，除考慮其監督機制外，併應顧及其他相關之制度。檢察官可以選擇多種之方式終結案件，如何避免相同案件做不同之處理即產生疑問。且所謂「參酌刑法第57條所列事項及公共利益之維護」似乎太過於抽象、模糊，欠缺一客觀之標準，檢察官如何操作恐係一大難題。針對於此，有學者指出，**所稱「參酌刑法第57條」**，即是檢察官考慮是否爲緩起訴時，應僅限於審酌各款後認爲被告罪責輕微之情形；否則，縱使屬於得爲緩起訴之案件，**但若被告罪責重大，如犯罪動機卑劣且手段殘忍者，就不應爲緩起訴處分**。而關於**「公共利益的維護」**係指有無起訴之公共利益，必須從政策的觀點去了解，非僅考慮特別預防的問題，尚須兼顧一般預防的觀點。**例如，商店竊盜或交通事故所造成的輕微傷害，如果這些犯罪有顯著升高的跡象，可認爲有公共的起訴利益**。更精確地說係指是否違反追訴之公共利益，主要是考慮一般民眾對該緩起訴處分之觀感。

四、期間

緩起訴期間有三個時點：㈠是檢察官爲緩起訴的決定時；㈡是緩起訴的確定時，因爲緩起訴後可能還有再議或交付審判程序後才能確定；㈢是緩起訴形式確定後，所課予的負擔或指示履行完成，在緩起訴期間經過前未被撤銷所有條件成就時才發生最終的實質確定力（§260）。

五、效力

㈠追訴權時效停止

追訴權之時效，於緩起訴之期間內，停止進行。刑法第83條第3項之規定，於前項之停止原因，不適用之（§253-1Ⅱ、Ⅲ）。

㈡排除自訴之效力

刑訴法第323條第1項但書之規定，於緩起訴期間，不適用之（§253-1Ⅳ）。蓋爲貫徹「緩起訴」制度之立法意旨及公訴優先之立法政策，緩起訴期間自宜排除自訴之效力。

另值得注意的是，所謂「緩起訴期間」，其起算點應指「檢察官爲緩起訴處分後」，而非「緩起訴處分確定後」。蓋因，如此一來始能完全貫徹「公訴優先」之立法意旨，且避免案件於再議期間久懸而未決。

【黃朝義，《刑事訴訟法》，新學林，五版，2017.09，389頁以下；張麗卿，《刑事訴訟法理論與運用》，五南，十四版，2018.09，481頁以下；林鈺雄，《刑事訴訟法（下）》，新學林，八版，2017.09，151頁以下。】

❖ 法學概念

「不起訴」與「緩起訴」處分之比較

一、就犯罪情節而言

犯罪情節較重者應處以緩起訴；較輕者則處以不起訴。

二、得否再訴的原因不同

緩起訴尚有可能因法定情形撤銷（§253-3）；而不起訴處分，除非發現新事證，或有刑訴法第420條第1項第1、2、4或5款所定得爲再審原因之情形者（§260），則不得再行起訴。

三、職權逕送再議之條件不同

職權逕送再議於**不起訴處分僅限於死刑、無期徒刑或最輕本刑三年以上有期徒刑之案件，但限犯罪嫌疑不足者**，方有適用（§256Ⅲ）；**至於緩起訴則無此限制**。

四、確定時點不同

不起訴處分的形式確定力與實質確定力發生的時點相同；但是緩起訴則否，因爲緩起訴處分確定之後，雖然具有形式確定力，**但是須經一至三年的猶豫期間**，若猶豫期間屆滿，緩起訴未被撤銷才有實質確定力。

【張麗卿，《刑事訴訟法理論與運用》，五南，十四版，2018.09，491頁以下。】

第253條之2（緩起訴得命被告履行規定）

Ⅰ檢察官爲緩起訴處分者，得命被告於一定期間內遵守或履行下列各款事項：

一　向被害人道歉。

二　立悔過書。

三　向被害人支付相當數額之財產或非財產上

之損害賠償。

四　向公庫支付一定金額，並得由該管檢察署依規定提撥一定比率補助相關公益團體或地方自治團體。

五　向該管檢察署指定之政府機關、政府機構、行政法人、社區或其他符合公益目的之機構或團體提供四十小時以上二百四十小時以下之義務勞務。

六　完成戒癮治療、精神治療、心理輔導或其他適當之處遇措施。

七　保護被害人安全之必要命令。

八　預防再犯所為之必要命令。

II檢察官命被告遵守或履行前項第三款至第六款之事項，應得被告之同意；第三款、第四款並得為民事強制執行名義。

III第一項情形，應附記於緩起訴處分書內。

IV第一項之期間，不得逾緩起訴期間。

V第一項第四款提撥比率、收支運用及監督管理辦法，由行政院會同司法院另定之。

□修正前條文

I檢察官為緩起訴處分者，得命被告於一定期間內遵守或履行下列各款事項：

一　向被害人道歉。

二　立悔過書。

三　向被害人支付相當數額之財產或非財產上之損害賠償。

四　向公庫或該管檢察署指定之公益團體、地方自治團體支付一定之金額。

五　向該管檢察署指定之政府機關、政府機構、行政法人、社區或其他符合公益目的之機構或團體提供四十小時以上二百四十小時以下之義務勞務。

六　完成戒癮治療、精神治療、心理輔導或其他適當之處遇措施。

七　保護被害人安全之必要命令。

八　預防再犯所為之必要命令。

II檢察官命被告遵守或履行前項第三款至第六款之事項，應得被告之同意；第三款、第四款並得為民事強制執行名義。

III第一項情形，應附記於緩起訴處分書內。

IV第一項之期間，不得逾緩起訴期間。

■修正說明（103.05.20）

一、配合預算法，建議收支納入國庫，爰修正原條文第一項第四款，明訂向公庫支付一定金額，並得由該管檢察署視需要提撥一定比率補助相關公益團體或地方自治團體。

二、原條文第二項至第四項未修正。

三、增訂第五項授權行政院會同司法院另訂收支運用及監督管理辦法。

❒實務見解

▶釋字第751號（106.07.21）

行政罰法第二十六條第二項規定：「前項行為如經……緩起訴處分確定……者，得依違反行政法上義務規定裁處之。」及財政部中華民國九十六年三月六日台財稅字第〇九六〇〇〇九〇四四〇號函，就緩起訴處分確定後，仍得依違反行政法上義務規定裁處之釋示，其中關於經檢察官命被告履行刑事訴訟法第二百五十三條之二第一項第四款及第五款所定事項之緩起訴處分部分，尚未牴觸憲法第二十三條，與憲法第十五條保障人民財產權之意旨無違。

同法第四十五條第三項規定：「本法中華民國一百年十一月八日修正之第二十六條第三項至第五項規定，於修正施行前違反行政法上義務之行為同時觸犯刑事法律，經緩起訴處分確定，應受行政罰之處罰而未經裁處者，亦適用之……。」其中關於適用行政罰法第二十六條第三項及第四項部分，未牴觸法治國之法律不溯及既往及信賴保護原則，與憲法第十五條保障人民財產權之意旨無違。

統一解釋部分，九十五年二月五日施行之行政罰法第二十六條第二項雖未將「緩起訴處分確定」明列其中，惟緩起訴處分實屬附條件之便宜不起訴處分，故經緩起訴處分確定者，解釋上自得適用九十五年二月五日施行之行政罰法第二十六條第二項規定，依違反行政法上義務規定裁處之。

第253條之3（緩起訴處分之撤銷）

I被告於緩起訴期間內，有左列情形之一者，檢察官得依職權或依告訴人之聲請撤銷原處分，繼續偵查或起訴：

一　於期間內故意更犯有期徒刑以上刑之罪，經檢察官提起公訴者。

二　緩起訴前，因故意犯他罪，而在緩起訴期間內受有期徒刑以上刑之宣告者。

三　違背第二百五十三條之二第一項各款之應遵守或履行事項者。

II檢察官撤銷緩起訴之處分時，被告已履行之部分，不得請求返還或賠償。

■增訂說明（91.02.08）

一、本條新增。

二、「緩起訴」處分於猶豫期間內，尚未具有實質之確定力，檢察官於期間內，可對被告繼續觀察，使被告知所警惕，以改過遷善，達到個別預防之目的。但若於「緩起訴」期間內，被告故意更犯有期徒刑以上刑之罪經檢察官提起公訴；或前犯他罪，於期間內經法院判處有期徒刑以上之罪；

或未遵守檢察官所命應遵守之事項，此時被告顯無反省警惕之情或根本欠缺反省警惕之能力，與「緩起訴」制度設計之目的有違，爰於本條第一項明定前開各款情形檢察官得依職權或依告訴人之聲請，將被告「緩起訴」之處分撤銷。

三、若被告對檢察官所命應遵守之事項已履行全部或部分後，嗣「緩起訴」之處分經依法撤銷，此時該已履行之部分，應如何處理易滋疑義，爰增訂第二項。

❑ 實務見解

▶100年度第1次刑事庭會議決議（100.03.15）

刑十一庭提案：檢察官對於「初犯」及「五年後再犯」施用毒品案件，依毒品危害防制條例第二十四條第一項規定為附命完成戒癮治療之緩起訴處分，嗣該緩起訴處分被撤銷確定，依同條第二項規定：「前項緩起訴處分，經撤銷者，檢察官應依法追訴」，究應直接予以起訴（或聲請簡易判決處刑）？抑或再聲請觀察勒戒？

決議：採甲說：**直接予以起訴**（或聲請簡易判決處刑）。

毒品危害防制條例對於施用第一、二級毒品者，認其係具有「病患性犯人」之特質，採行觀察、勒戒以戒除其身癮之措施。犯同條例第十條之罪者，依同條例第二十條、第二十三條之規定，將其刑事處遇程序，區分為「初犯」及「五年內再犯」、「五年後再犯」。依其立法理由之說明：「初犯」，始須經觀察、勒戒；經觀察、勒戒執行完畢釋放後，「五年內再犯」者，因其再犯率甚高，原實施之觀察、勒戒既已無法收其實效，應依法追訴。至於經觀察、勒戒執行完畢釋放後，「五年後再犯」者，前所實施之觀察、勒戒已足以遮斷其施用毒品之毒癮，為期自新及協助其斷除毒癮，仍適用「初犯」規定，先經觀察、勒戒之程序。於此，僅限於「初犯」及「五年後再犯」二種情形，始應先經觀察、勒戒程序。復按毒品危害防制條例第二十四條規定本法第二十條第一項及第二十三條第二項之程序，於檢察官先依刑事訴訟法第二百五十三條之一第一項、第二百五十三條之二之規定，為附命完成戒癮治療之緩起訴處分時，或於少年法院（地方法院少年法庭）認以依少年事件處理法程序處理時，不適用之（第一項）。前項緩起訴處分，經撤銷者，檢察官應依法追訴（第二項）。係一般刑事訴訟程序之例外規定，屬刑事訴訟法第一條第一項規定之「其他法律所定之訴訟程序」。該第二項既規定，**前項（第一項）緩起訴處分，經撤銷者，檢察官應依法追訴，即已明示施用毒品案件於撤銷緩起訴處分後之法律效果為「依法追訴」，而非適用刑事訴訟法第二百五十三條之三所定撤銷緩起訴處分後得「繼續偵查或起訴」規定，此乃因檢察官已依毒品危害防制條例第二十四條第一項為附命完成戒癮治療之緩起訴處分，被告事實上已接受等同「觀察、勒戒」之處遇，惟其竟未能履行該條件，自應於撤銷緩起訴處分後依法起訴，而無再次聲請法院裁定觀察、勒戒之必要。**

▶100台非93（判決）

按起訴之程式違背規定者，應諭知不受理之判決，刑事訴訟法第三百零三條第一款定有明文。又檢察官為緩起訴處分者，得命被告於一定期間內遵守或履行刑事訴訟法第二百五十三條之二第一項各款所定事項；被告於緩起訴期間內如有違背上開應遵守或履行事項之規定時，檢察官固得依職權或依告訴人之聲請，撤銷原緩起訴處分，繼續偵查或起訴，**但以原緩起訴處分已經合法撤銷為前提**，刑事訴訟法第二百五十三條之三第一項第三款有明文規定。復按檢察官為緩起訴處分，若係命被告於一定期間，向公庫或指定之公益團體支付一定之金額者，**苟被告已遵命履行，但檢察官誤為未遵命履行，而依職權撤銷原緩起訴處分，並提起公訴（或聲請簡易判決處刑）時，該撤銷原緩起訴處分之處分，即存有明顯之重大瑕疵，依司法院釋字第一四〇號解釋之同一法理，應認此重大違背法令之撤銷緩起訴處分為無效，與原緩起訴處分未經撤銷無異。其後所提起之公訴（或聲請簡易判決處刑），因違背刑事訴訟法第二百五十三條之三第一項第三款以原緩起訴處分已經撤銷為前提之規定，應認其起訴（或聲請簡易判決處刑）之程式違背規定，自應依刑事訴訟法第三百零三條第一款之規定，為不受理之判決，始為適法。**

▶96台非232（判決）

按緩起訴與不起訴，皆係檢察官終結偵查所為處分，**檢察官得就已偵查終結之原緩起訴案件，繼續偵查或起訴，應以原緩起訴處分係經合法撤銷者為前提，此乃法理上所當然。檢察官為緩起訴處分，若係命被告於一定期間，向公庫或指定之公益團體支付一定之金額者，苟被告已遵命履行，但檢察官誤認其未遵命履行，而依職權撤銷原緩起訴處分，並提起公訴（或聲請簡易判決處刑）時，該撤銷原緩起訴處分之處分，即存有明顯之重大瑕疵，依司法院釋字第一四〇號解釋之同一法理，應認此重大違背法令之撤銷緩起訴處分為無效，與原緩起訴處分未經撤銷無異。**其後**所提起之公訴（或聲請簡易判決處刑），應視其原緩起訴期間已否屆滿，分別適用刑事訴訟法第三百零三條第一款或第四款為不受理之判決，始為適法。**亦即，如原緩起訴期間尚未屆滿，因其起訴（或聲請簡易判決處刑）係違背刑事訴訟法

第二百五十三條之三第一項第三款以原緩起訴處分已經合法撤銷爲前提之規定，應認其起訴（或聲請簡易判決處刑）之程序違背規定，依同法第三百零三條第一款之規定，爲不受理之判決；於原緩起訴期間已屆滿，應認其起訴（或聲請簡易判決處刑）違反「緩起訴期滿未經撤銷，而違背第二百六十條之規定再行起訴」，依同法第三百零三條第四款之規定，諭知判決不受理。

第254條（相對不起訴處分—於執行刑無實益）

被告犯數罪時，其一罪已受重刑之確定判決，檢察官認爲他罪雖行起訴，於應執行之刑無重大關係者，得爲不起訴之處分。

第255條（不起訴處分之程序）

I 檢察官依第二百五十二條、第二百五十三條、第二百五十三條之一、第二百五十三條之三、第二百五十四條規定爲不起訴、緩起訴或撤銷緩起訴或因其他法定理由爲不起訴處分者，應製作處分書敘述其處分之理由。但處分前經告訴人或告發人同意者，處分書得僅記載處分之要旨。

II 前項處分書，應以正本送達於告訴人、告發人、被告及辯護人。緩起訴處分書，並應送達與遵守或履行行爲有關之被害人、機關、團體或社區。

III 前項送達，自書記官接受處分書原本之日起，不得逾五日。

□**修正前條文**

I 檢察官依前三條規定或因其他法定理由爲不起訴之處分者，應制作處分書敘述不起訴之理由。

II 不起訴處分書，應以正本送達於告訴人、告發人、被告及其辯護人。

III 前項送達，自書記官接受處分書原本之日起，不得逾五日。

■**修正說明**（91.02.08）

一、本法已增訂第二百五十三條之一至第二百五十三條之三有關「緩起訴」之規定，故第一項原條文檢察官「依前三條」規定爲不起訴處分之文字，亦應配合修正。另爲合理簡化檢察官製作之處分書類，爰增訂如該處分前經告訴人或告發人同意者，處分書得僅記載處分之要旨。蓋此類處分既已經告訴人或告發人同意，其等對檢察官之處分必已折服，自無再於處分書中詳敘理由之必要，故僅記載要旨即可。

二、檢察官之不起訴處分書、「緩起訴」或撤銷「緩起訴」處分書，除應送達告訴人、告發人、被告及辯護人外，「緩起訴」之處分書亦應同時送達與遵守或履行行爲有關之被害人（非限於告訴人）、機關、團體或社區，以利被告遵守及各該機關、團體或社區之執行，爰於第二項後段增訂之。

三、第三項未修正。

❒ **實務見解**

▶ **釋字第140號**（63.11.15）

案經起訴繫屬法院後，復由檢察官違法從實體上予以不起訴處分，經告訴人合法聲請再議，上級法院首席檢察官或檢察長，應將原不起訴處分撤銷。

▶ **院字第2292號**（31.02.04）

告訴乃論之罪，經告訴人向司法警察官告訴後，旋復撤回，即應生效，按照刑事訴訟法第二百十七條第二項該告訴人不得再行告訴，嗣後如再向檢察官告訴，檢察官應依同法第二百三十四條第一項予以不起訴處分，本院院字第一三四五號關於該部分之解釋，應予變更。

第256條（再議之聲請及期間）

I 告訴人接受不起訴或緩起訴處分書後，得於十日內以書狀敘述不服之理由，經原檢察官向直接上級檢察署檢察長或檢察總長聲請再議。但第二百五十三條、第二百五十三條之一之處分曾經告訴人同意者，不得聲請再議。

II 不起訴或緩起訴處分得聲請再議者，其再議期間及聲請再議之直接上級檢察署檢察長或檢察總長，應記載於送達告訴人處分書正本。

III 死刑、無期徒刑或最輕本刑三年以上有期徒刑之案件，因犯罪嫌疑不足，經檢察官爲不起訴之處分，或第二百五十三條之一之案件經檢察官爲緩起訴之處分者，如無得聲請再議之人時，原檢察官應依職權逕送直接上級檢察署檢察長或檢察總長再議，並通知告發人。

□**修正前條文**

I 告訴人接受不起訴或緩起訴處分書後，得於七日內以書狀敘述不服之理由，經原檢察官向直接上級法院檢察署檢察長或檢察總長聲請再議。但第二百五十三條、第二百五十三條之一之處分曾經告訴人同意者，不得聲請再議。

II 不起訴或緩起訴處分得聲請再議者，其再議期間及聲請再議之直接上級法院檢察署檢察長或檢察總長，應記載於送達告訴人處分書正本。

III 死刑、無期徒刑或最輕本刑三年以上有期徒刑之案件，因犯罪嫌疑不足，經檢察官爲不起訴之處分，或第二百五十三條之一之案件經檢察官為緩起訴之處分者，如無得聲請再議之人時，原檢察官應依職權逕送直接上級法院檢察署檢察長或檢察總長再議，並通知告發人。

■修正說明（109.01.15）

一、原條文第一項規定再議期間為七日，惟為使告訴人有較充分之時間準備相關理由書狀，爰修正第一項，規定再議期間為十日，以保障告訴人之權益。

二、為配合法院組織法第一百十四條之二各級檢察署更名之規定，爰酌予修正本條各項之文字，以符法制。

❑實務見解

▶院字第1576號（25.11.17）

刑事訴訟法第二百五十六條第一項之告訴人，係指有告訴權人，且實行告訴之人，但告訴人係對於原檢察官認為其無告訴權，而予以不起訴處分，聲請再議時，原檢察官不宜以無聲請之權，逕予駁回。

第256條之1（聲請再議—撤銷緩起訴處分）

I 被告接受撤銷緩起訴處分書後，得於十日內以書狀敘述不服之理由，經原檢察官向直接上級檢察署檢察長或檢察總長聲請再議。

II 前條第二項之規定，於送達被告之撤銷緩起訴處分書準用之。

□修正前條文

I 被告接受撤銷緩起訴處分書後，得於七日內以書狀敘述不服之理由，經原檢察官向直接上級法院檢察署檢察長或檢察總長聲請再議。

II 前條第二項之規定，於送達被告之撤銷緩起訴處分書準用之。

■修正說明（109.01.15）

一、原條文第一項規定再議期間為七日，惟為使被告有較充分之時間準備相關理由書狀，且為配合法院組織法第一百十四條之二各級檢察署更名之規定，爰修正第一項，規定再議期間為十日，以保障被告之權益，並酌予修正本項之文字，以符法制。

二、第二項未修正。

第257條（聲請再議—原檢察官檢察長）

I 再議之聲請，原檢察官認為有理由者，應撤銷其處分，除前條情形外，應繼續偵查或起訴。

II 原檢察官認聲請為無理由者，應即將該案卷宗及證物送交上級法院檢察署檢察長或檢察總長。

III 聲請已逾前二條之期間者，應駁回之。

IV 原法院檢察署檢察長認為必要時，於依第二項之規定送交前，得親自或命令他檢察官再行偵查或審核，分別撤銷或維持原處分；其維持原處分者，應即送交。

□修正前條文

I 再議之聲請，原檢察官認為有理由者，應撤銷其處分，繼續偵查或起訴。

II 原檢察官認聲請為無理由者，應即將該案卷宗及證物送交上級法院首席檢察官或檢察長。

III 聲請已逾前條之期間者，應駁回之。

IV 原法院首席檢察官認為必要時，於依第二項之規定送交前，得親自或命令他檢察官再行偵查，分別撤銷或維持原處分；其維持原處分者，應即送交。

■修正說明（91.02.08）

一、法院組織法第五章檢察機關，已將「首席檢察官」之用語，改為「檢察署檢察長」或「檢察總長」，爰配合為文字修正，以符法制。

二、被告不服撤銷「緩起訴」之處分，而聲請再議時，如原檢察官認為有理由，應撤銷其處分，使回復至原來「緩起訴」之狀態，此時因無繼續偵查或起訴之問題，故於第一項設除外之規定。

三、再議之聲請除第二百五十六條外，已增訂第二百五十六條之一，故第三項「前條」修正為「前二條」。

四、被告不服撤銷「緩起訴」之處分，而聲請再議時，如原檢察官認聲請為無理由，於依第二項規定送交卷證之前，允宜使原法院檢察署檢察長認為必要時，得親自或命令他檢察官有再行審核之機會，故於第四項增訂「或審核」之文字，以資適用。

第258條（聲請再議—上級檢察長）

上級法院檢察署檢察長或檢察總長認再議為無理由者，應駁回之；認為有理由者，第二百五十六條之一之情形應撤銷原處分，第二百五十六條之情形應分別為左列處分：

一 偵查未完備者，得親自或命令他檢察官再行偵查，或命令原法院檢察署檢察官續行偵查。

二 偵查已完備者，命令原法院檢察署檢察官起訴。

□修正前條文

上級法院首席檢察官或檢察長認再議之聲請為無理由者，應駁回之；認為有理由者，應分別為左列處分：

一　偵查未完備者，命令原法院檢察官續行偵查。

二　偵查已完備者，命令原法院檢察官起訴。

■修正說明（91.02.08）

一、法院組織法第五章檢察機關，已將「首席檢察官」之用語，改為「檢察署檢察長」或「檢察總長」，爰配合為文字修正，以符法制。

二、本條上級檢察官處理再議之程序，同時適用於聲請再議及依職權再議之情形，原條文首段再議「之聲請」文字應予修正。

三、上級法院檢察署檢察長或檢察總長如認被告之再議為有理由，應撤銷原處分，使其回復至原來「緩起訴」之狀態，此時因無續行偵查或起訴之問題，故與第二百五十六條之情形分別規定，以資明確。

四、為加強二審檢察官之監督及偵查功能，爰修正第一款，以減少案件多次發回續行偵查之累，並且避免案件久懸未決。

第 258 條之 1（不服駁回處分之聲請交付審判）

I 告訴人不服前條之駁回處分者，得於接受處分書後十日內委任律師提出理由狀，向該管第一審法院聲請交付審判。

II 律師受前項之委任，得檢閱偵查卷宗及證物並得抄錄或攝影。但涉及另案偵查不公開或其他依法應予保密之事項，得限制或禁止之。

III 第三十條第一項之規定，於前二項之情形準用之。

□修正前條文

告訴人不服前條之駁回處分者，得於接受處分書後十日內委任律師提出理由狀，向該管第一審法院聲請交付審判。

■修正說明（92.02.06）

一、有關交付審判之聲請，告訴人須委任律師向法院提出理由書狀，而為使律師了解案情，應准許其檢閱偵查卷宗及證物。但如涉及另案偵查不公開或其他依法應予保密之事項時，檢察官仍得予以限制或禁止，爰增訂第二項，以應實務之需要。

二、委任律師聲請法院將案件交付審判，應向法院提出委任書狀，受委任之律師聲請檢閱偵查卷宗及證物，亦應向該管檢察署檢察官提出委任書狀，以便查考，爰增訂第三項，明定第三十條第一項之規定，於本條前二項所定之情形準用之。

□ 實務見解

▶109 台抗 116△（裁定）

刑事訴訟法於民國九十一年二月八日修正公布增訂第二五八條之一至第二五八條之四關於交付審判制度之規定，就檢察官駁回不起訴、緩起訴再議之處分，告訴人不服者，賦予其得委任律師向法院聲請交付審判之權，由法院介入審查檢察官不起訴、緩起訴處分之當否。法院受理交付審判之程序，除法律別有規定外，適用刑事訴訟法第二編第一章第三節有關審判程序之規定，**是以交付審判程序，是一種起訴前之外部監督程序，而阻斷檢察官不起訴處分、緩起訴處分之確定，固非延續檢察官之偵查，究其實質仍具有類似偵查之性格，為保障被告及關係人之隱私，並貫徹偵查不公開之原則，倘法無明文，告訴人委任之律師即無法透過閱卷瞭解案情及證據資料，難以提出理由狀**。從而，九十二年二月六日修正公布刑事訴訟法第二五八條之一增訂第二項規定：「律師受前項之委任，得檢閱偵查卷宗及證物並得抄錄或攝影。但涉及另案偵查不公開或其他依法應予保密之事項，得限制或禁止之。」採取原則容許告訴人委任之律師閱卷而例外禁止之規定。**固然，該條項法文並未明定由法院抑或檢察官為審核准駁、限制或禁止受任律師之偵查閱卷權，但檢察官係偵查主體，熟知卷證與偵查動態，由檢察官權衡是否涉及另案偵查不公開或有其他依法應予保密等情事，定其准駁或閱卷之範圍，自屬允當**。其立法理由即載明檢察官得予以限制或禁止受任律師之偵查閱卷權，立法者已隱約表示係由檢察官為准駁。再觀諸同條第三項增訂規定：「第三十條第一項之規定，於前二項之情形準用之。」亦即為律師受任聲請交付審判及檢閱偵查卷證，均須提出委任狀之程序規定，其立法理由更明白揭示：「委任律師聲請法院將案件交付審判，應向法院提出委任書狀，受委任之律師聲請檢閱偵查卷宗及證物，亦應向該管檢察署檢察官提出委任書狀，以便查考」，因提出委任書狀乃對法院、檢察署之訴訟行為，發生選任之效力，受委任之律師如欲行使偵查卷證之閱卷權，既應向該管檢察署檢察官提出委任書狀，顯係另一獨立之訴訟行為，自非附隨於交付審判之程序權，亦非對檢察官為事實上通知而已，由此可知，**受委任之律師聲請檢閱偵查卷證，應向該管檢察署檢察官為之，乃係無待法條明文規定之當然解釋**。酌以配合上開增訂條文而修正之司法院發布之法院辦理刑事訴訟案件應行注意事項第一三五點規定：「律師受告訴人委任聲請交付審判，如欲檢閱、抄錄或攝影偵查卷宗及證物，不論是否已向法院提出理由狀，均應向該管檢察署檢察官聲請之」，及法務部發布之檢察機關律師閱卷要點第二點亦配合修正：「律師因受委任聲請交付審判、再審或非常上訴，得就駁回處分、判決確定之刑事案件及相關聯之不起訴、緩起訴處分確定案件向保管該案卷之檢察機關聲請閱卷。但涉及另案偵查不公開或其他依法應予保密之事項，得限制或禁止之。」均同此意旨，係依循法律之當然結果，不待煩言。

第 258 條之 2（撤回交付審判之聲請）
I 交付審判之聲請，於法院裁定前，得撤回之，於裁定交付審判後第一審辯論終結前，亦同。
II 撤回交付審判之聲請，書記官應速通知被告。
III 撤回交付審判聲請之人，不得再行聲請交付審判。

增訂說明（91.02.08）

一、本條新增。

二、告訴人聲請交付審判，於法院裁定前，或於法院裁定交付審判後第一審辯論終結前，若聲請人已無不服，自得准其撤回之，爰參考日本刑事訴訟法第二百六十三條第一項，增訂第一項。撤回交付審判之聲請，關係被告之權益甚鉅，故於第二項規定書記官應速通知被告。但為免案件久懸未決，復於第三項規定撤回之人，不得再為交付審判之聲請，以資慎重。

第 258 條之 3（聲請交付審判之裁定）
I 聲請交付審判之裁定，法院應以合議行之。
II 法院認交付審判之聲請不合法或無理由者，應駁回之；認為有理由者，應為交付審判之裁定，並將正本送達於聲請人、檢察官及被告。
III 法院為前項裁定前，得為必要之調查。
IV 法院為交付審判之裁定時，視為案件已提起公訴。
V 被告對於第二項交付審判之裁定，得提起抗告；駁回之裁定，不得抗告。

增訂說明（91.02.08）

一、本條新增。

二、聲請交付審判之裁定，為求慎重，法院應以合議方式為之，爰參考日本刑事訴訟法第二百六十五條第一項之立法例，增訂第一項。告訴人向法院聲請交付審判，法院若認聲請係不合法或無理由者，應以裁定駁回之，若認聲請係有理由者，則應為交付審判之裁定，並均應將正本送達聲請人、檢察官及被告，爰參考德國刑事訴訟法第一百七十四條、第一百七十五條之立法例，增訂第二項。

三、法院為明再議駁回之案件，是否確有裁定交付審判之必要，允宜賦予得調查證據之職權，爰參考德國刑事訴訟法第一百七十三條之立法例，增訂第三項。

四、法院對於檢察官不起訴或緩起訴處分之監督審查，係為防止檢察官裁量權之濫用，若法院審查之結果，認該案應裁定交付法院審判者，基於「無訴即無裁判」之刑事訴訟法基本原理，應認交付審判之裁定，視為該案件已提起公訴，爰於第四項明定之。又該案件既已視為提起公訴，故應由檢察官擔任實行公訴之人。

五、法院駁回聲請交付審判之裁定，性質上屬程序事項之裁定，為免訴訟關係久懸未決，故該裁定不得抗告。至於法院為交付審判之裁定，因攸關被告之權益，故應許被告得提起抗告，爰於第五項規定之，以資明確。

❖ 爭議問題

交付審判之裁定，是否須進行刑訴法第 161 條第 2 項之起訴審查程序？

一、肯定說

交付審判制度係針對檢察官濫權不起訴而以保護告訴人（被害人）程序利益為目的；起訴審查制度則是針對檢察官濫訴而以保障被告程序利益為目的。**基此，透過程序功能互相不同之兩套制度交互適用，不但能兼顧被告及被害人雙方利益，而且交付審判裁定，再透過本案審理法官的起訴審查，更能避免法官恣意**，而基於刑訴法第 161 條第 2 項法律效果，亦可間接維持原不起訴處分之實效，對被告較有保障。

【何賴傑，〈檢察官職權不起訴修法之總檢討——交付審判制度〉，《台灣本土法學》，第 37 期，2002.08，109 頁。】

二、否定說

學說上持否定看法者較為多數，主要理由是，刑訴法第 258 條之 4 規定：「交付審判之程序，除法律別有規定外，適用第二編第一章第三節之規定。」亦即，準用第 271 條至第 318 條規定，並未準用第 161 條第 2 項起訴審查之規定。

【林俊益，〈聲請法院交付審判〉，《月旦法學雜誌》，第 87 期，2002.08，20～21 頁。】

況且，案件既經裁定交付審判，表示已通過法院審查，且超過刑事訴訟法第 251 條所定之起訴門檻，**若再為起訴審查，則屬疊床架屋，易生裁判矛盾並造成訴訟遲延**。再者，起訴審查制度的用意在於防範檢察官濫行起訴，於案件因交付審判而強制起訴的情形，**欲起訴者乃法院，檢察官並未濫行起訴，故毋庸以起訴審查為監督檢察官之手段**。若仍需經起訴審查程序，檢察官將可輕易對抗交付審判裁定，亦即若法院認為未達起訴門檻，通知檢察官補正，逾期不補正者法院始得以裁定駁回起訴，並產生禁止再訴效力，檢察官只要消極不補正，即可達到原來不起訴的效果。

【林鈺雄，〈交付審判之起訴審查與撤回公訴〉，《台灣本土法學》，第34期，2002.05，143～144頁。】

總之，刑事訴訟法第258條之3第4項既已規定：「法院爲交付審判之裁定時，視爲案件已提起公訴。」若須再爲起訴審查，則此條文規定儼然成爲具文，且將造成訴訟程序不安定。交付審判的本質既然要求檢方強制起訴，自無駁回檢方起訴之理。

【張麗卿，《刑事訴訟法理論與運用》，五南，十四版，2018.09，500頁。】

第258條之4（交付審判程序之準用）
交付審判之程序，除法律別有規定外，適用第二編第一章第三節之規定。

■增訂說明（91.02.08）

一、本條新增。

二、依前條之規定，法院爲交付審判之裁定時，視爲案件已提起公訴。因此，有關交付審判後之訴訟程序，宜與檢察官起訴之程序同，爰於本條明定適用第二編第一章第三節之規定。

第259條（不起訴處分對羈押之效力）
Ⅰ羈押之被告受不起訴或緩起訴之處分者，視爲撤銷羈押，檢察官應將被告釋放，並應即時通知法院。
Ⅱ爲不起訴或緩起訴之處分者，扣押物應即發還。但法律另有規定、再議期間內、聲請再議中或聲請法院交付審判中遇有必要情形，或應沒收或爲偵查他罪或他被告之用應留存者，不在此限。

□修正前條文

Ⅰ羈押之被告受不起訴之處分者，視爲撤銷羈押，檢察官應將被告釋放，並應即時通知法院。

Ⅱ爲不起訴處分者，扣押物應即發還。但再議期間內或聲請再議中遇有必要情形或應沒收或爲偵查他罪或他被告之用應留存者，不在此限。

■修正說明（91.02.08）

一、偵查中羈押之被告，受緩起訴之處分者，應與被告受不起訴處分者同，其羈押原因已消滅，而視爲撤銷羈押，爰於本條第一項修正增列。

二、本法第二百五十九條之一已增訂不起訴或緩起訴處分後，物品沒收之相關規定，爰配合於本條第二項增列「法律另有規定」等文字，並將聲請法院交付審判中，遇有必要應留存扣押物之情形，增列於但書規定中，以資周延。

第259條之1（宣告沒收之申請）
檢察官依第二百五十三條或第二百五十三條之一爲不起訴或緩起訴之處分者，對刑法第三十八條第二項、第三項之物及第三十八條之一第一項、第二項之犯罪所得，得單獨聲請法院宣告沒收。

□修正前條文

檢察官依第二百五十三條或第二百五十三條之一爲不起訴或緩起訴之處分者，對供犯罪所用、供犯罪預備或因犯罪所得之物，以屬於被告者爲限，得單獨聲請法院宣告沒收。

■修正說明（105.06.22）

配合刑法關於沒收制度之重大變革，沒收與犯罪有密切關係之財產，已不以被告所有者爲限，且沒收標的除供犯罪所用或犯罪預備之物及犯罪所得外，尙包括犯罪所生之物，爰配合修正本條。

第260條（不起訴處分或緩起訴處分之效力—再行起訴）
不起訴處分已確定或緩起訴處分期滿未經撤銷者，非有左列情形之一，不得對於同一案件再行起訴：
一　發現新事實或新證據者。
二　有第四百二十條第一項第一款、第二款、第四款或第五款所定得爲再審原因之情形者。

□修正前條文

不起訴處分已確定者，非有左列情形之一，不得對於同一案件再行起訴：

一　發現新事實或新證據者。

二　有第四百二十條第一項第一款、第二款、第四款或第五款所定得爲再審原因之情形者。

■修正說明（91.02.08）

一、本法對於檢察官之起訴裁量權已有適當之內部及外部監督，對於不起訴處分已確定或緩起訴期滿未經撤銷者，自宜賦予實質之確定力。

二、本法修正後，所謂不起訴處分已確定者，指㈠依法不得再議之案件，㈡得再議之案件再議期間未聲請再議，㈢再議案件經駁回未聲請法院交付審判，㈣聲請法院交付審判復經駁回等情形。而緩起訴處分部分，其期間自緩起訴處分確定時起算（緩起訴確定與否判斷之情形同不起訴處分），期滿未經撤銷者，該緩起訴處分，亦賦予實質之確定力，爰修訂「緩起訴處分期滿未經撤銷者」之規定。

❖ 法學概念

認定同一案件之機能

一、定已否起訴及是否爲起訴效力所及。

二、定可否變更起訴法條。

三、定禁止二重起訴之範圍。

四、定既判力範圍。

【林俊益，《刑事訴訟法概論（上）》，新學林，十八版，2018.09，162 頁以下。】

❒ 實務見解

▶94 台非 215（判例）

刑事訴訟法爲配合由職權主義調整爲改良式當事人進行主義，乃採行起訴猶豫制度，於同法增訂第二百五十三條之一，許由檢察官對於被告所犯爲死刑、無期徒刑或最輕本刑三年以上有期徒刑以外之罪之案件，得參酌刑法第五十七條所列事項及公共利益之維護，認爲適當者，予以緩起訴處分，期間爲一年以上三年以下，以觀察犯罪行爲人有無施以刑法所定刑事處罰之必要，爲介於起訴及微罪職權不起訴間之緩衝制度設計。**其具體效力依同法第二百六十條規定，於緩起訴處分期滿未經撤銷者，非有同條第一款或第二款情形之一，不得對於同一案件再行起訴，即學理上所稱之實質確定力。足見在緩起訴期間內，尚無實質確定力可言**。且依第二百六十條第一款規定，於不起訴處分確定或緩起訴處分期滿未經撤銷者，仍得以發現新事實或新證據爲由，對於同一案件再行起訴。本於同一法理，在緩起訴期間內，倘發現新事實或新證據，而認已不宜緩起訴，又無同法第二百五十三條之三第一項所列得撤銷緩起訴處分之事由者，自得就同一案件逕行起訴，原緩起訴處分並因此失其效力。復因與同法第二百六十條所定應受實質確定力拘束情形不同，當無所謂起訴程序違背規定之可言。

▶69 台上 1139（判例）

按依刑事訴訟法第二百六十條第一款之規定，不起訴處分已確定者，非本件上訴人因過失致人於死案件，先經台中區汽車肇事鑑定委員會鑑定結果，認上訴人不負過失責任，經檢察官予以不起訴處分確定，**嗣經台灣省交通處汽車肇事鑑定案件覆議小組覆議結果，認上訴人應負過失責任，兩者所憑事證，完全相同，要不因前後確定意見之不同，即可視後之鑑定意見爲新事實或新證據之發見，而再行起訴**。

▶52 台上 1048（判例）

刑事訴訟法第二百三十九條所謂同一案件，指同一訴訟物體，即被告及犯罪事實均相同者而言，不以起訴或告訴時所引用之法條或罪名爲區分標準。

▶99 台上 7330（判決）

按案件有因欠缺形式訴訟條件者（如刑事訴訟法第二百五十二條第五至七款）、有因欠缺實質訴訟條件者（如刑事訴訟法第二百五十二條第一至四款）、有因欠缺實體條件者（如刑事訴訟法第二百五十二條第八至十款），而爲不起訴處分。倘因欠缺形式訴訟條件而爲不起訴處分確定，因僅具有形式確定力，該形式訴訟條件若經補正（如告訴乃論之罪，未經合法告訴而不起訴處分，嗣經有告訴權人提出告訴），檢察官自得重行起訴而不受刑事訴訟法第二百六十條之限制。至於因欠缺實質訴訟條件而爲不起訴處分確定，固具實質確定力，惟其前提要件須確有該實質條件欠缺之存在，若本無該實質條件之欠缺，檢察官誤認有欠缺（如案件未曾判決確定，或時效未完成，檢察官誤以爲已判決確定，或時效已完成）而爲不起訴處分確定，該不起訴處分即存有明顯之重大瑕疵，且無從補正。況違背法令之刑事判決，尚得依上訴程序予以糾正，若已判決確定，仍可尋非常上訴程序救濟，**然上開違背法令之不起訴處分，如無得聲請再議之人，於處分時即告確定，別無救濟之途，唯有認其係當然無效，不生實質確定力，方足以維持法律之尊嚴。而該不起訴處分之犯罪嫌疑，既未經檢察官爲實體審認，縱重行起訴，對被告而言，亦無遭受二重追訴之疑慮**。

> 第 261 條（停止偵查─民訴終結前）
> 犯罪是否成立或刑罰應否免除，以民事法律關係爲斷者，檢察官應於民事訴訟終結前，停止偵查。

> 第 262 條（終結偵查之限制）
> 犯人不明者，於認有第二百五十二條所定之情形以前，不得終結偵查。

❒ 實務見解

▶ 院字第 2550 號（32.08.03）

檢察官之偵查程序，以就所偵查案件爲起訴或不起訴處分而終結，刑事訴訟法第三百十五條所謂之終結偵查，自係指該案件曾經檢察官爲起訴或不起訴之處分者而言，**不能僅以其在點名單內記載偵查終結字樣，即認爲終結偵查，但其所爲之起訴或不起訴處分，祇須對外表示，即屬有效**，該起訴書或不起訴處分書之制作與否，係屬程式問題，不影響終結偵查之效力。

> 第 263 條（起訴書之送達）
> 第二百五十五條第二項及第三項之規定，於檢察官之起訴書準用之。

第二節　起　訴

> 第 264 條（起訴之程式）

Ⅰ提起公訴，應由檢察官向管轄法院提出起訴書為之。
Ⅱ起訴書，應記載左列事項：
一　被告之姓名、性別、年齡、籍貫、職業、住所或居所或其他足資辨別之特徵。
二　犯罪事實及證據並所犯法條。
Ⅲ起訴時，應將卷宗及證物一併送交法院。

❖ 法學概念

卷證併送制與起訴狀一本主義

由本法第264條第2項、第3項之規定可知，在我國起訴之方式不採起訴狀一本主義及訴因主義，而採書面及卷證併送制，起訴書須記載犯罪事實、證據並所犯法條，使法院以犯罪事實為審判之對象；審判之認定事實適用法律。但是，由於檢察官於起訴之同時，已將一切用以證明被告有罪之證據移送於法院，是為卷證併送制。倘提出公訴時只提出起訴狀，不要把有可能預先判斷有罪的事項記載在起訴狀中，並且禁止根據證據檔案的其他物品的附件。這就是所謂日本刑事訴訟法第256條第6項的起訴狀一本主義，這是落實對日本憲法第37條第1項所保障的「公平法院」理念具體化的原則。「公平法院」的中心思想是避免法院過早接觸控方提出的物證，排除法官的預斷。起訴狀一本主義制度的採行，使「審判」成為整個刑事訴訟的核心。

【白取祐司，《刑事訴訟法》，日本評論社，九版，2017.03，261頁。】

我國有學者認為應採行起訴狀一本主義，如此一來，法院扮演著一仲裁者（聽訟者）角色，並以空白之心證蒞庭審判，而檢察官之主要角色扮演在於明確的立於訴訟當事人之地位，以實行公訴，亦即檢察官將親自持被告之相關卷證蒞庭，確實的負起實質的與全部的舉證責任，以證明被告之犯罪事實。對於被告所為之無罪推定保障將較易於落實。

【黃朝義，《刑事訴訟法》，新學林，五版，2017.09，636頁。】

不過亦有學說持懷疑的態度，以日本實施當事人進行原則當作借鏡，可以發現日本訴訟實務運作上，由於國民特性緣故，僅形式上有當事人進行原則的軀殼，實質上卻缺乏當事人進行原則的辯論精神，大多數的案件仍以書面證據作為審判的對象，辯論只是行禮如儀；尤其，檢察官高達99.8%的起訴有罪維持率，更是所謂可以防止法官先入為主判斷的「起訴狀一本主義」的最大諷刺，故在清楚得知日本實施起訴狀一本主義的實情後，應該毋庸將起訴狀一本主義奉為聖典。

【張麗卿，《刑事訴訟法理論與運用》，五南，十四版，2018.09，511頁。】

編按：

司法院新近公布的「國民參與刑事審判法」（106.11）草案第43條擬採起訴狀一本主義。

❑ 實務見解

▶106台上243（判決）

我國刑事訴訟法現制，採行改良式當事人進行主義，檢察官須負實質舉證責任，在審判法庭活動中，與被告（含辯護人）互為攻擊、防禦，法官居於客觀、超然、中立、公正之立場，原則上不主動介入雙方當事人之訴訟謀略操作。但不若日本於採純當事人進行主義之情形下，有所謂之「起訴狀一本主義」（按意指移審時，祇有一紙起訴書，別無其他卷證），作為基礎，而仍沿舊制，具體以言，我國刑事訴訟法第二百六十四條第二項規定：「起訴時，應將卷宗及證物一併送交法院。」並未修正，學理上稱為卷證併送主義，乃改良式當事人進行主義和純當事人進行主義不同所在之主要特徵之一。衡諸司法實務，法官倘發現卷內存有形式上可能不利於被告之證據方法可資調查，而檢察官不察，未以之作為其所舉之證據方法，然若不調查，恐有影響判決結果之虞，且非不能調查者，受命法官自宜依同法第二百七十三條第一項第五款規定，在準備程序進行中，曉諭檢察官為此證據調查之聲請；審判長亦得在審理期日之適當時機，參照上揭規定法理，當庭為此曉諭，以善盡同法第二條第一項所定之客觀性義務職責。如卻未辦，按諸同法第三百八十條規定之反面意旨，當認所踐行之訴訟程序，尚非完全適法，足以構成撤銷之原因。

第265條（追加起訴之期間限制及方式）
Ⅰ於第一審辯論終結前，得就與本案相牽連之犯罪或本罪之誣告罪，追加起訴。
Ⅱ追加起訴，得於審判期日以言詞為之。

❑ 實務見解

▶83台抗270（判例）

刑事訴訟法第一百六十五條第一項所謂「相牽連之犯罪」，係指同法第七條所列之相牽連之案件，且必為可以獨立之新訴，並非指有方法與結果之牽連關係者而言。

▶108台上4365○（判決）

我國刑事訴訟制度近年來歷經重大變革，於民國九十二年九月一日施行之修正刑事訴訟法已採改良式當事人進行主義，於證據共通原則設有第二八七條之一、之二之分離調查證據或審判程序之嚴格限制，並於第一六一條、第一六三條第二項限制法院依職權調查證據之範圍；再於九十五年七月一日施行之修正刑法廢除連續犯與牽連犯，重新建構實體法上一罪及數罪概念；嗣於 九十九年五月十九日制定並於一○三年六月六日、一○八年六月十九日修正公布之刑事妥速審判法，立法目的係維護刑事審判之公正、合法、迅速，保障人權及公共利益，以確保刑事被告之妥速審判權利，接軌公民與政治權利國際公約及經濟社會文化權利國際公約施行法（下稱兩公約施行法）所揭示健全我國人權保障體系。從而，在刑事訴訟法、刑法均已修正重構訴訟上同一案件新概念，爲落實刑事妥速審判法、兩公約施行法所揭示保障人權之立法趣旨，法院審核追加起訴是否符合相牽連案件之法定限制要件，及追加起訴是否符合訴訟經濟之目的，更應與時俱進，作目的性限縮解釋，以客觀上確能獲得訴訟經濟效益之前提下，核實審查檢察官認「宜」追加起訴案件是否妨害被告之訴訟防禦權，俾與公平法院理念相契合。因此，**得追加起訴之相牽連案件，限於與最初起訴之案件有訴訟資料之共通性，且應由受訴法院依訴訟程度決定是否准許。倘若檢察官之追加起訴，雖屬刑事訴訟法第七條所定之相牽連案件，然案情繁雜如併案審理難期訴訟經濟（例如一人另犯其他繁雜數罪、數人共犯其他繁雜數罪、數人同時在同一處所各別犯繁雜之罪），對於先前提起之案件及追加起訴案件之順利、迅速、妥善審結，客觀上顯然有影響，反而有害於本訴或追加起訴被告之訴訟防禦權及辯護依賴權有效行使；或法院已實質調查審理相當進度或時日，相牽連案件之事實高度重疊，足令一般通常人對法官能否本於客觀中立與公正之立場續行併案審判，產生合理懷疑，對追加起訴併案審理案件恐存預斷成見，有不當侵害被告受憲法保障公平審判權利之疑慮；或依訴訟進行程度實質上已無併案審理之實益或可能等情形，法院自可不受檢察官任意追加起訴之拘束。遇此情形，受理不當追加起訴之法院，當然可以控方之追加起訴，不適合制度設計本旨爲由**，依同法第三〇三條第一款關於「起訴之程序違背規定」之禁制規範，就追加起訴部分，諭知不受理判決，實踐刑事妥速審判法第三條所揭示的誡命，方能滿足正當法律程序及實現公平法院之理念。

▶100 台上 4903（判決）

起訴或其他訴訟行爲，於法律上必備之程式有欠缺而其情形可補正者，法院應定期間，以裁定命其補正，刑事訴訟法第二百七十三條第六項定有明文。此項關於第一審審判之規定，依同法第三百六十四條，亦爲第二審所準用。又提起公訴，依刑事訴訟法第二百六十四條第一項規定，應由檢察官向管轄法院提出起訴書爲之，同法第二百六十五條第二項雖例外規定，追加起訴，得於審判期日以言詞爲之，惟審判期日以外，仍須提出起訴書，方符合法律上必備之程式。**所謂審判期日，當不包括準備程序期日，倘於準備程序期日，逕以言詞追加起訴者，其追加起訴之程序即有欠缺。**

> 第 266 條（起訴對人的效力）
> 起訴之效力，不及於檢察官所指被告以外之人。

❒ 實務見解

▶ 院字第 1729 號（27.05.30）

甲、乙二人共同犯罪，乙冒甲名頂替到案，檢察官偵查起訴及第一審判決，均誤認乙爲甲本人，乙且更冒甲名提起上訴，第二審審理中，發覺乙頂冒甲名，并將眞甲逮捕到案，此時第二審對於此種訴訟主體錯誤之判決，可參照院字第五六九號解釋，將原第一審判決撤銷，對眞甲另爲判決，以資救濟。至乙之犯罪部分，自應逕送該管檢察官另行偵查起訴。

▶ 院字第 1098 號（23.08.01）

檢察官根據某甲自認犯罪而起訴，經法院傳訊，發覺甲之自認係丁頂替，除丁應移送偵查外，某甲既經起訴，法院自應予以審判。

▶ 院字第 569 號（20.08.24）

丁、戊冒名甲、乙頂替到案，如係出於使甲、乙隱避之意思，應依刑法第一七四條第二項處斷，與同法第一四二條第二項成立要件不符，丁、戊犯罪未經起訴，**不能由第二審逕行判決，應移送偵查機關辦理**，甲、乙部分可由第二審將原判決撤銷另爲判決。

▶70 台上 101（判例）

起訴書所記載之被告姓名，一般固與審判中審理對象之被告姓名一致，惟如以僞名起訴，既係檢察官所指爲被告之人，縱在審判中始發現其眞名，法院亦得對之加以審判，並非未經起訴。

▶51 台上 594（判例）

被告冒用他人名義犯罪，既經第二審查明，即應將第一審判決撤銷改判，予以訂正，乃原判決徒以被告冒名仍不失爲犯罪主體之故，遽將檢察官本此理由之上訴駁回，殊難謂合。

▶99 台非 300（判決）

案件曾經判決確定者，應諭知免訴之判決，爲刑事訴訟法第三百零二條第一款所明定。又同法第二百六十六條規定起訴之效力，不及於檢察官所指被告以外之人；同法第二百六十四條第二項第一款規定起訴書應記載被告之姓名、性別、住所或居所等資料或其他足資辨別之特徵，係爲表明起訴之被告爲何人，避免與他人混淆。因之，在被告冒用他人姓名應訊，檢察官未發覺，起訴書乃記載被冒用者之姓名、年籍等資料時，其起訴之對象仍爲被告其人無誤，法院審判時，亦以該被告爲審判之對象，縱於判決確定後始發現上揭錯誤，**法院非不得以裁定方式更正；此與非眞正犯罪行爲之人，冒名頂替接受偵查、審判之情**

形，迥然不同（司法院釋字第四三號解釋、本院七十年台上字第一〇一號判例意旨參照）。

第267條（起訴對事的效力一公訴不可分）
檢察官就犯罪事實一部起訴者，其效力及於全部。

❑ 實務見解

▶99年度第5次刑事庭會議決議㈠（99.06.29）

決議：採甲說。

文字修正如下：刑法於民國九十四年二月二日修正公布（九十五年七月一日施行）刪除連續犯規定之同時，對於合乎接續犯或包括的一罪之情形，為避免刑罰之過度評價，已於立法理由說明委由實務以補充解釋之方式，發展接續犯之概念，以限縮數罪併罰之範圍。而多次投票行賄行為，在刑法刪除連續犯規定之前，通說係論以連續犯。鑑於公職人員選舉，其前、後屆及不同公職之間，均相區隔，選舉區亦已特定，以候選人實行賄選為例，通常係以該次選舉當選為目的。是於刪除連續犯規定後，苟行為人主觀上基於單一之犯意，以數個舉動接續進行，而侵害同一法益，在時間、空間上有密切關係，依一般社會健全觀念，難以強行分開，在刑法評價上，以視為數個舉動之接續實行，合為**包括之一行為**予以評價，較為合理，於此情形，即得依接**續犯論以包括之一罪**。否則，**如係分別起意，則仍依數罪併合處罰**，方符立法本旨。

❖ 學者評釋

有關投票行賄案件，本決議認為原則應依「接續犯論以包括之一罪」，與最高法院98年度台上字第5886號判決不採集合犯之見解顯然相左。該判決或以「端正選風健全民主政治之政策目標」為考量，惟學者指出，**刑事實體法的罪數未必等於刑事程序法的數目**。通常投票行賄罪會被當做行為人在某次選舉為達勝選目的，進行「一整體」的破壞選舉公平性活動，其個別買票的行為，**均屬於「一個生活歷程下」的部分，若強行分開反而顯得不自然，應讓被告享有「一事不二罰」的原則保障**。若將起訴事實擴張到全部的行賄行為，或可降低該判決的疑慮。

【楊雲驊，〈投票行賄罪與訴訟法之「犯罪事實」認定——以最高法院98年度台上字第5886號判決、98年度台上字第4312號判決與99年度第5次刑事庭會議㈠為例〉，《台灣法學雜誌》，第179期，2011.07，57頁以下。】

▶96年度第9次刑事庭會議決議（99.08.21）

依刑法第五十六條修正理由之說明，謂「對繼續犯同一罪名之罪者，均適用連續犯之規定論處，不無鼓勵犯罪之嫌，亦使國家刑罰權之行使發生不合理之現象。」、「基於連續犯原為數罪之本質及刑罰公平原則之考量，爰刪除有關連續犯之規定」等語，即係將本應各自獨立評價之數罪，回歸本來就應賦予複數法律效果之原貌。**因此，就刑法修正施行後多次施用毒品之犯行，採一罪一罰，始符合立法本旨**。本則法律問題，某甲於刑法修正施行前連續施用毒品部分，應依刑法第二條第一項之規定，適用修正前連續犯之規定論以一罪；刑法修正施行後之多次施用犯行，除符合接續犯之要件外，則應一罪一罰，再就刑法修正施行後之數罪，與修正前依連續犯規定所論之一罪，數罪併罰，合併定其應執行之刑。（採丁說）

編按：

本決議認為多次施用毒品案件，原則上應一罪一罰，因此最新實務認為此類案件除符合接續犯之要件外，並非「法律上一罪」（單一案件）。

▶41台上113（判例）

傷害致死罪，係屬結果加重罪之一種，檢察官就其傷害罪起訴，依刑事訴訟法第二百四十六條規定，其效力及於全部，法院自得加以審判。

▶102台上982（判決）

法院受理刑事案件，其審判範圍，除刑事訴訟法第二百六十七條之情形外，固以檢察官起訴書（或自訴狀）記載被告之犯罪事實為準，但在不妨害起訴（自訴）基本社會事實同一之範圍內，仍得本其證據調查之結果，自由認定事實、適用法律，不受拘束。

▶100台上1733（判決）

刑事訴訟法第三百零二條第一款所謂案件曾經判決確定，應諭知免訴之判決者，係指同一案件曾經實體上判決確定，其犯罪之起訴權業已消滅，不得再為訴訟之客體，亦即同一事實曾經實體上判決確定者，依一事不再理原則，自不得再為實體上之判決。又實質上或裁判上一罪，均屬單一刑罰權之一罪，在訴訟法上作為一個訴訟客體而無從分割，其法律上之事實關係，係屬於一個具有不可分性質之單一犯罪事實，法院就其全部事實自應合一審判，不得割裂。準此以觀，第二審若認為第一審就檢察官起訴之甲事實諭知免訴判決並無不當，而駁回檢察官對於該部分之上訴；另認第一審法院就檢察官所起訴之乙事實一併諭知免訴為不當，且乙事實與甲事實並無實質上或裁判上一罪關係，而應另為科刑、無罪或發回之判決者，自得將第一審就甲事實諭知免訴判決部分，為「駁回上訴」之判決，而另對第一審就乙事實諭知免訴判決為不當部分，為科刑、無罪或發回之判決。反之，若第二審認為第一審就乙事實諭知免訴判決部分，與前述應駁回上訴之甲事實部分是否具有實質上或裁判上一罪關係尙屬不明，仍有待調查釐清，而逕將第一審就乙事實諭知免訴之判決撤銷發回者（此部分逕行判決發回爲不當，業如前述），因第二審既未排除甲事實與乙事實間具有實質上或裁判上一罪關係之可能，而第一審於更審時暨其後上級審法院仍有可能認爲甲事實與乙事實之間具有實質上或裁判上一罪關係，而合一加以審判，故第二審將第一審就乙事實諭知免訴部分爲發回之判決時，雖此項發回判決爲不當，但在程序上仍應適用審判不可分原則，將原認爲應「駁回上訴」之甲事實部分一併發回第一審法院，以避免該案件因當事人未上訴，致使將來可能具有實質上或裁判上一罪關係之一部分事實（即甲事實）先行判決確定，而另一部分事實（即乙事實）則尙在審理中之割裂情形。

▶98 台上 5886（判決）

多數投票行賄犯行雖未改依集合犯論處，但祇要法院依嚴格證據法則認定事實，並於數罪併罰定應執行刑時妥適量刑，即可有效避免量刑失之過重，符合罪刑相當原則。又前開立法理由已沈痛指出賄選與貪污會形成惡性循環，腐蝕民主政治之根基，有昭顯賄選行爲之惡性，提高其法定刑之必要。**若仍將反覆投票行賄多次與投票行賄一次同視，均論以一罪，無異變相鼓勵賄選，不僅與政府端正選風健全民主政治之政策目標背道而馳，恐非社會通念所能接受，亦與嚇阻賄選及採行嚴格刑事政策之立法意旨有悖**，難謂妥適。原判決認上訴人等於刑法修正前所爲數次投票行賄犯行，應依集合犯論以一罪，其法律見解不無商榷之餘地。

第 268 條（不告不理原則）
法院不得就未經起訴之犯罪審判。

❐ 實務見解

▶87 台上 16（判例）

刑事訴訟之審判，採彈劾主義，法院就檢察官起訴之被告全部犯罪事實，有全部予以審判之義務，此觀弄事訴訟第二百六十七條、第二百六十八條等規定自明：法院如就其中之一部事實未予判決，是否構成違法，應視起訴所主張全部事實在裁判上罪數之單複而定，如起訴主張爲具有可分性之數罪，而法院就其中之一部未予判決，則爲漏判，僅生應予補判之問題，尙無判決違法之可言：如起訴主張爲具有不可分性之事實上、實質上（實體法上一罪）或裁判上一罪，而法院就其中之一部未予判決，則構成刑事訴訟法第三百七十九條第十二款所稱「已受請求事項未予判決」之當然違法；惟法院對全部事實在裁判上究屬一罪或數罪，有自由認定之職權，並不受起訴主張之拘束。

▶83 台非 69（判例）

法院不得就未經起訴之犯罪審判：又法院諭知被告科刑之判決，得就起訴之犯罪事實爲範圍，但法院於不妨害事實同一之範圍內，仍得自由認定事實，適用法律，科以刑罰（本院二十九年上字第四三號判例），而所謂事實同一，非謂罪名同一，即起訴書上所指之罪名，對於審判上無拘束之效力，祇須事實同一，即可將檢察官所認定之罪名予以變更，而事實同一，亦非指全部事實均須一致，祇須其基本事實相同，即無礙其犯罪事實之同一性。

第 269 條（撤回起訴之時期、原因及程式）
Ⅰ檢察官於第一審辯論終結前，發見有應不起訴或以不起訴爲適當之情形者，得撤回起訴。
Ⅱ撤回起訴，應提出撤回書敘述理由。

第 270 條（撤回起訴之效力）
撤回起訴與不起訴處分有同一之效力，以其撤回書視爲不起訴處分書，準用第二百五十五條至第二百六十條之規定。

第三節　審　判

第 271 條（審判期日之傳喚及通知）
Ⅰ審判期日，應傳喚被告或其代理人，並通知檢察官、辯護人、輔佐人。
Ⅱ審判期日，應傳喚被害人或其家屬並予陳述意見之機會。但經合法傳喚無正當理由不到場，或陳明不願到場，或法院認爲不必要或不適宜者，不在此限。

❐ 實務見解

▶109 台上 2446（判決）

我國刑事訴訟制度，由職權進行主義變革爲改良式當事人進行主義，並於「公民與政治權利國際公約」及「經濟社會文化權利國際公約」內國法化後，對於被告之人權極爲重視，相對地，對於犯罪被害人之保護，並未受有同等關注。觀諸國際公約（如聯合國西元一九八五年犯罪被害人及權力濫用被害人之司法基本原則宣言）或外國立法（如美國一九八二年被害人及證人綜合保護法、一九八四年犯罪被害人法、法國一九八三年強化犯罪被害人保護法、德國一九八六年被害人保護法等），早已於刑事訴訟程序中對於「被害人參與」予以規範，賦與被害人訴訟主體的地位，除得以向檢察或審判機關陳述意見外，並積極賦與各種「主體性參與」的權限。**藉由被害人在刑事訴訟程序上的參與，使其等可以表達意見，並藉此與司法人員或加害者溝通，以求雙方**

有更進一步互爲認同的機會，以消弭司法與人民法感情間的隔閡並提昇公信力。有鑒於此，在我國除刑事訴訟法（下稱本法）原有對於被害人（或告訴人及委任之代理人）之檢閱、抄錄或攝影卷宗和證物（本法第二七一條之一第二項）、證據保全（本法第二一九條之一、第二一九條之六）、告訴（本法第二三二條）、陪同在場或陳述意見（本法第二四八條之一、第二七一條第二項、第二七一條之一第一項、第三一四條第二項）、受通知（本法第二五五條第二項、第二六三條）、聲請再議及聲請交付審判（本法第二五六條第一項、第二五八條之一）、請求檢察官上訴（本法第三四四條第三項）、受徵詢（本法第四五一條之一第二項）、協商程序的同意（本法第四五五條之二第二項）、自訴程序（本法第三一九至三四三條），暨散見於各個特別法（如證人保護法第四條、第十五條、組織犯罪防制條例第十二條、兒童及少年性剝削防制條例第九至十一條、第十五條、第十六條、家庭暴力防治法第十條、第二二條、第二三條、第三六至三八條、性侵害犯罪防治法第十五至十六條、入出國及移民法第四三條、人口販運防制法第十一條、第十五條、第二十條、第二三至二六條等）中有關保護被害人具體規定外，並於民國一〇八年十二月十日修正，一〇九年一月八日公布增訂本法第二四八條之二及第二七一條之四關於檢察官於偵查中或法院於言詞辯論終結前得將案件移付調解，或依被告及被害人的聲請，轉介適當機關、機構或團體進行修復，**即將「修復式司法」制度明文化；另增訂本法第二四八條之三關於被害人隱私保護、第二七一條之三陪同在場等規定，避免被害人受到「二度傷害」；復增訂第七編之三關於「被害人訴訟參與」制度（本法第四五五條之三八至四六），使被害人得以參與訴訟，讓被害人觀點可以適時反映給法官，減少隔離感，藉由被害人參與程序，瞭解訴訟之經過情形及維護其人性尊嚴，期能彌補其痛苦與不安。又於一〇八年十二月十七日修正，一〇九年一月十五日公布增訂本法第一六三條第四項關於告訴人得就證據調查事項向檢察官陳述意見，並請求檢察官向法院聲請調查證據之規定，使最接近犯罪事實之被害人，得以告訴人身分參與必要調查證據程序之機會，使檢察官適正達成追訴犯罪的目的，及修正本法第二八九條第二項規定，賦予審判期日到場之告訴人、被害人或其家屬或其他依法得陳述意見之人（下稱被害人等），於科刑辯論前就科刑範圍表示意見之機會**。在在顯示對於被害人等之保護已刻不容緩，俾提升被害人在刑事訴訟程序相對弱化的地位。**惟上開各該規定原則上均爲保障被害人等權利而設，與被告訴訟權之行使無涉。尤以本法第二七一條第二項前段規定：「審判期日，應傳喚被害人或其家屬並予陳述意見之機會。」、第二八九條第二項後段規定：「於科刑辯論前，並應予到場之告訴人、被害人或其家屬或其他依法得陳述意見之人就科刑範圍表示意見之機會。」等學理上統稱爲「被害人陳述制度」**，厥爲被害人等對於案情的瞭解及其中利害關係，實質上最爲深切，被告有罪與否及對其之量刑，除關乎國家刑罰權，亦與被害人及其家屬自身的利益息息相關，尤其關於辯方所爲辯解是否符合實情，被害人等常有一定程度的了解或不同觀點，甚至可能優於公訴檢察官，是爲保障被害人權益，並補強檢察官的控訴能力，給予被害人等充分表達意見之機會，可適度彌補其受創心靈，而得資爲事實審法院量刑輕重妥適與否的參考。因此，除因被害人認原審量刑過輕而請求檢察官上訴，或被告已提出或釋明正在進行或已與被害人等和解、調解、修復，而法院有必要瞭解被告彌補過錯實踐情形或被害人等身心、財產等損害有無獲得撫平、回復情形，或法院裁定准許被害人聲請參與訴訟者，法院應斟酌傳喚被害人等到庭陳述意見外，若有被害人等經合法傳喚無正當理由不到場，或陳明不願到場，或法院認爲不必要或不適宜傳喚其到庭時（如爲避免性侵害被害人受二度傷害所爲之減少陳述、被害人於先前作證、陳述時顯現身心創傷或受有壓力而無法爲完全之陳述或拒絕陳述、有家庭暴力防治法第四十七條所定因被害人不具有對等的談判能力，**故於未確保被害人安全方式前不得進行和解或調解等）時，被告即不能以法院未通知被害人等或經通知而不到庭爲由認法院所踐行程序違法或有損害其獲得公平量刑的機會。**

▶107 台上 3466（判決）

我國刑事訴訟法之規定，被害人參與刑事審判程序之情形有二，依人證之法定程序具結，陳述被害經過而爲證言；依刑事訴訟法第二百七十一條第二項之規定，於審判期日到庭陳述意見。前者，乃法院基於發現眞實之目的，本於職權或依當事人之聲請，傳喚被害人於審判期日到場，以證人身分接受詰問作證；後者，旨在經由參加訴訟之機制，使被害人或其家屬將其等因被告之行爲所受及其後衍生之痛苦遭遇傳達法院，而使法院判決時考慮其等之被害因素，用以確保司法之妥適公平，與被告訴訟權之行使無涉。按證人已由法官合法訊問，且於訊問時予當事人詰問之機會，其陳述明確別無訊問之必要者，不得再行傳喚。又審判期日，應傳喚被害人或其家屬並予陳述意見之機會。但經合法傳喚無正當理由不到場，或陳明不願到場，或法院認爲不必要或不適宜者，不在此限。刑事訴訟法第一百九十六條、

第二百七十一條第二項分別定有明文。

▶100 台上 720（判決）

按刑事訴訟法第二百七十一條第二項規定：「審判期日，應傳喚被害人或其家屬並予陳述意見之機會。但經合法傳喚無正當理由不到場，或陳明不願到場，或法院認爲不必要或不適宜者，不在此限。」**旨在對被害人訴訟參與之保護，期使被害人或其家屬得明瞭訴訟進行中之程序，並於程序中就諸如量刑等與犯罪構成事實無關且得以自由證明之事項，適時表達其意見，以供法院參考**。至被害人於公訴程序就其被害經過而與待證事實有重要關係之親身知覺、體驗事實，有無使之本於證人之地位而爲陳述之必要，則屬犯罪事實調查證據之範疇，應由法院本於聲請或職權決定後，依法定之調查證據方法行之。二者之規範意旨，迴不相同。

第 271 條之 1（委任告訴代理人之程式及準用規定）

I 告訴人得於審判中委任代理人到場陳述意見。但法院認爲必要時，得命本人到場。

II 前項委任應提出委任書狀於法院，並準用第二十八條、第三十二條及第三十三條第一項之規定，但代理人爲非律師者於審判中，對於卷宗及證物不得檢閱、抄錄或攝影。

□修正前條文

I 告訴人得於審判中委任代理人到場陳述意見。但法院認爲必要時，得命本人到場。

II 前項委任應提出委任書狀於法院，並準用第二十八條、第三十二條及第三十三條之規定。但代理人爲非律師者於審判中，對於卷宗及證物不得檢閱、抄錄或攝影。

■修正說明（109.01.15）

一、第一項未修正。

二、本法第三十三條已於九十六年七月四日增訂第二項，爰配合修正第二項。

第 271 條之 2（審判中之隱私保護及隔離遮蔽）

I 法院於審判中應注意被害人及其家屬隱私之保護。

II 被害人依第二百七十一條第二項之規定到場者，法院依被害人之聲請或依職權，審酌案件情節及被害人之身心狀況，並聽取當事人及辯護人之意見後，得利用遮蔽設備，將被害人與被告、旁聽人適當隔離。

■增訂說明（109.01.08）

一、本條新增。

二、刑事審判程序原則上係於公開法庭行之，爲避免在場之人，於法院進行人別訊問、當事人、代理人或辯護人於詰問證人、鑑定人，或進行其他證據調查時，獲知被害人或其家屬之隱私，例如出生年月日、住居所、身分證字號等得以直接或間接方式識別該個人之資料，而造成其等之困擾，並參酌司法改革國是會議關於「法院於行公開審理程序時，應保障被害人或其家屬之隱私，如非必要，不揭露被害人之相關個資」之決議內容，故規定法院於訴訟程序進行中，應注意被害人及其家屬隱私之保護，爰於本條第一項明定之。

三、考量被害人於審判中面對被告時，常因懼怕或憤怒而難以維持情緒平穩，及爲維護被害人之名譽及隱私，避免旁聽之人識別其樣貌，而增加被害人之心理負擔，甚而造成被害人之二度傷害。爰參酌性侵害犯罪防治法第十六條、日本刑事訴訟法第三百十六條之三十九第四項、第五項之規定，明定法院依被害人之聲請或依職權，於綜合考量案件情節及被害人之身心狀況，如犯罪性質、被害人之年齡、心理精神狀況及其他情事，並聽取當事人及辯護人之意見後，得使用適當之遮蔽措施，使被告、在場旁聽之人無法識別被害人之樣貌。法院於個案中可視案件情節及法庭設備等具體情況，採用遮蔽屏風、聲音及影像相互傳送之科技設備或其他措施，將被害人與被告、旁聽人適當隔離，爰增訂本條第二項。

第 271 條之 3（審判中之被害人陪同措施）

I 被害人之法定代理人、配偶、直系或三親等內旁系血親、家長、家屬、醫師、心理師、輔導人員、社工人員或其信賴之人，經被害人同意後，得於審判中陪同被害人在場。

II 前項規定，於得陪同在場之人爲被告時，不適用之。

■增訂說明（109.01.08）

一、本條新增。

二、被害人於犯罪發生後，如使其獨自面對被告，恐有受到二度傷害之虞。是爲協助被害人於審判中到場時維持情緒穩定，爰參酌性侵害犯罪防治法第十五條、日本刑事訴訟法第三百十六條之三十九第一項、德國刑事訴訟法第四百零六F條第二項、第四百零六G條之規定，明定被害人之一定親屬、醫師、心理師、輔導人員、社工人員或其信賴之人得陪同在場。而所稱「其信賴之人」，係指與被害人關係緊密之重要他人，例如褓母、同性伴侶、好友等均屬之。又為尊重被害人意願，具本條所定資格或關係而得陪同之人，於審判中陪同在場時，自以經被害人同意為前提，爰增訂本條第一項。另陪同制度之目的在於藉由陪同人之在場協助，使被害人維持情緒穩定，陪同人自不得有妨害法官訊問或當事人、代理人或辯護人詰問之行為。如陪同人有影響訴訟進行之不當言行，或影響被害人、證人、鑑定人或其他訴訟關係人陳述時，自應由審判長視具體情況適時勸告或制止，俾維持法庭秩序，附此敘明。

三、被告既經檢察官認有犯罪嫌疑而起訴，自不宜使其陪同被害人在場，故參考性侵害犯罪防治法第十五條第二項之規定，明定具有第一項身分之人為被告時，不得陪同在場，爰增訂本條第二項。

第271條之4（審判中之移付調解及轉介修復式司法程序）

I 法院於言詞辯論終結前，得將案件移付調解；或依被告及被害人之聲請，於聽取檢察官、代理人、辯護人及輔佐人之意見後，轉介適當機關、機構或團體進行修復。

II 前項修復之聲請，被害人無行為能力、限制行為能力或死亡者，得由其法定代理人、直系血親或配偶為之。

■增訂説明（109.01.08）

一、本條新增。

二、「修復式正義」或稱「修復式司法」（Restorative Justice），旨在藉由有建設性之參與及對話，在尊重、理解及溝通之氛圍下，尋求彌補被害人之損害、痛苦及不安，以真正滿足被害人之需要，並修復因衝突而破裂之社會關係。我國既有之調解制度固在一定程度上發揮解決糾紛及修復關係之功能，惟調解所能投入之時間及資源較為有限，故為貫徹修復式司法之精神並提升其成效，亦有必要將部分案件轉介適當機關、機構或團體，而由專業之修復促進者以更充分之時間及更完整之資源來進行修復式司法程序。又法務部自九十九年九月一日起擇定部分地方法院檢察署試辦修復式司法方案，嗣自一百零一年九月一日起擴大於全國各地方法院檢察署試辦，並自九十九年九月起辦理修復促進者培訓工作，在本土實踐上業已累積相當之經驗，為明確宣示修復式司法於我國刑事程序之重要價值，實應予以正式法制化，而以法律明定關於移付調解及轉介修復式司法程序之授權規範，爰參考德國刑事訴訟法第一百五十五A條之規範內容，明定法院於訴訟繫屬後、言詞辯論終結前，斟酌被告、被害人或其家屬進行調解之意願與達成調解之可能性、適當性，認為適當者，得使用既有之調解制度而將案件移付調解，或於被告及被害人均聲請參與修復式司法程序時，法院於聽取檢察官、代理人、辯護人及輔佐人之意見後，得將案件轉介適當機關、機構或團體進行修復，由該機關、機構或團體就被告、被害人是否適合進入修復式司法程序予以綜合評估，如認該案不適宜進入修復，則將該案移由法院繼續審理；反之，則由該機關、機構或團體指派之人擔任修復促進者進行修復式司法程序，並於個案完成修復時，將個案結案報告送回法院，以供法院審理時參考，爰新增第一項之規定。

三、又於被害人無行為能力、限制行為能力或死亡之情形，為使被害人之家屬仍得藉由修復式司法療癒創傷、復原破裂的關係，爰參酌第三百十九條第一項之規定，於第二項明定之。

第272條（第一次審判期日傳票送達期間）

第一次審判期日之傳票，至遲應於七日前送達；刑法第六十一條所列各罪之案件至遲應於五日前送達。

❒ 實務見解

▶69 台上 2623（判例）

就審期間，以第一次審判期日之傳喚為限，刑事訴訟第二百七十二條規定甚明。原審第一次六十八年十一月二十日審判期日之傳票，早於同月九日送達上訴人收受，屆期上訴人未到庭，再傳同年十二月四日審判，已無就審期間之可言。

第273條（準備程序中應處理之事項及訴訟行為欠缺程式之定期補正）

I 法院得於第一次審判期日前，傳喚被告或其代理人，並通知檢察官、辯護人、輔佐人到庭，行準備程序，為下列各款事項之處理：

一　起訴效力所及之範圍與有無應變更檢察官所引應適用法條之情形。
二　訊問被告、代理人及辯護人對檢察官起訴事實是否為認罪之答辯，及決定可否適用簡式審判程序或簡易程序。
三　案件及證據之重要爭點。
四　有關證據能力之意見。
五　曉諭為證據調查之聲請。
六　證據調查之範圍、次序及方法。
七　命提出證物或可為證據之文書。

八　其他與審判有關之事項。

II於前項第四款之情形，法院依本法之規定認定無證據能力者，該證據不得於審判期日主張之。

III前條之規定，於行準備程序準用之。

IV第一項程序處理之事項，應由書記官製作筆錄，並由到庭之人緊接其記載之末行簽名、蓋章或按指印。

V第一項之人經合法傳喚或通知，無正當理由不到庭者，法院得對到庭之人行準備程序。

VI起訴或其他訴訟行為，於法律上必備之程式有欠缺而其情形可補正者，法院應定期間，以裁定命其補正。

□修正前條文

I 法院為準備審判起見，得於第一次審判期日前訊問被告。

II 檢察官及辯護人得於為前項訊問時在場，除有急迫情形外，法院應將訊問之日、時及處所預行通知之。

III 起訴或其他訴訟行為，於法律上必備之程式有欠缺而其情形可補正者，法院應定期間，以裁定命其補正。

■修正說明（92.02.06）

一、刑事審判之集中審理制，既要讓訴訟程序密集而不間斷地進行，則於開始審判之前，即應為相當之準備，始能使審判程序密集、順暢。爰參考日本刑事訴訟規則第一百九十四條之三規定，除修正、組合本條第一項、第二項之文字內容外，並將準備程序中應處理之事項，增列其中，以資適用。

二、依本法第二百六十四條第一項第二款規定，檢察官之起訴書固應記載被告之犯罪事實及所犯法條，惟如記載不明確或有疑義，事關法院審判之範圍及被告防禦權之行使，自應於準備程序中，經由訊問或闡明之方式，先使之明確，故首先於第一款定之。惟此一規定，其目的僅在釐清法院審判之範圍，並便於被告防禦權之行使，應無礙於法院依本法第二百六十七條規定對於案件起訴效力所為之判斷。其次，案件如符合第二百七十三條之一或第四百四十九條第二項之規定時，即可嘗試瞭解有無適用簡式審判程序或簡易程序之可能，以便儘早開啓適用之契機，避免耗費不必要之審判程序，故有第二款之規定。另當事人於準備程序中，經由起訴及答辯意旨之提出，必能使案件及證據重要爭點浮現，此時再加以整理，當有助於案情之釐清，故為第三款之規定。又當事人對於卷內已經存在之證據或證物，其證據能力如有爭執，即可先予調查，倘法院依本法之規定，認定該證據無證據能力者，即不得於審判期日主張之，是有第四款及第二項之規定，以節省勞費。第一項第五款、第六款則係於曉諭當事人或辯護人為調查證據之聲請時，於整理證據後，就證據之調查範圍、次序及方法所為之規定。又如當事人有提出證物或可為證據之文書必要時，即應命其提出，俾供調查、審判之用，以免臨時無法提出，影響審判之進行，故為第七款之規定。法院於準備程序中應為之事項，常隨案件而異，其他例如有無第三百零二條至第三百零四條所定應為免訴、不受理或管轄錯誤判決之情形，均可一併注意之，故除前述七款之外，另於第八款就其他與審判有關之事項為概括之規定，以求周延。

三、準備程序既為案件重要事項之處理，亦應予當事人或辯護人適當之準備期間，故其傳喚或通知應於期日前相當時間送達，以利程序之進行，爰增訂第三項準用第二百七十二條之規定。

四、準備程序之處理，攸關案件程序之進行，為杜爭議，爰參考日本刑事訴訟規則第一百九十四條之五第二項及本法第四十二條第四項之規定，增訂第四項應製作筆錄之規定。

五、第一項之人經合法傳喚或通知，如無正當理由不到庭，應許法院視情況，得對到庭之人行準備程序，以免延宕，爰增訂第五項之規定。

六、本條原第三項有關訴訟行為欠缺程式之補正規定，其內容不修正，僅項次依序移列為第六項。

❖ 法學概念

準備程序之目的

刑事審判採集中審理制，須讓訴訟程序密集而不間斷地進行，是以開始審判前，應為相當之準備，始能使審判程序密集、順暢。我國刑事訴訟法關於「準備程序」之規定，主要目的在為「審判期日」之調查證據程序預作準備，此觀第273條第1項設有「行準備程序，為各款事項之處理」及第279條第1項設有「為準備審判起見……使行準備程序」規定自明。

為便於審判期日調查證據之程序得以順利、迅速及有效之進行，準備程序應就被告之「人別訊問」、「何種證據應予調查及其次序、範圍及方法如何」等事項，在審判期日之前預作安排妥適。故準備程序係為審判程序而作準備，審判程序才是刑事審判之重心而審判期日必須嚴格遵守直接審理原則與言詞審理原則，是以「準備程序」之進行，必須在無違審判期日採行直接審理原則與言詞審理原則之大前提下，進行準備程序，始合目的。不能因進行準備程序，致使審判程序空洞化或破壞直接審理原則之精神。換言之，準備程序之行為應僅有「準備性」而非「替代性」（替代審判期日之程序）。

【林俊益，〈準備程序與審判程序〉，收錄於《民刑事訴訟新制論文集》，司法院編印，初版，2003.12，213～214頁。】

❖ 爭議問題

準備程序中受命法官是否得篩選證據能力之有無？

一、否定說

行合議審判案件之受命法官，由於舊法時期受命法官於準備程序多半負責廣泛的蒐集證據及實質的證據調查之工作。故2003年修法明文限定其權限僅在於行準備程序之事項，在此範圍內受命法官有與審判長相同之權限，故刑訴法第273條第2項之裁定，亦非受命法官所能單獨認定。

【林鈺雄，《刑事訴訟法（下）》，新學林，八版，2017.09，278頁；林永謀，《刑事訴訟法釋論（中）》，自版，初版，2007.02，463頁。】

且依刑訴法第273條第1項受命法官本在處理有關證據能力之意見，非認定證據能力之有無，而第279條第1項更規定受命法官行準備程序所得處理者為第273條第1項，同法第273條第2項則不與焉，關於一般證據能力之認定，其尤非受命法官所得為。

【林永謀，《刑事訴訟法釋論（中）》，自版，初版，2007.02，462頁以下；朱石炎，《刑事訴訟法論》，三民，七版，2017.08，407頁。】

總之，此說看法大致是認為：「證據能力有無爭議之調查」與「證據能力有無之判斷」應分別為之，不能混為一談。

【林俊益，〈準備程序有關證據能力有爭議之調查——最高法院94年度台上字第7274號判決闡析〉，《月旦法學雜誌》，第139期，2006.12，256頁。】

二、肯定說

受命法官應得對證據是否具備證據能力先為形式上之判斷（此並非為調查證據），一旦發現無證據能力即應加以排除，以避免無證據能力之證據進入法院後，造成訴訟程序之浪費，陷被告於不利之地位，而有違無罪推定原則與公平法院之理念。

【黃朝義，〈修法後準備程序運作之剖析與展望〉，《月旦法學雜誌》，第113期，2004.10，16～25頁。】

就修法目的而言，準備程序的詮釋，自不宜純粹從字面上觀察，強調僅係在「準備」，而「準備程序」中之「法院」亦不必囿於文字上的理解，非限縮在「合議庭」或「獨任制法官」不可。亦即，雖然第279條規定受命法官於準備程序所得調查者為第273條第1項之事實，未包括第273條之證據能力的認定，但從如何發揮「使審判程序密集、順暢」功能的修法目的而言，受命法官宜具有篩選排除沒有證據能力的證據較為妥適。

【張麗卿，《刑事訴訟法理論與運用》，五南，十四版，2018.09，575頁。】

☐ 實務見解

▶100台上6628（判決）

受命法官為處理被告之答辯及案件、證據之重要爭點，自得於準備程序聽取被告及其辯護人對本案事實及證據之意見，並加以整理，如被告未能明確表達其意見，受命法官亦得闡明之，以釐清當事人爭執及不爭執之事項，確認審判期日法院調查證據及當事人辯論之重點。然受命法官就被告陳述之意見（包括認罪、自白、否認、辯解），尚不得進一步調查詢問與其先前供述、被害人指述或其他證人所述為何不符，或與卷內書證、物證有何不同等實質調查證據程序，應僅止於被告意見之彙集及整理，始為適法。

第273條之1（進行簡式審判程序之裁定）

Ⅰ除被告所犯為死刑、無期徒刑、最輕本刑為三年以上有期徒刑之罪或高等法院管轄第一審案件者外，於前條第一項程序進行中，被告先就被訴事實為有罪之陳述時，審判長得告知被告簡式審判程序之旨，並聽取當事人、代理人、辯護人及輔佐人之意見後，裁定進行簡式審判程序。

Ⅱ法院為前項裁定後，認有不得或不宜者，應撤銷原裁定，依通常程序審判之。

Ⅲ前項情形，應更新審判程序。但當事人無異議者，不在此限。

■增訂說明（92.02.06）

一、本條新增。

二、刑事案件之處理，視案件之輕微或重大，或視被告對於起訴事實有無爭執，而異其審理之訴訟程序或簡化證據之調查，一方面可合理分配司法資源的利用，且可減輕法院審理案件之負擔，以達訴訟經濟之要求；另一方面亦可使訴訟儘速終結，讓被告免於訟累，是以明案應予速判，爰參考日本刑事訴訟法第二百九十一條之二，日本刑事訴訟規則第一百九十七條之二規定之簡易公判程序立法例，增訂本條第一項。

三、法院為前項之裁定後，若審慎再酌結果，認爲不得或不宜進行簡式審判程序，例如：**法院嗣後懷疑被告自白是否具有眞實性，則基於刑事訴訟重在實現正義及發見眞實之必要，自以仍依通常程序愼重處理爲當；又如一案中數共同被告，僅其中一部分被告自白犯罪，或被告對於裁判上一罪之案件僅就部分自白犯罪時，因該等情形有證據共通的關係，若割裂適用而異其審理程序，對於訴訟經濟之實現，要無助益，此時，自亦以適用通常程序爲宜**，是以參考日本刑事訴訟法第二百九十一條之三及日本刑事訴訟規則第一百九十七條之二之立法例，增訂本條第二項。

四、行簡式審判程序之裁定若經撤銷改依通常程序進行審判時，審判長應更新審理程序，但檢察官、被告若對於程序之進行無意見，則設例外之規定，爰參考日本刑事訴訟法第三百十五條之二之立法例，增訂本條第三項。

□ 實務見解

▶101 台上 349（判決）

刑事訴訟法第二百七十三條之一第一項規定：「除被告所犯爲死刑、無期徒刑、最輕本刑爲三年以上有期徒刑之罪或高等法院管轄第一審案件者外，於前條第一項程序進行中，被告先就被訴事實爲『有罪之陳述』時，審判長得告知被告簡式審判程序之旨，並聽取當事人、代理人、辯護人及輔佐人之意見後，裁定進行簡式審判程序。」而該條之立法理由第三點已說明：「法院爲前項之裁定（即裁定進行簡式審判程序）後，若審愼再酌結果，認爲不得或不宜進行簡式審判程序，例如：法院嗣後懷疑被告自白是否具有眞實性，則基於刑事訴訟重在實現正義及發現眞實之必要，自以仍依通常程序愼重處理爲當……。」**是事實審法院得裁定進行簡式審判程序者，應以法院認定與被告陳述相符之有罪判決爲限**。原審就被訴被訴部分，既均爲渠等無罪之諭知，依上說明，就該部分即應以通常程序予以審判，乃原審就該部分裁定適用簡式審判程序，其所踐行之訴訟程序難謂於法無違。

▶98 台上 6198（判決）

審判長得單獨行使之職權，以法律有明文規定者爲限，其他事項均屬法院之職權，依法院組織法第一百零一條規定，必須經參與審判之法官評議，始得形成法院之外部意思決定，並以判決或裁定爲之，審判長不得自行決定。刑事訴訟法第二百七十三條之一第一項、第二項規定：「除被告所犯爲死刑、無期徒刑、最輕本刑爲三年以上有期徒刑之罪或高等法院管轄第一審案件者外，於前條第一項程序進行中，被告先就被訴事實爲有罪之陳述時，審判長得告知被告簡式審判程序之旨，並聽取當事人、代理人、辯護人及輔佐人之意見後，裁定進行簡式審判程序」、「法院爲前項裁定後，認有不得或不宜者，應撤銷原裁定，依通常程序審判之」，即以被告所犯罪名及就被訴事實是否爲有罪之陳述，並斟酌當事人、代理人、辯護人、輔佐人之意見，決定適用何種審判程序以進行訴訟，**對人民訴訟權之保障有重大影響，已非純屬訴訟程序之進行及法庭活動之指揮，應由法院以裁定爲之，並非審判長所得單獨決定處分**。

第 273 條之 2（簡式審判程序之證據調查）
簡式審判程序之證據調查，不受第一百五十九條第一項、第一百六十一條之二、第一百六十一條之三、第一百六十三條之一及第一百六十四條至第一百七十條規定之限制。

■增訂說明（92.02.06）

一、本條新增。

二、簡式審判程序，貴在審判程序之簡省便捷，故調查證據之程序宜由審判長便宜行事，以適當之方法行之即可，又因被告對於犯罪事實並不爭執，可認定被告亦無行使反對詰問權之意，因此有關傳聞證據之證據能力限制規定無庸予以適用。再者，簡式審判程序中證據調查之程序亦予簡化，關於證據調查之次序、方法之預定、證據調查請求之限制、證據調查之方法，證人、鑑定人詰問之方式等，均不須強制適用，爰參考日本刑事訴訟法第三百零七條之二、日本刑事訴訟規則第二百零三條之三之規定，增訂本條。

第 274 條（期前調取證物）
法院於審判期日前，得調取或命提出證物。

□修正前條文

法院得於審判期日前傳喚證人、鑑定人或通譯及調取或命提出證物。

■修正說明（92.02.06）

一、在採行改良式當事人進行主義之刑事訴訟制度下，證據調查爲整個審判程序之核心，而有關證人、鑑定人或通譯之訊問，更爲法庭活動中調查證據程序之重點所在。是關於證人、鑑定人或通譯之證據調查，應留待審判程序中再行爲之，以落實直接審理原則，並強化法庭活動。故法院於準備程序中，應不得傳喚證人、鑑定人或通譯到庭，而僅就其調查之範圍、次序及方法決定之，即爲已足，爰刪除原條文此部分之規定。至當事人、辯護人聲請傳喚證人、鑑定人或通譯之權利，依第一百六十三條第一項之規定，則仍不受影響。

二、案件有關之證物，如由當事人占有中，固可依第二百七十三條第一項第七款規定命其提出，但該等證物亦可能由訴訟關係人或第三人占有，其所在不一而足，而調取或提出常需若干時間，爲使審判順利進行，應許法院於審判期日前，即得調取或命提出該證物，以供在審判程序中調查之用，是仍保留該部分之規定。

第 275 條（期日前之舉證權利）
當事人或辯護人，得於審判期日前，提出證據及聲請法院爲前條之處分。

第 276 條（期日前證人之訊問及命鑑定通譯）
Ⅰ法院預料證人不能於審判期日到場者，得於審判期日前訊問之。
Ⅱ法院得於審判期日前，命爲鑑定及通譯。

□修正前條文

Ⅰ法院預料證人不能於審判期日到場者，得於審判期日前訊問之。
Ⅱ法院得於審判期日前，命爲鑑定及通譯。
Ⅲ當事人及辯護人得於訊問證人、鑑定人或通譯時在場，其訊問之日、時及處所，法院應預行通知之。

■修正說明（92.02.06）

一、第一、二項未修正。
二、第三項移列爲修正條文第一百六十八條之一。

❖ 爭議問題

法院是否能對準備程序中之被告或證人訊問？

一、原則否定

實務採原則否定之見解，蓋實務向來主張，關於證人、鑑定人之調查、詰問，尤爲當事人間攻擊、防禦最重要之法庭活動，亦爲法院形成心證之所繫，除依同法第 276 條第 1 項規定，法院預料證人不能於審判期日到場之情形者外，不得於準備程序訊問證人，致使審判程序空洞化，破壞直接審理原則與言詞審理原則（最高法院 93 年台上字第 2033 號判例參照）。

前開見解，也爲部分國內學者所支持。亦即，法院於準備程序，原則只能蒐集、齊聚人與物之證據，至於調查證據之程序本身，除合乎例外情事外，皆應於審判期日始能進行。所稱例外，也就是調查證據之前置，往往也構成直接審理原則之例外，通常有其不得不然的正當理由。

【林鈺雄，《刑事訴訟法（下）》，新學林，八版，2017.09，199 頁。】

惟須注意者，就前揭所陳，有學者指出，此號判例理解上不應斷章取義，否則勢必影響事實審受命法官於準備程序處理事項之權限，更影響刑事訴訟新制採行集中審理制之效能。蓋只有適用直接審理原則之待證事項，於準備程序訊問證人，始有破壞直接審理原則可能；如無適用直接審理原則之待證事項，縱或於準備程序訊問證人，自無破壞直接審理原則可言。是以該判例要旨所稱「不得於行準備程序訊問證人」之證人，應係指其「待證事項」有適用直接審理原則之情形而言。

【林俊益，〈不得於準備程序訊問證人之辨正〉，《月旦法學教室》，第 57 期，2007.07，20～21 頁。】

二、例外肯定

爲符合集中審理制度之立法本旨，最高法院指出，依本法第 276 條第 1 項規定，其所稱「預料證人不能於審判期日到場」之原因，須有一定之客觀事實，可認其於審判期日不能到場並不違背證人義務，**例如因疾病即將住院手術治療，或行將出國，短期內無法返國，或路途遙遠，因故交通恐將阻絕，或其他特殊事故，於審判期日到場確有困難者，方足當之**。必以此從嚴之限制，不得僅以證人空泛陳稱：「審判期日不能到場」，甚或由受命法官逕行言詞諭知「預料該證人不能於審判期日到庭」，即行訊問或詰問證人程序，爲實質之證據調查（最高法院 94 年度台上字第 68 號、94 年度台上字第 624 號判決同旨）。

有論者肯定前開判例之立場，認爲第 276 條之適用應以個案具備「確保證據之必要性」爲解釋基準，蓋準備程序「非但不負責證據之蒐集，更不再從事證據之調查」的基本立場，可提前於準備程序訊問證人須有一定之客觀事實爲前提，從嚴解釋方可。

【楊雲驊，〈準備程序之訊問證人〉，《月旦法學教室》，第 34 期，2005.08，24～25 頁。】

歸納學說與實務的共識，法院（原則包含受命法官）關於「實體上爭點事項」原則不得對準備程序中被告或證人訊問，且例外情況應從嚴認定，至於程序事實上之爭點仍得爲必要之訊問。

例如，關於準備程序中對於證據能力有爭執，其搜索扣押等程序是否合法、是否應調查，法院自有裁量權。

【林俊益，〈刑事準備程序中事實上之爭點整理——最高法院 96 年度台上字第 204 號判決析述〉，《月旦法學雜誌》，第 148 期，2007.09，267 頁；紀俊乾，〈刑事訴訟準備程序中受命法官的證據處理〉，《司法周刊》，第 1277 期，2006.03.09，2 版。】

❐ 實務見解

▶93 台上 5185（判例）

刑事訴訟法第二百七十九條第一項、第二百七十六條第一項規定預料證人不能於審判期日到場，而受命法官得於審判期日前行準備程序時訊問證人之例外情形，**其所稱「預料證人不能於審判期日到場」之原因，須有一定之客觀事實，可認其於審判期日不能到場並不違背證人義務，例如因疾病即將住院手術治療，或行將出國，短期內無法返國，或路途遙遠，因故交通恐將阻絕，或其他特殊事故，於審判期日到場確有困難者，方足當之**。必以此從嚴之限制，始符合集中審理制度之立法本旨，不得僅以證人空泛陳稱：「審判期日不能到場」，甚或由受命法官逕行泛詞諭知「預料該證人不能於審判期日到庭」，即行訊問或詰問證人程序，爲實質之證據調查。

第 277 條（期日前物之強制處分）
法院得於審判期日前，爲搜索、扣押及勘驗。

第 278 條（期日前公署之報告）
法院得於審判期日前，就必要之事項，請求該管機關報告。

第 279 條（受命法官之指定及其權限）
Ⅰ行合議審判之案件，爲準備審判起見，得以庭員一人爲受命法官，於審判期日前，使行準備程序，以處理第二百七十三條第一項、第二百七十四條、第二百七十六條至第二百七十八條規定之事項。
Ⅱ受命法官行準備程序，與法院或審判長有同一之權限。但第一百二十一條之裁定，不在此限。

□修正前條文

Ⅰ行合議審判之案件，爲準備審判起見，得以庭員一人爲受命推事，於審判期日前，訊問被告及蒐集或調查證據。
Ⅱ受命推事關於訊問被告，及蒐集或調查證據，與法院或審判長有同一之權限。但第一百二十一條之裁定，不在此限。

■修正說明（92.02.06）

一、配合法院組織法之用語，將「推事」修正爲「法官」。
二、爲配合本法修正採行改良式當事人進行主義，法官僅以中立、公正之立場，從事調查證據職責爲已足，不應再負主動蒐集證據之義務，爰將有關蒐集證據之規定予以刪除。
三、受命法官於準備程序中，既不再從事實質之證據調查，爰將有關「訊問被告及調查證據」之文字修正爲「使行準備程序」，以處理修正條文第二百七十三條第一項所規定之各款事項。另第二百七十四條、第二百七十六條、第二百七十七條、第二百七十八條關於調查證據之規定，常有助於審判之進行，且有其必要，乃併規定亦爲受命法官得處理之事項。
四、受命法官於準備程序中，既不再主動蒐集證據及進行證據之實質調查，而依修正條文第二百七十三條第一項規定行準備程序時，已可訊問被告，爰將第二項「關於訊問被告，及蒐集或調查證據」等字，修正爲「行準備程序」。

□實務見解

▶93 台上 2033（判例）
依刑事訴訟法第二百七十九條第一項規定，準備程序處理之事項，原則上僅限於訴訟資料之聚集及彙整，旨在使審判程序能密集而順暢之進行預作準備，不得因此而取代審判期日應踐行之直接調查證據程序。調查證據乃刑事審判程序之核心，改良式當事人進行主義之精神所在；關於證人、鑑定人之調查、詰問，尤爲當事人間攻擊、防禦最重要之法庭活動，亦爲法院形成心證之所繫，除依同法第二百七十六條第一項規定，法院預料證人不能於審判期日到場之情形者外，不得於準備程序訊問證人，致使審判程序空洞化，破壞直接審理原則與言詞審理原則。

▶100 台上 204（判決）
刑事訴訟法第二百七十三條規定：法院得於第一次審判期日前，行準備程序，處理該條第一項所列各款之事項。既曰「得」，而非「應」行準備程序，是審理案件是否先行準備程序，屬法院裁量之自由，並非必行準備程序，否則訴訟程序即有瑕疵。而同法第二百七十九條第一項規定，準備程序處理之事項，原則上僅限於訴訟資料之聚集及彙整，旨在使審判程序能密集而順暢之進行預作準備，不得因此而取代審判期日應踐行之直接調查證據程序。是法院行準備程序時，縱未就刑事訴訟法第二百七十三條第一項各款所列之事項逐一處理而有疏漏，如於審判期日已予釐清，並於判決內論述明白，苟無礙於被告防禦權之行使，即不得指摘審判程序違背法令而執爲上訴第三審之適法理由。

第 280 條（審判庭之組織）
審判期日，應由法官、檢察官及書記官出庭。

□修正前條文

審判期日，應由推事、檢察官及書記官出庭。

■修正說明（109.01.15）

法院組織法已將「推事」之用語，修正爲「法官」，爰配合爲文字修正，以符法制。

第 281 條（被告到庭之義務）
Ⅰ審判期日，除有特別規定外，被告不到庭者，不得審判。
II許被告用代理人之案件，得由代理人到庭。

第 282 條（在庭之身體自由）
被告在庭時，不得拘束其身體。但得命人看守。

第 283 條（被告之在庭義務）
I 被告到庭後，非經審判長許可，不得退庭。
II審判長因命被告在庭，得為相當處分。

第 284 條（強制辯護案件辯護人之到庭）
第三十一條第一項所定之案件無辯護人到庭者，不得審判。但宣示判決，不在此限。

❑ 實務見解

▸43 台上 1356（判例）

審判期日應傳喚被告或其代理人，並通知檢察官、辯護人、輔佐人為刑事訴訟法第二百五十條之所明定，上訴人等在原審既曾委任律師為共同辯護人，乃原審並未於審判期日通知該辯護人到庭辯護，而逕行判決，其所踐行之訴訟程序，自屬於法有違。

第 284 條之 1（合議審判之案件）
除簡式審判程序、簡易程序及第三百七十六條第一項第一款、第二款所列之罪之案件外，第一審應行合議審判。

□修正前條文

簡式審判程序、簡易程序及第三百七十六條第一款、第二款所列之罪之案件外，第一審應行合議審判。

■修正說明（106.11.16）

配合第三百七十六條第二項之增訂，修正本條規定。

第 285 條（審判開始—朗讀案由）
審判期日，以朗讀案由為始。

第 286 條（人別訊問與起訴要旨之陳述）
審判長依第九十四條訊問被告後，檢察官應陳述起訴之要旨。

第 287 條（訊問被告應先告知）
檢察官陳述起訴要旨後，審判長應告知被告第九十五條規定之事項。

□修正前條文

檢察官陳述起訴要旨後，審判長應就被訴事實訊問被告。

■修正說明（92.02.06）

為加強當事人進行主義之色彩，審判程序之進行應由當事人扮演積極主動之角色，而以當事人間之攻擊、防禦為主軸，原條文規定檢察官陳述起訴要旨後，審判長即應就被訴事實訊問被告，與前開修法精神不合，且與交互詰問之訴訟程序進行亦有扞格之處，是檢察官陳述起訴要旨後，審判長就被訴事實訊問被告之次序應予調整，爰將本條後段部分先予刪除，為文字修正後，挪移於第二百八十八條第二項後段。

第 287 條之 1（共同被告之調查證據、辯論程序之分離或合併）
I 法院認為適當時，得依職權或當事人或辯護人之聲請，以裁定將共同被告之調查證據或辯論程序分離或合併。
II前項情形，因共同被告之利害相反，而有保護被告權利之必要者，應分離調查證據或辯論。

■增訂說明（92.02.06）

一、本條新增。
二、法院認為適當時，得依職權或當事人或辯護人之聲請，以裁定將共同被告之調查證據或辯論程序分離或合併。若各共同被告之利害相反，而有保護被告權利之必要者，則應分離調查證據或辯論，爰參考日本刑事訴訟法第三百十三條及刑事訴訟規則第二百十條之規定，增訂本條，以資適用。

❖ 爭議問題

裁量分離審判所應考量之因素為何？

一、陳運財教授

「裁量分離」考量之重點，**應綜合考慮「本案之情節、性質態樣、與其他案件之關聯、被告之性格及情狀、本案審理之進行程度、證據調查階段、法院之人與物的資源設備」等諸多因素**，藉以判斷合併或分離對被告或其他情事的影響。

【陳運財，〈共同被告之調查〉，《律師雜誌》，第 286 期，2003.07，113 頁。】

二、王兆鵬教授

問題關鍵在於是否能滿足合併審判所預期之目的—「訴訟經濟」，**如不能達到訴訟經濟的效益，反而造成較分離審判更不經濟的結果，法院原則上應傾向為分離審判之裁定**。例如共同被告人數眾多、證據龐雜時，對同一證人之詰問或反詰問，共同被告之不同辯護人會以不同理由提出異議，在此情形下，法院自得依職權或當事人聲請裁定，以避免訴訟之不經濟。

【王兆鵬、張明偉、李榮耕，《刑事訴訟法（下）》，新學林，四版，2018.09，26 頁。】

三、張麗卿教授

除應考量前兩說因素外，尚應注意適用前提

是無共同被告間無利害關係相反的情形，假如合併後法院發現共同被告間有互相推諉、構陷之虞時，則應裁定分離程序。

【張麗卿，《刑事訴訟法理論與運用》，五南，十四版，2018.09，106 頁以下。】

❖ 爭議問題

必要分離審判所應考量之因素為何？

依刑訴法第 287 條之 1 第 2 項的規定：「前項情形，因共同被告之利害相反；而有保護被告權利之必要者，應分離調查證據或辯論。」依條文內容，須有「利害相反」且「有保護被告權利之必要」，法院方「應」分離審判程序。惟條文中所稱「利害相反」應如何詮釋，學說上見解不一：

一、陳運財教授

係指「防禦上之利害關係相反，陳述內容不一致而言」。若共同被告「利害相反」，但是在合併審判中，假使共同被告對於被告本人之詢問或法院之訊問，均能任意陳述，並未行使緘默權或刻意避重就輕，於此情形，似無必要強制分離，而應繼續合併審理，並依第 163 條第 2 項詢問共同被告即可。

【陳運財，〈共同被告之調查〉，《律師雜誌》，第 286 期，2003.07，115～116 頁。】

二、王兆鵬教授

「利害相反」，是指共同被告之一方爲防禦自己，必須提出證據證明其他被告有罪而自己無罪。

【王兆鵬、張明偉、李榮耕，《刑事訴訟法（下）》，新學林，四版，2018.09，27 頁以下。】

三、張麗卿教授

共同被告之利害係相反之際，幾乎可以推斷共同被告往往有「相互推諉，栽贓嫁禍」之情事。是以，在「保護被告權利之必要」這個要件認定不必過嚴。例如甲、乙共犯殺人，甲在檢察官面前陳述是乙著手實行，自己只是在場吆喝助勢（辯稱自己未著手構成要件之實行），法院即應認爲有保護乙反對詰問權之必要，應分離程序使乙能夠詰問「證人」甲。

【張麗卿，《刑事訴訟法理論與運用》，五南，十四版，2018.09，107 頁。】

第 287 條之 2（共同被告之準用規定）

法院就被告本人之案件調查共同被告時，該共同被告準用有關人證之規定。

■增訂說明（92.02.06）

一、本條新增。

二、法院就被告本人之案件調查共同被告時，該共同被告對於被告本人之案件具證人之適格，自應準用有關人證之規定，爰增訂本條，以資適用。

第 288 條（調查證據）

I 調查證據應於第二百八十七條程序完畢後行之。

II 審判長對於準備程序中當事人不爭執之被告以外之人之陳述，得僅以宣讀或告以要旨代之。但法院認有必要者，不在此限。

III 除簡式審判程序案件外，審判長就被告被訴事實爲訊問者，應於調查證據程序之最後行之。

IV 審判長就被告科刑資料之調查，應於前項事實訊問後行之。

□修正前條文

訊問被告後，審判長應調查證據。

■修正說明（92.02.06）

一、本法修正後，有關訴訟程序之進行，以採當事人間互爲攻擊、防禦之型態爲基本原則，法院不立於絕對主導之地位，亦即法院依職權調查證據，退居於補充、輔助之性質。因此，在通常情形下，法院應係在當事人聲請調查之證據全部或主要部分均已調查完畢後，始補充進行，是以原條文有關訊問被告後，審判長應調查證據之規定，應予修正，爰參考日本刑事訴訟法第二百九十二條之規定，修正本條第一項。

二、審判長對於當事人準備程序中不爭執之被告以外之人之陳述，爲節省勞費，得僅以宣讀或告以要旨之方式代替證據之調查，但法院如認爲有必要，則例外仍應調查之，爲免爭議，爰予明定，增訂第二項，以資適用。

三、爲避免法官於調查證據之始，即對被告形成先入爲主之偏見，且助於導正偵審實務過度偏重被告自白之傾向，並於理念上符合無罪推定原則，爰於本條增訂第三項，要求審判長就被告被訴事實爲訊問者，原則上應於調查證據程序之最後行之。至於適用簡式審判程序之案件，因審判長須先訊問被告以確認其對於被訴事實是否爲有罪之陳述，乃能決定調查證據之方式，故於第三項併設除外之規定，以避免適用時發生扞格。

四、由於我國刑事訴訟不採陪審制，認定犯罪事實與科刑均由同一法官爲之，爲恐與犯罪事實無關之科刑資料會影響法官認定事實的心證，則該等科刑資料應不得先於犯罪事實之證據而調查，乃明定審判長就被告科刑資料之調查，應於其被訴事實訊問後行之，爰增訂第四項。

❐ 實務見解

▶107 台上 2958（判決）

我國刑事訴訟制度本採職權主義，九十二年修正前刑事訴訟法第二百八十七條規定檢察官陳述起訴要旨後，**「審判長應就被訴事實訊問被告」，既謂「訊問」，自與單純徵詢意見之「詢問」不同，乃係以究明眞僞爲目的之問話，即將被告作爲調查之對象，視被告之陳述爲證據方法之一，帶有濃厚之糾問色彩，以落實法院調查證據職權之行使，並予被告辯明犯罪嫌疑之機會，爲審判長於審判期日所應踐行之訴訟程序**，否則，遽行辯論終結，即屬於法有違。然修正後，刑事訴訟調整爲改良式當事人進行主義，加強當事人訴訟地位，審判程序之進行，以當事人間之攻擊、防禦爲主，法院依職權調查證據，僅具輔助性質，於當事人聲請調查之證據調查完畢後，始補充進行，故修正後將上開規定移列至同法第二百八十八條第三項，並修正爲「審判長就被告被訴事實爲訊問『者』，應於調查證據程序之最後行之」，同時於原第二百八十七條「檢察官陳述起訴要旨後」，增列「審判長應告知被告第九十五條規定之事項」，就訊問被告被訴事實而依職權調查證據之進行與否，明文賦與審判長斟酌判斷之職權，於認有必要時方始爲之，予被告辯明犯罪嫌疑之機會，俾淡化職權主義色彩，以符合改良式當事人進行主義精神，復使被告仍於調查程序伊始，即知悉其被訴之犯罪嫌疑與所犯所有罪名，而得請求調查有利之證據，資以兼顧其訴訟上防禦權之保障。另爲免於調查證據之初，即對被告產生偏見，並利交互詰問之順暢進行，明定審判長若爲該訊問，應於調查證據程序之最後行之。是具體個案基於實質眞實發現與被告利益考量，有無行上開被訴事實訊問必要，乃屬事實審法院行審判程序時依職權自由裁量之事項，苟認無調查必要，而未予訊問，亦無違法可言。又上開訊問旨在使被告得有辯明犯罪嫌疑之機會，以保障其訴訟上防禦權之行使，故審判長於調查證據程序之最後，已訊問被告者，苟依其訊問及被告應訊所爲陳述之內容，足認被告就其被訴事實之意見，得有充分表達之機會，不論其訊問之形式如何，於被告防禦權之行使，並無妨礙，所踐行之訴訟程序亦難遽認違背上開規定，而於判決有影響，自不得執爲第三審上訴之理由。

第 288 條之 1（陳述意見權及提出有利證據之告知）

I 審判長每調查一證據畢，應詢問當事人有無意見。

II 審判長應告知被告得提出有利之證據。

□修正前條文

原第 173 條

I 審判長每調查一證據畢，應詢問被告有無意見。

II 審判長應告知被告得提出有利之證據。

■修正說明（92.02.06）

一、條次變更，由原條文第一百七十三條移列，並將第一項應詢問「被告」有無意見，修正爲應詢問「當事人」有無意見，以資周延。

二、第二項未修正。

□實務見解

▶101 台上 2175（判決）

卷宗內之筆錄及其他文書可爲證據者，審判長應向當事人、代理人、辯護人或輔佐人宣讀或告以要旨；且審判長每調查一證據畢，應詢問當事人有無意見。刑事訴訟法第一百六十五條第一項、第二百八十八條之一第一項分別定有明文。原判決引用證人宋○華（已經判刑確定）於法務部調查局航業調查處台中調查站、檢察官偵查及原審爲延長羈押訊問時之供述筆錄，採爲上訴人等四人不利之證據。

第 288 條之 2（證據證明力之辯論）

法院應予當事人、代理人、辯護人或輔佐人，以辯論證據證明力之適當機會。

□修正前條文

原第 162 條

法院應予當事人、辯護人、代理人或輔佐人，以辯論證據證明力之適當機會。

■修正說明（92.02.06）

條次變更，由原條文第一百六十二條移列。

□實務見解

▶101 台上 1172（判決）

我國刑事訴訟法雖未有彈劾證據之明文（日本刑事訴訟法第三百二十八條參照），但參酌行反詰問時，容許以陳述人先前不一致之陳述供爲彈劾之法理，及刑事訴訟法第二百八十八條之二所稱之「辯論證據證明力」，除法院認爲足爲判斷依據之有證據能力之證據，爲求更臻明瞭起見，給予當事人等就其證明力辯論之機會外，當然亦包括當事人等得提出被告以外之人先前在審判外所爲「自我矛盾之陳述」，以彈劾（減低、打擊）該被告以外之人在審判中所爲陳述之證明力，使法院爲適正之取捨，形成正確之心證，從而不符合傳聞例外之被告以外之人在審判外之陳述，雖不得以之作爲認定被告犯罪事實之實體證據，即非不得以之作爲彈劾證據，用來爭執該被告以外之人在審判中陳述之憑信性。

第 288 條之 3（聲明異議權）

I 當事人、代理人、辯護人或輔佐人對於審判長或受命法官有關證據調查或訴訟指揮之處分不服者，除有特別規定外，得向法院聲明異議。
II 法院應就前項異議裁定之。

□修正前條文

原第 174 條

I 行合議審判之案件，當事人或辯護人對於審判長或受命推事之處分，得向法院聲明異議。

II 法院應就前項異議之當否裁定之。

■修正說明（92.02.06）

一、本條係由原條文第一百七十四條移列。

二、配合法院組織法之用語，將「推事」修正為「法官」。

三、原條文僅限於「行合議審判之案件」，當事人或辯護人始有聲明異議之權，對於獨任審判案件之當事人或辯護人聲明異議權之保障，尚有不周，爰將該原條文第一項前段之「合議審判」條件限制予以刪除，並一併賦予代理人、輔佐人聲明異議之權利，以澈底維護當事人訴訟權益。

四、又按法官認定事實之過程，調查證據為整個訴訟程序進行之最主要活動，同時法官訴訟指揮權之行使，與調查證據有著密切之關係，當事人或辯護人對於審判長或受命法官之處分，得否聲明異議？日本於大正十一年制定公布之戰前刑事訴訟法第三百四十八條著有明文，通說認該戰前刑事訴訟法所規定之當事人或辯護人得向法院聲明異議之對象，係包含「調查證據」及「訴訟指揮」等處分，吾國刑事訴訟法係師法日本戰前刑事訴訟法而來，體例上亦做相同之規定，於民國五十六年一月二十八日修正刑事訴訟法以前，均將之與「調查證據後之處置」與「調查證據後之辯論程序」同列於刑事訴訟法第二編第一章第三節「審判」之中，依立法沿革以言，吾國刑事訴訟法有關當事人或辯護人對於審判長或受命法官之處分得聲明異議之對象，自亦應解釋為包括「調查證據」及「訴訟指揮」之處分，且在立法體例上，仍沿襲日本戰前刑事訴訟法，將之置於「審判」一節為妥。而五十六年一月二十八日修正刑事訴訟法時，認宜增列證據章「通則」一節，而將原列於第二編第一章第三節「審判」之第二百六十八條條次，依次移列為原法第一編第十二章第一節第一百五十四條至第一百七十四條，致使當事人或辯護人得向法院聲明異議之對象，除有關證據調查之事項外，是否包含訴訟指揮事項，解釋上滋生疑義，本次刑事訴訟法之修正，爰將原條文第一百七十四條移回現行法第二編第一章「審判」一節，除增列代理人、輔佐人得向法院聲明異議外，並於第一項條文中明白載明，當事人、代理人、辯護人或輔佐人得向法院聲明異議之對象有二，一為「有關證據調查之處分」，一為「訴訟指揮事項」，以杜爭議。另修正條文第一百六十七條之六為本條之特別規定，爰一併於本條第一項增訂「除有特別規定外」等文字，以避免適用時發生扞格。

五、本法修正後，加強當事人進行主義之色彩，刑事程序已趨向於當事人間互為攻擊、防禦行為之型態，法院不再立於絕對主導之地位，因此在訴訟程序中，兩造當事人各盡其法庭抗爭技術之能事，法庭活動更為活潑，惟若對於審判長或受命法官之訴訟指揮事項無論「不合法」或「不適當」，均毫無限制地認得為聲明異議之對象，亦即若准許當事人對於審判長、受命法官「裁量權」範圍之訴訟指揮妥當性進行爭議，則可能會導致訴訟程序之拖延。亦可能因各人主觀上對於適當與否之看法不同而爭端不休，不符訴訟經濟原則，並與裁量權行使之性質有悖。因此，當事人或辯護人異議權之對象，應僅限於「不法」之處分，而不包括「不當」之處分，原條文第二項規定法院應就異議之「當否」裁定之，容易誤導認為得聲明異議之對象包括「不當之處分」，爰刪除「當否」二字，以資明確。

六、另所謂審判長或受命法官有關證據調查或訴訟指揮之「處分」，其包含積極之行為及消極之不作為，是以審判長或受命法官怠於調查證據或維持訴訟秩序，時而有違法情事，當事人、代理人、辯護人或輔佐人均得向法院聲明異議，特此敘明。

□實務見解

▶108 台上 2670○（判決）

按審判長、受命法官得曉諭訴訟關係人為必要之陳述，並促其為必要之立證，此要求當事人為敘明之權利，即所謂闡明權。當事人之陳述有不完整、矛盾之情形時，應予指出，給予當事人更正、補充之機會，或於事實爭點未充分證明時，為使其能適當之證明，應促使當事人為證據調查之聲明。刑事訴訟法第九十六條、第二八八條之一第二項亦規定，被告陳述有利之事實者，應命其指出證明之方法；審判長應告知被告得提出有利之證據。又闡明權係審判長訴訟指揮之一種，本此意義，參諸同法第二七九條第二項前段規定，受命法官行準備程序時，與法院或審判長有同一之權限，受命法官於行準備程序時，自有與審判長相同之訴訟指揮權。從而，**受命法官於準備程序期日訊問被告行使闡明權時，如有不當之誘導訊問情形，依刑事訴訟法第二八八條之三規定，兩造當事人等得向法院聲明異議，法院應就前項異議裁定之。有關此不當訊問之異議，有其時效性，如未適時行使異議權，除其瑕疵係重大，有害訴訟程序之公正，而影響於判決結果者外，應認其異議權已喪失，瑕疵已被治癒，而不得執爲上訴第三審之理由。**

▶101 台上 492（判決）

審判長每調查一證據畢，應詢問當事人有無意見，刑事訴訟法第二百八十八條之一第一項固有明文。惟當事人、代理人、辯護人或輔佐人對於審判長或受命法官有關證據調查或訴訟指揮之處分不服者，除有特別規定外，得向法院聲明異議，同法第二百八十八條之三第一項亦有明文。**此調查證據處分之異議，有其時效性，如未適時行使異議權，致該處分所爲之訴訟行爲已終了者，除該項瑕疵係屬重大，有害於訴訟程序之公正，而影響於判決之結果者外，依刑事訴訟法第三百八十條規定，不得執爲上訴第三審之理由。**

▶100 台上 4862（判決）

證人於審判中經依法許可拒絕證言，乃到庭後有正當理由拒絕陳述，應認證人於審判外之陳述與審判中不符，倘其拒絕證言經駁回者，即有陳述之義務，如仍不爲陳述，即屬到庭後無正當理由拒絕陳述，是以證人於檢察事務官、司法警察官或司法警察調查中所爲之陳述，得否爲證據，應分別依刑事訴訟法第一百五十九條之二、第一百五十九條之三（第四款）定之。**至若審判長不察，許可證人概括行使免於自陷入罪之拒絕證言權，乃有關調查證據之處分違法，且屬有害於訴訟之公正，不因未異議而得視爲治癒**，該證人於審判外調查中所爲之陳述，除符合同法第一百五十九條之五，並無上開傳聞例外規定之適用。

第 289 條（言詞辯論）

I 調查證據完畢後，應命依下列次序就事實及法律分別辯論之：

一　檢察官。

二　被告。

三　辯護人。

II 前項辯論後，應命依同一次序，就科刑範圍辯論之。於科刑辯論前，並應予到場之告訴人、被害人或其家屬或其他依法得陳述意見之人就科刑範圍表示意見之機會。

III 已依前二項辯論者，得再爲辯論，審判長亦得命再行辯論。

□修正前條文

I 調查證據完畢後，應命依下列次序就事實及法律分別辯論之：

一　檢察官。

二　被告。

三　辯護人。

II 已辯論者，得再爲辯論，審判長亦得命再行辯論。

III 依前二項辯論後，審判長應予當事人就科刑範圍表示意見之機會。

■修正說明（109.01.15）

一、按犯罪事實有無之認定，與應如何科刑，均同等重要，其影響被告之權益甚鉅，原條文第三項僅給予當事人就科刑範圍表示意見之機會，而未經辯論，尚有未足，爰依司法院釋字第七百七十五號解釋意旨，將原條文第三項移列第二項，明定當事人、辯護人就事實及法律辯論後，應依第一項所定次序，就科刑範圍辯論之，俾使量刑更加精緻、妥適；又刑事訴訟程序，亦不可忽視告訴人、被害人或其家屬或其他依法得陳述意見之人之權益，爰於第二項賦予到場之告訴人、被害人或其家屬或其他依法得陳述意見之人，於科刑辯論前就科刑範圍表示意見之機會。

二、當事人、辯護人業就事實、法律及科刑範圍辯論後，如有需要，自得再爲辯論，審判長亦得命再行辯論，以期就案件爭點充分辯論而無遺漏，爰將原條文第二項移列修正爲第三項。

三、第一項未修正。

第 290 條（被告最後陳述）

審判長於宣示辯論終結前，最後應詢問被告有無陳述。

□ 實務見解

▶101 台上 2331（判決）

審判長於宣示辯論終結前，最後應詢問被告有無陳述；又審判期日未與被告最後陳述之機會者，其判決當然違背法令，刑事訴訟法第二百九十條、第三百七十九條第十一款固有明文。惟審判期日之訴訟程序，專以審判筆錄爲證，同法第四十七條定有明文。本件原審於審判期日宣示辯論終結前，審判長問（被告）：「最後陳述？」，被告答：「我現在沒有吸毒有在工作，希望可以給我自新的機會。」顯然已與被告最後陳述之機會，難謂原審訴訟程序有何違背法令。

第 291 條（再開辯論）

辯論終結後，遇有必要情形，法院得命再開辯論。

❑ 實務見解

▶65 台上 1556（判例）

原審囑託臺灣屏東地方法院訊問證人某甲筆錄，既在原審辯論終結以後始行收到，嗣後未經再開辯論，即行判決，是此項筆錄，顯未經原審於審判期日踐行調查之程序，遽採為認定事實之證據，自屬違法。

▶41 台上 438（判例）

當事人聲請調查之證據，縱係於辯論終結後始行提出，如其所聲請調查之證據，確有調查之必要，未經再開辯論予以調查者，仍係於審判期日應行調查之證據未予調查，其判決即屬違背法令。

第 292 條（更新審判事由）

I 審判期日，應由參與之法官始終出庭；如有更易者，應更新審判程序。

II 參與審判期日前準備程序之法官有更易者，毋庸更新其程序。

❑修正前條文

I 審判期日，應由參與之推事始終出庭；如有更易者，應更新審判程序。

II 參與審判期日前準備程序之推事有更易者，毋庸更新其程序。

■修正說明（109.01.15）

法院組織法，已將「推事」之用語，修正為「法官」，爰配合為文字修正，以符法制。

❑ 實務見解

▶29 上 1601（判例）

原審於再開辯論後之審判，其參與之推事雖已有更易，而審判筆錄內又無諭知更新審理之記載，但查其所踐行之程序，既重新開始進行，即實際上已經更新審理，自不能因其未諭知更新審理之故，指為違法。

第 293 條（連續開庭與更新審判事由）

審判非一次期日所能終結者，除有特別情形外，應於次日連續開庭；如下次開庭因事故間隔至十五日以上者，應更新審判程序。

❖ 爭議問題

更新審判程序後，得否逕行援引前次審判筆錄？

一、肯定說

最高法院 94 年度台上字第 2979 號判決指出：「審判程序已經更新者，證人或其他訴訟關係人於更新前所為之陳述，固不可直接採為證據，然其更新前所為供述，**既經記明筆錄，該筆錄即視為書證，審判長向當事人、辯護人宣讀或告以要旨後，採為判決之證據，自屬合法。**」

二、否定說

近期實務見解如最高法院 100 年度台上字第 2029 號判決則採取否定的看法而謂：「……於更新審判程序後，應命上訴人陳述上訴要旨，及依法調查證據，**倘未踐行上開程序即命辯論終結，逕行判決，即屬違法。**」

❑ 實務見解

▶101 台上 167（判決）

審判開庭因事故間隔十五日以上者，應更新審判程序，固為刑事訴訟法第二百九十三條後段所明定。然此所謂更新審判程序，係指審判期日所應進行之法定訴訟程序，須重新予以踐行；倘前審判期日因故未進行法定訴訟程序，即不生更新審判程序之問題。

▶100 台上 2029（判決）

依刑事訴訟法第三百六十四條規定，第二審之審判，除有特別規定外準用第一審審判之規定。故審判長於上訴人陳述上訴要旨後，應準用同法第二百八十七條、第二百八十八條規定調查證據。又審判期日，應由參與之法官始終出庭；如有更易者，應更新審判程序；審判非一次期日所能終結者，除有特別情形外，應於次日連續開庭；如下次開庭因事故間隔至十五日以上者，應更新審判程序，刑事訴訟法第二百九十二條第一項、第二百九十三條定有明文。而所謂更新審判程序，係指審判程序之更新審理，依直接審理主義與言詞辯論主義之精神，其審判程序須重新進行之謂。**從而於更新審判程序後，應命上訴人陳述上訴要旨，及依法調查證據，倘未踐行上開程序即命辯論終結，逕行判決，即屬違法**。原審之第一次審判期日，定於九十九年十一月十五日審理，參與審判之法官為羅○村、簡○希、李○俐，因非一次期日所能終結，經審判長諭知候核辦。嗣改定九十九年十二月六日續行審判程序，當日參與審判之法官為羅○村、劉○服、李○俐，經辯論終結，定於同年十二月二十七日宣判，有各該次審判筆錄可稽。其第二次審判期日距離第一次審判期日，已間隔至十五日以上，**且第二次參與審判之法官已有更易，依前揭規定，自應更新審判程序，方為合法。惟依原審九十九年十二月六日審判筆錄記載，審判長僅諭知更新審理程序，及援引前次審理筆錄，但未命書記官朗讀前次審判筆錄，令上訴人確認，使前次審判程序重現於新審判期日，未進行實質之重新審理即命辯論終結，其所踐行之訴訟程序顯非適法**，基此所為之判決，自屬違背法令。

▶99 台上 7194（判決）

審判非一次期日所能終結者，除有特別情形外，應於次日連續開庭；如下次開庭因事故間隔至十五日以上者，應更新審判程序，刑事訴訟法第二百九十三條定有明文。上開規定，依同法第三百六十四條規定，爲第二審之審判所準用。而此種關於審判期日之訴訟程序，是否依法踐行，並專以審判筆錄爲證。又所謂更新審判程序，係指審判程序之重新審理，依直接審理主義與言詞辯論主義精神，須重新進行之謂，其目的除在保障當事人之訴訟權益外，並使參與審判之法官獲得清晰明確之心證。故在**第二審之更新審判程序，審判長於依同法第三百六十五條規定訊問被告，及命上訴人陳述上訴之要旨後，應按照前次審判程序進行之程度，準用同法第二百八十七條至第二百九十條之規定，重新進行各項程序**，其訴訟程序始屬合法。

▶94 台上 2979（判決）

爲保持直接審理所得心證之正確性，刑事訴訟法第二百九十三條規定：「審判非一次期日所能終結者，除有特別情形外，應於次日連續開庭，如下次開庭因事故間隔十五日以上者，應更新審判程序」；**至審判程序曾否更新，以實際上已踐行更新審理之程序爲準，不以更新審理之諭知或審判筆錄記載更新審理字樣爲必要；審判程序已經更新者，證人或其他訴訟關係人於更新前所爲之陳述，固不可直接採爲證據，然其更新前所爲供述**，既經記明筆錄，該筆錄即視爲書證，審判長向當事人、辯護人宣讀或告以要旨後，採爲判決之證據，自屬合法。

第294條（停止審判—心神喪失與一造缺席判決）

I 被告心神喪失者，應於其回復以前停止審判。

II 被告因疾病不能到庭者，應於其能到庭以前停止審判。

III 前二項被告顯有應諭知無罪或免刑判決之情形者，得不待其到庭，逕行判決。

IV 許用代理人案件委任有代理人者，不適用前三項之規定。

❐ 實務見解

▶100 台上 4128（判決）

被告心神喪失者，應於其回復以前停止審判，刑事訴訟法第二百九十四條第一項定有明文。蓋以被告得在訴訟上爲自己辯護，而保護其利益，必具有自由決定其意思能力，即訴訟能力。如心神喪失，即完全缺乏其爲自己辯護之能力，自應停止其審判程序。又心神是否喪失，乃屬醫學上精神病科之專門學問，非有專門精神病醫學研究之人予以診察鑑定，不足以資斷定。而鑑定報告之內容不完備或仍有疑義者，即應另行鑑定，或命原爲鑑定之機關，就鑑定之經過及其結果更爲補充說明，使臻完備，以期充分保障被告之訴訟權。

第295條（停止審判—相關之他罪判決）

犯罪是否成立以他罪爲斷，而他罪已經起訴者，得於其判決確定前，停止本罪之審判。

❐ 實務見解

▶91 台上 3778（判決）

刑事訴訟之裁判，原則上不受其他刑事案件之拘束，他罪之裁判，僅足供本罪之參考，法院仍應直接審理，發現眞實，即刑事訴訟法第二百九十五條所規定：犯罪是否成立以他罪爲斷，而他罪已起訴者，得於其判決確定前停止本罪之審判之情形，**應否停止審判，乃法院依職權裁量之事項**。原審既未認有停止審判之情形及必要，依調查所得之證據而爲判決，於法難認有違。上訴意旨空言被告犯罪是否成立，以所謂其他共犯之判決而定，漫指原審未停止審判不當云云，顯有誤會。

第296條（停止審判—無關之他罪判決）

被告犯有他罪已經起訴應受重刑之判決，法院認爲本罪科刑於應執行之刑無重大關係者，得於他罪判決確定前停止本罪之審判。

❐ 實務見解

▶46 台上 772（判例）

刑事訴訟法第二百八十九條**所謂法院得於他罪判決確定前停止本罪之審判者，係指已經起訴之他罪與本罪各自獨立，他罪應受重刑之判決，本罪科刑於應執行之刑無重大關係者而言**，若被告係以概括之意思，犯同一罪質之罪名，縱令涉及數個法條，而其較輕之罪名在上已包含於重罪之內，既應就較重者以連續犯論，即無適用上開法條將輕非停止審判之餘地。

第297條（停止審判—民事判決）

犯罪是否成立或刑罰應否免除，以民事法律關係爲斷，而民事已經起訴者，得於其程序終結前停止審判。

❐ 實務見解

▶33 上 1355（判例）

犯罪是否成立或刑罰應否免除，以民事法律關係爲斷，而民事已經起訴者，刑事審判應否停止，**刑事法院原有審酌之權**，如併就民事法律關係自行審認，以爲刑事判決之基礎，不停止刑事審判之程序，亦爲法之所許。

▶87 台上 1493（判決）

犯罪是否成立或刑罰應否免除，以民事法律關係爲斷，而民事已經起訴者，得於其程序終結前停止審判，刑事訴訟法第二百九十七條定有明文，

是否停止審判，審理刑事案件之法院固有斟酌之權，惟如業經裁定停止審判，俟該民事訴訟確定後，刑事法院對該民事法律關係，卻任持與民事確定判決相異之見解，復未詳敘其理由，即難謂合。

第 298 條（停止審判之回復）
第二百九十四條第一項、第二項及第二百九十五條至第二百九十七條停止審判之原因消滅時，法院應繼續審判，當事人亦得聲請法院繼續審判。

第 299 條（科刑或免刑判決）
I 被告犯罪已經證明者，應諭知科刑之判決。但免除其刑者，應諭知免刑之判決。
II 依刑法第六十一條規定，為前項免刑判決前，並得斟酌情形經告訴人或自訴人同意，命被告為左列各款事項：
一 向被害人道歉。
二 立悔過書。
三 向被害人支付相當數額之慰撫金。
III前項情形，應附記於判決書內。
IV第二項第三款並得為民事強制執行名義。

第 300 條（變更起訴法條）
前條之判決，得就起訴之犯罪事實，變更檢察官所引應適用之法條。

❖ 法學概念

起訴與法院認定事實同一性之判斷

關於案件同一性，我國實務界向以「基本事實同一說」為主流，主張比較前訴或起訴之基本社會事實，與後訴或法院所認定之基本事實，若基本事實相同，雖枝節有所差異，仍具有同一性。若採此說，犯罪為人多寡、被告是正犯、教唆犯或從犯、犯罪客體、犯罪時地點，法院認定與檢察官不同，仍不妨害是同一性，得變更檢察官所引應適用之法條。但此說的缺點是擴大法院審判範圍，與不告不理精神且不利被告防禦權行使。

基於權衡被告防禦權利益及訴訟經濟之觀點，近來學說上及部分實務判決傾向「訴之目的及侵害行為之內容同一說」，主張以侵害行為的時間、地點、行為客體、侵害目的是否相同來決定有無同一性。此說與「基本事實同一說」相較，限縮被告防禦範圍，即使仍不利被告行使防禦權，但此缺陷可由法院行使告知義務，使被告有充分防禦辯明機會來彌補，不至於形成突襲加裁判。且對被告而言，再次受追訴審判之不利益未必小於防禦範圍擴大之不利益。

【吳巡龍，〈同一案件變更法條〉，《月旦法學教室》，第 127 期，2013.05，30～32 頁。】

❐ 實務見解

▶69 台上 1802（判例）

科刑或免刑之判決，**得就起訴之犯罪事實，變更檢察官所引應適用之法條者，係指法院得在事實同一之範圍內，亦即必不變更起訴之犯罪事實，始得自由認定事實，適用法律**。本案起訴書，係指上訴人有詐欺事實，並無一語涉及行求賄賂，且詐欺與行賄，乃截然不同之兩事，要無事實同一之可言，乃原審遽行變更檢察官對上訴人詐欺犯罪之起訴法條，論處上訴人行賄罪刑，殊屬違誤。

▶48 台上 228（判例）

法院不得就未經起訴之犯罪事實審判，而諭知科刑之判決得變更檢察官所引應適用之法條者，亦應以起訴之事實為限，為刑訴訟法第二百四十七條，第二百九十二條之所明定，本件檢察官僅就被告共同走私之犯罪事實提起公訴，原審竟就其未起訴之竊盜事實，自行認定而加以審判，並變更起訴法條，論處被告以竊盜罪刑，於法顯有未合。

▶43 台上 62（判例）

有罪之判決，祇得就起訴之犯罪事實，變更起訴法條，為刑事訴訟法第二百九十二條所明定，本件起訴書認定之事實，為被告見被害人右手帶有金手鍊，意圖搶奪，拉其右手，同時取出剪刀，欲將金手鍊剪斷奪取等情，顯與原判決認定被告強制猥褻之犯罪事實兩歧，其因另行認定事實，而變更起訴書所引應適用之法條，自屬於法有違。

▶32 台上 2192（判例）

刑事判決得就起訴之犯罪事實變更檢察官所引應適用之法條者，以科刑或免刑之判決為限，諭知被告無罪之判決，自無變更法條之可言。

▶108 台非 80○（判決）

若有就起訴之犯罪事實，變更檢察官所引應適用之法條者，其追訴權時效期間之計算，**應以起訴法條為準**，抑或以法院變更法條後判決所適用之法條為準。**此應視法院變更法條後其判決所適用之法條究係較原起訴法條為輕或重之罪名及該罪名所適用追訴權時效期間之長短不同，而異其計算之依據**。如判決時因變更後之輕罪已罹於追訴權時效而消滅，即應依變更法條後之輕罪所適用之追訴權時效期間計算，諭知免訴之判決；若係變更為較重之罪名，且適用之追訴權時效期間亦較長時，**如原起訴之法條於判決時其追訴權既已罹於時效消滅，自無再予變更法條之餘地**，應逕依起訴法條所適用之輕罪較短之追訴權時效期間計算，據而為免訴判決之諭知，不得變更法條再為重罪之判決。

▶99 台上 2911（判決）

刑事訴訟法第三百條所定科刑之判決，得就起訴之犯罪事實，變更檢察官所引應適用之法條，係指法院於不妨害事實同一之範圍內，得自由認定事實適用法律而言。至事實是否同一，應以檢察官請求確定其具有侵害性之基本社會事實是否同一為準，**而基本社會事實是否同一，則應視訴之目的及侵害性行為之內容是否同一而定**。刑法上之竊盜罪及搶奪罪，其基本社會事實同為意圖為自己或第三人不法之所有，而以趁他人不覺或不及防備之際，取得他人之財物，侵害他人之財產法益，兩罪之罪質應認具有同一性。

第 301 條（無罪判決）

I 不能證明被告犯罪或其行為不罰者應諭知無罪之判決。

II 依刑法第十八條第一項或第十九條第一項其行為不罰，認為有諭知保安處分之必要者，並應諭知其處分及期間。

□修正前條文

I 不能證明被告犯罪或其行為不罰者應諭知無罪之判決。

II 因未滿十四歲或心神喪失而其行為不罰，認為有諭知保安處分之必要者，並應諭知其處分及期間。

■修正說明（95.06.14）

一、第一項未修正。

二、第二項之「心神喪失」，係有關刑事責任能力規定，爰配合刑法第十九條為刑事責任能力定義之修正，將有關「心神喪失」連同「未滿十四歲」規定，均改以逕引刑法條項為依據。

三、至於第二百九十四條第一項規定之「心神喪失」，係指被告於審判時之精神狀態；第四百六十五條第一項、第四百六十七條第一款規定之「心神喪失」，則為受刑人於執行時之精神狀態，概念與第三百零一條第二項及第四百八十一條第二項所稱之「心神喪失」係指刑事責任而言之情形不同，毋庸一併修正。

第 302 條（免訴判決）

案件有左列情形之一者，應諭知免訴之判決：

一　曾經判決確定者。

二　時效已完成者。

三　曾經大赦者。

四　犯罪後之法律已廢止其刑罰者。

□實務見解

▶82 年度第 4 次刑事庭會議決議㈠（82.05.11）

決議：採甲說：應至宣判之日。

按刑事訴訟法第三百零二條第一款規定，案件曾經判決確定都，應為免訴之判決，係以同一案件，已經法院為實體上之確定判決，該被告應否受刑事制裁，既因前次判決而確定，不能更為期他有罪或無罪之實體上裁判，此項原則，關於實質上一罪或裁判上一罪，其一部事實已經判決確定者，對於構成一罪之其他部分，固亦均應適用，但此種事實係因審判不可分之關係在審理事實之法院，就全部犯罪事實，**惟若在最後審理事實法院宣示判決後始行發生之事實，既非該法院所得審判，即為該案判決之既判力所不能及（最高法院卅三年上字第二五七八號判例參照），是既判力對於時間效力之範圍應以最後審理事實法院之宣示判決日為判斷之標準，而上開判例稱「最後審理事實法院」而非謂「最後事實審」，顯然不限於二審判決，因而在未經上訴於二審法院之判決，亦屬相同**，否則，如認判決在一審確定者，其既判力延伸至確定之時，則於第一審法院宣示判決後因被告逃匿無法送達延宕確定日期，在此期間，被告恣意以概括之犯意連續為同一罪名之犯行，而受免訴判決，其有違公平正義原則，實非確當。

▶88 台非 57（判例）

刑事訴訟法第三百零二條第一款規定，案件曾經判決確定者，應諭知免訴之判決，所謂曾經判決確定，係指曾經由法院為有罪、無罪、免刑或免訴之判決確定者而言，不包括檢察官之不起訴處分。

▶68 台非 50（判例）

對於已判決確定之各罪，已經裁定其應執行之刑者，如又重複裁定其應執行之刑。自係違反一事不再理之原則，即屬違背法令，對於後裁定，得提起非常上訴。

▶30 上 2747（判例）

被告前自訴之傷害行為，既與被害人之死已有因果關係，則傷害行為與因傷致死之結果，明係同一事實，其傷害部分既經判決確定，自不能再就傷害致人於死部分重行受理，原審諭知免訴之判決，於法委無不合。

▶28 上 3833（判例）

牽連犯之一部如曾經實體上判決而確定，則就其所牽連之全部事實發生既判力，故自訴人就該牽連事實之他部分重行起訴者，受訴法院即應依刑事訴訟法第三百三十五條準用第二百九十四條第一款諭知免訴，方為合法。第一審判決乃以該案既經判決確定，即已經過終結偵查為理由，依第三百二十六條諭知不受理之判決，而置第二百九十四條第一款之規定於不顧，自係失當。

▶100 台上 6561（判決）

關於實質上一罪或裁判上一罪（如：刑法第五十五條所定一行為而觸犯數罪名之想像競合犯），其一部事實已經判決確定者，對於構成一罪之其他部分，亦有其適用；蓋此情形，係因審判不可分之關係，在審理事實之法院，對於全部犯罪事實，依刑事訴訟法第二百六十七條之規定，本應予以審判，故其確定判決之既判力，自應及於全部之犯罪事實。**必須在最後審理事實法院宣示判決後，始行發生之事實，方非屬該確定判決之既判力所及，而得認係另一犯罪問題**，由受訴法院再分別為有罪或無罪之實體上裁判。

▶100 台上 3618（判決）

案件曾經判決確定者，應諭知免訴之判決，為刑事訴訟法第三百零二條第一款所明定，此所稱案件，包含基本的社會事實同一；吸收、接續、集合、結合、加重結果犯；想像競合、修正前之牽連、連續犯等事實上、實質上與裁判上一罪之案件，因國家刑罰權祇有一個，故就上列犯罪之一部分判決，效力及於全部。

第 303 條（不受理判決）

案件有下列情形之一者，應諭知不受理之判決：

一　起訴之程序違背規定者。

二　已經提起公訴或自訴之案件，在同一法院重行起訴者。

三　告訴或請求乃論之罪，未經告訴、請求或其告訴、請求經撤回或已逾告訴期間者。

四　曾為不起訴處分、撤回起訴或緩起訴期滿未經撤銷，而違背第二百六十條之規定再行起訴者。

五　被告死亡或為被告之法人已不存續者。

六　對於被告無審判權者。

七　依第八條之規定不得為審判者。

❑修正前條文

案件有左列情形之一者，應諭知不受理之判決：

一　起訴之程序違背規定者。

二　已經提起公訴或自訴之案件，在同一法院重行起訴者。

三　告訴或請求乃論之罪，未經告訴、請求或其告訴、請求經撤回或已逾告訴期間者。

四　曾為不起訴處分或撤回起訴，而違背第二百六十條之規定再行起訴者。

五　被告死亡者。

六　對於被告無審判權者。

七　依第八條之規定不得為審判者。

■修正說明（92.02.06）

一、原條文關於「左」列情形之文字修正為「下」列情形，以符合現行法規用語。

二、依第二百六十條之規定，緩起訴期滿未經撤銷者，具有實質確定力，若無同條各款規定情形之一者，不得對於同一案件再行起訴。若檢察官違反該條規定再行起訴時，法院自應諭知不受理之判決，爰於本條第四款增列「緩起訴期滿未經撤銷」之事由，以資適用。

三、為被告之法人人格消滅時，審判之對象即不存在，其情形與自然人之被告死亡者相同，爰參考日本刑事訴訟法第三百三十九條第一項第四款之立法例，修訂本條第五款之規定，當作為被告之法人已不存續時，法院亦應諭知不受理之判決。

❑實務見解

▶101 年度第 5 次刑事庭會議決議（101.07.24）

決議：採甲說：上訴駁回。

按刑事訴訟乃國家實行刑罰權所實施之訴訟程序，係以被告為訴訟之主體，如被告一旦死亡，其訴訟主體即失其存在，訴訟程序之效力不應發生。因之，被告死亡後，他造當事人提起上訴，應認為不合法予以駁回。

▶107 台上 1646◯（判決）

起訴之程序違背規定者，法院應諭知不受理之判決，刑事訴訟法第三百零三條第一款固定有明文。惟此所稱「起訴之程序違背規定者」，係指起訴（包括公訴與自訴）之訴訟行為，在程序上違背法律之規定者而言；同條第二至七款所列，雖亦屬起訴程序違背規定之情形，**所稱「起訴之程序違背規定者」，係指同條第二至七款以外之其他程序違法情形而言。例如檢察官逕以公函對被告提起公訴，而未依規定附具起訴書，或起訴書未記載被告之姓名及犯罪事實，或所記載之內容不足以辨識其起訴之對象或犯罪之基本事實等均屬之**。上開條款僅係就「起訴之程序違背規定」之情形，規定其法律效果，並不包括起訴之被告或其犯罪事實，在實體法上應諭知無罪，或有應諭知免訴或免刑之情形在內。故法院就起訴事實審理結果，若認被告有應諭知無罪、免訴或免刑之情形者，仍應依法為無罪、免訴或免刑之判決，不能以此反推起訴之程序違背規定，而逕依上揭規定諭知不受理判決。

▶106 台非 205（判決）

已經提起公訴或自訴之案件，在同一法院重行起訴者，應諭知不受理之判決，刑事訴訟法第三百零三條第二款定有明文。縱先起訴之判決，判決在後，如判決時，後起訴之判決，尚未確定，仍應就後起訴之判決，依非常上訴程序，予以撤銷，諭知不受理（司法院釋字第一六八號解釋參照）。提起公訴，應由檢察官向管轄法院提出起訴書爲之，刑事訴訟法第二百六十四條第一項亦有明定，若誤向無管轄權之法院爲之，該法院對該案件，應依同法第三百零四條論知管轄錯誤之判決，並同時諭知移送於管轄法院。**而此管轄錯誤判決，乃屬形式判決，僅終結該無管轄權法院之形式上之訴訟關係，實體上之訴訟關係仍未消滅**。在該案件移送於管轄法院時，續存於管轄法院，並視爲檢察官已向管轄法院起訴。然因刑事訴訟法第十二條規定，訴訟程序不因法院無管轄權而失其效力。故該案件仍應以無管轄權法院收受卷證時，爲訴訟繫屬時間。同一案件繫屬於有管轄權之數法院者，依刑事訴訟法第八條前段規定，應由繫屬在先之法院審判，後繫屬之法院則應依同法第三百零三條第七款諭知不受理之判決。惟此限於繫屬之數法院均有管轄權始有適用。如有無管轄權者，將案件諭知管轄錯誤之判決，並同時諭知移送於先繫屬同一案件之管轄法院，而經該管轄法院分別爲實體判決確定，自應依同條第二款規定及參照上開司法院解釋，對後起訴之判決，依非常上訴程序，予以撤銷，諭知不受理。

▶101 台上 630（判決）

按被告死亡者，應諭知不受理之判決，刑事訴訟法第三百零三條第五款定有明文。又被告在第二審判決後，第三審合法上訴中死亡者，依同法第三百九十八條第三款規定，第三審法院應撤銷第二審判決，就該案件自爲判決。本件上訴人童〇華因違反醫師法案件，經原判決維持第一審論處上訴人共同未取得合法醫師資格，擅自執行醫療業務罪刑之判決，駁回上訴人在第二審之上訴。上訴人不服原判決，於民國一百年十月六日合法提起第三審上訴後，已於一百年十二月十四日死亡，有新北市中和區戶政事務所戶籍謄本在卷可稽。此爲本院得依職權調查之事項，依上開說明，自應由本院將原判決及第一審判決均撤銷，並自爲判決諭知不受理。

▶101 台非 67（判決）

倘撤銷緩起訴之處分書，未合法送達於被告，該撤銷緩起訴之處分，難認已經確定生效，與未經撤銷原緩起訴處分無異，檢察官在原緩起訴處分仍有效情況下，遽就同一案件提起公訴，法院應認其起訴之程序違背規定，依同法第三百零三條第一款規定，爲不受理之判決，始爲適法。

▶101 台非 5（判決）

按「已經提起公訴或自訴之案件，在同一法院重行起訴者，應諭知不受理之判決，刑事訴訟法第三百零三條第二款，定有明文。縱先起訴之判決，確定在後，如判決時，後起訴之判決，尚未確定，仍應就後起訴之判決，依非常上訴程序，予以撤銷，諭知不受理。」

▶100 台非 229（判決）

緩起訴處分期滿未經撤銷，違背刑事訴訟法第二百六十條規定再行起訴（或聲請簡易判決處刑）者，固應適用刑事訴訟法第三百零三條第四款之規定，諭知不受理之判決；然於緩起訴期間內，違背刑事訴訟法第二百五十三條之三第一項規定，未先經檢察官依職權或依告訴人之聲請撤銷緩起訴處分即行起訴（或聲請簡易判決處刑）者，應認其起訴之程序違背規定，依刑事訴訟法第三百零三條第一款之規定，諭知不受理之判決。

▶99 台非 372（判決）

按已經提起公訴或自訴之案件，在同一法院重行起訴者，應諭知不受理之判決，刑事訴訟法第三百零三條第二款定有明文。而一事不再理爲刑事訴訟法上一大原則，**蓋對同一被告之一個犯罪事實，祇有一個刑罰權，不容重複裁判，故檢察官就同一事實無論其爲先後兩次在同一法院起訴或在一個起訴書內重複追訴，**法院均應依刑事訴訟法第三百零三條第二款就重行起訴部分諭知不受理之判決。

第 304 條（管轄錯誤判決）
無管轄權之案件，應諭知管轄錯誤之判決，並同時諭知移送於管轄法院。

第 305 條（一造缺席判決）
被告拒絕陳述者，得不待其陳述逕行判決；其未受許可而退庭者亦同。

第 306 條（一造缺席判決）
法院認爲應科拘役、罰金或應諭知免刑或無罪之案件，被告經合法傳喚無正當理由不到庭者，得不待其陳述逕行判決。

□ 實務見解

▶47 台上 778（判例）

被告經第二審法院合法傳喚，無正當理由而不到庭者，固可不待其陳述逕行判決，但仍須開庭經過調查證據，與到庭檢察官或自訴人一造之辯論終結程序爲之，非謂不待被告陳述即可逕用書面審理，原審以被告經合法傳喚無正當理由於審判期日未到庭，即不踐行上述各程序，而以書面審理結案，顯與刑事訴訟法第三百七十一條第八款、第十款之規定相違背。

第 307 條（言詞審理之例外）
第一百六十一條第四項、第三百零二條至第三百零四條之判決，得不經言詞辯論爲之。

□修正前條文

第三百零二條至第三百零四條之判決，得不經言詞辯論為之。

■修正說明（92.02.06）

第一百六十一條第四項之不受理判決，亦屬形式判決，應許法院不經言詞辯論為之，爰修正本條之規定，以資適用。

□實務見解

▶59台上2142（判例）

刑事訴訟法第三百零七條所定得不經言詞辯論而為之判決，既不以被告到庭陳述為必要，原不發生傳喚合法與否問題，上訴人指被告未經合法傳喚，原審不待其到庭陳述逕行判決為不當，殊難認為有理由。

▶30上2346（判例）

刑事訴訟法第三百零七條定得不經言詞辯論而為之判決，既不以被告到庭陳述為必要，原不發生傳喚合法與否問題，上訴人指被告未經合法傳喚，原審不待其到庭陳述逕行判決為不當，殊難認為有理由。

第308條（判決書之內容）

判決書應分別記載其裁判之主文與理由；有罪之判決書並應記載犯罪事實，且得與理由合併記載。

□修正前條文

判決書應分別記載其裁判之主文與理由；有罪之判決書並應記載事實。

■修正說明（93.06.23）

一、刑事有罪判決所應記載之事實應係賦予法律評價而經取捨並符合犯罪構成要件之具體社會事實。至於應構成犯罪事實以外之其他適用法律事實，例如：刑罰加重或減輕事由、易以訓誡或諭知保安處分事由，因本法第三百十條第四款、第五款、第六款已明定應載於判決之理由中，自毋須為重複之記載。爰參考日本刑事訴訟法第三百三十五條第一項之立法例，將原條文後段所定「並應記載事實」修正為「並應記載犯罪事實」，以臻明確。

二、又我國刑事訴訟法並未明文規定有罪判決之犯罪事實與理由必須分欄記載，揆諸德國或日本刑事訴訟法對於有罪判決記載事項之要求，其均認為犯罪事實之記載本為判決理由之一部分。惟因我國實務運作之慣例，係將原條文後段「並應記載事實」一語解釋為事實與理由必須分欄記載，乃致於判決理由論述時，須重複敘及犯罪事實，此徒然造成判決書篇幅之冗贅，核無必要，爰修正本條後段，凡有罪判決所應記載之犯罪事實得與理由合併記載，俾使法官能斟酌案情繁簡而予以彈性運用。

□實務見解

▶100台上5755（判決）

刑事訴訟法第三百零八條規定，有罪之判決書應記載犯罪事實，該條文**所稱之犯罪事實，係指符合犯罪構成要件之具體社會事實，如犯罪之時間、地點以及其他該當於犯罪構成要件而足資認定既判力範圍之具體社會事實而言**；其旨在辨別犯罪之同一性，而得與他罪相區隔，若犯罪事實之記載含糊籠統，而不足以判斷與他罪之區別，或其適用法律正當與否之依據，即屬當然違背法令，足以構成撤銷之原因。

▶99台上2331（判決）

刑事訴訟法第三百零八條雖規定，有罪之判決書應記載犯罪事實，**惟該條文所稱之犯罪事實，係指符合犯罪構成要件之具體社會事實，如犯罪之時間、地點、手段以及其他該當於犯罪構成要件而足資認定既判力範圍之具體社會事實而言**。至於其他細節，如無礙於特定犯罪事實同一性之分辨，而與犯罪構成要件、既判力範圍等事項不生影響者，縱未予記載，因不影響於判決之結果，即不得據為上訴第三審之理由。

第309條（有罪判決書之主文應記載事項）

有罪之判決書，應於主文內載明所犯之罪，並分別情形，記載下列事項：

一　諭知之主刑、從刑、刑之免除或沒收。
二　諭知有期徒刑或拘役者，如易科罰金，其折算之標準。
三　諭知罰金者，如易服勞役，其折算之標準。
四　諭知易以訓誡者，其諭知。
五　諭知緩刑者，其緩刑之期間。
六　諭知保安處分者，其處分及期間。

□修正前條文

有罪之判決書，應於主文內載明所犯之罪，並分別情形，記載下列事項：

一　諭知之主刑、從刑或刑之免除。
二　諭知有期徒刑或拘役者，如易科罰金，其折算之標準。
三　諭知罰金者，如易服勞役，其折算之標準。
四　諭知易以訓誡者，其諭知。
五　諭知緩刑者，其緩刑之期間。
六　諭知保安處分者，其處分及期間。

■修正說明（105.06.22）

配合刑法關於沒收制度之重大變革，沒收已非從刑，故增訂主文記載事項包括沒收，以應實需。

□ 實務見解

▶107 台上 3884○（判決）

按依修正後之刑事訴訟法第三〇九條第一款之規定，**法院僅於案件認定被告有罪而應沒收時，始於判決主文論知沒收，倘認不應宣告沒收時，因沒收之調查與認定，本屬法院依職權進行之事項，且非必以當事人聲請為必要，復無如同法第四五五條之二六第一項後段、第二項有對於參與人財產經認定不應沒收者，應論知不予沒收之判決，並應記載其裁判主文及應否沒收之理由之規定**，自無須於被告有罪判決主文項下論知不予沒收之旨，惟為方便上級法院審查，自宜於判決理由內說明不予沒收心證形成之理由。是下級法院若已於有罪判決就不予沒收之理由詳為記載，究與未經裁判之情形不同，檢察官或自訴人自得對於該論知不予沒收部分聲明不服。

又刑法關於沒收，已於民國一〇四年十二月三十日修正公布，並於一〇五年七月一日施行，將沒收重新定性為「刑罰及保安處分以外之法律效果，具有獨立性，而非刑罰（從刑）」，且依修正後同法第二條第二項及刑法施行法第十條之三第二項規定，縱被告於刑法關於沒收之相關規定修正施行前行為，仍應逕適用裁判時法律，而無「不溯及既往」原則之適用，益見刑法沒收於修正後業已「去刑罰化」而具「獨立性」。再修正後之沒收雖具備獨立性，然沒收之發動，仍須以犯罪行為之存在為前提，故沒收原則上應於有罪判決時併宣告之（參見修正後刑事訴訟法第三〇九條第一款），但亦得由檢察官另聲請法院為單獨沒收之宣告（參見修正後刑法第四十條第三項、刑事訴訟法第 二五九條之一、修正後同法第四五五條之三四至三七）。故**「沒收」與「本案部分（即罪刑部分）」並非不能區分。若下級審判決僅係應否沒收部分有所違誤，而於本案部分認事或用法並無不當時，上級法院非不得僅就沒收部分予以撤銷**。另沒收之標的，依修正後刑法第三八條第一、二項、第三八條之一第一項前段規定，可分為違禁物、供犯罪所用、犯罪預備之物、犯罪所生之物及犯罪所得等項，**倘彼此間互無關連，僅因下級法院就其中各別標的應否沒收部分判決有誤，上級法院亦非不得單就該各別標的部分予以撤銷**。

▶101 台上 1123（判決）

有罪之判決書，應於主文內載明所犯之罪，雖為刑事訴訟法第三百零九條所明定。但罪名如何記載，始堪謂為載明，法無明文。而有罪判決書主文欄關於罪名之記載，固以與論罪科刑法條所揭示之罪名相一致為必要。惟若無礙於罪名之區別，簡省若干文字，自亦無妨。其論罪之用語不當，或欠周全，如於全案情節與判決本旨並無影響，且亦無礙於罪名之區別者，亦不能指為違法而據為第三審上訴之理由。

第 310 條（有罪判決書之理由記載事項）

有罪之判決書，應於理由內分別情形記載下列事項：

一　認定犯罪事實所憑之證據及其認定之理由。
二　對於被告有利之證據不採納者，其理由。
三　科刑時就刑法第五十七條或第五十八條規定事項所審酌之情形。
四　刑罰有加重、減輕或免除者，其理由。
五　易以訓誡或緩刑者，其理由。
六　論知沒收、保安處分者，其理由。
七　適用之法律。

□修正前條文

有罪之判決書，應於理由內分別情形記載左列事項：

一　認定犯罪事實所憑之證據及其認定之理由。
二　對於被告有利之證據不採納者，其理由。
三　科刑時就刑法第五十七條或第五十八條規定事項所審酌之情形。
四　刑罰有加重、減輕或免除者，其理由。
五　易以訓誡或緩刑者，其理由。
六　論知保安處分者，其理由。
七　適用之法律。

■修正說明（105.06.22）

配合刑法關於沒收制度之重大變革，沒收已非從刑，故增訂有罪判決書理由之記載事項包括沒收，以應實需。

第 310 條之 1（簡易判決書之記載）

I 有罪判決，論知六月以下有期徒刑或拘役得易科罰金、罰金或免刑者，其判決書得僅記載判決主文、犯罪事實、證據名稱、對於被告有利證據不採納之理由及應適用之法條。

II 前項判決，法院認定之犯罪事實與起訴書之記載相同者，得引用之。

□修正前條文

I 有罪有罪判決，論知六月以下有期徒刑或拘役得易科罰金、罰金或免刑者，其判決書得僅記載判決主文、犯罪事實及證據與其認定之理由、應適用之法條。

II 前項判決，法院認定之犯罪事實與起訴書之記載相同者，得引用之。書之記載相同者，得引用之。

■修正說明（93.06.23）

一、原條文第一項規定於民國七十九年八月三日增訂時立意甚佳，惟因其適用對象僅限於論知有期徒刑或拘役得易科罰金、罰金或免刑之有罪判決，且條文所稱「證據與其認定之理由」語意欠明，施行迄今，對於簡化輕罪判決記載之助益仍屬有限，爲更進一步有效減輕法官製作判決書之負擔，使法官有更充裕之時間與精神致力於重大繁雜案件之審理，爰擴大本條適用之範圍至諭知一年以下有期徒刑、拘役、罰金或免刑之有罪判決，並參考日本刑事訴訟法第三百三十五條第一項有罪判決之證據僅須記載其標目之立法例，一併修正本條第一項所定有罪判決應記載之事項。

二、第二項未修正。

第 310 條之 2（適用簡式審判程序有罪判決書之製作）

適用簡式審判程序之有罪判決書之製作，準用第四百五十四條之規定。

■增訂說明（93.06.23）

一、本條新增。

二、依本法第二百七十三條之一規定，簡式審判程序之適用，係以被告所犯爲死刑、無期徒刑、最輕本刑三年以上有期徒刑以外之罪，且非屬高等法院管轄第一審之案件，又被告已就被訴事實爲有罪之陳述爲其前提。故而，行簡式審判程序之案件，被告所犯均非重罪，當事人對於犯罪事實之認定及應適用之處罰法律亦無爭執。爲合理紓減法院製作裁判書之負擔，俾使有限司法資源能作充分有效之運用，凡適用簡式審判程序之有罪判決，其判決書之製作，應準用第四百五十四條有關簡易判決之規定。

第 310 條之 3（諭知沒收之判決）

除於有罪判決諭知沒收之情形外，諭知沒收之判決，應記載其裁判之主文、構成沒收之事實與理由。理由內應分別情形記載認定事實所憑之證據及其認定之理由、對於被告有利證據不採納之理由及應適用之法律。

■增訂說明（105.06.22）

一、本條新增。

二、諭知沒收之判決，除附隨於有罪判決者，應依本法第三百零九條、第三百十條規定記載外，其他情形，沒收之諭知亦應於判決主文中記載，並應適當說明形成心證之理由，俾利上級法院審查，爰增訂本條規定。

第 311 條（宣示判決之時期）

行獨任審判之案件宣示判決，應自辯論終結之日起二星期內爲之；行合議審判者，應於三星期內爲之。但案情繁雜或有特殊情形者，不在此限。

□修正前條文

宣示判決，應自辯論終結之日起十四日內爲之。

■修正說明（107.11.28）

一、爲使法院就行合議審判之案件能有充分時間詳爲評議及製作判決書，俾提升裁判品質，爰修正本條，將行合議審判之案件宣示判決期限自辯論終結之日起十四日即二星期內爲之，延長爲於三星期內爲之；至行獨任審判之案件，則仍維持原本二星期之宣示判決期限。

二、有鑑於部分案件之案情較爲繁雜或有特殊情形，而尚難於辯論終結之日起二星期或三星期之期限內宣示判決，爰因應實務需要，增訂但書。

第 312 條（宣示判決—被告不在庭）

宣示判決，被告雖不在庭亦應爲之。

第 313 條（宣示判決—主體）

宣示判決，不以參與審判之法官爲限。

□修正前條文

宣示判決，不以參與審判之推事爲限。

■修正說明（109.01.15）

法院組織法，已將「推事」之用語，修正爲「法官」，爰配合爲文字修正，以符法制。

第 314 條（得上訴判決之宣示及送達）

I 判決得爲上訴者，其上訴期間及提出上訴狀之法院，應於宣示時一併告知，並應記載於送達被告之判決正本。

II 前項判決正本，並應送達於告訴人及告發人，告訴人於上訴期間內，得向檢察官陳述意見。

第 314 條之 1（判決正本附錄論罪法條全文）

有罪判決之正本，應附記論罪之法條全文。

■增訂說明（93.06.23）

一、本條新增。

二、現行刑事審判實務對於有罪判決，均於其判決正本附錄論罪法條全文，成效良好，爰配合修正條文第三百零九條刪除有罪判決主文罪名記載之規定，增訂本條，俾使當事人明瞭論罪科刑之實體法依據。至於裁判上一罪之情形，其判決正本所應附記之論罪法條全文包含所有成立犯罪之各罪之處罰條文，併此敘明。

第 315 條（判決書之登報）
犯刑法僞證及誣告罪章或妨害名譽及信用罪章之罪者，因被害人或其他有告訴權人之聲請，得將判決書全部或一部登報，其費用由被告負擔。

❒ 實務見解

▶ 釋字第 159 號（68.09.21）

刑事訴訟法第三百十五條所定：「將判決書全部或一部登報，其費用由被告負擔」之處分，法院應以裁定行之。如被告延不遵行，由檢察官準用同法第四百七十條及第四百七十一條之規定執行。本院院字第一七四四號解釋，應予補充。

第 316 條（判決對羈押之效力）
羈押之被告，經諭知無罪、免訴、免刑、緩刑、罰金或易以訓誡或第三百零三條第三款、第四款不受理之判決者，視爲撤銷羈押。但上訴期間內或上訴中，得命具保、責付或限制住居；如不能具保、責付或限制住居，而有必要情形者，並得繼續羈押之。

第 317 條（判決後扣押物之處分）
扣押物未經諭知沒收者，應即發還。但上訴期間內或上訴中遇有必要情形，得繼續扣押之。

第 318 條（贓物之處理）
Ⅰ扣押之贓物，依第一百四十二條第一項應發還被害人者，應不待其請求即行發還。
Ⅱ依第一百四十二條第二項暫行發還之物無他項諭知者，視爲已有發還之裁定。

第二章　自　訴

第 319 條（適格之自訴人及審判不可分原則）
Ⅰ犯罪之被害人得提起自訴。但無行爲能力或限制行爲能力或死亡者，得由其法定代理人、直系血親或配偶爲之。
Ⅱ前項自訴之提起，應委任律師行之。
Ⅲ犯罪事實之一部提起自訴者，他部雖不得自訴亦以得提起自訴論。但不得提起自訴部分係較重之罪，或其第一審屬於高等法院管轄，或第三百二十一條之情形者，不在此限。

□修正前條文

Ⅰ犯罪之被害人得提起自訴。但無行爲能力或限制行爲能力或死亡者，得由其法定代理人、直系血親或配偶爲之。
Ⅱ犯罪事實之一部提起自訴者，他部雖不得自訴亦以得提起自訴論。但不得提起自訴部分係較重之罪，或其第一審屬於高等法院管轄，或第三百二十一條之情形者，不在此限。

■修正說明（93.02.06）

一、司法資源有限，如何使用，允宜合理分配。有鑑於自訴人常未具備法律之專業知識，每因誤解法律（例如誤認違反民事約定，不履行債務爲背信）或任意將機關首長及相關官員一併列爲被告，而提起自訴，亦有利用自訴程序恫嚇被告或以之作爲解決民事爭議之手段等情事，不僅增加法院工作負擔，影響裁判品質，尤足令被告深受不必要之訟累，自應謀求法制之改革，就自訴改採強制委任律師爲代理人制度。至於未委任律師爲代理人者，則可利用公訴制度，由檢察官代表國家進行刑事訴訟程序，此亦檢察官職責之所在，並無違憲法保障人民訴訟權之旨，徵諸美、日諸國不採自訴制度，亦無剝奪人民訴訟權或違憲之指摘自明。

二、採強制委任律師爲代理人之自訴制度，主要目的亦係在保護被害人權益，因本法第一百六十一條、第一百六十三條等條文修正施行後，刑事訴訟改以「改良式當事人進行主義」爲原則，在強調自訴人舉證責任之同時，若任由無相當法律知識之被害人自行提起自訴，無法爲適當之陳述，極易敗訴，是立於平等及保障人權之出發點，自訴採強制律師代理制度，自有其意義。何況我國憲法所保障之平等，應指實質之機會平等，於此當指任何人均可利用司法資源以尋求正義實現之機會平等，而非賦予得濫用訴訟制度以遂個人私慾之形式上齊頭平等，近來，法務部已漸次規劃檢察官專組辦案制度，提高偵查品質，並要求檢察官切實到庭實行公訴，發揮打擊犯罪、追訴犯罪之功能，公訴制度已趨健全。因此，以公訴制度爲主軸，自訴制度退爲輔助地位，當爲正確妥適之設計。

三、德國一九八八年修正之刑事訴訟法，規定提起自訴必須先經調解程序，並須就被告預期所生之費用提供保證，另外尙須依該國之訴訟費用法預繳訴訟費用，且僅限於侵入住宅、侮辱、妨害秘密、傷害、恐嚇、毀損、違反不正競業、智慧財產權之輕微且純屬個人私法益被害之罪。可見其修法意旨亦在層層限制自訴，避免浮濫，其中一層限制尙採經濟負擔作爲手段。我國此次修法限制自訴，雖採行方式不同，但目的則一，確有必要。

四、綜上說明，爰增訂本條第二項，規定自訴之提起，應委任律師行之。

五、本條第一項未修正；原第二項規定遞移爲第三項。

❖ 法學概念

自訴

所謂自訴者，係指犯罪之直接被害人，逕向法院請求對於被告確定其刑罰權之有無及其範圍之訴訟行爲。在自訴程序中，自訴人取代檢察官於審判中原告地位，行使犯罪追訴權。我國刑事訴訟法原則上採檢察官代表國家實施公訴主義，例外情形始允許被害人得以自己名義爲原告逕向法院提起訴訟之權利，稱被害人訴追主義（又稱私人訴追主義）。

我國採強制委任律師代理之自訴制度，在於保護被害人權益，同時亦在限制自訴，避免自訴浮濫。本法第 329 條第 2 項規定，檢察官於審判期日所得爲之訴訟行爲，於自訴程序，由自訴代理人爲之（§329 I），以提高自訴人舉證之能力。自訴人未委任代理人，法院應定期間以裁定命其委任代理人，逾期仍不委任者，應諭知不受理判決。

【陳宏毅、林朝雲，《刑事訴訟法新理論與實務》，五南，初版，2015.02，419 頁。】

☐ 實務見解

▶ 釋字第 297 號（81.04.24）

人民有訴訟之權，憲法第十六條固定有明文，惟訴訟如何進行，應另由法律定之，業經本院釋字第一七〇號解釋於解釋理由書闡明在案。刑事訴訟乃實現國家刑罰權之程序，刑事訴訟法既建立公訴制度，由檢察官追訴犯罪，又於同法第三百十九條規定：「犯罪之被害人得提起自訴」，其所稱「犯罪之被害人」，法律並未明確界定其範圍，自得由審判法院依具體個別犯罪事實認定之，最高法院七十年臺上字第一七九九號判例所表示之法律上見解，尚難認與憲法有何牴觸。

▶ 94 年度第 6、7 次刑事庭會議決議（94.04.26）

討論事項：刑事訴訟法自訴由律師代理制度之決議。

壹、自訴案件第二審應委任律師爲代理人。

修正刑事訴訟法自民國九十二年九月一日施行後，採強制委任律師爲代理人之自訴制度，爲自訴制度之重大變革，旨在限制濫訴，提高自訴品質，當無分別各審級而異其適用之理。總則編第四章第三十七條第一項明定：自訴人應委任代理人「到場」，在事實審之第二審同應適用。第三百六十四條規定：第二審之審判，除本章有特別規定外，準用第一審審判之規定，自亦應準用第三百十九條第二項、第三百二十九條第一項規定，由律師爲代理人，提起第二審上訴。**至自訴案件，被告不服第一審判決，提起第二審上訴，自訴人並未上訴，惟第二審爲事實審，仍須由自訴代理人爲訴訟行爲。或認此有強迫自訴人選任律師爲代理人之嫌，但自訴人既選擇自訴程序，即有忍受之義務，自應採肯定見解。**

貳、自訴人提起第三審上訴，應委任律師爲代理人。

提起第三審上訴，上訴書狀應敘述上訴之理由（第三百八十二條第一項前段），上訴理由應依據卷內訴訟資料，具體指摘原判決不適用何種法則或如何適用不當，否則其上訴爲違背法律上之程式。且第三百八十七條規定，第三審之審判，除本章有特別規定外，準用第一審審判之規定，故除所提之第三審上訴不合法，得不命補正委任律師爲代理人外，當應準用自訴須委任律師爲代理人之規定。

參、九十二年九月一日前提起自訴或上訴，其後於該審審理時無須委任律師爲代理人。

自訴或上訴是否合法，係以提起時之法律規定爲準，其提起時爲法所准許者，既屬合法之自訴或上訴，自不因嗣後法律修正對自訴權有所限制而受影響。

肆、九十二年九月一日前提起自訴，經判決後，提起上訴時新法已施行，應委任律師爲代理人。

刑事案件，一經提起公訴、自訴或上訴而繫屬於法院，訴在該審級法院繫屬中，訴訟主體相互間即發生訴訟上之權利義務關係，此訴訟關係，法院與當事人均應受其拘束，故訴訟繫屬繼續中，訴訟關係固然存在，該繫屬法院自應加以審判，但一經終局裁判，審級訴訟關係即已消滅。從而自訴案件倘經繫屬之第一審或第二審法院爲終局判決，原有審級之訴訟關係即歸於消滅，當事人若提起第二審或第三審上訴，乃繫屬於另一審級之開始，與該上訴審發生另一審級之訴訟關係，自訴人應依修正後之規定委任律師爲代理人。

伍、自訴代理人未經特別委任，不得爲自訴之撤回、捨棄上訴或撤回上訴。

本法自訴章僅規定自訴之提起，應委任律師行之（第三百十九條第二項），檢察官於審判期日所得爲之訴訟行爲，於自訴程序，由自訴代理人爲之（第三百二十九條第一項），及總則編規定「自訴人應委任代理人到場」（第三十七條第一項），可見自訴代理人之權限重在到庭爲訴訟行爲，實施攻擊、防禦，提出證據及陳述法律意見，以提高訴訟之品質。至攸關訴訟關係發生、消滅等訴訟權最重要事項，仍應由自訴人決定。此觀第三百二十五條第一項之撤回自訴、第三百二十六條第一項之曉諭撤回自訴，條文均明定應由自訴人或對自訴人為之甚明。參諸在委任人喪失行為能力或死亡時，民、刑事訴訟法雖均有停止訴訟或承受訴訟之規定，惟民事訴訟於有訴訟代理人時，不當然停止（民事訴訟法第一百七十三條前段），訴訟代理權不因本人死亡而消滅（同法第七十三條前段）；刑事訴訟則須由得為提起自訴之人，於一個月內承受訴訟，否則法院應逕行判決或通知檢察官擔當訴訟（刑事訴訟法第三百三十二條），自訴代理人無暫為訴訟之權。可見刑事訴訟對代理人之權限限制甚於民事訴訟，舉輕以明重，涉重大權限消滅之撤回行為，更應受有限制。故本法雖無如民事訴訟法第七十條第一項但書之規定，不宜視為明示其一排斥其他。本院二十五年九月二十二日民刑庭總會決議　應為補充決議：自訴代理人有自訴人之特別委任時，可代自訴人撤回上訴；自訴之撤回或捨棄上訴亦同。

陸、九十二年九月一日前提起第二審上訴之自訴案件，經本院發回更審時，新法已施行，應委任律師為自訴代理人。

案件經本院發回第二審更審，為另一審級訴訟程序之開始，新法既已施行，自應適用，並無刑事訴訟法施行法第七條之三但書之適用。參照刑事訴訟法第三十八條準用第三十條規定及司法院院字第一七五五號解釋，自訴人委任律師為代理人之委任狀，應於每一審級提出，第二審審級程序既已重新開始，自應委任律師為代理人。

柒、九十二年九月一日前提起第二審上訴之自訴案件，如自訴人經再行通知仍不到庭者，第二審法院應諭知不受理。

自訴人既不須委任律師為代理人，自為訴訟行為，即以自訴人兼自訴代理人地位，準用第一審程序，適用刑事訴訟法第三百三十一條規定，自訴人經合法通知無正當理由不到庭，應再行通知，如仍不到庭者，應為不受理之判決。

捌、自訴人提起自訴或上訴不合法時，得不命補正委任律師為代理人。

刑事訴訟法第三百十九條第二項規定，自訴之提起，應委任律師行之，第三百二十九條第二項規定：「自訴人未委任代理人，法院應定期間以裁定命其委任代理人；逾期仍不委任者，應諭知不受理之判決。」惟若所提起之自訴，係不得提起自訴而提起者，如非犯罪被害人，對配偶自訴等，或其上訴有第三百六十二條、第三百六十七條、第三百八十四條、第三百九十五條之情形，法院應以上訴不合法而駁回者，自訴人未委任代理人是否仍應先依第三百二十九條第二項規定，命其補正？法條雖未明定所提起之自訴或上訴以合法者為限，惟參照本院六十一年台上字第三八七號判例認：「刑事訴訟法第三百零三條第二款所謂已經提起公訴或自訴之案件在同一法院重行起訴者，必須先起訴之案件係合法者始足當之，若先起訴之案件係不合法，則後起訴之案件，自無適用本條款規定之餘地。」二十七年上字第七九二號判例謂：「刑事訴訟法第三百十六條（舊法）雖規定同一案件經提起自訴者，不得再行告訴。但該項自訴如因不合程序，經諭知不受理之判決而確定者，即回復未自訴前之狀態，仍得由被害人依法告訴。」二十九年上字第一三二八號判例稱：「本件被告之上訴係不合法，已在應行駁回之列，雖據被告之子狀稱，被告於上訴中在所身故，即使屬實，但第三審法院限於上訴有理由時，始應將原審判決撤銷，該被告死亡前之上訴，既非合法，即不得適用刑事訴訟法第三百八十九條（舊法）將其撤銷，自應仍以上訴不合法，予以駁回。」均認以合法之自訴或上訴為前提，適用有關之法律；在自訴未委任代理人時，亦應為相同之解釋。自訴或上訴不合法時，得不命補正委任律師為代理人。

玖、自訴人具有律師資格者，無須委任律師為代理人。

本法雖無如民事訴訟法第四百六十六條之一第一項於第三審上訴採強制律師代理制，但上訴人或其法定代理人具有律師資格者，不在此限之規定。據此法理，亦應為同一解釋。

拾、自訴代理人之性質及權限。

新法第三十七條第一項規定：「自訴人應委任代理人到場。」並應選任律師充之（同條第二項）。惟對自訴代理人之性質及權限，並無專條明定，除散見本法之規定，如第三十八條規定準用第二十八條（每一自訴人委任代理人不得逾三人）、第三十條（應提出委任書狀）、第三十二條（數代理人送達應分別為之）、第三十三條審判中得檢閱卷宗及證物並得抄錄或攝影、第四十四條之一審判期日轉譯文書核對更正權（第四十九條之辯護人經許可攜同速記到場並未準用）、第六十七條第二項（代理人過失視為本人之過失）、第十二章之調查證據聲請權、交互詰問權等、第二百二十七條之收受裁判正本權外，自訴章第三百十九條第二項規定自訴之提起應委任律師行之，第三百二十七條第一項規定，命自訴代理人到場應用通知，第三百二十九條第一項檢察官於審判期日所得為之訴訟行為，於自訴程序，由自訴代理人為之，此為自訴代理人最重要之權限，依第三百四十三條準用公訴章第三節審判之規定，舉凡該章檢察官得為之行為，解釋上自訴代理人自得為之，如第二百七十三條之參與準備程序、第二百七十三條之一之簡式審判程序意見表示、第二百七十五條之舉證權利等。惟關於提起上訴權，自訴代理人無如第三百四十六條規定，辯護人得爲被告之利益提起上訴之權，自不應爲同一解釋。其餘如聲請再審權更應爲否定見解。抑有進者，提起自訴雖應由自訴代理人之律師爲之，惟提起與否，決定權則在自訴人，亦不待言。

拾壹、反訴準用自訴部分之決議。

❖ 學者評釋

關於自訴案件，此決議認爲，被告不服第一審判決，提起第二審上訴，自訴人並未上訴，惟第二審爲事實審，仍須由自訴代理人爲訴訟行爲。或認此有強迫自訴人選任律師爲代理人之嫌，**但自訴人既選擇自訴程序，即有忍受義務。**

但學說上有採反對立場，理由在於自訴程序之所以採行律師強制代理制度，旨在防止濫訴，提高追訴犯罪效能，並合於當事人進行的訴訟構造。**若第一審法院諭知被告有罪，第二審上訴係由被告提起，而自訴人認已達追訴之目的而未提起上訴，自訴人並無濫訴之情形**，於第二審上訴自無再次強制其委任律師爲代理人之必要。即使上訴審理程序中自訴人未委任律師到場，亦僅其爲調查證據等訴訟行爲可能較爲拙劣而受法院不利益之判斷而已，對被告所提之合法上訴並不生影響。此種情形，第二審法院固可依職權曉諭被上訴之自訴人委任律師協助訴訟，惟縱若自訴人置之不理，法院亦不得據此而逕以不受理判決終結程序，仍應就被告合法上訴繼續審理而爲實體判決，否則將有害於被告之上訴權益。

【陳運財，〈自訴強制律師代理制度於上訴審之準用問題〉，《月旦法學教室》，第53期，2007.03，20頁以下。】

▸80年度第3次刑事庭會議決議(80.06.30)

刑事第九庭提案：甲提起自訴，謂其所有之建築物，被乙強行拆毀。但經法院調查結果，甲對該建築物並無所有權或管領權，應如何判決？

決議：採乙說。

按「犯罪之被害人得提起自訴。」刑事訴訟法第三百十九條第一項前段定有明文。故必須係因犯罪而被害之人，始得提起們訴；非因犯罪而被害之人，不得提起自訴，乃當然之解釋。該條項所稱犯罪之被害人，以因犯罪而直接被害之人爲限，於財產法益被侵害時，必須其財產之所有權人，或對於該財產有事實上管領力之人，因他人之犯罪行爲，而其管領權受有侵害時，始能認爲直接被害之人（本院六十八年臺上字第二一四號判例、三十二年非字第六八號判例參照）。甲自訴其建築物，被乙強行拆毀，法院既已查明甲並非該建築物之所有權人，亦非有管領權之人，應認其並非因犯罪而直接被害之人，逕予諭知不受理對判決。

▸65年度第5次刑庭庭推總會議決議(65.06.22)

決議：採甲說。

現行刑事訴訟法第三百十九條修正理由謂：「自訴案件，原僅限於被害人有行爲能力都爲限，關於無行爲能力、限制行爲能力或死亡者，則無明文予以救濟之規定，爲本法一大缺漏，故本條修正將自訴案件擴大至其無行爲能力、限制行爲能力或死亡者之法定代理人、直系血親或配偶亦得提起自訴」，**足見無行爲能力或限制行爲能力之犯罪被害人，仍不得提起自訴，其法定代理人始得提起**。

▸46台上1305（判例）

刑事訴訟法第三百十一條所稱之被害人，祇須自訴人所訴被告犯罪事實，在實體法上足認其爲被害之人爲已足，至該自訴人實際曾否被害及被告有無加害行爲，並非自訴成立之要件，上訴人訴稱被告強行拆毀其所建築之堤防，並搶奪材料等情，自係以被害人資格提起自訴，即難謂非合法。原審認其訴不實，縱令無訛，亦祇屬被當不成立犯罪，而竟謂上訴人非因犯罪而受損害之人，不得提起自訴，爲不受理之諭知，顯就自訴是否合法與被告有罪無罪混爲一談，殊有未合。

▸26渝上893（判例）

刑事訴訟法第三百十一條所定得提起自訴之人，**係限於因犯罪而直接被害之人**，必其人之法益由於犯罪行爲直接所加害，若須待乎他人之另一行爲而其人始受損害者，即非因犯罪直接所受之損害，不得提起自訴。**至個人與國家或社會，因犯罪而同時被害者，該被害之個人，固亦得提起自訴，但所謂同時被害，自須個人之被害與或社會之被害由於同一之犯罪行爲所致，若犯罪行爲雖足加國家或社會以損害，而個人之受害與否，尚須視他人之行爲而定者，即不能謂係同時被害，仍難認其有提起自訴之權**。刑法上之誣告罪，得由被誣告人提起自訴，係以誣告行爲一經實施，既足使國家司法上之審判權或偵查權妄爲開始，而同時又至少必使被誣告者受有名譽上之損害，縱使審判或偵查結果不能達到誣告都欲使其受懲戒處分或刑事處分之目的，而被誣告人在名義上已二度成爲行政上或刑事上之被告，其所受名譽之損審，自係誣告行爲直接且同時所加害。至於他人刑事被告案內爲證人、鑑定人、通譯之人，在審判或偵查時，依法具結而爲虛僞之陳述，固足使採證錯誤，判斷失平，致司法喪失威信，然此種虛僞之陳述，在他人是否因此被害，尚繫於執行審判或偵查職務之以公務員採信其陳述與否而定，並非因僞證行爲直接或同時受有損害，即與刑事訴訟法第三百十一條所稱之被害人並不相當，其無提起自訴之權，自不待言。

▸100台上1729（判決）

自訴案件，被告不服第一審判決，提起第二審上訴，自訴人並未上訴，惟第二審爲事實審，仍須由自訴代理人爲訴訟行爲，此爲自訴必備之程式。**而本法此次修正，已刪除自訴人無正當理由不到庭，得不待其陳述逕行判決或通知檢察官擔當訴訟之規定，自不容逕依被告之陳述而爲判決。此際，因現行法有關規定之適用，將有罪判決改判諭知自訴不受理，自形式上觀察，對被告並無不利，且爲上開先程序後實體原則之體現，自屬適法**。至此雖有強迫未提起上訴之自訴人選任律師爲代理人，惟自訴人初既選用自訴方式（其亦可爲告訴，由檢察官提起公訴），即有忍受之義務，亦前揭立法者對自訴制度變更之不得不然。

第320條（自訴狀）
Ⅰ自訴，應向管轄法院提出自訴狀爲之。
Ⅱ自訴狀應記載下列事項：
一　被告之姓名、性別、年齡、住所或居所，或其他足資辨別之特徵。
二　犯罪事實及證據並所犯法條。
Ⅲ前項犯罪事實，應記載構成犯罪之具體事實及其犯罪之日、時、處所、方法。
Ⅳ自訴狀應按被告之人數，提出繕本。

□修正前條文

Ⅰ自訴，應向管轄法院提出自訴狀爲之。
Ⅱ自訴狀應記載左列事項：
一　被告之姓名、性別、年齡、籍貫、職業、住所或居所，或其他足資辨別之特徵。
二　犯罪事實及證據。
Ⅲ自訴狀應按被告之人數，提出繕本。
Ⅳ自訴人不能提出自訴狀者，得以言詞爲之。
Ⅴ前項情形，自訴人應就第二項各款所列事項，分別陳明，由書記官制作筆錄；如被告不在場者，應將筆錄送達被告。

■修正說明（92.02.06）

一、第一項未修正。
二、第二項所定記載「左」列事項之文字修正爲「下」列事項，以符現行法規之用語。另配合戶籍法，修正同項第一款，刪除對於籍貫、職業記載之規定。
三、自訴既採強制律師代理，爲便於法院審理及被告行使防禦權，爰比照第二百六十四條第一項第二款及第三項之規定，修訂本條第二項第二款；原條文第四項、第五項之規定，予以刪除。另增訂第三項規定爲「前項犯罪事實，應記載構成犯罪之具體事實及其犯罪之日、時、處所、方法。」原條文第三項規定則移作第四項。

第321條（自訴之限制－親屬）
對於直系尊親屬或配偶，不得提起自訴。

□實務見解

▶釋字第569號（92.12.12）

憲法第十六條明定人民有訴訟之權，旨在確保人民權益遭受不法侵害時，有權訴請司法機關予以救濟。惟訴訟權如何行使，應由法律規定；法律於符合憲法第二十三條意旨之範圍內，對於人民訴訟權之實施自得爲合理之限制。刑事訴訟法第三百二十一條規定，**對於配偶不得提起自訴，係爲防止配偶間因自訴而對簿公堂，致影響夫妻和睦及家庭和諧，乃爲維護人倫關係所爲之合理限制，尚未逾越立法機關自由形成之範圍；且人民依刑事訴訟法相關規定，並非不得對其配偶提出告訴，其憲法所保障之訴訟權並未受到侵害**，與憲法十六條及第二十三條之意旨尚無牴觸。刑事訴訟法第三百二十一條規定固限制人民對其配偶之自訴權，惟對於與其配偶共犯告訴乃論罪之人，並非不得依法提起自訴。本院院字第三六四號及院字第一八四四號解釋相關部分，使人民對於與其配偶共犯告訴乃論罪之人亦不得提起自訴，並非爲維持家庭和諧及人倫關係所必要，有違憲法保障人民訴訟權之意旨，應予變更；最高法院二十九年上字第二三三三號判例前段及二十九年非字第一五號判例，對人民之自訴權增加法律所無之限制，應不再援用。

❖學者評釋

有論者認爲，要判斷限制自訴人自訴配偶是否侵害其於憲法上的訴訟權，**首應判斷自訴權是否爲訴訟權**。現行刑事訴訟法雖然有第321條限制自訴的規定，充其量也僅是具備法律基礎，卻不足以回答違憲審查的根本問題，即立法者限制自訴，是否侵害了憲法訴訟權的核心，這才是聲請人聲請釋憲的關鍵問題。

然而，大法官卻迴避「憲法訴訟權」的核心領域與保護範圍的前提問題，逕以第321條的立法理由來支撐該條文合憲性基礎，可謂跳脫違憲審查步驟，似乎只是對該條文進行歷史解釋以探求立法者立法當時之本意，並未實質進行違憲審查。

若以本號解釋所稱的「對於配偶不得提起自訴，係爲防止配偶間因自訴而對簿公堂，致影響夫妻和睦及家庭和諧，乃爲維護人倫關係所爲之合理限制」，果眞是爲了避免尷尬，則提出告訴之後，其尷尬可能更多。因爲，**一旦興訟，無論告訴或自訴，都要對簿公堂**。果眞要維護人倫關係，比較有效的方式是禁止配偶共同進入法庭。但是，夫妻儘管不在法庭內怒目相視，法庭外依舊已經形同陌路，甚至有如仇敵。況且，提出告訴之後，警察或檢察官還有相當冗長的調查時間且配偶仍須出庭作證，配偶間的尷尬緊張因此持續存在，而提出自訴，反可使這種尷尬的關係早日解除。

總之，**告訴並不能化解通姦配偶與告訴配偶公堂互見之衝突**，被害配偶一旦對於通姦配偶提出通姦告訴，則釋字第569號所謂正當化自訴限制的理由（夫妻和睦、家庭和諧、維護人倫），根本無法達成，足見大法官釋字第569號解釋顯然出現論理上之矛盾。

【張麗卿，〈憲法解釋與訴訟權之保障——以釋字第569號為中心〉，收錄於《驗證刑訴改革脈動》，五南，四版，2017.09，78頁以下。】

第322條（自訴之限制—不得告訴請求者）
告訴或請求乃論之罪，已不得為告訴或請求者，不得再行自訴。

第323條（自訴之限制—偵查終結）
I 同一案件經檢察官依第二百二十八條規定開始偵查者，不得再行自訴。但告訴乃論之罪，經犯罪之直接被害人提起自訴者，不在此限。
II 於開始偵查後，檢察官知有自訴在先或前項但書之情形者，應即停止偵查，將案件移送法院。但遇有急迫情形，檢察官仍應為必要之處分。

□修正前條文

I 同一案件經檢察官終結偵查者，不得再行自訴。
II 在偵查終結前檢察官知有自訴者，應即停止偵查，將案件移送法院，但遇有急迫情形，檢察官仍應為必要之處分。

■修正說明（89.02.09）

一、近來，法務部已漸次規劃檢察官專組辦案制度，並且加強檢察官功能之發揮，公訴制度已趨健全自不必保留自訴制度與公訴制度相對等之地位，而宜採公訴優先原則。

二、為避免利用自訴程序干擾檢察官之偵查犯罪，或利用告訴，再改提自訴，以恫嚇被告，同一案件既經檢察官依法開始偵查，告訴人或被害人之權益當可獲保障，由檢察官依法處理已足，要無使行自訴制度之必要。至於何時得謂「開始偵查」，悉依本法第二百二十八條之規定。

三、如被害人已先提起自訴，而檢察官才開始偵查者，為尊重被害人之意願，檢察官應停止偵查，將案件移送法院。至自訴是否合法，仍須由法院認定。

□實務見解

▶100台上3654（判決）

查我國刑事訴訟法關於犯罪之訴追，採行公訴優先原則，依本法第三百二十三條第一項規定，同一案件經檢察官依第二百二十八條規定開始偵查者，不得再行自訴。但告訴乃論之罪，經犯罪之直接被害人提起自訴者，不在此限。**所謂同一案件，係指同一被告之同一事實而言**，祇須自訴之後案與檢察官開始偵查之前案被告同一且所涉及之全部事實，從形式上觀察，如皆成罪，具有裁判上不可分之一罪關係，而前後二案之事實有部分相同時，即屬當之。又所**謂開始偵查，除由檢察官自行實施之偵查行為外，尚包括依第二百二十八條第二項由檢察官限期命檢察事務官或司法警察官、司法警察調查犯罪情形及蒐集證據在內，但其他司法警察官或司法警察之調查則不與焉；開始偵查與否，應就其實質行為而定，不因行政上之所謂「偵字案」或「他字案」而有異，偵查結果究屬提起公訴或為不起訴處分，甚或行政簽結，概屬檢察官開始偵查後所得之狀態，對於上開自訴之提起所設之限制規定，不生影響，即便檢察官係以簽結之便宜方式暫時終結其偵查，亦不能使已經開始偵查之事實溯及消滅**。至於檢察官簽結是否得當，告訴人等倘有不服，如何救濟，則屬另一問題。

第324條（自訴之效力—不得再行告訴或請求）
同一案件經提起自訴者，不得再行告訴或為第二百四十三條之請求。

□實務見解

▶院字第2306號（31.03.20）

某甲以一狀誣告乙丙丁三人，**祇犯一個誣告罪，既係同一案件，經乙丙對甲提起自訴，無論曾否判決確定，丁均不得再行告訴**，如檢察官就該案予以不起訴處分後，丁復聲請再議，上級法院首席檢察官應認為無理由而駁回之。

第325條（自訴人之撤回自訴）
I 告訴或請求乃論之罪，自訴人於第一審辯論終結前，得撤回其自訴。
II 撤回自訴，應以書狀為之。但於審判期日或受訊問時，得以言詞為之。
III 書記官應速將撤回自訴之事由，通知被告。
IV 撤回自訴之人，不得再行自訴或告訴或請求。

第326條（曉諭撤回自訴或裁定駁回自訴）
I 法院或受命法官，得於第一次審判期日前，訊問自訴人、被告及調查證據，於發見案件係民事或利用自訴程序恫嚇被告者，得曉諭自訴人撤回自訴。

II 前項訊問不公開之；非有必要，不得先行傳訊被告。
III 第一項訊問及調查結果，如認為案件有第二百五十二條、第二百五十三條、第二百五十四條之情形者，得以裁定駁回自訴，並準用第二百五十三條之二第一項第一款至第四款、第二項及第三項之規定。
IV 駁回自訴之裁定已確定者，非有第二百六十條各款情形之一，不得對於同一案件再行自訴。

□修正前條文

I 法院或受命法官，得於第一次審判期日前，訊問自訴人、被告及蒐集或調查證據，於發見案件係民事或利用自訴程序恫嚇被告者，得曉諭自訴人撤回自訴。
II 前項訊問不公開之；非有必要，不得先行傳訊被告。
III 第一項訊問及調查結果，如認為案件有第二百五十二條至第二百五十四條之情形者，得以裁定駁回自訴，並準用第二百五十三條第二項至第四項之規定。
IV 駁回自訴之裁定已確定者，非有第二百六十條各款情形之一，不得對於同一案件再行自訴。

■修正說明（93.06.23）

一、本法於九十二年二月六日修正公布後，採行改良式當事人進行主義，當事人就證據之提出及調查有主導權，限於第一百六十三條第二項但書所示情形，法院始應依職權調查證據，本條第一項爰予配合修正，刪除「或蒐集」等文字，以符合改良式當事人進行主義之訴訟架構。
二、法院或受命法官根據本條第一項之規定為訊問及調查後，若發見案件有第二百五十二條、第二百五十三條、第二百五十四條所定絕對不起訴或相對不起訴之事由者，得以裁定駁回自訴，並準用第二百五十三條之二第一項第一款至第四款、第二項及第三項之規定。至於自訴案件有第二百五十三條之一第一項所定以緩起訴為適當之情形者，依現行本條第三項之規定，法院固得以裁定駁回自訴，惟對於檢察官之緩起訴處分，因有第二百五十三條之三之撤銷緩起訴、繼續偵查或起訴之制度以資配合，適用上並無問題，但法院駁回自訴之裁定一旦確定後，本案即告終結，該駁回自訴之確定裁定且具有實質之確定力，縱然被告違背所應遵守或應履行之事項者，法院亦無從撤銷已確定之駁回自訴裁定而回覆審判程式，從而，就第二百五十三條之一第一項所定情形，以不賦予法院裁量駁回自訴之權限為當，本條第三項爰予修正，以符合自訴程式運作之機制。
三、第二項、第四項未修正。

第 327 條（自訴人之傳喚）
I 命自訴代理人到場，應通知之；如有必要命自訴人本人到場者，應傳喚之。
II 第七十一條、第七十二條及第七十三條之規定，於自訴人之傳喚準用之。

□修正前條文

I 命自訴人到場，應傳喚之。
II 自訴人經合法傳喚，無正當之理由不到場者，得拘提之。
III 第七十一條至第七十三條，第七十七條至第八十三條及第八十九條至第九十一條之規定，於自訴人之傳喚及拘提準用之。

■修正說明（92.02.06）

一、由於自訴改採強制委任律師代理制度（參照修正條文第三十七條、第三百十九條第二項），期日自應通知自訴代理人到場，惟如有命自訴人本人到場之必要者，則應傳喚之，爰將第一項予以修正。
二、期日既以通知代理人到場為原則，已無拘提自訴人之必要，爰刪除第二項之規定。
三、刪除原第三項有關拘提準用之規定，改列為第二項。

第 328 條（自訴狀繕本之送達）
法院於接受自訴狀後，應速將其繕本送達於被告。

第 329 條（諭知不受理判決—未委任代理人）
I 檢察官於審判期日所得為之訴訟行為，於自訴程序，由自訴代理人為之。
II 自訴人未委任代理人，法院應定期間以裁定命其委任代理人；逾期仍不委任者，應諭知不受理之判決。

□修正前條文

檢察官於審判期日所得為之訴訟行為，於自訴程序，由自訴人為之。

■修正說明（92.02.06）

一、檢察官於審判期日所得為之訴訟行為，例如論告、辯論等，均應由自訴代理人為之。
二、本法既改採自訴強制律師代理制度，如自訴人未委任代理人，其程式即有未合，法院應先定期命其補正。如逾期仍不委任代理人，足見自訴人濫行自訴或不重視其訴訟，法院自應諭知不受理之判決。

三、因所諭知之不受理判決並非實體判決，自訴人仍可依法為告訴或自訴，不生失權之效果，對其訴訟權尚無影響。縱然所訴之罪屬告訴乃論，依司法院院字第一八四四號解釋意旨，檢察官在接受自訴不受理之判決後，認為應提起公訴者，仍得開始偵查，尚毋須另行告訴，不致產生告訴逾期之疑慮，附此敘明。

第 330 條（檢察官之協助）
Ⅰ法院應將自訴案件之審判期日通知檢察官。
Ⅱ檢察官對於自訴案件，得於審判期日出庭陳述意見。

第 331 條（諭知不受理判決—代理人無正當理由不到庭）
自訴代理人經合法通知無正當理由不到庭，應再行通知，並告知自訴人。自訴代理人無正當理由仍不到庭者，應諭知不受理之判決。

第 332 條（承受或擔當訴訟與一造缺席判決）
自訴人於辯論終結前，喪失行為能力或死亡者，得由第三百十九條第一項所列得為提起自訴之人，於一個月內聲請法院承受訴訟；如無承受訴訟之人或逾期不為承受者，法院應分別情形，逕行判決或通知檢察官擔當訴訟。

第 333 條（停止審判—民事判決）
犯罪是否成立或刑罰應否免除，以民事法律關係為斷，而民事未起訴者，停止審判，並限期命自訴人提起民事訴訟，逾期不提起者，應以裁定駁回其自訴。

第 334 條（不受理判決）
不得提起自訴而提起者，應諭知不受理之判決。

第 335 條（管轄錯誤判決）
諭知管轄錯誤之判決者，非經自訴人聲明，毋庸移送案件於管轄法院。

第 336 條（自訴判決書之送達與檢察官之處分）
Ⅰ自訴案件之判決書，並應送達於該管檢察官。
Ⅱ檢察官接受不受理或管轄錯誤之判決書後，認為應提起公訴者，應即開始或續行偵查。

第 337 條（得上訴判決宣示方法之準用）
第三百十四條第一項之規定，於自訴人準用之。

第 338 條（提起反訴之要件）
提起自訴之被害人犯罪，與自訴事實直接相關，而被告為其被害人者，被告得於第一審辯論終結前，提起反訴。

❐ 實務見解

▸73 台上 1107（判例）

提起自訴之被害人犯罪，而被告為其被害人者，被告固得於第一審辯論終結前，提起反訴，但提起反訴，應以自訴之被告為限，自訴人除得提起自訴外，不得對於反訴復行提起反訴。

第 339 條（反訴準用自訴程序）
反訴，準用自訴之規定。

第 340 條（刪除）

□修正前條文

提起反訴，得於審判期日以言詞為之。

■修正說明（92.02.06）

自訴制度已改採強制律師代理，而依本法前條規定，反訴係準用自訴之規定，自應由律師代理，並提出詳載內容之自訴狀為之。原條文規定違反自訴強制律師代理制，爰予刪除。

第 341 條（反訴與自訴之判決時期）
反訴應與自訴同時判決。但有必要時，得於自訴判決後判決之。

第 342 條（反訴之獨立性）
自訴之撤回，不影響於反訴。

第 343 條（自訴準用公訴程序）
自訴程序，除本章有特別規定外，準用第二百四十六條、第二百四十九條及前章第二節、第三節關於公訴之規定。

❐ 實務見解

▸87 台上 540（判例）

追加自訴係就與已經自訴之案件無單一性不可分關係之相牽連犯罪（指刑事訴訟法第七條所列案件），在原自訴案件第一審辯論終結前，加提獨立之新訴，俾與原自訴案件合併審判，以收訴訟經濟之效，此觀刑事訴訟法第三百四十三條準用第二百六十五條自明；如追加自訴之犯罪，經法院審理結果，認定與原自訴案件之犯罪有實質上或裁判上一罪之單一性不可分關係，依同法第三百四十三條準用第二百六十七條，即為原自訴效力所及，對該追加之訴，自應認係就已經提起自訴之案件，在同一法院重行起訴，依同法第三百四十三條準用第三百零三條第二款，應於判決主文另為不受理之諭知，始足使該追加之新訴所發生之訴訟關係歸於消滅，而符訟訟主義之法理。

第三編 上 訴

第一章 通 則

第 344 條（上訴權人—當事人）
Ⅰ當事人對於下級法院之判決有不服者，得上訴於上級法院。
Ⅱ自訴人於辯論終結後喪失行爲能力或死亡者，得由第三百十九條第一項所列得爲提起自訴之人上訴。
Ⅲ告訴人或被害人對於下級法院之判決有不服者，亦得具備理由，請求檢察官上訴。
Ⅳ檢察官爲被告之利益，亦得上訴。
Ⅴ宣告死刑之案件，原審法院應不待上訴依職權逕送該管上級法院審判，並通知當事人。
Ⅵ前項情形，視爲被告已提起上訴。

□修正前條文

Ⅰ當事人對於下級法院之判決有不服者，得上訴於上級法院。
Ⅱ自訴人於辯論終結後喪失行爲能力或死亡者，得由第三百十九條第一項所列得爲提起自訴之人上訴。
Ⅲ告訴人或被害人對於下級法院之判決有不服者，亦得具備理由，請求檢察官上訴。
Ⅳ檢察官爲被告之利益，亦得上訴。
Ⅴ宣告死刑或無期徒刑之案件，原審法院應不待上訴依職權逕送該管上級法院審判，並通知當事人。
Ⅵ前項情形，視爲被告已提起上訴。

■修正說明（109.01.15）

一、第一項至第四項及第六項未修正。
二、死刑係生命刑，於執行後如發現爲冤獄，將無法補救。爲保障人權，宣告死刑之案件，原審法院應不待上訴依職權逕送該管上級法院審判。至於無期徒刑因屬自由刑，當事人本得自行決定是否提起上訴，此與宣告死刑之情形有別。被告受無期徒刑之判決後折服，願及早入監執行者，自應尊重其意願，原條文第五項原定：宣告無期徒刑之案件應不待上訴依職權逕送該管上級法院之規定，無異剝奪被告期能及早確定而不上訴之權益，爰將「或無期徒刑」等文字予以刪除。

❖ 修法簡評

無罪推定原則應形成檢察官上訴的門檻。即案件既經事實審法院諭知無罪，縱使案件尚未確定，檢察官之追訴權雖未完全耗盡，然而作爲當事人之檢察官既已於原審盡其主張及調查證據之能事，猶無法說服法院確信被告有罪，則其基於追訴權而得提起上訴的範圍，應受推定無罪之阻隔。

因此，學者認爲，現行刑事訴訟法不區別檢察官及被告之上訴權而分設不同的聲明不服的機制，實非妥適。爲落實其實質舉證責任及無罪推定原則，有必要進一步研議限制檢察官對無罪判決之上訴，除了已公布實施之刑事妥速審判法第8條及第9條限制檢察官上訴第三審外，應進一步修正刑事訴訟法，規定對於第一審所爲之無罪判決，限於原審法院有關自白法則或違法證據排除等證據能力有無之認定有誤，或有判決違背法令之情形，否則不得提起第二審上訴。

【陳運財，〈論國民參與刑事審判與上訴制度之變革〉，《月旦法學雜誌》，第 215 期，2013.04，182 頁以下。】

❑ 實務見解

▶76 台上 4079（判例）

檢察官得於所配置之管轄區域以外執行職務，但配置各級法院之檢察官其執行職務或行使職權，仍屬獨立並應依法院之管轄定其分際。**故下級法院檢察官對於上級法院之判決，均不得提起上訴。同級法院之檢察官，對於非其配置之法院之判決亦無聲明不服提起上訴之權**。甲法院檢察官移轉乙法院檢察官偵查後逕向甲法院起訴之案件，引法院審理時，例由配置同院之檢察官到庭執行職務，則第一審判決後，自應向同院到庭檢察官送達，如有不服，亦應由同院檢察官提起上訴。

▶100 台上 6254（判決）

按被告死亡者，應諭知不受理之判決，爲刑事訴訟法第三百零三條第五款所明定。又檢察官爲刑事訴訟法第三百四十四條第一項前段規定之當事人，代表國家職司偵查，對被告利益、不利益均應一併注意，**訴訟上具公益角色，負有監督並請求糾正判決違法情形之職責，其上訴權自不因被告死亡而受有限制**。

第 345 條（上訴權人—獨立上訴）
被告之法定代理人或配偶，得爲被告之利益獨立上訴。

❑ 實務見解

▶62 台上 1286（判例）

不服下級法院判決得上向上級報院提起上訴者，原以當事人或被告之法定代理人或配偶，或被告在原審依報委任之代理人或辯護人爲限，自訴人之配偶爲自訴人提起上訴者，則非以自訴人於辯論終結後喪失行爲能力或死亡者不得爲之，刑事訴訟法第三百四十四條至第三百四十六條分別定有明文。本件上訴人僅爲自訴人之配偶，雖經自訴人在原審委任其爲代理人，但既非首開法條所列得以獨立或代為提上訴之人，又無得為自訴人提起上訴之情形，既不得提起上訴，茲竟以其自己名義提起上訴，自屬不應准許。

第 346 條（上訴權人—代理上訴）
原審之代理人或辯護人，得為被告之利益而上訴。但不得與被告明示之意思相反。

❑ 實務見解

▶ 釋字第 306 號（81.10.16）

本院院解字第三〇二七號解釋及最高法院五十三年臺上字第二六一七號判例，**謂刑事被告之原審辯護人為被告之利益提起上訴，應以被告名義行之，此範圍內**，與憲法保障人民訴訟權之意旨，尚無牴觸。但上開判例已指明此係程式問題，**如原審辯護人已為被告之利益提起上訴，而僅未於上訴書狀內表明以被告名義上訴字樣者，其情形既非不可補正，自應依法先定期間命為補正，如未先命補正，即認其上訴為不合法者，應予依法救濟**。最高法院與上述判例相關連之六十九年臺非字第二〇號判例，認該程式欠缺之情形為無可補正，與前述意旨不符，應不予援用。

▶ 71 台上 7884（判例）

刑事訴訟法第三百四十六條規定原審之代理人或辯護人，得為被告之利益而上訴，此項規定，非可類推解釋，而認自訴人之代理人亦得為自訴人之利益而代自訴人提起上訴。

▶ 99 台上 274（判決）

按被告之原審辯護人固得依刑事訴訟第三百四十六條之規定，為被告利益上訴，惟僅屬代行上訴性質，而非獨立上訴，故其上訴應以被告名義行之。本件甲〇〇之原審選任辯護人賴錫卿竟不以被告名義提起上訴，而以其自己名義提起上訴，應認其上訴為不合法，予以駁回。

第 347 條（上訴權人—自訴案件檢察官）
檢察官對於自訴案之判決，得獨立上訴。

第 348 條（上訴範圍）
I 上訴得對於判決之一部為之；未聲明為一部者，視為全部上訴。
II 對於判決之一部上訴者，其有關係之部分，視為亦已上訴。

❑ 實務見解

▶ 院字第 2510 號（32.05.01）

檢察官以某甲犯子丑兩罪提起公訴，第一審判決僅就子罪論知罪刑，丑罪部分則未明白宣示，原檢察官遂專以丑罪漏判為理由提起上訴，某甲對於科刑判決並未聲明不服，斯時第二審審判之範圍，自應就子丑兩罪是否屬於裁判上之一罪而定，設使子丑兩罪係屬裁判上一罪，丑罪既經上訴，子罪部分應視為亦已上訴，祇須第一審判決理由內曾就丑罪之成立與否加以判斷，無論丑罪能否證明，或其行為應否處罰，主文內本不應分別諭知，若第二審對於子丑兩罪審認結果與第一審判決所認無異，自應將檢察官之上訴駁回。又如子丑兩罪係屬實質上數罪，則審判上並無不可分之關係，子罪因未上訴已經確定，第二審僅得就上訴之丑罪部分審判，第一審判決主文內未將丑罪明白諭知無罪，其判決固屬違法，**苟理由內業已明認丑罪犯行不能證明，或其行為不應處罰，究難謂第一審對之未加裁判，自與漏判情形有殊，倘第二審審理結果，仍與第一審所認相同，檢察官之上訴論旨雖不成立，而第一審判決既非適法，亦屬無可維持，應將第一審判決關於丑罪部分撤銷，自行諭知無罪**。

▶ 106 年度第 9 次刑事庭會議決議（106.07.18）

被告經原審法院認定其行為時因精神障礙，致不能辨識其行為違法，依刑法第十九條第一項規定，係屬不罰，而判決無罪，並依同法第八七條第一項之規定，諭知令入相當處所，施以監護之處分（下稱監護處分）。被告不服，以：本件應係不能證明被告犯罪，而非被告之行為不罰。被告之精神疾病業經接受治療並獲控制，應無施以監護之必要為由，提起上訴。**上訴審法院得否以被告無上訴利益，逕以其上訴不合法予以駁回？**

決定：採乙說。

乙說：被告有上訴利益。

一、對精神障礙者之監護處分，其內容不以監督保護為已足，並應注意治療及預防對社會安全之危害。依保安處分執行法第四七條之規定，經檢察官指定為執行處所之精神病院、醫院，對於受監護處分者，除分別情形給予治療外，並應監視其行動。受監護處分者之行動既受監視，自難純以治療係為使其回復精神常態及基於防衛公共安全之角度，而忽視人身自由保障之立場，否定監護係對其不利之處分。

二、刑法第八七條第一項規定之監護處分，係因被告有同法第十九條第一項所定之精神障礙，或其他心智缺陷致欠缺責任能力而不罰者，其情狀足認有再犯或有危害公共安全之虞時，始有其適用。法院依刑事訴訟法第三〇一條就此為被告無罪之判決時，並應諭知其處分及期間。**是以，此項監護處分與無罪之諭知，具有不可分離之關係，不能割裂為二事；其有無上訴利益，必須為整體之觀察，無從分別判斷。**

三、題旨所示之原審無罪判決，**已同時諭知對被告不利之監護處分，而與僅單純宣告被告無**

罪之判決不同，自應認被告具有上訴利益，不得逕以其無上訴利益而予駁回。

▶76 台上 2202（判例）

裁判上一罪案件之重罪部分得提起第三審上訴，**其輕罪部分雖不得上訴，依審判不可分原則，第三審法院亦應併予審判，但以重罪部分上訴合法爲前提，如該上訴爲不合法，**第三審法院應從程序上予以駁回，而無從爲實體上判決，對於輕罪部分自無從適用審判不可分原則，併爲實體上審判。

▶53 台上 289（判例）

二審法院認第一審對判決論罪不當，予以撤銷改判者，依罪刑不可分之原則，應將上訴之部分全部撤銷，不得僅將其罪名部分撤銷。

▶46 台上 914（判例）

戡亂時期竊盜犯贓物犯保安處分條例第四條所定之保安處分與罪有不可分離之關係，而罪與刑而又不能割裂爲二事，第二審法院如認第一審判決對於被告諭知保安處分爲不當，既應將罪刑與保安處分一併撤銷改判，不得將罪刑與保安處分分別爲撤銷及駁回上訴之判決，原判決將第一審判決關於保安處分部分撤銷，將罪刑部分之上訴駁回，自難謂無違誤。」

▶27 渝上 1663（判例）

不得上訴於第三審法院之罪與得上訴之罪爲牽連犯，而以不得上訴之罪爲重，得上訴之罪爲輕，雖依刑法第五十五條從不得上訴之重罪論科，惟其牽連之輕罪，原得上訴，而牽連犯罪之上訴又不可分，則對於該重罪亦應認爲得上訴於第三審法院。

▶107 台上 2183〇（判決）

按數罪併罰於同一判決分別宣告各罪之刑並定其應執行刑後，當事人表示僅就定應執行刑上訴者，**因應執行刑係依據各罪之宣告刑而來，又必須審酌全判決各宣告罪刑後始可決定，不能與所依據之各罪刑分離而單獨存在，且與各罪刑間在審判上具有無從分割之關係，故不受當事人僅對定執行刑部分上訴之主張所拘束**。換言之，基於上訴不可分之原則，**如僅對定執行刑上訴，**依刑事訴訟法第三四八條第二項之規定，有關係之各罪部分，亦應視爲均已全部上訴，而一併審理；否則即有已受請求之事項未予判決之違法。

▶106 台非 648〇（判決）

按上訴，係對下級法院之判決聲明不服之方法，而上訴審法院則藉由上訴聲明以特定審判之對象，是其範圍自應**以上訴權人之意思爲準，**倘原審判決之各部分**具有可分性、且當事人之眞意甚爲明確者，**即可對原審判決之一部分表示不服，此時自無適用刑事訴訟法第三四八條規定之餘地。**原審判決是否具可分性，其判別基準端視判決之各部分能否分割及是否會產生判決之歧異而定，其於上訴審得以僅審理聲明不服之部分，且該部分經撤銷或改判時，如未經聲明不服部分繼續維持原審判決所爲事實及法律上之認定，二者不致相互矛盾，自屬具審判上可分性。從而上訴權人合法聲明上訴部分，自應認其一部上訴聲明有效，上訴審即應受其拘束，以限定上訴審審理之範圍**。如此，不惟合乎上訴權人上訴之目的，當事人亦得僅針對該部分之爭點予以攻擊防禦，俾有助於法院訴訟資源之有效運用。刑法第四十二條第三項、第五項罰金易服勞役之折算標準及期限，所應審究者，乃如何以新台幣（下同）一千元、二千元或三千元折算一日或以罰金總額與一年之日數比例折算，此與審理被告有罪、無罪或所犯何罪之程序，二者所要認定之事實不同，**衡諸易刑處分之裁量有其獨立性，復兼具執行事項之本質，本與罪刑無關，**倘上訴權人僅就易刑處分折算標準上訴，對原審論處之罪名及刑罰並無爭執，則上訴審僅就罰金易服勞役折算標準是否適法部分審判，既不致產生上訴審改判諭知罰金易服勞役之折算標準與原審認定之罪名不相符合之情形，自不生罪刑不可分或上訴不可分關係可言。

▶100 台上 4890（判決）

所謂「有關係之部分」，係指犯罪事實具實質上一罪或裁判上一罪關係者，依上訴不可分之原則，就其中一部上訴之效力及於全部而言。而起訴之犯罪事實，究屬爲可分之併罰數罪，抑爲具單一性不可分關係之實質上或裁判上一罪，檢察官起訴書如有所主張，固足爲法院審判之參考。然縱公訴人主張起訴事實屬實質上一罪或裁判上一罪關係之案件，經法院審理結果，認應屬併罰數罪之關係時，則爲法院認事、用法職權之適法行使，並不受檢察官主張之拘束。此際，於認係屬單一性案件之情形，因其起訴對法院僅發生一個訴訟關係，如經審理結果，認定其中一部分成立犯罪，他部分不能證明犯罪者，即應就有罪部分於判決主文諭知論處之罪刑，而就無罪部分，經於判決理由欄予以說明論斷後，敘明不另於判決主文爲無罪之諭知即可，以符訴訟主義一訴一判之原理；反之，如認起訴之部分事實，不能證明被告犯罪，且依起訴之全部犯罪事實觀之，亦與其他有罪部分並無實質上或裁判上一罪關係者，即應就該部分另爲無罪之判決，不得以公訴意旨認有上述一罪關係，即謂應受其拘束，而僅於理由欄說明不另爲無罪之諭知。於後者之情形，法院既認被告被訴之各罪間並無實質上一罪或裁判上一罪關係，其間不生上揭所謂之上訴不可分關係，則被告僅就其中有罪部分提起上訴，自無從因審判不可分之關係，認其對有罪部分之上訴效力及於應另諭知無罪部分。

▶99 台上 4192（判決）

所謂單一性案件，係指事實上一罪及法律上一罪之案件。法律上一罪，包含裁判上一罪之想像競合犯，及實質上一罪之接續犯、吸收犯、結合犯、加重結果犯等案件，在審判上均屬不可分割，因審判不可分之關係，依刑事訴訟法第三百四十八條第二項之規定，對於判決之一部上訴，原則上與其有關係之部分，視爲亦已上訴，亦即犯罪事實之全部均發生移審效力。

第 349 條（上訴期間）
上訴期間爲二十日，自送達判決後起算。但判決宣示後送達前之上訴，亦有效力。

☐修正前條文

上訴期間爲十日，自送達判決後起算。但判決宣示後送達前之上訴，亦有效力。

■修正說明（109.01.15）

原條文規定之上訴期間爲十日，相對於民事訴訟法第四百四十條規定之上訴期間爲二十日，實嫌過短，爰比照民事訴訟法之規定，修正爲二十日，以保障當事人之權益。

第 350 條（提起上訴之程式）
I 提起上訴，應以上訴書狀提出於原審法院爲之。
II 上訴書狀，應按他造當事人之人數，提出繕本。

❒ 實務見解

▶72 台上 4542（判例）

上訴人於原審審理時既經出庭應訊，而由受命推事曉諭檢察官之上訴意旨，於公判庭並曾由檢察官踐行論告之程序，是上訴人並非不能爲充分之防禦，縱令原審未將檢察官之上訴書繕本送達上訴人，其訴訟程序雖有違法，但於判決主旨顯然不生影響，依刑事訴訟法第三百八十條規定，即不得爲合法之上訴第三審理由。

第 351 條（在監所被告之上訴）
I 在監獄或看守所之被告，於上訴期間內向監所長官提出上訴書狀者，視爲上訴期間內之上訴。
II 被告不能自作上訴書狀者，監所公務員應爲之代作。
III 監所長官接受上訴書狀後，應附記接受之年、月、日、時，送交原審法院。
IV 被告之上訴書狀，未經監所長官提出者，原審法院之書記官於接到上訴書狀後，應即通知監所長官。

第 352 條（上訴狀繕本之送達）
原審法院書記官，應速將上訴書狀之繕本，送達於他造當事人。

第 353 條（上訴權之捨棄）
當事人得捨棄其上訴權。

❒ 實務見解

▶31 抗 58（判例）

㈠刑事訴訟法第三百四十五條所謂捨棄上訴權，指當事人於原審判決宣示或送達後，在得行使上訴權之法定期間內，明示不爲上訴之謂。**至提起上訴後，僅得撤回上訴，無所謂捨棄上訴權**。

㈡提起上訴後，雖得於判決前撤回其上訴，但在上訴審判決後，即無撤回上訴之餘地。

第 354 條（上訴之撤回）
上訴於判決前，得撤回之。案件經第三審法院發回原審法院，或發交與原審法院同級之他法院者，亦同。

☐修正前條文

上訴於判決前，得撤回之。

■修正說明（96.07.04）

一、刑事案件之上訴人撤回第二審上訴，應於第二審判決前爲之。是案件經第三審法院發回原審法院，或發交與原審法院同級之他法院者，因該案件曾經第二審判決，已不符於第二審判決前撤回之條件，如再准予撤回第二審上訴，與現行條文規定不合。故經第三審發回更審後，即不得撤回原第二審上訴，此爲現今實務上所持之見解（司法院院字第六八二號、院字第九八三號、院字第一三六三號等解釋及最高法院四十六年台上字第四八六號判例參照）。

二、惟我國刑事訴訟制度已由職權進行主義改採改良式當事人進行主義，如容許上訴人於更審程序中得撤回上訴，以尊重其意願，強化當事人之訴訟自主權，自較合乎改良式當事人進行主義之原則，並兼顧訴訟經濟。況且當事人既信服第一審判決而自願撤回第二審上訴，法院亦無強令其續行訴訟之理。爰參考民事訴訟法第四百五十九條第一項前段規定，修正本條，俾上訴人於經第三審發回原審法院，或發交與原審法院同級之他法院審理中，均仍得撤回上訴。

第 355 條（撤回上訴之限制—被告同意）

為被告之利益而上訴者，非得被告之同意，不得撤回。

第 356 條（撤回上訴之限制－檢察官同意）
自訴人上訴者，非得檢察官之同意，不得撤回。

第 357 條（捨棄或撤回上訴之管轄）
Ⅰ捨棄上訴權，應向原審法院為之。
Ⅱ撤回上訴，應向上訴審法院為之。但於該案卷宗送交上訴審法院以前，得向原審法院為之。

第 358 條（捨棄或撤回上訴之程式）
Ⅰ捨棄上訴權及撤回上訴，應以書狀為之。但於審判期日，得以言詞為之。
Ⅱ第三百五十一條之規定，於被告捨棄上訴權或撤回上訴準用之。

第 359 條（捨棄或撤回上訴之效力）
捨棄上訴權或撤回上訴者，喪失其上訴權。

❐ 實務見解

▶84 年度第 9 次刑事庭會議決議（84.12.05）

決議：採甲說。
被告上訴後，第一審判決即處於不確定狀況，至其撤回上訴時，因喪失其上訴權，始告確定，故應以撤回上訴日為判決確定之日。

▶62 年度第 1 次刑事庭會議決議（62.07.24）

實質上或裁判上之一罪，僅撤回其一部上訴者，雖所餘者為一部上訴，但因其有關係之部分，視為亦已上訴（刑事訴訟法第三百四十八條第二項），上訴審法院仍應就其全部加以審判，故該一部撤回上訴等於未撤回。

▶46 台上 486（判例）

刑事案件撤回第二審上訴，應於二審裁判前為之，經第三審發回更審後，即不得撤回。上訴於本院前次發回更審後，原審審理之日，以言詞請求撤回上訴，原審未予置理，而逕行裁判，並非違法。

第 360 條（捨棄或撤回上訴之通知）
捨棄上訴權或撤回上訴，書記官應速通知他造當事人。

第二章　第二審

第 361 條（第二審上訴之管轄）
Ⅰ不服地方法院之第一審判決而上訴者，應向管轄第二審之高等法院為之。
Ⅱ上訴書狀應敘述具體理由。
Ⅲ上訴書狀未敘述上訴理由者，應於上訴期間屆滿後二十日內補提理由書於原審法院。逾期未補提者，原審法院應定期間先命補正。

□修正前條文

不服地方法院之第一審判決而上訴者，應向管轄第二審之高等法院為之。

■修正說明（96.07.04）

一、第一項未修正。
二、提起第二審上訴之目的，在於請求第二審法院撤銷、變更原判決，自須提出具體理由。爰增訂第二項，明定上訴書狀應敘述具體理由。又因目前第二審並非如第三審係法律審，故上訴理由無須如第三百七十七條規定以原判決違背法令為限，乃屬當然。
三、上訴書狀必須具備理由，雖為上訴必備之程式，惟上訴書狀未記載理由者，亦不宜逕生影響上訴權益之效果，爰增訂第三項，明定得於上訴期間屆滿後二十日內自行補提理由書於原審法院，以保障其權益。又原審法院對上訴書狀有無記載理由，應為形式上之審查，認有欠缺，且未據上訴人自行補正者，應定期間先命補正，爰於第三項後段明定。至上訴理由是否具體，係屬第二審法院審查範圍，不在命補正之列。又雖已逾法院裁定命補正期間，並不當然發生失權效果，在法院尚未據以為裁判前，仍得提出理由書狀以為補正，乃屬當然，均一併敘明。

❖ 修法簡評

新法之目的，為防止「空白上訴」，雖有其正當性，**但卻不經意造成對弱勢族群保護之漏洞**，使弱勢族群喪失受二審覆審的權利。蓋在一審及二審審判中，對弱勢族群都提供相當之保護，但在一審結束後、二審開始前，卻疏於保護，有修法補正之必要。因此有學者建議，應作如下之修法：
㈠低收入戶被告於一審中無選任或指定辯護人，在判決後欲提起上訴者，得請求法院為其指定辯護人協助上訴。
㈡由於提起上訴之困難性，在一審終結後，如被告欲提起上訴，**其原已選任或指定之辯護人應為被告提起上訴並撰寫上訴理由書。**

【王兆鵬，《刑事訴訟講義》，元照，五版，2010.09，923～924 頁。】

❖ 法學概念

上訴

所謂上訴，乃係對於下級法院未確定之「判

決」直接向上級法院聲明不服而請求救濟之方法。因法院審判案件，難免有疏漏之處，致使認事用法或量刑上產生錯誤或不當之情事。如一經判決即無法更正，自非訴訟制度的目的。法為謀救濟之道，故將審判分為三級，而設上訴制度，以資救濟。使訴訟當事人及其他有上訴權人，對於判決不服者，於法定期間內，得聲請上級法院，撤銷或變更。

【陳宏毅、林朝雲，《刑事訴訟法新理論與實務》，五南，初版，2015.02，463頁。】

❖ 爭議問題

本條所稱上訴二審之「具體理由」，應如何界定？

一、嚴格認定說

所謂具體理由，必係依據卷內既有訴訟資料或提出新事證，指摘或表明第一審判決有何採證認事、用法或量刑等足以影響判決本旨之不當或違法，而構成應予撤銷之具體事由，始克當之（例如：依憑證據法則具體指出所採證據何以不具證據能力，或依憑卷證資料，明確指出所為證據證明力之判斷如何違背經驗、論理法則）。

倘僅泛言原判決認定事實錯誤、違背法令、量刑失之過重或輕縱，而未依上揭意旨指出具體事由，或形式上雖已指出具體事由，然該事由縱使屬實，亦不足以認為原判決有何不當或違法者（例如：對不具有調查必要性之證據，法院未依聲請調查亦未說明理由，或援用證據不當，但除去該證據仍應為同一事實之認定），皆難謂係具體理由（此說以最高法院97年度台上字第892號判決可為代表，100年度台上字第4203號判決同旨）。

二、從寬認定說

第二審法院審酌是否合於法定具體理由要件，應就上訴書狀所述理由及第一審判決之認事、用法或量刑，暨卷內所有訴訟資料等項，兼顧保障被告之權益，**而為整體、綜合觀察，不容偏廢，始符立法本旨。準此，被告之上訴理由縱使形式上未盡符合法定具體理由之嚴格要件，第二審法院仍應斟酌第一審判決有無顯然於判決有影響之不當或違法，兼及是否有礙於被告之權益**，倘認有此情形，應認第二審上訴係屬合法，而為實體審理，以充分保障人民之訴訟權及實現具體正義（最高法院98年度台上字第2796號判決參照）。

此外，第二審上訴之目的，既在於請求撤銷、變更原判決，上訴書狀所敘述原判決如何足以撤銷、如何應予變更之事實上或法律上之具體事項，除其所陳之事由，與訴訟資料所載不相適合者外，**倘形式上已足以動搖原判決使之成為不當或違法而得改判之事由者，均應認符合具體之要件**（最高法院98年度台上字第5354號判決參照）。

以上兩說，學者較贊成從寬認定說，認為前開嚴格認定說見解有所瑕疵：其一在於該判決要求上訴二審必須指出原審「**所為證據證明力之判斷如何違背經驗、論理法則**」，等同最高法院剝奪人民就同一事實爭執受兩次審判的權利，混淆事實問題與法律問題、紊亂事後審制與覆審制。

其二，所謂的「具體理由」，亦應依一般人民之普遍認知為準。嚴格認定說見解以某事實爭執或量刑理由，乃原審法院自由裁量之權或業經原審法院斟酌考量，即認定人民之上訴不備「具體理由」。此種解釋方式，**顯然背離一般人民之普遍認知**，將造成人民對司法的憎惡與不信任。

【王兆鵬、張明偉、李榮耕，《刑事訴訟法（下）》，新學林，四版，2018.09，429頁。】

若依照嚴格認定說，僅僅主張何證據較為可信，依據何證據應如何認定事實，還不足以構成「具體事實」，仍須指出證據證明力的判斷如何違反論理或經驗法則方可。但此見解與目前二審為覆審制的設計有著嚴重的衝突。二審採覆審制的精神在於對於事實再一次的審理，即使原審判決對於證據證明力的認定合於論理或經驗法則，上訴人還是有權請求上級審法院重新認定事實，作成有利於其的判決。

【李榮耕，〈上訴二審理由是否具體之判斷，《月旦法學教室》，第175期，2017.04，25頁。】

黃朝義教授主張，上訴狀之上訴理由不夠具體，**一審法院並無實質審查權限，因此只要有敘述理由，一審法院即不得裁定駁回上訴**。二審法院命補正之前提，亦應以上訴書狀「根本未提理由」為限。

【黃朝義，《刑事訴訟法》，新學林，五版，2017.09，737頁。】

編按：

106年度第8次刑事庭會議決議（106.07.08）亦採從寬認定說。

❖ 爭議問題

第一審辯護人有無代撰上訴理由書狀之義務？

一、肯定說

最高法院98年度台上字第5354號判決採肯定說，認為**此乃辯護權射程之當然延伸及刑事訴訟法第346條與公設辯護人條例第17條等規定之相同法理，被告自得請求原審辯護人代作上訴理由書，原審辯護人亦有代作之義務**，以落實被告有效受辯護人協助之權利（最高法院100年度台上字第7086號、100年度台上字第1135號、100年度台上字第5673號判決同旨）。

刑訴法第31條之強制辯護案件，立法者已預設此類案件，被告無法依其個人之能力，就訴訟上相關之權利爲實質有效之行使，**應受辯護人強而有力之協助，以確保其法律上之利益**（最高法院 99 年度台上字第 4470 號判決參照）。

二、否定說

被告是否及如何要求其辯護人代爲訴訟行爲，給予協助，該合法選任、指定之辯護人是否善盡職責，要與被告未經合法辯護人爲其辯護之情形有別，殊非居於公平審判地位之法院，所應介入（最高法院 100 年度台上字第 6199 號判決參照）。

又鑒於司法分工及公平法院中立角色之維持，第一審辯護人是否盡善良管理人之注意義務而克盡其襄助被告使受合法第二審上訴之責，**並非基於仲裁者之第二審法院所應介入或得以置喙**（最高法院 99 年度台上字第 7060 號判決參照）。

以上兩說，學者較贊成肯定說，其乃係立基於正視弱勢族群在刑事程序中之劣勢地位，以最終審法院應有之開闊氣魄，創設刑事訴訟之新理論，糾正過去之錯誤，填補不應有之上訴鴻溝，體現對貧窮弱勢關懷之觀點。

【王兆鵬，〈上訴二審鴻溝之填補——最高法院 98 年台上字第 5354 號判決〉，《法令月刊》，第 61 卷第 2 期，2010.02，52 頁以下。】

德國學界通說及實務見解皆認爲，義務辯護人一旦指定後，該指定之效力將涵蓋整個刑事審判程序。此係因強制辯護規定於總則編，除另有特別規定外，事實審及法律審皆應適用，**基此，審判長指定之效力也會及於各審級，指定效力直到判決確定爲止，始爲解除**。如同德國學說實務見解，最高法院 99 年度台上字第 4470 號判決理由亦肯認第一審指定辯護人有爲被告代爲撰寫上訴理由之義務。

又基於強制辯護制度功能，第一審法院所指定之辯護人負有協助被告提起第二審上訴及撰寫上訴理由之法定義務，法官因此得命第一審所指定之辯護人履行該職務。**畢竟該指定辯護人對第一審程序及案情較爲熟悉，由其撰寫上訴理由較能發揮實質辯護功能，也不會因此而延滯訴訟。**如果該指定辯護人違背職務不爲被告撰寫上訴理由，第二審法官應指定辯護人爲被告撰寫上訴理由。如有必要，應適用回復原狀規定，讓該指定辯護人有餘裕準備上訴理由。

【何賴傑，〈指定辯護人代撰第二審上訴理由之義務——最高法院 99 年台上字第 4700 號刑事判決〉，《月旦裁判時報》，第 6 期，2010.12，106 頁以下。】

❑ 實務見解

106 年度第 8 次刑事庭會議決議（106.07.04）

刑事訴訟法第三百六十一條第二項規定：「（第二審）上訴書狀應敘述具體理由。」所稱「具體理由」之標準如何認定？

決議：採乙說：

刑事訴訟法第三百六十一條第一項、第二項規定，不服地方法院之第一審判決而上訴者，須提出上訴書狀，並應敘述具體理由。就修法過程以觀，原草案爲：「依前項規定提起上訴者，其上訴書狀應敘述理由，並引用卷內訴訟資料，具體指摘原審判決不當或違法之事實。其以新事實或新證據爲上訴理由者，應具體記載足以影響判決結果之理由。」嗣經修正通過僅保留「上訴書狀應敘述具體理由」之文字，其餘則刪除，**故所稱「具體理由」，並不以其書狀應引用卷內訴訟資料，具體指摘原審判決不當或違法之事實，亦不以於以新事實或新證據爲上訴理由時，應具體記載足以影響判決結果之情形爲必要**。但上訴之目的，既在請求第二審法院撤銷或變更第一審之判決，所稱「具體」，當係抽象、空泛之反面，若僅泛言原判決認事用法不當、採證違法或判決不公、量刑過重等空詞，而無實際論述內容，即無具體可言。從而，上開法條規定上訴應敘述具體理由，係指須就不服判決之理由爲具體之敘述而非空泛之指摘而言。倘上訴理由就其所主張第一審判決有違法或不當之情形，已舉出該案相關之具體事由足爲其理由之所憑，即不能認係徒托空言或漫事指摘；縱其所舉理由經調查結果並非可採，要屬上訴有無理由之範疇，究不能遽謂未敘述具體理由。

▶100 台上 7086（判決）

刑事被告有受其每一審級所選任或經指定之辯護人協助上訴之權利，此觀刑事訴訟法第三百四十六條之規定，賦予原審辯護人得爲被告利益上訴之權，以及終局判決後原審辯護人仍得檢閱卷宗及證物等權利至明。倘若被告在第一審經法院指定辯護人爲其辯護，**則被告於上訴期間內提起之第二審上訴，如未據其原審辯護人代作上訴理由書狀者，本乎被告在第一審之辯護人倚賴權係至上訴發生移審效力爲止之當然延伸，及刑事訴訟法第三百四十六條與公設辯護人條例第十七條等規定之相同法理，被告自得請求第一審指定辯護人代作上訴理由書**，第一審指定辯護人亦有代作之義務，此屬被告受辯護人協助權能之一部，非僅爲辯護義務之延伸。

▶100 台上 6199（判決）

然強制辯護案件，被告提起第二審上訴，苟未重新選任辯護人，其於第一審原有合法選任或指定之辯護人，爲其辯護，自得代爲撰寫上訴理由書狀等一切訴訟行爲，予其必要之協助，已合於強制辯護案件應隨時設有辯護人爲被告辯護之要求。至**被告是否及如何要求其辯護人代爲訴訟行**

爲，給予協助，該合法選任、指定之辯護人是否善盡職責，要與被告未經合法辯護人爲其辯護之情形有別，殊非居於公平審判地位之法院，所應介入。
本件屬強制辯護案件，上訴人於提起第二審上訴後二十日內，未重新選任第二審辯護人，亦未獲第一審辯護人之協助，而自行補提上訴理由狀，所敘述者非屬具體理由，第一審或原審雖未以適當方法，提醒上訴人得請求原辯護人代撰上訴理由；亦未併列第一審之選任辯護人，再裁定命上訴人補提具體理由，以促第一審辯護人注意協助上訴人提出合法之上訴書狀，或爲上訴人指定辯護人，依前開說明，尚難認與強制辯護制度所保障被告之辯護倚賴權相違背。

▶100 台上 5673（判決）

第一審強制辯護案件，被告除於案件審理程序終結前，得受辯護人協助指明有利之證據及爲忠實有效之辯護外；對於不利之判決聲明不服，**而提起第二審上訴程序中，併有受原審辯護人協助具體指摘原判決有何不當或違法之權利**。後者，屬受律師協助權能之一部，非僅爲辯護義務之延伸。此爲憲法保障被告獲得辯護人充分完足協助之防禦權核心內涵。**準此，法院基於刑事訴訟法第二條所課予之義務，不待被告之請求，自應考量使被告在該審級獲致辯護人協助之可能，賦予被告訴訟上權利爲實質有效行使之機會**，方足與強制辯護規定之立法目的相契合。**故強制辯護之案件，被告不服第一審之判決而提起上訴，如其上訴書狀全然未敘述理由者，第一審或第二審法院命其爲補正時，均應於裁定之當事人欄內併列第一審之辯護人，俾促其注意協助被告提出合法之上訴書狀，以恪盡第一審辯護人之職責，並藉以曉諭被告得向第一審之辯護人請求協助之目的**；倘被告未及經第一審辯護人之協助已自行提出上訴理由，但囿於專業法律知識或智能之不足，致未能爲契合法定具體理由之完足陳述時，基於被告有受憲法保障其實質獲得辯護人充分完足協助之防禦權之權能，第二審法院於駁回其上訴前，仍應爲相同模式之裁定，始符強制辯護立法之旨。至於第一審辯護人有否協助遵期補正理由，或所提上訴理由是否具體等之效果，俱屬第二審法院依首揭相關規定爲審酌處理之範疇，要屬當然。

▶100 台上 4203（判決）

所稱具體理由，必係依據卷內既有訴訟資料或提出新事證，指摘或表明第一審判決有何採證認事、用法或量刑等足以影響判決本旨之不當或違法，而構成應予撤銷之具體事由，始克當之；倘僅泛言原判決認定事實錯誤、違背法令、量刑失之過重或輕縱，而未指出具體事由，或形式上雖已指出具體事由，然該事由縱使屬實，亦不足以認爲原判決有何不當或違法者，皆難謂係具體理由。如上訴未敘述具體理由，其上訴即屬不合法律上之程式，第二審法院自應依同法第三百六十七條前段規定，以判決駁回之。

▶100 台上 1135（判決）

被告在上訴期間內提起第二審之上訴，參酌被告有受其辯護人協助訴訟之權利，其出於被告或其他有選任權人之行爲所選任之第一審辯護人，應本於委任契約之訂定，而由國家機關編列經費支給報酬，經第一審審判長指定律師爲辯護人，及依「法律扶助法」而選任或指定之第一審辯護人，因具有公益性，則依其委任事務之性質「至上訴發生移審效力」時止，均不待被告之請求，即應依受任意旨，基於辯護人實質有效協助被告之職責，主動積極盡其代作上訴理由書狀之義務，期使被告得受合法之第二審上訴之協助。然第一審辯護人是否盡善良管理人之注意義務而克盡其襄助被告使受合法第二審上訴之責，鑒於司法分工及公平法院中立角色之維持，並非基於仲裁者之第二審法院所應介入或得以置喙，此與未有辯護人協助之弱勢被告，第二審法院本於善盡訴訟照料義務，在無損於公正性之情形下，針對被告提出之上訴書狀仍得行使必要之闡明權，使爲完足之陳述，究明其上訴書狀之眞義爲何，以保障該無辯護人奧援之被告訴訟權之情形，尚屬有別，不能混淆。

▶99 台上 7060（判決）

惟鑒於司法分工及公平法院中立角色之維持，第一審辯護人是否盡善良管理人之注意義務而克盡其襄助被告使受合法第二審上訴之責，並非基於仲裁者之第二審法院所應介入或得以置喙，此與未有辯護人協助之弱勢被告，第二審法院本於善盡訴訟照料義務，在無損於公正性之情形下，針對被告提出之上訴書狀仍得行使必要之闡明權，使爲完足之陳述，究明其上訴書狀之眞義爲何，以保障該無辯護人奧援之被告訴訟權之情形，尚屬有別，不能混淆。

▶99 台上 4700（判決）

我國刑事訴訟制度，第二審採事實審之覆審制，依民國九十六年七月四日修正之刑事訴訟法第三百六十一條第二項、第三項、第三百六十七條等規定，已明揭第二審上訴書狀應敘述具體理由，爲其法定之程式，而所敘述理由是否具體，屬第二審法院審查範圍，且第二審應就可以補正之事項定期間命爲補正等旨。又同法第三十一條之強制辯護案件，立法者已預設此類案件，被告無法依其個人之能力，就訴訟上相關之權利爲實質有效之行使，應受辯護人強而有力之協助，以確保其法律上之利益，監督並促使訴訟正當程序之進行，非僅止於與檢察官在審判庭上形式上之對等。故第一審強制辯護案件，被告除於案件審理程序終結前，得受辯護人協助指明有利之證據及為忠實有效之辯護外；對於不利之判決聲明不服，而提起第二審上訴程序中，併有受原審辯護人**協助具體指摘原判決有何不當或違法之權利。後者，屬受律師協助權能之一部，非僅為辯護義務之延伸。此為憲法保障被告獲得辯護人充分完足協助之防禦權核心內涵。準此，法院基於刑事訴訟法第二條所課予之義務，不待被告之請求，自應考量使被告在該審級獲致辯護人協助之可能，賦予被告訴訟上權利為實質有效行使之機會，方足與強制辯護規定之立法目的相契合**。故強制辯護之案件，被告不服第一審之判決而提起上訴，如其上訴書狀全然未敘述理由者，第一審或第二審法院命其為補正時，均應於裁定之當事人欄內併列第一審之辯護人，俾促其注意協助被告提出合法之上訴書狀，**以恪盡第一審辯護人之職責，並藉以曉諭被告得向第一審之辯護人請求協助之目的；倘被告未及經第一審辯護人之協助已自行提出上訴理由，但囿於專業法律知識或智能之不足，致未能為契合法定具體理由之完足陳述時，基於被告有受憲法保障其實質獲得辯護人充分完足協助之防禦權之權能，第二審法院於駁回其上訴前，仍應為相同模式之裁定，始符強制辯護立法之旨**。至於第一審辯護人有否協助遵期補正理由，或所提上訴理由是否具體等之效果，俱屬第二審法院依首揭相關規定為審酌處理之範疇，要屬當然。

▶98 台上 5354（判決）

第二審上訴書狀應敘述具體理由，民國九十六年七月四日修正公布之刑事訴訟法第三百六十一條第二項定有明文。上訴書狀全然未敘述理由者，第一審法院或第二審法院審判長應分別依同條第三項、同法第三百六十七條但書之規定，定期間裁定先命補正；如若所提之上訴理由，經第二審法院審查結果，認非屬具體理由者，固無命補正之問題，應依同法第三百六十七條之規定，以上訴不合法律上之程式而判決駁回之。然此上訴理由之敘述如何得謂具體，與法院審查之基準如何，攸關是否契合法定具體理由之第二審上訴門檻，自屬訴訟權保障之核心內容。國家機關為防止先前「空白上訴」之流弊，改採對於被告訴訟（上訴）權限制較大之現制，雖屬立法政策之形成，未逾立法裁量之範疇。

惟我國並未採取律師強制代理制度，此之加擔限制，極有可能因被告囿於專業法律知識之不足，或因智能不足無法為完全之陳述等不可歸責於己之事由，因而被剝奪其上訴權。此一失權效果之發生，與因可歸責於被告自己之原因，如遲誤上訴期間，而失卻其上訴權者迥異，不能等同視之。又刑事被告有受其每一審級所選任或經指定之辯護人協助之權利，此每一審級之射程，至上訴發生移審效力為止，此觀刑事訴訟法第三百四十六條之規定，賦予原審辯護人得為被告利益上訴之權，以及終局判決後原審辯護人仍得檢閱卷宗及證物等權利至明。祇因先前係採「空白上訴」制，以致終局判決宣告後至移審效力發生之間此一空檔辯護人之地位，向被漠視而已。基於辯護人應盡其忠實辯護及執行職務之義務，則第一審辯護人為被告之利益提起第二審之上訴，自應依上開規定，以上訴書狀敘述上訴之具體理由，要屬當然。**倘若被告在第一審有選任或經法院指定辯護人為其辯護，則被告於上訴期間內提起之第二審上訴，如未據其原審辯護人代作上訴理由書狀者，本乎上開辯護權射程之當然延伸及刑事訴訟法第三百四十六條與公設辯護人條例第十七條等規定之相同法理，被告自得請求原審辯護人代作上訴理由書，原審辯護人亦有代作之義務，庶符辯護人係為維護被告正當之權益而存在，以落實被告有效受辯護人協助之權利。至若被告在第一審未選任或未經指定辯護人者，則第二審法院於審查其上訴理由是否符合具體之要件時，在兼顧被告應有受實質救濟機會之訴訟權保障下，自仍得行使必要之闡明權，使為完足之陳述，究明其上訴書狀之眞義為何，然後再就上訴書狀之所載與原判決之全貌意旨為綜核、整體性之觀察，供為判斷之準據**。俾能在節制濫行上訴之立法意旨與刑事被告有權受實質訴訟救濟之保障間，求得衡平。**又第二審上訴之目的，既在於請求撤銷、變更原判決，上訴書狀所敘述原判決如何足以撤銷、如何應予變更之事實上或法律上之具體事項（包括提出利己之事證，期使第二審法院採納，俾為有利之認定），除其所陳之事由，與訴訟資料所載不相適合者外，倘形式上已足以動搖原判決使之成為不當或違法而得改判之事由者，均應認符合具體之要件。**

▶98 台上 2796（判決）

所謂具體理由，解釋上固係指依據卷內既有訴訟資料或提出新事證，指摘或陳明第一審判決於認定事實、適用法律或量刑有何足以影響判決本旨之不當或違法，而構成應予撤銷、變更之具體事由，始克當之；僅泛言原判決認定事實錯誤、違背法令、量刑失之過重或輕縱，而未依上述意旨指出具體事由，或形式上雖已指出具體事由，然其事由縱使屬實，亦不足認原判決有何不當或違法者，皆難謂係具體理由，俾與第二審上訴制度旨在請求第二審法院撤銷、變更不當或違法之第一審判決，以實現個案救濟之立法目的相契合，並節制濫行上訴。然現行刑事訴訟法就第二審上訴係採行覆審制，第三審上訴則為法律審，兩者基本原則不同，第三審上訴理由限於原判決違背法令，第二審上訴理由則不以此為限，兼及原判決認定事實錯誤，**對於第二審上訴之限制，自不能嚴過第三審上訴。基於國家具體刑罰權之正確實現及第二審上訴側重個案救濟之精神，第二審法院審酌是否合於法定具體理由要件，應就上訴書狀所述理由及第一審判決之認事、用法或量刑，暨卷內所有訴訟資料等項，兼顧保障被告之權益，而為整體、綜合觀察，不容偏廢，始符立法本旨。準此，被告之上訴理由縱使形式上未盡符合法定具體理由之嚴格要件，第二審法院仍應斟酌第一審判決有無顯然於判決有影響之不當或違法，兼及是否有礙於被告之權益，倘認有此情形，應認第二審上訴係屬合法，而為實體審理，以充分保障人民之訴訟權及實現具體正義**；必於無此情形，始得以上訴不合法律上之程式，予以駁回，方為適法。

▶97 台上 892（判決）

而所謂具體理由，必係依據卷內既有訴訟資料或提出新事證，指摘或表明第一審判決有何採證認事、用法或量刑等足以影響判決本旨之不當或違法，而構成應予撤銷之具體事由，始克當之（例如：依憑證據法則具體指出所採證據何以不具證據能力，或依憑卷證資料，明確指出所為證據證明力之判斷如何違背經驗、論理法則）；倘僅泛言原判決認定事實錯誤、違背法令、量刑失之過重或輕縱，而未依上揭意旨指出具體事由，或形式上雖已指出具體事由，然該事由縱使屬實，亦不足以認為原判決有何不當或違法者（例如：對不具有調查必要性之證據，法院未依聲請調查亦未說明理由，或援用證據不當，但除去該證據仍應為同一事實之認定），皆難謂係具體理由，俾與第二審上訴制度旨在請求第二審法院撤銷、變更第一審不當或違法之判決，以實現個案救濟之立法目的相契合，並節制濫行上訴。

第362條（原審對不合法上訴之處置—裁定駁回與補正）

原審法院認為上訴不合法律上之程式或法律上不應准許或其上訴權已經喪失者，應以裁定駁回之。但其不合法律上之程式可補正者，應定期間先命補正。

第363條（卷宗證物之送交與監所被告之解送）

I 除前條情形外，原審法院應速將該案卷宗及證物送交第二審法院。

II 被告在看守所或監獄而不在第二審法院所在地者，原審法院應命將被告解送第二審法院所在地之看守所或監獄，並通知第二審法院。

第 364 條（第一審程序之準用）

第二審之審判，除本章有特別規定外，準用第一審審判之規定。

第 365 條（上訴人陳述上訴要旨）

審判長依第九十四條訊問被告後，應命上訴人陳述之要旨。

❑ 實務見解

▶77 年度第 11 次刑事庭會議決議(一)（77.08.09）

刑事案件第二審與第三審調查證據及認定事實職權之界限與第三審自為判決之範圍：

壹、第二審與第三審對於調查證據及認定事實職權之界限。

依我國現制，第二審有調查證據認定事實之職權，而第三審就第二審關於證據之調查及事實之認定，是否違法，有審查之職權。惟第二審與第三審因其審級職務分配之不同，其查證認事之職權，亦有差異，茲舉其主要界限分述如下：

甲、關於第二審部分：

一、第二審採覆審制，應就第一審判決經上訴之部分為完全重覆之審理，是二審既有認定事實之職權，基於直接審理主義及言詞辯論主義之精神，對於第二審審理中所存在之證據，不問當事人所提出或聲請，或法院本於職權所發見，**如與待證事實有重要關係，在客觀上認為應行調查者，第二審自應盡調查之能事，以發揮事實覆審之機能，故不受第一審調查範圍之限制，亦不受當事人意思之拘束**。

二、無證據能力、未經合法調查之證據，第二審不得採為判決之證據資料，第二審調查之證據，應包括第一審已調查及未調查者，是故不特未經第一審調查之證據，應踐行調查之程序，即已經第一審調查之證據，仍應依法加以調查，然後本於直接調查之所得，以形成正確之心證，審認為第一審判決是否適當或有無違法，而為第二審之判決。

三、第二審就案內所證據本於調查所得心證，分別定其取捨，而靈事實之判斷，本為其職權之行使，苟與證據法則無違，不得加以指摘。又證據之證明力，亦即證據之價值判斷，由第二審法院本其自由心證而為之，但其心證應本於證據法則，而為合理之判斷，否則即屬違法。

四、第三審就發回更審所為法律上之判斷，固足以拘束原審法院，但所作發回意旨之指示，不影響原審法院眞實發見主義之要求，更審中對於當事人聲請調查，不以第三審發回所指者爲限，第二審法院經審理結果，自得本於所得心證而爲不同之判斷，據以重新爲事實之認定。

五、連續犯之多次犯罪行爲，事證已明，設如其中部分行爲事實欠明，無從調查時，第二審可依法不列爲犯罪事實並於理由內爲必要之說明，以減少案件之發回。

▶64 年度第 3 次刑事庭會議決議（64.07.01）

被告法定代理人對獨立上訴權是否存在，應以上訴時爲準。其法定代理人合法上訴後，縱令死亡，並不影響其上訴之效力，第二審法院仍應予以裁判。又被告之父爲被當之利益獨立上訴後死亡，刑事訴訟法並無得由其他法定代理人承受訴訟之規定。而同法第三百四十五條對獨立上訴權，係以被告之法定代理人或配偶之名義行之，與同法第三百四十六條所定原審代理人或辯護人之上訴，係以被告名義行之者迥異。故不得命被告之母或監護人承受訴訟，亦不能視被告爲上訴人。況審判期日被告如已到庭，僅獨立上訴人未到庭者，實務上既不待上訴人陳述上訴要旨，得依法判決。獨立上訴人死亡時，更無法命其陳述上訴之要旨，自得依法判決。

▶68 台上 2330（判例）

審判期日之訴訟程序專以審判筆錄爲證。又第二審審判長依刑事訴訟法第九十四條訊問被告後，應命上訴人陳述上訴之要旨，同法第四十七條第三百六十五條分別著有明文，本件原審法院於公開審判時，據審判筆錄之記載，**僅命爲被告之上訴人陳述上訴理由，並無命另一上訴人即檢察官陳述上訴要旨之記載，檢察官亦未自行陳述，致無從明其上訴之範圍，揆諸首開說明，其所踐行之程序顯不合法，其基此所爲之判決，自屬違背法令。**

第 366 條（第二審調查範圍）
第二審法院，應就原審判決經上訴之部分調查之。

❒ 實務見解

▶77 年度第 11 次刑事庭會議決議(一)（77.08.09）

刑事案件第二審與第三審調查證據認定事實職權之界限與第三審自爲判決之範圍：

壹、第二審與第三審對於調查證據及認定事實職權之界限。

依我國現制，第二審有調查證據認定事實之職權，而第三審就第二審關於證據之調查及事實之認定，是否違法，有審查之職權。惟第二審與第三審因其審級職務分配之不同，其查證認事之職權，亦有差異，茲舉其主要界限分述如下：

甲、關於第二審部分：

一、第二審採覆審制，應就第一審判決經上訴之部分爲完全重覆之審理，是第二審既有認定事實之職權，基於直接審理主義及言詞辯論主義之精神，對於第二審審理中所存在之證據，不問爲當事人所提出或聲請，或法院本於職權所發見，如與待證事實有重要關係，在客觀上認爲應行調查者，第二審當不受第一審調查範圍之限制，亦不受當事人意思之拘束。

二、無證據能力，未經合法調查之證據，第二審不得採爲判決之證據資料，第二審調查之證據，應包括第一審已調查及未調查者，是故不特未經第一審調查之證據，應踐行調查之程序，即已經第一審調查之證據，仍應依法加以調查，然後本於直接調，然後本於直接調查之所以形成正確之心證，審認第一審判決是否適當或有無違法，而爲第二審之判決。

三、第二審就案內所有證據本於調查所得心證，分別定其取捨，而爲事實之判斷，本爲其職權之行使，苟與證據法則無違，不得加以指摘。又證據之證明力，亦即證據之價值判斷，由第二審法院本其自由心證而爲之，但其心證應本於證據法則，而爲合理之判斷，否則即屬違法。

四、第三審就發回更審所爲法律上之判斷，固足以拘束原審法院，但所作發回意旨之指示，不影響原審法院眞實發見主義之要求，更審中對於當事人聲請調，不以第三審發回所指者爲限。第二審法院經審理結果，自得本於所得之心證而爲不同之判斷，據以重新爲事實之認定。

五、連續犯之多次犯罪行爲，事證已明，設如其中部分行爲事實欠明，無從調查時，第二審可依法不列爲犯罪事實並於理由內爲必要之說明，以減少案件之發回。

編按：

本則決議於民國 95 年 9 月 5 日嗣經最高法院 95 年度第 17 次刑事庭會議決議修正壹、甲之一、決議文；壹、甲之五、不合時宜，不再供參考。

壹、甲之一

修正文字如下：第二審採覆審制，應就第一審判決經上訴之部分爲完全重覆之審理，是第二審既有認定事實之職權，基於直接審理主義及言詞辯論主義之精神，對於第二審審理中所存在之證據，不問爲當事人所提出或聲請，或法院本於職權所發見，如與待證事實有重要關係，在客觀上認為應行調查者，第二審自應盡調查之能事，以發揮事實覆審之機能，故當不受第一審調查範圍之限制，亦不受當事人意思之拘束。

▶71 台上 3033（判例）

刑事訴訟法第三百六十六條明定第二審法院應就原審判決經上訴之部分調查之，是第二審對於未經上訴之事項自不得審判。本件第一審判決認為被告蕭○輝所為係犯共同連續行為明知為不實之事項，而使公務員登載於職務上所掌之公文書罪及連續行行偽造私文書罪，分別判處有期徒刑三月及八月，而被告僅就行為偽造私文書部分提起上訴，至其行使公務員職務上所掌公文書登載不實部分並不屬於被告之上訴範圍，故除該部分與行使偽造私文書部分，具有審判不可分之關係應並予審判外，自非第二審法院所得審理裁判，乃原判決既未敘明第一審判決所判二罪之間具有審判不可分之關係，而就被告未提起上訴之行為公務員職務上所掌公文書登載不實一部份一併審判，即係對未受請求之事項予以判決，自屬違背法令。

第367條（第二審對不合法上訴之處置—判決駁回補正）

第二審法院認為上訴書狀未敘述理由或上訴有第三百六十二條前段之情形者，應以判決駁回之。但其情形可以補正而未經原審法院命其補正者，審判長應定期間先命補正。

□修正前條文

第二審法院認為上訴有第三百六十二條前段之情形者，應以判決駁回之。但其情形可以補正而未經原審法院命其補正者，審判長應定期間先命補正。

■修正說明（96.07.04）

因第三百六十一條第三項已明定上訴書狀未敘述理由者，應於上訴期間屆滿後二十日內自行補提理由書狀於原審法院，未補提者，應由原審法院定期間先命補正。惟上訴人如未自行補提理由書狀，亦未經原審法院裁定命補正者，仍宜由第二審法院審判長定期間先命補正，必逾期仍不補正者，始予判決駁回，爰配合修正本條。

❒ 實務見解

▶ 釋字第 271 號（79.12.20）

刑事訴訟程序中不利益於被告之合法上訴，上訴法院誤為不合法，而從程序上為駁回上訴之判決確定者，其判決固屬重大違背法令；惟既具有判決之形式，仍應先依非常上訴程序將該確定判決撤銷後，始得回復原訴訟程序，就合法上訴部分進行審判。否則即與憲法第八條第一項規定人民非依法定程序不得審問處罰之意旨不符。最高法院二十五年上字第三二三一號判例，於上開解釋範圍內，應不再援用。

▶ 釋字第 135 號（62.06.22）

民刑事訴訟案件下級法院之判決，當事人不得聲明不服而提出不服之聲明或未提出不服之聲明而上級法院誤予廢棄或撤銷發回更審者，該項上級法院之判決及發回更審後之判決，均屬重大違背法令，固不生效力，惟既具有判決之形式，得分別依上訴、再審、非常上訴及其他法定程序辦理。

▶106 年度第 12 次刑事庭會議決議（106.08.29）

院長提議：

強制辯護案件，第一審判決後，未教示被告得請求原審辯護人提出上訴理由狀，致被告未經選任辯護人或指定辯護人的協助，逕行提起上訴，上訴後未重新選任辯護人，在該案件合法上訴於第二審法院而得以開始實體審理程序之前，第二審法院是否應為被告另行指定辯護人，以協助被告提出其上訴之具體理由？

決議：採乙說。

乙說：**第二審應從程序上駁回其上訴，無庸進入實體審理程序，亦無為被告指定辯護人為其提起合法上訴或辯護之必要**。刑事訴訟法第三十條規定選任辯護人，應提出委任書狀；起訴後應於每審級提出於法院。是辯護人之選任，起訴後應於每審級法院為之，於各審級合法選任或指定之辯護人，其辯護人之權責，應終於其受選任、指定為辯護人之該當案件終局判決確定，或因上訴發生移審效力，脫離該審級，另合法繫屬於上級審而得重新選任、指定辯護人時止，俾強制辯護案件各審級辯護人權責範圍得互相銜接而無間隙，以充實被告之辯護依賴。再觀諸原審終局判決後，原審之辯護人仍得依刑事訴訟法第三四六條規定，為被告之利益提起上訴，並為上訴而檢閱卷宗及證物。**故原審終局判決後，於案件因合法上訴而繫屬於上級審法院之前，原審辯護人在訴訟法上之辯護人地位依然存在，而有為被告利益上訴，並協助被告為訴訟行為之權責**，則其自當本其受委任從事為被告辯護事務之旨，一如終局判決前，依憑其法律專業判斷，不待被告請求，主動積極於訴訟上予被告一切實質有效之協助，以保障其訴訟防禦權，維護被告訴訟上之正當利益。**從而，為提起第二審上訴之被告撰寫上訴理由書狀，敘述具體理由，協助其為合法、有效之上訴，同屬第一審選任或指定辯護人權責範圍內之事務，自不待言**。而強制辯護案件，被告提起第二審上訴，苟未重新選任辯護人，其於第一審原有合法選任或指定之辯護人，為被告之利益，自得代爲撰寫上訴理由書狀等一切訴訟行爲，予其必要之協助，已合於強制辯護案件應隨時設有辯護人爲被告辯護之要求。故關於強制辯護案件，被告於第一審終局判決後，既已有原審之辯護人（包括選任辯護人及指定辯護人）可協助被告提起合法之上訴，在該案件合法上訴於第二審法院而得以開始實體審理程序之前，尚難認第二審法院有爲被告另行指定辯護人，以協助被告提出合法上訴或爲被告辯護之義務與必要。**至第一審選任或指定辯護人是否善盡協助被告上訴之職責，以及被告是否及如何要求第一審選任或指定辯護人代爲或協助其爲訴訟行爲，要與被告於第二審實體審理時未經辯護人爲其辯護之情形有別，亦非居於公平審判地位之法院所應介入**。況且，關於強制辯護案件之被告不服第一審判決提起上訴時所撰寫之上訴理由狀，如未具體指摘原判決有何違法或不當之情形時，法律並無明文規定第二審法院必須指定辯護人命其代爲提出上訴之具體理由。**尤其在被告已坦承犯罪，亦未認第一審判決採證認事或量刑有何違法或顯然不當，其上訴目的僅係在拖延訴訟或僅係概略性請求法院給予自新機會之情形下，亦無指定辯護人協助被告上訴或爲其辯護之實益**。更何況依刑事訴訟法第三六七條前段規定，上訴書狀未敘述（具體）理由者，第二審法院應以判決駁回之。此項規定旨在貫徹上訴制度之目的（即撤銷、變更第一審違法、不當之判決，以實現個案救濟），並節制濫行上訴；上開規定並未特別區分刑事案件之種類，故在解釋上自應一體適用，以充分實現上述規定之立法目的，尚不宜違反上述規定之文義與立法旨意，而任意限縮其適用之範圍。**準此以觀，上訴書狀應具體敘述上訴理由，爲上訴合法之要件，如上訴欠缺此一要件，其上訴即非合法，應從程序上予以駁回**（此項不合法上訴與上訴逾期之法律效果相同）。則第二審既應從程序上駁回其上訴，而無庸進入實體審理程序，自無爲被告指定辯護人爲其提起合法上訴或辯護之必要。

▶80年度第5次刑事庭會議決議（80.11.05）

院長提議：關於司法院大法官會議釋字第二七一號解釋將本院二十五年上字第三二三一號判例變更後，本院審判上應如何適用？

決議：採甲說。

㈠刑事訴訟程序中上訴審法院，將合法之上訴，誤爲不合法，而從程序上爲駁回上訴之判決確定者，此種確定判決，既屬違法，應先依非常上訴程序撤銷後，再就合法上訴進行審判，早經司法院院字第七九〇號解釋在案：而所謂合法上訴，當與是否利益於被告無關，亦即不問是否利益於被告之合法上訴（利益於被告之上訴，例如被告人、其法定代理人、配偶、原審代理人、辯護人及檢察官對被告不利益之上訴是）均包括在內。

㈡司法院大法官會議釋字第二七一號解釋則明示刑事訴訟程序中不利益被告之上訴，上訴法院誤爲不合法，而從程序上爲駁回上訴之判決確定者，其判決固屬重大違背法令，惟既具判決之形式，仍應先依非常上訴程序將該確定判決撤銷後，始得回覆原訴訟程序，就合法上訴部分進行審判。足見此所謂之合法上訴，係指明爲不利益於被告之合法上訴，與上述院字第七九〇號解釋不問此項合法上訴是否利益於被告者，自不相同；否則，即有院字第七九〇號解釋，又何待於釋字第二七一號解釋。

㈢因此，利益於被告之合法上訴，上訴法院誤爲不合法而從程序上爲駁回上訴之判決確定者，當不屬於釋字第二七一號解釋之範圍，仍應援用本院二十五年上字第三二三一號判例，亦即此程序上判決，不發生實質上之確定力，毋庸先依非常上訴程序撤銷，可逕依合法之上訴，進行審判，徵諸釋字第二七一號解釋文末僅謂：「最高法院二十五年上字第三二三一號判例於上開解釋範圍內，應不再援用」，益覺明顯。

㈣若謂釋字第二七一號解釋文中所謂不利益於被告之合法上訴，似應包括利益於被告之合法上訴在內，則本解釋之不同意見書中，原即有：「以有利益或不利益於被告，而異其處理方式及效果，使判例仍得使用，不免自相矛盾」等語之記載，故釋字第二七一號解釋何以不包括利益於被告之合法上訴在內，要屬另一問題。

▶25上3231（判例）

被告因傷害致人於死，經地方法院判決後，原辦檢察官於二月十三日接收判決書，同月十五日已具聲明上訴狀到達該院，其上訴本未逾越法定期間，第二審法院審理時，因第一審漏將該狀附卷呈送，致檢察官之合法上訴無從發見，並以其所補具上訴理由書係在同年三月四日，遂認爲上訴逾期，判決駁回，此種程序上之判決，本不發生實質的確定力，原檢察官之上訴，並不因而失效，既據第一審法院首席檢察官，於判決後發具聲明上訴狀係呈送卷宗時漏未附卷，將原狀檢出呈報，則第二審法院自應仍就第一審檢察官之合法上訴，進而爲實體上之裁判。

第368條（上訴無理由之判決）

第二審法院認爲上訴無理由者，應以判決駁回之。

第369條（撤銷原判決—自為判決或發回）

I 第二審法院認爲上訴有理由，或上訴雖無理由，而原判不當或違法者，應將原審判決經上訴之部分撤銷，就該案件自爲判決。但因原審判決諭知管轄錯誤、免訴、不受理係不當而撤銷之者，得以判決將該案件發回原審法院。

II 第二審法院因原審判決未諭知管轄錯誤係不當而撤銷之者，如第二審法院有第一審管轄權，應爲第一審之判決。

☐ 實務見解

▶71 台上 981（判例）

第一審判決認定上訴人有六次之詐欺犯罪行爲，而原判決則認定上訴人有七次之詐欺犯罪行爲，**其認定上訴人犯罪事實之範圍既已擴張，自應將第一審判決撤銷改判，方爲適法**，復又爲駁回上訴之諭知，核與刑事訴訟法第三百六十九條第一項前段規定有違。

▶69 台上 2608（判例）

第二審法院撤銷第一審科刑判決改判，**應將第一審判決全部撤銷，若僅將第一審判決關於罪刑部分撤銷，另行改判被告無罪，則第一審判決所認定之犯罪事實與第二審法院所爲無罪判決並存，於法即有違誤**。本件被告因僞造文書案件，經第一審法院判處罪刑，提起上訴後，原審法院僅將第一審判決關於罪刑部分撤銷，而保留其所認定之犯罪事實，並改判被告無罪，自嫌違誤。

▶28 上 3559（判例）

第二審法院認爲上訴有理由，而將原審判決經上訴之部分撤銷者，除第一審判決有諭知管轄錯誤、免訴、不受理係不當之情形外，依刑事訴訟法第三百六十一條第一項前段規定，應就該案件自爲判決，不得發回第一審法院。

▶100 台上 1733（判決）

第二審法院因原審判決諭知管轄錯誤、免訴、不受理係不當而撤銷之者，固得依刑事訴訟法第三百六十九條第一項但書規定，以判決將該案件發回原審法院。惟此所謂「諭知管轄錯誤、免訴、不受理係不當」，係指本有管轄權竟諭知管轄錯誤、本無免訴之事由竟諭知免訴，及本應受理竟諭知不受理之判決而言；至若有無管轄權、應否受理或應否諭知免訴尚屬不明，而有待調查始能判斷者，第二審法院既亦爲事實審，自仍應爲必要之調查；必俟查明原審判決諭知管轄錯誤、免訴、不受理確係不當，爲維護當事人審級利益之必要，始得依上述規定將該案件發回原審法院。若第二審法院未爲必要之調查，或調查未臻完足，致有無管轄權、應否受理或諭知免訴尚屬不明，仍有待查明釐清，即率將案件發回原審法院者，其適用法則即難謂允當。

▶99 台上 290（判決）

依現行刑事訴訟制度第二審仍係事實審，且採行覆審制，第二審法院應就第一審判決經上訴之部分爲重複之審理，並就調查證據之結果，本於自由心證自行認定事實及適用法律，非僅依據第一審判決採爲基礎之資料，加以覆核而已，此由刑事訴訟法第三百六十九條第一項規定：第二審法院認爲上訴雖無理由，而原判決不當或違法者，應將原審判決經上訴部分撤銷，就該案件自爲判決。即指縱然被告之第二審上訴論旨雖不成立，而第一審判決確有不當或違法者，仍應就其上訴部分，加以改判之立法意旨自明。又同法第三百八十條所稱：除前（第三百七十九）條情形外，訴訟程序雖係違背法令而顯然於判決無影響者，不得爲上訴之理由之規定，係列於同法第三編（上訴編）第三章之第三審程序，第二審上訴並無準用之規定，故提起第二審上訴，並不以指摘第一審判決如何具有顯然足以影響原判決之違法或不當，始足認係具備具體理由；倘其上訴理由，已明白指出第一審判決程序之進行或採證認事如何違法或不當，請求第二審法院予以重新審理，另爲評價，即足當之。此與第三審上訴爲法律審，提起第三審上訴，專以原判決違背法令爲理由之嚴格要件，自有不同。

第370條（禁止不利益變更原則）

I 由被告上訴或爲被告之利益而上訴者，第二審法院不得諭知較重於原審判決之刑。但因原審判決適用法條不當而撤銷之者，不在此限。

II 前項所稱刑，指宣告刑及數罪併罰所定應執行之刑。

III 第一項規定，於第一審或第二審數罪併罰之判決，一部上訴經撤銷後，另以裁定定其應執行之刑時，準用之。

☐修正前條文

由被告上訴或爲被告之利益而上訴者，第二審法院不得諭知較重於原審判決之刑。但因原審判決適用法條不當而撤銷之者，不在此限。

■修正說明（103.05.20）

一、第一項未修正。

二、宣告刑及數罪併罰所定應執行之刑均係於法院作成有罪判決時需依刑事訴訟法第三百零九條所諭知之刑，就文義解釋，本應將原條文規定之「刑」明定爲宣告刑及數罪併罰所定應執行之刑。爲貫徹刑事訴訟法第三百七十條所揭櫫之不利益變更禁止原則其規範目的，保護被告之上訴權，宣告刑之加重固然對於被告造成不利益之結果，數罪併罰所定應執行之刑之加重對於被告之不利益之結果更是直接而明顯，爰增訂第二項。

三、爲保障被告上訴權，於第一審或第二審數罪併罰之判決於另以裁定定其應執行刑時，亦有本條不利益變更禁止之適用，爰增訂第三項。

❖ 修法簡評

本條但書之例外條款，被最高法院當成調控第二審法院量刑空間的手段，以至於適用範圍呈現分裂發展。蓋當第二審認定犯行次數增加時，爲了讓第二審法院能夠量定與罪責相當的刑罰，將「原審適用法條不當」的標準實質化，解除不利益變更禁止原則之拘束。然而，在第二審適用較輕罪名或認定犯罪情節較輕時，爲了確保第二審法院在量刑上相應地減輕，只好又不顧「原審適用法條不當」的事實，援引不利益變更禁止原則，禁止諭知較重於或維持原審判決之刑。同時，爲了避免第二審法院只是與原審之量刑意見不同，就不尊重原審之刑罰裁量權行使，任意以自己的量刑取代之，所以將量刑法則排除在「原審適用法條不當」的情形之外，藉由適用不利益變更禁止原則，限縮第二審法院審查原審量刑妥當性的空間。

然而，如此一來將使法官無所適從。因此論者有謂，如果檢察官認爲原審判決結果尚且合於實體正義，而不爲被告之不利益上訴，則應該認爲國家已喪失加重處罰的權限，沒有必要讓第二審法院取得諭知較重之刑的可能性。所以，爲了兼顧保護被告上訴決定自由及實體正義之實現，氏建議其根本之道應是刪除此一例外條款，完全交由檢察官提起不利益被告之上訴，來解除不利益變更禁止原則之拘束。

【薛智仁，〈刑事程序之不利益變更禁止原則——以最高法院判決之變遷爲中心〉，《月旦法學雜誌》，第209期，2012.09，132頁以下。】

❖ 法學概念

不利益變更禁止原則

本法第370條規定，即學理上所稱之「不利益變更禁止原則」。其立法目的在避免被告因上訴結果而較其原審判決更爲不利，導致其不敢上訴救濟。此原則適用條件如下：

一、僅被告合法上訴

若檢察官或自訴人同時爲被告之不利益提起合法上訴者，則無此原則之適用。但如檢察官或自訴人上訴不合法或無理由時，則仍有本原則之適用。

二、爲被告之利益而上訴者

此種情形包括檢察官爲被告之利益提起上訴（§344Ⅳ），亦有適用。

三、第二審判決

依本法第370條文義，此原則乃第二審判決時應注意的情形。但因同法第439條及第447條第2項但書規定可知再審及非常上訴亦有本原則之適用。至於第三審雖無明文，但學說上認爲，就立法目的而言，本原則在於保護被告，避免本末倒置，爲防止被告因爲害怕上訴可能遭受更不利益而不上訴，不應限於第二審，並無區分第二審或第三審之必要。

四、第二審法院不得諭知較重於原審判決之刑

此種情形包括第三審撤銷發回二審更審時，本於立法目的的解釋，當亦有本原則之適用。所謂原審判決，係指第一審判決而言，並不包括經本院發回更審案件之第二審法院前次判決在內。是以，提起第三審上訴，經撤銷其上訴審部分之判決，發回原審法院更審，是該更審前該部分之第二審判決，既經本院撤銷，已失其效力，原審更審後之判決自不受其拘束，無其所謂不利益變更禁止之適用。也就是說，發回二審更審時，須受原第一審判決之拘束而非之前的第二審。

所謂的「刑」基本上是指主刑與從刑。過去的一般見解認爲緩刑、易科罰金或保安處分部分不包括在內，但實務見解近來已改變，此外，實務尚認爲，易服勞役之換刑處分與量刑之輕重無關，不受禁止不利益變更原則之拘束。至於褫奪公權，本書認爲應屬較重之刑。

五、須非因原審判決適用法條不當

所謂適用法條不當，指凡對於第一審判決所引用之刑法法條所變更者，皆包含之，並非專指刑法分則上之法條而言。依我國實務，不論刑法總則或分則之法條變更，都屬於適用法條不當。例如：由未遂犯變更爲既遂、教唆犯變更爲共同正犯等等。論者有謂，此等實務見解過於廣泛，導致本原則大幅限縮無法合理適用。

【黃朝義，《刑事訴訟法》，新學林，五版，2017.09，765頁；王兆鵬、張明偉、李榮耕，《刑事訴訟法（下）》，新學林，四版，2018.09，407頁；最高法院26年渝上字第988號判例；最高法院100年度台上字第2160號判決。】

❒ 實務見解

▶103年度第14次刑事庭會議決議㈡（103.09.02）

刑事訴訟法第三百七十條第二項、第三項，已針對第二審上訴案件之定應執行之刑，明定有不利益變更禁止原則之適用；**而分屬不同案件之數罪併罰，倘一裁判宣告數罪之刑，曾經定其執行刑，再與其他裁判宣告之刑定其執行刑時，在法理上亦應同受此原則之拘束**，本則判例（五十九年台抗字第三六七號判例）不合時宜，不再援用。此爲本院所持法令上之見解變更，故對於本則判例公告不再援用前所爲之確定裁判，自不得據以提起非常上訴，而使前之裁判受影響。

▶32上969（判例）

刑事訴訟第三百六十二條所謂適用法條不當，凡對於第一審判決所引用之刑法法條所變更者，皆包含之，並非專指刑法分則上之法條而言。

▶28 上 112（判例）

原審判決對於被告所以論知較重於第一審判決之刑，係因被告提起第二審上訴後，**檢察官亦爲該被告之不利益而提起上訴，並非因第一審適用法律之不當，惟查得因當事人對上訴而改判，必須以其上訴合法爲前提，否則假使原判決量刑確定係不當，斷無改判之餘地**。本件原檢察官在第二審之上訴業已逾期，原審不將其上訴駁回，反因其上訴對於被告諭知較重於第一審判決之刑，顯係違誤。

▶108 台上 2274〇（判決）

由被告上訴或爲被告之利益而上訴者，第二審法院不得諭知較重於原審判決之刑，刑事訴訟法第三七〇條第一項前段定有明文，此即所謂「不利益禁止變更原則」，但此原則並非禁止第二審做出任何不利於被告之變更，而是僅止於禁止「原審判決之刑」之不利變更。依此，不利益禁止變更原則其功能僅在爲第二審法院劃定量刑之外部界限，只要量刑結果未超出第一審判決之刑，即無不利益變更的問題。又按量刑之輕重，固屬事實審法院得依職權裁量之事項，惟仍應受罪刑相當、比例原則及公平原則之限制，始爲適法，此即所謂「罪刑相當原則」。換言之，**縱使不論不利益變更禁止原則與否，在第二審法院量刑時本必須遵守實體法的規定，尤其宣告刑不得超出法定量刑空間，在此範圍內「科刑時應以行爲人之責任爲基礎，並審酌刑法第五十七條一切情狀」。倘若第二審認定被告之犯罪情節較第一審爲輕微時，基於「罪刑相當原則」的要求，第二審 量刑亦應隨之減輕。是「不利益禁止變更原則」及「罪刑相當原則」雖分別出於保障程序上被告之上訴決定權或正確適用實體法的要求，兩者概念應有區別，惟在適用上彼此相互關連**。是若由被告上訴或爲被告之利益而上訴第二審之案件，第二審所認定之犯罪情節，明顯輕於第一審者，若第二審之宣告刑猶等同於第一審，實際上無異諭知較重於第一審之宣告刑，即難謂與「不利益變更禁止原則」或「罪刑相當原則」無悖。

▶107 台上 3559〇（判決）

刑事訴訟法第三七〇條第一、二項有關不利益變更禁止原則之規定，係指由被告上訴或爲被告之利益而上訴者，除因第一審判決適用法條不當而撤銷者外，第二審法院不得諭知較重於第一審判決之刑而言。**所謂「刑」，指宣告刑及數罪併罰所定應執行之刑，包括主刑及從刑。修正後刑法沒收已非從刑，係獨立於刑罰及保安處分以外之法律效果，其性質類似不當得利之衡平措施**；又宣告多數沒收之情形，並非數罪併罰，故已刪除現行法第五十一條第九款規定宣告多數沒收併執行之條文。是修正後刑法沒收已不具刑罰本質。又現行刑法第三十八條之一第一項關於犯罪所得之沒收，乃合併修正前刑法第三十八條第一項第三款後段及第三項對犯罪行爲人犯罪所得之沒收規定，基於任何人都不得保有犯罪所得之原則，以避免被告因犯罪而坐享犯罪所得，顯失公平正義，而無法預防犯罪。倘於僅被告上訴或爲被告之利益而上訴，而下級審就被告犯罪所得有所短計或漏算，**經上級審更正計算後若不得諭知較原審爲重之所得數額沒收，即無法達到徹底剝奪犯罪所得，以根絕犯罪誘因之目的。故修正後刑法關於犯罪所得之沒收，並無刑事訴訟法第三七〇條第一、二項關於不利益變更禁止原則之適用**。從而，范綱彥指摘原判決就其所犯附表一編號 1 至 5、7 至 10、12、17、19、20 部分，量處較第一審爲重之沒收從刑，有違不利益變更禁止原則云云，亦非上訴第三審之合法理由。

▶101 台上 4567（判決）

由被告上訴或爲被告利益上訴之第二審案件，如撤銷第一審判決，**倘其認定犯罪事實及適用之法條與第一審判決相同時，第二審判決諭知較重於第一審判決之刑，其判決即屬違背刑事訴訟法第三百七十條之不利益變更禁止規定**。本件軍事檢察官在原審之上訴已逾期，原審未將其上訴駁回，已有違誤。雖將初審判決撤銷改判，然認定之事實與初審仍無二致，甚至所適用之法條仍爲刑法第二百七十一條第一項，竟對上訴人諭知較重於初審判決之刑，其判決顯然違背法令。

▶101 台上 272（判決）

刑事訴訟法第三百七十條前段「不利益變更禁止」規定，對於檢察官爲被告之不利益上訴，原則上雖無適用，然須以其上訴有理由爲前提，倘其上訴並無理由，仍有該原則之適用。**而緩刑之宣告，本質上無異恩赦，得消滅刑罰之效果，顯對被告有利**，如無因原審判決適用法則不當之情形而將下級審緩刑之宣告撤銷，亦有違前揭不利益變更之禁止原則。

▶101 台上 259（判決）

由被告上訴或爲被告利益上訴者，除第一審判決適用法條不當而撤銷者外，第二審不得諭知較重於第一審判決之刑，刑事訴訟法第三百七十條定有明文，此即所謂「不利益變更之禁止」。原判決既謂：檢察官於第二審上訴指摘第一審判決對張〇斌、熊〇信量刑過輕云云爲無理由等旨。乃於撤銷第一審判決關於張〇斌、熊〇信共同犯傷害罪部分之科刑判決，**就該部分改判而分別量處張〇斌、熊〇信較第一審判決爲輕之刑**（各減有期徒刑一月）後，**竟仍定張〇斌、熊〇信應執行**

與第一審判決所定相同之有期徒刑（張〇斌應執行有期徒刑十四年四月、熊〇信應執行有期徒刑十五年）；**實質上等同諭知較重於第一審判決之刑**，不惟有判決理由矛盾之違法，亦有違不利益變更禁止原則。

▶100 台上 7317（判決）

刑事訴訟法第三百七十條前段規定：「由被告上訴或為被告之利益而上訴者，第二審法院不得諭知較重於原審判決之刑」，**即所謂不利益變更之禁止；此項限制，於檢察官或自訴人為被告之不利益而合法上訴者，不適用之**。本件於第一審判決後，除上訴人為自己之利益而提起第二審上訴外，檢察官亦為上訴人之不利益而提起第二審上訴，其上訴書並載明第一審量刑過輕，**況量刑輕重，係屬事實審法院得依職權自由裁量之事項，苟已以行為人之責任為基礎，斟酌刑法第五十七條各款所列情狀而未逾越法定刑度，不得遽指為違法**。

▶100 台上 7009（判決）

由被告上訴或為被告之利益而上訴者，第二審法院不得諭知較重於原審判決之刑，但因原審判決適用法條不當而撤銷之者，不在此限，刑事訴訟法第三百七十條定有明文。又按量刑之輕重，固屬事實審法院得依職權自由裁量之事項，惟仍應受罪刑相當、比例原則及公平原則之限制，始為適法。故由被告上訴或為被告之利益而上訴第二審之案件，第二審雖以第一審判決適用法條不當而撤銷，**然第二審所適用法條之法定刑度較第一審適用者為輕，若第二審之宣告刑猶重於第一審，實際上無異諭知較重於第一審之宣告刑**，即難謂與罪刑相當原則及不利益變更禁止原則無悖。

▶100 台上 6428（判決）

刑事訴訟法第三百七十條前段規定由被告上訴或為被告之利益而上訴者，第二審法院不得諭知較重於原審判決之刑。又刑事審判旨在實現刑罰權之分配的正義，故法院對有罪之被告科刑，應符合罪刑相當原則，使罰當其罪，此所以刑法第五十七條明定科刑時應審酌一切情狀，尤應注意該條所列十款事項以為科刑輕重之標準，此項原則於刑事訴訟法第三百七十條但書所定不利益變更禁止原則之例外情形，亦有其適用。

▶100 台上 5683（判決）

刑事訴訟法第三百七十條前段規定：「由被告上訴或為被告之利益而上訴者，第二審法院不得諭知較重於原審判決之刑」，即所謂不利益變更之禁止。**此限制於檢察官為被告之不利益而合法上訴者，不適用之。且量刑輕重屬事實審法院得依職權自由裁量事項，苟於量刑時，已以行為人之責任為基礎，斟酌刑法第五十七條各款所列情狀，而未逾越法定範圍，又未濫用職權，即不得遽指為違法**。再者，共同正犯雖應就全部犯罪結果負其責任，但科刑時仍應審酌刑法第五十七條各款情狀，為各被告量刑輕重之標準，並非必須科以同一之刑。

▶100 台上 3633（判決）

刑事訴訟法第三百七十條前段規定：「由被告上訴或為被告之利益而上訴者，第二審法院不得諭知較重於原審判決之刑。」**其所謂原審判決係指第一審判決而言，並不包括經最高法院發回更審案件之第二審法院前次判決在內**。上訴意旨關於此部分之指摘，亦難認係適法之第三審上訴理由。

▶100 台上 2160（判決）

刑事訴訟法第三百七十條前段規定：「由被告上訴或為被告之利益而上訴者，第二審法院不得諭知較重於原審判決之刑。」**所謂原審判決，係指第一審判決而言，並不包括經本院發回更審案件之第二審法院前次判決在內**。查謝〇賦不服上訴審之判決，提起第三審上訴，經本院撤銷其上訴審部分之判決，發回原審法院更審，是該更審前該部分之第二審判決，既經本院撤銷，已失其效力，原審更審後之判決自不受其拘束，無其所謂不利益變更禁止之適用。

▶99 台上 4684（判決）

刑事訴訟法第三百七十條所定不利益變更禁止原則，**所謂不利益，應從第一審及第二審判決所宣告主文之刑（刑名及刑度）形式上比較外，尚須整體綜合觀察對應比較。凡使被告之自由、財產、名譽等受較大損害者，即有實質上之不利益**。而緩刑宣告本質上無異恩赦，得消滅刑罰權之效果。在法律上或社會上之價值判斷，顯有利於被告。若無同條但書所定例外情形，將第一審諭知之緩刑宣告撤銷，即屬不利益變更。

▶96 台上 7370（判決）

由被告上訴或為被告之利益而上訴者，第二審法院不得諭知較重於原審判決之刑，但因原審判決適用法條不當而撤銷者，不在此限，刑事訴訟法第三百七十條有明文規定。本件第一審法院對上訴人論以販賣第二級毒品罪，認其犯情輕微，尚堪憫恕，依刑法第五十九條之規定酌減其刑，處有期徒刑四年；嗣上訴人提起上訴後，**原審以第一審既認上訴人有違反毒品危害防制條例之前科，當知毒品有嚴重危害性，詎仍為本案販賣安非他命之犯行，犯罪後猶飾詞圖卸，未見悔意，且上訴人販賣毒品之犯行，對於社會治安之危害甚大，且致不特定之買受者受毒品之荼毒，竟認其犯情輕微，尚堪憫恕，依刑法第五十九條之規定酌減其刑，自有不當**。本件雖由上訴人上訴，但係因原判決適用法條不當而撤銷原判決，自得諭知較重於第一審判決之刑已具體說明如何依刑事訴訟法第三百七十條但書之規定而爲適法之判決，上訴意旨指摘原判決有違反「不利益變更禁止原則」之違誤，尚有誤會。

▶96 台上 4260（判決）

刑事訴訟法第三百七十條規定由被告上訴或爲被告之利益而上訴者，第二審法院不得諭知較重於原審判決之刑。但因原審判決適用法條不當而撤銷之者，不在此限。**所謂原審判決適用法條不當，凡變更第一審引用之刑法法條者，皆包括在內；原審以第一審未適用修正前連續犯之法條爲不當，改判以較重之刑，自屬適法**。上訴意旨，對於原判決究竟如何違背法令，並未依據卷內資料爲具體之指摘，徒憑己意，對於原審前述職權之行使，任意指摘，自非適法之第三審上訴理由，其上訴違背法律上之程式，應予駁回。

▶95 台上 6646（判決）

查保安處分雖爲對受處分人將來之危險性所爲之處置，以達教化與治療之目的；**然保安處分中之強制工作，係以剝奪受處分人之身體自由爲內容，其所形成之社會隔離、拘束身體自由之性質，實與刑罰無異**。**從而由被告上訴或爲被告之利益而上訴者，關於拘束身體自由之保安處分，仍有刑事訴訟法第三百七十條所規定不利益變更禁止原則之適用**。因此，第一審判決未諭知強制工作者，除因其判決適用法條不當而撤銷之者外，倘第二審法院逕予諭知強制工作，即與刑事訴訟法第三百七十條所規定不利益變更禁止原則之意旨有違。被告合法傳喚，無正當之理由不到庭者，得不待其陳述，逕行判決。

第 371 條（一造缺席判決）
被告合法傳喚，無正當之理由不到庭者，得不待其陳述，逕行判決。

□ 實務見解

▶108 台上 172○（判決）

刑事訴訟法第三百七十一條規定：被告經合法傳喚，無正當之理由不到庭者，得不待其陳述，逕行判決。其規範目的在於防止被告藉由上訴又不到庭的方式，延滯訴訟的進行。**所謂無正當理由不到庭，係指依社會通常觀念，認爲非正當之原因而不到庭者而言。被告有無不到庭的正當理由，解釋上應以可歸責於被告，由被告自行放棄到庭的權利者爲限**。又被告於審判期日不到庭的理由諸端（如突罹疾病、車禍交通受阻等），有時事出緊急、突然，若確有出於不可歸責於己的原因，縱未事先或及時通知法院，使法院於不知的情狀下爲缺席判決，所踐行的程序仍屬違法。

第 372 條（言詞審理之例外）
第三百六十七條之判決及對於原審諭知管轄錯誤、免訴或不受理之判決上訴時，第二審法院認其爲無理由而駁回上訴，或認爲有理由而發回該案件之判決，得不經言詞辯論爲之。

第 373 條（第一審判決書之引用）
第二審判決書，得引用第一審判決書所記載之事實、證據及理由，對案情重要事項第一審未予論述，或於第二審提出有利於被告之證據或辯解不予採納者，應補充記載其理由。

第 374 條（得上訴判決正本之記載方法）
第二審判決，被告或自訴人得爲上訴者，應併將提出上訴理由書之期間，記載於送達之判決正本。

第三章　第三審

第 375 條（第三審上訴之管轄）
I 不服高等法院之第二審或第一審判決而上訴者，應向最高法院爲之。
II 最高法院審判不服高等法院第一審判決之上訴，亦適用第三審程序。

第 376 條（不得上訴第三審之判決）
I 下列各罪之案件，經第二審判決者，不得上訴於第三審法院。但第一審法院所爲無罪、免訴、不受理或管轄錯誤之判決，經第二審法院撤銷並諭知有罪之判決者，被告或得爲被告利益上訴之人得提起上訴：
一　最重本刑爲三年以下有期徒刑、拘役或專科罰金之罪。
二　刑法第三百二十條、第三百二十一條之竊盜罪。
三　刑法第三百三十五條、第三百三十六條第二項之侵占罪。
四　刑法第三百三十九條、第三百四十一條之詐欺罪。
五　刑法第三百四十二條之背信罪。
六　刑法第三百四十六條之恐嚇罪。
七　刑法第三百四十九條第一項之贓物罪。
II 依前項但書規定上訴，經第三審法院撤銷並發回原審法院判決者，不得上訴於第三審法院。

□修正前條文

下列各罪之案件，經第二審判決者，不得上訴於第三審法院：
一　最重本刑爲三年以下有期徒刑、拘役或專科罰金之罪。
二　刑法第三百二十條、第三百二十一條之竊盜罪。

三　刑法第三百三十五條、第三百三十六條第二項之侵占罪。

四　刑法第三百三十九條、第三百四十一條之詐欺罪。

五　刑法第三百四十二條之背信罪。

六　刑法第三百四十六條之恐嚇罪。

七　刑法第三百四十九條第一項之贓物罪。

■修正說明（106.11.16）

一、原條文限制特定範圍法定本刑或犯罪類型之案件，經第二審法院判決者，不得上訴第三審。惟上開案件經第二審法院撤銷第一審法院所為無罪、免訴、不受理或管轄錯誤判決，並諭知有罪判決（含科刑判決及免刑判決）者，因不得上訴第三審法院之結果，使被告於初次受有罪判決後即告確定，而無法依通常程序請求上訴審法院審查，以尋求救濟之機會，與憲法第十六條保障人民訴訟權之意旨有違（司法院釋字第七五二號解釋意旨參照）。為有效保障人民訴訟權，避免錯誤或冤抑，應予被告或得為被告利益上訴之人至少一次上訴救濟之機會，爰於本條序文增訂但書之規定。又第二審法院所為有罪判決，該案仍屬第二審判決，第三審法院審判就上訴案件之審理，自仍應適用第三審程序，乃屬當然。

二、第一項但書規定已賦予被告或得為被告利益上訴之人就初次有罪判決上訴救濟之機會，已足以有效保障人民訴訟權，為兼顧第三審法院合理之案件負荷，以發揮原有法律審之功能，依第一項但書規定上訴，經第三審法院撤銷並發回原審法院判決者，不得就第二審法院所為更審判決，上訴於第三審法院，爰增訂第二項規定。

❖ 爭議問題

刑訴法第 376 條之罪應如何認定？

一、起訴法條標準說

以檢察官起訴之法條為準（最高法院 52 年台上字第 1554 號判例參照）。

二、判決法條標準說

起訴法條若經法院變更後判決者，則以變更後之法條為準（最高法院 45 年台上字第 1275 號判例參照）。

三、法條爭議標準說

此說又有兩種意見，如釋字第 60 號謂：「應視當事人在第二審言詞辯論終結前是否業已提出而定。」此說之優點在於不以形式上判決主文作為認定標準，而係以當事人是否有所爭執為基準，將可保障當事人上訴第三審之權利，論者有謂此說較為可採。

【黃朝義，《刑事訴訟法》，新學林，五版，2017.09，779 頁。】

然而該說矛盾之處在於，當事人於第二審辯論終結前，無從判明其判決結果，無從預為爭執，且審判之對象，為起訴之犯罪事實，並不受起訴法條之拘束。故有學者認為 48 年台上字第 1000 號判例的見解較為可採，即前提是，檢察官在原審言詞辯論終結前，未就起訴法條有所爭執，且按確認之事實又非顯然不屬於第 376 條之案件。

【陳樸生，《刑事訴訟法實務》，自版，再訂二版，1999.06，510 頁。】

❐ 實務見解

▶ 釋字第 752 號（106.07.28）

刑事訴訟法第三百七十六條第一款及第二款規定：「下列各罪之案件，經第二審判決者，不得上訴於第三審法院：一、最重本刑為三年以下有期徒刑、拘役或專科罰金之罪。二、刑法第三百二十條、第三百二十一條之竊盜罪。」就經第一審判決有罪，而第二審駁回上訴或撤銷原審判決並自為有罪判決者，規定不得上訴於第三審法院部分，屬立法形成範圍，與憲法第十六條保障人民訴訟權之意旨尚無違背。惟就第二審撤銷原審無罪判決並自為有罪判決者，被告不得上訴於第三審法院部分，未能提供至少一次上訴救濟之機會，與憲法第十六條保障人民訴訟權之意旨有違，應自本解釋公布之日起失其效力。

上開二款所列案件，經第二審撤銷原審無罪判決並自為有罪判決，於本解釋公布之日，尚未逾上訴期間者，被告及得為被告利益上訴之人得依法上訴。原第二審法院，應裁定曉示被告得於該裁定送達之翌日起十日內，向該法院提出第三審上訴之意旨。被告於本解釋公布前，已於前揭上訴期間內上訴而尚未裁判者，法院不得依刑事訴訟法第三百七十六條第一款及第二款規定駁回上訴。

❖ 學者評釋

一、李榮耕教授

刑事被告的上訴權，確實有著降低錯誤判決及冤抑的功能，但是，為要達到此一目的，制度上必須要有相對應的配套。其中，最為重要者之一，當屬不利益變更禁止原則。如果被告上訴後，上訴法院不僅沒有改諭知無罪或輕罪判決，還可能諭知更重的刑度，上訴制度就根本不會有減少冤錯判決的作用可言。在釋字第 752 號解釋中，大法官並未明確指出上訴制度的目的為何，只提及憲法之所以賦予被告一特別的上訴權，以「避免錯誤或冤抑讓被告再受一審有罪判決，二審諭知無罪判決時，得以請求另一個法院檢視該案件（判決）」。從這樣的說理，並無法推斷出大法官視制度的樣貌及目的爲何，究竟是糾正錯誤判決，維持國家司法權力正確發動的功能抑或是賦予被告救濟的權利。這部分只能等待日後大法官於其他案件說明，學理進一步討論，以及立法者在刑訴法形成更爲細膩的規範。於第 376 條增訂第 2 項，僅賦予被告上訴權，可能無法達到防止冤抑的目的，還必須要有其他配套措置（如不利益變更禁止原則）。

【李榮耕，〈簡評釋字第 752 號解釋及刑事訴訟法的相關修正〉，《月旦法學雜誌》，第 181 期，2017.10，48 頁以下。】

二、柯耀程教授

本號解釋的主要核心理念，在於至少須提供受判決人一次以上的上訴救濟機會，如此方得以符合憲法第 16 條保障人民訴訟權之意旨。然大法官針對個案的釋憲解釋，其應然的作爲，首先應先檢視規範對於個案的具體適用關係，以決定規範是否果眞有違憲；其次具體個案究竟爲規範的缺失抑或是向來實務操作上所形成的錯誤認知所致，不可單從問題的表象，即逕認規範存有瑕疵，而做違憲的宣示。

此等問題眞正要檢討者，應該有三個基本的層面：㈠檢察官上訴權限的重行思考，特別是對於一審認定事實不成立時，檢察官得否上訴的問題；㈡當上訴二審涉及事實審的問題時，理應將案件發第一審，不應自爲終局審判；㈢二審爲事後審的救濟模式，同時開啓法律適用疑慮的統一詮釋管道，避免此類問題一再發生。

【柯耀程，〈限制三審上訴之規範檢討——評釋字第 752 號解釋〉，《月旦法學雜誌》，第 271 期，2017.11，149 頁以下。】

▶ 釋字第 60 號（45.04.02）

最高法院所爲之確定判決有拘束當事人效力，縱有違誤亦僅得按照法定途徑聲請救濟，惟本件關於可否得以上訴於第三審法院，在程序上涉及審級之先決解問題，既有歧異見解，應認爲合於本會議規則第四條之規定予以解答。查刑法第六十一條所列各罪之案件經第二審判決者不得上訴於第三審法院，刑事訴訟法第三百六十八條定有明文，倘第二審法院判決後檢察官原未對原審法院所適用之法條有所爭執，而仍上訴，該案件與其他得上訴於第三審之案件亦無牽連關係，**第三審法院不依同法第三百八十七條予以駁回，即與法律上之程式未符，至案件是否屬於刑法第六十一條所列各罪之範圍尚有爭執者，應視當事人在第二審言詞辯論終結前是否業已提出，如當事人本已主張非刑法第六十一條所列各罪，第二審仍爲認係該條各罪之判決者**，始得上訴於第三審法院。

▶ 106 年度第 17 次刑事庭會議決議㈡（106.11.14）

臨時提案：刑事訴訟法（下稱本法）第三百七十六條第三款至第七款所列案件，經第一審判決被告無罪，但第二審撤銷原審判決並自爲有罪判決者，於司法院釋字第七五二號解釋公布日（一○六年七月二十八日）起提起第三審上訴或上訴中尚未審結者（下稱系爭上訴），第二審法院依本法第三百八十四條前段裁定駁回第三審上訴者，如何補救？

決議：系爭上訴與釋字第七五二號解釋所指之本法第三百七十六條第一款、第二款上訴，有其共通性，實無不統一適用本號解釋之理（本號解釋基於不告不理原則，祇就第一、二款爲解釋），故本院就系爭上訴，均暫時不審結，俟同法第三款至第七款修正條文施行後（已於一○六年十一月七日經立法院三讀通過），**依新法所定爲得提起第三審上訴之規定爲審理。茲系爭上訴如第二審法院逕行裁定上訴駁回，與之相較，實違反平等原則。似可參照司法院釋字第七五二號解釋文第二段末「被告於本解釋公布前，已於前揭上訴期間內上訴而尚未裁判者，法院不得依刑事訴訟法第三百七十六條第一款及第二款規定駁回上訴。」**（將本解釋公布前，改爲本法第三百七十六條第三款至第七款修正施行前）及解釋理由書末段「聲請人一就本解釋之原因案件，曾於上訴期間內提起上訴，經第二審法院以確定終局裁定駁回，該程序裁定，不生實質確定力。該法院應依本解釋意旨，就該第二審撤銷原審無罪判決並自爲有罪判決部分之上訴，逕送第三審法院妥適審判」之旨，認該第二審駁回上訴之裁定，不生實質確定力（參照司法院釋字第二七一號解釋、本院八十年十一月五日八十年度第五次刑事庭會議決議、本院二十五年上字第三二三一號判例，亦爲相同之解釋），如由原審法院將該案件移送本院審理，自應予受理。俾與未經第二審法院裁定駁回之系爭上訴爲相同之處理。

▶ 103 年度第 17 次刑事庭會議決議㈠（103.10.21）

經比較修正前後刑法第三百四十九條之規定，修正後規定已將贓物罪之法定刑度提高，依刑法第二條第一項規定比較新舊法結果，應適用舊法規定，而修正前刑法第三百四十九條第一項收受贓物罪，及同條第二項搬運、寄藏、故買、牙保贓物罪，分別屬刑事訴訟法第三百七十六條第一款、第七款所規定不得上訴於第三審法院之案件，某甲自不得上訴於第三審法院。

▶ 103 年度第 17 次刑事庭會議決議㈡（103.10.21）

決議：採甲說（否定說）。

文字修正如下：刑事訴訟法主要係關於程序性之規範，多屬於技術性之規定，因此其解釋，應當著重於法之目的，故在法律規定不明確或有明顯疏漏之情形，有時應超越形式之文義而為目的合理性之補充解釋。

刑法第三百四十九條之修正，係因立法委員提案修正提高其罰金刑，並將「牙保」改為「媒介」，於審議時，法務部提出書面意見，表示：「本部刑法研究修正小組研議後，認為現行條文第一項、第二項之行為態樣，行為人之惡性及不法內涵並無不同，基於罪刑相當原則，法定刑不應有所差異，建議將第一項、第二項合併，並配合罰金刑之刑罰級距，將罰金金額修正為五十萬元」，立法院乃據此而為條文之修正。可見修正結果，主要係採納該法主管機關法務部之意見，但因純粹從實體法之立場處理，並未顧及與之應互相配合之刑事訴訟法第三百七十六條第一款、第七款規定，致此程序法漏未一併修正，乃屬明顯而不爭之實情。觀諸刑事訴訟法第三百七十六條列舉不得上訴於第三審法院案件之規定，除第一款「最重本刑為三年以下有期徒刑、拘役或專科罰金之罪」（修正前之收受贓物罪屬之），係以法定刑作為區辨標準外，其餘各款悉以罪名定之。而修正後刑法第三百四十九條第二項「因贓物變得之財物，以贓物論」，僅係將原第三項移列。該項規定，係就非贓物之本體，但與贓物有密接關係，在社會觀念上視為相同之贓物變得財物，亦以贓物論，以保障被害人之追及或回復請求權，並杜爭議而設之補充規定，與罪名無涉。從而同條第七款所稱「刑法第三百四十九條第二項之贓物罪」，應係指修正前刑法第三百四十九條第二項所列舉之搬運、寄藏、故買、牙保贓物等罪。故修正後，各該罪雖已移至同條第一項，其中「牙保」一語，為使人易於了解，改以同義之現代通用語詞「媒介」代之，無非純屬條文項次及用語變更而已，實質上仍係上揭第七款所稱之贓物罪，自不得上訴於第三審法院。題旨所示甲觸犯之贓物罪，應不得上訴於第三審法院。

▶103年度第17次刑事庭會議決議㈢（103.10.21）

決議：採乙說（否定說）。

文字修正如下：**修正後刑法第三百四十九條第一項之收受贓物罪，與搬運、寄藏、故買、媒介贓物等罪，法定刑雖然相同，但立法者祇從實體法立場著眼，並非有意將之提升，使之較諸傳統上認為情節較重之搬運等態樣，於程序法上受到更為寬厚而可以上訴至第三審法院之待遇。衡諸修正後之各類型贓物犯罪，既同屬侵害個人財產法益之犯罪，而搬運、寄藏、故買、媒介之態樣，依刑事訴訟法第三百七十六條第七款規定，皆不得上訴於第三審法院，則基於各該贓物罪彼此間衡平之體系性考量，自不宜拘泥文字表面，而應依其實質意涵，認為修正後之收受贓物罪，亦不得上訴於第三審法院**。至於或有認為採納本說，恐有剝奪人民上訴權之疑慮乙節，因修正前之收受贓物罪，依刑事訴訟法第三百七十六條第一款規定，係屬不得上訴於第三審之案件，修正後依本見解，同樣不得上訴於第三審，並無改變，既無所謂不利被告之情形存在，即不生從「有」變成「沒有」之剝奪上訴權問題；且本說因係細心尋覓立法意旨，而作演繹、闡明，自無侵害立法權之虞，均併予說明。

▶76台上2202（判例）

所謂裁判上一罪，其輕罪不得上訴於第三審法院，而重罪得提起上訴時，依審判不可分之原則，其輕罪之上訴亦不受合法上訴時，始有其適用。**苟如重罪部分之上訴為不合法，法院既應從程序上駁回該重罪之上訴而無從為實體上判決，則不得上訴第三審之輕罪部分**，自亦無從適用審判不可分之原則，併為實體上審判。

▶72台上5811（判例）

告訴乃論之罪，係以有告訴權人提出合法告訴為追訴之條件，本件被告無故侵入住宅部分，既未經被害人合法提出告訴，自屬欠缺追訴之要件，則檢察官就竊盜之犯罪事實起訴，其效力應不及於無故侵入住宅部分，自無審判不可分原則之適用。原審就欠缺追訴要件之無故侵入住宅部分，未併為審判，自無上訴意旨所指已受請求之事項未予判決違法之可言，該部分因非起訴效力之所及，原判決理由對此原毋庸加以說明，亦與所指理由不備之違法不相當。

▶48台上1000（判例）

檢察官在原審言詞辯論終結前，未就起訴法條有所爭執，即按確認之事實又非顯然不屬於刑法第六十一條之案件，既經原審判決，即不得上訴於第三審法院。

▶27渝上1663（判例）

不得上訴於第三審法院之罪與得**上訴之罪為牽連犯，而以不得上訴之罪為重，得上訴之罪為輕，雖依刑法第五十五條從不得上訴之重罪論科**，惟其牽連之輕罪，原得上訴，而牽連犯罪之上訴又不可分，則對於該重罪亦應認為得上訴於第三審法院。

▶109台上144〇（判決）

刑事訴訟法第三七六條第一項各款所列之案件，經第二審判決者，除有同項但書之情形外，不得上訴於第三審法院，為該法條所明定。而依該條項但書規定，本法第三七六條第一項各款所列之案件，第一審法院為無罪、免訴、不受理或管轄錯誤之判決，經第二審法院撤銷並諭知有罪之判決者，僅被告或得為被告利益上訴之人得提起第三審上訴。良以上開規定所列各款案件，經第二審撤銷第一審無罪、免訴、不受理或管轄錯誤之判決並自為有罪判決者，若不得上訴於第三審法院，使被告於初次受有罪判決後即告確定，無法以通常程序請求上訴審法院審查，以尋求救濟之機會。雖被告仍可向法院聲請再審或向檢察總長請求提起非常上訴以求救濟，然此特別救濟程序之要件甚為嚴格，且實務上踐行之門檻亦高，均不足以替代以上訴方式所為之通常救濟程序。此賦予被告或得為被告利益之人適當上訴第三審機會，既屬憲法第十六條訴訟權保障之核心內容，**故應提供其等至少一次上訴救濟之機會**，以避免錯誤或冤抑。則被告既係國家具體實現刑罰權之對象，係訴訟程序中檢察官追訴、法院審判之當事人，對於法院裁判所形成不利益之結果，應賦予被告聲明不服，請求救濟之管道。與此相對，檢察官之上訴權係源自於國家具體實現刑罰權之追訴權，其於刑事程序中因屬一造之當事人，其追訴權固含有請求權之權利性質，惟基於公益代表人之角色，**檢察官實質上仍負有客觀義務**，不僅不利於被告之事項，對被告有利之事項亦應一律注意。故檢察官得為被告之利益提起上訴；且檢察官對於自訴案件之判決，亦得獨立上訴（刑事訴訟法第三四四條第四項、第三四七條可資參照）。即使屬刑事訴訟法第三七六條第一項各款所列之案件，第一審判決有罪，經第二審法院撤銷並改諭知無罪者，即便案件尚未確定，檢察官之追訴權仍未完全耗盡，**然而作為當事人之檢察官既已於第二審盡其主張及調查證據之能事，猶無法說服法院確信被告有罪，則其基於追訴權而得行使上訴之範圍，應受推定無罪之阻隔。換言之，被告於無罪推定原則下，應享有受該無罪判決保護的安定地位，實不宜再容許檢察官提起上訴**。準此，上訴權對被告和檢察官之意義既有不同，前者在給予被告上訴權以資救濟；後者檢察官難認有任何權利受侵害或剝奪，充其量只是國家追訴犯罪之權益受到影響，縱檢察官於上訴權有所退讓，亦無違訴訟平等原則。則舉輕以明重，對於**刑事訴訟法第三七六條第一項各款所列之案件，第一審法院諭知無罪，經第二審法院撤銷並改判有罪者，倘檢察官係為被告不利益提起第三審上訴，仍受該法第三七六條第一項前段規定之限制，不得上訴於第三審法院**。本件被告所犯幫助詐欺取財未遂部分，原審係撤銷第一審關於此部分之無罪判決，改依刑法第三十條第一項前段、第三三九條第一項、第三項規定論處其罪刑，核屬刑事訴訟法第三七六條第一項第四款之案件，既經第二審判決，檢察官又非為被告利益提起上訴，自不得上訴於第三審法院。檢察官一併提起上訴，為法所不許，應併予駁回。

▶107 台上 3183〇（判決）

刑事訴訟法第三百七十六條第一項於民國一百零六年十一月十六日修正為「下列各罪之案件，經第二審判決者，不得上訴於第三審法院。但第一審法院所為無罪、免訴、不受理或管轄錯誤之判決，經第二審法院撤銷並諭知有罪之判決者，被告或得為被告利益上訴之人得提起上訴：……」，其修正目的，乃為本屬不得上訴第三審法院之輕罪案件，經第二審法院撤銷第一審法院所為無罪、免訴、不受理或管轄錯誤判決，並諭知有罪判決（含科刑判決及免刑判決）者，將使被告於初次受有罪判決後即告確定，而無法依通常程序請求上訴審法院審查，以尋求救濟之機會，與憲法第十六條保障人民訴訟權之意旨有違。為有效保障人民訴訟權，避免錯誤或冤抑，應予被告或得為被告利益上訴之人至少一次上訴救濟之機會。上開修法，雖未規定不得上訴第三審法院之罪，苟未經第一審法院判決，待上訴後，經第二審法院以第一審法院漏未判決，且與上訴部分，有裁判上一罪關係，經第二審法院併為有罪判決之情形，亦得提起第三審上訴。然訴訟權保障之核心內容，在人民權利遭受侵害時，必須給予向法院提起訴訟，請求依正當法律程序公平審判，以獲得「及時有效救濟」之機會。是為貫徹上開修法目的，及司法院釋字第七五二號解釋精神，**使初次受有罪判決之被告或得為被告利益上訴之人，至少一次上訴救濟之機會**，此種情形，亦應適用刑事訴訟法第三百七十六條第一項之規定，賦予被告或得為被告利益上訴之人得提起第三審上訴之機會。

▶107 台上 2696〇（判決）

按刑事訴訟法第三百七十六條所列各罪之案件，經第二審判決者，不得上訴於第三審法院。但第一審法院所為無罪、免訴、不受理或管轄錯誤之判決，經第二審法院撤銷並諭知有罪之判決者，被告或得為被告利益上訴之人得提起上訴，同法條第一項但書定有明文。揆其立法目的，係因上開案件經第二審法院撤銷第一審法院所為無罪、免訴、不受理或管轄錯誤判決，並諭知有罪判決（含科刑判決及免刑判決）者，因不得上訴第三審法院之結果，使被告於初次受有罪判決後即告確定，而無法依通常程序請求上訴審法院審查，以尋求救濟之機會，與憲法第十六條保障人民訴訟權之意旨有違（司法院釋字第七五二號解釋意旨參照）。為有效保障人民訴訟權，避免錯誤或冤抑，**應予被告或得為被告利益上訴之人至少一次上訴救濟之機會。上開所謂無罪判決，係指經法院為實體之審理，不能證明被告犯罪或其行為不罰之實體判決而言**。除單純一罪或數罪併罰案件以判決主文宣示者外，**實質上或裁判上一罪，因在訴訟上只有一個訴權，基於審判不可分之原則，其一部判決效力及於全部，法院如認一部成立犯罪，其他被訴部分不能證明犯罪時，僅能為單一主文之有罪判決，其不能證明犯罪之部分，即於判決理由內說明因係被訴實質上或裁判上一罪，故不另為無罪諭知，此仍應屬已經實體審理之無罪判決**。故倘檢察官係以實質上或裁判上一罪起訴而俱屬刑事訴訟法第三百七十六條所列各罪之案件，經第一審法院判決一部有罪，而於理由說明部分不另為無罪諭知，而檢察官對於不另為無罪諭知部分提起上訴，經第二審法院撤銷並諭知該部分有罪判決者，**因實質上同屬被告於判決無罪後初次受有罪判決**，為保障被告基本訴訟權，自應賦予其適當之救濟機會，認得就不另為無罪諭知部分上訴於第三審法院。

▶107 台上 2391○（判決）

按刑事訴訟法第三百七十六條第一項各款所規定之案件，經第二審判決者，除第二審法院係撤銷第一審法院所為無罪、免訴、不受理或管轄錯誤之判決，並諭知有罪之判決，被告或得為被告利益上訴之人得提起上訴外，其餘均不得上訴於第三審法院，為該條項所明定。是不得上訴於第三審法院之案件，即以第二審為終審法院。而案件是否屬於刑事訴訟法第三百七十六條第一項所列各罪之範圍，固不以起訴書所記載之法條為據，亦不以第二審判決時所適用之法條，為唯一之標準，而應以起訴書所記載之事實為準，並應視當事人在第二審言詞辯論終結前對於罪名有無提出爭執，以為審斷。**如檢察官在準備程序後、言詞辯論終結前固曾提出非屬於刑事訴訟法第三百七十六條第一項所列各款罪名之意見書，惟於最後言詞辯論檢察官論告時，又以起訴書所載之屬於刑事訴訟法第三百七十六條第一項所列各款之罪名為主張及論告，基於論告乃檢察官在審判期日最重要之法庭活動，且在審判庭之論告程序中，檢察官必須針對犯罪事實及適用之法律，與被告及其辯護人為辯論**，非唯影響法官對事實之認定及法律之適用，更攸關眞實之發現，其既於訴訟進行程度及個情節，日趨具體、明確後，在最後一次言詞辯論終結前未再就先前曾提出非屬於刑事訴訟法第三百七十六條第一項所列各款罪名之意見爭執、論告，而回復以起訴書所載之犯罪事實及屬於刑事訴訟法第三百七十六條第一項所列各款之罪名作為論告及言詞辯論之所本，**自應認檢察官於最後一次言詞辯論終結前所提出者，已取代先前意見書之罪名爭執**，始符檢察官負舉證責任及保障被告防禦權之眞義，並藉以衡平當事人上訴第三審之限制。

▶106 台上 2780○（判決）

修正後刑事訴訟法第三百七十六條第二項所稱「依前項但書規定上訴」者，其適用範圍應以「被告初次被論處同條第一項各款所列不得上訴於第三審法院之罪名，而依上述新修正第三百七十六條第一項但書規定提起第三審上訴者」為限。若被告經第一審判決無罪，經第二審撤銷改判有罪之罪名並非同法第三百七十六條第一項各款所列不得上訴於第三審法院之罪名者，倘經第三審法院撤銷發回第二審法院更審，而第二審法院於更審後始初次改判被告犯刑事訴訟法第三百七十六條第一項各款所列不得上訴於第三審法院之罪名者。因其先前被第二審改判有罪之罪名本屬得上訴於第三審法院之罪，故其前次所提之第三審上訴，與上開條文第一項所增設但書規定之適用無涉。**亦即其先前上訴於第三審法院，並非「依前揭但書規定之上訴」，核與前揭新修正第三百七十六條第二項所規定「依前項但書規定上訴」之前提不合，即無該條第二項關於不得再上訴於第三審法院規定之適用**。故在此情形，被告係經第二審更審後始初次改判同條第一項各款所列不得上訴於第三審法院之罪名者，即無上述新修正條文第二項規定之適用，此種案件仍應回歸適用同條第一項但書之規定，就其初次被第二審法院判處不得上訴於第三審法院罪名之案件，給予其一次上訴於第三審法院之機會，始符上述修正規定之意旨。

第 377 條（上訴第三審理由—違背法令）
上訴於第三審法院，非以判決違背法令為理由，不得為之。

❑ 實務見解

▶釋字第 302 號（81.08.14）

刑事訴訟法第三百七十七條規定：「上訴於第三審法院，非以判決違背法令為理由，不得為之」，旨在合理利用訴訟程序，以增進公共利益，尚未逾越立法裁量範圍，與憲法第十六條並無牴觸。

▶70 台上 948（判例）

刑事訴訟法第三百七十七條規定，上訴於第三審法院，非以判決違背法令為理由，不得為之，是當事人提起第三審上訴，應以原判決違背法令為理由，係屬法定要件，如果上訴理由並未指摘原判決有何違法，自應認其上訴為違背法律上之程式，予以駁回。本件上訴人之上訴意旨，僅以家庭子女眾多賴伊扶養，請從輕量刑准予易科罰金為惟「理由」而於原判決如何違背法令並無一語涉及，自屬違背法律上之程式，應予駁回。

第 378 條（違背法令之意義）
判決不適用法則或適用不當者，為違背法令。

❖ 法學概念

判決不適用法則或適用不當

所稱「判決不適用法則」係指對於應適用實體法或程序法而不予適用。而所謂「判決適用法則不當」包含「適用實體法不當」、「適用程序法不當」及「適用經驗法則不當」，而顯然於判決有影響者。

【最高法院 53 年台上字第 1889 號判例；最高法院 39 年台上字第 183 號判例；最高法院 48 年台上字第 20 號判例；最高法院 47 年台上字第 569 號判例。】

學說上有認為，**所稱「法則」包含命令**，行政程序法第 150 條所稱之法規命令，以及地方制度法第 25 條所稱之自治法規（分成自治條例及自治規則）、行政程序法第 159 條所稱之行政規則等廣義之行政命令。

【朱石炎，《刑事訴訟法》，三民，八版，2017.09，503 頁以下。】

但本書認為，參照釋字第 137、216、407 等號解釋，法官依據法律獨立審判，憲法第 80 條載有明文。各機關依其職掌就有關法規為釋示之行政命令，法官於審判案件時，固可予以引用，但仍得依據法律，表示適當之不同見解，並不受其拘束。既然法官審判案件時，僅須服從法律，**不受行政命令之拘束**，自然也就沒有違背法令的問題。

釋字第 530 號認為，為實現審判獨立，司法機關應有其自主性；本於司法自主性，最高司法機關就審理事項並有發布規則之權；又基於保障人民有依法定程序提起訴訟，受充分而有效公平審判之權利，以維護人民之司法受益權，最高司法機關自有司法行政監督之權限。司法自主性與司法行政監督權之行使，均應以維護審判獨立為目標，因是最高司法機關於達成上述司法行政監督之目的範圍內，得發布命令。最高司法機關依司法自主性發布之上開規則，得就審理程序有關之細節性、技術性事項為規定；本於司法行政監督權而發布之命令，除司法行政事務外，提供相關法令、有權解釋之資料或司法實務上之見解，作為所屬司法機關人員執行職務之依據，亦屬法之所許。故依現行法制，司法院本於司法行政監督權之行使，發布「法院辦理刑事訴訟事件應行注意事項」，**其性質乃司法監督命令，與一般行政機關發布之命令有別。**

至於「判例」及「決議」是否仍該當司法監督命令？

按大法庭新制施行後，「判例」的地位依法院組織法第 57 條之 1 第 2 項、行政法院組織法第 16 條之 1 第 2 項之規定，有裁判全文可資查考而未經停止適用之判例，其效力與未經選編為判例之最高法院、最高行政法院裁判相同，**已無通案之效力。**

而「決議」，參照司法院釋字第 374 號解釋，人民所受確定終局裁判援用之判例、決議，如發生牴觸憲法之疑義時，因判例、決議與命令相當，故得依司法院大法官審理案件法第 5 條第 1 項第 2 款之規定聲請解釋憲法。不過，在法院組織法修正後，原本「判例」及「決議」統一法律見解的功能，已有所變化。法院組織法、行政法院組織法有關大法庭制度之修正條文於 108 年 7 月 4 日公布施行之後，因未停止適用之判例見解已不具通案拘束力，縱使法官於確定終局裁判仍援用該等法律見解，但決議與未停用之判例之效力，已與命令不相當，司法院釋字第 374 號解釋的基礎已經變動，已無法再援引該號解釋，認為人民可以因確定終局裁判援用判例、決議有抵觸憲法之虞，聲請解釋憲法。因此，判決違背「判例」及「決議」的意旨，自不應再解為違背法令。

第 379 條（當然違背法令之事由）

有左列情形之一者，其判決當然違背法令：

一　法院之組織不合法者。
二　依法律或裁判應迴避之法官參與審判者。
三　禁止審判公開非依法律之規定者。
四　法院所認管轄之有無係不當者。
五　法院受理訴訟或不受理訴訟係不當者。
六　除有特別規定外，被告未於審判期日到庭而逕行審判者。
七　依本法應用辯護人之案件或已經指定辯護人之案件，辯護人未經到庭辯護而逕行審判者。
八　除有特別規定外，未經檢察官或自訴人到庭陳述而為審判者。
九　依本法應停止或更新審判而未經停止或更新者。
十　依本法應於審判期日調查之證據而未予調查者。
十一　未與被告以最後陳述之機會者。
十二　除本法有特別規定外，已受請求之事項未予判決，或未受請求之事項予以判決者。
十三　未經參與審理之法官參與判決者。
十四　判決不載理由或所載理由矛盾者。

❖ 法學概念

判決當然違背法令

判決，除所判內容違背法令外，尚有形成該判決之審判違背法令之情事。本法第 377 條所稱**「判決違背法令」，係指判決所認定內容違背法令。至於形成判決之審判違背法令，係指案件之審判程序違背法令，又可分為「審理程序違背法令」及「判決程式違背法令」兩種。**惟不論審理程序或判決程序違背法令，其結果有時均會導致判決內容違誤；因之，對於若干較為嚴重之審判程序違背法令，自有作為上訴於第三審法院理由的必要，以期能運用第三審程序尋求救濟。

【張麗卿，《刑事訴訟法理論與運用》，五南，十四版，2018.09，673 頁。】

至於判決當然違背法令是否同時構成非常上訴之事由，不無疑問。依歷來的實務見解，目前刑訴法第 379 條各款中，實務以第 4、5、6、7、10、12 及 14 款可成為非常上訴之事由，理由大致是「判決違背法令與訴訟程序違背法令，二者理論上雖可分立，實際上時相牽連…，然於判決有影響」。然而，依照實務的操作模式，似乎不夠精準，有學者指出，刑訴法第 379 條第 9、13 款非無解釋同時構成判決違背法令的空間。

【王兆鵬、張明偉、李榮耕，《刑事訴訟法（下）》，瑞興，三版，2015.09，478 頁。】

此外，更有論者主張，刑訴法第 447 條第 1 項第 1 款，所稱「判決違背法令」即包括第 379 條所列各款。蓋其乃基於違法情節特別嚴重並且免除個案判斷困擾之目的，而將其特別列為「判決當然違背法令」，其目的即在於廣開救濟之門。

【林鈺雄，《刑事訴訟法（下）》，新學林，八版，2017.09，557 頁。】

❖ 法學概念

本條各款事由

案件之審判有下列之情事者，其判決當然為違背法令，而為上訴第三審法院之理由（本法§379）：

㈠法院之組織不合法（本法§379 ①）

依法院組織法及本法有關之規定，其不合法之情形，例如不足法定人數或非法官參與法院之審理。地方法院審判案件，以法官一人獨任或三人合議行之，為法院組織法第 3 條第 1 項所明定。故地方法院審判案件，如行合議審判，應以法官三人合議行之，始屬適法。而地方法院於審理個別案件時，經裁定行合議審判，並為準備審判起見，指定受命法官於審判期日前訊問被告及蒐集或調查證據後，該受理訴訟之（狹義）法院組織即確定，不容任意加以變更。因之，受命法官踰越權限，於訴訟程序中規避合議審判，僭行審判長職權逕自指定審判期日，自為審判長進行言詞辯論，定期宣判，其法院之組織及所踐行之審判程序，致法院組織不合法所為之審判，即非合法。

【最高法院 89 年台上字第 1877 號判例。】

㈡依法律或裁判應迴避之法官參與審判者（本法§379 ②）

即所謂此即指法官有本法第 17 條所列應自行迴避，第 18 條所定得聲請迴避業經裁定迴避之情形而不迴避，仍參與本案之審判者而言。若法官有同法第 18 條第 2 款所謂前條以外情形，足認其執行職務有偏頗之虞，僅得為當事人聲請迴避之原因，非經有應行迴避之裁判，縱令該法官參與審判，其判決仍非違法。

㈢禁止審判公開非依法律之規定（本法§379 ③）

訴訟之辯論及裁判之宣示，應公開法庭行之。但有妨害國家安全、公共秩序或善良風俗之虞時，法院得決定不予公開（法院組織法§§86、87）。法庭不公開時，審判長應將不公開之理由宣示。其禁止公開之理由，應記載於審判筆錄（本法§44 Ⅰ ④）。

㈣法院所認管轄之有無係不當（本法§379 ④）

此即法院，本有管轄權（本法§§4、5），但卻誤認為無管轄權而諭知管轄錯誤之判決（本法§304），或法院無管轄權卻誤認為有管轄權，而為實體上之判決，均屬之。實務認為同時屬於判決違背法令，得為非常上訴之事由。

【最高法院 41 年台非字第 47 號判例。】

㈤法院受理訴訟或不受理訴訟係不當者（本法§379 ⑤）

所謂「法院受理訴訟係不當」係指法院誤認本法不具備訴訟要件為具備訴訟要件之案件，竟為實體判決，而未諭知不受理判決。所稱「法院不受理訴訟係不當」則指案件本具備訴訟要件，但法院誤認其不備，竟諭知不受理之判決，而不為實體判決。包含法院受理案件考量本法第 161 條第 4 項、第 303 條各款、第 329 條第 2 項、第 331 條第 2 項及第 334 條是否不當者等情形。實務認為此款同時屬於判決違背法令，得為非常上訴之事由。

【林山田，《刑事程序法》，五南，五版，2004.09，406 頁；最高法院 47 年台上 1531 號判例。】

㈥除有特別規定外，被告未於審判期日到庭而逕行審判（本法§379 ⑥）

所稱「特別規定」，包括許被告用代理人之案件（本法§281 Ⅱ）及得不待被告陳述而逕行判決者，如：「被告心神喪失或雖因疾病不能到庭，但有顯應諭知無罪或免刑判決之情形者」（本法§294 Ⅲ）、被告未受許可退庭（本法§305）、法院認為應科拘役、罰金或應諭知免刑或無罪之案件，被告經合法傳喚無正當理由不到庭者（本法§306）。上訴審被告經合法傳喚無正當理由不到庭者（本法§371）。至於第 307 條、第 372 條「得不經言詞辯論之判決」之情形，因被告本無須到庭，與本款無涉。實務認為，此款同時屬判決違背法令，可構成非常上訴之事由。

【最高法院 91 年度第 7 次刑事庭會議決議。】

㈦應用辯護人之案件或已經指定辯護人之案件，

辯護人未到庭而逕行審判（本法§379 ⑦）

即檢察官以強制辯護案件起訴人無辯護人到庭而逕行審判。所稱「經辯護人到庭辯護」自應包括至遲於審判長開始調查證據程序，以迄宣示辯論終結前，辯護人均應始終在庭行使職務之情形，俾使被告倚賴辯護人為其辯護之權利，得以充分行使其防禦權。依實務見解認為，**此款同時屬判決違背法令，可構成非常上訴之事由。**

【最高法院 91 年度第 7、8 次刑事庭會議決議。】

㈧除有特別規定外，未經檢察官或自訴人到庭而逕行審判（本法§379 ⑧）

檢察官、自訴人為皆為原告，為實行訴訟，應到庭陳述起訴或自訴要旨與事實及法律上之理由，始得審判。所謂特別規定，如本法第 372 條、第 307 條、第 331 條第 1 項後段、第 332 條及第 364 條之準用規定等。所謂「特別規定」，即得不經言詞辯論或自訴人不到庭而得逕行判決之規定。自訴案件於刑事訴訟法 2003 年修正通過後，採取強制律師代理主義（本法§319Ⅱ），故應將本款解釋為，自訴人選任之自訴代理人應到庭陳述而為審判，若未到庭陳述而為審判者，即有本款適用。

【黃朝義，《刑事訴訟法》，新學林，五版，2017.09，786 頁。】

㈨依本法應停止或更新審判而未經停止或更新（本法§379 ⑨）

被告心神喪失者，應於其回復以前停止審判；被告因疾病不能到庭者，應於其能到庭以前停止審判（本法§294Ⅰ、Ⅱ），均屬依法應停止審判之情形。再者，審判期日，應由參與之法官始終出庭，如有更易者，則應更新審判程序（本法§292Ⅰ）；審判非一次期日所能終結者，除有特別情形外，應於次日連續開庭；如下次開庭因事故間隔至十五日以上者，應更新審判程序（本法§293），均屬依法更新審判之情形。無論依法應停止審判而不停止或依法應更新審判而不更新，其訴訟程序違背法令。例如所參與審理之法官，不僅指審判開始或審判中曾經出庭，且必須繼續至辯論終結均經參與審理。故法官一經更易，凡未在最後之辯論日期出庭者，不得參與判決，依照法官應始終連續出庭之規定，自屬毫無疑義。

【張麗卿，《刑事訴訟法理論與運用》，五南，十四版，2018.09，675 頁。】

㈩依本法應於審判期日調查之證據而未予調查（本法§379 ⑩）

本款在實務上發生之案例可謂居本法第 379 條判決當然違背法令之冠。其中之違法類型，包含「應蒐集而未蒐集證據之違法」、「證據能力與證據調查程序之違法」與「當事人聲請調查證據」。釋字第 181 號解釋認為，於審判期日調查之證據，未予調查，致適用法令違誤，而顯然於判決有影響者，為判決違背法令，可構成非常上訴之事由。但這個範圍過寬，因此釋字第 238 號解釋又做調整，即限於該證據在客觀上為法院「認定事實」及「適用法律」之基礎者為限，為判決違背法令，才可構成非常上訴之事由。本書認為，在 2002 年修法後上開實務見解應隨著當事人進行主義調整，即法院主動調查、蒐集證據之義務應受到限縮。

【黃朝義，《刑事訴訟法》，新學林，五版，2017.09，787 頁以下。】

㈩㈠未與被告以最後陳述之機會（本法§379 ⑪）

審判長宣示辯論終結前，最後應詢問被告有無意見（本法§290），其規範目的在於保障被告之聽審權，提升其防禦地位，其有無與被告以最後陳述之機會，以審判筆錄之記載為準。

【林鈺雄，《刑事訴訟法（下）》，新學林，八版，2017.09，464 頁。】

㈩㈡除本法特別規定外已受請求事項未予判決或未受請求事項予以判決（本法§379 ⑫）

所稱「已受請求之事項未予判決」（本法§379Ⅰ前段），係指「漏未判決」，乃指該事項已經因為訴訟繫屬而為法院應行裁判之範圍，但卻未予裁判者而言（主要係在單一案件的情形：如接續犯、包括一罪等）。所謂「未受請求之事項予以判決」（本法§379Ⅰ後段）係指「訴外裁判」，乃指非屬於法院應行裁判之範圍而法院竟予裁判者而言，如就未經起訴或上訴之事項予以判決，或就起上訴效力所不及之範圍予以判決（主要發生在數案件，其中之一未起訴或上訴審理範圍超出起訴或上訴範圍）。實務認為此款同時屬於判決違背法令，得為非常上訴之事由。

【最高法院 41 年台非字第 47 號判例。】

㈩㈢未經參與審理之法官參與判決（本法§379 ⑬）

本款指的是，未參與案件審理的法官參與判決書的形成，不包括宣示判決之法官。此乃刑事訴訟程序之直接審理原則與言詞辯論原則之體現。

㈩㈣判決不載理由或所載理由矛盾（本法§379 ⑭）

所謂「判決不載理由」，包括判決完全不記載理由、雖有記載理由但記載不完備之情形。例如，未記載認定事實之證據、未記載科刑時就刑法第 57 條審酌之情形等。所謂「判決所載理由矛盾」，指判決所附之理由與主文不相符合，或與事實不相符合，或於理由與理由間有矛盾之情形。實務認為此款同時構成判決違背法令，得為非常上訴之事由。

【黃朝義，《刑事訴訟法》，新學林，五版，2017.09，790 頁；最高法院 41 年台非 47 號判例。】

❑ 實務見解

▶ 釋字第 238 號（78.03.31）

刑事訴訟法第三百七十九條第十款**所稱「依本法應於審判期日調查之證據」，指該證據在客觀上爲法院認定事實及適用法律之基礎而言。此種證據，未予調查，同條特明定其判決爲當然違背法令**。其非上述情形之證據，未予調查者，本不屬於上開第十款之範圍，縱其訴訟程序違背法令，惟如應受同法第三百八十條之限制者，既不得據以提起第三審上訴，自不得爲非常上訴之理由。中華民國二十九年二月二十二日最高法院民、刑庭總會議決議關於「訴訟程序違法不影響判決者，不得提起非常上訴」之見解，就證據部份而言，即係本此意旨，尙屬於法無違，與本院釋字第一八一號解釋，亦無牴觸。

▶ 釋字第 181 號（72.07.01）

非常上訴，乃對於審判違背法令之確定判決所設之救濟方法。依法應於審判期日調查之證據，未予調查，致適用法令違誤，而顯然有判決影響者，該項確定判決，即屬判決違背法令，應有刑事訴訟法第四百四十七條第一項第一款規定之適用。

▶ 91 年度第 7 次刑事庭會議決議（91.06.11）

刑事訴訟法第三百七十九條第六款規定：「除有特別規定外，被告未於審判期日到庭而逕行審判者。」第七款規定：「依本法應用辯護人之案件或已經指定辯護人之案件，辯護人未經到庭辯護而逕行審判者。」其判決當然違背法令。在通常上訴程序，當然得爲上訴第三審之理由。在非常上訴程序，刑事訴訟法第四百四十一條**所謂「案件之審判係違背法令」，包括原判決違背法令及訴訟程序違背法令，後者係指判決本身以外之訴訟程序違背程序法之規定，與前者在實際上時相牽連，如認其判決前之訴訟程序違背上開第六、七款之規定，致有依法不應爲判決而爲判決之違誤，顯然於判決有影響者，該項確定判決，即屬判決違背法令**。本院二十九年二月二十二日刑庭庭推總會議關於非常上訴案件之總決議案中決議六及四十一年台非字第四七號判例、四十四年台非字第五四號判例，與本決議意旨不符部分，不再參考、援用。

▶ 107 台上 880（判決）

刑事訴訟之目的，在於經由程序正義，以實現實體正義；無程序正義，即無實體正義可言。除有特別規定外，被告未於審判期日到庭而逕行審判者，其判決當然違背法令，刑事訴訟法第三百七十九條第六款定有明文。第二審審判期日，被告不到庭，得不待其陳述逕行判決者，以經合法傳喚而無正當理由不到庭者爲限，刑事訴訟法第三百七十一條亦載有明文。而所謂無正當理由不到庭，係指依社會通常觀念，認爲非正當之原因而不到庭者而言。因審判程序爲法院審理訴訟之中心，透過當事人雙方及其辯護人之法庭活動，使審判者獲取心證而爲判決；對經合法傳喚之被告，不待其到庭陳述逕行判決，事涉被告訴訟在場權、辯明權及防禦權等程序權之保障，法院審查被告有無不到庭之正當理由時，解釋上應以可歸責於被告，由被告自行放棄到庭之權利者爲限，方足以確保憲法第八條所保障之正當法律程序及被告訴訟權利之行使。

▶ 100 台上 5150（判決）

檢察官就被告之全部犯罪事實以實質上或裁判上一罪起訴者，因各該部分事實間互有不可分關係，法院自應就全部事實予以合一審判，如僅就其中一部分加以審認，而置其他部分於不顧，即屬刑事訴訟法第三百七十九條第十二款所稱「已受請求之事項未予判決」之違法。又同法第三百四十八條規定：「上訴得對於判決之一部爲之；未聲明爲一部者，視爲全部上訴。（第一項）」「對於判決之一部上訴者，其有關係之部分，視爲亦已上訴。（第二項）」檢察官或被告就該判決之一部提起上訴者，其效力及於與之具實質上一罪或裁判上一罪關係之全部事實，上級審法院亦應就該全部事實審判，此爲上訴不可分之原則，否則亦有上揭「已受請求之事項未予判決」之違法。

▶ 100 台非 370（判決）

刑事訴訟法第三百七十九條第二款之依法律或裁判應迴避之法官參與審判之違法，就非常上訴審而言，僅屬訴訟程序違背法令，而此項訴訟程序違背法令，於法律見解之統一，欠缺原則上之重要性，況曾參與經第三審撤銷發回更審前裁判之法官，在第三審復就同一案件參與裁判，是否應予迴避，業經司法院釋字第一七八號解釋理由書闡明在案，並無爭議，已如上。

▶ 100 台非 366（判決）

少年事件處理法第一條之一規定「少年保護事件及少年刑事案件之處理，依本法之規定；本法未規定者，適用其他法律。」同法第五條第二項及第七條第一項分別規定「尙未設少年法院地區，於地方法院設少年法庭，但得視實際情形，其職務由地方法院原編制內人員兼任，依本法院執行」、「少年法院院長、庭長及法官、高等法院及其分院少年法庭庭長及法官、公設輔佐人，除須具有一般之資格外，應遴選具有少年保護之學識、經驗及熱忱者充之。」是以，少年刑事案件之第一審訴訟，自應由具有前開特殊學識、經驗之庭長、法官組織之法院予以審判，方爲合法；

否則其法院之組織即屬不合法，判決當然為違背法令。本件被告林智祥係七十九年八月二十八日出生，有其年籍資料在卷可憑，其於九十七年七月二十四日、同年八月四日及十三日犯本件詐欺罪時**尚未滿十八歲**，因台灣台中地區並未設少年法院，依上開**少年事件處理法第五條第二項**規定，自**應由台灣台中地方法院少年法庭審理判決，始為適法**，乃逕由該院刑事庭以簡式審判程序論處被告共同詐欺罪刑，自有法院組織不合法之違誤。
述。

▶99 台非 315（判決）

刑事訴訟法第三百七十九條第四款所規定「法院所認管轄之有無係不當者」之違背法令情形，不問其為土地管轄抑事務管轄，均有其適用；本件非常上訴之提起，自屬合法。

▶98 台上 7016（判決）

刑事訴訟法第三百七十九條第七款規定「依本法應用辯護人之案件或已經指定辯護人之案件，辯護人未經到庭辯護而逕行審判者，其判決當然違背法令」，此之所謂未經辯護人到庭辯護，依辯護制度之所由設，除指未經辯護人到庭者外，**其所謂「經辯護人到庭辯護」自應包括至遲於審判長開始調查證據程序，以迄宣示辯論終結前，辯護人均應始終在庭行使職務之情形，俾使被告倚賴辯護人為其辯護之權利，得以充分行使其防禦權**。

第 380 條（上訴三審之限制—上訴理由）

除前條情形外，訴訟程序雖係違背法令而顯然於判決無影響者，不得為上訴之理由。

□ 實務見解

▶78 台非 90（判例）

刑事訴訟法第三百七十九條第十款所稱「依本法應於審判期日調查之證據」，乃指該證據在客觀上為法院認定事實之適用法律之基礎者而言，若非上述情形之證據，其未予調查者，本不屬於上開第十款之範圍，縱其訴訟程序違背法令，如應受同法第三百八十條之限制者，仍不得據為非常上訴之理由。有罪之判決所認定之事實而應記載於判決書者，乃指與論罪科刑暨適用法令有關之事實而言—如犯罪構成要件之事實、刑之加重減輕之事由、故意、過失等等。故事實欄所記載之部分，倘無關於論罪科刑或法律之適用者，既不屬於必要記載之事項，自亦非理由所應敘述之範圍，則該判決援用以認定此部分非必要記載之事實之證據，即令內容上與此部分之事實不相適合，亦因其不予記載原不生理由不備之違法，倘其予以記載，縱與客觀事實不符，本亦無礙於其應為之論罪科刑與法條之適用，從而亦不構成理由矛盾之違法。

▶72 台上 4542（判例）

上訴人於原審審理時既經出庭應訊，而由受命推事曉諭檢察官之上訴意旨，於公判庭並曾由檢察官踐行論告之程序，是上訴上並非不能為充分之防禦，縱令原審未將檢察官之上訴書繕本送達上訴人，其訴訟程序雖有違法，但於判決主旨顯然不生影響，依刑事訴訟法第三百八十條規定，即不得為合法之上訴第三審理由。

▶99 台上 4630（判決）

刑事訴訟法第一百六十五條之一第二項針對可為證據之錄音、錄影、電磁紀錄或其他相類之證物，明定「審判長應以適當之設備，顯示其聲音、影像、符號或資料」為調查方法，所謂「以適當之設備，顯示」，通常以勘驗為之；依立法理由之說明，本條既係參考日本刑事訴訟法第三百零六條第二項之立法例而為增訂，解釋上審判長（包括準備程序受命法官）即應依職權以適當之設備實施勘驗，然勘驗處分之實施，本法第二百十二條規定偵查中由檢察官行之，即檢察事務官依檢察官之指揮命令實施勘驗（法院組織法第六十六條之三第二項第一款），或司法警察（官）因調查犯罪情形而為與勘驗同其性質之勘察，亦非法所不許。**檢察官或檢察事務官、司法警察（官）因調查證據及犯罪之必要，而以科技設備所呈現出該等證據內容之書面，如已具證據適格，又足以明確辨讀其內容者，倘當事人或訴訟關係人於法院調查證據時，對於上開書面之真實性不為爭執，復已予以當事人辯明其證明力之機會者，即令審判長未依職權再行勘驗，應認依個案之具體情形而無調查之必要，本不屬刑事訴訟法第三百七十九條第十款之範圍**，依同法第三百八十條之規定，自不得執以指摘，資為第三審上訴之正當理由。

第 381 條（上訴三審之理由—刑罰變更與廢止或免除）

原審判決後，刑罰有廢止、變更或免除者，得為上訴之理由。

第 382 條（上訴理由及理由書補提）

I 上訴書狀應敘述上訴之理由；其未敘述者，得於提起上訴後二十日內補提理由書於原審法院；未補提者，毋庸命其補提。

II 第三百五十條第二項、第三百五十一條及第三百五十二條之規定，於前項理由書準用之。

□修正前條文

I 上訴書狀應敘述上訴之理由；其未敘述者，得於提起上訴後十日內補提理由書於原審法院；未補提者，毋庸命其補提。

II 第三百五十條第二項、第三百五十一條及第三百五十二條之規定，於前項理由書準用之。

■修正說明（109.01.15）

一、鑑於原法有關第二審上訴及第三審上訴補提理由書之期間分別為二十日及十日，尚非一致，為便於當事人知悉通曉，上述期間，允宜統一，爰參酌第三百六十一條第三項規定，將第一項補提理由書之期間修正為二十日，以利當事人遵循。

二、本條第二項未修正。

□ 實務見解

▶69 台上 2724（判例）

上訴於第三審法院，非以判決違背法令為理由，不得為之。又上訴書狀應敘述上訴之理由。刑事訴訟法第三百七十七條、第三百八十二條第一項分別定有明文。**所謂上訴書狀應敘述上述之理由，係指上訴書狀本身應敘述上訴理由而言，非可引用或檢附其他文書代替，以為上訴之理由**。蓋刑事訴訟規定各種文書之制作，應具備一定之程式，其得引用其他文書者，必有特別之規定始可（例如刑事訴訟法第四十八條、第三百七十三條）。否則，即難認其上訴已合法律上之程式。

▶28 上 922（判例）

提起上訴在判決宣示後送達前者，其補提上訴理由書雖已在提起上訴之十日之後，如自送達判決之翌日起算，仍未逾越十日之上訴期間者，即應認其上訴為合法。

▶25 上 7341（判例）

補提第三審上訴理由書之期間係一種不變期間，依法不得延展，上訴人聲請展限而於法定期間外補提由書，其上訴仍難謂為合法。

第 383 條（答辯書之提出）

I 他造當事人接受上訴書狀或補提理由書之送達後，得於十日內提出答辯書於原審法院。

II 如係檢察官為他造當事人者，應就上訴之理由提出答辯書。

III 答辯書應提出繕本，由原審法院書記官送達於上訴人。

第 384 條（原審法院對不合法上訴之處置—裁定駁回與補正）

原審法院認為上訴不合法律上之程式或法律上不應准許或其上訴權已經喪失者，應以裁定駁回之。但其不合法律上之程式可補正者，應定期間先命補正。

第 385 條（卷宗及證物之送交第三審）

I 除前條情形外，原審法院於接受答辯書或提出答辯書之期間已滿後，應速將該案卷宗及證物，送交第三審法院之檢察官。

II 第三審法院之檢察官接受卷宗及證物後，應於七日內添具意見書送交第三審法院。但於原審法院檢察官提出之上訴書或答辯書外無他意見者，毋庸添具意見書。

III 無檢察官為當事人之上訴案件，原審法院應將卷宗及證物逕送交第三審法院。

第 386 條（書狀之補提）

I 上訴人及他造當事人，在第三審法院未判決前，得提出上訴理由書、答辯書、意見書或追加理由書於第三審法院。

II 前項書狀，應提出繕本，由第三審法院書記官送達於他造當事人。

第 387 條（第一審審判程序之準用）

第三審之審判，除本章有特別規定外，準用第一審審判之規定。

第 388 條（強制辯護規定之排除）

第三十一條之規定於第三審之審判不適用之。

第 389 條（言詞審理之例外）

I 第三審法院之判決，不經言詞辯論為之。但法院認為有必要者，得命辯論。

II 前項辯論，非以律師充任之代理人或辯護人，不得行之。

□ 實務見解

▶85 台上 2057（判例）

查被告心神喪失者，依刑事訴訟法第二百九十四條第一項規定，固應於其回復前停止審判，但同法第三百零七條規定「第三百零二條至第三百零四條之判決，得不經言詞辯論為之」，**是得不經言詞辯論而為判決者，自毋庸停止審判。第三審法院之判決，依同法第三百八十九條第一項規定，除法院認為有必要者外，既不經言詞辯論而為之**，則第三審法院自無因被告心神喪失而停止審判之餘地。

第 390 條（指定受命法官及制作報告書）

第三審法院於命辯論之案件，得以庭員一人為受命法官，調查上訴及答辯之要旨，制作報告書。

□修正前條文

第三審法院於命辯論之案件，得以庭員一人為受命推事，調查上訴及答辯之要旨，制作報告書。

■修正說明（109.01.15）

法院組織法已將「推事」之用語，修正為「法官」，爰配合爲文字修正，以符法制。

第 391 條（朗讀報告書與陳述上訴意旨）
I 審判期日，受命法官應於辯論前，朗讀報告書。
II 檢察官或代理人、辯護人應先陳述上訴之意旨，再行辯論。

□**修正前條文**
I 審判期日，受命推事應於辯論前，朗讀報告書。
II 檢察官或代理人、辯護人應先陳述上訴之意旨，再行辯論。

■**修正說明（109.01.15）**
一、法院組織法已將「推事」之用語，修正爲「法官」，第一項爰配合爲文字修正，以符法制。
二、第二項未修正。

第 392 條（一造辯論與不行辯論）
審判期日，被告或自訴人無代理人、辯護人到庭者，應由檢察官或他造當事人之代理人、辯護人陳述後，即行判決。被告及自訴人均無代理人、辯護人到庭者，得不行辯論。

第 393 條（三審調查範圍—上訴理由事項）
第三審法院之調查，以上訴理由所指摘之事項爲限。但左列事項，得依職權調查之：
一　第三百七十九條各款所列之情形。
二　免訴事由之有無。
三　對於確定事實援用法令之當否。
四　原審判決後刑罰之廢止、變更或免除。
五　原審判決後之赦免或被告死亡。

❒ **實務見解**
▶**99 台上 4444（判決）**
第三審法院得依刑事訴訟法第三百九十三條但書規定，就關於訴訟程序及得依職權調查之事項，調查事實者，必以先有合法之上訴爲前提。**而刑事被告於第三審上訴中死亡，依法應諭知不受理之判決者，亦以被告死亡係在有合法之上訴之後者爲限**。如爲不合法之上訴，則原第二審判決以因無合法之上訴而確定，第三審法院即無從依職權逕行對被告死亡之事實加以調查，據以諭知不受理之判決。

第 394 條（三審調查範圍—事實調查）
I 第三審法院應以第二審判決所確認之事實爲判決基礎。但關於訴訟程序及得依職權調查之事項，得調查事實。
II 前項調查，得以受命法官行之，並得囑託他法院之法官調查。
III 前二項調查之結果，認爲起訴程序違背規定者，第三審法院得命其補正；其法院無審判權而依原審判決後之法令有審判權者，不以無審判權論。

□**修正前條文**
I 第三審法院應以第二審判決所確認之事實爲判決基礎。但關於訴訟程序及得依職權調查之事項，得調查事實。
II 前項調查，得以受命推事行之，並得囑託他法院之推事調查。
III 前二項調查之結果，認爲起訴程序違背規定者，第三審法院得命其補正；其法院無審判權而依原審判決後之法令有審判權者，不以無審判權論。

■**修正說明（109.01.15）**
一、第一項及第三項未修正。
二、法院組織法已將「推事」之用語，修正爲「法官」，第二項爰配合爲文字修正，以符法制。

❒ **實務見解**
▶**77 年度第 11 次刑事庭會議決議㈠（77.08.09）**
關於第三審部分：
一、第二審法院對於證據之判斷，與事實之認定，除刑事訴訟法另有明定之證據法則應行遵守外，通常皆以本於生活經驗上認爲確實之經驗法則或論理法則上當然之論理法則等爲其準據，關於原判決違背該等法則必須撤銷者，第三審法院應予具體指明。茲臚列經驗法則及論理法則之一般標準如下：
㈠對於事實證據之判斷，其自由裁量必須保持其合理性，如其證據與事理顯然矛盾，原審予以採用，即於經驗法則有違背。
㈡如何依經驗法則，從無數之事實證據中，擇其最接近眞實之證據，此爲證據之評價問題，但對於內容不明之證據，不得爲證據之選擇對象。又對內容有疑義之證據，仍應調查其必要之證據，不得作爲判決之唯一證據。
㈢證據本身存有瑕疵，在此瑕疵未能究明以前，選擇有罪判決之基礎，難謂於經驗法則無違。
㈣本證不足證明犯罪事實時，設若以反證或抗辯不成立，持爲斷罪之論據，顯於經驗法則有違。
㈤供述證據，前後雖稍有參差或互相矛盾，事實審法院非不可本於經驗法則，斟酌其他情形，作合理之比較，定其取捨。又供述證據之一部，認爲眞實者，予以採取，亦非法則所不許。

㈥證據與事實必須具有關聯性，即是否適合犯罪事實之認定，不生關聯性之證據，欠缺適合性，資爲認定事實之基礎，有違背論理法則。

㈦認定犯罪事實之證據，有判斷必須合理，否則即欠缺妥當性。如果徒以證人與被告非親即友，即謂其證言出於勾串，顯不合論理法則。

二、第三審法院調查第二審判決有無違背法令，而影響於事實之確定，係以該案件之訴訟卷宗及所附證據爲其根據，即以第二審之資料，審查第二審判決之當否，僅憑書面之間接審理，故第三審於統一法令之適用外，並有具體救濟當事人對原審法院違法所確認事實錯誤之機能。然第三審不逕行調查證據，而爲事實之認定，事實最後仍應由第二審確定，兩者對於事實之調查界限，不容混淆。

三、第二審判決雖係違背法令而不影響於事實之確定，可據以爲裁判者，第三審法院應就該案件自爲判決。但如原判決未記載某項事實或所記載事實不明，致其所確認之事實與論處罪刑所援用之法令不能適合，仍屬用法不當。又原判決因重要證據漏未調查等情形，影響於事實之確定，第三審無可據以爲裁判者，均祇得撤銷原判決，將案件發回原審法院或發交與原審法院同級之他法院。

四、何種證據應予調查，其應調查之範圍如何？在未違背經驗法則、論理法則之範圍內，係專屬事實審法院得依職權自由裁量之事項。因之，原審法對於證據之取捨與依調查所得之證據以爲事實之認定，倘未明顯違背經驗法院，論理法則，第三審毋庸依職權判斷其當否。

五、原審是否已依職權調查證據，必須上訴意旨就原審證據調查之結果，仍未得有充分之心證，且依其審理之結果，尚有其他證據足供調查，而此項證據復與待證事實有關，確屬發見眞實所必要等，予以具體指明，第三審始得就其所予情形予以審查，並就第三審得依職權調查之事項而予調查。

六、除第三審得依職權調查之事項外，其他因原審未盡職責致判決違背法令情形，其未經上訴意旨所指摘者，既非屬第三審得依職權調查之範圍，則其雖經第三審判決確定，因第三審判決並無不當，自不得以確定判決違背法令爲由，對第三審之判決提起非常上訴。

第395條（上訴不合法之判決—判決駁回）
第三審法院認爲上訴有第三百八十四條之情形者，應以判決駁回之；其以逾第三百八十二條第一項所定期間，而於第三審法院未判決前，仍未提出上訴理由書狀者亦同。

❑ 實務見解

▶100 台非 369（判決）

刑事訴訟法第三百七十六條所列各罪，經第二審判決者，不得上訴於第三審法院，故一經第二審判決即告確定，如當事人對此已告確定之案件，猶提起第三審上訴，第三審法院即應依同法第三百九十五條上段，以判決駁回之，倘竟誤爲撤銷發回原審，原第二審法院亦復遵照更爲判決，均屬違法，難謂有效，並無影響於更審前之第二審判決確定之效力（最高法院五十五年台非字第二〇五號判例參照）。

第396條（上訴無理由之判決—判決駁回）
Ⅰ第三審法院認爲上訴無理由者，應以判決駁回之。
Ⅱ前項情形，得同時諭知緩刑。

❑ 實務見解

▶67 年度第 4 次刑庭庭推總會議決定㈡（67.04.18）

第二審法院因第一審判決喻知管轄錯誤、免訴、不受理係不當，依刑事訴訟法第三百六十九條第一項但書規定，判決予以撤銷，將該案件發回第一審法院者，除係刑法第六十一條所列各罪之案件，不得上訴於第三審法院外，如經當事人合法提起第三審上訴，本院應審查原判決有無違背法令（是否不適用法則或適用法則不當）。如原判決係違背法令，應依刑事訴訟法第三百九十七條、第四百零一條判決予以撤銷，發回原審判法院。否則，應依同法第三百九十六條第一項，判決駁回上訴。不能謂第一審判決一經第二審判決撤銷並發回第一審法院（第二審撤銷第一審判決之判決尚未確定），即當然回復第一審判決前之程序，而無提起第三審上訴之餘地。

第397條（上訴有理由之判決—撤銷原判）
第三審法院認爲上訴有理由者，應將原審判決中經上訴之部份撤銷。

❑ 實務見解

▶30 上 2838（判例）

無效判決固無拘束任何人之效力，但該項判決既有重大之違背法令，自亦屬於違法判決之一種，如有合法之上訴，仍應予以撤銷。

第398條（撤銷原判—自為判決）
第三審法院因原審判決有左列情形之一而撤銷之者，應就該案件自爲判決。但應爲後二條之判決者，不在此限：

一　雖係違背法令，而不影響於事實之確定，可據以為裁判者。
二　應諭知免訴或不受理者。
三　有三百九十三條第四款或第五款之情形者。

□ 實務見解

▶77 年度第 11 次刑事庭會議決議(三)（77.08.09）

刑事案件第二審與第三審調查證據認定事實職權之界限與第三審自為判決之範圍：

參、第三審法院自為判決減少發回更審。

依刑事訴訟法第三百九十八條所列各款之規定，第三審法院應撤銷原判決，為加強第二積極之功能，避免案件發回過多，應就刑事訴訟法現行條文為妥善之運作，以適應現時需要減少發回更審。

一、第三審應嚴格貫徹法律審，認為非以違背法令為上訴第三審之理由，而僅指摘原判決認定事實錯誤，取捨證據不當，法院裁量權行使欠妥，或單純理論之爭執，或所指摘與法定違法事由不相適合等事項為其上訴理由者，俱應認其上訴違背法律上之程式，逕予駁回。

二、第三審依訴訟卷宗內之證據資料，如認原判決有下列情形之重大違誤而撤銷者，並應就該案件自為判決。

(一)原判決對刑罰之量定，所為或未為裁判上酌減、免刑，裁量權之運用顯有違法者，第三審應自行量處適度之刑。

(二)刑事訴訟法第三百九十八條第一款所謂「不影響於事實之確定」，係指不影響於重要事實之確定而言，下列事實應認為重要事實。

1. 犯罪構成要件之事實。
2. 法定刑罰加重或減免之原因事實。
3. 阻卻違法性事由之事實。
4. 阻卻責任性事由之事實。
5. 特別經驗法則（專指具有特別知識或經驗者始得知之事實）。
6. 其他習慣、地方制定自治法規及外國法之類，依法應予適用者亦屬要證事實，自應經事實審調查證明為必要。

至於量定刑罰之事實，裁判上刑罰加重、減免之原因事實，訴訟法上之事實，公眾週知之事實及事實於法院已顯著或為其職務上所已知者等等，此或無庸舉證，或為第三審得依職權調查，或屬各級法院所得自由裁量，解釋上應不包括在內。

(三)對原判決諭知緩刑之要件不合者，第三審應為撤銷之諭知。

(四)依原判決所確認之事實，其行為顯屬不罰者，第三審應逕為無罪之諭知。

(五)事實有記載理由內未記載加重之事由（如累犯）而其科處之刑超過法定刑度，或未庸明減輕事由（如未遂犯）而量處較法定最低度刑為輕之刑，或已認定為累犯而未予加重，認定屬自首而未予減輕等。

(六)應宣告褫奪公權（如妨害兵役治罪條例第二十六條），而未予宣告。或應諭知保護管束（如少年事件處理法第八十二條）而未予諭知者。

(七)應沒收（如違禁物，刑法第二百十九條等），竟未予沒收。

(八)連續行為之終了日期，在前犯之罪受有期徒刑之執行完畢或受無期徒刑或有期徒刑一部之執行而赦免後五年以內，或於假釋期滿後五年以內再犯有期徒刑以上之罪，未按累犯加重其刑。

(九)裁判上一罪，一部分犯罪已經因案發覺，竟因其於訊問中陳述另部分未發覺之犯罪行為，而依自首減輕其刑。

(十)由被告上訴或為被告之利益而上訴之案件，第一審判決適用法條並無不當，第二審竟予撤銷改判，諭知較重之刑。

(十一)從一重處斷之重罪，不在減刑之列，竟因其輕罪部分得減刑，而對重罪誤予減刑。

(十二)認定事實無誤。如事實記載於某日下午三時侵入住宅行竊，所憑之證據與認定之理由亦無誤，乃依夜間侵入住宅竊盜論罪科刑。

(十三)其他法律上之見解，與法律規定、解釋、判例之見解有違。

肆、下列情形，應認為於全案情節與判決本旨並無影響，可維持原判決毋庸改判。

一、原判決主文，關於論罪之用語不當，或欠周全，而其援用之科刑法條並無錯誤者（如結夥三人以上竊盜，已引用刑法第三百二十一條第一項第四款，而主文內僅揭明竊盜；又共同殺人已引用刑法第二十八條、第二百七十一條第一項，而主文僅記載殺人之類）。第三審判決衹須於理由內加以說明，不必改判。

二、據上論結部分，雖漏引該當法條，但其理由已敘及，而與科刑上並無出入者（如原判決理由已敘明被告之犯罪情狀可憫恕，應酌減其刑。或因身分或其他特定關係成立之罪，已載明某甲雖無此身分或特定關係，既與有該身分或特定關係之某乙共同實施犯罪，仍應以共犯論，而據上論結漏引刑法第五十九條或第三十一條第一項之類）。第三審判決補正其漏引之條文即可。

三、犯罪事實之細節雖欠完全，但不影響整個犯罪事實之認定者，例如被告所行使之文書已證明爲其所僞造，惟對僞造之時間、地點因其堅不吐實，無法作進一步之調查，但本於吸收關係，其僞造後又復行使而行使之行爲明確者，應依行使之高度行爲處斷，自不必發回。

四、裁判上一罪，其輕罪部分非有顯著之違法情形或重大瑕疵存在時，得不予發回。

五、事實與理由文字之顯然誤寫，如殺人案件，原判決所採取之驗斷書等證物，顯示原判決誤寫被害人被刺殺之刀數及傷痕之大小，但既屬顯然誤寫，第三審得於判決內加以補正，毋庸以此作爲發回更審之原因。

六、證據違法，屬於訴訟程序違背法令，除合於刑事訴訟法第三百七十九條第十款規定外，依同法第三百七十八條、第三百八十條之規定，須其違背法令於判決有影響，始得據爲第三審上訴之合法理由。至其證據違法對於判決有無影響，應由第三審法院參酌原判決，卷存證據資料及上訴理由等加以判斷。左列證據違法情形，得認爲於判決無影響，無庸將原判決撤銷。

㈠證據雖有瑕疵（如無證據能力，非經合法調查程序取得或內容不明確等），惟未採爲判決之基礎，自於判決無影響。

㈡援用某項證據，固有不當，然除去該項證據，仍應爲同一事實之認定者，即於判決無影響。

㈢當事人或其辯護人聲請調查之證據，或涉及其他應否依職權調查之證據，雖未予調查，但經第三審認爲無調查之必要者，此項漏未調查，自非對判決有影響。

㈣查證或採證縱有違誤，惟僅涉及無關重要之枝節問題，而於判決之主文，尚無影響者。

伍、第三審對久懸未決重大刑事案件之處置。

重大刑事案件之犯罪事實，因案發之初，蒐集證據欠完備，或證據之憑信力有疑問，或積極證據與消極證據紛亂，致影響眞實之發見，事後歷經第一、二兩審法院審理，亦未能發見確鑿之證據，事實極欠明確，難爲妥適之判決，此種案件設若已經第三審法院多次發回更審，即不宜再行撤銷發回，以免案件久懸多年不能定讞。

編按：

本則決議嗣後於民國 95 年 9 月 5 日經最高法院 95 年度第 17 次刑事庭會議決議修正伍、決議文。

文字修正如下：重大刑事案件之犯罪事實，因案發之初，搜集證據欠完備，或證據之憑信力有疑問，或積極證據與消極證據紛亂，致影響眞實之發見，事後歷經第一、二兩審法院審理，亦未能發見確鑿之證據，事實極欠明確，難爲妥適之判決，此種案件設若已經第三審法院多次發回更審，且就案內一切情況觀察，調查之途徑已窮，或屬無益之調查，似此，第三審法院不應再行撤銷發回，本證據裁判主義之原則，論罪之證據既甚爲薄弱，第三審即應爲有利於被告之判斷，而予判決使之確定，以免案件久懸多年不能定讞。

第 399 條（撤銷原判－發回更審）
第三審法院因原審判決諭知管轄錯誤、免訴或不受理係不當而撤銷之者，應以判決將該案件發回原審法院。但有必要時，得逕行發回第一審法院。

第 400 條（撤銷原判－發交審判）
第三審法院因原審法院未諭知管轄錯誤係不當而撤銷之者，應以判決將該案件發交該管第二審或第一審法院。但第四條所列之案件，經有管轄權之原審法院爲第二審判決者，不以管轄錯誤論。

第 401 條（撤銷原判－發回更審或發交審判）
第三審法院因前三條以外之情形而撤銷原審判決者，應以判決將該案件發回原審法院，或發交與原審法院同級之他法院。

❑ 實務見解

▶22 非 39（判例）

第三審法院除依刑事訴訟法第四百十一條第二項及第四百十二條所定情形，得併將第一審判決撤銷發回或發交第一審法院更爲審判外，若因犯罪事實不能依據第二審判決而定，依同法第四百十三條規定，祇應撤銷第二審判決，發回或發交更審，不能併將第一審判決撤銷，致第二審之上訴失其根據，且有使第二審審級變爲第一審之嫌。

第 402 條（為被告利益而撤銷原判決之效力）
爲被告之利益而撤銷原審判決時，如於共同被告有共同之撤銷理由者，其利益並及於共同被告。

第四編　抗　告

第 403 條（抗告權人及管轄法院）
Ⅰ當事人對於法院之裁定有不服者，除有特別規定外，得抗告於直接上級法院。
Ⅱ證人、鑑定人、通譯及其他非當事人受裁定者，亦得抗告。

❒ 實務見解

▶ 釋字第 665 號解釋理由書（節錄）

刑事訴訟法第四百零三條第一項關於檢察官對於審判中法院所為停止羈押之裁定得提起抗告之規定部分憲法第十六條規定人民有訴訟權，旨在確保人民得依法定程序提起訴訟及受公平之審判。至於訴訟救濟應循之審級、程序及相關要件，應由立法機關衡量訴訟案件之種類、性質、訴訟政策目的以及訴訟制度之功能等因素，以法律為合理之規定（本院釋字第四四二號、第五一二號、第五七四號解釋參照）。檢察官對於審判中法院所為停止羈押之裁定是否得提起抗告，乃刑事訴訟制度之一環，衡諸本院上開解釋意旨，立法機關自得衡量相關因素，以法律為合理之規定。

羈押之強制處分屬於法官保留事項，刑事訴訟法第四百零三條第一項規定：「當事人對於法院之裁定有不服者，除有特別規定外，得抗告於直接上級法院。」第四百零四條規定：「對於判決前關於管轄或訴訟程序之裁定，不得抗告。但下列裁定，不在此限：……二、關於羈押、具保、責付、限制住居、搜索、扣押或扣押物發還、因鑑定將被告送入醫院或其他處所之裁定及依第一百零五條第三項、第四項所為之禁止或扣押之裁定。」又第三條規定：「本法稱當事人者，謂檢察官、自訴人及被告。」是依上開法律規定，檢察官對於審判中法院所為停止羈押之裁定自得提起抗告。**檢察官依上開規定對於審判中法院所為停止羈押之裁定提起抗告，並未妨礙被告在審判中平等獲得資訊之權利及防禦權之行使，自無違於武器平等原則；且法院就該抗告，應依據法律獨立公平審判，不生侵害權力分立原則之問題。**是刑事訴訟法第四百零三條第一項關於檢察官對於審判中法院所為停止羈押之裁定得提起抗告之規定部分，乃立法機關衡量刑事訴訟制度，以法律所為合理之規定，核與憲法第十六條保障人民受公平審判之意旨並無不符。

❖ 學者評釋

檢察官於審判階段得否聲請法院羈押被告，法院若未為羈押處分，檢察官有無抗告權之問題，則應分別以觀：

一、起訴時被告在押

若審判階段法院認無羈押之必要為停止羈押之裁定者，誠如釋字第 665 號所示，檢察官對此如有不服，得依刑事訴訟法第 403 條第 1 項之規定提起抗告。此種情形，屬於起訴時在押被告之移審類型，檢察官之抗告並無不妥。因為移審的性質並非檢察官重新聲請羈押。若解釋為檢察官重新聲請羈押，則構成同一案件兩次聲請，可能造成同一案兩次羈押的疑義。

二、若起訴時被告人身自由未受拘束

此種審判階段係法院消極地未發動職權為羈押處分之情形，**檢察官應無抗告權，因類型及性質不同，自非釋字第 665 號效力所及。**蓋一般而言，審判階段除非被告有新發生逃亡等妨害刑事司法作用之危險，否則難以想像審判中有羈押被告之原因。由於案件已繫屬法院，被告是否有新發生逃亡等妨害刑事司法作用之危險，事關法院維持訴訟程序進行之職務重大，且法院亦對證據調查之進行狀況知之甚詳，審判中是否羈押被告，依刑事訴訟法第 101 條第 1 項之規定，應屬法院之職權。進一步言，**當被告人身自由處於可能隨時受檢察官聲請羈押的精神壓力下，將妨害被告就起訴事實行使防禦之作為。職是，審判中被告並未受羈押，檢察官認為有羈押必要者，充其量僅能促請法院發動職權決定是否羈押被告，而無所謂之聲押權。**

【陳運財，〈大法官釋字第 665 號解釋評析〉，《月旦法學雜誌》，第 176 期，2010.01，37 頁以下。】

第 404 條（抗告之限制及例外）

Ⅰ對於判決前關於管轄或訴訟程序之裁定，不得抗告。但下列裁定，不在此限：

一　有得抗告之明文規定者。

二　關於羈押、具保、責付、限制住居、限制出境、限制出海、搜索、扣押或扣押物發還、變價、擔保金、身體檢查、通訊監察、因鑑定將被告送入醫院或其他處所之裁定及依第一百零五條第三項、第四項所為之禁止或扣押之裁定。

三　對於限制辯護人與被告接見或互通書信之裁定。

Ⅱ前項第二款、第三款之裁定已執行終結，受裁定人亦得提起抗告，法院不得以已執行終結而無實益為由駁回。

□修正前條文

Ⅰ對於判決前關於管轄或訴訟程序之裁定，不得抗告。但下列裁定，不在此限：

一　有得抗告之明文規定者。

二　關於羈押、具保、責付、限制住居、搜索、扣押或扣押物發還、變價、擔保金、身體檢查、通訊監察、因鑑定將被告送入醫院或其他處所之裁定及依第一百零五條第三項、第四項所為之禁止或扣押之裁定。

三　對於限制辯護人與被告接見或互通書信之裁定。

Ⅱ前項第二款、第三款之裁定已執行終結，受裁定人亦得提起抗告，法院不得以已執行終結而無實益爲由駁回。

修正說明（108.06.19）

一、爲配合增訂第八章之一限制出境、出海之規定，修正本條第一項第二款。

二、第二項未予以修正。

第405條（抗告之限制）
不得上訴於第三審法院之案件，其第二審法院所爲裁定，不得抗告。

實務見解

▸85年度第5次刑事庭會議決議（85.03.26）

因其通常程序係依修正刑事訴訟法施行前之法定程序終結，**而得上訴於第三審法院，**於再審程序仍得抗告，故其抗告爲合法，應審究其抗告有無理由，從實體上裁定。

第406條（抗告期間）
抗告期間，除有特別規定外，爲五日，自送達裁定後起算。但裁定經宣示者，宣示後送達前之抗告，亦有效力。

第407條（抗告之程式）
提起抗告，應以抗告書狀，敘述抗告之理由，提出於原審法院爲之。

第408條（原審法院對於抗告之處置）
Ⅰ原審法院認爲抗告不合法律上之程式或法律上不應准許，或其抗告權已經喪失者，應以裁定駁回之。但其不合法律上之程式可補正者，應定期間先命補正。
Ⅱ原審法院認爲抗告有理由者，應更正其裁定；認爲全部或一部無理由者，應於接受抗告書狀後三日內，送交抗告法院，並得添具意見書。

第409條（抗告之效力）
Ⅰ抗告無停止執行裁判之效力。但原審法院於抗告法院之裁定前，得以裁定停止執行。
Ⅱ抗告法院得以裁定停止裁判之執行。

第410條（卷宗及證物之送交及裁定期間）
Ⅰ原審法院認爲有必要者，應將該案卷宗及證物送交抗告法院。
Ⅱ抗告法院認爲有必要者，得請原審法院送交該案卷宗及證物。
Ⅲ抗告法院收到該案卷宗及證物後，應於十日內裁定。

第411條（抗告法院對不合法抗告之處置）
抗告法院認爲抗告有第四百零八條第一項前段之情形者，應以裁定駁回之。但其情形可以補正而未經原審法院命其補正者，審判長應定期間先命補正。

實務見解

▸68年度第10次刑事庭會議決定(一)（68.09.04）

刑事訴訟法第四百零七條規定：「提起抗告，應以抗告書狀敘述抗告之理由，提出於原審法院爲之。」倘抗告書狀未敘述抗告之理由，即屬不合法律上之程式，按其情形，既非不可以補正，如未經原審法院命其補正者，抗告法院應依同法第四百十一條但書規定，由審判長定期間先命補正，不得逕依同條前段予以駁回。

第412條（對無理由之抗告之裁定）
抗告法院認爲抗告無理由者，應以裁定駁回之。

第413條（對有理由之抗告之裁定）
抗告法院認爲抗告有理由者，應以裁定將原裁定撤銷；於有必要時，並自爲裁定。

第414條（裁定之通知）
抗告法院之裁定，應速通知原審法院。

第415條（得再抗告之裁定）
Ⅰ對於抗告法院之裁定，不得再行抗告。但對於其就左列抗告所爲之裁定，得提起再抗告：
一　對於駁回上訴之裁定抗告者。
二　對於因上訴逾期聲請回復原狀之裁定抗告者。
三　對於聲請再審之裁定抗告者。
四　對於第四百七十七條定刑之裁定抗告者。
五　對於第四百八十六條聲明疑義或異議之裁定抗告者。
六　證人、鑑定人、通譯及其他非當事人對於所受之裁定抗告者。
Ⅱ前項但書之規定，於依第四百零五條不得抗告之裁定，不適用之。

實務見解

▸69台抗137（判例）

刑事訴訟法第四百十五條第一項規定，對於抗告法院之裁定，除該項但書所列情形外，不得再行抗告。縱令原審書記官在裁定正本上記載得爲抗告字樣，亦不發生法律上之效力。

第416條（準抗告之範圍、聲請期間及其裁判）
Ⅰ對於審判長、受命法官、受託法官或檢察官所爲下列處分有不服者，受處分人得聲請所屬法院撤銷或變更之。處分已執行終結，受處分人亦得聲請，法院不得以已執行終結而無實益為由駁回：

一　關於羈押、具保、責付、限制住居、限制出境、限制出海、搜索、扣押或扣押物發還、變價、擔保金、因鑑定將被告送入醫院或其他處所之處分、身體檢查、通訊監察及第一百零五條第三項、第四項所為之禁止或扣押之處分。

二　對於證人、鑑定人或通譯科罰鍰之處分。

三　對於限制辯護人與被告接見或互通書信之處分。

四　對於第三十四條第三項指定之處分。

II前項之搜索、扣押經撤銷者，審判時法院得宣告所扣得之物，不得作為證據。

III第一項聲請期間為五日，自為處分之日起算，其為送達者，自送達後起算。

IV第四百零九條至第四百十四條規定，於本條準用之。

V第二十一條第一項規定，於聲請撤銷或變更受託法官之裁定者準用之。

□修正前條文

I對於審判長、受命法官、受託法官或檢察官所為下列處分有不服者，受處分人得聲請所屬法院撤銷或變更之。處分已執行終結，受處分人亦得聲請，法院不得以已執行終結而無實益為由駁回：

一　關於羈押、具保、責付、限制住居、搜索、扣押或扣押物發還、變價、擔保金、因鑑定將被告送入醫院或其他處所之處分、身體檢查、通訊監察及第一百零五條第三項、第四項所為之禁止或扣押之處分。

二　對於證人、鑑定人或通譯科罰鍰之處分。

三　對於限制辯護人與被告接見或互通書信之處分。

四　對於第三十四條第三項指定之處分。

II前項之搜索、扣押經撤銷者，審判時法院得宣告所扣得之物，不得作為證據。

III第一項聲請期間為五日，自為處分之日起算，其為送達者，自送達後起算。

IV第四百零九條至第四百十四條規定，於本條準用之。

V第二十一條第一項規定，於聲請撤銷或變更受託法官之裁定者準用之。

■修正説明（108.06.19）

一、為配合增訂第八章之一限制出境、出海之相關規定，爰修正本條第一項第一款。

二、第二項至第五項未修正。

□實務見解

▶ 釋字第 639 號（97.03.21）

憲法第八條所定之法院，包括依法獨立行使審判權之法官。刑事訴訟法第四百十六條第一項第一款就審判長、受命法官或受託法官所為羈押處分之規定，與憲法第八條並無牴觸。刑事訴訟法第四百十六條第一項第一款及第四百十八條使羈押之被告僅得向原法院聲請撤銷或變更該處分，不得提起抗告之審級救濟，**為立法機關基於訴訟迅速進行之考量所為合理之限制，未逾立法裁量之範疇，與憲法第十六條、第二十三條尚無違背。且因向原法院聲請撤銷或變更處分之救濟仍係由依法獨立行使職權之審判機關作成決定，故已賦予人身自由遭羈押處分限制者合理之程序保障，尚不違反憲法第八條之正當法律程序**。至於刑事訴訟法第四百零三條、第四百零四條第二款、第四百十六條第一項第一款與第四百十八條之規定，使羈押被告之決定，得以裁定或處分之方式作成，並因而形成羈押之被告得否抗告之差別待遇，與憲法第七條保障之平等權尚無牴觸。

❖ 學者評釋

一、柯耀程教授

揆諸刑訴法第 416 條的本質，與第 404 條相同，均屬於外部救濟的規定，其差異者僅在於適用的對象不同而已。然而對於法院或法官所為之裁定，**並不能擅自解讀為是一種「個人」所為的處分，即使是受命法官所為，其仍舊是獨立的對外形式**，其必須依循第 404 條為抗告，而不是曲解其為準抗告的事由。因此，釋字第 639 號在結論上並無瑕疵，僅其立論的方向有所偏差而已。

【柯耀程，〈羈押救濟的正當程序——評釋字第 639 號解釋〉，《月旦裁判時報》，創刊號，2010.02，157 頁以下。】

二、吳巡龍檢察官

被告經起訴由法官訊問後，諭知羈押或准予具保、責付或限制住居，其性質可能為法院之「裁定」或受命法官之「處分」，被告分別對之可向上級法院抗告或向原審提出準抗告。釋字第 639 號多數意見認為上開雙軌制度並無違憲，但本號解釋説理與實際不符。**蓋對於干預人身自由最為嚴重的羈押處分竟未給予「審級救濟」**，此結論明顯與釋字第 384 號的意旨大相逕庭。

【吳巡龍，〈起訴後對於法院羈押與否決定不服的救濟——兼評大法官釋字第 639 號解釋〉，《月旦法學雜誌》，第 166 期，2009.03，234 頁以下。】

第 417 條（準抗告之聲請程式）

前條聲請應以書狀敘述不服之理由，提出於該管法院為之。

第418條（準抗告之救濟及錯誤提起抗告或聲請準抗告）

I 法院就第四百十六條之聲請所為裁定，不得抗告。但對於其就撤銷罰鍰之聲請而為者，得提起抗告。

II 依本編規定得提起抗告，而誤為撤銷或變更之聲請者，視為已提抗告；其得為撤銷或變更之聲請而誤為抗告者，視為已有聲請。

❑ 實務見解

▶78 台抗 133（判例）

不服檢察官沒入保證金之處分而聲請所屬法院撤銷，法院就該聲請所為之裁定，依照刑事訴訟法第四百十八條第一項前段之規定，不得抗告，原法院未以其抗告不合法予以駁回，而以其抗告為無理由予以駁回，固有欠妥，但既不得抗告，自亦不得再行抗告，其提起再抗告，顯非法之所許，應依同法第四百十一條前段駁回其再抗告。

第419條（抗告準用上訴之規定）

抗告，除本章有特別規定外，準用第三編第一章關於上訴之規定。

第五編　再　審

第420條（為受判決人利益聲請再審之事由）

I 有罪之判決確定後，有下列情形之一者，為受判決人之利益，得聲請再審：

一　原判決所憑之證物已證明其為偽造或變造者。

二　原判決所憑之證言、鑑定或通譯已證明其為虛偽者。

三　受有罪判決之人，已證明其係被誣告者。

四　原判決所憑之通常法院或特別法院之裁判已經確定裁判變更者。

五　參與原判決或前審判決或判決前所行調查之法官，或參與偵查或起訴之檢察官，或參與調查犯罪之檢察事務官、司法警察官或司法警察，因該案件犯職務上之罪已經證明者，或因該案件違法失職已受懲戒處分，足以影響原判決者。

六　因發現新事實或新證據，單獨或與先前之證據綜合判斷，足認受有罪判決之人應受無罪、免訴、免刑或輕於原判決所認罪名之判決者。

II 前項第一款至第三款及第五款情形之證明，以經判決確定，或其刑事訴訟不能開始或續行非因證據不足者為限，得聲請再審。

III 第一項第六款之新事實或新證據，指判決確定前已存在或成立而未及調查斟酌，及判決確定後始存在或成立之事實、證據。

□修正前條文

I 有罪之判決確定後，有左列情形之一者，為受判決人之利益，得聲請再審：

一　原判決所憑之證物已證明其為偽造或變造者。

二　原判決所憑之證言、鑑定或通譯已證明其為虛偽者。

三　受有罪判決之人，已證明其係被誣告者。

四　原判決所憑之通常法院或特別法院之裁判已經確定裁判變更者。

五　參與原判決或前審判決或判決前所行調查之法官，或參與偵查或起訴之檢察官，因該案件犯職務上之罪已經證明者，或因該案件違法失職已受懲戒處分，足以影響原判決者。

六　因發現確實之新證據，足認受有罪判決之人應受無罪、免訴、免刑或輕於原判決所認罪名之判決者。

II 前項第一款至第三款及第五款情形之證明，以經判決確定，或其刑事訴訟不能開始或續行非因證據不足者為限，得聲請再審。

■修正說明（104.02.04）

一、原條文第一項序文文字「左列」修正為「下列」，以符合現行法規用語。

二、刑事案件常係由檢察事務官、司法警察（官）從事第一線之搜索、扣押、逮捕、詢問、蒐集證據等調查工作，所取得之證據資料亦常作為判決之基礎，故如該參與調查之檢察事務官、司法警察（官）因該案件犯職務上之罪或違法失職而受懲戒處分，足以影響原判決者，應得為受判決人之利益聲請再審，爰修正原條文第一項第五款之規定，增訂「參與調查犯罪之檢察事務官、司法警察官或司法警察」，以茲適用。

三、再審制度之目的在發現真實並追求具體公平正義之實現，為求真實之發見，避免冤獄，對於確定判決以有再審事由而重新開始審理，攸關被告權益影響甚鉅，故除現行規定所列舉之新證據外，若有確實之新事實存在，不論單獨或與先前之證據綜合判斷，合理相信足以動搖原確定判決，使受有罪判決之人應受無罪、免訴、免刑或輕於原判決所認罪名之判決，應即得開啓再審程序。爰參酌德國刑事訴訟法第三百五十九條第五款之立法例，修正原條文第一項第六款之規定。

四、鑑於現行實務受最高法院三十五年特抗字第二十一號判例、二十八年抗字第八號判例、五十年台抗字第一〇四號判例、四十九年台抗字第七十二號判例、四十一年台抗字第一號判例、四十年台抗字第二號判例及三十二年抗字第一一三號判例拘束，創設出「新規性」及「確實性」之要件，將本款規定解釋爲「原事實審法院判決當時已經存在，然法院於判決前未經發現而不及調查斟酌，至其後始發現者」且必須使再審法院得到足以動搖原確定判決而爲有利受判決人之判決無合理可疑的確切心證，始足當之。此所增加限制不僅毫無合理性，亦無必要，更對人民受憲法保障依循再審途徑推翻錯誤定罪判決之基本權利，增加法律所無之限制，而違法律保留原則。

五、再審制度之目的既在發現眞實並追求具體之公平正義，以調和法律之安定與眞相之發見，自不得獨厚法安定性而忘卻正義之追求。上開判例創設之新規性、確實性要件，使錯誤定罪判決之受害者無從據事實審法院判決當時尚不存在或尚未發現之新證據聲請再審，顯已對受錯誤定罪之人循再審程序獲得救濟之權利，增加法律所無之限制。

六、爰修正原條文第一項第六款，並新增第三項關於新事實及新證據之定義，指判決確定前已存在或成立而未及調查斟酌，及判決確定後始存在或成立之事實、證據，單獨或與先前之證據綜合判斷，足認受有罪判決之人應受無罪、免訴、免刑或輕於原判決所認罪名之判決者。據此，本款所稱之新事實或新證據，包括原判決所憑之鑑定，其鑑定方法、鑑定儀器、所依據之特別知識或科學理論有錯誤或不可信之情形者，或以判決確定前未存在之鑑定方法或技術，就原有之證據爲鑑定結果，合理相信足使受有罪判決之人應受無罪、免訴、免刑或輕於原判決所認罪名之判決者亦包括在內。因爲㈠有時鑑定雖然有誤，但鑑定人並無僞證之故意，如鑑定方法、鑑定儀器、鑑定所依據之特別知識或科學理論爲錯誤或不可信等。若有此等情形發生，也會影響眞實之認定，與鑑定人僞證殊無二致，亦應成爲再審之理由。㈡又在刑事訴訟中，鑑定固然可協助法院發現事實，但科技的進步推翻或動搖先前鑑定技術者，亦實有所聞。美國卡多索法律學院所推動之「無辜計畫」（The Innocence Project），至二〇一〇年七月爲止，已藉由DNA 證據爲三百位以上之被告推翻原有罪確定判決。爰參考美國相關法制，針對鑑定方法或技術，明定只要是以原判決確定前未存在之鑑定方法或技術，就原有之證據進行鑑定結果，得合理相信足使受有罪判決之人應受無罪、免訴、免刑或輕於原判決所認罪名之判決，即應使其有再審之機會，以避免冤獄。

❖ 修法簡評

本次修法新增第 420 條第 1 項第 5 款，「參與調查犯罪之檢察事務官、司法警察官或司法警察」等文字，擴大了受判決人得以聲請再審的範圍，此乃有鑑於檢察事務官及司法警察（官）同爲負責犯罪偵查之人且比檢察官職司更爲前線的各種強制處分、詢問及證據蒐集的工作，如犯職務上之罪或受有懲戒，足以影響原確定判決時，理應如同司法官，而得爲受判決人利益聲請再審的事由。

過去舊法時期，實務向認爲聲請再審的證據必須是判決的「已」存在，判決後才發現者，始足當之。所謂「確實性」必須是確實足以動搖之確定判決，而爲受判決人有利之判決者爲限，在**這雙重控制下，得以第 420 條第 1 項第 6 款聲請再審的案件自是屈指可數。**

本次修法，回應了學界長久以來的呼籲及建議。依新修正的刑訴法第 420 條第 3 項重新定義了新規性。亦即，除了判決前已經成立或存在，未及調查斟酌者外，判決確定後才成立的事實或證據，都屬於可以用以聲請再審的新事證（例如原鑑定技術有誤，或是有新的鑑定方法）。此外，由於用以聲請再審者究竟爲事實或是證據，往往難以區分，也增加個案適用上的爭議。依新法，在判斷新事證是否具備確實性時，採取了「**綜合判斷**」的標準。今後，除了單憑聲請人所提出的證據或事實便可認足以動搖原確定判決的情形外，法院也應「綜合」新事實或新證據及原判決中已經存在的證據，判斷受判決人是否應受無罪或其他有利判決。

【李榮耕，〈2015 年的再審新法〉，《月旦法學教室》，第 156 期，2015.10，56 頁以下；李榮耕，〈評析 2015 年的再審新制〉，《台灣法學雜誌》，第 268 期，2015.03，75 頁以下。】

在轟動一時的〈鄭性澤案〉中，因發現原相驗照片所示之被害人蘇憲丕右胸部槍擊傷勢，有原相驗屍體解剖報告未記載及說明之傷口（有 2 個創口，並非 1 個），經送臺灣大學醫學院法醫學研究所，足認有罪之聲請人即受判決人鄭性澤有應受無罪判決之情形，而上開傷口及鑑定分析報告以及該報告中所引醫學專家實證資料、同型槍枝實測資料，均係「本案判決確定後始發現或成立之事實、證據」，爲原確定判決未予調查或評價者，應認係刑事訴訟法第420條第1項第6款之新事實、新證據（臺灣高等法院臺中分院105年度再字第3號刑事判決）。

❖ 爭議問題

證據之「新穎性」（嶄新性）應如何認定？

一、實務見解

依歷來的實務意見認爲，該項證據於事實審法院判決當時「已」存在，僅事實審法院於判決前未發現，不及調查斟酌，至其後始行發現者，方屬之。即以其曾否於原事實審中提出爲準（最高法院28年抗字第8號判例）。而這個判斷標準迄今仍未改變，這可由最高法院101年台抗字第157號裁定所稱：「所謂之『新證據』，係指該項證據，事實審法院於判決前因未經發現，不及調查斟酌，至其後始行發見者而言，…。」得知。

二、學說意見

學者對前開實務這套操作標準多表不認同，認爲只要法院當初因不知而漏未斟酌，例如新的鑑定，若足以動搖原判決認定事實的基礎，對法院而言，即具「新穎性」。

【林鈺雄，《刑事訴訟法（下）》，新學林，八版，2017.09，440頁。】

另有學者指出，實務顯然不當限縮聲請再審的範圍。蓋刑訴法第420條對於新證據的性質及種類並沒有任何限制。亦即，限定新證據必須是「判決當時已存在，判決後始發現」的標準，不但欠缺法源依據，同時也違反再審係發現實體眞實及維持公平正義的本旨。換言之，構成再審理由之嶄新性證據應在於是否爲「在判決確定後，方爲法院所發現者」爲斷。

【陳運財，〈再審與誤判的救濟〉，收錄於《刑事訴訟與正當法律程序》，月旦，1998.09，397～400頁；陳運財，〈刑事訴訟法爲被告利益再審之要件——評最高法院89年度臺抗字第463號裁定〉，《檢察新論》，第11期，2012.01，22頁以下。】

按最高法院71年台上字第7151號判例所稱：「若以證人爲證據方法，以其陳述爲證明之作用者，除非其於另一訴訟中已爲證言之陳述，否則，不能以其事後所製作記載見聞事實之文書，而認該『文書』，爲新證據。」惟黃朝義教授認爲，既然對事實有所誤認才開啓之再審程序，何需於另一訴訟中已爲證言之陳述始得爲新證據，此一看法與再審目的相違。故「新穎性」重點應在於「尚未被判斷之資料性質」；所謂之新證據是指「法院就該證據未加以爲實質證據價值判斷之證據而言」。

【黃朝義，《刑事訴訟法》，新學林，五版，2017.09，771頁以下。】

此外，美國實務上所發展的「勤勉」原則值得供我國借鏡：新證據必須是被告已盡適當之勤勉責任，而仍不能於審判時發現者。若不合於「勤勉」要件，即令爲審判中未曾提出之證據，亦不得聲請再審或重新審判。此一原則即在調和上述二利益之衝突，避免當事人操縱司法程序、濫用司法資源。在理論及政策上，當事人應於審判中竭盡所能提出所知及所有的全部證據。審判時能提出之證據，必須全部提出，否則之後不得再爲主張，以免浪費司法資源。

【王兆鵬，〈重新檢視爲受判決人利益之再審制度〉，《國立臺灣大學法學論叢》，第39卷第3期，2010.09，306頁以下。】

❐ 實務見解

▸104年度第5次刑事庭會議決議㈢（104.03.24）

七十二年九月十三日七十二年度第十一次刑事庭會議決議刑事訴訟法第四百二十條第一項第六款及第四百二十二條第三款所稱新證據之意義仍採以往之見解，係指該項證據於事實審法院判決前已經存在，當時未能援用審酌，至其後始行發見者而言。惟判決以後成立之文書，其內容係根據另一證據而作成，而該另一證據係成立於事實審法院判決之前者，應認爲有新證據之存在。至於其是否確實及是否足以動搖原確定判決，則屬事實之認定問題。

編按：

本則決議加註有關刑事訴訟法第420條第1項第6款部分，不再供參考。反面推論，有關不利被告之新事實新證據之部分，舊實務見解仍得繼續援用不受修法影響。

▸83台抗515（判例）

刑事訴訟法第四百二十條第一項第六款**所稱新證據，包括審判時未經注意之證據，其所謂未經注意，就書證而言，即指審判時雖已有文書存在，但法院未注意文書之意義與內容而言**，抗告人聲請再審，除提出相關之文書外，並就原確定判決如何未注意各該文書意義與內容，一一敘明在卷，爲何不採，原裁定未予說明，其僅以該等文書早已存在，即謂該等文書非新證據，而置各該文書之意義與內容不顧，顯屬誤解。

▸75台上7151（判例）

判決以後成立之文書，**其內容係根據另一證據作成，而該另一證據係成立於事實審法院判決之前者，應認爲有新證據之存在**。如出生證明係根據判決前早已存在之醫院病歷所作成：存款證明係根據判決前已存在之存款帳簿所作成而言，至若人證，係以證人之證書爲證據資料，故以證人爲證據方法，以其陳述爲證明之作用者，除非其於另一訴訟中已爲證言之陳述，否則，不能以其事後所製作記載見聞事實之文書，謂其係根據該人證成立於事實審法院判決之前，而認該「文書」爲新證據。

▶72 台抗 270（判例）

依刑事訴訟法第四百二十條第一項第六款規定，因發見確實之新證據而爲受判決人之利益，聲請再審者，**以該判決係實體上爲有罪且已確定者爲限**。本件抗告人因僞造文書案件，不服原法院所爲有罪之判決，提起上訴，經本院以其上訴顯不合法，從程序上判決駁回其上訴，是上述原法院之實體上判決，始爲抗告人之有罪確定判決，乃抗告人在原法院竟對本院之上述程序判決聲請再審，自難認爲合法。

▶46 台抗 8（判例）

刑事訟訴法第四百十三條第一項第二款**所謂原判決所憑之證言已證明其爲虛僞者，除已經確定判決證明爲虛僞者外，必須有相當證據足以證明其爲虛僞，始屬相符**，若僅以共同被告諭知無罪，而顯然不足以推翻原確定判決所憑之證據者，即非該款所規定之情形。

▶43 台抗 26（判例）

非常上訴旨在糾正法律上之錯誤，並不涉事實問題，其經非常上訴審認爲有理由，依法應撤銷原確定判決另行改判時，僅依代替原審，**依據原所認定之事實，就其裁判時應適用之法律而爲裁判，使違法者成爲合法，核與再審係對確定判決之事實錯誤而爲之救濟方法，迥不相牟**，因之對於非常上訴判決無聲請再審之餘地，再抗告人竟對非常上訴判決聲請再審，自屬於法不合。

▶41 台抗 1（判例）

刑事訟訴法第四百十三條第一項第六款所謂確實之新證據，須以可認爲確實足以動搖原確定判決，而爲受判決人有利之判決者爲限。抗告人聲請再審，係請傳證人某甲等證明其在偵查中供述係受看守某乙所脅迫，既非判決後發現之新證據，而爲抗告人於判決前所明知，又非不須調查之確實新證據，自不能謂爲有再審之理由。

▶108 台抗 1297△（裁定）

按有罪之判決確定後，因發現新事實或新證據，單獨或與先前之證據綜合判斷，足認受有罪判決之人應受無罪、免訴、免刑或輕於原判決所認罪名之判決者，爲受判決人之利益，始得聲請再審，刑事訴訟法第四二〇條第一項第六款規定甚明。所謂「足認」受有罪判決之人應受「免刑」之判決，係指有開啓再審之蓋然性而言，且應認係獨立之聲請再審事由：㈠從刑事訴訟法條文觀之，所謂足認受有罪判決之人應受「免刑」之判決，與「無罪」、「免訴」或「輕於原判決所認罪名」之判決，係併列爲該條項得據以聲請再審的事由之一，**法文明定爲「或」，自應認係獨立於「無罪」、「免訴」及「輕於原判決所認罪名」三種之外之聲請再審事由，不應與其他事由混淆審查**。㈡上開條項中「**足認**」乙詞，乃指有受改判之「**蓋然性**」而言。聲請再審之程序審查，不過爲是否准許再審之開始條件，亦即將該新證據或新事實與原判決之確定事實對比觀察，或原已判決確定的事實，因新事實、新證據之提出或出現，而有動搖之蓋然性者而言。然而，此階段，尚僅係應否開始再審之判斷，而非本案實體之判斷。

▶107 台抗 683（裁定）

再審聲請有無理由，不過爲再審開始之條件而已，並非直接變更原判決，**故所列新事證僅自由證明具備動搖原判決確定事實之「可能性」，即符合開始再審要件，並無達到確信程度之必要**。此與審判程序關於刑罰權基礎之犯罪構成事實須經嚴格證明且達確信之程度不同，不可混淆。是判決確定後，因無從由審判長、受命法官或檢察官選任、囑託鑑定，並依第二百零六條規定出具鑑定書面，則再審聲請權人以判決確定前未踐行之鑑定方法或技術，委請具特別知識經驗之人，就原有之證據爲鑑定結果，爲受判決人之利益，以發現足受有利判決之新證據爲由，聲請再審，若具新規性，且經單獨或綜合評價結果亦具確實性，即無不可，縱法院對於鑑定人之適格尚有疑義，仍非不能於再審聲請程序傳訊鑑定人或爲相當之調查，以爲認定。不能遽以聲請再審所憑鑑定意見並非審判長、受命法官或檢察官依法選任之鑑定人所爲，不得做爲證據，或謂該鑑定係判決確定後由聲請人爲自己訴訟利益自行委託鑑定，不具客觀公正性，即一律以其聲請無理由，裁定駁回。

▶105 台上 910（裁定）

高大成法醫師之電視節目錄影談話，乃一般談話性節目，而所著「重返刑案現場」，亦屬小說性質。雖均有涉及高處墜落之骨骼受傷狀況之描述，然其數據出處、來源爲何皆未敘明，與本案無任何證據關連性存在，顯難據以爲聲請再審之新證據。

編按：

本裁定認爲除非能證明小說與本案相關，否則並非爲聲請再審之新證據。

▶104 台抗 125△（裁定）

再審制度，係爲發現確實之事實眞相，以實現公平正義，而於案件判決確定之後，另設救濟之特別管道，重在糾正原確定判決所認定之事實錯誤，但因不能排除某些人可能出於惡意或其他目的，利用此方式延宕、纏訟，有害判決之安定性，故立有嚴格之條件限制。刑事訴訟法第四百二十條第一項第六款原規定：「因發現確實之新證據，足認受有罪判決之人應受無罪、免訴、免刑或輕於原判決所認罪名之判決者」，作爲得聲請再審原因之一項類型，**司法實務上認爲該證據，必須兼具新穎性（又稱新規性或嶄新性）及明確性（又稱確實性）二種要件，始克相當**。晚近修正將上揭第一句文字，改爲「因發現新事實、新證據，單獨或與先前之證據綜合判斷」，並增定第三項爲：「第一項第六款之新事實或新證據，指判決確定前已存在或成立而未及調查斟酌，及判決確定後始存在或成立之事實、證據。」放寬其條件限制，**承認「罪證有疑、利歸被告」原則，並非祇存在法院一般審判之中，而於判罪確定後之聲請再審，仍有適用，不再刻意要求受判決人（被告）與事證間關係之新穎性，而應著重於事證和法院間之關係，亦即祇要事證具有明確性，不管其出現係在判決確定之前或之後，亦無論係單獨（例如不在場證明、頂替證據、新鑑定報告或方法），或結合先前已經存在卷內之各項證據資料（我國現制採卷證併送主義，不同於日本，不生證據開示問題，理論上無檢察官故意隱匿有利被告證據之疑慮），予以綜合判斷，若因此能產生合理之懷疑，而有足以推翻原確定判決所認事實之蓋然性，即已該當。申言之，各項新、舊證據綜合判斷結果，不以獲致原確定判決所認定之犯罪事實，應是不存在或較輕微之確實心證爲必要，而僅以基於合理、正當之理由，懷疑原已確認之犯罪事實並不實在，可能影響判決之結果或本旨爲已足。縱然如此，不必至鐵定翻案、毫無疑問之程度**；但反面言之，倘無法產生合理懷疑，不足以動搖原確定判決所認定之事實者，仍非法之所許。至於事證是否符合明確性之法定要件，其認定當受客觀存在之經驗法則、論理法則所支配。又同法第四百二十一條關於不得上訴於第三審法院之案件，就足以影響判決之重要證據漏未審酌，得聲請再審之規定，雖然未同時配合修正，且其中「重要證據」之法文和上揭新事證之規範文字不同，但涵義其實無異，應爲相同之解釋；從而，聲請人依憑其片面、主觀所主張之證據，無論新、舊、單獨或結合其他卷存證據觀察，綜合判斷之評價結果，如客觀上尚難認爲足以動搖第二審確定判決所認定之事實者，同無准許再審之餘地。

▶99 台抗 802（裁定）

刑事訴訟法第四百二十一條之規定，固得爲受判決人之利益聲請再審，但以不得上訴於第三審法院之案件爲限。如爲得上訴於第三審法院之案件，即不得以有重要證據漏未審酌爲由聲請再審，否則，其聲請即屬不合法。所謂「重要證據」，必須該證據已足認定受判決人應受無罪、或免訴、免刑或輕於原審所認定之罪名方可，如不足以推翻原審所認定罪刑之證據，即非足生影響於原判決之重要證據。所謂「漏未審酌」，乃指第二審判決前已發現而提出之證據，未予審酌而言，如證據業經法院依調查之結果，本於論理法則、經驗法則爲取捨，據以認定事實後，而被捨棄，且於判決內敘明捨棄之理由者，即非漏未審酌。如僅係對法院證據取捨持相異評價，即不能以此爲由聲請再審。

第 421 條（為受判決人利益聲請再審之理由）

不得上訴於第三審法院之案件，除前條規定外，其經第二審確定之有罪判決，如就足生影響於判決之重要證據漏未審酌者，亦得爲受判決人之利益，聲請再審。

❑ 實務見解

▶107 台抗 341△（裁定）

一〇四年二月四日修正公布之刑事訴訟法第四二〇條第三項增訂：「第一項第六款之新事實或新證據，指判決確定前已存在或成立而未及調查斟酌，及判決確定後始存在或成立之事實、證據」。因此，**舉凡法院未經發現而不及調查審酌者，不論該證據之成立或存在，係在判決確定之前或之後，甚且法院已發現之證據，但就其實質之證據價值未加以判斷者，均具有新規性，大幅放寬聲請再審新證據之範圍。至同法第四二一條所稱「重要證據漏未審酌」，係指重要證據業已提出，或已發現而未予調查，或雖調查但未就調查之結果予以判斷並定取捨而言；其已提出之證據而被捨棄不採用，若未於理由內敘明其捨棄之理由者，亦應認爲漏未審酌**。對於本條「重要證據漏未審酌」之見解，**實與刑事訴訟法第四二〇條第三項規定之再審新證據要件相仿，亦即指該證據實質之證據價值未加以判斷者而言**。是以，新法施行後，得上訴於第三審法院之案件，其以「重要證據漏未審酌」爲理由聲請再審者，即應依修正刑事訴訟法第四二〇條第一項第六款、第三項之規定處理，不得認其聲請不合法，予以駁回。

第 422 條（為受判決人之不利益聲請再審之理由）

有罪、無罪、免訴或不受理之判決確定後，有左列情形之一者，爲受判決人之不利益，得聲請再審：

一　有第四百二十條第一款、第二款、第四款或第五款之情形者。
二　受無罪或輕於相當之刑之判決，而於訴訟上或訴訟外自白，或發現確實之新證據，足認其有應受有罪或重刑判決之犯罪事實者。
三　受免訴或不受理之判決，而於訴訟上或訴訟外自述，或發見確實之新證據，足認其並無免訴或不受理之原因者。

❑ 實務見解

▶65 年度第 7 次刑庭庭推總會議決議㈠（65.11.30）

計程車司機甲因過失撞傷乙、經告訴提起公訴，判處傷害罪刑確定後，乙因該傷害死亡，檢察官依刑事訴訟第四百二十二條第二款聲請再審。按刑事訴訟法再審編所稱發見確實新證據，係指當時已經存在發見在後或審判時未經注意之證據，且能證明原確定判決所認定之事實爲錯誤而言，與在認定事實後，因以論罪處刑所應依據之法律無涉（參照三十五年特抗字第二十一號判例）。本題甲以傷害判處罪刑確定前，既無乙死亡之事實，其證據當不存在，即非審判時未經注意之證據。質言之，原判決所認定之事實並無錯誤，自不得因事後發生之事實，聲請再審。（同甲說）

▶107 台抗 458（裁定）

刑事訴訟法第四二〇條第一項第六款及同條第三項，雖於一〇四年二月四日經修正及增訂，但同法第四二二條第二款並未併加修正，顯見立法者有意區別有利及不利於受判決人再審之要件，**並未擴大不利於受判決人再審之範圍。亦即後者所稱之新證據仍採以往判例限縮之解釋，此與前者於修法後放寬適用之要件，仍有差異，未可等同視之。故同法第四二二條第二款所稱之「發見確實之新證據」，應與修正前同法第四二〇條第一項第六款所定「發現確實之新證據」爲同一解釋，亦即須該項證據於事實審法院判決前已經存在，爲法院、當事人所不知，不及調查斟酌，至其後始行發見（即「新規性」，亦有稱「嶄新性」），且就該證據本身形式上觀察，固不以絕對不須經過調查程序爲條件，但必須顯然可認爲確實具有足以動搖原確定判決（即「確實性」，亦有稱「顯著性」），而爲受判決人有罪或重刑判決爲限，始具備爲受判決人之不利益聲請再審之要件**。至新證據有無符合「新規性」，乃再審之形式要件；而是否合於「確實性」，則爲再審之實質要件。二者判斷之基礎既有不同，自應分別觀察審認，才得以維護刑事再審制度所應有之「法的安定性」，殊難謂符合「新規性」之形式要件時，即當然亦合於「確實性」之實質要件。

第 423 條（聲請再審之期間）
聲請再審於刑罰執行完畢後，或已不受執行時，亦得爲之。

第 424 條（聲請再審之期間）
依第四百二十一條規定，因重要證據漏未審酌而聲請再審者，應於送達判決後二十日內爲之。

第 425 條（聲請再審之期間）
爲受判決人之不利益聲請再審，於判決確定後，經過刑法第八十條第一項期間二分之一者，不得爲之。

❑ 實務見解

▶100 台抗 887（裁定）

按爲受判決人之不利益聲請再審，於判決確定後，經過刑法第八十條第一項期間二分之一者，不得爲之；刑事訴訟法第四百二十五條定有明文。蓋爲受判決人之不利益聲請再審，具有再行追訴之性質；而犯罪之追訴有一定期間之規定，因不行使而消滅，則爲受判決人之不利益聲請再審，自應有一定期間之限制，以避免遺受判決人以精神上之恐懼與痛苦。

第 426 條（再審之管轄法院）
Ⅰ聲請再審，由判決之原審法院管轄。
Ⅱ判決之一部曾經上訴，一部未經上訴，對於各該部分均聲請再審，而經第二審法院就其在上訴審確定之部分爲開始再審之裁定者，其對於在第一審確定之部分聲請再審，亦應由第二審法院管轄之。
Ⅲ判決在第三審確定者，對於該判決聲請再審，除以第三審法院之法官有第四百二十條第一項第五款情形爲原因者外，應由第二審法院管轄之。

□修正前條文

Ⅰ聲請再審，由判決之原審法院管轄。
Ⅱ判決之一部曾經上訴，一部未經上訴，對於各該部分均聲請再審，而經第二審法院就其在上訴審確定之部分爲開始再審之裁定者，其對於在第一審確定之部分聲請再審，亦應由第二審法院管轄之。
Ⅲ判決在第三審確定者，對於該判決聲請再審，除以第三審法院之推事有第四百二十條第五款情形爲原因者外，應由第二審法院管轄之。

■修正說明（109.01.15）

一、第一項及第二項未修正。
二、法院組織法已將「推事」之用語，修正爲「法官」，第三項爰配合爲文字修正，併增補「第四百二十條」後漏載之「第一項」，以符法制。

第 427 條（聲請再審權人─為受判決人利益）
爲受判決人之利益聲請再審，得由左列各人爲之：

一　管轄法院之檢察官。

二　受判決人。

三　受判決人之法定代理人或配偶。

四　受判決人已死亡者，其配偶、直系血親、三親等內之旁系血親、二親等內之姻親或家長、家屬。

第428條（聲請再審權人—為受判決人不利益）

I 爲受判決人之不利益聲請再審，得由管轄法院之檢察官及自訴人爲之；但自訴人聲請再審者，以有第四百二十二條第一款規定之情形爲限。

II 自訴人已喪失行爲能力或死亡者，得由第三百十九條第一項所列得爲提起自訴之人，爲前項之聲請。

第429條（聲請再審之程序）

聲請再審，應以再審書狀敘述理由，附具原判決之繕本及證據，提出於管轄法院爲之。但經釋明無法提出原判決之繕本，而有正當理由者，亦得同時請求法院調取之。

□**修正前條文**

聲請再審，應以再審書狀敘述理由，附具原判決之繕本及證據，提出於管轄法院爲之。

■**修正說明**（109.01.08）

聲請再審固應提出原判決之繕本，以確定聲請再審之案件及其範圍；惟原判決之繕本如聲請人已無留存，而聲請原審法院補發有事實上之困難，且有正當理由者，自應賦予聲請人得釋明其理由，同時請求法院爲補充調取之權利，以協助聲請人合法提出再審之聲請，爰增訂本條但書。又如聲請人於聲請時未釋明無法提出原判決繕本之正當理由，法院應依第四百三十三條但書之規定，定期間先命補正原判決繕本；經命補正而不補正，且仍未釋明無法提出之正當理由者，法院應以聲請再審之程序違背規定而裁定駁回，附此敘明。

❑ **實務見解**

▶109台抗158△（裁定）

按刑事訴訟法第四二九條、第四三三條業於民國一〇九年一月八日修正公布，並於同年月十日生效。修正後第四二九條規定：「聲請再審，應以再審書狀敘述理由，附具原判決之繕本及證據，提出於管轄法院爲之。**但經釋明無法提出原判決之繕本，而有正當理由者，亦得同時請求法院調取之**。」另修正後第四三三條則明定：「法院認爲聲請再審之程序違背規定者，應以裁定駁回之。**但其不合法律上之程式可以補正者，應定期間先命補正**。」**是法律修正後，對程序違背規定之再審聲請，已由毋庸命補正即得逕予駁回之舊制，變更爲應先依法命其補正，若仍未遵期補正，始得駁回**。修法前聲請再審之案件，**尚未經裁定者**，修法後，因程序從新，其程序之進行，自應依修正後之新法爲之（中央法規標準法第十八條前段參照）；**已經裁定者**，若當事人提起抗告，由於抗告法院就抗告案件程序上是否具備合法要件、實體上有無理由等事項之審查，本應依職權爲之，且其範圍不以原審法院之卷證爲限，併及於原裁定後所發生之情事，法律變動即屬之，故應適用修正後再審規定。又再審制度係針對確定判決事實認定錯誤所設之除錯、救濟機制，修法後，於最高法院繫屬中之**再審抗告案件**，若因適用修正後新法，需裁定命其補正者，最高法院囿其法律審之屬性，職權行使之範圍不包括犯罪事實之調查、認定，且爲維護案件當事人審級利益之考量，自應撤銷原裁定，由原審法院適用新法妥爲處理。

第429條之1（聲請再審得委任律師為代理人及準用之規定）

I 聲請再審，得委任律師爲代理人。

II 前項委任，應提出委任狀於法院，並準用第二十八條及第三十二條之規定。

III 第三十三條之規定，於聲請再審之情形，準用之。

■**增訂說明**（109.01.08）

一、本條新增。

二、關於聲請再審之案件，聲請人得否委任律師爲代理人，以及聲請人委任之律師在聲請再審程序中之稱謂，本法並未明文規定，致實務上當事人欄之記載不一。爲應實務上之需要，並期以律師之專業學識協助聲請人聲請再審，爰增訂本條第一項，以求明確。

三、委任係訴訟行爲之一種，爲求意思表示明確，俾有所依憑，自應提出委任狀於法院；另代理人之人數及文書之送達亦應有所規範，參照第二十八條、第三十二條有關被告選任辯護人之規定，聲請人委任之代理人限制不得逾三人，而代理人有數人時，其文書應分別送達，爰增訂本條第二項，明定委任代理人應提出委任狀及準用之規定。

四、聲請再審無論基於何種事由，接觸並瞭解相關卷證資料，與聲請再審是否有理由，以及能否開啓再審程序，均至關重要。原法並未明文規定聲請權人之卷證資訊獲知權，致生適用上之爭議，規範尚有未足，爰增訂本條第三項，俾聲請權人或代理人得以聲請再審為理由以及在聲請再審程序中，準用第三十三條之規定，向法院聲請獲知卷證資訊。

第429條之2（聲請再審之通知到場義務）
聲請再審之案件，除顯無必要者外，應通知聲請人及其代理人到場，並聽取檢察官及受判決人之意見。但無正當理由不到場，或陳明不願到場者，不在此限。

■增訂說明（109.01.08）

一、本條新增。

二、再審制度之目的係發現眞實，避免冤抑，對於確定判決以有再審事由而重新開始審理，攸關當事人及被害人權益甚鉅。為釐清聲請是否合法及有無理由，除聲請顯屬程序上不合法或顯無理由而應逕予駁回，例如非聲請權人聲請再審，或聲請顯有理由，而應逕予裁定開啓再審者外，原則上應賦予聲請人及其代理人到庭陳述意見之機會，並聽取檢察官及受判決人之意見，俾供法院裁斷之參考；惟經通知後無正當理由不到場，或已陳明不願到場者，法院自得不予通知到場，爰增訂本條。

□實務見解

▶109台抗263△（裁定）

按民國一〇九年一月八日修正公布，同月十日施行之刑事訴訟法增訂第四二九條之二前段規定，聲請再審之案件，除顯無必要者外，應通知聲請人及其代理人到場，並聽取檢察官及受判決人之意見。**其立法意旨係為釐清聲請再審是否合法及有無理由，故除顯無必要者外，如依聲請意旨，從形式上觀察，聲請顯有理由而應裁定開始再審；或顯無理由而應予駁回，例如提出之事實、證據，一望即知係在原確定判決審判中已提出之證據，經法院審酌後捨棄不採，而不具備新規性之實質要件，並無疑義者；或顯屬程序上不合法且無可補正，例如聲請已逾法定期間、非屬有權聲請再審之人、對尚未確定之判決為聲請、以撤回或法院認為無再審理由裁定駁回再審聲請之同一原因事實聲請再審等，其程序違背規定已明，而無需再予釐清，且無從命補正，當然無庸依上開規定通知到場聽取意見之必要，庶免徒然浪費有限之司法資源**。反之，聲請再審是否合法、有無理由尚未明朗，非僅憑聲請意旨即可一目瞭然、明確判斷，例如是否為同一原因之事實仍待釐清；提出之事實、證據是否具有新規性容有疑義；或雖具備新規性，惟顯著性之審查，涉及證據資料之評價究否足以動搖原確定判決，或有無必要依刑事訴訟法第四二九條之三規定調查證據，以判斷應否為開始再審之裁定仍非明確等，除聲請人已陳明不願到場者外，**均應通知聲請人及其代理人到場賦予陳述意見之機會，並聽取檢察官及受判決人之意見**，俾供再審法院憑判之參考。從而究否應通知上揭人員到場，當因**具體個案情形**之不同而有別。

▶109台抗95△（裁定）

原審裁定後，刑事訴訟法就再審程序已修正部分條文，於一〇九年一月八日公布施行，並於同年月十日生效，依「程序從新原則」，本件提起抗告後自應適用修正後之法律。其中同法增訂第四二九條之二規定：「聲請再審之案件，除顯無必要者外，應通知抗告人及其代理人到場，並聽取檢察官及受判決人之意見。但無正當理由不到場，或陳明不願到場者，不在此限。」依其立法理由謂：「再審制度之目的係發現眞實，避免冤抑，對於確定判決以有再審事由而重新開始審理，攸關當事人及被害人權益甚鉅。為釐清聲請是否合法及有無理由，除聲請顯屬程序上不合法或顯無理由而應逕予駁回，例如非聲請權人聲請再審，或聲請顯有理由，而應逕予裁定開啓再審者外，原則上應賦予抗告人及其代理人到庭陳述意見之機會，並聽取檢察官及受判決人之意見，俾供法院裁斷之參考；惟經通知後無正當理由不到場，或已陳明不願到場者，法院自得不予通知到場，爰增訂本條。」**亦即依新法規定，聲請再審原則上應踐行訊問程序，徵詢當事人之意見以供裁斷，惟基於司法資源之有限性，避免程序濫用（即「顯不合法」或「顯無理由」），或欠缺實益（即「顯有理由」），於顯無必要時，得例外不予開啓徵詢程序**。則此法文所指「顯不合法」或「顯無理由」，應係指聲請之不合法或無理由具有「顯然性」，亦即自形式觀察即得認其再審聲請係「不合法」或「無理由」，而屬重大明白者而言。再者，再審理由應依「**新規性**」及「**確實性**」，而為二階段之審查，**其中「新規性」，本得依事證之外觀而為形式審查，且應優先進行，已如前述，是以在「新規性」審查階段，如於形式上即得認所提出之再審事證，顯然業經確定判決調查斟酌，欠缺「未判斷資料性」時，自得認再審聲請「顯無理由」，而顯無開啓徵詢程序之必要**。本件聲請再審意旨所提事證，均經原確定判決法院調查斟酌，欠缺「新規性」，已如上述，自可認顯無必要，則原審未及適用新法規定開啓徵詢程序，尚無違誤，併予指明。

第429條之3（再審聲請人得聲請調查證據）
Ⅰ聲請再審得同時釋明其事由聲請調查證據，法院認有必要者，應為調查。
II法院為查明再審之聲請有無理由，得依職權調查證據。

■增訂說明（109.01.08）

一、本條新增。

二、原法並無再審聲請人得聲請調查證據之規定；惟對於事實錯誤之救濟，無論以何種事由聲請再審，皆需要證據證明確有聲請人主張之再審事由，諸如該證據為國家機關所持有、通信紀錄為電信業者所保管、監視錄影紀錄為私人或鄰里辦公室所持有等情形，若無法院協助，一般私人甚難取得相關證據以聲請再審，爰增訂本條第一項規定，賦予聲請人得釋明再審事由所憑之證據及其所在，同時請求法院調查之權利，法院認有必要者，應為調查，以填補聲請人於證據取得能力上之不足，例如以判決確定前未存在之鑑定方法或技術，就原有之證據為鑑定，發現其鑑定結果有足以影響原判決之情事，倘該鑑定結果為法院以外其他機關所保管，聲請人未能取得者，自得聲請法院調取該鑑定結果。

三、按刑事訴訟乃為確定國家具體刑罰權之程序，以發現真實，使刑罰權得以正確行使為宗旨。是關於受判決人利益有重大關係之事項，法院為查明再審之聲請有無理由，俾平反冤抑，自得依職權調查證據，以發揮定讞後刑事判決之實質救濟功能，爰增訂本條第二項。又第四百二十九條之二通知到場及聽取意見之規定，於法院依聲請或職權調查證據之情形亦有適用，附此敘明。

第430條（聲請再審之效力）
聲請再審，無停止刑罰執行之效力。但管轄法院之檢察官於再審之裁定前，得命停止。

第431條（再審聲請之撤回及其效力）
I再審之聲請，於再審判決前，得撤回之。
II撤回再審聲請之人，不得更以同一原因聲請再審。

第432條（撤回上訴規定之準用）
第三百五十八條及第三百六十條之規定，於聲請再審及其撤回準用之。

第433條（聲請不合法之裁定—裁定駁回）
法院認為聲請再審之程序違背規定者，應以裁定駁回之。但其不合法律上之程式可以補正者，應定期間先命補正。

□修正前條文

法院認為聲請再審之程序違背規定者，應以裁定駁回之。

■修正說明（109.01.08）

聲請再審之程式是否合法，攸關聲請人及受判決人之時效利益等權益，諸如聲請再審書狀漏未附具原判決之繕本及證據等情形，既非不可補正，法院自應定期間先命補正，逾期不補正者，始以聲請再審之程序違背規定，而以裁定駁回之，爰增訂本條但書，以保障聲請人及受判決人之權益。

第434條（聲請無理由之裁定—裁定駁回）
I法院認為無再審理由者，應以裁定駁回之。
II聲請人或受裁定人不服駁回聲請之裁定者，得於裁定送達後十日內抗告。
III經前項裁定後，不得更以同一原因聲請再審。

□修正前條文

I法院認為無再審理由者，應以裁定駁回之。
II經前項裁定後，不得更以同一原因聲請再審。

■修正說明（109.01.08）

一、考量再審聲請駁回影響聲請人或受裁定人權益甚鉅，為能有更加充分時間準備抗告，爰參考刑事案件確定後去氧核醣核酸鑑定條例第七條第三項之規定，增訂第二項十日之特別抗告期間。又該十日期間固為第四百零六條前段關於抗告期間之特別規定，惟其抗告及對於抗告法院所為裁定之再抗告，仍有第四百零五條、第四百十五條等其他特別規定之適用，附此敘明。

二、駁回再審聲請之抗告期間，於本條修正施行時，依修正前之規定尚未屆滿者，為保障聲請人或受裁定人之訴訟權，參考司法院釋字第七五二號解釋意旨，應採有利於聲請人或受裁定人之原則，而適用修正後之規定，准其於裁定送達後十日內抗告。至駁回再審聲請之抗告期間於新法施行前已屆滿者，其抗告權既因逾期而喪失，自無適用修正後新法之餘地，併此敘明。

三、第一項未修正，且為因應第二項之增訂，將原條文第二項移列為第三項。

❒ 實務見解

▸25抗292（判例）

刑事訴訟法所謂再審經裁定駁回後，不得更以同一原因聲請者，係指就聲請再審之原因事實已為實體上之裁判者而言，若僅以其聲請之程序不合法，予以駁回，則以同一原因重行聲請，並非法所不許。

▸108台抗553△（裁定）

再審聲請若經法院以無再審理由而裁定駁回後，依刑事訴訟法第四三四條第二項規定，固不得更以同一原因聲請再審，此時再審無理由裁定將產生一種「禁止再訴」之效力，然上開業經審酌無再審理由並已列為「禁止再訴」之新事證，若重新增加其他未曾提出之新事證，經與卷內原有證據綜合評價後，如合理相信足以動搖原確定判決，使受有罪判決之人應受前揭較有利判決時，則應准許開啓再審程序，使受錯誤定罪之人能循再審程序獲得救濟之權利喚醒法院正視冤案救濟且符合修法後再審開始標準應從認定之本旨。**換言之，法院對於聲請人所夾陳曾經審酌並列為「禁止再訴」之事證及增添未曾判斷過之新事證提起再審時，應綜合判斷有無開啓再審之理由，不宜將曾經法院判斷無再審理由之證據，先割裂以本法第四三四條第二項規定認有違「禁止再訴」之效力予以剔除，再個別判斷該 新增未曾提出之新事證是否符合再審要件**。原裁定將抗告人提出之上開再審理由，分別依刑事訴訟法第四三四條第二項、第一項以聲請不合法或再審無理由予以駁回，而未一併與所提新證據及卷存資料予以綜合評價，固有悖於修法後再審程序應發揮個案救濟及邁向人權保障之立法初衷。惟經核除此之外，原裁定其餘論述於法尚無違誤。且經本院就抗告人所提前述二之至所謂新事證與卷內資料再予綜合判斷，仍無法使本院相信抗告人應受前揭較有利之判決，是原裁定前揭瑕疵論述部分，尚不影響全案之情節及裁判之本旨。

▶100 台抗 674（裁定）

按聲請再審，經法院認為無再審理由而裁定駁回後，不得更以同一原因聲請再審，刑事訴訟法第四百三十四條第二項定有明文。而刑事訴訟法第四百三十四條第二項所稱之「同一原因」，係指**同一事實**之原因而言。

第 435 條（聲請有理由之裁定—開始再審之裁定）

I 法院認為有審理由者，應為開始再審之裁定。
II 為前項裁定後，得以裁定停止刑罰之執行。
III 對於第一項之裁定，得於三日內抗告。

第 436 條（再審之審判）

開始再審之裁定確定後，法院應依其審級之通常程序，更為審判。

第 437 條（言詞審理之例外）

I 受判決人已死亡者，為其利益聲請再審之案件，應不行言詞辯論，由檢察官或自訴人以書狀陳述意見後，即行判決。但自訴人已喪失行為能力或死亡者，得由第三百三十二條規定得為承受訴訟之人於一個月內聲請法院承受訴訟；如無承受訴訟之人或逾期不為承受者，法院得逕行判決，或通知檢察官陳述意見。
II 為受判決人之利益聲請再審之案件，受判決人於再審判決前死亡者，準用前項規定。
III 依前二項規定所為之判決，不得上訴。

❐ 實務見解

▶80 台非 536（判例）

開始再審之裁定確定後，法院應依其審級之通常程序更為審判，受判決人已死亡者，為其利益聲請再審之案件，應不行言詞辯論，由檢察官或自訴人以書狀陳述意見後，即行判決，為受判決人之利益聲請再審之案件，受判決人再審判決前死亡者，準用前項之規定，刑事訴訟法第四百三十六條、第四百三十七條第一項前段、第二項定有明文。**準此以觀，受判決人既已死亡，既仍得為其利益聲請再審，則開始再審裁定後，受判決人死亡，仍應依其審級之通常程序為實體上之審判，否則如依刑事訴訟法第三百零三條第五款規定，逕為不受理之判決**，則同法第四百三十七條第二項規定準用第一項，由檢察官或自訴人以書狀陳述意見後即行判決，必將形同具文，顯見刑事訴訟法第四百三十七條為再審程序之特別規定，應排除第三百零三條第五款之適用。

第 438 條（終結再審程序）

為受判決人之不利益聲請再審之案件，受判決人於再審判決前死亡者，其再審之聲請及關於再審之裁定，失其效力。

第 439 條（禁止不利益變更原則）

為受判決人之利益聲請再審之案件，諭知有罪之判決者，不得重於原判決所諭知之刑。

第 440 條（再審諭知無罪判決之公示）

為受判決人之利益聲請再審之案件，諭知無罪之判決者，應將該判決書刊登公報或其他報紙。

第六編　非常上訴

第 441 條（非常上訴之原因及提起權人）

判決確定後，發見該案件之審判係違背法令者，最高法院檢察署檢察總長得向最高法院提起非常上訴。

❖ 法學概念

非常上訴之目的

一、統一解釋說

非常上訴專為糾正原確定判決適用法令之錯誤，俾利統一法令之適用，而不考慮原判決是否不利於被告，是以不問原判決之違背法令是否於被告有利，非常上訴判決之效力，均不及於被告。

二、保護被告說

非常上訴之目的，專爲保護被告之利益而設，故僅於原判決不利於被告時，始有提起非常上訴之可能，如原確定判決對被告並無不利，自無提起非常上訴之餘地。

三、折衷說

非常上訴之目的，原則上係爲統一適用法令爲其主旨，其判決之效力並不及於被告，例外時，即原確定判決不利於被告時，非常上訴判決之效力始及於被告。從我國刑訴法第 447 條第 1 項、第 448 條規定來看，應係採此說。

【林俊益，《刑事訴訟法概論（下）》，新學林，十五版，2019.02，472 頁以下。】

☐ 實務見解

▶ 釋字第 271 號（79.12.20）

不利益於被告之合法上訴，上訴法院誤爲不合法之處理刑事訴訟程序中不利益於被告之合法上訴，上訴法院誤爲不合法，而從程序上爲駁回上訴之判決確定者，其判決固屬重大違背法令，惟既具有判決之形式，仍應先依非常上訴程序將該確定判決撤銷後，始得回復原訴訟程序，就合法上訴部分進行審判。否則即與憲法第八條第一項規定人民非依法定程序不得審問處罰之意旨不符。最高法院二十五年上字第三二三一號判例，於上開解釋範圍內，應不再援用。

▶ 釋字第 188 號（73.08.03）

中央或地方機關就職權上適用同一法律或命令發生見解歧異，本人依其聲請所爲之統一解釋，除解釋文內嚴有明定者外，應自公布當日起發生效力。各機關處理引起歧見之案件及其同類案件，適用是項法令時，亦有其適用。惟引起歧見之該案件，如經確定終局裁判，而其適用法令所表示之見解，經本院解釋爲違背法令之本旨時，是項解釋自得據爲再審或非常上訴之理由。

▶ 釋字第 185 號（73.01.27）

司法院解釋憲法，並有統一解釋法律及命令之權，爲憲法第七十八條所明定，其所爲之解釋，自有拘束全國各機關及人民之效力，各機關處理有關事項，應依解釋意旨爲之，違背解釋之判例，當然失其效力。確定終局裁判所適用之法律或命令，或其適用法律、命令所表示之見解，經本院依人民聲請解釋爲再審或非常上訴之理由，已非法律見解歧異問題。行政院六十二年判字第六一〇號判例，與此不合部分應不予採用。

▶ 97 年度第 4 次刑事庭會議決議（97.09.02）

一、非常上訴，乃對於審判違背法令之確定判決所設之非常救濟程序，以統一法令之適用爲主要目的。必原判決不利於被告，經另行判決；或撤銷後由原審法院更爲審判者，其效力始及於被告。此與通常上訴程序旨在糾正錯誤之違法判決，使臻合法妥適，其目的係針對個案爲救濟者不同。兩者之間，應有明確之區隔。刑事訴訟法第四百四十一條對於非常上訴係採便宜主義，規定「得」提起，非「應」提起。**故是否提起，自應依據非常上訴制度之本旨，衡酌人權之保障、判決違法之情形及訴訟制度之功能等因素，而爲正當合理之考量**。除與統一適用法令有關；或該判決不利於被告，非予救濟，不足以保障人權者外，倘原判決尚非不利於被告，且不涉及統一適用法令；或縱屬不利於被告，但另有其他救濟之道，並無礙於被告之利益者，即無提起非常上訴之必要性。亦即，縱有在通常程序得上訴於第三審之判決違背法令情形，並非均得提起非常上訴。

二、所謂與統一適用法令有關，係指涉及法律見解具有原則上之重要性者而言。詳言之，即所涉及之法律問題意義重大而有加以闡釋之必要，或對法之續造有重要意義者，始克相當。倘該違背法令情形，尚非不利於被告，且㈠法律已有明確規定，向無疑義，因疏失致未遵守者（例如應沒收，漏未諭知沒收。應褫奪公權，漏未宣告褫奪公權。應付保安處分，漏未宣付保安處分等）；或㈡司法院已有解釋可資依循，無再行闡釋之必要者（例如裁判確定後另犯他罪，不合數罪併罰之規定，誤爲定執行刑。數罪併罰中，有得易科罰金之罪，有不得易科罰金之罪，於定執行刑時，誤爲諭知易科罰金。對於與配偶共犯告訴乃論罪之人，誤認爲不得提起自訴，而爲不受理判決。顯係文字誤寫，不影響於全案情節與判決本旨，得以裁定更正等）；㈢其違背法令情形，業經本院著有判例、判決或作成決議、決定予以糾正在案，實務上並無爭議者（例如不合緩刑要件，誤爲宣告緩刑。不合減刑或減輕其刑條件，誤爲減刑或減輕其刑。合於累犯要件，未論以累犯。量刑或定執行刑，低於法定最低度刑。不得易科罰金之罪，誤爲諭知易科罰金。裁判上一罪案件，已受請求之事項未予判決。應爲實體判決，誤爲不受理判決等）；㈣因「前提事實之誤認」，其過程並不涉及法令解釋錯誤之問題者（例如誤認有自首之事實，而減輕其刑。被害人或共犯爲兒童或少年，誤認爲非兒童、少年，或誤認被告未滿十八歲、已滿八十歲，致應加重未加重、不應減輕而減輕等）……諸情形，對於法律見解並無原則上之重要性或爭議，即不屬與統一適用法令有關之範圍，殊無反覆提起非常上訴之必要性。基於刑事訴訟法第四百四十一條係採便宜主義之法理，檢察總長既得不予提起，如予提起，本院自可不予准許。

三、不利於被告之違法判決（無論是否與統一適用法令有關），因非予救濟，不足以保障人權，原則上有提起非常上訴之必要性。但若另有其他救濟之道，並無礙於被告之利益者，則例外無提起非常上訴之必要性。例如「刑法第四十一條之易科罰金，如判決主文內漏未記載，……被告及檢察官均有聲請權（院字第一三五六號解釋）。」同理，依減刑條例規定應減刑而漏未減刑之情形，亦應認為檢察官及被告均有權聲請裁定補充。類此情形者，既無礙於被告之利益，即無提起非常上訴之必要性，如予提起，本院自亦可不予准許。

四、司法院釋字第一八一號解釋雖以：「非常上訴，乃對於審判違背法令之確定判決所設之救濟方法。依法應於審判期日調查之證據，未予調查，致適用法令違誤，而顯然於判決有影響者，該項確定判決，即屬判決違背法令，應有刑事訴訟法第四百四十七條第一項第一款規定之適用。」惟於解釋理由書內另揭示：「為兼顧被告之利益，得將原判決撤銷另行判決，具有實質上之效力。」及「……倘不予救濟，則無以維持國家刑罰權之正確行使，應有刑事訴訟法第四百四十七條第一項第一款之適用。」等語。綜觀上開內容，所謂「為兼顧被告之利益，得將原判決撤銷另行判決，具有實質上之效力。」「倘不予救濟，則……」，係指不利於被告之判決而言，非不利於被告之判決，當不屬該解釋之範圍。又司法院釋字第一四六號解釋另以：「刑事判決確定後，發見該案件認定犯罪事實與所採用證據顯屬不符，自屬審判違背法令，得提起非常上訴。」惟所謂「認定犯罪事實與所採用證據顯屬不符」，該內容亦係以不利於被告之判決為解釋基礎，其情形亦同。因之，確定判決雖屬違背法令，如非不利於被告，即不在上開二號解釋範圍內，仍依前述原則處理。

五、綜上所述，判決確定後，發見該案件之審判係違背法令，並與統一適用法令有關，具有原則上之重要性；或該判決不利於被告，非予救濟，不足以保障人權者，均依非常上訴程序以資糾正或救濟。至於原確定判決雖有違背法令情形，但尚非不利於被告，且不涉及統一適用法令，而無原則上之重要性；或縱屬不利於被告，但另有其他救濟之道，並無礙於被告之利益者，即無提起非常上訴之必要性，本院得以上訴無理由，判決駁回。本院判例、決議及決定，與本決議意旨不符部分，不再援用、供參考。

六、至於「無效」之確定判決，例如誤不合法之上訴為合法，上級法院誤予撤銷發回；或誤合法之上訴為不合法，從程序上予以駁回；或未受請求之事項予以判決（對未經起訴或上訴之事項，或起訴、上訴效力所不及之事項，為訴外裁判）等情形者，各該判決均屬重大違背法令，固不生效力，惟既具有判決之形式，則仍分別依司法院釋字第一三五號、第二七一號解釋及本院二十九年二月二十二日總會決議二、八十年十一月五日八十年度第五次刑事庭會議決議㈠、八十六年一月二十一日八十六年度第一次刑事庭庭長會議決定等方式處理。此種「無效」之確定判決，因與前述「有效」之確定判決性質不同，且不涉及本決議內容，兩者有別，併此敘明。

❖ 學者評釋

依此決議，提起非常上訴，須與統一解釋法令為原則，而以保護被告權利為例外，如以下四點倘非不利於被告，即不得提起非常上訴：

一、法律已有明確規定，向無疑義，因疏失致未遵守者。

二、司法院已有解釋可資依循，無再行闡釋之必要者。

三、其違背法令情形，業經最高法院著有判例、判決或作成決議、決定予以糾正在案，實務上並無爭議者。

四、因「前提事實之誤認」，其過程並不涉及法令解釋錯誤之問題者。

不過論者有謂，從上開實務見解之發展可約略得知，最高法院在非常上訴程序仍擺盪在統一法令解釋與被告具體救濟中，**惟就其具體適用情形觀之，仍多係以保障、救濟被告為主。蓋因有統一法令解釋必要者，其適用情形微乎其微**，由此可見，近來最高法院雖限縮非常上訴之提起，仍恐將淪專為救濟被告的程序。

【黃朝義，《刑事訴訟法》，新學林，五版，2017.09，852頁。】

對此，有學者認為：「如確定判決之違背法令已侵害被告憲法或訴訟法重大權利時，應改採保護被告說的立場。」

【王兆鵬、張明偉、李榮耕，《刑事訴訟法（下）》，新學林，四版，2018.09，540頁。】

▶60年度第1次民、刑庭總會會議決議㈠（60.06.15）

得上訴之案件，因被告死亡未經送達，或雖送達而被告在上訴期間內死亡，致未確定。或判決確定後，被告方死亡者，不得對之提起非常上訴（參看二十八年八月十五知刑庭總會決議，五十年八月八日、第四次民、刑庭總會會議決議）。但不得上訴之案件（如刑法第六十一條所最各罪案件之第二審判決，或煙毒案件之終審判決或第三審判決）一經判決即告確定，如被告在判決前死亡，仍得提起非常上訴。

▶91台非152（判例）

刑事訴訟法第四百四十一條之審判違背法令，包括判決違背法令及訴訟程序違背法令，後者係指判決本身以外之訴訟程序違背程序法之規定，與前者在理論上雖可分立，實際上時相牽連。第二審所踐行之訴訟程序違背同法第三百七十九條第七款、第二百八十四條之規定，固屬判決前之訴訟程序違背法令。但非常上訴審就個案之具體情形審查，如認判決前之訴訟程序違背被告防禦權之保障規定，致有依法不應為判決而為判決之違誤，顯然於判決有影響者，該確定判決，即屬判決違背法令。案經上訴第三審，非常上訴審就上開情形審查，如認其違法情形，第三審法院本應為撤銷原判決之判決，尤予維持，致有違誤，顯然影響於判決者，應認第三審判決為判決違背法令。

▶82台非84（判例）

本院按非常上訴之提起，**應以原確定判決違背法令者為限**，此觀刑事訴訟法第四百四十一條之規定自明，**而所謂違背法令，係指顯然違背法律明文所定者及其審判程序或判決所援用之法令有所違背者而言**。若法文上有發生解釋上之疑問，而僅依法律上所持之見解不同，而第三審法院，因適應社會之情勢，探討法律之眞義而為適當之解釋者，自不得因其法律上之見解，即認其違背法令而據為提起非常上訴之理由。

▶54台抗263（判例）

非常上訴**旨在糾正法律上之錯誤，並不涉及事實問題**，其經非常上訴審認為有理由，依法應撤銷原確定判決另行改判，僅係代替原審，依據原所認定之事實，就其裁判時應適用之法律而為裁判，使違法者成為合法。核與再審係對確定判決之事實錯誤而為救濟方法，迥不相牟，因之對於非常上訴判決殊無聲請再審之餘地。

▶109台非25〇（判決）

非常上訴制度，係為糾正確定裁判之審判違背法令所設之救濟方法，以統一各級法院對於法令之解釋為其主要目的。**所謂審判違背法令，係指審判程序或其判決（裁定）之援用法令與當時應適用之法令有所違背而言；故原確定裁判所援用之法令，如與當時應適用之法令並無違背，即難以其後法令變更或法院所持之法令上見解變更為由，提起非常上訴，而使前之確定裁判受影響。**又數罪併罰，有二裁判以上者，依刑法第五十一條之規定，定其應執行之刑，同法第五十三條定有明文，而如何定其應執行刑，則應由法院視個案具體情節之不同，以其各罪所宣告之刑為基礎，本其自由裁量之職權，依刑法第五十一條規定之方法為之。而在本件裁定確定前，關於一裁判宣告數罪之刑，曾經定其執行刑，如再與其他裁判宣告之刑定其執行刑時，應以何者為基礎，本院當時有效之法律見解為「前定之執行刑當然失效，仍應以其各罪宣告之刑為基礎，定其執行刑，不得以前之執行刑為基礎，以與後裁判宣告之刑，定其執行刑。」（本院前五十九年台抗字第三六七號判例）雖本院於民國一〇三年九月二日第十四次刑事庭會議作成決議，**以刑事訴訟法第三七〇條第二項、第三項，已針對第二審上訴案件之定應執行之刑，明定有不利益變更禁止原則之適用；而分屬不同案件之數罪併罰，倘一裁判宣告數罪之刑，曾經定其執行刑，再與其他裁判宣告之刑定其執行刑時，在法理上亦應同受此原則之拘束**，上開判例不合時宜，不再援用。

▶107台非61〇（判決）

判決確定後，發見該案件之審判係違背法令者，始得提起非常上訴，為刑事訴訟法第四四一條所明定。又依民國一〇五年七月一日修正施行之沒收新制規定，**沒收係刑罰及保安處分以外具有獨立性之法律效果，已非刑罰（從刑），具有獨立性，而得與罪刑部分，分別處理**。因之，第二審法院就被告所提起之上訴，關於沒收部分，**如漏未判決，應屬補行判決之問題**，該漏判部分，既未經判決，自不發生判決確定之情形，對之不得提起非常上訴。

▶107台抗447△（裁定）

刑事訴訟法上的再審，乃屬非常程序，本質上係為救濟原確定判決之認定事實錯誤而設置的制度，與通常訴訟程序有別，亦因其為非常程序，要不免與確定判決安定性的要求相違。因之，**再審聲請程序，屬於裁定程序，原則上，毋須經當事人的言詞辯論；除非法院於裁定前，「認為有必要者」，才要調查事實**，乃係例外（刑事訴訟法第二百二十二條第二項參照）。是在聲請再審程序，法院是否開庭調查，係賦與法官基於案件的具體情況而為裁量，此屬「司法裁量」權限。而此項裁量權的行使，苟無違背法律規定及顯然濫用權限的情形，自不得任意指摘為違法。

▶107台抗169△（裁定）

再審管轄法院對於再審之聲請，應審查其聲請是否合法及有無理由。所謂合法與否，係審查其再審之聲請是否違背程序之規定；所謂有無理由，則係依再審聲請人之主張就實質上再審原因之存否予以審查。若認再審之聲請程序違背規定而不合法，或雖合法，但實質上所主張之再審原因並不存在者，雖均應裁定駁回之，但前者係依刑事訴訟法第四百三十三條規定，以聲請程序不合法駁回，後者則依同法第四百三十四條規定，以聲請無理由予以駁回，二者之法律適用有別。又聲請再審之程式，刑事訴訟法第四百二十九條固規定應以再審書狀敘述理由，附具原判決之繕本及證據，提出於管轄法院爲之。惟此之所謂「證據」，祇須指出足以證明所述再審原因存在之證據方法或證據資料，供管轄法院調查，即足認符合聲請之法定程式，特別是無律師協助維護聲請人訴訟上權益之情形，如已於其再審書狀敘述理由，具體指明特定卷存證據資料之實際內容，敘明其出處，應認已依上開規定附具所欲證明再審原因存在之證據。至於其所提出之證據能否證明所主張之再審原因確實存在，應屬再審聲請有無理由之範疇，不能遽以聲請人未檢具該等資料，即以其聲請再審之程序違背規定爲由，裁定駁回。

▶100 台非 311（判決）

非常上訴，**乃對於審判違背法令之確定判決所設之非常救濟程序，以統一法令之適用爲主要目的。必原判決不利於被告，經另行判決，或撤銷後由原審法院更爲審判者，其效力始及於被告**。此與通常上訴程序旨在糾正錯誤之違法判決，使臻合法妥適，其目的係針對個案爲救濟者不同。兩者之間，應有明確之區隔。又刑事訴訟法第三百七十九條所列各款情形，除第四款、第五款、第十二款及第十四款之因理由矛盾致適用法令違誤者，或判決前之訴訟程序違背第六款、第七款之規定，致有依法不應爲判決而爲判決之違誤者，係屬判決違法外，其餘均屬訴訟程序違背法令。**再非常上訴審應以原判決確認之事實爲基礎，僅就原判決所認定之犯罪事實，審核適用法令有無違誤；如依原判決所確認之事實及卷內證據資料觀之，其適用法則並無違誤，即難指爲違法**。復事實之認定乃事實審法院之職權，屬法律審之非常上訴審無從審酌，倘非常上訴理由係對卷宗內同一證據資料之判斷持與原判決不同之評價，而憑持己見，認爲原判決認定事實不當或與證據法則有違，即係對於事實審法院證據取捨裁量權行使之當否所爲之指摘，自與非常上訴審以統一法令適用之本旨不合。

▶100 台非 190（判決）

按不利於被告之違法裁判，因非予救濟，不足以保障人權，有提起非常上訴之必要性。但若另有救濟之道，並無礙於被告之利益者，仍無提起非常上訴之必要性，如予提起，本院自亦可不予准許。

第 442 條（聲請提起非常上訴之程式）

檢察官發見有前條情形者，應具意見書將該案卷宗及證物送交最高法院檢察署檢察總長，聲請提起非常上訴。

第 443 條（提起非常上訴之程式）

提起非常上訴，應以非常上訴書敘述理由，提出於最高法院爲之。

❑ 實務見解

▶105 台非 80◯（判決）

我國非常上訴之提起權人採檢察總長獨占制，至於非常上訴是否提起，則係採便宜主義，檢察總長有裁量權。刑事訴訟法第四百四十二條規定，檢察官發見確定判決案件之審判有違背法令情形者，應具意見書將該案卷宗及證物送交最高法院檢察署檢察總長；第四百四十三條規定，提起非常上訴，應以非常上訴書敘述理由，提出於最高法院爲之。其**以言詞提出者，爲法所不許；且此非常上訴應敘述理由，此與通常訴訟程序之第三審上訴書狀，其理由與書狀可分別提出，即理由可於後補提者（刑事訴訟法第三百八十二條第一項參照）不同**。所謂敘述理由，即敘述原確定判決之案件，其審判有何違背法令之事實及證據而言，亦因其理由須爲此等事項之敘述，**是以於提起非常上訴時，應併將該案之卷宗及證物送交最高法院，此刑事訴訟法雖未規定，但解釋上必須如此**，否則，最高法院將無可據以爲審判也。從而，檢察總長提起非常上訴，應併將證明所指審判違背法令之情形所憑之相關卷宗及證物，送交最高法院，俾得據以審判，始爲適法。抑且，非常上訴顧名思義乃屬非常之救濟程序，衡以最高法院檢察署檢察官係屬法律專家，理應知悉於此，其未提出者，最高法院自無命補正之必要。經查，本件非常上訴（由被告請求檢察總長提起），僅檢送非常上訴書，並未檢附所憑之相關卷宗及證據，本院無從據以審認，揆諸上揭說明，即難謂適法。

第 444 條（言詞審理之例外）

非常上訴之判決，不經言詞辯論爲之。

第 445 條（調查之範圍）

I 最高法院之調查，以非常上訴理由所指摘之事項爲限。

II 第三百九十四條之規定，於非常上訴準用之。

□ 實務見解

▶ 釋字第 238 號（78.03.31）

刑事訴訟法第三百七十九條第十款**所稱「依本法應於審判期日調查之證據」，指該證據在客觀上爲法院認定事實及適用法律之基礎而言**。此種證據，未予調查，同條特明定其判決爲當然違背法令。其非常上述情形之證據，未予調查者，本不屬於上開第十款之範圍，縱其訴訟程序違背法令，惟如應受同法第三百八十條之限制者，既不得據以提起第三審上訴，自不得爲非常上訴之理由。中華民國二十九年二月二十日最高法院民、刑庭總會議決議關於「訴訟程序違法不影響判決者，不得提起非常上訴」之見解，就證據部分而言，即係本此意旨，尚屬於法無違，本院釋字第一八一號解釋，亦無牴觸。

▶ 釋字第 181 號（72.07.01）

非常上訴，乃對於審判違背法令之確定判決所設之救濟方法。**依法應於審判期日調查之證據，未予調查，致適用法令違誤，而顯然於判決有影響者**，該項確定判決，即屬判決違背法令，應有刑事訴訟法第四百四十七條第一項第一款規定之適用。

▶ 82 年度第 6 次刑事庭會議決議（82.07.06）

非常上訴，乃對於審判違背法令之確定判決所設之救濟方法。非常上訴審，應就非常上訴理由所指摘之事項，調查裁判之，此觀刑事訴訟法第四百四十五條第一項之規定自明，又依刑事訴訟法第四百四十五條第二項準用同法第三百九十四條之規定，關於訴訟程序及得依職權調查之事項，得調查事實。**刑事訴訟法第三百七十九條第十款所規定之「依本法應於審判日期調查之證據，而未予調查」，如致適用法令違誤，而顯然於判決有影響者，該項確定判決即屬判決違背法令**，應有刑事訴訟法第四百四十七條第一項第一款規定之適用，亦經司法院大法官會議釋字第一八一號解釋在案。被告曾否受有期徒刑以上刑之宣告；或前受有期徒刑以上刑之宣告，執行完畢或赦免後，五年以內未曾受有期徒刑以上刑之宣告，**依刑法第七十四條之規定，係屬被告得否宣告緩刑之前提事實，亦即屬得否適用刑法第七十四條之基礎事實，自具備調查之必要性，而屬刑事訴訟法第三百七十九條第十款所規定「依本法應於審判日期調查之證據」之範疇**。非常上訴意旨既指摘被告曾因犯罪受有期徒刑以上刑之宣告，有其前科資料或案卷可稽，**不得予以宣告緩刑，原確定判決竟予宣告緩刑爲違背法令，則不問其所指被告曾因犯罪受有期徒刑以上刑之宣告之前科資料或案卷。是否存在於原確定判決事實審訴訟案卷內而得考見者，非常上訴審均應就此調查裁判之**。原確定判決對於依法應於審判期日調查之證據而未予調查，致適用法令違誤，而顯然於判決有影響，即屬判決違背法令，非常上訴意旨執以指摘，洵有理由。因原確定判決尚非不利於被告，故僅將原確定判決關於宣告緩刑違背法令部分撤銷即可。

▶ 73 年度第 6 次刑事庭會議決定（73.06.19）

依刑事訴訟法第四百四十五條第一項規定意者，**刑事案件之確定判決，如有違背法令之情事，非常上訴審僅須就確定判決違法而經非常上訴指摘之部分爲審判，此與通常程序對於判決之一部上訴時，其有關係之部分，視爲亦已上訴者不同**。故違反票據法案件，確定判決所宣告之刑，有徒刑或拘役、併科罰金時，倘徒刑或拘役及罰金之宣告，均有違誤，且不利於被告，而非常上訴意旨僅對宣告罰金部分指摘時，本院祇須將宣告罰金部分撤銷改判，反之亦然。

▶ 79 台非 200（判例）

非常上訴審，應以原判決確定之事實爲基礎，以判斷其適用法律有無違誤，至非常上訴審所得調查之事實，亦僅以關於訴訟程序及得依職權調查之事實爲限，縱原確定判決疏於詳查，致所確認之事實發生疑義，除合於再審條件應依再審程序救濟外，非常上訴審殊無從進行調查其未經原判決所認定之事實，適用法令有無違背，即屬無憑判斷。

▶ 41 台非 47（判例）

非常上訴審依刑事訴訟法第四百三十八條第二項準用第三百八十六條之規定，**所謂準用與適用有別，適用係完全依其規定而適用之謂，準用則祇就某事項所定之法規，於性質不相牴觸之範圍內，適用於其他事項之謂，即準用有其自然之限度，依該條準用之規定，雖得調查事實，但因非常上訴特別程序之故，自應僅以關於訴訟程序及得依職權調查之事項爲限**，同法第三百七十一條所列各款情形，除第四款、第五款、第十二款及第十四款之因理由矛盾致適用法令違誤者，係屬判決違法外，其餘各款均屬訴訟違背法令，故非常上訴審亦僅得就其訴訟程序有無違背法令之事實以爲調查，而同法第三編既無非常上訴得準用通常程序第三審審判之規定，則該案件非有第四百四十條第二項之情形，縱原確定判決因重要證據漏未調查，致所確認之事實發生疑義，除合於再審條件應依再審程序救濟外，非常上訴審殊無從進行調查其未經原確定判決認定之事實，適用法令有無違背，即屬無憑判斷，此乃基於非常上訴爲特別程序所加於準用之自然限制，因之以調查此事項爲前提之非常上訴，自難認爲有理由。

編按：

本判例業經最高法院91年度第7次刑事庭會議決議部分不再援用參考。

第446條（非常上訴無理由之處置—駁回判決）
認為非常上訴無理由者，應以判決駁回之。

第447條（非常上訴有理由之處置）
I 認為非常上訴有理由者，應分別為左列之判決：
一　原判決違背法令者，將其違背之部分撤銷。但原判決不利於被告者，應就該案件另行判決。
二　訴訟程序違背法令者，撤銷其程序。
II 前項第一款情形，如係誤認為無審判權而不受理，或其他有維持被告審級利益之必要者，得將原判決撤銷，由原審法院依判決前之程序更為審判。但不得諭知較重於原確定判決之刑。

□ 實務見解

▶91年度第8次刑事庭會議決議（91.06.25）

最輕本刑為三年以為有期徒刑之案件，於審判中未經選任辯護人者，審判長應指定公設辯護人為其辯護：依法應用辯護人之案件或已經指定辯護人之案件，辯護人未經到庭辯護而逕行審判者，其判決當然違背法令。刑事訴訟法第三十一條第一項、第三百七十九條第七款分別定有明文。**依法應用辯護人之案件依審判筆錄之記載僅有：義務辯護律師陳述「辯護意旨詳如辯護書所載」之字樣，但經查該律師並未提出任何辯護書狀，顯與辯護人未經到庭辯護而逕行審判者無異（本院六十八年台上字第一〇四六號判例）該案經上訴第三審**，本院未予糾正，予以維持，以上訴無理由駁回被告之第三審上訴，而告確定，自屬於法有違。

刑事訴訟法第四百四十一條所謂「案件之審判係違背法令」，包括原判決違背法令及訴訟程序違背法令，後者係指判決本身以外之訴訟程序違背程序法之規定，非常上訴審就上開情形審查，如認其違法情形，本院本應為撤銷原判決之判決，竟予維持，致有違誤，顯然影響於判決者，應認為本院判決為判決違背法令，而依法判決之。

▶81年度第2次刑事庭會議決議（81.05.05）

不可再為實體判決。原第一審法院所為公訴不受理之判決係對被告有利之判決，**非常上訴判決予以撤銷，其不利益不及於被告**。且非常上訴判決係對原判決關於違背法令「部分」撤銷，**既非全部撤銷，無從回復不受理判決前之原狀而更為實體判決**。

▶73年度第9次刑事庭會議決議（73.09.18）

自訴案件，本應為實體上之審判，而誤為不受理之判決，將來是否再行起訴，及應為實體判決之結果如何，尚不可知，而諭知不受理後，則本件訴訟即因而終結，自難認其違誤之不受理判決於被告不利。故本院辦理非常上訴案件，以第二審確定判決誤認自訴人非犯罪之被害人，其所為自訴不受理之諭知不當，有違背法令之情形時，非常上訴之判決，僅應將其違法之部分撤銷。此種情形，既非因誤認為無審判權而不受理，又與維持被告審級利益無關，當無刑事訴訟法第四百四十七條第二項之適用。至自訴人得依法另行訴求，不受一事不再理之拘束，自不待言。（同乙說）

第448條（非常上訴判決之效力）
非常上訴之判決，除依前條第一項第一款但書及第二項規定者外，其效力不及於被告。

第七編　簡易程序

第449條（簡易判決處刑之適用範圍）
I 第一審法院依被告在偵查中之自白或其他現存之證據，已足認定其犯罪者，得因檢察官之聲請，不經通常審判程序，逕以簡易判決處刑。但有必要時，應於處刑前訊問被告。
II 前項案件檢察官依通常程序起訴，經被告自白犯罪，法院認為宜以簡易判決處刑者，得不經通常審判程序，逕以簡易判決處刑。
III 依前二項規定所科之刑以宣告緩刑、得易科罰金或得易服社會勞動之有期徒刑及拘役或罰金為限。

□修正前條文

I 第一審法院依被告在偵查中之自白或其他現存之證據，已足認定其犯罪者，得因檢察官之聲請，不經通常審判程序，逕以簡易判決處刑。但有必要時，應於處刑前訊問被告。
II 前項案件檢察官依通常程序起訴，經被告自白犯罪，法院認為宜以簡易判決處刑者，得不經通常審判程序，逕以簡易判決處刑。
III 依前二項規定所科之刑以宣告緩刑、得易科罰金之有期徒刑及拘役或罰金為限。

■修正說明（98.07.08）

一、第一項、第二項未修正。

二、依刑法第四十一條第三項規定，受六月以下有期徒刑或拘役之宣告而不得易科罰金者，亦得易服社會勞動，自應與現行得易科罰金之案件同視，而得為聲請簡易判決處刑之案件類型，爰修正第三項。

三、依刑法第四十一條、第四十二條之一規定，易服社會勞動，係由檢察官斟酌個案情形，指揮執行，故毋庸聲請法院裁定，法官亦無需於判決主文中諭知易服社會勞動之折算標準。

第 449 條之 1（簡易程序案件之辦理）
簡易程序案件，得由簡易庭辦理之。

第 450 條（法院之簡易判決—處刑及免刑判決）
I 以簡易判決處刑時，得併科沒收或為其他必要之處分。
II 第二百九十九條第一項但書之規定，於前項判決準用之。

第 451 條（簡易判決之聲請）
I 檢察官審酌案件情節，認為宜以簡易判決處刑者，應即以書面為聲請。
II 第二百六十四條之規定，於前項聲請準用之。
III 第一項聲請，與起訴有同一之效力。
IV 被告於偵查中自白者，得請求檢察官為第一項之聲請。

第 451 條之 1（檢察官得為具體之求刑）
I 前條第一項之案件，被告於偵查中自白者，得向檢察官表示願受科刑之範圍或願意接受緩刑之宣告，檢察官同意者，應記明筆錄，並即以被告之表示為基礎，向法院求刑或為緩刑宣告之請求。
II 檢察官為前項之求刑或請求前，得徵詢被害人之意見，並斟酌情形，經被害人同意，命被告為左列各款事項：
一　向被害人道歉。
二　向被害人支付相當數額之賠償金。
III 被告自白犯罪未為第一項之表示者，在審判中得向法院為之，檢察官亦得依被告之表示向法院求刑或請求為緩刑之宣告。
IV 第一項及前項情形，法院應於檢察官求刑或緩刑宣告請求之範圍內為判決，但有左列情形之一者，不在此限：
一　被告所犯之罪不合第四百四十九條所定得以簡易判決處刑之案件者。
二　法院認定之犯罪事實顯然與檢察官據以求處罪刑之事實不符，或於審判中發現其他裁判上一罪之犯罪事實，足認檢察官之求刑顯不適當者。
三　法院於審理後，認應為無罪、免訴、不受理或管轄錯誤判決之諭知者。
四　檢察官之請求顯有不當或顯失公平者。

第 452 條（審判程序）
檢察官聲請以簡易判決處刑之案件，經法院認為有第四百五十一條之一第四項但書之情形者，應適用通常程序審判之。

□ 實務見解

▸43 台非 231（判例）

刑法第六十一條所列各罪之案件，第一審法院依被告在偵查中之自白，或其他現存之證據，已足認定其犯罪者，**固得經檢察官之聲請，不經通常審判程序，逕以命令處刑**，但聲請以命令處刑之案件，經法院認為全部或一部不得或不宜以命令處刑者，仍應適用通常程序審判，依刑事訴訟法第四百四十五條之規定，為當然解釋。本件被告妨害自由等罪案件，檢察官係依刑法第三百零二條第一項、第二百七十七條第一項、第三百十條第一項聲請命令處刑，查同法第二百七十七條第一項及第三百十條第一項，固屬刑法第六十一條之案件，得以命令處理，但同法第三百零二條之最高本刑為五年以下有期徒刑，不屬同法第六十一條所列各罪之案件，不得以命令處刑，**依首開說明，自應適用通常程序辦理，方為適法**，原法院竟以處刑命令處罰，訴訴程序自屬違背法令。

第 453 條（法院之簡易判決—立即處分）
以簡易判決處刑案件，法院應立即處分。

第 454 條（簡易判決應載事項）
I 簡易判決，應記載下列事項：
一　第五十一條第一項之記載。
二　犯罪事實及證據名稱。
三　應適用之法條。
四　第三百零九條各款所列事項。
五　自簡易判決送達之日起二十日內，得提起上訴之曉示。但不得上訴者，不在此限。
II 前項判決書，得以簡略方式為之，如認定之犯罪事實、證據及應適用之法條，與檢察官聲請簡易判決處刑書或起訴書之記載相同者，得引用之。

□修正前條文

I 簡易判決，應記載下列事項：
一　第五十一條第一項之記載。
二　犯罪事實及證據名稱。
三　應適用之法條。
四　第三百零九條各款所列事項。
五　自簡易判決送達之日起十日內，得提起上訴之曉示。但不得上訴者，不在此限。
II 前項判決書，得以簡略方式為之，如認定之犯罪事實、證據及應適用之法條，與檢察官聲請簡易判決處刑書或起訴書之記載相同者，得引用之。

■修正説明（109.01.15）

一、配合修正條文第三百四十九條規定，第一項第五款酌爲文字修正，以求體例一致。

二、第二項未修正。

第455條（簡易判決正本之送達）

書記官接受簡易判決原本後，應立即製作正本爲送達，並準用第三百十四條第二項之規定。

□修正前條文

書記官接受簡易判決原本後，應立即制作正本送達於當事人。

■修正説明（92.02.06）

一、本法第一編「總則」第十三章「裁判」第二百二十七條規定：「裁判制作裁判書者，除有特別規定外，應以正本送達於『當事人』、代理人、辯護人及其他受裁判之人。」「前項送達，自接受裁判原本之日起，至遲不得逾七日。」此外，另於第二編「第一審」第一章第三節「審判」第三百十四條規定：「判決得爲上訴者，其上訴期間及提出上訴狀之法院，應於宣示時一併告知，並應記載於送達被告之判決正本。」「前項判決正本，並應送達於告訴人及告發人，告訴人於上訴期間內，得向檢察官陳述意見。」由此可知，第一審判決正本應送達於「當事人」、「告訴人」、「告發人」等人。

二、惟簡易程序判決書之送達，依現行條文僅爲「送達於當事人」，要與前揭規定不同，學者因此有主張簡易判決之正本毋庸送達於告訴人、告發人者。

三、然對於簡易判決之上訴，依本法第四百五十五條之一第三項規定：「準用刑事訴訟法第三編第一章上訴通則」，而該第一章第三百四十四條第二項係規定：「告訴人或被害人對於下級法院之判決有不服者，亦得具備理由，請求檢察官上訴。」告訴人既得依法請求檢察官上訴，倘若簡易判決正本不送達於告訴人，告訴人又如何得知判決之內容而請求檢察官上訴？邏輯上不無矛盾。爲保障告訴人、告發人之權益，爰爲文字修正，並明定準用第三百十四條第二項之規定，以杜爭議。

第455條之1（對簡易判決不服之上訴）

I 對於簡易判決有不服者，得上訴於管轄之第二審地方法院合議庭。

II 依第四百五十一條之一之請求所爲之科刑判決，不得上訴。

III 第一項之上訴，準用第三編第一章及第二章除第三百六十一條外之規定。

IV 對於適用簡易程序案件所爲裁定有不服者，得抗告於管轄之第二審地方法院合議庭。

V 前項之抗告，準用第四編之規定。

□修正前條文

I 對於簡易判決有不服者，得上訴於管轄之第二審地方法院合議庭。

II 依第四百五十一條之一之請求所爲之科刑判決，不得上訴。

III 第一項之上訴，準用第三編第一章及第二章之規定。

IV 對於適用簡易程序案件所爲裁定有不服者，得抗告於管轄之第二審地方法院合議庭。

V 前項之抗告，準用第四編之規定。

■修正説明（96.07.04）

一、第一項、第二項、第四項及第五項均未修正。

二、修正條文第三百六十一條第二項、第三項規定不服地方法院第一審判決而提起上訴者，其上訴書狀應敘述具體理由；未敘述具體理由者，應於法定期間補提理由書。法院逕以簡易判決處刑之案件，既可不經開庭程序，且簡易判決書之記載較爲簡略，其上訴程式宜較依通常程序起訴之案件簡便，俾由第二審地方法院合議庭審查原簡易判決處刑有無不當或違法，故對簡易判決提起上訴，應不能準用第三百六十一條第二項、第三項規定。又依第四百五十五條之一第一項規定，對於簡易判決有不服者，係上訴於管轄之第二審地方法院合議庭，第三百六十一條第一項之規定，亦無準用餘地，爰修正第三項，將第三百六十一條規定，排除在準用之列。對簡易判決之上訴，既然不準用第三百六十一條第二項、第三項之規定，則修正條文第三百六十七條規定中關於逾第三百六十一條第三項規定之期間未提上訴理由，第二審法院可不經言詞辯論逕以判決駁回上訴部分，當然不在準用之列，無待明文，併予敘明。

□實務見解

▶91台非21（判例）

地方法院簡易庭對被告爲簡易判決處刑後，經提起上訴，而地方法院合議庭認應爲無罪判決之諭知者，依同法第四百五十五條之一第三項準用第三百六十九條第二項之規定意旨，應由該地方法院合議庭撤銷簡易庭之判決，逕依通常程序審判。其所為判決，**應屬於「第一審判決」**，檢察官仍得依通常上訴程序上訴於管轄第二審之高等法院。

❖ 學者評釋

何賴傑教授基本上贊同此一判例之結論，不過其再進一步補充，氏主張，本於同一法理，應不限於第二審撤銷第一審有罪判決而改判「無罪」情形。只要簡易判決違反刑訴法第 451 條之 1 第 4 項但書規定者，**亦就是包含免訴、不受理或管轄錯誤判決之諭知者，第二審法院即應自為第一審判決**。此外，簡易判決違反刑訴法第 449 條第 3 項規定者，第二審法院應撤銷原審判決而自為第二審判決，但仍受第 449 條第 3 項規定之限制。第二審法院如須諭知超過刑罰限度之判決時，即應撤銷原審判決而改為通常程序之第一審判決。

【何賴傑，〈論簡易判決之上訴程序——兼評最高法院 91 年台非字第 21 號判例〉，《月旦法學雜誌》，第 174 期，2009.11，297 頁。】

第七編之一　協商程序

■增訂說明（93.04.07）

一、本編新增。

二、社會多元發展後，刑事審判之負擔日益嚴重，為解決案件負荷之問題，各國均設計簡易之訴訟程序或採取認罪協商機制。即如傳統大陸法系之德國、義大利亦採擷美國認罪協商制度之精神，發展出不同的認罪協商模式，我國刑事訴訟制度已朝改良式當事人進行主義方向修正，為建構良好之審判環境，本於「明案速判、疑案慎斷」之原則，對於進入審判程序之被告不爭執之非重罪案件，允宜運用協商制度，使其快速終結，俾使法官有足夠之時間及精神致力於重大繁雜案件之審理。又為使「協商」制度發揮更大之效用，自宜於通常訴訟程序及簡易訴訟程序均一律適用。

三、因「協商」制度乃新引進之制度，適用程序包含通常程序與簡易程序；而適用之時期亦僅於第一審審判程序，又此均涉及得否上訴第二審之問題，立法體例上當應自成一編，較為明確。爰參考美國聯邦刑事訴訟規則第十一條及義大利刑事訴訟法第四百四十四條至第四百四十八條之相關規定，依中央法規標準法第十條第三項之規定，並參酌公司法第六章之一之立法體例，將有關「協商」制度之相關條文增訂於第七編之一，並明訂編名為「協商程序」。

第 455 條之 2（協商程序之聲請）

Ⅰ除所犯為死刑、無期徒刑、最輕本刑三年以上有期徒刑之罪或高等法院管轄第一審案件者外，案件經檢察官提起公訴或聲請簡易判決處刑，於第一審言詞辯論終結前或簡易判決處刑前，檢察官得於徵詢被害人之意見後，逕行或依被告或其代理人、辯護人之請求，經法院同意，就下列事項於審判外進行協商，經當事人雙方合意且被告認罪者，由檢察官聲請法院改依協商程序而為判決：

一　被告願受科刑及沒收之範圍或願意接受緩刑之宣告。

二　被告向被害人道歉。

三　被告支付相當數額之賠償金。

四　被告向公庫支付一定金額，並得由該管檢察署依規定提撥一定比率補助相關公益團體或地方自治團體。

Ⅱ檢察官就前項第二款、第三款事項與被告協商，應得被害人之同意。

Ⅲ第一項之協商期間不得逾三十日。

Ⅳ第一項第四款提撥比率、收支運用及監督管理辦法，由行政院會同司法院另定之。

□修正前條文

Ⅰ除所犯為死刑、無期徒刑、最輕本刑三年以上有期徒刑之罪或高等法院管轄第一審案件者外，案件經檢察官提起公訴或聲請簡易判決處刑，於第一審言詞辯論終結前或簡易判決處刑前，檢察官得於徵詢被害人之意見後，逕行或依被告或其代理人、辯護人之請求，經法院同意，就下列事項於審判外進行協商，經當事人雙方合意且被告認罪者，由檢察官聲請法院改依協商程序而為判決：

一　被告願受科刑之範圍或願意接受緩刑之宣告。

二　被告向被害人道歉。

三　被告支付相當數額之賠償金。

四　被告向公庫支付一定金額，並得由該管檢察署依規定提撥一定比率補助相關公益團體或地方自治團體。

Ⅱ檢察官就前項第二款、第三款事項與被告協商，應得被害人之同意。

Ⅲ第一項之協商期間不得逾三十日。

Ⅳ第一項第四款提撥比率、收支運用及監督管理辦法，由行政院會同司法院另定之。

■修正說明（105.06.22）

沒收與刑罰、保安處分併列為獨立之法律效果，故原條文第一項第一款協商之事項，應不限於被告願受科刑之範圍或願意接受緩刑之宣告，應包括沒收之協商，爰增訂之。

❖ 爭議問題

偵查中得否認罪協商？

一、否定說

原本司法院91年版採取肯定「偵查中」能協商的態度，但是檢察官改革委員會極力反對，偵查中若能協商恐有脅迫被告自白的憂慮下加以刪除。是以，依我國條文之內容，僅採行「審判中之協商程序」，而不採行「偵查中之協商程序」，**即唯有案件經檢察官提起公訴或聲請簡易判決處刑後**，於第一審言詞辯論終結前或簡易判決處刑前，始得進行協商程序。

二、肯定說

新法應未禁止偵查階段檢察官與被告進行協商，只是表示檢察官對於人民起訴，必須向法院提出「正式的控訴文件」，即起訴書或簡易判決聲請書，而不得以聲請協商程序之文件代替對人民罪刑之控訴。因此，檢察官在偵查階段仍得與被告進行協商，在達成協商合意後，仍必須對被告之犯罪行為提起正式的控訴，再聲請法院改依協商程序而為判決。

【王兆鵬，《新刑訴新思維》，元照，初版，2004.10，186～187頁。】

文獻上亦有持類似的意見而謂，不妨承認偵查中可以先進行「非正式」的偵查協商，而後再依第455條之2進入審判程序的協商。

【陳運財，〈協商認罪制度的光與影〉，《月旦法學雜誌》，第110期，2004.06，233頁。】

換言之，**檢察官在偵查階段仍得與被告進行協商，但在達成協商合意後，仍必須對被告之犯罪行為起訴**，再聲請法院改依協商程序而為判決。蓋為符合現行法制，此種偵查中「非正式」的協商，仍須再依第455條之2的規定進入審判程序。

【張麗卿，《刑事訴訟法理論與運用》，五南，十三版，2016.09，620頁。】

❖ 爭議問題

自訴案件得否認罪協商？

一、否定說

自訴案件不得協商，以避免人民操縱自訴程序致發生一事不再理而使被告不受追訴。

【王兆鵬、張明偉、李榮耕，《刑事訴訟法（下）》，瑞興，三版，2015.09，97頁。】

另外，有學者基於以下三點理由採否定之看法：首先，協商涉及高度專業性，刑罰發動之正當性在於應報與預防，如何在被告罪責與刑罰間平衡，私人間恐無法擔負此一重任。其次，自訴未經偵查程序，在被告犯罪事實無法獲得確保時，何來刑之協商。末者，協商之條件除科刑之範圍與緩刑宣告外，亦得命被告支付相當數額之賠償金，一旦自訴得允許協商，恐將導致假借自訴程序達以刑逼民之效果。

【黃朝義，《刑事訴訟法》，新學林，五版，2017.09，707頁。】

二、限制肯定說

本問題的關鍵在於協商程序有無防弊機制。質言之，若在充分的防弊機制前提下，自無必要一律將自訴案件排除於協商程序之大門外。

【陳運財，〈協商認罪制度的光與影〉，《月旦法學雜誌》，第110期，2004.06，231頁。】

❐ 實務見解

▶100台上5948（判決）

「認罪協商」係基於公共政策之考量，法院以訴訟當事人之意願就「罪」與「刑」之協議為基礎，而作成判決之一種制度；為確保法院裁判之客觀性及公正性，刑事訴訟法不採法官直接介入協商之體制。又「認罪協商」並不以「事實」或「證據」作為必要基礎，所謂「認罪」，與被告對於自己犯罪事實之自白不同，不能解釋為承認犯罪。法院未為協商判決者，被告或其代理人、辯護人在協商過程中之陳述，不得於本案或其他案件採為對被告或其他共犯不利之證據。除所犯為死刑、無期徒刑、最輕本刑三年以上有期徒刑之罪或高等法院管轄第一審案件者外，案件經檢察官提起公訴或聲請簡易判決處刑，於第一審言詞辯論終結前或簡易判決處刑前，經檢察官依該法條規定，與被告進行協商，且被告認罪，經檢察官聲請法院改依協商程序而為判決者，法院對於該協商之聲請，認有同法第四百五十五條之四第一項各款所列不得為協商判決之情形之一者，應以裁定駁回之，適用通常、簡式審判或簡易程序審判；否則，法院即應不經言詞辯論，於協商合意範圍內為判決；法院為協商判決所科之刑，以宣告緩刑、二年以下有期徒刑、拘役或罰金為限。此觀同法第四百五十五條之二第一項、第四百五十五條之四第一項、第二項、第四百五十五條之六第一項、第四百五十五條之七規定甚明。

第455條之3（撤銷及撤回協商）

Ⅰ法院應於接受前條之聲請後十日內，訊問被告並告以所認罪名、法定刑及所喪失之權利。

Ⅱ被告得於前項程序終結前，隨時撤銷協商之合意。被告違反與檢察官協議之內容時，檢察官亦得於前項程序終結前，撤回協商程序之聲請。

■增訂說明（93.04.07）

一、本條新增。

二、為確保協商程序之正當性，法院應於受理檢察官所提協商聲請後十日內，訊問被告，而法院除告以第九十五條之事項外，並應向被告告知其所認罪名、法定刑度及因適用協商程序審理所喪失之權利，例如受法院依通常程序公開審判之權利、與證人對質詰問之權利、保持緘默之權利、法院如依協商合意而爲判決時，除有修正條文草案第四百五十五條之四第一項第一款、第二款、第四款、第六款、第七款所定情形之一，不得上訴，於確認被告係自願放棄前述權利後，始得作成協商判決，爰於本條第一項規定之。

三、協商爲被告放棄依通常程序審判等多項權利，已如前述。如被告於前項訊問及告知程序終結前，以言詞或書狀撤銷協商之合意，要求法院回復通常或簡式審判程序或仍依簡易判決處刑，依憲法保障人民訴訟權之基本精神，應予准許。又檢察官如在協商過程中，與被告有所協議，但事後發現被告違反協議之內容時，亦應准許檢察官於前項訊問及告知程序終結前，以言詞或撤回書向法院撤回協商之聲請，始爲允當。爰於本條第二項予以規定。

❖ 爭議問題

被告若已履行協商合意之內容，而檢察官不遵守承諾向法院為協商程序之聲請，法院應如何處理？

大體上，學說多認爲對於被告已履行協商合意之內容時，檢察官有向法院爲協商程序聲請之義務，惟對於檢察官違反義務時，法院應如何處理，則見解不一：

一、王兆鵬教授

秉持公平正義之精神，檢察官有義務爲協商程序之聲請。可以參考**美國實務，如檢察官不遵守協商約定，聯邦最高法院認爲法院應給予被告救濟**，其方式爲被告得請求強制執行雙方的協商決議，或准許被告撤回認罪不向法院具體求刑。例如，被告爲認罪之聲明後，檢察官又向法院求處被告法定最高刑，**此時應不准檢察官向法院具體求刑（強制履行協商決議），或准許被告撤回認罪之聲明。**

【王兆鵬，《新刑訴新思維》，元照，初版，2004.10，190～191 頁。】

二、何賴傑教授

應區分檢察官或法官之義務分別論之。亦即，檢察官既與被告達成協商合意，檢察官即應受到該協商合意之拘束，因而檢察官有聲請協商判決之義務。但檢察官違反該義務時，法官亦不得以該協商合意爲基礎，認檢察官須爲協商聲請而逕爲協商判決，**在法無明文情形下，法官即應受不告不理原則拘束，不能代替檢察官之權限。於此，被告亦只能依職務監督方式請求上級檢察機關救濟。**

【何賴傑，〈從拘束力觀點論協商程序〉，《月旦法學雜誌》，第 118 期，2005.02，16 頁。】

三、黃朝義教授

㈠原則

被告倘信賴國家公權力，國家公權力之行使本應依誠信原則。因此，檢察官若恣意不依協商合意聲請協商判決，應保障被告之合理信賴，應認檢察官有聲請協商判決之義務。

㈡例外

惟若基於正當事由，檢察官方可不依協商合意聲請協商判決。至於被告負擔無法回復之情形應如何處理之問題，本來立法者規定之協商條件皆無所謂無可回復之情形。倘就法所規定外之條件爲協商，該協商內容不能概容許，本應做嚴格之認定。又協商條件一旦履行無法回復被告已有所預見，在協商當時應可與檢察官充分達成合意。因此，**若不可歸責於檢察官之情形致無法爲協商之聲請，此時亦不得強求檢察官爲協商之聲請。**

【黃朝義，《刑事訴訟法》，新學林，五版，2017.09，707 頁。】

第 455 條之 4（不得為協商判決之情形）

Ⅰ有下列情形之一者，法院不得爲協商判決：

一　有前條第二項之撤銷合意或撤回協商聲請者。

二　被告協商之意思非出於自由意志者。

三　協商之合意顯有不當或顯失公平者。

四　被告所犯之罪非第四百五十五條之二第一項所定得以聲請協商判決者。

五　法院認定之事實顯與協商合意之事實不符者。

六　被告有其他較重之裁判上一罪之犯罪事實者。

七　法院認應諭知免刑或免訴、不受理者。

Ⅱ除有前項所定情形之一者外，法院應不經言詞辯論，於協商合意範圍內爲判決。法院爲協商判決所科之刑，以宣告緩刑、二年以下有期徒刑、拘役或罰金爲限。

Ⅲ當事人如有第四百五十五條之二第一項第二款至第四款之合意，法院應記載於筆錄或判決書內。

Ⅳ法院依協商範圍爲判決時，第四百五十五條之二第一項第三款、第四款並得爲民事強制執行名義。

■增訂說明（93.04.07）

一、本條新增。

二、被告依前條第二項規定撤銷協商之合意，或檢察官撤回協商之聲請時，法院不得爲協商之判決，爰於第一項第一款規定之。又由於被告爲認罪協商後，必須放棄接受通常審判程序獲得無罪判決之機會，因此法官在判決前應審查並確認被告與檢察官初步協商之合意係出於自由意願（insuring-that the pleaisvoluntary），否則不得為協商判決，以保被告之權益，爰參考美國聯邦刑事訴訟規則第十一條 d 之規定增訂本條第一項第二款。此外，法院認協議內容有違法或不當之情形，同理亦不得逕為協商判決，爰參考現行本法第四百五十一條之一第四項各款所定事由，並增加應諭知「免刑」之案件，亦不得為協商判決之規定，明定本條第一項第三款至第七款之各種不得為協商判決之情形。又第五款所謂法院認定之「事實」係指法院所認定之「犯罪事實」，至於雙方合意之「事實」係指賦予法律評價之法律概念事實而言，非指實際之具體犯罪事實亦可成為協商的對象，於適用時應予注意。

三、至於現行本法第四百五十一條之一第四項第三款雖規定「管轄錯誤」，法院不得依簡易程序而為判決。惟屬事物管轄錯誤之情形，依本條第四項第四款之規定，法院不得為協商判決，而揆諸本法第十二條之規定，訴訟程序不因法院無管轄權而失效力，法院土地管轄錯誤之瑕疵於協商程序並無損被告之權益，為避免訴訟無謂延宕，「土地管轄錯誤」不列為法院不得為協商判決之事由；又法院倘認為被告應諭知無罪，即屬本條第一項第三款所定「當事人協商合意顯有不當或顯失公平」之情形，自不得為協商判決，爰不將「諭知無罪」列為同條第七款法院不得為協商判決之事由，併此敘明。

四、協商判決係法院依檢察官之聲請，基於檢察官與被告所達成之協商合意而為之判決，自無庸踐行言詞辯論程序。又因協商判決係不經言詞辯論之判決，對被告接受通常審判程序之權利多所限制，故必須對其宣告之刑度，有一定之限制，始符程序實質正當之要求。爰參考義大利刑事訴訟法第四百四十四條第一項之立法精神，於本條第二項一併明定協商判決所科之刑以宣告緩刑、二年以下有期徒刑、拘役或罰金者為限。

五、為明執行範圍，檢察官及被告如就修正條文草案第四百五十五條之二第一項第二款至第四款所定事項達成合意，法院於作成協商判決時，應將上開事項附記於宣示判決之筆錄或判決書內，爰於本條第三項予以規定。

六、法院依協商範圍為判決時，檢察官及被告就修正條文草案第四百五十五條之二第一項第二款、第三款所定事項達成合意，並經記載於宣示判決筆錄或判決書時，其並得為民事強制執行名義，爰參考本法第二百九十九條第四項之規定，增訂本條第四項。

❒ 實務見解

▶103 年度第 11 次刑事庭會議決議（103.07.15）

決議：採乙說（即否定說）。

協商判決之上訴，依第四百五十五條之十一第一項規定，除本編有特別規定外，準用第三編第一章及第二章之規定。既未準用第三編第三章關於第三審之規定，依明示其一，排斥其他原則，協商判決應不得上訴於第三審。況須有第四百五十五條之四第一項第一款、第二款、第四款、第六款、第七款情形之一，或協商判決違反同條第二項之規定者，方許提起第二審上訴。**其中第四百五十五條之四第一項第三款、第五款所定協商之合意顯有不當或失公平，及法院認定之事實顯與協商合意之事實不符者，即涉及事實認定與量刑之職權裁量，為絕對不得上訴事項，無非在求裁判之迅速確定，而第二審則不涉此認定。加以同條第二項規定，協商判決例外可以上訴者，第二審法院之調查以上訴理由所指摘之事項為限，為事後審，非一般之覆審制，亦非續審制，第二審縱認上訴為有理由，依同條第三項規定，亦僅能撤銷發回，不自為審判，其功能及構造幾與第三審同，自無再許提起第三審上訴之必要。**蓋現行法增訂協商程序，立法目的乃因採改良式當事人進行主義制度後，第一審原則上採合議制，並行交互詰問，對有限之司法資源造成重大負荷，則對無爭執之非重罪案件，宜明案速判，以資配合，故原則上限制上訴，並在上訴審之第二審定為事後審，排除第三審上訴程序之適用甚明。

> 第 455 條之 5（公設辯護人或律師之指定）
>
> I 協商之案件，被告表示所願受科之刑逾有期徒刑六月，且未受緩刑宣告，其未選任辯護人者，法院應指定公設辯護人或律師為辯護人，協助進行協商。
>
> II 辯護人於協商程序，得就協商事項陳述事實上及法律上之意見。但不得與被告明示之協商意見相反。

■增訂說明（93.04.07）

一、本條新增。

二、為使被告能有足夠之能力或立於較平等之地位與檢察官進行協商，實有加強被告辯護依賴權之必要。爰於本條第一項明定協商之案件，被告表示所願受科之刑逾有期徒刑六月者，且未受緩刑宣告，應由辯護人協助進行協商，並規定被告未選任辯護人時，法院應指定公設辯護人或律師協助協商，以確實保障被告之權益。至於被告表示所願受科之刑未逾有期徒刑六月或被告受緩刑宣告者，仍許不經公設辯護人或律師之協助，進行協商。以節約辯護資源之使用。

三、辯護人於協商程序進行時，得就協商事項陳述事實上及法律上之意見，以保障被告權益，爰於第二項前段規定之。而為尊重被告之程序主體地位，辯護人陳述意見不得與被告明示之意思相反，爰於本條第二項但書予以規定。

第 455 條之 6（裁定駁回）

I 法院對於第四百五十五條之二第一項協商之聲請，認有第四百五十五條之四第一項各款所定情形之一者，應以裁定駁回之，適用通常、簡式審判或簡易程序審判。

II 前項裁定，不得抗告。

■**增訂說明**（93.04.07）

一、本條新增。

二、法院對於修正條文草案第四百五十五條之二第一項之協商聲請，認有修正條文草案第四百五十五條之四第一項所定不得為協商判決之情形時，應將該聲請以裁定駁回。此時案件既已經檢察官起訴或聲請以簡易判決處刑，法院自應回復適用通常、簡式審判或簡易程序繼續審判，爰於本條第一項規定之。

三、法院駁回檢察官協商聲請之裁定，為終結協商程序之程序裁定，故不得抗告，爰於本條第二項予以規定。

第 455 條之 7（協商過程中之陳述不得於本案或其他案採為對被告或共犯不利之證據）

法院未為協商判決者，被告或其代理人、辯護人在協商過程中之陳述，不得於本案或其他案件採為對被告或其他共犯不利之證據。

■**增訂說明**（93.04.07）

一、本條新增。

二、為了確保在認罪協商期間能有充分之討論空間，若法院未為協商判決時，被告或其代理人、辯護人於協商過程中所作之陳述，在本案或其他案件中，均不得採為不利之證據，用來對抗被告或其他共犯，以保被告或其他共犯權益，並示公允，爰參考美國聯邦刑事訴訟規則第十一條 e(6)及美國聯邦證據規則第四百十條之規定，增訂本條。

三、至於法院作成協商判決時，被告或其代理人、辯護人於協商過程中之陳述是否得採為其他被告或共犯之不利證據，應適用本法其他規定解決。惟在其他被告及共犯之審判中，法院應審酌此等陳述係在協商過程中取得，更應確保其他被告及共犯之對質詰問權得有效行使，併此敘明。

第 455 條之 8（協商判決書製作送達準用規定）

協商判決書之製作及送達，準用第四百五十四條、第四百五十五條之規定。

■**增訂說明**（93.04.07）

一、本條新增。

二、明定法院接受協商內容後判決書之製作及送達，應準用本法第四百五十四條、第四百五十五條有關簡易判決書製作及送達之規定。

第 455 條之 9（宣示判決筆錄送達準用規定及其效力）

I 協商判決，得僅由書記官將主文、犯罪事實要旨及處罰條文記載於宣示判決筆錄，以代判決書。但於宣示判決之日起十日內，當事人聲請法院交付判決書者，法院仍應為判決書之製作。

II 前項筆錄正本或節本之送達，準用第四百五十五條之規定，並與判決書之送達有同一之效力。

■**增訂說明**（93.04.07）

一、本條新增。

二、因法院所為之協商科刑判決，均經當事人同意，原則上亦不得上訴（參照修正條文草案第四百五十五條之十第一項前段），為減輕法官製作裁判書之負擔，法院接受協商所為之判決，應許以宣示判決筆錄之記載替代判決書。但於宣示判決之日起十日內，當事人聲請交付判決書者，法院即應準用簡易判決之體例，為判決書之製作。爰參考我國少年保護事件審理細則第十九條、第四十條第二項及日本刑事訴訟規則第二百十九條之規定，於本條第一項予以規定。

三、本條第一項所定宣示判決筆錄正本或節本之送達，應準用本法第四百五十五條之規定，其送達與判決書之送達有同一之效力，爰於本條第二項規定之。

第455條之10（不得上訴之除外情形）
I 依本編所為之科刑判決，不得上訴。但有第四百五十五條之四第一項第一款、第二款、第四款、第六款、第七款所定情形之一，或協商判決違反同條第二項之規定者，不在此限。
II 對於前項但書之上訴，第二審法院之調查以上訴理由所指摘之事項為限。
III 第二審法院認為上訴有理由者，應將原審判決撤銷，將案件發回第一審法院依判決前之程序更為審判。

增訂說明（93.04.07）

一、本條新增。

二、法院依修正條文草案第四百五十五條之四第二項作成之科刑判決，均經當事人同意，爰參考義大利刑事訴訟法第四百四十八條之立法例，於本條第一項前段明訂法院依本章所為之科刑判決，以不得上訴為原則。惟為兼顧裁判之正確、妥適及當事人之訴訟權益，如有修正條文草案第四百五十五條之四第一項第一款、第二款、第四款、第六款、第七款所定情形之一，或協商判決違反同條第二項之規定者，仍得提起上訴，爰於但書規定之。

三、對於依本條第一項但書規定上訴之案件，第二審法院應審查原審判決之認事用法有無違誤，而其調查範圍以上訴理由所指摘事項為限，爰於本條第二項予以規定。

四、因協商判決係未經言詞辯論之判決，為維護當事人之審級利益，第二審法院如認為上訴有理由時，應將原審判決撤銷，發回第一審法院，依判決前之程序更為審判，不應逕為判決，爰於本條第三項規定之。

❖ 修法簡評

新法採行限制上訴為原則，蓋協商程序事前既經當事人同意，故為了避免曠時費力於無益之程序，原則上不得上訴。

不過，為兼顧裁判正確，妥適及當事人的訴訟權益，依第455條之10第1項但書規定：「但有第455條第1項第1、2、4、6及7各款所定情形之一，或協商判決違反同條第2項之規定者，不在此限。」例如：㈠有撤銷合意或撤回協商聲請者；㈡被告協商之意思非出於自由意志者；㈢被告所犯之罪非得以聲請協商判決者；㈣被告有其他較重之裁判上一罪之犯罪事實者；㈤法院認應諭知免刑、免訴或不受理者，均屬得上訴之例外情形。有問題者是，第455條之10第1項排除本法第455條之4第1項第3款的協商之「合意顯有不當或顯失公平者」，與同條第5款的「法院認定之事實顯與協商合意之事實不符者」，這兩款也在禁止上訴之列，引來學說上的爭議：贊成者認為，該條項所列七款事由中，第3款（協商之合意顯有不當或顯失公平者）、第5款（法院認定之事實顯與協商合意之事實不符）規定，**較屬於事實認定問題**，上訴審非重新調查全部犯罪事實，無從知悉是否有違反該兩款規定之情形。協商之上訴審審理，原則上應為事後審及法律審，而非覆審或續審制。如違反該兩款規定得成為上訴之理由，將造成上訴審非重啓事實調查程序無從判斷上訴是否有理由，所以新法乃將第3款、第5款之違反排除為得上訴之理由。

【王兆鵬、張明偉、李榮耕，《刑事訴訟法（下）》，新學林，四版，2018.09，124頁。】

不過這個理由遭到有力說的反對，就現行法律審而言，上訴理由雖限於判決違背法令，其調查方式固應以第二審判決所確認事實為調查之基礎，**然而關於訴訟程序及應調查之事實也可以依職權調查，調查範圍仍可及於上訴理由所未指摘的其他法定職權調查事項。因此上訴「理由之限制」與上訴「審理之範圍」沒有必要等號。況且，此兩款之事實實有違實質正義的事項，這更需要給予其救濟。**

【陳運財，〈協商認罪制度的光與影〉，《月旦法學雜誌》，第110期，2004.06，246～247頁。】

此外，亦有學者認為，**在我國協商制度尚未建立全面強制辯護之前，即以不得上訴為原則，**實有待商榷。

【林鈺雄，《刑事訴訟法（下）》，新學林，八版，2017.09，363頁。】

第455條之11（協商判決之上訴準用規定）
I 協商判決之上訴，除本編有特別規定外，準用第三編第一章及第二章之規定。
II 第一百五十九條第一項、第二百八十四條之一之規定，於協商程序不適用之。

增訂說明（93.04.07）

一、本條新增。

二、協商判決之上訴，除本編有特別規定外，仍應準用第三編第一章及第二章之規定，爰於本條第一項明定之。

三、協商程序之適用係以被告自白犯罪事實及其所犯非重罪案件為前提，為求司法資源之妥適及有效運用，協商程序案件之證據調查程序應予簡化，本法第一百五十九條第一項所定傳聞法則無須適用，法院亦無庸行合議審判，爰於本條第二項予以規定。

第七編之二　沒收特別程序

增訂說明（105.06.22）

一、本編新增。

二、為建構刑法修正草案新增剝奪被告以外第三人財產，擴大單獨聲請宣告沒收之適用範圍，及特別刑法中既有之沒收第三人財產等實體規範，所應恪遵之正當程序，爰參考德國刑事訴訟法、日本關於刑事案件中沒收第三人所有物程序之應急對策法（下稱日本應急對策法）之規定，建制相關程序規範，以資遵循，並參考德國刑事訴訟法體例，將之納為本法專編，以「沒收特別程序」名之。

第 455 條之 12（財產可能被沒收之第三人得聲請參與沒收程序）

I 財產可能被沒收之第三人得於本案最後事實審言詞辯論終結前，向該管法院聲請參與沒收程序。

II 前項聲請，應以書狀記載下列事項為之：

一　本案案由及被告之姓名、性別、出生年月日、身分證明文件編號或其他足資辨別之特徵。

二　參與沒收程序之理由。

三　表明參與沒收程序之意旨。

III 第三人未為第一項聲請，法院認有必要時，應依職權裁定命該第三人參與沒收程序。但該第三人向法院或檢察官陳明對沒收其財產不提出異議者，不在此限。

IV 前三項規定，於自訴程序、簡易程序及協商程序之案件準用之。

■**增訂說明（105.06.22）**

一、本條新增。

二、為賦予因刑事訴訟程序進行結果，財產可能被沒收之第三人程序主體之地位，俾其有參與程序之權利與尋求救濟之機會，以保障其權益。爰參考德國刑事訴訟法第四百三十二條第二項、日本應急對策法第三條第一項之立法例，於本條第一、二項明定該第三人得聲請參與本案沒收程序及其聲請之程式。又為兼顧該第三人參與訴訟之程序保障與被告本案訴訟之進行順暢，參考德國刑事訴訟法第四百三十一條第四項立法例，課予第三人參與程序一定之期限，明定須於最後事實審言詞辯論終結前為之。

三、依卷證顯示本案沒收可能涉及第三人財產，而該第三人未聲請參與沒收程序時，基於刑事沒收屬法院應依職權調查事項之考量，法院自應依職權裁定命該第三人參與。但第三人已陳明對沒收不異議者，法院自無命該第三人參與沒收程序之必要。爰參考德國刑事訴訟法第四百三十一條第六項之立法例，增訂本條第三項。

四、自訴、簡易及協商程序案件之沒收，若涉及第三人財產，亦有準用第三人參與沒收程序相關規範之必要，爰增訂本條第四項。

□ **實務見解**

▶**108 台上大 3594（大法庭裁定）**

主文

法院依刑事訴訟法第四五五條之十二第三項前段規定，裁定命第三人參與沒收程序，並依審理結果，諭知沒收與否之判決，不以經檢察官聲請為必要。

理由

一、本案基礎事實

上訴人即被告等因違反證券交易法等罪案件，經檢察官起訴，並經第一審法院論罪科刑，而檢察官於民國一○一年四月十九日起訴時，及其後審理中，皆未聲請沒收第三人財產，第二審法院審理中，以另上訴人即參與人等名下之證券交易帳戶財產與本案犯罪所得有關，財產可能被沒收，惟該等第三人未聲請參與沒收程序，為保障其等參與程序權，認有參與之必要，乃依刑事訴訟法第四五五條之十二第三項前段規定，依職權裁定命其等參與沒收程序，而開啓第三人參與沒收程序，並為第三人財產沒收之宣告。

二、本案法律爭議

檢察官未聲請沒收第三人財產，法院認為有必要，得否依刑事訴訟法第四五五條之十二第三項前段規定，依職權裁定命該第三人參與沒收程序，而開啓第三人參與沒收程序，並為第三人財產沒收之宣告？

三、本大法庭之見解

㈠任何人都不得保有犯罪所得，係公平正義理念之具體實踐，屬普世基本法律原則。為貫徹此原則，俾展現財產變動關係之公平正義，並使財產犯罪行為人或潛在行為人無利可圖，消弭其犯罪動機，以預防財產性質之犯罪、維護財產秩序之安全，刑法對犯罪所得採「義務沒收」之政策，並擴及對第三人犯罪所得之沒收。又為預防行為人不當移轉犯罪工具、犯罪產物，或於行為時由第三人以不當方式提供犯罪工具，而脫免沒收，造成預防犯罪之目的落空，對於犯罪工具、犯罪產物之沒收，亦擴大至對第三人沒收。故不論是對被告或第三人之沒收，皆與刑罰、保安處分同為法院於認定刑事違法（或犯罪）行為存在時，應賦予之一定法律效果。從而，於實體法上，倘法院依審理結果，認為第三人之財產符合刑法第三十八條第一項（違禁物）、第三十八條之一第二項（犯罪所得）法定要件之義務沒收，或第三十八條第三項（犯罪工具、犯罪產物）合目的性之裁量沒收，即有宣告沒收之義務。對應於此，在程序法上，本諸控訴原則，檢察官對特定之被告及犯罪事實提起公訴，其起訴之效力當涵括該犯罪事實相關之法律效果，故法院審判之範圍，除被告之犯罪事實外，自亦包括所科處之刑罰、保安處分及沒收等法律效果之相關事實。進一步言，沒收既係附隨於行為人違法行為之法律效果，**則沒收之訴訟相關程序即應附麗於本案審理程序，無待檢察官聲請，而與控訴原則無違**。

㈡沒收，屬國家對人民財產權所為之干預處分，應循正當法律程序為之。財產可能被沒收之第三人，並非刑事訴訟法所規定之當事人，未享有因被告之地位而取得之在場權、閱卷權、陳述權等防禦權，然既為財產可能被宣告沒收之人，倘未給予與被告相當之訴訟權利，自有悖於平等原則；又基於「有權利即有救濟」之憲法原則，第三人雖非本案當事人，亦應有上訴救濟之權利。因此，鑑於上述第三人之財產權、聽審權、救濟權之保障，以及憲法平等原則之誡命，乃賦予財產可能被沒收之第三人程序主體地位，將其引進本案之沒收程序，有附隨於本案程序參與訴訟之機會，故於刑事訴訟法第七編之二「沒收特別程序」中，規定「第三人參與沒收程序」（第四五五條之十二至第四五五條之三三），使第三人享有獲知相關訊息之資訊請求權與表達訴訟上意見之陳述權，及不服沒收判決之上訴權，乃為實踐刑法第三人沒收規定之配套設計。

㈢為貫徹上揭賦予財產可能被沒收第三人程序主體地位之目的，刑事訴訟法第四五五條之十二第一項規定：「財產可能被沒收之第三人得於本案最後事實審言詞辯論終結前，向該管法院聲請參與沒收程序。」又第三人既是程序主體，其聲請參與，乃為權利，並非義務，自應尊重其程序選擇權，而有捨棄參與之決定權，同條第三項後段乃明文規定，若其「向法院或檢察官陳明對沒收其財產不提出異議」，法院無庸裁定命其參與。基於第三人欲聲請參與沒收程序，其聽審權之實踐，當以預見其財產可能遭受法院宣告沒收，以及知悉其有聲請參與之權利，作為前提。依刑事訴訟法第四五五條之十三第一項規定，檢察官於偵查中，有相當理由認應沒收第三人財產者，於提起公訴前，應通知該第三人，給予其陳述意見之機會；於提起公訴時，同條第二項規定，檢察官除應於起訴書記載沒收第三人財產之意旨，並應通知第三人各種相關事項，便利其向法院適時聲請參與沒收程序及為訴訟準備；而起訴後，同條第三項規定：「檢察官於審理中認應沒收第三人財產者，得以言詞或書面向法院聲請。」責令檢察官仍負協力義務，俾法院為適當之沒收調查與認定。倘依卷證，涉及第三人財產沒收，而檢察官未依上揭規定聲請，第三人亦未聲請者，因實體法第三人沒收要件成立時，法院即負有裁判沒收之義務，則為維護公平正義，並保障第三人之聽審權，基於法治國訴訟照料義務之法理，依刑事訴訟法第四五五條之十二第三項前段「第三人未為第一項聲請，法院認有必要時，應依職權裁定命該第三人參與沒收程序。」之規定，自應裁定命第三人參與沒收程序。立法理由第三點 更揭明法院應依職權裁定，不待檢察官聲請之旨。其歷史背景，係某些社會矚目之食品安全、重大經濟及金融等有關案件，國人多認有沒收不法財產所得，以維公平正義之必要，乃經立法形成。至於法院開啓第三人參與沒收程序後，檢察官仍負有舉證責任，而法院則本於全辯論意旨所得之心證，為適法公正之裁判，並不當然即應為第三人財產沒收之宣告，是法院職權裁定命參與，與法院之中立性，尚不相違。

㈣綜上，對第三人財產之沒收，乃刑法所明定，檢察官對特定被告及犯罪事實起訴之效力，涵括對被告及第三人沒收之法律效果，法院審理結果，認被告犯罪或有違法行為，且符合依法沒收之要件者，即有諭知沒收之義務，尚無待檢察官之聲請。從而，如涉及第三人財產之沒收，而檢察官未於起訴書記載應沒收第三人財產之意旨，審理中，第三人亦未聲請參與沒收程序，檢察官復未聲請者，**法院為維護公平正義及保障第三人之聽審權，基於法治國訴訟照料義務之法理，認為有必要時**，應依刑事訴訟法第四五五條之十二第三項前段規定，**本於職權**，裁定命該第三人參與沒收程序，並依審理結果，而為沒收與否之判決。

編按：

本爭議在於檢察官未聲請沒收第三人財產，法院認為有必要，得否依刑事訴訟法第 455 條之 12 第 3 項前段規定，依職權裁定命該第三人參與沒收程序？之前最高法院有採否定的見解而認為，「刑法沒收修正後，既將沒收定位為獨立的法律效果，則檢察官對於被告起訴之效力，並不當然擴張及於第三人財產之沒收，如檢察官未聲請，法院不得依刑事訴訟法第四五五條之十二第三項規定，依職權裁定命該第三人參與沒收程序，對該第三人財產諭知沒收。」（107 年度台上字第 2101 號判決）也就是既然**沒收是獨立的法律效果**，**基於控訴原則**，在檢察官未聲請沒收第三人財產時，**法院應先曉諭檢察官聲請**，不得逕命第三人參與沒收程序，並諭知相關之沒收。

然依本號大法庭裁定的看法，認為法院依刑事訴訟法第 455 條之 12 第 3 項前段規定，裁定命第三人參與沒收程序，再依審理結果，諭知沒收與否之判決，不以經檢察官聲請爲必要。亦即，肯認法院得依職權裁定命該第三人參與沒收程序。採肯定的看法主要在於，法院爲維護公平正義（貫徹沒收財產正義），並保障第三人聽審權，基於法治國訴訟照料義務法理，毋待檢察官聲請，自應依法命第三人參與沒收程序，俾其充分行使防禦權，法院再本於全辯論意旨而爲判決。

▶108 訴 534（判決）

依刑事訴訟法第四百五十五條之十二第一項、第三項規定，財產可能被沒收之第三人，得於本案最後事實審言詞辯論終結前，聲請參與沒收程序；如未聲請，法院認有必要，亦應依職權裁定命該第三人參與。而此所稱第三人，觀諸刑法第三十八條第三項及第三十八條之一第二項規定，應係指犯罪行爲人以外之人（含自然人、法人或非法人團體）。又按共同正犯因相互利用他方之行爲，以遂行其犯意之實現，本於責任共同之原則，有關沒收部分，雖屬其他共同正犯所有、供犯罪所用之物，亦應於各共同正犯科刑時，併爲沒收之諭知。從而，倘該得沒收的供犯罪所用之物，係屬共同犯罪行爲人（本人）者，無論其人是否爲共同被告，仍得僅在被告本人之刑事訴訟程序中爲調查、辯論、審判，然後依刑法第三十八條第二項前段或其相關特別規定（例如毒品危害防制條例第十九條第一項），宣告沒收，尚無開啓第三人參與沒收程序之必要；惟若贅行此項程序，因於該共同犯罪行爲人之權義無何影響，依刑事訴訟法第三百八十條規定，仍無許憑爲其合法提起第三審上訴之理由。至於本案所認定之共同犯罪行爲人，如果未在本案一起被訴而爲共同被告時，縱然日後未據起訴，或起訴後經他案爲不同之認定確定，不屬該犯罪的共同行爲人者，猶可依刑事訴訟法第四百五十五條之二十九規定，向本案判決之法院，聲請撤銷該沒收部分之確定判決，予以救濟，則屬另一範疇，不宜混淆。

▶107 台上 3568〇（判決）

爲建構修正後刑法新增剝奪被告以外第三人財產，擴大單獨聲請宣告沒收之適用範圍，及現行特別刑法中既有之沒收第三人財產等實體規範，所應恪遵之正當程序，參考德國、日本之立法例，刑事訴訟法增訂專編爲第七編之二「沒收特別程序」第四五五條之十二至第四五五條之三七等規定，保障財產可能被沒收之第三人參與程序之權利，**明定其聲請參與沒收及法院依職權命參與沒收之前提、程式，並課予偵查中之檢察官、審判中之法院，對財產可能被沒收之第三人之通知義務，予其陳述意見之機會，賦予該第三人參與刑事訴訟程序與尋求救濟之權利**，同於一〇五年七月一日施行，俾與原有附隨於刑事本案沒收被告財產之一般沒收程序，相輔相成，以完備沒收法制之體系，並兼顧第三人參與訴訟之程序保障。從而，爲保障財產可能被沒收之第三人之權益，法院自應遵循修正後刑事訴訟法「沒收特別程序」編之相關規定，**賦予該第三人參與刑事訴訟程序之機會後**，其裁判諭知沒收第三人財產，始爲適法，否則其所踐行之訴訟程序即屬違法。此項程序之違法，**剝奪第三人參與訴訟之程序保障**，悖於正當程序，與憲法保障人民財產權、訴訟權之旨未合，顯欠缺裁判沒收第三人財產之正當性基礎，不能謂顯然於判決無影響。

▶107 台上 2101〇（判決）

刑法沒收修正後，既將沒收定位爲獨立的法律效果，**則檢察官對於被告起訴之效力，並不當然擴張及於第三人財產之沒收**。是以，刑事訴訟法第四五五條之十三第二、三項乃分別規定，檢察官於起訴時或審理中，認應沒收第三人財產者，應於起訴書記載聲請沒收之旨，或於審理中向法院聲請沒收，並通知第三人，以便利第三人向法院聲請參與沒收程序及爲訴訟準備。**至於刑事訴訟法第四五五條之十二第一、三項規定，主要在賦予財產可能被沒收之第三人參與刑事本案沒收程序之權限，確立其程序主體地位，以保障其權利**。上開條文規定之立法順序雖然倒置，但就體系解釋而言，必先充足刑事訴訟法第四五五條之十三所定檢察官向法院聲請沒收第三人財產，並通知第三人之前提要件，而有第三人未依刑事訴訟法第四五五條之十二第一、二項以書狀向該管法院聲請參與沒收程序之情形，法院始得啓動同條第三項前段之「認有必要時，應依職權裁定命該第三人參與沒收程序」，俾符控訴原則。蓋非如此，刑事訴訟法第四五五條之十三將形同具文。**又刑事訴訟法第四五五條之十三第三項所指檢察官於審理中「得以言詞或書面向法院聲請」，係指檢察官於審理中聲請沒收第三人之財產**（法院辦理刑事訴訟案件應行注意事項第一八一點參照），**而非聲請法院依職權通知第三人參與沒收程序**。從而，依卷證顯示本案沒收可能涉及第三人財產，而檢察官於提起公訴之同時，未於起訴書記載聲請沒收第三人財產之旨，亦未於審理中追加聲請者，法院即應曉諭檢察官爲聲請，**如檢察官未聲請，法院不得依刑事訴訟法第四五五條之十二第三項規定，依職權裁定命該第三人參與沒收程序，對該第三人財產諭知沒收**。

編按：

本號判決雖曾被列爲具參考價值之裁判，但請注意最高法院刑事大法庭 108 年度台上大字第 3594 號裁定之變更見解。

▶107 台上 2049〇（判決）

依刑事訴訟法第四五五條之十二第一項、第三項規定，財產可能被沒收之第三人，得於本案最後事實審言詞辯論終結前，聲請參與沒收程序；如未聲請，法院認有必要，亦應依職權裁定命該第三人參與。而此所稱第三人，觀諸刑法第三十八條第三項及第三十八條之一第二項規定，應係指犯罪行爲人以外之人（含自然人、法人或非法人團體），其與犯罪行爲人所得之主體殊有不同，且參與沒收程序，因準用被告訴訟上權利，故就沒收財產事項，享有與被告相同之訴訟上權利。其就沒收其財產事項之辯論，應於刑事訴訟法第二八九條程序完畢後，依檢察官、被告、辯護人、參與人或代理人次序進行辯論。故如係對於第三人之沒收，自應踐行相關之開啓第三人參與沒收程序，裨益其對伸張權利或防禦具有重要性之事項，進行訴訟上攻防，以保障其程序上有參與之權限及請求救濟之機會。

第 455 條之 13（沒收第三人財產之通知義務）

I 檢察官有相當理由認應沒收第三人財產者，於提起公訴前應通知該第三人，予其陳述意見之機會。

II 檢察官提起公訴時認應沒收第三人財產者，應於起訴書記載該意旨，並即通知該第三人下列事項：

一 本案案由及其管轄法院。
二 被告之姓名、性別、出生年月日、身分證明文件編號或其他足資辨別之特徵。
三 應沒收財產之名稱、種類、數量及其他足以特定之事項。
四 構成沒收理由之事實要旨及其證據。
五 得向管轄法院聲請參與沒收程序之意旨。

III 檢察官於審理中認應沒收第三人財產者，得以言詞或書面向法院聲請。

增訂說明（105.06.22）

一、本條新增。

二、因國家行爲衍生之程序，應使該行爲之相對人知悉行爲內容，俾充分陳述意見，盡其攻防之能事。尤以國家爲追訴主體之刑事訴訟程序，人民處於相對弱勢，保障其受通知權，爲正當法律程序之體現。爰參考德國刑事訴訟法第四百三十二條第一項、日本應急對策法第二條第一項之立法例，增訂本條第一、二項，明定偵查中或起訴時，對於案內可能被沒收財產之第三人，檢察官有通知之義務，給予陳述意見之機會，或便利其向法院適時聲請參與沒收程序及爲訴訟準備。至於第三人陳述意見之方式，得以言詞或書狀之方式爲之，則不待言。

三、檢察官於審理中認應沒收第三人財產者，雖沒收之調查與認定，屬法院應依職權進行之事項，但檢察官仍負協力義務，其自得以言詞或書面向法院聲請，請求法院裁定命該第三人參與。法院應注意就關於沒收第三人財產之事項，除依法應裁定命第三人參與沒收程序之情形外，其餘則於所附隨之刑事本案終局判決爲必要之裁判、說明，爰增訂本條第三項。

第 455 條之 14（參與沒收程序聲請裁定前之通知義務）

法院對於參與沒收程序之聲請，於裁定前應通知聲請人、本案當事人、代理人、辯護人或輔佐人，予其陳述意見之機會。

增訂說明（105.06.22）

一、本條新增。

二、爲保障參與沒收程序聲請人之意見陳述權，並釐清其聲請是否合法、檢察官是否提出無沒收必要之意見及第三人就沒收其財產是否不異議等情，法院就參與沒收程序之聲請，於裁定前應通知聲請人及其代理人、本案當事人、自訴代理人、被告及其辯護人、代理人或輔佐人，予其陳述意見之機會，且得爲必要之調查。爰參考日本應急對策法第三條第六項規定之立法例，增訂本條。

第 455 條之 15（沒收之聲請顯不相當者法院得免予沒收）

I 案件調查證據所需時間、費用與沒收之聲請顯不相當者，經檢察官或自訴代理人同意後，法院得免予沒收。

II 檢察官或自訴代理人得於本案最後事實審言詞辯論終結前，撤回前項之同意。

增訂說明（105.06.22）

一、本條新增。

二、沒收第三人財產，若因程序需費過鉅，致與欲達成之目的顯不相當時，法院自得基於訴訟經濟，裁量不爲沒收之宣告。爰參考德國刑事訴訟法第四百三十條第一項，於上開情形，得經檢察官或自訴代理人同意，免予沒收之規定，增訂本條第一項。

三、上開對於免予沒收第三人財產之同意，若因情事變更，認有不宜或不適當之情形，應容許於本案最後事實審言詞辯論終結前撤回，法院仍應就沒收財產事項，踐行相關訴訟程序。爰參考德國刑事訴訟法第四百三十條第三項後段之立法例，增訂本條第二項。

第455條之16（聲請參與沒收程序之駁回）
I 法院認為聲請參與沒收程序不合法律上之程式或法律上不應准許或無理由者，應以裁定駁回之。但其不合法律上之程式可補正者，應定期間先命補正。
II 法院認為聲請參與沒收程序有理由者，應為准許之裁定。
III前項裁定，不得抗告。

■增訂說明（105.06.22）

一、本條新增。
二、法院受理參與沒收程序之聲請，認為聲請有不合法律上程式或法律上不應准許等不合法情形，或無理由者，應即以裁定駁回之。但其不合法律上之程式可補正者，應定期間先命補正，爰於本條第一項規定之。
三、法院認為聲請有理由者，為使聲請人及檢察官知悉准許之意旨，應以裁定准許之，爰於本條第二項予以規定。
四、聲請人參與沒收程序之聲請既經法院裁定准許，即欠缺提起抗告之程序上利益；又本案當事人若認有不應准許之理由，因得於本案程序中加以釐清，亦無提起抗告救濟之必要。爰參考德國刑事訴訟法第四百三十一條第五項之規定，增訂本條第三項。
五、法院駁回參與沒收程序之裁定，對聲請之第三人而言，係駁回其聲請之終局裁定，攸關其權益甚鉅，依法本得提起抗告，自不待言。

第455條之17（法院所為第三人參與沒收程序之裁定應記載事項）
法院所為第三人參與沒收程序之裁定，應記載訴訟進行程度、參與之理由及得不待其到庭陳述逕行諭知沒收之旨。

■增訂說明（105.06.22）

一、本條新增。
二、為使參與沒收程序之第三人，知悉對其伸張權利或防禦具有重要性之事項，俾益其進行訴訟上攻防，以落實對該第三人之程序保障，法院依聲請或依職權所為，准許或命第三人參與沒收程序之裁定，自應記載准許或命參與之理由、訴訟進度及該第三人不到庭陳述時法院得逕行宣告沒收之法律效果。爰參考德國刑事訴訟法第四百三十五條第三項之立法例，增訂本條。

第455條之18（經法院裁定參與沒收程序者，適用通常程序審判）
行簡易程序、協商程序之案件，經法院裁定第三人參與沒收程序者，適用通常程序審判。

■增訂說明（105.06.22）

一、本條新增。
二、行簡易、協商程序案件，因被告或自白，或認罪，就起訴之犯罪事實並無爭執，案情已臻明確，故其審理之訴訟程序或證據調查，均較通常程序簡化，若經裁定第三人參與沒收程序，自應改依通常程序審判，以保障參與人，關於沒收其財產事項，所享有之聲請調查證據、詢問證人及鑑定人等與被告相同之訴訟上權利，爰增訂本條規定。
三、行通常程序之案件，經第三人參與沒收程序者，揆諸前項說明，縱法院逕改行簡易或協商程序，依本條規定，仍需回復適用通常程序審判。

第455條之19（參與人就沒收其財產事項之準用規定）
參與人就沒收其財產之事項，除本編有特別規定外，準用被告訴訟上權利之規定。

■增訂說明（105.06.22）

一、本條新增。
二、沒收人民財產使之歸屬國庫，對人民基本權干預程度，不亞於刑罰，故對因財產可能被沒收而參與訴訟程序之第三人，自應賦予其與被告同一之程序上保障。爰參考日本應急對策法第四條第一項、德國刑事訴訟法第四百三十三條第一項之立法例，增訂本條，明定參與人就沒收其財產之事項，除本編有特別規定外，準用被告訴訟上權利之規定。
三、至於法院就被告本人之事項為調查時，參與人對於被告本人之事項具證人適格，故本法於第四百五十五條之二十八明定參與人應準用第二百八十七條之二有關人證之規定，附此敘明。

第455條之20（審判期日及沒收財產事項文書之通知及送達）
法院應將審判期日通知參與人並送達關於沒收其財產事項之文書。

■增訂說明（105.06.22）

一、本條新增。
二、審判期日及與沒收事項相關之訴訟資料，均攸關程序參與人訴訟上權益，屬於其資料請求權範圍，自應對其通知及送達，爰於本條規定之。

第 455 條之 21（參與人及委任代理人到場之準用規定）

I 參與人得委任代理人到場。但法院認為必要時，得命本人到場。

II 第二十八條至第三十條、第三十二條、第三十三條第一項及第三十五條第二項之規定，於參與人之代理人準用之。

III 第一項情形，如有必要命參與人本人到場者，應傳喚之；其經合法傳喚，無正當理由不到場者，得拘提之。

IV 第七十一條、第七十二條至第七十四條、第七十七條至第八十三條及第八十九條至第九十一條之規定，於前項參與人之傳喚及拘提準用之。

■增訂說明（105.06.22）

一、本條新增。

二、參與沒收程序係第三人之權利非義務，且相關訴訟行為，性質上並非須由參與人親自為之，是其程序之進行，原則上自得委由代理人代為之。爰參考日本應急對策法第十條第一項、德國刑事訴訟法第四百三十四條第一項前段之規定，增訂本條第一項前段；並於本條第二項明定參與人代理人之人數與資格限制、權限及其應向法院提出授權證明文件等準用被告代理人規定。

三、沒收屬法院依職權調查之範圍，法院就有關沒收事項之調查，若有必要命參與人到庭時，自得依法傳喚、拘提，強制其到場。爰參考德國刑事訴訟法第四百三十三條第二項前段之規定，於本條第三項、第四項規定之。

第 455 條之 22（審判長應於審判期日向到場之參與人告知事項）

審判長應於審判期日向到場之參與人告知下列事項：

一　構成沒收理由之事實要旨。

二　訴訟進行程度。

三　得委任代理人到場。

四　得請求調查有利之證據。

五　除本編另有規定外，就沒收其財產之事項，準用被告訴訟上權利之規定。

■增訂說明（105.06.22）

一、本條新增。

二、法院於審判期日，對到場之參與人所告知事項，應足使其知悉對其沒收之事實理由、訴訟進度、得委任代理人、聲請調查證據及所得享有之程序上權利等，以保護其權益。爰參考日本應急對策法第五條第三項之立法例，於本條規定之。

第 455 條之 23（參與沒收程序不適用交互詰問規則）

參與沒收程序之證據調查，不適用第一百六十六條第二項至第六項、第一百六十六條之一至第一百六十六條之六之規定。

■增訂說明（105.06.22）

一、本條新增。

二、刑事被告詰問證人之權利，屬憲法第八條第一項所指之正當法律程序，為憲法第十六條所保障之人民訴訟權之一環（司法院釋字第五八二號解釋意旨參照）。刑事沒收程序參與人就沒收其財產之事項，與被告享有相同之訴訟上權利，自亦應有詰問證人之權利。惟參與沒收僅係附麗被告本案訴訟之程序，為避免其程序過於複雜，致影響被告本案訴訟程序之順暢進行，參與人依本法第一百六十六條第一項規定，詰問證人、鑑定人或被告，已足以保障參與人訴訟上權益，爰於本條明定參與人詰問權之行使，不適用交互詰問規則。

第 455 條之 24（言詞辯論之順序及程序）

I 參與人就沒收其財產事項之辯論，應於第二百八十九條程序完畢後，依同一次序行之。

II 參與人經合法傳喚或通知而不到庭者，得不待其陳述逕行判決；其未受許可而退庭或拒絕陳述者，亦同。

■增訂說明（105.06.22）

一、本條新增。

二、參與人依本法第二百八十九條之規定，就沒收其財產之事項，固得為辯論，然參與程序僅為被告本案訴訟之附隨程序，其辯論自應於被告本案辯論之後依該條第一項之順序，由檢察官、被告、辯護人、參與人循序進行，爰於本條規定之。

三、因財產可能被沒收而參與沒收程序者，得於刑事本案訴訟中到場為陳述意見等必要之訴訟行為，係提供其程序保障之權利規定，除法院認有必要而命其到場之情形外，原則上參與人並無到場之義務。是參與人、其委任之代理人，無正當理由而未到庭或到庭但拒絕陳述時，法院得逕行裁判。爰參考日本應急對策法第五條第一項、德國刑事訴訟法第四百三十六條第一項之立法例，增訂本條第二項規定。

第455條之25（撤銷參與沒收程序之裁定）
法院裁定第三人參與沒收程序後，認有不應參與之情形者，應撤銷原裁定。

■增訂說明（105.06.22）

一、本條新增。

二、法院依聲請或依職權裁定准許或命第三人參與沒收程序後，發現有不應參與之情形，例如應沒收之財產明顯非屬參與人所有、參與人已陳明對於沒收不提出異議或檢察官表明無沒收參與人財產必要而法院認爲適當者，原所爲參與沒收程序之裁定自應撤銷，以免徒增本案訴訟不必要之程序負擔。爰參考日本應急對策法第三條第五項之立法例，增訂本條規定。

第455條之26（判決及其應載事項）
I 參與人財產經認定應沒收者，應對參與人諭知沒收該財產之判決；認不應沒收者，應諭知不予沒收之判決。
II 前項判決，應記載其裁判之主文、構成沒收之事實與理由。理由內應分別情形記載認定事實所憑之證據及其認定應否沒收之理由、對於參與人有利證據不採納之理由及應適用之法律。
III 第一項沒收應與本案同時判決。但有必要時，得分別爲之。

■增訂說明（105.06.22）

一、本條新增。

二、法院就沒收該財產與否之決定，應於所附隨之刑事本案判決主文對參與人諭知，爰於本條第一項規定，以爲裁判之依據。又法院就參與人財產應否沒收之決定除於裁判主文諭知外，並應於判決中適當說明形成心證之理由，俾利上級法院審查，故於第二項規定該判決書應記載之事項，用資遵循。

三、沒收第三人財產與認定被告罪責之刑事程序，同以刑事違法行爲存在爲前提，除因法律上或事實上原因，致無法對被告爲刑事追訴或有罪判決外，原則上二者應同時進行、同時裁判，以免裁判結果互相扞格，並符訴訟經濟。至法院裁定參與沒收程序後，本案訴訟有法律上或事實上原因致無法賡續進行、裁判，或其他必要情形，法院自得就參與沒收部分，先予判決，爰增訂本條第三項規定。

□實務見解

▶108台上2421○（判決）
刑事訴訟法第四五五條之二六第一項規定，參與人財產經認定應沒收者，應對參與人諭知沒收該財產之判決；認不應沒收者，應諭知不予沒收之判決。惟該條規定之適用，**係以第三人成爲參與人爲前提**。本件檢察官已於起訴書記載聲請沒收甲車之旨，原審依其調查結果，認甲車係第三人所有，但有不予宣告沒收之理由，因認無命該第三人參與沒收程序之必要，**惟因檢察官已聲請沒收，基於有聲請即有准駁，因而於當事人欄併列該第三人，而於判決理由爲說明**（法院辦理刑事訴訟案件應行注意事項第一八一點參照），**仍與駁回其沒收之聲請無殊**，亦於法無違。

▶106台上3464○（判決）
沒收新制除確認沒收已無從屬主刑之特質，改採沒收獨立性法理外，並擴大沒收之主體範圍，從修正前對於犯罪行爲人之沒收擴及至未參與犯罪之第三人，而增訂「第三人沒收」，於必要時亦可對被告以外之第三人宣告沒收，併於刑事訴訟法第七編之二增訂「沒收特別程序」，賦予第三人在刑事本案參與沒收之權限。且依刑事訴訟法第四百五十五條之二十六第一項規定：「參與人財產經認定應沒收者，應對參與人諭知沒收該財產之判決；認不應沒收者，應諭知不予沒收之判決」，**爲課予法院對有第三人參與本案沒收程序時，應分別爲被告違法行爲之「本案判決」及參與人持有被告犯罪所得之「沒收判決」之依據。該條第二項並規範「沒收判決」之應記載事項，除應於主文諭知外，尚應於判決中適當說明形成心證之理由，以法明文使「沒收判決」之應記載事項具體明確外，更確認國家對參與人沒收之事實、範圍等沒收效力所及之內容**，故如對參與人應否沒收，法院未於判決主文諭知，則難認該沒收判決之訴訟繫屬業已消滅、已生實質確定力，不得認已爲判決，應屬漏判。

第455條之27（對判決提起上訴其效力應及於相關之沒收判決）
I 對於本案之判決提起上訴者，其效力及於相關之沒收判決；對於沒收之判決提起上訴者，其效力不及於本案判決。
II 參與人提起第二審上訴時，不得就原審認定犯罪事實與沒收其財產相關部分再行爭執。但有下列情形之一者，不在此限：
一　非因過失，未於原審就犯罪事實與沒收其財產相關部分陳述意見或聲請調查證據。
二　參與人以外得爭執犯罪事實之其他上訴權人，提起第二審上訴爭執犯罪事實與沒收參與人財產相關部分。
三　原審有第四百二十條第一項第一款、第二款、第四款或第五款之情形。

■增訂說明（105.06.22）

一、本條新增。

二、被告違法行為存在，為沒收參與人財產前提要件之一。為避免沒收裁判確定後，其所依附之前提即關於被告違法行為之判決，於上訴後，經上訴審法院變更而動搖該沒收裁判之基礎，造成裁判上之矛盾，非但有損裁判公信力，且滋生沒收裁判之執行上困擾，故對本案關於違法行為或沒收之裁判上訴者，其效力應及於相關之沒收部分。反之，沒收係附隨於被告違法行為存在之法律效果，而非認定違法行為之前提，若當事人就本案認定結果已無不服，為避免因沒收參與程序部分之程序延滯所生不利益，僅就參與人財產沒收事項之判決提起上訴者，其效力自不及於本案之判決部分。爰參考日本應急對策法第八條第一項之立法例，增訂本條第一項前段規定；並增訂本條第一項後段規定，以杜爭議。

三、沒收程序之參與人，為該程序之主體，沒收其財產之判決，亦以其為諭知對象，故參與人本人即為受判決人，依本法自有單獨提起上訴之權利。至其上訴之效力，是否及於本案中關於違法行為部分之判決，則應適用本法上訴編章之規定，非本條規範之範圍。

四、刑事本案當事人未提起上訴，即對原判決認定之犯罪事實已不爭執時，為避免法院僅因附隨本案之參與沒收程序參與人提起上訴即重新審查犯罪事實，所造成裁判矛盾或訴訟延滯之結果。爰參考德國刑事訴訟法第四百三十七條第一項前段之立法例，增訂本條第二項前段規定。

五、惟因非可歸責於參與人之事由，致其未能於原審就犯罪事實中與沒收其財產相關部分陳述意見、聲請調查證據，自不宜遽而剝奪其於上訴審程序爭執該事實之權利；又參與人以外之其他上訴權人若亦提起上訴，且依法得爭執並已爭執沒收前提之犯罪事實中與沒收其財產相關部分者，即無限制參與人爭執該事實之必要；另原審若有本法第四百二十條第一項第一款、第二款、第四款或第五款各款情形，已明顯影響原審判決關於犯罪事實之認定時，基於公平正義之維護，亦不宜限制參與人爭執該事實之權利。爰參考德國刑事訴訟法第四百三十七條第一項前段、第二項之立法例，增訂本條第二項但書規定。

❑ 實務見解

▶108 台上 680（判決）

刑法沒收新制修正後，沒收已非從刑，雖定性為「獨立之法律效果」，但其仍以犯罪（違法）行為之存在為前提，為避免沒收裁判確定後，其所依附之前提即關於犯罪（違法）行為之罪刑部分，於上訴後，經上訴審法院變更而動搖該沒收部分之基礎，產生裁判歧異，是以不論依刑事訴訟法第三四八條規定或依第四五五條之二七第一項前段之法理，**縱上訴權人僅聲明就罪刑部分上訴，倘其上訴合法者，其效力應及於沒收部分之判決。又沒收因已非刑罰，具有獨立性，其與犯罪（違法）行為並非絕對不可分離，即使對本案上訴，當原判決採證認事及刑之量定均無不合，僅沒收部分違法或不當，自可分離將沒收部分撤銷改判，其餘本案部分予以判決駁回**。反之，原判決論罪科刑有誤，而沒收部分無誤，亦可僅撤銷罪刑部分，其餘沒收部分予以判決駁回。

▶107 台上 3837○（判決）

沒收固為刑罰及保安處分以外之獨立法律效果，但仍以犯罪（違法）行為存在為前提，而具依附關係。**為避免沒收裁判所依附之前提即罪刑部分，於上訴後，經上訴審法院變更而動搖沒收部分之基礎，造成裁判矛盾，不論依刑事訴訟法第三四八條規定或第四五五條之二七第一項前段之法理，上訴權人對於罪刑部分合法上訴者，其效力應及於沒收部分**。又現行法第二審採覆審制，第二審法院應就原審判決經上訴部分調查，並依調查證據結果，認定事實、適用法律。本件上訴人雖係以第一審判決罪刑部分量刑過重為由，提起第二審上訴，其效力既及於沒收部分，且第一審判決關於不予沒收之法律適用，復有前述違誤，原判決予以撤銷改判，諭知沒收、追徵，即無不合同法第三七○條第一項前段不利益變更禁止之規定可言。上訴意旨執以指摘，同非上訴第三審之合法理由。

▶107 台非 24（判決）

按刑事訴訟法第四五五條之二七第一項係置於「沒收特別程序」專編，並非規定於原有附隨於刑事本案沒收被告財產之一般沒收程序，且按諸該條立法理由說明，顯見該條第一項後段所謂：「對於沒收之判決提起上訴者，其效力不及於本案判決」，係為避免因第三人參與沒收程序部分之程序延滯所生不利益，乃明定僅就參與人財產沒收事項之判決提起上訴者，其效力不及於本案判決部分，**並非指對於本案被告財產沒收事項之判決提起上訴者，其效力亦不及於本案判決部分**。又刑法沒收新制，本質上為干預人民財產之處分，屬於刑法規定之一環，而就其應適用裁判時法之規定觀之，毋寧認其性質與非拘束人身自由之保安處分較為相近，且除單獨宣告沒收之情形外，沒收與罪刑間即具有一定之依存關係，在訴訟上倘合一審判，而未割裂處理，自難謂為違法。故而，刑事訴訟法第四五五條之二七第一項既僅規定在第三人參與沒收程序，**而無法直接適用於原有附隨於刑事本案沒收被告財產之一般沒收程序，則上訴權人縱使僅就沒收部分提起上訴，依刑事訴訟法第三四八條第二項規定，相關連之本案判決仍屬有關係之部分，亦應視為已經上訴。此為本院最近一致之見解**。

▶106 台上 3601（判決）

刑事訴訟關於本案被告部分，係併就本案與沒收部分同時審理，程序上並無區隔，案內關涉應予沒收之財產，並非必與本案犯罪事實為完全之分離，此與第三人參與之沒收特別程序，非但係特定於沒收事項，且係針對特定財產之情形尚屬有別。故而，上開刑事訴訟法第四百五十五條之二十七第一項既僅規定在第三人參與程序，而無法直接適用於原有附隨於刑事本案沒收被告財產之一般沒收程序，則在法無明文之情形下，當事人縱使僅就沒收部分提起上訴，依刑事訴訟法第三百四十八條第二項規定，相關連之本案判決仍屬有關係之部分，亦應視為已經上訴。再者，修正後刑法規定之沒收，性質上雖為「獨立之法律效果」，但本質上仍為干預人民財產之處分，屬於刑法規定之一環，而就其明定適用裁判時法之規定觀之，毋寧認其性質與非拘束人身自由之保安處分較為接近；且除違禁物、專科沒收之物或符合一定條件得單獨宣告沒收之物者外，須被告具有違法行為存在，始得諭知沒收，則如非上開單獨宣告沒收之情形，沒收與罪刑間即具有一定之依存關係，在訴訟上倘合一審判，而未割裂處理，自難謂為違法（本院四十六年台上字第九一四號、五十三年台上字第二八八九號判例參照）。

第 455 條之 28（參與沒收程序審判、上訴及抗告之準用規定）

參與沒收程序之審判、上訴及抗告，除本編有特別規定外，準用第二編第一章第三節、第三編及第四編之規定。

■增訂說明（105.06.22）

一、本條新增。

二、本法第二編第一章第三節審判、第三編上訴及第四編抗告之規定，除本編有特別規定外，關於審判期日之進行方式、宣示判決之規定、上訴程序及抗告等均應予準用，爰增訂本條規定。

第 455 條之 29（第三人得聲請撤銷沒收之確定判決）

I 經法院判決沒收財產確定之第三人，非因過失，未參與沒收程序者，得於知悉沒收確定判決之日起三十日內，向諭知該判決之法院聲請撤銷。但自判決確定後已逾五年者，不得為之。

II 前項聲請，應以書面記載下列事項：

一　本案案由。

二　聲請撤銷宣告沒收判決之理由及其證據。

三　遵守不變期間之證據。

■增訂說明（105.06.22）

一、本條新增。

二、沒收第三人財產，應遵循正當程序，對該第三人踐行合法通知，使其有參與沒收程序，陳述意見、行使防禦權之機會後，始得為之。倘未經第三人參與程序，即裁判沒收其財產確定，而該第三人未參與程序係因不可歸責之事由者，因裁判前未提供該第三人合法之程序保障，不符合憲法關於正當程序之要求，自應有容許其回復權利之適當機制。爰參考德國刑事訴訟法第四百三十九條第一項及第二項、日本應急對策法第十三條第一項之立法例，增訂本條第一項規定，以保障被沒收財產之第三人權益，並限制其權利行使之期間，以兼顧法秩序之安定。

三、為確實審核撤銷沒收第三人財產確定判決之聲請，要件是否具備，其聲請之程式，自宜有所規範。爰參考日本應急對策法第十三條第二項之規定，增訂本條第二項。

第 455 條之 30（聲請撤銷沒收確定判決無停止執行之效力）

聲請撤銷沒收確定判決，無停止執行之效力。但管轄法院之檢察官於撤銷沒收確定判決之裁定前，得命停止。

■增訂說明（105.06.22）

一、本條新增。

二、撤銷沒收確定判決之事後程序，旨在使未經合法程序即遭沒收財產之所有人，得重新經由正當程序主張權利；至將來重新審判結果，未必與原沒收之確定判決結果不同。是撤銷沒收確定判決，原則上對原確定判決不生影響，自無停止檢察官執行判決之效力。惟為避免執行程序於撤銷沒收確定判決之裁定確定前即已終結，致財產所有人權益受損，明定管轄法院之檢察官於必要時得命停止執行。爰參考德國刑事訴訟法第四百三十九條第一項後段，增訂本條規定。

第 455 條之 31（聲請撤銷沒收確定判決之陳述意見）

法院對於撤銷沒收確定判決之聲請，應通知聲請人、檢察官及自訴代理人，予其陳述意見之機會。

■增訂說明（105.06.22）

一、本條新增。

二、法院為判斷原沒收確定判決前之審理程序是否符合正當法律程序之要求，於裁定前，自應通知聲請人、檢察官或自訴代理人，由聲請人提出足以認定原沒收裁判未經正當程序之證據，予檢察官或自訴代理人陳述意見。爰參考日本應急對策法第十三條第五項之立法例，增訂本條規定。

第455條之32（聲請撤銷沒收確定判決之駁回）

I 法院認為撤銷沒收確定判決之聲請不合法律上之程式或法律上不應准許或無理由者，應以裁定駁回之。但其不合法律上之程式可以補正者，應定期間先命補正。

II 法院認為聲請撤銷沒收確定判決有理由者，應以裁定將沒收確定判決中經聲請之部分撤銷。

III 對於前二項抗告法院之裁定，得提起再抗告。

IV 聲請撤銷沒收確定判決之抗告及再抗告，除本編有特別規定外，準用第四編之規定。

■增訂說明（105.06.22）

一、本條新增。

二、法院受理撤銷沒收確定判決之聲請，認為聲請有不合法律上之程式或法律上不應准許等不合法情形，或無理由者，應即以裁定駁回之。但其不合法律上之程式可以補正者，應定期間先命補正，爰於本條第一項規定之。

三、法院認為聲請有理由者，為使聲請人及檢察官知悉准許之意旨，亦應以裁定准許之，爰於本條第二項予以規定。

四、本條第一、二項關於原沒收確定判決應否撤銷之裁定，經抗告後，依本法第四百十五條規定，原不得再抗告，然其涉及被沒收之第三人財產權，對該第三人利害關係重大，抗告法院裁定後，應賦予再救濟之機會，爰增訂本條第三項。

五、對於聲請撤銷沒收確定判決之裁定不服者，其程序允宜增設準用之規定，以資明確，爰增訂本條第四項。

第455條之33（撤銷沒收確定判決之裁定確定後，更為審判）

撤銷沒收確定判決之裁定確定後，法院應依判決前之程序，更為審判。

■增訂說明（105.06.22）

一、本條新增。

二、原沒收確定判決經撤銷後，該部分自應由原審法院回復判決前之狀態，重新踐行合法程序，依法審判，以符合正當程序之要求，爰增訂本條。又聲請人於回復原訴訟程序後，當然參與沒收程序，附此敘明。

第455條之34（單獨宣告沒收之裁定）

單獨宣告沒收由檢察官聲請違法行為地、沒收財產所在地或其財產所有人之住所、居所或所在地之法院裁定之。

■增訂說明（105.06.22）

一、本條新增。

二、單獨宣告沒收，為國家以裁判剝奪人民財產之強制處分，係針對財產之制裁手段，自應由代表國家之檢察官聲請法院為之。又基於沒收須以刑事違法行為存在為前提，及為保全沒收標的之考量，其管轄法院亦應有所規範。爰參考本法關於追訴犯罪土地管轄之規定及德國刑事訴訟法第四百四十一條第一項之立法例，增訂本條。

❒ 實務見解

▶108台抗1089△（裁定）

就已死亡之被告或犯罪嫌疑人、行為人應沒收之犯罪所得，雖因繼承發生而歸屬於其等繼承人所有，然於事實審言詞辯論終結前，**仍得由檢察官依法向法院聲請對繼承人宣告沒收，或法院於認有必要時，依職權裁定命繼承人參與沒收程序；或若無從一併或附隨於本案訴訟裁判，而有沒收之必要時，亦可由檢察官依刑事訴訟法第四五五條之三四、第四五五條之三五、第四五五條之三七等規定，準用第七編之二關於第三人參與沒收程序，向法院聲請對繼承人單獨宣告沒收，以避免第三人因他人違法行為而無償或以顯不相當對價取得犯罪行為人之犯罪所得而坐收獲利**。而該沒收程序，既係法律明文規定由檢察官向法院聲請之獨立程序，所適用裁判時之法律，當指各級法院所受理聲請案件裁判當時所依據應適用之法律，要非前案訴訟裁判時之法律，自屬當然。上開如附表所示共188萬4,316元，既係被告違法收受賄賂之犯罪所得，**因被告死亡之事實上原因致未能判決有罪，而無從以判決宣告沒收其犯罪所得**。又被告死亡後，其妻廖○○亦死亡，第三人沈○○等三人為被告之子女，因繼承而無償取得上開犯罪所得，有其等個人戶籍資料、繼承系統表在卷可參。是揆諸前揭規定及說明，**沒收已修正為具獨立性之法律效果，如被告有犯罪所得，惟因法定事由經諭知不受理判決者，自可由檢察官依法向法院聲請單獨宣告沒收其犯罪所得**。

第455條之35（聲請單獨宣告沒收之書狀應載事項）

前條聲請，檢察官應以書狀記載下列事項，提出於管轄法院為之：

一　應沒收財產之財產所有人姓名、性別、出生年月日、住居所、身分證明文件編號或其他足資辨別之特徵。但財產所有人不明時，得不予記載。

二　應沒收財產之名稱、種類、數量及其他足以特定沒收物或財產上利益之事項。

三　應沒收財產所由來之違法事實及證據並所涉法條。

四　構成單獨宣告沒收理由之事實及證據。

■增訂說明（105.06.22）

一、本條新增。

二、聲請單獨宣告沒收，為慎重其程序，且使法院明瞭須以單獨宣告之方式沒收財產之原因，檢察官聲請時，自應以書狀記載沒收之對象、標的，及其所由來之刑事違法事實、構成單獨宣告之依據等事項與相關證據，提出於管轄法院。爰參考德國刑事訴訟法第四百四十條第二項後段、第二百條之立法例，於本條第一項增訂聲請單獨宣告沒收之程式規定。

三、聲請法院沒收人民財產，係對憲法所保障人民財產基本權之侵害，性質上為國家對人民之刑事處分，因而本條第二款至第四款所定沒收之前提要件，應由檢察官舉證。例如：有關刑事違法事實存在，依本法第一百六十一條第一項規定，檢察官所提出之證據並應達於使法院產生確信之程度，始足保障人民財產權免受國家違法、不當之侵害。

第455條之36（聲請單獨宣告沒收之駁回）

I 法院認為單獨宣告沒收之聲請不合法律上之程式或法律上不應准許或無理由者，應以裁定駁回之。但其不合法律上之程式可以補正者，應定期間先命補正。

II 法院認為聲請單獨宣告沒收有理由者，應為准許之裁定。

III 對於前二項抗告法院之裁定，得提起再抗告。

■增訂說明（105.06.22）

一、本條新增。

二、法院受理單獨宣告沒收之聲請，認為聲請有不合法律上之程式或法律上不應准許等不合法情形，或無理由者，應即以裁定駁回之。但其不合法律上之程式可以補正者，應定期間先命補正，爰於本條第一項規定之。

三、法院認為聲請有理由者，為使檢察官及應沒收財產之所有人知悉准許之意旨，亦應以裁定准許之，爰於本條第二項予以規定。

四、本條第一、二項關於准否單獨宣告沒收之裁定，經抗告後，依本法第四百十五條規定，原不得再抗告，然其涉及被沒收財產所有人之權益，對其利害關係重大，抗告法院裁定後，應賦予再救濟之機會，爰增訂本條第三項。

□ 實務見解

▶108 台抗 458△（裁定）

刑事訴訟法第四五五條之三六第二項固規定「法院認為聲請單獨宣告沒收有理由者，應為准許之裁定」，且依同法第二二一條規定，裁定不以經當事人言詞辯論為必要。惟檢察官聲請單獨宣告沒收，依同法第四五五條之三五規定，應以書狀記載「一、應沒收財產之財產所有人姓名、性別、出生年月日、住居所、身分證明文件編號或其他足資辨別之特徵。但財產所有人不明時，得不予記載。二、應沒收財產之名稱、種類、數量及其他足以特定沒收物或財產上利益之事項。三、應沒收財產所由來之違法事實及證據並所涉法條。四、構成單獨宣告沒收理由之事實及證據」，提出於管轄法院，嚴格要求檢察官聲請單獨宣告沒收，應敘明應沒收財產所由來之違法事實、構成單獨宣告沒收理由之事實及證據。又同法第四五五條之三七規定「本編關於第三人參與沒收程序之規定，於單獨宣告沒收程序準用之」（第三人參與沒收程序，依刑事訴訟法第四五五條之十九、第四五五條之二四及第四五五條之二六規定，參與人就沒收其財產之事項，準用被告訴訟上權利之規定，以及原則上應經言詞辯論程序，並應以判決諭知沒收或不予沒收），嚴謹規範法院就聲請單獨宣告沒收所應踐行之程序。**可見單獨宣告沒收，依法雖屬裁定，而非判決，惟為完足保障第三人之財產權及訴訟上權益**，並參酌刑事訴訟法第二二二條第二項規定「為裁定前有必要時，得調查事實」，且犯罪行為人究竟有無犯罪所得及犯罪所得若干、不論係屬嚴格證明或自由證明之事項，均應踐行調查證據程序。**故於單獨宣告沒收程序，倘未經實體確定判決依法調查證據，並就事實及法律辯論而為明確認定犯罪所得，允宜踐行實質之調查證據及言詞辯論。**尤以於有無犯罪所得而案情複雜、金額龐大，以及第三人就是否符合單獨宣告沒收之要件有重大爭議之情形，益加不容忽視。

第 455 條之 37（準用第三人參與沒收程序之規定）

本編關於第三人參與沒收程序之規定，於單獨宣告沒收程序準用之。

增訂說明（105.06.22）

一、本條新增。

二、單獨宣告沒收程序，雖未如參與沒收程序附隨於刑事本案訴訟，對沒收人民財產之事項進行審理，然鑒於其係法院以裁判沒收人民財產之程序規定，旨在提供人民程序保障，以符合憲法正當程序要求，就此本質以觀，與參與沒收程序規定並無二致。是以，有關參與沒收程序中參與人享有之訴訟上權利及撤銷沒收確定判決等規定，於單獨宣告沒收程序應予準用，爰增訂本條。

第七編之三　被害人訴訟參與

增訂說明（109.01.08）

一、本編新增。

二、有鑒於疏離被害人之司法程序不足以實現社會期待之公平正義，及為落實司法改革國是會議關於「建構維護被害人尊嚴之刑事司法」之決議，實有全面強化被害人於訴訟過程中保護措施之必要，並就侵害被害人生命、身體、自由及性自主等影響人性尊嚴至鉅之案件，引進被害人訴訟參與制度，於現行刑事訴訟三面關係之架構下，藉由通知被害人於準備程序及審理期日到場、閱覽卷宗等機制，使被害人瞭解訴訟程序之進行程度及卷證資料之內容。此外，於程序進行之過程中，賦予被害人即時表達意見及詢問被告之機會，以尊重其主體性。又為使被害人之損害能獲得填補，並修復因犯罪而破裂之社會關係，減輕被害人之痛苦及不安，亦透過移付調解及轉介修復式司法程序等機制，以真正滿足被害人之需要。

第 455 條之 38（犯罪被害人得聲請參與訴訟之資格及案件類型）

Ⅰ下列犯罪之被害人得於檢察官提起公訴後第二審言詞辯論終結前，向該管法院聲請參與本案訴訟：

一　因故意、過失犯罪行為而致人於死或致重傷之罪。

二　刑法第二百三十一條、第二百三十一條之一、第二百三十二條、第二百三十三條、第二百四十條、第二百四十一條、第二百四十二條、第二百四十三條、第二百七十一條第一項、第二項、第二百七十二條、第二百七十三條、第二百七十五條第一項至第三項、第二百七十八條第一項、第三項、第二百八十條、第二百八十六條第一項、第二項、第二百九十一條、第二百九十六條、第二百九十六條之一、第二百九十七條、第二百九十八條、第二百九十九條、第三百條、第三百二十八條第一項、第二項、第四項、第三百二十九條、第三百三十條、第三百三十二條第一項、第二項第一款、第三款、第四款、第三百三十三條第一項、第二項、第三百三十四條第一項、第二項第一款、第三款、第四款、第三百四十七條第一項、第三項、第三百四十八條第一項、第二項第二款之罪。

三　性侵害犯罪防治法第二條第一項所定之罪。

四　人口販運防制法第三十一條至第三十四條、第三十六條之罪。

五　兒童及少年性剝削防制條例第三十二條至第三十五條、第三十六條第一項至第五項、第三十七條第一項之罪。

Ⅱ前項各款犯罪之被害人無行為能力、限制行為能力、死亡或因其他不得已之事由而不能聲請者，得由其法定代理人、配偶、直系血親、三親等內之旁系血親、二親等內之姻親或家長、家屬為之。但被告具前述身分之一，而無其他前述身分之人聲請者，得由被害人戶籍所在地之直轄市、縣（市）政府或財團法人犯罪被害人保護協會為之。被害人戶籍所在地不明者，得由其住（居）所或所在地之直轄市、縣（市）政府或財團法人犯罪被害人保護協會為之。

增訂說明（109.01.08）

一、本條新增。

二、審判中訴訟之三面關係為法院、檢察官及被告。被害人訴訟參與制度係在此三面關係下，為被害人設計一程序參與人之主體地位，使其得藉由參與程序，瞭解訴訟之經過情形及維護其人性尊嚴。關於得聲請訴訟參與之案件類型，考量上開被害人訴訟參與制度之目的及司法資源之合理有效利用，自以侵害被害人生命、身體、自由及性自主等影響人性尊嚴至鉅之案件為宜，爰增訂第一項之規定。

三、關於得聲請訴訟參與之主體範圍，於被害人死亡之情形，參酌第二百三十三條第二項之規定，使與被害人具有一定親屬關係或雖非親屬而以永久共同生活爲目的同居一家之人均得聲請訴訟參與。又爲保障兒童及少年被害人等無行爲能力人、限制行爲能力人之訴訟權益，故明定被害人無行爲能力、限制行爲能力時，得由與其具有一定親屬關係之人或其家長、家屬聲請訴訟參與。另考量實務上迭有被害人住院治療，或已不能爲意思表示，但尚未經法院爲監護宣告之情形，其雖非無行爲能力人，然實際上已無法於準備程序、審判期日到庭，爲保障此等被害人及其家屬之訴訟權益，故明定因其他不得已之事由而不能聲請訴訟參與者，亦得由與其具有一定親屬關係之人或其家長、家屬聲請訴訟參與。再者，被告倘爲被害人之法定代理人、配偶、直系血親、三親等內之旁系血親、二親等內之姻親或家長、家屬，除被害人因無行爲能力、限制行爲能力、死亡或其他不得已之事由而不能聲請訴訟參與外，其他具有前述親屬關係之人，如又礙於人情倫理上之考量，而未聲請訴訟參與，對於被害人訴訟權益之保障即有未足，故明定相關政府機關、財團法人犯罪被害人保護協會得於前述情形聲請訴訟參與，以資周全被害人訴訟參與制度，爰於第二項明定得聲請訴訟參與之主體範圍。至實務運作上，法院如何使相關機關、團體知悉，俾得聲請訴訟參與，則委諸審判長斟酌個案情形，依職權行使其訴訟指揮權，附此敘明。

❖ 法學概念

聲請訴訟參與之主體

聲請訴訟參與，係以公訴案件爲限。（自訴案件依本法第 319 條第 1 項之規定，犯罪被害人或該條項但書所列之人，本可委任律師提起自訴而取得訴訟當事人之地位，即無所謂參與訴訟可言。）而被害人一詞，對照本法第 232 條、第 233 條及第 319 條第 1 項之適用，係指因他人犯罪行爲而直接受有損害之自然人或法人而言。如係間接受害人僅得依第 487 條規定提起附帶民事訴訟，不適用之。

茲有疑義的是，**然若被害人如已實行告訴權而成爲告訴人時，是否仍然有權聲請參與訴訟？**

這個問題可從以下兩個面向來思考：如果與本法第 344 條第 3 項關於請求檢察官上訴之規定，係將告訴人及被害人併列者，兩相對照，似應採否定說。

然而，上述想法不爲學者所採，其理由有三：第一，告訴人，除被害人以外，尚有得爲獨立告訴之人在內。法條將告訴人併列爲有權請求檢察官上訴之人，旨在包含被害人以外其他依法實行告訴者在內，使之亦得請求上訴，並無分別對待或相互排斥之意，尚難據此解爲第 455 條之 38 被害人成爲告訴人後即喪失其聲請權。第二，被害人成爲告訴人後，仍非本案訴訟之當事人，依然有其參與訴訟之需要。雖可委任代理人於審判中行使一定之權利，與訴訟參與人之代理人相彷（§§271-1、455-41），**但告訴代理人並無辯論證據證明力及就科刑範圍表示意見之機會**（§§455-46、455-47），兩者仍有差別，不能等同視之。第三，本法第七編之三之增訂，旨在維護被害人合法權益，除非被害人委任律師提起自訴自任爲當事人，否則，徒以被害人已成爲告訴人而不許其聲請參與訴訟，自目的性解釋之立場言，殊有未合。

【朱石炎，〈被害人訴訟參與新制概要——附述「修復式司法」〉，《司法周刊》（上），第 1986 期，2020.01.10，第 2 版。】

本書認爲，雖就法條文義比較來看，似應採否定說；惟，就體系及目的解釋而言，告訴權人所得行使的權限範圍與聲請參與訴訟之被害人不盡相同，如採否定說，將造成提起告訴表示訴追意思之被害人，其權利行使反受限制，應非本編立法本意。

❖ 法學概念

聲請訴訟參與之時期

本條所定「第二審言詞辯論終結前」之聲請時限，**非謂在此時限前隨時均可聲請，倘若其係於第一審辯論終結後，本案尚未判決確定前提出聲請時，除非再開辯論，否則已無訴訟可得參與**，如未再開辯論而予裁定准許參與訴訟，在文義上雖與上述時限相符，假如未有合法上訴，此項裁定即失其意義。在德國因其刑事訴訟法第 401 條第 1 項賦予「附加訴訟人」（Nebenkläger）得就本案判決獨立上訴之權利，此時亦可參與訴訟。本法之訴訟參與人並無上訴權，自不能作相同解釋。學者建議，將來似宜仿照本法第 488 條之立法，明定「在第一審辯論終結後提起上訴前不得提出聲請」，以符實際。

【朱石炎，〈被害人訴訟參與新制概要——附述「修復式司法」（上）〉，《司法周刊》，第 1986 期，2020.01.10，第 2 版。】

第 455 條之 39（聲請訴訟參與之法定程式及訴訟參與聲請書狀之應載事項）

I 聲請訴訟參與，應於每審級向法院提出聲請書狀。

II 訴訟參與聲請書狀，應記載下列事項：

一　本案案由。

二　被告之姓名、性別、出生年月日、身分證明文件編號或其他足資辨別之特徵。
三　非被害人者，其與被害人之身分關係。
四　表明參與本案訴訟程序之意旨及理由。

■**增訂說明**（109.01.08）

一、本條新增。

二、為使法院儘早知悉訴訟參與之聲請，避免程序延滯，聲請人應逕向法院提出聲請書狀。又案件於每一審級終結時，原有訴訟參與之效力即不復存在，故訴訟參與人如欲聲請訴訟參與，自應於每一審級提出聲請書狀，爰於第一項明定之。

三、為使法院得以明辨被害人、與其具有一定親屬關係之人或其家長、家屬所提之書狀，係為聲請訴訟參與抑或僅為陳述意見，並使法院對於訴訟參與之聲請得以即斷即決，俾使訴訟程序明確，爰於第二項明定訴訟參與聲請書狀應記載之事項。

第 455 條之 40（聲請訴訟參與之裁定）

I 法院對於前條之聲請，認為不合法律上之程式或法律上不應准許者，應以裁定駁回之。但其不合法律上之程式可補正者，應定期間先命補正。

II 法院於徵詢檢察官、被告、辯護人及輔佐人之意見，並斟酌案件情節、聲請人與被告之關係、訴訟進行之程度及聲請人之利益，認為適當者，應為准許訴訟參與之裁定；認為不適當者，應以裁定駁回之。

III 法院裁定准許訴訟參與後，認有不應准許之情形者，應撤銷原裁定。

IV 前三項裁定，不得抗告。

■**增訂說明**（109.01.08）

一、本條新增。

二、法院受理訴訟參與之聲請，認為聲請有不合法律上程式或法律上不應准許等不合法情形者，應即以裁定駁回之；但其不合法律上之程式可補正者，應定期間先命補正，爰於第一項規定之。

三、法院裁定准許訴訟參與後，訴訟參與人即得依法行使本編所定訴訟參與人之權益，其中對準備程序處理事項、證據及科刑範圍陳述意見、詢問被告等事宜，均影響本案訴訟程序之進行至鉅，故應賦予檢察官、被告、辯護人及輔佐人陳述意見之機會。又被害人訴訟參與制度旨在維護被害人及其家屬之人性尊嚴及其程序主體性，故法院於裁定前，自應綜合考量案件情節、聲請人與被告之關係、訴訟進行之程度及聲請人之利益等情事，認為准許訴訟參與有助於達成被害人訴訟參與制度之目的且無不適當之情形者，即應為准許之裁定。其中就「案件情節」而言，應審酌相關犯罪之動機、態樣、手段、被害結果等因素，例如敵對性極高之組織或團體間因宿怨仇恨所生之犯罪案件，應考量若准許被害人訴訟參與，是否有擾亂法庭秩序之虞；就「聲請人與被告之關係」而言，例如被害人與被告具有組織內上下從屬之關係，應考量若准許被害人訴訟參與，是否有實質上不利於被告防禦之虞；就「訴訟進行之程度」而言，例如被害人於第一審之審理期間並未聲請訴訟參與，迄至第二審接近審結之時始聲請訴訟參與，即應考量是否有對於被告防禦權產生無法預期之不利益之虞；若就案件情節、聲請人與被告之關係或訴訟進行之程度而言，有諸如前述之情形，則聲請人就訴訟參與即須具有較大之利益，始能衡平因其訴訟參與對於法庭秩序或被告防禦權所生之不利益。爰參酌日本刑事訴訟法第三百十六條之三十三第一項之規定，於第二項明定法院應綜合考量之事項。

四、法院依聲請裁定准許訴訟參與後，發現有不應准許之情形，例如法院變更檢察官起訴法條而使該案件罪名變更為第四百五十五條之三十八第一項各款所列罪名以外之罪名，或聲請人與被害人間之身分關係嗣後變更者，原所為准許訴訟參與之裁定自應撤銷，以免徒增本案訴訟不必要之程序負擔，爰於第三項予以規定。

五、為使訴訟參與之程序儘速確定，避免不必要之訴訟遲滯，且本案當事人若認有不應准許訴訟參與之理由，因得於後續訴訟程序中加以釐清，法院於裁定准許訴訟參與後，如嗣後認有不應准許之情形者，應撤銷原裁定，是亦無賦予本案當事人提起抗告救濟之必要，故就法院對於訴訟參與聲請所為之裁定，無論准駁，均不許提起抗告，爰於第四項予以規定。

第 455 條之 41（訴訟參與人之選任代理人及指定代理人）

I 訴訟參與人得隨時選任代理人。

II 第二十八條至第三十條、第三十二條之規定，於訴訟參與人之代理人準用之；第三十一條第一項第三款至第六款、第二項至第四項之規定，於訴訟參與人未經選任代理人者並準用之。

■**增訂說明**（109.01.08）

一、本條新增。

二、為落實被害人訴訟參與制度，確保訴訟參與人可以掌握訴訟進度與狀況，適時瞭解訴訟資訊，並有效行使本編所定之權益，爰參酌德國刑事訴訟法第三百九十七條第二項、日本刑事訴訟法第二編第三章第三節之規定，於第一項明定訴訟參與人得隨時選任代理人。

三、訴訟參與人委任代理人者，代理人人數、資格之限制、選任程序及文書之送達應準用第二十八條至第三十條及第三十二條之規定。又考量因精神障礙或其他心智缺陷無法為完全之陳述者亟需代理人，且為保障具原住民身分之訴訟參與人，及避免符合社會救助法上低收入戶、中低收入戶資格之訴訟參與人，因無資力而無法自行選任代理人，爰於第二項準用第三十一條第一項第三款至第六款、第二項至第四項之規定，明定訴訟參與人為精神障礙或其他心智缺陷無法為完全之陳述、具原住民身分、為低收入戶或中低收入戶而聲請指定代理人或審判長認為有必要之情形，而未經選任代理人者，審判長應為其指定律師為代理人。

❖ 法學概念

訴訟參與人之代理人

一、選任代理人

本條第 1 項之代理人並「非」必須以律師充任，所以此項代理人亦不以律師為限。（倘若被害人不聲請參與訴訟而係提起自訴時，即應委任律師為其自訴代理人。） 而依本條第 2 項前段規定其準用範圍，包含代理人之人數、資格、選任程式及數代理人時之分別送達文書事項。

二、指定代理人

基於保障弱勢訴訟參與人之考量，同條第 2 項後段復規定：「第三十一條第一項第三款至第六款、第二項至第四項之規定，於訴訟參與人未經選任代理人者並準用之。」此種情況，實乃強制代理之意。

【朱石炎，〈被害人訴訟參與新制概要——附述「修復式司法」（下）〉，《司法周刊》，第 1987 期，2020.01.10，第 3 版。】

第455條之42（訴訟參與人之資訊取得權）

I 代理人於審判中得檢閱卷宗及證物並得抄錄、重製或攝影。但代理人為非律師者，於審判中對於卷宗及證物不得檢閱、抄錄、重製或攝影。

II 無代理人或代理人為非律師之訴訟參與人於審判中得預納費用請求付與卷宗及證物之影本。但卷宗及證物之內容與被告被訴事實無關或足以妨害另案之偵查，或涉及當事人或第三人之隱私或業務秘密者，法院得限制之。

III 前項但書之限制，得提起抗告。

■增訂說明（109.01.08）

一、本條新增。

二、訴訟參與人雖非本案當事人，然其與審判結果仍有切身利害關係，為尊重其程序主體地位，並使其得以於訴訟進行中有效行使其權益，實有必要使其獲知卷證資訊之內容。又訴訟參與人選任代理人原則上應以律師充之，但審判中經審判長許可者，亦得選任非律師為代理人。律師具備法律專業知識，且就業務之執行須受律師法有關律師倫理、忠誠及信譽義務之規範，賦予其就卷宗及證物檢閱、抄錄、重製或攝影之權利，除使代理人瞭解案件進行程度、卷證資訊內容，以維護訴訟參與人權益外，更可藉由獲知卷證資訊而充分與檢察官溝通，瞭解檢察官之訴訟策略。又第三十三條係為實現被告防禦權之重要內涵，屬憲法第十六條訴訟權保障之範疇，本條則係為提升訴訟參與人及其代理人於現行刑事訴訟制度下之資訊取得權，使其得以獲知訴訟進行程度及卷證資訊內容之政策性立法。兩者之概念有別，故不以準用第三十三條之方式規定訴訟參與人及其代理人為律師之卷證資訊獲知權，而於本條獨立定之。至於訴訟參與人選任非律師為代理人者，因尚乏類似律師法之執業規範及監督懲戒機制，參考第二百七十一條之一第二項之規定，仍不宜賦予其代理人卷證資訊獲知權，爰於第一項但書規定之。

三、現代科學技術日趨發達，透過電子卷證或提供影印、重製卷證之電磁紀錄等方式，已可有效避免將卷證資料原本直接交付訴訟參與人接觸、保管之風險，且無代理人或代理人為非律師之訴訟參與人亦有瞭解卷證資訊之需要，以利其行使訴訟上之權益，爰增訂第二項。又本項前段所稱之影本，在解釋上應及於複本（如翻拍證物之照片、複製電磁紀錄及電子卷證等），附此敘明。

四、訴訟參與人對於法院依第二項但書規定所為之限制卷證資訊獲知權如有不服者，自應賦予其得提起抗告之權利，始符合有權利即有救濟之法理，爰增訂第三項。

❖ 法學概念

卷證資訊獲知權

鑑於訴訟參與人與本案之審判結果具有利害關係，自應使其獲知本案訴訟卷證資訊，俾能及時有效行使其權益，本法爰以第455條之42針對卷證資訊獲知事項爲明確之規定。

須注意者係，本條規定雖與本法第33條內容類似，惟該條具有保障被告訴訟權之憲法意義，而本編係以保障被害人參與訴訟爲目的，與本編立法本旨有別，故遂設專條單獨規定，未採準用方式。

【朱石炎，〈被害人訴訟參與新制概要——附述「修復式司法」（下）〉，《司法周刊》，第1987期，2020.01.10，第3版。】

第455條之43（訴訟參與人於準備程序期日受通知、在場權及對準備程序事項陳述意見之權利）

I 準備程序期日，應通知訴訟參與人及其代理人到場。但經合法通知無正當理由不到場或陳明不願到場者，不在此限。

II 第二百七十三條第一項各款事項，法院應聽取訴訟參與人及其代理人之意見。

增訂說明（109.01.08）

一、本條新增。

二、準備程序期日攸關法院審判範圍、爭點整理、證據取捨與調查範圍、次序及方法等重要事項之處理，爲增加訴訟參與人對於訴訟程序及法庭活動之瞭解，提高其參與度，故課以法院於準備程序期日通知訴訟參與人及其代理人之義務，爰於第一項定之。

三、檢察官雖爲公益代表人，負責實行公訴及說服法院，俾使被告受罪刑宣告，然其亦爲實施刑事訴訟程序之公務員，依刑事訴訟法第二條第一項規定，負有對於被告有利及不利之處均應一律注意之法定義務，是檢察官與被害人或其家屬之立場仍有不同。況對於訴訟進行之程序及結果最爲關心者，厥爲被害人或其家屬，尤其關於被告所爲辯解是否符合實情，被害人常有一定程度之瞭解或不同之觀點，故爲尊重訴訟參與人之程序主體性，宜賦予訴訟參與人及其代理人就第二百七十三條第一項各款事項得陳述意見之機會，爰於第二項定之。

第455條之44（訴訟參與人於審判期日受通知及在場權之權利）

審判期日，應通知訴訟參與人及其代理人。但經合法通知無正當理由不到場或陳明不願到場者，不在此限。

增訂說明（109.01.08）

一、本條新增。

二、爲尊重訴訟參與人之程序主體性及俾利其行使訴訟上之權益，爰參考日本刑事訴訟法第三百十六條之三十四之規定，明定訴訟參與人及其代理人得於審判期日在場。又被害人訴訟參與制度係訴訟參與人之訴訟權益，而非應負擔之義務，是自不宜以傳喚之方式命其到庭。故縱使訴訟參與人及其代理人無正當理由不到場，亦不得拘提之。

第455條之45（有多數訴訟參與人之選定或指定代表人）

I 多數訴訟參與人得由其中選定一人或數人，代表全體或一部訴訟參與人參與訴訟。

II 未依前項規定選定代表人者，法院認爲必要時，得限期命爲選定，逾期未選定者，法院得依職權指定之。

III 前二項經選定或指定之代表人得更換、增減之。

IV 本編所定訴訟參與之權利，由經選定或指定之代表人行使之。

增訂說明（109.01.08）

一、本條新增。

二、於有多數訴訟參與人之情形，如重大公共安全、交通事故等案件，如使其等同時出庭及行使本編所定之權利，可能造成審判窒礙難行，甚而導致訴訟程序久延致侵害被告受妥速審判之權利，故爲因應有多數訴訟參與人之情形，爰制定選定代表人制度。又多數訴訟參與人是否選定代表人及其人選，未必全體訴訟參與人意見一致，且相較於法院，訴訟參與人之間應更清楚彼等之利害關係、對於本案證據資料、事實及法律之主張、科刑之意見是否相同，故應許訴訟參與人自主決定是否選定代表人，並許其分組選定不同之人，或僅由一部訴訟參與人選定一人或數人，與未選定代表人之訴訟參與人一同參與訴訟。爰參考民事訴訟法第四十一條第一項、行政訴訟法第二十九條第一項、日本刑事訴訟法第三百十六條之三十四第三項之規定，新增本條第一項之規定。

三、於訴訟參與人爲多數且未依第一項規定選定代表人以參與訴訟時，法院考量訴訟參與人之人數、案件情節之繁雜程度及訴訟程序之進行狀況後，如認有爲訴訟參與人指定代表人之必要，以避免訴訟程序久延致侵害被告受妥速審判之權利，則爲尊重訴訟參與人之主體性，法院得先定期命訴訟參與人自行選定代表人，如逾期未選定代表人者，方由法院依職權指定之。爰參酌行政訴訟法第二十九條第二項之規定，新增本條第二項。

四、訴訟程序之進行往往需歷經相當之時日，且於檢察官、被告及辯護人之攻擊防禦過程中，各訴訟參與人之利害關係、對於本案證據資料、事實及法律之主張、科刑之意見亦有可能改變。故爲使各訴訟參與人得以選定適當之代表人代表其參與訴訟，並使各訴訟參與人之意見均能傳達於法院，自宜許其於訴訟過程中更換、增減代表人。同理，法院依第二項規定指定代表人後，如有必要，亦得依職權更換或增減之。又如經法院職權指定代表人後，多數訴訟參與人於訴訟過程中逐漸形成共識而選任更爲適當之代表人時，亦當准許其等更換或增減代表人。爰參酌民事訴訟法第四十一條第三項、行政訴訟法第三十條第一項、第二項之規定，增訂第三項。

五、訴訟參與人經選定或指定代表人後，既得透過其代表人行使本編規定之權利，則爲避免因多數訴訟參與人所致審判遲滯之情形發生，明定訴訟參與人經選定或指定代表人後，由被選定或指定之代表人行使本編所定之訴訟參與權利。又訴訟參與人經選定或指定代表人後，其原有之訴訟參與權並非當然喪失，僅係處於停止之狀態而不得再依本編之規定行使權利。如其嗣後被增列爲代表人，即得回復訴訟參與之狀態而續行參與訴訟。爰參酌民事訴訟法第四十一條第二項、行政訴訟法第二十九條第三項之規定，增訂第四項。

第 455 條之 46（訴訟參與人對證據表示意見及辯論證據證明力之權利）

I 每調查一證據畢，審判長應詢問訴訟參與人及其代理人有無意見。

II 法院應予訴訟參與人及其代理人，以辯論證據證明力之適當機會。

■增訂説明（109.01.08）

一、本條新增。

二、對於證據之解讀，訴訟參與人常有一定程度之瞭解或不同於檢察官之觀點，故爲確保訴訟參與人及其代理人於調查證據程序中有陳述意見之機會，以貫徹被害人訴訟參與之目的，自應予訴訟參與人及其代理人於調查證據程序中，有就每一證據表示意見之機會，爰於本條第一項明定之。

三、賦予訴訟參與人及其代理人辯論證據證明力之適當機會，旨在使其得就各項證據資料之憑信性表示意見，以維護訴訟參與人於案件中之主體性。是法院自應依訴訟程序進行之情形及程度，給予訴訟參與人及其代理人辯論證據證明力之適當機會，爰於第二項明定之。

第 455 條之 47（訴訟參與人就科刑範圍表示意見之權利）

審判長於行第二百八十九條關於科刑之程序前，應予訴訟參與人及其代理人、陪同人就科刑範圍表示意見之機會。

■增訂説明（109.01.08）

一、本條新增。

二、刑事審判之量刑，在於實現刑罰權之分配正義，法院對有罪之被告科刑時，除應符合罪刑相當原則外，尤應注意刑法第五十七條所列各款事項，以爲科刑輕重之標準。又刑罰之量定與罪責之認定均屬重要，是於檢察官、被告及辯護人就事實與法律進行辯論後，審判長應行第二百八十九條關於科刑之程序。訴訟參與人因被告之犯罪行爲而蒙受損害，其往往對於被告與被害人之關係、犯罪所生損害及被告犯罪後之態度等量刑事項知之甚詳；且陪同人既具備第二百七十一條之三第一項所定身分或關係，其對於被害人因被告之犯罪行爲所受之創傷、心路歷程等攸關前開量刑事項之情形，亦有所悉，是應賦予訴訟參與人及其代理人、陪同人就科刑範圍表示意見之機會，使量刑更加精緻、妥適，以符刑罰個別化原則。又爲使檢察官能事先知悉訴訟參與人及其代理人、陪同人對於科刑範圍之意見，以作爲求刑之參考，並考量科刑之結果影響被告之權益甚鉅，爲確保被告及其辯護人對於訴訟參與人及其代理人、陪同人所述，亦有表示意見之機會，故規定審判長於行第二百八十九條關於科刑之程序前，即應予訴訟參與人及其代理人、陪同人表示意見之機會，爰於本條明定之。

第八編　執　行

第 456 條（執行裁判之時期）

I 裁判除關於保安處分者外，於確定後執行之。但有特別規定者，不在此限。

II 前項情形，檢察官於必要時，得於裁判法院送交卷宗前執行之。

□修正前條文

裁判除關於保安處分者外，於確定後執行之。但有特別規定者，不在此限。

■修正說明（108.07.17）

一、第一項未予修正。

二、為避免法院判決有罪確定後，卷宗送交檢察官之前，檢察官有是否得依法執行之疑義，使得受刑人趁此期間逃匿，爰增訂第二項明文檢察官於必要時，得於裁判法院送交卷宗前執行之。

第 457 條（指揮執行之機關）

I 執行裁判由為裁判法院對應之檢察署檢察官指揮之。但其性質應由法院或審判長、受命法官、受託法官指揮，或有特別規定者，不在此限。

II 因駁回上訴抗告之裁判，或因撤回上訴、抗告而應執行下級法院之裁判者，由上級法院對應之檢察署檢察官指揮之。

III 前二項情形，其卷宗在下級法院者，由下級法院對應之檢察署檢察官指揮執行。

□修正前條文

I 執行裁判由為裁判法院之檢察官指揮之。但其性質應由法院或審判長、受命推事、受託推事指揮，或有特別規定者，不在此限。

II 因駁回上訴抗告之裁判，或因撤回上訴、抗告而應執行下級法院之裁判者，由上級法院之檢察官指揮之。

III 前二項情形，其卷宗在下級法院者，由該法院之檢察官指揮執行。

■修正說明（109.01.15）

法院組織法已將「推事」之用語，修正為「法官」，且依該法第六十一條、第六十二條前段規定，檢察官係於其所屬檢察署管轄區域內執行職務，並對法院獨立行使職權，故檢察官非為法院之成員，爰併將「法院之檢察官」，修正為「法院對應之檢察署檢察官」，以符法制。

□實務見解

▶101 台抗 106（裁定）

受刑人如未繳納罰金而須易服勞役者，執行檢察官自亦得決定先行執行之，或插接在有期徒刑執行之中，或於徒刑執行完畢後再接續執行。此項指揮執行裁量權之行使，乃基於刑事訴訟法之明示授權，檢察官基於行政目的，自由斟酌正確、適當之執行方式，倘無裁量濫用、逾越裁量情事或牴觸法律授權目的或摻雜與授權意旨不相關因素之考量，即屬合法。

第 458 條（指揮執行之方式）

指揮執行，應以指揮書附具裁判書或筆錄之繕本或節本為之。但執行刑罰或保安處分以外之指揮，毋庸制作指揮書者，不在此限。

第 459 條（主刑之執行順序）

二以上主刑之執行，除罰金外，應先執行其重者，但有必要時，檢察官得命先執行他刑。

第 460 條（死刑之執行—審核）

諭知死刑之判決確定後，檢察官應速將該案卷宗送交司法行政最高機關。

第 461 條（死刑之執行—執行時期與再審核）

死刑，應經司法行政最高機關令准，於令到三日內執行之。但執行檢察官發見案情確有合於再審或非常上訴之理由者，得於三日內電請司法行政最高機關，再加審核。

第 462 條（死刑之執行—場所）

死刑，於監獄內執行之。

第 463 條（死刑之執行—在場人）

I 執行死刑，應由檢察官蒞視，並命書記官在場。

II 執行死刑，除經檢察官或監獄長官之許可者外，不得入行刑場內。

第 464 條（死刑之執行—筆錄）

I 執行死刑，應由在場之書記官制作筆錄。

II 筆錄，應由檢察官及監獄長官簽名。

第 465 條（停止執行死刑事由及恢復執行）

I 受死刑之諭知者，如在心神喪失中，由司法行政最高機關命令停止執行。

II 受死刑諭知之婦女懷胎者，於其生產前，由司法行政最高機關命令停止執行。

III 依前二項規定停止執行者，於其痊癒或生產後，非有司法行政最高機關命令，不得執行。

第 466 條（自由刑之執行）

處徒刑及拘役之人犯，除法律別有規定外，於監獄內分別拘禁之，令服勞役。但得因其情節，免服勞役。

第 467 條（停止執行自由刑之事由）

受徒刑或拘役之諭知而有左列情形之一者，依檢察官之指揮，於其痊癒或該事故消滅前，停止執行：

一　心神喪失者。
二　懷胎五月以上者。
三　生產未滿二月者。
四　現罹疾病，恐因執行而不能保其生命者。

第 468 條（停止執行受刑人之醫療）
依前條第一款及第四款情形停止執行者，檢察官得將受刑人送入醫院或其他適當之處所。

第 469 條（刑罰執行前之強制處分）
I 受罰金以外主刑之諭知，而未經羈押者，檢察官於執行時，應傳喚之；傳喚不到者，應行拘提。但經諭知死刑、無期徒刑或逾二年有期徒刑，而有相當理由認為有逃亡之虞者，得逕行拘提。
II 前項前段受刑人，檢察官得依第七十六條第一款及第二款之規定，逕行拘提，及依第八十四條之規定通緝之。

□修正前條文
I 受死刑、徒刑或拘役之諭知，而未經羈押者，檢察官於執行時，應傳喚之；傳喚不到者，應行拘提。
II 前項受刑人，得依第七十六條第一款及第二款之規定，逕行拘提，及依第八十四條之規定通緝之。

■修正說明（108.07.17）
一、為使刑事判決得以有效執行，避免受刑人經判決有罪確定後，為規避執行而逃匿，故將第一項文字酌予修正，並增訂第一項但書，若於相當理由足認受刑人有逃亡之虞者，檢察官得逕行拘提。如逕行拘提未到案，而認受刑人有逃亡或藏匿之事實者，本得依法通緝之，要屬當然。至於受刑人有入出國及移民法第六條第一項第一款之情形者，司法機關應依同條第四項前段之規定，通知境管機關禁止其出國。
二、為配合第一項增設之但書，爰於第二項酌予修正文字。

第 470 條（財產刑之執行）
I 罰金、罰鍰、沒收及沒入之裁判，應依檢察官之命令執行之。但罰金、罰鍰於裁判宣示後，如經受裁判人同意而檢察官不在場者，得由法官當庭指揮執行。
II 前項命令與民事執行名義有同一之效力。
III 罰金及沒收，得就受刑人之遺產執行。

□修正前條文
I 罰金、罰鍰、沒收、沒入、追徵、追繳及抵償之裁判，應依檢察官之命令執行之。但罰金、罰鍰於裁判宣示後，如經受裁判人同意而檢察官不在場者，得由法官當庭指揮執行。
II 前項命令與民事執行名義有同一之效力。
III 罰金、沒收、追徵、追繳及抵償，得就受刑人之遺產執行。

■修正說明（105.06.22）
一、配合本法增訂第三條之一，明定本法所稱沒收，包括其替代手段之規定，爰修正原條文第一項、第三項。
二、原條文第一項前段修正為「罰金、罰鍰、沒收及沒入之裁判，」。
三、原條文第三項修正為「罰金及沒收，得就受刑人之遺產執行。」。
四、第二項未修正。

第 471 條（民事裁判執行之準用及囑託執行）
I 前條裁判之執行，準用執行民事裁判之規定。
II 前項執行，檢察官於必要時，得囑託地方法院民事執行處為之。
III 檢察官之囑託執行，免徵執行費。

第 472 條（沒收物之處分機關）
沒收物，由檢察官處分之。

第 473 條（沒收物、追徵財產之聲請發還或給付）
I 沒收物、追徵財產，於裁判確定後一年內，由權利人聲請發還者，或因犯罪而得行使債權請求權之人已取得執行名義者聲請給付，除應破毀或廢棄者外，檢察官應發還或給付之；其已變價者，應給與變價所得之價金。
II 聲請人對前項關於發還、給付之執行不服者，準用第四百八十四條之規定。
III 第一項之變價、分配及給付，檢察官於必要時，得囑託法務部行政執行署所屬各分署為之。
IV 第一項之請求權人、聲請發還或給付之範圍、方式、程序與檢察官得發還或給付之範圍及其他應遵行事項之執行辦法，由行政院定之。

□修正前條文
沒收物，於執行後三個月內，由權利人聲請發還者，除應破毀或廢棄者外，檢察官應發還之；其已拍賣者，應給與拍賣所得之價金。

■修正說明（105.06.22）
一、依新刑法第三十八條之三第一、二項規定，經判決諭知沒收之財產，雖於裁判確定時移轉為國家所有，但第三人對沒收標的之權利不受響。故沒收物經執行沒收後，犯罪被害人仍得本其所有權，依本條規定，聲請執行檢察官發還；又因犯罪而得行使請求權之人，如已取得執行名義，亦應許其向執行檢察官聲請就沒收物、追徵財產受償，以免犯罪行為人經國家執行沒收後，已無清償能力，犯罪被害人因求償無門，致產生國家與民爭利之負面印象。

二、原條文關於聲請發還沒收物之期限，為執行沒收後三個月內，失之過短，不足以保障犯罪被害人權利之行使。況因犯罪而得行使請求權之被害人，尤須有取得執行名義之餘裕。爰修正為於裁判確定後一年內。

三、配合本法第一百三十三條第二項增訂保全追徵，及第一百四十一條將「拍賣」修正為「變價」，本條亦因應修正。

❑ 實務見解

▶108 台上 954○（判決）

於一○五年六月二十二日經修正公布，同年七月一日施行，依修正後第四七三條規定，沒收物、追徵財產，於裁判確定後一年內，權利人仍得本其所有權等物權上請求，聲請執行檢察官發還；而因犯罪而得行使請求權之人，如已取得執行名義，得向執行檢察官聲請受償，以免犯罪行為人經國家執行沒收後，已無清償能力，犯罪被害人因求償無門，致產生國家與民爭利之負面印象。惟為特別保護受害之證券投資人，證券交易法第一七一條於一○七年一月三十一日經修正公布，其中第七項修正為：「犯第一項至第三項之罪，犯罪所得屬犯罪行為人或其以外之自然人、法人或非法人團體因刑法第三十八條之一第二項所列情形取得者，除應發還被害人、第三人或得請求損害賠償之人外，沒收之」。依其立法理由載稱：「刑法第三十八條之一第五項之犯罪所得發還對象為被害人，較原第七項規定之範圍限縮，被害人以外之證券投資人恐僅能依刑事訴訟法第四七三條規定，於沒收之裁判確定後一年內聲請發還或給付，保障較為不利，爰仍予維持明定。」等旨，復考諸其立法歷程，該條修正草案之提案機關即行政院金融監督管理委員會（下稱金管會）主任委員，於立法院財政委員會審查時說明修正緣由略以：因證券交易法相關規定涉及投資大眾之利益，倘依刑事訴訟法第四七三條規定，須在沒收之裁判確定後一年內提出執行名義，聲明參與分配犯罪所得，一年之後就不能再聲明參與分配，惟財團法人證券投資人及期貨交易人保護中心所提民事訴訟，常在刑事案件確定之後才進行，其進行可能要經過很長時間，無法在刑事沒收之裁判確定後一年內提出民事確定判決，當作執行名義聲明參與分配，故而提出修正草案，避免受到刑事訴訟法第四七三條所定一年期間之限制等語，**可見其立法意旨在使違反證券交易法之犯罪所得優先發還被害人、第三人或得請求損害賠償之人，不受刑事訴訟法第四七三條所定須於沒收裁判確定後一年內提出執行名義要件之限制**。又依其前開立法理由，係以刑法第三十八條之一第五項之犯罪所得優先發還對象侷限於被害人，不足以保障被害人以外之證券投資人等修正理由，因而將證券交易法第一七一條第七項所定之犯罪所得發還對象予以擴張，修正為「被害人、第三人或得請求損害賠償之人」，但並未排除修正後刑法第三十八條之一第五項以不法利得實際合法發還，作為封鎖沒收或追徵條件之適用，已不能認證券交易法上關於犯罪所得之沒收，並無上開新刑法封鎖沒收效力規定之適用。再自法規範體系之一貫而言，雖新刑法封鎖沒收效力規定，適用於實際發還被害人之情形，然此次修正證券交易法第一七一條第七項，對於發還犯罪所得事項，特別將得請求損害賠償之人、第三人與被害人並列保障，則三者就新刑法優先發還條款有關封鎖沒收效力之規定，自無異其適用之理，否則無異重蹈上述不法利得既不發還，亦未被沒收至國庫之覆轍，反而使金融犯罪行為人繼續保有不法利得，而與修正後刑法第三十八條之一第五項之立法意旨相悖。因之，稽諸此次修正證券交易法第一七一條第七項之立法歷程及立法理由，並參酌刑法第三十八條之一第五項之立法精神為整體觀察，依目的、體系及歷史解釋，證券交易法上關於犯罪所得之沒收，仍有修正後刑法第三十八條之一第五項以不法利得實際合法發還，作為封鎖沒收或追徵條件之適用，且為符合前開保障受害之證券投資人等求償權人之立法本旨，於犯罪所得未實際發還之情形，法院宣告沒收犯罪所得時，猶應同時諭知「除應發還被害人、第三人或得請求損害賠償之人外」之條件，俾利檢察官日後執行沒收裁判時，得以發還、給付被害人、第三人或得請求損害賠償之人。**換言之，經法院認定被告犯證券交易法第一七一條第一項至第三項之罪及其犯罪所得數額後，倘該犯罪所得尚未實際發還予被害人、第三人或得請求損害賠償之人，不論其等是否已取得民事執行名義，法院應於主文內宣告該犯罪所得數額，除應發還被害人、第三人或得請求損害賠償之人外，予以沒收之旨，俾使檢察官於日後執行沒收犯罪所得入國庫前，先發還或給付前開之人，縱使已入國庫，亦應許其等向執行檢察官聲請就沒收物、追徵財產發還或給付，而不受刑事訴訟法第四七三條所定須於沒收裁判確定後一年內提出執行名義之限制**，始符前述修正證券交易法第一七一條第七項規定之立法意旨，亦能落實刑法第三十八條之一第五項在使犯罪行爲人不得繼續保有不法利得之立法宗旨，庶免義務沒收規定形同具文之弊，並兼顧實務之需。至於上述被害人、第三人或得請求損害賠償之人於刑事執行程序聲請發還、給付，是否宜有期間限制，有待循立法途徑解決。

第 474 條（發還僞造變造物時之處置）
僞造或變造之物，檢察官於發還時，應將其僞造、變造之部分除去或加以標記。

第 475 條（扣押物不能發還之公告）
Ⅰ扣押物之應受發還人所在不明，或因其他事故不能發還者，檢察官應公告之；自公告之日起滿二年，無人聲請發還者，以其物歸屬國庫。
Ⅱ雖在前項期間內，其無價值之物得廢棄之；不便保管者，得命變價保管其價金。

□修正前條文
Ⅰ扣押物之應受發還人所在不明，或因其他事故不能發還者，檢察官應公告之；自公告之日起滿六個月，無人聲請發還者，以其物歸屬國庫。
Ⅱ雖在前項期間內，其無價值之物得廢棄之；不便保管者，得命拍賣保管其價金。

■修正說明（105.06.22）
一、扣押物應受發還人所在不明或因其他事故不能發還者，常係因被害人不知其財物業經扣押，從而其聲請發還之權利自有予以落實、保障之必要。爰參考民法第九百四十九條第一項盜贓或遺失物回復請求權爲二年之規定，修正原條文第一項「六月」爲「二年」。
二、配合本法第一百四十一條將「拍賣」修正爲「變價」，本條亦因應修正。

第 476 條（撤銷緩刑宣告之聲請）
緩刑之宣告應撤銷者，由受刑人所在地或其最後住所地之地方法院檢察官聲請該法院裁定之。

第 477 條（更定其刑之聲請）
Ⅰ依刑法第四十八條應更定其刑者，或依刑法第五十三條及第五十四條應依刑法第五十一條第五款至第七款之規定，定其應執行之刑者，由該案犯罪事實最後判決之法院之檢察官，聲請該法院裁定之。
Ⅱ前項定其應執行之刑者，受刑人或其法定代理人、配偶，亦得請求前項檢察官聲請之。

❒實務見解
▶107 台抗 641（裁定）
刑事訴訟法第四百七十七條規定「依刑法第四十八條應更定其刑者，或依刑法第五十三條及第五十四條應依刑法第五十一條第五款至第七款之規定，定其應執行之刑者，由該案犯罪事實最後判決之法院之檢察官，聲請該法院裁定之。前項定其應執行之刑者，受刑人或其法定代理人、配偶，亦得請求前項檢察官聲請之。」是應併合處罰之數罪定應執行刑之聲請，除有中華民國九十六年罪犯減刑條例第八條第三項所定「依本條例應減刑之數罪，經二以上法院裁判確定者，得由一檢察官或應減刑之人犯合併向其中一裁判法院聲請裁定之」情形，得由受刑人直接向法院聲請外，**其餘均應由檢察官向該管法院聲請**。

第 478 條（免服勞役之執行）
依本法第四百六十六條但書應免服勞役者，由指揮執行之檢察官命令之。

第 479 條（易服勞動之服務對象及執行方式）
Ⅰ依刑法第四十一條、第四十二條及第四十二條之一易服社會勞動或易服勞役者，由指揮執行之檢察官命令之。
Ⅱ易服社會勞動，由指揮執行之檢察官命令向該管檢察署指定之政府機關、政府機構、行政法人、社區或其他符合公益目的之機構或團體提供勞動，並定履行期間。

□修正前條文
依刑法第四十二條第一項罰金應易服勞役者，由指揮執行之檢察官命令之。

■修正說明（98.07.08）
一、配合刑法第四十一條、第四十二條之一增訂易服社會勞動制度，爰於第一項增訂易服社會勞動由指揮執行之檢察官命令之。
二、易服社會勞動將釋放大量人力，其服務對象之範圍不宜過於狹隘，爰增訂第二項明定易服社會勞動之服務對象包括政府機關、政府機構、行政法人、社區或其他符合公益目的之機構或團體。

第480條（易服勞役之分別執行與易服社會勞動之適用）
Ⅰ罰金易服勞役者，應與處徒刑或拘役之人犯，分別執行。
Ⅱ第四百六十七條及第四百六十九條之規定，於易服勞役準用之。
Ⅲ第四百六十七條規定，於易服社會勞動準用之。

□修正前條文
Ⅰ罰金易服勞役者，應與處徒刑或拘役之人

犯，分別執行。

II 第四百六十七條及第四百六十九條之規定，於易服勞役準用之。

■修正說明（98.07.08）

一、第一項、第二項未修正。

二、配合刑法第四十一條、第四十二條之一增訂易服社會勞動制度，爰增訂第三項，明定易服社會勞動者亦有第四百六十七條之適用。

三、社會勞動屬於徒刑、拘役或罰金易服勞役之一種易刑處分，於經檢察官准許易服社會勞動前，係依原宣告之徒刑、拘役或罰金易服之勞役而為傳喚、拘提及通緝。徒刑、拘役原有第四百六十九條之適用，罰金易服之勞役亦有同條之準用。故毋庸另訂易服社會勞動準用第四百六十九條之規定。

第 481 條（保安處分之執行）

I 依刑法第八十六條第三項、第八十七條第三項、第八十八條第二項、第八十九條第二項、第九十條第二項或第九十八條第一項前段免其處分之執行，第九十條第三項許可延長處分，第九十三條第二項之付保護管束，或第九十八條第一項後段、第二項免其刑之執行，及第九十九條許可處分之執行，由檢察官聲請該案犯罪事實最後裁判之法院裁定之。第九十一條之一第一項之施以強制治療及同條第二項之停止強制治療，亦同。

II 檢察官依刑法第十八條第一項或第十九條第一項而為不起訴之處分者，如認有宣告保安處分之必要，得聲請法院裁定之。

III 法院裁判時未併宣告保安處分，而檢察官認為有宣告之必要者，得於裁判後三個月內，聲請法院裁定之。

□修正前條文

I 依刑法第八十六條第四項或第八十八條第三項免其刑之執行，第九十六條但書之付保安處分，第九十七條延長或免其處分之執行，第九十八條免其處分之執行，及第九十九條許可處分之執行，由檢察官聲請法院裁定之。

II 檢察官因被告未滿十四歲或心神喪失而為不起訴之處分者，如認有宣告保安處分之必要，得聲請法院裁定之。

III 法院裁判時未併宣告保安處分，而檢察官認為有宣告之必要者，得於裁判後三個月內，聲請法院裁定之。

■修正說明（95.06.14）

一、配合刑法第八十六條至第九十條、第九十三條、第九十八條及第九十九條等有關刑或保安處分之執行等規定，有增刪或調整條次、內容之修正，爰配合修正第一項前段。

二、強制治療屬拘束人身自由之保安處分，性質上應由法院裁定為之，且依九十四年二月二日修正公布刑法第九十一條之一有關性罪犯之矯治規定，已將刑前強制治療修正為徒刑執行期滿前，及依性侵害犯罪防治法等法律規定接受輔導或治療後，經鑑定、評估有再犯之危險者。依上開規定，性罪犯有無接受強制治療之必要，係根據輔導或治療結果而定，而強制治療時間之長短，則於強制治療執行期間，經由每年鑑定、評估，視其再犯危險是否顯著降低為斷，為求允當，亦須由檢察官向法院聲請停止治療，爰於第一項後段一併明定之。

三、對於第一項所列舉之免除、延長或許可之執行、強制治療或停止治療等，應由該案犯罪事實最後裁判之法院為之，方足以審查裁判當時所斟酌之事由是否仍然存在，此於其他法院尚難代為判斷，自應將第一項所定「法院」一併修正為「該案犯罪事實最後裁判之法院」。

四、第二項修正理由同第三百零一條修正說明二。

五、第三項未修正。

第 482 條（易以訓誡之執行）

依刑法第四十三條易以訓誡者，由檢察官執行之。

第 483 條（聲明疑義—有罪判決之文義）

當事人對於有罪裁判之文義有疑義者，得向諭知該裁判之法院聲明疑義。

□實務見解

▶105 台抗 408（裁定）

在國人的日常生活中，無論是口語或行文，**經常將「聲明」、「聲請」、「請求」及「申請」，混用不分，頗有異詞同義的情形。但是，法規文字有其嚴謹性，前二者係用在司法機關（廣義，含法院、法官和檢察署、檢察官、檢察總長）；末者用在行政機關；請求則較為中性通用**。既稱聲明，乃單純將自己的意思，對上揭司法機關有所表示，一經表明，原則上不待受理機關、人員處理，即生一定的法律效果，例如聲明上訴、聲明抗告，但有例外情形，例如聲明異議、聲明疑義，受理聲明的機關，應本於職權，適切處理；而所謂聲請，顧名思義，除為聲明之外，更進一步請求受理的機關、人員，應依其職權作成一定的決定或作爲（包含裁定、處分及命令；其准駁應具理由），例如聲請迴避、聲請回復原狀、聲請羈押、聲請搜索、聲請調查證據、聲請再議、聲請撤銷緩起訴、聲請交付審判、聲請簡易判決處刑、聲請再審、聲請非常上訴、聲請撤銷緩刑、聲請更定其刑、聲請單獨宣告沒收、聲請撤銷假釋等等；至於請求，通常指單方要求爲如何的一定行爲，而其相對受請求的機關、人員，原則上雖然不得拒絕，例如受訊問人請求於筆錄上爲增刪記載、利害關係人請求逮捕通緝犯、告訴人請求檢察官上訴、被告請求對質等，但其實受請求之一方，仍有自由裁量權，甚至縱然不加置理，猶難遽謂必然違法，祇是基於現今「司法爲民」的理念，恐非適宜，故無論准駁，皆宜以適當方式，使請求人得悉其請求的處理結果。鑑於對上述各種訴訟行爲，所作成的決定或作爲有所不服時，其救濟、審查機制，並不盡相同，分別得提起抗告；準抗告；不得聲明不服（如拒提非常上訴）；祇能附隨在相關本案上訴審中再行爭議，而不能獨立抗辯（如否准調查證據）；甚至祇能追究行政責任，而別無他途（如檢察官不理會告訴人上訴請求）之各種情形，故究竟其性質如何，攸關權益保障，自當審慎、清楚分辨。

第484條（聲明異議—檢察官之執行指揮）
受刑人或其法定代理人或配偶以檢察官執行之指揮爲不當者，得向諭知該裁判之法院聲明異議。

□實務見解

▶釋字第681號（99.09.10）
最高行政法院中華民國九十三年二月份庭長法官聯席會議決議：「假釋之撤銷屬刑事裁判執行之一環，爲廣義之司法行政處分，如有不服，其救濟程序，應依刑事訴訟法第四百八十四條之規定，即俟檢察官指揮執行該假釋撤銷後之殘餘徒刑時，再由受刑人或其法定代理人或配偶向當初諭知該刑事裁判之法院聲明異議，不得提起行政爭訟。」及刑事訴訟法第四百八十四條規定：「受刑人或其法定代理人或配偶以檢察官執行之指揮爲不當者，得向諭知該裁判之法院聲明異議。」並未剝奪人民就撤銷假釋處分依法向法院提起訴訟尋求救濟之機會，與憲法保障訴訟權之意旨尚無牴觸。惟受假釋人之假釋處分經撤銷者，依上開規定向法院聲明異議，須俟檢察官指揮執行殘餘刑期後，始得向法院提起救濟，對受假釋人訴訟權之保障尚非周全，相關機關應儘速予以檢討改進，俾使不服主管機關撤銷假釋之受假釋人，於入監執行殘餘刑期前，得適時向法院請求救濟。

▶釋字第245號（78.07.28）
受刑人或其他有異議權人對於檢察官不准易科罰金執行之指揮認爲不當，依刑事訴訟法第四百八十四條向諭知科刑裁判之法院聲明異議，法院認爲有理由而爲撤銷之裁定者，除依裁定意旨得由檢察官重行爲適當之斟酌外，如有必要法院自非不得於裁定內同時諭知准予易科罰金，此與本院院解字第二九三九號及院字第一三八七號解釋所釋情形不同。

▶107台抗617△（裁定）
司法院釋字第六八一號解釋後段謂「受假釋人之假釋處分經撤銷者，依上開規定（指刑事訴訟法第四百八十四條）向法院聲明異議，須俟檢察官指揮執行殘餘刑期後，始得向法院提起救濟，對受假釋人訴訟權之保障尚非周全，相關機關應儘速予以檢討改進，俾使不服主管機關撤銷假釋之受假釋人，於入監執行殘餘刑期前，得適時向法院請求救濟」。本件法務部因抗告人之甲案、乙案數罪併罰，刑期變更爲有期徒刑五年七月，致不符合假釋條件，而以一百零六年十二月二十六日法授矯字第○○○○○○○○○○○○號函「註銷」抗告人甲案之假釋，參照上開解釋意旨之法理，**就「註銷假釋」處分部分，因係由法務部爲之，非檢察官之指揮執行，不得向法院聲明異議**，但就檢察官執行註銷假釋後重行核計之刑期部分，則係檢察官之指揮執行，得向法院聲明異議。

▶107台抗448△（裁定）
按刑事法上「一事不再理原則」，係指就人民同一違法行爲，禁止國家爲重複之刑事追訴與審判處罰。此原則係植基於憲法第八條保障人身自由與正當法律程序之精神，體現在程序法上即是刑事訴訟法第三百零二條第一款、第三百零三條第二款、第七款等規定，且公民與政治權利國際公約第十四條第七項亦有明定，乃舉世普遍之法則。其目的在維護法的安定性暨實體裁判之權威性，及保護人民免於一再受訴訟程序的騷擾、折磨、消耗與負擔。是倘無置人民於重複之刑事追訴與審判處罰的危險之中者，除立法者基於遏止當事人濫訴、避免虛耗司法資源之考量，特別立法予以限制（如刑事訴訟法第四百三十四條第二項；刑事補償法第十七條第四項、第二十四條第二項、第二十五條第一項）外，即無一事不再理原則之適用，以免不當限制人民之訴訟權。而法院依刑事訴訟法第四百八十四條、第四百八十六條之規定，**就聲明異議所爲之裁定，其審查標的爲檢察官執行之指揮有無不當，並無置受刑人於重複之刑事追訴與審判處罰的危險之中，且法無明文禁止當事人以同一原因或事由再行聲明異議，自無一事不再理原則之適用。**

▶100台抗811（裁定）

本於有權利必有救濟之法諺而應賦予其救濟之途，然因現行刑事訴訟法並未就此等監獄之處遇予以適時之救濟途徑，僅得待立法者予以立法補充，上開第六八一號解釋亦僅就「不符主管機關撤銷假釋之受假釋人，於入監執行殘餘刑期前，應賦予其適時向法院請求救濟之途」，為提請相關機關應儘速檢討改進之警告性解釋，並未明確指明應依循何救濟途徑救濟之，則為假釋制度之一環之假釋聲請之准駁之救濟途徑，於立法機關為通盤檢討並制訂相關法制前，本院亦無得僭越憲法所定各機關職權，逕自造法賦予受刑人救濟途徑。且有關假釋之准駁係屬監獄之行刑而非裁判之執行，已如上述，亦難認受刑人就此事件得依刑事訴訟法第四百八十四條之規定聲明異議，且刑事訴訟法亦無定此類案件管轄法院之相關規定，是本案縱經最高行政法院裁定移送無管轄權之法院，原審亦未依職權或聲請移送有管轄權法院，亦難認有何違誤。

第485條（疑義或異議之聲明及撤回）
I 聲明疑義或異議，應以書狀為之。
II 聲明疑義或異議，於裁判前得以書狀撤回之。
III 第三百五十一條之規定，於疑義或異議之聲明及撤回準用之。

第486條（疑義或異議聲明之裁定）
法院應就疑義或異議之聲明裁定之。

第九編　附帶民事訴訟

第487條（附帶民事訴訟之當事人及請求範圍）
I 因犯罪而受損害之人，於刑事訴訟程序得附帶提起民事訴訟，對於被告及依民法負賠償責任之人，請求回復其損害。
II 前項請求之範圍，依民法之規定。

□ 實務見解

▶52年度第3次民、刑庭總會會議決議(二)（52.09.23）

甲保證乙在丙商店服務，乙侵占丙商款項，丙告訴乙侵占。甲係依契約以第三人之資格為乙保證代乙履行，**本身既未為侵權行為，且亦非依民法負賠償責任之人**（例如民法第一百八十七條之法定代理人及第一百八十八條之僱用人是），故不許丙對甲對附帶提起民事訴訟。

▶53台上43（判例）

刑事訴訟中之第三人，亦得為附帶民事訴訟之被告，**即凡依民法之規定，對於刑事被告之侵權行為，負有損害賠償之責任者，亦得為附帶民事訴訟之被告**。如刑事被告為限制行為能力人，其法定代理人；刑事被告為受僱人，其僱用人。

第488條（提起之期間）
提起附帶民事訴訟，應於刑事訴訟起訴後第二審辯論終結前為之。但在第一審辯論終結後提起上訴前，不得提起。

第489條（管轄法院）
I 法院就刑事訴訟為第六條第二項、第八條至第十條之裁定者，視為就附帶民事訴訟有同一之裁定。
II 就刑事訴訟諭知管轄錯誤及移送該案件者，應併就附帶民事訴訟為同一之諭知。

第490條（適用法律之準據—刑訴法）
附帶民事訴訟除本編有特別規定外，準用關於刑事訴訟之規定。但經移送或發回、發交於民事庭後，應適用民事訴訟法。

□ 實務見解

▶65年度第9次刑庭庭推總會議決議(四)（65.12.07）

刑事庭移送民事庭之附帶民事訴訟，僅移送後之訴訟程序應適用民事訴訟法，若移送前之訴訟行為，是否合法，仍應依刑事訴訟法決之（本院四十一年台上第五〇號判例參照），**而宣告無罪之案件，關於附帶民事訴訟部分，雖可駁回原告之訴，但祇能從程序上駁回，不得以其實體上之請求為無理由而駁回之**（本院二十五年七月二十一日民、刑事總會決議(四)參照）。刑事法院之移送裁定既不合法（刑訴附帶民事訴訟，經刑事訴訟諭知無罪之判決，刑事法院未經原告之聲請，以裁定將附帶民事訴訟移送民事法院）。民事法院仍應以原告之訴提起不當，從程序上駁回，不得為實體上審理。（同乙說）

第491條（適用法律之準據—民訴法）
民事訴訟法關於左列事項之規定，於附帶民事訴訟準用之：
一　當事人能力及訴訟能力。
二　共同訴訟。
三　訴訟參加。
四　訴訟代理人及輔佐人。
五　訴訟程序之停止。
六　當事人本人之到場。
七　和解。
八　本於捨棄之判決。
九　訴及上訴或抗告之撤回。
十　假扣押、假處分及假執行。

第492條（提起之程式—訴狀）

I 提起附帶民事訴訟，應提出訴狀於法院為之。
II 前項訴狀，準用民事訴訟法之規定。

第 493 條（訴狀及準備書狀之送達）
訴狀及各當事人準備訴訟之書狀，應按他造人數提出繕本，由法院送達於他造。

第 494 條（當事人及關係人之傳喚）
刑事訴訟之審判期日，得傳喚附帶民事訴訟當事人及關係人。

第 495 條（提起之程式－言詞）
I 原告於審判期日到庭時，得以言詞提起附帶民事訴訟。
II 其以言詞起訴者，應陳述訴狀所應表明之事項，記載於筆錄。
III 第四十一條第二項至第四項之規定，於前項筆錄準用之。
IV 原告以言詞起訴而他造不在場，或雖在場而請求送達筆錄者，應將筆錄送達於他造。

第 496 條（審理之時期）
附帶民事訴訟之審理，應於審理刑事訴訟後行之。但審判長如認為適當者，亦得同時調查。

第 497 條（檢察官之毋庸參與）
檢察官於附帶民事訴訟之審判，毋庸參與。

第 498 條（得不待陳述而為判決）
當事人經合法傳喚，無正當之理由不到庭或到庭不為辯論者，得不待其陳述而為判決；其未受許可而退庭者亦同。

第 499 條（調查證據之方法）
I 就刑事訴訟所調查之證據，視為就附帶民事訴訟亦經調查。
II 前項之調查，附帶民事訴訟當事人或代理人得陳述意見。

第 500 條（事實之認定）
附帶民事訴訟之判決，應以刑事訴訟判決所認定之事實為據。但本於捨棄而為判決者，不在此限。

第 501 條（判決期間）
附帶民事訴訟，應與刑事訴訟同時判決。

第 502 條（裁判－駁回或敗訴判決）
I 法院認為原告之訴不合法或無理由者，應以判決駁回之。
II 認為原告之訴有理由者，應依其關於請求之聲明，為被告敗訴之判決。

第 503 條（裁判－駁回或移送民庭）
I 刑事訴訟諭知無罪、免訴或不受理之判決者，應以判決駁回原告之訴。但經原告聲請時，應將附帶民事訴訟移送管轄法院之民事庭。
II 前項判決，非對於刑事訴訟之判決有上訴時，不得上訴。
III 第一項但書移送案件，應繳納訴訟費用。
IV 自訴案件經裁定駁回自訴者，應以裁定駁回原告之訴，並準用前三項之規定。

❒ 實務見解

▸29 上 48（判例）

檢察官以被告連續數行為而犯同一之罪名提起公訴者，法院如僅認其中一行為成立犯罪，固無須就犯罪不能證明部分，特於主文中諭知無罪，**惟刑事訴訟法第五百零七條第一項所謂刑事訴訟諭知無罪，按諸立法本旨，自係包含此種情形在內，故關於上述犯罪不能證明部分之附帶民事訴訟，亦應依同條項之規定，以判決駁回之**，此項判決，非對於刑事判決已有上訴，則依同條第二項之規定，亦不得上訴。

第 504 條（裁判－移送民庭）
I 法院認附帶民事訴訟確係繁雜，非經長久時日不能終結其審判者，得以合議裁定移送該法院之民事庭；其因不足法定人數不能合議者，由院長裁定之。
II 前項移送案件，免納裁判費。
III 對於第一項裁定，不得抗告。

第 505 條（裁判－移送民庭）
I 適用簡易訴訟程序案件之附帶民事訴訟，準用第五百零一條或五百零四條之規定。
II 前項移送案件，免納裁判費用。
III 對於第一項裁定，不得抗告。

第 506 條（上訴第三審之限制）
I 刑事訴訟之第二審判決不得上訴於第三審法院者，對於其附帶民事訴訟之第二審判決，得上訴於第三審法院。但應受民事訴訟法第四百六十六條之限制。
II 前項上訴，由民事庭審理之。

第 507 條（附帶民訴上訴三審理由之省略）
刑事訴訟之第二審判決，經上訴於第三審法院，對於其附帶民事訴訟之判決所提起之上訴，已有刑事上訴書狀之理由可資引用者，得不敘述上訴之理由。

第508條（第三審上訴之判決無理由駁回）
第三審法院認爲刑事訴訟之上訴無理由而駁回之者，應分別情形，就附帶民事訴訟之上訴，爲左列之判決：
一　附帶民事訴訟之原審判決無可爲上訴理由之違背法令者，應駁回其上訴。
二　附帶民事訴訟之原審判決有　可爲上訴理由之違背法令者，應將其判決撤銷，就該案件自爲判決。但有審理事實之必要時，應將該案件發回原審法院之民事庭，或發交與原審法院同級之他法院民事庭。

第509條（第三審上訴之判決自為判決）
第三審法院認爲刑事訴訟之上訴有理由，將原審判決撤銷而就該案件自爲判決者，應分別情形，就附帶民事訴訟之上訴爲左列之判決：
一　刑事訴訟判決之變更，其影響及於附帶民事訴訟，或附帶民事訴訟之原審判決有可爲上訴理由之違背法令者，應將原審判決撤銷，就該案件自爲判決。但有審理事實之必要時，應將該案件發回原審法院之民事庭，或發交與原審法院同級之他法院民事庭。
二　刑事訴訟判決之變更，於附帶民事訴訟無影響，且附帶民事訴訟之原審判決無可爲上訴理由之違背法令者，應將上訴駁回。

第510條（第三審上訴之判決—發回更審或發交審判）
第三審法院認爲刑事訴訟之上訴有理由，撤銷原審判決，而將該案件發回或發交原審法院或他法院者，應併就附帶民事訴訟之上訴，爲同一之判決。

第511條（裁判—移送民庭）
I 法院如僅應就附帶民事訴訟爲審判者，應以裁定將該案件移送該法院之民事庭。但附帶民事訴訟之上訴不合法者，不在此限。
II 對於前項裁定，不得抗告。

☐ 實務見解

▶67年度第13次刑事庭會議決議（67.12.12）

提起附帶民事訴訟，**以有刑事訴訟之存在爲前提**，刑事訴訟程序終了後，即無提起附帶民事訴訟之餘地。**若果提起而經法院認爲不合法予以駁回，雖經合法上訴，上級法院亦無從爲實體上之審判**。此與合法提起之附帶民事訴訟，經合法上訴，而法院僅應就附帶民事訴訟審判且可爲實體上之審判者，迴不相同。如果予以移送民事庭於接受此項移送案件後，仍應認上訴爲不合法，而裁定駁回，毫無實益可言。本院二十五年十一月十日刑事庭總決議刑事訴訟法（舊法）第五百十五條（現行刑事訴訟法第五百十一條）所謂審判，專指實體上之審判而言，揆之立法本意，當亦如是。司法院院字第一九八四號解釋及本院第二十六年鄂附字第八四號、二十八年移字第二號及第三號判例所示意旨，均非指此種不合法之附帶民事訴訟之情形而言。本例情形（刑事訴訟程序終了後，提起附帶民事訴訟，法院認爲原告之訴不合法，依刑事訴訟法第五百零二條第一項規定，判決予以駁回，原告合法提起上訴。）上級法院刑事庭應認爲上訴無理由，逕以而判決駁回（此種因維持原審程序判決而駁回上訴之判決亦屬程序判決，非實體判決），無刑事訴訟法第五百十一條第一項前段之適用。

第512條（附帶民訴之再審）
對於附帶民事訴訟之判決聲請再審者，應依民事訴訟法向原判決法院之民事庭提起再審之訴。

刑事訴訟法施行法

1.中華民國 24 年 4 月 1 日國民政府制定公布全文 16 條；並自同年 7 月 1 日施行
2.中華民國 56 年 1 月 28 日總統令修正公布名稱及全文 7 條（原名稱：中華民國刑事訴訟法施行法）
3.中華民國 79 年 8 月 3 日總統令修正公布第 5 條條文
4.中華民國 84 年 10 月 20 日總統令修正公布第 1、5 條條文
5.中華民國 86 年 12 月 19 日總統令修正公布第 4 條條文
6.中華民國 90 年 1 月 12 日總統令增訂公布第 7-1 條條文
7.中華民國 92 年 2 月 6 日總統令增訂公布第 7-2、7-3 條條文
8.中華民國 95 年 6 月 14 日總統令增訂公布第 7-4 條條文；並自 95 年 7 月 1 日施行
9.中華民國 96 年 7 月 4 日總統令增訂公布第 7-5 條條文
10.中華民國 98 年 7 月 8 日總統令增訂公布第 7-6 條條文
11.中華民國 103 年 6 月 18 日總統令增訂公布第 7-7 條條文；並自公布後六個月施行
12.中華民國 104 年 2 月 4 日總統令增訂公布第 7-8 條條文
13.中華民國 105 年 6 月 22 日總統令增訂公布第 7-9 條條文；並自 105 年 7 月 1 日施行
14.中華民國 106 年 4 月 26 日總統令增訂公布第 7-10 條條文
15.中華民國 108 年 6 月 19 日總統令增訂公布第 7-11 條條文；並自修正公布後六個月施行
16.中華民國 109 年 1 月 15 日總統令增訂公布第 7-12 條條文

第 1 條（修正刑事訴訟法之意義）
本法稱修正刑事訴訟法者，謂中華民國八十四年十月五日修正後公布施行之刑事訴訟法。

第 2 條（程序從新原則）
修正刑事訴訟法施行前，已經開始偵查或審判之案件，除有特別規定外，其以後之訴訟程序，應依修正刑事訴訟法終結之。

第 3 條（公設辯護人及指定辯護人）
在未設置公設辯護人之法院，修正刑事訴訟法第三十一條之辯護人，由審判長指定律師或推事充之。

第 4 條（羈押之延長及撤銷）
Ⅰ刑事訴訟法關於羈押之規定於中華民國八十六年修正施行前羈押之被告，其延長及撤銷羈押，依修正後第一百零八條之規定，其延長羈押次數及羈押期間，連同施行前合併計算。
Ⅱ前項羈押之被告，於偵查中經檢察官簽發押票，或禁止接見、通信、受授書籍及其他物件，或命扣押書信物件，或核准押所長官為束縛被告身體之處分者，其效力不受影響。

第 5 條（程序從舊）
Ⅰ修正刑事訴訟法施行前，原得上訴於第三審之案件，已繫屬於各級法院者，仍依施行前之法定程序終結之。
Ⅱ修正刑事訴訟法施行前，已繫屬於各級法院之簡易程序案件，仍應依施行前之法定程序終結之。

第 6 條（程序從舊）
修正刑事訴訟法施行前，已繫屬於各級法院之附帶民事訴訟，仍應依施行前之法定程序終結之。

第 7 條（施行日）
本法自修正刑事訴訟法施行之日施行。

第 7 條之 1（施行日）
中華民國九十年一月三日修正之刑事訴訟法，自九十年七月一日施行。

第 7 條之 2（施行日）
中華民國九十二年一月十四日修正通過之刑事訴訟法第一百十七條之一、第一百十八條、第一百二十一條、第一百七十五條、第一百八十二條、第一百八十三條、第一百八十九條、第一百九十三條、第一百九十五條、第一百九十八條、第二百條、第二百零一條、第二百零五條、第二百二十九條、第二百三十六條之一、第二百三十六條之二、第二百五十八條之一、第二百七十一條之一、第三百零三條及第三百零七條自公布日施行；其他條文自中華民國九十二年九月一日施行。

第 7 條之 3（修正前已繫屬各級法院案件之適用規定）
中華民國九十二年一月十四日修正通過之刑事訴訟法施行前，已繫屬於各級法院之案件，其以後之訴訟程序，應依修正刑事訴訟法終結之。但修正刑事訴訟法施行前已依法定程序進行之訴訟程序，其效力不受影響。

第 7 條之 4（施行日）
中華民國九十五年五月二十三日修正通過之刑事訴訟法，自九十五年七月一日施行。

第 7 條之 5（修正前不服地方法院第一審判而上訴者之適用規定）
中華民國九十六年六月十五日修正通過之刑事訴訟法施行前，不服地方法院第一審判決而上訴者，仍適用修正前第三百六十一條、第三百六十七條規定。

第 7 條之 6（施行日）
中華民國九十八年六月十二日修正通過之刑事訴訟法第二百五十三條之二、第四百四十九條、第四百七十九條、第四百八十條，自九十八年九月一日施行；第九十三條自九十九年一月一日施行。

第 7 條之 7（施行日及刑事保證金之處理）
Ⅰ中華民國一百零三年五月三十日修正通過之刑事訴訟法第一百十九條之一，自修正公布後六個月施行。
Ⅱ自繳納之翌日起至前項所定施行之日止已逾十年

之刑事保證金，於本法施行後經公告領取者，自公告之日起已滿二年，無人聲請發還者，歸屬國庫。

Ⅲ自繳納之翌日起至第一項所定施行之日止未逾十年之刑事保證金，於本法施行後經公告領取者，適用刑事訴訟法第一百十九條之一第一項後段之規定。

第7條之8（施行日）

Ⅰ中華民國一百零四年一月二十三日修正通過之刑事訴訟法施行前，以不屬於修正前刑事訴訟法第四百二十條第一項第六款之新事實、新證據，依該規定聲請再審，經聲請人依刑事訴訟法第四百三十一條第一項撤回，或經法院專以非屬事實審法院於判決前因未發現而不及調查斟酌之新證據為由，依刑事訴訟法第四百三十四條第一項裁定駁回，於施行後復以同一事實、證據聲請再審，而該事實、證據符合修正後規定者，不適用刑事訴訟法第四百三十一條第二項、第四百三十四條第二項規定。

Ⅱ前項情形，經聲請人依刑事訴訟法第四百三十一條第一項撤回，或經法院依刑事訴訟法第四百三十四條第一項裁定駁回後，仍適用刑事訴訟法第四百三十一條第二項、第四百三十四條第二項規定。

第7條之9（施行日）

Ⅰ中華民國一百零五年五月二十七日修正通過之刑事訴訟法，自一百零五年七月一日施行。

Ⅱ中華民國一百零五年五月二十七日修正通過之刑事訴訟法施行前，已繫屬於各級法院之案件，其以後之訴訟程序，應依修正刑事訴訟法終結之。但修正刑事訴訟法施行前已依法定程序進行之訴訟程序，其效力不受影響。

第7條之10（施行日）

Ⅰ中華民國一百零六年四月二十一日修正通過之刑事訴訟法第三十三條之一、第九十三條、第一百零一條，自公布日施行；第三十一條之一自一百零七年一月一日施行。

Ⅱ中華民國一百零六年四月二十一日修正通過之刑事訴訟法施行前，法院已受理之偵查中聲請羈押案件，其以後之訴訟程序，應依修正刑事訴訟法終結之。但修正刑事訴訟法施行前已依法定程序進行之訴訟程序，其效力不受影響。

第7條之11（施行日）

Ⅰ中華民國一百零八年五月二十四日修正通過之刑事訴訟法，自修正公布後六個月施行。

Ⅱ中華民國一百零八年五月二十四日修正通過之刑事訴訟法施行前，偵查或審判中經限制出境、出海者，應於生效施行之日起二個月內，依刑事訴訟法第八章之一規定重為處分，逾期未重為處分者，原處分失其效力。

Ⅲ依前項規定重為處分者，期間依刑事訴訟法第九十三條之三之規定重新起算。但犯最重本刑為有期徒刑十年以下之罪者，審判中之限制出境、出海期間，連同原處分期間併計不得逾五年。

第7條之12（施行日）

Ⅰ中華民國一百零八年十二月十七日修正通過之刑事訴訟法部分條文，除第三十八條之一、第五十一條第一項、第七十一條第二項、第八十五條第二項、第八十九條、第九十九條、第一百四十二條第三項、第一百九十二條、第二百八十九條自公布後六個月施行外，自公布日施行。

Ⅱ中華民國一百零八年十二月十七日修正通過之刑事訴訟法施行前，經宣告無期徒刑之案件，尚未依職權送交上級法院審判者，於施行後仍適用修正前第三百四十四條第五項規定。

Ⅲ再議期間及上訴期間，於中華民國一百零八年十二月十七日修正通過之刑事訴訟法施行時，依修正前之規定尚未屆滿者，適用修正後第二百五十六條、第二百五十六條之一及第三百四十九條之規定。

Ⅳ案件在第三審上訴中，於中華民國一百零八年十二月十七日修正通過之刑事訴訟法施行時，尚未判決者，其補提理由書期間，適用修正後第三百八十二條之規定。

國民法官法

中華民國109年7月22日立法院三讀通過制定國民法官法

第一章　總　則

第1條

為使國民與法官共同參與刑事審判，提升司法透明度，反映國民正當法律感情，增進國民對於司法之瞭解及信賴，彰顯國民主權理念，特制定本法。

第2條

本法用詞，定義如下：

一　國民法官：指依本法選任，參與審判及終局評議之人。

二　備位國民法官：指法院視審理需要，依本法選任，於國民法官不能執行其職務時，依序遞補為國民法官之人。

三　終局評議：指國民法官法庭於辯論終結後，由法官與國民法官就事實之認定、法律之適用及科刑共同討論、表決之程序。

四　國民法官法庭：指由法官三人及國民法官六人共同組成，就本法所定行國民參與審判之案件，共同進行審判之合議庭。

第3條

I 行國民參與審判之案件，由法官三人及國民法官六人共同組成國民法官法庭，共同進行審判，並以庭長充審判長；無庭長或庭長有事故時，以法官中資深者充之，資同以年長者充之。

II 中華民國國民，有依本法規定擔任國民法官或備位國民法官，參與刑事審判之權利及義務。

III 國民法官之選任，應避免選任帶有偏見、歧視、差別待遇或有其他不當行為之人擔任。

第4條

行國民參與審判之案件，除本法有特別規定外，適用法院組織法、刑事訴訟法及其他法律之規定。

第二章　適用案件及管轄

第5條

I 除少年刑事案件及犯毒品危害防制條例之罪之案件外，下列經檢察官提起公訴且由地方法院管轄之第一審案件應行國民參與審判：

一　所犯最輕本刑為十年以上有期徒刑之罪。

二　故意犯罪因而發生死亡結果者。

II 前項罪名，以起訴書記載之犯罪事實及所犯法條為準。

III 檢察官非以第一項所定案件起訴，法院於第一次審判期日前，認為應變更所犯法條為第一項之罪名者，應裁定行國民參與審判。

IV 刑事訴訟法第二百六十五條之規定，於行國民參與審判之案件，不適用之。

V 行國民參與審判之案件，被告未經選任辯護人者，審判長應指定公設辯護人或律師。

VI 第一項案件，法院得設立專業法庭辦理。

第6條

I 應行國民參與審判之案件，有下列情形之一者，法院得依職權或當事人、辯護人、輔佐人之聲請，於聽取當事人、辯護人、輔佐人之意見後，裁定不行國民參與審判：

一　有事實足認行國民參與審判有難期公正之虞。

二　對於國民法官、備位國民法官本人或其配偶、八親等內血親、五親等內姻親或家長、家屬之生命、身體、自由、名譽、財產有致生危害之虞。

三　案件情節繁雜或需高度專業知識，非經長久時日顯難完成審判。

四　被告就被訴事實為有罪之陳述，經審判長告知被告通常審判程序之旨，且依案件情節，認不行國民參與審判為適當。

五　其他有事實足認行國民參與審判顯不適當。

II 於國民法官法庭組成後，法院於前項裁定前並應聽取國民法官、備位國民法官之意見。

III 法院為第一項裁定，應審酌公共利益、國民法官與備位國民法官之負擔，及當事人訴訟權益之均衡維護。

IV 第一項裁定，當事人得抗告。抗告中，停止審判。抗告法院應即時裁定，認為抗告有理由者，應自為裁定。

V 依第一項規定裁定不行國民參與審判之案件，裁定前已依法定程序所進行之訴訟程序，其效力不受影響。

第7條

I 檢察官以被告犯應行國民參與審判之罪與非應行國民參與審判之罪，合併起訴者，應合併行國民參與審判。但關於非應行國民參與審判之罪，法院得於第一次審判期日前，聽取當事人、辯護人及輔佐人之意見後，裁定不行國民參與審判。

II 前項裁定，當事人得抗告。抗告中，停止審判。

第三章　國民法官及備位國民法官

第一節　通　則

第 8 條
國民法官之職權，除本法另有規定外，與法官同。
第 9 條
I 國民法官依據法律獨立行使職權，不受任何干涉。
II 國民法官應依法公平誠實執行職務，不得為有害司法公正信譽之行為。
III 國民法官不得洩漏評議秘密及其他職務上知悉之秘密。
第 10 條
I 法院認有必要時，得選任一人至四人為備位國民法官，於國民法官不能執行其職務時，依序遞補為國民法官。
II 前二條規定，於備位國民法官準用之。
第 11 條
I 國民法官、備位國民法官及受通知到庭之候選國民法官，應按到庭日數支給日費、旅費及相關必要費用。
II 前項費用之支給辦法，由司法院定之。

第二節 國民法官及備位國民法官之資格

第 12 條
I 年滿二十三歲，且在地方法院管轄區域內繼續居住四個月以上之中華民國國民，有被選任為國民法官、備位國民法官之資格。
II 前項年齡及居住期間之計算，均以算至備選國民法官複選名冊供使用年度之一月一日為準，並以戶籍登記資料為依據。
III 第一項居住期間之計算，自戶籍遷入登記之日起算。
第 13 條
有下列情形之一者，不得被選任為國民法官、備位國民法官：
一 褫奪公權，尚未復權。
二 曾任公務人員而受免除職務處分，或受撤職處分，其停止任用期間尚未屆滿。
三 現任公務人員而受休職、停職處分，其休職、停職期間尚未屆滿。
四 人身自由依法受拘束中。
五 因案經檢察官提起公訴或聲請以簡易判決處刑，或經自訴人提起自訴，尚未判決確定。
六 曾受有期徒刑以上刑之宣告確定。
七 受有期徒刑以上刑之宣告確定，現於緩刑期內或期滿後未逾二年。
八 於緩起訴期間內，或期滿後未逾二年。
九 受觀察勒戒或戒治處分，尚未執行，或執行完畢未滿二年。
十 受監護或輔助宣告，尚未撤銷。
十一 受破產宣告或經裁定開始清算程序，尚未復權。
第 14 條
下列人員，不得被選任為國民法官、備位國民法官：
一 總統、副總統。
二 各級政府機關首長、政務人員及民意代表。
三 政黨黨務工作人員。
四 現役軍人、警察。
五 法官或曾任法官。
六 檢察官或曾任檢察官。
七 律師、公設辯護人或曾任律師、公設辯護人。
八 現任或曾任教育部審定合格之大學或獨立學院專任教授、副教授或助理教授，講授主要法律科目者。
九 司法院、法務部及所屬各機關之公務人員。
十 司法官考試、律師考試及格之人員。
十一 司法警察官、司法警察。
十二 未完成國民教育之人員。
第 15 條
下列人員，不得就行國民參與審判之案件被選任為國民法官、備位國民法官：
一 被害人。
二 現為或曾為被告或被害人之配偶、八親等內之血親、五親等內之姻親或家長、家屬。
三 與被告或被害人訂有婚約。
四 現為或曾為被告或被害人之法定代理人、輔助人。
五 現為或曾為被告或被害人之同居人或受僱人。
六 現為或曾為被告之代理人、辯護人或輔佐人或曾為附帶民事訴訟當事人之代理人、輔佐人。
七 現為或曾為告訴人、告訴代理人、告發人、證人或鑑定人。
八 曾參與偵查或審理者。
九 有具體事證足認其執行職務有難期公正之虞。
第 16 條
I 有下列情形之一者，得拒絕被選任為國民法官、備位國民法官：
一 年滿七十歲以上者。
二 公立或已立案私立學校之教師。
三 公立或已立案私立學校之在校學生。
四 有重大疾病、傷害、生理或心理因素致執行國民法官、備位國民法官職務顯有困難。
五 執行國民法官、備位國民法官職務有嚴重影響其身心健康之虞。
六 因看護、養育親屬致執行國民法官、備位國民法官職務顯有困難。
七 因重大災害生活所仰賴之基礎受顯著破壞，有處理為生活重建事務之必要時。
八 因生活上、工作上、家庭上之重大需要致執行國民法官、備位國民法官職務顯有困難。

九　曾任國民法官或備位國民法官未滿五年。
十　除前款情形外，曾為候選國民法官經通知到庭未滿一年。

II 前項年齡及期間之計算，均以候選國民法官通知書送達之日為準。

第三節　國民法官及備位國民法官之選任

第 17 條

I 地方法院應於每年九月一日前，將所估算之次年度所需備選國民法官人數，通知管轄區域內之直轄市、縣（市）政府。

II 前項之直轄市、縣（市）政府應於每年十月一日前，自地方法院管轄區域內具有第十二條第一項之資格者，以隨機抽選方式選出地方法院所需人數之備選國民法官，造具備選國民法官初選名冊，送交地方法院。

III 前項備選國民法官初選名冊之製作及管理辦法，由司法院會同行政院定之。

第 18 條

各地方法院應設置備選國民法官審核小組，院長或其指定之人為當然委員兼召集人，其餘委員五人由院長聘任下列人員組成之：

一　該地方法院法官一人。
二　該地方法院對應之檢察署檢察官一人。
三　該地方法院管轄區域內之直轄市、縣（市）政府民政局（處）長或其指派之代表一人。
四　該地方法院管轄區域內律師公會推薦之律師代表一人；管轄區域內無律師公會者，得由全國律師聯合會推薦之。
五　前款以外之該地方法院管轄區域內之學者專家或社會公正人士一人。

第 19 條

I 備選國民法官審核小組之職權如下：

一　審查直轄市、縣（市）政府製作之備選國民法官初選名冊是否正確。
二　審查備選國民法官有無第十三條或第十四條所定情形。
三　造具備選國民法官複選名冊。

II 備選國民法官審核小組為前項審查之必要，得蒐集資料及調查，相關資料保管機關應予配合。

III 前二項備選國民法官審核小組審查程序、蒐集資料與調查方法及其他職權行使事項之辦法，由司法院定之。

IV 備選國民法官審核小組委員及其他參與人員因執行職務所知悉之個人資料，應予保密。

第 20 條

地方法院於備選國民法官複選名冊造具完成後，應以書面通知名冊內之各備選國民法官。

第 21 條

I 行國民參與審判之案件，於審判期日之訴訟程序前，法院應自備選國民法官複選名冊中，以隨機抽選方式選出該案所需人數之候選國民法官，並為必要之調查，以審核其有無不具第十二條第一項所定資格，或有第十三條至第十五條所定情形而應予除名。

II 前項情形，如候選國民法官不足該案所需人數，法院應依前項規定抽選審核補足之。

第 22 條

I 法院應於國民法官選任期日三十日前，以書面通知候選國民法官於選任期日到庭。

II 前項通知，應併檢附國民參與審判制度概要說明書、候選國民法官調查表；候選國民法官應就調查表據實填載之，並於選任期日十日前送交法院。

III 前項說明書及調查表應記載之事項，由司法院定之。

IV 法院於收受第二項之調查表後，應為必要之調查，如有不具第十二條第一項所定資格，或有第十三條至第十五條所定情形，或有第十六條所定情形且經其陳明拒絕被選任者，應予除名，並通知之。

第 23 條

I 法院應於國民法官選任期日二日前，將應到庭之候選國民法官名冊，送交檢察官及辯護人。

II 法院為進行國民法官選任程序，應將應到庭之候選國民法官之調查表，提供檢察官及辯護人檢閱。但不得抄錄或攝影。

第 24 條

I 國民法官選任期日，法院應通知當事人及辯護人。

II 被告於選任期日得不到場。法院認為不適當者，亦得禁止或限制被告在場。

第 25 條

I 國民法官選任程序，不公開之；非經檢察官、辯護人到庭，不得進行。

II 法院為續行國民法官選任程序，經面告以下次應到之日、時、處所，及不到場之處罰，並記明筆錄者，與已送達通知有同一之效力。

第 26 條

I 法院為踐行第二十七條之程序，得隨時依職權或檢察官、辯護人之聲請，對到庭之候選國民法官進行詢問。

II 前項詢問，經法院認為適當者，得由檢察官或辯護人直接行之。

III 前二項之詢問，法院得視情形對候選國民法官之全體、部分或個別為之，且不以一次為限。

IV 候選國民法官對於第一項、第二項之詢問，不得為虛偽之陳述；非有正當理由，不得拒絕陳述。

V 候選國民法官不得洩漏因參與選任期日而知悉之

秘密。

VI法院應於第一次詢問前，告知候選國民法官前二項義務及違反之法律效果。

第 27 條

I 候選國民法官不具第十二條第一項所定資格，或有第十三條至第十五條所定情形，或違反第二十六條第四項規定者，法院應依職權或當事人、辯護人之聲請，裁定不選任之。但辯護人依第十五條第九款所為之聲請，不得與被告明示之意思相反。

II 法院認候選國民法官有第十六條第一項所定情形，且經其陳明拒絕被選任者，應為不選任之裁定。

第 28 條

I 檢察官、被告與辯護人，於前條所定程序後，另得不附理由聲請法院不選任特定之候選國民法官。但檢察官、被告與辯護人雙方各不得逾四人。

II 辯護人之聲請，不得與被告明示之意思相反。

III 雙方均提出第一項聲請者，應交互為之，並由檢察官先行聲請。

IV 法院對於第一項之聲請，應為不選任之裁定。

第 29 條

I 法院應於踐行前二條之程序後，自到庭且未受不選任裁定之候選國民法官中，以抽籤方式抽選六名國民法官及所需人數之備位國民法官。

II 備位國民法官經選出後，應編定其遞補序號。

第 30 條

I 除依前條之抽選方式外，法院認有必要且經檢察官、辯護人同意者，得先以抽籤方式自到庭之候選國民法官中抽出一定人數，對其編定序號並為第二十七條、第二十八條之不選任裁定。經抽出且未受裁定不選任者，依序號順次定為國民法官、備位國民法官至足額為止。

II 法院為選出足額之國民法官及備位國民法官，得重複為前項之程序。

III 前條第二項規定，於前二項之情形準用之。

第 31 條

無足夠候選國民法官可受抽選為國民法官或備位國民法官時，法院不得逕行抽選部分國民法官或備位國民法官，應重新踐行選任程序。

第 32 條

關於選任程序之裁定，不得抗告。

第 33 條

地方法院為調查第十二條第一項、第十三條至第十五條事項，得利用相關之個人資料資料庫進行自動化檢核，管理及維護之機關不得拒絕，並應提供批次化查詢介面及使用權限。

第 34 條

關於踐行選任程序必要事項之辦法，由司法院定之。

第四節　國民法官及備位國民法官之解任

第 35 條

I 國民法官、備位國民法官有下列情形之一者，法院應依職權或當事人、辯護人、輔佐人之書面聲請，以裁定解任之：

一　不具第十二條第一項所定資格，或有第十三條至第十五條所定情形。

二　未依本法規定宣誓。

三　於選任程序受詢問時為虛偽之陳述，足認其繼續執行職務已不適當。

四　未依本法規定全程參與審判期日之訴訟程序、參與終局評議，足認其繼續執行職務已不適當。

五　不聽從審判長之指揮，致妨害審判期日之訴訟程序或終局評議之順暢進行，足認其繼續執行職務已不適當。

六　為有害司法公正信譽之行為或洩漏應予保密之事項，足認其繼續執行職務已不適當。

七　其他可歸責於國民法官、備位國民法官之事由，足認其繼續執行職務不適當。

八　因不可抗力事由致不能或不宜執行職務。

II 法院為前項裁定前，應聽取當事人、辯護人及輔佐人之意見，並予該國民法官或備位國民法官陳述意見之機會；其程序，不公開之。

III 第一項之裁定，當事人、辯護人或輔佐人得聲請撤銷並更為裁定。

IV 前項之聲請，由同法院之其他合議庭裁定，於程序終結前，應停止訴訟程序。

V 前項裁定，應即時為之；認為聲請有理由者，應撤銷原裁定並自為裁定。

VI 第四項裁定，不得抗告。

第 36 條

I 國民法官、備位國民法官於受選任後有第十六條第一項第四款至第八款情形之一，致繼續執行職務顯有困難者，得以書面向法院聲請辭去其職務。

II 法院認前項聲請為無理由者，應裁定駁回之；認為有理由者，應裁定解任之。

III 前項裁定，不得抗告。

第 37 條

I 國民法官、備位國民法官因前二條之規定解任者，國民法官所生缺額，由備位國民法官依序遞補之；備位國民法官所生缺額，由序號在後之備位國民法官遞補之。

II 無備位國民法官可遞補國民法官缺額時，法院應重新踐行選任程序補足之。

第 38 條

有下列情形之一者，國民法官、備位國民法官之職務即告終了：
一　宣示判決。
二　經依第六條第一項之規定裁定不行國民參與審判確定。

第五節　國民法官、備位國民法官及候選國民法官之保護

第 39 條
國民法官、備位國民法官於執行職務期間，或候選國民法官受通知到庭期間，其所屬機關（構）、學校、團體、公司、廠場應給予公假；並不得以其現任或曾任國民法官、備位國民法官或候選國民法官爲由，予以任何職務上不利處分。

第 40 條
Ｉ除有特別規定者外，任何人不得揭露個人資料保護法第二條第一款所定屬於國民法官、備位國民法官或候選國民法官之個人資料。
II國民法官、備位國民法官或候選國民法官個人資料保護之方式、期間、範圍、處理及利用等事項之辦法，由司法院會同行政院定之。

第 41 條
Ｉ任何人不得意圖影響審判，而以任何方式與國民法官、備位國民法官或候選國民法官接觸、聯絡。
II任何人不得向現任或曾任國民法官、備位國民法官或候選國民法官之人，刺探依法應予保密之事項。

第 42 條
法院得依職權或當事人、辯護人、輔佐人、國民法官或備位國民法官之聲請，對國民法官、備位國民法官，予以必要之保護措施。

第四章　審理程序

第一節　起　訴

第 43 條
Ｉ行國民參與審判之案件，檢察官起訴時，應向管轄法院提出起訴書，並不得將卷宗及證物一併送交法院。
II起訴書應記載下列事項：
一　被告之姓名、性別、出生年月日、身分證明文件編號、住所或居所或其他足資辨別之特徵。
二　犯罪事實。
三　所犯法條。
III前項第二款之犯罪事實，以載明日、時、處所及方法特定之。
IV起訴書不得記載使法院就案件產生預斷之虞之內容。
V刑事訴訟法第一百六十一條第二項至第四項之規定，於行國民參與審判之案件，不適用之。

第二節　基本原則

第 44 條
Ｉ於起訴後至第一次審判期日前，有關強制處分及證據保全之事項，由未參與本案審理之管轄法院法官處理之。但因管轄法院法官員額不足，致不能由未參與本案審理之法官處理時，不在此限。
II前項但書情形，法官不得接受或命提出與該強制處分審查無關之陳述或證據。

第 45 條
爲使國民法官、備位國民法官易於理解、得以實質參與，並避免造成其時間與精神上之過重負擔，法官、檢察官或辯護人應爲下列各款事項之處理：
一　於準備程序，進行詳盡之爭點整理。
二　於審判期日之訴訟程序，進行集中、迅速之調查證據及辯論。
三　於國民法官、備位國民法官請求時，進行足爲釐清其疑惑之說明；於終局評議時，使其完整陳述意見。

第 46 條
審判長指揮訴訟，應注意法庭上之言詞或書面陳述無使國民法官、備位國民法官產生預斷之虞或偏見之事項，並隨時爲必要之闡明或釐清。

第三節　準備程序

第 47 條
Ｉ法院應於第一次審判期日前，行準備程序。
II準備程序，得爲下列各款事項之處理：
一　起訴效力所及之範圍與有無應變更檢察官所引應適用法條之情形。
二　訊問被告及辯護人對檢察官起訴事實是否爲認罪之答辯。
三　案件爭點之整理。
四　曉諭爲證據調查之聲請。
五　有關證據開示之事項。
六　有關證據能力及證據有無調查必要之事項。
七　依職權調查之證據，予當事人、辯護人或輔佐人陳述意見之機會。
八　命爲鑑定或爲勘驗。
九　確認證據調查之範圍、次序及方法。
十　與選任程序有關之事項。
十一　其他與審判有關之事項。
III法院應依前項整理結果，作成審理計畫。審理計畫之格式及應記載之事項，由司法院定之。
IV準備程序，得以庭員一人爲受命法官行之。受命法官行準備程序，與法院或審判長有同一之權限。但第五十條第一項、第六十條第一項、第六十二條第一項、第二項、刑事訴訟法第一百二十

一條之裁定，不適用之。

第 48 條

I 法院應指定準備程序期日，傳喚被告，並通知檢察官、辯護人及輔佐人到庭。

II 法院認有必要者，得傳喚或通知訴訟關係人於準備程序期日到庭。

III 檢察官、辯護人不到庭者，不得行準備程序。

IV 第一次準備程序期日之傳票或通知，至遲應於十四日前送達。

第 49 條

法院為處理第四十七條第二項之各款事項，得對當事人、辯護人、輔佐人及訴訟關係人為必要之訊問。

第 50 條

I 準備程序之進行，除有下列情形之一者外，應於公開法庭行之：

一　法律另有規定者。

二　有妨害國家安全、公共秩序或善良風俗之虞，經裁定不予公開。

三　為期程序順利進行，經聽取當事人、辯護人及輔佐人之意見後，裁定不予公開。

II 前項裁定，不得抗告。

III 國民法官及備位國民法官，於準備程序期日無須到庭。

第 51 條

I 檢察官、辯護人因準備程序之必要，宜相互聯絡以確認下列事項：

一　檢察官起訴書記載之犯罪事實、所犯法條及被告之陳述或答辯。

二　本案之爭點。

三　雙方預定聲請調查證據項目、待證事實，及其範圍、次序及方法。

四　雙方對聲請調查證據之意見。

II 辯護人應於第一次準備程序期日前，與被告事先確定事實關係，整理爭點。

III 法院認為適當者，得於準備程序期日前，聯繫檢察官、辯護人並協商訴訟進行之必要事項。

第 52 條

I 檢察官因準備程序之必要，應以準備程序書狀分別具體記載下列各款之事項，提出於法院，並將繕本送達於被告或辯護人：

一　聲請調查之證據及其與待證事實之關係。

二　聲請傳喚之證人、鑑定人、通譯之姓名、性別、住居所及預期詰問所需之時間。

II 前項事項有補充或更正者，應另以準備程序書狀或當庭以言詞提出於法院。

III 前二項書狀及陳述不得包含與起訴犯罪事實無關之事實、證據，及使法院就案件產生預斷之虞之內容。

IV 檢察官依第一項、第二項規定聲請調查證據，應慎選證據為之。

V 法院得於聽取檢察官、辯護人之意見後，定第一項、第二項書狀或陳述之提出期限。

第 53 條

I 檢察官於起訴後，應即向辯護人或被告開示本案之卷宗及證物。但有下列情形之一者，檢察官得拒絕開示或限制開示，並應同時以書面告知理由：

一　卷宗及證物之內容與被訴事實無關。

二　妨害另案之偵查。

三　涉及當事人或第三人之隱私或業務秘密。

四　危害他人生命、身體之虞。

II 前項之開示，係指賦予辯護人得檢閱、抄錄、重製或攝影卷宗及證物；或被告得預納費用向檢察官請求付與卷宗及證物之影本；或經檢察官許可，得在確保卷宗及證物安全之前提下檢閱原本之機會。其收費標準及方法，由行政院定之。

III 檢察官應於受理辯護人或被告之聲請後五日內開示之。如無法於五日內開示完畢者，得與辯護人或被告合意為適當之延展。

第 54 條

I 辯護人於檢察官依前條之規定開示證據後，應以準備程序書狀分別具體記載下列各款之事項，提出於法院，並將繕本送達於檢察官：

一　被告對檢察官起訴事實認罪與否之陳述；如否認犯罪，其答辯，及對起訴事實爭執或不爭執之陳述。

二　對檢察官聲請調查證據之證據能力及有無調查必要之意見。

三　聲請調查之證據及其與待證事實之關係。

四　聲請傳喚之證人、鑑定人、通譯之姓名、性別、住居所及預期詰問所需之時間。

五　對檢察官所引應適用法條之意見。

II 前項各款事項有補充或更正者，應另以準備程序書狀或當庭以言詞提出於法院。

III 第五十二條第三項至第五項規定，於前二項之情形準用之。

IV 被告亦得提出關於第一項各款事項之書狀或陳述。於此情形，準用第五十二條第三項、第四項之規定。

第 55 條

I 辯護人或被告依前條第一項、第二項、第四項規定向法院聲請調查證據之情形，應即向檢察官開示下列項目：

一　聲請調查之證據。

二　聲請傳喚之證人、鑑定人或通譯於審判期日前陳述之紀錄，無該紀錄者，記載預料其等於審判期日陳述要旨之書面。

II 第五十三條第三項之規定，於前項情形準用之。

第 56 條

Ⅰ檢察官於辯護人依前條之規定開示證據後，應表明對辯護人或被告聲請調查證據之證據能力及有無調查必要之意見。
Ⅱ前項事項有補充或更正者，應另提出於法院。
Ⅲ第五十二條第五項之規定，於前二項之情形準用之。

第 57 條
Ⅰ檢察官、辯護人認他造違反第五十三條、第五十五條規定未開示應開示之證據者，得聲請法院裁定命開示證據。
Ⅱ前項裁定，法院得指定開示之日期、方法或附加條件。
Ⅲ法院為第一項裁定前，應先聽取他造意見；於認有必要時，得命檢察官向法院提出證據清冊，或命當事人、辯護人向法院提出該證據，並不得使任何人檢閱、抄錄、重製或攝影之。
Ⅳ關於第一項裁定，得抗告。法院裁定命開示證據者，抗告中，停止執行。
Ⅴ抗告法院應即時裁定，認為抗告有理由者，應自為裁定。

第 58 條
檢察官或辯護人未履行前條第一項之開示命令者，法院得以裁定駁回其調查證據之聲請，或命檢察官、辯護人立即開示全部持有或保管之證據。

第 59 條
法院為前條之裁定前，應審酌其違反義務之態樣、原因及所造成之不利益等情事，審慎為之。

第 60 條
Ⅰ持有第五十三條之卷宗及證物內容者，不得就該內容為非正當目的之使用。
Ⅱ違反前項規定者，處一年以下有期徒刑、拘役或科新臺幣十五萬元以下罰金。

第 61 條
Ⅰ告訴代理人或訴訟參與人之代理人為律師者，於起訴後得向檢察官請求檢閱卷宗及證物並得抄錄、重製或攝影。
Ⅱ無代理人或代理人為非律師之訴訟參與人於起訴後，得預納費用向檢察官請求付與卷宗及證物之影本。
Ⅲ第一項及第二項卷宗及證物之內容與被告被訴事實無關或足以妨害另案之偵查，或涉及當事人或第三人之隱私或業務秘密，或有危害他人生命、身體之虞者，檢察官得限制之，並應同時以書面告知理由。
Ⅳ對於檢察官依前項所為之限制不服者，告訴代理人、訴訟參與人或其代理人得聲請法院撤銷或變更之。但代理人所為之聲請，不得與告訴人或訴訟參與人明示之意思相反。
Ⅴ法院就前項之聲請所為裁定，不得抗告。

第 62 條
Ⅰ法院應於準備程序終結前，就聲請或職權調查證據之證據能力有無為裁定。但就證據能力之有無，有於審判期日調查之必要者，不在此限。
Ⅱ當事人或辯護人聲請調查之證據，法院認為不必要者，應於準備程序終結前以裁定駁回之。
Ⅲ下列情形，應認為不必要：
一　不能調查。
二　與待證事實無重要關係。
三　待證事實已臻明瞭無再調查之必要。
四　同一證據再行聲請。
Ⅳ法院於第一項、第二項裁定前，得為必要之調查。但非有必要者，不得命提出所聲請調查之證據。
Ⅴ法院依第一項、第二項規定為裁定後，因所憑之基礎事實改變，致應為不同之裁定者，應即重新裁定；就聲請調查之證據，嗣認為不必要者，亦同。
Ⅵ審判期日始聲請或職權調查之證據，法院應於調查該項證據前，就其證據能力有無為裁定；就聲請調查之證據認為不必要者，亦同。
Ⅶ證據經法院裁定無證據能力或不必要者，不得於審判期日主張或調查之。
Ⅷ第一項、第二項、第五項及第六項之裁定，不得抗告。

第 63 條
Ⅰ法院於第四十七條第二項各款事項處理完畢後，應與當事人及辯護人確認整理結果及審理計畫內容，並宣示準備程序終結。
Ⅱ法院認有必要者，得裁定命再開已終結之準備程序。

第 64 條
Ⅰ當事人、辯護人於準備程序終結後不得聲請調查新證據。但有下列情形之一者，不在此限：
一　當事人、辯護人均同意，且法院認為適當者。
二　於準備程序終結後始取得證據或知悉其存在者。
三　不甚妨害訴訟程序之進行者。
四　為爭執審判中證人證述內容而有必要者。
五　非因過失，未能於準備程序終結前聲請者。
六　如不許其提出顯失公平者。
Ⅱ前項但書各款事由，應由聲請調查證據之人釋明之。
Ⅲ違反第一項之規定者，法院應駁回之。

第四節　審判期日

第 65 條
Ⅰ國民法官、備位國民法官於第一次審判期日前，應行宣誓。
Ⅱ備位國民法官經遞補為國民法官者，應另行宣誓。

Ⅲ前二項宣誓之程序、誓詞內容及筆錄製作等事項之辦法，由司法院定之。

第 66 條

Ⅰ審判長於前條第一項之程序後，應向國民法官、備位國民法官說明下列事項：

一　國民參與審判之程序。

二　國民法官、備位國民法官之權限、義務、違背義務之處罰。

三　刑事審判之基本原則。

四　被告被訴罪名之構成要件及法令解釋。

五　審判期日預估所需之時間。

六　其他應注意之事項。

Ⅱ審判期日之訴訟程序進行中，國民法官、備位國民法官就前項所定事項有疑惑者，得請求審判長釋疑。

第 67 條

審判期日，國民法官有缺額者，不得審判。

第 68 條

審判期日，除有特別情形外，應連日接續開庭。

第 69 條

Ⅰ關於證據能力、證據調查必要性與訴訟程序之裁定及法令之解釋，專由法官合議決定之。於決定前認有必要者，得聽取檢察官、辯護人、國民法官及備位國民法官之意見。

Ⅱ國民法官、備位國民法官對於前項之決定有疑惑者，得請求審判長釋疑。

第 70 條

Ⅰ檢察官於刑事訴訟法第二百八十八條第一項之調查證據程序前，應向國民法官法庭說明經依第四十七條第二項整理之下列事項：

一　待證事實。

二　聲請調查證據之範圍、次序及方法。

三　聲請調查之證據與待證事實之關係。

Ⅱ被告、辯護人主張待證事實或聲請調查證據者，應於檢察官為前項之說明後，向國民法官法庭說明之，並準用前項規定。

第 71 條

審判長於前條程序完畢後，應說明準備程序整理爭點之結果及調查證據之範圍、次序及方法。

第 72 條

審判長於聽取當事人、辯護人之意見後，得變更準備程序所擬定調查證據之範圍、次序及方法。

第 73 條

Ⅰ當事人、辯護人聲請傳喚之證人、鑑定人、通譯，於審判長為人別訊問後，由當事人、辯護人直接詰問之。國民法官、備位國民法官於證人、鑑定人、通譯經詰問完畢，得於告知審判長後，於待證事項範圍內，自行或請求審判長補充訊問之。

Ⅱ國民法官、備位國民法官於審判長就被訴事實訊問被告完畢，得於告知審判長後，就判斷罪責及科刑之必要事項，自行或請求審判長補充訊問之。

Ⅲ國民法官、備位國民法官於被害人或其家屬陳述意見完畢，得於告知審判長後，於釐清其陳述意旨之範圍內，自行或請求審判長補充詢問之。

Ⅳ審判長認國民法官、備位國民法官依前三項所為之訊問或詢問為不適當者，得限制或禁止之。

第 74 條

Ⅰ當事人、辯護人聲請調查之筆錄及其他可為證據之文書，由聲請人向國民法官法庭、他造當事人、辯護人或輔佐人宣讀。

Ⅱ前項文書由法院依職權調查者，審判長應向國民法官法庭、當事人、辯護人或輔佐人宣讀。

Ⅲ前二項情形，經當事人及辯護人同意，且法院認為適當者，得以告以要旨代之。

Ⅳ第一項及第二項之文書，有關風化、公安或有毀損他人名譽之虞者，應交國民法官法庭、當事人、辯護人或輔佐人閱覽，不得宣讀；如當事人或辯護人不解其意義者，並應由聲請人或審判長告以要旨。

第 75 條

Ⅰ前條之規定，於文書外之證物有與文書相同之效用者，準用之。

Ⅱ錄音、錄影、電磁紀錄或其他相類之證物可為證據者，聲請人應以適當之設備，顯示聲音、影像、符號或資料，使國民法官法庭、他造當事人、辯護人或輔佐人辨認或告以要旨。

Ⅲ前項證據由法院依職權調查者，審判長應以前項方式使國民法官法庭、當事人、辯護人或輔佐人辨認或告以要旨。

第 76 條

Ⅰ當事人、辯護人聲請調查之證物，由聲請人提示予國民法官法庭、他造當事人、辯護人或輔佐人辨認。

Ⅱ法院依職權調查之證物，審判長應提示予國民法官法庭、當事人、辯護人或輔佐人辨認。

Ⅲ前二項證物如係文書而當事人或辯護人不解其意義者，並應由聲請人或審判長告以要旨。

第 77 條

Ⅰ當事人、辯護人或輔佐人得於個別證據調查完畢後請求表示意見。審判長認為適當者，亦得請當事人、辯護人或輔佐人表示意見。

Ⅱ審判長應於證據調查完畢後，告知當事人、辯護人或輔佐人得對證據證明力表示意見。

第 78 條

依第七十四條至第七十六條所定程序調查之證據調查完畢後，應立即提出於法院。但經法院許可者，得僅提出複本。

第 79 條

I 調查證據完畢後，應命依下列次序就事實及法律分別辯論之：

一　檢察官。

二　被告。

三　辯護人。

II 前項辯論後，應命依同一次序，就科刑範圍辯論之。於科刑辯論前，並應予到場之告訴人、被害人或其家屬或其他依法得陳述意見之人，就科刑範圍表示意見之機會。

III 已依前二項辯論者，得再為辯論，審判長亦得命再行辯論。

第 80 條

I 參與審判之國民法官有更易者，除第三十七條第一項之情形外，應更新審判程序，新任國民法官有疑惑者，得請求審判長釋疑。

II 前項審判程序之更新，審判長應斟酌新任國民法官對於爭點、已經調查完畢證據之理解程度，及全體國民法官與備位國民法官負擔程度之均衡維護。

第五節　終局評議及判決

第 81 條

終局評議，除有特別情形外，應於辯論終結後，即時行之。

第 82 條

I 終局評議，由國民法官法庭法官與國民法官共同行之，依序討論事實之認定、法律之適用與科刑。

II 前項之評議，應由法官及國民法官全程參與，並以審判長為主席。

III 評議時，審判長應懇切說明刑事審判基本原則、本案事實與法律之爭點及整理各項證據之調查結果，並予國民法官、法官自主陳述意見及充分討論之機會，且致力確保國民法官善盡其獨立判斷之職責。

IV 審判長認有必要時，應向國民法官說明經法官合議決定之證據能力、證據調查必要性之判斷、訴訟程序之裁定及法令之解釋。

V 國民法官應依前項之說明，行使第一項所定之職權。

VI 評議時，應依序由國民法官及法官就事實之認定、法律之適用及科刑個別陳述意見。

VII 國民法官不得因其就評議事項係屬少數意見，而拒絕對次一應行評議之事項陳述意見。

VIII 旁聽之備位國民法官不得參與討論及陳述意見。

第 83 條

I 有罪之認定，以包含國民法官及法官雙方意見在內達三分之二以上之同意決定之。未獲該比例人數同意時，應諭知無罪之判決或為有利於被告之認定。

II 免訴、不受理或管轄錯誤之認定，以包含國民法官及法官雙方意見在內過半數之同意決定之。

III 有關科刑事項之評議，以包含國民法官及法官雙方意見在內過半數之意見決定之。但死刑之科處，非以包含國民法官及法官雙方意見在內達三分之二以上之同意，不得為之。

IV 前項本文之評議，因國民法官及法官之意見歧異，而未達包含國民法官及法官雙方意見在內之過半數意見者，以最不利於被告之意見，順次算入次不利於被告之意見，至達包含國民法官及法官雙方意見在內之過半數意見為止，為評決結果。

第 84 條

終局評議於當日不能終結者，除有特別情形外，應於翌日接續為之。

第 85 條

I 國民法官及法官就終局評議時所為之個別意見陳述、意見分布情形、評議之經過，應嚴守秘密。

II 案件之當事人、辯護人或輔佐人，得於裁判確定後聲請閱覽評議意見。但不得抄錄、攝影或影印。

III 前項之情形，個人資料保護法第二條第一款所定屬於國民法官之個人資料應予保密，不得供閱覽。

第 86 條

I 終局評議終結者，除有特別情形外，應即宣示判決。

II 宣示判決，應朗讀主文，說明其意義。但科刑判決，得僅宣示所犯之罪及主刑。

III 宣示判決，應通知國民法官到庭。但國民法官未到庭，亦得為之。

IV 判決經宣示後，至遲應於判決宣示之日起三十日內，將判決書原本交付書記官。

第 87 條

國民法官法庭宣示之判決，由法官製作判決書並簽名之，且應記載本件經國民法官全體參與審判之旨。

第 88 條

有罪之判決書，有關認定犯罪事實之理由，得僅記載證據名稱及對重要爭點判斷之理由。

第六節　上　訴

第 89 條

國民法官不具第十二條第一項所定之資格，或有第十三條、第十四條所定情形者，不得為上訴之理由。

第 90 條

I 當事人、辯護人於第二審法院，不得聲請調查新證據。但有下列情形之一，而有調查之必要者，不在此限：

一　有第六十四條第一項第一款、第四款或第六款之情形。

二　非因過失，未能於第一審聲請。

三　於第一審辯論終結後始存在或成立之事實、證據。

II 有證據能力，並經原審合法調查之證據，第二審法院得逕作爲判斷之依據。

第 91 條

行國民參與審判之案件經上訴者，上訴審法院應本於國民參與審判制度之宗旨，妥適行使其審查權限。

第 92 條

I 第二審法院認爲上訴有理由，或上訴雖無理由，而原審判決不當或違法者，應將原審判決經上訴之部分撤銷。但關於事實之認定，原審判決非違背經驗法則或論理法則，顯然影響於判決者，第二審法院不得予以撤銷。

II 第二審法院撤銷原審判決者，應就該案件自爲判決。但因原審判決有下列情形之一而撤銷者，應以判決將該案件發回原審法院：

一　諭知管轄錯誤、免訴、不受理係不當者。

二　有刑事訴訟法第三百七十九條第一款、第二款、第六款、第七款或第十三款之情形。

三　已受請求之事項未予判決。

四　諭知無罪，係違背法令而影響於事實之認定，或認定事實錯誤致影響於判決。

五　法院審酌國民參與審判制度之宗旨及被告防禦權之保障，認爲適當時。

第七節　再　審

第 93 條

判決確定後，參與判決之國民法官因該案件犯職務上之罪已經證明，且足以影響原判決者，亦得聲請再審。

第五章　罰　則

第 94 條

I 國民法官、備位國民法官要求、期約或收受賄賂或其他不正利益，而許以不行使其職務或爲一定之行使者，處三年以上十年以下有期徒刑，得併科新臺幣二百萬元以下罰金。

II 候選國民法官於未爲國民法官或備位國民法官時，預以不行使國民法官或備位國民法官之職務或爲一定之行使，要求、期約或收受賄賂或其他不正利益，而於爲國民法官或備位國民法官後履行者，亦同。

III 犯前二項之罪，於犯罪後自首，如有所得並自動繳交全部所得財物者，減輕或免除其刑；因而查獲其他正犯或共犯者，免除其刑。

IV 犯第一項、第二項之罪，在偵查中自白，如有所得並自動繳交全部所得財物者，減輕其刑；因而查獲其他正犯或共犯者，減輕或免除其刑。

V 犯第一項、第二項之罪，情節輕微，而其所得或所圖得財物或不正利益在新臺幣五萬元以下者，減輕其刑。

第 95 條

I 對於國民法官、備位國民法官，行求、期約或交付賄賂或其他不正利益，而約其不行使其職務或爲一定之行使者，處一年以上七年以下有期徒刑，得併科新臺幣一百萬元以下罰金。

II 犯前項之罪而自首者，免除其刑；在偵查或審判中自白者，減輕或免除其刑。

III 犯第一項之罪，情節輕微，而其行求、期約或交付之財物或不正利益在新臺幣五萬元以下者，減輕其刑。

第 96 條

意圖使國民法官、備位國民法官不行使其職務或爲一定之行使，或意圖報復國民法官、備位國民法官之職務行使，對其本人或其配偶、八親等內血親、五親等內姻親或家長、家屬，實行犯罪者，依其所犯之罪，加重其刑至二分之一。

第 97 條

I 現任或曾任國民法官、備位國民法官之人，無正當理由而洩漏評議秘密者，處一年以下有期徒刑、拘役或科新臺幣十萬元以下罰金。

II 除有特別規定者外，現任或曾任國民法官、備位國民法官之人，無正當理由而洩漏其他職務上知悉之秘密者，處六月以下有期徒刑、拘役或科新臺幣八萬元以下罰金。

第 98 條

除有特別規定者外，有下列情形之一者，處六月以下有期徒刑、拘役或科新臺幣八萬元以下罰金：

一　無正當理由而違反第十九條第四項、第二十六條第五項或第四十條第一項不得洩漏所知悉秘密之規定。

二　意圖影響審判而違反第四十一條第二項不得刺探依法應予保密事項之規定。

第 99 條

候選國民法官有下列情形之一者，得處新臺幣三萬元以下罰鍰：

一　明知爲不實之事項，而填載於候選國民法官調查表，提出於法院。

二　經合法通知，無正當理由而不於國民法官選任期日到場。

三　於國民法官選任期日爲虛僞之陳述或無正當理由拒絕陳述。

第 100 條

國民法官、備位國民法官拒絕宣誓者，得處新臺幣三萬元以下罰鍰。備位國民法官經遞補爲國民法

官，拒絕另行宣誓者，亦同。

第 101 條

無正當理由而有下列情形之一者，得處新臺幣三萬元以下罰鍰：

一　國民法官不於審判期日或終局評議時到場。

二　國民法官於終局評議時，以拒絕陳述或其他方式拒絕履行其職務。

三　備位國民法官不於審判期日到場。

第 102 條

國民法官、備位國民法官違反審判長所發維持秩序之命令，致妨害審判期日訴訟程序之進行，經制止不聽者，得處新臺幣三萬元以下罰鍰。

第 103 條

I 前四條罰鍰之處分，由國民法官法庭之法官三人合議裁定之。

II 前項裁定，得抗告。

第六章　國民參與審判制度成效評估

第 104 條

國民參與審判制度成效評估期間為自中華民國一百十二年一月一日起六年；必要時，得由司法院延長或縮短之。

第 105 條

I 本法施行後，司法院應即成立國民參與審判制度成效評估委員會（以下簡稱成效評估委員會），進行必要之調查研究，並於每年就前一年度制度施行之成效，提出成效評估報告。

II 成效評估委員會應於成效評估期間屆滿後一年內提出總結報告，其內容包括國民參與審判制度施行狀況之整體性評估，以及未來法律修正、有關配套措施之建議。

第 106 條

I 成效評估委員會置委員十五人，以司法院院長為當然委員並任主席，與司法院代表二人、法務部代表一人，及法官、檢察官、律師之代表各二人，學者專家及社會公正人士共五人組成。委員任一性別比例，不得少於三分之一。

II 前項學者專家及社會公正人士，應包含具法律及法律以外專業背景學者專家共三人，及其他背景之社會公正人士二人。

III 成效評估委員會委員均為無給職，除司法院院長外，應自本法施行日前，以下列方式產生：

一　司法院代表由司法院院長就所屬人員中指派兼任之，並依職務進退。

二　法務部代表由法務部部長就所屬人員中指派兼任之，並依職務進退。

三　法官、檢察官、律師代表由司法院、法務部、全國律師聯合會分別各自推舉。

四　學者專家及社會公正人士代表，由司法院院長、司法院及法務部代表，與前款法官、檢察官、律師代表共同推選之。

IV 委員出缺時，司法院院長、司法院代表、法務部代表及法官、檢察官、律師代表依原產生方式遞補缺額，學者專家及社會公正人士代表由現任委員共同推選遞補其缺額。

第 107 條

I 成效評估委員會置執行秘書一人、助理二人至五人；執行秘書由司法院指定或聘用之，助理由司法院聘用之。

II 執行秘書承主席之命蒐集資料、籌備會議及辦理其他經常性事務。

III 執行秘書及助理之聘用、業務、管理及考核辦法，由司法院定之。

第 108 條

I 為評估制度之必要，司法院得聘用適當人員為研究員。但不得逾六人。

II 研究員承成效評估委員會之命，執行有關國民參與審判制度成效評估之研究。

III 研究員之聘用、業務及考核辦法，由司法院定之。

第 109 條

司法院應編列預算，支應成效評估委員會運作所必要之費用。

第 110 條

成效評估委員會之組織規程，由司法院定之。

第七章　附　則

第 111 條

本法施行細則，由司法院會同行政院定之。

第 112 條

施行前已繫屬於各級法院而屬本法適用範圍之案件，仍應依施行前之法定程序終結之。

第 113 條

本法除第十七條至第二十條及第三十三條自公布日施行，第五條第一項第一款自中華民國一百十五年一月一日施行外，其餘條文自中華民國一百十二年一月一日施行。

通訊保障及監察法

1.中華民國 88 年 7 月 14 日總統令制定公布全文 34 條；並自公布日起施行
2.中華民國 95 年 5 月 30 日總統令修正公布第 5、34 條條文；並自 95 年 7 月 1 日施行
3.中華民國 96 年 7 月 11 日總統令修正公布第 5～7、11、12、14～17、32、34 條條文；並自公布後五個月施行
4.中華民國 103 年 1 月 29 日總統令修正公布第 1、5～7、12、13、15、16、18、27、32 條條文；增訂第 3-1、11-1、16-1、18-1 及 32-1 條條文；並自公布後五個月施行
5.中華民國 105 年 4 月 13 日總統令修正公布第 5、34 條條文
中華民國 105 年 12 月 14 日行政院令發布定自 106 年 1 月 1 日施行
6.中華民國 107 年 5 月 23 日總統令公布刪除第 26 條條文

第 1 條（立法目的）
為保障人民秘密通訊自由及隱私權不受非法侵害，並確保國家安全，維護社會秩序，特制定本法。

第 2 條（通訊監察之限度）
I 通訊監察，除為確保國家安全、維持社會秩序所必要者外，不得為之。
II 前項監察，不得逾越所欲達成目的之必要限度，且應以侵害最少之適當方法為之。

❖ 法學概念

通訊監察中之最小侵害原則

最小侵害原則的基本概念為，在諸多可以達成強制處分的手段中，必須要選擇對於相對人權益侵害最小的方式為之。若是以侵害較小的方式就可達成目的，則使用較強的手段便只是造成相對人不合理且過度的侵害，不當影響其基本權利而已，沒有任何正當性可言。舉例來說，刑事訴訟法第 133 條第 2 項規定，被搜索人依提出命令提出搜索票上記載應扣押之護照、證件或古董等類特定物件，執法人員若仍執意進行搜索，便屬不必要且不合理的隱私侵害。又如，已經扣得搜索票上所記載特定的贓車或印刷機具後，執法人員亦應立即停止搜索，退出該處所不能繼續翻箱倒櫃，否則亦屬違法。這可以說是，最小侵害原則於強制處分的體現。

最小侵害原則為所有執行強制處分時所必須遵循的程序規範，而通訊監察作為強制處分類型之一，自亦應最小化對於人民權益所會造成之影響及侵害。不過由於本質上的差異，與其他強制處分相比較，最小侵害原則於通訊監察中更為重要。而通訊監察與傳統搜索扣押間不同之處在於，在執行傳統的搜索扣押時，令狀上的記載，可以有效地特定及限縮搜索的範圍，避免不必要的隱私侵害。例如，應扣押物記載為行竊用的油壓剪時，就不得翻閱書本或帳冊，亦不得開啓書桌抽屜。除此之外，執法人員多能夠於搜索現場即時判斷所發現的物件是否為搜索票上所記載的應扣押之物，再決定是否扣押之，較不會有過度或不當扣押相對人財物的問題。相對地，通訊監察是監聽（錄）未來，尚未發生，但是預測其可能發生，且與本案有關的對話。是故，無論通訊監察書的記載再怎麼樣明確具體，執法官員都無法在聽聞其內容前，事先預測其是否與本案有關。也因此，在執行通訊監察時，就不得不容忍執法人員先接觸通訊內容，確認其是否與本案有關，再決定是否繼續進行監察。但是，這樣一來，偵查機關會無可避免地接觸到與本案無關，或甚至是無辜第三人的通訊，受監察人根本無法就違法的通訊監察即時聲明不服，且欠缺第三人在場監督的可能性，執法官員可能因而會肆無忌憚地藉通訊監察，不當侵害被監察人的通訊隱私。

有鑑於此，學者建議，法院於核發令狀時，可以依通保法第 5 條第 2 項，於通訊監察書上要求執法官員，必須以侵害最小的方式執行通訊監察，減少對於與本案無關之通訊的侵害。這樣的做法，可以促使執法官員注意最小侵害的要求，有助於人民隱私的保護。另外，法院也可以依同法第 5 條第 4 項之規定，於審查執法機關作成的事中報告時，仔細審查通訊監察之執行是否合於最小侵害原則之要求。執法人員執行時應採取「間續性通訊監察」（即執法人員先監聽（錄）通訊前的 1 到 3 分鐘，以確認其是否與本案相關。若是，則繼續監察；若否，則停止監察。無法判斷時，則應先中止 1 到 3 分鐘，再進行 1 至 3 分鐘的監察，反覆進行，直到能夠確認其內容是否與本案相關為止。）的方式，如此方能切實符合通保法第 2 條第 2 項之「最小侵害原則」的要求。

【李榮耕，〈通訊監察中之最小侵害原則〉，《臺北大學法學論叢》，第 82 期，2012.06，211 頁以下。】

本書認為，上開學者的建議殊值可採，若特偵組能採「間續性通訊監察」方式，就不至於當時誤認立法院總機是私人電話，發生監聽國會總機的烏龍。

第 3 條（通訊之定義）

I 本法所稱通訊如下：
一　利用電信設備發送、儲存、傳輸或接收符號、文字、影像、聲音或其他信息之有線及無線電信。
二　郵件及書信。
三　言論及談話。
II 前項所稱之通訊，以有事實足認受監察人對其通訊內容有隱私或秘密之合理期待者爲限。

❖ 法學概念

通訊

本法中的「通訊」必須含有人的主觀意思或想法之內容交換。以 GPS 追蹤器進行科技定位監控，係將之安裝於特定人或物（車輛），就可以掌握特定人的位置。這種設控方式雖然涉及了通訊設備的使用，但是，仍不會構成通訊監察。其中原因在於此種方式只是取得機器設備按照程式設計及預設指令所傳送，訊號的取得也因而不會構成通訊監察。

【李榮耕，《通訊保障及監察法》，新學林，初版，2018.02，19 頁以下；薛智仁，〈GPS 跟監、隱私權與刑事法——評最高法院 106 年度台上字第 3788 號刑事判決〉，《月旦裁判時報》，第 70 期，2018.04，50 頁以下；許恒達，〈通訊隱私與刑法規制——論「通訊保障及監察法」的刑事責任〉，《東吳法律學報》，第 21 卷第 3 期，2010.01，119 頁以下。】

但自最高法院 106 年度台上字第 3788 號判決定位此種偵查方式爲強制處分須取得令狀後，目前部分地院以核發通訊監察書的方式准許 GPS 偵查，相信這是迫於無奈，亟待修法解決。

☐ 實務見解

▶107 台上 4581○（判決）

通訊保障及監察法所**指通訊，其範圍包括利用電信設備發送、儲存、傳輸或接收符號、文字、影像、聲音或其他信息之有線及無線電信者，且須以有事實足認受監察人對其通訊內容有隱私或秘密之合理期待者爲限；**而通訊監察之方法係以截收、監聽、錄音、錄影、攝影、開拆、檢查、影印或其他類似之必要方法爲之，該法第三條第一項第一款、同條第二項及第十三條第一項前段分別定有明文。司法警察機關依法定程序執行電信監聽取得之錄音，係以錄音設備之機械作用，眞實保存當時通訊之內容，在通訊監察之錄音過程中，無論係監聽電話通訊發、受話兩端之對話聲音、背景聲音，乃至於兩端或受監察人單端與其身旁人之對話內容，皆屬透過受監察電信設備目標所接收之音，符合監聽受監察人之目的，受監察人對此亦有合理的隱私期待，俱爲該法第三條第一項第一款所稱之「通訊」，仍屬合法通訊監察之範圍。**司法警察實施通訊監察所側錄被告與他人之對話內容，若其對話本身即係被告進行犯罪中構成犯罪事實之部分內容，該對話內容於法律評價，應屬被告審判外之自白，其得否爲證據，應視其是否具備任意性與眞實性以爲斷，並仍應調查其他補強證據，以察其是否與事實相符。**

第 3 條之 1（通信紀錄之定義）

I 本法所稱通信紀錄者，謂電信使用人使用電信服務後，電信系統所產生之發送方、接收方之電信號碼、通信時間、使用長度、位址、服務型態、信箱或位置資訊等紀錄。
II 本法所稱之通訊使用者資料，謂電信使用者姓名或名稱、身分證明文件字號、地址、電信號碼及申請各項電信服務所填列之資料。

第 4 條（受監察人之定義）

本法所稱受監察人，除第五條及第七條所規定者外，並包括爲其發送、傳達、收受通訊或提供通訊器材、處所之人。

第 5 條（通訊監察書之聲請及核發）

I 有事實足認被告或犯罪嫌疑人有下列各款罪嫌之一，並危害國家安全、經濟秩序或社會秩序情節重大，而有相當理由可信其通訊內容與本案有關，且不能或難以其他方法蒐集或調查證據者，得發通訊監察書。
一　最輕本刑爲三年以上有期徒刑之罪。
二　刑法第一百條第二項之預備內亂罪、第一百零一條第二項之預備暴動內亂罪或第一百零六條第三項、第一百零九條第一項、第三項、第四項、第一百二十一條第一項、第一百二十二條第三項、第一百三十一條第一項、第一百四十二條、第一百四十三條第一項、第一百四十四條、第一百四十五條、第二百零一條之一、第二百五十六條第一項、第三項、第二百五十七條第一項、第四項、第二百九十八條第二項、第三百條、第三百三十九條、第三百三十九條之三或第三百四十六條之罪。
三　貪污治罪條例第十一條第一項、第四項關於違背職務行爲之行賄罪。
四　懲治走私條例第二條第一項、第二項或第三條之罪。
五　藥事法第八十二條第一項、第四項或第八十三條第一項、第四項之罪。
六　證券交易法第一百七十三條第一項之罪。
七　期貨交易法第一百十二條或第一百十三條第一項、第二項之罪。
八　槍砲彈藥刀械管制條例第十二條第一項、第二項、第四項、第五項或第十三條第二項、第四項、第五項之罪。

九　公職人員選舉罷免法第一百零二條第一項第一款之罪。
十　農會法第四十七條之一或第四十七條之二之罪。
十一　漁會法第五十條之一或第五十條之二之罪。
十二　兒童及少年性剝削防制條例第三十二條第一項、第三項、第四項、第五項之罪。
十三　洗錢防制法第十一條第一項至第三項之罪。
十四　組織犯罪防制條例第三條第一項後段、第二項後段、第六條或第十一條第三項之罪。
十五　陸海空軍刑法第十四條第二項、第十七條第三項、第十八條第三項、第十九條第三項、第二十條第五項、第二十二條第四項、第二十三條第三項、第二十四條第二項、第四項、第五十八條第五項、第六十三條第一項之罪。
十六　營業秘密法第十三條之二第一項、第二項之罪。
十七　森林法第五十二條第一項、第二項之罪。
十八　廢棄物清理法第四十六條之罪。

II前項通訊監察書，偵查中由檢察官依司法警察機關聲請或依職權以書面聲請該管法院核發。聲請書應記載偵、他字案號及第十一條之事項，其監察對象非電信服務用戶，應予載明；並檢附相關文件及監察對象住居所之調查資料，釋明有相當理由可信其通訊內容與本案有關，且曾以其他方法調查仍無效果，或以其他方法調查，合理顯示爲不能達成目的或有重大危險情形。檢察官受理聲請案件，應於四小時內核復；如案情複雜，得經檢察長同意延長四小時。法院於接獲檢察官核轉受理聲請案件，應於四十八小時內核復。審判中由法官依職權核發。法官並得於通訊監察書上對執行人員爲適當之指示。

III前項聲請不合法定程序、不備理由、未經釋明或釋明不足者，法院應予駁回。其聲請經法院駁回者，不得聲明不服。

IV執行機關應於執行監聽期間內，每十五日至少作成一次以上之報告書，說明監聽行爲之進行情形，以及有無繼續執行監聽之需要。檢察官或核發通訊監察書之法官並得隨時命執行機關提出報告。法官依據經驗法則、論理法則自由心證判斷後，發現有不應繼續執行監聽之情狀時，應撤銷原核發之通訊監察書。

V通訊監察書之聲請，應以單一監察對象爲限，同一偵、他字或相牽連案件，得同時聲請數張通訊監察書。

❖ 修法簡評

在修法前吳景欽教授即指出，監聽所得的資料，應不得提供給他機關或個人使用，惟依舊通訊保障及監察法第18條但書，卻又明文，若有符合他罪或法律另有規定等之場合，仍例外可爲提供。如此的規定，由於用語模糊與廣泛而有使例外變原則之虞，更有違目的外使用禁止之原則，致難防止偵查機關僅聲請一張監聽票，卻通吃所有案件的情事發生。尤其在一票通吃且長期監聽的情況下，所得的資訊必然非常的龐雜，但執法機關只會提出對告不利的部分爲證明，這不僅是片段之詞，更屬一種恣意選擇，致難還原眞相。九月政爭中特偵組的作爲，不過是將現行監聽的弊端給完全顯露出來。既然監聽遭執法機關濫用的情況，乃肇因於通訊保障及監察法諸多的瑕疵，立法者自應對此法爲整體性的檢討與修正。

從2013年九月政爭裡觀察，**特偵組藉由一個特他字第61號案，不斷擴線監聽，其範疇已非僅是本案的被告，而是全面性搜刮所有與之通話者的通訊隱私**。尤其是因此所衍生的諸多他案，特偵組的擴線監聽雖有向法院聲請監聽票，惟因皆掛於特他字第61號之下，致須由同一法官爲核發。故若在開出前面幾張監聽票時，法官未能嚴格審查，特偵組必食髓知味，繼續向法官聲請擴線，這就難防止一票吃到飽的情事發生。

爲了防止此等弊端，在2014年通保法第5條第5項的修正，採納這樣的意見，**單一監聽票聲請以單一監察對象爲限（即防止一張監聽票吃到飽的情形），即是確立一被告、一監聽票之原則，惟若法官核准監聽票仍動輒爲八成以上之比例，則如此的一人一票原則，不過是帶來偵查機關聲請程序的繁複，致難生抑制濫權的效果**。更可能的問題是，於此次修法中，並未考量在法院設審查與核發監聽票之專庭，這就會出現相牽連案件，卻因由不同法官審查，致造成的標準不一之對待。此亦會衍生出一個更大問題，即檢警調機關若爲方便性之考量，是否會試圖找尋核發監聽票較爲寬鬆的法官爲長期合作對象，就成爲未來最值得關注的事項。

【吳景欽，〈監聽法制須全面修正〉，http://www.nownews.com/n/2013/09/27/980136/2，最後瀏覽日：2013.12.06；吳景欽，〈一人一票就解決了嗎？〉，http://www.libertytimes.com.tw/2014/new/jan/16/today-o8.htm，最後瀏覽日：2014.1.16。】

然而依照實務向來的做法，凡擴線監聽（新增門號），即須重新聲請監聽票，釋明與原犯罪事實的關聯性或新的犯罪之事實。無論監聽對象人數多少，檢調如對於向法官聲請核准監聽，都附具每位監聽對象及其理由，監聽了。認眞的法官亦於審核的同時會將無關聯性的聲請對象、號碼駁回。令狀原則非案號原則，所欲監聽的對象、號碼，必須在聲請書上記載，實務上有時因爲擔心洩密，會在監聽對象的記載上模糊一點，但是票內的聲請證據及聲請書一定必須載明，法官在審查時應小心核對，對象一定會特定，只是監聽票上的記載會寫的比較模糊，乃爲了避免洩密。並且實務上欲增加新的門號，如係非票上所載的號碼，一定不會准其上線。即使是延長監聽，亦須聲請新的監聽票，所以按理不會有「一票吃到飽」的情事，畢竟「特他字第61號」屬少數特例。**換言之，是特偵組未依照實務做法，而法官審查態度又不夠嚴謹，才導致以門號管控的機制失靈，讓人產生莫大的恐慌與疑慮。新法因此規定，同一偵、他字或相牽連案件，若屬不同監聽對象就需個別聲請通訊監察書。不過令狀是否核發，法官仍應將重點放在監聽對象與監察理由的實質審查，而非僅是形式上核對人數與監聽票數，如此才可杜絕浮濫監聽的疑思。**

【林麗瑩，〈「新修通訊保障及監察法的檢討」會議綜述〉，《月旦法學雜誌》，第230期，2014.07，315頁；張麗卿，〈通訊保障及監察法之修正與評析〉，《月旦法學雜誌》，第229期，2014.06，40頁。】

本書認爲，造成100年度「特他字第61號」的情形，除了特偵組違法外，法官審查態度過於寬鬆也是關鍵，若依照新法之規定，法官審查不夠嚴謹的話，恐怕還是難收防弊之效。

❖ 法學概念

通訊監察採「令狀原則」（相對法官保留原則）

在2007年6月15日修法前，依據通保法第5條第2項規定，通訊監察書，偵查中由檢察官依司法警察機關聲請或依職權核發，審判中由法官依職權核發。惟在2007年修法後，通保法第5條第2項規定，**只有法院有權簽發通訊監察書。在偵查中，由檢察官聲請該管法院核發通訊監察書；審判中由法官依職權核發。**其理由在於舊法規定，使職司犯罪偵查之檢察官與司法警察機關，同時負責通訊監察書之聲請與核發，未設適當之機關間權力制衡機制，以防免憲法保障人民秘密通訊自由遭受不必要侵害，自難謂爲合理、正當之程序規範，而與憲法第12條保障人民秘密通訊自由之意旨不符。

在2014年1月修法後，一般之通訊監察應「事先」向法院聲請核發通訊監察書，且法院必須在48小時內核復；但例外如「緊急」之通訊監察之情形，應於24小時內陳報該管法院「事後」補發通訊監察書，法院並應設置專責窗口受理上開聲請，並應於48小時內補發，未於48小時內補發者，應停止通訊監察，故屬「相對的法官保留原則」。

【張麗卿，〈通訊保障及監察法之修正與評析〉，《月旦法學雜誌》，第229期，2014.06，33頁。】

須注意者，偵查機關並非取得法院核發之通訊監察書，即符合令狀原則，所取得之證據即當然合法，例如在2013年「九月政爭」中，特偵組不斷強調監聽是合法的，但前中興大學校長黃東熊教授指出，「若是簽發監聽票的過程有瑕疵的話，就等於是不合法監聽，像這次監聽立法院的總機，簽發監聽票的法官只要稍微調查一下，就可以知道是立法院的總機，他沒有調查就發出監聽票，那根本是閉著眼睛在蓋橡皮圖章。」

【黃東熊，〈特偵組改隸北檢 層層監督防弊〉，《自由時報》，2013.10.28。】

在2014年1月修法後，從通保法第5條第3、4項的修正規定可知，通訊監察書聲請的審查已較修法前嚴謹，此外，新法第11條之1的增訂，亦將通聯資訊納入令狀原則的適用範圍。但是，**新法第5條第5項後段規定：「同一偵、他字或相牽連案件，得同時聲請數張通訊監察書。」似表示檢察官實施「他字案」調查，亦得向法院聲請核發通訊監察書。**然而，所謂的「他字案」，依據法務部核定、臺灣高檢署發布實施之「臺灣高等法院檢察署所屬各地方法院及分院檢察署辦理『他』案應行注意事項」第4點及第13點規定係指檢察機關爲釐清檢舉案件有無特定人涉嫌犯罪嫌疑，得由檢察官先以「他」字案件進行調查，如發現有特定人涉嫌犯罪，應即改分偵案實施偵查。**顯見「他字案」之調查，並不符合通保法第5條第1項所謂「有事實足認情節重大」之要件，**學者質疑此種規定實有大開保障人民秘密通訊自由的倒車之嫌。

【陳運財，〈國家權力實施通訊監察之界限及其制衡〉，收錄於《偵查與人權》，元照，2014.04，364頁以下；張麗卿，〈通訊保障及監察法之修正與評析〉，《月旦法學雜誌》，第229期，2014.06，34頁。】

❖ 法學概念

重罪原則

通保法第5條第1項第1款可知，監聽原則上係以重罪爲主，例外如同條第1項第2款至第18款所列舉之罪名，始可監聽。本條項採取「法定刑模式」作爲重罪類型的判斷標準，直接沿用立法者對實體法規範效果建立的價值判斷。

相對的，新法第5條第1項第2款所列舉的則是「罪名模式」，不盡然都是法定刑爲三年以上的重罪。這些犯罪的共通性，在於行爲的隱密性。由於傳統蒐證方式已陷入瓶頸，因此必須透過通訊監察才能有所突破。罪名模式下的犯罪類型，是基於偵查的合目的性與手段之有效性所設定的標準。**惟個案中，罪名模式下之犯罪，是否得發動通訊監察，必須嚴格審查是否符合第5條第1項所稱危害國家、經濟秩序或社會秩序情節重大的情況。若爲肯定，才符合重罪原則的要**

求。

具體言之，有些雖屬於最輕本刑三年以上有期徒刑之罪，但基本上並無實施監聽必要之情形，例如構成強制性交、傷害致死或遺棄致死之案件，一般而言其犯罪行爲過程不會涉及使用通訊之情形，應自始排除於得實施監聽之範圍，故得實施監聽之案件範圍，**除了「重罪原則」外，於實際操作上，應再加上「有數人以上之共謀而可能利用通訊作爲犯罪連絡之手段者爲限」之要件，始得對之進行監聽**。因爲，此種案件類型往往存在有數人共謀之情形，且常以通訊作爲犯罪之準備、實行或事後湮滅證據等行爲之聯絡或謀議。而同條項第2款至第18款中部分罪名，亦有必要從「比例原則」的觀點檢討是否予以排除適用。總之，對於得實施監聽之案件範圍，應以組織性、集團性或共謀犯罪型態，同時兼顧監聽補充性原則之思考，條文適用上，應加以限縮，而非以法定刑或罪名爲斷。

【陳運財，〈國家權力實施通訊監察之界限及其制衡〉，收錄於《偵查與人權》，元照，2014.04，364 頁以下；張麗卿，〈通訊保障及監察法之修正與評析〉，《月旦法學雜誌》，第229期，2014.06，34頁。】

❖ 法學概念

相當性原則與最後手段原則（相關性原則與補充性原則）

監聽程序之開啓，不應由執法人員主觀臆測，應有「相當理由」可信其通訊內容與本案「有關」，方可爲之。實施監聽之相關性原則之判斷，應比刑訴法上搜索扣押之要件更爲嚴格，且應由偵查機關指出具有關連通訊之高度蓋然性。與搜索現存特定之有體物相較，監聽處分係對於尚未存在之對話，預測其將可能發生而予以監聽，尤其監聽電話之線路除了是供被告使用之外，無關第三人使用之可能性更高，由於實施監聽比傳統之搜索扣押更具有不當擴大侵害國民秘密通訊及隱私權之嚴重性。

而監聽雖屬有效之偵查犯罪手段，但因監聽影響國民通訊自由及隱私權益甚鉅，其濫用之危險性高，且監聽之執行將會對人民隱私權產生嚴重的侵犯，**故應限於其他偵查手段無法蒐集或調查時，亦即不能或難以其他方法蒐集或調查證據而無法達成偵查目的，方得使用**。有學者參考日本的法制、實務，認爲監聽必須符合：**㈠限於涉及重大犯罪案件；㈡有充分理由足認嫌疑人犯罪；㈢可能藉由該電話聯繫相關犯罪事實之情況下；㈣實施通訊監聽以外之方法蒐集有關犯罪重要、必要證據有顯著程度；㈤認爲通訊監聽的實施於犯罪偵查上不得不然等要件，方得實施**。

【陳運財，〈國家權力實施通訊監察之界限及其制衡〉，收錄於《偵查與人權》，元照，2014.04，367頁；林裕順，〈監聽爭議——大法官說法〉，《司法改革雜誌》，第99期，2013.12，28頁。】

❖ 法學概念

監聽譯文證據能力之認定

由於實務上一般都會就監察所得的通訊內容作成譯文紙本，以作爲後續之偵查及審判程序之用。值得注意的是，實務的監聽證據相關案例，有一大部分非關證據禁止法則，而是爭執監聽節譯文（證據替代品）與監聽錄音帶（原始證據）內容不符。固然，遇此抗辯時，**依嚴格證明及直接審理原則，就「審理事實之法院自應勘驗該錄音之內容，踐行調查程序，確認其譯文之眞實性（刑訴法第165條之1第2項），以定取捨**，否則，即有應於審判期日調查之證據而未予調查之違誤（最高法院95年度台上字第5684號、101年度台上字第2331號判決參照），這亦是最高法院經常撤銷發回更審之理由。

另外，最高法院99年度台上字第5503號判決認爲：「警察所爲監聽譯文如經勘驗結果，確與實際監聽錄音內容不符，即應**『類推』刑事訴訟法第100條之1第2項規定，其不符之部分，不得作爲證據**，應以實際錄音內容爲準，否則難謂符合證據法則」（本書認爲，這號判決可能是參考1968年，美國一件毒品監聽案的例子，「被告在電話中跟對方講，那一天賣給你多少毒品，檢察官指監聽有合法的監聽票，但聯邦最高法院則認爲，被告若知悉警察正在監聽，就不會在電話中講這些談話內容，因此被告在監聽中的談話內容得類推爲自白」）。

由於實務上監聽錄音帶時間長度往往驚人，**每每當庭播放難免勞民傷財、耗費大量法官人力資源且曠日廢時。有學者建議，應「提前杜絕爭端」，即參考前述歐洲人權法院之要求，節譯文不再由偵查機關片面製作，而應於製作階段即引進程序性擔保，容許辯方參與並以公正程序監督製作過程。提早引進程序性擔保，在錄音帶後來滅失的情形，亦見其實益**。

【林鈺雄，《刑事訴訟法（上）》，新學林，八版，2017.09，315 頁；黃東熊，〈特偵組改隸北檢 層層監督防弊〉，《自由時報》，2013.10.28。】

也有實務見解認爲，監聽譯文有無證據能力，應取決於通訊監察是否合法執行。只要偵查機關所進行的通訊監察合法，監聽譯文就有證據能力的見解（如最高法院101年度台上字第167號、101年度台上字第285號判決），學說上認爲並不妥當。

部分學者指出，「**監聽譯文」源自言語供述的轉化記載，並經偵查人員切割擷取、演繹潤飾，相關內容未經利害關係人說明驗證，難免有失之主觀、片面難以窺其全貌之情形。因此，美、日等國制度設計規範適用，概認「監聽譯**

文」如同「傳說」、「傳聞」或「流言」，司法實務上並非當然可用、可信。換言之，「監聽譯文」多是由執法人員聽取通訊內容後，再轉錄爲文字，即使是逐字記錄，其間仍可能帶有供述證據的各樣危險（感官能力、記憶能力、描述能力及忠實性等）問題，既然性質上屬於「傳聞證據」，**除非合於傳聞法則之例外規定，否則沒有證據能力，不能作爲證據調查之用。**

【林裕順，〈特偵組「剷巨惡」務先「立標竿」〉，《台灣法學雜誌》，第234期，2013.10，18頁；林裕順，〈監聽譯文 空口白話〉，《月旦法學教室》，第135期，2013.10，30～32頁；李榮耕，〈通訊監察的證據能力〉，《月旦法學教室》，第132期，2013.10，36～37頁。】

❖ 爭議問題

「得一方同意之監聽」的適法性

一、否定看法

通保法第29條第3款（阻卻違法監聽事由）的前提係建立於「非法監聽」之上，因此，也就無由以該款作爲承認得一方同意的監聽類型，屬於合法監聽之基礎。況且，雙方秘密溝通是受基本權所保障，非當事人之一方所能代爲同意。一方當事人有權選擇僅對於特定的他方當事人進行對話，從而通訊他方的隱私期待，以及當事人間瞬間性的對話亦應予以保障。

學說有認爲，雙方秘密溝通是受基本權所保障，非當事人之一方所能代爲同意。從而通訊他方的隱私期待，以及當事人間瞬間性的對話亦應予以保障；又通保法第29條第3款（阻卻違法監聽事由）的前提係建立於「非法監聽」之上，因此，也就無由以該款作爲承認得一方同意的監聽類型，屬於合法監聽之基礎。

【黃朝義，《概說警察刑事訴訟法》，新學林，初版，2015.09，222頁以下；林鈺雄，《刑事訴訟法（上）》，新學林，八版，2017.09，332頁以下；最高法院93年度台上字第2949號判決。】

二、肯定見解

若受話者「事後」轉述給執法人員，對談話人而言，已「無合理隱私期待可言」，即學說上所謂的「虛偽朋友理論」，如認「事後」轉述給執法人員未侵犯談話人隱私權，則可反推「事先」得一方同意之監聽，非違法監聽。再者，通訊談話之他方所爲之秘密錄音，常是種自衛行爲，此時若要求警察於實施同意竊聽、錄音前事先聲請准許通訊監察，恐將錯失竊聽、錄音時機，常將使證據取得有時變得不可能。當嫌犯任意將訊息通知相對人，就算嫌犯對該訊息有該相對人不得對其他人揭露的主觀期待，但不符社會通念，況且「合理的隱私期待」亦不能無限上綱，應不包括以犯罪爲目的爲內容的談話。

【張麗卿，《刑事訴訟法理論與運用》，五南，十四版，2018.09，304頁；王兆鵬、張明偉、李榮耕，《刑事訴訟法（上）》，新學林，四版，2018.09，347頁；最高法院97年度台上字第2743號判決。】

三、折衷說

在被司法警察人員秘密錄音的他造當事人具有相當之犯罪嫌疑的前提下，且就被錄音之他造而言，其會話是在不甚期待，甚至是放棄其合理隱私期待之情況下所爲，此時「同意監聽」方具有合法性基礎。**例如，犯罪嫌疑人明知交談之對象是警察人員，且警察人員未使用不當手段誘導或脅迫犯罪嫌疑人談話，而有秘密錄音之必要者，始可例外承認其爲合法偵查手段，**否則偵查機關欲實施秘密錄音，仍應事先依法取得通訊監察書後，始得進行此種當事人之間的監聽。

【陳運財，〈國家權力實施通訊監察之界限及其制衡〉，《偵查與人權》，元照，2014.04，372頁。】

❒ 實務見解

▸ 釋字第631號（96.07.20）

憲法第十二條規定：「人民有秘密通訊之自由。」旨在確保人民就通訊之有無、對象、時間、方式及內容等事項，有不受國家及他人任意侵擾之權利。國家採取限制手段時，除應有法律依據外，限制之要件應具體、明確，不得逾越必要之範圍，所踐行之程序並應合理、正當，方符憲法保護人民秘密通訊自由之意旨。中華民國八十八年七月十四日制定公布之通訊保障及監察法第五條第二項規定：**「前項通訊監察書，偵查中由檢察官依司法警察機關聲請或依職權核發」，未要求通訊監察書原則上應由客觀、獨立行使職權之法官核發，而使職司犯罪偵查之檢察官與司法警察機關，同時負責通訊監察書之聲請與核發，難謂爲合理、正當之程序規範，而與憲法第十二條保障人民秘密通訊自由之意旨不符，**應自本解釋公布之日起，至遲於九十六年七月十一日修正公布之通訊保障及監察法第五條施行之日失其效力。

第6條（緊急通訊監察）

Ⅰ有事實足認被告或犯罪嫌疑人有犯刑法妨害投票罪章、公職人員選舉罷免法、總統副總統選舉罷免法、槍砲彈藥刀械管制條例第七條、第八條、毒品危害防制條例第四條、擄人勒贖罪或以投置炸彈、爆裂物或投放毒物方法犯恐嚇取財罪、組織犯罪條例第三條、洗錢防制法第十一條第一項、第二項、第三項、刑法第二百二十二條、第二百二十六條、第二百七十一條、第三百二十五條、第三百二十六條、第三百二十八條、第三百三十條、第三百三十二條及第三百三十九條，爲防止他人生命、身體、財產之急迫危險；或有事實足信有其他通訊作爲前條第一項犯罪連絡而情形急迫者，司法警察機關得報請該管檢察官以口頭通知執行機關先予執行通訊監察。但檢察官應告知執行機關第十一條所定之事項，並於二十四小時內陳報該管法院補發通訊監察書；檢察機關爲受理緊急監察案件，應指定專責主任檢察官或檢察官作爲緊急聯繫窗口，以利掌握偵辦時效。

II法院應設置專責窗口受理前項聲請，並應於四十八小時內補發通訊監察書；未於四十八小時內補發者，應即停止監察。

❖ 法學概念

緊急監聽

稱「緊急監聽」者，乃係以無令狀（通訊監察書）所爲之監聽。爲因應通訊監察書改由法院核發，本條修正舊通保法緊急監聽範圍過於狹隘之缺點，擴張就選舉犯罪、組織犯罪、毒品犯罪、經濟狂犯罪及其他對人民造成重大危害之案件亦得爲緊急監聽。依本條之規定，應指定專責主任檢察官或檢察官作爲緊急聯繫窗口，以利掌握偵辦時效。此外，並明定司法警察機關得報請該管檢察官以口頭通知執行機關先予執行通訊監察，以符合實務運作實際。就法條之文義看來，緊急監聽之程序爲司法警察機關向該管檢察官聲請，再由檢察官向法院陳報，由法院補發通訊監察書。然而若檢察官主動偵查之案件，認爲有緊急監聽之必要時，得否逕行實施通訊監察，學者認爲，此點就文義解釋而言，應採否定之見解。

惟在目前法制之下，檢察官亦爲偵查機關，在解釋上當然應肯定其有實施緊急監聽之權限較爲合理，將來宜修法明定以杜絕爭議。檢察官陳報法院之時間，法條明定爲二十四小時，法院應設置專責窗口受理前項聲請，並應於四十八小時內補發通訊監察書；未於四十八小時內補發者，應即停止監察。從條文看來，當法院認爲不應通訊監察，似乎不用以裁定或其他任何表示，只要檢察官聲請後，法院未於四十八小時內核發，即代表法院不同意檢察官之聲請。然而，對於受監聽之對象而論，從發動到法院未核發，起碼已經經過七十二小時，若法院一收到檢察官之聲請，認爲監聽不合法，則似乎仍有數小時之空窗期。此種立法方式其實仍有檢討之必要，立法者主要認爲監聽處分往往有急迫性，所以規定在四十八小時內應爲准駁之決定。學者主張，在實務運作上法院若認爲檢察官之聲請不合法，宜以裁定之方式駁回之，早日確定此一強制處分發動與否。

【黃朝義，《刑事訴訟法》，新學林，五版，2017.09，327頁以下。】

第7條（國安通訊監察）

I爲避免國家安全遭受危害，而有監察下列通訊，以蒐集外國勢力或境外敵對勢力情報之必要者，綜理國家情報工作機關首長得核發通訊監察書。

一　外國勢力、境外敵對勢力或其工作人員在境內之通訊。

二　外國勢力、境外敵對勢力或其工作人員跨境之通訊。

三　外國勢力、境外敵對勢力或其工作人員在境外之通訊。

II前項各款通訊之受監察人在境內設有戶籍者，其通訊監察書之核發，應先經綜理國家情報工作機關所在地之高等法院專責法官同意。但情況急迫者不在此限。

III前項但書情形，綜理國家情報工作機關應即將通訊監察書核發情形，通知綜理國家情報工作機關所在地之高等法院之專責法官補行同意；其未在四十八小時內獲得同意者，應即停止監察。

❖ 法學概念

國安監聽

依通保法第7條第1項規定，爲避免國家安全遭受危害，而有監察「外國勢力、境外敵對勢力或其工作人員在境內之通訊」、「外國勢力、境外敵對勢力或其工作人員跨境之通訊」及「外國勢力、境外敵對勢力或其工作人員在境外之通訊」等原因，以蒐集外國勢力或境外敵對勢力情報之必要者，綜理國家情報工作機關首長得核發通訊監察書。此種涉及國家安全之通訊監察，故稱之爲「國安監聽」。

【張麗卿，〈通訊保障及監察法之修正與評析〉，《月旦法學雜誌》，第229期，2014.06，36頁註12。】

而關於第7條第1項各款通訊之受監察人在境內設有戶籍者，其通訊監察書之核發，應先經綜理國家情報工作機關所在地之高等法院專責法官同意。但情況急迫者不在此限（§7II）。

但若遇有情況急迫情形，綜理國家情報工作機關應即將通訊監察書核發情形，通知綜理國家情報工作機關所在地之高等法院之專責法官補行同意；其未在四十八小時內獲得同意者，應即停止監察（§7III）。

【黃朝義，《概說警察刑事訴訟法》，新學林，初版，2015.09，208頁以下。】

第8條（外國勢力及境外敵對勢力之定義）

前條第一項所稱外國勢力或境外敵對勢力如下：

一　外國政府、外國或境外政治實體或其所屬機關或代表機構。

二　由外國政府、外國或境外政治實體指揮或控制之組織。

三　以從事國際或跨境恐怖活動爲宗旨之組織。

第9條（外國勢力或境外敵對勢力工作人員之定義）

第七條第一項所稱外國勢力或境外敵對勢力工作人員如下：
一　爲外國勢力或境外敵對勢力從事秘密情報蒐集活動或其他秘密情報活動，而有危害國家安全之虞，或教唆或幫助他人爲之者。
二　爲外國勢力或境外敵對勢力從事破壞行爲或國際或跨境恐怖活動，或教唆或幫助他人爲之者。
三　擔任外國勢力或境外敵對勢力之官員或受僱人或國際恐怖組織之成員者。

第10條（所得資料之運用及處置）

依第七條規定執行通訊監察所得資料，僅作爲國家安全預警情報之用。但發現有第五條所定情事者，應將所得資料移送司法警察機關、司法機關或軍事審判機關依法處理。

第11條（通訊監察書應載事項）

I 通訊監察書應記載下列事項：
一　案由及涉嫌觸犯之法條。
二　監察對象。
三　監察通訊種類及號碼等足資識別之特徵。
四　受監察處所。
五　監察理由。
六　監察期間及方法。
七　聲請機關。
八　執行機關。
九　建置機關。

II 前項第八款之執行機關，指蒐集通訊內容之機關。第九款之建置機關，指單純提供通訊監察軟硬體設備而未接觸通訊內容之機關。

III 核發通訊監察書之程序，不公開之。

❖ 法學概念

特定明確原則

本條爲通保法中特定明確原則明文化。除本條規定外，釋字第631號解釋理由書中也說明到，法院於核發通訊監察書時，**必須明確記載「通訊監察之期間、『對象』、方式等事項」**。準此，特定明確原則屬於通訊監察所應遵循的憲法規範。特定明確原則的要求，目的係在確保偵查機關所執行的通訊監察確實有相當理由，不會恣意侵害與本案無關或沒有必要的通訊內容。按照此一概念，執法機關只得監察令狀上記載之被通訊監察對象所參與，而與本案有關的通訊。非被監察對象所爲，或與本案無關者，則非令狀所容許得監察之通訊，而不得監聽（錄）之，否則便屬監察令狀上所未記載之通訊，而爲違法的通訊監察。此意涵與最小侵害原則相仿，並無二致。亦即，依據令狀原則所衍生的特定明確原則，執法官員僅得監察與本案有關之通訊，於執行時，必須要以對於監察對象侵害最小的方式爲之。

【李榮耕，〈通訊監察中之最小侵害原則〉，《臺北大學法學論叢》，第82期，2012.06，216頁。】

例如，在2013年九月政爭事件中，特偵組檢察官於偵辦系爭案件時，雖依法定程序檢附相關證據資料向法院聲請監聽0972***235號（下簡稱0972門號）電話，明知其欲監聽之0972門號之電話基本資料申登人記載爲「立法院」，卻未謹慎查證該記載立法院之電話究爲何人持有使用，而誤認該門號持用人爲立法委員柯建銘之助理，該聲請監聽案經總長審核時，亦未督導所屬檢察官深入查證，率予核准向法院聲請監聽，即違反了特定明確原則（檢察官評鑑委員會102年度檢評字第19號決議書參照）。

☐ 實務見解

▶107 台上 172〇（判決）

通訊保障及監察法（下稱通保法）第十一條第一項第二款規定「監察對象」爲通訊監察書應記載之事項之一，**其目的係在規範聲請機關慎重將事，特定其監察對象，確立實施範圍，以確保人民權益，並釐清監察責任**。然關於受此強制處分人之記載方式，相較於傳票、拘票及押票須將「被告之姓名、性別、年齡、籍貫（或出生地）及住所或居所」（刑事訴訟法第七十一條第二項第一款、第七十七條第二項第一款、第一百零二條第二項第一款），爲翔實記載，尚屬有別，而較諸搜索票於被告或犯罪嫌疑人不明時，得不予記載（刑事訴訟法第一百二十八條第二項第二款但書），則較類似，**此乃傳票、拘票及押票係對已確定之人實施偵、審，重在維護其防禦權或供證義務；搜索票、通訊監察書則對尚未確定之事證爲蒐集，重在隱密（被實施者事先不知情）及眞實之發現，兩者顯然有別**。故前者法條規定人別須確立，後者則可得而知或未知均屬無妨，應爲當然之解釋。又關於監察對象（即受監察人），依通保法第四條規定，除同法第五條及第七條所規定者外，尚包括爲被告或犯罪嫌疑人發送、傳達、收受通訊或提供通訊器材、處所之人，在通訊監察之始，或因證據尚非明確、具體，致無從確認受監察人究爲何人，或僅知其綽號，甚至不知發送、傳達、收受通訊者之姓名、綽號，亦所在多有，是倘因資料不足，致聲請通訊監察或核發通訊監察書時尚未能附具受監察人之眞實姓名、代號或姓名對照表等資料，自不得指爲違法。

第11條之1（調取票之聲請及核發）

I 檢察官偵查最重本刑三年以上有期徒刑之罪，有事實足認通信紀錄及通信使用者資料於本案之偵查有必要性及關連性時，除有急迫情形不及事先聲請者外，應以書面聲請該管法院核發調取票。聲請書之應記載事項，準用前條第一項之規定。

II 司法警察官因調查犯罪嫌疑人犯罪情形及蒐集證據，認有調取通信紀錄之必要時，得依前項規定，報請檢察官許可後，向該管法院聲請核發調取票。

III 檢察官、司法警察官為偵辦最輕本刑十年以上有期徒刑之罪、強盜、搶奪、詐欺、恐嚇、擄人勒贖，及違反人口販運防制法、槍砲彈藥刀械管制條例、懲治走私條例、毒品危害防制條例、組織犯罪防制條例等罪，而有需要時，得由檢察官依職權或司法警察官向檢察官聲請同意後，調取通信紀錄，不受前二項之限制。

IV 第一項之急迫原因消滅後，應向法院補行聲請調取票。

V 調取票，應記載下列事項：

一　案由。

二　應調取之通信紀錄或使用者資料。

三　有效期間，逾期不得執行調取及調取後應將調取票交回之意旨。

VI 第一項、第二項及第四項之聲請經法院駁回者，不得聲明不服。

VII 核發調取票之程序，不公開之。

VIII 有調取第七條之監察對象通信紀錄及通訊使用者資料必要者，由綜理國家情報工作機關向電信或郵政事業調取，不受前七項之限制。

❖ 修法簡評

依新增之通保法第 11 條第 1 至 4 項規定：「檢察官偵查最重本刑三年以上有期徒刑之罪，有事實足認通信紀錄及通信使用者資料於本案之偵查有必要性及關連性時，除有急迫情形不及事先聲請者外，應以書面聲請該管法院核發調取票。聲請書之應記載事項，準用前條第一項之規定。**司法警察官因調查犯罪嫌疑人犯罪情形及蒐集證據，認有調取通信紀錄之必要時，得依前項規定，報請檢察官許可後，向該管法院聲請核發『調取票』**。檢察官、司法警察官為偵辦最輕本刑十年以上有期徒刑之罪、強盜、搶奪、詐欺、恐嚇、擄人勒贖，及違反人口販運防制法、槍砲彈藥刀械管制條例、懲治走私條例、毒品危害防制條例、組織犯罪防制條例等罪，而有需要時，得由檢察官依職權或司法警察官向檢察官聲請同意後，調取通信紀錄，不受前二項之限制。第一項之急迫原因消滅後，應向法院補行聲請調取票。」

依照這個條文的規定，檢察官對於通信紀錄及使用者資料調取，**採取的是「重罪原則」（最重本刑三年有期徒刑以上之罪）、「關連性」及「令狀原則」。這樣的規範方式，或許確保了檢察官不能動輒取得人民的個人資料，但是卻可能有矯枉過正的疑慮**。因為同屬於人民受憲法保障的秘密通訊自由及通訊隱私，相較於通訊內容，通信紀錄及使用者資料畢竟還是屬於私密程度較低的資訊，但是，依增訂的第 11 條之 1 第 1 項，檢察官僅能就最重本刑三年有期徒刑以上之罪調取相關通信資訊，將使得許多輕微，但發生頻仍的犯罪（如侵占遺失物或賭博）的偵查可能因而落入以下的困境：

一、錯失良機緩不濟急

過去常發生民眾向警方求助，如家人打電話透露尋死念頭，或者登山失聯，警方基於救人優先的理念，長期以來與電信公司建立合作窗口，由警方向電信公司調閱即時發話位置，趕到現場找人。而這類的案件，未來如無即時查詢通聯紀錄，恐將延誤即時救援輕生或失蹤民眾時機。至於與民生息息相關之竊盜、詐欺、侵占等輕微的財務性之案件，警察機關無法直接調閱通聯而為即時追查，因而過程上除增加追查時間外，犯罪嫌疑人是有可能將贓物加以變賣、毀棄，甚至將物證予以滅失。

二、特殊案件偵緝困難

偵辦重大毒品案件經常需要調閱大量的通信紀錄與申用人資料予以分析過濾。尤其是犯罪嫌疑人在進行大批毒品走私與交易過程，經常會不斷更換電話號碼、或改用境外電話在臺漫遊、或使用人頭卡作為傳遞重要訊息之方式。倘依修法後調取票取得之繁瑣程序，此將使得涉案對象有機可趁，偵查人員可能無法即時截獲毒品交易情形以緝捕涉案之犯罪嫌疑人。此在偵辦諸如組織犯罪（黑道幫派）、擄人勒贖等案件亦將有相同之情形。又如，以往曾發生過失致死罪的頂替情形，在車禍案件經過，死無對證，而證人與行為人供述又不一致，只好調閱通聯紀錄，利用基地台的位置查出當天晚上係行為人在現場，而於案發後行為人叫他人出面頂替，實務曾透過這種調閱通聯紀錄的方式查明真相。但以後類似情形的案件都無法以此方式調查，因為過失致死罪的刑度在三年以下，屬於輕罪。

甚且，就以聲請程序而言，警察機關於偵辦諸如前述組織犯罪、詐欺、販毒等多人參與共同犯案之集團性案件，倘如針對多名犯罪嫌疑人聲請通訊監察，依法必須以每人一案卷方式，準備多份案卷。蓋因依法規定檢方與院方各需要一份案卷資料、警察機關亦須自存一份備查，亦即聲請通訊監察時，等同聲請一次通訊監察即需自我準備犯罪嫌疑人人數之三倍案卷供使用與備查。如此規範，實施時勢必招致不僅耗費大批人力與大量紙張浪費，亦會拖延偵辦之進度，甚且龐大的卷宗數量勢必迅速癱瘓法院、檢察署、警、調等司法機關檔案室，徒然耗費司法資源。

不過，還是有學者對這次修法持肯定之態度，氏認爲偵查機關在符合何種要件下得向電信業者請求交付通信紀錄以及電信業者於何種情形下得提供通信紀錄爲特定目的外之調查利用，免除電信業者的守密義務，有採取法律保留的必要。然而，關於犯罪行爲人（含共犯）之「通信紀錄的調取」，則無採取法官保留之必要。蓋因：㈠犯罪嫌疑人（含共犯）通信紀錄的調取行爲本身，雖屬積極的干預處分，惟與拘提、逮捕或搜索扣押之直接干預處分有異，對於犯罪嫌疑人合理的隱私期待侵害性不高，且接受查詢的電信業者在守密義務及協助義務之間，必須盡到提供資訊之範圍與調取目的相符的把關者的角色，特定提供個資的範圍，可發揮部分節制個資不當使用的功能。㈡有關偵查機關調取通信紀錄的必要性，一般而言，較屬於定型化的調查作爲，有無調取的必要性，應該尊重偵查機關調查犯罪的專業判斷及急迫性的判斷餘地，故得由法院就個案介入審查的空間其實極其有限。

另有文獻主張，在新條文的適用上應以「有無明顯涉及秘密通訊自由及隱私權之合理期待」爲界分：例如，倘若通聯紀錄調取之資訊爲屬「通話對象及基地台位置時」，對於隱私權或秘密通訊自由權恐有侵害疑慮，亦即此乃涉及到人民基本權利應予保障問題。國家倘若基於需要，必須兼具妥當性及未違反比例原則及法律有授權方得以調取；然而，若性質屬於「申請者姓名、身分證號碼、性別、年齡、户籍地址、帳單寄發地址、申請日期、目前使用狀況、通訊日期、通訊時間、通訊頻率、手機IMEI、通話類別、轉接電話」等資訊之調取，因其明顯未涉及對人民基本權利侵害現象，理應屬於任意偵查之範圍，此部分或許即可遵循過去聲請通聯紀錄之方式。亦即，得由警察機關備妥相關資料即可向電信公司調取，但仍先要有防弊措施之建立爲妥。

【李榮耕，〈簡評2014年新修正的通訊保障及監察法——一次不知所爲何來的修法〉，《月旦法學雜誌》，第227期，2014.04，165頁；張麗卿，〈通訊保障及監察法之修正與評析〉，《月旦法學雜誌》，第229期，2014.06，39頁；林麗瑩，〈「新修通訊保障及監察法的檢討」會議綜述〉，《月旦法學雜誌》，第230期，2014.07，317頁以下；陳運財，〈偵查法體系的基礎理論〉，《月旦法學雜誌》，第229期，2014.06，16頁；黃朝義，〈通聯記錄調取與另案監聽修法評析〉，《中央警察大學法學論集》，第26期，2014.04，7頁以下。】

第12條（監察通訊之期間及延長）

I 第五條、第六條之通訊監察期間，每次不得逾三十日，第七條之通訊監察期間，每次不得逾一年；其有繼續監察之必要者，應釋明具體理由，至遲於期間屆滿之二日前，提出聲請。但第五條、第六條繼續之監察期間，不得逾一年，執行機關如有繼續監察之必要者，應依第五條、第六條重行聲請。

II 第五條、第六條之通訊監察期間屆滿前，偵查中檢察官、審判中法官認已無監察之必要者，應即停止監察。

III 第七條之通訊監察期間屆滿前，綜理國家情報工作機關首長認已無監察之必要者，應即停止監察。

❖ 法學概念

期間逾越禁止原則

通保法第12條第1項規定：「第五條、第六條之通訊監察期間，每次不得逾『三十』日，第七條之通訊監察期間，每次不得逾一年；其有繼續監察之必要者，應釋明具體理由，至遲於期間屆滿之二日前，提出聲請。但第五條、第六條繼續之監察期間，不得逾『一年』，執行機關如有繼續監察之必要者，應依第五條、第六條重行聲請。」本條係爲有效保障受監察人權益，並使法官有合理時間審酌通訊監察期間屆滿後有無繼續監察必要，至於偵查或審判中之通訊監察有無停止之必要，偵查主體之檢察官或審理案件之法官知之甚詳，且停止監察並無侵害人權之虞，故第5條、第6條之通訊監察期間屆滿前，偵查中即得由檢察官、審判中由法官停止監察。

不過，這樣的規定有學者提出質疑，將通訊監察的期間限制爲一年，或許是爲避免長時間通訊監察所可能帶來的隱私嚴重侵害，但是卻又容許執行機關在有需要時，得依第5及6條向法院重新提出聲請，繼續進行通訊監察。就實際運作來說，恐怕與修正前並不會有太大差異。

通保法第12條第3項規定：「第七條之通訊監察期間屆滿前，由綜理國家情報工作機關首長認停止監察。」此亦爲期間逾越禁止原則的要求，立法者希望如無監察必要者，監察機關能主動停止，降低侵害通訊自由的程度。

【張麗卿，〈通訊保障及監察法之修正與評析〉，《月旦法學雜誌》，第229期，2014.06，36頁；李榮耕，〈簡評2014年新修正的通訊保障及監察法——一次不知所爲何來的修法〉，《月旦法學雜誌》，第227期，2014.04，167頁。】

第13條（執行通訊監察之方法及其限制）

I 通訊監察以截收、監聽、錄音、錄影、攝影、開拆、檢查、影印或其他類似之必要方法爲之。但不得於私人住宅裝置竊聽器、錄影設備或其他監察器材。

II執行通訊監察，除經依法處置者外，應維持通訊暢通。

III執行機關除有正當理由者外，應至少每三日派員取回監錄內容。

IV前項監錄內容顯然與監察目的無關者，不得作成譯文。

第 14 條（執行機關及電信郵政機關之協助義務）

I 通訊監察之執行機關及處所，得依聲請機關之聲請定之。法官依職權核發通訊監察書時，由核發人指定之；依第七條規定核發時，亦同。

II電信事業及郵政事業有協助執行通訊監察之義務；其協助內容爲執行機關得使用該事業之通訊監察相關設施與其人員之協助。

III前項因協助執行通訊監察所生之必要費用，於執行後，得請求執行機關支付；其項目及費額由交通部會商有關機關訂定公告之。

IV電信事業之通訊系統應具有配合執行監察之功能，並負有協助建置機關建置、維持通訊監察系統之義務。但以符合建置時之科技及經濟上合理性爲限，並不得逾越期待可能性。

V前項協助建置通訊監察系統所生之必要費用，由建置機關負擔。另因協助維持通訊監察功能正常作業所生之必要費用，由交通部會商有關機關訂定公告之。

第 15 條（結束時之主動通知義務）

I 第五條、第六條及第七條第二項通訊監察案件之執行機關於監察通訊結束時，應即敘明受監察人之姓名、住所或居所、該監察案件之第十一條第一項各款及通訊監察書核發機關文號、實際監察期間、有無獲得監察目的之通訊資料及救濟程序報由檢察官、綜理國家情報工作機關陳報法院通知受監察人。如認通知有妨害監察目的之虞或不能通知者，應一併陳報。

II通訊監察結束後，檢察官、綜理國家情報工作機關逾一個月仍未爲前項之陳報者，法院應於十四日內主動通知受監察人。但不能通知者，不在此限。

III法院對於第一項陳報，除有具體理由足認通知有妨害監察目的之虞或不能通知之情形外，應通知受監察人。

IV前項不通知之原因消滅後，執行機關應報由檢察官、綜理國家情報工作機關陳報法院補行通知。原因未消滅者，應於前項陳報後每三個月向法院補行陳報未消滅之情形。逾期未陳報者，法院應於十四日內主動通知受監察人。

V關於執行機關陳報事項經法院審查後，交由司法事務官通知受監察人與該受監察之電信服務用戶。但不能通知者，不在此限。

VI前項受監察之電信服務用戶包括個人、機關（構）、或團體等。

❖ 法學概念

事後主動告知原則

由於「受告知權」爲正當法律程序之一環，但監聽本身有其特殊性，不適宜「事前」告知，只能在監聽結束後告知受監聽人，因此，通保法第 15 條第 2、3 項規定：「法院對於第一項陳報，除有具體理由足認通知有妨害監察目的之虞或不能通知之情形外，應通知受監察人。前項不通知之原因消滅後，執行機關應報由檢察官、綜理國家情報工作機關陳報法院補行通知。原因未消滅者，應於前項陳報後每三個月向法院補行陳報未消滅之情形。逾期未陳報者，法院應於十四日內主動通知受監察人。」

透過此項事後告知程序，除了讓當事人獲悉權利被侵害後，檢視通訊監察的適當性與合法性，也能使執行機關更能小心謹慎。除了事後主動告知義務外，依新法第 18 條，主管機關必須建立「連續流的偵程履歷紀錄」並與原本的通訊監察管理系統進行整合。此外，新法第 32 條之 1 尚設立了「國會監督機制」。這些規定，都以預防違法監聽爲目標，有利於事後監督。

【張麗卿，〈通訊保障及監察法之修正與評析〉，《月旦法學雜誌》，第 229 期，2014.06，37 頁。】

第 16 條（執行機關之報告義務）

I 執行機關於監察通訊後，應按月向檢察官、核發通訊監察書之法官或綜理國家情報工作機關首長報告執行情形。檢察官、核發通訊監察書之法官或綜理國家情報工作機關首長並得隨時命執行機關提出報告。

II第五條、第六條通訊監察之監督，偵查中由檢察機關、審判中由法院，第七條通訊監察之監督，由綜理國家情報工作機關，派員至建置機關，或使用電子監督設備，監督通訊監察執行情形。偵查中案件，法院應定期派員監督執行機關執行情形。

第 16 條之 1（上網公告原則及其例外）

I 通訊監察執行機關、監督機關每年應製作該年度通訊監察之相關統計資料年報，定期上網公告並送立法院備查。

II前項定期上網公告，於第七條規定之通訊監察，不適用之。

III第一項統計資料年報應包含下列事項：

一　依第五條、第六條、第七條及第十二條第一項聲請及核准通訊監察之案由、監察對象數、案件數、線路數及線路種類。依第十一條之一之調取案件，亦同。
二　依第十二條第二項、第三項之停止監察案件，其停止情形。
三　依第十五條之通知或不通知、不通知之原因種類及原因消滅或不消滅之情形。
四　法院依前條規定監督執行機關執行之情形。
五　依第十七條資料銷燬之執行情形。
六　截聽紀錄之種類及數量。

第 17 條（監察所得資料之留存及銷燬）

Ⅰ監察通訊所得資料，應加封緘或其他標識，由執行機關蓋印，保存完整眞實，不得增、刪、變更，除已供案件證據之用留存於該案卷或爲監察目的有必要長期留存者外，由執行機關於監察通訊結束後，保存五年，逾期予以銷燬。

Ⅱ通訊監察所得資料全部與監察目的無關者，執行機關應即報請檢察官、依職權核發通訊監察書之法官或綜理國家情報工作機關首長許可後銷燬之。

Ⅲ前二項之資料銷燬時，執行機關應記錄該通訊監察事實，並報請檢察官、依職權核發通訊監察書之法官或綜理國家情報工作機關首長派員在場。

第 18 條（保密原則及其例外）

Ⅰ依本法監察通訊所得資料，不得提供與其他機關（構）、團體或個人。但符合第五條或第七條規定之監察目的或其他法律另有規定者，不在此限。

Ⅱ依第五條及第六條規定通訊監察書之聲請、核發、執行、通訊監察所得資料之保管、使用、銷燬，應就其經辦、調閱及接觸者，建立連續流程履歷紀錄，並應與臺灣高等法院通訊監察管理系統連線。

Ⅲ前項其他執行通訊監察之機關每月應將所有截聽紀錄以專線或保密方式傳遞至臺灣高等法院通訊監察管理系統。

❖ 修法簡評

前中興大學校長黃東熊教授認爲，檢察官聽到王金平跟柯建銘的無關犯罪對話，都應該要銷毀，蓋檢察官是負責偵查犯罪，追究行政違失不是檢察官的職掌範圍，因此檢察總長把監聽內容報告總統，動機已不純正，也不是純粹要爲國家或爲社會除害，已失去身爲司法官的立場。

此外，楊雲驊教授也主張，**基於將個人資訊隱私權的保護與限制，宜依據個人資訊隱私之程度，分別就其使用目的、儲存、比對、傳送、銷毀、管理等加以規定，在刑事程序法內立法**，以使保障個人資訊隱私權得以落實，並作爲相關機關執行時的依據。

【黃東熊，〈特偵組改隸北檢 層層監督防弊〉，《自由時報》，2013.10.28；楊雲驊，〈立委司法關說案衍生的「另案監聽」與「刑事證據程序外使用」等問題思考〉，《台灣法學雜誌》，第 233 期，2013.10，52 頁。】

❒ 實務見解

▸103 矚上易 1（判決）

被告（黃○銘）辯稱：九月六日公布通訊監察譯文，依據爲政府資訊公開法第十八條第一項第六款但書，爲增進公共利益，可以對外公開，因爲政府的資訊都是用人民的納稅錢去蒐集來的，在「行政法上」是一特殊型態的公共財，所以原則上是以公開爲原則，例外才限制，所以可以對外公開本案通訊監察譯文云云，其對外揭露上開通訊監察資訊並無優位公益保護之必要性，且依通訊保障及監察法第十七、十八條已規定通訊監察所得資料，須以符合監察目的之情形始能予以使用，即屬政府資訊公開法之特別規定，被告以此爲辯，洵非有理。

第 18 條之 1（偶然另案監聽及程序違反之證據能力）

Ⅰ依第五條、第六條或第七條規定執行通訊監察，取得其他案件之內容者，不得作爲證據。但於發現後七日內補行陳報法院，並經法院審查認可該案件與實施通訊監察之案件具有關連性或爲第五條第一項所列各款之罪者，不在此限。

Ⅱ依第五條、第六條或第七條規定執行通訊監察所取得之內容或所衍生之證據與監察目的無關者，不得作爲司法偵查、審判、其他程序之證據或其他用途，並依第十七條第二項規定予以銷燬。

Ⅲ違反第五條、第六條或第七條規定進行監聽行爲所取得之內容或所衍生之證據，於司法偵查、審判或其他程序中，均不得採爲證據或其他用途，並依第十七條第二項規定予以銷燬。

❖ 修法簡評

本條所規定發現後「7 日」內補行陳報法院的法理依據何在，頗令人費解，蓋參考美國聯邦通訊監察法 18 U.S.C. §2517(5)之規定並未嚴格規定「7 日」的限制，僅要求儘速陳報法院而已。此一規定將使證據能力有無之判斷提前至公判庭前之程序，一旦案件將來沒有起訴，一般而論，較無疑義；但若起訴之後，該起訴前之法院認可，是否會拘束正式審理之法院判斷，將形成重要之爭議。換言之，被告是否可以再次挑戰「已認可」之實質拘束力，或檢察官於公判庭要求再次審查關連性，以作爲有證據能力之依據，將是問題所在。若廣泛容許，將使此一條文形成具文，但若禁止再次審查，那被告在先前認可之程序中完全沒有表達意見之機會，日後在公判庭上亦不容許再次爭執，勢必將嚴重侵害被告參與審判之訴訟權。

再者「7 日」的起算期間也有疑問，蓋係從錄得內容時開始起算？抑或發現爲另案證據時開始起算？解釋上即有爭議產生。但事實上，由於實務上是以機器一律監錄，再由人力事後聽取的方式執行，故所謂「發現時」不會是存錄通訊內容時，也不會是偵查官員領取儲存光碟時，而是其實際聽取光碟內容時，但是外界根本無從得知偵查官員什麼時候接觸到光碟儲存的內容，所以條文中「發現」的時間點最後恐怕也是由偵查機關說了算。

至於，第 18 條之 1 第 2 項該如何詮釋，也不無疑問？由於該條項所規範的客體，主要是「執行通訊監察所取得與監察目的無關的通訊內容及其衍生證據」，其法律效果爲「不得作爲司法偵查、審判、其他程序之證據或其他用途」及「依第 17 條第 2 項規定予以銷毀」。問題是，第 18 條之 1 第 1 項既然已經規定了另案證據的使用及程序，而通訊監察所得資料與監察目的無關者本來就是應依第 17 條第 2 項銷毀，如此一來，第 2 項的立法目的爲何，顯得模糊不清。

對此，有學者主張，所謂與監察目的無關者，係指合法監聽下所衍生的一切刑事不法內容或證據。通訊監察的目的，在於犯罪偵查，若執行監察的公務員，就受監察人與犯罪無關的通訊內容，製成監聽譯文挪爲他用，顯已侵害他人的隱私，依本法新增規定處罰，自無疑問。但是，如果執行者並未逾越犯罪偵查的意旨，自然不能與上述行爲等同視之。因此，所謂與監察目的無關之內容或證據，應嚴格限縮解釋爲一切與「刑事犯罪」無關的衍生資訊。

不過，若嚴格貫徹本條文之規定，恐怕造成法規範間相互衝突或矛盾，也將產生執法上難以適從之困惑。因爲依照本條新增部分，限制公務員於發現非原監聽目的且不符合監聽案由之犯罪行爲，日後不得作爲調查（偵查）、追訴犯罪之證據，甚至不得作成譯文（通保法第 13 條第 4 項），否則可能將受刑事追訴處罰（通保法第 27 條），此與刑事訴訟法第 230、231 條規定司法警察（官）知有犯罪嫌疑應即開始調查，以及第 241 條公務員因執行職務知有犯罪嫌疑者，應爲告發之規定顯然構成矛盾。甚且，若未將通訊監察所得犯罪資料作成譯文並告發偵查，如因而釀成災害或造成人民生命財產重大損失，是否涉及（或構成）刑法第 130 條公務員廢弛職務釀成災害罪，實不無疑問。

【林麗瑩，〈「新修通訊保障及監察法的檢討」會議綜述〉，《月旦法學雜誌》，第 230 期，2014.07，316 頁；李榮耕，〈簡評 2014 年新修正的通訊保障及監察法——一次不知所爲何來的修法〉，《月旦法學雜誌》，第 227 期，2014.04，173 頁以下；張麗卿，〈通訊保障及監察法之修正與評析〉，《月旦法學雜誌》，第 229 期，2014.06，44 頁；黃朝義，〈通聯記錄調取與另案監聽修法評析〉，《中央警察大學法學論集》，第 26 期，2014.04，19 頁以下。】

❖ 法學概念

第 18 條之 1 第 3 項適用範圍

第 18 條之 1 第 3 項適用範圍爲何，是否應如同條文表面只有違反第 5 或 6 條，始有適用？抑或是，其他條文的未遵循在透過解釋後，也應認爲屬於第 5 或 6 條的違反，亦應排除所取得通訊內容？

有關執法機關所違反的是第 5 或第 6 條以外的規定時，所取得的通訊內容應否排除，應如何判斷？就此，解釋上，似乎應由法院在個案中，依刑訴法第 158 條之 4，權衡人權保障及公共利益的均衡維護後決定。至於第 5 或 6 條在什麼要件的違反會有第 18 條之 1 第 3 項，必須要透過解釋。亦即，並不是所有第 5 或 6 條的違反，都必須要排除所取得的通訊內容及衍生證據。必須要是那一些具有保護人民權益的重要實質規範，才會有證據排除及毒樹果實法則的適用。例如在沒有取得通訊監察書之前，即逕行通訊監察，嚴重背離釋字第 631 號令狀原則的要求，司法警察索取得知通訊內容，排除其證據能力。至於其他的程序規範，如指定專責檢察官或在法院內設置專責窗口等，因爲其主要目的並不是在維護監察對象或無辜第三人的何等權利，僅純屬檢察署或法院內部的事務分配，所以即使未指定專責檢察官或未設置專責窗口，也不會適用到第 18 條之 1 第 3 項。

【李榮耕，《通訊保障及監察法》，新學林，初版，2018.02，133 頁以下；李榮耕，〈論通訊保障及監察法第 18 條之 1 第 3 項的證據排除規定〉，《政大法學評論》，第 156 期，2019.03，276 頁以下。】

❖ 法學概念

另案監聽

不同於刑事訴訟法有明文規定「另案扣押」之要件及執行，在 2014 年 1 月修法前，通保法原無明文規定是否「允許另案監聽」以及「另案監聽所得可否作爲證據」等，因此，對於這種在偵查實務上並不罕見地執行監聽本案，卻另外監聽到他案內容時，監聽之合法性及監聽內容之證據能力等，便值得研究。關於此一問題，可以區分以下兩種基本類型：

一、偶然（意外）的另案監聽

倘若，在合法監聽本案的情形下，碰巧獲得

他案的犯罪證據資料，屬於本案依法定程序監聽中偶然獲得之另案證據，如必須等待授權才能續行監聽的話，則重要通訊內容恐稍縱即逝。此種情形，應否容許其作爲另案之證據使用，依照最高法院97年度台上字第2633號判決之意旨，**基於與「另案扣押」相同之法理及善意例外原則**，倘若另案監聽亦屬於通保法第5條第1項規定得監察之犯罪，或雖非該條項所列舉之犯罪，但與**本案通訊監察書所記載之罪名有關聯性者，自應容許將該「另案監聽」所偶然獲得之資料作爲另案之證據使用**。學者認爲，此實務見解易受詬病者，係何謂基於與「另案扣押」相同之法理，爲不確定法律概念，此問題應屬執法人員如依法定程序亦有發現該證據之必然性（必然發現），或「事實上按照個案之情況存有合法蒐證之可能」之範疇，而允許另案監聽取得之證據。另案監聽之證據使用，應主要以立法者所劃定之允許通訊監察爲範圍，**亦即，偶然（意外）的另案監聽，仍必須符合「重罪列舉原則」或具有「關聯性犯罪」始可作爲證據使用**。

【楊雲驊，〈立委司法關說案衍生的「另案監聽」與「刑事證據程序外使用」等問題思考〉，《台灣法學雜誌》，第233期，2013.10，47頁以下；傅美惠，《偵查法學》，元照，初版，2012.01，328頁；林鈺雄，〈監聽法治化作爲政爭成果〉，《自由時報》，2013.10.07。】

二、惡意（蓄意）的另案監聽

如果偵查機關自始即利用以監聽「他案」爲目標，卻佯稱本案之監聽而聲請核發通訊監察書，以達另案監聽之效果，企圖規避檢察官或法官對他案監聽准許與否之審查，此種情形，無異於未經取得檢察官及法官之授權、核准，即由警察機關逕行實施監聽，間接違反令狀原則、列舉重罪原則及監察理由（如相關性原則、補充性原則）之審查，由於執行監聽機關之惡性重大，該監聽所得他案資料，**此種情形在學理上亦被稱爲「他案監聽」（亦有學者稱爲「聲東擊西式」的監聽）**。例如爲蒐集無明顯證據足以認定犯罪嫌疑人涉及某強盜案件之證據，偵查人員乃先以犯罪嫌疑人持有槍械之事證，取得監聽之通訊監察書（本案），進而利用此一通訊監察書以監聽犯罪嫌疑人有無涉及強盜罪之事證（他案）。此一監聽之過程，自始主要係爲偵查強盜罪之涉案情形，在形式上，偵查人員雖擁有對持有槍械之通訊監察書，惟該通訊監察書所載之內容並非以「強盜罪」（他案）爲監聽對象與範圍，根本上已屬非法監聽。

最高法院97年度台上字第2633號判決認爲，若「另案監聽」所取得之證據，如若係偵查機關自始即以有本案監聽之罪名而聲請核發通訊監察書，於其監聽過程中發現另案之證據者，因該監聽自始即不符正當法律程序，且執行機關之惡性重大，則其所取得之監聽資料及所衍生之證據，不論係在通保法第5條第5項增訂之前、後，悉應予「絕對排除」，不得作爲另案之證據使用。**此實務見解對違法監聽，惡性重大，採絕對排除其證據能力，無疑對保障人民秘密通訊自由邁出一大步，該判決極具標竿意義**。2007年修法後，通保法明定違法監聽所得證據禁止之規定，「違反本條規定進行監聽行爲『情節重大』者，所取得之內容或所衍生之證據，於司法偵查、審判或其他程序中，均不得採爲證據（通保法第5條第5項、第6條第3項參照）。」但最高法院97年度台上字第2743號判決卻認爲，違法監聽若「情節重大」，始適用「絕對排除法則」處理；至於違法監聽「情節非重大」，仍依「權衡理論」處理，亦即關於違法進行通訊監察行爲「情節重大者」，所取得之證據資料是否具有證據能力之判斷，自應優先適用通保法上述特別規定；至於僅在違反通保法進行通訊監察「情節並非重大」之情形，始回歸適用刑訴法相關之規定（如：第158條之4），以判斷其有無證據能力。學者認爲，在個案中，如確有發生，此種嚴重違法情況，自然不能以有效偵查蒐證爲由而掩飾其違法性，此時通保法第5條第5項已有證據禁止的明文規定，甚至不論是刑事案件、行政案件或監察案件，都已有明確依據，**起碼在偵查機關蓄意欺瞞法院進行違法監聽，應認爲構成「情節重大」**，否則新法規定將形同虛設。

【楊雲驊，〈立委司法關說案衍生的「另案監聽」與「刑事證據程序外使用」等問題思考〉，《台灣法學雜誌》，第233期，2013.10，48頁；黃朝義，《概說警察刑事訴訟法》，新學林，初版，2015.09，206頁以下；傅美惠，《偵查法學》，元照，初版，2012.01，326頁；楊雲驊，〈另案監聽——評最高法院97年度台上字第2633號判決〉，《台灣法學雜誌》，第116期，2008.11，171頁以下；吳景欽，〈有監聽票就合法嗎？〉，http://www.taiwancon.com/84585/%E6%9C%89%E7%9B%A3%E8%81%BD%E7%A5%A8%E5%B0%B1%E5%90%88%E6%B3%95%E5%97%8E%E2%97%8E%E5%90%B3%E6%99%AF%E6%AC%BD.htm，最後瀏覽日：2013.12.06。】

三、2014年1月修法後

㈠「違反」第5及6或7條者證據能力絕對排除

在2014年1月修法後，立法者不區分「**違反情節是否重大」，依修正後條文，只要是「違反」第5及6條所執行的通訊監察，無論是因而取得本案或非本案（另案）的通訊內容及其衍生證據，都當然無證據能力，應與排除。**

㈡「符合」第5、6或7條者仍須區分「本案」或「另案」

然而，若係「符合」第5、6或7條的規定所執行的通訊監察而取得的通訊內容及衍生證據有無證據能力，還是必須要區分其為「本案」或「另案」：

1. **若為「本案」之用，因通訊監察係依法執行，所以不會有依第18條之1排除的問題，自有證據能力。**
2. **若為「另案」（他案），原則上其無證據能力**（第18條之1第1項本文），例外地在該另案（他案）通訊內容於七日內陳報於法院，經法院審查認可該另案與本案有關連性，或屬於第5條第1項所列各款之罪時，可以不被排除（第18條之1第1項但書）。換言之，**另案（他案）通訊內容在具有「關連性」或「重罪」的前提下，且經法院認可，仍可作為證據之用。至於與依法執行監聽之本案間有無關連性的判斷，應以該另案（他案）是否與本案具有實體法上之一罪關係，例如想像競合犯、結合犯；或雖無實體法上一罪關係，惟係出於本案被告整體或概括之犯意且與本案觸犯構成犯罪要件之罪名相同、或是與本案被告之犯行有方法或結果的牽連關係者；以及是否合於本案監察目的之共犯參與本案的謀議、實行或事後幫助的行為，以資認定。**

反面推論，若係未受法院認可、與本案無關連性，或非屬重罪者，自無證據能力。例如，偶然監聽所得之另案（他案）犯罪內容，縱屬通保法所定得監聽之罪名，但與本案被告之犯罪事實並無關連性，或不具共犯關係之第三人之犯罪資訊，仍不得作為證據使用。

【李榮耕，〈簡評2014年新修正的通訊保障及監察法——一次不知所為何來的修法〉，《月旦法學雜誌》，第227期，2014.04，172頁；陳運財，〈國家權力實施通訊監察之界限及其制衡〉，收錄於《偵查與人權》，元照，2014.04，381頁。】

❑ 實務見解

▸108 台上 3611○（判決）

通訊保障及監察法於一○三年一月二十九日經修正公布，增訂第十八條之一，該條第一項規定：「依第五條、第六條或第七條規定執行通訊監察，取得其他案件之內容者，不得作為證據。但於發現後七日內補行陳報法院，並經法院審查認可該案件與實施通訊監察之案件具有關連性或為第五條第一項所列各款之罪者，不在此限。」**此項規定即為「另案監聽」之明文化，其所取得之內容有無證據能力，係採「原則排除、例外容許」之立法體例**。而本條項但書所定**「另案監聽」**內容得作為證據之要件有二，即實質要件係以**「重罪列舉原則」**（通訊保障及監察法第五條第一項所列各款之罪），**或非屬重罪但「與本案具有關連性之犯罪」**（輕罪）者為限，並輔以於發現後七日內補行陳報法院審查認可為程序要件。同條第三項則規定：「違反第五條、第六條或第七條規定進行監聽行為所取得之內容或所衍生之證據，於司法偵查、審判或其他程序中，均不得採為證據或其他用途，並依第十七條第二項規定予以銷燬」，**採取英美法制之毒樹果實理論，明文規定「違法監聽」所取得之內容或所衍生之證據，均應予排除，不得作為證據**。**至本條第一項「另案監聽」所衍生之證據，則不與焉**。蓋因本條第一項前段僅規定在合法監聽下所取得其他案件之內容，不得作為證據，並不及於所衍生之證據，此與第三項規定因「違法監聽」所取得之內容或所衍生之證據，及同條第二項規定所取得與監察目的無關之內容或所衍生之證據，均應予排除之情形，顯然有別，亦即依立法原意，**對於「另案監聽」所衍生之證據，不得引用「毒樹果實理論」而認為無證據能力，予以排除。從而，自亦不得復援引與「另案監聽」無關之第三項規定，作為「另案監聽」所衍生證據當然無證據能力之理由**。原判決以本件警方係基於合法通訊監察「林才豐」所屬販毒集團販賣毒品案件，因「另案監聽」得悉被告有施用第一級毒品之情形，惟未依通訊保障及監察法第十八條之一第一項但書規定，於發現被告施用毒品後之七日內補行陳報法院，因認上開「另案監聽」之通訊監察譯文並無證據能力云云。卻於理由內援引同條第三項規定，認為本件所採驗取得被告之尿液，實係基於違法監聽所取得之通訊監察譯文，其尿液及尿液檢驗報告，即屬該條項所稱「所衍生之證據」，自不得於本件中使用，亦即認因「另案監聽」取得衍生之證據，有通訊保障及監察法第十八條之一第三項規定之適用。惟原判決上開法律見解，除與該條項規定之文義不符外，亦與同條第一項規定未採「毒樹果實理論」之立法本旨有悖，其此部分理由之論敘，自有商榷之餘地。

▸107 台上 3407○（判決）

通保法的立法目的，依該法第一條規定，係為保障人民秘密通訊及隱私權不受非法侵害，並確保國家安全，維護社會秩序而制定。但為落實人權保障，該法於九十六年六月十五日修正時，增訂第五條第四項、第五項，規定：「執行機關應於執行監聽期間，至少作成一次以上之報告書，說明監聽行為之進行情形，以及有無繼續執行監聽之需要。法官依據經驗法則、論理法則自由心證判斷後，發現有不應繼續執行監聽之情狀時，應撤銷原核發之通訊監察書。」「違反本條規定進行監聽行為情節重大者，所取得之內容或所衍生之證據，於司法偵查、審判或其他程序中，均不得採為證據。」使執行機關應擔負於通訊監察期間，提出報告之義務，若發現無通訊監察之必要時，得由法院撤銷通訊監察書，儘早停止通訊監察，以維人權，並明定違反該條之相關規定，所執行監聽取得之證據，應予排除（見該條項修正立法理由），且於同年七月十一日公布，並自公布後五個月施行；嗣爲更嚴厲防止濫權監聽、浮濫申請、草率核准通訊監察等情形，俾進一步確實保障人權，復於一〇三年一月十四日，將該法第五條第四項、第五項修正爲：「執行機關應於執行監聽期間內，每十五日至少作成一次以上之報告書，說明監聽行爲之進行情形，以及有無繼續執行監聽之需要。檢察官或核發通訊監察書之法官並得隨時命執行機關提出報告。法官依據經驗法則、論理法則自由心證判斷後，發現有不應繼續執行監聽之情狀時，應撤銷原核發之通訊監察書。」「通訊監察書之聲請，應以單一監察對象爲限，同一偵、他字或相牽連案件，得同時聲請數張通訊監察書。」另增訂第十八條之一，該條第三項復規定：「違反第五條、第六條或第七條規定進行監聽行爲所取得之內容或所衍生之證據，於司法偵查、審判或其他程序中，均不得採爲證據或其他用途，並依第十七條第二項規定予以銷燬。」嗣於同年月二十九日公布，並自公布後五個月施行。**此項證據排除規定，既無但書或附加例外，又未授權法院作個案判斷其違法情節是否重大，顯然立法者係有意採取更爲嚴格的態度，以釜底抽薪方式，抑制不法調查作爲，將違反上開規定進行監聽所取得之證據，悉予排除；且經核此性質，即爲刑事訴訟法第一五八條之四所稱「法律另有規定」的情形，自應優先適用。**原判決既認本件執行監聽的機關即雲林縣警察局刑事警察大隊，於報請臺灣雲林地方檢察署檢察官檢具相關資料，向第一審法院聲請對上訴人持用之門號 0000000000、0000000000 行動電話實施通訊監察，經該法院審酌後，認有事實足認上訴人涉犯販賣毒品罪嫌，並危害國家安全、經濟秩序或社會秩序，且情節重大而有相當理由可信其通訊內容與本案有關，難以其他方法蒐集或調查證據，乃依通保法第五條第一項第一款規定，核發本件通訊監察書，監察期間自一〇五年五月十三日十時起，至同年六月十一日十時止。**但前開執行監聽機關嗣卻未依同法第五條第四項規定，於其執行監聽期間內，每十五日至少作成一次以上之報告書，說明監聽行爲之進行情形，及有無繼續執行監聽之需要等情。如果無訛，則依同法第十八條之一第三項規定，該監聽行爲所取得的內容或所衍生的證據，於司法偵查、審判或其他程序中，均不得採爲證據或其他用途，並應依同法第十七條第二項規定予以銷燬。**乃原判決理由卻謂：該執行監聽機關於開始監聽未逾十五日內取得之監聽資料，並無瑕疵，亦即尙無違反同法第五條第四項規定的情形，自得採爲證據，故本件檢察官提出上訴人所持用門號 0000000000 行動電話的同年五月十三日至十五日通訊監察譯文，應有證據能力云云，似難認於法無違。

▶107 台上 3052〇（判決）

依通訊保障及監察法（下稱通保法）第十八條之一第一項之規定，另案監聽所取得之內容有無證據能力，**係採「原則排除、例外容許」**之立法體例。本條項但書所定另案監聽內容得作爲證據之要件有二，即實質要件係以**「重罪列舉原則」**（通保法第五條第一項所列各款之罪），**或非屬重罪但「與本案具有關連性之犯罪」**（輕罪）者爲限，並輔以於發現後七日內補行陳報法院審查認可爲程序要件。此項於偵查中另案監聽應陳報法院事後審查之立法，與刑事訴訟法第一百三十一條第三項對於逕行搜索，應於實施或執行後三日內陳報該管法院或報告該管檢察官及法院，由法院審查之立法例相仿，**蓋另案監聽係依附於本案監聽而存在，本質上與逕行搜索同爲無令狀之強制處分，且俱因急迫性併屬未及事先聲請令狀，爲避免浮濫，故由法院介入先行審查。**逕行搜索以出於急迫之原因爲要件，是否確係如此，一旦時過境遷，或不免將失去審查之機宜，而不利於被告，即令有未陳報或陳報後經法院撤銷之情形，其所扣押之物得否爲證據，既仍容許於審判時再爲權衡判斷，並不當然予以排除。**而另案監聽所得之內容，是否符合「重罪列舉原則」或「與本案具有關連性之犯罪」類型，純然爲對於通訊內容之判別而已，較之於逕行搜索之該當要件，原不具有審查急迫性，甚至無予先行審查之必要性，即使有逾期或漏未陳報等違背法定程序之情形，受訴法院於審判時自仍得適用刑事訴訟法第一百五十八條之四規定，**再行審酌裁量其得否爲證據。

▶107 台上 2345〇（判決）

通訊保障及監察法第十八條之一第一項規定施行起，被告本身因違反槍砲彈藥刀械管制條例實施通訊監察後所得關於違反森林法之通訊監察譯文，均屬因其他案件所取得內容之「另案監聽」，而該部分均未經執行機關報由檢察官陳報法院審查認可。**通訊保障及監察法第十八條之一第一項本文之規定，並未排除刑事訴訟法第一百五十八條之四權衡原則之適用，**斟酌執行機關著重在被告違反槍砲彈藥刀械管制條例案件之偵查，並非利用他案合法監聽時而有意附帶達到監聽被告之目的，其未陳報法院審查係出於過失，並無故意不報請審查之意；而違反森林法第五十二條本屬通訊保障及監察法第五條第一項第十七款所得實施通訊監察之罪名，且竊取森林主產物對國家森林資源及水土保持與生態平衡均產生嚴重影響，是執行機關如依法定程序陳報法院審查認可，依形式觀之，法院應無不予認可之理由，基於另案扣押相同之法理及善意例外原則，均有證據能力。

第 19 條（洩漏監察所得資料之賠償）

I 違反本法或其他法律之規定監察他人通訊或洩漏、提供、使用監察通訊所得之資料者，負損害賠償責任。

II 被害人雖非財產上之損害，亦得請求賠償相當之金額；其名譽被侵害者，並得請求為回復名譽之適當處分。

III 前項請求權，不得讓與或繼承。但以金額賠償之請求權已依契約承諾或已起訴者，不在此限。

第 20 條（賠償金額之計算）

I 前條之損害賠償總額，按其監察通訊日數，以每一受監察人每日新臺幣一千元以上五千元以下計算。但能證明其所受之損害額高於該金額者，不在此限。

II 前項監察通訊日數不明者，以三十日計算。

第 21 條（損害賠償請求權之消滅時效）

損害賠償請求權，自請求權人知有損害及賠償義務人時起，因二年間不行使而消滅；自損害發生時起，逾五年者亦同。

第 22 條（執行職務洩漏資料之賠償）

I 公務員或受委託行使公權力之人，執行職務時違反本法或其他法律之規定監察他人通訊或洩漏、提供、使用監察通訊所得之資料者，國家應負損害賠償責任。

II 依前項規定請求國家賠償者，適用第十九條第二項、第三項及第二十條之規定。

第 23 條（補充法）

損害賠償除依本法規定外，適用民法及國家賠償法規定。

第 24 條（罰則㈠）

I 違法監察他人通訊者，處五年以下有期徒刑。

II 執行或協助執行通訊監察之公務員或從業人員，假借職務或業務上之權力、機會或方法，犯前項之罪者，處六月以上五年以下有期徒刑。

III 意圖營利而犯前二項之罪者，處一年以上七年以下有期徒刑。

第 25 條（罰則㈡）

I 明知為違法監察通訊所得之資料，而無故洩漏或交付之者，處三年以下有期徒刑。

II 意圖營利而犯前項之罪者，處六月以上五年以下有期徒刑。

第 26 條（刪除）

■修正説明（107.05.23）

一、本條刪除。

二、一百零四年十二月三十日修正施行刑法施行法第十條之三第二項規定，刑法修正施行日前制定之其他法律關於沒收、追徵、追繳、抵償之規定，不再適用。該規定立法意旨在於此次刑法既已整體修正沒收規定，自應回歸刑法一體適用，一百零五年七月一日刑法沒收修正之施行日前所制定之其他法律關於沒收之規定，已無獨立存在之必要；惟經檢視仍應另為特別規定者，依刑法第十一條特別法優於普通法之原則，仍宜定明。

三、依修正後刑法第三十八條第二項及第三項規定，供犯罪所用、犯罪預備之物或犯罪所生之物，屬於犯罪行為人者，得沒收之；屬於犯罪行為人以外之自然人、法人或非法人團體，而無正當理由提供或取得者，得沒收之。則原第一項規定，前二條違法監察通訊所得之資料，不問屬於犯人與否，均沒收之。其沒收範圍較刑法為大，惟違法監察通訊所得之資料所具社會危害性與違禁物有別，其沒收不應與違禁物為相同之處理，應回歸適用刑法之規定。

四、又依修正後刑法第四十條第三項規定，第三十八條第二項、第三項之物、第三十八條之一第一項、第二項之犯罪所得，因事實上或法律上原因未能追訴犯罪行為人之犯罪或判決有罪者，得單獨宣告沒收。則原第二項規定，犯人不明時，得單獨宣告沒收。其涉及得單獨宣告沒收之要件，應回歸適用刑法之規定，本條爰予刪除。

第 27 條（洩漏資料之刑罰及評鑑之移送）

I 公務員或曾任公務員之人因職務知悉或持有依本法或其他法律之規定監察通訊所得應秘密之資料，而無故洩漏或交付之者，處三年以下有期徒刑。

II 法官或檢察官執行本法而有法官法第三十條第二項或第八十九條第四項各款情事者，應移送個案評鑑。

III 公務員或曾任公務員之人違反第十八條之一第二項、第三項規定，將本案通訊監察資料挪作他用者，處三年以下有期徒刑。

❖ 法學概念

本條所稱之「無故」

通保法第27條公務員洩漏資料刑罰，除構成要件如同刑法第132條須爲「應秘密」事項外，其構成要件包含必須係「無故」洩漏或交付者始足當之，而實務認爲「無故」限於「無正當理由」者（最高法院22年上字第891號判例參照）始足當之。學者認爲，如果檢察總長所交付記者會的監察資料，目的係在揭發民意代表以及司法官員等涉及司法重大關說弊案，則符合刑事訴訟法第245條第3項之「依法令或維護公共利益或保護合法權益必要」之要求，則其交付之行爲既有正當事由，應不構成「無故」洩漏或交付之構成要件。進一步言之，檢察總長對於所交付記者會的監察有「判斷餘地」，法院不應以自己之判斷取代檢察總長之判斷，而下級檢察機關也不宜否定上級檢察機關之裁量。

【楊雲驊，〈刑事訴訟法偵查不公開與刑法洩漏國防以外機密罪之關係——以臺灣臺北地方法院102年度矚易字第1號判決爲例〉，《月旦裁判時報》，第27期，2014.06，43頁以下。】

依本書之見，如果認爲「司法關說醜聞，實屬涉及重大公益事件，公眾在此應有知的權利，其召開記者會公開應屬有正當理由」，則檢察總長應自行決定「公布」，而不是在向總統「報告」後，方才決定公布。蓋檢察總長係總統提名，立法院同意後任命，更何況與總統之間並無組織上的隸屬關係，理應獨立行使職權。因此，總長「私下」向總統「報告」，其動機已經啓人疑竇，而「報告」後方予簽結，沒隔多久後隨即召開記者會，時間點的「巧合」，很難不令人有介入政爭的聯想，恐怕不是一句爲「公共利益」之正當事由所能交待過去。

□ 實務見解

▶106矚上易2（判決）

被告即基於洩漏中華民國國防以外應秘密消息、無故洩漏因職務持有知悉之監察通訊所得應秘密資料、意圖損害柯○銘人格權利益而假借總統職務上權力非於執行總統法定職務必要範圍內且與蒐集之特定目的不符，利用個人資料之犯意，於一○二年八月三十一日二十二時三十六分、三十九分許江○樺、羅○強分別抵達後，迄於其二人離開寓所時止，以口頭轉述之方式，無故將偵查中之「陳○和財產來源不明案」、「全民電通更一審司法關說案」、林○濤之部分偵訊內容，及柯○銘與王○平等人通聯記錄暨監聽譯文內容等偵查中應秘密消息、監聽所得應秘密資料及柯○銘個人資料，洩漏予江○樺、羅○強；暨使柯○銘個人資料，爲檢察機關刑事偵查特定目的外之利用，足生損害於柯○銘。被告因職務關係知悉國防以外應秘密消息、監察通訊所得應秘密資料、柯○銘個人資料，有保密義務。刑法第一百三十二條第一項之公務員洩漏國防以外之秘密罪，爲身分犯，犯罪主體係限定爲公務員，並規定於瀆職罪章。考其立法意旨，即爲公務員違背職務上保密義務之制裁規範。又公務員保守秘密義務之規範，除在個別法令就具體情形予以規範外，就一般性保密義務係概括規定於公務員服務法第四條第一項，該條文規定：「公務員有絕對保守政府機關機密之義務，對於機密事件無論是否主管事務，均不得洩漏，退職後亦同」，已明文課予公務員對於政府機關之機密有保守秘密之義務。公務員因職務知悉或持有對於監聽所得應秘密之資料，不得無故洩漏或交付，公務機關對個人資料之利用，應於執行法定職務必要範圍內爲之，並與蒐集特定目的相符，通訊保障及監察法第二十七條第一項、個人資料保護法第十六條，亦分別定有明文。被告爲刑法及公務員服務法所規範之公務員，且由黃○銘所證可知，被告係因總統職務關係而獲悉上開國防以外應秘密消息、監聽所得應秘密資料及柯○銘個人資料。依上開法律規定說明，自負有保密義務，以及不得爲與蒐集目的不符之利用無疑。

第28條（非公務員洩漏資料之處罰）
非公務員因職務或業務知悉或持有依本法或其他法律之規定監察通訊所得應秘密之資料，而無故洩漏或交付之者，處二年以下有期徒刑、拘役或新臺幣二萬元以下罰金。

第29條（不罰之情形）
監察他人之通訊，而有下列情形之一者，不罰：
一　依法律規定而爲者。
二　電信事業或郵政機關（構）人員基於提供公共電信或郵政服務之目的，而依有關法令執行者。
三　監察者爲通訊之一方或已得通訊之一方事先同意，而非出於不法目的者。

第30條（告訴乃論）
第二十四條第一項、第二十五條第一項及第二十八條之罪，須告訴乃論。

第31條（罰則）
有協助執行通訊監察義務之電信事業及郵政機關（構），違反第十四條第二項之規定者，由交通部處以新臺幣五十萬元以上二百五十萬元以下罰鍰；經通知限期遵行而仍不遵行者，按日連續處罰，並得撤銷其特許或許可。

第 32 條（軍事審判之準用）
軍事審判機關於偵查、審判現役軍人犯罪時，其通訊監察準用本法之規定。

第 32 條之 1（國會監督權之行使）
I 法務部每年應向立法院報告通訊監察執行情形。立法院於必要時，得請求法務部報告並調閱相關資料。
II 立法院得隨時派員至建置機關、電信事業、郵政事業或其他協助執行通訊監察之機關、事業及處所，或使用電子監督設備，監督通訊監察執行情形。
III 本法未規定者，依立法院職權行使法或其他法律之規定。

第 33 條（施行細則）
本法施行細則，由行政院會同司法院定之。

第 34 條（施行日）
本法施行日期，除中華民國九十五年五月三十日修正公布之條文，自九十五年七月一日施行；九十六年七月十一日及一百零三年一月二十九日修正公布之條文，自公布後五個月施行；一百零五年三月二十五日修正之條文，由行政院定之外，自公布日施行。

通訊保障及監察法施行細則

1.中華民國 89 年 3 月 15 日行政院、司法院令會同訂定發布全文 30 條；並自發布日起施行
2.中華民國 91 年 6 月 27 日行政院、司法院令修正發布第 25 條條文
3.中華民國 96 年 12 月 11 日行政院、司法院令會銜修正發布全文 36 條；並自 96 年 12 月 11 日施行
中華民國 101 年 12 月 25 日行政院公告第 3 條所列屬「國防部憲兵司令部」之權責事項，自 102 年 1 月 1 日起改由「國防部憲兵指揮部」管轄
4.中華民國 103 年 6 月 26 日行政院、司法院令會同修正發布第 3～5、8、16、20、27～30、35、36 條條文；增訂第 13-1、13-2、16-1、16-2、23-1 條條文；並自 103 年 6 月 29 日施行
中華民國 107 年 4 月 27 日行政院公告第 3 條所列屬「行政院海岸巡防署與所屬偵防查緝隊、各海巡隊、各機動查緝隊以上單位」之權責事項，自 107 年 4 月 28 日起改由「海洋委員會海巡署及所屬機關（構）」管轄

第 1 條
本細則依通訊保障及監察法（以下簡稱本法）第三十三條規定訂定之。

第 2 條
Ⅰ本法第三條第一項第一款所稱有線及無線電信，包括電信事業所設公共通訊系統及專用電信。
Ⅱ本法第三條第一項第二款所稱郵件及書信，指信函、明信片、特製郵簡、新聞紙、雜誌、印刷物、盲人文件、小包、包裹或以電子處理或其他具有通信性質之文件或物品。
Ⅲ本法第三條第一項第三款所稱言論及談話，指人民非利用通訊設備所發表之言論或面對面之對話；其以手語或其他方式表達意思者，亦包括在內。
Ⅳ本法第三條第二項所稱有事實足認受監察人對其通訊內容有隱私或秘密之合理期待者，應就客觀事實加以認定。

第 3 條
本法所稱司法警察機關，指內政部警政署與各直轄市、縣（市）警察局所屬分局或刑事警察大隊以上單位、法務部調查局與所屬各外勤調查處（站）、工作組以上單位、國防部憲兵指揮部與所屬各地區憲兵隊以上單位、行政院海岸巡防署與所屬偵防查緝隊、各海巡隊、各機動查緝隊以上單位及其他同級以上之司法警察機關。

第 4 條
Ⅰ檢察官依本法第五條或第六條規定聲請核發通訊監察書者，應備聲請書，載明偵、他字案號及本法第十一條第一項所列之事項，其監察對象非電信服務用戶，應予載明；並檢附相關文件及監察對象住居所之調查資料，釋明有相當理由可信其通訊內容與本案有關，且曾以其他方法調查仍無效果，或以其他方法調查，合理顯示爲不能達成目的或有重大危險情形，向該管法院爲之。
Ⅱ司法警察機關依本法第五條規定向檢察官提出聲請者，應備文載明本法第十一條第一項所列之事項，其監察對象非電信服務用戶，應予載明；並檢附前項後段所定相關文件與調查資料，及釋明有相當理由之情形，向有管轄權之檢察機關爲之。
Ⅲ司法警察機關依本法第六條規定報請檢察官以口頭通知先予執行通訊監察者，應於十六小時內備妥前項文件陳報該管檢察官。

第 5 條
法院就核發通訊監察書之聲請，其准予核發者，應即製作通訊監察書交付聲請人；不予核發者，應以書面復知聲請人。就本法第十一條之一調取票聲請之准駁，亦同。

第 6 條
執行機關執行通訊監察時，如發現有危害國家安全情事者，應將相關資料移送綜理國家情報工作機關。

第 7 條
Ⅰ法官依本法第五條第四項規定撤銷原核發之通訊監察書者，應以書面通知檢察官。
Ⅱ前項情形，檢察官應立即通知執行機關，執行機關應立即停止監聽，填寫停止執行通知單送建置機關或協助執行之電信事業及其他協助執行機關，並陳報檢察官及法院。

第 8 條
Ⅰ檢察官依本法第六條第一項規定以口頭通知執行機關先予執行通訊監察者，執行機關應製作紀錄，載明通知之時間、方式、內容及檢察官之姓名，留存以備查考。
Ⅱ前項情形，檢察官應於通知執行機關之時起二十四小時內，備聲請書，載明第四條第一項所列事項，敘明具體理由及通知先予執行之時間，聲請該管法院補發通訊監察書，並副知執行機關。
Ⅲ執行機關依第一項規定先予執行通訊監察者，如經法院核復不予補發，或自檢察官向法院聲請之時起四十八小時未獲法院補發通訊監察書者，執行機關應立即停止監察，並陳報檢察官及法院。
Ⅳ前項情形，執行機關應即通知建置機關或協助執行之電信事業或郵政事業及其他協助執行機關停止監察。

第 9 條

本法第七條所稱綜理國家情報工作機關，指國家安全局。

第 10 條

依本法第十條但書規定將通訊監察所得資料移送司法警察機關、司法機關或軍事審判機關者，應移送有管轄權之機關，管轄權不明者，移送其直接上級機關依法處理。

第 11 條

依本法第五條或第六條規定聲請通訊監察者，其聲請書所載明本法第十一條第一項第五款之監察理由，應包括下列事項：

一　受監察人涉嫌本法第五條第一項或第六條第一項犯罪之具體事實。

二　受監察之通訊與上述犯罪具有關連性之具體事證。

三　就上述犯罪曾經嘗試其他蒐證方法而無效果之具體事實，或不能或難以其他方法蒐集或調查證據之具體理由。

第 12 條

綜理國家情報工作機關依本法第七條第二項及第三項規定，通知高等法院專責法官同意通訊監察者，應備聲請書並記載下列事項：

一　案由。

二　監察對象及其境內戶籍資料。

三　監察通訊種類及號碼等足資識別之特徵。

四　受監察處所。

五　監察理由及其必要性。

六　監察期間。

七　監察方法。

八　執行機關。

九　建置機關。

第 13 條

本法第七條第三項之停止監察，執行機關應立即填寫停止執行通知單送建置機關或協助執行之電信事業或郵政事業及其他協助執行機關，並陳報綜理國家情報工作機關首長及高等法院專責法官。

第 13 條之 1

I 本法第十一條之一第一項所稱通信使用者資料，指本法第三條之一第二項之通訊使用者資料。

II 檢察官依本法第十一條之一第一項聲請核發調取票者，應備聲請書並記載下列事項，向該管法院爲之。但因急迫情形不及事先聲請而先爲調取者，於取得相關資料後，應儘速向該管法院補發調取票：

一　案由及涉嫌觸犯之法條。

二　調取種類。

三　聲請理由。

四　執行機關。

III 司法警察官依本法第十一條之一第二項報請檢察官許可或依本法第十一條之一第三項聲請檢察官同意者，應備聲請書載明前項內容，向檢察機關爲之。

IV 檢察官受理司法警察官報請許可或聲請同意之案件，應儘速爲准駁之核復。法院接獲檢察官聲請或核轉許可司法警察官聲請之案件，亦同。

V 法院核發調取票調取通信紀錄或通訊使用者資料者，執行機關應於調取完畢後，將調取票送繳法院。

第 13 條之 2

I 各情報機關依本法第十一條之一第八項報請綜理國家情報工作機關向電信或郵政事業調取通信紀錄及通訊使用者資料者，應備文載明下列事項爲之：

一　案（事）由及涉嫌觸犯法條。但無觸犯法條者，得免記載。

二　調取種類。

三　申請理由。

四　執行機關。

II 前項調取所需費用，由電信或郵政事業向申請機關請求支付。

第 14 條

本法第十二條第一項通訊監察期間之起算，依通訊監察書之記載；未記載者，自通訊監察書核發日起算。但依本法第六條第一項先予執行通訊監察者，自通知先予執行之日起算；依本法第七條第二項但書先予核發通訊監察書者，自核發之日起算。

第 15 條

本法第十二條第二項、第三項之停止監察，執行機關應立即填寫停止執行通知單送建置機關或協助執行之電信事業或郵政事業及其他協助執行機關，並陳報檢察官、依職權核發通訊監察書之法官或綜理國家情報工作機關首長。

第 16 條

I 建置機關所屬人員不得接觸通訊內容，亦不得在現譯區域直接截收、聽取或以其他方法蒐集通訊內容。

II 本法第十三條第四項所定監錄內容顯然與監察目的無關者，不得作成譯文，不包含依本法第十八條之一第一項但書陳報法院審查其他案件之內容。

第 16 條之 1

I 本法第十八條之一第一項所稱其他案件，指與原核准進行通訊監察之監察對象或涉嫌觸犯法條不同者。

II 本法第十八條之一第一項但書所定之發現後七日內，自執行機關將該內容作成譯文並綜合相關事證研判屬其他案件之內容，報告檢察官時起算。執行機關爲報告時，應以書面載明下列事項，報由檢察官陳報法院審查：

一　本案通訊監察之監察對象及涉嫌觸犯法條。
二　該其他案件之內容。
三　該其他案件之內容與實施通訊監察之案件有關連性或為本法第五條第一項所列各款之罪之理由。

III本法第十八條之一第一項但書所定之法院，於本法第七條第二項之通訊監察，為綜理國家情報工作機關所在地之高等法院之專責法官。

第 16 條之 2

本法第二十七條第三項所稱之挪作他用，指無故作不正當之使用。

第 17 條

I 執行電信監察之執行處所，應置監察機房工作日誌，由工作人員按日登載，並陳報機房所屬單位主管核閱。

II 前項執行處所，應訂定有關監察機房進出人員之資格限制、進出之理由及時間等規定，送上級機關備查。

第 18 條

執行機關於執行通訊監察時，發現有應予扣押之物，或有迅速處理之必要者，應即報告檢察官、依職權核發通訊監察書之法官或綜理國家情報工作機關首長。

第 19 條

執行機關執行通訊監察，應依通訊監察書所載內容，以通訊監察書及協助執行通知單通知建置機關或協助執行之電信事業或郵政事業及其他協助執行機關協助執行。但依本法第六條第一項規定先予執行通訊監察者，得僅以協助執行通知單通知之。

第 20 條

I 臺灣高等法院得建置通訊監察管理系統，供監督通訊監察之用。

II 建置機關應設置能立即自動傳輸全部上線及下線資訊之設備，即時將全部上線及下線之資訊，以專線或其他保密方式，傳輸至臺灣高等法院通訊監察管理系統。但軍事審判官核發之通訊監察書及依本法第七條規定無須經法院同意之通訊監察案件，不在此限。

第 21 條

I 電信事業為協助執行通訊監察，應將電信線路以專線接至建置機關監察機房。但專線不敷使用或無法在監察機房內實施時，執行機關得請求建置機關與電信事業協商後，派員進入電信機房附設之監錄場所執行。

II 執行機關依前項但書指派之人員，不得進入電信機房。

III第一項發生專線不敷使用情形時，電信事業應依執行機關或建置機關之需求，儘速擴增軟、硬體設施。

第 22 條

I 為監督執行機關執行情形，司法院於必要時，得提出需求，由電信事業設置能立即自動傳輸行動電信通訊監察上線及下線資訊之設備，即時將有關第二十條第二項前段全部行動通訊監察上線及下線資訊，以專線或其他保密方式，傳輸至台灣高等法院通訊監察管理系統。

II 行動以外電信有關前項通訊監察上線及下線資訊，電信事業應即時以專線或其他保密方式，傳輸至台灣高等法院通訊監察管理系統。

第 23 條

I 執行機關依第二十一條第一項但書規定派員至電信機房附設之監錄場所執行通訊監察時，應備函將該執行人員之姓名及職級通知該電信事業。

II 前項執行人員應遵守電信事業之門禁管制及機房管理相關規定；如有違反，電信事業得拒絕其進入機房附設之監錄場所，並得通知其所屬機關。

III因可歸責於第一項執行人員之事由致電信事業之機房設備損壞者，執行機關應負賠償責任。

第 23 條之 1

I 本法第三十二條之一第一項所定之調閱相關資料、第二項所定之監督通訊監察執行情形，均不包括偵查中之案件，且不得違反偵查不公開之規定。

II 依本法第三十二條之一第二項規定使用電子監督設備時，不得聽取尚在偵查中案件之內容。派員前往監督時，則應備文將所派人員之姓名及職級通知各該機關、事業，所派人員進出各該機關、事業所應遵守門禁管制及機房管理相關規定，如有違反，該機關及事業得拒絕之。

第 24 條

I 電信事業及郵政事業依本法第十四條第二項規定協助執行通訊監察時，以不影響其正常運作及通訊暢通為原則，且不得直接參與執行本法第十三條第一項所定之監察方法。

II 執行機關因特殊案件需要，得請求建置機關要求電信事業指派技術人員協助執行，並提供通訊系統及通訊網路等相關資料。電信事業如有正當理由無法提供協助，應以書面告知執行機關。

III電信事業之通訊系統應具有可立即以線路調撥執行通訊監察之功能；線路調撥後執行通訊監察所需之器材，由建置機關或執行機關自備。

第 25 條

I 執行機關透過郵政事業之協助執行通訊監察時，執行人員應持通訊監察書及協助執行通知單，會同該郵政事業指定之工作人員，檢出受監察人之郵件，並由郵政人員將該郵件之種類、號碼、寄件人及收件人之姓名、地址、原寄局名及交寄日期等資料，登入一式三份之清單，一份交執行人員簽收，二份由郵政事業留存。

II 受監察人之郵件應依通訊監察書所記載內容處

理，其時間以當班或二小時內放行爲原則。放行之郵件應恢復原狀並保持完整，由郵政人員在留存之二份清單上簽名，並註明回收字樣，其中一份清單交執行人員收執，一份併協助執行通知單及通訊監察書由郵政事業存檔。

第 26 條

Ⅰ本法第十四條第二項所稱協助執行通訊監察之義務，指電信事業及郵政事業應使其通訊系統之軟硬體設備具有配合執行通訊監察時所需之功能，並於執行機關執行通訊監察時予以協助，必要時並應提供場地、電力及相關介接設備及本施行細則所定之其他配合事項。

Ⅱ國家通訊傳播委員會應將本細則施行前經特許或許可設置完成之第一類電信事業之通訊系統及通訊網路等相關資料，提供予法務部調查局或內政部警政署評估其所需之通訊監察功能後，由法務部調查局或內政部警政署依第一類電信事業之業務及設備設置情形，向第一類電信事業提出需求；第一類電信事業應即依該需求，擬定所需軟硬體設備、建置時程及費用之建置計畫，與法務部調查局或內政部警政署協商確定後辦理建置。必要時，由國家通訊傳播委員會協助之。

Ⅲ第一類電信事業於本細則施行前已經同意籌設或許可之新設、新增或擴充通訊系統，於本細則施行時尚未完成籌設或建置者，於其通訊系統開始運作前，應依前項之規定擬定配合執行通訊監察所需軟硬體設備、建置時程及費用之建置計畫及辦理建置，並於其通訊系統開始運作時同時協助執行通訊監察。本細則施行前交通部已公告受理特許經營之第一類電信業務，其經核可籌設者，亦同。

Ⅳ第一類電信事業新設、新增或擴充通訊系統者，爲確認其通訊系統具有配合執行監察之功能，應由法務部調查局或內政部警政署提出監察需求，該電信事業儘速擬定應配合執行通訊監察所需軟硬體設備、建置時程及費用之建置計畫，經法務部調查局或內政部警政署與該電信事業協調確定後，由國家通訊傳播委員會核發建（架）設許可證（函）後辦理建置，並經國家通訊傳播委員會與法務部調查局或內政部警政署確認符合通訊監察功能後，於其通訊系統開始運作時同時協助執行通訊監察。

Ⅴ前三項建置計畫是否具有配合通訊監察所需之功能發生爭執時，由國家通訊傳播委員會認定並裁決之。第一類電信事業應即依裁決結果辦理。

Ⅵ第二類電信事業須設置通訊監察設備之業務種類，由國家通訊傳播委員會邀集法務部調查局或內政部警政署協調定之，並準用前四項規定辦理。

Ⅶ本法第十四條第三項所稱必要費用，指電信事業及郵政事業因協助執行而實際使用之設施及人力成本。

第 27 條

Ⅰ執行機關應於通訊監察結束後十五日內，依本法第十五條第一項規定，以書面載明該條第一項內容，報由檢察官、綜理國家情報工作機關於收文後十日內陳報法院審查。

Ⅱ前項所稱通訊監察結束，指該監察對象之監察期間全部結束日，且包括本法第五條第四項之撤銷原核發之通訊監察書、本法第十二條第一項通訊監察期間屆滿、本法第六條第二項、第七條第三項、第十二條第二項及第十二條第三項其受監察人在境內設有戶籍之停止監察之情形。

Ⅲ法院依本法第十五條第一項至第四項規定通知受監察人時，應以書面載明下列事項：

一　通訊監察書核發機關及文號。

二　案由。

三　監察對象。

四　監察通訊種類及號碼等足資識別之特徵。

五　受監察處所。

六　監察期間及方法。

七　聲請機關。

八　執行機關。

九　有無獲得監察目的之通訊資料。

第 28 條

法院依本法第十五條第一項至第四項通知受監察人時，應副知執行機關、檢察官或綜理國家情報工作機關首長。

第 29 條

Ⅰ執行機關依本法第十六條第一項規定按月向綜理國家情報工作機關首長報告通訊監察執行情形，應於次月七日前以書面載明本法第十五條第一項內容報告之；依本法第七條第二項但書先予核發通訊監察書者，自核發之日起算。

Ⅱ執行機關依本法第五條第四項每十五日爲報告時，自通訊監察書核發之日起算。但依本法第六條第一項先予執行通訊監察者，自通知先予執行之日起算。

Ⅲ執行機關依前項規定向檢察官、核發通訊監察書之法官報告通訊監察執行情形時，應以書面敘明本法第十五條第一項內容。

第 30 條

Ⅰ執行機關依本法第七條之通訊監察書爲通訊監察者，應於通訊監察結束或停止後七日內，以書面向綜理國家情報工作機關首長提出報告。綜理國家情報工作機關首長命執行機關報告者，執行機關應即報告。

Ⅱ前項書面，應載明本法第十五條第一項內容。

第 31 條

Ⅰ法院、檢察機關爲使用電子監督設備執行監督，得建置相應之通訊監察線上查核系統。

II 依本法第七條所為之通訊監察，其監督除由綜理國家情報工作機關首長派員為之外，亦得由高等法院專責法官會同監督。

第 32 條

電信事業或郵政事業與其他協助執行機關保管之通訊監察書及執行通知單等與通訊監察有關之文件，應妥善保管，並於通訊監察結束二年後依該事業或協助執行機關之規定辦理銷燬。

第 33 條

本法第二十條第二項所稱監察通訊日數不明，包括下列情形：

一　違反本法或其他法律規定監察他人通訊，而其監察通訊日數不明或無從計算者。

二　違反本法或其他法律規定洩漏、提供或使用通訊監察所得之資料，而無從計算其監察日數者。

第 34 條

I 本法第三十二條所稱現役軍人，依軍事審判法之規定。

II 本細則關於司法警察機關之規定，於軍法警察機關準用之。

第 35 條

I 檢察官、法官、綜理國家情報工作機關首長於本法中華民國九十六年七月十一日修正之條文施行前依法核發通訊監察書，仍應依修正條文施行前之法定程序執行通訊監察、報告執行情形及通知受監察人。

II 法官、綜理國家情報工作機關首長於本法中華民國一百零三年一月二十九日修正之條文施行前依法核發通訊監察書，仍應依修正條文施行前之法定程序執行通訊監察及報告執行情形。但本法第五條、第六條繼續之監察期間，於修正施行後已逾一年，執行機關於通訊監察書之監察期間屆滿後，得依本法重行聲請。

第 36 條

I 本細則自中華民國九十六年十二月十一日施行。

II 本細則修正條文自中華民國一百零三年六月二十九日施行。

檢察機關實施通訊監察應行注意要點

1.中華民國 103 年 6 月 27 日法務部函修正發布全文 14 點；並自 103 年 6 月 29 日生效
2.中華民國 104 年 3 月 2 日法務部函修正發布第 2 點附件二、四、第 4 點附件六、七；並自發布日生效
3.中華民國 107 年 10 月 23 日法務部函修正發布第 12 點及第 2 點附件一、第 4 點附件六、七、八；並自 107 年 5 月 25 日生效

一

檢察機關爲偵查犯罪而監察通訊，除依通訊保障及監察法（以下簡稱本法）及其施行細則之相關規定外，並應依本注意要點辦理。

二

司法警察機關聲請檢察官向法院聲請核發通訊監察書時，除依本法及其施行細則第十一條各款規定備文（如附件一）附具塡妥之聲請表（如附件二）外、並應檢附案情報告書、監察對象住居所之調查資料、監察電話一覽表及監察對象前科表等資料，以利審核。

檢察官受理司法警察機關之聲請後，應審愼評估其必要性、妥適性，依前項重點嚴密審查，以避免浮濫。並應於四小時內核復。如案情複雜，得經檢察長同意延長四小時。書記官應將檢察官受理與核復之時間及准駁之情形登簿以利督促考核。其登記簿之格式如附件三。

前項聲請案件，檢察官應於司法警察機關之聲請函上逕爲核復，並批註受理及核復之日期及時間。其經檢察長同意延長者，檢察長應予批註。

檢察官依本法第五條或第六條規定聲請核發通訊監察書時，應依本法施行細則第四條第一項規定辦理（聲請書格式如附件四）。

司法警察機關依本法第五條第四項作成報告書向法院說明監聽行爲之進行情形，應將報告書副本陳送聲請通訊監察書之檢察官。

三

檢察官依本法第六條第一項規定以口頭通知先予執行通訊監察者，執行機關於開始監察之時應即回報檢察官及該股書記官開始監察之時間。建置機關於協助執行機關先予執行時，應主動向該管檢察官查證是否確實。

前項通訊監察，檢察官應儘速於二十四小時內聲請該管法院補發通訊監察書，聲請書上需特別載明通知先予執行通訊監察之時間。

書記官應分別將已聲請補發之情事，法院受理聲請之時間，及法院核復是否補發等事項，以電話通知執行機關並登簿以利督促考核。其登記簿之格式如附件五。

四

檢察官依本法第十一條之一第一項規定向法院聲請核發調取票時，應依本法施行細則第十三條之一第二項規定辦理（聲請書格式如附件六）。

司法警察官依本法第十一條之一第二項規定報請檢察官許可，向法院聲請核發通信紀錄調取票；或依本法第十一條之一第三項規定聲請檢察官同意調取通信紀錄時，應依本法施行細則第十三條之一第三項規定，提出聲請書（格式如附件七、八）。

五

檢察官依本法第十一條之一第一項規定，因急迫情形指揮檢察事務官、司法警察官、司法警察執行逕行調取通信紀錄或通信使用者資料時，爲迅速及便捷起見，得以口頭指揮或發指揮書之方式爲之。但以口頭爲之者，於執行後應補發指揮書。

六

檢察官於司法警察官依本法第十一條之一第二項規定報請許可時，應先審查該聲請名義人是否確屬刑事訴訟法第二百二十九條、第二百三十條所列之司法警察官；對於聲請書之內容，應詳予審查所記載之事項是否符合法律規定及所附資料是否齊備後，在聲請書上直接批示許可或不許可，並得附加理由。對於記載不全或資料不齊備而屬可得補正之案件，應命其儘速補正，勿逕行批示不許可。

檢察官許可聲請者，應留存聲請書影本，正本交還司法警察官或其指定之人持向法院聲請；其不許可聲請者，應留存聲請書正本，將影本退還。

檢察官不許可司法警察官依第一項所爲聲請者，司法警察官如仍認爲確有調取之必要時，得再補充相關事證後，重新向檢察官報請許可。

七

檢察官依本法第十一條之一第一項規定聲請調取票時，得指定檢察事務官或書記官持聲請書向法院辦理。但法院於審核聲請書認有必要請檢察官說明時，檢察官應即以適當方式向法院爲必要之說明。

司法警察官依本法第十一條之一第二項規定聲請調取票時，應請該案件之承辦人或熟悉案情之人員持聲請書向檢察官及法院辦理聲請事宜，以便必要時得就案情及聲請之理由加以解說。

八

聲請調取票經法院駁回者，依本法第十一條之一

第六項規定不得聲明不服。檢察官或司法警察官如仍認為確有調取之必要時，得再補充相關事證後，重新向法院聲請。

九

檢察官於司法警察官依本法第十一條之一第三項聲請同意時，應先審查該聲請名義人是否確屬刑事訴訟法第二百二十九條、第二百三十條所列之司法警察官；對於聲請書之內容，應詳予審查所記載之事項是否符合法律規定及所附資料是否齊備後，在聲請書上直接批示同意或不同意，並得附加理由。對於記載不全或資料不齊備而屬可得補正之案件，應命其儘速補正，勿逕行批示不同意。

檢察官同意聲請者，應留存聲請書影本，正本交還司法警察官或其指定之人辦理後續調取通信紀錄事宜；其不同意聲請者，應留存聲請書正本，將影本退還。

司法警察官聲請檢察官為第一項之同意時，應請該案件之承辦人或熟悉案情之人員持聲請書向檢察官辦理聲請事宜，以便必要時得就案情及聲請之理由加以解說。

檢察官不同意司法警察官依第一項所為聲請者，司法警察官如仍認為確有調取之必要時，得再補充相關事證後，重新向檢察官聲請。

一〇

司法警察官於調取通信紀錄後，應將執行結果陳報許可或同意聲請之檢察官，如未能執行者，應敘明其事由。

一一

本法第十五條第一項所謂有妨害監察目的之虞者，包括相關案件仍在蒐證階段，如通知受監察人，恐有礙相關案件之繼續偵查，或案件已經偵查終結，尚有其他共犯待追查等情形。

一二

臺灣高等檢察署得建置通訊監察線上查核系統，隨時查核執行中之通訊監察有無未依核發之通訊監察書執行或逾期監察之情形。

檢察官應將法院核復之結果及核發之通訊監察書，交由書記官登錄臺灣高等檢察署建置之電腦查核系統；臺灣高等檢察署應將前項查核結果，通知各檢察機關。

一三

檢察機關應指派檢察官或檢察事務官持機關公函，至轄區建置機關或執行處所監督通訊監察執行情形，每季至少一次。其監督重點如下：

㈠查核監察機房工作日誌及其門禁管制情形。

㈡實施通訊監察者，有無合法之通訊監察書。

㈢實施通訊監察者，有無逾期監察情事。

㈣通訊監察所得資料有無依規定保管及交付。

㈤執行機關有無未請求交付通訊監察所得資料之情形。

㈥通訊監察書及相關資料。

檢察官於執行監督後，應將監督結果陳報檢察長。其監督報告書如附件九。

一四

依本法第十七條將通訊監察所得資料銷燬時，應依下列方式辦理：

㈠執行機關備文向檢察官、依職權核發通訊監察書之法官或綜理國家情報工作機關首長聲請許可銷燬，並敘明係屬本法第十七條第一項、第二項、第十八條之一第二項或第三項之情形。

㈡檢察官審核前款之聲請後，應復知執行機關是否許可銷燬。

㈢各管轄區域內之直轄市、縣市政府警察局、調查處站、海巡單位應各自集中所屬單位已獲許可銷燬之案件資料，於每年一月、四月、七月、十月之五日（如遇假日順延至上班日首日）集中銷燬，並於銷燬日前，函請檢察機關首長派員在場監督。

㈣執行機關應將銷燬過程全程錄影後製作光碟，連同銷燬日之人員簽到表、銷燬案件一覽表（敘明案號、銷燬資料種類及數量）備文函復前款監督機關。

法院辦理通訊監察案件應行注意事項

1.中華民國 96 年 12 月 3 日司法院函訂定發布全文 30 點；並自 96 年 12 月 11 日生效
2.中華民國 103 年 6 月 26 日司法院函修正發布全文 30 點；並自 103 年 6 月 29 日生效

一
通訊監察對人民秘密通訊自由及隱私權影響重大，法院辦理通訊監察案件，自應依通訊保障及監察法（以下簡稱本法）確實審查。如須核發通訊監察書或調取票，亦應明確記載相關法定事項，且隨時監督通訊監察之執行情形。（本法一、十一、十一之一、十六）

二
法官審核通訊監察案件，應注意除爲確保國家安全、維持社會秩序所必要者外，不得爲之；並不得逾越所欲達成目的之必要限度，且應以侵害最少之適當方法行之。（本法二）

三
法院辦理核發通訊監察書、調取票及臺灣高等法院專責法官辦理同意核發通訊監察書時，應注意保密，不得公開。（本法十一、十一之一）

四
法院辦理登錄通訊監察案件、彌封卷宗，及查詢臺灣高等法院通訊監察管理系統通訊監察資料，應由專責人員爲之。（本法施行細則二十）

五
偵查中案件，僅檢察官得聲請核發或補發通訊監察書。司法警察機關不得逕向法院聲請。（本法五、六，施行細則四）

六
本法第五條第二項法院對於通訊監察之聲請，應於四十八小時內核復之規定，係法院辦理審查之最長時限，法官仍宜儘速妥適辦理。檢察官對於司法警察機關聲請之核復，有無逾越同條項規定之四小時或八小時，均不影響檢察官聲請之合法性，法院毋庸審查。

法官認有必要者，得以電話、傳眞或其他簡便方式，通知聲請人補正，並作成紀錄備查，或逕行核復。（本法五，施行細則四）

六之一
偵查中案件，僅檢察官得聲請、補行聲請或核轉許可司法警察官聲請核發調取票。司法警察機關不得逕向法院聲請。

法院受理聲請核發或補行聲請調取票案件，應注意是否屬於最重本刑三年以上有期徒刑之罪，及有無事實足認與本案之偵查有必要性及關連性。如爲偵辦最輕本刑十年以上有期徒刑之罪、強盜、搶奪、詐欺、恐嚇、擄人勒贖，及違反人口販運防制法、槍砲彈藥刀械管制條例、懲治走私條例、毒品危害防制條例、組織犯罪防制條例等罪，自毋庸向法院聲請，應逕予駁回。

法院受理聲請核發或補行聲請調取票案件，應儘速妥適辦理，並準用前點第二項之規定。法院審查補行聲請調取票案件，認爲並無違反法律規定者，因聲請人之調取已執行完畢，本應交回調取票，爲免程序繁瑣，法院可逕於聲請書批示「核備」；如認爲有不符合法律規定者，則於聲請書批示「駁回」及其要旨。（本法十一之一，施行細則十三之一）

七
法院除事務分配會議另有決定外，應指定專股法官辦理通訊監察案件。（本法五、六、十一之一）

八
法院受理聲請通訊監察案件，應隨到隨分，並確實載明收案之年月日及時分。專責人員應即列印歷次監察紀錄表及審查表附卷，陳送法官審查。

九
法官對於聲請核發或補發通訊監察書案件，應注意聲請書以單一監察對象爲限，其監察對象非電信服務用戶，應予載明，並記載偵、他字案號及本法施行細則第十一條各款規定之監察理由，及檢附相關文件、監察對象住居所之調查資料，提出具體事證釋明有相當理由之情形。其僅抄錄法條規定，並據以聲請者，不得遽以准許。（本法五、六，施行細則四、十一，釋字第六三一號）

一〇
法院對於聲請通訊監察之證據，毋庸經嚴格證明，以行自由證明爲已足，如經綜合判斷，具有一定可信度者，亦得據爲准駁。（本法五、六、七、十一之一，施行細則四）

一一
法院就核發通訊監察書之聲請，得於聲請書上逕予核復，並記載理由要旨。不予核發者，必要時，得附具理由要旨。（本法五、六，施行細則五，刑事訴訟法四百零四、四百十六）

一二
法院專責人員就聲請通訊監察案件，應依法官准駁之批示，製作通訊監察書、調取票、補行聲請調取票通知書、通訊監察認可通知書或駁回通知書，送達聲請人，將送達證書附卷備查。（本法

五、六、十一之一、十八之一，施行細則五）

一三

法官依本法第五條第二項核發通訊監察書時，應記載本法第十一條第一項各款所列事項，亦得斟酌個案情形，本於職權，在通訊監察書上，對執行人員為適當之指示，並注意執行人員有無違反指示事項。但無受監察處所或建置機關者，得不記載。

法官依本法第六條補發通訊監察書者，亦同。

法院核發通訊監察書時，認有命執行機關適時提出報告之必要者，得於通訊監察書上為指示，以資遵循。（本法五、六）

一四

法院核發通訊監察書時，固得依聲請人之聲請，指定執行機關。但必要時，亦得於徵詢聲請人之意見後，指定其他執行機關。（本法十四）

一五

法院應設置專責窗口受理補發通訊監察書之聲請。受理聲請後，應於四十八小時內為准駁之決定。如認不符規定者，應予駁回；認聲請有理由者，應即補發通訊監察書。（本法六，施行細則四）

一六

法院受理依本法第六條第一項聲請補發通訊監察書案件，應注意是否屬於得緊急監察之罪名，及檢察官是否於告知先行通訊監察時起之二十四小時內聲請。

依本法第六條第二項補發之通訊監察書，亦應記載監察期間，最長不得逾三十日。（本法六、十二）

一七

法院受理本法第七條第二項及第三項通知同意或補行同意通訊監察案件，須受監察人在我國境內設有戶籍者，始得為之。如受監察人在境內未設有戶籍者，自毋庸法官同意，應逕予駁回。（本法七）

一八

高等法院專責法官受理綜理國家情報工作機關通知補行同意通訊監察案件，應確實審酌是否符合本法第七條第一項之規定，並應於四十八小時內決定之。（本法七，施行細則九）

一九

法官核發或補發通訊監察書時，應於通訊監察書記載監察期間之起訖時間，並應將始日算入。准許繼續監察者，亦同。（本法五、六、十一、十二，施行細則十四）

二〇

高等法院專責法官同意或補行同意綜理國家情報工作機關首長核發通訊監察書者，應同時載明所決定監察期間之起訖時間，並應將始日算入。准許繼續監察者，亦同。

前項所決定之監察期間，較綜理國家情報工作機關首長核發通訊監察書記載之期間為短者，應促其修正通訊監察書之記載，並函報備查。法官准為監察通訊之範圍或方法，較原聲請減縮者，亦同。（本法七、十二，施行細則十四）

二一

本法第十二條第一項規定通訊監察期間每次不得逾三十日或一年，係監察之最長期間，通訊監察書所記載之監察期間，非必依據聲請人之意見，法官宜審酌個案情形，定適當之期間。決定期間或監察範圍較原聲請減縮者，得僅在通訊監察書備註欄內記載「其餘聲請駁回」，毋庸另為駁回之通知。（本法十二）

二二

法官受理繼續通訊監察之聲請，宜參酌執行機關於監察期間所作成之報告書，及聲請繼續監察之具體理由，以為准駁。

聲請繼續監察，未於監察期間屆滿之二日前為之，致法院無從於期間屆滿前為決定者，得逕予駁回。

本法就聲請繼續監察之次數，未設限制，法官於審核時，仍應謹守最小侵害原則，妥適行之。但本法第五條、第六條繼續之監察期間，不得逾一年，如已逾一年，應逕予駁回。（本法第一、二、五、六、七、十二）

二三

法官認有不應繼續執行通訊監察之情狀，而撤銷通訊監察書者，應以書面通知檢察官，必要時，並得通知理由要旨。必要時，亦得僅撤銷通訊監察書所載之部分通訊監察種類或號碼。

法官撤銷原核發之通訊監察書時，宜先徵詢檢察官之意見。（本法五、六）

二三之一

法院受理本法第十八條之一第一項但書規定陳報認可通訊監察內容案件，應注意有無以書面記載本法施行細則第十六條之一第二項各款事項，及是否具體釋明其於發現後七日內補行陳報。（本法十八之一，施行細則十六之一）

二四

檢察官或綜理國家情報工作機關依本法第十五條第一項後段陳報不通知受監察人，法院認通知無妨害監察目的之虞或無不能通知之情形，於逕行通知前，宜先徵詢檢察官或綜理國家情報工作機關首長之意見。

本法第十五條第三項後段所稱有妨害監察目的之虞或不能通知之情形，係由法院依具體個案情形，本於職權獨立判斷，不受陳報機關意見之拘束。

檢察官或綜理國家情報工作機關陳報法院通知或補行通知者，或有本法第十五條第二項、第四項後段主動通知之情形，法院應爲通知，毋庸另行審酌。法院爲通知時，應併送達通訊監察書，並副知執行機關、檢察官或綜合國家情報工作機關首長。（本法十五，施行細則二十八）

二五

法院對於檢察官、綜理國家情報工作機關陳報通知有妨害監察目的之虞或不能通知之情形，應詳爲審查，妥適決定，並注意有無於陳報後每三個月補行陳報不通知之原因是否消滅。（本法十五，施行細則二十七）

二六

法院應注意執行機關有無確實依本法第十五條第一項規定，以書面記載有無獲得監察目的之相關資料，報由檢察官或綜理國家情報工作機關陳報法院審查，惟法院於通知受監察人時，依施行細則第二十七條第三項第九款規定，僅須通知有無獲得監察目的之通訊資料之意旨。（本法十五，施行細則二十七）

二七

本法第十五條第五項之通知，係事務性之訓示規定，法院於審查後，得命司法事務官、法院書記官或其他適當之人辦理，並以法院名義通知。（本法十五）

二八

法院監督偵查中案件之通訊監察，得隨時以命執行機關提出報告、定期派員至建置機關或執行處所監督，或使用電子設備爲線上監督，或以其他適當方式行之。但應作成紀錄備查。（本法十六，施行細則二十二）

二九

法院宜按月指派庭長或法官率同專責人員至建置機關或執行處所監督執行通訊監察情形。受指派人員應製作監督紀錄備查。（本法十六，施行細則三十一）

三〇

執行機關就審判中案件之監察通訊，以監察通訊所得資料全部與監察目的無關，報請許可銷燬時，法官應爲許可與否之決定。

執行機關依本法第十七條第一項、第二項執行通訊監察資料銷燬，報請派員在場，法院應派適當之人員到場。（本法十七）

提審法

1.中華民國 24 年 6 月 21 日國民政府制定公布全文 11 條；並自 35 年 3 月 15 日起施行
2.中華民國 37 年 4 月 26 日國民政府修正公布全文 10 條
3.中華民國 88 年 12 月 15 日總統令修正公布第 1、3、4、6、9 條條文
4.中華民國 103 年 1 月 8 日總統令修正公布全文 12 條；並自公布後六個月施行

第 1 條（提審之聲請）
I 人民被法院以外之任何機關逮捕、拘禁時，其本人或他人得向逮捕、拘禁地之地方法院聲請提審。但其他法律規定得聲請即時由法院審查者，依其規定。
II 前項聲請及第十條之抗告，免徵費用。

第 2 條（逮捕拘禁機關應書面告知之事項）
I 人民被逮捕、拘禁時，逮捕、拘禁之機關應即將逮捕、拘禁之原因、時間、地點及得依本法聲請提審之意旨，以書面告知本人及其指定之親友，至遲不得逾二十四小時。
II 本人或其親友亦得請求為前項之告知。
III 本人或其親友不通曉國語者，第一項之書面應附記其所理解之語文；有不能附記之情形者，應另以其所理解之語文告知之。

第 3 條（聲請提審書狀或言詞應陳明之事項）
I 聲請提審應以書狀或言詞陳明下列事項：
一　聲請人之姓名、性別、出生年月日、身分證明文件編號及住所或居所；他人為聲請時，並應記載被逮捕、拘禁人之姓名、性別或其他足資辨別之特徵。
二　已知逮捕、拘禁之原因、時間及地點。
三　逮捕、拘禁之機關或其執行人員之姓名。
四　受聲請之法院。
五　聲請之年、月、日。
II 前項情形，以言詞陳明者，應由書記官製作筆錄。
III 第一項聲請程式有欠缺者，法院應依職權查明。

第 4 條（地方法院依聲請提審意旨所述事實定其事務分配）
地方法院受理提審之聲請後，依聲請提審意旨所述事實之性質，定其事務分配，其辦法由司法院定之。

第 5 條（提審之聲請與駁回之事由）
I 受聲請法院，於繫屬後二十四小時內，應向逮捕、拘禁之機關發提審票，並即通知該機關之直接上級機關。但有下列情形之一者，得以裁定駁回之：
一　經法院逮捕、拘禁。
二　依其他法律規定得聲請即時由法院審查。
三　被逮捕、拘禁人已回復自由。
四　被逮捕、拘禁人已死亡。
五　經法院裁判而剝奪人身自由。
六　無逮捕、拘禁之事實。
II 受聲請法院，不得以無管轄權而裁定駁回之。

第 6 條（提審票應記載事項及送達）
I 提審票應記載下列事項：
一　逮捕、拘禁之機關及其所在地。
二　被逮捕、拘禁人之姓名、性別或其他足資辨別之特徵。
三　發提審票之法院。
四　應解交之法院。
五　發提審票之年、月、日。
II 提審票應以正本送達逮捕、拘禁之機關，並副知聲請人及被逮捕、拘禁人；發提審票之法院與應解交之法院非同一者，提審票正本應連同提審卷宗併送應解交之法院。
III 提審票、提審卷宗於必要時，得以電傳文件、傳真或其他電子文件代之。

第 7 條（被逮捕拘禁人之解交）
I 逮捕、拘禁之機關，應於收受提審票後，二十四小時內將被逮捕、拘禁人解交；如在收受提審票前已將該人移送他機關者，應即回復發提審票之法院，並即將該提審票轉送受移送之機關，由該機關於二十四小時內逕行解交；如法院自行迎提者，應立即交出。
II 前項情形，因特殊情況致解交或迎提困難，被逮捕、拘禁人所在與法院間有聲音及影像相互傳送之設備而得直接訊問，經法院認為適當者，得以該設備訊問，逮捕、拘禁之機關免予解交。
III 逮捕、拘禁之機關，在收受提審票前，被逮捕、拘禁人已回復自由或死亡者，應將其事由速即回復發提審票之法院。
IV 第二項之視訊過程，應全程錄音錄影。

第 8 條（法院應就逮捕拘禁合法性之審查，並應予相關當事人到場陳述意見之機會）
I 法院審查逮捕、拘禁之合法性，應就逮捕、拘禁之法律依據、原因及程序為之。
II 前項審查，應予聲請人、被逮捕、拘禁人及逮捕、拘禁之機關到場陳述意見之機會。必要時，並得通知相關第三人到場陳述意見。
III 法院關於提審聲請之處理，除本法規定外，準用

其他相關法律規定之程序。

第9條（法院裁定釋放或解返原解交機關）

I 法院審查後，認為不應逮捕、拘禁者，應即裁定釋放；認為應予逮捕、拘禁者，以裁定駁回之，並將被逮捕、拘禁人解返原解交之機關。

II 前項釋放之裁定，不得聲明不服。

第10條（不服駁回聲請之救濟）

I 聲請人或受裁定人不服駁回聲請之裁定者，得於裁定送達後十日內，以書狀敘明理由，抗告於直接上級法院。

II 抗告法院認為抗告不合法或無理由者，應以裁定駁回之；認為抗告有理由者，應以裁定將原裁定撤銷，並即釋放被逮捕、拘禁人。

III 前項裁定，不得再抗告。

第11條（罰則）

I 逮捕、拘禁機關之人員，違反第二條第一項之規定者，科新臺幣十萬元以下罰金。

II 逮捕、拘禁機關之人員，違反第七條第一項之規定者，處三年以下有期徒刑、拘役或科或併科新臺幣十萬元以下罰金。

第12條（施行日）

本法自公布後六個月施行。

刑事妥速審判法

1.中華民國 99 年 5 月 19 日總統令制定公布全文 14 條；其中第 5 條第 2～4 項自公布後二年（即 101 年 5 月 19 日）施行；第 9 條自公布後一年（即 100 年 5 月 19 日）施行
中華民國 99 年 5 月 19 日司法院令發布定自 99 年 9 月 1 日施行
2.中華民國 103 年 6 月 4 日總統令修正公布第 5、7 條條文
中華民國 103 年 6 月 4 日司法院令發布定自 103 年 6 月 6 日施行
3.中華民國 108 年 6 月 19 日總統令修正公布第 5、14 條條文；第 5 條第 3 項自修正公布後一年施行；第 5 條第 5 項之刪除自修正公布後六個月施行

第 1 條（立法目的）
I 為維護刑事審判之公正、合法、迅速，保障人權及公共利益，特制定本法。
II 本法未規定者，適用其他法律之規定。

■立法説明（99.05.19）

一、憲法第十六條明定訴訟權之保障，其內涵為保障人民有受公正、合法及迅速審判之權利，司法院釋字第四四六號、第五三〇號解釋理由亦均明白揭示此一意旨。國際人權法制已注意及此，世界各人權法案乃將「迅速審判」、「適時審判」或於「合理時間審判」列為重要之司法人權。其中聯合國公民與政治權利國際公約第十四條第三項第三款明定「立即受審，不得無故稽延」；歐洲人權公約第六條第一項亦明定任何人有權在合理的期間內受到依法設立的獨立與公正的法庭之公平與公開審理。此外，美國聯邦憲法增修條文第六條亦保障刑事被告有接受迅速審判的權利，美國國會並於西元 1974 年制定「速審法」（Speedy Trial Act of 1974）；日本則於憲法第三十七條第一項明定：「在所有刑事案件，被告享有受公平法院之迅速且公開審判之權利」，並於 2003 年通過「關於裁判迅速化之法律」，以回應國民對於迅速審判的要求。然而，法院審理案件，除應於適當時間內審理外，亦應兼顧案件審理之品質，否則當事人僅能得到粗糙的正義，空有迅速審判的形骸而無公平正義的實質內涵，為符合國際人權標準，催生有效率有品質的司法，爰制定本法。

二、妥速審判除了維護刑事審判之公正、合法、迅速，亦可避免證據滅失或薄弱化、提高判決之一般預防效果，並減少積案導致國民對刑事司法的不信任感，是案件能妥速審理亦兼有保障人權及公共利益之內涵，爰於第一項明定上開立法目的。

三、第二項規定本法與其他有關法律適用上之關係，例如：本法未規定者，與刑事訴訟有關之事項，即適用刑事訴訟法之規定。例如：本法第五條第二項特別規定所犯為最重本刑死刑、無期徒刑或逾有期徒刑十年之案件，其延長羈押之次數，此部分應適用本法之規定，至於其他羈押及延長羈押之規定仍適用刑事訴訟法第一〇八條之相關規定。又，本法第五條第三項有關審判中之總羈押期間，各審級合計不得逾八年，亦屬特別規定，自應適用本法之規定。再者，本法各該規定，未特別區分自訴、公訴程序，自訴程序亦有適用，併此敘明。

第 2 條（法院裁判品質）
法院應依法迅速周詳調查證據，確保程序之公正適切，妥慎認定事實，以為裁判之依據，並維護當事人及被害人之正當權益。

■立法説明（99.05.19）

法院固應迅速審結案件，惟亦應注意裁判品質之追求，爰明定「妥」與「速」均係法院裁判所追求之目標，並應注意維護當事人及被害人之正當權益，期能符合國民期待。

第 3 條（依誠信原則行使訴訟程序權利）
當事人、代理人、辯護人及其他參與訴訟程序而為訴訟行為者，應依誠信原則，行使訴訟程序上之權利，不得濫用，亦不得無故拖延。

■立法説明（99.05.19）

一、為達成妥速審判之目的，當事人、代理人、辯護人及其他參與訴訟程序為訴訟行為者，均應依誠信原則行使訴訟程序上之權利，不得濫用，亦不得藉故拖延，始克盡其功，爰參考日本刑事訴訟規則第一條第二項之規定，於本條明定之。

二、本條所稱誠信原則，舉例而言：被告雖有權保持沈默，但不得欺瞞法院，騙使法院實施不必要之訴訟程序等是。至所稱「其他參與訴訟程序而為訴訟行為者」，如告訴代理人、被告輔佐人是。

第4條（落實準備程序行集中審理）
法院行準備程序時，應落實刑事訴訟法相關規定，於準備程序終結後，儘速行集中審理，以利案件妥速審理。

立法説明（99.05.19）

法院於行準備程序時，若能落實刑事訴訟法有關準備程序之規定，將可活化審判程序，有效妥速審結案件，爰於本條明定其旨。至於未行準備程序之案件，仍應儘速行集中審理，乃自明之理。

第5條（被告在押案件優先且密集集中審理、羈押期之年限）
I 法院就被告在押之案件，應優先且密集集中審理。
II 審判中之延長羈押，如所犯最重本刑為死刑、無期徒刑或逾有期徒刑十年者，第一審、第二審以六次為限，第三審以一次為限。
III 審判中之羈押期間，累計不得逾五年。
IV 前項羈押期間已滿，仍未判決確定者，視為撤銷羈押，法院應將被告釋放。

修正前條文

I 法院就被告在押之案件，應優先且密集集中審理。
II 審判中之延長羈押，如所犯最重本刑為死刑、無期徒刑或逾有期徒刑十年者，第一審、第二審以六次為限，第三審以一次為限。
III 審判中之羈押期間，累計不得逾八年。
IV 前項羈押期間已滿，仍未判決確定者，視為撤銷羈押，法院應將被告釋放。
V 犯最重本刑為有期徒刑十年以下之罪者，審判中之限制出境期間，累計不得逾八年。但因被告逃匿而通緝之期間，不予計入。

修正説明（108.06.19）

一、羈押強制處分限制犯罪嫌疑人或刑事被告之人身自由，將使其與家庭、社會及職業生活隔離，不僅對其生理、心理上造成嚴重打擊，於其名譽、信用等人格權之影響亦甚重大，係干預人身自由最大之強制處分，自僅能以之為保全程序之最後手段，允宜慎重從事，其非確已具備法定要件且認有必要者，當不可率然為之（司法院釋字第三九二號、第六五三號、第七三七號解釋意旨參照），其羈押期間，自亦應確保不超過具體案件之需要，以符合最後手段性原則。從統計資料顯示，於一百零一年，審判羈押期間逾五年以上之被告人數為八人（其中逾年者為四人），翌年降為三人（均未逾七年），於一百零三年至一百零六年間則均無此情，截至一百零七年九月底為止，則為二年，案例可謂甚罕；又近年來，上訴第三審之案件，經最高法院撤銷發回更審之比率亦逐年下降，自一百零三年以降，均已降至百分之十以下，案件整體審判期間亦相應縮短，足見審判中羈押總期間以五年為限，應足以因應實務審判上之需要，爰修正第三項規定，將審判中之羈押期間，由原規定累計不得逾八年，降低為累計不得逾五年，以強化人權之保障。

二、刑事訴訟法業已明文規範限制出境、出海之類型、限制要件、應備之程式、限制期間、通知被告之程序、延長限制期間之次數、撤銷或變更限制出境（海）之程序、救濟等事項，本法已無重複規定之必要，爰刪除本條第五項。

三、第一項、第二項及第四項未修正。

第6條（貫徹無罪推定原則）
檢察官對於起訴之犯罪事實，應負提出證據及說服之實質舉證責任。倘其所提出之證據，不足為被告有罪之積極證明，或其指出證明之方法，無法說服法院以形成被告有罪之心證者，應貫徹無罪推定原則。

立法説明（99.05.19）

一、世界人權宣言第十一條第一項規定：「凡受刑事控告者，在未經獲得辯護上所需的一切保證的公開審判而依法證實有罪以前，有權被視為無罪。」此乃刑事訴訟無罪推定之基本原則。聯合國公民與政治權利國際公約第十四條第二款亦有相似的規定。司法院大法官解釋亦一再闡述無罪推定之意旨；刑事訴訟法第一百五十四條第一項明定無罪推定之旨，並就刑事訴訟法保障被告人權提供基礎。刑事審判實務上，亦奉無罪推定原則為基本原則，爰參考最高法院九十二年台上字第一二八號判例意旨，將判例意旨明文化，以具體落實無罪推定原則並符合國際司法人權的標準。

二、本條係將判例意旨明文化，用以宣示無罪推定原則之重要性。法院於審理具體案件時，若認不能證明被告犯罪而應諭知被告無罪之判決者，應爰引刑事訴訟法第三百零一條第一項為判決之根據，附此敘明。

第7條（侵害速審權之法律效果）
自第一審繫屬日起已逾八年未能判決確定之案

件，除依法應諭知無罪判決者外，法院依職權或被告之聲請，審酌下列事項，認侵害被告受迅速審判之權利，且情節重大，有予適當救濟之必要者，應減輕其刑：
一　訴訟程序之延滯，是否係因被告之事由。
二　案件在法律及事實上之複雜程度與訴訟程序延滯之衡平關係。
三　其他與迅速審判有關之事項。

□修正前條文

自第一審繫屬日起已逾八年未能判決確定之案件，除依法應諭知無罪判決者外，經被告聲請，法院審酌下列事項，認侵害被告受迅速審判之權利，情節重大，有予適當救濟之必要者，得酌量減輕其刑：
一　訴訟程序之延滯，是否係因被告之事由。
二　案件在法律及事實上之複雜程度與訴訟程序延滯之衡平關係。
三　其他與迅速審判有關之事項。

■修正說明（103.06.04）

原條文規定：「自第一審繫屬日起已逾八年未能判決確定之案件，除依法應諭知無罪判決者外，經被告聲請，法院審酌下列事項，認侵害被告受迅速審判之權利，情節重大，有予適當救濟之必要者，『得』酌量減輕其刑。」即法院審酌本條各款規定，認確實有侵害被告速審之權利且情節重大後，仍可進一步決定是否酌量減輕被告之刑責。惟細繹本條之立法目的，係對速審權受侵犯之被告，給予其減刑之補償。於法院對本條各款事由進行審酌後，確定被告速審權受有侵害且情節重大時，若仍由法院決定是否給予減刑之補償，即有可能發生「被告速審權受有侵害且情節亦屬重大，卻無法受到本條減輕刑責補償」之現象，顯與本條之立法目的有所扞格，爰修正原條文，明定「自第一審繫屬日起已逾八年未能判決確定之案件，除依法應諭知無罪判決者外，法院依職權或被告之聲請，審酌下列事項，認侵害被告受迅速審判之權利，且情節重大，有予適當救濟之必要者，應減輕其刑：一、訴訟程序之延滯，是否係因被告之事由。二、案件在法律及事實上之複雜程度與訴訟程序延滯之衡平關係。三、其他與迅速審判有關之事項。」

❖ 修法簡評

一、王兆鵬教授

依本條規定，只有在第一審繫屬之日起已逾八年，仍未判決確定之被告，始得依該法主張權利。然而，國民受迅速審判之權利，實爲一「憲法」上之權利，如同司法院釋字第446號、第530號解釋，一再闡釋人民享有受法院公正、合法及迅速審判的權利。是故，**在第一審訴訟繫屬後，如第一審訴訟極爲嚴重之不當遲延，致侵害人民受迅速審判之權利，雖未逾八年，應亦得主張其憲法上之權利已遭受侵害**，而請求法院予以救濟。

此外，依本條規定，「自第一審繫屬日起已逾八年未能判決確定之案件，除依法應諭知無罪判決者外，經被告聲請，……**得酌量減輕其刑**。」是以，就理論上而言，僅有罪判決之案件，始須考量適用本條酌減其刑。但本條之法律效果，僅規定**「得酌量減輕其刑」**，其適用的結果將造成原本堅持無罪的被告，因飽受煎熬，意志被長期訴訟所磨滅，最後只好「認罪」以換取「輕判」。因此這樣的立法設計可能有違反「無罪推定原則」的疑慮，也使被告陷入兩難之困境。此時法院不如諭知免訴判決，使被告終局脫離審判的折磨。

【王兆鵬、張明偉、李榮耕，《刑事訴訟法（下）》，瑞興，三版，2015.09，52頁以下。】

二、何賴傑教授

刑事妥速審判法第7條是立法者所制定之特別量刑事由之規定，係刑法量刑規定之補充規定。法官於個案究應如何「酌量減輕其刑」，恐怕是其操作本條時最不明確之部分。如同刑法第57條量刑事由之操作，常會讓人有標準不明確、判決理由不詳盡、法官流於恣意認定等之質疑。學者主張，法官適用刑法第57條量刑時，**應得以違反訴訟迅速原則之事由，作爲量刑減輕事由。**

如個案符合本條要件時，法官尚可適用本條再予以「酌量」減輕其刑，因而法官即得宣告低於法定刑下限之刑。第三審法院應依職權適用本條，且應自爲判決而非撤銷發回原審。本條所規定之被告聲請要件，不應拘泥於形式，應朝被告有利方向爲解釋，且應賦予辯護人、代理人、輔佐人有聲請權（編按：學者主張此處應做目的性擴張解釋；但爲**99年第9次刑事庭會議決議**所不採）。法官負有以適當方式告知被告得爲聲請之義務。本條適用之實質要件，主要考量點是：訴訟遲延事由是否可歸責於國家而非被告，還須考量罪名輕重、案件事實及證據之複雜度、被告所受之不利益等，並非八年期間屆滿，即須給予被告減刑，而應就個案整體狀況予以綜合評價。

【何賴傑，〈論刑事妥速審判法第7條減刑規定之適用〉，《司法週刊》，第1505期，2010.08.19，12頁以下。】

三、黃朝義教授

本條所謂「酌量減輕其刑」係指得在法定刑度以下進行量刑。但法官在決定刑度時，是否會有如此考量，未必能在判決中看出，換言之，被告僅能看判決書中所敘述之文字斷定法官是否有依此減刑，法官亦得不在法定刑度之下予以量刑，只要「有減即可」。此點，可能對於被告不利。且減刑是以有罪為前提，若被告一再爭執無罪，可能就無法在訴訟中予以主張，這在法理上，可能有違無罪推定之意旨。

【黃朝義，《刑事訴訟法》，新學林，五版，2017.09，41頁以下。】

四、張升星法官

速審法以「案件繫屬已為逾八年」作為刑度歧視的標準，倘若法院繫屬期間未逾八年即告確定，因為不符「案件繫屬已逾八年」之要件，被告即無法享受減刑之利益。然而刑事妥速審判法既然認為「案件繫屬已逾八年」即屬「速審權」遭受侵害，但對其他未逾八年之案件，卻無賦予「相等比例」之減刑優惠，恐不符憲法第23條之比例原則。

此外，速審法第7條之規定，將被告犯罪行為之評價，取決於犯罪行為「後」之審理時間浮動狀態，而非犯罪行為「時」，動機手段等一切情狀，亦與刑事法學理論相悖，乃程序延宕與實體減刑之混淆。

【張升星，〈程序扭曲與正義失衡——妥速審判法之實證觀點〉，《台灣法學雜誌》，第216期，2013.01，76頁以下。】

☐ 實務見解

▶99年度第9次刑事庭會議決議（99.09.21）

壹、本條規定旨在就久懸未決案件，從量刑補償機制予被告一定之救濟，以保障被告受妥速審判之權利。法院於審酌本條各款規定之事項後，認被告之速審權確已受侵害，且情節重大，有予適當救濟之必要時，始得酌量減輕其刑，並非案件逾八年未能判刑確定，即得當然減輕。

貳、本條僅限於仍在法院訴訟繫屬中之案件，始有其適用，對已經判刑確定之案件，不得提出酌減其刑之聲請。

參、本條所稱已逾八年未能確定之案件，自第一審繫屬日起算，第二審、第三審及發回更審之期間累計在內，並算至最後判決法院實體判決之日止。所稱第一審，包括高等法院管轄第一審之案件。其於再審或非常上訴之情形，自判決確定日起至更為審判繫屬前之期間，應予扣除，但再審或非常上訴前繫屬法院之期間，仍應計入。

肆、本條酌量減輕其刑，僅受科刑判決之被告有聲請權，法院不得依職權審酌。被告得以言詞或書面聲請，其於案件尚未逾八年聲請時，為不合法；但於該審級判決前已滿八年者，宜闡明是否依法聲請。其經合法聲請者，效力及於各審級。

伍、檢察官或被告之辯護人、代理人、輔佐人為被告之利益主張依本條酌減其刑者，法院宜適度闡明，以究明被告是否依法聲請。其以被告名義聲請，但書狀無被告簽章時，應先命補正。

陸、本條各款所定法院應審酌之事項，非犯罪構成要件之要素，以經自由證明為已足，惟須與卷存資料相符。

柒、被告提出聲請時，對於酌減其刑之事由毋庸釋明，事實審法院如認有調查之必要，應於被告被訴事實為訊問後行之，並給予當事人、辯護人、代理人、輔佐人表示意見之機會。但法院認為不合酌減之要件者，關於此部分之聲請，不得於本案或其他案件採為對被告或其他共犯不利之證據。

捌、依本條酌減其刑者，應於裁判內記載衡酌之具體理由；數罪併罰案件，應就各別之數罪分別審酌。酌減其刑者，應援引本條為適用法律之依據。

玖、本條酌量減輕其刑，得宣告法定本刑以下之刑期，仍得再適用刑法第五十九條酌減，然應符合罪刑相當原則。對於刑之減輕，適用刑法總則有關規定。

拾、案件於第二審判決前已逾八年，被告未聲請酌減其刑，或繫屬於第三審始逾八年，而於上訴第三審後為聲請者，如第三審法院得自為判決時，由第三審審酌是否酌減其刑；若案件經發回更審者，由事實審法院為審酌。

第8條（無罪判決不得上訴最高法院）
案件自第一審繫屬日起已逾六年且經最高法院第三次以上發回後，第二審法院更審維持第一審所為無罪判決，或其所為無罪之更審判決，如於更審前曾經同審級法院為二次以上無罪判決者，不得上訴於最高法院。

■立法說明（99.05.19）

一、刑事訴訟法已改採改良式當事人進行主義，檢察官對於起訴之案件，自訴人對於提起自訴之案件，均應負實質舉證責任。若案件自第一審繫屬日起已逾六年，且經最高法院發回更審三次以上，此時若第二審法院更審仍維持第一審所為無罪判決，或其所為無罪之更審判決，如於更審前曾經同審級法院二次以上為無罪判決者（即連同最後一次更審判決在內，有三次以上為無罪判決），則檢察官、自訴人歷經多次更審，仍無法將被告定罪，若仍允許檢察官或自訴人就無罪判決一再上訴，被告因此必須承受更多之焦慮及不安，有礙被告接受公正、合法、迅速審判之權，與

「無罪推定原則」相悖。且合理限制檢察官、自訴人之上訴權，可使檢察官、自訴人積極落實實質舉證責任，爰於本條明定此項無罪判決不得上訴於最高法院。

二、本條所規定六年期間計算，於再審、非常上訴之情形，自判決確定日起至更為審判繫屬前之期間，應予扣除，附此敘明。

❖ 修法簡評

與外國法制相較，國內學者們認為，我國速審法第 7、8 條之規定仍有規範不足之處。參酌美國的「聯邦速審法」（the Speedy Trial Act of 1974），其審判實務以及我國目前運作的狀況，以下幾點可供我國未來修法之參考：

一、審判期限開始之規定

我國法著重的是起訴後必須儘速「完成」審判，美國則是要求起訴後必須儘速「開始」審判程序。在 1971 年的 United States v. Marion 案中，美國聯邦最高法院宣示，在被告被「起訴」、「逮捕」後，一旦其「被告」的地位已形成，便得主張聯邦憲法第 6 條修正案的速審權，此在學理上稱之為「控訴後法則」（the Post Accusation Rule）。而在 1974 年的聯邦速審法即規定，於提出起訴書或被告於法院第一次出庭後 70 日內，法院必須開始審判。為了讓被告有足夠的時間準備訴訟，聯邦速審法同時也規定，除非有被告書面同意，否則審判與被告第一次同出庭之日由律師或明示放棄受辯護權之期間，不得少於 30 日。

二、障礙事由經過期間之排除

我國速審法第 7 條或第 8 條的審判期間上限應予適度縮短（如二到四年），以避免其在訴訟程序中煎熬過久。可參考 1974 年的聯邦速審法規定，為確認被告心神或身體狀況、被告因他案而進行審判、審理被告提出審前的聲請（pretrial motion）、依聯邦刑事訴訟規則而移轉案件或移送被告、法院審查協商合議、被告因健康因素而無法開始程序、被告與他共同被告合群審判、法院核准延期審判（continuance），以及為取得位於外國之證據等事由，可自審判期間中排除。

三、違反速審權之判斷

我國速審法第 7 及 8 條是以程序的進行是否超過一定的期間作為要件，以決定被告是否能受有救濟，並不妥適。尤其是第 7 條所規定的八年期間來決定被告速審權受有侵害，更是欠缺理論基礎。換言之，即便個案中有本條所列舉之各種情事，屬情節重大，但是自第一審繫屬至判決確定只要未超過八年，被告仍無法主張其速審權受有侵害。**而美國聯邦最高法院的做法，其不採「一定期間法則」或「未請求即視為放棄法則」，而是權衡以下 4 項標準：㈠遲延期間；㈡遲延原因；㈢被告是否及何時主張；㈣遲延對被告產生的不利影響。**

為彈性因應實際個案中的需要，立法者可以參考美國聯邦速審法之規定，列舉合理的法定障礙事由，例如：被告逃亡、被告因另受審或服刑，或被告惡意提出顯無訴理由之聲請等事由所經過的時間，可自審判期間中排除。

四、對相關人員的制裁

依美國聯邦速審法之規定，**若可歸責檢察官或辯護人事由遲滯訴訟，例如：㈠檢察官或辯護人明知關鍵證人無法到庭，但仍排定審判期日；㈡明知無理由而仍提出程序上之聲請；㈢明知仍作成虛偽之陳述，以影響法院是否延期審判的決定；以及㈣無法定原因而故意不進行審判程序者，該辯護人或檢察官將面臨減少酬勞或金錢處罰。**

五、駁回起訴

若超過 70 日審判開始期限，法院通常為**「得」行再起訴得駁回裁定**（dismiss without prejudice）。**然而有時在考量「被害法益輕重」、「司法正義的影響」、「可歸責於檢方事由」，也可能為「不得」再行起訴之駁回裁定**（dismiss with prejudice）。

因此，未來修法可以參考美國聯邦速審法之規定，法院以：㈠犯罪的嚴重性；㈡導致駁回起訴的事實情狀；㈢再行起訴對於司法程序之衝擊；以及㈣在 United States v. Taylolr 案中所宣示的被告因而所受有的不利益，來選擇法律效果之適用。

六、上訴採無害錯誤法則

美國審判實務上將原審判決違背法令事由稱為「錯誤」（error）。依上訴法院是否當然應撤銷原審判決而分別適用「無害錯誤法則」（harmless-error analysis）之錯誤及不適用該法則之「當然發回錯誤」（automatic reversal）。即錯誤若對於原判決結果並無影響，上訴法院仍應維持原判決，以避免司法資源之浪費及人民對司法之輕視，此一種錯誤稱為「無害錯誤」。

美國於 Arizona v. Fulminante 案中聯邦最高法院提出區分「無害錯誤法則」及「當然發回錯誤」之標準，即判決違背法令所產生之錯誤可分為：「結構瑕疵」（structure defects）與「審判錯誤」（trial error）二類。前者如「違反律師辯護權」（depriving a defendant of counsel）及「法官失去中立性」（trying a defendant before a biased judge）係「結構瑕疵」，屬於「當然發回錯誤」之範疇，因為此類型錯誤影響司法公平正義形象至鉅，與單純審判錯誤不同。而若為審判中法官就證據應否許可作錯誤決定與審判結構無涉，則係「審判錯誤」，應適用「無害錯誤法則」（例如原審以「被告非任意性自白」作為證據雖然是嚴重錯誤，但性質上仍屬「審判錯誤」，應適用「無害錯誤法則」判斷是否影響原審判決，上訴審非當然必須撤銷原審判決）。

我國學者認爲，刑事訴訟法第 379 條列舉當然違背法令上訴第三審之事由，此規定與美國「結構瑕疵」所產生之「當然發回錯誤」相似。但第 379 條第 10 款「應於審判期日調查之證據而未予調查者」之意義應包括「根本未調查」、「調查未盡」及「未經合法程序調查」等三種。相較於美國法，此類錯誤在美國應適用「無害錯誤法則」判斷該錯誤是否無害，以決定應否撤銷原審判決。

至於判斷是否爲「無害錯誤」之心證門檻則應以「無合理懷疑」爲標準，即法院認爲該錯誤未影響原判決之心證程度需達「無合理懷疑」，才是所謂的「無害錯誤」。否則，應認爲是「有害錯誤」，需撤銷原審判決。

七、限制最高法院發回次數

第 8 條係限制無罪判決上訴最高法院的規定，惟依目前實務的運作，經檢察官起訴的絕大多數情形，最後多以「有罪」確定，然而本條卻僅對「無罪」判決做規範，並未解決「有罪」判決一再被撤銷發回的情形。其實，造成訴訟遲延主因或主因之一的是最高法院多爲撤銷發回而不願自爲判決的陋習，既不追究造成遲延者之責任，又不規範原審判決被告有罪而被最高法院撤銷發回之情況。建議修正刑訴法第 401 條，明文限制最高法院撤銷發回次數以一次爲限，當事人若再次訴至最高法院，最高法院撤銷原審判決即應自爲判決，若有調查事實之必要，最高法院應公開審理、辯論，不受刑訴法第 394 條第 1 項規定之限制，如此才能徹底解決訴訟遲延中最根本問題。

【李榮耕，〈簡評新制定之刑事妥速審判法——以美國法制爲比較〉，《法學新論》，第 40 期，2013.02，17 頁以下；吳巡龍，〈從美國制度檢視我國速審法限制上訴〉，《台灣法學雜誌》，第 216 期，2013.01，68 頁以下；朱朝亮，〈妥速審判法第 7 條減刑要件之探討〉，《台灣法學雜誌》，第 216 期，2013.01，90 頁以下。】

第 9 條（上訴之限制）

I 除前條情形外，第二審法院維持第一審所爲無罪判決，提起上訴之理由，以下列事項爲限：

一　判決所適用之法令牴觸憲法。

二　判決違背司法院解釋。

三　判決違背判例。

II 刑事訴訟法第三百七十七條至第三百七十九條、第三百九十三條第一款規定，於前項案件之審理，不適用之。

立法說明（99.05.19）

一、刑事訴訟法已改採改良式當事人進行主義，檢察官對於起訴之案件，自訴人對於提起自訴之案件，均應負實質舉證責任。案件於第一審判決無罪，第二審法院仍維持第一審所爲無罪判決，若仍允許檢察官或自訴人就無罪判決一再上訴，被告因此必須承受更多之焦慮及不安，有礙被告接受公正、合法、迅速審判之權，因此合理限制檢察官、自訴人之上訴權，使其等於上開情形下，提起上訴之理由以落實嚴格法律審之理由爲限，可使檢察官、自訴人更積極落實實質舉證責任，爰明定於第二審法院（包含更審法院）維持一審無罪判決之情形下，提起上訴（包含檢察官、自訴人提起上訴）之理由，限於本條第一項各款嚴格法律審之理由。

二、爲彰顯於符合本條第一項序文規定之情形時，最高法院爲嚴格法律審，上訴理由自應以判決所適用之法令牴觸憲法、判決違背司法院解釋或違背判例者爲限。亦即案件若符合第一項序文之情形時，上訴理由狀內須具體載明原審判決有何本條第一項各款所規定之事由。若最高法院認原審判決所適用之法令確有牴觸憲法之疑義時，因法官並無法令之違憲審查權，此時自得依司法院釋字第三七一號解釋之意旨，裁定停止訴訟，並提出客觀上形成確信法令爲違憲之具體理由，聲請司法院解釋，以求解決。又在行憲前，司法院之院字或院解字解釋，乃司法院就具體案件之法令適用重要事項認有統一法律見解之必要所作成，行憲後，有關憲法解釋及法令之統一解釋，由司法院大法官掌理，均屬司法院解釋，依司法院釋字第一八五號解釋意旨，司法院所爲憲法解釋及統一法令解釋，具有拘束全國各機關及人民之效力，爲使刑事訴訟得以實現憲法保障人權之功能，原審判決如有違背司法院解釋之情形，最高法院自得予以糾正。再者，判例係就具體個案之判決中因有關法令之重要事項有統一見解之必要而作成，故判決違背判例者，自屬最高法院得以審查之事項。又，第一項各款所謂之法令、司法院解釋、判例均以現行有效者爲限，附此敘明。

三、爲貫徹憲法保障人權之精神，原審判決所適用之法令如有牴觸憲法之情形時，由最高法院以裁定停止訴訟後，聲請司法院解釋，當事人毋庸等待該判決確定後，始依司法院大法官審理案件法第五條第一項第二款規定聲請解釋，復據解釋之結果聲請再審或提起非常上訴，以節省程序之勞費，並符合保障人民有受公正、合法、迅速審判之權。

四、最高法院對於第一項案件，係依嚴格法律審之規定審理，刑事訴訟法第三百七十七條至第三百七十九條、第三百九十三條第一款等規定，與嚴格法律審之精神不符，爰於本條第二項明定最高法院審理第一項案件時，上開條文之規定不適用之。至於刑事訴訟法有關第三審上訴之規定，於本法無排除適用之規定者，依第一條第二項規定，最高法院於審理第一項案件時，遇有應予適用之情形時，自仍應予以適用，乃理之當然。

❖ 修法簡評

學者認為，本條嚴格限制上訴之規定有以下之不當：

一、就判決所適用之法令牴觸憲法而言

依據本條適用之前提要件，必須一、二審均判決無罪。但無罪之判決，實務多引用刑事訴訟法第154條第2項、第301條等條文，此等法律條文，幾無可能被認為違憲。或有認為，此款所稱之法令尚包括判例與決議在內，但要求最高法院承認本身之判例或決議確有違憲疑義而聲請釋憲，實無期待之可能。

二、就違背司法院解釋而言

對照此一規定，令人不解的是，法律同樣「具有拘束全國各機關選表及人民之效力」，為何判決違背司法院解釋允許上訴，違背法律就不可以？其實，判決違背司法院解釋自屬於刑事訴訟法第377條所稱之判決違背法令，沒有該規定，依據刑事訴訟法即可以上訴第三審。

三、就判決違背判例作為上訴理由而言

我國實務向來是以「判例」作為審查判決是否合法唯一標準，形同判例位階高於法律之疑慮，使憲法規範法官應依據法律獨立審判之規定實已蕩然無存。

【楊雲驊，〈刑事妥速審判法第9條檢察官提起上訴理由限制之探討〉，《台灣法學雜誌》，第216期，2013.02，98頁以下。】

☐ 實務見解

▶100台上3889（判決）

刑事妥速審判法於民國九十九年五月十九日公布，其中第九條自公布後一年即一〇〇年五月十九日施行，依該第九條第一項之規定，除同法第八條所列禁止上訴第三審之情形外，對第二審法院所為維持第一審無罪之判決提起上訴之理由，特別採行嚴格法律審制，僅限於：「一、判決所適用之法令牴觸憲法。二、判決違背司法院解釋。三、判決違背判例。」立法旨趣在針對歷經第一審、第二審（更審亦屬之）之二次事實審審理，就事實認定已趨一致，且均認被告無罪之案件，為貫徹無罪推定原則，乃特別限制控方之檢察官或自訴人提起第三審上訴，須以嚴格法律審之重大違背法令情形為理由，用資彰顯第三審維護抽象正義之法律審性質，而不再著重於實現具體正義之個案救濟，俾積極落實控方之實質舉證責任，以減少無謂訟累，保障被告接受公正、合法、迅速審判之權利。**此係刑事訴訟法關於第三審上訴理由一般限制規定之特別法，應優先而為適用，故同條第二項明揭斯旨，規定刑事訴訟法第三百七十七條至第三百七十九條、第三百九十三條第一款規定，於上揭案件之審理，不適用之，即不得執為上訴第三審之理由；則各該規定相關之司法院解釋、判例亦同無適用，以澈底符合嚴格法律審之法旨，尤不待言。**又上開規定所列舉得上訴第三審之重大違背法令情形，所謂「判決所適用之法令牴觸憲法」，觀諸立法理由謂「最高法院認原判決所適用之法令確有牴觸憲法之疑義時，因法官並無法令之違憲審查權，僅得依司法院釋字第三七一號解釋之意旨，裁定停止訴訟，聲請司法院解釋，以求解決」等語，當係指屬司法院大法官會議所掌抽象違憲審查之職權範圍，而得依司法院大法官審理案件法第五條第一項第二款聲請解釋憲法之「終局裁判所適用之法律或命令發生有牴觸憲法之疑義」，即「規定違憲」之情形，有別於判決認定事實、適用法律不當而牴觸憲法之「適用違憲」，舉凡原判決所援引之法令條文或所依憑之法理、原則，與憲法之明文規定或條文所蘊涵之法理、原則互相違背者，均屬之。至所稱「判決違背司法院解釋、判例」，則指判決之意旨違背現行有效之司法院歷來所作成「院字」、「院解字」及「釋字」等解釋，與最高法院歷來就具體案件中關於法令重要事項，為統一法律見解，所為補充法令不足，闡明法令眞意，具有法拘束力之刑事判例等。且各該得上訴於第三審之重大違法，尚須影響於原判決，即控方上訴理由所指摘者，對原判決產生動搖，足以構成撤銷之原因，始符上訴制度之立法目的。

❖ 學者評釋

最高法院援引無罪推定原則之貫徹及彰顯第三審維護抽象正義之法律審性質作為限縮第9條第1項第2款及第3款的適用論據。問題是即使此種被強化的論據，能否正當化限縮第9條第1項第2款及第3款的適用範圍？學者持否定看法，理由如下：

一、所謂刑事訴訟法第379條、第393條第1款等規定，與嚴格法律審之精神不符，不適用之。惟與上開條文有關之解釋及判例，本屬所謂嚴格法律審所容許上訴事由之範圍，故當事人仍得作爲第三審上訴之理由。

二、速審法第 9 條第 2 項規定之解釋，應置於同條第 1 項的脈落下做合於規範目的之處理。其規範目的，係出於在同條第 1 項採取所謂嚴格法律審的前提下，因非所有判決違背法令之情形均得提起第三審上訴，故宣示性的指出刑事訴訟法第 377 條至第 379 條、第 393 條第 1 款等規定，與嚴格法律審不符的範圍內不再適用，並非謂連同與第 379 條等規定有關的司法院解釋或判例，一併排除在得上訴第三審的範圍外。

三、以當事人進行原則、檢察官實質舉證責任或速審權之保障等各個觀點，並不足以提供速審法第 9 條第 1 項採行嚴格法律審的充分論據，縱使再加上 100 年度台上字第 3889 號等判決所謂有貫徹無罪推定原則及彰顯第三審維護抽象正義之必要，仍未能針對爲何要排除與刑事訴訟法第 379 條等條文有關的司法院解釋或判例的適用，提出具有說服力的合理說明。

四、立於維護自訴人訴訟權益的觀點。倘要進一步限制自訴人上訴權益，排除與刑事訴訟法第 379 條等條文有關之司法院解釋或判例之適用，應有更充分的目的正當性及其限制係合乎比例原則的要求，否則將過度妨礙自訴人依憲法第 16 條之規定提起上訴之訴訟權益。

五、基於與非常上訴救濟管道間之衡平觀點。最高法院 97 年度第 4 次刑事庭會議決議認爲非常上訴爲非常救濟程序，以統一法令適用爲目的。依此項決議之意旨，原確定判決違反判例或司法院解釋之情形，一般而言可謂具有統一適用法令之原則之重要性，因此，即便原確定判決尚非不利於被告，惟因涉及統一適用法令之原則上之重要性，故檢察總長對其仍得提起非常上訴。相對的，在案件尚未確定前，無罪判決如有違反與刑事訴訟法第 379 條等條文有關的司法院解釋或判例之情形，卻謂不得上訴第三審，將形成案件未確定前上訴第三審困難；俟確定後提起非常上訴容易的不均衡現象，徒然造成統一解釋法令功能的遲滯。

綜上所述，關於第 9 條第 2 項之解釋，最高法院見解認爲所謂判決違背司法院解釋或判例，自不包括違背刑事訴訟法第 377 條至第 379 條以及第 393 條第 1 款有關之解釋或判例，**已構成對當事人之上訴附加法律所無之限制，並非允當，**學者認爲上開規定有關之解釋及判例，本屬本條第 1 項第 2 款、第 3 款之解釋及判例範圍，自仍屬最高法院審查是否具備上訴理由之範圍。

【陳運財，〈刑事妥速審判法第 9 條限制上訴第三審事由之檢討〉，《月旦法學雜誌》，第 209 期，2012.10，70 頁以下。】

第 10 條（本法施行前之法律適用）
前二條案件於本法施行前已經第二審法院判決而在得上訴於最高法院之期間內、已在上訴期間內提起上訴或已繫屬於最高法院者，適用刑事訴訟法第三編第三章規定。

■**立法說明**（99.05.19）

第八條、第九條案件如於本法施行前已經第二審法院判決而在得上訴於最高法院之期間內，或已在上訴期間內提起上訴，或已繫屬於最高法院者，因已依刑事訴訟法之一般規定準備上訴理由，或已據以提起上訴，或上訴後卷證已送最高法院而繫屬於最高法院，上開情形應仍適用刑事訴訟法第三編第三章之規定，爰於本條明定其旨。

第 11 條（相關機關之配合義務）
法院爲迅速審理需相關機關配合者，相關機關應優先儘速配合。

■**立法說明**（99.05.19）

法院審理案件，時有需其他機關配合者，例如：鑑定或調取相關文書紀錄等，如相關機關未能積極配合，必將造成案件之延宕，爲達到妥速審結之目的，相關機關自應優先儘速配合，爰於本條明定之。

第 12 條（國家之義務）
爲達妥速審判及保障人權之目的，國家應建構有效率之訴訟制度，增加適當之司法人力，建立便於國民利用律師之體制及環境。

■**立法說明**（99.05.19）

爲達妥速審判及保障人權之目的，國家應建構有效率的訴訟制度，同時亦應積極建構支援此項目標之制度與體制，爰參考日本「關於裁判迅速化之法律」第二條第二項、第五條之規定，明定國家應建構有效率的訴訟制度，並增加適當之司法人力及建立便於國民利用律師之體制及環境。

第 13 條（程序從新原則）
I 本法施行前已繫屬於法院之案件，亦適用本法。
II 第五條第二項至第四項施行前，被告經法院延長羈押者，其效力不受影響。

■**立法說明**（99.05.19）

一、本法施行前已繫屬於法院之案件，本程序從新之原則，亦應一併適用本法。

二、第五條第二項至第四項有關延長羈押之規定施行前，被告已經法院延長羈押者，係基於當時有效法律所爲，其效力自不受影響，爰於本條第二項明定之。惟應注意者，第五條第三項規定審判中之羈押期間，累計不得逾八年，該項規定生效施行時，被告在押案件均適用之，亦即在押被告前經法院依當時有效法律延長羈押之效力不受影響，若在押被告最後一次延長羈押之裁定係於羈押累計滿八年後始延長羈押期滿，則該最後一次延長羈押仍屬有效，法院應依第五條第四項之規定於該次延長羈押期滿後釋放被告。

第 14 條（施行日）

Ⅰ 第五條第二項至第四項，自公布後二年施行；第九條自公布後一年施行；其他條文施行日期由司法院定之。

Ⅱ 中華民國一百零八年五月二十四日修正通過之第五條第三項，自修正公布後一年施行；第五條第五項之刪除，自修正公布後六個月施行，並適用中華民國一百零八年五月二十四日修正通過之刑事訴訟法施行法第七條之十一第二項、第三項規定。

□**修正前條文**

第五條第二項至第四項，自公布後二年施行；第九條自公布後一年施行；其他條文施行日期由司法院定之。

■**修正説明（108.06.19）**

一、第五條第三項審判中羈押總期間之限制，由累計不得逾八年，修正爲不得逾五年，對於目前累計已逾五年或接近五年之案件，仍有訂定緩衝期間俾其因應之需要，爰增訂第二項前段規定，明定五條第三項自公布後一年施行。

二、本法因應刑事訴訟法增訂限制出境、出海新制，而刪除第五條第五項之規定後，仍應配合新制施行日施，俾免法律適用出現空窗期，致實務運作發生無法可據之前，爰增訂第二項後段規定，以資因應。

去氧核醣核酸採樣條例

1.中華民國 88 年 2 月 3 日總統令制定公布全文 14 條
2.中華民國 101 年 1 月 4 日總統令修正公布第 1、3、5～7、12、14 條條文；並自公布後六個月施行

第 1 條（立法目的）
I 為維護人民安全、協助司法鑑定、協尋失蹤人口、確定親子血緣、提昇犯罪偵查效能、有效防制犯罪，特制定本條例。
II 本條例未規定者，適用其他有關法律之規定。

第 2 條（主管機關）
本條例所稱之主管機關為內政部。

第 3 條（用詞定義）
本條例用詞定義如下：
一　去氧核醣核酸：指人體中記載遺傳訊息之化學物質。
二　去氧核醣核酸樣本：指採自人體含有去氧核醣核酸之生物樣本。
三　去氧核醣核酸紀錄：指將去氧核醣核酸樣本，以科學方法分析，所取得足以識別基因特徵之資料。
四　去氧核醣核酸型別出現頻率：指主管機關所採用之鑑定系統，在特定人口中，去氧核醣核酸型別重複出現之頻率。
五　去氧核醣核酸資料庫：指主管機關所建立儲存去氧核醣核酸紀錄之資料系統。
六　去氧核醣核酸人口統計資料庫：指主管機關所建立關於去氧核醣核酸型別出現頻率之資料系統。

第 4 條（主管機關之權責）
主管機關應指定或設立專責單位，辦理下列事項：
一　鑑定、分析及儲存去氧核醣核酸樣本。
二　蒐集、建立及維護去氧核醣核酸紀錄、型別出現頻率、資料庫及人口統計資料庫。
三　應檢察官、法院、軍事檢察官、軍事法庭或司法警察機關之請求，提供去氧核醣核酸紀錄及相關資料，或進行鑑定。
四　研究發展鑑定去氧核醣核酸之技術、程序及標準。
五　其他與去氧核醣核酸有關之事項。

第 5 條（應接受強制採樣之人）
I 犯下列各罪之被告或犯罪嫌疑人，應接受去氧核醣核酸之強制採樣：
一　刑法公共危險罪章第一百七十三條第一項與第三項、第一百七十四條第一項、第二項與第四項、第一百七十五條第一項。
二　刑法妨害性自主罪章第二百二十一條至第二百二十七條、第二百二十八條、第二百二十九條之罪。
三　刑法殺人罪章第二百七十一條之罪。
四　刑法傷害罪章第二百七十七條第二項、第二百七十八條之罪。
五　刑法搶奪強盜及海盜罪章第三百二十五條第二項、第三百二十六條至第三百三十四條之一之罪。
六　刑法恐嚇及擄人勒贖罪章之罪。
II 犯下列各罪經有罪判決確定，再犯本項各款之罪之被告或犯罪嫌疑人，應接受去氧核醣核酸之強制採樣：
一　刑法公共危險罪章第一百八十三條第一項與第四項、第一百八十四條第一項、第二項與第五項、第一百八十五條之一、第一百八十六條、第一百八十六條之一第一項、第二項與第四項、第一百八十七條、第一百八十七條之一、第一百八十八條、第一百八十九條第一項、第二項與第五項、第一百九十條第一項、第二項與第四項、第一百九十一條之一及故意犯第一百七十六條之罪。
二　刑法妨害自由罪章第二百九十六條、第二百九十六條之一及第三百零二條之罪。
三　刑法竊盜罪章第三百二十一條之罪。
四　刑法搶奪強盜及海盜罪章第三百二十五條第一項之罪。
五　槍砲彈藥刀械管制條例第七條、第八條、第十二條及第十三條之罪。
六　毒品危害防制條例第四條至第八條、第十條及第十二條之罪。

第 6 條（強制採樣對象及程序）
I 法院或檢察官認為有必要進行去氧核醣核酸比對時，應以傳票通知前條所列之人接受去氧核醣核酸採樣。
II 前項傳票應記載接受去氧核醣核酸採樣之事由。
III 受第一項傳票通知之人無正當理由拒絕去氧核醣核酸採樣者，法院或檢察官得拘提之並強制採樣。
IV 前項拘提應用拘票，拘票應記載接受去氧核醣核酸強制採樣之事由。

第 7 條（強制採樣之程序）
I 司法警察機關依第五條實施去氧核醣核酸強制採樣前，應以通知書通知犯罪嫌疑人或被告，經合法通知無正當理由不到場者，得報請檢察官核發拘票。

II 前項通知書應記載下列事項，並由司法警察機關主管長官簽名：
一　被採樣人之姓名或足資識別之特徵、性別、年齡及住所或居所。
二　案由及接受去氧核醣核酸採樣之事由。
三　應到之日、時、處所。
四　無正當理由不到場者，得報請檢察官核發拘票。

III 前項之通知書，準用刑事訴訟法第七十九條之規定。

第 8 條（被採樣人證明書之發給）

I 司法警察機關、檢察官或法院執行採樣完畢後，應將去氧核醣核酸樣本送交主管機關之專責單位，並應發予被採樣人已接受採樣之證明書。

II 依本條例應受採樣人得出具前項證明書拒絕採樣。但下列情形不在此限：
一　原採樣本無法取得足以識別基因特徵之資料。
二　有事實足認原採樣本可能非受採樣人所有。
三　由原採樣本取得之去氧核醣核酸紀錄滅失。

第 9 條（志願自費採樣）

I 爲尋找或確定血緣關係之血親者，得請求志願自費採樣。

II 限制行爲能力人或無行爲能力人之請求，應經法定代理人、監護人、社會行政機關或警政機關協助。

第 10 條（執行採樣應注意事項）

去氧核醣核酸採樣，應依醫學上認可之程序及方法行之，並應注意被採樣人之身體及名譽。

第 11 條（去氧核醣核酸資料之儲存與保管）

I 主管機關對依本條例取得之被告及經司法警察機關移送之犯罪嫌疑人之去氧核醣核酸樣本，應妥爲儲存並建立紀錄及資料庫。

II 前項樣本、紀錄及資料庫，主管機關非依本條例或其他法律規定，不得洩漏或交付他人；保管或持有機關亦同。

第 12 條（資料保存期限）

I 依本條例採樣、儲存之去氧核醣核酸樣本、紀錄，前者至少應保存十年，後者至少應保存至被採樣人死亡後十年。

II 依第五條接受採樣之人，受不起訴處分或經法院無罪判決確定者，主管機關應刪除其去氧核醣核酸樣本及紀錄；被採樣人亦得申請刪除。但涉及他案有應強制採樣情形者，得不予刪除。

III 第八條第一項之證明書，應記載被採樣人前項之權利。

IV 去氧核醣核酸樣本之採集準則，由主管機關定之。

V 去氧核醣核酸樣本之鑑定、儲存、管理、銷毀與紀錄之建立、使用、提供、刪除及監督管理之辦法，由主管機關定之。

第 13 條（施行細則之訂定）

本條例施行細則，由主管機關定之。

第 14 條（施行日）

I 本條例自公布後一年施行。

II 本條例修正條文自公布後六個月施行。

法院辦理刑事訴訟案件應行注意事項

1.中華民國 69 年 11 月 18 日司法院函訂定發布
2.中華民國 84 年 7 月 31 日司法院函修正發布
3.中華民國 86 年 12 月 19 日司法院函修正發布全文 122 點
4.中華民國 90 年 6 月 29 日司法院函修正發布全文 135 點
5.中華民國 91 年 2 月 8 日司法院函修正發布全文 137 點
6.中華民國 92 年 8 月 27 日司法院函修正發布全文 181 點；並自 92 年 9 月 1 日起實施
7.中華民國 93 年 6 月 24 日司法院函修正發布第 143、146、147 點；增訂第 144 點；原第 144、150～156 點修正遞改爲第 150～157 點；並自 93 年 6 月 25 日生效
8.中華民國 95 年 2 月 9 日司法院函增訂發布第 48-1 點；並自即日生效
9.中華民國 95 年 6 月 13 日司法院函增訂發布第 2-1、147-1 點；並自 95 年 7 月 1 日生效
10.中華民國 96 年 7 月 6 日司法院函修正發布第 50、162 點；並自 96 年 7 月 6 日生效
11.中華民國 98 年 5 月 12 日司法院函增訂發布第 176-1 點；並自即日起生效
12.中華民國 98 年 8 月 28 日司法院函修正發布第 25 點；並自 99 年 1 月 1 日生效
13.中華民國 102 年 1 月 29 日司法院函修正發布第 6、26、34 點；並自即日生效
14.中華民國 104 年 2 月 10 日司法院函修正發布第 6、7、34 點；並自即日生效
15.中華民國 105 年 6 月 30 日司法院函修正發布第 76 點；並增訂第 2-1、70-1～70-8、76-1、179～196 點；原第 2-1、179～181 點移列爲第 2-2、197～199 點
16.中華民國 105 年 12 月 19 日司法院函修正發布第 88 點；並自 106 年 1 月 1 日生效
17.中華民國 105 年 12 月 30 日司法院函修正發布第 7、12、31、37、38、45、48-1、60、79、81、84、88、90～92、101、105、113、121、123、124、128、132、169 點；並自 106 年 1 月 1 日生效
18.中華民國 106 年 4 月 28 日司法院函修正發布第 25、33、35、39、48 點；增訂第 34-1～34-3、39-1、40-1 點；並自 106 年 4 月 28 日生效
19.中華民國 106 年 12 月 28 日司法院函修正發布第 34-1 點；並自 107 年 1 月 1 日生效
20.中華民國 107 年 1 月 18 日司法院函增訂發布第 62-1 點；並自即日起生效
21.中華民國 108 年 12 月 11 日司法院函修正發布第 6、18、19、25、31、34、37～39、40、57、60、62-1、64、130、133、186 點；並增訂第 6-1、24-1～24-5、41-1、177-1 點；除第 31 點自 109 年 6 月 19 日生效外，餘自 108 年 12 月 19 日生效
22.中華民國 109 年 1 月 8 日司法院函修正發布第 136、137、141 點；增訂第 135-1～135-10、177-2～177-5、178-1 點；並自 109 年 1 月 10 日起生效
23.中華民國 109 年 1 月 15 日司法院函修正發布第 8、12、19、141、159、161、190 點；並增訂第 27-1、27-2 點；除第 8、19、159、161 點自 109 年 1 月 17 日生效，餘自 109 年 7 月 17 日生效
24.中華民國 109 年 2 月 24 日司法院函修正發布第 178-1 點；並自即日起生效
25.中華民國 109 年 3 月 13 日司法院函增訂發布第 76-2 點；並自即日起生效

一（刑訴審判法定程序之回復）

刑事訴訟案件之審判，本應依刑事訴訟法（以下簡稱刑訴法）所定之程序辦理，其因時間上或地域上之特殊情形而適用其他法律所定之程序辦理者，於該特殊情形消滅，尚未經判決確定者，即應適用刑訴法所定程序終結之。（刑訴法一）

二（刑訴第二條用語之意義）

刑訴法第二條所謂實施刑事訴訟程序之公務員，係指司法警察、司法警察官、檢察官、檢察事務官、辦理刑事案件之法官而言。所謂被告，係指有犯罪嫌疑而被偵審者而言。所謂有利及不利之情形，則不以認定事實爲限，凡有關訴訟資料及其他一切情形，均應爲同等之注意。其不利於被告之情形有疑問者，倘不能爲不利之證明時，即不得爲不利之認定。（刑訴法二）

二之一（沒收用語）

沒收之替代手段與沒收均爲國家剝奪人民財產之強制處分，自同受刑訴法正當法律程序之規範。所稱沒收之替代手段，不限於刑法所規定之「追徵」，並及於其他法律所規定者。（刑訴法三之一、一四一、二五九、二五九之一、三一〇、三一〇之三、三一七、四五〇、四五五之二、四七〇）

二之二（共犯用語）

刑訴法所稱「共犯」，原即包括正犯、教唆犯及幫助犯，不受刑法第四章規定「正犯與共犯」、「正犯或共犯」影響，務請注意適用。（刑訴法七、三四、七六、八八之一、一〇一、一〇五、一三五、一五六、二三九、二四五、四五五之七）

三（管轄之指定及移轉）

管轄之指定及移轉，直接上級法院得以職權或據當事人之聲請爲之，並不限於起訴以後，在起訴以前，亦得爲之。其於起訴後移轉者，亦不問訴訟進行之程序及繫屬之審級如何。惟關於移轉裁定，直接上級法院不能行使審判權時應由再上級法院裁定之。至於聲請指定或移轉時，訴訟程序以不停止爲原則。（刑訴法九、一〇，參照司法院院字第五五號解釋）

四（指定或移轉管轄之聲請人）

聲請指定或移轉管轄，須當事人始得爲之，原告訴人、告發人雖無聲請權，可請求檢察官聲請。（刑訴法一一）

五（指定或移轉管轄之裁定機關）
高等法院土地管轄範圍內地方法院之案件，如欲指定或移轉於分院土地管轄範圍內地方法院管轄，應由最高法院裁定，不得以行政上之隸屬關係，即由高等法院指定或移轉。（參照司法院院字第二〇三號解釋）

六（強制辯護及限制辯護人之接見）
有下列情形之一，於審判中未經選任辯護人者，審判長應指定公設辯護人或律師爲被告辯護：㈠最輕本刑爲三年以上有期徒刑案件。㈡高等法院管轄第一審案件。㈢被告因精神障礙或其他心智缺陷無法爲完全之陳述者。㈣被告具原住民身分，經依通常程序起訴或審判者。㈤被告爲低收入戶或中低收入戶而聲請指定者。㈥他審判案件，審判長認有必要者。前述案件之選任辯護人於審判期日無正當理由而不到庭者，審判長亦均得指定公設辯護人或律師。在未設置公設辯護人之法院，可指定法官充之，不得以學習司法官、學習法官充任之。案件經指定辯護人後，被告又選任律師爲辯護人者，得將指定之辯護人撤銷。至於辯護人接見羈押之被告，非有事證足認其有湮滅、僞造、變造證據或勾串共犯或證人者，不得限制之㈦。（刑訴法三一、三四；刑訴施行法三）

六之一（被告於審判中之卷證資訊獲取權）
被告於審判中得預納費用請求付與卷宗及證物之影本。但有刑訴法第三三條第二項但書情形，或屬已塗銷之少年前案紀錄及有關資料者，法院得予適當之限制。所稱之影本，在解釋上應及於複本（如翻拍證物之照片、複製電磁紀錄及電子卷證等）。
被告於審判中聲請檢閱卷宗及證物者，如無刑訴法第三三條第二項但書情形，且非屬已塗銷之少年前案紀錄及有關資料，並屬其有效行使防禦權所必要，法院方得於確保卷宗及證物安全之前提下，予以許可。
法院就被告前項聲請，得依刑訴法第二二二條第二項規定，衡酌個案情節，徵詢檢察官、辯護人等訴訟關係人，或權益可能受影響之第三人意見，或爲其他必要之調查。法院於判斷檢閱卷證是否屬被告有效行使防禦權所必要時，宜審酌其充分防禦之需要、案件涉及之內容、有無替代程序、司法資源之有效運用等因素，綜合認定之，例如被告無正當理由未先請求付與卷宗及證物之影本，即逕請求檢閱卷證，或依被告所取得之影本已得完整獲知卷證資訊，而無直接檢閱卷證之實益等情形，均難認屬其有效行使防禦權所必要。（刑訴法三三、少年事件處理法八三之一）

七（精神障礙或其他心智缺陷者之法定輔佐人）
被告爲精神障礙或其他心智缺陷無法爲完全之陳述者，應由刑訴法第三五條第三項所列之人爲其輔佐人，陪同在場，但經合法通知無正當理由不到場者，不在此限。其輔佐人得陳述意見，並得爲刑訴法所定之訴訟行爲。被告因精神障礙或其他心智缺陷無法爲完全之陳述者，並應通知其法定代理人、配偶、直系或三親等內旁系血親或家長、家屬得爲被告選任辯護人。（刑訴法二七、三五）

八（訊問、搜索、扣押、勘驗筆錄之製作方式）
刑訴法第四一條、第四二條所定之訊問、搜索、扣押或勘驗筆錄應由在場之書記官當場製作。受訊問人之簽名、蓋章或按指印，應緊接記載之末行，不得令其空白或以另紙爲之；受訊問人拒絕簽名、蓋章或按指印者，應附記其事由。其行訊問或搜索、扣押、勘驗之公務員並應在筆錄內簽名。如無書記官在場，得由行訊問或搜索、扣押、勘驗之公務員親自或指定其他在場執行公務之人員，如司法警察（官）製作筆錄。（刑訴法四一、四二、四三）

九（審判筆錄之製作方式）
審判期日應全程錄音；必要時，並得全程錄影。就刑訴法第四一條第一項第一款所定對於受訊問人之訊問及其陳述暨第二款所定證人、鑑定人或通譯未具結之事由等事項，審判長於徵詢受訊問人、當事人或代理人、辯護人及輔佐人等訴訟關係人之意見後，在認爲適當之情況下（例如：爲增進審判效率、節省法庭時），毋庸經其同意，即得斟酌個案之具體狀況，決定應記載之要旨，由書記官載明於審判筆錄，但須注意不可有斷章取義、扭曲訊問及陳述本旨之情事。審判期日有關證人、鑑定人、被告受詢問或詰問及其陳述事項之記載，亦包含在內。而受訊（詢、詰）問人就審判筆錄中關於其陳述之部分，仍得請求朗讀或交其閱覽，如請求將記載增、刪、變更者，書記官則應附記其陳述，以便查考。（刑訴法第四四、四四之一）

一〇（審判筆錄之補正）
審判筆錄應於每次開庭後三日內整理。當事人、代理人、辯護人或輔佐人認爲審判筆錄之記載有錯誤或遺漏，亦得於次一期日前；案件已辯論終結者，得於辯論終結後七日內，聲請法院定期播放審判期日錄音或錄影內容核對之。核對結果，如審判筆錄之記載確有錯誤或遺漏者，書記官應即更正或補充；如筆錄記載正確者，書記官應於筆錄內附記核對之情形。至於當事人、代理人、辯護人或輔佐人經法院許可後，依據法院所交付之審判期日錄音或錄影拷貝資料，自行就有關被告、自訴人、證人、鑑定人或通譯之訊（詢、詰）問及其陳述之事項轉譯爲文書提出於法院時，書記官應予核對，如認爲該文書記載適當

者，則得作為審判筆錄之附錄，其文書內容並與審判筆錄同一效力。（刑訴法四四、四四之一、四五、四八）

一一（審判長法官簽名之必要）

筆錄及裁判書，審判長、法官應注意簽名，不得疏漏。（刑訴法四六、五一）

一二（審判筆錄應記載事項(一)）

審判筆錄中，對於有辯護人之案件，應記載辯護人為被告辯護，並應詳細記載檢察官到庭執行職務，審判長命檢察官（或自訴人）、被告、辯護人依次就事實、法律、科刑範圍辯論及被告之最後陳述等事項，以免原判決被認為當然違背法令。（刑訴法四四、二八九、二九〇）

一三（審判筆錄應記載事項(二)）

審判長已將採為判決基礎之人證、物證、書證提示被告，命其辯論者，審判筆錄應注意予以記載，以免原判決被認為有應於審判期日調查之證據，而未予調查之違法。（刑訴法四四、一六四、一六五、三七九）

一四（審判筆錄應記載事項(三)）

實際上參與審理及判決（亦即在判決原本上簽名）之法官為甲、乙、丙三人者，在審判筆錄中，不得將參與審理之法官，誤記為甲、丙、丁三人，以免被認為未經參與審理之法官參與判決。（刑訴法四四、三七九）

一五（審判筆錄應記載事項(四)）

第二審審判筆錄應注意記載審判長命上訴人陳述上訴要旨，以免上訴範圍無從斷定。（刑訴法四七、三六五，參照最高法院六八年台上字第二三三〇號判例）

一六（辯護律師請求閱卷之准許）

刑事案件經各級法院裁判後，如已合法提起上訴或抗告，而卷證在原審法院者，其在原審委任之辯護律師因研究為被告之利益而上訴問題，向原審法院請求閱卷，或在上級審委任之辯護律師，在卷宗未送上級審法院前，向原審法院請求閱卷時，原審法院為便民起見，均應准許其閱卷。（刑訴法三三，參照最高法院六十三年八月十三日六十三年第三次刑庭庭推總會議決定）

一七（訴訟案件之編訂）

訴訟卷宗，應將關於訴訟之文書法院應保存者，依訴訟進行之次序，隨收隨訂，並應詳填目錄及刑事案件進行期限檢查表。至於各級法院法官製作之裁判書原本，應另行保存，僅以正本編訂卷內。（刑訴法五四）

一八（送達證書與收受證書）

送達證書，關係重大，務必切實記載明確。如應送達之文書為判決、裁定者，司法警察或郵務機構應作收受證書，記明送達證書所列事項，並簽名後交收領人。其向檢察官送達判決、裁定書者，亦應作收受證書，交與承辦檢察官，若承辦檢察官不在辦公處所時，則向檢察長為之。至於向在監獄、看守所、少年觀護所或保安處分場所之人為送達時，囑託典獄長、看守所長、少年觀護所主任或保安處分場所長官代為送達，須經送達其本人收受始生效力，不能僅送達於監所或保安處分場所而以其收文印章為憑。（刑訴法五六、五八、六一）

一九（文書之送達）

文書之送達，由書記官交由司法警察或郵務機構執行，不得徵收任何費用。至關於送達證書之製作，及送達日時之限制與拒絕收受之文件，其如何處置，應注意準用民事訴訟法之規定。

公示送達應由書記官經法院之許可，將應送達之文書或其節本張貼於法院牌示處，並應以其繕本登載報紙、公告於法院網站或以其他適當方法通知或公告之。自最後登載報紙或通知公告之日起，經三十日發生送達效力。（刑訴法六〇、六一、六二、民訴法一三九、一四〇、一四一）

二〇（得聲請回復原狀之事由）

得聲請回復原狀者，以遲誤上訴、抗告、或聲請再審之期間、或聲請撤銷或變更審判長、受命法官、受託法官裁定或檢察官命令之期間者為限。（刑訴法六七、六八）

二一（駁回上訴效力之阻卻）

上訴逾期，經上訴法院判決駁回後，如原審法院依聲請以裁定准予回復原狀，業經確定者，上訴法院仍應受理上訴。上訴並未逾期，由於原審法院漏未將上訴書狀送交上訴法院，以致上訴法院判決認為逾期予以駁回者，如經查明確有合法上訴書狀，即足防阻駁回判決效力之發生，重入於上訴審未判決前之狀態，雖應由上訴法院依照通常程序進行審判，唯如上訴法院係將不利益於被告之合法上訴誤認逾期而予判決駁回並告確定者，即應先依非常上訴程序將該確定判決撤銷後，始得回復原訴訟程序就合法上訴部分進行審判。（刑訴法六七、六八、參照最高法院八十年十一月五日八十年第五次刑事庭會議決議及司法院院字第八一六號、大法官釋字第二七一號解釋）

二二（對在監所被告之傳喚）

對於在監獄、看守所、少年觀護所或保安處分場所之被告傳喚時，應通知該監所或保安處分場所長官，並先填具傳票囑託送達，至訊問期日，再提案審訊。（刑訴法七三）

二三（執行拘提之程序）

法院依法拘提者，應用拘票。拘票應備二聯，執行拘提時，由司法警察或司法警察官以一聯交被拘人或其家屬。如拘提之人犯，不能於二十四小時內到達指定之處所者，應先行解送較近之法院，訊問其人有無錯誤。（刑訴法七七、七九、

九一）

二四（通緝書之記載與撤銷通緝）
通緝書應依刑訴法第八五條之規定記載。如其通緝之原因消滅，或已顯無通緝之必要時，應即撤銷通緝，予以通知或公告之。（刑訴法八五、八七）

二四之一（限制出境或出海之要件）
法院於審判中，認被告犯罪嫌疑重大，且有刑訴法第九三條之二第一項各款情形之一，於必要時得逕行限制被告出境、出海。但所犯係最重本刑爲拘役或專科罰金之案件，既許被告委任代理人到場，自不得逕行限制之。
限制出海之範圍，包含所有得利用出海逃匿之方式，惟仍應審酌個案情節，於保全被告或證據之必要範圍內爲之，故限制出海之裁定非不得附有「得搭乘國內核定航線（含外、離島航線）之交通船」、「得許漁（船）員於領海範圍內出海作業」或「得在領海範圍內從事水上休憩活動」等條件，以兼顧被告權益或生活需求。（刑訴法九三之二）

二四之二（限制出境、出海之要式與通知）
審判中限制出境、出海，應以書面記載刑訴法第九三條之二第二項所定各款事項，除被告住、居所不明而不能通知者外，應儘速以該書面通知被告，不得有不必要之遲延。如認通知有導致被告逃匿或湮滅、僞造或變造證據、勾串共犯或證人之虞，而未能立即通知者，至遲亦應於限制出境、出海後六個月內爲之。但於通知前已訊問被告者，法院應當庭告知，並付與前揭書面。
被告於收受書面通知前獲知經限制出境、出海者，亦得向法院請求交付前項書面，法院非有正當理由，不得拒絕。（刑訴法九三之二）

二四之三（限制出境、出海之期間）
檢察官於偵查中爲延長限制出境、出海之聲請，違反刑訴法第九三條之三第一項所定「至遲於期間屆滿之二十日前」之規定，致法院無從於期間屆滿前給予被告及其辯護人陳述意見之機會、調查延長限制出境、出海之原因等必要程序時，應以聲請不合法，予以駁回。
刑訴法第九三條之三第一項所定「具體理由」，係指就延長限制出境、出海期間之必要性，予以具體敘明其理由，與同法第九三條之二第二項第三款所定「限制出境、出海之理由」，係指敘明具備同條第一項限制出境、出海之法定要件，並不相同。法院受理檢察官於偵查中延長限制出境、出海之聲請時，如檢察官並未敘明具體理由，或未依同法第九三條之三第一項以聲請書繕本通知被告及其辯護人者，自得據爲是否致法院未及進行必要程序或調查事證而予以駁回聲請之審酌事由。檢察官未依法將聲請書繕本通知被告及其辯護人者，法院無庸代行通知。
偵查中檢察官聲請法院延長限制出境、出海，第一次不得逾四個月，第二次不得逾二個月，至多以此兩次爲限，不得再予延長。
審判中延長限制出境、出海，每次限制期間最長以八個月爲限，雖無延長次數之限制，惟仍應注意最重本刑爲有期徒刑十年以下之罪者，累計不得逾五年；其餘之罪，累計不得逾十年。但被告逃匿而通緝之期間，不予計入。又不論就同一被告所爲獨立型之逕行限制出境、出海處分，或行羈押審查程序後所爲之替代型限制出境、出海處分，其審判中累計期間均予併計，而非分別計算。
法院爲是否延長限制出境、出海裁定前給予被告及其辯護人陳述意見之機會時，得審酌個案情節，決定是否開庭調查事證，或逕依書面意見予以裁定，且除因檢察官聲請不合法而得逕予駁回外，法院均應賦予被告及其辯護人陳述意見之機會，非得任意裁量不予其意見陳述權。
案經起訴後繫屬法院時，或案件經提起上訴後卷證送交上訴審法院時，如原限制出境、出海所餘期間未滿一個月者，一律延長爲一個月。故案件繫屬法院後，應儘速辦理分案並即通知入出境、出海之主管機關法定延長期限之屆滿日，法官於收案後，應即審查是否符合限制出境、出海之法定要件及其必要性，速爲妥適之決定。如決定予以限制出境、出海者，其期間接續在原限制出境、出海所餘期間及法定延長期間屆滿後重新起算。但不得逾八個月。
偵查中所餘限制出境、出海之期間及法定延長期間，均不計入前項重新起算之期間。但算入審判中之限制出境、出海總期間。（刑訴法九三之三）

二四之四（視爲撤銷限制出境、出海）
被告經諭知無罪、免訴、免刑、緩刑、罰金或易以訓誡或刑訴法第三〇三條第三款、第四款不受理之判決者，視爲撤銷限制出境、出海，法院應即通知入出境、出海之主管機關解除限制。但上訴期間內或上訴中，如有必要，得繼續限制出境、出海。
前項但書情形，法院應於宣示該判決時裁定之，並應付與被告刑訴法第九三條之二第二項所定之書面或爲通知，俾其獲悉繼續限制之理由及爲後續救濟程序。繼續限制之期間，仍應受審判中最長限制期間之拘束。（刑訴法九三之四）

二四之五（限制出境、出海之撤銷與變更）
偵查中法院撤銷限制出境、出海前，除依檢察官聲請者外，應徵詢檢察官之意見，並爲必要之斟酌；變更限制出境、出海者，亦宜徵詢並斟酌檢察官之意見。

法院為前項徵詢時，得限定檢察官陳報其意見之期限。此項徵詢，得命書記官以電話、傳真或其他迅捷之方式行之，並作成紀錄。逾期未為陳報者，得逕行裁定。

偵查中檢察官所為之限制出境、出海，於案件起訴後繫屬法院時，其所餘限制出境、出海之期間，並非當然屆至，法官收案後，如認限制出境、出海之原因消滅或其必要性已失或減低者，得依職權或被告及其辯護人之聲請撤銷或變更之。

除被告住、居所不明而不能通知者外，法院依職權或依聲請撤銷或變更限制出境、出海者，均應儘速通知被告。（刑訴法九三之五）

二五（即時審問與羈押）

偵查中之羈押審查程序係指檢察官聲請羈押、延長羈押、再執行羈押被告之法院審查及其救濟程序。但不包括法院已裁准羈押後之聲請撤銷羈押、停止羈押、具保、責付、限制住居、限制出境或出海等程序。

拘提或逮捕被告到場者，或法院於受理檢察官所為羈押之聲請，經人別訊問後，除有刑訴法第九三條第五項但書所定至深夜仍未訊問完畢，被告、辯護人及得為被告輔佐人之人請求法院於翌日日間訊問，及深夜始受理聲請者之情形外，應即時訊問。所謂「即時訊問」係指不得有不必要之遲延，例如辯護人閱卷、被告及其辯護人請求法官給予適當時間為答辯之準備、法官閱卷後始進行訊問、為避免疲勞訊問而令已長時間受訊問之被告先適當休息後再予訊問等情形，均非屬不必要之遲延。法官訊問被告後，認無羈押必要，應即釋放或命具保、責付、限制住居、限制出境或出海。（刑訴法三一之一、九三、九三之六、一〇一至一〇一之二）

二六（訊問被告之態度與方式）

訊問被告應先告知：犯罪嫌疑及所犯所有罪名，罪名經告知後，認為應變更者，應再告知；得保持緘默，無須違背自己之意思而為陳述；得選任辯護人；如為低收入戶、中低收入戶、原住民或其他依法令得請求法律扶助者，得請求之；得請求調查有利之證據。訊問時，應出以懇切和藹之態度，不得用強暴、脅迫、利誘、詐欺、疲勞訊問或其他不正之方法。被告有數人時，應分別訊問。被告請求對質者，除顯無必要者外，不得拒絕。無辯護人之被告表示已選任辯護人時，除被告同意續行訊問外，應即停止訊問。（刑訴法九五、九七、九八）

二七（訊問被告）

訊問被告，固重在辨別犯罪事實之有無，但與犯罪構成要件、加重要件、量刑標準或減免原因有關之事實，均應於訊問時，深切注意，研訊明確，倘被告提出有利之事實，更應就其證明方法及調查途徑，逐層追求，不可漠然置之，遇有被告或共犯自白犯罪，仍應調查其他必要之證據，詳細推鞫是否與事實相符，不得以被告或共犯之自白作為有罪判決之唯一證據。對於得為證據之被告自白之調查，除有特別規定外，應於有關犯罪事實之其他證據調查完畢後為之。（刑訴法九六、一五六、一六一之一、一六一之三）

二七之一（對聽覺或語言障礙或語言不通者之訊問）

法院訊問聽覺或語言障礙或語言不通之被告或其他受訊問人，應由通譯傳譯之；必要時，並得以文字訊問或命以文字陳述。（刑訴法九九、一九二、一九七、二一〇）

二七之二（全程連續錄音、錄影）

法院訊問被告、證人、鑑定人或鑑定證人，應全程連續錄音；必要時，並應全程連續錄影。但有急迫情況且經記明筆錄者，不在此限。

筆錄內所載之前項受訊問人陳述與錄音或錄影之內容不符者，除有前項但書情形外，其不符之部分，不得作為證據。（刑訴法一〇〇之一、一九二、一九七、二一〇）

二八（濫行羈押之禁止）

對於被告實施羈押，務須慎重將事，非確有刑訴法第一〇一條第一項或第一〇一條之一第一項各款所定情形，而有羈押之必要者，不得羈押。尤對第一〇一條之一第一項之預防性羈押，須至為審慎。

至上揭規定所謂「犯罪嫌疑重大」者，係指其所犯之罪確有重大嫌疑而言，與案情重大不同。（刑訴法一〇一、一〇一之一）

二九（逕行拘提之事由）

刑訴法第七六條所列之情形，雖其標目為四款，惟在第二款中，包含有兩種情形，故其所列，實有五種：㈠無一定之住、居所者。㈡逃亡者。㈢有事實足認為有逃亡之虞者。㈣有事實足認為有湮滅、偽造、變造證據或勾串共犯或證人之虞者。（本款及前款所謂「有事實足認為」之標準，應依具體事實，客觀認定之，並應於卷內記明其認定之根據。）㈤所犯為死刑、無期徒刑或最輕本刑為五年以上有期徒刑之罪者。（刑訴法七六）

三〇（押票之製作及使用）

羈押被告所用之押票，應載明法定必須記載之事項，命被告按捺指印，並應備數聯，分別送交看守所、辯護人、被告及其指定之親友。偵查中並應送交檢察官。偵查中之羈押，押票應記載之事項，與檢察官聲請書所載相同者，得以聲請書為附件予以引用。（刑訴法一〇二、一〇三）

三一（延長羈押之次數與裁定）

延長被告之羈押期間，偵查中以一次爲限；審判中如所犯最重本刑爲十年以下有期徒刑以下之刑之罪，應注意第一、二審均以三次爲限，第三審以一次爲限；如所犯最重本刑爲死刑、無期徒刑或逾有期徒刑十年者，第一、二審均以六次爲限，第三審以一次爲限，且審判中之羈押期間，累計不得逾五年。起訴後送交前之羈押期間算入偵查中之羈押期間。裁判後送交前之羈押期間，算入原審法院之羈押期間。案件經發回者，其延長羈押期間之次數，應更新計算。（刑訴法一〇八、刑事妥速審判法五）

三二（偵查中羈押資料之管理）
法院對於偵查中聲請羈押之案件，應製作紀錄，記載檢察官聲請之案號、時間（含年、月、日、時、分）、被告之姓名及身分資料暨羈押或免予羈押之情形。每一案件建一卷宗，嗣後之延長羈押、撤銷羈押或停止羈押、再執行羈押等相關資料，應併入原卷宗。（刑訴法九三、一〇七、一〇八、一一〇、一一五、一一六、一一七）

三三（隨時受理羈押之聲請並付與羈押聲請書繕本）
法院應隨時受理偵查中羈押被告之聲請，於收文同時立即建立檔案，完成分案，並送請法官依法辦理。法官受理後訊問被告前，應付與羈押聲請書之繕本。（刑訴法九三）

三四（羈押訊問，應通知辯護人到場）
法官爲羈押訊問時，如被告表示已選任辯護人者，法院應以電話、傳眞或其他迅捷之方法通知該辯護人，由書記官作成通知紀錄。被告陳明已自行通知辯護人或辯護人已自行到場者，毋庸通知。（刑訴法三一之一、九五、一〇一、一〇一之一）

三四之一（偵查中之羈押審查程序）
偵查中之羈押審查程序被告未經選任辯護人者，審判長應即指定公設辯護人或律師爲被告辯護。在未設置公設辯護人之法院或公設辯護人不足以因應時，即應指定律師爲被告辯護。如等候指定辯護人逾四小時，而指定辯護人仍未能到場者，經被告主動請求訊問時，始得逕行訊問。所謂「等候指定辯護人逾四小時未到場」係指法院已經完成指定特定辯護人之程序，該經指定之辯護人已逾四小時仍未能到場者而言。
被告選任之辯護人如無正當理由而不到庭者，審判長亦得指定公設辯護人或律師爲被告辯護。
偵查中之羈押審查程序除第九三條第二項但書之卷證外，辯護人得向法院請求檢閱卷宗及證物並抄錄或攝影。法官於訊問無辯護人之被告時，應審酌個案情節，主動以提示或交付閱覽等適當方式，使被告獲知檢察官據以聲請羈押所憑之證據。（刑訴法三三之一、一〇一、一〇一之一、三一之一、施行法七之十）

三四之二（檢察官聲請羈押主張限制或禁止部分卷證之處理）
偵查中之羈押審查程序經檢察官另行分卷請求應限制或禁止被告及其辯護人獲知之卷證，法院應妥爲保密，不得於羈押審查程序前提供辯護人檢閱、抄錄或攝影。（刑訴法九三）

三四之三（限制或禁止部分證據之審查與禁止效果）
檢察官另行分卷請求法院限制辯護人獲知之卷證，法官應於羈押審查程序中以提供被告及其辯護人檢閱、提示或其他適當方式爲之，以兼顧偵查目的之維護以及被告及其辯護人防禦權之行使。惟應注意，所謂其他適當之方式，不包括間接獲知資訊之告以要旨。
檢察官另行分卷遮掩、封緘後，請求法官禁止被告及其辯護人獲知之卷證，基於檢察官爲偵查程序之主導者，熟知案情與偵查動態，法院自應予適度之尊重，該經法官禁止被告及其辯護人獲知之卷證，亦不得採爲羈押審查之依據。（刑訴法九三、一〇一、一〇一之一）

三五（通知檢察官到場與偵查不公開原則）
偵查中之羈押審查程序檢察官得到場之情形，法官於必要時得指定應到場之時間及處所，通知檢察官到場陳述聲請羈押之理由或提出證據。但檢察官應到場之情形，法官應指定到場之時間及處所，通知檢察官到場敘明理由，並指明限制或禁止獲知卷證資訊之範圍。此項通知，得命書記官以電話、傳眞或其他迅捷方式行之，作成紀錄。檢察官未遵限到場者，得逕行裁定。
法院對於偵查中之羈押審查程序須注意偵查不公開原則，業經檢察官遮掩或封緘後請求法院應禁止被告及其辯護人獲知之卷證，不得任意揭露，而其審查目的亦僅在判斷檢察官提出之羈押或延長羈押聲請是否符合法定要件，並非認定被告是否成立犯罪，故其證據法則無須嚴格證明，僅以自由證明爲已足。（刑訴法三一之一、九三、一〇一、一〇一之一、一〇八、二四五，參照最高法院七十一年台上字第五六五八號判例）

三六（偵查中聲請羈押之前提）
偵查中之羈押，除刑訴法第九三條第四項之情形外，以被告係經合法拘提或逮捕且於拘捕後二十四小時內經檢察官聲請爲前提。檢察官聲請時所陳法定障礙事由經釋明者，其經過之時間，應不計入前開二十四小時內。（刑訴法九三、九三之一）

三七（檢察官為具保、責付、限制住居、限制出境或出海命令之失效）
檢察官依刑訴法第九三條第三項但書後段或第二二八條第四項但書聲請羈押者，其原來所爲具保、責付、限制住居、限制出境或出海之命令即

失其效力。（刑訴法九三、九三之六、二二八）

三八（檢察官聲請羈押，法院得逕為具保、責付、限制住居、限制出境或出海）

檢察官聲請羈押之案件，法官於訊問被告後，認爲雖有刑訴法第一〇一條第一項或第一〇一條之一第一項各款所定情形之一，而無羈押必要者，得逕命具保、責付、限制住居、限制出境或出海，不受原聲請意旨之拘束。其有第一一四條所定情形者，非有不能具保、責付、限制住居、限制出境或出海之情形者，不得逕予羈押。（刑訴法九三、九三之六、一〇一、一〇一之一、一〇一之二、一一四）

三九（偵查中羈押案件不公開）

法官於駁回檢察官之羈押聲請或改命具保、責付、限制住居、限制出境或出海時，應以書面附理由行之，俾便檢察官即時提起抗告。法官爲上述裁定時，應注意偵查不公開之原則，業經檢察官遮掩、封緘後請求法院應禁止被告及其辯護人獲知之卷證，經法院禁止被告及其辯護人獲知者，不得公開揭露或載於裁定書內。（刑訴法九三、九三之六、一〇一、一〇一之一、二四五、四〇四、四一三）

三九之一（羈押裁定之記載）

偵查中之羈押審查程序經訊問被告後，法院裁定所依據之事實、各項理由之具體內容及有關證據，均應將其要旨告知被告及其辯護人，並記載於筆錄。但未載明於羈押聲請書證據清單之證據資料，既不在檢察官主張之範圍內，法院自毋庸審酌。（刑訴法九三、一〇一）

四〇（抗告法院宜自為裁定）

檢察官對法官駁回羈押聲請或命具保、責付、限制住居、限制出境或出海之裁定提起抗告者，該管抗告法院須以速件之方式爲審理，並儘量自爲羈押與否之裁定。（刑訴法九三之六、四〇四、四一三）

四〇之一（抗告法院之審查）

偵查中之羈押審查程序卷證在原審經檢察官遮掩、封緘後請求法院禁止被告及其辯護人獲知之部分，經法院禁止者，發生證據禁止之效果，抗告法院亦不得採爲判斷之依據。（刑訴法九三、一〇一）

四一（審慎禁止接見、通信或命扣押之原則）

禁止接見、通信或命扣押物件，係與羈押有關之處分，對羈押中之被告，有重大影響，法院應審愼依職權行之。偵查中檢察官爲該處分之聲請時，法院應審酌有無具體事證，足認確有必要，如未附具體事證，或所附事證難認有其必要者，不宜漫然許可。（刑訴法一〇五）

四一之一（禁止接見、通信或受授物件應為妥適裁量）

法院認被告與外人接見、通信及受授物件有足致其脫逃或湮滅、僞造、變造證據或勾串共犯或證人之虞者，審判長或受命法官於依檢察官之聲請或依職權命禁止或扣押時，應審酌個案情節，在不得限制被告正當防禦權利之前提下，依比例原則裁量決定其禁止或扣押之對象、範圍及期間等事項，並宜於押票上記載明確，俾利看守所執行之。（刑訴法一〇五）

四二（同時聲請羈押及其他處分之處理）

檢察官聲請羈押時，一併聲請禁止接見、通信或命扣押物件，法院認前一聲請有理由，後一聲請無理由者，關於前者應簽發押票交付執行，關於後者，應予駁回。（刑訴法一〇二、一〇三、一〇五）

四三（聲請解除禁止接見通信案件之處理）

聲請撤銷禁止接見、通信之處分者，法院應斟酌具體情形及相關證據，審愼判斷，如認聲請無理由，即予裁定駁回。（刑訴法一〇五）

四四（慎重審核緊急處分）

對於檢察官或押所所爲禁止接見、通信或扣押物件之緊急處分，及押所長官爲束縛身體之報告，均應愼重審核，注意有無違法或不當情事。（刑訴法一〇五）

四五（徵詢檢察官意見之方式）

法院爲審酌偵查中應否撤銷羈押或停止羈押，依法應徵詢檢察官之意見時，得限定檢察官陳報其意見之期限。此項徵詢，得命書記官以電話、傳眞或其他迅捷之方式行之，並作成紀錄。逾期未爲陳報者，得逕行裁定。（刑訴法一〇七、一一〇、一一五、一一六、一一六之一）

四六（檢察官意見之審酌）

檢察官所提關於偵查中撤銷羈押或停止羈押之意見，固無拘束法院之效力，但法院仍宜爲必要之斟酌，以期周延。（刑訴法一〇七、一一〇、一一五、一一六、一一六之一）

四七（許可延長羈押之理由）

檢察官於偵查中所爲延長羈押期間之聲請，未附具體理由或所附理由不足以形成應延長羈押之心證者，法院得以裁定駁回之。（刑訴法一〇八）

四八（延長羈押期間前之訊問）

法院於裁定延長羈押期間前，須先依刑訴法第一〇一條第一項或第一〇一條之一第一項訊問被告，給予陳述之機會。被告有選任或指定辯護人者，法院應通知該辯護人到場。（刑訴法三十一之一、一〇八）

四八之一（羈押期間之計算）

刑訴法第一〇八條第三項係規定羈押中之被告於偵查與審判、原審與上訴審法院審判中之羈押期間，分別以卷宗及證物送交管轄法院或上訴審法院之日起算；同條第四項則規定逮捕、拘提被告後，經過一定期間，例如同法第九三條第二項、第九三條之一第一項各款情形之經過期間，始羈押被告時，羈押期間以簽發押票之日起算。但自逮捕、拘提起，實際上已限制被告人身自由，爲顧及被告權益，羈押前之逮捕、拘提期間，以一日折算裁判確定前之羈押日數一日，以保障人權，二者有明確區分，務須注意適用。（刑訴法九三、九三之一、一〇八）

四九（檢察官遲延聲請延長羈押之處理）
檢察官於偵查中爲延長羈押期間之聲請，違反刑訴法第一〇八條第一項所定「至遲於期間屆滿之五日前」之規定，致法院無從於期間屆滿前辦理訊問被告、調查延長羈押期間之原因、依法宣示延長羈押期間之裁定，製作裁定並送達裁定正本者，應以聲請不合法，予以駁回。（刑訴法一〇八）

五〇（延長羈押裁定正本之送達及保全措施）
延長羈押期間之裁定，除當庭宣示者外，須於期間未滿前，以正本送達於被告，始發生延長羈押之效力。此項正本之製作及送達，務須妥速爲之。刑訴法第一〇八條第八項關於得繼續羈押之適用，須以已經羈押之期間未逾同條第五項規定之期間爲基礎，故如所犯最重本刑爲十年以下有期徒刑之刑，第一、二審法院已經爲第三次延長羈押，期滿未經裁判並將卷宗送交上級法院者，法院當無再予繼續羈押之餘地。（刑訴法一〇八）

五一（應依職權注意撤銷或停止羈押）
法院應隨時依職權注意羈押原因是否仍然存在，及有無繼續羈押之必要，羈押原因消滅者，應即撤銷羈押，將被告釋放，已無羈押必要者，應命停止羈押。（刑訴法一〇七、一一〇、一一五、一一六、一一六之一）

五二（聲請撤銷羈押或停止羈押案件之審理）
被告、辯護人或得爲被告輔佐人之人聲請撤銷或停止羈押者，法院認有必要時，得聽取其陳述。偵查中檢察官聲請停止羈押者，法院認爲必要時，亦得聽取被告、辯護人或得爲被告輔佐人之人之陳述。（刑訴法一〇七、一一〇、一一五、一一六、一一六之一）

五三（檢察官於偵查中聲請撤銷羈押之處理）
偵查中檢察官聲請撤銷羈押者，法院應予准許，不得駁回。（刑訴法一〇七）

五四（貫徹當事人平等原則）
檢察官僅於偵查中始得聲請羈押、延長羈押、撤銷羈押或停止羈押。在審判中，並無爲上揭各項處分之聲請權，其提出聲請者，應以聲請爲不合法，予以駁回。（刑訴法九三）

五五（審慎處理變更羈押處所之聲請）
偵查中檢察官、被告或其辯護人依刑訴法第一〇三條之一聲請變更羈押處所者，法院應斟酌具體情形及相關證據，審慎判斷。（刑訴法一〇三之一）

五六（偵查中經檢察官命具保之被告逃匿者，其保證金之處理）
檢察官依刑訴法第九三條或第二二八條命具保之被告在審判中逃匿者，應由法院依刑訴法第一一八條第一項處理之。（刑訴法九三、一一八、二二八、一二一）。

五七（羈押逾刑期之釋放）
案件經上訴者，被告羈押期間如已逾原審判決之刑期者，應即撤銷羈押，將被告釋放。但檢察官爲被告之不利益而上訴者，得命具保、責付、限制住居、限制出境或出海。（刑訴法九三之六、一〇九）

五八（許可具保責付應注意事項）
許可具保而停止羈押，固應指定保證金額，惟保證金額須審酌案情及被告身分核定相當之數額，除聲請人或第三人願納保證金或有價證券者外，應依法命其提出保證書，不得強令提出保證金。於聲請人或第三人已依指定之保證金額提出現金或有價證券時，應予准許，不得強令提出保證書。遇有可用責付、限制住居、限制出境或出海之方法停止羈押者，亦應切實採行其方法。其具保或責付之人是否適當，應由各該命爲具保或責付之法院親自核定。（刑訴法一一一、一一五、一一六）

五九（具保人之限制）
准許具保時，應注意刑訴法第一一一條第二項之規定，凡該管區域內殷實之人皆得出具保證書。惟公司董事長或經理不得以公司爲刑事具保之保證人。（刑訴法一一一）

六〇（職權停止羈押之事由）
羈押之被告，如其犯最重本刑爲三年以下有期徒刑、拘役或專科罰金之罪且無刑訴法第一一四條第一款但書情形，或懷胎五月以上或生產未滿二月，或現罹疾病非保外治療顯難痊癒者，如經具保聲請停止羈押固應准許，其未聲請者，亦得命具保、責付、限制住居、限制出境或出海後停止羈押。（刑訴法九三之六、一一四、一一五、一一六）

六一（保證金之沒入）
因具保而停止羈押之被告，如非逃匿，不得僅以受有合法傳喚無故不如期到案之理由，沒入其保證金。（刑訴法一一八）

六二（受責付人之責任）
被告於責付後，潛逃無蹤，固得令受責付人追交被告。但除受責付人確有藏匿或使之隱避情事，應受刑事制裁外，不得將其拘押。（參照司法院院字第八一五號解釋）

六二之一（羈押替代處分類型之限制出境、出海）
依刑訴法第一編第八章之一以外規定得命具保、

責付或限制住居者，亦得命限制出境、出海，性質上屬於羈押替代處分類型，除其限制出境、出海之法定原因，須附隨於羈押審查程序加以認定，而無從準用同法第九三條之二第一項規定外，得準用同法第九三條之二第二項及第九三條之三至第九三條之五之規定。

前項之限制出境、出海，既係當庭諭知，自應將刑訴法第九三條之二第二項所定書面當庭付與被告。（刑訴法九三之六）

六三（搜索之要件與釋明）

對於被告、犯罪嫌疑人或第三人之搜索，以「必要時」或有「相當理由」為要件。所稱「必要時」，須有合理之根據認為被告、犯罪嫌疑人之身體、物件、居住處所或電磁紀錄可能藏（存）有得作為犯罪或與之相關之證據存在；而是否有「相當理由」，非以搜索者主觀標準判斷，尚須有客觀之事實為依據，其與「必要時」之於搜索權之發動，差別在「相當理由」之標準要比「必要時」高。此二要件均應由搜索票之聲請人於聲請書上釋明之。（刑訴法一二二）

六四（搜索票之簽發與保密）

搜索票務須塡載刑訴法第一二八條第二項各款法定必要記載之事項，不得遺漏，尤其第四款「有效期間」，應審酌聲請人之請求及實際需要，慎重決定。為確保人權不受公權力過度侵害，法官得視個案具體狀況，於搜索票上對執行人員為適當之指示，例如指示應會同相關人員或採隱密方式等。對於偵查中聲請核發搜索票之程序，包括受理、訊問、補正、審核、分案、執行後陳報、事後審查、撤銷、抗告、抗告法院裁定等程序，各相關人員於本案起訴前均應依法保守秘密，不得公開。（刑訴法一二八、二四五）

六五（搜索票聲請與審核）

檢察官、司法警察官聲請核發搜索票，應以書面記載刑訴法第一二八條第二項各款事項，其中第四款部分，係指預定實施搜索之時間。處理檢察官、司法警察官聲請核發搜索票之案件，由聲請人或其指定之人，持聲請書直接請求值日法官受理（不先分案，俟次一上班日再送分案室）。法官應妥速審核、即時裁定。對於重大刑事案件或社會矚目案件之聲請搜索票，必要時得組合議庭辦理。法官於裁定前，如認有必要時，得通知聲請人或其指定到場之人補正必要之理由或資料，或為必要之訊問或即時之調查後，逕行審核裁定之。法院審核搜索票之聲請，應就聲請書所敘述之理由及其釋明是否合於刑訴法第一二二條所規定之「必要時」或「有相當理由」之要件為之，其證據法則無庸嚴格證明，以行自由證明為已足，如經綜合判斷，具有一定可信度之傳聞、傳述，亦得據為聲請之理由。法院審核搜索票之聲請，不論准駁，得以簡便方式直接在聲請書上批示其要旨，如准予核發，書記官應於聲請書上將實際掣給搜索票之時間予以明確記載，並確實核對聲請人或其指定之人之職員證件後由其簽收搜索票。如為駁回之裁定，書記官應將聲請書原本存查，影本交付聲請人；聲請人於法院裁定前撤回聲請者，亦同。（刑訴法一二八之一、一五六，參照最高法院七十一年台上字第五六五八號判例）

六六（法官親自搜索）

法官為勘驗或調查證據，固得親自實施搜索，但應以受聲請為原則，且不論在法庭內或法庭外為之，除法律另有規定外，均應簽發搜索票，記載刑訴法第一二八條第二項各款事項，並應將之出示在場之人。（刑訴法一二八之二、一四五、二一二）

六七（附帶搜索）

依法逮捕、拘提、羈押被告或犯罪嫌疑人後，雖無搜索票，亦得逕行對其身體、隨身攜帶之物件、所使用之交通工具及其立即可觸及之處所，例如身旁之手提袋或其他物件，一併搜索。（刑訴法一三〇）

六八（逕行搜索之審查）

檢察官依刑訴法第一三一條第二項規定，得逕行搜索，乃係偵查中檢察官基於保全證據之必要，確有相當理由，認為在二十四小時內，證據有偽造、變造、湮滅或隱匿之虞，情況急迫，所為之強制處分。法院受理檢察官、司法警察官逕行搜索之陳報案件，於審查時，得為必要之訊問或調查，務須注意是否具有相當性、必要性及急迫性，並不得公開行之。審查結果，認為尚未見有違反法律規定者，可逕於陳報書上批示「備查」後逕予報結（歸檔）；如認為有不符合法律規定或係無特定標的物之搜索，應於受理後五日內以裁定撤銷之，此項裁定僅撤銷其搜索程序。又逕行搜索後未陳報或經法院撤銷者，其扣押之物是否得為證據，由將來為審判之法院審酌人權保障與公眾利益之均衡維護（例如：㈠違背法定程序之情節。㈡違背法定程序時之主觀意圖。㈢侵害犯罪嫌疑人或被告權益之種類及輕重。㈣犯罪所生危險或實害。㈤禁止使用證據對於預防將來違法取得證據之效果。㈥偵查人員如依法定程序有無發現該證據之必然性。㈦證據取得之違法對被告訴訟上防禦不利益之程度。）決定之。撤銷之裁定正本應送達檢察官、司法警察官、受搜索人或利害關係人。逕行搜索之陳報若逾法定之三日期限者，法院得函請該管長官予以瞭解並為適當之處理。（刑訴法一三一）

六九（同意搜索）

搜索係經受搜索人同意者，執行人員應先查明其是否確具同意之權限，並應將其同意之意旨記載於筆錄，由受搜索人簽名或出具書面表明同意之旨；所稱自願性同意，須綜合一切情狀而為判斷，例如搜索訊問的方式是否有威脅性、同意者意識強弱、教育程度、智商等，均應綜合考慮。（刑訴法四二、一三一之一、一四六）

七〇（搜索票之交還）
搜索票執行後，聲請人所陳報之執行結果暨搜索、扣押筆錄，應連同繳回之搜索票，由各法院依其事務分配決定送原核發搜索票之法官或其他法官核閱後，併入原聲請案件。（刑訴法一三二之一）

七〇之一（不動產、船舶、航空器之扣押方法）
法院扣押不動產、船舶、航空器，得以通知主管機關為查封登記之方式為之。例如：已登記之不動產，得囑託地政機關辦理查封登記；船舶得囑託航政機關為查封登記，囑託海關禁止辦理結關及囑託航政機關之港務局禁止船舶出海；航空器得囑託交通部民用航空局辦理查封登記，並禁止該航空器飛航。（刑訴法第一三三條第四項）

七〇之二（禁止處分效力之擔保）
依刑訴法所為之扣押，具有禁止處分之效力。諭知沒收、追徵之裁判宣示時，得沒收、追徵之財產尚未扣押或扣押尚有不足時，為保全沒收、追徵，應迅依職權，依刑訴法第一三三條之規定，予以扣押。（刑訴法一三三條）

七〇之三（扣押裁定之核發與保密）
扣押裁定應記載刑訴法第一三三條之一第三項各款事項。其第三款之「有效期間」，應審酌聲請人之請求及實際需要，審慎決定；為確保扣押標的所有人之權利不受公權力過度侵害，法官並得視個案具體狀況，於扣押裁定內對執行人員為適當之指示。又為落實扣押保全刑事證據、沒收及追徵之規範目的，關於核發扣押裁定之程序，各相關人員均應依法保守秘密，不得公開。（刑訴法一三三之一）

七〇之四（扣押裁定聲請與審核）
聲請核發扣押裁定，應以書面記載刑訴法第一三三條之一第三項第一、二款事項，並敘明執行扣押之期間；法官應妥速審核、即時裁定，關涉重大或社會矚目案件者，必要時得合議行之，裁定前，並得命聲請人補正理由、資料，或為必要之訊問、調查。審核扣押之聲請，應視聲請之目的係為保全沒收或追徵，就其所敘述之理由及所為之釋明，是否屬於刑訴法第一三三條第一項所列「得沒收之物」，或是否符合同條第二項所規定「必要」、「酌量」等要件，而為准否之裁定；其證據法則無庸嚴格證明，以自由證明為已足，如經綜合判斷，具有一定可信度之傳聞、傳述，亦得據為聲請之理由。法院審核結果，不論准駁，均應以裁定為之。准許之裁定，並應記載刑訴法第一三三之一條第三項各款事項；書記官並應確實核對聲請人或其指定之人身分證件後，由其簽收。駁回之裁定，書記官應將聲請書原本存查，影本交付聲請人或其指定之人；聲請人於法院裁定前撤回聲請者，亦同。（刑訴法一三三、一三三之一、一三三之二）

七〇之五（對相對人送達扣押裁定之時期）
准許扣押之裁定，應於裁定得執行之有效期間屆滿後，送達裁定於應受扣押裁定之人；駁回之裁定，則無須送達。（刑訴法一三三之二）

七〇之六（同意扣押）
非附隨於搜索之扣押，經受扣押標的權利人同意者，無須經法官裁定。故執行人員應查明同意人是否確具同意之權限；記載該同意意旨之筆錄，並應由表示同意之受扣押標的權利人簽名。命司法警察官或司法警察執行時，應確實指示務須依刑訴法第四三條之一第二項之規定製作筆錄。（刑訴法一三三之一、第四三之一）

七〇之七（逕行扣押之審查）
刑訴法第一三三條之二第三項規定之逕行扣押，係檢察官、檢察事務官、司法警察官或司法警察於偵查中，基於相當理由認情況急迫，有立即扣押之必要時，出於保全沒收、追徵之目的所實施之強制處分。故逕行扣押後之陳報案件，法院審查時，得為必要之訊問或調查，以明其是否具備相當性、必要性及急迫性，且應不公開行之。審查結果，認為未違反法律規定者，可逕於陳報書上批示「備查」後逕予報結（歸檔）；否則，應於受理後五日內以裁定撤銷其扣押程序。撤銷之裁定應以正本送達於實施扣押之檢察官、檢察事務官、司法警察官、司法警察或利害關係人。逕行扣押未陳報、逾期陳報或經法院撤銷者，其扣押之物是否得沒收、追徵，應由將來刑事本案之審判法院，審酌人權保障與沒收、追徵目的之均衡維護決定之；法院並得函請該管長官瞭解並為適當之處理。（刑訴法一三三之二）

七〇之八（法官親自扣押）
法官為保全證據、沒收、追徵，雖得親自實施扣押，但在現行加強當事人進行主義色彩之刑事訴訟架構下，法院依職權調查證據僅居於補充性、輔佐性之地位，法院實施扣押仍以受聲請為原則，且不論在法庭內、外為之，除僅為保全證據之扣押或經受扣押標的權利人同意者外，均應為扣押裁定，依法記載刑訴法第一三三之一條第三項各款事項，出示於在場之人，或函知辦理登記之機關。（刑訴法一三六）

七一（搜索之必要處分）
搜索之封鎖現場、禁止在場人員離去、禁止他人進入、命違反禁止命令者離開或交由適當之人看守等處分，係對受搜索、扣押之相關人員之強制處分，應記明於搜索、扣押筆錄內，必要時得調度司法警察協助，或命為攝影、錄影等存證。（刑訴法四二、一四四）

七二（夜間搜索）

依刑訴法第一四六條第一項規定，有人住居或看守之住宅或其他處所，原則上不得於夜間入內搜索或扣押。但經住居人、看守人或可為其代表之人承諾或有急迫之情形者，不在此限。此種例外情形，係屬執行範圍，法官於簽發搜索票時，無庸贅載「准予夜間搜索」之意旨。（刑訴一四六）

七三（搜索之抗告）

受搜索人對於值日法官、獨任制之審判長、合議庭所為准許搜索之裁定有不服者，得依法於五日內提起抗告；檢察官、司法警察官對於法院依刑訴法第一三一條第三項撤銷逕行搜索之裁定有不服者，得於收受送達後五日內提起抗告。（刑訴法第一二八、一三一、四〇四）

七四（搜索之準抗告）

受搜索人對於合議制之審判長或受命法官、受託法官所為搜索之處分或檢察官逕行搜索處分有不服者，得依法於五日內，聲請所屬法院撤銷之。（刑訴法一二八、一三一、四一六）

七五（偵查中搜索抗告程序不公開）

法院就前兩點之抗告或聲請為裁定時，應注意偵查不公開之原則，避免將具體偵查資料載於裁定書內，並不得將裁定內容及相關偵查卷證資料公開揭露。（刑訴法二四五）

七六（扣押物之保存）

扣押物為犯人所有者，若犯人業已逃匿，科刑前提既尚未確定，除違禁物外，法院祇能扣押保存，不得遽予處分；僅於得沒收或追徵之扣押物，有喪失毀損、減低價值之虞或不便保管、保管須費過鉅者，始得予以變價而保管其價金。（刑訴法一三三、一四一）

七六之一（扣押財物之替代處分）

得沒收或追徵之扣押物，依所有人或權利人之聲請，認為適當者，得定相當之擔保金，於所有人或權利人繳納後，撤銷扣押。其所謂「適當」，係指沒收擔保金亦可達沒收之目的者而言。許可供擔保者，應於收受擔保金後，始撤銷扣押。（刑訴法一四二之一）

七六之二（就扣押物留存、繼續扣押或發還宜審酌相關情狀及比例原則）

法院認定扣押物之扣押原因是否消滅或有無留存或繼續扣押之必要時，宜確實審酌案件情節及與扣押物之關聯性、訴訟進行之程度、扣押標的之價值、對受處分人之影響等一切情狀，依比例原則妥適定之；如扣押原因消滅或無留存或繼續扣押之必要者，不待案件終結或確定，應即發還。（刑訴法一三三、一四二、三一七）

七七（強制處分之慎重實施）

實施拘捕、羈押、搜索、扣押等強制處分時，不得超過必要之程度，關於被告之身體及名譽，固須顧及，即社會之公益亦應注意，其為社會注目或涉外之案件，尤宜愼重處理。（刑訴法八九、一二四）

七八（證據法定主義與自由心證主義）

法院認定犯罪事實，應憑證據。證據之證明力，固由法院自由判斷，但應注意所憑證據，必須經過法定調查之程序；所下判斷，必須斟酌各方面之情形，且不違背一般人之共同經驗，所得結論，不能有論理上之矛盾，仍應有證據之存在，斷不可憑空推測，僅以理想之詞，如「難保」、「自屬當然」等字樣為結論。凡為判決資料之證據，務須於審判時提示當事人，詢以有無意見，賦予當事人、代理人、辯護人或輔佐人辯論證據證明力之適當機會，並告知被告得提出有利之證據，必要時更得依職權調查有利於被告之證據。即第二審得有新證據時，亦應照此辦理，其不得上訴第三審之案件，所有重要證據，尤須逐一予以審酌。（刑訴法一五四、一五五、一六三、一六四、一六五、一六五之一、二八八之一、二八八之二，參照最高法院五十三年台上字第二〇六七號判例）

七九（無證據能力之意義）

刑訴法第一五五條所謂無證據能力，係指不得作為證據者而言。茲舉述如次：㈠筆錄內所載之被告陳述與錄音或錄影之內容不符者，其不符之部分，原則上無證據能力。㈡被告因受強暴、脅迫、利誘、詐欺、疲勞訊問、違法羈押或其他不正方法所為之自白，其自白不具證據能力。㈢實施刑事訴訟程序之公務員違背刑訴法第九三條之一第二項、第一〇〇條之三第一項之規定，或檢察事務官、司法警察（官）詢問受拘提、逮捕之被告或犯罪嫌疑人，違背刑訴法第九五條第一項第二款、第三款之規定，所取得被告或犯罪嫌疑人之自白及其他不利之陳述，不具證據能力（但經證明其等違背上述規定，非出於惡意，且該自白或陳述係出於自由意志者，不在此限）。㈣證人、鑑定人依法應具結而未具結，其證言或鑑定意見，無證據能力。㈤被告以外之人於審判外之言詞或書面陳述，除法律有規定者外，不具證據能力。㈥證人之個人意見或推測之詞，非以實際經驗為基礎者，不具證據能力。㈦被告以外之人（包括共同被告、共犯及其他證人）因受恫嚇、侮辱、利誘、詐欺或其他不正方法所為不利於被告之陳述，不具證據能力。㈧關於組織犯罪防制條例之罪，訊問證人之筆錄非於檢察官、法官面前作成或未經踐行刑訴法所定訊問證人之程序者，無證據能力。（刑訴法一〇〇之一、一五五、一五六、一五八之二、一五八之三、一五九、一六〇、一六六之七、組織犯罪防制條例一二）

八〇（採取自白之注意事項）

法院在採取被告或共犯之自白爲證據時除應注意非出於強暴、脅迫、利誘、詐欺、疲勞訊問、違法羈押或其他不正方法外，並須於裁判書理由內，說明其自白如何與事實相符之情形。關於證明被告或共犯自白與事實相符所憑之補強證據，係指除被告或共犯自白外，其他足資以證明被告或共犯自白之犯罪事實確具有相當程度眞實性之證據而言，並非以證明犯罪構成要件之全部事實爲必要。若被告陳述其自白係出於不正之方法者，法院應先於其他事證而爲調查。該自白如係經檢察官提出者，法院應命檢察官就自白之任意性，指出證明之方法，例如：由檢察官提出訊（詢）問被告之錄音帶或錄影帶或舉出訊（詢）問被告及製作筆錄者以外之其他人證，作爲證明。（刑訴法一五六、三一〇，參照最高法院七十三年台上字第五六三八號及七十四年台覆字第一〇號判例）

八一（被告緘默權之保障）

刑訴法第一五六條第四項明定不得僅因被告拒絕陳述或保持緘默而推斷其罪行，故法院訊問時，宜特加注意調查其他證據，不得僅以被告拒絕陳述或保持緘默即指爲理屈詞窮而推斷其爲有罪。（刑訴法一五六）

八二（舉證責任之例外㈠）

刑訴法第一五七條所謂公眾周知之事實，係指一般人所通曉，無誤認之可能者而言，亦即自然之物理，生活之常態，普通經驗知識，無可爭執之事項。（刑訴法一五七）

八三（舉證責任之例外㈡）

刑訴法第一五八條所謂事實於法院已顯著者，係指某事實在社會上爲一般所已知而法官現時亦知之者而言。又所謂事實爲法院職務上所已知者，指該事實即屬構成法院之法官於職務上所爲之行爲或係其職務上所觀察之事實，現尙在該法官記憶中，無待閱卷者而言。（刑訴法一五八，參照最高法院二十八年上字第二三七九號判例）

八四（違背法定程序取得被告或犯罪嫌疑人之自白或其他不利陳述之證據能力）

實施刑事訴訟程序之公務員違背刑訴法第九三條之一第二項、第一〇〇條之三第一項之規定，所取得被告或犯罪嫌疑人之自白及其他不利之陳述，不得作爲證據。但實施刑事訴訟程序之公務員若能證明其違背非出於明知而故犯，且該自白或不利之陳述係出於被告或犯罪嫌疑人之自由意志者，則不在此限。至於檢察事務官、司法警察官或司法警察詢問受拘提、逮捕之被告或犯罪嫌疑人時，若違反刑訴法第九五條第一項第二款、第三款之規定者，亦準用刑訴法第一五八條之二第一項之規定。而違背前述法定程序所取得之被告及犯罪嫌疑人之自白或其他不利之陳述如係由檢察官提出作爲證據者，應由檢察官就執行人員非明知而故意違法，且所取得之自白或陳述係出於被告或犯罪嫌疑人之自由意志，負舉證之責任。（刑訴法一五八之二）

八五（證人傳票待證事由欄之記載）

證人傳票「待證之事由」一欄，僅表明與何人有關案件作證即可，不須明白告知到場作證之事實，以免發生串證而失發現眞實之旨。（刑訴法一七五）

八六（具結）

證人、鑑定人依法應具結而未具結者，其證言或鑑定意見，不得作爲證據。故法官訊問證人、鑑定人時，應注意具結之規定。如應具結者，應命證人或鑑定人自行朗讀結文，必須證人或鑑定人不能自行朗讀者，始命書記官朗讀，於必要時說明結文之意義並記明筆錄。（刑訴法一五八之三、一八四、一八六、一八九）

八七（違背法定程序所取得證據之證據能力）

除法律對於違法取得證據之證據能力已有明文規定外，實施刑事訴訟程序之公務員因違背法定程序取得之證據，其有無證據能力之認定，應審酌人權保障及公共利益之均衡維護。而法院於個案權衡時，允宜斟酌㈠違背法定程序之情節。㈡違背法定程序時之主觀意圖。㈢侵害犯罪嫌疑人或被告權益之種類及輕重。㈣犯罪所生之危險或實害。㈤禁止使用證據對於預防將來違法取得證據之效果。㈥偵審人員如依法定程序有無發現該證據之必然性及㈦證據取得之違法對被告訴訟上防禦不利益之程度等各種情形，以爲認定證據能力有無之標準。（刑訴法一五八之四）

八八（傳聞證據之排除）

爲保障被告之反對詰問權，並符合直接審理主義之要求，若提出被告以外之人（含共同被告、共犯、證人、鑑定人、被害人）於審判外之言詞或書面陳述，作爲證據以證明其所敘述之事項爲眞實者，該被告以外之人於審判外之陳述應屬於傳聞證據，除法律另有規定外，無證據能力，不得作爲證據使用。所稱法律另有規定，例如：刑訴法第一五九條之一至第一五九條之五、第二零六條、性侵害犯罪防治法第十五條第二項、兒童及少年性剝削防制條例第九條第二項、家庭暴力防治法第二十八條第二項、組織犯罪防制條例第十二條及檢肅流氓條例第十二條中有關秘密證人筆錄等多種刑事訴訟特別規定之情形。惟簡式審判程序之證據調查，依刑訴法第二七三條之二之規定，不受同法第一五九條第一項之限制；又簡易程序乃對於情節輕微，證據明確，已足認定其犯罪者，規定迅速審判之訴訟程序，其不以行言詞審理爲必要，是以行簡式審判及簡易程序之案件，無須適用刑訴法第一五九條一項所定之傳聞法則。而刑訴法第一六一條第二項有關起訴審查之規定，則係法院於第一次審判期日前，斟酌檢察官起訴或移送併辦意旨及全案卷證資料，依客觀之經驗法則與論理法則，從客觀上判斷被告是否顯無成立犯罪之可能；另關於羈押、搜索、鑑定留置、許可、證據保全及其他依法所爲強制處分之審查，除偵查中特重急迫性及隱密性，應立即處理且審查內容不得公開外，其目的僅在判斷有無實施證據保全或強制處分之必要，因上開審查程序均非認定被告有無犯罪之實體審判程序，其證據法則毋須嚴格證明，僅以自由證明爲已足，故亦不適用刑訴法第一五九條第一項有關傳聞法則之規定。（刑訴法一五九）

八九（傳聞證據排除之例外㈠）

依刑訴法第一五九條之一之規定，被告以外之人於審判外向法官所爲之陳述，得爲證據。被告以外之人於偵查中向檢察官所爲之陳述，除顯有不可信之情況者外，亦得爲證據。故而，被告以外之人（含共同被告、共犯、證人、鑑定人、被害人）於法官面前依循法定程序所爲之書面或言詞陳述，不論係於其他刑事案件之準備程序、審判期日或民事事件乃至其他訴訟程序之陳述，均得作爲證據，法院就被告以外之人接受審訊時所製成之訊問、審判筆錄或陳述之錄音或錄影紀錄，在踐行刑訴法第一六五條或第一六五條之一所定調查程序後，得援爲判決之基礎。另所謂不可信之情況，法院應審酌被告以外之人於陳述時之外在環境及情況，例如：陳述時之心理狀況、有無受到外力干擾等，以爲判斷之依據，故係決定陳述有無證據能力，而非決定陳述內容之證明力。（刑訴法一五九之一）

九〇（傳聞證據排除之例外㈡）

依刑訴法第一五九條之二之規定，被告以外之人（含共同被告、共犯、證人、鑑定人、被害人等）於檢察事務官、司法警察官或司法警察調查中所爲之陳述，與審判中不符時，其先前之陳述具有較可信之特別情況，且爲證明犯罪事實存否所必要者，得爲證據。故被告以外之人於審判中之陳述與其先前在檢察事務官、司法警察（官）調查中所爲陳述不符時，其先前陳述必須具備特別可信性及必要性兩項要件，始得作爲證據。而所稱「具有可信之特別情況」係屬於證據能力之要件，法院應比較其前後陳述時之外在環境及情況，以判斷何者較爲可信，例如：陳述時有無其他訴訟關係人在場，陳述時之心理狀況、有無受到強暴、脅迫、詐欺、利誘等外力之干擾。又法院在調查被告以外之人先前不一致陳述是否具有特別可信情況時，亦應注意保障被告詰問之權利，並予被告陳述意見之機會，倘採用先前不一致陳述爲判決基礎時，並須將其理由載明，以昭公信。（刑訴法一五九之二）

九一（傳聞證據排除之例外㈢）

爲發見眞實，並兼顧實務運作之需要，被告以外之人於審判中有下列情形之一：㈠死亡。㈡身心障礙致記憶喪失或無法陳述。㈢滯留國外或所在不明而無法傳喚或傳喚不到。㈣到庭後無正當理由拒絕陳述。其先前於檢察事務官、司法警察官或司法警察調查中所爲陳述，若經證明具有可信之特別情況（指陳述時之外在環境及情況具有特別可信之情形），且爲證明犯罪事實之存否所必要者，即具有證據之適格，法院對於此類被告以外之人之先前陳述筆錄或陳述之錄音或錄影紀錄，在踐行刑訴法第一六五條或第一六五條之一所定調查程序後，得援爲判決之基礎。（刑訴法一五九之三）

九二（傳聞證據排除之例外㈣）

施刑事訴訟程序之公務員記錄被告以外之人於審判外之言詞或書面陳述之筆錄，如審判筆錄、法官訊問筆錄、檢察官偵訊筆錄或檢察事務官、司法警察官詢問筆錄，必須符合刑訴法第一五九條之一至一五九條之三或其他法律所定傳聞例外要件，始得作爲證據。而除刑訴法第一五九條之一至一五九條之三或其他法律所定之情形外，公務員職務上製作之紀錄文書、證明文書，例如：戶籍謄本、公證書，或從事業務之人於業務上或通常業務過程所須製作之紀錄文書、證明文書，例如：醫師診斷病歷、商業帳簿，航海日誌等，若無顯然不可信之情況，亦得作爲證據；其他於可信之特別情況下所製作之文書，例如：政府公報、家族譜、商業調查報告、統計表、商品行情表、曆書、學術論文等，亦同。（刑訴法一五九之四）

九三（傳聞證據排除之例外㈤）

被告以外之人於審判外之言詞或書面陳述，雖不符刑訴法第一五九條之一至一五九條之四之規定，惟當事人於準備程序或審判期日仍以言詞或書面明示同意以其陳述作爲證據時，則法院可審酌該陳述作成時之情況，於認爲適當之前提下，例如：證據之取得過程並無瑕疵，其與待證事實具有關連性、證明力非明顯過低等，賦予其證據能力。又基於訴訟程序安定性、確實性之要求，若當事人已於準備程序或審判期日明示同意以被告以外之人於審判外之陳述作爲證據，而其意思表示又無瑕疵者，不宜准許當事人撤回同意：但其撤回符合下列情形時，則不在此限：㈠尚未進行該證據之調查。㈡他造當事人未提出異議。㈢法院認爲適當。至於當事人、代理人或辯護人於法院調查證據時，知有刑訴法第一五九條第一項不得爲證據之情形，卻未於言詞辯論終結前聲明異議者，亦視爲有將被告以外之人於審判外之陳述作爲證據之同意。爲避免發生爭執，法院得在審判前之準備程序，將此擬制同意之法律效果告知當事人，促其注意。（刑訴法一五九之五）

九四（意見證言之證據能力）

證人之個人意見或推測之詞，除以實際經驗爲基礎者外，不得作爲證據，法官訊問證人時，應注意告知證人爲明確之陳述，勿摻雜非以實際經驗爲基礎之個人意見或推測之詞。（刑訴法一六〇）

九五（舉證責任與起訴之審查）

檢察官對被告犯罪事實應負舉證責任，並指出證明之方法，係指檢察官除應就被告之犯罪實負提出證據之責任外，並應負說服之責任，使法官確信被告犯罪構成事實之存在。而法院於第一次審判期日前，審查檢察官起訴或移送併辦意旨及全案卷證資料，依客觀之論理與經驗法則，從形式上審查，即可判斷被告顯無成立犯罪之可能者，例如：㈠起訴書證據及所犯法條欄所記載之證據明顯與卷證資料不符，檢察官又未提出其他證據可資證明被告犯罪；㈡僅以被告或共犯之自白或告訴人之指訴，或被害人之陳述爲唯一之證據即行起訴；㈢以證人與實際經驗無關之個人意見或臆測之詞等顯然無證據能力之資料（有無證據能力不明或尚有爭議，即非顯然）作爲起訴證據，又別無其他證據足資證明被告成立犯罪；㈣檢察官所指出之證明方法過於空泛，如僅稱有證物若干箱或帳冊若干本爲憑，至於該證物或帳冊之具體內容爲何，均未經說明；㈤相關事證未經鑑定或勘驗，如扣案物是否爲毒品、被告尿液有無毒物反應、竊佔土地坐落何處等，苟未經鑑定或勘驗，顯不足以認定被告有成立犯罪可能等情形，均應以裁定定出相當合理之期間通知檢察官補正證明方法。其期間，宜審酌個案情形及補正所需時間，妥適定之。

法院通知檢察官補正被告犯罪之證明方法，乃因法院認爲檢察官指出之證明方法顯不足認定被告有成立犯罪之可能，故法院除於主文諭知：「應補正被告犯罪之證據及指出證明之方法」外，於理由欄內自應說明其認爲檢察官指出之證明方法顯不足認定被告有成立犯罪可能之理由，俾使檢察官將來如不服駁回起訴之裁定時，得據以向上級審法院陳明其抗告之理由。又法院於通知檢察官補正證明方法之裁定書中，不宜具體記載法院認爲所應補正之證據資料或證明方法，以避免產生引導檢察官追訴犯罪之現象，牴觸法院應客觀、公正審判之立場。檢察官提出之證據及指出之證明方法，從形式上觀察，已有相當之證據，嗣後被告或其辯護人對證據之證明力有所爭執，而已經過相當時日之調查，縱調查之結果，認檢察官之舉證不足以證明被告犯罪時，即非所謂「顯」不足以認定被告有成立犯罪可能之情形，此際，法院應以實體判決終結訴訟，不宜以裁定駁回檢察官之起訴。

法院駁回檢察官起訴之裁定，依刑訴法第四〇三條第一項規定，當事人若有不服者，得抗告於直接上級法院，法院於該駁回起訴之裁定中，應明確記載駁回起訴之理由。

法院駁回起訴之裁定確定後，具有限制之確定力，非有刑訴法第二六〇條各款情形之一，檢察官不得對於同一案件再行起訴。法院對於再行起訴之案件，應詳實審核是否具備法定要件，如僅提出相同於原案之事證，或未舉出新事實、新證據，或未提出該當於刑訴法第四二〇條第一項第一款、第二款、第四款或第五款所定得爲再審原因之情形者，法院應諭知不受理之判決。（刑訴法一六一）

九六（調查證據聲請權與法院調查義務）

當事人、代理人、辯護人或輔佐人有聲請調查證據之權利；並得於調查證據時，詢問證人、鑑定人或被告，審判長除認爲該詢問係不當者外，不得禁止之。故凡當事人等所聲請調查之證據與待證事實具有關聯性，且有調查之必要與可能，客觀上確爲法院認定事實及適用法律之基礎者，法院均有調查之職責，不得駁回調查證據之聲請（刑訴法第一六三條之二反面解釋參照）。而法院於當事人所主導之證據調查完畢後，認爲事實仍有待澄清時，得斟酌具體個案情形，無待聲請，主動依職權調查。又關於公平正義之維護及被告利益保障之重大事項，法院則應依職權調查，無裁量選擇之餘地。所稱「公平正義之維護」之重大事項，例如案件攸關國家、社會或個人重大法益之保護，或牽涉整體法律目的之實現及國民法律感情之維繫者均屬之。而法院就「公平正義」之規範性概念予以價值補充時，必須參酌法律精神、立法目的、依據社會之情形及實際需要，予以具體化，以求實質之妥當，是以法院於訴訟程序之進行，除須遵循正當程序原則外，於作成判決時，亦須將相關理由記載明確，不宜過於簡略含糊。至於對「被告利益」有重大關係之事項，係指該等事實或訴訟資料之存在對被告有直接且重大之利益，例如案件是否具備阻卻違法、阻卻責任、得或應減輕或免除刑罰等有利於被告之情形，法院均應特加注意，依職權主動調查。法院根據刑訴法第一六三條第二項之規定，發動職權進行證據之調查，須維持客觀、公正之立場，於調查證據前，應先予當事人、代理人、辯護人或輔佐人有就證據調查範圍、順序及方法陳述意見之機會，避免以突襲性之證據調查作為判決基礎，影響當事人訴訟權益。（刑訴法一六三之二）

九七（聲請調查證據之駁回）

當事人、代理人、辯護人或輔佐人聲請調查之證據，法院認為不必要者，得以裁定駁回之，或在判決內說明不予調查之理由。下列情形，應認為不必要：㈠不能調查者。㈡與待證事實無重要關係者。㈢待證事實已臻明瞭無再調查之必要者。㈣同一證據再行聲請者（但因待證事實不同，而有取得不同證據資料之必要時，則不在此限）。（刑訴法一六三之二）

九八（實質發見主義與證人作證義務）

刑事訴訟係採實質的眞實發見主義，欲認定事實，自須賴證據以證明。而證人係指在他人之訴訟案件中，陳述自己所見所聞具體事實之第三人，為證據之一種，故凡居住於我國領域內，應服從我國法權之人，無分國籍身分，原則上均有在他人為被告之案件中作證之義務，俾能發見事實眞相。惟證人中有因公務關係應保守秘密而得拒絕證言者（刑訴法一七九），有因與當事人之身分關係得拒絕證言者（刑訴法一八〇），有因業務關係有保密義務而得拒絕證言者（刑訴法一八二），有因利害關係而得拒絕證言者（刑訴法一八一），法院訊問此等證人之前，除刑訴法第一八五條第二項明定「證人與被告或自訴人有第一百八十條第一項之關係者，應告以得拒絕證言」、第一八六條第二項明定「證人有第一百八十一條之情形者，應告以得拒絕證言」外，其他情形，亦宜告知證人除有刑訴法第一七九條第二項、第一八二條所列不得拒絕證言之法定原因外，得拒絕證言，以昭程序之允當。（刑訴法一七六之一、一八五、一八六）

九九（交互詰問）

當事人、代理人（指被告或自訴人之代理人，不包含告訴人之代理人）、辯護人及輔佐人聲請傳喚之證人、鑑定人，於審判長為人別訊問後，由當事人、代理人或辯護人直接詰問之。但被告如無辯護人，而不欲行詰問時，審判長則應予詢問證人、鑑定人之適當機會，以保障被告之發問權。至於兩造詰問證人或鑑定人之次序係依刑訴法第一六六條第二項定之，其輪序如下：㈠主詰問。㈡反詰問。㈢覆主詰問。㈣覆反詰問。審判長行使訴訟指揮權時應予注意。如同一被告、自訴人有二以上代理人、辯護人（含同一被告兼有代理人及辯護人之情形）時，該被告、自訴人之代理人、辯護人對同一證人、鑑定人之詰問，應推由其中一人代表為之，非經審判長許可，不得由數代理人或數辯護人為詰問。（刑訴法一六六）證據，其有無證據能力之認定，應審酌人權保障及公共利益之均衡維護。而法院於個案權衡時，允宜斟酌㈠違背法定程序之情節。㈡違背法定程序時之主觀意圖。㈢侵害犯罪嫌疑人或被告權益之種類及輕重。㈣犯罪所生之危險或實害。㈤禁止使用證據對於預防將來違法取得證據之效果。㈥偵審人員如依法定程序有無發現該證據之必然性及㈦證據取得之違法對被告訴訟上防禦不利益之程度等各種情形，以為認定證據能力有無之標準。（刑訴法一五八之四）

一〇〇（主詰問）

主詰問應就待證事項及其相關事項行之，不得以欠缺關連性之事項為詰問。又為辯明證人、鑑定人記憶及陳述之正確性，或證人、鑑定人之憑信性，得就必要事項為詰問。又誘導詰問乃指詰問者對供述者暗示其所希望之供述內容，而於「問話中含有答話」之詰問方式，有鑑於當事人、代理人、辯護人或輔佐人主動聲請傳喚之證人、鑑定人，一般是有利於該造當事人之友性證人。因此，若行主詰問者為誘導詰問，證人或鑑定人往往有可能迎合主詰問者之意思或受其暗示之影響，而做非眞實之供述。為避免前述情形發生，行主詰問時，不得為誘導詰問。僅於符合刑訴法第一六六條之一第三項但書規定之情形時，始容許行誘導詰問。惟行誘導詰問時，仍應注意避免採用朗讀書面或使用其他對證人或鑑定人之陳述產生不當影響之方式。（刑訴法一六六之一）

一〇一（反詰問）

反詰問應就主詰問所顯現之事項及其相關事項或為辯明證人、鑑定人記憶及陳述之正確性，或證人、鑑定人之憑信性所必要之事項行之。行反詰問於必要時，雖得為誘導詰問。但審判長認為有影響眞實發見之虞，或為避免證人、鑑定人遭致羞辱或難堪，例如：證人、鑑定人於反詰問之回答或陳述明顯與詰問者配合而有串證之虞，抑證人為兒童或性侵害之被害人者，恐兒童之理解問題能力不足或性侵害被害人有遭受羞辱之情形時，仍得予以限制或禁止。又行反詰問時，如審判長認為適當者，可准許當事人、代理人或辯護人就支持其主張之新事項進行詰問，該新事項視為主詰問。（刑訴法一六六之二、一六六之三、一六六之七、一六七）

一〇二（覆主詰問）

覆主詰問應就反詰問所顯現之事項及其相關事項行之，其方式依循主詰問，如審判長認為適當者，亦可准許當事人、代理人或辯護人就支持其主張之新事項進行詰問，該事項視為主詰問。（刑訴法一六六之四）

一〇三（覆反詰問）

爲避免詰問事項不當擴張、延滯訴訟程序，覆反詰問應就辯明覆主詰問所顯現證據證明力必要之事項行之，至於其進行方式則依循反詰問。（刑訴法一六六之五）

一〇四（法院依職權傳訊證人鑑定人之詰問次序）

法院依職權傳喚證人、鑑定人時，該證人、鑑定人具有何種經驗、知識，所欲證明者爲何項待證事實，因以審判長最爲明瞭，故應由審判長先爲訊問，此時之訊問相當於主詰問之性質，而當事人、代理人及辯護人於審判長訊問後，接續詰問之，其性質則相當於反詰問。至於當事人、代理人及辯護人間之詰問次序，則由審判長本其訴訟指揮，依職權定之。而爲發見眞實，證人、鑑定人經當事人、代理人或辯護人詰問後，審判長仍得續行訊問。（刑訴法一六六之六）

一〇五（不當詰問之禁止）

詰問證人、鑑定人及證人、鑑定人之回答，均應就個別問題具體爲之。審判長於詰問程序進行時，尤須妥適行使訴訟指揮權及法庭秩序維持權，以限制或禁止不當之詰問。下列之詰問，即屬不當之詰問。但第五款至第八款之情形，於有正當理由時，例如爲發見眞實所必要，則不在此限：㈠與本案及因詰問所顯現之事項無關者。㈡以恫嚇、侮辱、利誘、詐欺或其他不正之方法者。㈢抽象不明確之詰問。㈣爲不合法之誘導者。㈤對假設性事項或無證據支持之事實爲之者。㈥同一造對同一證人、鑑定人爲重覆之詰問。㈦要求證人陳述非基於實際經驗之個人意見或推測、評論者。㈧恐證言於證人或與其有第一百八十條第一項關係之人之名譽、信用或財產有重大損害者。㈨對證人未親身經歷事項或鑑定人未行鑑定事項爲之者。㈩其他法令禁止者（例如：性侵害犯罪防治法第十六條第四項規定：性侵害犯罪之被告或其辯護人不得詰問或提出有關被害人與被告以外之人之性經驗證據。但法官、軍事審判官如認有必要，例如爲探究被害人身上精液、血液之來源時，即不在此限。又爲保障證人之生命、身體、自由、財產之安全，證人保護法及組織犯罪防制條例就特定案件之證人身分、住居所資料有應予以保密之特別規定，依法亦不能以此作爲詰問之事項。另法官就涉及國家機密之案件，依國家機密保護法〈九十二年二月六日公布，施行日期由行政院定之〉第二十五條規定，對有洩漏國家機密之虞者，亦得限制或拒絕對質或詰問。）（刑訴法一六六之七）

一〇六（審判長依職權限制或禁止不當之詰問）

詰問爲當事人、代理人及辯護人之權利，原則上不得予以限制或禁止。但爲避免不必要及不當之詰問，致使訴訟程序遲滯、浪費法庭時間，甚而侵擾證人、鑑定人，審判長仍得依職權適當限制或禁止詰問之方式及時間。（刑訴法一六七）

一〇七（詰問之聲明異議）

當事人、代理人或辯護人就證人、鑑定人之詰問及回答，得以違背法令或不當爲由，依刑訴法第一六七條之一之規定聲明異議。惟其應即就各個行爲，以簡要理由爲之，例如：「審判長，對造之誘導詰問不合法，請制止。」審判長對於聲明異議，應立即處分，不得無故遲延，並應於處分前，先命行詰問之人或受詰問之證人、鑑定人停止詰問或陳述，再命被異議一方之當事人、代理人或辯護人就該異議陳述意見，以維法庭秩序。（刑訴法一六七之一、一六七之二）

一〇八（聲明異議遲誤時機之效力）

審判長認聲明異議有遲誤時機、意圖延滯訴訟或其他不合法之情形，例如：未附理由之聲明異議，應以處分駁回之。但遲誤時機所提出之聲請事項若與案情有重要關係，爲認定事實或適用法律之重要基礎者，則不在此限。（刑訴法一六七之三）

一〇九（聲明異議無理由之處理）

審判長認聲明異議無理由者，應即處分駁回之。（刑訴法一六七之四）

一一〇（聲明異議有理由之處理）

審判長認爲聲明異議有理由者，應視其情形，立即爲中止、撤回、撤銷、變更或其他必要之處分，例如：㈠禁止詰問人對同一事項繼續詰問。㈡命詰問人修正詰問之方式。㈢請證人、鑑定人停止陳述或修正回答之方式。㈣勸諭證人、鑑定人回答問題，必要時得重述詰問者所提問題，直接詰問證人或鑑定人。㈤依職權或聲請命書記官將不當詰問之情形及處理方式記載於筆錄。㈥其他爲維持公平審判或法庭秩序所得爲之處理。（刑訴法一六七之五）

一一一（審判長處分之效力）

當事人、代理人及辯護人對於審判長有關詰問聲明異議之處分，不得聲明不服，如其聲明不服，法院應即以裁定駁回之。（刑訴法一六七之六）

一一二（不當詢問之禁止及準用之規定）

當事人、辯護人、代理人或輔佐人得於調查證據時，詢問證人、鑑定人及被告。前述詢答如有不當之情形，審判長應依職權或依他造當事人、代理人或辯護人之聲明異議予以限制、禁止，或爲其他必要之處分，其處理方式準用刑訴法第一六六條之七第二項、第一六七至第一六七條之六之規定。（刑訴法一六七之七）

一一三（告訴人為證人）

公訴案件之告訴人，雖非當事人，然法院爲證明事實起見，認爲有訊問之必要時，自得適用刑訴法關於證人之規定，予以傳喚，其無正當理由不到者，得適用同法第一七八條之規定辦理，惟此項證言可採與否，法院應據理愼重判斷。（刑訴法一七八，參照司法院院字第四七號、第一一五號、第二四五號及大法官釋字第二四九號解釋、最高法院五十二年台上字第一三〇〇號判例）

一一四（主詰問已陳述有關被告本人之事項，反詰問時不得拒絕證言）

證人恐陳述致自己或與其有刑訴法第一八〇條第一項關係之人受刑事追訴或處罰者，依刑訴法第一八一條之規定，固得拒絕證言，但被告以外之人（含共同被告、共犯、證人、鑑定人、被害人）於反詰問時，就主詰問所陳述有關被告本人之事項，不得行使拒絕證言權，務須注意。（刑訴法一八一、一八一之一）

一一五（鑑定人之書面報告）

受審判長、受命法官或檢察官選任之鑑定人所爲之書面鑑定報告，屬傳聞證據排除之例外，具有證據能力。（刑訴法一五九、二〇六）

一一六（僞證人之適用）

證人、鑑定人、通譯，於法院審判時，或於檢察官偵查時，供前供後具結陳述不實者，應注意刑法第一六八條之規定，酌爲處理。（刑訴法一八七、一八八）

一一七（鑑定通譯準用人證之規定）

關於鑑定及通譯事項，應注意準用人證之各規定。（刑訴法一九七、二一一）

一一八（鑑定留置之聲請與審核）

對被告之鑑定留置，以有鑑定其心神或身體之必要爲要件。偵查中檢察官聲請鑑定留置，應以書面記載刑訴法第二〇三條之一第二項第一至四款之事項，並釋明有合理根據認爲有鑑定被告心神或身體之必要。法官決定應否鑑定留置前，得爲必要之訊問及調查，或通知檢察官補正必要之理由或資料。（刑訴法二〇三、二〇三之一）

一一九（鑑定留置票之製作及使用）

鑑定留置票應以書面記載刑訴法第二〇三條之一第二項各款事項及簽發日期，偵查中之鑑定留置票應記載事項與檢察官聲請書所載相同者，得引用聲請書爲附件；鑑定留置票應備數聯，分別送交鑑定人、辯護人、被告及其指定之親友，偵查中並應送交檢察官。鑑定留置票簽發後，其所記載之應留置處所或預定之留置期間經裁定變更或縮短、延長者，應再行通知上開應受送交留置票之人（刑訴法二〇三之一、二〇三之二、二〇三之三）

一二〇（鑑定留置之期間）

鑑定留置，法院應審酌鑑定事項之具體內容、檢查之方法、種類及難易程度等情狀，預定七日以下之留置期間；並得於審判中依職權，偵查中依檢察官之聲請，視實際狀況所需，在期滿前以裁定縮短或延長之，惟延長之期間不得逾二月，以保障人權。延長留置之裁定，除當庭宣示者外，於期滿前以正本送達被告者，始生延長留置之效力。鑑定留置期間自簽發鑑定留置票之日起算，其日數於執行時，得折抵刑期。（刑訴法第二〇三、二〇三之三、二〇三之四）

一二一（鑑定留置被告之看守）

刑訴法第二〇三條之二第四項之命司法警察看守被告，屬鑑定留置之執行事項，於偵查中由檢察官，審判中由法院依職權或依留置處所管理人員之聲請命檢察署、法院之法警爲之；若法警人力不足時，得洽請移送該案件或留置處所當地之司法警察機關爲之。該聲請應以書狀敘述有必要看守之具體理由。（刑訴法二〇三之二）

一二二（偵查中鑑定留置資料之管理）

法院對於偵查中聲請鑑定留置之案件，應製作紀錄，記載檢察官聲請之案號、被告之姓名及身分資料與准予鑑定留置或駁回聲請之情形；並應每一案建一卷宗，嗣後鑑定留置期間之延長、縮短、處所之變更及看守被告之聲請等相關資料，應併入原卷宗。（刑訴法二〇三、二〇三之三）

一二三（鑑定許可之審查）

應經許可始得進行之鑑定行爲，尤其刑訴法第二〇五條之一第一項之採取出自或附著身體之物，例如：分泌物、排泄物、血液、毛髮、膽汁、胃液、留存於陰道中之精液等檢查身體之鑑定行爲，係對人民身體之侵害，法院核發鑑定許可書前，應本於發現眞實之目的，詳實審酌該鑑定對於確定訴訟上重要事實是否必要，以符合鑑定應遵守之必要性與重要性原則，並愼重評估鑑定人是否適格。鑑定許可，審判長、受命法官得依職權或依聲請爲之（檢察官亦有鑑定許可之權限）。聲請鑑定許可，應以鑑定人爲聲請人。鑑定人聲請核發鑑定許可書，得以言詞或書面爲之，其書面格式不拘，惟不論以言詞或書面聲請，均應敘明有必要爲刑訴法第二〇四條第一項、第二〇五條之一第一項所列行爲之具體理由。（刑訴法第二〇四、二〇四之一、二〇五之一）

一二四（鑑定許可書之製作及使用）

鑑定許可書除應載明刑訴法第二〇四條之一第二項所定應記載事項、對檢查身體附加條件者其條件、經許可得爲之刑訴法第二〇五條之一第一項所列之處分行爲、執行期間經過後不能執行時應交還許可書之旨及簽發日期外，並宜載明第二〇四條第二項得準用之搜索、扣押相關條文之內容暨鑑定人進入有人居住或看守之住宅、處所行鑑定時，不得爲搜索行爲等意旨，以促請鑑定人注意及兼顧人權之保障。鑑定許可書得於選任鑑定人或囑託鑑定機關鑑定時，隨函送達於鑑定人或鑑定機關（刑訴法二〇四、二〇四之一、二〇四

之二、二〇五之一）

一二五（對拒絕鑑定之處理）

對無正當理由而拒絕檢查身體、解剖屍體及毀壞物體之鑑定處分者，審判長、受命法官或檢察官得率同鑑定人實施之，並對拒卻者施以必要之強制力；該無正當理由拒絕接受身體檢查者若係被告以外之人，且得課以新台幣三萬元以下之罰鍰。該罰鍰之處分，由法院裁定，偵查中由檢察官聲請與其所屬檢察署相對應之法院法官裁定；受裁定之人不服者，得提起抗告。（刑訴法第二〇四之三、二一九、一三二、一七八）

一二六（囑託鑑定）

應行鑑定時，除以專家為鑑定人外，並得囑託國內、外醫院、學校或其他相當之機關、團體為鑑定或審查他人之鑑定，如須以言詞報告或說明時，得命實施鑑定或審查之人為之，其報告或說明時，有具結之義務，且當事人、代理人、辯護人均得詢問或詰問之，輔佐人亦得詢問之。（刑訴法二〇八）

一二七（勘驗應注意事項）

法院調查證據及犯罪情形，能勘者總以勘驗為妥，以期發現眞實，不得以法文規定係「得實施勘驗」，輒將該項程序任意省略。勘驗應製作筆錄，記載勘驗始末及其情況，並履行法定之方式，如有勘驗物之狀態，非文字所能形容者，宜製作圖畫或照片附於筆錄之後。履勘犯所，檢驗屍傷或屍骨，均應將當場勘驗情形詳細記載，不得有含糊模稜或遺漏之處，例如殺人案件自殺、他殺、過失致死，應當場留心辨別，倘係毒殺者，應須立予搜索有無殘餘之毒物。又如勘驗盜所，應察看周圍之狀況，並注意事主有無裝假捏報情弊；他如放火案件，目的物被燒之結果，是否已喪失其效用（全部或一部）；傷害案件，被害人受傷之程度，是否已達重傷；至性侵害、墮胎、毀損等案件，關於生理上所呈之異狀，與物質上所受之損害（喪失效用，抑僅減少價值），均應親驗明白，不可專憑他人報告。（刑訴法四二、四三、二一二）

一二八（對被告以外之人檢查身體之傳喚、拘提）

為檢查被告以外之人之身體時，得以傳票傳喚其到場，經合法傳喚，無正當理由而不到場者，除得處以罰鍰外，並得命拘提。前開傳票、拘票除分別記載刑訴法第一百七十五條第二項、第七十七條第二項所列各款事項外，應併載明因檢查身體而傳喚或拘提之旨。（刑訴法二一五）

一二九（證據保全之要件）

證據保全，以證據有湮滅、偽造、變造、隱匿或礙難使用之虞為要件，例如：保存有一定期限之電訊通聯紀錄、證人身罹重病恐將死亡或即將遠行久居國外、證物不易保存有腐敗、滅失之可能、避免醫院之病歷遭竄改、確定人身受傷之程度、原因或違法濫墾山坡地、於水利地違法傾倒垃圾及不動產遭竊佔之範圍等。該要件即為應保全證據之理由，應由聲請證據保全之人於聲請書上記載並釋明。（刑訴法二一九之一、二一九之五）

一三〇（證據保全之聲請及審核）

聲請保全證據，偵查中由告訴人、犯罪嫌疑人、被告或辯護人，於案件移送或報告檢察官前，向調查該案之司法警察（官）所屬機關所在地之地方檢察署檢察官為之，案件移送或報告檢察官後，向該管檢察官為之，若檢察官駁回聲請或逾法定期間未為保全處分時，直接向與該檢察官所屬檢察署相對應之法院法官聲請；審判中由檢察官、自訴人、被告或辯護人，向案件繫屬之法院或受命法官為之，但有急迫情形時，亦得向受訊問人住居地或證物所在地（包括應搜索、扣押物之所在地、應搜索、勘驗之身體、處所或物件之所在地、應訊問證人之所在地、應鑑定對象之所在地）之地方法院聲請。

法院受理證據保全之聲請，除審核其是否符合法定程式及要件外，如認有必要，得通知聲請人提出必要之資料，就偵查中之案件並應於斟酌檢察官之意見後裁定之，如認為不合法律上之程式（例如：書狀不合程式或聲請人不適格）、法律上不應准許（例如：聲請保全證據要求限制證人住居或出境，於法無據）或無理由（例如：不具保全證據之必要性或急迫性），應予駁回；認聲請有理由者，應裁定准許。但不合法律上之程式可以補正者，應定期先命補正。

法院不論准駁，均得以簡便之方式直接在聲請書上批示其要旨，如裁定准許，即應定期實施必要之保全處分；如裁定駁回，書記官亦應將原聲請書原本存查，影本交付聲請人，不得無故延宕，以免錯失保全證據之先機。（刑訴法第二一九之一、二一九之二、二一九之三、二一九之四、二一九之六、二一九之八）

一三一（實施證據保全時應通知聲請人在場）

實施證據保全程序時，除有妨害證據保全之虞（例如：有串證、湮滅、偽造或變造證據、妨害鑑定、勘驗之虞）、急迫致不能及時通知或聲請人受拘禁中之情形外，應通知聲請人及其辯護人、代理人到場。（刑訴法二一九之六）

一三二（實施證據保全之程序）

案件於偵查中或審判中，法院或受命法官為保全證據之處分後，為執行該處分所為搜索、扣押、鑑定、勘驗、訊問證人或其他必要之保全處分，其性質仍屬蒐集證據之行為，除有特別規定外，須依其實施之具體方法，分別準用刑訴法第一編

第十一章「搜索及扣押」、第十二章「證據」之規定行之。而所謂「特別規定」，例如依刑訴法第一五〇條之規定，偵查中行搜索、扣押時，辯護人無在場權，惟偵查中，辯護人既得提出證據保全之聲請，就辯護人所聲請之保全證據行搜索扣押時，除有妨害證據之保全外，自應許其在場，是刑訴法第二一九條之六即爲「特別規定」。（刑訴法二一九之八）

一三三（告訴之代理）

告訴人於偵查及審判中，均得委任代理人，該代理人並不以具備律師資格者爲限。告訴代理人不論爲律師或非律師，於偵查中，基於偵查不公開原則，本無檢閱、抄錄、重製或攝影卷宗、證物之問題。但於審判中，代理人如爲律師者，則許檢閱、抄錄、重製或攝影卷宗、證物；如爲非律師者，則不許爲之。

於指定代行告訴人之情形，因檢察官於指定時，已考量受指定人之資格及能力，故不許受指定代行告訴之人再委任代理人。

外國人如委任告訴代理人，其委任狀（或授權書）之審核，應與審理本國人案件持相同之態度，如依卷證資料已足認其委任（或授權）爲眞正，而他造亦不爭執，即無須要求其委任狀（或授權書）應經認證。（刑訴法二三六之一、二三六之二、二七一之一）

一三四（法院對於聲請交付審判之審查）

法院受理聲請交付審判之案件，應詳加審核有無管轄權、聲請人是否爲告訴人、已否逾十日之期間、有無委任律師提出理由狀等法定要件，及其聲請有無理由。法院於審查交付審判之聲請有無理由時，得爲必要之調查，惟其調查範圍，應以偵查中曾發現之證據爲限，不可就聲請人新提出之證據再爲調查，亦不可蒐集偵查卷以外之證據。除認爲不起訴處分書所載理由違背經驗法則、論理法則或其他證據法則，否則，不宜率予裁定交付審判。駁回交付審判聲請之裁定，不得抗告；被告對於法院爲交付審判之裁定，則得提起抗告。而法院爲交付審判之裁定，因該案件視爲提起公訴，法院允宜於裁定理由中敘明被告所涉嫌之犯罪事實、證據及所犯法條，俾使被告行使防禦權，並利於審判程序之進行。（刑訴法二五八之一、二五八之三）

一三五（聲請交付審判之閱卷）

律師受告訴人委任聲請交付審判，如欲檢閱、抄錄或攝影偵查卷宗及證物，不論是否已向法院提出理由狀，均應向該管檢察署檢察官聲請之，律師如誤向法院聲請，法院應移由該管檢察官處理。該卷宗或證物如由法院調借中，法院應速將卷證送還檢察官，以俾檢察官判斷是否有涉及另案偵查不公開或其他依法應予保密之情形。法院如知悉律師聲請閱卷，於交付審判裁定前，宜酌留其提出補充理由狀之時間。另法院如需向檢察官調借卷證時，並宜考量律師閱卷之需求，儘量於其閱畢後再行調借，以免卷證往返之勞費。（刑訴法二五八之一）

一三五之一（被害人及其家屬之隱私保護）

法院於審判中爲保障被害人及其家屬之隱私，應就足以識別該個人之資料採取適當保護措施。

法院於確認被害人及其家屬之人別時，得由其等繕寫個人資料、提供證明文件或以其他適當之方式爲之。

法院使用科技設備或電子卷證時，尤應注意被害人及其家屬個人資料之保護，避免其等之個人資料遭不當公開。（刑訴法二七一之二）

一三五之二（被害人之隔離保護）

刑訴法第二七一條之二第二項所稱「遮蔽設備」，可採用簡易屏風、拉簾、單面鏡、聲音及影像相互傳送之科技設備或其他措施，由法院視案件情節及法庭設備等具體情況定之。

被害人依刑訴法第二七一條之二第二項規定聲請與被告、旁聽人適當隔離，法院裁定駁回者，屬判決前關於訴訟程序之裁定，不得抗告。（刑訴法二七一之二）

一三五之三（陪同被害人在場）

刑訴法第二七一條之三第一項所稱「其信賴之人」，係指與被害人關係緊密之褓母、師長、好友、同性伴侶或其他重要他人。

陪同人陪同被害人出庭時，得與被害人並坐於被害人席。

陪同人不得妨害法官訊問或當事人、代理人或辯護人詰問。

陪同人有影響訴訟進行之不當言行，或影響被害人、證人、鑑定人或其他訴訟關係人陳述者，審判長應視具體情況適時勸告或制止，以維法庭秩序。

陪同人同時具有被害人家屬之身分者，因中華民國一百零八年十二月十日修正通過之刑訴法施行後，不影響刑訴法第二七一條第二項規定之適用，法院自得傳喚其到場，並適時予以陳述意見之機會。（刑訴法二七一、二七一之三）

一三五之四（轉介修復式司法程序）

被告及被害人聲請進行修復式司法程序時，法院於聽取檢察官、代理人、辯護人及輔佐人之意見後，得將案件轉介適當機關、機構或團體進行修復，由該機關、機構或團體就被告、被害人是否適合進入修復式司法程序予以綜合評估。如其認案件不適宜進入修復式司法程序，應將該案移由法院繼續審理；反之，則由該機關、機構或團體指派之人擔任修復促進者進行修復式司法程序，並於個案完成修復時，將個案結案報告送回法院，以供法院審理時參考。

法院裁定駁回進行修復式司法程序之聲請者，屬判決前關於訴訟程序之裁定，不得抗告。（刑訴法二七一之四）

一三五之五（聲請訴訟參與之相關要件及證明事項）

刑訴法第四五五條之三八第一項各款所列罪名，以檢察官起訴法條為準。但法院審理結果與檢察官起訴法條相異，而論知變更起訴法條者，以法院審理結果認定之法條為準。

刑訴法第四五五條之三八第二項本文所稱「因其他不得已之事由而不能聲請」，係指被害人除無行為能力、限制行為能力或死亡外，因住院治療中，或已不能為意思表示，而尚未經法院為監護宣告等其他原由，事實上不能到庭行使訴訟參與權之情形。

刑訴法第四五五條之三八第二項但書所定情形，法院宜請聲請訴訟參與之直轄市、縣（市）政府或財團法人犯罪被害人保護協會提出相關文件，用以證明下列事項：㈠被害人無行為能力、限制行為能力、死亡或因其他不得已之事由而不能聲請訴訟參與。㈡被告為被害人之法定代理人、配偶、直系血親、三親等內之旁系血親、二親等內之姻親或家長、家屬。（刑訴法四五五之三八）

一三五之六（聲請訴訟參與之補正及應斟酌之情事）

聲請人未依刑訴法第四五五條之三九提出聲請書狀而可補正者，法院應依刑訴法第四五五條之四十第一項但書規定，定期間先命補正。

法院依刑訴法第四五五條之四十第二項為裁定前，應斟酌案件情節、聲請人與被告之關係、訴訟進行之程度及聲請人之利益等情事，認為准許訴訟參與有助於達成被害人訴訟參與制度之目的，且無不適當之情形者，即應為准許之裁定。

法院斟酌前項各該情事時，應綜合考量之。其中就「案件情節」而言，應審酌相關犯罪之動機、態樣、手段、被害結果等因素，例如敵對性極高之組織或團體間因夙怨仇恨所生之犯罪案件，應考量若准許被害人訴訟參與，是否有擾亂法庭秩序之虞；就「聲請人與被告之關係」而言，例如被害人與被告具有組織內上下從屬之關係，應考量若准許被害人訴訟參與，是否有實質上不利於被告防禦之虞；就「訴訟進行之程度」而言，例如被害人於第一審之審理期間並未聲請訴訟參與，迄至第二審接近審結之時始聲請訴訟參與，即應考量是否有對於被告防禦權產生無法預期之不利益之虞；若就案件情節、聲請人與被告之關係或訴訟進行之程度而言，有諸如前述之情形，則聲請人就訴訟參與即須具有較大之利益，始能衡平因其訴訟參與對於法庭秩序或被告防禦權所生之不利益。（刑訴法四五五之三九、四五五之四十）

一三五之七（撤銷准許訴訟參與裁定之情形）

法院依聲請裁定准許訴訟參與後，認不應准許者，例如法院變更檢察官起訴法條為刑訴法第四五五條之三八第一項各款所列罪名以外之罪名，或聲請人原與被害人具有刑訴法第四五五條之三八第二項本文所定身分關係，嗣後變更為不具此等關係等情形，應撤銷原裁定。（刑訴法四五五之四十）

一三五之八（審判長指定律師代理訴訟參與人）

訴訟參與人因精神障礙或其他心智缺陷無法為完全之陳述、具原住民身分、為低收入戶或中低收入戶而聲請指定代理人或審判長認有必要之情形，未經選任代理人者，審判長應指定律師為其代理人。

前項案件訴訟參與人選任之代理人於審判期日無正當理由不到庭者，審判長得視為其未經選任代理人，並指定律師為其代理人。

訴訟參與人有數人者，得指定一人為其代理人。但各訴訟參與人之利害相反者，不在此限。

依前三項指定代理人後，經選任律師為代理人者，得將指定之代理人撤銷。（刑訴法三一、四五五之四一）

一三五之九（訴訟參與人之卷證資訊獲知權）

無代理人或代理人為非律師之訴訟參與人於審判中得預納費用請求付與卷宗及證物之影本。但有刑訴法第四五五條之四二第二項但書情形者，法院得以裁定適當限制之，訴訟參與人如有不服，得提起抗告。

前項本文所稱之影本，在解釋上應及於複本，例如翻拍證物之照片、複製電磁紀錄及電子卷證等。（刑訴法四五五之四二）

一三五之一〇（選定或指定訴訟參與代表人）

訴訟參與人為多數且未自行選定代表人參與訴訟時，法院審酌訴訟參與人之人數、案件情節之繁雜程度及訴訟程序之進行狀況後，如認有指定代表人之必要，得先定期命訴訟參與人自行選定代表人，逾期未選定代表人者，始由法院依職權指定之。

法院依職權指定代表人後，得審酌訴訟進行之程度及訴訟參與人之意願，更換或增減代表人。

法院依前二項規定指定、更換或增減代表人者，屬判決前關於訴訟程序之裁定，不得抗告。（刑訴法四五五之四五）

一三六（審判期日前之準備）

法院為使審理程序集中化，應於審判期日前，先為種種之準備，以求審判之順暢、迅速。例如：處理刑訴法第二七三條第一項所定各款之事項，其中第一款有關起訴效力所及之範圍，目的在於釐清法院審判之範圍，並便於被告防禦權之行使，仍無礙於法院依刑訴法第二六七條規定對於案件起訴效力所為之判斷；第二款決定可否適用簡式審判程序或簡易程序時，應注意是否符合同法第二七三條之一第一項及第四四九條第二項之要件；第四款有關證據能力之意見，由法院或受命法官處理之，如檢察官、被告（辯護人）兩造對某項證據無證據能力不予爭執，或經簡單釐清即可判斷無證據能力時，法院即得於準備程序認定該證據無證據能力，倘經法院（或受命法官）依本法之規定，認定無證據能力者，因該證據不得於審判期日主張之，故應於筆錄中明確記載，以杜爭議，惟如兩造對某項證據有無證據能力有所爭執，須進行實質上之調查始能認定有無證據能力者，因準備程序不進行實質性之調查，故應留待審判期日由法院調查認定之；第八款所謂其他與審判有關之事項，例如有無同法第三〇二條至第三〇四條所定應為免訴、不受理或管轄錯誤判決之情形。

法院應予訴訟參與人及其代理人，就刑訴法第二七三條第一項各款事項陳述意見之機會。

除前二項規定外，如需調取證物、命為鑑定及通譯，或搜索、扣押及勘驗，或有必要之事項應請求該管機關報告，或應訊問之證人預料其不能於審判期日到場者，均不妨於審判期日前為之。此際，如需對被告或證人、鑑定人為訊問者，應注意依刑訴法第一七一條規定辦理。（刑訴法二七三、二七四、二七六、二七七、二七八、四五五之四三）

一三七（準備程序及審判期日傳票之送達及通知到場）

第一次審判期日之傳票，至遲應於開庭前七日送達被告。但刑法第六一條所列各罪案件之傳票，至遲應於開庭前五日送達。此一就審期間之規定，於法院行準備程序時，亦準用之。故在定期時，務應注意酌留相當時間，以便送達。

準備程序及審判期日，均應注意通知訴訟參與人及其代理人到場。審判期日並應注意依刑訴法第二七一條第二項傳喚被害人或其家屬到場，適時予以陳述意見之機會。（刑訴法二七一、二七二、二七三、四五五之四三、四五五之四四）

一三八（簡式審判程序之開啟）

通常程序之案件，不論由法院或受命法官行準備程序，如被告所犯為死刑、無期徒刑、最輕本刑為三年以上有期徒刑之罪或高等法院管轄第一審案件以外之案件，且被告就被訴事實為有罪之陳述，又無其他不宜適用簡式審判程序之情形時，得於告知簡式審判程序之旨後，由法院裁定改行獨任審判，進行簡式審判程序。通常程序案件於審判期日，如被告已就被訴事實為有罪之陳述，法院認符合前述得適用簡式審判程序之要件時，得由審判長告知被告簡式審判程序之旨，在聽取當事人、代理人、辯護人及輔佐人之意見後，裁定進行簡式審判程序，此項裁定無須拘於一定形式，為求簡便，可當庭諭知並記明筆錄即可。（刑訴法二七三、二七三之一）

一三九（不得或不宜為簡式審判程序）

刑訴法第二七三條之一第二項所謂「不得」為簡式審判程序者，包括被告所犯為死刑、無期徒刑、最輕本刑為三年以上有期徒刑之罪或高等法院管轄第一審之案件，或被告未就被訴事實為有罪之陳述等情形。另所謂「不宜」為簡式審判程序者，例如：被告雖就被訴事實為有罪之陳述，但其自白是否真實，尚有可疑；或被告對於裁判上一罪或數罪併罰之案件，僅就部分案情自白犯罪等情形。案件行簡式審判程序後，若認為有前述「不得」或「不宜」之情形時，應由原合議庭撤銷原裁定並行通常審判程序。原裁定撤銷後，應更新審判程序，但檢察官、被告對於程序之進行無意見者，宜載明筆錄，此時依刑訴法第二七三條之一第三項但書規定，即無庸更新審判程序。惟如有同法第二九二條第一項之情形，仍應更新審判程序。（刑訴法二七三之一、二九二）

一四〇（簡式審判程序之證據調查）

簡式審判程序貴在審判程序之簡省便捷，故調查證據之程序宜由審判長便宜行事，以適當方法行之即可，不受嚴格證明法則之限制，除不適用有關傳聞法則之規定外，另為求調查證據程序之簡化，關於證據調查之次序、方法之預定、證據調查請求之限制、證據調查之方法，及證人、鑑定人詰問之方式等，均不須強制適用。（刑訴法一五九、二七三之二）

一四一（審判程序之進行）

審判程序之進行，應依下列順序為之：㈠檢察官陳述起訴要旨。㈡審判長告知被告刑訴法第九五條規定之事項。㈢調查證據：此部分依序為：*1.*被告爭執其自白之任意性者，以明其自白有無證據能力；*2.*當事人聲請調查之證據及法院依職權調查之證據；*3.*被告被訴之事實；*4.*被告自白之內容，以明其自白之證明力。㈣調查科刑之資料。㈤就事實及法律辯論：依檢察官、被告、辯護人之次序為之。㈥就科刑範圍表示意見：由到場之告訴人、被害人或其家屬，或訴訟參與人及其代理人、陪同人等其他依法得陳述意見之人為之。㈦就科刑範圍辯論：依檢察官、被告、辯護人之次序為之。㈧被告之最後陳述。（刑訴法一五六、一六一之三、二八七、二八八、二八九、二九〇、四五五之四八）

一四二（聲明異議之對象）

刑訴法第二八八條之三所定當事人、代理人、辯護人或輔佐人之聲明異議，其對象包括審判長或受命法官有關「證據調查」及「訴訟指揮」之處分，且此之「處分」，包含積極之行為及消極之不作為在內，但僅以該處分「不法」為限，不包括「不當」之處分。如審判長或受命法官怠於調查證據或維持訴訟秩序，而有違法情事時，當事人、代理人、辯護人或輔佐人即得向法院聲明異議。（刑訴法二八八之三）

一四三（判決書之記載）
無罪、免訴、不受理、管轄錯誤之判決書，應分別記載主文及理由；有罪之判決書除分別記載主文及理由外，並應記載犯罪事實，且得與理由合併記載。（刑訴法三〇八）

一四四（有罪判決書犯罪事實之記載）
有罪判決書應記載之「犯罪事實」，係指符合犯罪構成要件之具體社會事實，如被告犯罪之時間、地點、手段以及其他該當於犯罪構成要件而足資認定既判力範圍之具體社會事實。至於構成要件以外之其他適用法律事實，例如刑法總則之加重或減輕事由，可無須在「犯罪事實」欄中記載。（刑訴法三〇八）

一四五（判決書生效之程序）
法院之判決，如僅製作判決書，未依法宣示或送達者，不生判決效力，此項程序，最為重要，宣示筆錄及送達證書，均應附卷，以為履行此項程序之證明，不可忽略。（刑訴法二二四、五四）

一四六（裁判書之製作、簽名及送達）
裁判書，應於宣示前製作完成，並於宣示後，如期將原本交付書記官。書記官接受之年、月、日，務須依法記明，不得疏略，裁判書之原本，為裁判之法官應注意簽名，裁判之送達，固屬書記官職權，是否逾七日之期限，該承辦法官仍應負監督之責。有罪判決書之正本，應附記論罪法條全文；關於裁判上一罪之案件，應附記所有成立犯罪各罪之處罰條文。（刑訴法五一、二二七、三一四之一）

一四七（有罪判決書理由之記載）
有罪之判決書，應詳述理由。惟簡式審判及論知六月以下有期徒刑或拘役得易科罰金、罰金或免刑之判決書，其認定犯罪事實所憑之證據，得僅標明「證據名稱」，除認有特別說明之必要者外，無庸敘明證據之具體內容及認定之理由；後者並應敘明對於被告有利證據不予採納之理由。數罪併罰之各罪均受六月以下有期徒刑得易科罰金之宣告，而定應執行刑逾六月者，亦屬前項所稱論知六月以下有期徒刑得易科罰金之情形。（刑訴法三〇九、三一〇、三一〇之一、三一〇之二、四五四）

一四七之一（緩刑宣告注意事項）
法院依刑法第七十四條第二項規定於緩刑宣告時，命被告為該條項各款事項，雖不以經被告或被害人同意為必要，但為保障當事人訴訟權益，並兼顧緩刑本旨，宜先徵詢當事人或被害人之意見，並將違反之法律效果告知被告。所命事項尤應注意明確可行、公平妥適。例如命向被害人道歉，其方式究為口頭、書面或登報；命支付之金額，是否相當；命被告為預防再犯之一定行為，是否過度影響被告日常就業（學）等。所命事項係緩刑宣告內容之一部，應記載於判決主文，其得為民事強制執行名義者，應特別注意力求內容明確，俾得為強制執行。（刑訴法三〇九、三一〇、三一〇之一、三一〇之二、四五四）

一四八（論知免刑之注意事項）
依刑法第六十一條之規定論知免刑時，應注意有無徵詢告訴人或自訴人同意命被告向被害人道歉，立悔過書，或向被害人支付相當數額慰撫金之情事，如經告訴人或自訴人同意者，應記載筆錄，並於判決書內敘明之。（刑訴法二九九）

一四九（免訴判決之理由）
免訴判決，不得以被告就他罪已受重刑判決確定而認本罪無庸科刑之情事為免訴之理由。（刑訴法三〇二）

一五〇（裁定之注意事項）
法院或審判長、受命法官、受託法官之裁判，除依法應用判決行之者外，概以裁定行之，其得為抗告或駁回聲明之裁定，應注意敘述理由，如係當庭所為之裁定應併宣示之。（刑訴法二二〇、二二三、二二四）

一五一（收受自訴案件後之審查）
法院受理自訴案件時，應詳加審核自訴之提起，有無委任律師行之、自訴人是否為犯罪之直接被害人、是否為被告之直系血親卑親屬或配偶，及自訴狀有無記載犯罪事實及證據並所犯法條、犯罪事實有無記載構成犯罪之具體事實及其犯罪之日、時、處所、方法；被害人無行為能力或限制行為能力，或死亡者，其法定代理人、直系血親或配偶，提起自訴時，法院應先查明該自訴人與被害人之身分關係。審核結果認有欠缺時，如能補正，應裁定命自訴人限期補正，逾期未補正，應論知不受理判決；如不能補正，則逕論知不受理判決；但對於與自訴人直系血親尊親屬或配偶共犯告訴乃論罪者，並非不得依法提起自訴，故不得以其違反刑訴法第三二一條規定為由，論知不受理判決。（刑訴法三一九、三二〇、三二一、三二九、三三四、三四三、三〇三，參照司法院院字第一三〇六號、釋字第五六九號解釋）

一五二（自訴之傳訊被告）
對於自訴案件，非有必要，不得先傳訊被告。（刑訴法三二六）

一五三（自訴人及自訴代理人之傳喚）

自訴人經合法傳喚，無正當理由不到庭者，不得拘提。又自訴代理人經合法通知無正當理由不到庭時，應再行通知，並告知自訴人，以使自訴人有督促或另行委任代理人之機會；自訴代理人如仍不到庭者，應諭知不受理判決。（刑訴法三二七、三三一）

一五四（自訴之停止審判）
自訴人提起自訴所指被告犯罪是否成立或刑罰應否免除，以民事法律關係為斷，而民事未起訴者，法院於停止審判之同時，應注意期限命自訴人提起民事訴訟，必俟其逾期不提起民事訴訟，始得以裁定駁回自訴。（刑訴法三三三）

一五五（審查順序）
法院對於刑事訴訟案件，應依下列順序審查之：㈠審判權之有無。㈡管轄權之有無。㈢其他不受理原因之有無。㈣免訴原因之有無。

一五六（緩起訴規定於自訴案件之準用）
法院依訊問或調查之結果，認為自訴案件有刑訴法第二五二條、第二五三條、第二五四條之情形者，得以裁定駁回自訴，並得斟酌情形，命被告遵守或履行下列事項：一、向被害人道歉；二、立悔過書；三、向被害人支付相當數額之財產或非財產之損害賠償；四、向公庫（包含國、市、縣庫）或指定之公益團體、地方自治團體支付一定之金額。惟須注意命被告履行前述第三款、第四款之事項時，須得被告之同意。法院命被告遵守或履行前述各款事項，應附記於裁定內。因上述第三、四款等情形，自訴人均得以法院之裁定為民事執行名義，因此，法院就各該應支付金額、支付方式及對象等，均應記載明確，以免執行時發生疑義。（刑訴法三二六）

一五七（判決或裁定應宣示之公告及通知）
判決或裁定應宣示者，於宣示之翌日應行公告，並將判決主文或裁定要旨通知當事人。（刑訴法二二五）

一五八（引用證據與卷載資料應相符）
判決書所引用之證據，應與卷載資料相符。例如被告對於犯罪構成要件之事實，並未自白，判決理由內即不得謂被告對於犯罪事實業經供認不諱。（參照最高法院二十九年上字第二七八二號判例）

一五九（判決書末之法律引用）
判決書據上論結部分，得僅引用應適用之程序法。（刑訴法三一〇）

一六〇（判決書正確繕寫法院組織）
合議審判法官為甲、乙、丙三人，在判決正本上，不得繕寫為甲、乙、丙、丁四人或甲、丙、丁三人或將甲、乙、丙三人中一人姓名繕寫錯誤，以免被認為法院之組織不合法，或有未經參與審理之法官參與判決情形。（刑訴法五二，參照最高法院二十一年上字第一九八八號判例）

一六一（職權上訴與當事人之通知）
宣告死刑之案件，應不待上訴依職權逕送上訴審法院，並通知當事人，視為被告提起上訴。（刑訴法三四四、三五〇）

一六二（上訴書狀之效力）
提起上訴案件，應注意其曾否向原審法院提出上訴書狀，如僅以言詞聲明不服，雖記載筆錄，亦不生上訴效力。第二審上訴書狀，應敘述「具體理由」，所稱具體理由，係指須就不服之判決為具體之指摘而言，如僅泛稱原判決認事用法不當或採證違法、判決不公等，均非具體理由。至於理由之具體與否係屬第二審法院審查範圍，不在第一審法院命補正之列，是上訴書狀如已敘述理由，無論其具體與否，即無待其補提理由書或命補正之問題。又被告就有罪之判決，為求自己利益而有所陳述者，雖書狀未揭明提起上訴字樣，如其內容係對於原判決有不服之表示，即應認為係提起上訴。具有完全行為能力之被告，雖不得由父母、兄弟、子姪以自己名義獨立上訴，但其上訴，如於書狀內述明確出於被告本人之意思，委任親屬代為撰狀上訴，亦不能謂其上訴為不合法。原審辯護人為被告之利益提起上訴，而未於上訴狀內表明以被告名義上訴字樣者，法院應先定期間命為補正，亦不得逕認其上訴為不合法。（刑訴法三四五、三五〇、三六一、三六七，參照最高法院二十一年抗字第一一二號、二十五年上字第二一〇號判例、司法院釋字第三〇六號解釋）

一六三（上訴或抗告程式之補正及原判決之撤銷或發回）
上訴或抗告，有不合法律上之程式而可補正者，應定期間先命補正，不得逕予駁回。其上訴雖無理由，但原判決不當或違法者，應予撤銷或發回。在被告上訴或為被告之利益而上訴之案件，除原判決適用法條不當而撤銷者外，不得僅因量刑失出而撤銷之。（刑訴法三六二、三六九、三七〇）

一六四（上訴期間之計算）
上訴期間之起算，以送達判決之日為準，期間之始日不得算入，期間之末日，如值例假日或其他休息日，亦不得算入。提起上訴之當事人，如不在原審法院所在居住，應將在途期間，扣除計算。原審送達判決程序如不合法，則上訴期間，無從進行，因之，當事人無論何時提起上訴，均不得謂為逾期。（刑訴法三四九、六五、六六、民法一二二，最高法院二十九年上字第二三四七號、五十九年台抗字第二三〇號判例）

一六五（上訴期間之計算）
上訴無論為被告或自訴人或檢察官提起者，除上訴書狀經監所長官轉提者外，均應以書狀提出於法院之日爲準，不得以作成日期爲準。苟其提出書狀之日，業已逾期，則作成書狀之日，雖在法定期間以內，亦不能生上訴效力。對於抗告書狀之提起，亦應爲同樣之注意。（刑訴法三五〇，參照最高法院二十三年上字第一九一九號判例）

一六六（捨棄及撤回上訴之方式）
捨棄上訴權及撤回上訴，除於審判期日，得以言詞爲之外，餘概應用書狀。其以言詞爲之者，應聽其自由表示，不得有強制、暗示、引逗等情事，遇有於審判期日前訊問時，以言詞撤回上訴者，應即諭知補具書狀。又被告捨棄上訴權及撤回上訴之效力，不影響其法定代理人或配偶獨立之上訴權。（刑訴法三五八，參照最高法院二十八年抗字第一五五號判例）

一六七（捨棄及撤回上訴之通知）
當事人提出上訴書狀之繕本，法院書記官應送達於他造當事人，俾知上訴之意旨；其捨棄上訴權或撤回上訴，祇應由書記官通知他造當事人，法院無須予以任何裁判。（刑訴法三五二、三六〇）

一六八（審判不可分原則）
實質上或裁判上一罪，僅撤回其一部上訴者，因其有關係之部分視爲亦已上訴，上訴審法院仍應就其全部加以審判。（刑訴法三四八，參照最高法院六十二年七月二十四日六十二年度第一次刑庭庭推總會決議）

一六九（審理範圍—覆審制）
第二審審判範圍，雖應僅就經上訴之部分加以調查，但並非如第三審以上訴理由所指摘之事項爲限。故凡第一審所得審理者，第二審均得審理之。例如上訴人對於事實點並未加以攻擊，而實際上第一審認定之事實不無可疑者，第二審自應本其職權，重加研鞫。其因上訴而審得結果，如應爲與第一審相異之判決時，其上訴即爲有理由，應爲與第一審相同之判決時，即爲無理由，不得單就當事人上訴理由所主張之事項，爲審理之範圍。（刑訴法三六六、三六九）

一七〇（準用第一審程序之原則及例外）
第二審之審判程序，以準用第一審審判程序爲原則，但須注意者，即在第一審程序，被告在審判期日不出庭者，除許用代理人案件外，原則上不許開庭審判，如在第二審程序，則被告經合法傳喚無正當理由不出庭者，仍得開庭審判，並得不待其陳述，逕行判決，惟仍聽取他造當事人之陳述，並調查必要之證據。蓋此項條文，專爲防訴訟延滯之弊而設，乃兩造審理主義之例外，而非言詞審理主義之例外，不可誤解爲不待被告陳述，即可逕用書面審理。（刑訴法三七一，參照最高法院二十二年上字第四五四號判例）

一七一（第一審判決書引用之限制）
第二審判決書引用第一審判決書所記載之事實及證據，須以第一審合法認定或採取並無疑誤者爲限，不得稍涉牽強。（刑訴法三七三）

一七二（第三審上訴理由之審核㈠）
第三審上訴書狀已否具體指明原判決違法，應注意審查，若泛稱認事用法均有未當，或原判決實難甘服等，應認爲上訴不附理由，以上訴不合法駁回之。（刑訴法第二七七、三八二）

一七三（第三審上訴理由之審核㈡）
第三審爲法律審，非以判決違背法令爲理由不得上訴，對於上訴理由，應嚴加審核。如原審判決確有違背法令之處，而發回更審者，尤應詳閱卷證，就應調查之事項詳予指示，避免爲多次之發回。若認爲有言詞辯論之必要，亦儘可能舉行言詞辯論，俾案件早歸確定。（刑訴法三八九）

一七四（第三審之裁判基礎）
第三審法院，應以第二審判決確定之事實爲判決基礎，不得另行認定事實。（刑訴法三九四）

一七五（第三審之自為判決）
刑事案件第三審法院認爲上訴有理由，且原審判決雖係違背法令，而不影響於事實之確定可據爲裁判者，應將原審判決經上訴之部分撤銷，自爲判決。（刑訴法三九八）

一七六（抗告之審查）
法院接受抗告書狀或原法院意見書後，應先審查抗告是否爲法律所許，抗告人是否有抗告權，抗告權已否喪失及抗告是否未逾期限。其抗告有無理由，並非取決於所指摘之事實，故因抗告而發現原裁定不當時，即爲有理由，反是則爲無理由，務須注意。（刑訴法四〇八）

一七六之一（準抗告之審理）
法院受理刑訴法第四百十六條第一項之案件，應由爲原處分之審判長、陪席法官、受命法官所屬合議庭以外之另一合議庭審理。

一七七（聲請再審之期間）
聲請再審，於判決確定後，爲受判決人之利益，隨時均得爲之，並無期間之限制，即於刑罰執行完畢後或已不受執行時，亦得爲之。但不得上訴第三審案件，因重要證據漏未審酌而聲請再審者，應於送達判決後二十日內爲之。又爲受判決人之不利益聲請再審，於判決確定後，經過刑法第八十條第一項期間二分之一者，不得爲之。且此項期間之進行，並無關於追訴權時效停止規定之適用。（刑訴法四二三、四二四、四二五）

一七七之一（聲請再審之程式）
聲請再審，應以再審書狀敘述理由，附具原判決之繕本及證據，提出於管轄法院爲之。所謂「原判決繕本」，乃指原確定判決之繕本而言，並非指該案歷審判決，聲請人向第二審法院聲請再審，附具第二審確定判決繕本即已足。縱該案提起第三審上訴，經第三審法院以上訴不合法而判決駁回確定，因該判決不具實體確定力，非該條所稱之原判決，自無庸附具該案之第一審及第三審判決繕本。（刑訴法四二九）

一七七之二（聲請再審不合法律上程式之處理）
聲請再審，其不合法律上之程式可以補正者，法院應定期間先命補正；逾期不補正者，應以裁定駁回之。再審書狀未附具原判決之繕本，且聲請人未釋明無法提出該繕本之正當理由者，亦同。
聲請人經釋明無法提出原判決之繕本，而有正當理由者，得同時請求法院調取之。（刑訴法四二九、四三三）

一七七之三（行使卷證資訊獲知權時之卷證調取）
聲請權人或其代理人於聲請再審前以聲請再審為理由，或於其聲請再審程序中，依刑訴法第四二九條之一第三項準用刑訴法第三三條向法院聲請獲知卷證資訊，而相關卷證置於指揮執行機關或其他機關者，法院宜審酌個案情形儘速調取之。（刑訴法三三、四二九之一）

一七七之四（通知到場及聽取意見）
聲請再審之案件，除顯無必要者外，應通知聲請人及其代理人到場，並聽取檢察官及受判決人之意見。但無正當理由不到場，或陳明不願到場者，不在此限。
前項本文所稱「顯無必要者」，係指聲請顯屬程序上不合法且無可補正或顯無理由而應逕予駁回，例如非聲請權人、逾法定期間、以撤回或駁回再審聲請之同一原因聲請再審等情形，或再審原因已明，顯有理由而應逕為開始再審之裁定。（刑訴法四二九之二）

一七七之五（裁定前之調查與自由證明）
聲請再審之案件，法院於裁定前調查事實或證據者，以自由證明為已足。（刑訴法二二二、四二九之三）

一七八（再審無理由之裁定駁回）
法院認為無再審理由，應以裁定駁回之，駁回後，不得更以同一原因聲請再審。稱同一原因，係指聲請再審之原因事實，已為實體上之裁判者而言，若僅以其聲請程序不合法，予以駁回者，自不包括在內。（刑訴法四三四，參照最高法院二十五年抗字第二九二號判例）

一七八之一（以無理由駁回再審聲請之抗告期間）
聲請人或受裁定人不服以無理由駁回再審聲請之裁定者，得於裁定送達後十日內抗告。但對於抗告法院所為裁定之再抗告期間，或對於刑訴法第四三三條裁定之抗告期間，均仍為五日。
前項規定，不影響刑訴法第四〇五條、第四一五條或其他特別規定之適用。
以無理由駁回再審聲請之抗告期間，於中華民國一〇八年十二月十日修正通過之刑訴法第四三四條施行時，依修正前之規定尚未屆滿者，適用修正後之規定，得於裁定送達後十日內抗告；已屆滿者，其抗告權因逾期而喪失，不適用修正後之規定。
經以無理由駁回再審聲請之裁定後，不得更以同一原因聲請再審。（刑訴法四〇六、四三四）

一七九（聲請參與沒收程序之審查）
刑訴法第四五五條之十二第一項所稱財產可能被沒收之第三人，係指被告以外之自然人、法人及非法人團體。未經起訴之共同正犯、教唆犯及幫助犯等，非刑事本案當事人，亦得以第三人地位聲請參與沒收程序。聲請參與沒收程序應以書狀記載其財產可能被判決沒收等參與沒收程序之理由與參與之意旨，向本案繫屬法院為之。（刑訴法四五五之十二）

一八〇（法院依職權命第三人參與沒收程序）
刑訴法第四五五條之十二第三項所稱「必要時」，須依現存卷證資料，綜合一切情狀而為判斷。例如：無沒收第三人財產之可能；沒收之第三人財產若為違禁物，其合法持有之可能性；第三人有無已陳明不提出異議而毋庸命參與程序之情形等，以為判斷有無必要之依據。（刑訴法四五五之十二）

一八一（檢察官通知及審理中聲請沒收第三人財產之處理）
審理中檢察官聲請沒收第三人財產時，法院應注意有無依職權命該第三人參與沒收程序之必要，有必要者，應即命參與，無必要者，應於所附隨之刑事本案終局判決中為必要之裁判、說明。（刑訴法四五五之十三）

一八二（免予沒收）
法院受理參與沒收程序之聲請，為避免造成被告本案程序延宕，應妥速審核，裁定前並應通知聲請人等，予其陳述意見之機會；通知書宜註記陳述意見得到庭或不到庭逕以書面為之。法院審核，如認不合法律上之程式（例如：書狀不合程式）而可補正者，應定期間先命補正；如已無從補正（例如：聲請人不適格）、或認法律上不應准許或無理由者，應予駁回。法院准許第三人參與程序之裁定，固不得抗告，但駁回聲請參與沒收程序之裁定，屬終局裁定，得依法抗告，自不待言。（刑訴法四五五之十四、四五五之十六）

一八三（參與沒收程序裁定之通知與記載事項）
法院關於免予沒收第三人財產之裁量，應妥適衡酌程序耗費與免予沒收之結果，是否符合規範目的；所考量之訴訟經濟因素，例如：訊問證人、鑑定或勘驗所需時間及費用，訴訟程序是否過於冗長、繁複，致與沒收第三人財產所欲達成之效果顯不相當等均屬之。檢察官或自訴代理人同意免予沒收之旨應記載於筆錄。另刑法第三八條之

二第二項之減免沒收，雖不以經檢察官或自訴代理人同意爲必要，惟法院仍宜於裁判中適當說明裁量之理由。（刑訴法四五五之十五）

一八四（程序轉換規定）

法院依聲請或依職權所爲准許或命第三人參與沒收程序之裁定，應記載第三人參與程序之理由、得爲缺席判決之法律效果及對沒收該第三人財產事項具重要性之已進行及擬進行之訴訟程序；併同審判期日通知、相關之訴訟資料送達該參與人，以利其進行訴訟上之防禦。（刑訴法四五五之十七、四五五之二十）

一八五（參與人之權利）

行簡易、協商程序案件，因第三人參與沒收程序而改行通常程序審判者，仍得裁定進行簡式審判程序。惟應注意保障參與人訴訟上權利之行使，不受本案因被告就被訴事實已爲有罪之陳述，調查證據之方式較爲簡化之影響。（四五五之十八）

一八六（參與人到庭）

參與人於所參與之沒收程序，因準用被告訴訟上權利之規定，就沒收其財產事項，享有與被告相同之訴訟上權利，例如：刑訴法第十八條、第十九條聲請迴避、第三三條第二項請求交付卷宗及證物之影本、第四四條之一更正審判筆錄、第六八條聲請回復原狀、緘默權、調查證據聲請權、詰問權等；並有本法總則編證據章規定之適用。惟參與人於法院調查被告本人之事項時，有作證之義務，此情形下，依刑訴法第四五五條之二八、第二八七條之二，應準用證人之規定，參與人自不得主張緘默權，此於法律適用上，請一併注意及之。（刑訴法四五五之十九、四五五之二八）

一八七（審判期日應向參與人告知事項）

沒收程序參與人得委任代理人到場，代理人應依本編規定代理參與人爲訴訟行爲。法院就沒收參與人財產事項，於參與人到庭陳述對其權利之維護係屬重要或爲發現眞實等必要情形，得傳喚參與人本人到庭，傳票上並應載明經合法傳喚無正當理由不到場者得命拘提之法律效果。（刑訴法四五五之二一）

一八八（參與人之詰問方式）

法院於審判期日對到場之參與人，應依刑訴法第四五五條之二二踐行告知義務；記載於參與沒收程序裁定之訴訟進行程度若有變動，尤應注意再行告知。上開告知義務之踐行，應記明筆錄。（刑訴法四五五之二二）

一八九（參與人參與沒收程序之證據調查）

沒收程序參與人就與沒收其財產有關之事項，所享有之詰問權，爲避免延滯被告本案訴訟程序，宜於當事人及其代理人、辯護人之詰問進行完畢後爲之，且不適用交互詰問規則。至於爲保障參與人反對詰問權之傳聞法則，則不在排除之列，故審判外之傳聞，縱對被告而言，已符合傳聞法則之例外規定而不受傳聞不得作爲證據之限制，或依法本即毋庸再予調查傳喚（例如：被告之本案部分經法院裁定行簡式審判程序）等情形，法院仍應依法提供參與人詰問證人之機會，自不待言，此於法律之適用時，亦請一併注意及之。（刑訴法四五五之二十三）

一九〇（參與人最終辯論權）

審判期日調查證據完畢後，參與人就沒收其財產之事項，應於檢察官、被告及辯護人就本案之事實、法律事項及科刑範圍辯論後，再由檢察官、被告、辯護人、參與人或其代理人依序進行辯論。已辯論者，得再爲辯論，審判長亦得命再行辯論。（刑訴法四五五之二四）

一九一（裁定准許參與後之撤銷）

關於沒收參與人財產之裁判，應以參與人爲對象，於判決主文對第三人諭知，且參與沒收程序係以參與人爲特定對象，針對特定財產爲範圍，進行審理，故判決結果無論該等財產應否沒收，均須逐一於主文內諭知，並於判決中說明認定所憑之證據與形成心證之理由。此與沒收被告財產之裁判，僅應諭知沒收之財產始需於判決主文中諭知，不予沒收部分僅於判決理由中說明即可之情形不同。法院就刑事本案與沒收之裁判，原則上固應同時爲之，但於法院裁定參與沒收程序後，本案部分如有被告因病不能到庭而停止審判等情形，致無法賡續進行者，法院自得就參與沒收部分先爲判決。（刑訴法四五五之二六）

一九二（沒收判決之諭知）

參與人爲關於沒收其財產裁判之受判決人，就其所受之沒收裁判，本得自行決定是否依刑訴法一般上訴之規定提起上訴。惟本案判決經合法上訴者，相關之沒收判決縱未經參與人上訴，因爲本案判決上訴效力所及，視爲亦已上訴，故此部分沒收裁判之參與人亦取得於上訴審參與人之地位，法院仍應對其踐行相關之法定程序。至參與人僅就本案判決提起上訴者，其上訴因欠缺上訴利益而不合法，自無上訴效力及於相關沒收判決可言。若當事人就本案判決未上訴，僅參與人就其所受沒收判決提起上訴，因上訴效力不及於本案判決，本案判決即已確定，法院應妥速檢卷送檢察官執行。（刑訴法四五五之二七）

一九三（上訴範圍及上訴爭點之限制）

刑訴法第一三三條及刑法第三八條之三，分別就保全扣押裁定及未確定之沒收裁判訂有禁止處分之效力規定，故法院於撤銷沒收確定裁判後，該沒收標的若經保全扣押或尚有其他未確定之沒收裁判存在，宜併採取適當之禁止措施；若未經保

全扣押，宜採取適當之保全措施，以落實上開規定禁止處分之效力。（刑訴法四五五之二九）

一九四（聲請撤銷沒收確定裁判）
撤銷沒收確定裁判程序，係對於沒收裁判前，因非可歸責於其本人之事由，未參與沒收程序之財產所有人，賦予其於判決確定後主張權利之機會，並非審查沒收裁判之妥當與否。撤銷沒收確定裁判後，應重新踐行合法之訴訟程序；聲請人於回復原訴訟程序後，當然參與沒收程序。（刑訴法四五五之三三）

一九五（撤銷沒收確定裁判效力）
檢察官聲請單獨宣告沒收，應就刑訴法第四五五之三五第二款至第四款所定沒收之前提要件提出證據；其中與沒收財產事項有關之刑事違法事實存在部分，並應負說服之責任。（刑訴法四五五之三五、四五五之三六）

一九六（單獨宣告沒收檢察官聲請書應記載事項）
有關參與沒收程序中，參與人享有之訴訟上權利及聲請撤銷沒收確定判決請求救濟之權利等規定，於單獨宣告沒收程序應予準用。（刑訴法四五五之三七）

一九七（提起附帶之民事訴訟之條件）
刑訴法第四八七條所謂因犯罪而受損害者，係指因刑事被告之犯罪行為而受有損害者而言。換言之，即受損害原因之事實，即係被告之犯罪事實。故附帶民事訴訟之是否成立，應注意其所受損害，是否因犯罪行為所生。至其損害之為直接間接，在所不問，不能因其非直接被害之人，即認其附帶民事訴訟為不合法，而不予受理。（刑訴法四八七）

一九八（附帶民事訴訟應注意事項㈠）
附帶民事訴訟當事人或代理人，得於刑事訴訟調查證據時到場陳述意見，除確係繁雜者外，附帶民事訴訟應與刑事訴訟同時判決，以期便捷。故在刑事訴訟中，有附帶民事訴訟時，應注意通知附帶民事訴訟當事人或代理人到場。其因確係繁雜而應移送民事庭之附帶民事訴訟，須以合議裁定之；如人數不足不能為合議者，則由院長裁定。（刑訴法四九九、五〇一、五〇四）

一九九（附帶民事訴訟應注意事項㈡）
刑事訴訟之第二審判決，不得上訴於第三審法院者，對於其附帶民事訴訟之第二審判決，仍得向第三審法院民事庭上訴，但應受民事訴訟法第四百六十六條之限制。（刑訴法五〇六）

法院辦理限制辯護人接見通信案件應行注意事項

中華民國 99 年 6 月 23 日司法院函訂定發布全文 19 點；並自 99 年 6 月 25 日生效

一

辯護人與被告能在不受干預下充分自由溝通，為辯護人協助被告行使防禦權之重要內涵，法院辦理限制辯護人與羈押之被告接見通信案件，自應依刑事訴訟法（以下簡稱本法）第三十四條第一項、第三十四條之一規定，確實審查是否具法定限制原因及符合比例原則，以保障被告之防禦權。

二

本法第三十四條第一項後段所謂「事證」，應有具體事實及證據。如僅係有湮滅、偽造、變造證據或勾串共犯或證人之虞，而無具體事實及證據者，即不得遽予限制。

三

本法第三十四條僅以辯護人對人身自由受拘束之被告或犯罪嫌疑人為規範對象，至於人身自由未受拘束之被告或犯罪嫌疑人，辯護人本得與之自由接見或互通書信，而無該條之適用。

四

本法第三十四條之一應用限制書之規定，於限制辯護人與羈押之被告接見或互通書信時，始有適用。至辯護人與偵查中受拘提或逮捕之被告或犯罪嫌疑人接見或互通書信，依本法第三十四條第二項規定，不得限制，自無本法第三十四條之一之適用。

五

限制辯護人與羈押之被告接見或互通書信，審判中由法院依職權核發限制書；偵查中僅檢察官得聲請該管法院核發或補發限制書。司法警察機關僅得透過檢察官聲請，不得逕向法院聲請。

六

法院受理聲請核發或補發限制書案件，應隨到隨分，並確實載明收案之年月日及時分。

七

法院核發或補發限制書前，認有必要時，得先聽取當事人或被聲請限制辯護人之意見。

八

法院核發或補發限制書之程序，因偵查中特重急迫性及隱密性，應立即處理且審查內容不得公開；又其目的僅在判斷有無限制辯護人與羈押之被告接見或互通書信之必要，尚非認定被告有無犯罪之實體審判程序，依本法第一百五十九條第二項規定，無須嚴格證明，僅以自由證明為已足。

九

檢察官依本法第三十四條之一第五項前段聲請限制，固無法院應於一定時間內審核之規定，惟因偵查具有時效性，法官仍宜儘速妥適辦理。同項但書法院應於受理後四十八小時內核復之規定，係法院辦理審查之最長時限，法官亦宜儘速妥適辦理。

十

法官對於檢察官聲請核發或補發限制書，認有必要時，得以電話、傳真或其他簡便方式，通知檢察官補正，並作成紀錄備查，或逕行核復。

十一

法官對於聲請核發或補發限制書案件，應審核聲請書有無就本法第 三十四條之一第二項第一款至第四款規定，為具體之記載，尤應注 意有無提出限制之具體理由及其所依據之事實，其僅抄錄法條規定 ，或為抽象、空泛之記載者，不得遽予准許。

十二

法院受理補發限制書案件，應注意是否符合本法第三十四條之一第 五項但書所稱之急迫情形，及檢察官是否於為必要之處分後二十四 小時內聲請。

十三

法院對於核發或補發限制書之聲請，得逕於聲請書上核復。書記官 應依法官准駁之批示，辦理後續事宜：㈠法官核准簽發者，應 即時製作限制書，由法官簽名。㈡法官駁回聲請者，應即時製作駁回通知書，另將聲請書影印，原本存查。㈢法官一部准許 、一部駁回者，得僅在限制書備註欄內記載「其餘聲請駁回」，毋 庸另為駁回之通知。

限制書及駁回通知書，應分別送達檢察官、看守所、辯護人及被告 ；駁回聲請者，聲請書影本，僅送達檢察官。

十四

法院核發或補發限制書，均應記載本法第三十四條之一第二項各款 所列事項。

十五

本法第三十四條之一第二項第一款「辯護人之姓

名」，係指接見或 互通書信權利受限制之辯護人，不及於未受限制之辯護人。被告有 數辯護人者，法院應具體審酌各辯護人是否有應予限制之原因及必 要，並將有限制原因及必要之辯護人姓名記載於限制書。被告有數 人時，亦同。

十六

本法第三十四條之一第二項第四款「具體之限制方法」，即係司法 院釋字第六五四號解釋理由書所謂之限制方式及期間。至應採何種 限制方法，偵查中應參酌檢察官於聲請書所記載具體之限制方法及 理由，惟非必依據檢察官之意見，法官宜審酌個案情形，爲適當且 具體明確之決定。另爲維持押所秩序之必要，於羈押之被告與其辯 護人接見時，如僅予以監看而不與聞，參酌同號解釋意旨，尙未侵 害其憲法保障之訴訟權，非屬本款之限制方法，毋庸經法院限制。

十七

本法第三十四條之一第二項第五款「如不服限制處分之救濟方法」 ，應視下列情形爲不同之記載：㈠如限制書係以法院裁定爲之 者，依本法第四百零四條第三款提起抗告救濟之；㈡如限制書係由審判長或受命法官所爲者，依本法第四百十六條第一項第三款 聲請所屬法院撤銷或變更之。

十八

本法對於偵查中檢察官聲請核發或補發限制書，並無次數之限制。 檢察官對於聲請經駁回，或限制書已因所定期間屆滿而失效者，如 認有應予限制之新事證，自得據以重新聲請，法院仍得予以審核， 不生一事不再理之問題

十九

法院受理依本法第四百十六條第一項第四款規定之聲請時，應具體 審核檢察官之指定，是否符合急迫情形且具有正當理由；其指定之 時間及場所是否合理、妥適；有無妨害被告或犯罪嫌疑人之正當防 禦及辯護人依本法第二百四十五條第二項前段規定之權利。

法院辦理聲請限制書案件作業流程表

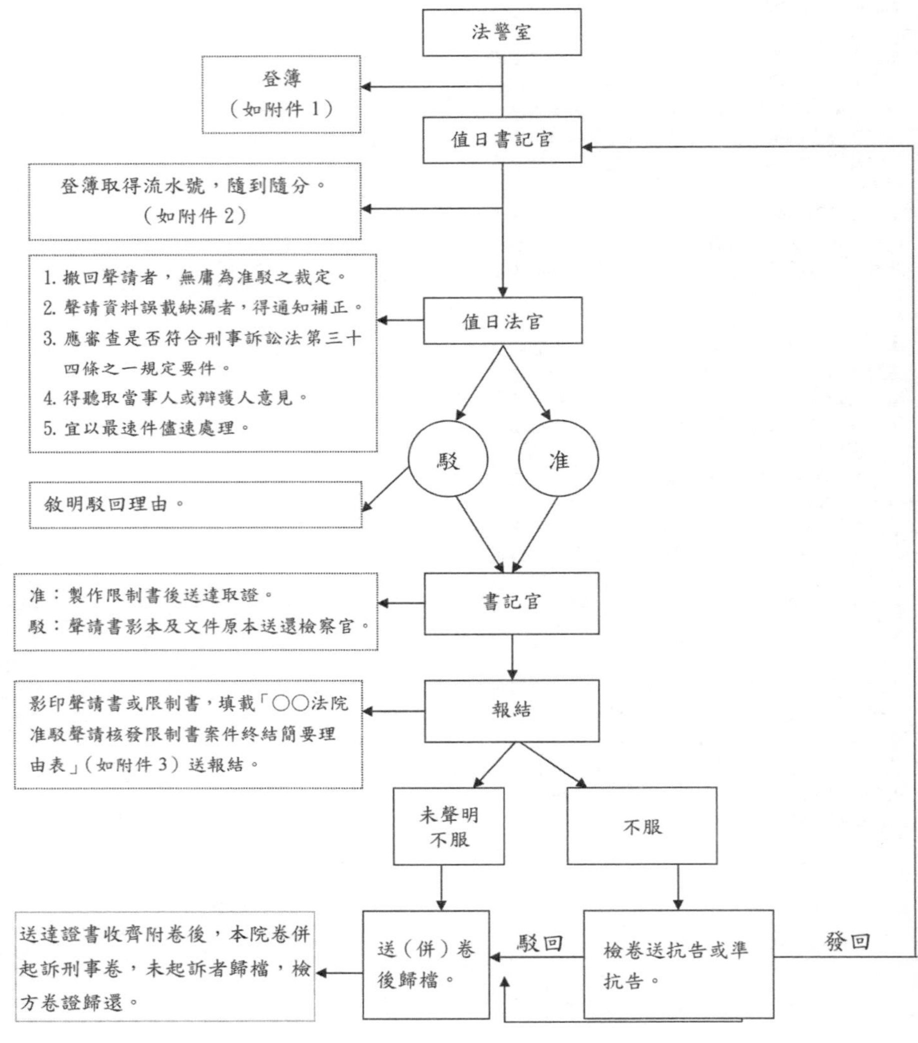

附件 1

○○法院受理聲請核（補）發限制書案件收案登記簿

聲請年月日時分	檢察官聲請案號	承辦股別	書記官收受				備註
			卷宗	文件證物	時間	簽章	
	○年○○字第　號				時分		

附件 2

○○法院臨時分案簿

收案月日時分	分案日期	聲請案號	聲請人	承辦股別	准、駁	移交人	限制書或駁回通知送達檢察官時間	備註

附件3

駁回聲請通知（送檢察官用）

檔號：

保存年限：

○○法院　通知

地　　址：

聯絡方式：

受文者：

發文日期：中華民國99年　月　日

發文字號：○○○○字第09900　　號

速別：

密等及解密條件：

附件：

主旨：貴署99年00年00月○○字第○○○○號聲請核（補）發限制書案件，業經本院駁回，特予通知。

說明：檢送法官批示之聲請書影本及檢還卷證、文件原本（均如附件）。

正本：○○法院檢察署○股檢察官

副本：

駁回通知（送看守所、辯護人及被告）

檔號：
保存年限：

○○法院　通知

地　　址：
聯絡方式：

受文者：

發文日期：中華民國 99 年　月　日
發文字號：○○○○字第 09900　　號
速別：
密等及解密條件：
附件：

主旨：○○法院檢察署 99 年 00 月 00 日 00 字第○○○○號聲請核（補）發限制書案件，業經本院認○○○○○○○○○○○○○（簡要理由）而予駁回，特此通知。

正本：○○看守所、辯護人○○○、被告○○○
副本：

附件 4

○○法院准駁聲請核發限制書案件終結簡要理由表

年度　　字第　　號　　股

勾選欄位	准駁	簡要理由	簽名或蓋章	備註
	駁回	不合法：＿＿＿＿＿＿＿＿。		
		無理由：＿＿＿＿＿＿＿＿。		
		其他：＿＿＿＿＿＿＿＿。		
	撤回			
	部分准駁	理由：＿＿＿＿＿＿＿＿。		
	准許	理由：有事證足認有□湮滅□偽造□變造證據或勾串□共犯□證人。		
	不服處分之救濟方法	(　)得於五日內以書狀敘述理由，向法院提出抗告。 (　)得於五日內以書狀敘述理由，向法院聲請撤銷或變更。		

（第一聯送檢察官）　股別

○○○○法院限制書

年○○字第　號

聲請人	（法官依職權核發者，聲請人欄勿庸填載）						
被告	姓名	○○○	性別		年齡		特徵
	身分證統一編號		住所或居所				
受限制之辯護人	姓名	1. ○○○ 2. ○○○ 3. ○○○					
刑案案號及案由							
限制之具體理由	有事證足認有□湮滅□偽造□變造證據或勾串□共犯□證人。						
限制依據之事實							
具體之限制期間及方法	限制期間	年　月　日起至　年　月　日止，逾期失效。					
	限制方式						
不服限制處分之救濟方法	（　）得於五日內以書狀敘述理由，向法院提出抗告。 （　）得於五日內以書狀敘述理由，向法院聲請撤銷或變更。						
備註	（　）其他聲請駁回。 （　）本件已由檢察官先為必要之處分。 （　）其他：						

法官：○○○

中　華　民　國　年　月　日

註：合議庭裁定由三名法官簽名或蓋章

（第二聯送看守所）　股別

○○○○法院限制書

年○○字第　號

聲請人	（法官依職權核發者，聲請人欄勿庸填載）							
被告	姓名	○○○	性別		年齡		特徵	
	身分證統一編號		住所或居所					
受限制之辯護人	姓名	1. ○○○ 2. ○○○ 3. ○○○						
刑案案號及案由								
限制之具體理由	有事證足認有□湮滅□偽造□變造證據或勾串□共犯□證人。							
限制依據之事實								
具體之限制期間及方法	限制期間	年　月　日起至　年　月　日止，逾期失效。						
	限制方式							
不服限制處分之救濟方法	（　）得於五日內以書狀敘述理由，向法院提出抗告。 （　）得於五日內以書狀敘述理由，向法院聲請撤銷或變更。							
備註	（　）其他聲請駁回。 （　）本件已由檢察官先為必要之處分。 （　）其他：							

法官：○○○

中　華　民　國　　年　　月　　日

註：合議庭裁定由三名法官簽名或蓋章

（第三聯送辯護人）　股別

○○○○法院限制書

年○○字第　號

<table>
<tr><td>聲請人</td><td colspan="7">（法官依職權核發者，聲請人欄勿庸填載）</td></tr>
<tr><td rowspan="2">被告</td><td>姓名</td><td>○○○</td><td>性別</td><td></td><td>年齡</td><td></td><td>特徵</td></tr>
<tr><td>身分證統一編號</td><td></td><td>住所或居所</td><td colspan="4"></td></tr>
<tr><td>受限制之辯護人</td><td>姓名</td><td colspan="6">1. ○○○
2. ○○○
3. ○○○</td></tr>
<tr><td>刑案案號及案由</td><td colspan="7"></td></tr>
<tr><td>限制之具體理由</td><td colspan="7">有事證足認有□湮滅□偽造□變造證據或勾串□共犯□證人。</td></tr>
<tr><td>限制依據之事實</td><td colspan="7"></td></tr>
<tr><td rowspan="2">具體之限制期間及方法</td><td>限制期間</td><td colspan="6">年　月　日起至　年　月　日止，逾期失效。</td></tr>
<tr><td>限制方式</td><td colspan="6"></td></tr>
<tr><td>不服限制處分之救濟方法</td><td colspan="7">（　）得於五日內以書狀敘述理由，向法院提出抗告。
（　）得於五日內以書狀敘述理由，向法院聲請撤銷或變更。</td></tr>
<tr><td>備註</td><td colspan="7">（　）其他聲請駁回。
（　）本件已由檢察官先為必要之處分。
（　）其他：</td></tr>
<tr><td colspan="8">法官：○○○
中　華　民　國　年　月　日</td></tr>
</table>

註：合議庭裁定由三名法官簽名或蓋章

（第四聯送被告）　　股別

○○○○法院限制書

年○○字第　　號

<table>
<tr><td>聲請人</td><td colspan="7">（法官依職權核發者，聲請人欄勿庸填載）</td></tr>
<tr><td rowspan="2">被告</td><td>姓名</td><td>○○○</td><td>性別</td><td></td><td>年齡</td><td></td><td>特徵</td></tr>
<tr><td>身分證統一編號</td><td></td><td>住所或居所</td><td colspan="4"></td></tr>
<tr><td>受限制之辯護人</td><td>姓名</td><td colspan="6">1. ○○○
2. ○○○
3. ○○○</td></tr>
<tr><td>刑案案號及案由</td><td colspan="7"></td></tr>
<tr><td>限制之具體理由</td><td colspan="7">有事證足認有□湮滅□偽造□變造證據或勾串□共犯□證人。</td></tr>
<tr><td>限制依據之事實</td><td colspan="7"></td></tr>
<tr><td rowspan="2">具體之限制期間及方法</td><td>限制期間</td><td colspan="6">年　月　日起至　年　月　日止，逾期失效。</td></tr>
<tr><td>限制方式</td><td colspan="6"></td></tr>
<tr><td>不服限制處分之救濟方法</td><td colspan="7">（　）得於五日內以書狀敘述理由，向法院提出抗告。
（　）得於五日內以書狀敘述理由，向法院聲請撤銷或變更。</td></tr>
<tr><td>備註</td><td colspan="7">（　）其他聲請駁回。
（　）本件已由檢察官先為必要之處分。
（　）其他：</td></tr>
</table>

法官：○○○

中　華　民　國　　年　　月　　日

註：合議庭裁定由三名法官簽名或蓋章

股別

○○○○法院限制書回證

年○○字第　　　號

<table>
<tr><td>聲　請　人</td><td colspan="7">（法官依職權核發者，聲請人欄勿庸填載）</td></tr>
<tr><td rowspan="2">被　告</td><td>姓　名</td><td>○○○</td><td>性別</td><td></td><td>年齡</td><td></td><td>特徵</td></tr>
<tr><td>身分證統一編號</td><td></td><td>住所或居所</td><td colspan="4"></td></tr>
<tr><td>受限制之辯護人</td><td>姓　名</td><td colspan="6">1. ○○○
2. ○○○
3. ○○○</td></tr>
<tr><td>刑案案號及案由</td><td colspan="7"></td></tr>
<tr><td>限制之具體理由</td><td colspan="7">有事證足認有□湮滅□偽造□變造證據或勾串□共犯□證人。</td></tr>
<tr><td>限制依據之事實</td><td colspan="7"></td></tr>
<tr><td rowspan="2">具體之限制期間及方式</td><td>限制期間</td><td colspan="6">年　月　日起至　年　月　日止，逾期失效。</td></tr>
<tr><td>限制方式</td><td colspan="6"></td></tr>
<tr><td>不服限制處分之救濟方法</td><td colspan="7">（　）得於五日內以書狀敘述理由，向法院提出抗告。
（　）得於五日內以書狀敘述理由，向法院聲請撤銷或變更。</td></tr>
<tr><td>備　註</td><td colspan="7">（　）其他聲請駁回。
（　）本件已由檢察官先為必要之處分。
（　）其他：</td></tr>
<tr><td colspan="8">上列限制書已於中華民國　　年　　月　　日經法警送達本所簽收無誤。

臺灣○○看守所　所長

中　華　民　國　　　年　　　月　　　日</td></tr>
</table>

法院辦理刑事訴訟協商程序案件應行注意事項

中華民國 93 年 4 月 9 日司法院函訂定發布全文 14 點；並自即日起實施

一（適用協商程序之要件及協商程序之開啟）

得適用協商程序之案件，以被告所犯爲死刑、無期徒刑、最輕本刑三年以上有期徒刑以外之罪，且非高等法院管轄之第一審案件，而法院爲協商判決所科之刑，係宣告緩刑、二年以下有期徒刑、拘役或罰金爲限。不論案件原係適用通常、簡式審判或簡易程序，凡經檢察官提起公訴或聲請簡易判決處刑者，於第一審言詞辯論終結前或簡易判決處刑前，檢察官得於徵詢被害人之意見後，逕行或依被告或其代理人、辯護人之請求，向法院聲請同意於審判外進行協商程序。至於檢察官聲請同意之方式，以書面或言詞爲之，均無不可；惟若以言詞聲請者，應限於開庭時，例如：移審羈押訊問、勘驗、準備程序或審判期日始得爲之，法院書記官應將聲請意旨記明筆錄。法院當庭爲同意與否之諭知者，應併予記載；若以書面聲請，不論同意與否，法院均應當庭諭知或函知檢察官。（刑訴法四五五之二第一項、四五五之四第二項）

二（協商程序之進行）

檢察官經法院同意進行協商程序後，應於三十日內就㈠被告願受科刑之範圍或願意接受緩刑之宣告，㈡被告向被害人道歉，㈢被告支付相當數額之賠償金，㈣被告向公庫或指定之公益團體、地方自治團體支付一定之金額等事項，於審判外與被告或其代理人、辯護人完成協商程序。所稱「願受科刑之範圍」包含主刑及從刑。

又爲維護被害人權益，檢察官就上開㈡、㈢事項與被告協商時，應徵得被害人之同意，始得爲之。另爲使被告能有足夠之能力或立於較平等之地位與檢察官進行協商，法院於知悉被告表示所願受科之刑逾有期徒刑六月，而未受緩刑宣告，且未選任辯護人時，法院應即依刑訴法第四五五條之五第一項指定公設辯護人或律師協助被告進行協商，以確保被告權益。（刑訴法四五五之二、四五五之五第一項）

三（聲請協商判決之方式）

當事人雙方於審判外進行協商，經達成合意且被告認罪者，由檢察官向法院聲請改依協商程序而爲判決。以言詞聲請者，應限於開庭時，例如：勘驗、準備程序或審判期日始得爲之，法院書記官應將聲請協商判決之旨及協商合意內容記明筆錄；以書面聲請者，應記載其聲請協商判決之旨及協商合意內容。協商之案件，被告表示所願受科之刑逾有期徒刑六月，且未受緩刑宣告者，並應檢附公設辯護人、指定或選任律師協助進行協商之證據，例如：檢察官製作之協商紀錄等；又協商合意之內容含有被告應向被害人道歉或支付相當數額之賠償金者，並應提出被害人同意之證據。（刑訴法四五五之二第一項）

四（聲請協商判決之調查）

爲確保協商程序之正當性，法院應於受理檢察官協商判決聲請後十日內訊問被告，並告以所認罪名、法定刑度及因適用協商程序所喪失之權利，例如：㈠由法院依通常程序公開審判之權利，㈡詰問證人及與其對質之權利，㈢保持緘默之權利，㈣法院如依協商合意而爲判決時，除有刑訴法四五五之四第一項第一款、第二款、第四款、第六款、第七款所定情形之一者外，不得上訴。法院確認被告係自願放棄前述權利後，始得作成協商判決。（刑訴法四五五之三第一項、四五五之十第一項）

五（查明聲請簡易判決處刑或協商判決）

對於適用簡易程序之案件，在審判中檢察官爲被告向法院求刑或請求爲緩刑之宣告時，法院應查明檢察官係依刑訴法第四五一條之一第三項聲請簡易判決處刑或依同法第四五五條之二第一項聲請協商判決，以爲適用法律之依據。（刑訴法四五一之一第三項、四五五之二第一項）

六（撤銷協商合意及撤回協商聲請）

被告撤銷協商之合意或檢察官撤回協商程序之聲請時，若合於刑訴法第四五五條之三第二項之規定者，不待法院准許，即當然發生撤銷或撤回之效果；如不合於刑訴法第四五五條之三第二項之規定者，應予駁回。上開撤銷或撤回得以言詞或書面爲之。（刑訴法四五五之三）

七（不得為協商判決之情形㈠）

刑訴法第四五五條之四第一項第三款所謂「合意顯有不當」，例如：被告雖已認罪，惟法院認應諭知無罪之情形。又第五款所謂「法院認定之事實顯與協商合意之事實不符者」，例如：檢察官以被告涉有刑法第三二〇條第一項竊盜罪嫌提起公訴後，檢察官與被告達成協商合意，被告承認檢察官起訴之竊盜罪，惟法院認被告應構成刑法

第三四九條第一項贓物罪之情形。（刑訴法四五五之四第一項第三款、第五款）

八（不得為協商判決之情形(二)）

檢察官起訴或聲請簡易判決處刑之案件，如被告係犯數罪，且有裁判上一罪關係，而被告僅就較輕之犯罪事實認罪者，因被告尚有其他較重之犯罪事實，依刑訴法第四五五條之四第一項第六款規定，法院即不得爲協商判決；如被告所犯數罪應分論併罰，雖有部分犯罪係屬第四款不得聲請協商判決者，法院仍得就其他部分犯罪爲協商判決，惟協商合意內容含「被告願受緩刑宣告」之情形，而嗣後應依刑法第七十五條第一項第二款撤銷緩刑宣告者，可認有刑訴法第四五五條之四第一項第三款「合意顯有不當」之事由，即不宜爲協商判決。（刑訴法四五五之四第一項第三款、第六款）

九（協商判決範圍）

爲明執行範圍，檢察官及被告如就刑訴法第四五五條之二第一項第二款至第四款所定事項達成合意，法院於作成協商判決時，應將上開事項附記於判決書或代替判決書之宣示判決筆錄。（刑訴法四五五之四第三項）

一〇（聲請協商判決之駁回）

法院駁回協商聲請之裁定，係關於訴訟程序之裁定，不得抗告。（刑訴法四五五之六）

一一（協商過程中陳述之證據能力）

法院未爲協商判決時，被告或其代理人、辯護人於協商過程中之陳述，在本案或其他案件中均不得採爲不利被告或其他共犯之證據。

至於法院作成協商判決時，被告或其代理人、辯護人於協商過程中之陳述是否得採爲其他被告或共犯之不利證據，應適用刑訴法其他規定解決。

惟在其他被告及共犯之審判中，法院應審酌此等陳述係在協商過程中取得，更應確保其他被告及共犯之對質詰問權得有效行使。（刑訴法四五五之七）

一二（協商判決書及宣示判決筆錄之製作）

協商判決書之製作，準用刑訴法第四五四條關於簡易判決書製作之規定。代替判決書之宣示判決筆錄應記載主文、足資認定既判力範圍之犯罪事實要旨及據以論罪處罰之條文。（刑訴法四五四、四五五之八、四五五之九）

一三（協商判決書及宣示判決筆錄之送達）

法院爲協商判決後，書記官應立即製作協商判決書正本或宣示判決筆錄正本或節本，送達於當事人、辯護人、代理人、告訴人、告發人；其內容若含有依刑訴法第四五五條之四第四項得爲民事強制執行名義者，並應送達於應受給付之被害人、公庫、公益團體或地方自治團體等。法院以宣示判決筆錄代替判決書者，如當事人聲請法院交付判決書，書記官應製作協商判決書正本送達。（刑訴法四五五、四五五之八、四五五之九）

一四（協商程序之證據調查及法院組織）

協商程序案件不適用刑訴法第一五九條第一項有關傳聞法則及同法第二八四條之一應行合議審判之規定。（刑訴法一五九第一項、二八四之一、四五五之十一）

法院辦理刑事訴訟簡易程序案件應行注意事項

1.中華民國 79 年 8 月 6 日司法院函訂定發布全文 16 項
2.中華民國 81 年 4 月 30 日司法院函修正發布第 6 項
3.中華民國 84 年 7 月 31 日司法院函修正發布第 3、9 項
4.中華民國 84 年 10 月 23 日司法院函修正發布
5.中華民國 87 年 4 月 2 日司法院發生函修正發布
6.中華民國 92 年 8 月 27 日司法院函修正發布第 2、8、10、15 點；並自 92 年 9 月 1 日起實施
7.中華民國 93 年 6 月 24 日司法院函修正發布第 11 點；並自 93 年 6 月 25 日生效
8.中華民國 98 年 8 月 28 日司法院函修正發布第 1 點；並自 98 年 9 月 1 日生效

一

得適用簡易程序之案件，以宣告緩刑、得易科罰金或得易服社會勞動之有期徒刑及拘役或罰金者爲限。第一審法院依被告在偵查中之自白或其他現存之證據，已足認定其犯罪者，得因檢察官之聲請，不經通常審判程序，逕以簡易判決處刑。但有必要時，應於處刑前訊問被告。所稱「必要時」，指對於檢察官聲請以簡易判決處刑之犯罪事實，或其他與犯罪或科刑有關之事實有加調查之必要者而言。（刑訴法四四九Ｉ、III）

二

刑訴法第四四九條第一項之案件，檢察官依通常程序起訴，經被告自白犯罪，不論該自白是否於法院訊問時所爲，如法院認爲宜以簡易判決處刑，即得不經通常審判程序，逕以簡易判決處刑。惟如被告於法院訊問時否認犯罪，並聲請調查證據者，自應詳予調查後，再判斷是否宜以簡易判決處刑。（刑訴法四四九II）

三

各地方法院或其分院，宜由簡易庭或設專股辦理簡易程序案件；其經上訴之案件，則由專股以外之刑事庭法官組成合議庭審理，並得視上訴案件數酌設專庭辦理。（刑訴法四四九之一）

四

少年刑事案件經檢察官聲請以簡易判決處刑者，應由少年法院（庭）適用簡易程序辦理。（參照少年事件處理法五、六七Ｉ）

五

簡易程序案件，被告自白犯罪者，得於偵查中或審判中表示願受科刑之範圍或願意接受緩刑之宣告；於偵查中，經檢察官同意記明筆錄，並以被告之表示爲基礎，向法院求刑或爲緩刑宣告之請求者，法院於裁判時，應先審查被告自白之文書資料或筆錄。

檢察官聲請簡易判決處刑時之求刑或爲緩刑宣告之請求，與被告之罪責不相當，或忽視、損害被害人權益等，即屬刑訴法第四五一條之一第四項但書第四款之情形，而有刑訴法第四五二條之適用。（刑訴法四五一之一Ｉ、III、四五二）

六

檢察官聲請以簡易判決處刑之案件，經法院認爲有刑訴法第四五一條之一第四項但書之情形者，應適用通常程序審判，並移由刑事庭審理。

檢察官以通常程序起訴之案件，經法院認宜依刑訴法第四四九條第二項逕以簡易判決處刑者，由原承辦股繼續審理。

前二種情形，應另分新案號，原案號報結，其由原承辦股繼續審理者，辦案期限應接續計算。（刑訴法四五二、四四九II）

七

適用簡易程序之案件，如免除其刑者，應諭知免刑之判決。以簡易判決處刑時，得併科沒收爲其他必要之處分。（刑訴三〇九Ｉ、四五〇、四五四Ｉ４）

八

裁判上一罪之案件，其一部分犯罪不能適用簡易程序者，全案應依通常程序辦理之。（刑訴法四五二）

九

適用簡易程序所提起之附帶民事訴訟，除確係繁雜者外，應與刑事訴訟同時判決。其爲實體判決者，應經當事人之辯論爲之。（刑訴法五〇五Ｉ、五〇一、五〇四Ｉ）

一〇

以簡易判決處刑案件，法院應立即處分。書記官接受簡易判決原本後，應立即製作正本送達於當事人、辯護人、代理人、告訴人、告發人。各項相關之行政作業並應密切配合，以求案件迅速終結。（刑訴法二二七Ｉ、三一四II、四五三、四五五）

一一

法官於簡易判決書之製作，得以簡略方式爲之，認定犯罪事實所憑之證據，得僅記載證據之名稱，無庸記載證據之具體內容；如認定之犯罪事實、證據及應適用法條與檢察官聲請簡易判決處刑書與起訴書之記載相同者，得引用之。（刑訴

法四五四）

一二

當事人依刑訴法第四五一條之一第一項或第三項規定表示願受科刑範圍（指被告）或爲求刑或爲緩刑宣告之請求（指檢察官）者，法院如於被告所表示範圍內科刑，或依檢察官之請求（求刑或請求宣告緩刑）爲判決者，各該當事人不得上訴，並應於判決書內載明之。（刑訴法四五五之一II）

一三

對於簡易程序案件之裁判上訴或抗告者，由地方法院合議庭管轄第二審。曾參與第一審裁判之法官，應依刑事訴訟法第十七條第八款規定迴避，不得於第二審合議庭執行職務。（刑訴法四五五之一Ⅰ、IV）

一四

對於簡易判決之上訴，準用刑訴法第三編第一章及第二章之規定。管轄第二審之地方法院合議庭受理簡易判決上訴案件，應依通常程序審理。其認案件有刑訴法第四五二條之情形者，應撤銷原判決，逕依通常程序爲第一審判決。（刑訴法四五五之一III、四五二、三六九）

一五

九十二年一月十四日修正通過之刑事訴訟法施行前，已繫屬於各級法院之簡易程序案件，其以後之訴訟程序，應依修正後之刑事訴訟法終結之。但施行前已依法定程序進行之訴訟程序，其效力不受影響。（刑訴施行法七之三）

偵查不公開作業辦法

1.中華民國 101 年 12 月 5 日司法院、行政院令會同訂定發布全文 11 條；並自發布日施行
2.中華民國 102 年 8 月 1 日司法院、行政院令會同修正發布第 8～10 條條文
3.中華民國 108 年 3 月 15 日司法院、行政院令會同修正發布全文 15 條；並自發布後三個月施行

第 1 條
本辦法依刑事訴訟法（以下簡稱本法）第二百四十五條第五項規定訂定之。

第 2 條
爲維護偵查程序之順利進行及眞實發現，與保障被告、犯罪嫌疑人、被害人或其他訴訟關係人之名譽、隱私、安全，並確保被告受公平審判之權利，以落實無罪推定原則，偵查不公開之。

第 3 條
I 本辦法所稱偵查程序，指偵查機關或偵查輔助機關因告訴、告發、自首或其他情事知有犯罪嫌疑開始偵查起至偵查終結止，對被告、犯罪嫌疑人、被害人或其他訴訟關係人所爲之偵查活動及計畫。
II 本辦法所稱偵查內容，指因偵查活動而蒐集、取得之被告、犯罪嫌疑人、被害人或其他訴訟關係人個人資料或相關之證據資料。

第 4 條
I 本辦法所稱公開，指一切足使不特定人或多數人得以見聞、知悉之行爲。
II 本辦法所稱揭露，指公開以外，揭示、提供或其他足使特定人或不特定人得以見聞、知悉之行爲。

第 5 條
I 應遵循偵查不公開原則之人員，指檢察官、檢察事務官、司法警察官、司法警察、辯護人、告訴代理人或其他於偵查程序依法執行職務之人員。
II 前項所稱其他於偵查程序依法執行職務之人員，指檢察官、檢察事務官、司法警察官、司法警察、辯護人及告訴代理人以外，依其法定職務於偵查程序爲訴訟行爲或從事輔助工作之人員。

第 6 條
檢察官、檢察事務官、司法警察官、司法警察得告知被告、犯罪嫌疑人、被害人或其他訴訟關係人關於偵查不公開之規定，並得曉示如公開或揭露偵查中所知悉程序或內容對案件之可能影響。

第 7 條
偵查不公開，包括偵查程序、內容及所得之心證均不公開。

第 8 條
I 案件在偵查中，有下列各款情形之一者，經審酌公共利益之維護或合法權益之保護，認有必要時，偵查機關或偵查輔助機關得適度公開或揭露偵查程序或偵查內容。但其他法律有不得公開或揭露資訊之特別規定者，從其規定：
一　對於國家安全、社會治安有重大影響、重大災難或其他社會矚目案件，有適度公開說明之必要。
二　越獄脫逃之人犯或通緝犯，經緝獲歸案。
三　影響社會大眾生命、身體、自由、財產之安全，有告知民眾注意防範之必要。
四　對於社會治安有重大影響之案件，依據查證，足認爲犯罪嫌疑人，而有告知民眾注意防範或有籲請民眾協助指認之必要。
五　對於社會治安有重大影響之案件，因被告或犯罪嫌疑人逃亡、藏匿或不詳，爲期早日查獲或防止再犯，籲請社會大眾協助提供偵查之線索及證物，或懸賞緝捕。
六　對於現時難以取得或調查之證據，爲被告、犯罪嫌疑人行使防禦權之必要，而請求社會大眾協助提供證據或資訊。
七　對於媒體查證、報導或網路社群傳述之內容與事實不符，影響被告、犯罪嫌疑人、被害人或其他訴訟關係人之名譽、隱私等重大權益或影響案件之偵查，認有澄清之必要。
II 前項第一款至第三款及第七款得適度公開或揭露之偵查程序及偵查內容，應經去識別化處理，且對於犯罪行爲不得作詳盡深刻之描述或加入個人評論。

第 9 條
I 前條得適度公開或揭露之案件，除法律另有規定外，下列事項不得公開或揭露之：
一　被告、少年或犯罪嫌疑人之具體供述及是否自首或自白。
二　有關尚未聲請或實施、應繼續實施之逮捕、羈押、搜索、扣押、限制出境、資金清查、通訊監察等偵查方法或計畫。
三　有關勘驗、現場模擬或鑑定之詳細時程及計畫。
四　有招致湮滅、僞造、變造證據之虞者。
五　被害人被挾持中尚未脫險，安全堪虞者。
六　偵查中之卷宗、筆錄、影音資料、照片、電磁紀錄或其他重要文件、物品。
七　被告或犯罪嫌疑人之犯罪前科資料。

八　被告、犯罪嫌疑人或訴訟關係人之性向、親屬關係、族群、交友狀況、宗教信仰或其他無關案情、公共利益等隱私事項。

九　有關被害人或其親屬之照片、姓名、其他足以識別其身分之資訊及有關其隱私或名譽之事項。

十　有關少年事件之資料、少年或兒童之照片、姓名、居住處所、就讀學校、家長、家屬姓名及其案件之內容，或其他足以識別其身分之資訊。

十一　檢舉人或證人之姓名、身分資料、居住處所、聯絡方式、其他足以識別其身分之資訊及其陳述之內容或所提出之證據。

II前項第六款之影音資料、照片或物品，有前條第一項第一款、第七款之情形，而有特別說明或澄清之必要者，於以書面敘明理由，經機關首長核准，以去識別化處理後，得適度公開之。但為維護重大公共利益之情形，得不以去識別化處理。

III被告或犯罪嫌疑人有前條第一項第四款至第六款之情形者，必要時得公開其聲音、面貌之圖畫、相片、影音、犯罪前科、犯罪情節或其他相類之資訊。

IV案件在偵查中，不得帶同媒體辦案，或不當使被告、犯罪嫌疑人受媒體拍攝、直接採訪或藉由監視器畫面拍攝；亦不得發表公開聲明指稱被告或犯罪嫌疑人有罪，或對審判結果作出預斷。

第 10 條

I 偵查機關及偵查輔助機關應指定新聞發言人。

II依第八條、前條第二項、第三項得公開之事項，應經各該機關首長、新聞發言人或依個案受指定人員審酌考量後，統一由發言人或受指定人員發布。

III偵查機關及偵查輔助機關除前項人員外，對偵查中之案件，不得公開、揭露或發布新聞。

IV偵查輔助機關對於已繫屬偵查機關之案件，偵查中有發布新聞之必要者，應事先徵詢偵查機關意見。

V各機關應設置適當處所作為媒體採訪地點，並應劃定採訪禁制區。

第 11 條

I 偵查機關及偵查輔助機關首長，應指定該機關有關人員三人至五人，組成偵查不公開檢討小組，由機關首長或其指定之人負責召集，就當季媒體報導該機關有關偵查案件等之新聞加以檢討。遇有重大事故，得隨時召集之；當季無新聞者得免召開。偵查不公開檢討小組會議，必要時得報請上級機關派員列席。

II上級機關首長應指定其有關人員三人至五人，組成偵查不公開督導小組，由上級機關首長為召集人，於發現所屬偵查機關或偵查輔助機關於偵查中有違反本辦法，認有必要時，應即予調查並採取有效防止措施。

III偵查不公開檢討小組對未遵守本辦法之人員，應報請機關首長，依各該應負之行政、懲戒或其他法律規定之責任，送交各權責機關依法官法、公務員懲戒法、公務人員考績法或其他法律規定處理。如涉及刑事犯罪者，應向偵查機關告發。

IV偵查機關及偵查輔助機關發現辯護人、告訴代理人或其他從事輔助工作之人員違反本辦法者，應送交權責機關依律師法或其他法律之規定處理。如涉及刑事犯罪者，應向偵查機關告發。

V第一項檢討報告及第三項查辦處分情形，偵查機關及各偵查輔助機關應定期公布。

第 12 條

偵查機關及各偵查輔助機關應定期舉辦教育訓練，加強對偵查不公開原則之認識及落實。

第 13 條

偵查機關及偵查輔助機關不得將偵查案件之媒體曝光度，做為績效考評之依據。

第 14 條

被告、犯罪嫌疑人、被害人或其他訴訟關係人為少年或兒童時，除法律另有規定外，準用本辦法之規定。

第 15 條

本辦法自發布後三個月施行。

法院組織法

1.中華民國21年10月28日國民政府制定公布全文91條；並自24年7月1日施行。
2.中華民國24年7月22日國民政府修正公布第33、37、38條條文
3.中華民國27年9月21日國民政府修正公布第55條條文
4.中華民國34年4月17日國民政府修正公布第33、35、48、51、54、91條條文
5.中華民國35年1月17日國民政府修正公布第16、19、34、36、45及50條條文
6.中華民國57年12月19日總統令修正公布第63條條文
7.中華民國58年4月10日總統令修正公布第34、35條條文
8.中華民國69年6月29日總統令修正公布第21、26、27、34、35、45、49至51、56、63、87條條文及第五章章名
9.中華民國78年12月22日總統令修正公布全文115條
10.中華民國88年2月3日總統令修正公布第11、12、33、34、49、51、73至75條條文；並增訂第66-1～66-4條條文
11.中華民國90年1月17日總統令修正公布第15、34、103及106條條文
12.中華民國90年5月23日總統令修正公布第66、79條條文
13.中華民國94年6月15日總統令修正公布第11、22、23、33、38、39、49、52、53、69、70、71、73～75條條文；並增訂第114-1條條文
14.中華民國95年2月3日總統令修正公布第12、62、66條條文；並增訂第59-1、63-1條條文
15.中華民國95年12月27日總統令修正公布第34條條文
16.中華民國96年7月11日總統令修正公布第11、16、17、37條條文；並增訂第17-1、17-2條條文
17.中華民國97年6月11日總統令修正公布第17-2條條文
18.中華民國99年11月24日總統令修正公布第34、66及83條條文
19.中華民國100年11月23日總統令修正公布第14、15、32、79條條文
20.中華民國103年1月29日總統令修正公布第17及37條條文
21.中華民國104年2月4日總統令修正公布第18、23、39、53、98、99條條文及第11條之附表
22.中華民國104年7月1日總統令修正公布第90、93、95條條文；並增訂第90-1～90-4條條文
23.中華民國105年6月22日總統令增訂公布第14-1條條文；並自106年1月1日施行。
24.中華民國105年12月7日總統令修正公布第63-1條條文；並自106年1月1日施行
25.中華民國106年6月14日總統令修正公布第66-2、66-4、67條條文
26.中華民國107年5月23日總統令修正公布第73條之附表；並增訂第114-2條條文
27.中華民國107年6月13日總統令修正公布第83條條文。
28.中華民國108年1月4日總統令修正公布第3、115條條文；增訂第51-1～51-11、57-1條條文；刪除第57條條文；並自公布後六個月施行

第一章　總　則

第1條（法院之審級）

本法所稱法院，分左列三級：
一　地方法院。
二　高等法院。
三　最高法院。

第2條（法院之權限）

法院審判民事、刑事及其他法律規定訴訟案件，並依法管轄非訟事件。

第3條（法院審判案件之獨任制與合議制）

Ⅰ地方法院審判案件，以法官一人獨任或三人合議行之。

Ⅱ高等法院審判案件，以法官三人合議行之。

Ⅲ最高法院審判案件，除法律另有規定外，以法官五人合議行之。

第4條（審判長）

Ⅰ合議審判，以庭長充審判長；無庭長或庭長有事故時，以庭員中資深者充之，資同以年長者充之。

Ⅱ獨任審判，即以該法官行審判長之職權。

第5條（不合法事務分配之效力）

Ⅰ法官審判訴訟案件，其事務分配及代理次序，雖有未合本法所定者，審判仍屬有效。

Ⅱ前項規定，於非訟事件之處理準用之。

第6條（分院準用本院之規定）

高等法院分院及地方法院分院審判訴訟案件及處理非訟事件，適用關於各該本院之規定。

第7條（法院之劃分與變更）

地方法院及其分院、高等法院及其分院管轄區域之劃分或變更，由司法院定之。

第二章　地方法院

第8條（地方法院之設置）

Ⅰ直轄市或縣（市）各設地方法院。但得視其地理環境及案件多寡，增設地方法院分院；或合設地方法院；或將其轄區之一部劃歸其他地方法院或其分院，不受行政區劃限制。

Ⅱ在特定地區，因業務需要，得設專業地方法院；其組織及管轄等事項，以法律定之。

第9條（地方法院之管轄事件）

地方法院管轄事件如下：
一　民事、刑事第一審訴訟案件。但法律別有規定者，不在此限。
二　其他法律規定之訴訟案件。
三　法律規定之非訟事件。

第10條（簡易庭）
地方法院得設簡易庭，其管轄事件依法律之規定。
第11條（地方法院之類別及員額）
I 地方法院或其分院之類別及員額，依附表之規定。
II 各地方法院或其分院應適用之類別及其變更，由司法院定之。
第12條（地方法院法官職等及法官助理之設置）
I 地方法院置法官，薦任第八職等至第九職等或簡任第十職等至第十一職等；試署法官，薦任第七職等至第九職等；候補法官，薦任第六職等至第八職等。
II 實任法官繼續服務十年以上，成績優良，經審查合格者，得晉敘至簡任第十二職等至第十三職等；繼續服務十五年以上，成績優良，經審查合格者，得晉敘至簡任第十二職等至第十四職等。
III 前項簡任第十四職等法官員額，不得逾地方法院實任法官總額三分之一。
IV 第二項晉敘法官之資格、審查委員會之組成、審查程序及限制不得申請晉敘情形等事項之審查辦法，由司法院定之。
V 司法院因應地方法院業務需要，得調候補法官至地方法院辦事，承法官之命，辦理訴訟案件程序及實體之審查、法律問題之分析、資料之蒐集、裁判書之草擬等事務。
VI 地方法院於必要時，得置法官助理，依聘用人員聘用條例聘用各種專業人員充任之；承法官之命，辦理訴訟案件程序之審查、法律問題之分析、資料之蒐集等事務。
VII 候補法官調地方法院辦事期間，計入其候補法官年資。
VIII 具律師執業資格者，經聘用充任法官助理期間，計入其律師執業年資。
IX 法官助理之遴聘、訓練、業務、管理及考核等相關事項，由司法院以命令定之。
第13條（院長）
地方法院置院長一人，由法官兼任，簡任第十職等至第十二職等，綜理全院行政事務。但直轄市地方法院兼任院長之法官，簡任第十一職等至第十三職等。
第14條（民庭、刑庭及行政訴訟庭之設置）
地方法院分設民事庭、刑事庭、行政訴訟庭，其庭數視事務之繁簡定之；必要時得設專業法庭。
第14條之1（刑事強制處分庭之設置）
I 地方法院與高等法院分設刑事強制處分庭，辦理偵查中強制處分聲請案件之審核。但司法院得視法院員額及事務繁簡，指定不設刑事強制處分庭之法院。
II 承辦前項案件之法官，不得辦理同一案件之審判事務。
III 前二項之規定，自中華民國一百零六年一月一日施行。
第15條（庭長）
I 民事庭、刑事庭、行政訴訟庭、專業法庭及簡易庭之庭長，除由兼任院長之法官兼任者外，餘由其他法官兼任，簡任第十職等至第十一職等或薦任第九職等，監督各該庭事務。
II 曾任高等法院或其分院法官二年以上，調地方法院或其分院兼任院長或庭長之法官、法官者，得晉敘至簡任第十二職等至第十四職等。
第16條（民事執行處）
地方法院設民事執行處，由法官或司法事務官辦理其事務；其法官在二人以上者，由一人兼任庭長，簡任第十職等至第十一職等或薦任第九職等，監督該處事務。
第17條（公設辯護人室）
I 地方法院設公設辯護人室，置公設辯護人，薦任第七職等至第九職等或簡任第十職等至第十一職等；其公設辯護人在二人以上者，置主任公設辯護人，薦任第九職等或簡任第十職等至第十二職等。
II 實任公設辯護人服務滿十五年以上，成績優良，經審查合格者，得晉敘至簡任第十二職等。
III 曾任高等法院或其分院、智慧財產法院公設辯護人四年以上，調地方法院或其分院之公設辯護人，成績優良，經審查合格者，得晉敘至簡任第十二職等。
IV 曾任高等法院或其分院、智慧財產法院公設辯護人之服務年資，合併計算。
V 第二項、第三項之審查辦法，由司法院定之。
VI 具律師資格者於擔任公設辯護人期間，計入其律師執業期間。
第17條之1（司法事務官室）
I 地方法院設司法事務官室，置司法事務官，薦任第七職等至第九職等；司法事務官在二人以上者，置主任司法事務官，薦任第九職等至簡任第十職等。
II 具律師執業資格者，擔任司法事務官期間，計入其律師執業年資。
第17條之2（司法事務官辦理事務）
I 司法事務官辦理下列事務：
一　返還擔保金事件、調解程序事件、督促程序事件、保全程序事件、公示催告程序裁定事件、確定訴訟費用額事件。
二　拘提、管收以外之強制執行事件。
三　非訟事件法及其他法律所定之非訟事件。
四　其他法律所定之事務。
II 司法事務官得承法官之命，彙整起訴及答辯要旨，分析卷證資料，整理事實及法律疑義，並製作報告書。

III司法事務官辦理第一項各款事件之範圍及日期，由司法院定之。

第 18 條（調查保護室人員及職等之設置）

I 地方法院設調查保護室，置少年調查官、少年保護官、家事調查官、心理測驗員、心理輔導員及佐理員。少年調查官、少年保護官及家事調查官合計二人以上者，置主任調查保護官一人；合計六人以上者，得分組辦事，組長由少年調查官、少年保護官或家事調查官兼任，不另列等。

II 少年調查官、少年保護官及家事調查官，薦任第七職等至第九職等；主任調查保護官，薦任第九職等至簡任第十職等；心理測驗員及心理輔導員，薦任第六職等至第八職等；佐理員，委任第四職等至第五職等，其中二分之一得列薦任第六職等。

第 19 條（公證處）

地方法院設公證處，置公證人及佐理員；公證人在二人以上者，置主任公證人。公證人，薦任第七職等至第九職等；主任公證人，薦任第九職等或簡任第十職等；佐理員，委任第三職等至第五職等。

第 20 條（提存所）

I 地方法院設提存所，置主任及佐理員。主任，薦任第九職等或簡任第十職等；佐理員，委任第三職等至第五職等或薦任第六職等至第八職等。

II 前項薦任佐理員員額，不得逾同一法院佐理員總額二分之一。

第 21 條（登記處）

I 地方法院設登記處，置主任及佐理員。主任，薦任第九職等或簡任第十職等；佐理員，委任第三職等至第五職等或薦任第六職等至第八職等。

II 前項薦任佐理員員額，不得逾同一法院佐理員總額二分之一。

第 22 條（書記處）

I 地方法院設書記處，置書記官長一人，薦任第九職等至簡任第十職等，承院長之命處理行政事務；一等書記官，薦任第八職等至第九職等；二等書記官，薦任第六職等至第七職等；三等書記官，委任第四職等至第五職等，分掌紀錄、文書、研究考核、總務、資料及訴訟輔導等事務，並得分科、分股辦事，科長由一等書記官兼任，股長由一等書記官或二等書記官兼任，均不另列等。

II 前項一等書記官、二等書記官總額，不得逾同一法院一等書記官、二等書記官、三等書記官總額二分之一。

第 23 條（地方法院通譯、技士、執達員及法警等人員職等之設置）

I 地方法院置一等通譯，薦任第七職等至第八職等；二等通譯，薦任第六職等至第七職等；三等通譯，委任第四職等至第五職等；技士，委任第五職等或薦任第六職等至第七職等；執達員，委任第三職等至第五職等；錄事、庭務員，均委任第一職等至第三職等。

II 前項一等通譯、二等通譯總額，不得逾同一法院一等通譯、二等通譯、三等通譯總額二分之一。

III 地方法院爲辦理值庭、執行、警衛、解送人犯及有關司法警察事務，置法警；法警長，委任第五職等或薦任第六職等至第七職等；副法警長，委任第四職等至第五職等或薦任第六職等；法警，委任第三職等至第五職等；其管理辦法，由司法院會同行政院定之。

IV 地方法院因傳譯需要，應逐案約聘原住民族或其他各種語言之特約通譯；其約聘辦法，由司法院定之。

第 24 條（人事編制）

I 地方法院設人事室，置主任一人，薦任第八職等至第九職等，副主任一人，薦任第七職等至第九職等；必要時得依法置佐理人員，依法律規定辦理人事管理、人事查核等事項。

II 直轄市地方法院人事室，必要時得分股辦事，由佐理人員兼任之，不另列等。事務較簡之地方法院，得僅置人事管理員，委任第五職等至薦任第七職等。

第 25 條（會計編制）

I 地方法院設會計室、統計室，各置主任一人，均薦任第八職等至第九職等，必要時得依法各置佐理人員，依法律規定分別辦理歲計、會計、統計等事項。

II 直轄市地方法院會計室、統計室，必要時得分股辦事，均由佐理人員兼任，不另列等。事務較簡之地方法院，得僅置會計員、統計員，均委任第五職等至薦任第七職等。

第 26 條（資訊編制）

地方法院設資訊室，置主任一人，薦任第七職等至第九職等，承院長之命處理資訊室之行政事項；資訊管理師，薦任第六職等至第七職等，操作員，委任第三職等至第五職等；必要時得置設計師，薦任第六職等至等八職等，以處理資訊事項。

第 27 條（分院之編制）

地方法院分院設置院長一人，由法官兼任，簡任第十職等至第十二職等，綜理該分院行政事務。

第 28 條（院長之權限）

地方法院院長，得派本院法官兼行分院法官之職務。

第 29 條（分院之管轄）

地方法院分院管轄事件，與地方法院同。

第 30 條（分院之準用）

第十一條至第二十六條規定，於地方法院分院準用之。

第三章　高等法院

第 31 條（高等法院之設置）
省、直轄市或特別區域各設高等法院。但得視其地理環境及案件多寡，增設高等法院分院；或合設高等法院；或將其轄區之一部劃歸其他高等法院或其分院，不受行政區劃之限制。

第 32 條（高等法院之管轄事件）
高等法院管轄事件如下：
一　關於內亂、外患及妨害國交之刑事第一審訴訟案件。
二　不服地方法院及其分院第一審判決而上訴之民事、刑事訴訟案件。但法律另有規定者，從其規定。
三　不服地方法院及其分院裁定而抗告之案件。但法律另有規定者，從其規定。
四　其他法律規定之訴訟案件。

第 33 條（高等法院之類別及員額）
Ⅰ高等法院或其分院之類別及員額，依附表之規定。
Ⅱ高等法院或其分院應適用之類別及其變更，由司法院定之。

第 34 條（高院法官職等及法官助理）
Ⅰ高等法院置法官，簡任第十職等至第十一職等或薦任第九職等；試署法官，薦任第七職等至第九職等。
Ⅱ高等法院法官繼續服務二年以上，得晉敘至簡任第十二職等至第十四職等；依第十二條第二項規定晉敘有案者，得敘至簡任第十二職等至第十三職等或簡任第十二職等至第十四職等。
Ⅲ司法院因應高等法院業務需要，得調地方法院或其分院試署法官或候補法官至高等法院辦事，承法官之命，辦理訴訟案件程序及實體之審查、法律問題之分析、資料之蒐集、裁判書之草擬等事務。
Ⅳ高等法院於必要時得置法官助理，依聘用人員聘用條例聘用各種專業人員充任之，承法官之命，辦理訴訟案件程序之審查、法律問題之分析、資料之蒐集等事務。
Ⅴ試署法官或候補法官調高等法院辦事期間，計入其試署法官或候補法官年資。
Ⅵ具律師執業資格者，經聘用充任法官助理期間，計入其律師執業年資。
Ⅶ第十二條第九項規定，於高等法院準用之。

第 35 條（院長）
高等法院置院長一人，由法官兼任，簡任第十三職等至第十四職等，綜理全院行政事務。

第 36 條（民庭、刑庭之設置）
高等法院分設民事庭、刑事庭，其庭數視事務之繁簡定之；必要時得設專業法庭。各庭庭長，除由兼任院長之法官兼任者外，餘由其他法官兼任，簡任第十一職等至第十三職等，監督各該庭事務。

第 37 條（公設辯護人室）
Ⅰ高等法院設公設辯護人室，置公設辯護人，簡任第十職等至第十一職等或薦任第九職等；其公設辯護人在二人以上者，置主任公設辯護人，簡任第十職等至第十二職等。
Ⅱ前項公設辯護人繼續服務四年以上，成績優良，經審查合格者，得晉敘至簡任第十二職等；已依第十七條第二項、第三項、少年及家事法院組織法第十一條第二項、第三項規定晉敘有案者，得敘至簡任第十二職等。
Ⅲ前項公設辯護人之服務年資與曾任高等法院分院、智慧財產法院公設辯護人之服務年資，合併計算。
Ⅳ第二項之審查辦法，由司法院定之。

第 38 條（書記處）
Ⅰ高等法院設書記處，置書記官長一人，薦任第九職等至簡任第十一職等，承院長之命處理行政事務；一等書記官，薦任第八職等至第九職等；二等書記官，薦任第六職等至第七職等；三等書記官，委任第四職等至第五職等，分掌紀錄、文書、研究考核、總務、資料及訴訟輔導事務，並得分科、分股辦事，科長由一等書記官兼任；股長由一等書記官或二等書記官兼任，均不另列等。
Ⅱ前項一等書記官、二等書記官總額，不得逾同一法院一等書記官、二等書記官、三等書記官總額二分之一。

第 39 條（高等法院通譯、技士及執達員等人員職等之設置）
Ⅰ高等法院置一等通譯，薦任第八職等至第九職等；二等通譯，薦任第六職等至第七職等；三等通譯，委任第四職等至第五職等；技士，委任第五職等或薦任第六職等至第七職等；執達員，委任第三職等至第五職等；錄事、庭務員，均委任第一職等至第三職等。
Ⅱ前項一等通譯、二等通譯總額，不得逾同一法院一等通譯、二等通譯、三等通譯總額二分之一。
Ⅲ第二十三條第三項、第四項規定，於高等法院或其分院準用之。

第 40 條（人事室）
高等法院設人事室，置主任一人，簡任第十職等，副主任一人，薦任第九職等或簡任第十職等；科員，委任第四職等至第五職等或薦任第六職等至第七職等，其中薦任科員不得逾同一法院科員總額三分之一，依法律規定辦理人事管理、人事查核等事項，並得分科辦事；科長，薦任第九職等。

第 41 條（會計室、統計室）
高等法院設會計室、統計室，各置主任一人，均簡任第十職等；必要時得依法各置佐理人員，依法律規定分別辦理歲計、會計、統計等事項，並得分科辦事；科長，薦任第九職等。

第 42 條（資訊室）

高等法院設資訊室，置主任一人，簡任第十職等，承院長之命處理資訊室之行政事項；資訊管理師，薦任第六職等至第七職等，操作員，委任第三職等至第五職等；必要時得置科長、設計師，科長，薦任第九職等，設計師，薦任第六職等至第八職等，處理資訊事項。

第 43 條（分院院長）

高等法院分院置院長一人，由法官兼任，簡任第十二職等至第十四職等，綜理該分院行政事務。

第 44 條（院長之權限）

高等法院院長得派本院法官兼行分院法官職務。

第 45 條（分院之管轄）

高等法院分院管轄事件，與高等法院同。

第 46 條（分院之準用）

第三十四條至第四十二條之規定，於高等法院分院準用之。

第四章　最高法院

第 47 條（最高法院之設置）

最高法院設於中央政府所在地。

第 48 條（最高法院之管轄事件）

最高法院管轄案件如左：

一　不服高等法院及其分院第一審判決而上訴之刑事訴訟案件。

二　不服高等法院及其分院第二審判決而上訴之民事、刑事訴訟案件。

三　不服高等法院及其分院裁定而抗告之案件。

四　非常上訴案件。

五　其他法律規定之訴訟案件。

第 49 條（最高法院員額）

最高法院員額，依附表之規定。

第 50 條（院長）

最高法院置院長一人，特任，綜理全院行政事務，並任法官。

第 51 條（最高法院法官職等及法官助理之設置）

Ⅰ最高法院置法官，簡任第十三職等至第十四職等；分設民事庭、刑事庭，其庭數視事務之繁簡定之；各庭置庭長一人，除由院長兼任者外，餘由法官兼任，簡任第十四職等，監督各該庭事務。

Ⅱ司法院得調高等法院以下各級法院及其分院法官或候補法官至最高法院辦事，承法官之命，辦理訴訟案件程序及實體之審查、法律問題之分析、資料之蒐集、裁判書之草擬等事務。

Ⅲ最高法院於必要時得置法官助理，依聘用人員聘用條例聘用各種專業人員充任之；承法官之命，辦理訴訟案件程序之審查、法律問題之分析、資料之蒐集等事務。

Ⅳ法官或候補法官調最高法院辦事期間，計入其法官或候補法官年資。

Ⅴ具律師執業資格者經聘用充任法官助理期間，計入其律師執業年資。

第 51 條之 1（大法庭制度）

最高法院之民事庭、刑事庭為數庭者，應設民事大法庭、刑事大法庭，裁判法律爭議。

第 51 條之 2（歧異提案及徵詢程序）

Ⅰ最高法院民事庭、刑事庭各庭審理案件，經評議後認採為裁判基礎之法律見解，與先前裁判之法律見解歧異者，應以裁定敘明理由，依下列方式處理：

一　民事庭提案予民事大法庭裁判。

二　刑事庭提案予刑事大法庭裁判。

Ⅱ最高法院民事庭、刑事庭各庭為前項裁定前，應先以徵詢書徵詢其他各庭之意見。受徵詢庭應於三十日內以回復書回復之，逾期未回復，視為主張維持先前裁判之法律見解。經任一受徵詢庭主張維持先前裁判之法律見解時，始得為前項裁定。

第 51 條之 3（原則重要性法律見解之提案）

最高法院民事庭、刑事庭各庭審理案件，經評議後認採為裁判基礎之法律見解具有原則重要性，得以裁定敘明理由，提案予民事大法庭、刑事大法庭裁判。

第 51 條之 4（當事人提案聲請）

Ⅰ最高法院民事庭、刑事庭各庭審理案件期間，當事人認為足以影響裁判結果之法律見解，民事庭、刑事庭先前裁判之見解已產生歧異，或具有原則重要性，得以書狀表明下列各款事項，向受理案件之民事庭、刑事庭聲請以裁定提案予民事大法庭、刑事大法庭裁判：

一　所涉及之法令。

二　法律見解歧異之裁判，或法律見解具有原則重要性之具體內容。

三　該歧異見解或具有原則重要性見解對於裁判結果之影響。

四　聲請人所持法律見解。

Ⅱ前項聲請，檢察官以外之當事人應委任律師為代理人或辯護人為之。但民事事件之聲請人釋明有民事訴訟法第四百六十六條之一第一項但書、第二項情形，不在此限。

Ⅲ最高法院民事庭、刑事庭各庭受理第一項之聲請，認為聲請不合法律上之程式或法律上不應准許，應以裁定駁回之。

第 51 條之 5（提案庭得撤銷提案）

提案庭於大法庭言詞辯論終結前，因涉及之法律爭議已無提案之必要，得以裁定敘明理由，撤銷提案。

第 51 條之 6（大法庭之組織）

I 民事大法庭、刑事大法庭裁判法律爭議，各以法官十一人合議行之，並分別由最高法院院長及其指定之庭長，擔任民事大法庭或刑事大法庭之審判長。

II 民事大法庭、刑事大法庭之庭員，由提案庭指定庭員一人及票選之民事庭、刑事庭法官九人擔任。

III 前項由票選產生之大法庭庭員，每庭至少應有一人，且兼任庭長者不得逾總人數二分之一。

第 51 條之 7（大法庭成員產生程序）

I 前條第一項由院長指定之大法庭審判長、第二項之票選大法庭庭員任期均為二年。票選庭員之人選、遞補人選，由法官會議以無記名投票，分別自民事庭、刑事庭全體法官中依得票數較高，且符合前條第三項規定之方式選舉產生。遞補人選之任期至原任期屆滿為止。

II 院長或其指定之大法庭審判長出缺或有事故不能擔任審判長時，由前項遞補人選遞補之，並以大法庭庭員中資深庭長充審判長，無庭長者，以其他資深庭員充之，資同以年長者充之。票選之大法庭庭員出缺或有事故，不能擔任民事大法庭、刑事大法庭庭員時，由前項遞補人選遞補之。

III 前條第二項提案庭指定之庭員出缺、有事故不能擔任民事大法庭、刑事大法庭庭員時，由提案庭另行指定庭員出任。

IV 民事大法庭、刑事大法庭審理中之法律爭議，遇民事大法庭、刑事大法庭庭員因改選而更易時，仍由原審理該法律爭議之民事大法庭、刑事大法庭繼續審理至終結止；其庭員出缺或有事故不能擔任民事大法庭、刑事大法庭庭員時，亦按該法律爭議提交民事大法庭、刑事大法庭時之預定遞補人選遞補之。

第 51 條之 8（大法庭程序）

I 民事大法庭、刑事大法庭裁判法律爭議，應行言詞辯論。

II 前項辯論，檢察官以外之當事人應委任律師為代理人或辯護人為之。於民事事件委任訴訟代理人，準用民事訴訟法第四百七十四條第三項之規定；於刑事案件被告未選任辯護人者，審判長應指定公設辯護人或律師為被告行言詞辯論。

III 第一項之辯論期日，民事事件被上訴人未委任訴訟代理人或當事人一造之訴訟代理人未到場者，由他造之訴訟代理人陳述後為裁定；兩造之訴訟代理人均未到場者，得不行辯論。刑事案件被告之辯護人、自訴代理人中一造或兩造未到場者，亦同。

IV 民事大法庭、刑事大法庭認有必要時，得依職權或依當事人、其代理人或辯護人之聲請，就專業法律問題選任專家學者，以書面或於言詞辯論時到場陳述其法律上意見。

V 前項陳述意見之人，應揭露下列資訊，並準用民事訴訟法或刑事訴訟法關於鑑定人之規定：

一　相關專業意見或資料之準備或提出，是否與當事人、關係人或其代理人或辯護人有分工或合作關係。

二　相關專業意見或資料之準備或提出，是否受當事人、關係人或其代理人或辯護人之金錢報酬或資助及其金額或價值。

三　其他提供金錢報酬或資助者之身分及其金額或價值。

第 51 條之 9（大法庭裁定及不同意見書）

I 民事大法庭、刑事大法庭裁判法律爭議，應以裁定記載主文與理由行之，並自辯論終結之日起三十日內宣示。

II 法官於評議時所持法律上之意見與多數意見不同，經記明於評議簿，並於裁定宣示前補具不同意見書者，應與裁定一併公布。

第 51 條之 10（大法庭裁定之拘束力）

民事大法庭、刑事大法庭之裁定，對提案庭提交之案件有拘束力。

第 51 條之 11（大法庭程序準用相關法律之規定）

除本法另有規定外，民事訴訟法、刑事訴訟法及其他相關法律之規定與大法庭規範性質不相牴觸者，亦準用之。

第 52 條（書記廳）

I 最高法院設書記廳，置書記官長一人，簡任第十一職等至第十三職等，承院長之命處理行政事務；一等書記官，薦任第八職等至第九職等；二等書記官，薦任第六職等至第七職等；三等書記官，委任第四職等至第五職等，分掌紀錄、文書、研究考核、總務、資料及訴訟輔導等事務，並得分科、分股辦事，科長由一等書記官兼任；股長由一等書記官或二等書記官兼任，均不另列等。

II 前項一等書記官、二等書記官總額，不得逾一等書記官、二等書記官、三等書記官總額二分之一。

第 53 條（最高法院通譯、技士及執達員等人員職等之設置）

I 最高法院置一等通譯，薦任第八職等至第九職等；二等通譯，薦任第六職等至第七職等；三等通譯，委任第四職等至第五職等；技士，委任第五職等或薦任第六職等至第七職等；執達員，委任第三職等至第五職等；錄事、庭務員，均委任第一職等至第三職等。

II 前項一等通譯、二等通譯總額，不得逾一等通譯、二等通譯、三等通譯總額二分之一。

III第二十三條第三項、第四項之規定，於最高法院準用之。

第 54 條（人事室）

最高法院設人事室，置主任一人，簡任第十職等，副主任一人，薦任第九職等或簡任第十職等；科員，委任第四職等至第五職等或薦任第六職等至第七職等，其中薦任科員不得逾總額三分之一，依法律規定辦理人事管理、人事查核等事項，並得分股辦事；股長由科員兼任，不另列等。

第 55 條（會計室、統計室）

最高法院設會計室、統計室，各置主任一人，均簡任第十職等；必要時得依法各置佐理人員，依法律規定分別辦理歲計、會計、統計等事項，並得分股辦事；股長由佐理人員兼任，不另列等。

第 56 條（資訊室）

最高法院設資訊室，置主任一人，簡任第十職等，承院長之命處理資訊室之行政事項；設計師，薦任第六職等至第八職等；資訊管理師，薦任第六職等至第七職等；操作員，第三職等至第五職等，處理資訊事項。

第 57 條（刪除）

第 57 條之 1（判例之效力）

I 最高法院於中華民國一百零七年十二月七日本法修正施行前依法選編之判例，若無裁判全文可資查考者，應停止適用。

II 未經前項規定停止適用之判例，其效力與未經選編為判例之最高法院裁判相同。

III於中華民國一百零七年十二月七日本法修正之條文施行後三年內，人民於上開條文施行後所受確定終局裁判援用之判例、決議，發生牴觸憲法之疑義者，得準用司法院大法官審理案件法第五條第一項第二款之規定聲請解釋憲法。

第五章　檢察機關

第 58 條（檢察署）

各級法院及分院各配置檢察署。

第 59 條（檢察機關之設置）

I 各級法院及分院檢察署置檢察官，最高法院檢察署以一人為檢察總長，其他法院及分院檢察署各以一人為檢察長，分別綜理各該署行政事務。

II 各級法院及分院檢察署檢察官員額在六人以上者，得分組辦事，每組以一人為主任檢察官，監督各該組事務。

第 59 條之 1（檢察官人事審議委員會之設置）

I 法務部設檢察官人事審議委員會，審議高等法院檢察署以下各級法院及其分院檢察署主任檢察官、檢察官之任免、轉任、遷調、考核及獎懲事項。

II 前項審議之決議，應報請法務部部長核定後公告之。

III法務部部長遴任檢察長前，檢察官人事審議委員會應提出職缺二倍人選，由法務部部長圈選之。檢察長之遷調應送檢察官人事審議委員會徵詢意見。

IV檢察官人事審議委員會置委員十七人，由法務部部長指派代表四人、檢察總長及其指派之代表三人與全體檢察官所選出之代表九人組成之，由法務部部長指派具司法官身分之次長為主任委員。

V 前項選任委員之任期，均為一年，連選得連任一次。

VI全體檢察官代表，以全國為單一選區，以秘密、無記名及單記直接選舉產生，每一檢察署以一名代表為限。

VII檢察官人事審議委員會之組成方式、審議對象、程序、決議方式及相關事項之審議規則，由法務部徵詢檢察官人事審議委員會後定之。

第 60 條（檢察官之職權）

檢察官之職權如左：

一　實施偵查、提起公訴、實行公訴、協助自訴、擔當自訴及指揮刑事裁判之執行。

二　其他法令所定職務之執行。

第 61 條（檢察官與法院之關係）

檢察官對於法院，獨立行使職權。

第 62 條（檢察官執行職務之區域）

檢察官於其所屬檢察署管轄區域內執行職務，但遇有緊急情形或法律另有規定者，不在此限。

第 63 條（檢察總長之指揮監督權）

I 檢察總長依本法及其他法律之規定，指揮監督該署檢察官及高等法院以下各級法院及分院檢察署檢察官。

II 檢察長依本法及其他法律之規定，指揮監督該署檢察官及其所屬檢察署檢察官。

III檢察官應服從前二項指揮監督長官之命令。

第 63 條之 1（高院以下各院及其分院檢察署如有需要借調相關機關專業人員協助偵查之權限）

I 高等法院以下各級法院及其分院檢察署為辦理重大貪瀆、經濟犯罪、嚴重危害社會秩序案件需要，得借調相關機關之專業人員協助偵查。

II 高等法院以下各級法院及其分院檢察署檢察官執行前項職務時，得經臺灣高等法院檢察署檢察長或檢察總長之指定，執行各該審級檢察官之職權，不受第六十二條之限制。

III中華民國一百零五年十一月十八日修正之本條規定，自一百零六年一月一日施行。

第 64 條（檢察事務之移轉）

檢察總長、檢察長得親自處理其所指揮監督之檢察官之事務，並得將該事務移轉於其所指揮監督之其他檢察官處理之。

第65條（檢察長之職權）

高等法院及地方法院檢察署檢察長，得派本署檢察官兼行其分院檢察署檢察官之職務。

第66條（檢察官之職等）

Ⅰ最高法院檢察署檢察總長，特任；主任檢察官，簡任第十四職等；檢察官，簡任第十三職等至第十四職等。

Ⅱ高等法院檢察署檢察長，簡任第十三職等至第十四職等；其分院檢察署檢察長，簡任第十二職等至第十四職等。高等法院及分院檢察署主任檢察官，簡任第十一職等至第十三職等；檢察官，簡任第十職等至第十一職等或薦任第九職等；繼續服務二年以上者，得晉敘至簡任第十二職等至第十四職等。

Ⅲ地方法院及分院檢察署檢察長，簡任第十職等至第十二職等；主任檢察官，簡任第十職等至第十一職等或薦任第九職等；檢察官，薦任第八職等至第九職等或簡任第十職等至第十一職等；試署檢察官，薦任第七職等至第九職等；候補檢察官，薦任第六職等至第八職等。但直轄市地方法院檢察署檢察長，簡任第十一職等至第十三職等。

Ⅳ曾任高等法院或其分院檢察署檢察官二年以上，調地方法院或其分院檢察署檢察長、主任檢察官、檢察官者，得晉敘至簡任第十二職等至第十四職等。

Ⅴ第三十四條第二項後段於高等法院及分院檢察署主任檢察官、檢察官準用之。

Ⅵ第二項、第四項之規定，溯自中華民國九十年一月十九日生效。

Ⅶ第十二條第二項至第四項於地方法院及分院檢察署主任檢察官、檢察官準用之；其審查辦法由法務部定之。

Ⅷ最高法院檢察署檢察總長由總統提名，經立法院同意任命之，任期四年，不得連任。

Ⅸ總統應於前項規定生效後一個月內，向立法院提出最高法院檢察署檢察總長人選。

Ⅹ最高法院檢察署檢察總長除年度預算案及法律案外，無須至立法院列席備詢。

XI最高法院檢察署檢察總長因故出缺或無法視事時，總統應於三個月內重新提出人選，經立法院同意任命之，其任期重行計算四年，不得連任。

XII最高法院檢察署檢察總長於任命時具司法官身分者，於卸任時，得回任司法官。

XIII最高法院檢察署檢察總長於任滿前一個月，總統應依第七項規定辦理。

第66條之1（各級檢察官受調協助檢察官）

Ⅰ法務部得調高等法院以下各級法院及其分院檢察署檢察官或候補檢察官至最高法院檢察署辦事，承檢察官之命，辦理訴訟案件程序之審查、法律問題之分析、資料之蒐集及書類之草擬等事項。

Ⅱ法務部得調地方法院及其分院檢察署試署檢察官或候補檢察官至高等法院或其分院檢察署辦事，承檢察官之命，協助檢察官辦理訴訟案件程序之審查、法律問題之分析、資料之蒐集及書類之草擬等事項。

Ⅲ法務部得調候補檢察官至地方法院或其分院檢察署辦事，承實任檢察官之命，協助檢察官辦理訴訟案件程序之審查、法律問題之分析、資料之蒐集及書類之草擬等事項。

Ⅳ檢察官、試署檢察官或候補檢察官依前三項規定調辦事期間，計入其檢察官、試署檢察官或候補檢察官年資。

第66條之2（檢察事務官之設置）

Ⅰ各級法院及其分院檢察署設檢察事務官室，置檢察事務官；檢察事務官在二人以上者，置主任檢察事務官；並得視業務需要分組辦事，各組組長由檢察事務官兼任，不另列等。

Ⅱ檢察事務官，薦任第七職等至第九職等，第七十三條第一項附表所定第一類地方法院及其分院檢察署之檢察事務官，其中二人得列簡任第十職等；主任檢察事務官，薦任第九職等或簡任第十職等。

第66條之3（檢察事務官處理事務）

Ⅰ檢察事務官受檢察官之指揮，處理下列事務：

一　實施搜索、扣押、勘驗或執行拘提。

二　詢問告訴人、告發人、被告、證人或鑑定人。

三　襄助檢察官執行其他第六十條所定之職權。

Ⅱ檢察事務官處理前項前二款事務，視為刑事訴訟法第二百三十條第一項之司法警察官。

第66條之4（檢察事務官之任用資格）

Ⅰ檢察事務官，應就具有下列資格之一者任用之：

一　經公務人員高等考試或司法人員特種考試相當等級之檢察事務官考試及格者。

二　經律師考試及格，並具有薦任職任用資格者。

三　曾任警察官或法務部調查局調查人員三年以上，成績優良，並具有薦任職任用資格者。

四　具有公立或經立案之私立大學、獨立學院以上學歷，曾任法院或檢察署書記官，辦理民刑事紀錄三年以上，成績優良，具有薦任職任用資格者。

Ⅱ各級法院及其分院檢察署為辦理陸海空軍刑法或其他涉及軍事、國家與社會安全及相關案件需要，得借調國防部所屬具軍法官資格三年以上之人員，辦理檢察事務官事務，並準用前條第二項規定。借調期間不得逾四年，其借調方式、年資、待遇、給與、考績、獎懲及相關事項之辦法，由法務部會同國防部定之。
III主任檢察事務官，應就具有檢察事務官及擬任職等任用資格，並具有領導才能者遴任之。
IV具律師執業資格者任檢察事務官期間，計入其律師執業年資。
第 67 條（觀護人室）
I 地方法院及分院檢察署設觀護人室，置觀護人、臨床心理師及佐理員。觀護人在二人以上者，置主任觀護人；在六人以上者，得分組辦事，組長由觀護人兼任，不另列等。
II 觀護人，薦任第七職等至第九職等，第七十三條第一項附表所定第一類地方法院及其分院檢察署之觀護人，其中二人得列簡任第十職等；主任觀護人，薦任第九職等或簡任第十職等；臨床心理師，列師㈢級；佐理員，委任第四職等至第五職等，其中二分之一得列薦任第六職等。
第 68 條（法醫師檢驗員）
I 高等法院以下各級法院及其分院檢察署，置法醫師，法醫師在二人以上者，置主任法醫師。法醫師，薦任第七職等至第九職等；主任法醫師，薦任第九職等或簡任第十職等。但地方法院及其分院檢察署法醫師得列委任第五職等。
II 高等法院以下各級法院及其分院檢察署，置檢驗員，委任第三職等至第五職等或薦任第六職等至第八職等。
第 69 條（準用）
I 第二十二條、第二十三條第三項、第三十八條、第五十二條之規定，於地方法院或其分院檢察署、高等法院或其分院檢察署、最高法院檢察署分別準用之。
II 高等法院以下各級法院及其分院檢察署，得設執行科，掌理關於刑事執行事務，並得分股辦事。科長由一等書記官兼任；股長由一等書記官或二等書記官兼任，均不另列等。
III高等法院或其分院檢察署，得設所務科，掌理關於監督看守所及少年觀護所之行政事務，並得分股辦事。置科長一人，薦任第九職等；科員，委任第五職等或薦任第六職等至第七職等；書記，委任第一職等至第三職等；股長由薦任科員兼任，不另列等。
第 70 條（通譯技士之職等）
I 最高法院檢察署、高等法院及分院檢察署置一等通譯，薦任第八職等至第九職等；二等通譯，薦任第六職等至第七職等；三等通譯，委任第四職等至第五職等；技士，委任第五職等或薦任第六職等至第七職等。
II 地方法院及分院檢察署置一等通譯，薦任第七職等至第八職等；二等通譯，薦任第六職等至第七職等；三等通譯，委任第四職等至第五職等；技士，委任第五職等或薦任第六職等至第七職等。
III前二項一等通譯、二等通譯總額，不得逾同一檢察署一等通譯、二等通譯、三等通譯總額二分之一。
第 71 條（各級法院檢察署錄事之設置）
各級法院及分院檢察署置錄事，委任第一職等至第三職等。
第 72 條（各級法院檢察署之準用）
第二十四條至第二十六條、第四十條至第四十二條、第五十四條至第五十六條之規定，於地方法院或其分院檢察署、高等法院或其分院檢察署、最高法院檢察署分別準用之。
第 73 條（地方法院檢察署之類別及員額）
I 地方法院或其分院檢察署之類別及員額，依附表之規定。
II 各地方法院或其分院檢察署應適用之類別及其變更，由行政院定之。
第 74 條（高等法院檢察署之類別及員額）
I 高等法院或其分院檢察署之類別及員額，依附表之規定。
II 高等法院或其分院檢察署應適用之類別及其變更，由行政院定之。
第 75 條（最高法院檢察署員額）
最高法院檢察署員額，依附表之規定。
第 76 條（司法警察之調度）
I 檢察官得調度司法警察，法官於辦理刑事案件時，亦同。
II 調度司法警察條例另定之。

第六章　司法年度及事務分配

第 77 條（司法年度）
司法年度，每年自一月一日起至十二月三十一日止。
第 78 條（處務規程）
各級法院及分院與各級法院及分院檢察署之處務規程，分別由司法院與法務部定之。
第 79 條（年度司法事務分配之預定）
I 各級法院及分院於每年度終結前，由院長、庭長、法官舉行會議，按照本法、處務規程及其他法令規定，預定次年度司法事務之分配及代理次序。
II 辦理民事、刑事、行政訴訟及其他特殊專業類型案件之法官，其年度司法事務分配辦法，由司法院另定之。
III第一項會議並應預定次年度關於合議審判時法官之配置。
第 80 條（事務分配會議之主席）
前條會議，以院長為主席，其決議以過半數之意見定之，可否同數時，取決於主席。
第 81 條（事務分配變更之程序）
事務分配、代理次序及合議審判時法官之配置，經預定後，因案件或法官增減或他項事故，有變更之必要時，得由院長徵詢有關庭長、法官意見後定之。

第 82 條（推事之代理）

Ⅰ地方法院及其分院法官因事故不能執行職務時，得由地方法院院長命候補法官暫代其職務。

Ⅱ高等法院或地方法院法官因事故不能執行職務時，得由高等法院或地方法院院長調用其分院法官暫代其職務。

Ⅲ高等法院及其分院法官因事故不能執行職務時，得由高等法院院長調用地方法院或其分院法官暫代其職務。

Ⅳ最高法院法官因事故不能執行職務時，得由最高法院院長商調高等法院或其分院法官暫代其職務。

Ⅴ前二項暫代其職務之期間，不得逾六個月。

第 83 條（公報之出版）

Ⅰ各級法院及分院應定期出版公報或以其他適當方式，公開裁判書。但其他法律另有規定者，依其規定。

Ⅱ前項公開，除自然人之姓名外，得不含自然人之身分證統一編號及其他足資識別該個人之資料。

Ⅲ高等法院以下各級法院及其分院檢察署，應於第一審裁判書公開後，公開起訴書，並準用前二項規定。

第七章　法庭之開閉及秩序

第 84 條（開庭場所席位設置及法庭秩序）

Ⅰ法庭開庭，於法院內爲之。但法律別有規定者，不在此限。

Ⅱ法院內開庭時，在法庭實施訴訟程序之公務員及依法執行職務之人、訴訟當事人與訴訟關係人，均應設置席位，其席位布置，應依當事人平等之原則爲之。

Ⅲ除參與審判之法官或經審判長許可者外，在庭之人陳述時，起立，陳述後復坐。

Ⅳ審判長蒞庭及宣示判決時，在庭之人均應起立。

Ⅴ法庭席位布置及旁聽規則，由司法院定之。

第 85 條（臨時庭）

Ⅰ高等法院以下各級法院或分院於必要時，得在管轄區域內指定地方臨時開庭。

Ⅱ前項情形，其法官除就本院法官中指派者外，得以所屬分院或下級法院法官充之。

Ⅲ第一項臨時開庭辦法，由司法院定之。

第 86 條（法庭之公開）

訴訟之辯論及裁判之宣示，應公開法庭行之。但有妨害國家安全、公共秩序或善良風俗之虞時，法院得決定不予公開。

第 87 條（法庭不公開理由之宣示）

Ⅰ法庭不公開時，審判長應將不公開之理由宣示。

Ⅱ前項情形，審判長仍得允許無妨礙之人旁聽。

第 88 條（審判長之法庭指揮權）

審判長於法庭之開閉及審理訴訟，有指揮之權。

第 89 條（審判長之秩序維持權）

法庭開庭時，審判長有維持秩序之權。

第 90 條（法庭開庭之禁止行爲及錄音、錄影相關規定）

Ⅰ法庭開庭時，應保持肅靜，不得有大聲交談、鼓掌、攝影、吸煙、飲食物品及其他類似之行爲。

Ⅱ法庭開庭時，除法律另有規定外，應予錄音。必要時，得予錄影。

Ⅲ在庭之人非經審判長許可，不得自行錄音、錄影；未經許可錄音、錄影者，審判長得命其消除該錄音、錄影內容。

Ⅳ前項處分，不得聲明不服。

第 90 條之 1（聲請法院許可交付法庭錄音或錄影內容；法院得不予許可或限制交付）

Ⅰ當事人及依法得聲請閱覽卷宗之人，因主張或維護其法律上利益，得於開庭翌日起至裁判確定後六個月內，繳納費用聲請法院許可交付法庭錄音或錄影內容。但經判處死刑、無期徒刑或十年以上有期徒刑之案件，得於裁判確定後二年內聲請。

Ⅱ前項情形，依法令得不予許可或限制聲請閱覽、抄錄或攝影卷內文書者，法院得不予許可或限制交付法庭錄音或錄影內容。

Ⅲ第一項情形，涉及國家機密者，法院得不予許可或限制交付法庭錄音或錄影內容；涉及其他依法令應予保密之事項者，法院得限制交付法庭錄音或錄影內容。

Ⅳ前三項不予許可或限制交付內容之裁定，得爲抗告。

第 90 條之 2（法庭錄音或錄影內容之保存期限）

法庭錄音、錄影內容，應保存至裁判確定後二年，始得除去其錄音、錄影。但經判處死刑或無期徒刑確定之案件，其保存期限依檔案法之規定。

第 90 條之 3（法庭錄音、錄影及其保存利用等相關辦法由司法院訂定）

前三條所定法庭之錄音、錄影及其利用保存等相關事項之辦法，由司法院定之。

第 90 條之 4（持有法庭錄音、錄影內容之人，禁止散布、公開播送或不當使用；違反者之處罰）

Ⅰ持有法庭錄音、錄影內容之人，就所取得之錄音、錄影內容，不得散布、公開播送，或爲非正當目的之使用。

Ⅱ違反前項之規定者，由行爲人之住所、居所，或營業所、事務所所在地之地方法院處新臺幣三萬元以上三十萬元以下罰鍰。但其他法律另有特別規定者，依其規定。

Ⅲ前項處罰及救濟之程序，準用相關法令之規定。

第 91 條（妨害法庭之處分及效力）

Ⅰ有妨害法庭秩序或其他不當行為者，審判長得禁止其進入法庭或命其退出法庭，必要時得命看管至閉庭時。

Ⅱ前項處分，不得聲明不服。

Ⅲ前二項之規定，於審判長在法庭外執行職務時準用之。

第 92 條（代理人、辯護人妨害法庭之處分）

律師在法庭代理訴訟或辯護案件，其言語行動如有不當，審判長得加以警告或禁止其開庭當日之代理或辯護。非律師而為訴訟代理人或辯護人者，亦同。

第 93 條（審判長所為維持法庭秩序之處分應於筆錄記明事由）

審判長為第九十條第三項、第九十一條及第九十二條之處分時，應命記明其事由於筆錄。

第 94 條（受命及受託法官之準用）

第八十四條至第九十三條有關審判長之規定，於受命法官、受託法官執行職務時準用之。

第 95 條（違反法官維持法庭秩序命令之處罰）

違反審判長、受命法官、受託法官所發維持法庭秩序之命令，致妨害法院執行職務，經制止不聽者，處三月以下有期徒刑、拘役或新臺幣三萬元以下罰金。

第 96 條（法服）

Ⅰ法官及書記官在法庭執行職務時，應服制服，檢察官、公設辯護人及律師在法庭執行職務時，亦同。

Ⅱ前項人員之服制，由司法院會同行政院定之。

第八章　法院之用語

第 97 條（審判應用之語言）

法院為審判時，應用國語。

第 98 條（通譯傳譯或選擇文字訊問）

訴訟當事人、證人、鑑定人及其他有關係之人，如有不通曉國語者，由通譯傳譯之；其為聽覺或語言障礙者，除由通譯傳譯外，並得依其選擇以文字訊問，或命以文字陳述。

第 99 條（訴訟文書之文字）

訴訟文書應用我國文字。但有供參考之必要時，應附記所用之方言或外國語文。

第 100 條（檢察事務之準用）

前三項之規定，於辦理檢察事務時準用之。

第九章　裁判之評議

第 101 條（評議之人數）

合議裁判案件，應依本法所定法官人數評議決定之。

第 102 條（主席）

裁判之評議，以審判長為主席。

第 103 條（評議不公開）

裁判之評議，於裁判確定前均不公開。

第 104 條（發表意見之次序）

評議時法官應各陳述意見，其次序以資淺者為先，資同以年少者為先，遞至審判長為終。

第 105 條（評議之決定）

Ⅰ評議以過半數之意見決定之。

Ⅱ關於數額，如法官之意見分三說以上，各不達過半數時，以最多額之意見順次算入次多額之意見，至達過半數為止。

Ⅲ關於刑事，如法官之意見分三說以上，各不達過半數時，以最不利於被告之意見順次算入次不利於被告之意見，至達過半數為止。

第 106 條（評議之記載與守密）

Ⅰ評議時各法官之意見應記載於評議簿，並應於該案裁判確定前嚴守秘密。

Ⅱ案件之當事人、訴訟代理人、辯護人或曾為輔佐人，得於裁判確定後聲請閱覽評議意見。不得抄錄、攝影或影印。

第十章　司法上之互助

第 107 條（法院之互助）

法院處理事務，應互相協助。

第 108 條（檢察官之互助）

檢察官執行職務，應互相協助。

第 109 條（書記官觀護人執達員及法警之互助）

書記官於權限內之事務，應互相協助，觀護人、執達員、法警，亦同。

第十一章　司法行政之監督

第 110 條（各級法院之行政監督）

各級法院行政之監督，依左列規定：

一　司法院院長監督各級法院及分院。

二　最高法院院長監督該法院。

三　高等法院院長監督該法院及其分院與所屬地方法院及其分院。

四　高等法院分院院長監督該分院與轄區內地方法院及其分院。

五　地方法院院長監督該法院及其分院。

六　地方法院分院院長監督該分院。

第 111 條（各級法院檢察署之行政監督）

各級法院檢察署行政之監督，依左列規定：

一　法務部部長監督各級法院及分院檢察署。

二　最高法院檢察署檢察總長監督該檢察署。

三　高等法院檢察署檢察長監督該檢察署及其分院檢察署與所屬地方法院及其分院檢察署。

四　高等法院分院檢察署檢察長監督該檢察署與轄區內地方法院及其分院檢察署。
五　地方法院檢察署檢察長監督該檢察署及其分院檢察署。
六　地方法院分院檢察署檢察長監督該檢察署。

第 112 條（命令警告）
依前二條規定有監督權者，對於被監督之人員得為左列處分：
一　關於職務上之事項，得發命令使之注意。
二　有廢弛職務，侵越權限或行為不檢者，加以警告。

第 113 條（懲戒）
被監督之人員，如有前條第二款情事，而情節較重或經警告不悛者，監督長官得依公務員懲戒法辦理。

第 114 條（監督之限制）
本章之規定，不影響審判權之行使。

第 114 條之 1（現職人員之僱用）
各級法院及各級法院檢察署原依雇員管理規則進用之現職執達員、法警、錄事、庭務員、雇員，其未具公務人員任用資格者，得占用原職之職缺，繼續僱用至離職時為止。

第 114 條之 2（名稱改稱）
本法及其他法律所稱地方法院檢察署、高等法院檢察署、最高法院檢察署、高等法院及其分院檢察署、高等法院檢察署智慧財產分署、高等法院以下各級法院及其分院檢察署、地方法院及其分院檢察署、各級法院及分院檢察署，自本法中華民國一百零七年五月八日修正條文施行之日起，分別改稱為地方檢察署、高等檢察署、最高檢察署、高等檢察署及其檢察分署、高等檢察署智慧財產檢察分署、高等檢察署以下各級檢察署及其檢察分署、地方檢察署及其檢察分署、各級檢察署及檢察分署。

第十二章　附　則

第 115 條（施行日）
Ⅰ本法自公布日施行。
Ⅱ中華民國一百零七年十二月七日修正之條文，自公布後六個月施行。

法庭錄音錄影及其利用保存辦法

1.中華民國 79 年 4 月 30 日司法院令訂定發布全文 12 條
2.中華民國 81 年 3 月 7 日司法院令修正發布第 5、6、7 條條文
3.中華民國 90 年 6 月 13 日司法院令修正發布第 1、3、7、8 條條文
4.中華民國 92 年 1 月 7 日司法院令修正發布全文 12 條；並自 92 年 7 月 1 日施行
5.中華民國 92 年 6 月 25 日司法院令修正發布第 1、6、7、12 條條文
6.中華民國 95 年 6 月 27 日司法院令修正發布第 3、8、9、12 條條文；並自發布日施行
7.中華民國 102 年 10 月 25 日司法院令修正發布名稱及全文 13 條；並自發布日施行（原名稱：法庭錄音辦法）
8.中華民國 104 年 8 月 7 日司法院令修正發布名稱及全文 13 條；並自發布日施行（原名稱：法庭錄音及其利用保存辦法）
9.中華民國 105 年 5 月 23 日司法院令修正發布第 8 條條文

第 1 條
Ⅰ本辦法依法院組織法（以下簡稱本法）第九十條之三規定訂定之。
Ⅱ法庭錄音、錄影之利用及保存，除法律別有規定外，依本辦法之規定。

第 2 條
Ⅰ為維護法庭之公開透明及司法課責性，法院審理民事、刑事、行政訴訟案（事）件及家事、少年保護事件於法院內開庭時，應予錄音。其他案（事）件有必要錄音時，亦同。
Ⅱ法院於必要時，得在法庭內使用錄影設備錄影。

第 3 條
Ⅰ在庭之人非經審判長許可，不得自行錄音、錄影；未經許可錄音、錄影者，審判長得命其消除該錄音、錄影內容。
Ⅱ審判長為前項許可時，應審酌錄音、錄影目的及對法庭程序進行之影響，並得徵詢其他在庭之人意見。但有依法不公開法庭審理或其他不適宜情形者，不應許可。

第 4 條
法院應於法庭置數位錄音設備，以供開庭時錄音之用；開庭過程中，如遇有切換數位磁碟或偶發之事由，致錄音無法繼續進行時，得以錄音機或其他機器設備備援。

第 5 條
Ⅰ在法庭之錄音應自每案開庭時起錄，至該案閉庭時停止，其間連續始末為之。每案開庭點呼當事人朗讀案由時，法院書記官應宣告當日開庭之日期及時間。
Ⅱ前條後段情形，錄音人員應報告審判長，並由書記官將該事由記載於筆錄。

第 6 條
Ⅰ法庭開庭時雖經錄音，書記官仍應就當事人或其他關係人之陳述，當庭依法製作筆錄。
Ⅱ前項規定，於法庭內使用錄影設備錄影時，亦同。

第 7 條
法庭內之錄影，由審判長、受命法官或受託法官指揮實施，並命記明於筆錄。

第 8 條
Ⅰ當事人及依法得聲請閱覽卷宗之人，因主張或維護其法律上利益，聲請交付法庭錄音或錄影內容時，應敘明理由，由法院為許可與否之裁定。
Ⅱ法院受理前項聲請，如認符合聲請人要件，並在聲請期間內提出，且就所主張或維護法律上之利益已敘明者，除法令另有排除規定外，應予許可。
Ⅲ第一項聲請經法院裁定許可者，每張光碟應繳納費用新臺幣五十元。
Ⅳ持有第一項法庭錄音、錄影內容之人，就取得之錄音、錄影內容，不得散布、公開播送，或為非正當目的使用。

第 9 條
Ⅰ法庭錄音、錄影內容，應保存至裁判確定後二年，始得除去。但經判處死刑或無期徒刑確定之案件，其保存期限依檔案法之規定。
Ⅱ法庭錄音、錄影內容儲於數位媒體者，案件終結後由各法院資訊室保管。
Ⅲ儲於錄音、錄影帶及其他錄音、錄影媒體者，案（事）件終結後由各法院檔案室自行列冊保管。

第 10 條
前條第一項錄音、錄影內容除去之相關規定，由保管錄音、錄影內容之法院訂定之。

第 11 條
法院院長或其指定之人，及其他司法行政監督人員，於必要時，得調取法庭錄音、錄影內容。

第 12 條
本辦法之規定，於其他法院組織法有準用本法之規定者，亦適用之。

第 13 條
本辦法自發布日施行。

證人保護法

1.中華民國 89 年 2 月 9 日總統令制定公布全文 23 條
2.中華民國 95 年 5 月 30 日總統令修正公布第 2、14、23 條條文；並自 95 年 7 月 1 日施行
3.中華民國 103 年 6 月 18 日總統令修正公布第 2、14 條條文
4.中華民國 105 年 4 月 13 日總統令修正公布第 2、23 條條文
中華民國 105 年 12 月 14 日行政院令發布定自 106 年 1 月 1 日施行
5.中華民國 107 年 1 月 17 日總統令修正公布第 14 條條文
6.中華民國 107 年 6 月 13 日總統令修正公布第 2 條條文

第 1 條（立法目的）

I 為保護刑事案件及檢肅流氓案件之證人，使其勇於出面作證，以利犯罪之偵查、審判，或流氓之認定、審理，並維護被告或被移送人之權益，特制定本法。

II 本法未規定者，適用其他法律之規定。

第 2 條（刑事案件之範圍）

本法所稱刑事案件，以下列各款所列之罪為限：

一　最輕本刑為三年以上有期徒刑之罪。
二　刑法第一百條第二項之預備內亂罪、第一百零一條第二項之預備暴動內亂罪或第一百零六條第三項、第一百零九條第一項、第三項、第四項、第一百二十一條第一項、第一百二十二條第三項、第一百三十一條第一項、第一百四十二條、第一百四十三條第一項、第一百四十四條、第一百四十五條、第二百五十六條第一項、第三項、第二百五十七條第一項、第四項、第二百九十六條之一第三項、第二百九十八條第二項、第三百條、第三百三十九條、第三百三十九條之三或第三百四十六條之罪。
三　貪污治罪條例第十一條第一項、第二項之罪。
四　懲治走私條例第二條第一項、第二項或第三條之罪。
五　藥事法第八十二條第一項、第二項或第八十三條第一項、第三項之罪。
六　銀行法第一百二十五條之罪。
七　證券交易法第一百七十一條或第一百七十三條第一項之罪。
八　期貨交易法第一百十二條或第一百十三條第一項、第二項之罪。
九　槍砲彈藥刀械管制條例第八條第四項、第十一條第四項、第十二條第一項、第二項、第四項、第五項或第十三條第二項、第四項、第五項之罪。
十　公職人員選舉罷免法第八十八條第一項、第八十九條第一項、第二項、第九十條之一第一項、第九十一條第一項第一款或第九十一條之一第一項之罪。
十一　農會法第四十七條之一或第四十七條之二之罪。
十二　漁會法第五十條之一或第五十條之二之罪。
十三　兒童及少年性剝削防制條例第三十二條第一項、第三項、第四項之罪。
十四　洗錢防制法第十四條第一項、第二項、第十五條或第十七條之罪。
十五　組織犯罪防制條例第三條第一項後段、第二項、第五項、第七項、第八項、第四條、第六條或第十一條第三項之罪。
十六　營業秘密法第十三條之二之罪。
十七　陸海空軍刑法第四十二條第一項、第四十三條第一項、第四十四條第二項前段、第五項、第四十五條、第四十六條之罪。

第 3 條（保護證人之範圍）

依本法保護之證人，以願在檢察官偵查中或法院審理中到場作證，陳述自己見聞之犯罪或流氓事證，並依法接受對質及詰問之人為限。

第 4 條（保護書之核發、採取必要的保護措施及管轄法院）

I 證人或與其有密切利害關係之人因證人到場作證，致生命、身體、自由或財產有遭受危害之虞，而有受保護之必要者，法院於審理中或檢察官於偵查中得依職權或依證人、被害人或其代理人、被告或其辯護人、被移送人或其選任律師、輔佐人、司法警察官、案件移送機關、自訴案件之自訴人之聲請，核發證人保護書。但時間急迫，不及核發證人保護書者，得先採取必要之保護措施。

II 司法警察機關於調查刑事或流氓案件時，如認證人有前項受保護必要之情形者，得先採取必要之保護措施，並於七日內將所採保護措施陳報檢察官或法院。檢察官或法院如認該保護措施不適當者，得命變更或停止之。

III 聲請保護之案件，以該管刑事或檢肅流氓案件之法院，為管轄法院。

第 5 條（證人保護書應以書面記載之事項）

聲請核發證人保護書時，應以書面記載下列事項：

一　聲請人及受保護人之姓名、性別、出生年月日、住所、身分證統一編號或護照號碼。
二　作證之案件。
三　作證事項。
四　請求保護之事由。
五　有保護必要之理由。

六　請求保護之方式。
第 6 條（證人保護書應參酌之事項）
檢察官或法院依職權或依聲請核發證人保護書，應參酌下列事項定之：
一　證人或與其有密切利害關係之人受危害之程度及迫切性。
二　犯罪或流氓行為之情節。
三　犯罪或流氓行為人之危險性。
四　證言之重要性。
五　證人或與其有密切利害關係之人之個人狀態。
六　證人與犯罪或流氓活動之關連性。
七　案件進行之程度。
八　被告或被移送人權益受限制之程度。
九　公共利益之維護。
第 7 條（證人保護書應記載之事項）
Ⅰ檢察官或法院核發證人保護書，應記載下列事項：
一　聲請人及受保護人之姓名、性別、出生年月日、住所、身分證統一編號或護照號碼。
二　作證之案件。
三　保護之事由。
四　有保護必要之理由。
五　保護之措施。
六　保護之期間。
七　執行保護之機關。
Ⅱ前項第五款之保護措施，應就第十一條至第十三條所列方式酌定之。
第 8 條（證人保護之執行機關）
Ⅰ證人保護書，由檢察官或法院自行或發交司法警察機關或其他執行保護機關執行之。
Ⅱ前項執行機關，得依證人保護書之意旨，命受保護人遵守一定之事項，並得於管轄區域外，執行其職務。
Ⅲ所有參與核發及執行第一項保護措施之人，對保護相關事項，均負保密義務。
第 9 條（證人保護之停止或變更措施）
執行證人保護之案件有下列情形之一者，檢察官或法院得依職權或依第四條第一項之人或執行保護機關之聲請，停止或變更保護措施：
一　經受保護人同意者。
二　證人就本案有僞證或誣告情事，經有罪判決確定者。
三　受保護人違反前條第二項應遵守之事項者。
四　受保護人因案經羈押、鑑定留置、收容、觀察勒戒、強制戒治或移送監獄或保安處分處所執行者。
五　應受保護之事由已經消滅或已無保護之必要者。
第 10 條（保護及重新保護之措施）
Ⅰ保護措施之執行機關，應隨時檢討執行情形，如危害之虞已消失或無繼續保護之必要者，經法院、檢察官或司法警察官同意後，停止執行保護措施。但其因情事變更仍有繼續保護之必要者，得經法院、檢察官或司法警察官同意，變更原有之保護措施。
Ⅱ停止執行保護之案件，有重新保護之必要者，檢察官或法院得依職權或依第四條第一項之人或執行保護機關之聲請，再許可執行保護證人之措施。
第 11 條（料之處理及保密、訊問證人之方式）
Ⅰ有保密身分必要之證人，除法律另有規定者外，其眞實姓名及身分資料，公務員於製作筆錄或文書時，應以代號為之，不得記載證人之年籍、住居所、身分證統一編號或護照號碼及其他足資識別其身分之資料。該證人之簽名以按指印代之。
Ⅱ載有保密證人眞實身分資料之筆錄或文書原本，應另行製作卷面封存之。其他文書足以顯示應保密證人之身分者，亦同。
Ⅲ前項封存之筆錄、文書，除法律另有規定者外，不得供閱覽或提供偵查、審判機關以外之其他機關、團體或個人。
Ⅳ對依本法有保密身分必要之證人，於偵查或審理中為訊問時，應以蒙面、變聲、變像、視訊傳送或其他適當隔離方式為之。於其依法接受對質或詰問時，亦同。
第 12 條（保護及禁止或限制之裁定）
Ⅰ證人或與其有密切利害關係之人之生命、身體或自由有遭受立即危害之虞時，法院或檢察官得命司法警察機關派員於一定期間內隨身保護證人或與其有密切利害關係之人之人身安全。
Ⅱ前項情形於必要時，並得禁止或限制特定之人接近證人或與其有密切利害關係之人之身體、住居所、工作之場所或為一定行為。
Ⅲ法院或檢察官為前項之禁止或限制時，應核發證人保護書行之，並載明下列事項：
一　受保護之人及保護地點。
二　受禁止或限制之特定人。
三　執行保護之司法警察機關。
四　禁止或限制特定人對受保護人為特定行為之內容。
五　執行保護之司法警察機關應對受保護人為特定行為之內容。
Ⅳ前項證人保護書，應送達聲請人、應受禁止或限制之人及執行保護措施之司法警察或其他相關機關。
Ⅴ受禁止或限制之人，得對檢察官或法院第二項之命令或裁定聲明不服，其程序準用刑事訴訟法之規定。
第 13 條（短期生活安置）

I 證人或與其有密切利害關係之人之生命、身體、自由或財產有遭受危害之虞，且短期內有變更生活、工作地點及方式之確實必要者，法院或檢察官得命付短期生活安置，指定安置機關，在一定期間內將受保護人安置於適當環境或協助轉業，並給予生活照料。

II 前項期間最長不得逾一年。但必要時，經檢察官或法院之同意，得延長一年。所需安置相關經費，由內政部編列預算支應。

III 法院或檢察官為第一項短期生活安置之決定，應核發證人保護書行之，並應送達聲請人、安置機關及執行保護措施之相關機關。

第 14 條（證人免責協商）

I 第二條所列刑事案件之被告或犯罪嫌疑人，於偵查中供述與該案案情有重要關係之待證事項或其他正犯或共犯之犯罪事證，因而使檢察官得以追訴該案之其他正犯或共犯者，以經檢察官事先同意者為限，就其因供述所涉之犯罪，減輕或免除其刑。

II 被告或犯罪嫌疑人雖非前項案件之正犯或共犯，但於偵查中供述其犯罪之前手、後手或相關犯罪之網絡，因而使檢察官得以追訴與該犯罪相關之第二條所列刑事案件之被告者，參酌其犯罪情節之輕重、被害人所受之損害、防止重大犯罪危害社會治安之重要性及公共利益等事項，以其所供述他人之犯罪情節或法定刑較重於其本身所涉之罪且經檢察官事先同意者為限，就其因供述所涉之犯罪，得為不起訴處分。

III 被告或犯罪嫌疑人非第一項案件之正犯或共犯，於偵查中供述其犯罪之前手、後手或相關犯罪之網絡，因而使檢察官得以追訴與該犯罪相關之第二條所列刑事案件之被告，如其因供述所涉之犯罪經檢察官起訴者，以其所供述他人之犯罪情節或法定刑較重於其本身所涉之罪且曾經檢察官於偵查中為第二項之同意者為限，得減輕或免除其刑。

IV 刑事訴訟法第二百五十五條至第二百六十條之規定，於第二項情形準用之。

☐ 實務見解

▶108 年度第 1 次刑事庭會議決議（108.01.21）

決議：採乙說。

證人保護法第十四條一項關於被告在偵查中供述重要待證事項或其他正犯或共犯之犯罪事證，使檢察官得以追訴其他正犯或共犯者，減輕或免除其刑之規定，單純就助益偵查、追訴犯罪之規範意旨來看，固確實如甲說所述，與貪污治罪條例第八條第二項之規定意旨係屬相同。**細究證人保護法第十四條第一項規定之法定要件，尚須有檢察官事先表示同意適用此條文減免其刑，方有其適用；而貪污治罪條例第八條第二項之規範意旨，尚寓有鼓勵公務員於犯貪污罪之後能勇於自新，若於偵、審中自動繳交全部所得財物，足認確有悛悔向善之意，始能獲邀減免之寬典，此均為二法減免其刑之要件不同之處**。二者之立法目的既然不全然相同，適用要件亦異，乃個別獨立減免其刑之規定。法院若認行為人同時存在此二情形，除應適用貪污治罪條例第八條第二項減免其刑外，尚應依證人保護法第十四條第一項之規定遞減免其刑。

第 15 條（告發人、告訴人或被害人之準用）

I 檢舉人、告發人、告訴人或被害人有保護必要時，準用保護證人之規定。

II 政府機關依法受理人民檢舉案件而認應保密檢舉人之姓名及身分資料者，於案件移送司法機關或司法警察機關時，得請求法院、檢察官或司法警察官依本法身分保密之規定施以保護措施。

第 16 條（洩密罪之處罰）

I 公務員洩漏或交付關於依本法應受身分保密證人之文書、圖畫、消息、相貌、身分資料或其他足資辨別證人之物品者，處一年以上七年以下有期徒刑。

II 前項之未遂犯，罰之。

III 因過失犯前兩項之罪者，處二年以下有期徒刑、拘役或科新臺幣三十萬元以下罰金。

IV 非公務員因職務或業務知悉或持有第一項之文書、圖畫、消息、相貌、身分資料或其他足資辨別證人之物品，而洩漏或交付之者，處三年以下有期徒刑、拘役或科新臺幣五十萬元以下罰金。

第 17 條（違反禁或限制裁定之處罰）

受禁止或限制之人故意違反第十二條第二項之規定，經執行機關制止不聽者，處三年以下有期徒刑、拘役或科新臺幣五十萬元以下罰金。

第 18 條（報復證人到場作證之加重處罰）

意圖妨害或報復依本法保護之證人到場作證，而對受保護人實施犯罪行為者，依其所犯之罪，加重其刑至二分之一。

第 19 條（偽證罪之處罰）

依本法保護之證人，於案情有重要關係之事項，向該管公務員為虛偽陳述者，以偽證論，處一年以上七年以下有期徒刑。

第 20 條（訴訟辯論之不公開）

訴訟之辯論，有危害證人生命、身體或自由之虞者，法院得決定不公開。

第 21 條（軍事案件之準用）

本法之規定，於軍事法院及軍事法院檢察署檢察官受理之案件，準用之。

第 22 條（施行細則）

本法之施行細則，由行政院會同司法院定之。

第 23 條（施行日）

本法施行日期，除中華民國九十五年五月三十日修正公布之條文，自九十五年七月一日施行，及一百零五年三月二十五日修正之條文，由行政院定之外，自公布日施行。

少年事件處理法

1.中華民國 51 年 1 月 31 日總統令制定公布全文 80 條
2.中華民國 56 年 8 月 1 日總統令修正公布第 42、64 條條文
3.中華民國 60 年 5 月 14 日總統令修正公布全文 87 條
4.中華民國 65 年 2 月 12 日總統令修正公布第 3、12、13、18、19、22、23、26、27、39、42、43、45、50、55～57、59～61、74、77、81、84、85 及第三章第三節節名；並增訂第 23-1、64-1、83-1 及 85-1 條條文
5.中華民國 69 年 7 月 4 日總統令修正公布第 85-1、86 條條文
6.中華民國 86 年 10 月 29 日總統令修正公布全文 87 條
7.中華民國 89 年 2 月 2 日總統令修正公布第 13、27、43、49、54、55-3、68、78 條條文
8.中華民國 91 年 6 月 5 日總統令修正公布第 84 條條文
9.中華民國 94 年 5 月 18 日總統令修正公布第 24、29、42、61、84 條條文；並刪除第 68 條條文
10.中華民國 108 年 6 月 19 日總統令修正公布第 3、3-1、17～19、26、26-2、29、38、42、43、49、52、54、55-2、55-3、58、61、64-2、67、71、82、83-1、83-3、84、86、87 條條文；增訂第 3-2～3-4 條條文；並刪除第 72、85-1 條條文；除第 18 條第 2～7 項自 112 年 7 月 1 日施行；第 42 條第 1 項第 3 款關於交付安置於適當之醫療機構、執行過渡性教育措施或其他適當措施之處所輔導部分及刪除之第 85-1 條自公布一年後施行外，餘自公布日施行

第一章　總　則

第 1 條（立法目的）

爲保障少年健全之自我成長，調整其成長環境，並矯治其性格，特制定本法。

第 1 條之 1（本法適用範圍）

少年保護事件及少年刑事案件之處理，依本法之規定；本法未規定者，適用其他法律。

第 2 條（少年之定義）

本法稱少年者，謂十二歲以上十八歲未滿之人。

第 3 條（少年法院之管轄事件）

Ⅰ下列事件，由少年法院依本法處理之：

一　少年有觸犯刑罰法律之行爲者。

二　少年有下列情形之一，而認有保障其健全自我成長之必要者：

㈠無正當理由經常攜帶危險器械。

㈡有施用毒品或迷幻物品之行爲而尚未觸犯刑罰法律。

㈢有預備犯罪或犯罪未遂而爲法所不罰之行爲。

Ⅱ前項第二款所指之保障必要，應依少年之性格及成長環境、經常往來對象、參與團體、出入場所、生活作息、家庭功能、就學或就業等一切情狀而爲判斷。

第 3 條之 1（成人陪同在場、兒童少年心理衛生或其他專業人士、通譯協助等表意權保障規定）

Ⅰ詢問或訊問少年時，應通知其法定代理人、現在保護少年之人或其他適當之人陪同在場。但經合法通知，無正當理由不到場或有急迫情況者，不在此限。

Ⅱ依法應於二十四小時內護送少年至少年法院之事件，等候前項陪同之人到場之時間不予計入，並應釋明其事由。但等候時間合計不得逾四小時。

Ⅲ少年因精神或其他心智障礙無法爲完全之陳述者，必要時，得請兒童及少年心理衛生或其他專業人士協助。

Ⅳ少年不通曉詢問或訊問之人所使用之語言者，應由通譯傳譯之。其爲聽覺、語言或多重障礙者，除由通譯傳譯外，並得以文字、手語或其他適當方式詢問或訊問，亦得許其以上開方式表達。

第 3 條之 2（詢問或訊問時應告知事項）

Ⅰ詢問或訊問少年時，應先告知下列事項：

一　所涉之觸犯刑罰法律事實及法條或有第三條第一項第二款各目事由；經告知後，認爲應變更者，應再告知。

二　得保持緘默，無須違背自己之意思而爲陳述。

三　得選任輔佐人；如依法令得請求法律扶助者，得請求之。

四　得請求調查有利之證據。

Ⅱ少年表示已選任輔佐人時，於被選任之人到場前，應即停止詢問或訊問。但少年及其法定代理人或現在保護少年之人請求或同意續行詢問或訊問者，不在此限。

第 3 條之 3（少年詢問、訊問、護送及等候過程，應與一般刑事案件嫌疑人或被告隔離）

詢問、訊問、護送少年或使其等候時，應與一般刑事案件之嫌疑人或被告隔離。但偵查、審判中認有對質、詰問之必要者，不在此限。

第 3 條之 4（連續詢問或訊問少年之限制）

Ⅰ連續詢問或訊問少年時，得有和緩之休息時間。

Ⅱ詢問或訊問少年，不得於夜間行之。但有下列情形之一者，不在此限：

一　有急迫之情形。

二　查驗其人有無錯誤。

三　少年、其法定代理人或現在保護少年之人請求立即詢問或訊問。

Ⅲ前項所稱夜間者，為日出前，日沒後。

第 4 條（應受軍事審判者之處理）

少年犯罪依法應受軍事審判者，得由少年法院依本法處理之。

第二章　少年法院之組織

第 5 條（少年法院之設置）

Ⅰ直轄市設少年法院，其他縣（市）得視其地理環境及案件多寡分別設少年法院。

Ⅱ尚未設少年法院地區，於地方法院設少年法庭。但得視實際情形，其職務由地方法院原編制內人員兼任，依本法執行之。

Ⅲ高等法院及其分院設少年法庭。

第 5 條之 1（少年法院各庭處室之設置）

少年法院分設刑事庭、保護庭、調查保護處、公設輔佐人室，並應配置心理測驗員、心理輔導員及佐理員。

第 5 條之 2（少年法院之組織、準用規定）

少年法院之組織，除本法有特別規定者外，準用法院組織法有關地方法院之規定。

第 5 條之 3（心理測驗員、輔導員及佐理員之職等）

Ⅰ心理測驗員、心理輔導員及佐理員配置於調查保護處。

Ⅱ心理測驗員、心理輔導員，委任第五職等至薦任第八職等。佐理員委任第三職等至薦任第六職等。

第 6 條（刪除）

第 7 條（院長、庭長及法官之遴選）

Ⅰ少年法院院長、庭長及法官、高等法院及其分院少年法庭庭長及法官、公設輔佐人，除須具有一般之資格外，應遴選具有少年保護之學識、經驗及熱忱者充之。

Ⅱ前項院長、庭長及法官遴選辦法，由司法院定之。

第 8 條（刪除）

第 9 條（少年調查官、少年保護官之職務）

Ⅰ少年調查官職務如左：

一　調查、蒐集關於少年保護事件之資料。

二　對於少年觀護所少年之調查事項。

三　法律所定之其他事務。

Ⅱ少年保護官職務如左：

一　掌理由少年保護官執行之保護處分。

二　法律所定之其他事務。

Ⅲ少年調查官及少年保護官執行職務，應服從法官之監督。

第 10 條（處長之設置）

調查保護處置處長一人，由少年調查官或少年保護官兼任，綜理及分配少年調查及保護事務；其人數合計在六人以上者，應分組辦事，各組並以一人兼任組長，襄助處長。

第 11 條（心理測驗員、輔導員等人之職責）

心理測驗員、心理輔導員、書記官、佐理員及執達員隨同少年調查官或少年保護官執行職務者，應服從其監督。

第 12 條（刪除）

第 13 條（少年調查官、少年保護官之職等）

Ⅰ少年法院兼任處長或組長之少年調查官、少年保護官薦任第九職等或簡任第十職等，其餘少年調查官、少年保護官薦任第七職等至第九職等。

Ⅱ高等法院少年法庭少年調查官薦任第八職等至第九職等或簡任第十職等。

第三章　少年保護事件

第一節　調查及審理

第 14 條（土地管轄）

少年保護事件由行為地或少年之住所、居所或所在地之少年法院管轄。

第 15 條（移送管轄）

少年法院就繫屬中之事件，經調查後認為以由其他有管轄權之少年法院處理，可使少年受更適當之保護者，得以裁定移送於該管少年法院；受移受之法院，不得再行移送。

第 16 條（相牽連案件管轄之準用）

刑事訴訟法第六條第一項、第二項，第七條及第八條前段之規定，於少年保護事件準用之。

第 17 條（少年事件之報告）

不論何人知有第三條第一項第一款之事件者，得向該管少年法院報告。

第 18 條（少年事件之移送與處理之請求）

Ⅰ司法警察官、檢察官或法院於執行職務時，知有第三條第一項第一款之事件者，應移送該管少年法院。

Ⅱ司法警察官、檢察官或法院於執行職務時，知有第三條第一項第二款之情形者，得通知少年住所、居所或所在地之少年輔導委員會處理之。

Ⅲ對於少年有監督權人、少年之肄業學校、從事少年保護事業之機關或機構，發現少年有第三條第一項第二款之情形者，得通知少年住所、居所或所在地之少年輔導委員會處理之。

Ⅳ有第三條第一項第二款情形之少年，得請求住所、居所或所在地之少年輔導委員會協助之。

Ⅴ少年住所、居所或所在地之少年輔導委員會知悉少年有第三條第一項第二款情形之一者，應結合福利、教育、心理、醫療、衛生、戶政、警政、財政、金融管理、勞政、移民及其他相關資源，對少年施以適當期間之輔導。

Ⅵ前項輔導期間，少年輔導委員會如經評估認由少年法院處理，始能保障少年健全之自我成長者，得敘明理由並檢具輔導相關紀錄及有關資料，請求少年法院處理之，並持續依前項規定辦理。

Ⅶ直轄市、縣（市）政府少年輔導委員會應由具備社會工作、心理、教育、家庭教育或其他相關專業之人員，辦理第二項至第六項之事務；少年輔導委員會之設置、輔導方式、辦理事務、評估及請求少年法院處理等事項之辦法，由行政院會同司法院定之。

Ⅷ於中華民國一百十二年七月一日前，司法警察官、檢察官、法院、對於少年有監督權人、少年之肄業學校、從事少年保護事業之機關或機構，發現少年有第三條第一項第二款之情形者，得移送或請求少年法院處理之。

第 19 條（事件之調查）

Ⅰ少年法院接受移送、報告或請求之事件後，應先由少年調查官調查該少年與事件有關之行為、其人之品格、經歷、身心狀況、家庭情形、社會環境、教育程度以及其他必要之事項，於指定之期限內提出報告，並附具建議。

Ⅱ少年調查官調查之結果，不得採為認定事實之唯一證據。

Ⅲ少年調查官到庭陳述調查及處理之意見時，除有正當理由外，應由進行第一項之調查者為之。

Ⅳ少年法院訊問關係人時，書記官應製作筆錄。

第 20 條（審理獨任制）

少年法院審理少年保護事件，得以法官一人獨任行之。

第 21 條（傳喚與通知書之內容）

Ⅰ少年法院法官或少年調查官對於事件之調查，必要時得傳喚少年、少年之法定代理人或現在保護少年之人到場。

Ⅱ前項調查，應於相當期日前將調查之日、時及處所通知少年之輔佐人。

Ⅲ第一項之傳喚，應用通知書，記載左列事項，由法官簽名；其由少年調查官傳喚者，由少年調查官簽名：

一　被傳喚人之姓名、性別、年齡、出生地及住居所。
二　事由。
三　應到場之日、時及處所。
四　無正當理由不到場者，得強制其同行。

Ⅳ傳喚通知書應送達於被傳喚人。

第 22 條（同行書及其內容）

Ⅰ少年、少年之法定代理人或現在保護少年之人，經合法傳喚，無正當理由不到場者，少年法院法官得依職權或依少年調查官之請求發同行書，強制其到場。但少年有刑事訴訟法第七十六條所列各款情形之一，少年法院法官並認為必要時，得不經傳喚，逕發同行書，強制其到場。

Ⅱ同行書應記載左列事項，由法官簽名：

一　應同行人之姓名、性別、年齡、出生地、國民身分證字號、住居所及其他足資辨別之特徵。但年齡、出生地、國民身分證字號或住居所不明者，得免記載。
二　事由。
三　應與執行人同行到達之處所。
四　執行同行之期限。

第 23 條（同行書之執行）

Ⅰ同行書由執達員、司法警察官或司法警察執行之。

Ⅱ同行書應備三聯，執行同行時，應各以一聯交應同行人及其指定之親友，並應注意同行人之身體及名譽。

Ⅲ執行同行後，應於同行書內記載執行之處所及年、月、日；如不能執行者，記載其情形，由執行人簽名提出於少年法院。

第 23 條之 1（協尋）

Ⅰ少年行蹤不明者，少年法院得通知各地區少年法院、檢察官、司法警察機關協尋之。但不得公告或登載報紙或以其他方法公開之。

Ⅱ協尋少年，應用協尋書，記載左列事項，由法官簽名：

一　少年之姓名、性別、年齡、出生地、國民身分證字號、住居所及其他足資辨別之特徵。但年齡、出生地、國民身分證字號或住居所不明者，得免記載。
二　事件之內容。
三　協尋之理由。
四　應護送之處所。

Ⅲ少年經尋獲後，少年調查官、檢察官、司法警察官或司法警察，得逕行護送少年至應到之處所。

Ⅳ協尋於其原因消滅或顯無必要時，應即撤銷。撤銷協尋之通知，準用第一項之規定。

第 24 條（刑訴法有關證據規定之準用）

刑事訴訟法關於人證、鑑定、通譯、勘驗、證據保全、搜索及扣押之規定，於少年保護事件性質不相違反者準用之。

第 25 條（執行職務之協助）

少年法院因執行職務，得請警察機關、自治團體、學校、醫院或其他機關、團體為必要之協助。

第 26 條（責付、觀護之處置）

少年法院於必要時，對於少年得以裁定為下列之處置：

一　責付於少年之法定代理人、家長、最近親屬、現在保護少年之人或其他適當之機關（構）、團體或個人，並得在事件終結前，交付少年調查官為適當之輔導。
二　命收容於少年觀護所進行身心評估及行為觀察，並提供鑑別報告。但以不能責付或以責付為顯不適當，而需收容者為限；少年、其法定代理人、現在保護少年之人或輔佐人，得隨時向少年法院聲請責付，以停止收容。

第26條之1（收容書及其內容）

Ⅰ收容少年應用收容書。

Ⅱ收容書應記載左列事項，由法官簽名：

一　少年之姓名、性別、年齡、出生地、國民身分證字號、住居所及其他足資辨別之特徵。但年齡、出生地、國民身分證字號或住居所不明者，得免記載。

二　事件之內容。

三　收容之理由。

四　應收容之處所。

Ⅲ第二十三條第二項之規定，於執行收容準用之。

第26條之2（收容之期間）

Ⅰ少年觀護所收容少年之期間，調查或審理中均不得逾二月。但有繼續收容之必要者，得於期間未滿前，由少年法院裁定延長之；延長收容期間不得逾一月，以一次為限。收容之原因消滅時，少年法院應依職權或依少年、其法定代理人、現在保護少年之人或輔佐人之聲請，將命收容之裁定撤銷之。

Ⅱ事件經抗告者，抗告法院之收容期間，自卷宗及證物送交之日起算。

Ⅲ事件經發回者，其收容及延長收容之期間，應更新計算。

Ⅳ裁定後送交前之收容期間，算入原審法院之收容期間。

Ⅴ少年觀護所之人員，應於職前及在職期間接受包括少年保護之相關專業訓練；所長、副所長、執行鑑別及教導業務之主管人員，應遴選具有少年保護之學識、經驗及熱忱者充任。

Ⅵ少年觀護所之組織、人員之遴聘及教育訓練等事項，以法律定之。

第27條（移送於檢察官之情形）

Ⅰ少年法院依調查之結果，認少年觸犯刑罰法律，且有左列情形之一者，應以裁定移送於有管轄權之法院檢察署檢察官。

一　犯最輕本刑為五年以上有期徒刑之罪者。

二　事件繫屬後已滿二十歲者。

Ⅱ除前項情形外，少年法院依調查之結果，認犯罪情節重大，參酌其品行、性格、經歷等情狀，以受刑事處分為適當者，得以裁定移送於有管轄權之法院檢察署檢察官。

Ⅲ前二項情形，於少年犯罪時未滿十四歲者，不適用之。

第28條（應不付審理之裁定）

Ⅰ少年法院依調查之結果，認為無付保護處分之原因或以其他事由不應付審理者，應為不付審理之裁定。

Ⅱ少年因心神喪失而為前項裁定者，得令入相當處所實施治療。

第29條（得不付審理之裁定）

Ⅰ少年法院依少年調查官調查之結果，認為情節輕微，以不付審理為適當者，得為不付審理之裁定，並為下列處分：

一　告誡。

二　交付少年之法定代理人或現在保護少年之人嚴加管教。

三　轉介福利、教養機構、醫療機構、執行過渡性教育措施或其他適當措施之處所為適當之輔導。

Ⅱ前項處分，均交由少年調查官執行之。

Ⅲ少年法院為第一項裁定前，得斟酌情形，經少年、少年之法定代理人及被害人之同意，轉介適當機關、機構、團體或個人進行修復，或使少年為下列各款事項：

一　向被害人道歉。

二　立悔過書。

三　對被害人之損害負賠償責任。

Ⅳ前項第三款之事項，少年之法定代理人應負連帶賠償之責任，並得為民事強制執行之名義。

第30條（開始審理之裁定）

少年法院依調查之結果，認為應付審理者，應為開始審理之裁定。

第31條（輔佐人）

Ⅰ少年或少年之法定代理人或現在保護少年之人，得隨時選任少年之輔佐人。

Ⅱ犯最輕本刑為三年以上有期徒刑之罪，未經選任輔佐人者，少年法院應指定適當之人輔佐少年。其他案件認有必要者亦同。

Ⅲ前項案件，選任輔佐人無正當理由不到庭者，少年法院亦得指定之。

Ⅳ前兩項指定輔佐人之案件，而該地區未設置公設輔佐人時，得由少年法院指定適當之人輔佐少年。

Ⅴ公設輔佐人準用公設辯護人條例有關規定。

Ⅵ少年保護事件中之輔佐人，於與少年保護事件性質不相違反者，準用刑事訴訟法辯護人之相關規定。

第31條之1（輔佐人之選任應得少年法院同意）

選任非律師為輔佐人者，應得少年法院之同意。

第31條之2（協助促成少年健全成長）

輔佐人除保障少年於程序上之權利外，應協助少年法院促成少年之健全成長。

第32條（審理期日之傳喚及通知）

Ⅰ少年法院審理事件應定審理期日。審理期日應傳喚少年、少年之法定代理人或現在保護少年之人，並通知少年之輔佐人。

Ⅱ少年法院指定審理期日時，應考慮少年、少年之法定代理人、現在保護少年之人或輔佐人準備審理所需之期間。但經少年及其法定代理人或現在保護少年之人之同意，得及時開始審理。

Ⅲ第二十一條第三項、第四項之規定，於第一項傳喚準用之。

第 33 條（審理筆錄之製作）

審理期日，書記官應隨同法官出席，製作審理筆錄。

第 34 條（秘密審理與旁聽人員）

調查及審理不公開。但得許少年之親屬、學校教師、從事少年保護事業之人或其他認爲相當之人在場旁聽。

第 35 條（審理態度）

審理應以和藹懇切之態度行之。法官參酌事件之性質與少年之身心、環境狀態，得不於法庭內進行審理。

第 36 條（法定代理人之陳述意見）

審理期日訊問少年時，應予少年之法定代理人或現在保護少年之人及輔佐人陳述意見之機會。

第 37 條（調查證據）

Ⅰ審理期日，應調查必要之證據。

Ⅱ少年應受保護處分之原因、事實，應依證據認定之。

第 38 條（陳述時之處置）

Ⅰ少年法院認爲必要時，得爲下列處置：

一　少年爲陳述時，不令少年以外之人在場。

二　少年以外之人爲陳述時，不令少年在場。

Ⅱ前項少年爲陳述時，少年法院應依其年齡及成熟程度權衡其意見。

第 39 條（少年調查官之陳述）

Ⅰ少年調查官應於審理期日出庭陳述調查及處理之意見。

Ⅱ年法院不採少年調查官陳述之意見者，應於裁定中記載不採之理由。

第 40 條（移送之裁定）

少年法院依審理之結果，認爲事件有第二十七條第一項之情形者，應爲移送之裁定；有同條第二項之情形者，得爲移送之裁定。

第 41 條（不付保護處分之裁定）

Ⅰ少年法院依審理之結果，認爲事件不應或不宜付保護處分者，應裁定諭知不付保護處分。

Ⅱ第二十八條第二項、第二十九條第三項、第四項之規定，於少年法院認爲事件不宜付保護處分，而依前項規定爲不付保護處分裁定之情形準用之。

第 42 條（保護處分及禁戒治療之裁定）

Ⅰ少年法院審理事件，除爲前二條處置者外，應對少年以裁定諭知下列之保護處分：

一　訓誡，並得予以假日生活輔導。

二　交付保護管束並得命爲勞動服務。

三　交付安置於適當之福利、教養機構、醫療機構、執行過渡性教育措施或其他適當措施之處所輔導。

四　令入感化教育處所施以感化教育。

Ⅱ少年有下列情形之一者，得於爲前項保護處分之前或同時諭知下列處分：

一　少年施用毒品或迷幻物品成癮，或有酗酒習慣者，令入相當處所實施禁戒。

二　少年身體或精神狀態顯有缺陷者，令入相當處所實施治療。

Ⅲ第一項處分之期間，毋庸諭知。

Ⅳ第二十九條第三項、第四項之規定，於少年法院依第一項爲保護處分之裁定情形準用之。

Ⅴ少年法院爲第一項裁定前，認有必要時，得徵詢適當之機關（構）、學校、團體或個人之意見，亦得召開協調、諮詢或整合符合少年所需之福利服務、安置輔導、衛生醫療、就學、職業訓練、就業服務、家庭處遇計畫或其他資源與服務措施之相關會議。

Ⅵ前項規定，於第二十六條、第二十八條、第二十九條第一項、第四十一條第一項、第四十四條第一項、第五十一條第三項、第五十五條第一項、第四項、第五十五條之二第二項至第五項、第五十五條之三、第五十六條第一項及第三項情形準用之。

第 43 條（沒收規定之準用）

Ⅰ刑法及其他法律有關沒收之規定，於第二十八條、第二十九條、第四十一條及前條之裁定準用之。

Ⅱ少年法院認供第三條第一項第二款各目行爲所用或所得之物不宜發還者，得沒收之。

第 44 條（觀察之裁定）

Ⅰ少年法院爲決定宜否爲保護處分或應爲何種保護處分，認有必要時，得以裁定將少年交付少年調查官爲六月以內期間之觀察。

Ⅱ前項觀察，少年法院得徵詢少年調查官之意見，將少年交付適當之機關、學校、團體或個人爲之，並受少年調查官之指導。

Ⅲ少年調查官應將觀察結果，附具建議提出報告。

Ⅳ少年法院得依職權或少年調查官之請求，變更觀察期間或停止觀察。

第 45 條（另有裁判處分之撤銷）

Ⅰ受保護處分之人，另受有期徒刑以上刑之宣告確定者，爲保護處分之少年法院，得以裁定將該處分撤銷之。

Ⅱ受保護處分之人，另受保安處分之宣告確定者，爲保護處分之少年法院，應以裁定定其應執行之處分。

第 46 條（定應執行之處分與處分之撤銷）

Ⅰ受保護處分之人，復受另件保護處分，分別確定者，後爲處分之少年法院，得以裁定定其應執行之處分。

II 依前項裁定爲執行之處分者，其他處分無論已否開始執行，視爲撤銷。

第 47 條（無審判權之撤銷保護處分）

I 少年法院爲保護處分後，發見其無審判權者，應以裁定將該處分撤銷之，移送於有審判權之機關。

II 保護處分之執行機關，發見足認爲有前項情形之資料者，應通知該少年法院。

第 48 條（裁定之送達）

少年法院所爲裁定，應以正本送達於少年、少年之法定代理人或現在保護少年之人、輔佐人及被害人，並通知少年調查官。

第 49 條（文書之送達）

I 文書之送達，除本法另有規定外，適用民事訴訟法關於送達之規定。

II 前項送達，對少年、少年之法定代理人、現在保護少年之人、輔佐人，及依法不得揭露足以識別其身分資訊之被害人或其法定代理人，不得爲公示送達。

III 文書之送達，不得於信封、送達證書、送達通知書或其他對外揭示之文書上，揭露足以使第三人識別少年或其他依法應保密其身分者之資訊。

第二節 保護處分之執行

第 50 條（訓誡之執行及假日生活輔導）

I 對於少年之訓誡，應由少年法院法官向少年指明其不良行爲，曉諭以將來應遵守之事項，並得命立悔過書。

II 行訓誡時，應通知少年之法定代理人或現在保護少年之人及輔佐人到場。

III 少年之假日生活輔導爲三次至十次，由少年法院交付少年保護官於假日爲之，對少年施以個別或群體之品德教育，輔導其學業或其他作業，並得命爲勞動服務，使其養成勤勉習慣及守法精神；其次數由少年保護官視其輔導成效而定。

IV 前項假日生活輔導，少年法院得依少年保護官之意見，將少年交付適當之機關、團體或個人爲之，受少年保護官之指導。

第 51 條（保護管束之執行）

I 對於少年之保護管束，由少年保護官掌理之；少年保護官應告少年以應遵守之事項，與之常保接觸，注意其行動，隨時加以指示；並就少年之教養、醫治疾病、謀求職業及改善環境，予以相當輔導。

II 少年保護官因執行前項職務，應與少年之法定代理人或現在保護少年之人爲必要之洽商。

III 少年法院得依少年保護官之意見，將少年交付適當之福利或教養機構、慈善團體、少年之最近親屬或其他適當之人保護管束，受少年保護官之指導。

第 52 條（感化教育之執行）

I 對於少年之交付安置輔導及施以感化教育時，由少年法院依其行爲性質、身心狀況、學業程度及其他必要事項，分類交付適當之福利、教養機構、醫療機構、執行過渡性教育措施、其他適當措施之處所或感化教育機構執行之，受少年法院之指導。

II 感化教育機構之組織及其教育之實施，以法律定之。

第 53 條（保護管束及感化教育之期間）

保護管束與感化教育之執行，其期間均不得逾三年。

第 54 條（轉介輔導及保護處分之限制）

I 少年轉介輔導處分及保護處分之執行，至多執行至滿二十一歲爲止。

II 執行安置輔導之福利及教養機構之設置及管理辦法，由兒童及少年福利機構之中央主管機關定之。

第 55 條（保護管束之考核）

I 保護管束之執行，已逾六月，著有成效，認無繼續之必要者，或因事實上原因，以不繼續執行爲宜者，少年保護官得檢具事證，聲請少年法院免除其執行。

II 少年、少年之法定代理人、現在保護少年之人認保護管束之執行有前項情形時，得請求少年保護官爲前項之聲請，除顯無理由外，少年保護官不得拒絕。

III 少年在保護管束執行期間，違反應遵守之事項，不服從勸導達二次以上，而有觀察之必要者，少年保護官得聲請少年法院裁定留置少年於少年觀護所中，予以五日以內之觀察。

IV 少年在保護管束期間違反應遵守之事項，情節重大，或曾受前項觀察處分後，再違反應遵守之事項，足認保護管束難收效果者，少年保護官得聲請少年法院裁定撤銷保護管束，將所餘之執行期間令入感化處所施以感化教育，其所餘之期間不滿六月者，應執行至六月。

第 55 條之 1（勞動服務）

保護管束所命之勞動服務爲三小時以上五十小時以下，由少年保護官執行，其期間視輔導之成效而定。

第 55 條之 2（安置輔導）

I 第四十二條第一項第三款之安置輔導爲二月以上二年以下。

II 前項執行已逾二月，著有成效，認無繼續執行之必要者，或有事實上原因以不繼續執行爲宜者，少年保護官、負責安置輔導之福利、教養機構、醫療機構、執行過渡性教育措施或其他適當措施之處所、少年、少年之法定代理人或現在保護少年之人得檢具事證，聲請少年法院免除其執行。

III 安置輔導期滿，少年保護官、負責安置輔導之福利、教養機構、醫療機構、執行過渡性教育措施或其他適當措施之處所、少年、少年之法定代理人或現在保護少年之人認有繼續安置輔導之必要者，得聲請少年法院裁定延長，延長執行之次數以一次為限，其期間不得逾二年。

IV 第一項執行已逾二月，認有變更安置輔導之福利、教養機構、醫療機構、執行過渡性教育措施或其他適當措施之處所之必要者，少年保護官、少年、少年之法定代理人或現在保護少年之人得檢具事證或敘明理由，聲請少年法院裁定變更。

V 少年在安置輔導期間違反應遵守之事項，情節重大，或曾受第五十五條之三留置觀察處分後，再違反應遵守之事項，足認安置輔導難收效果者，少年保護官、負責安置輔導之福利、教養機構、醫療機構、執行過渡性教育措施或其他適當措施之處所、少年之法定代理人或現在保護少年之人得檢具事證，聲請少年法院裁定撤銷安置輔導，將所餘之執行期間令入感化處所施以感化教育，其所餘之期間不滿六月者，應執行至六月。

第 55 條之 3（聲請核發勸導書）

少年無正當理由拒絕接受第二十九條第一項或第四十二條第一項第一款、第三款之處分，少年調查官、少年保護官、少年之法定代理人或現在保護少年之人、福利、教養機構、醫療機構、執行過渡性教育措施或其他適當措施之處所，得聲請少年法院核發勸導書，經勸導無效者，各該聲請人得聲請少年法院裁定留置少年於少年觀護所中，予以五日內之觀察。

第 56 條（感化教育之免除或停止執行）

I 執行感化教育已逾六月，認無繼續執行之必要者，得由少年保護官或執行機關檢具事證，聲請少年法院裁定免除或停止其執行。

II 少年或少年之法定代理人認感化教育之執行有前項情形時，得請求少年保護官為前項之聲請，除顯無理由外，少年保護官不得拒絕。

III 第一項停止感化教育之執行者，所餘之執行時間，應由少年法院裁定交付保護管束。

IV 第五十五條之規定，於前項之保護管束準用之；依該條第四項應繼續執行感化教育時，其停止期間不算入執行期間。

第 57 條（保護處分等之執行）

I 第二十九條第一項之處分、第四十二條第一項第一款之處分及第五十五條第三項或第五十五條之三之留置觀察，應自處分裁定之日起，二年內執行之；逾期免予執行。

II 第四十二條第一項第二款、第三款、第四款及同條第二項之處分，自應執行之日起，經過三年未執行者，非經少年法院裁定應執行時，不得執行之。

第 58 條（禁戒治療之期間及執行）

I 第四十二條第二項第一款、第二款之處分期間，以戒絕治癒或至滿二十歲為止。但認無繼續執行之必要者，少年法院得免除之。

II 前項處分與保護管束一併諭知者，同時執行之；與安置輔導或感化教育一併諭知者，先執行之。但其執行無礙於安置輔導或感化教育之執行者，同時執行之。

III 依禁戒或治療處分之執行，少年法院認為無執行保護處分之必要者，得免其保護處分之執行。

第 59 條（轉介處分、保護處分或留置觀察執行之通知）

I 少年法院法官因執行轉介處分、保護處分或留置觀察，於必要時，得對少年發通知書、同行書或請有關機關協尋之。

II 少年保護官因執行保護處分，於必要時得對少年發通知書。

III 第二十一條第三項、第四項、第二十二條第二項、第二十三條及第二十三條之一規定，於前二項通知書、同行書及協尋書準用之。

第 60 條（教養費用之負擔及執行）

I 少年法院諭知保護處分之裁定確定後，其執行保護處分所需教養費用，得斟酌少年本人或對少年負扶養義務人之資力，以裁定命其負擔全部或一部；其特殊清寒無力負擔者，豁免之。

II 前項裁定，得為民事強制執行名義，由少年法院囑託各該法院民事執行處強制執行，免徵執行費。

第三節　抗告及重新審理

第 61 條（抗告）

少年、少年之法定代理人、現在保護少年之人或輔佐人，對於少年法院所為下列之裁定有不服者，得提起抗告。但輔佐人提起抗告，不得與選任人明示之意思相反：

一　第二十六條第一款交付少年調查官為適當輔導之裁定。

二　第二十六條第二款命收容或駁回聲請責付之裁定。

三　第二十六條之二第一項延長收容或駁回聲請撤銷收容之裁定。

四　第二十七條第一項、第二項之裁定。

五　第二十九條第一項之裁定。

六　第四十條之裁定。

七　第四十二條之處分。

八　第五十五條第三項、第五十五條之三留置觀察之裁定及第五十五條第四項之撤銷保護管束執行感化教育之處分。

九　第五十五條之二第三項延長安置輔導期間之裁定、第五項撤銷安置輔導執行感化教育之處分。
十　駁回第五十六條第一項聲請免除或停止感化教育執行之裁定。
十一　第五十六條第四項命繼續執行感化教育之處分。
十二　第六十條命負擔教養費用之裁定。

第 62 條（被害人之抗告）
Ⅰ少年行為之被害人或其法定代理人，對於少年法院之左列裁定，得提起抗告：
一　依第二十八條第一項所為不付審理之裁定。
二　依第二十九條第一項所為不付審理，並為轉介輔導、交付嚴加管教或告誡處分之裁定。
三　依第四十一條第一項諭知不付保護處分之裁定。
四　依第四十二條第一項諭知保護處分之裁定。
Ⅱ被害人已死亡或有其他事實上之原因不能提起抗告者，得由其配偶、直系血親、三親等內之旁系血親、二親等內之姻親或家長家屬提起抗告。

第 63 條（抗告管轄法院）
Ⅰ抗告以少年法院之上級法院為管轄法院。
Ⅱ對於抗告法院之裁定，不得再行抗告。

第 64 條（刑訴法抗告之準用）
Ⅰ抗告期間為十日，自送達裁定後起算。但裁定宣示後送達前之抗告亦有效力。
Ⅱ刑事訴訟法第四百零七條至第四百十四條及本章第一節有關之規定，於本節抗告準用之。

第 64 條之 1（重新審理）
Ⅰ諭知保護處分之裁定確定後，有左列情形之一，認為應不付保護處分者，少年保護官、少年、少年之法定代理人、現在保護少年之人或輔佐人得聲請為保護處分之少年法院重新審理：
一　適用法規顯有錯誤，並足以影響裁定之結果者。
二　因發見確實之新證據，足認受保護處分之少年，應不付保護處分者。
三　有刑事訴訟法第四百二十條第一項第一款、第二款、第四款或第五款所定得為再審之情形者。
Ⅱ刑事訴訟法第四百二十三條、第四百二十九條、第四百三十條前段、第四百三十一條至第四百三十四條、第四百三十五條第一項、第二項、第四百三十六條之規定，於前項之重新審理程序準用之。
Ⅲ為保護處分之少年法院發見有第一項各款所列情形之一者，亦得依職權為應重新審理之裁定。
Ⅳ少年受保護處分之執行完畢後，因重新審理之結果，須受刑事訴追者，其不利益不及於少年，毋庸裁定移送於有管轄權之法院檢察署檢察官。

第 64 條之 2（重新審理）
Ⅰ諭知不付保護處分之裁定確定後有下列情形之一，認為應諭知保護處分者，少年行為之被害人或其法定代理人得聲請為不付保護處分之少年法院重新審理：
一　有刑事訴訟法第四百二十二條第一款得為再審之情形。
二　經少年自白或發見確實之新證據，足認其有第三條第一項行為應諭知保護處分。
Ⅱ刑事訴訟法第四百二十九條、第四百三十一條至第四百三十四條、第四百三十五條第一項、第二項及第四百三十六條之規定，於前項之重新審理程序準用之。
Ⅲ為不付保護處分之少年法院發見有第一項各款所列情形之一者，亦得依職權為應重新審理之裁定。
Ⅳ第一項或前項之重新審理於諭知不付保護處分之裁定確定後，經過一年者不得為之。

第四章　少年刑事案件

第 65 條（少年刑事案件之範圍及自訴之禁止）
Ⅰ對於少年犯罪之刑事追訴及處罰，以依第二十七條第一項、第二項移送之案件為限。
Ⅱ刑事訴訟法關於自訴之規定，於少年刑事案件不適用之。
Ⅲ本章之規定，於少年犯罪後已滿十八歲者適用之。

第 66 條（開始偵查）
檢察官受理少年法院移送之少年刑事案件，應即開始偵查。

第 67 條（起訴與不起訴處分）
Ⅰ檢察官依偵查之結果，對於少年犯最重本刑五年以下有期徒刑之罪，參酌刑法第五十七條有關規定，認以不起訴處分而受保護處分為適當者，得為不起訴處分，移送少年法院依少年保護事件審理；認應起訴者，應向少年法院提起公訴。
Ⅱ前項經檢察官為不起訴處分而移送少年法院依少年保護事件審理之案件，如再經少年法院裁定移送，檢察官不得依前項規定，再為不起訴處分而移送少年法院依少年保護事件審理。

第 68 條（刪除）

第 69 條（同一事件之處理）
對於少年犯罪已依第四十二條為保護處分者，不得就同一事件再為刑事追訴或處罰。但其保護處分經依第四十五條或第四十七條之規定撤銷者，不在此限。

第 70 條（偵查及審判之程序）
少年刑事案件之偵查及審判，準用第三章第一節及第三節有關之規定。

第 71 條（羈押之限制）

I 少年被告非有不得已情形，不得羈押之。

II 少年被告應羈押於少年觀護所。於年滿二十歲時，應移押於看守所。

III 少年刑事案件，前於法院調查及審理中之收容，視為未判決前之羈押，準用刑法第三十七條之二折抵刑期之規定。

第 72 條（刪除）

第 73 條（秘密審判）

I 審判得不公開之。

II 第三十四條但書之規定，於審判不公開時準用之。

III 少年、少年之法定代理人或現在保護少年之人請求公開審判者，除有法定不得公開之原因外，法院不得拒絕。

第 74 條（免刑及免刑後之處分）

I 法院審理第二十七條之少年刑事案件，對於少年犯最重本刑十年以下有期徒刑之罪，如顯可憫恕，認為依刑法第五十九條規定減輕其刑仍嫌過重，且以受保護處分為適當者，得免除其刑，諭知第四十二條第一項第二款至第四款之保護處分，並得同時諭知同條第二項各款之處分。

II 前項處分之執行，適用第三章第二節有關之規定。

第 75 條至第 77 條（刪除）

第 78 條（宣告褫奪公權之禁止）

I 對於少年不得宣告褫奪公權及強制工作。

II 少年受刑之宣告，經執行完畢或赦免者，適用關於公權資格之法令時，視為未曾犯罪。

第 79 條（宣告緩刑之要件）

刑法第七十四條緩刑之規定，於少年犯罪受三年以下有期徒刑、拘役或罰金之宣告者適用之。

第 80 條（執行徒刑應注意事項）

少年受刑人徒刑之執行，應注意監獄行刑法第三條、第八條及第三十九條第二項之規定。

第 81 條（假釋之要件）

I 少年受徒刑之執行而有悛悔實據者，無期徒刑逾七年後，有期徒刑逾執行期三分之一後，得予假釋。

II 少年於本法施行前，已受徒刑之執行者，或在本法施行前受徒刑宣告確定之案件於本法施行後受執行者，準用前項之規定。

第 82 條（緩刑假釋中保護管束之執行）

I 少年在緩刑或假釋期中應付保護管束。

II 前項保護管束，於受保護管束人滿二十三歲前，由檢察官囑託少年法院少年保護官執行之。

第五章　附　則

第 83 條（少年事件之保密）

I 任何人不得於媒體、資訊或以其他公示方式揭示有關少年保護事件或少年刑事案件之記事或照片，使閱者由該項資料足以知悉其人為該保護事件受調查、審理之少年或該刑事案件之被告。

II 違反前項規定者，由主管機關依法予以處分。

第 83 條之 1（紀錄之塗銷）

I 少年受第二十九條第一項之處分執行完畢二年後，或受保護處分或刑之執行完畢或赦免三年後，或受不付審理或不付保護處分之裁定確定後，視為未曾受各該宣告。

II 少年有前項或下列情形之一者，少年法院應通知保存少年前案紀錄及有關資料之機關、機構及團體，將少年之前案紀錄及有關資料予以塗銷：

一　受緩刑之宣告期滿未經撤銷，或受無罪、免訴、不受理判決確定。

二　經檢察機關將緩起訴處分期滿，未經撤銷之事由通知少年法院。

三　經檢察機關將不起訴處分確定，毋庸移送少年法院依少年保護事件審理之事由通知少年法院。

III 前項紀錄及資料，除下列情形或本法另有規定外，少年法院及其他任何機關、機構、團體或個人不得提供：

一　為少年本人之利益。

二　經少年本人同意，並應依其年齡及身心發展程度衡酌其意見；必要時得聽取其法定代理人或現在保護少年之人之意見。

IV 少年之前案紀錄及有關資料之塗銷、利用、保存、提供、統計及研究等相關事項之辦法，由司法院定之。

第 83 條之 2（未將紀錄塗銷之處罰）

違反前條規定未將少年之前科紀錄及有關資料塗銷或無故提供者，處六月以下有期徒刑、拘役或新臺幣三萬元以下罰金。

第 83 條之 3（驅逐出境）

I 外國少年受轉介處分、保護處分、緩刑或假釋期內交付保護管束者，少年法院得裁定以驅逐出境代之。

II 前項裁定，得由少年調查官或少年保護官聲請；裁定前，應予少年、其法定代理人或現在保護少年之人陳述意見之機會。但經合法通知，無正當理由不到場者，不在此限。

III 對於第一項裁定，得提起抗告，並準用第六十一條、第六十三條及第六十四條之規定。

IV 驅逐出境由司法警察機關執行之。

第 84 條（少年法定代理人或監護人之處罰）

I 少年之法定代理人，因忽視教養，致少年有第三條第一項之情形，而受保護處分或刑之宣告，或致保護處分之執行難收效果者，少年法院得裁定命其接受八小時以上五十小時以下之親職教育輔導，以強化其親職功能。

II 少年法院爲前項親職教育輔導裁定前，認爲必要時，得先命少年調查官就忽視教養之事實，提出調查報告並附具建議。

III 親職教育輔導之執行，由少年法院交付少年保護官爲之，並得依少年保護官之意見，交付適當之機關、團體或個人爲之，受少年保護官之指導。

IV 親職教育輔導應於裁定之日起三年內執行之；逾期免予執行，或至多執行至少年滿二十歲爲止。但因事實上原因以不繼續執行爲宜者，少年保護官得檢具事證，聲請少年法院免除其執行。

V 拒不接受親職教育輔導或時數不足者，少年法院得裁定處新臺幣六千元以上三萬元以下罰鍰；經再通知仍不接受者，得按次連續處罰，至其接受爲止。其經連續處罰三次以上者，並得裁定公告法定代理人之姓名。

VI 前項罰鍰之裁定，得爲民事強制執行名義，由少年法院囑託各該地方法院民事執行處強制執行之，免徵執行費。

VII 少年之法定代理人或監護人有第一項情形，情況嚴重者，少年法院並得裁定公告其姓名。

VIII 第一項、第五項及前項之裁定，受處分人得提起抗告，並準用第六十三條、第六十四條之規定。

第 85 條（重懲成年犯之條件）

I 成年人教唆、幫助或利用未滿十八歲之人犯罪或與之共同實施犯罪者，依其所犯之罪，加重其刑至二分之一。

II 少年法院得裁定命前項之成年人負擔第六十條第一項教養費用全部或一部，並得公告其姓名。

第 85 條之 1（刪除）

第 86 條（補助法規定之制定）

I 本法施行細則，由司法院會同行政院定之。

II 少年保護事件審理細則，由司法院定之。

III 少年法院與相關行政機關處理少年事件聯繫辦法，由司法院會同行政院定之。

IV 少年偏差行爲之輔導及預防辦法，由行政院會同司法院定之。

第 87 條（施行日）

I 本法自中華民國六十年七月一日施行。

II 本法修正條文，除中華民國一百零八年五月三十一日修正公布之第十八條第二項至第七項自一百十二年七月一日施行；第四十二條第一項第三款關於交付安置於適當之醫療機構、執行過渡性教育措施或其他適當措施之處所輔導部分及刪除第八十五條之一自公布一年後施行外，自公布日施行。

檢察機關辦理刑事訴訟案件應行注意事項

1.中華民國 57 年 2 月 28 日司法行政部發布
2.中華民國 70 年 6 月 16 日法務部修正發布
3.中華民國 71 年 10 月 7 日法務部修正發布
4.中華民國 74 年 11 月 11 日法務部函修正發布
5.中華民國 83 年 10 月 14 日法務部函修正發布全文 105 點
6.中華民國 85 年 2 月 2 日法務部函修正發布名稱及全文 99 點（原名稱：檢察處辦理刑事偵查及執行案件應行注意事項）
7.中華民國 87 年 10 月 22 日法務部函修正發布全文 103 點
8.中華民國 92 年 1 月 6 日法務部函修正發布全文 103 點
9.中華民國 93 年 6 月 23 日法務部令修正發布全文 148 點
10.中華民國95年12月8日法務部令修正發布第100、101、103、142、144～148點；增訂第 149、150 點；並自 95 年 12 月 11 日生效
11.中華民國 97 年 5 月 19 日法務部函修正發布第 101、125 點
12.中華民國 97 年 6 月 4 日法務部函修正發布第 138、139、141、142 點；並自 97 年 6 月 4 日實施
13.中華民國 97 年 9 月 23 日法務部函修正發布第 31 點；並自 97 年 9 月 23 日實施
14.中華民國 106 年 7 月 31 日法務部函修正發布第 21、33、36 點；並自 106 年 7 月 31 日生效
15.中華民國 108 年 3 月 20 日法務部函修正發布第 3、27、28、64、87、136、146、149 點；並自 108 年 3 月 20 日生效
16.中華民國 109 年 1 月 8 日法務部函修正發布第 40 點；並自 109 年 1 月 8 日生效

壹、通　則

一（刑事訴訟法與特別法適用關係）
刑事訴訟案件之偵查，本應依刑事訴訟法（以下簡稱本法）所定之程序辦理，其因時間上或地域上之特殊情形而適用其他法律所定之程序辦理者，於該特殊情形消滅後，尚未偵查終結者，即應適用本法所定程序終結之。（刑訴法一）

二（用語定義㈠）
本法第二條所謂實施刑事訴訟程序之公務員，在偵查中，係指司法警察、司法警察官、檢察事務官及檢察官而言。所謂被告，係指有犯罪嫌疑而被偵、審者而言。所謂有利及不利之情形，並不以認定事實爲限，凡有關訴訟資料及其他一切情形，均應爲同等之注意。其不利被告之情形有疑問者，倘不能爲不利之證明，即不得爲不利之認定。（刑訴法二）

三（命令移轉管轄）
高等檢察署或其檢察分署檢察長於高等法院或其分院裁定駁回聲請移轉管轄後，仍得將原檢察官之事務，移轉於管轄區域內其他檢察署或其檢察分署檢察官。（刑訴法一五、一六）

四（指定或移轉管轄之聲請人）
聲請指定或移轉管轄，須當事人始得爲之。原告訴人、告發人雖無聲請權，可請求檢察官聲請。（刑訴法一一）

五（訊問、詢問筆錄之製作）
訊問、詢問筆錄應當場製作，受訊問人、受詢問人之簽名、蓋章或指印，應緊接記載之末行，不得令其於空白紙上或以另紙爲之。至檢察官行訊問或搜索、扣押、勘驗時，如無書記官在場，得由其親自或指定其他在場執行公務之人員，依法製作筆錄。
前項在場執行公務之人員，係指檢察事務官、司法警察官、司法警察或其他與該案有關而在現場執行公務之人員。檢察事務官行詢問時，有關詢問筆錄之製作，應由行詢問以外之人爲之。但因情況急迫或事實上之原因不能爲之，而有全程錄音或錄影者，不在此限。（刑訴法三九、四一、四三、四三之一）

六（文書製作之簽名）
筆錄、起訴書、聲請簡易判決處刑書、不起訴處分書、緩起訴處分書、上訴書、抗告書、聲請書及其他由檢察官製作之文書，檢察官應注意簽名，不得疏漏。檢察事務官受檢察官指揮獨立製作文書時，亦同。（刑訴法三九、四三，參照最高法院二十八年上字第二三三號判例）

七（卷宗之編訂）
檢察署應保存之訴訟文書，依進行之次序，隨收隨訂案卷內，並應詳填目錄及刑事案件進行期限檢查表。檢察官製作之起訴書、聲請簡易判決處刑書、不起訴處分書、緩起訴處分書、上訴書及駁回再議聲請處分書原本應另行編訂卷宗保存，而以正本附於案卷內。（刑訴法五四）

八（送達證書及其收受）
送達證書，務必切實記載明確。如應送達之文書爲起訴書、聲請簡易判決處刑書、不起訴處分書或緩起訴處分書者，送達人應作收受證書，記明送達證書所列事項，並簽名後交受領人。至於向在監獄、看守所、少年觀護所、少年輔育院、少年矯正學校、技能訓練所或其他保安處分處所之人爲送達時，應囑託典獄長、看守所所長、少年觀護所主任、少年輔育院院長、少年矯正學校校長、技能訓練所所長或其他保安處分處所長官代爲送達其本人收受，不得僅送達於監院所校或保安處分處所而以其收文印章爲憑。（刑訴法六一、五六、六二準用民訴法一四一）

九（文書送達不徵費用及準用規定）

文書之送達，不得徵收任何費用，由書記官交由司法警察或郵政機關行之。至關於送達證書之製作及送達日時之限制，與拒絕收受之文件應如何處置，應注意準用民事訴訟法之規定。（刑訴法六一、六二準用民訴法一三九、一四〇、一四一）

一〇（遲誤聲請再議期間之回復）

遲誤聲請再議之期間者，檢察官得依聲請，准予回復原狀。（刑訴法六七、七〇）

貳、強制處分

一一（對在監所被告或證人之傳喚）

檢察官於偵查中傳喚在監獄、看守所、少年觀護所、少年輔育院、少年矯正學校、技能訓練所或其他保安處分處所之被告或證人時，應通知該監院所校或其他保安處分處所長官，並填具傳票囑託送達該被告或證人。（刑訴法七一、七三、一七六）

一二（拘票之簽發）

檢察官於司法警察官或司法警察依本法第七十一條之一第一項規定聲請簽發拘票時，務須詳為審查，核與規定相符後，始得簽發拘票，並即層報檢察長分案辦理。（刑訴法七一之一、法院組織法六三）

一三（拘提之執行）

拘提應用拘票者，應備拘票二聯，於執行拘提時，由執行拘提之檢察事務官、司法警察官或司法警察以一聯交被拘人或其家屬，並以書面通知被拘人指定之親友。如拘提之人犯，不能於二十四小時內到達指定之處所者，應不待其聲請，即解送較近之檢察署訊問其人有無錯誤。（刑訴法七七、七九、九一、九二）

一四（用語定義㈡）

本法第八十八條之一第一項之情況急迫，係指如不及時拘提，人犯即有逃亡之虞或偵查犯罪顯有重大困難者而言。同條第二項之其急迫情況不及報告檢察官者，係指檢察事務官、司法警察官或司法警察遇有上開情況急迫情事而不及報告檢察官簽發拘票者而言。（刑訴法八八之一）

一五（用語定義㈢）

本法第八十八條之一第一項第一款所謂現行犯，係指本法第八十八條第二項之現行犯及同條第三項以現行犯論者而言。檢察官如認犯罪嫌疑人所犯之罪情節輕微或顯係最重本刑為拘役或專科罰金之罪者，即令因現行犯之供述，且有事實足認為共犯嫌疑重大，亦不得逕行拘提。（刑訴法八八之一）

一六（用語定義㈣）

本法第八十八條之一第一項第二款所謂在執行中脫逃者，係指經依刑事法律指揮在監獄、看守所、少年輔育院、少年矯正學校或其他保安處分處所執行中脫逃者而言。所謂在押中脫逃者，係指經依刑事法律逮捕、拘提、羈押或收容中脫逃者而言。（刑訴法八八之一）

一七（區辨用語）

本法第七十六條第二款、第三款及第八十八條之一第一項第一款、第三款、第四款所謂有事實足認為，係指必先有具體事實之存在，且據此事實客觀上顯可認為犯罪嫌疑人，有逃亡之虞，有湮滅、偽造、變造證據或勾串共犯或證人之虞，或所犯之罪確有重大嫌疑等情形而言，檢察官應慎重認定，且應於卷內記明其認定之依據。本法第八十八條之一第一項第三款所謂有事實足認為，尤應注意不得僅憑主觀認定其行跡可疑或未帶身分證，即遽予盤查及逕行拘提。（刑訴法七六、八八之一）

一八（檢察官親自實施逕行拘提）

檢察官依本法第八十八條之一第一項規定拘提犯罪嫌疑人時，應出示證件，並告知其本人及以電話或書面告知其指定之家屬，得選任辯護人到場，並將訊問之時間、處所一併告知，如辯護人不到場者，仍應即時訊問。（刑訴法八八之一、二四五）

一九（檢察官實施逕行拘提後之處置）

前點告知被拘人，應將告知事由，記明筆錄，交被拘人簽名、蓋章或按指印後附卷。告知其家屬者，如以電話行之，應將告知人、受告知人之姓名、住址、電話號碼及告知之時間，記載於公務電話記錄表，層送檢察長核閱後附卷，如以書面行之，應將送達證書或收據附卷。（刑訴法八八之一）

二〇（逕行拘提後拘票之核發與審查）

檢察官於檢察事務官、司法警察官或司法警察依本法第八十八條之一第二項規定聲請簽發拘票時，應詳核其逕行拘提之理由，確與本法第八十八條之一第一項、第二項所定情形相符者，始予簽發拘票；如所陳報逕行拘提之理由與該條規定情形不合或被拘人為未滿十四歲之人者，應不予簽發，檢察事務官、司法警察官或司法警察應即將被拘人釋放，並將釋放之時間記明筆錄，交被拘人簽名、蓋章或按指印後附卷。經核准簽發拘票者，仍應於法定時間內將被拘人解送檢察官。如該被拘人為十四歲以上未滿十八歲之少年犯，應由檢察官或司法警察官移送該管少年法院（庭）。如檢察事務官、司法警察官或司法警察於執行拘提後，不立即陳報檢察官簽發拘票者，應查究其責任。（刑訴法八八之一、少年事件處理法一之一、一八）

二一（受拘捕被告之解送）

拘提或逮捕被告到場者，應即時訊問，不得延羈。檢察官於訊問後如認無聲請羈押必要者，應即釋放或命具保、責付或限制住居。如認有聲請羈押必要者，應即製作羈押聲請書，載明犯罪事實、所犯法條及證據清單，並具體敘明被告犯罪嫌疑重大及具有本法第一百零一條第一項、第一百零一條之一第一項各款羈押理由所依據之事實，備具繕本連同相關卷證及人犯一併送交法院，聲請羈押。檢察官聲請羈押及其准駁情形，應設簿登記。

前項聲請羈押之卷證，如有事實足認有湮滅、偽造、變造證據或勾串共犯或證人等危害偵查目的或危害他人生命、身體之虞，而應限制或禁止被告及其辯護人獲知者，應於送交法院前，另行分卷為適當之區隔，並於羈押聲請書敘明分卷之理由，請求法院以適當方式限制或禁止被告及其辯護人獲知。（刑訴法九三、一〇一之一、二二八第四項）

二二（羈押聲請未受准許裁定之收受與抗告）

前點羈押聲請，經法院裁定駁回或逕命具保、責付、限制住居者，檢察官如有不服，應於法院為裁定後迅速敘明不服之理由，提起抗告，以免使被告羈押與否之程序延宕不決。前述法院之裁定如為送達時，承辦檢察官應於裁定送達辦公處所後立即收受，如檢察官不在辦公處所時，由檢察長收受後，指定其他檢察官處理提起抗告事宜。（刑訴法四〇三、四〇四）

二三（訊問或詢問時對辯護人之通知）

訊問或詢問被告或犯罪嫌疑人，應將訊問或詢問之日、時及處所，以電話或書面通知辯護人。於訊問或詢問證人如被告在場時亦同。但情形急迫者，不在此限。（刑訴法二四五）

二四（通知辯護人準用之規定）

前點通知方式，準用第十九點告知被拘人家屬之規定。（刑訴法二四五）

二五（對辯護人調查證據或證據意見之尊重與徵詢）

檢察官對辯護人所提關於調查證據以供偵查案件參考之聲請，應予重視。如於訊問被告後認有必要時，亦應主動提示證物，徵詢在場辯護人意見。（刑訴法二四五）

二六（辯護人接見在押被告及通信之限制）

檢察官對於辯護人依本法第三十四條規定接見羈押中之被告並互通書信，僅得加以限制而不得禁止之，且其限制必須有事實足認辯護人有湮滅、偽造、變造證據或勾串共犯或證人之虞者，始得為之，縱該被告經依同法第一百零五條第三項規定禁止與外人接見及通信，其效力亦不及於辯護人。（刑訴法三四、一〇五）

二七（辯護人接見、通信之限制）

檢察官依本法第三十四條但書規定，限制辯護人接見、通信，務須審慎認定，並應將其限制或禁止所依據之事實及限制之方法及範圍記明於卷內並通知辯護人。（刑訴法三四）

二八（辯護人之在場權及限制）

檢察官、檢察事務官訊問、詢問被告時，應依本法第二百四十五條第二項規定，准許辯護人在場、陳述意見並札記訊問要點。但有事實足認有下列情形之一者，檢察官、檢察事務官報請檢察官同意後，得限制或禁止之：

一　有妨害國家機密之虞。

二　有湮滅、偽造、變造證據或勾串共犯或證人之虞。

三　有妨害他人名譽之虞。

四　其行為不當足以影響偵查秩序。

檢察官、檢察事務官依本法第二百四十五條第二項但書規定，限制或禁止辯護人在場、陳述意見或札記訊問要點，宜審慎認定，將其限制或禁止所依據之事由、限制之方法及範圍告知辯護人及被告，並命書記官記明於訊問或詢問筆錄。

檢察官、檢察事務官就辯護人在場製作之札記，除法律另有規定外，不得扣押。

檢察官、檢察事務官於訊問、詢問完畢後，宜詢問辯護人有無意見，並將其陳述之意見要旨記明筆錄。（刑訴法四一、二四五）

二九（律師登錄及加入公會之查對）

律師非經向法院登錄並加入執行業務所在地之律師公會後，不得執行辯護人職務。檢察官對被告或本法第二十七條第二項所列之人提出選任辯護人之委任書狀，應即查對律師名簿或其他證件，並應注意律師法有關法院登錄及加入律師公會之規定。（律師法九、一一）

三〇（辯護人經通知未到場之處置）

被告因傳喚到場，其選任辯護人已經合法通知而未到場者，檢察官或檢察事務官仍應按時訊問或詢問。對於自首或自行到場之被告，經以電話將訊問或詢問之時間、處所通知其辯護人而不到場者，亦同。如係對受逮捕拘禁中之被告訊問或詢問者，其辯護人如未到場，檢察官或檢察事務官仍宜為適當之等候後再行訊問或詢問，以保障受逮捕拘禁被告之防禦權，但應注意本法第九十三條之一第一項第五款等候時間不得逾四小時之規定。（刑訴法六三、七四、九三之一、二四五）

三一（訊、詢問筆錄內容之確認）

訊問或詢問完畢後令被告閱覽筆錄時，應許在場之辯護人協助閱覽。但應於筆錄上簽名。

辯護人請求將筆錄內容增、刪、變更者，應使被告明瞭增、刪、變更之內容後，將辯護人之陳述附記於筆錄。（刑訴法四一、二四五）

三二（聲請羈押傳喚、自首或自行到場被告應踐行之程式）

對於傳喚、自首或自行到場之被告，檢察官於訊問完畢後，認爲有羈押之必要者，應依本法第二百二十八條第四項規定，於踐行逮捕及告知手續後，向法院聲請羈押，並適用第二十一點、第二十二點規定。前述逮捕之告知，應以書面記載逮捕之事由、所依據之事實及逮捕時間，交付受逮捕之被告。（刑訴法二二八第四項）

三三（告知義務之踐行）

訊問或詢問被告前，應先告知被告犯罪嫌疑及所犯所有罪名、得保持緘默無須違背自己之意思而爲陳述、得選任辯護人、得請求調查有利之證據後，始能進行犯罪事實之訊問或詢問；如發現被告符合法律扶助法所定得申請法律扶助之要件者，並應告知其得依該法申請法律扶助。前述告知，應確實以口頭爲之並記明筆錄。如有必要，並得將所告知之事項記載於書面交付被告閱覽。

被告或犯罪嫌疑人爲精神障礙或其他心智缺陷無法爲完全之陳述者，應通知其法定代理人、配偶、直系或三親等內旁系血親或家長、家屬得爲其選任辯護人。但不能通知者，不在此限。

被告或犯罪嫌疑人爲精神障礙或其他心智缺陷無法爲完全之陳述或具原住民身分者，偵查中未經選任辯護人，應通知依法設立之法律扶助機構指派律師到場辯護。但經被告或犯罪嫌疑人主動請求立即訊問或詢問，或等候律師逾四小時未到者，得逕行訊問或詢問。

被告或犯罪嫌疑人爲精神障礙或其他心智缺陷無法爲完全之陳述者，應由本法第三十五條第三項所列之人爲其輔佐人，陪同在場。但經合法通知無正當理由不到場者，不在此限。（刑訴法二七、三一、三五、九五、法律扶助法六五）

三四（不正方法訊問之禁止）

訊問或詢問被告時，應出於懇切和藹之態度，不但不得用強暴、脅迫、利誘、詐欺、疲勞訊問、違法聲請羈押及其他不正之方法，即笑謔及怒罵之情形，亦應摒除。被告有數人時，應分別訊問或詢問之，其未經訊問或詢問者，不得在場。又對於被告之請求對質，除顯無必要者外，不得拒絕。（刑訴法九七、九八、一五六）

三五（訊問、詢問被告應注意之事項）

訊問或詢問被告，固重在辨別犯罪事實之有無，但與犯罪構成要件、量刑標準或加重、減免原因有關之事實，均應於訊問或詢問時，深切注意，研訊明確，倘被告提出有利之事實，自應就其證明方法及調查途徑，逐層追求，不可漠然視之。遇有被告自白犯罪，仍應調查其他必要之證據，詳細推訊是否與事實相符，以防作僞。（刑訴法二、九六、一五六）

三六（審慎聲請羈押）

對於被告聲請羈押，務須慎重將事，非確有本法第一百零一條第一項、第一百零一條之一第一項各款所列之情形，不得濫行聲請羈押。有無上述情形，自應先行訊問，經訊問後，縱有本法第一百零一條第一項、第一百零一條之一第一項各款之情形，如無羈押之必要亦得不聲請羈押，逕命具保責付或限制住居。至本法第一百零一條第一項、第一百零一條之一第一項所謂犯罪嫌疑重大或嫌疑重大者，係指其所犯之罪確有重大嫌疑而言，與案情重大不同，檢察官應依個案之證據審愼認定。

聲請羈押之卷證，如有事實足認有湮滅、僞造、變造證據或勾串共犯或證人等危害偵查目的或危害他人生命、身體之虞，檢察官於羈押審查程序應到庭說明理由，並指明限制或禁止被告及其辯護人獲知之範圍。

對於重大刑事案件、社會矚目案件，檢察官依卷證資料認有聲請羈押被告必要，而聲請羈押時，宜主動到庭陳述聲請羈押之理由或以其他適當之方法提出必要之說明，及相關之證據，以期毋枉毋縱。（刑訴法九三、一〇一、一〇一之一）

三七（到庭陳述聲請羈押意見應注意事項）

檢察官於法院審查羈押之聲請時，如到庭陳述意見，應注意其審查目的僅在判斷檢察官提出之羈押或延長羈押聲請是否符合法定要件，並非認定被告是否成立犯罪，必要時宜提醒法院無須進行辯論程序，並注意偵查不公開原則，避免揭露無關之偵查資料。且關於聲請羈押之理由，以釋明爲已足。（刑訴法一五九第二項）

三八（羈押要件）

本法第一百零一條第一項第一款、第二款、第一百零一條之一第一項所謂有事實足認爲之標準，應依具體事實，客觀認定之，並應於羈押聲請書內敘明其認定之根據。（刑訴法一〇一、一〇一之一）

三九（對於涉案外國人、大陸地區人民或香港及澳門居民之處置事宜）

檢察官對於因涉嫌犯罪在偵查中之外國人、大陸地區人民或香港及澳門居民，依本法第九十三條或第二百二十八條第四項規定實施訊問後，認有聲請羈押之必要者，應向法院聲請羈押，不宜命警察機關收容以代羈押，如無聲請羈押之必要，予以釋放或命具保、責付或限制住居時，宜立即將上開處分內容通知移送機關，由移送機關轉知收容主管機關本其權責，根據客觀之事實及法律之規定，自行決定對該涉案之外國人、大陸地區人民或香港及澳門居民是否予以強制收容。

對於前項受收容人涉嫌之偵查案件，應速偵速結，避免延宕而影響受收容人之權益，於案件偵查終結時並應儘速通知移送機關。（刑訴法九三、入出國及移民法三六、同法施行細則六四、

臺灣地區與大陸地區人民關係條例一八、香港澳門關係條例一四）

四〇（許可具保責付等羈押替代處分應注意事項）

檢察官依本法第九十三條第三項、第二百二十八條第四項逕命被告具保者，應指定保證金額，其保證金額須審酌被告所涉罪嫌、犯罪情節、所生危害及被告之身分、資力、犯罪所得等事項。如具保人已依指定之保證金額提出現金或有價證券時，應予准許，不得強令提出保證書。遇有以責付或限制住居之方法較適當者，亦應切實採行其方法。

檢察官依第一百十七條之一準用第一百十六條之二條第一項，命被告遵守該項各款之附隨處分者，應遵守比例原則，區分各款事項之目的、性質、功能及所能達成之替代羈押效果，並考量被告所涉罪嫌與所生危害、對被告身體、自由及名譽之影響、被害人受害情節及權利受損程度、保全司法機關追訴、審判或執行之功效等事項，另應注意與本法搜索及扣押、限制出境、出海等章節之適用關係，於衡酌人權保障及國家社會整體公共利益之均衡維護後，審慎酌定適當之處分及相當期間，不得超過必要之程度。（刑訴法一一一、一一五、一一六之二、一一七之一）

四一（覓保無著之處置）

第三十六點受具保或責付之被告，於本法所定候保時限內仍覓無保時，檢察官於依前點規定審酌被告之身分、資力及其犯罪情節後，認為不宜降低保證金額或改命限制住居或釋回，而有羈押之必要者，應迅於本法第九十三條第二項所定時限內聲請法院羈押。（刑訴法九三）

四二（保證金之沒入）

檢察官逕命具保之被告，需經合法傳喚無故不到場，並經拘提無著，足以認定係逃匿者，始得沒入其保證金。（刑訴法一一八）

四三（保證人或令受責付人逮捕與拘提之禁止）

檢察官逕命具保或責付之被告，於具保或責付後，潛逃無蹤，檢察官固得依規定沒入保證金或令受責付人追交被告，但除保證人或受責付人確有藏匿或使之隱避情事，應受刑事制裁外，不得對其逮捕或拘提。（刑訴法一一一、一一五、一一八）

四四（具保停止羈押或撤銷羈押意見之提出）

對於偵查中羈押之被告，法院為決定是否准予具保停止羈押或撤銷羈押，而徵詢檢察官意見時，檢察官應迅就具保停止羈押或撤銷羈押之適當與否，以書面、電話或其他迅捷方式具體表示意見；如以電話行之者，須作成公務電話紀錄附卷。前述意見，應注意於法院指定之期限內提出。（刑訴法一〇七、一一〇）

四五（搜索票之聲請）

檢察官實施搜索、扣押時，除應遵守本法第十一章規定外，應依照檢察機關實施搜索扣押應行注意事項辦理。

四六（強制處分執行之監督）

檢察官依第二十點或依本法第一百三十一條第三項，審核簽發拘票或檢察事務官、司法警察官、司法警察陳報逕行搜索之原因時，如發見檢察事務官、司法警察官或司法警察有濫用職權為拘提、搜索或藉詞延擱釋放被拘提人而涉有犯罪嫌疑或廢弛職務時，應即主動偵辦或簽報檢察長依調度司法警察條例第十一條至第十三條規定處理。（刑訴法八八之一、一三〇、一三一、二二八）

四七（扣押物之發還）

檢察官依職權或依聲請發還扣押物或留存物時，原則上應發還權利人，但應注意審酌該物之私權狀態，如有私權之爭執時，應由聲請發還之人循法定程序確認權利之歸屬，檢察官不宜逕自介入私權之認定。（刑訴法一四二）

四八（強制處分之慎重實施）

實施拘提、逮捕、搜索、扣押等強制處分時，不得超過必要之程度，並應注意當事人之身體及名譽。又社會之公益亦應注意，其為社會注目或涉外之案件，尤宜審慎為之。（刑訴法七七、七八、八九、九〇、一二二、一二四、一三二）

四九（偵查指揮書之簽發㈠）

檢察官依檢察官與司法警察機關執行職務聯繫辦法規定填發偵查指揮書，以確有繼續追查贓證、共犯之必要者為限。其指揮書並應記載追查贓證、共犯之意旨。（調度司法警察條例一〇）

五〇（偵查指揮書之簽發㈡）

檢察官對於司法警察機關依檢察官與司法警察機關執行職務聯繫辦法規定請求帶同被告追查贓證、共犯之報告，應從嚴審核，認確有必要者，應依前點規定辦理。（調度司法警察條例一〇）

五一（訊問解還被告應注意事項）

檢察官依檢察官與司法警察機關執行職務聯繫辦法規定訊問解還之被告時，應注意司法警察人員追查贓證、共犯之結果，及追查贓證、共犯有無不當情事，載明筆錄。

五二（空白令狀交付之禁止）

檢察官依檢察官與司法警察機關執行職務聯繫辦法規定將傳票、拘票、搜索票、扣押命令或其他文件交付檢察事務官、司法警察官、司法警察執行時，應記載法定事項，或核對有無缺漏，不得交付空白之傳票、拘票、搜索票、扣押命令或其他文件。（刑訴法七一、七七、一二八）

參、證　據

五三（調查事證、認定事實應注意事項）

檢察官偵查案件，應詳盡調查事證，認定事實應憑證據，所下判斷必須斟酌各方面之情形，且不違背一般人之經驗法則，所得結論不能有論理上之矛盾，斷不可憑空推測，僅以臆想之詞，如「難保」、「自屬當然」等字樣爲結論。（刑訴法一五四、一五五）

五四（無證據能力之意義）

本法第一百五十五條第二項所謂無證據能力，係指不能作爲證據者而言，玆例示如下：

㈠被告因強暴、脅迫、利誘、詐欺、疲勞訊問、違法羈押或其他不正方法所爲之自白，其自白無證據能力。（刑訴法一五六）

㈡實施刑事訴訟程序之公務員違背本法第九十三條之一第二項、第一百條之三第一項規定，或檢察事務官、司法警察官、司法警察詢問受拘提、逮捕之被告或犯罪嫌疑人，違背本法第九十五條第二款、第三款規定，所取得被告或犯罪嫌疑人之自白及其他不利之陳述，無證據能力，但經證明其等違背上述規定，非出於惡意，且該自白或陳述係出於自由意志者，不在此限。（刑訴法一五八之二）

㈢證人、鑑定人依法應具結而未具結者，其證言或鑑定意見，無證據能力。（刑訴法一五八之三）

㈣被告以外之人於審判外之陳述，除法律有規定者外，無證據能力。（刑訴法一五九）

㈤證人之個人意見或推測之詞，非以實際經驗爲基礎者，無證據能力。（刑訴法一六〇）

五五（以被告之自白為證據）

檢察官以被告之自白爲證據時，除應注意非出於強暴、脅迫、利誘、詐欺、疲勞訊問、違法羈押或其他不正方法外，並須於起訴書或聲請簡易判決處刑書內，說明其自白與事實相符之情形。

檢察官用以證明犯罪事實之證據，不得僅憑被告或共犯之自白爲已足，尙應提出足以證明被告或共犯自白與事實相符之補強證據。此一補強證據係指除被告或共犯自白外，其他足資以證明被告或共犯自白之犯罪事實確具有相當程度眞實性之證據而言，並非以證明犯罪構成要件之全部事實爲必要。（刑訴法一五六，最高法院七十三年台上字第五六三八號及七十四年台覆字第一〇號判例參照）

五六（對被告自白之任意性應指出證明方法）

審判中被告陳述其自白係出於不正之方法，該自白如係經檢察官提出者，檢察官須就該自白之出於自由意志，指出證明之方法。

所謂指出證明之方法，須被告先對自白任意性有爭執，如被告僅爲抽象之抗辯，檢察官得請求質問被告，藉以明瞭具體爭點所在，於被告釋明後，檢察官得以提出錄音帶、錄影帶、舉出證人等方式，作爲該自白出於自由意志之證明方法。此項證明以釋明爲已足。（刑訴法一五六）

五七（被告陳述任意性之主動調查）

爲保障刑事訴訟程序之公正，檢察官對於隨案解送之人犯，於訊問時，應問明在警詢中之陳述是否出於自由意志，以確保被告於警詢中陳述之任意性。如有被告指控遭受司法警察人員刑求時，應要求該被告詳細敘述遭刑求之過程，並予記明筆錄，必要時得當場勘驗身體有無留下遭刑求之痕跡，且予以拍照，並命法醫師、檢驗員對其驗傷或檢查身體，以便作爲日後查證之依據。如被告指控遭司法警察人員刑求一節並非實在，上開程序亦可作爲被告陳述出於自由意志之證明方法。（刑訴法一五六）

五八（被告緘默權之保障）

本法第一百五十六條第四項明定不得僅因被告拒絕陳述或保持緘默而推斷其罪行，故檢察官訊問時，宜特加注意調查其他證據，不得僅以被告拒絕陳述或保持緘默即指爲理屈詞窮而推斷其爲有犯罪嫌疑。（刑訴法一五六）

五九（用語定義㈤）

本法第一百五十七條所謂公眾週知之事實，係指一般人所通曉，無誤認之可能者而言，亦即自然之物理、生活之常態、普通經驗、無可爭執之事項。（刑訴法一五七）

六〇（對於違法取證非出於惡意之舉證）

實施刑事訴訟程序之公務員違背本法第一百五十八條之二所列法定程序而取得之被告或犯罪嫌疑人之自白或其他不利之陳述，如係由檢察官提出作爲證據者，應由檢察官就執行人員非明知而故意違法，且所取得之自白或陳述係出於被告或犯罪嫌疑人之自由意志，負舉證之責任，其舉證以釋明爲已足。（刑訴法一五八之二）

六一（證人傳票待證事由欄之記載）

證人傳票中待證之事由一欄，僅表明與何人有關案件作證即可，不須明白告知到場作證之事實，以免發生串證而失發見眞實之旨。（刑訴法一七五）

六二（具結義務及未具結之效果）

證人、鑑定人依法應具結而未具結者，其證言或鑑定意見，不得作爲證據。故檢察官訊問證人、鑑定人時，應注意具結之規定。

證人如應具結者，應命證人自行朗讀結文，必須證人不能自行朗讀，始命書記官朗讀，於必要時說明結文之意義並記明筆錄。

檢察官訊問證人，應注意告知證人爲明確之陳述，如非以實際經驗爲基礎者，不得摻雜個人意見或爲推測之詞。（刑訴法一五八之三、一六〇、一八九）

六三（違背法定程序取得證據之證據能力）

實施刑事訴訟程序之公務員因違背法定程序取得之證據，其證據能力除法律已有明文規定外，其有無證據能力之認定，應審酌人權保障及公共利益之均衡維護。檢察官對法院於個案權衡時，應注意法院是否斟酌下列事項：
㈠違背法定程序之情節。
㈡違背法定程序時之主觀意圖。
㈢侵害犯罪嫌疑人或被告權益之種類及輕重。
㈣犯罪所生之危險或實害。
㈤禁止使用證據對於預防將來違法取得證據之效果。
㈥偵審人員如依法定程序有無發現該證據之必然性。
㈦證據取得之違法對被告訴訟上防禦不利益之程度。（刑訴法一五八之四）

六四（證人親自到場陳述之義務）
證人必須到場親自陳述，雖有不得已情形，亦須就其所在或於其所在檢察署或其檢察分署訊問，其僅以書面代陳述者，不得作爲證據採用，但應注意傳聞法則之例外規定。又證人委託他人代表受訊，既非親歷之人，亦不得視爲合法證言。（刑訴法一五五、一五九、一七七）

六五（傳聞證據之排除）
被告以外之人如共同被告、共犯、證人、鑑定人、被害人等，以審判外之言詞或書面陳述，作爲證據以證明其所敘述之事項爲眞實者，該審判外之陳述即屬於傳聞證據，除法律另有規定外，無證據能力，不得作爲證據使用。所稱法律另有規定，係指本法第一百五十九條之一至第一百五十九條之五、第二百零六條、性侵害犯罪防治法第十五條第二項、兒童及少年性交易防制條例第十條第二項、家庭暴力防治法第二十八條第二項、組織犯罪防制條例第十二條及檢肅流氓條例第十二條中有關秘密證人筆錄等多種刑事訴訟特別規定之情形。另簡易程序及簡式審判程序，亦不適用本法第一百五十九條第一項所定之傳聞法則，檢察官對於上開傳聞之例外情形，應予注意並適時主張。（刑訴法一五九）

六六（傳聞證據排除之適用範圍）
偵查中關於羈押、搜索、鑑定留置、許可、證據保全及其他依法所爲強制處分之審查，除特重急迫性及隱密性，應立即處理且審查內容不得公開外，其目的僅在判斷有無實施證據保全或強制處分之必要，因上開審查程序均非認定被告有無犯罪之實體審判程序，其證明法則僅以釋明爲已足，故亦不適用本法第一百五十九條第一項有關傳聞法則之規定。檢察官實施上開強制處分前，如需向法官聲請核票者，對於上開傳聞之例外情形，應予注意並適時主張。（刑訴法一五九）

六七（傳聞證據排除之例外㈠）
被告以外之人於偵查中向檢察官所爲之陳述，除顯有不可信之情況者外，得爲證據。所謂顯有不可信之情況，應審酌被告以外之人於陳述時之心理狀況、有無受到外力干擾等外在環境及情況，綜合判斷之。對於顯有不可信之情況，審判中雖應由主張排除該陳述證據能力之被告或其辯護人釋明之，檢察官仍宜予注意並適時主張之。（刑訴法一五九之一）

六八（傳聞證據排除之例外㈡）
被告以外之人於審判中之陳述與其先前在檢察事務官、司法警察官或司法警察調查中所爲陳述不符時，其先前陳述必須具有可信之特別情況及爲證明犯罪事實存否所必要者兩項要件，始得作爲證據。而檢察官於審判中主張具有可信之特別情況，應比較其前後陳述時有無其他訴訟關係人在場，陳述時之心理狀況、有無受到強暴、脅迫、詐欺、利誘等外力干擾之外在環境及情況，如有必要，得聲請法院傳喚詢問或製作筆錄之檢察事務官、司法警察官、司法警察或其他在場之證人作證；或勘驗詢問時之錄音帶、錄影帶。（刑訴法一五九之二、一五九之三）

六九（傳聞證據排除之例外㈢）
除本法第一百五十九條之一至第一百五十九條之三或其他法律所定之情形外，公務員職務上製作之紀錄文書、證明文書，如戶籍謄本、公證書等，或從事業務之人於業務上或通常業務過程所須製作之紀錄文書、證明文書，如醫師診斷病歷、商業帳簿、航海日誌等，若無顯然不可信之情況，亦得作爲證據；其他於可信之特別情況下所製作之文書，如政府公報、家族譜、商業調查報告、統計表、商品行情表、曆書、學術論文等，亦同。檢察官對於上開屬傳聞例外之文書，應予注意並適時主張之。（刑訴法一五九之四）

七〇（檢察官之舉證責任㈠）
檢察官就被告犯罪事實，應負舉證責任，並指出證明之方法。故檢察官依偵查所得之證據，足認被告有犯罪嫌疑，提起公訴時，起訴書內記載之犯罪事實及證據並所犯法條等事項，應指明證據方法或證據資料與待證事實之關係，如係移送併案審理之案件，亦應檢具併案意旨書，以落實舉證責任。（刑訴法一六一）

七一（檢察官之舉證責任㈡）
檢察官對法院於第一次審判期日前，認爲指出之證明方法顯不足認定被告有成立犯罪之可能，以裁定命補正時，檢察官如認爲上開裁定爲有理由，應即在法院所指定之相當期間內，補正相關證據資料或證明之方法；如無法在指定期間內完成者，應即聲請法院酌予延長，不得延宕不予處理。檢察官對於法院命補正之事項，如須發動強制處分權時，應向法院聲請保全證據，不宜逕自實施強制處分。檢察官如已盡調查能事認無從補正者，或依卷內其他證據已足資證明被告成立犯罪者，應函復法院並說明不補正之原因。

檢察官對於案件已逾第一次審判期日或經法院為相當時日之調查，或被告及其辯護人對證據之證明力已有所爭執，即非所謂顯不足以認定被告有成立犯罪之可能情形，此時法院所為通知補正之裁定，尚與本法第一百六十一條第二項之要件不符，檢察官為落實舉證責任固無妨加強舉證，惟認已無補充證據之必要時，應請法院以實體判決終結訴訟。（刑訴法一六一）

七二（檢察官之舉證責任㈢）

檢察官對法院依本法第一百六十一條第二項所為駁回起訴之裁定，如有不服，應載明理由，依本法第四百零三條第一項規定提起抗告。如法院駁回起訴之裁定已確定者，非有本法第二百六十條各款情形之一，不得對於同一案件再行起訴。

檢察官對於駁回起訴之案件，為善盡調查之能事，仍應分案再行偵查，如發現新事實、新證據，或有本法第四百二十條第一項第一款、第二款、第四款或第五款所定得為再審原因之情形者，自得再行起訴，但不得僅提出與原案相同之事證即再行起訴。（刑訴法一六一、二六〇）

七三（聲請調查證據應注意事項）

檢察官於審判程序中，有聲請法院調查證據之權利，並得於調查證據時，詢問證人、鑑定人或被告，審判長除認為該詢問係不當者外，不得禁止之。故檢察官對有利於眞實發現之證據，且該證據與待證事實具有關連性，並有調查之可能，在客觀上確為法院認定事實及適用法律之基礎者，均得聲請法院調查。

檢察官對於法院依本法第一百六十三條第二項規定行職權調查證據前，依同條第三項之規定，有權對於證據調查範圍、順序及方法等陳述意見，如法院為上開調查前，未給予陳述意見之機會，而檢察官有意見陳述者，應主動請求法院給予陳述意見之機會。（刑訴法一六三）

七四（勘驗之必要性）

檢察官實施勘驗應製作筆錄，記載勘驗始末及其情況，並履行法定之方式。如有勘驗物之狀態，非文字所能形容者，宜製作圖畫或照片，附於筆錄之後。履勘犯罪場所或其他與案情有關係之處所，均須將當場勘驗情形詳細記載，不得有含糊模稜或遺漏之處。

檢察官勘驗屍傷應依檢察機關與司法警察機關勘驗屍傷應行注意事項規定辦理。（刑訴法四二、四三、二一二、二一三）

七五（有關證人拒絕證言權之告知義務）

除法律另有規定者外，不問何人，在他人為被告之案件，均有作證之義務，期能有助於發見事實之眞相。惟證人中有因公務關係應保守秘密而得拒絕證言者、有因與當事人之身分關係得拒絕證言者、有因業務關係有保密義務而得拒絕證言者、有因利害關係而得拒絕證言者，訊問或詢問此等證人之前，除本法第一百八十五條第二項明定證人與被告有第一百八十條第一項之關係者，應告以得拒絕證言、第一百八十六條第二項明定證人有第一百八十一條之情形者，應告以得拒絕證言外，其他情形，亦應告知證人得拒絕證言，以昭程序之允當。（刑訴法一七六之一、一七九、一八〇、一八一、一八二、一八五、一八六）

七六（證人、鑑定人等真實陳述之義務）

證人、鑑定人、通譯，於檢察官偵查時，供前或供後具結陳述不實者，應注意刑法第一百六十八條規定，又關於鑑定及通譯事項並應注意關於準用人證之各規定。（刑訴法一九七、二〇二、二一一）

七七（鑑定人或鑑定機關書面鑑定報告之證據能力）

受檢察官選任之鑑定人或囑託之鑑定機關、團體所為之書面鑑定報告，屬本法第一百五十九條所定傳聞之例外規定，具有證據能力。檢察官對於上開傳聞之例外情形，應予注意並適時主張之。（刑訴法一五九、一九八、二〇六、二〇八）

七八（鑑定）

檢察官行鑑定時，除以專家為鑑定人外，得囑託醫院、學校或其他相當之機關、團體為鑑定或審查他人之鑑定。鑑定之經過及結果，應以言詞或書面報告，其以書面為之者，於必要時得使其以言詞說明。鑑定人或受囑託之醫院、學校、機關、團體實施鑑定或審查之人，為言詞報告或說明時，有具結之義務。（刑訴法二〇二、二〇六、二〇八）

七九（鑑定留置之聲請）

為鑑定被告心神或身體，檢察官認有必要對被告為鑑定留置時，無論被告是否同意，均應聲請法院簽發鑑定留置票。檢察官對被告聲請鑑定留置時，應就鑑定留置之必要性，於聲請書內釋明之。（刑訴法二〇三、二〇三之一）

八〇（審酌提出鑑定留置聲請之應注意事項）

檢察官聲請鑑定留置之期間，應審酌鑑定事項之具體內容、檢查之方法、種類及難易程度等情狀，預定七日以下之期間，向該管法院聲請之；如依實際狀況所需，在期滿前須延長者，應及早聲請該管法院延長。鑑定留置期間自法院簽發鑑定留置票之日起算，該期間於執行時，依刑法第四十六條規定折抵。（刑訴法二〇三、二〇三之三、二〇三之四）

八一（鑑定留置期間之戒護）

鑑定留置期間，被告有看守之必要者，偵查中檢察官得依職權或依留置處所管理人員之聲請命檢察署之法警或洽請移送（報告）該案件或留置處所當地之司法警察機關派人執行。該聲請應以書狀敘述有必要看守之具體理由。（刑訴法二〇三之二）

八二（鑑定許可書之核發）

應經許可始得進行之鑑定行為，尤其本法第二百零五條之一第一項之採取出自或附著身體之物如：分泌物、排泄物、血液、毛髮、膽汁、胃液、留存於陰道中之精液等檢查身體之鑑定行為，係對人民身體之侵害，偵查中檢察官核發鑑定許可書前，應本於發現眞實之目的，詳實審酌該鑑定對於確定訴訟上重要事實是否必要，以符合鑑定應遵守之必要性與重要性原則，並愼重評估鑑定人是否適格。

鑑定許可，檢察官得依職權或依聲請為之，司法警察機關因調查案件之必要，亦得陳請檢察官依職權為之。

聲請鑑定許可，應以鑑定人為聲請人。鑑定人聲請核發鑑定許可書，得以言詞或書面為之，其書面格式不拘，惟不論以言詞或書面聲請，均應敘明有必要為本法第二百零四條第一項、第二百零五條之一第一項所列行為之具體理由。（刑訴法二〇四、二〇四之一、二〇五之一）

八三（檢察官核發鑑定許可書）

鑑定許可書應載明本法第二百零四條之一第二項所定應記載事項、對檢查身體附加條件者其條件、經許可得為之本法第二百零五條之一第一項所列處分行為、簽發日期及執行期間屆滿後不得執行，應即將許可書交還之意旨。鑑定許可書得於選任鑑定人或囑託鑑定機關鑑定時，隨函送達於鑑定人或鑑定機關。（刑訴法二〇四、二〇四之一、二〇四之二、二〇五之一）

八四（拒絕鑑定之處置）

檢察官對無正當理由而拒絕接受檢查身體、解剖屍體及毀壞物體之鑑定處分者，得率同鑑定人實施之，並對拒絕者施以必要之強制力；該拒絕接受身體檢查者若係被告以外之人，且得處以新臺幣三萬元以下之罰鍰。該罰鍰之處分，檢察官應聲請該管法院裁定之。（刑訴法二〇四之三、二一九、一三二、一七八）

八五（對被告以外之人檢查身體之傳喚與拘提）

檢察官為檢查被告以外之人之身體，得以傳票傳喚其到場或至指定之其他處所，經合法傳喚，無正當理由而不到場者，除得處以罰鍰外，並得命拘提。前開傳票、拘票除分別記載本法第一百七十五條第二項、第七十七條第二項所列各款事項外，應併載明因檢查身體而傳喚或拘提之旨。（刑訴法二一五）

八六（聲請證據保全之要件）

證據保全，以證據有湮滅、偽造、變造、隱匿或礙難使用之虞為要件，如：保存有一定期限之電訊通聯紀錄、證人身罹重病恐將死亡或即將遠行久居國外、證物不易保存有腐敗、滅失之可能、避免醫院之病歷遭竄改、確定人身受傷之程度、原因或違法濫墾山坡地、於水利地違法傾倒垃圾及不動產遭竊佔之範圍等，該要件即為應保全證據之理由。檢察官受理證據保全之聲請，應詳為審酌聲請證據保全之人於聲請書上有無記載明確並加以釋明。（刑訴法二一九之一、二一九之五）

八七（檢察官受理證據保全之聲請）

檢察官受理偵查中證據保全之聲請，須由告訴人、犯罪嫌疑人、被告、辯護人或代理人所提出者，方屬適格。

如案件尚未移送或報告檢察官，前項聲請應由調查該案之司法警察（官）所屬機關所在地之地方檢察署檢察官受理；如案件已移送或報告檢察官或由檢察官自行偵查中，前項聲請應由承辦該案件之檢察官受理。（刑訴法第二一九之一、二一九之三）

八八（檢察官駁回保全證據之聲請或逾五日不為保全處分）

檢察官受理證據保全之聲請，如為駁回處分時，得以簡便函文載明該聲請不合法或無理由，通知聲請人，並於函內加註聲請人得逕向該管法院聲請保全證據之意旨。如檢察官基於偵查必要性之考量，對該聲請不擬於五日內處理者，應將其暫不處理之理由，以適當方式留下記錄，俾便日後稽考。（刑訴法二一九之一）

八九（檢察官對法院徵詢聲請證據保全意見之提出）

偵查中檢察官駁回保全證據之聲請或逾法定期間未為保全處分，而由法院受理告訴人、犯罪嫌疑人、被告或辯護人提出保全證據之聲請，法院於決定是否准許前徵詢檢察官意見時，檢察官應就保全證據適當與否，以書面、電話或其他方式具體表示意見；如以電話行之者，須作成公務電話記錄附卷。前述意見，應注意於法院指定之期限內提出。（刑訴法二一九之二）

九〇（保全證據之實施）

檢察官決定為保全證據之處分後，為執行該處分所為搜索、扣押、鑑定、勘驗、訊問證人或其他必要之保全處分，除有特別規定外，須依其實施之具體方法，分別準用本法第一編第十一章搜索及扣押、第十二章證據之規定。

前項所謂特別規定，如本法第二百十九條之六所定辯護人得於實施保全證據時在場之規定即是。此種情形即不再準用本法第一百五十條第一項規

定。（刑訴法二一九之八）

肆、偵　查

九一（告訴之代理）

告訴人於偵查中，得委任代理人，該代理人並不以具備律師資格者爲限。告訴代理人不論爲律師或非律師，於偵查中，基於偵查不公開原則，不得檢閱、抄錄或攝影卷宗、證物。

外國人如委任告訴代理人，其委任狀或授權書之審核，應與受理本國人案件持相同之態度，如依卷證資料已足認其委任或授權爲眞正，而他造亦不爭執，即無須要求其委任狀或授權書應經認證。（刑訴法二三六之一）

九二（聲請交付審判之閱卷）

律師受告訴人委任聲請交付審判，如欲檢閱、抄錄或攝影偵查卷宗及證物，不論是否已向法院提出理由狀，均應向該管檢察署檢察官聲請之。該卷宗或證物如由法院調借中，檢察官應通知調借之法院速將卷證送還，俾便於律師聲請閱卷。

檢察官將卷宗或證物提供律師閱覽前，應仔細檢查及判斷是否有涉及另案偵查不公開或其他依法應予保密之情形，如有上開情事，依本法第二百五十八條之一第二項但書規定，得限制或禁止之。（刑訴法二五八之一）

九三（轄區外行使職務）

檢察官因發現眞實之必要或遇有急迫情形時，得於管轄區域外行其職務。（刑訴法一三、一六）

九四（言詞告訴之處理）

遇有以言詞告訴、告發、自首者，應立即製作筆錄，向告訴、告發、自首人朗讀或令其閱覽，詢以記載有無錯誤後，命其簽名、蓋章或按指印，如係委託他人代行告訴者，應注意其委任是否眞確及本人有無意思能力，與是否自由表示。（刑訴法二四二）

九五（告訴乃論之罪應先調查事項）

告訴乃論之罪，應先注意其告訴是否經過法定告訴期間及告訴人是否有告訴權。若告訴人於合法告訴後死亡，或其身分關係消滅，仍於告訴效力不生影響。惟所告訴者，如係刑法第二百三十九條之通姦罪，並應注意其有無縱容或宥恕情形。（刑訴法二三二、二三七）

九六（告訴乃論之罪，被害人死亡時應注意事項）

告訴乃論罪，被害人已死亡者，應注意本法第二百三十三條第二項及第二百三十六條第二項之適用。但依各該規定告訴者，除被害人之法定代理人或配偶有獨立告訴權者外，不得與被害人明示之意思相反。

如被害人年齡幼稚，不解告訴意義，而其法定代理人又係被告或因與被告有親屬關係而不爲告訴，復無本法第二百三十五條後段所示之告訴人時，檢察官得依利害關係人之聲請或依職權指定代行告訴人，並注意通知兒童及少年福利主管機關提出告訴。（刑訴法二三三、二三六、兒童及少年福利法七〇）

九七（檢察官偵查犯罪應注意事項）

檢察官偵查案件，除依本法第一編第八章至第十二章辦理外，應以一切方法爲必要之調查，遇有犯罪嫌疑人未明者，仍應設法偵查。

關於犯罪相關地點、遺留器械物品、犯人之來蹤去跡及其身材、相貌、口音、指紋與其他特徵，並被害人之身分、職業、家庭、交際或其他關係，均可爲偵查之線索，應隨時注意之。（刑訴法二二八）

九八（行政違法情節之通知）

檢察官偵查犯罪應依本法或其他法律之規定行使職權，如發現偵查中之案件有違反行政規定之情節，本於檢察官爲國家公益代表人之身分，宜函知行政主管機關本於權責依法處理，其函知之目的係促請該行政主管機關查知並依法處理之意，自不宜有命令性質，以避免干涉該主管機關依法行政。至於處理方式，應由該行政機關本於權責，根據客觀之事實，依據法令之規定處理之，檢察官不宜給予具體指示。

九九（指認犯罪嫌疑人之方式）

檢察官對於有必要指認犯罪嫌疑人或被告之案件，爲期勿枉勿縱，應審愼爲之，確實依照本法之規定，實施全程錄音及必要時全程錄影，並依案情之需要，以各檢察署所設置單面指認玻璃及雙向視訊系統，實地操作使用。指認前應由指認人先陳述犯罪嫌疑人之特徵，於有數人可供指認時，對於可供選擇指認之人，其外型不得有重大之差異。指認前必須告知指認人，眞正之犯罪嫌疑人並不一定存在於被指認人之中，且不得有任何可能誘導之安排出現。檢察官行訊問或檢察事務官行詢問並製作指認之供述筆錄時，應要求證人將目擊經過、現場視線及犯罪嫌疑人之容貌、外型、衣著或其他明顯特徵等查證結果予以詳述，命書記官一併附記於筆錄內，以便與指認之結果進行核對查考。

一〇〇（偵查不公開）

偵查不公開之，如需公開揭露偵查中因執行職務知悉之事項，應注意檢察、警察暨調查機關偵查刑事案件新聞處理注意要點之規定，妥適發布新聞。（刑訴法二四五）

伍、偵查之終結

一〇一（提起公訴以起訴書為原則）

提起公訴，除與本案相牽連之犯罪或本罪之誣告罪，得於第一審辯論終結前之審判期日，以言詞追加起訴外，應以起訴書爲之。起訴書除應記載本法第二百六十四條第二項所規定之事項外，對惡性重大，嚴重危害社會治安之犯罪，如認有具體求刑之必要，應於起訴書中就刑法第五十七條所列情狀事證，詳細說明求處該刑度之理由；案件於法院審理時，公訴檢察官除就事實及法律舉證證明並爲辯論外，並應就量刑部分，提出具體事證，表示意見。如被告合於刑法第七十四條之要件者，亦可爲緩刑期間及條件之表示，惟應注意國家當前刑事政策及被告主觀情形，妥適運用。對於有犯罪習慣之被告，應注意請法院宣告保安處分，被告有自首、累犯等刑之減輕或加重之原因，以及應處以沒收、褫奪公權等從刑亦宜併予表明，以促使法院注意。

起訴書內應記載之事項，如有疏漏，應即依式補正。（刑訴法二六四、二六五）

一〇二（提起公訴應注意事項）

檢察官依偵查所得之證據，是否足認被告有犯罪嫌疑，及有無本法二百五十二條至第二百五十四條所列之情形，均爲起訴前應注意之事項。至被告在偵查中曾否到場及起訴時被告之所在是否明瞭，均於起訴不生影響。（刑訴法二五二至二五四）

一〇三（緩起訴處分）

檢察官爲緩起訴處分時，應注意適用檢察機關辦理緩起訴處分作業要點之規定。（刑訴法三七六、二五三之一、二五三之二）

一〇四（受理少年案件之處置）

司法警察機關移送檢察官偵查，或人民逕向檢察官告訴、告發之刑事案件，經查明被告係少年事件處理法第二條所稱之少年，或係未滿十二歲之人而有觸犯刑罰法律之行爲者，檢察官應即製作移送書，將原案送由該管少年法院或少年法庭處理，其有刑法第十八條第一項之情形者，無須適用本法第二百五十二條第八款爲不起訴之處分。（少年事件處理法一之一、一八、八五之一）

一〇五（少年刑事案件不起訴處分後之處置㈠）

少年法院或地方法院少年法庭依少年事件處理法第二十七條第一項第一款之規定移送之刑事案件，經檢察官調查結果，認爲非屬該款所列之罪者，應按本法第二百五十五條第一項爲不起訴之處分，俟處分確定後，將原案件函送該管少年法院或少年法庭另依保護事件程序處理。但處分確定後被告已滿二十歲者，應另分偵字案逕依本法實施偵查。（少年事件處理法二七、同法施行細則八、一二）

一〇六（少年刑事案件不起訴處分後之處置㈡）

少年法院或地方法院少年法庭移送之刑事案件，經檢察官調查結果，認爲有應不起訴之情形者，應適用本法第二百五十二條各款、第二百五十五條第一項有關規定，爲不起訴處分；其係告訴乃論之罪而未經告訴者，應簽報他結。但有下列情形之一者，應於處分確定或簽結後被告未滿二十歲前，將原案函送該管少年法院或少年法庭另依少年保護事件程序處理：

㈠依本法第二百五十二條第五款爲不起訴之處分者。

㈡告訴乃論之罪因告訴不合法、依法不得告訴而告訴，或已經撤回告訴後再行告訴，而依本法第二百五十五條第一項爲不起訴之處分者。

㈢告訴乃論之罪未經告訴而簽報他結者。

㈣少年法院或少年法庭移送之非屬少年事件處理法第二十七條所列之案件，經依本法二百五十五條第一項爲不起訴處分者。（少年事件處理法施行細則八、一〇、刑訴法二五二、二五五）

一〇七（少年刑事案件不起訴處分後之處置㈢）

檢察官對於少年法院或地方法院少年法庭移送之少年事件處理法第二十七條第二項之案件，經調查結果，認屬最重本刑五年以下有期徒刑之罪，參酌刑法第五十七條所列事項，認以不起訴爲適當者，得依少年事件處理法第六十七條前段規定，爲職權不起訴之處分，移送少年法院或少年法庭依少年保護事件程序審理，但處分確定後，被告已滿二十歲者，無庸移送。（少年事件處理法六七、同法施行細則八）

一〇八（少年刑事案件經不受理判決後之處置）

少年刑事案件因起訴程序違背少年事件處理法第六十五條第一項規定而經法院判決不受理確定者，檢察官應於收案審核登記後，迅將全案送由該管少年法院或少年法庭處理。但收受確定案卷，被告已滿二十歲者，應即另分偵字案逕依本法實施偵查。（少年事件處理法六五、同法施行細則八）

一〇九（案件不起訴處分或緩起訴處分後之處置）

偵查中羈押之被告，受不起訴或緩起訴之處分者，檢察官應即將被告釋放，並即時通知法院。案件經不起訴處分確定或緩起訴處分確定且期滿者，扣押之物件，除應沒收或爲偵查他罪或他被告之用應留存者外，應即發還，以後非具有本法第二百六十條所列情形之一者，不得對於同一案件再行起訴。惟本法第二百六十條所稱之新事實或新證據，只須爲不起訴處分以前未經發現至其後始行發現，且足認被告有犯罪嫌疑者爲已足，並不以確能證明犯罪爲必要。（刑訴法二五九、二六〇，最高法院四十四年台上字第四六七號、五十七年台上字第一二五六號判例參照）

一一〇（聲請再行起訴之處理）

告訴人於再議期間經過再議駁回後，以發現新事實、新證據或有再審原因爲理由，請求起訴，經檢察官查明並無可以起訴之新事實、新證據或有再審之原因者，於簽結後，祇須將理由以書面通知告訴人，不必再製作不起訴處分書。其由上級檢察長於再議期間經過後，復令偵查者亦同。（刑訴法二五七、二五八、二六〇，司法院院字第二八四號解釋參照）

一一一（再議聲請之處理）

原檢察官接受聲請再議書狀，應先行查核聲請人是否為告訴人、已否逾七日之期間及其聲請有無理由，並製作審核聲請再議意見書。若聲請人非告訴人或聲請已逾期者，其再議聲請為不合法，原檢察官應駁回再議之聲請，並予簽結。認為有理由者，應自行撤銷原處分，繼續偵查或起訴。繼續偵查之結果，仍得為不起訴處分或緩起訴處分，並另製作不起訴處分書或緩起訴處分書，依法送達。認為無理由者，應將審核聲請再議意見書連同卷宗及證物儘速送交上級檢察署檢察長或檢察總長，不得無故延宕。原檢察署檢察長於原檢察官認聲請為無理由，應行送交卷證時，如認案件尚有偵查之必要，在送交前得親自或指定其他檢察官再行偵查。其聲請逾期者，原檢察長應予駁回。

告訴人於不起訴處分書或緩起訴處分書送達前，聲請再議而不合程式者，如以言詞聲請，未具書狀，或具書狀未敘理由等，應通知其依本法第二百五十六條第一項前段規定辦理。（刑訴法二五六、二五六之一、二五七）

一一二（職權送再議之處理）

依職權送再議之案件，檢察官於處分書送達後，應儘速檢卷連同證物送上級檢察署檢察長或檢察總長，不得無故延宕。（刑訴法二五六）

一一三（再議聲請撤回之效力）

告訴人於檢察官將卷證檢送上級檢察署檢察長或檢察總長以前，撤回再議之聲請時，原不起訴處分或緩起訴處分，即行確定。但原檢察官或其他檢察官，先已認聲請為有理由，撤銷原處分而繼續偵查或起訴者，不受撤回之影響。（刑訴法二五七）

一一四（上級檢察長或檢察總長對再議聲請之處理）

上級檢察署檢察長或檢察總長，命令原檢察署檢察官續行偵查或起訴時，只應於令文內敘明理由，毋庸另作處分書。至命令續行偵查或起訴案件，本法雖未明定如何方式，但按其性質自應以命令行之。（刑訴法二五八，司法院院字第一六八號解釋參照）

一一五（再議聲請之駁回）

上級檢察署檢察長或檢察總長駁回再議，應製作處分書，由檢察長或檢察總長簽名蓋章。但因聲請再議不合法而駁回者，毋庸製作處分書。（刑訴法二五八，最高法院解字第二一〇號、司法院院字第一四二號解釋參照）

一一六（停止偵查之事由）

犯罪是否成立或刑罰應否免除，以民事法律關係為斷者，本法第二百六十一條雖規定應於民事訴訟終結前，停止偵查，但必須該民事訴訟之法律關係確為犯罪是否成立或刑罰應否免除之先決問題者，始可停止，不得以有該規定，輒予擱置，延滯案件之進行。（刑訴法二六一）

一一七（續行偵查後之不起訴處分）

檢察官接受上級檢察署檢察長或檢察總長命令續行偵查之案件，如偵查結果仍予不起訴處分或緩起訴處分，應即製作處分書依法送達，告訴人對之並得於法定期間內聲請再議。（司法院院字第八二號解釋參照）

一一八（聲請交付審判）

檢察官所為不起訴或緩起訴處分，告訴人不服駁回再議之處分者，得於接受處分書後十日內委任律師提出理由狀，向該管第一審法院聲請交付審判。

上級檢察署駁回再議聲請之處分書正本，應於尾頁末行附記上開事由，送達於聲請再議之人，以維告訴人之權益。並於結案後將全案卷證送還原檢察署，俾便該管第一審法院受理交付審判之聲請後，向原檢察署調取該案卷證。有關交付審判之要件是否具備，係由受理交付審判聲請之該管第一審法院為審查，如聲請人誤向駁回再議聲請之上級檢察署遞狀聲請，該上級檢察署於收受後，應即將該聲請狀轉送該管第一審法院辦理，並副知聲請人。（刑訴法二五八之一）

一一九（交付審判閱卷聲請之處理）

律師受告訴人委任聲請交付審判，如欲檢閱、抄錄或攝影偵查卷宗及證物，不論是否已向法院提出理由狀，均應向該管檢察署檢察官聲請之。該卷宗或證物如由法院調借中，檢察官應將律師聲請閱卷之事由通知法院，於法院將卷證送還後，除涉及另案偵查不公開或其他依法應予保密之情形，得予限制或禁止之外，應即儘速提供偵查卷宗及證物供其檢閱、抄錄或攝影。（刑訴法二五八之一）

一二〇（交付審判程序之準用）

檢察官對於法院裁定交付審判之案件，因視為已提起公訴，其程序準用本法第二編第一章第三節之審判程序，應到庭實行公訴。

檢察官基於公益代表人之身分，對於該案件，自不得因前經不起訴處分且駁回再議之聲請，而有懈怠，仍應與一般提起公訴之案件為相同處理。（刑訴法二五八之四）

一二一（聲請單獨宣告沒收）

檢察官為職權不起訴處分或緩起訴處分時，對被告供犯罪所用或供犯罪預備及因犯罪所得之物品，得依本法第二百五十九條之一規定，單獨聲請法院宣告沒收。但緩起訴之案件，因日後仍有起訴之可能，檢察官對該類案件宜於緩起訴處分確定且期滿後，始單獨聲請法院宣告沒收。（刑訴法二五九之一）

陸、實行公訴

一二二（簡式審判程序）

簡式審判程序貴在審判程序之簡省便捷，故調查證據之程序不受嚴格證明法則之限制，且因被告對於犯罪事實並不爭執，故不適用有關傳聞法則之規定。另爲求調查證據程序之簡化，關於證據調查之次序、方法之預定、證據調查請求之限制，及證人、鑑定人詰問之方式等，均不須強制適用，檢察官於實行公訴時，得視情況便宜處理。（刑訴法二七三之一、二七三之二）

一二三（檢察官實行公訴之職責）

檢察官有實行公訴之職責。對於提起公訴之案件，應於法院通知之審判期日始終到庭，不得無故缺席或先行離庭；如有正當理由預期無法到庭或全程在庭者，應洽請法院改期或爲適當之處理，或事先將其事由陳報該管檢察長，由該管檢察長指派或自行委託其他檢察官，依檢察一體原則到庭接替執行職務。（法院組織法六〇、刑訴法二七三、二八〇）

一二四（起訴或上訴要旨之陳述）

檢察官在第一審審判期日，應爲起訴要旨之陳述，在上訴審審判期日，如其上訴係由檢察官提起者，應爲上訴要旨之陳述，其陳述宜就起訴書或上訴理由書之綱領，提要說明，不得以詳如起訴書或上訴理由書爲詞，而將陳述省去，至於事實上或法律上意見，應於辯論時，詳細說明。（刑訴法二八六、二八九、三六五）

一二五（檢察官在庭實行公訴之方式）

檢察官實行公訴前，應詳研案卷，並預作摘記，俾資爲實行公訴攻擊防禦之準備。

實行公訴時，必須專注在庭，不得旁騖，對於在庭被告及被害人之陳述、證人之證言、鑑定人之報告、審判長提示之證物及宣讀之文件，暨其他對於被告有利不利之證據，均應密切注意。如有意見，並應適時表示，以協助法庭發見眞實。於審判中發見之情形與偵查時不同，自得變更起訴之法條，另爲適當之主張。論告時除應就本案事實之證明、法律之適用及有無刑之加重減輕原因，詳爲陳述意見，確實辯論，並應就量刑部分，提出具體事證，表示意見。倘發現有利於被告之證據，亦應爲有利於被告之論告。（刑訴法二八九）

一二六（續爲蒐集證據）

案件經起訴後，實行公訴之檢察官於必要時，仍得續爲證據之蒐集。

公訴檢察官續爲證據之蒐集時，應避免行使強制處分權。如有必要於審判外訪談證人時，應以通知書爲之。

一二七（證人詰問、詢問之禁止）

於行證人之詰問程序時，除本法第一百六十六條之七規定外，檢察官應注意特別法，如性侵害犯罪防治法第十四條、證人保護法第十一條、組織犯罪防制條例第十二條及國家機密保護法第二十五條第二項對證人禁止詰問事項或應予保密事項之規定。如辯護人或其他行詢問或詰問之人對證人有違反規定之詰問或詢問時，應即時提出異議。（刑訴法一六六之七、性侵害犯罪防治法一四、證人保護法一一、組織犯罪防制條例一二、國家機密保護法二五）

一二八（審理中之併案）

檢察官於偵查中發現有裁判上一罪關係之案件於法院審理中者，如欲移送該法院併案審理時，應敘明併案部分之犯罪事實及併案之理由，並知會該審理案件實行公訴之檢察官。（刑訴法二六七）

一二九（追加起訴）

檢察官實行公訴時，如遇有追加起訴之情形，應於追加起訴後，立即簽報檢察長，並通知原起訴檢察官，以利稽考。（刑訴法二六五）

一三〇（撤回起訴）

檢察官實行公訴時，於第一審辯論終結前，發現有應不起訴或以不起訴爲適當之情形而欲撤回起訴者，如該案件係有告訴人之案件，爲兼顧其權益，宜先以電話、傳眞、書面、電子郵件或當面告知等適當方式通知告訴人或其代理人。

基於檢察一體之原則，擬撤回起訴之案件如係由其他檢察官提起公訴者，撤回起訴書應先知會提起公訴之檢察官表示意見，經檢察長核可後，始得提出。原起訴檢察官如認其起訴之案件有應不起訴或以不起訴爲適當之情形時，亦得請實行公訴之檢察官撤回起訴，並準用上開程序辦理。（刑訴法二六九）

一三一（訴訟程序之監督）

檢察官實行公訴時，對於審判長或受命法官有關證據調查及訴訟指揮之處分，無論是積極之作爲或消極之不作爲，如認審判長或受命法官有怠於調查證據、維持訴訟秩序或有其他違法情事者，檢察官即得依本法第二百八十八條之三規定向法院聲明異議。（刑訴法二八八之三）

一三二（協助自訴）

檢察官有協助自訴之義務，對於法院通知審判期日之自訴案件，如有事實上或法律上之意見，或認爲與社會或國家之法益有重大關係，務於審判期日出庭陳述意見，不得以法文係得出庭陳述意見即予忽略。又自訴案件，如具有法定原因，經法院通知檢察官擔當訴訟時，即應擔當。（法院組織法六〇、刑訴法三三〇、三三二）

一三三（聲請繼續審判）
檢察官對於法院依本法第二百九十四條第一項、第二項、第二百九十五條至第二百九十七條及商標法第四十九條停止審判等之案件，於停止之原因消滅後，亦得聲請繼續審判。（刑訴法二九四至二九七、商標法四九）

柒、上　訴

一三四（檢察官裁判正本之收受與審查）
檢察官應於裁判正本送至其辦公處所後，即時收受送達，不得無故擱置，致延誤裁判確定之時間。收受裁判正本後，應立就原裁判認定事實有無錯誤、適用法則是否恰當，以及訴訟程序有無瑕疵、量刑標準及緩刑宣告是否適當，分別審查，以決定應否提起上訴或抗告，不得任意擱置，致遲誤上訴或抗告期間。如認原判決量刑失當或漏未宣告保安處分或緩刑者，應即提起上訴或為被告之利益聲明上訴。其上訴書，提起第三審上訴者，必須敘述理由。上訴第二審者，雖無必敘述理由之規定，但為明瞭上訴範圍及要旨，仍以敘述理由為宜。（刑訴法三四四、三七七、三八二）

一三五（違法不當判決之上訴）
檢察官發見原判決有違法或不當之處，無論被告上訴與否，應於法定期間內提起上訴，不得因被告已經提起上訴，即不予上訴或僅於答辯書內指摘其不當。如告訴人或被害人對於下級法院之判決有不服者，亦得請求檢察官上訴，除其請求顯無理由者外，檢察官不得拒絕。所謂顯無理由，係指該項請求之內容，在表面上不須再經調查，即可認為無理由者而言。（刑訴法三四四）

一三六（聲請提起非常上訴）
凡依法不得上訴者，檢察官雖不得依通常上訴程序提起上訴，但遇有違背法令情形，仍可俟原判決確定後，出具意見書，報請最高檢察署檢察總長提起非常上訴，以資糾正。（刑訴法四四二）

一三七（上訴之提起及撤回）
檢察官提起上訴，並不限於原偵查起訴之檢察官，亦不限於原出庭辯論之檢察官。至下級檢察官提起上訴之案件，經上級檢察官查核，認為程序顯不合法或實體上顯無理由者，得於上訴法院裁判前，撤回上訴。（刑訴法三五四）

捌、協商程序

一三八（聲請進行協商應注意事項）
案件有被害人者，檢察官於聲請法院同意進行協商前，應徵詢被害人之意見。
檢察官與被告於審判外進行協商時，應先簽會原偵查檢察官、主任檢察官表示意見。但被告所犯最重本刑為三年以下有期徒刑、拘役或專科罰金之罪者，不在此限。
檢察官為辦理與被告於審判外進行協商之事宜，得命檢察事務官為之。（刑訴法四五五之二）

一三九（協商之進行）
檢察官與被告於審判外進行協商時，非有特殊必要情形經報請檢察長核可者外，應於上班時間，在法院或檢察署之公務場所行之。
協商之案件，預期被告願受科處之刑逾有期徒刑六月，且未受緩刑宣告者，於進行協商時，應有被告之辯護人在場。被告未選任辯護人者，應待法院指定公設辯護人或律師為辯護人後行之。
檢察官對於協商之進行與合意之達成，應注意不得違反被告之自由意志。（刑訴法四五五之二、四五五之四、四五五之五）

一四〇（協商之內容）
檢察官與被告協商時，不得同意與被告罪責顯不相當之刑，且不得逾有期徒刑二年。是否同意緩刑之宣告，除應注意是否符合緩刑之要件外，亦應注意審酌被告之前科紀錄與本案之罪責及有無再犯之虞。
協商之內容不得承諾法律許可以外之利益，亦不得要求被告履行法律所不允許之事項。（刑訴法四五五之二、四五五之三）

一四一（協商之記錄及送閱）
檢察官與被告進行協商前，就協商之時間、地點填寫協商進行單。於協商時，倘檢察官親自為之，應有檢察事務官或書記官在場協助，如檢察官命檢察事務官為之者，應有書記官在場，並均應將協商結果作成書面紀錄，由參與協商之人簽名。
前項協商之過程，於必要時得以錄音方式留存紀錄。
第一項協商結果，應送請主任檢察官或檢察長核定。

一四二（協商判決之聲請）
檢察官經與被告達成協商合意，應以書面向法院聲請為協商判決。
聲請協商判決時，對於應諭知沒收、追徵、追繳或抵償者，應一併聲請法院依法諭知。（刑訴法四五五之二）

玖、執　行

一四三（死刑執行之審核）
諭知死刑之確定判決，經法務部核准執行之命令到達後，執行檢察官應即詳閱全卷，如發見有再審或非常上訴之理由者，應於三日內報請法務部再加審核。（刑訴法四六一）

一四四（罰金、罰鍰、追徵、追繳或抵償之執行）

罰金、罰鍰、追徵、追繳或抵償應就受裁判人本人之財產執行，其執行之程序準用執行民事裁判之規定，於必要時，得囑託地方法院民事執行處行之。（刑訴法四七一）

一四五（褫奪公權）

褫奪公權，經判決確定者，應即將被褫奪公權者之姓名、年籍等，函知受刑人、中央選舉委員會、行政院人事行政局、銓敘部或服務之公職機關。（刑法三六）

一四六（緩刑之執行）

受緩刑宣告之案件，應隨時檢查有無應撤銷或得撤銷緩刑宣告之情形。

受緩刑宣告之案件，如有應撤銷或得撤銷緩刑宣告之情形，收受他罪判決確定執行案件之檢察署，應立即通知受刑人所在地或其最後住所地之地方檢察署。

緩刑附條件者，於緩刑期滿前六十日，應再檢查有無得撤銷緩刑宣告之情形。（刑法七四、七五、七五之一、刑訴法四七六）

一四七（協商判決、緩刑附條件之執行）

緩刑附條件者，其條件之執行作業程序準用檢察機關辦理緩起訴處分作業要點之相關規定。協商判決宣告本法第四百五十五條之二第一項第二款至第四款事項者，亦同。（刑法七四、七五之一、刑訴法四五五之二）

一四八（保安處分之聲請）

檢察官依刑法第十九條第一項認被告行爲不罰而爲不起訴處分，如認有宣告保安處分之必要者，依本法第四百八十一條第二項規定，應注意聲請法院裁定之。又於法院裁判未併宣告保安處分而檢察官認有宣告之必要者，依同條第三項之規定應注意於裁判後三個月內聲請法院裁定。（刑訴法四八一）

一四九（假釋中付保護管束之聲請及執行）

假釋中付保護管束，由該案犯罪事實最後裁判法院相對應之檢察署檢察官依法務部核准之監獄受刑人假釋名冊向法院聲請裁定。於收受裁定正本後應即檢送並函請執行監獄所在地之地方檢察署命令該假釋受刑人於出獄後之指定期日內向其居住處所之地方檢察署報到，接受保護管束之執行。假釋經撤銷後，則無須聲請法院裁定撤銷保護管束。（刑法九三、刑訴法四八一、保安處分執行法六五之一）

一五〇（保護管束執行之監督）

檢察官對於執行保護管束者，應實行其監督權。關於受保護管束人之感化、監護、禁戒或工作及身體、品行、生計等情況，應隨時加以調查，不得僅以執行保護管束者之報告爲憑。如發現執行保護管束者有違背義務情事，亦應隨時督促糾正，必要時得予警告或另行指定執行保護管束者執行之。至接受執行保護管束之報告事項，更應即時予以適當之處理。（保安處分執行法六五）

貳、刑訴最新修正草案暨專論

平民參與審判制度概述

一、英美的陪審制

由法官主持審判程序的進行，而民眾所組成的陪審團（jury）根據法官審理過程中對被告或證人的訊問、證據能力的認定，進而以法官給予的法律見解認定事實是否符合刑事法律的規定，最後做出裁決認定被告是否有罪與否。陪審團做有罪或無罪的決定後，接著再由法官就陪審團的結論做成判決。法官只負責決定刑度輕重及指揮訴訟程序，陪審團開會討論案情期間，嚴禁法官參與，避免法官的心證影響陪審員。陪審團分為兩種：在刑事案件中決定是否對嫌疑人提起控訴的大陪審團（grand jury）；在刑事訴訟或民事訴訟的審理中參與其過程的為小陪審團（petit jury）。大陪審團和小陪審團的名稱來自兩者陪審員人數的多寡（傳統上，大陪審團由23 人組成，而小陪審團有 12 人）。一般所說的「陪審團」往往是指 12 人組成的小陪審團。此外，透過陪審員參與審判，由其就犯罪事實的存否做成裁決，而不是由長久浸淫於法律專業的法官決定，裁判的結果更能夠貼近一般社會大眾的認知度與期待[1]。

陪審員的選任，是從普通公民中隨機抽選的，其在參加刑事案件或民事訴訟的審理後，在僅有陪審員在場的情況下對案件做出評議後判決。

陪審制的優點，避免職業法官受政治力影響、收受賄賂缺乏社會經驗不食人間煙火的問題；而職業法官亦不與民眾合議評決，較不受職業法官影響，**但判決不說明理由、不得上訴亦係其缺點。**

二、歐陸的參審制

例如，德國的參審制度，是由非職業法官之平民參與審判。其組織與程序係規定於德國法院組織法（Gerichtsverfassungsgesetz）。德國參審制並不限於刑事案件之審判，亦包含行政訴訟、勞工案件或商務案件。亦即，由職業法官與平民法官（參審員，Schöffen）混合組成審判庭，從事

1 王兆鵬、張明偉、李榮耕，《刑事訴訟法（上）》，新學林，四版，2018.09，45 頁以下。

特定案件的審判工作。參審員消極資格方面，德國法院組織法第 33 條規定，未滿 25 歲、已滿或將滿 70 歲之人、健康不佳、德文能力不足、財務狀況不佳者；第34條規定，聯邦總統、聯邦或各邦政府官員、法官、檢察官、律師、宗教人士等不能擔任此職。參審員與職業法官共同評議案件，行使與職業法官相同評決權，且評決範圍不限於案件的事實，並及於認定被告是否有罪，以及刑罰與保安處分的宣告。參審員來自社會各階層，可憑其豐富的正義感，修正職業法官過於教條化的缺失，而且參審員選自民間，與具備高等教養的職業法官，對於社會變遷及生活方式的改變，必較為敏感，更能反映社會環境的法律價值觀，其所下的判斷更能獲得當事人的信服[2]。某些刑事案件的參審員係由「專家法官」出任。專家參審具有專業制衡的作用彌補職業法官法律以外專業能力的不足。因為，不少刑事案件都非常複雜，法官對於其他領域的專業知識，無法充分了解，例如，涉及精神醫學、交通鑑識、建築科技等案情時更倍覺困難。但是，如果法官本身具有與鑑定人相同的專業知識與經驗的話，除了可以避免完全依賴鑑定人的意見情況外，還可以對案情做有意義且恰當的發問。因為如果完全依賴鑑定人所提供的鑑定意見，無法對鑑定意見的正確與否加以判斷，那無異就是鑑定人的裁判，而不是法官的認定。所以，有學者主張援用具有專業知識的參審員，不但符合審判民主化的要求，也是改進鑑定人制度缺點的最佳選擇[3]。

三、日本的裁判員制

日本 2004 在（平成 16）年 5 月由國會通過立法，制定了「裁判員法」（即平民裁判員參與刑事審判的法律），日本政府經過一連串的宣導後（法律完成立法之後，有長達 5 年的施行準備期間，在此期間全國進行達 500 多次之裁判員模擬裁判，超過 200 多次之模擬選任程序。另有演講會、研討會、赴各級學校演講、在街頭進行宣傳活動等），自 2009 年 5 月，正式開始施行。它的旨趣在於做為法律專家的職業法官和法律素人一

2 張麗卿，〈鑑定人鑑定或專家參審〉，收錄於《驗證刑訴改革脈動》，五南圖書，四版，2017.09，190 頁以下。

3 張麗卿，《刑事訴訟法理論與運用》，五南圖書，十四版，2018.09，391 頁。

般平民出任的裁判員，以日本獨特的形式進行審理。在重大事件中，反映了非法律專家的通常國民的一般通念，以及在重大事件中的審理迅速化，此乃導入這個制度的主要目的。國民主權主義或民主主義的當然要求，這增加國民對裁判的理解和其信賴的提高，國民對於司法的健全感亦會反映在審判內容中。因為只有職業裁判官審判的話，雖然一般認為是平穩的裁判。但是，另一方面，很多職業法官都只歷練過法官這個職業，缺乏社會經驗，故而在不符國民知識的期待下所特有的價值下了判決，這也是不爭的事實[4]。

由於日本司法警察偵訊犯嫌、證人筆錄，蒐集證物相當縝密嚴謹，檢察官亦僅就極可能獲得有罪判決之案件提起公訴，所以被告被判有罪機率極高。此雖被稱為「精密司法」，但是亦造成了法官過度依賴書面證據（筆錄）而形成心證，換言之，「精密司法」亦造成審判的僵化而變質。所以新增訂的裁判員制度不期待、亦不希望裁判員熟讀大量供述的調查報告來形成心證。由當事人所展開之舉證行為，以在法庭上親自所見聞及可理解者為限。為考量減輕裁判員之負擔，所提出者必然係與公訴事實及量刑有直接關聯且精挑細選過的證據，促使當事人盡其所能在審判中充分地攻擊防禦。這樣的構圖在日本學者稱為「核心司法」[5]。

英美國家所採的陪審制度，**關於犯罪事實之認定**，係由一般國民所選出之陪**審員負責認定，至於法的解釋與量刑部分，由法官負責判斷**。歐陸之參審員制度，例如法國與德國等國，法官與參審員以合犯罪事實與量刑，甚至關於法律問題部分參審員亦進行判斷。**日本的裁判員係依個別案件選出的裁判員與法官組成合議庭，進行犯罪事實認定與量刑。至於有關法解釋部分，交由法官進行解說**[6]。有罪認定之判決結論除須超過半數外亦應有職業法官參與其中。同時，判決理由說明、公開並可上訴救濟，乃用以確保非公開的秘密評議內容之充分、理性[7]。

---

4 椎橋隆幸，《刑事訴訟法》，不磨書房，六版，2017.03，33 頁。

5 三井 誠，〈刑事訴訟法概說〉，收錄於《刑事訴訟法》，日本評論社，二版，2017.04，8 頁。

6 黃朝義，《刑事訴訟法》，新學林，五版，2017.09，80 頁。

7 林裕順，《人民參審的生理與病理》，新學林，初版，2017.03，86 頁以下。

四、我國擬採的國民法官制

在 2012 年，司法院曾有意推行觀審制，就觀審制而言，雖然觀審員在審判中能提供建議給法官，但並沒有強制法官必須採納，法官仍可決定是否採納觀審員的意見，因此影響有限，且觀審員也沒有實質參與審判，人民參與判決評議側身決策，但是言而無益，議而不能決[8]，引發各界批評，被戲稱有如「參觀」。

基於我國長久以來，均由職業法官職司司法審判，雖然得以維持法律安定性及法律解釋適用之正確性與一致性，但司法審判高度專業化的結果，國民欠缺適當管道了解司法審判內涵，也使司法與國民產生疏離，甚至難免有偏離國民情感的一面；而隨著民主政治逐漸落實，以及社會日趨開放與多元，國民對司法權的運作，寄予較過往更高度的期待。有鑑於此，實有於社會大眾最關注之刑事審判引進國民參與之必要，以期提升司法審判之透明度，增進國民對於司法之了解及信賴，並於法院做成判斷過程中適度反映國民正當法律感情，及彰顯國民主權理念。司法院決定要推「國民法官」制度，故國民參與審判之刑事訴訟模式實有適度調整修正，引進卷證不併送、證據開示與書狀先行、當事人自主出證等相關配套制度之必要性。於 2017 年 11 月擬具國民參與刑事審判法草案，從草案第 3 條法庭的組成結構來看：6 位國民法官加 3 位職業法官，明顯仿自日本的裁判員制。

不過，草案中有關國民法官消極資格之規定有些不妥，依草案第 14 條，特定職業：包括總統、副總統、各級政府機關首長、政務人員、民意代表、黨工、現役軍人、警察、消防員、法律專業人士包括法官、檢察官、律師及現任或曾任教育部審定合格之大學或獨立學院專任教授、副教授或助理教授，講授主要法律科目者、司法官或律師考試及格、司法警察（官）、司法院跟法務部的公務員、不具高中以上學歷、不會說國語者，皆不得擔任。此應係參考日本裁判員法第 15 條，從事國會議員、國務大臣、法官、律師、檢察官、警察、自衛隊隊員等職業人士皆不得擔任裁判

8 林裕順，《人民參審的生理與病理》，新學林，初版，2017.03，6 頁。

員。依照第14條的草案說明，現役軍人、警察、消防員，其執行之職務與公眾有極密切之關係，且往往需值日（夜），為免因擔任國民法官而耽誤其職務，致影響公眾之權益，應排除其受選任為國民法官、備位國民法官之資格。我認為，這個消極資格的涵蓋層面太廣，現役軍人、警察、消防員應該以個案來看，依服務單位的不同（例如學校教官、正常上班者），並非每位軍警日夜忙碌，個人若真有不能勝任之情事，自可依草案第16條，因生活上、工作上、家庭上之重大需要致執行國民法官、備位國民法官職務顯有困難，拒絕被選任為國民法官。公務員至少有完善的休假制度，而一般勞工可能比公務員更忙碌，雇主不見得樂意勞工為此請假，在可預期長期審理的考量之下，可能會有不少人不願意擔任國民法官，因此在人選的考量上，不需要過早排除特定職業人士。

又，第14條的草案說明謂：「通過一定資格考試而具備法律專業人士、或從事與法律相關工作之人士參與審判時，以法律專業權威引導其餘不具備法律專業之國民法官、備位國民法官，致有害於立法目的之達成。」但依草案第1條之立法目的應係：「藉由國民法官之參與，不僅能充分彰顯國民主權之理念……藉由國民的參與，法院於依法律意旨做成判斷之際，獲得與外界對話與反思之機會，如此讓雙方相互交流、回饋想法的結果，將可期待最終能豐富法院判斷的視角與內涵。」

所以，**本草案之立法目的重點在於讓不具有職業法官身分的「國民」參與審判**，至於曾任大學教授法律科目之教師、司法官或律師考試及格者，若未曾出任司法官者，仍不失為「平民」身分，況以其專業背景亦較能達成立法目的所期待之「法院於依法律意旨做成判斷之際，獲得與外界對話與反思之機會，如此讓雙方相互交流、回饋想法的結果」。至於草案考量這些「法律專業人士」以法律專業權威引導其餘不具備法律專業之國民法官，然而依第66條的草案說明，審判長之審前說明事項包含「刑事審判之基本原則（如自由心證主義、證據裁判主義及無罪推定原則）、被告被訴罪名之構成要件及法令解釋、審判程序預估所需之時間，以達成實質參與之目的」。審判期日之訴訟程序進行中，審判長認有向國民法官、備位國民法官說明前項所定事項之必要時，應行中間討論。其中，「刑事審判之基本原則（如自由心證主義、證據裁判主義及無罪推定原則）、被告被訴罪名之構成要件及法令解釋」均足以讓職業法官影響「國民」法官。終局評議時，依草案第82條，審判長認有必要時，應向國民法官說明經法官合議決定之證據能力、證據調查必要性之判斷、訴訟程序之裁定及法令之解釋。凡此，職業法官都足以藉由解釋「法令」，「灌輸」職業法官的想法意念，特別是量刑方面，與認定事實不同，必須運用法律專業知識，有賴職業法官所提供資訊，**若這些國民法官因本身不懂法律，自然容易被說服接受，最後還是由職業法官主導裁判**，尤其這6名參審員參與審判、評議時，容易因為對法律專業不熟悉或缺乏自信，很難跟職業法官進行辯論進而容易受到職業法官的引導，如此一來將無法真實反映所謂國民法官的意見[9]，從而破壞國民參審之立法目的。我國與日本不同，相對於我國人民對於職業法官之刑事裁判有強烈之不信任，日本人民對於職業法官的信賴頗高，只不過或許有關量刑方面與一般人民感情有所悖離，期盼藉由人民參審制度，於審判過程反映人民健全良知、感情，以使制度更為精進[10]。但我國國情不同，我國不論犯罪事實之認定、量刑，皆對職業法官有所質疑，甚至有少數被稱為「恐龍法官」，因此才有國民參審之倡議，所以應儘可能使國民法官中亦有法律專業人士，以免受職業法官全盤左右裁判結果。況且，依照我國草案的設計，有罪判決需要達到三分之二以上，也就是至少6票同意，科刑事項則是過半意見決定，也就是至少5票保持一致。此外，不管是有罪三分之二或科刑過半的票中，至少要有1票來自職業法官。換言之，有罪判決中，職業法官有否決權，此更加深職業法官的影響力。反之，**如果國民法官中有法學教授等專業人士，他們不是職業法官，想法不受實務判例、決議之拘束，或許反而能達成與「外界對話與反思」之立法目的。**

例如：發生於2000年2月，住在桃園一名46歲中年男子方某，帶了

9 吳景欽，〈沿襲日本裁判員制—國民法官仍由法官主導〉，https://www.ettoday.net/news/20170904/999077. htm#ixzz5HT8b6umy，最後瀏覽日：2018.06.06。

10 林裕順，〈日本裁判員制度現況與課題〉，收錄於《人民參審與司法改革》，新學林，初版，2015.06，400頁。

幾分酒意進入一家便利商店，見一名15歲少女獨自看守櫃台，竟以雙手正面強行抱住該少女，並伺機強吻其臉頰達一、二分鐘之久。少女驚嚇高聲呼叫，該男子始驚慌逃離。桃園地方法院一審判決：「刑法制裁之程度，顯不能立於早期『授受不親』觀念予以評價，熱戀男女在街頭擁吻的親密動作，漸為國人所能接受之行為，接吻行為在客觀上已非屬誘起他人性慾之猥褻行為，**而親吻臉頰又係國際社交禮儀一種，客觀評價上更無猥褻概念可言**……被告強吻告訴人臉頰，行為固然失檢，但未有進一步輕薄動作，**被告顯無藉此滿足個人性慾之意念存在，公訴人認被告親頰動作達『猥褻』程度，容有誤會。**」[11] 該判決認為親吻是「國際社交禮儀」的一種，不構成猥褻的見解，顯然係固守實務對「猥褻」的定義：「猥褻云者，其行為在客觀上足以誘起他人性慾，在主觀上足以滿足自己性慾之謂」[12]，這起判決，學者皆反對這麼僵化認定，蓋妨害性自主的猥褻，乃行為人基於性飢渴而發動攻擊，亦即猥褻，無須性慾得到滿足更無須被攻擊者性慾受到激惹 [13]。換句話說，行為人的舉動能夠引起自己或一般人的性慾也好，不能引起也罷，重要的是被害人是否因該舉動受到侵犯，而對被害人的性自主權產生侵害 [14]。學界大致認為，如以不當之方法或手段獲得性慾者，可加以處罰。也就是行為人如在主觀上具有表現性慾之意念，且在客觀上得認該行為係屬於表現性慾之動作者，即得認為猥褻行為 [15]。類此案件尚有一例，2010 年 2 月，高雄縣一名林姓男子在甲仙鄉圖書館旁性侵一名 6 歲女童，檢方依最輕本刑 7 年以上的「加重強制性交罪」起訴，求刑 7 年 10 月。高雄地院一審判決 [16]，依據被告自白並未使用暴力，**且證人指出並未見女童抵抗呼救，因此認定林犯行「未違反女童意願」**，改依「與未滿 14 歲男女性交罪」判處 3 年 2 個月徒刑，同年 8 月 5 日，

11 桃園地方法院 89 年度易字第 1266 號判決。

12 最高法院 63 年台上字第 2235 號判例；最高法院 17 年度決議。

13 林東茂，《刑法綜覽》，一品，八版，2016.08，2-280 頁以下。

14 盧映潔，〈由強吻案談起－論我國刑法第二二四條強制猥褻罪之猥褻行為的界定〉，《台灣本土法學》，第 42 期，2003.01，98 頁。

15 甘添貴，〈強吻與猥褻〉，《月旦法學教室》，第 4 期，2003.02，18 頁以下。

16 高雄地方法院 99 年度訴字第 422 號判決。

最高法院合議庭審判另一件3歲女童性侵案時，認定「女童的證詞、驗傷診斷書均無法證明被告有違反女童意願」，以「實際上未違反意願，只能成立對未滿14歲男女性交罪」為由，發回更審[17]。再度引發民眾的憤怒，社會輿論譁然，更引起925白玫瑰示威遊行。學界大致認為法院一方面錯估6歲女童的認知與生理能力，另一方面似乎又認為，案件中6歲女童對於被告的舉動可以有所認識，從而可以有掙脫反抗的餘地，但是因為女童沒有掙脫反抗的反應，所以又由此推斷被告的舉動並沒有違反女童之意願，這樣的推理實在不能認同[18]。

由前述案例可知，民眾不信賴司法不是對所有法律人不信賴，最起碼這些案例中沒有人批評檢察官提起公訴不當，而係少數審理案件的法官太執著最高法院判例、決議的判斷標準在個案中不當操作，才是人民對司法失望的主因。在這些案例中或許法學教授等專業人士的見解，反而更能契合社會主流價值，所以我認為即使曾為司法官、律師考試及格者或是曾經教授法學科目等專業人士，**只要未曾擔任過職業法官，那他們的想法就不會墨守實務見解，甚至其意見與職業法官相反**，況且這些專業人士相對於職業法官，還是平民，基於憲法的平等原則，若以法律專業權威引導其他國民法官做為差別待遇為理由，實屬不正當，反而有害立法目的。在美國的某些地區，曾經規定接受過法律教育者或律師及其他法律專業人士，可以成為豁免對象，但近年來，這種豁免規定逐漸被取消[19]。所以我認為，絕對排除法律專業背景的「平民」參與審判，已不符合時代潮流趨勢。

至於案件適用範圍方面，與日本的裁判員制相仿，草案第5條規定本制度僅適用於重大案件，除了少年犯、毒品案件外，檢察官起訴最輕本刑在7年以上有期徒刑或故意犯罪致死等罪名，「應行」國民參與審判。但

---

17 最高法院99年度台上字第4894號判決。

18 盧映潔，〈「意不意願」很重要嗎？－評高雄地方法院九十九年訴字第四二二號判決暨最高法院九十九年第七次刑庭決議〉，《月旦法學雜誌》，第186期，2010.11，164頁以下。

19〈陪審員選任制度〉，https://zh.wikipedia.org/wiki/%E9%99%AA%E5%AE%A1%E5%91%98%E9%80%89%E4%BB%BB%E5%88%B6%E5%BA%A6，最後瀏覽日：2018.06.04。

有四種特定情形，法院可以裁定不行國民參與審判。包括：㈠有事實足認難期公正之虞，或對國民法官本人、親屬有致生危害之虞。㈡案件繁雜或需要高度專業知識，非經長久時日顯難完成審判。㈢被告認罪，且依案件情節認為不行國民參與審判為適當。㈣其他有事實足認行國民參與審判顯不適當。

依照草案第 43 條規定：「檢察官起訴時，應向管轄法院提出起訴書，並不得將卷宗及證物一併送交法院。」亦即，採卷證不併送制、起訴狀一本主義，蓋因國民法官時間有限，也欠缺專業訓練跟經驗累積，事先閱卷會造成國民過重之負擔，使法官跟國民法官間的資訊落差，亦容易因此產生預斷。本條之目的係要讓法官和國民法官在審判程序中**「同時」**接觸證據資料，所以檢察官只能送起訴書到法院，證據則要經過開示來提供，即以「證據開示」來做配套。依草案第53條，當檢察官向法院聲請調查證據後，需要向辯護人開示「聲請調查的證據」、「聲請傳喚者在審判期日前的筆錄或其他書面」並提供辯護人閱卷。基於當事人對等的理由，依草案第 57 條，被告或辯護人聲請調查證據，也必須向檢察官開示。

在上訴之後，除非特殊情形，否則也不能再聲請證據調查，係採事後審制。依草案第90條，當事人、辯護人於第二審法院，不得聲請調查新證據。但有下列情形之一，而有調查之必要者，不在此限：㈠有第 64 條第 1 項第 1 款、第 4 款或第 6 款之情形。㈡非因過失，未能於第一審聲請。㈢於第一審辯論終結後始存在或成立之事實、證據。

有證據能力，並經原審合法調查之證據，第二審法院得逕做為判斷之依據。蓋上訴審法院應本於國民參與審判制度之宗旨，妥適行使其審查權限。關於事實認定，原審判決非違背經驗法則或論理法則，顯然影響於判決者，二審不得予以撤銷。

上訴第二審時，在法院撤銷之基準與處置方面，依草案第 92 條，第二審法院認為上訴有理由，或上訴雖無理由，而原審判決不當或違法者，應將原審判決經上訴之部分撤銷。但關於事實之認定，原審判決非違背經驗法則或論理法則，顯然影響於判決者，第二審法院不得予以撤銷。蓋國民參與審判制度之重要目的，在於使國民與法官共同參與刑事審判，反映一般國民之正當法律感情，以增進人民對司法之了解與信賴。為貫徹此意旨，上訴審法院應本於國民參與審判制度之宗旨，妥適行使其審查權限，而不宜輕易逕以閱覽第一審卷證後所得之不同心證，即予撤銷。亦即，對於國民參審的判決，尤其是有罪被告量刑之判斷，因已實質反映一般國民之知識、經驗及社會常識，為彰顯引進國民參審之旨趣，除非事實之認定錯誤，顯違經驗及論理法則，否則由職業法官組成之事後審（第二審），應儘可能尊重國民參審（第一審）之判決結果[20]。例如社會所矚目之手段兇殘案件，如「鄭捷在捷運隨機殺人案」、「台南男童遭割喉案」（嫌犯以贈送「三國戰紀」遊戲卡將男童騙往廁所後殺害，在被捕後更直言「犯案前有上網查過，現在在台灣殺 1、2 個人也不會被判死刑」）、「內湖女童割頸案」[21]（嫌犯當著小燈泡母親的面，自後方持菜刀對小燈泡頸部一刀一刀猛砍，導致小燈泡當場頭身分離，經台北榮總做精神鑑定認為：「王景玉能清楚陳述犯案當天購買兇刀的過程、價錢，且能說出殘殺女童的細節，顯見他行兇時精神狀況並無異常，有辨識是非的能力」）。像這種隨機殺人事件，精神科醫師楊聰財表示不排除有「模仿效應」存在[22]。此等兇殘案件，被告與被害人皆無情、財、仇等恩怨，只因精神壓力大，就藉由殺人獲得快感，如國民參審在第一審判決死刑，我認為，二審的職

20 陳運財，〈論國民參與刑事審判與上訴制度之變革〉，《月旦法學雜誌》，第 215 期，2013.04，178 頁以下。

21 2016 年，女童「小燈泡」在台北市內湖街頭遭隨機砍殺，震驚社會。嫌犯王景玉被逮後羈押至今，當時一審以兩公約及身心障礙者權利公約拘束對精障者不得處死，判王姓兇嫌無期徒刑，高院昨（5）日進行最後言詞辯論程序，小燈泡的父親劉大經首度要求法官判處王景玉死刑，並表示不希望再有下一個無辜生命受害。〈小燈泡父親求法官判死王景玉〉，https://tw.news.yahoo.com/%E5%B0%8F%E7%87%88%E6%B3%A1%E7%88%B6%E7%9B%BC%E5%88%A4%E6%AD%BB-%E5%BB%A2%E6%AD%BB-%E4%B8%8D%E8%83%BD%E8%A7%A3%E6%B1%BA%E5%95%8F%E9%A1%8C-092011339.htm，最後瀏覽日：2018.06.06。

22〈2016 年內湖隨機殺人事件〉，https://zh.wikipedia.org/zh-tw/2016%E5%B9%B4%E5%85%A7%E6%B9%96%E9%9A%A8%E6%A9%9F%E6%AE%BA%E4%BA%BA%E4%BA%8B%E4%BB%B6，最後瀏覽日：2018.06.07。

業法官不宜再引用「聯合國人權兩公約……被告尚有教化可能云云」等制式語言，撤銷改判，蓋明顯與社會氛圍、國民認知不符，只是讓一般百姓更不信任司法，喪失本草案之立法目的。

可以預見的是，我國刑事審判制度的改革，也勢必影響偵查層面。因為檢察官不僅要說服職業法官，也必須使國民法官臻於毫無懷疑之確信被告有罪之心證。不但在警詢時取得被告自白須恪遵連續錄音之規定，即便以科技方式偵查蒐集證物，亦必更加嚴謹，才能通過審判程序的檢驗。

刑事訴訟法第二百三十四條、第二百三十九條、第三百四十八條修正草案總說明

為符司法院釋字第七九一號解釋意旨，且為尊重當事人設定攻防之範圍，避免裁判之突襲，並減輕上訴審審理之負擔，爰擬具刑事訴訟法第二百三十四條、第二百三十九條、第三百四十八條修正草案，其修正要點如下：

一、依司法院釋字第七九一號解釋意旨，刑法第二百三十九條規定對憲法第二十二條所保障性自主權之限制，與憲法第二十三條比例原則不符，應自該解釋公布之日起失其效力，爰配合刪除現行第二百三十四條第二項規定。（修正條文第二百三十四條）

二、依司法院釋字第七九一號解釋意旨，現行第二百三十九條但書規定與憲法第七條保障平等權之意旨有違，且因刑法第二百三十九條規定業經該解釋以不符比例原則宣告違憲失效而失所依附，故亦應自該解釋公布之日起失其效力，爰配合刪除但書規定。（修正條文第二百三十九條）

三、鑒於上訴人就未聲明上訴部分，並無請求撤銷、變更原判決之意，自無視為全部上訴之必要；惟如判決各部分具有在審判上無從分割之關係，該有關係而未經聲明上訴部分，亦應成為上訴審審判之範圍，但未經聲明上訴部分倘為無罪、免訴或不受理者，應使該部分不生移審效果而告確定，以避免被告受裁判之突襲，並減輕其訟累；又為尊重當事人設定之攻防對象，並減輕上訴審審理之負擔，應容許上訴人僅針對刑、沒收或保安處分提起上訴，其未表明上訴之認定犯罪事實部分，則不在上訴審之審判範圍。（修正條文第三百四十八條）

刑事訴訟法第二百三十四條、第二百三十九條、第三百四十八條修正草案條文對照表

修正條文	現行條文	說明
第二百三十四條 刑法第二百三十條之妨害風化罪，非下列之人不得告訴： 一　本人之直系血親尊親屬。 二　配偶或其直系血親尊親屬。 刑法第二百四十條第二項之妨害婚姻及家庭罪，非配偶不得告訴。 刑法第二百九十八條之妨害自由罪，被略誘人之直系血親、三親等內之旁系血親、二親等內之姻親或家長、家屬亦得告訴。 刑法第三百十二條之妨害名譽及信用罪，已死者之配偶、直系血親、三親等內之旁系血親、二親等內之姻親或家長、家屬得為告訴。	第二百三十四條 刑法第二百三十條之妨害風化罪，非左列之人不得告訴： 一　本人之直系血親尊親屬。 二　配偶或其直系血親尊親屬。 刑法第二百三十九條之妨害婚姻及家庭罪，非配偶不得告訴。 刑法第二百四十條第二項之妨害婚姻及家庭罪，非配偶不得告訴。 刑法第二百九十八條之妨害自由罪，被略誘人之直系血親、三親等內之旁系血親、二親等內之姻親或家長、家屬亦得告訴。 刑法第三百十二條之妨害名譽及信用罪，已死者之配偶、直系血親、三親等內之旁系血親、二親等內之姻親或家長、家屬得為告訴。	一、為符法制，爰酌予修正第一項序文之文字。 二、依司法院釋字第七九一號解釋意旨，刑法第二百三十九條規定對憲法第二十二條所保障性自主權之限制，與憲法第二十三條比例原則不符，應自該解釋公布之日起失其效力，爰配合修正刪除第二項規定，以符該解釋意旨。 三、現行第三項至第五項未修正，並移列為第二項至第四項。
第二百三十九條 告訴乃論之罪，對於共犯之一人告訴或撤回告訴者，其效力及於其他共犯。	第二百三十九條 告訴乃論之罪，對於共犯之一人告訴或撤回告訴者，其效力及於其他共犯。但刑法第二百三十九條之罪，對於配偶撤回告訴者，其效力不及於相姦人。	依司法院釋字第七九一號解釋意旨，現行條文但書規定與憲法第七條保障平等權之意旨有違，且因刑法第二百三十九條規定業經該解釋以不符比例原則宣告違憲失效而失所依附，故亦應自該解釋公布之日起失其效力，爰配合修正刪除本條但書規定，以符該解釋意旨。
第三百四十八條 上訴得對於判決之一部為之。 對於判決之一部上訴者，其有關係之部分，視為亦已上訴。但有關係之部分為無罪、免訴或不受理者，不在此限。 上訴得明示僅就判決之刑、沒收或保安處分一部為之。	第三百四十八條 上訴得對於判決之一部為之；未聲明為一部者，視為全部上訴。 對於判決之一部上訴者，其有關係之部分，視為亦已上訴。	一、提起第二審上訴之目的，既在請求第二審法院撤銷、變更原判決，自須提出具體理由，第三百六十一條本此意旨，於九十六年七月四日修正公布增訂第二項，明定上訴第二審之上訴書狀應敘述具體理由。則上訴人就未提出具體理由聲明上訴部分，並無請求撤銷、變更原判決之意，自無再擬制視為全部上訴之必要，爰配合修正，除第一項後段規定。 二、惟如判決之各部分具有在審判上無從分割之關係，因一部上訴而其全部必受影響者，該有關係而未經聲明上訴之部分，亦應成為上訴審審判之範圍。例如，不論上訴權人係對實質上一罪或裁判上一罪之有罪或無罪、免訴、不受理部分上訴，其有關係之有罪部分，視為亦已上訴，此不僅可使各部分犯罪事實之確定時期一致，更有利於被告之量刑。但未

		經聲明上訴之部分，倘為無罪、免訴或不受理者，應使該無罪、免訴或不受理部分不生移審上訴審之效果而告確定，以避免被告受到裁判之突襲，並減輕被告訟累，且當事人既無意就此部分聲明上訴，將之排除在當事人攻防對象之外，亦符合當事人進行主義之精神，爰增訂第二項但書規定，以資適用。又本項但書所稱「無罪、免訴或不受理者」，並不以在主文內諭知者為限，即第一審判決就有關係之部分於理由內說明不另為無罪、免訴或不受理之諭知者，亦屬之，附此敘明。 三、為尊重當事人設定攻防之範圍，並減輕上訴審審理之負擔，容許上訴權人僅針對刑、沒收或保安處分一部提起上訴，其未表明上訴之認定犯罪事實部分，則不在第二審之審判範圍。如為數罪併罰之案件，亦得僅針對各罪之刑、沒收、保安處分或對併罰所定之應執行刑、沒收、保安處分，提起上訴，其效力不及於原審所認定之各犯罪事實，此部分犯罪事實不在上訴審審查範圍。爰增訂本條第三項，作為第二項之例外規定，以資適用。至對於認定犯罪事實部分提起上訴者，仍適用第二項前段規定，其效力及於相關之刑、沒收或保安處分部分。又定應執行刑係以其各罪宣告之刑為基礎，如僅針對各罪之刑提起上訴，而經第二審法院撤銷改判者，原審定應執行刑之基礎已有變更，其原定應執行刑部分應失其效力，此為當然之理，無待明文規定。

刑事訴訟法施行法第七條之十八修正草案總說明

〇年〇月〇日修正通過之刑事訴訟法施行前已繫屬於各級法院之案件，於施行後仍適用修正前同法第三百四十八條規定，且施行前已終結或已繫屬於各級法院而未終結之案件，於施行後提起再審或非常上訴者，亦一體適用該修正前之規定，俾維持程序之安定性，爰配合增訂第七條之十八。

刑事訴訟法施行法第七條之十八修正草案條文對照表

修正條文	現行條文	說明
第七條之十八 中華民國○年○月○日修正通過之刑事訴訟法施行前，已繫屬於各級法院之案件，於施行後仍適用修正前刑事訴訟法第三百四十八條規定；已終結或已繫屬於各級法院而未終結之案件，於施行後提起再審或非常上訴者，亦同。		一、本條新增。 二、為維持程序之安定性，在○年○月○日修正通過之刑事訴訟法施行前，已繫屬於各級法院之案件，於施行後仍適用修正前刑事訴訟法第三百四十八條規定；且施行前已終結或已繫屬於各級法院而未終結之案件，於施行後提起再審或非常上訴者，亦一體適用該修正前之規定，爰訂定本條。

終審法院統一法律解釋方式之變革——「大法庭」新制概述

以目前現狀而言，我國最高法院統一法律解釋之方式，除了以判決外，尚包含決議與判例制度。而判決係根據個案而來，一般而論，最高法院於個案中為法律之闡述，較無疑義。然而，就判例而言，此屬於最高法院所為脫離個案而來之抽象性解釋、且具拘束下級審之效力。司法脫離個案所為具有法律位階之解釋，實質上屬於立法權之形成，在法理上，即有違憲之疑慮。至於我國之決議制度，係依法院組織法第七十八條規定所授權訂定之「最高法院處務規程」，在法律上並無法拘束下級審法院，僅係拘束最高法院內部之意見。但實質上，多數下級審判決多引用作為判決之理由，且亦屬於大法官違憲審查之客體。就此而論，最高法院決議已具有類同判例般之機能，亦有同樣有違憲之疑慮。我國終審機關審判實務如何進行統一解釋法令之機能，基本上應以司法權之核心即「個案審判」出發。而所謂之「大法庭」制度，亦不能脫離此一核心論述[1]。

為確保終審法院究統一法律解釋之方式，法律適用一致，使裁判具有安定性及可預測性，並發揮促進法律續造之功能，應於審判權之作用內建立適當裁判機制。司法院因此著手於法院組織法、行政法院組織法內修改、增訂相關條文，建構終審法院之大法庭制度。該等草案業於一〇七年一月十六日下午召開之第一六五次院會中通過，將於近日函請行政院會銜送立法院審議。

關於終審法院之大法庭制度，重點如下[2]：

一、為使大法庭聚焦解決法律爭議，明定最高法院之民事庭、刑事庭應設《民事大法庭》、《刑事大法庭》；最高行政法院應設《大法庭》，且裁判之事項以法律爭議為限，不包含提交案件之本案終局裁判。

二、為使大法庭能發揮確保終審法律適用一致，及促進法律續造之功能，

1 黃朝義，《刑事訴訟法》，新學林，五版，2017.09，49 頁以下。

2 http://jirs.judicial.gov.tw/GNNWS/NNWSS002.asp? id=309917。

明定最高法院民事庭、刑事庭及最高行政法院各庭（下稱各審判庭）提案予大法庭之類型，包含：

㈠歧異提案：指各審判庭受理案件評議後，就採為裁判基礎之法律見解與最高法院先前裁判不一致（包括先前裁判已有複數紛歧見解之積極歧異，及各審判庭擬與未紛歧之先前裁判為不同見解之潛在歧異），經徵詢其他各庭意見後，確定仍有見解歧異之情形存在，此際即有啟動大法庭程序以統一見解之義務，爰規定各審判庭應以裁定將該法律爭議提案予大法庭裁判。

㈡原則重要性提案：指各審判庭受理案件評議後，認採為裁判基礎之法律見解有原則重要性（即具促使法律續造之價值，或因屬新興、重大且普遍性之法律問題，有即時、預為統一見解之必要性者），得裁定將該法律爭議提案予大法庭裁判。

三、鑑於當事人為訴訟程序之主體，為周全對當事人程序參與權之保障，爰規定當事人得促請受理案件之各審判庭行使歧異提案之職權。

四、於大法庭言詞辯論終結前，如涉及之法律爭議已無提案之必要，提案庭得以裁定敘明理由，撤銷提案。

五、大法庭之組織

㈠大法庭為終審法院中之功能性任務編制，係以裁判法律爭議統一法律見解為任務之法定裁判機關，其裁判活動為終審訴訟程序之一部，亦採合議審判。最高法院民事大法庭、刑事大法庭、最高行政法院大法庭之成員分別為十一人、十一人、九人，包含：

1. 由最高法院院長及其指定之庭長一人，分別擔任民事大法庭或刑事大法庭之審判長；最高行政法院大法庭則以院長為審判長。
2. 提案庭指定庭員一人擔任當然庭員。
3. 由法官會議以無記名投票，分別自最高法院民事庭、刑事庭法院全體法官中依得票數較高、每庭至少應有一人之原則，選舉產生票選庭員九人；最高行政法院大法庭則以相同之選舉方式票選庭員七人。

㈡另規定最高法院院長指定之大法庭審判長、及所有大法庭票選庭員之任期均為二年；大法庭之成員因出缺或有事故無法執行大法庭職務時，由法官會議票選產生之遞補人選遞補。

㈢大法庭審理中之法律爭議，遇庭員因改選而更易時，仍由原成員繼續審理至終結止；如終結前有成員因出缺或有事故無法執行大法庭職務，亦按該法律爭議提交大法庭時之預定遞補人選遞補之。

六、大法庭之程序

㈠為使法律問題之各種見解得以充分溝通交流，並昭司法公信，爰明定大法庭裁判法律爭議，應行言詞辯論。

㈡另審酌大法庭之言詞辯論係以法律爭議為核心，應由具備法律專業知識者為之，始能協助當事人有效行使訴訟權，並發揮統一法律見解之功能，復明定大法庭行言詞辯論，強制由律師代理或辯護。

㈢為使法學理論與實務結合，以促使大法庭能善用學術研究之成果，並使學術研究有受實務檢證之機會，爰規定大法庭認有必要時，得徵詢專家學者意見，俾妥適、周延作成裁判。

七、大法庭之裁定

㈠大法庭處理法律爭議，屬終審之中間程序，應將其決定之法律見解記載於裁定主文且敘明理由，並應定期宣示，以昭鄭重。

㈡大法庭之成員於評議時所持法律見解縱與多數意見不同，然亦可能甚具參考價值。故明定若已將不同意見之要旨記明於評議簿，並於裁定宣示前補具不同意見書者，應與裁定一併公布。

㈢大法庭之裁定係就提交案件之法律爭議所為之中間裁定，對於提案庭提交之案件應有拘束效力。爰明定提案庭就提交案件，應以大法庭所採之法律見解為基礎，進行本案終局裁判。惟大法庭所為之裁定，並不具通案之法規範效力，倘日後受理他案之審判庭認大法庭裁定所採見解不合時宜而擬變更，仍得循歧異提案模式提請大法庭裁判。

八、廢除判例選編及變更制度

㈠現行判例係將最高法院裁判中之法律見解自個案抽離，而獨立於個案事實之外，成為抽象的判例要旨，使其具有通案之法規範效力，冀能達成統一終審法院法律見解之目的，但此與權力分立原則未盡相符，且本法修正增訂大法庭制度，已可達到終審法院統一法律見解之目的，故現行判例選編及變更制度自無再予維持之必要，爰刪除法院組織法現行條文第五十七條、行政法院組織法現行條文第十六條之規定，廢除判例選編及變更制度。

㈡選編判例制度廢除後，先前已經依法選編之判例，仍應予以明確定位，爰明定最高法院、最高行政法院於中華民國○年○月○日本法修正施行前依法選編之判例，若無該判例之裁判全文可資查考者，因無裁判所依憑之事實可供參佐，背離司法個案裁判之本質，應自本條文生效後停止適用；其餘先前已經依法選編之判例，則回歸裁判之本質──即終審法院某一庭先前所為之「裁判」，與未經選編為判例之其他終審法院先前裁判效力相同。

草案同時也參照德國立法例，將大法庭之設立規定於法院組織法之中。德國的大法庭（GroßerSenat）只處理裁判涉及法律的問題，不認定事實。至於法律違憲審查，不是大法庭的裁判任務，是由德國聯邦憲法法院所擔任[3]，德國大法庭基本上設計的出發點，並非用在於歧異已經發生該如何事後善後的處理機制，而是預防裁判歧異的概念[4]。而日本大法庭審理中有一點與我國不同的則是由當事人聲請，以刑事案件為例，檢察官及辯護人為原、被告，利益歸屬較明確，不是由審理案件的法庭提出，我國草案若採小法庭法官跳脫案件職權聲請，又另要求檢、辯雙方去去做辯論的話，可能會產生與制度目矛盾的問題，容有商榷的餘地[5]。

3 王士帆，〈終審法院統一見解機制之改革—大法庭草案評析〉，《月旦法學雜誌》，第 277 期，2018.06，228 頁。

4 林鈺雄，〈終審法院統一見解機制之改革—大法庭草案評析〉，《月旦法學雜誌》，第 277 期，2018.06，246 頁。

5 林裕順，〈終審法院統一見解機制之改革—大法庭草案評析〉，《月旦法學雜誌》，第 277 期，2018.06，243 頁。

108 年度無資力認定標準簡表（總表）

住所地	實力上限		家庭人口數									
	類型	範圍	1	2	3	4	5	6	7	8	9	10
台北市	每月可處分收入（新台幣）	全部扶助	28,000	47,372	71,058	94,744	118,430	142,116	165,802	189,488	213,174	236,860
		部分扶助	33,600	56,846	85,270	113,693	142,116	170,539	198,962	227,386	255,809	284,232
新北市		全部扶助	23,000	43,998	65,997	87,996	109,995	131,994	153,993	175,992	197,991	219,990
		部分扶助	27,600	52,798	79,196	105,595	131,994	158,393	184,792	211,190	237,589	263,988
桃園市		全部扶助	23,000	43,734	65,601	87,468	109,335	131,202	153,069	174,936	196,803	218,670
		部分扶助	27,600	52,481	78,721	104,962	131,202	157,442	183,683	209,923	236,164	262,404
台中市		全部扶助	23,000	41,440	62,160	82,880	103,600	124,320	145,040	165,760	186,480	207,200
		部分扶助	27,600	49,728	74,592	99,456	124,320	149,184	174,048	198,9120	223,776	248,640
台南市		全部扶助	23,000	37,164	55,746	74,328	92,910	111,492	130,074	148,656	167,238	185,820
		部分扶助	27,600	44,597	66,895	89,194	111,492	133,790	156,089	178,387	200,686	222,984
高雄市		全部扶助	23,000	39,298	58,947	78,596	98,245	117,894	137,543	157,192	176,841	196,490
		部分扶助	27,600	47,158	70,736	94,315	117,894	141,473	165,052	188,630	212,209	235,788
其他地區		全部扶助	22,000	37,164	55,746	74,328	92,910	111,492	130,074	148,656	167,238	185,820
		部分扶助	26,400	44,597	66,895	89,194	111,492	133,790	156,089	178,387	200,686	222,984
全國各地	可處分資產（新台幣）	全部扶助	50 萬	50 萬	65 萬	80 萬	95 萬	110 萬	125 萬	140 萬	155 萬	170 萬
		部分扶助	60 萬	60 萬	78 萬	96 萬	114 萬	132 萬	150 萬	168 萬	186 萬	204 萬
受法律扶助者無資力認定標準規定		第二條	第一項第一款及第二項	第一項第二款及第二項								
說明			一、每月可處分收入上限：除單身戶外，申請人家庭每月可處分收入標準，依申請人住所地直轄市、縣（市）主管機關審核認定社會救助法中低收入戶之收入標準為準。 二、可處分資產上限：家庭人口自第三人起以每增加一人增加 15 萬元為準，但不包括公告現值於 550 萬元以下之自宅或自耕農地。但中央或各直轄市政府依社會救助法公告之當年度中低收入戶不動產限額逾 550 萬元者，依其公告限額扣除之。									

參、索引

刑訴及相關法規實務見解索引
—司法院解釋、大法官會議解釋

（❖ 表示該則實務見解有學者評釋）

字號	條次
院字第 569 號 (20.08.24)	第 266 條
院字第 1576 號 (25.11.17)	第 256 條
院字第 1605 號 (25.12.25)	第 238 條
院字第 1729 號 (27.05.30)	第 266 條
院字第 1755 號 (27.07.27)	第 30 條
院字第 2292 號 (31.02.04)	第 255 條
院字第 2306 號 (31.03.20)	第 324 條
院字第 2510 號 (32.05.01)	第 348 條
院字第 2550 號 (32.08.03)	第 262 條
釋字第 28 號 (42.12.16)	第 233 條
釋字第 43 號 (43.12.29)	第 40 條、第 220 條
釋字第 47 號 (44.06.20)	第 8 條
釋字第 48 號 (44.07.11)	第 252 條
釋字第 51 號 (44.08.13)	第 1 條
釋字第 53 號 (44.09.23)	第 252 條
釋字第 60 號 (45.04.02)	第 376 條
釋字第 108 號 (54.07.28)	第 237 條
釋字第 118 號 (55.12.07)	第 40 條、第 220 條
釋字第 130 號 (60.05.21)	第 93 條之 1
釋字第 135 號 (62.06.22)	第 367 條
釋字第 140 號 (63.11.15)	第 255 條
釋字第 159 號 (68.09.21)	第 315 條
字第 168 號 (70.05.08)	第 8 條
字第 178 號 (71.12.31)	第 17 條
字第 181 號 (72.07.01)	第 379 條、第 445 條
字第 185 號 (73.01.27)	第 441 條
字第 188 號 (73.08.03)	第 441 條
字第 238 號 (78.03.31)	第 379 條、第 445 條
字第 245 號 (78.07.28)	第 484 條
字第 249 號 (78.11.24)	第 178 條
字第 256 號 (79.04.04)	第 17 條
字第 271 號 (79.12.20)	第 367 條、第 441 條
字第 297 號 (81.04.24)	第 319 條
字第 302 號 (81.08.14)	第 377 條
字第 306 號 (81.10.16)	第 346 條
字第 392 號 (84.12.22)	第 101 條
字第 569 號 (92.12.12)❖	第 321 條

字號	條次
釋字第 582 **號** (93.07.23)	**第** 156 **條**
釋字第 592 **號** (94.03.30)	**第** 156 **條**
釋字第 627 **號** (96.06.15)	**第** 179 **條**
釋字第 631 **號** (96.07.20)	**通保第** 5 **條**
釋字第 639 **號** (97.03.21)❖	**第** 416 **條**
釋字第 653 **號解釋理由書（節錄）**	**第** 101 **條**
釋字第 654 **號** (98.01.23)	**第** 34 **條之** 1
釋字第 665 **號** ❖	**第** 6 **條**
釋字第 665 **號解釋理由書（節錄)**❖	**第** 101 **條、第** 403 **條**
釋字第 681 **號** (99.09.10)	**第** 484 **條**
釋字第 708 **號解釋理由書（節錄）**	**第** 101 **條**
釋字第 720 **號** (103.05.16)	**第** 101 **條**
釋字第 729 **號解釋理由書（節錄）**	**第** 245 **條**
釋字第 737 **號** (105.04.29)❖	**第** 33 **條之** 1 **、第** 101 **條**
釋字第 737 **號解釋理由書（節錄)**❖	**第** 101 **條**
釋字第 751 **號** (106.07.21)	**第** 253 **條之** 2
釋字第 752 **號** (106.07.28)❖	**第** 376 **條**
釋字第 762 **號** (107.03.09)	**第** 33 **條**
釋字第 789 **號解釋理由書（節錄）** ❖	**第** 159 **條**
釋字第 791 **號解釋理由書（節錄）**	**第** 239 **條**

刑訴及相關法規實務見解索引
—決議

（❖ 表示該則實務見解有學者評釋）

字　號	條　次
52 年度第 3 次民、刑庭總會會議決議(二) (52.09.23)	第 487 條
60 年度第 1 次民、刑庭總會會議決議(一) (60.06.15)	第 441 條
62 年度第 1 次刑事庭會議決議 (62.07.24)	第 359 條
63 年度第 3 次刑事庭會議決議 (63.08.13)	第 66 條
64 年度第 3 次刑事庭會議決議 (64.07.01)	第 365 條
65 年度第 7 次刑庭庭推總會議決議(一) (65.11.30)	第 422 條
65 年度第 9 次刑庭庭推總會議決議(四) (65.12.07)	第 490 條
67 年度第 4 次刑庭庭推總會議決定(二) (67.04.18)	第 396 條
67 年度第 6 次刑事庭會議決議 (67.06.13)	第 109 條
67 年度第 13 次刑事庭會議決議 (67.12.12)	第 511 條
68 年度第 10 次刑事庭會議決定(一) (68.09.04)	第 411 條
71 年度第 2 次刑事庭會議決議 (71.02.09)	第 40 條
73 年度第 4 次刑事庭會議決定 (73.08.25)	第 116 條
73 年度第 6 次刑事庭會議決定 (73.06.19)	第 445 條
73 年度第 9 次刑事庭會議決議 (73.09.18)	第 447 條
74 年度第 6 次刑事庭會議決議 (74.06.11)	第 239 條
75 年度第 14 次刑事庭會議決議 (75.07.15)	第 17 條
77 年度第 11 次刑事庭會議決議(一) (77.08.09)	第 365 條、第 366 條、第 394 條
77 年度第 11 次刑事庭會議決議(二) (77.08.09)	第 163 條之 2
77 年度第 11 次刑事庭會議決議(三) (77.08.09)	第 398 條
80 年度第 3 次刑事庭會議決議 (80.06.30)	第 319 條
80 年度第 5 次刑事庭會議決議 (80.11.05)	第 367 條
81 年度第 2 次刑事庭會議決議 (81.05.05)	第 447 條
82 年度第 4 次刑事庭會議決議(一) (82.05.11)	第 302 條
82 年度第 6 次刑事庭會議決議 (82.07.06)	第 445 條
84 年度第 9 次刑事庭會議決議 (84.12.05)	第 359 條
85 年度第 5 次刑事庭會議決議 (85.03.26)	第 405 條
年度第 4 次刑事庭會議決議 (91.04.30)	第 161 條
年度第 7 次刑事庭會議決議 (91.06.11)	第 379 條
年度第 8 次刑事庭會議決議 (91.06.25)	第 31 條、第 447 條
年度第 6、7 次刑事庭會議決議 (94.04.26)❖	第 319 條
年度第 3 次刑事庭會議決議 (95.03.14)	第 121 條
年度第 9 次刑事庭會議決議 (99.08.21)	第 267 條
年度第 4 次刑事庭會議決議 (97.09.02)❖	第 441 條
年度第 5 次刑事庭會議決議(一) (99.06.29)❖	第 267 條
年度第 9 次刑事庭會議決議 (99.09.21)	速審第 7 條
100 年度第 1 次刑事庭會議決議 (100.03.15)	第 253 條之 3

字號	條次
100 年度第 2 次刑事庭會議決議㈢ (100.05.10)	第 163 條
101 年度第 2 次刑事庭會議決議㈠ (101.01.17)❖	第 163 條
101 年度第 2 次刑事庭會議決議㈡ (101.01.17)	第 163 條
101 年度第 2 次刑事庭會議決議㈢ (101.01.17)	第 163 條
101 年度第 5 次刑事庭會議決議 (101.07.24)	第 303 條
102 年度第 13 次刑事庭會議決議 (102.09.03)	第 158 條之 3
103 年度第 11 次刑事庭會議決議 (103.07.15)	第 455 條之 4
103 年度第 14 次刑事庭會議決議㈡ (103.09.02)	第 370 條
103 年度第 17 次刑事庭會議決議㈠ (103.10.21)	第 376 條
103 年度第 17 次刑事庭會議決議㈡ (103.10.21)	第 376 條
103 年度第 17 次刑事庭會議決議㈢ (103.10.21)	第 376 條
104 年度第 3 次刑事庭會議決議 (104.02.10)❖	第 159 條之 5
104 年度第 5 次刑事庭會議決議㈢ (104.03.24)	第 420 條
106 年度第 5 次刑事庭會議決議 （106.05.09）	第 10 條
106 年度第 8 次刑事庭會議決議 (106.07.04)	第 361 條
106 年度第 9 次刑事庭會議決議 （106.07.18）	第 348 條
106 年度第 12 次刑事庭會議決議 （106.08.29）	第 367 條
106 年度第 17 次刑事庭會議決議 (106.11.14)	第 376 條
107 年度第 1 次刑事庭會議決議 (107.01.23)	第 159 條之 3
108 年度第 1 次刑事庭會議決議 (108.01.21)	證人第 13 條
108 年度第 7 次刑事庭會議決議 （108.06.04）	第 156 條

刑訴及相關法規實務見解索引
—大法庭裁定

（❖ 表示該則實務見解有學者評釋）

字　號	條　次
108 **台上大** 3594	**第** 455 **條之** 12

刑訴及相關法規實務見解索引—判例

（❖ 表示該則實務見解有學者評釋）

字號	條次
26 **渝上** 893	**第** 319 **條**
26 **渝上** 1427	**第** 238 **條**
27 **渝上** 1663	**第** 348 **條**、**第** 376 **條**
28 **上** 112	**第** 370 **條**
28 **上** 919	**第** 237 **條**
28 **上** 922	**第** 382 **條**
28 **上** 2530	**第** 156 **條**
28 **上** 3559	**第** 369 **條**
28 **上** 3833	**第** 302 **條**
28 **聲** 10	**第** 17 **條**
29 **上** 48	**第** 503 **條**
29 **上** 1601	**第** 292 **條**
29 **上** 3276	**第** 17 **條**
29 **上** 3809	**第** 67 **條**
30 **上** 2346	**第** 307 **條**
30 **上** 2747	**第** 302 **條**
30 **上** 2838	**第** 397 **條**
30 **聲** 12	**第** 68 **條**
30 **聲** 14	**第** 10 **條**
30 **聲** 31	**第** 10 **條**
30 **非** 24	**第** 186 **條**
31 **上** 735	**第** 238 **條**
31 **上** 2423	**第** 156 **條**
31 **抗** 58	**第** 353 **條**
31 **聲** 29	**第** 9 **條**
32 **上** 969	**第** 370 **條**
32 **上** 2192	**第** 300 **條**
32 **抗** 69	**第** 111 **條**
33 **上** 1355	**第** 297 **條**
41 **台上** 113	**第** 267 **條**
41 **台上** 438	**第** 291 **條**
41 **台抗** 1	**第** 420 **條**
41 **台非** 47	**第** 445 **條**
43 **台上** 62	**第** 300 **條**
43 **台上** 1356	**第** 284 **條**
43 **台抗** 26	**第** 420 **條**
43 **台非** 231	**第** 452 **條**

字號	條次
44 **台上** 702	**第** 155 **條**
44 **台抗** 3	**第** 56 **條**
46 **台上** 419	**第** 156 **條**
46 **台上** 486	**第** 359 **條**
46 **台上** 772	**第** 296 **條**
46 **台上** 914	**第** 348 **條**
46 **台上** 1305	**第** 319 **條**
46 **台抗** 8	**第** 420 **條**
47 **台上** 778	**第** 306 **條**
48 **台上** 228	**第** 300 **條**
48 **台上** 1000	**第** 376 **條**
51 **台上** 594	**第** 266 **條**
52 **台上** 1048	**第** 260 **條**
53 **台上** 43	**第** 487 **條**
53 **台上** 289	**第** 348 **條**
53 **台上** 2067	**第** 155 **條**
54 **台抗** 263	**第** 441 **條**
59 **台上** 2142	**第** 307 **條**
62 **台上** 1286	**第** 345 **條**
65 **台上** 1556	**第** 291 **條**
68 **台上** 2330	**第** 365 **條**
68 **台非** 50	**第** 302 **條**
69 **台上** 1139	**第** 260 **條**
69 **台上** 1802	**第** 300 **條**
69 **台上** 2608	**第** 369 **條**
69 **台上** 2623	**第** 272 **條**
69 **台上** 2724	**第** 382 **條**
69 **台抗** 137	**第** 415 **條**
70 **台上** 101	**第** 266 **條**
70 **台上** 948	**第** 377 **條**
70 **台上** 6859	**第** 232 **條**、**第** 238 **條**
71 **台上** 981	**第** 369 **條**
71 **台上** 3033	**第** 366 **條**
71 **台上** 7884	**第** 346 **條**
72 **台上** 629	**第** 232 **條**
72 **台上** 4542	**第** 350 **條**、**第** 380 **條**
72 **台上** 5811	**第** 376 **條**
72 **台上** 5894	**第** 5 **條**
72 **台抗** 270	**第** 420 **條**
72 **台抗** 518	**第** 40 **條**、**第** 220 **條**
3 **台上** 1107	**第** 338 **條**
3 **台上** 4314	**第** 242 **條**
4 **台上** 1281	**第** 232 **條**

字號	條次
74 **台覆** 10	**第** 156 **條**
75 **台上** 5555❖	**第** 208 **條**
75 **台上** 7151	**第** 420 **條**
76 **台上** 2202	**第** 348 **條、第** 376 **條**
76 **台上** 4079	**第** 344 **條**
76 **台上** 4986	**第** 154 **條**
78 **台抗** 133	**第** 418 **條**
78 **台非** 90	**第** 380 **條**
79 **台抗** 318	**第** 17 **條**
79 **台非** 200	**第** 445 **條**
80 **台上** 2007	**第** 220 **條**
80 **台非** 536	**第** 437 **條**
82 **台上** 2723	**第** 62 **條**
82 **台非** 84	**第** 441 **條**
83 **台抗** 270	**第** 7 **條、第** 265 **條**
83 **台抗** 515	**第** 420 **條**
83 **台非** 69	**第** 268 **條**
85 **台上** 2057	**第** 389 **條**
85 **台抗** 278	**第** 20 **條**
86 **台上** 6213	**第** 157 **條**
87 **台上** 16	**第** 268 **條**
87 **台上** 540	**第** 343 **條**
88 **台非** 57	**第** 302 **條**
91 **台上** 2908	**第** 156 **條**
91 **台非** 21❖	**第** 455 **條之** 1
91 **台非** 152	**第** 441 **條**
92 **台上** 128	**第** 161 **條**
93 **台上** 664	**第** 158 **條之** 4
93 **台上** 2033	**第** 279 **條**
93 **台上** 5185	**第** 276 **條**
93 **台上** 6578	**第** 158 **條之** 3
94 **台上** 1998	**第** 163 **條之** 2
94 **台上** 4929	**第** 150 **條、第** 219 **條**
94 **台非** 215	**第** 260 **條**

刑訴及相關法規實務見解索引
—裁判

（❖表示該則實務見解有學者評釋）
（○表示有參考價值之判決）
（△表示有參考價值之裁定）

字　號	條　次
87 **台上** 1493	**第** 297 **條**
87 **台非** 1	**第** 163 **條**
88 **台上** 5762	**第** 100 **條之** 1
91 **台上** 3778	**第** 295 **條**
91 **台上** 5653	**第** 131 **條**
92 **台上** 4003	**第** 158 **條之** 4
93 **台上** 2949	**第** 158 **條之** 4
94 **台上** 51	**第** 186 **條**
94 **台上** 1361	**第** 131 **條之** 1
94 **台上** 2979	**第** 293 **條**
94 **台上** 3277	**第** 159 **條之** 5
95 **台上** 6646	**第** 370 **條**
95 **台抗** 457	**第** 117 **條**
96 **台上** 3527	**第** 158 **條之** 3
96 **台上** 3922	**第** 158 **條之** 3
96 **台上** 4064❖	**第** 159 **條之** 3
6 **台上** 4260	**第** 370 **條**
6 **台上** 5559	**第** 159 **條之** 1
6 **台上** 6688	**第** 156 **條**
6 **台上** 7370	**第** 370 **條**
6 **台非** 232	**第** 253 **條之** 3
7 **台上** 892	**第** 361 **條**
7 **台上** 1276	**第** 159 **條之** 1
7 **台上** 1629	**第** 198 **條**
7 **台上** 1655	**第** 156 **條**
7 **台上** 1846	**第** 198 **條**
7 **台上** 1976	**第** 156 **條**
7 **台上** 2019	**第** 159 **條之** 4
7 **台上** 2633	**第** 152 **條**
7 **台上** 2636	**第** 239 **條**
7 **台上** 2743	**第** 158 **條之** 4
7 **台上** 3140	**第** 159 **條之** 2
台上 3480	**第** 181 **條**
台抗 464	**第** 182 **條**
台上 310❖	**第** 130 **條**

字號	條次
98 **台上** 578❖	**第** 158 **條之** 4
98 **台上** 2037	**第** 159 **條之** 4
98 **台上** 2796	**第** 361 **條**
98 **台上** 3258	**第** 159 **條之** 4
98 **台上** 4209	**第** 93 **條、第** 95 **條**
98 **台上** 4219	**第** 159 **條之** 5
98 **台上** 4437❖	**第** 159 **條之** 2
98 **台上** 4960	**第** 198 **條**
98 **台上** 5182	**第** 100 **條之** 1
98 **台上** 5354	**第** 361 **條**
98 **台上** 5533❖	**第** 198 **條**
98 **台上** 5886	**第** 267 **條**
98 **台上** 5952❖	**第** 186 **條**
98 **台上** 6198	**第** 273 **條之** 1
98 **台上** 7015	**第** 159 **條之** 3
98 **台上** 7016	**第** 379 **條**
98 **台上** 7049	**第** 159 **條**
98 **台抗** 246	**第** 121 **條**
99 **台上** 40❖	**第** 205 **條之** 2
99 **台上** 124❖	**第** 159 **條之** 1
99 **台上** 274	**第** 346 **條**
99 **台上** 290	**第** 369 **條**
99 **台上** 334	**第** 159 **條之** 1
99 **台上** 717❖	**第** 159 **條之** 5
99 **台上** 1370	**第** 239 **條**
99 **台上** 1398	**第** 128 **條之** 1
99 **台上** 1893❖	**第** 95 **條**
99 **台上** 2017	**第** 156 **條**
99 **台上** 2331	**第** 308 **條**
99 **台上** 2462	**第** 198 **條**
99 **台上** 2519	**第** 164 **條**
99 **台上** 2618	**第** 198 **條**
99 **台上** 2730	**第** 159 **條之** 4
99 **台上** 2911	**第** 300 **條**
99 **台上** 3168	**第** 155 **條**
99 **台上** 3750	**第** 6 **條**
99 **台上** 4192	**第** 348 **條**
99 **台上** 4196	**第** 165 **條之** 1
99 **台上** 4208	**第** 95 **條**
99 **台上** 4209	**第** 156 **條**
99 **台上** 4444	**第** 393 **條**
99 **台上** 4630	**第** 380 **條**
99 **台上** 4653	**第** 17 **條**

字號	條次
99 台上 4684	第 370 條
99 台上 4700	第 361 條
99 台上 5202	第 158 條之 4
99 台上 5503	第 100 條之 1
99 台上 5943	第 39 條
99 台上 6169	第 167 條
99 台上 6278	第 71 條之 1
99 台上 6372	第 158 條之 4、第 181 條
99 台上 6562	第 43 條之 1、第 101 條
99 台上 7053	第 156 條
99 台上 7060	第 361 條
99 台上 7078	第 189 條
99 台上 7171	第 186 條
99 台上 7194	第 293 條
99 台上 7288	第 159 條之 1
99 台上 7330	第 252 條、第 260 條
99 台上 8128	第 198 條
99 台上 8203	第 219 條
99 台上 8207	第 228 條、第 229 條
99 台抗 218	第 101 條
99 台抗 228	第 101 條
99 台抗 802	第 420 條
99 台抗 847	第 121 條
99 台非 164	第 58 條
99 台非 300	第 266 條
99 台非 315	第 379 條
99 台非 372	第 303 條
100 台上 1	第 156 條
100 台上 204	第 279 條
100 台上 408	第 227 條
100 台上 446	第 31 條
100 台上 540	第 156 條
100 台上 572	第 156 條
100 台上 652	第 156 條
100 台上 687	第 95 條
100 台上 698	第 184 條
100 台上 720	第 271 條
00 台上 925❖	第 158 條之 3
00 台上 1135	第 361 條
00 台上 1430	第 159 條
00 台上 1729	第 319 條
00 台上 1733	第 267 條、第 369 條
00 台上 1803	第 155 條、第 208 條

字號	條次
100 台上 1914	第 156 條
100 台上 1925	第 181 條
100 台上 1977	第 158 條之 4
100 台上 2029	第 293 條
100 台上 2160	第 370 條
100 台上 2235	第 159 條之 1
100 台上 2966	第 131 條
100 台上 2980	第 155 條
100 台上 3067	第 198 條
100 台上 3099	第 156 條
100 台上 3332	第 155 條
100 台上 3375	第 232 條
100 台上 3453	第 156 條
100 台上 3566	第 159 條之 3
100 台上 3618	第 302 條
100 台上 3633	第 370 條
100 台上 3654	第 323 條
100 台上 3790	第 159 條之 3
100 台上 3889❖	速審第 9 條
100 台上 3926	第 198 條、第 208 條
100 台上 4128	第 294 條
100 台上 4129	第 159 條之 5
100 台上 4203	第 361 條
100 台上 4315	第 208 條
100 台上 4430	第 131 條之 1
100 台上 4461	第 159 條之 4
100 台上 4518	第 155 條
100 台上 4577	第 100 條之 3、第 158 條之 2
100 台上 4580	第 131 條之 1
100 台上 4625	第 100 條之 1
100 台上 4813	第 159 條之 4
100 台上 4862	第 288 條之 3
100 台上 4890	第 348 條
100 台上 4903	第 265 條
100 台上 4926	第 198 條
100 台上 4927	第 98 條
100 台上 4942	第 166 條
100 台上 4952	第 133 條
100 台上 5064	第 180 條
100 台上 5065	第 128 條
100 台上 5135	第 158 條之 3
100 台上 5142	第 43 條之 1
100 台上 5150	第 379 條

字號	條次
100 **台上** 5162	**第** 159 **條之** 5
100 **台上** 5166	**第** 161 **條**
100 **台上** 5468	**第** 159 **條之** 3
100 **台上** 5502	**第** 156 **條、第** 159 **條之** 4
100 **台上** 5503	**第** 181 **條**
100 **台上** 5507	**第** 131 **條之** 1
100 **台上** 5640	**第** 156 **條**
100 **台上** 5673	**第** 361 **條**
100 **台上** 5683	**第** 370 **條**
100 **台上** 5755	**第** 308 **條**
100 **台上** 5789	**第** 196 **條**
100 **台上** 5857	**第** 156 **條**
100 **台上** 5946	**第** 158 **條之** 1
100 **台上** 5948	**第** 455 **條之** 2
100 **台上** 6009	**第** 196 **條之** 1
100 **台上** 6037	**第** 62 **條**
100 **台上** 6181	**第** 156 **條**
100 **台上** 6188	**第** 159 **條**
100 **台上** 6195	**第** 17 **條**
100 **台上** 6199	**第** 361 **條**
100 **台上** 6216	**第** 196 **條之** 1
100 **台上** 6220	**第** 198 **條**
100 **台上** 6246	**第** 159 **條之** 5**、第** 181 **條**
100 **台上** 6254	**第** 344 **條**
100 **台上** 6287	**第** 2 **條、第** 163 **條**
100 **台上** 6428	**第** 370 **條**
100 **台上** 6543	**第** 156 **條**
100 **台上** 6561	**第** 302 **條**
100 **台上** 6575	**第** 159 **條**
100 **台上** 6592	**第** 156 **條**
100 **台上** 6628	**第** 273 **條**
100 **台上** 6855	**第** 159 **條之** 1
100 **台上** 7009	**第** 370 **條**
100 **台上** 7041	**第** 158 **條之** 3
100 **台上** 7086	**第** 361 **條**
100 **台上** 7112	**第** 131 **條之** 1
100 **台上** 7196	**第** 159 **條之** 4
100 **台上** 7303	**第** 156 **條**
100 **台上** 7304	**第** 163 **條**
100 **台上** 7317	**第** 370 **條**
100 **台抗** 113	**第** 101 **條**
100 **台抗** 674	**第** 434 **條**
100 **台抗** 811	**第** 484 **條**

字號	條次
100 **台抗** 887	**第** 425 **條**
100 **台非** 93	**第** 253 **條之** 3
100 **台非** 190	**第** 441 **條**
100 **台非** 229	**第** 303 **條**
100 **台非** 260	**第** 62 **條**
100 **台非** 311	**第** 441 **條**
100 **台非** 366	**第** 379 **條**
100 **台非** 369	**第** 395 **條**
100 **台非** 370	**第** 379 **條**
100 **矚再更**(三) 1	**第** 156 **條、第** 161 **條**
101 **台上** 5	**第** 159 **條之** 5
101 **台上** 109	**第** 158 **條之** 3
101 **台上** 155	**第** 156 **條**
101 **台上** 158	**第** 165 **條之** 1
101 **台上** 167	**第** 293 **條**
101 **台上** 199	**第** 156 **條**
101 **台上** 259	**第** 370 **條**
101 **台上** 270	**第** 100 **條之** 1
101 **台上** 272	**第** 370 **條**
101 **台上** 290	**第** 165 **條之** 1
101 **台上** 325	**第** 159 **條之** 4
101 **台上** 349	**第** 273 **條之** 1
101 **台上** 492	**第** 288 **條之** 3
101 **台上** 522	**第** 156 **條**
101 **台上** 527	**第** 159 **條之** 3
101 **台上** 591	**第** 206 **條**
101 **台上** 630	**第** 303 **條**
101 **台上** 641	**第** 181 **條**
101 **台上** 763❖	**第** 131 **條**
101 **台上** 789	**第** 150 **條**
101 **台上** 848	**第** 101 **條**
101 **台上** 867	**第** 98 **條、第** 156 **條**
101 **台上** 885	**第** 161 **條**
101 **台上** 892	**第** 100 **條之** 1
101 **台上** 942	**第** 176 **條之** 2
101 **台上** 952	**第** 181 **條**
101 **台上** 1071	**第** 181 **條**
101 **台上** 1123	**第** 309 **條**
101 **台上** 1172	**第** 288 **條之** 2
101 **台上** 1416	**第** 95 **條**
101 **台上** 1561	**第** 159 **條之** 2
101 **台上** 2165❖	**第** 93 **條**
101 **台上** 2175	**第** 288 **條之** 1

字號	條次
101 台上 2331	第 290 條
101 台上 2966	第 161 條
101 台上 3397	第 159 條之 4
101 台上 4567	第 370 條
101 台上 5834	第 159 條之 1
101 台上 6358	第 163 條之 2
101 台上 6412	第 158 條之 3
101 台抗 106	第 457 條
101 台抗 125	第 142 條
101 台抗 473	第 116 條
101 台非 5	第 303 條
101 台非 67	第 303 條
102 台上 59	第 131 條
102 台上 81	第 156 條
102 台上 204	第 163 條
102 台上 256	第 95 條
102 台上 298	第 7 條
102 台上 444	第 158 條之 4
102 台上 447	第 88 條
102 台上 551	第 156 條
102 台上 580	第 158 條之 3
102 台上 880	第 156 條
102 台上 979	第 159 條之 5
102 台上 982	第 267 條
102 台上 1062	第 155 條
102 台上 3254❖	第 156 條
102 矚易 1	第 245 條
103 台上 126	第 208 條
103 台上 463	第 164 條
103 台上 900	第 2 條
103 台上 1144	第 95 條
103 台上 3414	第 95 條
103 台上 4040	第 159 條之 1
103 台抗 219	第 101 條
103 矚上易 1	通保第 18 條
104 台上 244	第 100 條之 1
104 台上 3435	第 155 條
104 台上 3716	第 155 條
104 台抗 125△	第 420 條
105 台上 32〇	第 156 條
105 台上 61	第 155 條
105 台上 910	第 420 條
105 台上 1892	第 131 條之 1

字號	條次
105 台抗 408△	第 483 條
105 再 3	第 156 條
105 台上 411〇	第 198 條
105 台上 757〇	第 159 條
105 台非 80〇	第 443 條
106 台上 243	第 264 條
106 台上 287〇	第 159 條之 2
106 台上 398	第 155 條
106 台上 1043	第 155 條
106 台上 1373〇	第 205 條
106 台上 1626	第 133 條
106 台上 1629	第 155 條
106 台上 1955	第 159 條之 2
106 台上 2180〇	第 39 條
106 台上 2370〇	第 156 條
106 台上 2780〇	第 376 條
106 台上 2919〇	第 158 條之 3
106 台上 3111〇	第 159 條之 4
106 台上 3464〇	第 455 條之 26
106 台上 3594〇	第 161 條
106 台上 3601	第 455 條之 27
106 台上 3701	第 155 條
106 台上 3788〇❖	第 228 條
106 台上 3869〇	第 156 條
106 台上 4085〇	第 93 條
106 台非 205	第 303 條
106 台非 259〇	第 133 條之 1
106 矚上易 2	通保第 27 條
107 台上 172〇	通保第 11 條
107 台上 764〇	第 15 條
107 台上 880〇	第 379 條
107 台上 1322〇	第 33 條
107 台上 1646〇	第 303 條
107 台上 1700〇	第 158 條之 4
107 台上 1860〇	第 95 條
107 台上 2049〇	第 455 條之 12
107 台上 2101〇	第 455 條之 12
107 台上 2183〇	第 348 條
107 台上 2345〇	通保第 18 條之 1
107 台上 2391〇	第 376 條
107 台上 2588〇	第 163 條
107 台上 2691	第 205 條
107 台上 2696〇	第 376 條

字號	條次
107台上2819○	第158條之4
107台上2850○	第131條之1
107台上2958○	第288條
107台上3052○	通保第18條之1
107台上3182○	第155條
107台上3183○	第376條
107台上3407○	通保第18條之1
107台上3416○	第158條之4
107台上3466	第271條
107台上3559○	第370條
107台上3568○	第455條之12
107台上3724○	第155條
107台上3837○	第455條之27
107台上3884○	第309條
107台上4581○	通保第3條
107台抗169△	第441條
107台抗341△	第421條
107台抗438△	第67條
107台抗447△	第441條
107台抗448△	第484條
107台抗458	第422條
107台抗547	第108條
107台抗617△	第484條
107台抗641△	第477條
107台抗683△	第420條
107台非24	第455條之27
107台非61○	第441條
107台非142○	第142條
108台上172○	第371條
108台上559○	第155條
108台上627	第159條
108台上650○	第99條
108台上680	第455條之27
108台上954○	第473條
108台上1409○	第156條
108台上2254○	第146條
108台上2274○	第370條
108台上2421○	第455條之26
108台上2817○	第131條之1
108台上3146○	第228條
108台上3388○	第155條
108台上3611○	第228條、通保第18條之1
108台上3670○	第288條之3

字號	條次
108 **台上** 3717○	**第** 156 **條**
108 **台上** 3886○	**第** 158 **條之** 4
108 **台上** 4091○	**第** 155 **條**
108 **台上** 4094○	**第** 158 **條之** 4、**第** 182 **條**
108 **台上** 4365○	**第** 265 **條**
108 **台抗** 1074△	**第** 33 **條**
108 **台抗** 1089△	**第** 455 **條之** 34
108 **台抗** 1297△	**第** 420 **條**
108 **台抗** 1489△	**第** 33 **條**
108 **台抗** 458△	**第** 455 **條之** 36
108 **台抗** 553△	**第** 434 **條**
108 **台抗** 921△	**第** 18 **條**
108 **台非** 80○	**第** 300 **條**
108 **台聲** 11△	**第** 10 **條**
109 **台上** 144○	**第** 376 **條**
109 **台上** 259○	**第** 131 **條之** 1、**第** 152 **條**
109 **台上** 279○	**第** 6 **條**
109 **台上** 598○	**第** 181 **條**
109 **台上** 1309○	**第** 181 **條**
109 **台上** 2446	**第** 271 **條**
109 **台抗** 95△	**第** 429 **條之** 2
109 **台抗** 116△	**第** 33 **條之** 1、**第** 258 **條之** 1
109 **台抗** 129△	**第** 33 **條**
109 **台抗** 157△	**第** 17 **條**
109 **台抗** 158△	**第** 429 **條**
109 **台抗** 204△	**第** 93 **條之** 1
109 **台抗** 249	**第** 93 **條之** 1
109 **台抗** 263△	**第** 429 **條之** 2
109 **台非** 25○	**第** 441 **條**

刑訴及相關法規法學概念索引

刑事訴訟法

第 6 條	「牽連管轄」與「競合管轄」之比較
第 8 條	同一性案件
第 18 條	「法官自行迴避」與「聲請法官迴避」之比較
第 27 條	辯護人
第 27 條	實質有效的辯護
第 31 條	強制辯護案件
第 33 條	卷證資訊獲知權
第 34 條	交通權（充分自由溝通權）
第 55 條	送達
第 63 條	期日與期間
第八章	強制處分
第八章	臥底偵查
第 71 條之 1	「傳喚」與司法警察（官）「通知」之比較
第 76 條	「一般拘提」、「逕行拘提」與「緊急拘提」之區別
第 88 條	現行犯之逮捕
第 88 條	逮捕與攔停、留置的關係
第 88 條	臨檢與身分查核
第 88 條	刑事強制處分與警職法臨檢之界限爲何？
第 88 條之 1	緊急拘提
第 88 條之 1	盤查與強制處分的關係
第 93 條	訊問與詢問
第八章之一	限制住居與限制出境之關係
第 95 條	米蘭達告知（警告）義務
第 100 條之 3	夜間詢問之禁止
第 101 條	羈押
第 101 條之 1	預防性羈押
第 108 條	繼續羈押
第 122 條	搜索權發動之門檻
第 122 條	電磁紀錄的強制處分
第 122 條	線上搜索
第 128 條	附帶搜索
第 128 條之 1	偵查法官
第 130 條	附帶搜索（拘捕等前提下之附帶搜索）
第 130 條	保護性掃視（protective sweep）
第 131 條	緊急搜索

第 131 條	**拘提**
第 131 條之 1	**同意搜索之自願性同意**
第 133 條	**對媒體搜索及扣押的限制**
第 137 條	**附帶扣押**
第 137 條	**一目瞭然法則**（plain view doctrine）
第 152 條	**另案扣押**
第 154 條	**無罪推定原則**
第 154 條	**罪疑唯輕原則（有疑應利於被告原則）**
第 155 條	**證據能力與證據之證明力區別**
第 155 條	**證據能力與嚴格證明法則**
第 155 條	**供述證據與非供述證據**
第 155 條	**品格證據**
第 155 條	**嚴格證明與自由證明法則**
第 155 條	**刑訴法第** 155 **條所謂無證據能力所指爲何？**
第 156 條	**不正方法訊（詢）問之類型**
第 156 條	**毒樹果實原則**（fruits of the poisonous tree doctrine）**及其例外**
第 158 條之 3	**審判外指認**
第 158 條之 4	**自白法則與違法證據排除原則之區別**
第 159 條	**傳聞法則示意圖**
第 159 條	**「傳聞」之定義**
第 159 條	**對質詰問之權限制與其容許例外**
第 159 條之 1	**法官面前所爲之陳述**
第 159 條之 1	**檢察官面前所爲之陳述**
第 159 條之 2	**先前不一致的陳述**
第 159 條之 3	**不能到庭之警詢陳述**
第 159 條之 4	**特信性文書**
第 159 條之 5	**當事人同意的傳聞陳述**
第 166 條之 1	**詰問順序**
第 181 條	**不自證己罪權利**（Privilege Against Self-Incrimination）
第 182 條	**新聞記者之拒絕證言權**
第 204 條	**對第三人檢查身體之鑑定處分**
第 205 條之 1	**對嫌犯檢查身體之鑑定處分**
第 205 條之 2	**強制採樣處分**
第 208 條	**測謊鑑定**
第 212 條	**「鑑定」、「勘驗」與「相驗」之比較**
第五節	**證據保全**
第 228 條	**偵查發動之原因**
第 228 條	**強制偵查與任意偵查**
第 228 條	**目視跟監與** GPS **定位追**蹤
第 228 條	**知有犯罪嫌疑**

第 230 條	司法警察與行政警察
第 230 條	檢警關係
第 230 條	雙偵查主體
第 232 條	告訴乃論
第 232 條	犯罪被害人之認定
第 233 條	犯罪告訴權與被害告訴權
第 245 條	偵查不公開原則
第 251 條	公訴
第 253 條	相對不起訴處分
第 253 條之 1	緩起訴
第 253 條之 1	「不起訴」與「緩起訴」處分之比較
第 260 條	認定同一案件之機能
第 264 條	卷證併送制與起訴狀一本主義
第 273 條	準備程序之目的
第 300 條	起訴與法院認定事實同一性之判斷
第 319 條	自訴
第 361 條	上訴
第 370 條	不利益變更禁止原則
第 378 條	判決不適用法則或適用不當
第 379 條	判決當然違背法令
第 379 條	本條各款事由
第 441 條	非常上訴之目的
第 455 條之 38	聲請訴訟參與之主體
第 455 條之 38	聲請訴訟參與之時期
第 455 條之 41	訴訟參與人之代理人
第 455 條之 42	卷證資訊獲知權

通訊保障及監察法

第 2 條	通訊監察中之最小侵害原則
第 3 條	通訊
第 5 條	通訊監察採「令狀原則」（相對法官保留原則）
第 5 條	重罪原則
第 5 條	相當性原則與最後手段原則（相關性原則與補充性原則）
第 5 條	監聽譯文證據能力之認定
第 6 條	緊急監聽
第 7 條	國安監聽
第 11 條	特定明確原則
第 12 條	期間逾越禁止原則
第 15 條	事後主動告知原則
第 18 條之 1	第 18 條之 1 第 3 項適用範圍

第18條之1	**另案監聽**
第27條	**本條所稱之「無故」**

刑訴及相關法規爭議問題索引

■刑事訴訟法

第 17 條	本條所謂「前審」所指為何？
第 31 條	刑訴法第 31 條第 5 項是否為強制辯護案件的類型？
第 31 條	強制辯護的規定於準備程序中是否適用？
第 95 條	若檢警於偵查中未踐行本法第 95 條第 1 項各款之告知義務，其證據能力如何認定？
第 100 條之 1	偵查機關若始終未為全程錄音錄影時，是否亦同樣符合本條第 2 項「內容不符」之解釋？
第 156 條	兩以上共犯之證言得否互為補強證據？
第 158 條之 2	司法警察（官）違反夜間詢問禁止之規定，證據能力應如何認定？
第 158 條之 4	權衡法則是否適用於供述證據？
第 158 條之 4	「得一方同意之監聽」的適法性
第 158 條之 4	誘捕偵查所取得之證據如何評價？
第 158 條之 4	私人不法取證，是否有證據排除法則之適用？
第 159 條之 1	在偵查程序及審判程序給予被告對質詰問的機會，得否相互補正或取代？
第 159 條之 3	大陸地區公安的警詢筆錄是否為傳聞例外？
第 159 條之 4	除經立法院審議之司法互助協定（協議）另有規定者外，被告以外之人在外國警察機關警員詢問時所為陳述（是否為特信性文書），能否依刑事訴訟法傳聞例外相關規定，判斷有無證據能力？
第 159 條之 5	當事人同意後能否撤回或再爭執？
第 186 條	違反不自證己罪之告知義務對於被告本人有無證據能力？
第 186 條	共同被告所行使者，究竟為緘默權或拒絕證言權？
第 198 條	我國法制上有無專家證人存在？
第 198 條	被告私行選任鑑定人之鑑定有無證據能力？
第 231 條之 1	現行刑訴法第 231 條之 1 所謂的「退案」審查規定
第 239 條	審判中撤回告訴，是否及於其他共犯？
第 258 條之 3	交付審判之裁定，是否須進行刑訴法第 161 條第 2 項之起訴審查程序？
第 273 條	準備程序中受命法官是否得篩選證據能力之有無？
第 276 條	法院是否能對準備程序中之被告或證人訊問？
第 287 條之 1	裁量分離審判所應考量之因素為何？
第 287 條之 1	必要分離審判所應考量之因素為何？
第 293 條	更新審判程序後，得否逕行援引前次審判筆錄？
第 361 條	本條所稱上訴二審之「具體理由」，應如何界定？
第 361 條	第一審辯護人有無代撰上訴理由書狀之義務？
第 376 條	刑訴法第 376 條之罪應如何認定？
第 420 條	證據之「新穎性」（嶄新性）應如何認定？
第 455 條之 2	偵查中得否認罪協商？
第 455 條之 2	自訴案件得否認罪協商？

第 455 條之 3	**被告若已履行協商合意之內容，而檢察官不遵守承諾向法院爲協商程序之聲請，法院應如何處理？**

■通訊保障及監察法

第 5 條	**「得一方同意之監聽」的適法性**

國家圖書館出版品預行編目資料

解說式—刑事程序法典 / 林朝雲 編著.
--9版.--臺北市：五南, 2020. 08
面； 公分
ISBN 978-986-522-192-8（平裝）

1. 刑法 2.刑事法

585 109011819

1QB5

解說式—刑事程序法典

監 修 張麗卿
編 著 林朝雲

出版者 五南圖書出版股份有限公司
發行人 楊榮川
地 址：台北市大安區 106
和平東路二段 339 號 4 樓
電 話：(02)27055066（代表號）
傳 真：(02)27066100
劃 撥：0106895-3
網 址：http://www.wunan.com.tw
電子郵件：wunan@wunan.com.tw

顧 問 林勝安律師事務所 林勝安律師

版 刷 2013 年 3 月初版一刷
2018 年 10 月八版一刷
2020 年 8 月九版一刷

定 價 450 元整